I0276870

Le Siècle.

OEUVRES
D'ALEXANDRE DUMAS

HUITIÈME SÉRIE.

PARIS. — IMPRIMERIE J. VOISVENEL, 16, RUE DU CROISSANT.

Le Siècle.

ŒUVRES
D'ALEXANDRE DUMAS.

HUITIEME SÉRIE.

PARIS — IMPRIMERIE LANGE LEVY ET COMPAGNIE 16, RUE DU CROISSANT.

Le Siècle.

OEUVRES
COMPLÈTES
D'ALEXANDRE DUMAS

HUITIÈME SÉRIE.

IMPRESSIONS DE VOYAGE

SUISSE. — MIDI DE LA FRANCE. — UNE ANNÉE A FLORENCE.

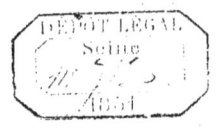

PARIS.
AU BUREAU DU SIÈCLE, 16, RUE DU CROISSANT.
ANCIEN HOTEL COLBERT
1851.

Le Siècle.

OEUVRES

COMPLÈTES

D'ALEXANDRE DUMAS

HUITIEME SÉRIE.

IMPRESSIONS DE VOYAGE

SUISSE. — MIDI DE LA FRANCE. — UNE ANNÉE A FLORENCE.

PARIS.
AU BUREAU DU SIÈCLE, 16, RUE DU CROISSANT,
ANCIEN HOTEL COLBERT.
1855.

Publication du journal LE SIÈCLE.

OEUVRES COMPLÈTES

DE M.

ALEXANDRE DUMAS.

IMPRESSIONS

DE VOYAGE.

EXPOSITION.

Il n'y a pas de voyageur qui ne croie devoir rendre compte à ses lecteurs des motifs de son voyage. Je suis trop respectueux envers mes célèbres devanciers, depuis monsieur de Bougainville, qui fit le tour du monde, jusqu'à monsieur de Maistre, qui fit le tour de sa chambre, pour ne pas suivre leur exemple.

D'ailleurs, on trouvera dans mon exposition, si courte qu'elle soit, deux choses fort importantes, qu'on chercherait vainement ailleurs : une recette contre le choléra, et une preuve de l'infaillibilité des journaux.

Le 15 avril 1832, en revenant de conduire jusqu'à l'escalier mes deux bons et célèbres amis, Litz et Boulanger, qui avaient passé la soirée à se prémunir avec moi contre le fléau régnant, en prenant force thé noir, je sentis que les jambes me manquaient tout à coup ; en même temps un éblouissement me passa sur les yeux, et un frisson dans la peau ; je me refins à une table pour ne pas tomber : j'avais le choléra.

S'il était asiatique ou européen, épidémique ou contagieux, c'est ce que j'ignore complètement ; mais ce que je sais très-bien, c'est que, sentant que cinq minutes plus tard je ne pourrais plus parler, je me dépêchai de demander du sucre et de l'éther.

Ma bonne, qui est une fille fort intelligente, et qui m'avait vu quelquefois, après mon dîner, tremper un morceau de sucre dans du rhum, présuma que je lui demandais quelque chose de pareil. Elle remplit un verre à liqueur d'éther pur, posa sur son orifice le plus gros morceau de sucre qu'elle put trouver, et me l'apporta au moment où je venais de me coucher, grelottant de tous mes membres.

Comme je commençais à perdre la tête, j'étendis machinalement la main ; je sentis qu'on m'y mettait quelque chose ; en même temps j'entendis une voix qui me disait : *Avalez cela, monsieur, cela vous fera du bien.* J'approchai ce quelque chose de ma bouche, et j'avalai ce qu'il contenait, c'est-à-dire un demi-flacon d'éther.

Dire la révolution qui se fit dans ma personne, lorsque cette liqueur diabolique me traversa le torse, est chose impossible, car presque aussitôt je perdis connaissance. Une heure après je revins à moi : j'étais roulé dans un grand tapis de fourrures, j'avais aux pieds une boule d'eau bouillante : deux personnes, tenant chacune à la main une bassinoire pleine de feu, me frottaient sur toutes les coutures. Un instant je me crus mort et en enfer : l'éther me brûlait la poitrine au dedans, les frictions me rissolaient au dehors; enfin, au bout d'un quart d'heure, le froid s'avoua vaincu : je fondis en eau, comme la Bible de monsieur Dupaty, et le médecin déclara que j'étais sauvé. Il était temps : deux tours de broche de plus, et j'étais rôti.

Quatre jours après, je vis s'asseoir au pied de mon lit le directeur de la Porte-Saint-Martin ; son théâtre était plus malade encore que moi, et le moribond appelait à son secours le convalescent. Monsieur Harel me dit qu'il lui fallait, dans quinze jours au plus tard, une pièce qui lui produisît cinquante mille écus au moins ; il ajouta, pour me déterminer, que l'état de fièvre où je me trouvais était très favorable au travail d'imagination, vu l'exaltation cérébrale qui en était la conséquence.

Cette raison me parut si concluante, que je me mis aussitôt à l'œuvre : je lui donnai sa pièce au bout de huit jours au lieu de quinze ; elle lui rapporta cent mille écus au lieu de cinquante mille : il est vrai que je faillis en devenir fou.

Ce travail forcé ne me remit pas le moins du monde ; et à peine pouvais-je me tenir debout, tant j'étais faible encore, lorsque j'appris la mort du général Lamarque. Le lendemain, je fus nommé par la famille l'un des commissaires du convoi : ma charge était de faire prendre à l'artillerie de la garde nationale, dont je faisais partie, la place que la hiérarchie militaire lui assignait au cortège.

Tout Paris a vu passer ce convoi, sublime d'ordre, de recueillement et de patriotisme. Qui changea cet ordre en désordre, ce recueillement en colère, ce patriotisme en rébellion ? c'est ce que j'ignore, ou veux ignorer, jusqu'au jour où la royauté de juillet rendra, comme celle de Charles IX, ses comptes à Dieu, ou, comme celle de Louis XVI, ses comptes aux hommes.

Le 9 juin, je lus dans une feuille légitimiste que j'avais été pris les armes à la main, à l'affaire du cloître Saint-Merry, jugé militairement pendant la nuit, et fusillé à trois heures du matin.

La nouvelle avait un caractère si officiel, le récit de mon exécution, que, du reste, j'avais supportée avec le plus grand courage, était tellement détaillé, les renseignements venaient d'une si bonne source, que j'eus un instant de doute : d'ailleurs la conviction du rédacteur était grande ; pour la première fois il disait du bien de moi dans son journal : il était donc évident qu'il me croyait mort.

Je rejetai ma couverture, je sautai à bas de mon lit, et je courus à ma glace pour me donner à moi-même des preuves de mon existence. Au même instant, la porte de ma chambre s'ouvrit, et un commissionnaire entra, porteur d'une lettre de Charles Nodier, conçue en ces termes :

« Mon cher Alexandre,

» Je lis à l'instant, dans un journal, que vous avez été fusillé hier à trois heures du matin : ayez la bonté de me faire savoir si cela vous empêchera de venir demain, à l'Arsenal, dîner avec Taylor. »

Je fis dire à Charles que, pour ce qui était d'être mort ou vivant, je ne pouvais pas trop lui en répondre, attendu que, moi-même, je n'avais pas encore d'opinion bien arrêtée sur ce point ; mais que, dans l'un ou l'autre cas, j'irais toujours le lendemain dîner avec lui ; ainsi qu'il n'avait qu'à se tenir prêt, comme Don Juan, à fêter la statue du commandeur.

Le lendemain, il fut bien constaté que je n'étais pas mort ; cependant je n'y avais pas gagné grand'chose, car j'étais toujours fort malade ; ce que voyant, mon médecin m'ordonna ce qu'un médecin ordonne lorsqu'il ne sait plus qu'ordonner.

UN VOYAGE EN SUISSE.

En conséquence, le 21 juillet 1832, je partis de Paris.

MONTEREAU.

Le lendemain, tandis que la voiture déposait ses voyageurs à Montereau et leur accordait une heure pour déjeuner, j'allai visiter ce pont doublement historique, qui, à quatre siècles de distance, fut témoin de l'agonie de deux dynasties, dont l'une se sauva par un crime, et dont l'autre ne put se sauver par une victoire.

Ces deux pages de notre histoire sont trop importantes pour que nous les laissions en blanc dans notre album de voyage ; en conséquence, nos lecteurs voudront bien jeter avec nous un coup d'œil sur la position topographique de la ville de Montereau, afin que nous les fassions assister aux événements qu'y s'y sont accomplis, et dans lesquels Jean-Sans-Peur et Napoléon ont joué les principaux rôles.

La ville de Montereau est située à vingt lieues à peu près de Paris, au confluent de l'Yonne et de la Seine, où la première de ces deux rivières perd son nom en se jetant dans l'autre ; si l'on remonte, en partant de Paris, le cours du fleuve qui la traverse, on aura, en arrivant en vue de Montereau, à gauche, la montagne de Surville, que couronnent les ruines d'un vieux château, et, au pied de cette montagne, une espèce de faubourg séparé de la ville par le fleuve.

En face de soi, l'on découvrira, simulant l'angle le plus aigu d'un V, et à peu près dans la position où se trouve à Paris la pointe du Pont-Neuf, une langue de terre qui va toujours s'élargissant entre le fleuve et la rivière qui la bordent, jusqu'à ce que la Seine jaillisse de terre près de Baigneux-les-Juifs, et que l'Yonne prenne sa source non loin de l'endroit où était située l'ancienne Bibracte, et où de nos jours s'élève la ville d'Autun.

A droite, la cité toute entière se déploiera gracieusement couchée au milieu de ses maisons et de ses vignes, dont le tapis, bariolé de vert et de jaune comme un manteau écossais, s'étend à perte de vue sur les riches plaines du Gâtinais.

Quant au pont, qui joue un si grand rôle dans le double événement que nous allons essayer de raconter, il joint, en partant de gauche à droite, le faubourg à la ville, et traverse d'abord le fleuve, ensuite la rivière, posant un de ses pieds massifs sur la pointe de terre dont nous avons parlé.

JEAN-SANS-PEUR.

Le 9 septembre 1419, sur la partie du pont qui traverse l'Yonne, et sous l'inspection de deux hommes qui, assis de chaque côté du parapet, paraissaient apporter un égal intérêt à l'œuvre qui s'opérait devant eux, des ouvriers, protégés dans leur travail par quelques soldats qui empêchaient d'approcher le peuple, élevaient en grande hâte une espèce de loge en charpente, qui s'étendait sur toute la largeur du pont, et sur une longueur de vingt pieds à peu près. Le plus vieux des deux personnages que nous avons représentés comme présidant à la construction de cette loge paraissait âgé de quarante huit ans à peu près. Sa tête brune, ombragée par de longs cheveux noirs taillés en rond, était couverte d'un chaperon d'étoffe de couleur sombre, dont un des bouts flottait au vent comme l'extrémité d'une écharpe. Il était vêtu d'une robe de drap pareil à celui de son chaperon, dont la doublure en menu-vair paraissait au collet, à l'extrémité inférieure et aux manches ; de ces manches larges et tombantes sortaient deux bras robustes, que protégeait un de ces durs vêtements de fer maillé qu'on appelait haubergeon. Ses jambes étaient couvertes de longues bottes, dont l'extrémité supérieure disparaissait sous sa robe, et dont l'extrémité inférieure, souillée de boue, attestait que la précipitation avec laquelle il s'était occupé de venir présider à l'exécution de cette loge ne lui avait pas permis de changer son costume de voyage. A sa ceinture de cuir pendait, à des cordons de soie, une longue bourse de velours noir, et à côté d'elle, en place d'épée ou de dague, à une chaîne de fer, une petite hache d'armes damasquinée d'or, dont la pointe opposée au tranchant figurait, avec une vérité qui faisait honneur à l'ouvrier des mains duquel elle était sortie, une tête de faucon déchaperonné.

Quant à son compagnon, qui paraissait à peine âgé de vingt-cinq à vingt-six ans, c'était un beau jeune homme, mis avec un soin qui paraissait, au premier abord, incompatible avec la préoccupation sombre de son esprit. Sa tête, inclinée sur sa poitrine, était couverte d'une espèce de casquette de velours bleu, doublée d'hermine ; une agrafe de rubis y rassemblait sur le devant les tiges de plusieurs plumes de paon, dont le vent agitait l'autre extrémité comme une aigrette d'émeraude, de saphir et d'or. De son surtout de velours rouge, dont les manches pendaient garnies d'hermine, comme son chapeau, sortaient, croisés sur sa poitrine, ses bras couverts d'une étoffe si brillante qu'elle semblait un tissu de fil d'or. Ce costume était complété par un pantalon bleu collant, sur la cuisse gauche duquel étaient brodés un P et un G surmontés d'un casque de chevalier, et par des bottes de cuir noir, doublées de peluche rouge, dont l'extrémité supérieure, en se rabattant, formait un retroussis auquel venait s'attacher par une chaîne d'or la pointe recourbée de la poulaine démesurée qu'on portait à cette époque.

De son côté, le peuple regardait avec une grande curiosité les apprêts de l'entrevue qui devait avoir lieu le lendemain entre le dauphin Charles et le duc Jean ; et quoique le désir unanime fût pour la paix, les paroles qu'il murmurait étaient bien diverses : car il y avait dans tous les esprits plus de crainte que d'espoir ; la dernière conférence qui avait eu lieu entre les chefs des partis dauphinois et bourguignon, malgré les promesses faites de part et d'autre, avait eu des suites si désastreuses, que l'on ne comptait plus que sur un miracle pour la réconciliation des deux princes. Cependant quelques esprits mieux disposés que les autres croyaient, ou paraissaient croire, au succès de la négociation qui allait avoir lieu.

— Pardieu ! disait, les deux mains passées dans la ceinture qui encerclait la rotondité de son ventre au lieu de serrer le bas de sa taille, un gros homme à figure épanouie, bourgeonnant comme un rosier au pied des mois de mai ; pardieu ! c'est bien heureux que monseigneur le dauphin, que Dieu conserve ! et que monseigneur de Bourgogne, que tous les saints protègent ! aient choisi la ville de Montereau pour y venir jurer la paix.

— Oui, n'est-ce pas, tavernier ? répondit, en lui frappant du plat de la main sur le point culminant du ventre, son voisin, moins enthousiaste que lui ; oui, c'est fort heureux, car cela fera tomber quelques écus dans ton escarcelle, et la grêle sur la ville.

— Pourquoi cela, Pierre ? dirent plusieurs voix.

— Pourquoi cela est-il arrivé au Ponceau ? pourquoi, l'entrevue à peine finie, un si terrible ouragan éclata-t-il dans un ciel où l'on ne voyait pas un nuage ? pourquoi le tonnerre tomba-t-il sur l'un des deux arbres au pied desquels s'étaient embrassés le dauphin et le duc ? pourquoi brisa-t-il cet arbre sans toucher l'autre, de telle manière que, quoiqu'ils partissent d'une même tige, l'un tomba foudroyé au pied de son frère resté debout ? Et tiens, ajouta Pierre en étendant la main, pourquoi, en ce moment, tombe-t-il de la neige, quoique nous ne soyons qu'au 9 septembre ?

Chacun, à ces mots, leva la tête, et vit effectivement flotter sur un ciel gris les premiers flocons de cette neige précoce qui devait, pendant la nuit suivante, couvrir comme un linceul toutes les terres de la Bourgogne.

— Tu as raison, Pierre, dit une voix ; c'est de mauvais augure, et cela annonce de terribles choses.

— Savez-vous ce que cela annonce ? reprit Pierre ; c'est que Dieu se lasse à la fin des faux sermens que font les hommes.

— Oui, oui, cela est vrai, répondit la même voix ; mais pourquoi n'est-ce pas sur ceux-là qui se parjurent que le tonnerre tombe, plutôt que sur un pauvre arbre qui n'y peut rien ?

Cette acclamation fit lever la tête au plus jeune des deux seigneurs, et dans ce mouvement ses yeux se portèrent sur la loge en construction. Un des ouvriers établissait, au milieu de cette loge, la barrière qui devait, pour la sûreté de chacun, séparer les deux partis. Il paraît que cette mesure de précaution n'obtint pas l'approbation du noble assistant, car son visage pâle devint pourpre ; et, sortant de l'apathie apparente dans laquelle il était plongé, il bondit jusqu'à la loge, et tomba au milieu des ouvriers, avec un blasphème si sacrilége, que le charpentier qui commençait à ajuster la barrière la laissa tomber et se signa.

— Qui t'a ordonné de mettre cette barrière, misérable ? lui dit le chevalier.

— Personne, monseigneur, reprit l'ouvrier tremblant et courbé sous ces paroles ; personne, mais c'est l'habitude.

— L'habitude est une sotte, entends-tu ? Envoie-moi ce morceau de bois à la rivière. — En se retournant vers son compagnon plus âgé : — A quoi donc, dit-il, pensiez-vous, messire Tanneguy, que vous le laissiez faire ?

— Mais j'étais comme vous, messire de Gyac, répondit Duchâtel, si préoccupé de ce qu'il paraît de l'événement, que j'en oubliais les préparatifs.

Pendant ce temps l'ouvrier, pour obéir à l'ordre du sire de Gyac, avait dressé la barrière contre le parapet du mur, et se préparait à la faire passer par dessus, lorsqu'une voix sortit de la foule qui regardait cette scène : c'était celle de Pierre.

— C'est égal, disait-il en s'adressant au charpentier, tu avais raison, André ; et c'est ce seigneur qui a tort.

— Hein ? dit de Gyac en se retournant.

— Oui, monseigneur, continua tranquillement Pierre en se croisant les bras ; vous avez beau dire : une barrière c'est la sûreté de chacun : c'est chose de bonne précaution lorsqu'une entrevue doit avoir lieu entre deux ennemis, et cela se fait toujours.

— Oui, oui, toujours ! crièrent tumultueusement les hommes qui l'entouraient.

— Et qui donc es-tu, dit de Gyac, pour oser avoir un avis qui n'est pas le mien ?

— Je suis, répondit froidement Pierre, un bourgeois de la commune de Montereau, libre de corps et de biens, et ayant pris, tout jeune, l'habitude de dire tout haut mon avis sûr chaque chose, sans m'inquiéter s'il choque l'opinion d'un plus puissant que moi.

De Gyac fit un geste pour porter la main à son épée ; Tanneguy l'arrêta par le bras.

— Vous êtes insensé, messire, lui dit-il en haussant les épaules. — Archers ! continua Tanneguy, faites évacuer le pont, et si ces drôles font quelque résistance, je vous permets de vous souvenir que vous avez une arbalète à la main et des viretons plein votre trousse.

— C'est bien, c'est bien, messeigneurs, dit Pierre, qui, placé le dernier, avait l'air de soutenir la retraite ; c'est bien, on se retire ; mais, puisque je vous ai dit mon premier avis, il faut que je vous dise le second : c'est qu'il se prépare à cette place quelque bonne trahison. Dieu reçoive en grâce la victime, et en miséricorde les meurtriers !

Pendant que les ordres donnés par Tanneguy s'exécutaient les charpentiers avaient abandonné la loge achevée, et garnissaient de barrières, fermées par de fortes portes, les deux extrémités du pont, afin que les personnes seules qui étaient de la suite du dauphin et du duc pussent entrer ; ces personnes devaient être au nombre de dix de chaque côté ; et, pour la sûreté personnelle de chacun des chefs, le reste des gens du duc devait occuper la rive gauche de la Seine et le château de Surville, et les partisans du dauphin la ville de Montereau et la rive droite de l'Yonne. Quant à la langue de terre dont nous avons parlé, et qui se trouve entre les deux rivières, c'était un terrain neutre qui ne devait appartenir à personne ; e comme à cette époque, à l'exception d'un moulin isolé qui s'élevait au bord de l'Yonne, cette presqu'île était complètement inhabitée, on pouvait facilement s'assurer qu'on n'y avait préparé aucune surprise.

Lorsque les ouvriers eurent achevé les barrières, deux troupes d'hommes armés, comme si elles n'avaient attendu que ce moment, s'avancèrent simultanément pour prendre leurs positions respectives : l'une des troupes, composée d'arbalétriers portant la croix rouge de Bourgogne sur l'épaule, vint, commandée par Jacques de la Lime, son grand-maître, s'emparer du faubourg de Montereau, et placer des sentinelles à l'extrémité du pont par laquelle devait arriver le duc Jean ; l'autre, formée d'hommes d'armes dauphinois, se répandit dans la ville, et vint mettre des gardes à la barrière par laquelle devait entrer le Dauphin.

Pendant ce temps, Tanneguy et de Gyac avaient continué leur entretien ; mais, dès qu'ils virent ces dispositions prises, ils se séparèrent : de Gyac pour reprendre la route de Bray-sur-Seine, où l'attendait le duc de Bourgogne, et Tanneguy Duchâtel pour se rendre auprès du dauphin de France.

La nuit fut horrible : malgré la saison peu avancée, six pouces de neige couvrirent le sol. Tous les biens de la terre furent perdus.

Le lendemain, 10 septembre, à une heure après midi, le duc monta à cheval dans la cour de la maison où il s'était logé. Il avait à sa droite le sire de Gyac, et à sa gauche le seigneur de Noailles. Son chien favori avait hurlé lamentablement toute la nuit ; et, voyant son maître prêt à partir, il s'élançait hors de la niche où il était attaché, les yeux ardens et le poil hérissé ; enfin, lorsque le duc se mit en marche, le chien fit un violent effort, rompit sa double chaîne de fer, et, au moment où le cheval allait franchir le seuil de la porte, il se cabra et faillit faire perdre les arçons à son cavalier. De Gyac, impatient, voulut l'écarter avec un fouet qu'il portait ; mais le chien ne tint aucun compte des coups qu'il recevait, et se jeta de nouveau à la gorge du cheval du duc ; celui-ci, le croyant enragé, prit une petite hache d'armes qu'il portait à l'arçon de sa selle, et lui fendit la tête. Le chien jeta un cri, et alla en roulant expirer sur le seuil de la porte, comme pour en défendre encore le passage : le duc, avec un soupir de regret, fit sauter son cheval par dessus le corps du fidèle animal.

Vingt pas plus loin, un vieux juif, qui était de sa maison et qui se mêlait de l'œuvre de magie, sortit tout à coup de derrière un mur, arrêta le cheval du duc par la bride et lui dit : — Monseigneur, au nom de Dieu, n'allez pas plus loin.

— Que me veux-tu, juif ? dit le duc en s'arrêtant.

— Monseigneur, reprit le juif, j'ai passé la nuit à consulter les astres, et la science dit que, si vous allez à Montereau, vous n'en reviendrez pas. — Et il tenait le cheval au mors pour l'empêcher d'avancer.

— Qu'en dis-tu, de Gyac ? dit le duc en se retournant vers son jeune favori.

— Je dis, répondit celui-ci, la rougeur de l'impatience au front, je dis que ce juif est un fou qu'il faut traiter comme votre chien, si vous ne voulez pas que son contact immonde vous force à quelque pénitence de huit jours.

— Laisse-moi, juif, dit le duc pensif, en lui faisant doucement signe de le laisser passer.

— Arrière, juif ! s'écria de Gyac en heurtant le vieillard du poitrail de son cheval et en l'envoyant rouler à dix pas ; arrière ! n'entends-tu pas monseigneur qui t'ordonne de lâcher la bride de son cheval ? Le duc passa la main sur son front comme pour en écarter un nuage ; et, jetant un dernier regard sur le juif étendu sans connaissance sur le revers de la route, il continua son chemin.

Trois quarts d'heure après, le duc arriva au château de Montereau. Avant de descendre de cheval, il donna l'ordre à deux cents hommes d'armes et à cent archers de se loger dans le faubourg, et de relever ceux qui, la veille, avaient reçu la garde de la tête du pont.

En ce moment, Tanneguy vint vers le duc, et lui dit que le dauphin l'attendait au lieu de l'entrevue depuis près d'une heure. Le duc répondit qu'il y allait ; au même instant, un de ses serviteurs tout effaré accourut, et lui parla tout bas. Le duc se tourna vers Duchâtel.

— Par le saint nom de Dieu ! dit-il, chacun s'est donné le mot aujourd'hui pour nous entretenir de trahison. Duchâtel, êtes-vous bien sûr que notre personne ne court aucun risque ? car vous feriez bien mal de nous tromper.

— Mon très-redouté seigneur, répondit Tanneguy, j'aimerais mieux être mort et damné que de faire trahison à vous ou à nul autre ; n'ayez donc aucune crainte, car monseigneur le dauphin ne vous veut aucun mal.

— Eh bien ! nous irons donc, dit le duc, nous fiant à Dieu, — il leva les yeux au ciel, — et à vous, continua-t-il en fixant sur Tanneguy un de ces regards perçans qui n'appartenaient qu'à lui. Tanneguy le soutint sans baisser la vue.

Alors celui-ci présenta au duc le parchemin sur lequel étaient inscrits les noms des dix hommes d'armes qui devaient accompagner le dauphin ; ils étaient inscrits dans l'ordre suivant :

Le vicomte de Narbonne, Pierre de Beauveau, Robert de Loire, Tanneguy Duchâtel, Barbazan, Guillaume Le Bouteillier, Guy d'Avaugour, Olivier Layet, Varennes et Frottier.

Tanneguy reçut en échange la liste du duc. Ceux qu'il avait appelés à l'honneur de le suivre étaient :

Monseigneur Charles de Bourbon, le seigneur de Noailles, Jean de Fribourg, le seigneur de Saint-Georges, le seigneur de Montagu, messire Antoine du Vergy, le seigneur d'Ancre, messire Guy de Pontarlier, messire Charles de Lens et messire Pierre de Gyac. De plus, chacun devait amener avec lui son secrétaire (1).

Tanneguy emporta cette liste. Derrière lui, le duc se mit en route pour descendre du château au pont ; il était à pied, avait la tête couverte d'un chaperon de velours noir, portait pour arme défensive un simple haubergeon de mailles, et, pour arme offensive, une faible épée à riche ciselure et à poignée dorée.

En arrivant à la barrière, Jacques de la Lime lui dit qu'il avait vu beaucoup de gens armés entrer dans une maison de la ville qui touchait à l'autre extrémité du pont, et qu'en l'apercevant, lorsqu'il avait pris poste avec sa troupe, ces gens s'étaient hâtés de fermer les fenêtres de cette maison.

— Allez voir si cela est vrai, de Gyac, dit le duc ; je vous attendrai ici (2).

De Gyac prit le chemin du pont, traversa les barrières, passa au milieu de la loge en charpente, arriva à la maison désignée, et en ouvrit la porte. Tanneguy y donnait des instructions à une vingtaine de soldats armés de toutes pièces.

— Eh bien ! dit Tanneguy en l'apercevant.

— Etes-vous prêts ? répondit de Gyac.

— Oui, maintenant il peut venir.

De Gyac retourna vers le duc.

— Le grand-maître a mal vu, monseigneur, dit-il ; il n'y a personne dans cette maison.

Le duc se mit en marche. Il dépassa la première barrière, qui se ferma aussitôt derrière lui. Cela lui donna quelques soupçons ; mais comme il vit devant lui Tanneguy et le sire de Beauveau, qui étaient venus à sa rencontre, il ne voulut pas reculer. Il prêta son serment d'une voix ferme ; et, montrant au sire de Beauveau sa légère cote de mailles et sa faible épée : — Vous voyez, monsieur, comme je viens ;

---

(1) Enguerrand de Monstrelet. — Sainte-Foix. — Barante.
(2) Enguerrand de Monstrelet.

d'ailleurs, continua-t-il en se tournant vers Duchâtel et en lui frappant sur l'épaule, *voici en qui je me fie* (1).

Le jeune dauphin était déjà dans la loge en charpente au milieu du pont : il portait une robe de velours bleu clair garnie de martre, un bonnet dont la forme était entourée d'une petite couronne de fleurs de lis d'or ; la visière et les rebords étaient de fourrure pareille à celle de la robe.

En apercevant le prince, les doutes du duc de Bourgogne s'évanouirent ; il marcha droit à lui, entra sous la tente, remarqua que, contre tous les usages, il n'y avait point de barrière au milieu pour séparer les deux partis ; mais, sans doute, il crut que c'était un oubli, car il n'en fit pas même l'observation. Quant les dix seigneurs qui l'accompagnaient furent entrés à sa suite, on ferma les deux barrières.

A peine s'il y avait dans cette étroite tente un espace suffisant pour que les vingt-quatre personnes qui y étaient enfermées pussent y tenir, même debout ; Bourguignons et Français étaient mêlés au point de se toucher. Le duc ôta son chaperon, et mit le genou gauche en terre devant le dauphin.

— Je suis venu à vos ordres, monseigneur, dit-il, quoique quelques-uns m'aient assuré que cette entrevue n'avait été demandée par vous qu'à l'effet de me faire des reproches ; j'espère que cela n'est pas, monseigneur, ne les ayant pas mérités.

Le dauphin se croisa les bras, sans l'embrasser ni le relever, comme il avait fait à la première entrevue.

— Vous vous êtes trompé, monsieur le duc, répondit-il d'une voix sévère : oui, nous avons de graves reproches à vous faire ; car vous avez mal tenu la promesse que vous nous aviez engagée. Vous m'avez laissé prendre ma ville de Pontoise, qui est la clef de Paris ; et, au lieu de vous jeter dans la capitale pour la défendre ou y mourir, comme vous le deviez en sujet loyal, vous avez fui à Troyes.

— Fui, monseigneur ! dit le duc en tressaillant de tout son corps à cette expression outrageante.

— Oui, fui, répéta le daupin, appuyant sur le mot. — Vous avez...

Le duc se releva, ne croyant pas sans doute devoir en entendre davantage ; et comme, dans l'humble posture qu'il avait prise, une des ciselures de la poignée de son épée s'était accrochée à une maille de son haubergeon, il voulut lui faire reprendre sa position verticale : le dauphin recula d'un pas, ne sachant pas quelle était l'intention du duc en touchant son épée.

— Ah ! vous portez la main à votre épée en présence de votre maître ! s'écria Robert de Loire en se jetant entre le duc et le dauphin.

Le duc voulut parler. Tanneguy se baissa, ramassa derrière la tapisserie la hache qui, la veille, était pendue à sa ceinture ; puis, se redressant de toute sa hauteur : *Il est temps*, dit-il en levant son arme sur la tête du duc.

Le duc vit le coup qui le menaçait ; il voulut le parer de la main gauche, tandis qu'il portait la droite à la garde de son épée ; il n'eut pas même le temps de la tirer ; la hache de Tanneguy tomba, abattant la main gauche du duc, et du même coup lui fendant la tête depuis la pommelle de la joue jusqu'au bas du menton.

Le duc resta encore un instant debout, comme un chêne qui ne peut tomber ; alors Robert de Loire lui plongea son poignard dans la gorge, et l'y laissa.

Le duc jeta un cri, étendit les bras, et alla tomber aux pieds de Gyac.

Il y eut alors une grande clameur et une affreuse mêlée ; car, dans cette tente, où deux hommes auraient eu à peine de la place pour se battre, vingt hommes se ruèrent les uns sur les autres. Un moment, on ne put distinguer au-dessus de toutes ces têtes que des mains, des haches et des épées. Les Français criaient : Tue ! tue ! à mort ! Les Bourguignons criaient : Trahison ! trahison ! alarme ! Les étincelles jaillissaient des armes qui se rencontraient, le sang s'élançait des blessures. Le dauphin épouvanté s'était jeté le haut du corps

(1) Enguerrand de Monstrelet.

en dehors de la barrière. A ses cris, le président Louvet arriva, le prit par-dessous les épaules, le tira dehors, et l'entraîna presque évanoui vers la ville ; sa robe de velours bleu était toute ruisselante du sang du duc de Bourgogne, qui avait rejailli jusque sur lui.

Cependant le sire de Montagu, qui était au duc, était parvenu à escalader la barrière, et criait : Alarme ! De Noailles allait la franchir aussi, lorsque Narbonne lui fendit le derrière de la tête ; il tomba hors de la tente, et expira presque aussitôt. Le seigneur de Saint-Georges était profondément blessé au côté droit d'un coup de pointe de hache ; le seigneur d'Ancre avait la main fendue.

Cependant le combat et les cris continuaient dans la tente ; on marchait sur le duc mourant, que nul ne songeait à secourir. Jusqu'alors, les dauphinois, mieux armés, avaient le dessus ; mais, aux cris du seigneur de Montagu, Antoine de Thoulongeon, Simon Othelimer, Sambutier et Jean d'Ermay accoururent, s'approchèrent de la loge, et, tandis que trois d'entre eux dardaient leurs épées à ceux du dedans, le quatrième rompait la barrière. De leur côté, les hommes cachés dans la maison sortirent, et arrivèrent en aide aux Dauphinois. Les Bourguignons, voyant que toute résistance était inutile, prirent la fuite par la barrière brisée. Les dauphinois les poursuivirent, et trois personnes seulement restèrent sous la tente vide et ensanglantée.

C'était le duc de Bourgogne, étendu et mourant ; c'était Pierre de Gyac, debout, les bras croisés, et le regardant mourir ; c'était enfin Olivier Layet, qui, touché des souffrances de ce malheureux prince, soulevait son haubergeon pour l'achever par dessous avec son épée. Mais de Gyac ne voulait pas voir abréger cette agonie, dont chaque convulsion semblait lui appartenir ; et lorsqu'il reconnut l'intention d'Olivier, d'un violent coup de pied il lui fit voler son épée des mains. Olivier, étonné, leva la tête. — Eh ! sang-Dieu ! lui dit en riant de Gyac, laissez donc ce pauvre prince mourir tranquille.

Puis, lorsque le duc eut rendu le dernier soupir, il lui mit la main sur le cœur pour s'assurer qu'il était bien mort ; et, comme le reste l'inquiétait peu, il disparut sans que personne fît attention à lui.

Cependant les Dauphinois, après avoir poursuivi les Bourguignons jusqu'au pied du château, revinrent sur leurs pas. Ils trouvèrent le corps du duc étendu à la place où ils l'avaient laissé, et près de lui le curé de Montereau, qui, les genoux dans le sang, lui disait les prières des morts. Les gens du dauphin voulurent lui arracher ce cadavre et le jeter à la rivière ; mais le prêtre mit son crucifix sur le duc, et menaça de la colère du ciel quiconque oserait toucher ce pauvre corps, dont l'âme était si violemment sortie. Alors Cœsmerel, bâtard de Tanneguy, lui détacha du pied un de ses éperons d'or, jurant de le porter désormais comme un ordre de chevalerie ; et les valets du dauphin, suivant cet exemple, arrachèrent les bagues dont ses mains étaient couvertes, ainsi que la magnifique chaîne d'or qui pendait à son cou.

Le prêtre resta là jusqu'à minuit ; puis à cette heure seulement, avec l'aide de deux hommes, il porta le corps dans un moulin, près du pont, le déposa sur une table, et continua de prier près de lui jusqu'au lendemain matin. A huit heures, le duc fut mis en terre, en l'église Notre-Dame, devant l'autel Saint-Louis ; il était revêtu de son pourpoint et de ses housseaux ; sa barette était tirée sur son visage ; aucune cérémonie religieuse n'accompagna l'inhumation : cependant, pour le repos de son âme, il fut dit douze messes pendant les trois jours suivans. Le lendemain du jour de l'assassinat du duc de Bourgogne, des pêcheurs trouvèrent dans la Seine le corps de madame de Gyac (1).

(1) Voyez les *Chroniques de France* dans la *Revue des Deux Mondes*.

NAPOLÉON.

Dans la soirée du 17 février 1814, les habitants de Montereau avaient vu s'entasser dans leur ville, prendre position sur la hauteur qui la domine, et s'étendre dans les plaines qui l'environnent, des masses de Wurtembourgeois si pressées qu'ils n'en pouvaient calculer le nombre. Ces hommes regrettaient amèrement de n'être que l'arrière-garde de la triple armée qui poursuivait Napoléon vaincu et les quinze mille hommes qui l'entouraient encore : dernier débris qui lui servait plutôt d'escorte que de défense ; et chacun d'eux, fixant ses yeux avides sur le cours de la Seine qui fuit vers la capitale, répétait ce cri, que nous avons entendu tout enfans, et que cependant nous croyons entendre encore, tant il avait une expression funeste dans les bouches étrangères : *Paris ! Paris !*

Toute la journée, cependant, de Mormant à Provins, le canon avait grondé ; mais l'ennemi insoucieux y avait fait attention à peine : c'était sans doute quelque général perdu qui, acculé comme un sanglier aux abois, tenait encore tête aux Russes. En effet, qu'avait-on à craindre ? Napoléon le vainqueur était en fuite à son tour ; Napoléon était à dix-huit lieues de Montereau, avec ses quinze mille hommes harrassés, qui ne devaient plus avoir de forces que pour regagner la capitale.

La nuit vint.

Le lendemain, le canon se fait entendre, mais de plus près que la veille : d'instant en instant chaque cri de cette grande voix des batailles tonne plus haut. Les Wurtembourgeois se réveillent, ils écoutent : le canon n'est plus qu'à deux lieues de Montereau ; le cri : Aux armes ! court partout avec son frémissement électrique ; les tambours battent ; les clairons sonnent, les chevaux des aides de camp battent le pavé de leurs quatre pieds de fer ; l'ennemi est en bataille.

Tout à coup, par la route de Nogent, débouchent des masses en désordre ; elles sont poursuivies de si près, que le feu de notre canon les brûle, que le souffle de nos chevaux mouille leurs épaules : ce sont les Russes qui, la veille au matin, formaient l'avant-garde de l'armée d'invasion, et avaient déjà atteint Fontainebleau.

Dans la nuit du 16 au 17, Napoléon s'est retourné : des charrettes de poste transportent ses soldats ; des chevaux de poste traînent son artillerie ; la cavalerie d'Espagne arrive toute fraîche, et les suit au galop. Le 17 au matin, Napoléon et son armée sont en bataille devant Guignes ; ils y trouvent les avant-postes ennemis, les chassent devant eux, atteignent les colonnes russes, les renversent. L'ennemi se replie. De Guignes à Nangis ce n'est encore qu'une retraite ; de Nangis à Nogent c'est une déroute. Napoléon passe au galop devant le duc de Bellune, lui jette l'ordre de détacher trois mille hommes de son corps d'armée. Qu'a-t-il à faire de quinze mille soldats pour poursuivre vingt-cinq mille Russes ? Bellune ira l'attendre à Montereau : en s'y rendant en ligne droite, il n'a que six lieues à faire ; Napoléon y sera le lendemain, lui ; et, par le cercle qu'il lui faut parcourir, il en aura fait dix-sept.

Bellune détache trois mille hommes, se met à leur tête, s'égare, met dix heures à faire six lieues, et, en arrivant à Montereau, trouve la ville occupée depuis deux heures par les Wurtembourgeois.

Cependant Napoléon balaie l'ennemi comme l'ouragan la poussière, le dépasse, et, se retournant aussitôt, le refoule sur Montereau, où Bellune et ses trois mille hommes doivent l'attendre. Cette cavalerie qui hennit, c'est la sienne, ces canons qui tonnent, ce sont les siens ; cet homme qui, au milieu de la poudre, du bruit et du feu, apparaît aux premiers rangs des vainqueurs, chassant vingt-cinq mille Russes avec sa cravache, c'est lui, c'est Napoléon !

Russes et Wurtembourgeois se sont reconnus : les fuyards s'adossent à un corps d'armée de troupes fraîches. Où Napoléon croit trouver trois mille Français, et prendre les Russes entre deux feux, il rencontre dix mille ennemis, et heurte un mur de baïonnettes ; de la hauteur de Surville, où devait flotter le drapeau tricolore, dix-huit pièces de canon s'apprêtent à le foudroyer.

La garde reçoit l'ordre d'enlever le plateau de Surville ; elle s'élance au pas de course ; après la troisième décharge, les artilleurs Wurtembourgeois sont tués sur leurs pièces ; le plateau est à nous.

Cependant les canons, que l'ennemi a eu le temps d'enclouer, ne peuvent pas servir. On traîne à bras l'artillerie de la garde ; Napoléon la dirige, la place, la pointe ; la montagne s'allume comme un volcan ; la mitraille enlève des rangs entiers de Wurtembourgeois et de Russes ; les boulets ennemis répondent, sifflent et ricochent sur le plateau ; Napoléon est au milieu d'un ouragan de fer. On veut le forcer de se retirer : — Laissez, laissez, mes amis, dit-il en se trampconnant à un affût ; le boulet qui doit me tuer n'est pas encore fondu. En sentant la poudre de si près, l'empereur a disparu ; le lieutenant d'artillerie s'est remis à l'œuvre. — Allons, Bonaparte, sauve Napoléon !

Protégées par le feu de cette redoutable artillerie, dont l'œil de Napoléon semble conduire chaque boulet, diriger chaque mitraille, les gardes nationales bretonnes s'emparent à la baïonnette du faubourg de Melun, tandis que du côté de Fossard le général Pajol pénètre avec sa cavalerie jusqu'à l'entrée du pont ; là ils trouvent Russes et Wurtembourgeois tellement entassés, que ce ne sont plus les baïonnettes ennemies, mais les corps mêmes des hommes qui les empêchent d'avancer : il faut se faire avec le sabre un chemin dans cette foule, comme avec la hache dans une forêt trop pressée. Alors Napoléon ramène tout le feu de son artillerie sur un seul point ; ses boulets enfilent la longue ligne du pont ; chacun d'eux enlève des rangs entiers d'hommes dans cette masse, qu'ils labourent comme la charrue un champ ; et cependant l'ennemi se trouve encore trop pressé ; il étouffe entre les parapets ; le pont déborde ; en un instant la Seine et l'Yonne sont couvertes d'hommes et rouges de sang.

Cette boucherie dura quatre heures.

« Et maintenant, dit Napoléon lassé, en s'asseyant sur l'af-
» fût d'un canon, je suis plus près de Vienne qu'ils ne le sont
» de Paris. »

Puis il laissa tomber sa tête entre ses mains, resta dix minutes absorbé dans la pensée de ses anciennes victoires et dans l'espérance de ses victoires nouvelles.

Quand il releva le front, il avait devant lui un aide de camp qui venait lui annoncer que Soissons, cette poterne de Paris, s'était ouverte, et que l'ennemi n'était plus qu'à dix lieues de sa capitale.

Il écouta ces nouvelles comme choses que, depuis deux ans, l'impéritie ou la trahison de ses généraux l'avait habitué à entendre : pas un muscle de son visage ne bougea, et nul de ceux qui l'entouraient ne put dire qu'il avait surpris une trace d'émotion sur la figure de ce joueur sublime, qui venait de perdre le monde.

Il fit signe qu'on lui amenât son cheval ; puis, indiquant du doigt la route de Fontainebleau, il ne dit que ces seules paroles : — Allons, messieurs, en route.— Et cet homme de fer partit impassible, comme si toute fatigue devait s'émousser sur son corps, et toute douleur sur son âme.

On montre, suspendue à la voûte de l'église de Montereau, l'épée de Jean de Bourgogne.

Sur toutes les maisons qui font face au plateau de Surville, on reconnaît la trace des boulets de Napoléon.

LYON.

Le lendemain au soir, nous nous arrêtâmes à Châlons. Nous n'avions retenu nos places que jusqu'à cette ville, comptant, une fois arrivés là, gagner Lyon par eau. Nous nous trompions : la Saône était si basse, que, le jour même, les bateaux à vapeur n'avaient pu revenir ; nous les aperçûmes piteusement traînés à la remorque par quarante chevaux, qui les forçaient d'avancer sur un lit de sable, dont leur quille labourait le fond : il ne fallait pas songer à partir le lendemain par cette voie.

Comme il n'y avait de place à la voiture que pour le surlendemain, je me remémorai les ruines de certain château que j'avais vu en passant sur les bords de la route, quatre ou cinq lieues avant d'arriver à Châlons ; et, n'ayant rien de mieux à faire, nous prîmes le parti de le visiter. En effet, le lendemain, de bon matin, nous étions en route, emportant précautionnellement un déjeuner qu'il aurait été fort difficile, je crois, de trouver au lieu de notre destination.

Il ne reste du château de la Roche-Pot qu'une enceinte circulaire ; les bâtiments d'habitation et de service s'élevaient autour d'une cour ronde ; une partie du château devait être déjà bâtie au retour des croisades ; deux tours seulement m'ont paru postérieures à cette époque. Un rocher à pic forme la base de l'édifice, et se trouve enclavé dans les fondations de cette bâtisse avec tant d'art, qu'aujourd'hui encore, et malgré les huit siècles qui ont passé sur elle, il est difficile de distinguer la place précise où l'œuvre de l'homme fut superposée à l'œuvre de Dieu.

Au pied du rocher crénelé, comme des nids d'hirondelles et de passereaux, quelques cabanes peureuses s'étaient groupées, demandant à la maison féodale de l'ombre et un abri.

Le château n'est plus que ruines, tristesse et solitude ; les maisons des paysans sont restées debout, joyeuses et habitées !

Et cependant ceux qui peuplaient le château é aient de nobles seigneurs, dont le nom a laissé trace dans l'histoire.

En 1422, le duc Philippe de Bourgogne, fils de Jean Sans-Peur, sollicite et obtient du roi Charles VI et de la reine Isabeau que le chancelier de Bourgogne, Réné Pot, seigneur de la Roche, l'accompagne pour recevoir le serment de la Bourgogne.

Or, quel était ce serment exigé par le roi et la reine de France, et qui devait être prêté entre les mains du premier feudataire de la couronne ?

C'était celui de reconnaître le roi Henri d'Angleterre comme gouverneur et régent du royaume des lis.

En 1454, Jacques Pot, seigneur de la Roche-Nolay, fils de celui que nous venons de nommer, assiste avec honneur à la revue des chevaliers et des troupes passée par la duchesse de Bourgogne, et au tournoi qui en est la suite.

En 1454, Philippe Pot est nommé par le duc de Bourgogne chef de l'ambassade qu'il envoie au roi Charles VII.

En 1477, Philippe Pot, Guy Pot, son fils, et Antoine de Crèvecœur, signent, comme plénipotentiaires, le traité de Sens entre le roi Louis XI et Maximilien, époux de Marie de Bourgogne.

En 1480, le duc Maximilien de Bourgogne raye de la liste des chevaliers de la Toison-d'Or Philippe Pot de la Roche-Nolay, qu'il soupçonne d'être dans les intérêts de Louis XI.

Ici je perds les traces de cette noble famille, et je reviens aux ruines de son château, dont un habitant de Lyon, victime d'une escroquerie assez curieuse pour être racontée, se trouve maintenant propriétaire.

Voici le fait :

Vers la fin de 1828, un individu se présente chez le paysan en la possession duquel se trouvaient alors le château de la Roche et les deux ou trois arpens de terrain caillouteux qui en forment aujourd'hui toutes les dépendances, et lui demande pour quel prix il consentirait à vendre sa propriété.

Le paysan, qui n'avait jamais pu même, au milieu des moellons dont elle était encombrée, y faire pousser des orties pour sa vache, fut très accommodant sur le prix, qui, après une légère discussion, fut fixé à mille francs.

L'accord fait pour cette somme, on se rendit chez le notaire, où les mille francs furent comptés, seulement l'acquéreur demandait, pour des raisons personnelles, que le prix fût porté sur le contrat à la somme de cinquante mille francs.

Le vendeur, à qui la chose était assez indifférente, puisque ce n'était pas lui payait les frais de mutation, y consentit bien volontiers, trop content de tirer mille francs d'une ruine qui ne lui rapportait par an que deux ou trois douzaines d'œufs de corbeau. Le tabellion, de son côté, parut parfaitement comprendre l'originalité de cette fantaisie, du moment où l'acquéreur lui pria de régler ses honoraires sur le prix simulé, et non sur le prix réel.

L'acte fait, le nouveau propriétaire s'en fit délivrer une expédition ; puis avec cette expédition il se rendit à Lyon, se présenta chez un notaire, demandant à emprunter à réméré, sur sa propriété de la Roche, une somme de vingt-cinq mille francs, garantie par première hypothèque.

Le notaire lyonnais écrivit au bureau des inscriptions pour savoir si la propriété n'était grevée d'aucune obligation : le conservateur lui répondit qu'il n'y avait pas une pierre du château qui dût un sou à qui que ce fût.

Le même jour, le notaire avait trouvé la somme, et dix minutes après l'acte passé, l'emprunteur était parti avec elle.

Le jour du remboursement arriva, sans que le prêteur vît venir ni son homme, ni son argent, ni la moindre chose qui leur ressemblât.

Il demanda la mise en possession, et, après un millier d'écus de frais, il l'obtint.

Aussitôt il prit la poste pour aller visiter sa nouvelle propriété, que, d'après l'expédition de vente, il avait eue à moitié prix.

Il trouva une masure qui valait cinquante écus pour un amateur.

Lorsque nous redescendîmes au village, on nous demanda si nous avions vu le Vaux-Chignon ; nous répondîmes négativement, le nom même de cette curiosité nous étant inconnu. Comme il n'était encore qu'une heure de l'après-midi, nous ordonnâmes au postillon de nous y conduire.

Le postillon prit la grande route, comme s'il voulait nous ramener à Paris ; puis enfin, quittant le chemin, se jeta dans les terres. Cinq minutes après, il tournait court devant une espèce de précipice. Nous étions arrivés à la merveille.

En effet, c'est une chose bizarre : au milieu d'une de ces grandes plaines de Bourgogne, où nul accident de terrain n'empêche la vue de s'étendre, le sol se fend tout à coup sur une longueur d'une lieue et demie et sur une largeur de cinq cents pas, laissant apercevoir, à la profondeur de deux cents pieds à peu près, une vallée délicieuse, verte comme l'émeraude et sillonnée par une petite rivière blanche et bruissante, qui s'harmonie admirablement avec elle comme grandeur et comme contour. Nous descendîmes une rampe assez douce, et au bout de dix minutes à peu près nous nous trouvâmes au milieu de ce petit Eldorado bourguignon, que les roches qui l'entourent, coupées à pic et surplombant sur lui, isolent du reste du monde. Là, en remontant le cours de la petite rivière, dont nous ne sûmes pas le nom, et qui probablement n'en a point encore, sans apercevoir ni un homme ni une maison, nous vîmes des moissons qui semblaient pousser pour les oiseaux du ciel, des raisins que rien ne défendait contre la soif des curieux, des arbres fruitiers pliant sous leur propre poids : au milieu de tant de solitude, de silence et de richesses, on serait vraiment tenté de croire que ce coin de terre est resté inconnu aux hommes.

Nous continuâmes de remonter les rives de ce petit ruisseau : à cent pas de l'extrémité du vallon, il se bifurque comme un Y, car il a deux sources ; l'une d'elles sort d'une roche vive par une ouverture assez large pour qu'on la poursuive dans ce corridor sombre l'espace de cent toises environ, au bout desquelles on la surprend jaillissant de terre : l'autre, qui descend d'une fontaine supérieure, tombe d'une hauteur de cent pieds, transparente comme une écharpe de gaze, et glissant sur la mousse verte dont sa fraîcheur a tapissé le rocher.

J'ai visité depuis les belles vallées de la Suisse et les somptueuses plaines de l'Italie; j'ai descendu le cours du Rhin et remonté celui du Rhône; je me suis assis sur les bords du Pô, entre Turin et la Superga, ayant devant moi les Alpes et derrière moi les Apennins : eh bien! aucune vue, aucun site, si varié, si pittoresque, si grandiose qu'il fût, n'a pu me faire oublier mon petit vallon de Bourgogne, si tranquille, si solitaire, si inconnu, avec son ruisseau, si frêle qu'on a oublié de lui donner un nom, et sa cascade, si légère que le moindre coup de vent la soulève, et va l'éparpiller au loin comme de la rosée.

Nous étions de retour à cinq heures à Châlons, car ces deux courses peuvent se faire en moins d'une journée. Nous y apprîmes qu'un bateau à vapeur plus léger que les autres tenterait le lendemain d'arriver jusqu'à Mâcon. La voiture m'avait tellement fatigué, que, quoique j'ignorasse si de cette dernière ville je trouverais moyen de gagner Lyon, j'aimai mieux profiter de ce mode de transport que de tout autre.

Le lendemain, vers midi, nous arrivâmes à Mâcon ; mais à Mâcon pas de voiture, ou des voitures pleines. C'est alors, Dieu garde mon plus grand ennemi de surprise pareille! que des bateliers vinrent nous offrir de nous conduire par eau jusqu'à Lyon, affirmant qu'avec le vent qu'il faisait nous devions arriver en six heures. Nous nous laissâmes prendre à cette promesse, et nous nous embarquâmes, dans notre innocence : nous mîmes vingt-quatre heures à accomplir ce voyage pittoresque. On vante beaucoup les bords de la Saône ; je ne sais si c'est prévention, à cause de la nuit abominable que j'avais passée sur ses eaux, mais le lendemain je me trouvai peu disposé à l'admiration. Je leur préfère de beaucoup les rives de la Loire, et j'aime au moins autant celle de la Seine.

Enfin, à onze heures du matin, nous aperçûmes tout-à-coup, en franchissant un coude de la rivière, la rivale de Paris, assise sur sa colline comme sur un trône, le front paré de sa double couronne antique et moderne, richement vêtue de cachemire, de velours et de soie, Lyon, la vice-reine de France, qui noue autour de ses reins une rivière et un fleuve, et laisse pendre à travers le Dauphiné et la Provence un des bouts de sa ceinture jusqu'à la mer.

L'entrée de la ville, par le chemin que nous suivions, est à la fois grandiose et pittoresque; l'île Barbe, jetée en avant de la ville, comme une fille d'honneur qui annonce une reine, est une jolie fabrique située au milieu de la rivière, pour servir de promenade dominicale aux élégans du faubourg.

Derrière elle s'élève, adossé à la ville comme un rempart, le rocher de Pierre-Scise (1), surmonté autrefois d'un château qui servit de prison d'État. Pendant les troubles de la Ligue, le duc de Nemours y fut emprisonné, après avoir échoué dans la tentative de prendre la ville : il céda la place à Louis Sforce, surnommé il Moro du mûrier qu'il portait dans ses armes, et à son frère le cardinal Ascagne. Le baron des Adrets, partisan gigantesque, héros de guerre civile, y vint après eux ; puis enfin de Thou et Cinq-Mars, doubles victimes dévouées à la mort, l'une par la haine et l'autre par la politique de Richelieu, et qui n'en sortirent que pour aller sur la place des Terreaux porter leurs têtes à l'exécuteur inhabile qui s'y reprit à cinq fois pour la leur couper.

Un jeune sculpteur de Lyon, M. Legendre Herald, avait eu l'idée de tailler ce rocher immense, et de lui donner la forme

---

(1) *Pietra-Scisa*, ainsi nommée parce qu'Agrippa la fit couper lorsqu'il construisit ses quatre voies militaires, dont l'une, dirigée du côté du Vivarais et des Cévennes, conduisait vers les Pyrénées, l'autre vers le Rhin ; la troisième vers l'Océan, par le Bourbonais et la Picardie ; et la quatrième dans la Gaule Narbonnaise jusqu'aux côtes de Marseille.

d'un lion colossal, armes de la ville ; il voulait consacrer cinq ou six ans de sa vie à ce travail : sa demande ne fut pas comprise, à ce qu'il paraît, de l'autorité administrative, à laquelle elle était adressée. Aujourd'hui ce travail deviendrait difficile, et plus tard impossible ; car Pierre-Scise servant de carrière à la ville tout entière, qui vient y puiser ses ponts, ses théâtres et ses palais, au lieu du lion, ne présentera bientôt plus que sa caverne.

A peine a-t-on dépassé Pierre-Scise, qu'on aperçoit un autre rocher dont les souvenirs sont plus doux ; celui-là est surmonté, non pas d'une prison d'État, mais de la statue d'un homme tenant une bourse à la main : c'est un monument que la reconnaissance lyonnaise éleva, en 1716, à la mémoire de *Jean Cléberg*, surnommé le bon Allemand, qui, chaque année, consacrait une partie de son revenu à doter les pauvres filles de son quartier. La statue qui y est en ce moment a été placée le 24 juin 1820, après avoir été promenée dans toute la ville, au son des tambours et des trompettes, par les habitans de Bourg-Neuf. Un accident rend l'installation d'une nouvelle statue nécessaire : lorsque je passai à Lyon, l'Homme de-la-roche n'avait déjà plus de tête, ce qui faisait beaucoup crier les filles à marier, qui prétendaient s'apercevoir de cette mutilation.

Trois cents pas plus loin, on se trouve au pied de la colline qui servit de berceau à Lyon enfant. La ville était si peu de chose, du temps de la conquête des Gaules, que César passa sur elle sans la voir et sans la nommer ; seulement il fit une halte sur cette colline où est maintenant Fourvière, y assit ses légions, et ceignit son camp momentané d'une ligne si profonde, que dix-neuf siècles écoulés n'ont pu combler entièrement de leur poussière les fossés qu'il creusa avec la pointe de son épée.

Quelque temps après la mort de ce conquérant, qui subjugua trois cents peuples et défit trois millions d'hommes, un de ses cliens proscrits, escorté de quelques soldats restés fidèles à la mémoire de leur général, et cherchant un lieu où fonder une colonie, trouva arrêtés, au confluent du Rhône et de la Saône, un assez grand nombre de Viennois, qui, refoulés par les populations allobroges descendues de leurs montagnes, avaient dressé leurs tentes sur cette langue de terre, que fortifiaient naturellement ces fossés immenses creusés par la main de Dieu, et dans lesquels coulaient à pleins bords un fleuve et une rivière. Les proscrits firent un traité d'alliance avec les vaincus, et sous le nom de *Lucii Dunum* (1), on commença bientôt à voir sortir de terre les fondations de la ville qui devait en peu de temps devenir la citadelle des Gaules, et le centre de communication des quatre grandes voies tracées par Agrippa, et qui sillonnent encore la France moderne des Alpes au Rhin, et de la Méditerranée à l'Océan.

Alors soixante cités des Gaules reconnurent *Lucii Dunum* pour leur reine, et vinrent, à frais communs, élever un temple à Auguste, qu'ils reconnurent pour leur dieu.

Ce temple, sous Caligula, changea de destination, ou plutôt de culte ; il devint le lieu de réunion des séances d'une académie, dont un des réglemens peint tout entier le caractère du fou impérial qui l'avait fondée : ce règlement porte que celui des concurrens académiques qui produira un mauvais ouvrage l'effacera tout entier avec sa langue, ou, s'il aime mieux, sera précipité dans le Rhône.

Lucii Dunum n'avait encore qu'un siècle, et la cité, née d'hier, le disputait déjà en magnificence à Massilia la Grecque, et à Narbo la Romaine, lorsqu'un incendie, qu'on attribua au feu du ciel, la réduisit en cendres, et cela si rapidement, dit Sénèque, historien concis de ce vaste embrasement, que, entre une ville immense et une ville anéantie, il n'y eut que l'espace d'une nuit.

Trajan prit pitié d'elle : sous sa protection puissante, *Lucii Dunum* commença de sortir de ses cendres ; bientôt, sur la colline qui la dominait, s'éleva un magnifique édifice destiné aux marchés. A peine fut-il ouvert, que les Bretons s'em-

---

(1) Par abréviation *Luc Dunum*, et par corruption *Lucdunum*, dont on a fait *Lyon*.

pressèrent d'y apporter leurs boucliers peints de différentes couleurs, et les Ibères ces armes d'acier qu'eux seuls savaient tremper. En même temps Corinthe et Athènes y envoyèrent, par Marseille, leurs tableaux peints sur bois, leurs pierres gravées et leurs statues de bronze ; l'Afrique, ses lions, ses tigres et ses panthères altérés du sang des amphithéâtres ; et la Perse, ses chevaux, si légers qu'ils balançaient la réputation des coursiers numides, dont les mères, dit Hérodote, étaient fécondées par le souffle du vent.

Ce monument, qui s'écroula l'an 840 de notre ère, est appelé, par les auteurs du neuvième siècle, *forum vetus*, et par ceux du quinzième *fort vieil*; c'est de ce mot composé que les modernes ont fait *Fourvières*, nom que porte encore de nos jours la colline sur laquelle il est bâti.

Ici nous abandonnons l'histoire particulière de Lyon, qui, à compter de l'an 552, époque à laquelle cette ville se réunit au royaume des Francs, vint se confondre avec notre histoire. Colonie romaine sous les Césars, seconde ville de France sous nos rois, le tribut de noms illustres qu'elle livra à Rome à titre d'alliée furent ceux de Marc-Aurèle, de Caracalla, de Claude, de Germanicus, de Sidoine-Appollinaire et d'Ambroise; ceux qu'elle donna à la France à titre de fille, furent ceux de Philibert-de-Lorme, de Coustou, de Coysevox, de Suchet, de Duphot, de Camille Jordan, de Lémontey et de Lemot.

Trois monuments restent encore debout à Lyon, qui semblent des jalons plantés par les siècles à des distances à peu près égales, comme des types du progrès et de la décadence de l'art : ce sont l'église d'Ainai, la cathédrale de Saint-Jean et l'Hôtel-de-Ville ; le premier de ces monuments est contemporain de Karl-le-Grand, le second de saint Louis, et le troisième de Louis XV.

L'église d'Ainai est bâtie sur l'emplacement même du temple que les soixante nations de la Gaule avaient élevé à Auguste. Les quatre piliers de granit qui soutiennent le dôme sont même empruntés par la sœur chrétienne à son frère païen, ils ne formaient d'abord que deux colonnes, qui s'élançaient à une hauteur double de celle où elles s'élèvent aujourd'hui, et dont chacune était surmontée d'une victoire : l'architecte qui bâtit Ainai les fit scier par le milieu, afin qu'ils ne jurassent point avec le caractère roman du reste de l'édifice : leur hauteur individuelle est aujourd'hui de deux pieds dix pouces, ce qui fait supposer que dans leur emploi primitif, lorsque les quatre n'en formaient que deux, chacun avait au moins vingt-six pieds de hauteur.

Au dessous de la porte principale de l'église d'Ainai, on a incrusté un petit bas-relief antique, représentant trois femmes tenant des fruits à leurs mains : au-dessous de ces figures on lit ces mots en abrégé :

MAT. AUG. PH. E. MED.

On les explique ainsi :

MATRONIS AUGUSTIS,
PHILEXUS EGNATICUS MEDICUS

La cathédrale de Saint-Jean ne paraît pas, au premier abord, avoir l'âge que nous lui avons donné. Son portique et sa façade datent évidemment du quinzième siècle ; soit qu'ils aient été rebâtis ou seulement achevés à cette époque, la date précise de sa naissance se retrouvera, pour l'antiquaire, dans l'architecture de la grande nef, dont les pierres portent la trace toute fraîche des souvenirs rapportés des croisades et des progrès que l'art oriental venait d'introduire chez les peuples occidentaux.

L'une des chapelles qui forment les bas-côtés de l'église, et dont, en général, l'architecte portait le nombre à sept, en l'honneur des sept mystères, est nommée la chapelle Bourbon : la devise du cardinal, qui se compose de ces trois mots: *N'espoir ne peur*, est reproduite en plusieurs endroits, ainsi que celle de Pierre de Bourbon son frère, qui conserva les mêmes paroles, mais y ajouta l'emblème blasonique d'un cerf ailé : le P et l'A entrelacés qui accompagnent cette devise sont les premières lettres de son nom de baptême, *Pierre* de Bourbon, et de celui de sa femme, *Anne* de France, remis en chiffre ; les chardons qui l'ornent indiquent que le roi lui a fait un *cher don* en lui accordant sa fille.

L'un des quatre clochers qui, contrairement aux règles architecturales du temps, flanquent l'édifice à chacun des angles, sert de demeure à l'une des plus grosses cloches de France ; elle pèse trente-six milliers.

L'Hôtel-de-Ville, situé sur la place des Terreaux, est probablement l'édifice que Lyon montre avec le plus de complaisance aux étrangers ; sa façade, élevée sur les dessins de Simon Maupin, présente tous les caractères du grandiose lourd, froid et guindé, de l'architecture de Louis XIV, qui valait cependant encore mieux que celle de Louis XV, laquelle valait mieux que celle de Thermidor, qui valait mieux que celle de Napoléon, qui valait mieux que celle de Louis-Philippe. L'art architectural est mort en France sous le grand roi, et a rendu le dernier soupir dans les bras de Perrault et de Lepautre, entre un groupes d'Amours soutenant un vase de fleurs et un Fleuve de Broune couronné de roseaux.

A propos de fleuves, dans le premier vestibule de l'Hôtel-de-Ville, au lieu d'un on en trouve deux ; c'est le Rhône et la Saône de Coustou : ces groupes ornaient autrefois le piédestal de la statue élevée à Louis XIV sur la place Bellecour; ils sont destinés, je crois, à être transportés aux deux angles de l'Hôtel-de-Ville qui font face aux Terreaux et à servir de fontaine, décision administrative qui ne laisse pas que d'être fort humiliante pour un fleuve et une rivière.

En descendant les marches de l'Hôtel-de-Ville, on se trouve en face de l'un des souvenirs historiques les plus terribles que Lyon garde dans les archives de ses places publiques : c'est sur le terrain qui s'étend devant soi que sont tombées les têtes de Cinq-Mars et de de Thou.

Un autre souvenir plus moderne et plus sanglant encore se rattache à la promenade des Brotteaux : deux cent dix Lyonnais y furent mitraillés après le siège de Lyon.

Un monument de forme pyramidale et entouré d'une barrière de fer indique la place où ils ont été enterrés.

Depuis cinq ou six ans, Lyon lutte contre l'esprit commercial, afin d'avoir une littérature. J'admirai vainement, en passant, la prodigieuse constance des jeunes artistes qui ont dévoué leur vie à cette œuvre accablante ; ce sont des mineurs qui exploitent un filon d'or dans du granit ; chaque coup qu'ils frappent enlève à peine une parcelle du roc qu'ils attaquent ; et cependant, grâce à leur travail obstiné, la nouvelle littérature a acquis à Lyon le droit de bourgeoisie dont elle commence à jouir. Une anecdote sur mille donnera une idée de l'influence qu'exerce, en matière d'art, sur les négocians de Lyon, la préoccupation commerciale.

On jouait *Antony* devant une société assez nombreuse, et, comme cela est arrivé quelquefois à l'ouvrage, devant une opposition assez vive. Un négociant et sa fille étaient dans une loge de face, et près d'eux se trouvait l'un des jeunes auteurs dont j'ai parlé. Le père, qui avait paru prendre beaucoup d'intérêt à la première partie du drame, s'était visiblement refroidi après la scène d'Antony et de la maîtresse de l'auberge ; la fille, au contraire, avait éprouvé, à partir de ce moment, une émotion toujours croissante, qui avait enfin fini, au dernier acte, par se répandre en larmes. Quand la toile fut baissée, le père, qui avait donné des signes d'impatience visibles pendant tout le temps des deux derniers actes, s'aperçut que sa fille pleurait. — Ah ! pardieu ! tu es bien bonne, lui dit-il, de t'attendrir à de pareilles balivernes !

— Ah ! papa, ce n'est pas ma faute, répondit la pauvre enfant toute confuse ; pardonnez-moi, car je sais que c'est bien ridicule.

— Oh ! oui, c'est bien le mot, ridicule. Pour moi, je ne comprends pas comment on peut s'intéresser à des choses aussi invraisemblables.

— Mon Dieu, papa, mais c'est justement parce que je trouvais cela si vrai !

— Vrai ! par exemple ! As-tu suivi l'intrigue ?

— Je n'en ai pas perdu un mot.

— Bon. Au troisième acte Antony achète une chaise de poste, n'est-ce pas ?
— Oui, je me le rappelle.
— Il la paie au comptant, n'est-ce pas ?
— Je me le rappelle encore.
— Eh bien ! il ne retient pas l'escompte !

L'œuvre de la régénération politique a été moins dure à opérer : la semence tombait sur la terre populaire, toujours si prompte et si généreuse à pousser de bons fruits. On a vu, lors de la révolution de Lyon, le résultat de cette éducation républicaine ; et cette admirable devise :

VIVRE EN TRAVAILLANT,
ou
MOURIR EN COMBATTANT,

que les ouvriers de 1852 avaient inscrite sur leur drapeau, comparée aux cris des ouvriers de 92 : *du pain, ou la mort,* résume en elle seule tout le progrès social de ces trente-neuf années.

Le journal qui a le plus aidé à cette éducation de la masse laborieuse et sans contredit *le Précurseur* ; il est rédigé par un homme de la trempe de Carrel : même fermeté d'opinion, même lutte journalière, même probité politique, même désintéressement pécuniaire. Cependant, la différence des classes auxquelles chacun d'eux s'adresse a amené une différence dans le style : Armand Carrel a plus de Pascal, Anselme Pétetin plus de Paul-Louis.

Mais le progrès le plus grand et le plus remarquable, c'est que les ouvriers eux-mêmes ont un journal rédigé par des ouvriers, où toutes les questions vitales du haut et du bas commerce s'agitent, se discutent, se résolvent. J'y ai lu des articles d'économie politique d'autant plus remarquables qu'ils étaient rédigés par des hommes de pratique, et non pas de théorie.

Trois ou quatre jours suffisent pour connaître ce que Lyon a de curieux ; je ne parle point ici des manufactures ni des métiers, mais des monuments ou de ses souvenirs historiques. Ainsi, quand on aura visité le Musée, qu'on y aura vu une Ascension de Jésus-Christ par le Pérugin, un Saint François d'Assise par l'Espagnolet, une Adoration des mages par Rubens, un Moïse sauvé des eaux par Véronèse, un Saint Luc peignant la Vierge par Giordano, la fameuse table de bronze retrouvée en 1529 dans une fouille faite à Saint-Sébastien, et sur laquelle est gravée une partie de la harangue que prononça, lorsqu'il n'était encore que censeur, l'empereur Claude devant le sénat, pour faire accorder à Lyon le titre de colonie romaine ; les quatre mosaïques antiques qui ornent le pavé de la salle ; que, passant de là aux maisons particulières, on sera entré dans la cour de l'hôtel de Jouys, rue de l'Arsenal, où se trouve un tombeau antique sur lequel est sculpté la Chasse de Méléagre, don que la ville d'Arles fit en 1640 au cardinal de Richelieu, archevêque de Lyon ; qu'on aura jeté un coup d'œil sur le monastère des religieuses de Sainte-Claire, où le dauphin, fils de François Ier, fut empoisonné en 1530 par le comte de Montécuculli ; qu'on aura lu sur la façade d'une petite maison située au faubourg de la Guillotière cette inscription attestant que Louis XI y prit un gîte royal :

L'AN MIL QUATRE CENT SOIXANTE ET QUINZE
LOUJA CIENS LE NOBLE ROI LOUIS
LA VEILLE DE NOTRE DAME DE MARS ;

quand on aura cherché, au faubourg Saint-Irénée, sur l'emplacement duquel était située la ville antique brûlée sous Néron, les restes des palais d'Auguste et de Sévère, les débris des cachots qui servaient la nuit de demeure aux esclaves, et les ruines de l'ancien théâtre, où furent massacrés, au deuxième siècle, dix-neuf mille chrétiens, qui n'ont pour épitaphe que huit vers creusés sur le pavé d'une église ; qu'on sera redescendu par le chemin des Étroits, où Jean-Jacques Rousseau passa une nuit si délicieuse, et où le général Mouton-Duvernet fut fusillé, vers le pont de la Mulatière, où commence le chemin de fer qui conduit à Saint-Étienne, et qui, à sa naissance, traversant la montagne, passe sous une voûte si étroite, qu'on lit, au-dessus du cintre qu'elle forme, cette inscription :

IL EST DÉFENDU DE PASSER SOUS CETTE VOÛTE
SOUS PEINE D'ÊTRE ÉCRASÉ (1) ;

qu'on sera revenu par la place Bellecour, l'une des plus grandes de l'Europe, et au milieu de laquelle se perd une chétive statue de Louis XIV ; on n'aura rien de mieux à faire, si toutefois on veut faire ce que j'ai fait, que de prendre à huit heures du soir la voiture de Genève, et, le lendemain, à six heures du matin, on sera réveillé par le conducteur, qui, arrivé à la montée de Cerdon, a contracté, pour le plus grand soulagement de ses chevaux, l'habitude d'inviter les voyageurs à faire un *petit bout de chemin à pied* : invitation qu'ils acceptent d'autant plus volontiers, qu'on se trouve alors au milieu d'un paysage si grandiose et si accidenté, que l'on se croirait déjà dans une vallée des Alpes.

Sur les dix heures, nous arrivâmes à Nantua, situé à l'extrémité d'un joli petit lac bleu saphir, encaissé entre deux montagnes, comme un joyau précieux que la nature craindrait de perdre. C'est dans cette petite ville que l'empereur Karl-le-Chauve, mort à Brios du poison que lui avait donné un médecin juif, nommé Sédécias, fut d'abord enterré *dans un tonneau enduit de poix au-dedans et au dehors, et enveloppé de cuir* (2).

Quelques lieues plus loin, nous nous arrêtâmes à Bellegarde pour y dîner : aussitôt le repas pris, l'un de nous proposa d'aller voir, à dix minutes de chemin de l'auberge, la perte du Rhône. Le conducteur s'y opposa d'abord, mais nous entrâmes en rébellion ouverte contre lui. Il nous dit qu'il ne nous attendrait pas ; mais nous lui répondîmes que cela nous était fort égal, et que, le cas échéant, nous prendrions, pour achever notre route, une voiture aux frais de l'administration Laffitte et Caillard ; comme il n'avait pour lui que le postillon, et que celui-ci même se détacha de son parti à l'aspect d'une bouteille de vin que nous lui montrâmes du doigt sur une table de l'auberge, il fut contraint de céder à la majorité.

Nous descendîmes par un sentier assez rapide que nous trouvâmes au bord de la grande route, et quelques minutes après nous étions arrivés au-dessus de la perte du Rhône ; un pont joint les deux rives du fleuve, dont un côté appartient à la Savoie et l'autre à la France ; sur le milieu du pont, deux douaniers, un sarde, l'autre français, veillent à ce que rien ne passe d'un État à l'autre sans payer les droits convenus. Ces deux braves *gabelous* fumaient le plus amicalement du monde, chacun d'eux envoyant des bouffées de tabac sur la terre étrangère ; signe touchant de la bonne intelligence qui unit Sa Majesté Charles-Albert et Sa Majesté Louis-Philippe.

C'est du milieu de ce pont que l'on se trouve le mieux placé pour examiner le phénomène qui nous amenait. Le Rhône, qui accourt bouillonnant et profond, disparaît tout à coup dans les gerçures transversales d'un rocher, pour reparaître cinquante pas plus loin : l'espace intermédiaire reste parfaitement à sec ; de sorte que le pont sur lequel nous nous trouvions est jeté, non pas sur le fleuve, mais sur le rocher qui couvre le fleuve. Ce qui se passe dans l'abîme où le Rhône se précipite, c'est ce qu'il est impossible de savoir : du bois, du liège, des chiens, des chats, ont été jetés à l'endroit où il entre, et ont été attendus vainement à l'en-

---

(1) Il paraît que cette recommandation toute paternelle n'a point suffi, et que l'autorité s'est crue obligée d'y ajouter un règlement plus sévère ; car au-dessous de cette inscription on lit une seconde conçue en ces termes :

Il est défendu de passer sous cette voûte, sous peine de payer l'amende.

(2) Annales de saint Bertin.

droit où il sort; le gouffre n'a jamais rien rendu de ce qu'il avait englouti.

Nous revînmes à l'auberge, où nous trouvâmes notre conducteur furieux. — Messieurs, nous dit-il en nous réintégrant violemment dans notre caisse, vous nous avez fait perdre une demi-heure. — Bah! nous dit le postillon en passant près de nous, et en essuyant sa bouche avec la manche de son habit, ta bête de demi-heure, on la rattrapera. — En effet, quoique la montée fût assez rapide, notre homme mit ses chevaux au grand trot, et nous avions reconquis le temps perdu en arrivant au fort de l'Ecluse.

Le fort de l'Ecluse est la porte de la France du côté de Genève; placé à cheval sur la route, qui passe à travers lui, adossé à un talus rapide et dominant un précipice à pic, il commande toute la vallée, au fond de laquelle gronde le Rhône, et qui, sur le versant opposé à la citadelle, n'offre à demi-portée de canon que des sentiers connus des seuls contrebandiers, et impraticables pour une armée.

A peine entrés dans le fort, la porte se referma derrière nous; et comme celle par laquelle nous devions sortir était encore close, nous nous vîmes complètement emprisonnés. Ces précautions étaient recommandées à cause du peu de temps qui s'était écoulé entre les affaires de juin et le moment où nous nous trouvions. Cependant nos passeports nous furent demandés avec toute la politesse qui distingue la troupe de ligne de la gendarmerie; et comme chacun de nous était parfaitement en règle, on ne fit aucune difficulté à rouvrir la porte; nous nous retrouvâmes donc bientôt en liberté.

Au bout de trois heures de marche, et en sortant de Saint-Genis, le postillon se retourna et nous dit :
— Messieurs, vous n'êtes plus en France.
Vingt minutes après nous étions à Genève.

LE TOUR DU LAC.

Genève est, après Naples, une des villes les plus heureusement situées du monde : paresseusement couchée comme elle l'est, appuyant sa tête à la base du mont Salève, étendant jusqu'au lac ses pieds que chaque flot vient baiser, elle semble n'avoir autre chose à faire que de regarder avec amour les mille villas semées aux flancs des montagnes neigeuses qui s'étendent à sa droite, ou couronnent le sommet des collines vertes qui se prolongent à sa gauche. Sur un signe de sa main, elle voit accourir, du fond vaporeux du lac, ses légères barques aux voiles triangulaires, qui glissent à la surface de l'eau, blanches et rapides comme des goëlands, et ses pesans bateaux à vapeur, qui chassent l'écume avec leur poitrail. Sous ce beau ciel, devant ces belles eaux, il semble que ses bras lui sont inutiles, et qu'elle n'a qu'à respirer pour vivre : et cependant cette odalisque nonchalante, cette sultane paresseuse en apparence, c'est la reine de l'industrie, c'est la commerçante Genève, qui compte quatre-vingt-cinq millionnaires parmi ses vingt mille enfans.

Genève, comme l'indique son étymologie celtique (1), fut fondée il y a deux mille cinq cents ans à peu près. César, dans ses *Commentaires*, latinisa la barbare, et fit de *Gen-ev Geneva*. Antonin, à son tour, changea, dans son itinéraire, ce nom en celui de *Genabum*. Grégoire de Tours, dans ses chroniques, l'appela *Janoba*; les écrivains du huitième au quinzième siècle la désignèrent sous celui de *Gebenna*; enfin, en 1556, elle prit la dénomination de Genève, qu'elle ne quitta plus depuis.

Les premiers renseignemens que l'histoire offre sur cette ville nous sont transmis par César. Il nous apprend qu'il s'é-

(1) *Gen*, sortie ; *ev*, rivière.

tablit à Genève pour s'opposer à l'invasion des Helvétiens dans les Gaules, et que, trouvant la position favorable pour un poste militaire, il s'y retrancha. C'est alors qu'il bâtit, dans l'île qui divise le Rhône lorsqu'il sort du lac, une tour qui porte encore son nom. Genève passa donc sous la domination romaine et adopta les dieux du Capitole : un temple à Apollon fut élevé sur l'emplacement occupé aujourd'hui par l'église Saint-Pierre, et un rocher qui sortait du lac, à cent pas à peu près du bord, dut à sa forme et à sa situation au milieu de l'eau l'honneur d'être consacré par les pêcheurs au dieu de la mer. Vers le commencement du dix-septième siècle, on a retrouvé, en fouillant à sa base, deux petites haches et un couteau de cuivre qui servaient à égorger les animaux destinés au sacrifice. De nos jours, cet autel à Neptune s'appelle tout bonnement la Pierre à Niton.

Genève demeura soumise aux Romains pendant l'espace de cinq siècles. En 426, cette mer barbare qui débordait sur l'Europe inonda de l'un de ses flots : les Burg-Hunds (1) en firent l'une des capitales les plus importantes de leur royaume. Ce fut pendant ce temps que le roi des Franks *Hlode Wig* (2) envoya au roi des Burg-Hunds, Gunde-Bald (3), demander sa nièce Hlod-Hilde (4) pour épouse ; un esclave romain, dont les ancêtres peut-être avaient commandé sous Jules César à l'Helvétie et à la Gaule, vint humblement présenter à la jeune fille le sou d'or que lui envoyait le chef frank : elle habitait le palais de son oncle, situé à l'endroit où est aujourd'hui l'arcade du bourg de Four.

La domination des Ost-Goths (5) succéda à celle des Burg-Hunds, mais il ne posséda Genève que quinze ans. Le roi des Franks la reprit sur eux, et la rattacha de nouveau au royaume de Burgundie, dont elle resta la capitale jusqu'en 858. A la mort de Ludwig-le-Débonnaire, elle échut en partage à Lod-Her, passa de ses mains entre celles de l'empereur de Germanie, et, conquise sur lui par Karl-le-Chauve, qui la légua à son fils Ludwig, elle fut annexée, à la mort de celui-ci au royaume d'Arles : depuis lors, reconquise en 888 par Karl-le-Gros, elle redevint la capitale du second royaume de Bourgogne, jusqu'en 1052, époque à laquelle elle fut enfin réunie à l'empire par Conrad-le-Salique, qui s'y fit couronner la même année par Hère-Bert, archevêque de Milan.

Il serait trop long de la suivre dans ses démêlés avec les comtes du Génevois et les comtes de Savoie : il suffira de dire qu'en 1401 elle passa définitivement au pouvoir de ces derniers.

C'était l'époque où s'opérait, par toute l'Europe, une grande transformation sociale. Les communes de France s'étaient affranchies dès le onzième siècle; au douzième, les villes de la Lombardie s'étaient érigées en républiques ; au commencement du quatorzième, les cantons de Schwitz, d'Uri et d'Unterwalden avaient échappé au pouvoir de l'empire, et avaient posé la base de cette confédération qui devait un jour réunir toute l'Helvétie. Genève, placée au milieu de ce triangle populaire, sentit à son tour le feu que la liberté lui soufflait au visage. En 1519, elle contracta une alliance avec Fribourg, et bientôt après elle se lia de combourgeoisie avec Berne ; des enfans lui naquirent, qui devinrent de grands hommes ; des apôtres apparurent, qui prêchèrent la liberté au milieu des supplices. Bonnivard, jeté pendant six ans dans les cachots du château de Chillon, y resta attaché par une chaîne à un pilier ; Pécolat se coupa la langue avec ses dents au milieu des tortures, et la cracha au bourreau qui lui disait de dénoncer ses complices ; enfin Berthelier, conduit à

(1) *Gens de guerre confédérés*, dont les auteurs latins ont fait *Burgundiones*, et les modernes *Bourguignons*.
(2) *Fameux guerrier*, en latin *Clodoveccus*, et en français moderne, et par corruption, *Clovis*.
(3) *Homme de guerre puissant*, en latin *Gundebaldus*, en français *Gondebault*.
(4) *Noble et belle*, en latin *Clotilda*, et en français *Clotilde*.
(5) *Goths d'Orient*. — Les West-Goths ou Goths d'Occident s'étaient jetés en Espagne : ces noms leur venaient de la situation qu'ils occupaient sur les rives du Pont-Euxin, les Ost-Goths entre l'Hypanis et le Borysthène, et les West-Goths entre l'Hypanis et les Alpes Bastarnes.

l'échafaud, sur la place de l'Ile, et pressé de demander pardon au duc, répondit : « C'est aux criminels à demander pardon, et non pas aux gens de bien. Que le duc demande pardon à Dieu, car il m'assassine! » et il posa sa tête sur le billot.

La religion réformée, qui fit faire un si grand pas aux peuples, que, fatigués de ce pas, ils se sont reposés depuis lors, entra à Genève, après avoir parcouru déjà une grande partie de l'Allemagne et de la Suisse : ce fut une puissante auxiliaire à la liberté, car elle ajouta les haines religieuses aux haines politiques. L'évêque Pierre de la Beaume quitta Genève en 1533, pour n'y rentrer jamais, et la république fut proclamée.

En 1536, Calvin s'établit à Genève : le conseil lui offrit une place de professeur de théologie. L'austérité de ses mœurs, l'âpreté de son éloquence, la rigidité de ses principes, lui donnèrent sur ses concitoyens une influence que ne put lui faire perdre le supplice de Servet, et lorsqu'il mourut, en 1554, il laissa la petite ville de Genève capitale d'un nouveau monde religieux : c'était la Rome protestante.

Le duc Charles-Emmanuel de Savoie fit en 1602, pour reprendre cette ville, une dernière tentative qui échoua ; elle est connue dans les annales genevoises sous le nom de *l'Escalade*, parce qu'il fit escalader les murailles par un corps d'élite, et surprit la ville sans défense au milieu de la nuit. Il n'en fut pas moins chassé par les habitans demi-nus et à moitié armés, qui consacrèrent l'anniversaire de cette victoire par une fête nationale qu'on célèbre encore aujourd'hui.

Les dix-septième et dix-huitième siècles furent des siècles de repos pour Genève. Pendant ce temps, son commerce, qui date de cette époque, prit un tel accroissement, qu'aujourd'hui l'industrie est tout et la propriété territoriale rien. Si tous les citoyens du canton réclamaient leur part du sol, à peine si chacun d'eux en obtiendrait dix pieds carrés.

Napoléon trouva Genève réunie à la France, et l'attacha pendant douze ans comme une broderie d'or à son manteau impérial. Mais lorsqu'en 1814 les rois taillèrent entre eux ce manteau, tous les morceaux cousus par l'empire leur restèrent aux mains. Le roi de Hollande prit la Belgique, le roi de Sardaigne la Savoie et le Piémont, l'empereur d'Autriche l'Italie. Restait encore Genève que personne ne pouvait prendre, et qu'on ne voulait pas laisser à la France : un congrès en fit cadeau à la confédération suisse, à laquelle elle fut agrégée sous le titre de vingt-deuxième canton.

Parmi toutes les capitales de la Suisse, Genève représente l'aristocratie d'argent: c'est la ville du luxe, des chaînes d'or, des montres, des voitures et des chevaux. Ses trois mille ouvriers alimentent l'Europe entière de bijoux ; soixante-quinze mille onces d'or et cinquante mille marcs d'argent changent chaque année de forme entre leurs mains, et leur seul salaire s'élève à deux millions cinq cent mille francs.

Le plus fashionable des magasins de bijouterie de Genève est sans contredit celui de Beautte ; il est difficile de rêver en imagination une collection plus riche de ces mille merveilles qui perdent une âme féminine ; c'est à rendre folle une Parisienne, c'est à faire tressaillir d'envie Cléopâtre dans son tombeau.

Ces bijoux paient un droit pour entrer en France ; mais, moyennant un courtage de cinq pour cent, monsieur Beautte se charge de les faire parvenir par contrebande ; le marché entre l'acquéreur et le vendeur se fait à cette condition, tout haut et publiquement, comme s'il n'y avait point de douaniers au monde. Il est vrai que monsieur Beautte possède une merveilleuse adresse pour les mettre en défaut : une anecdote sur mille viendra à l'appui du compliment que nous lui faisons.

Lorsque monsieur le comte de Saint-Cricq était directeur-général des douanes, il entendit si souvent parler de cette habileté, grâce à laquelle on trompait la vigilance de ses agens, qu'il résolut de s'assurer par lui-même si tout ce qu'on en disait était vrai. Il alla en conséquence à Genève, se présenta au magasin de monsieur Beautte, acheta pour trente mille francs de bijoux, à la condition qu'ils lui seraient remis sans droit d'entrée à son hôtel à Paris. Monsieur

Beautte accepte la condition en homme habitué à ces sortes de marchés ; seulement il présenta à l'acheteur une espèce de sous-seing privé par lequel il s'obligeait à payer, outre les trente mille francs d'acquisition, les cinq pour cent d'usage ; celui-ci sourit, prit une plume, signa *de Saint-Cricq, directeur-général des douanes françaises*, et remit le papier à Beautte, qui regarda la signature, et se contenta de répondre en inclinant la tête : Monsieur le directeur des douanes, les objets que vous m'avez fait l'honneur de m'acheter seront arrivés aussitôt que vous à Paris.

Monsieur de Saint-Cricq, piqué au jeu, se donna à peine le temps de dîner, envoya chercher des chevaux à la poste, et partit une heure après le marché conclu.

En passant à la frontière, monsieur de Saint-Cricq se fit reconnaître des employés qui s'approchèrent pour visiter sa voiture, raconta au chef des douaniers ce qui venait de lui arriver, recommanda la surveillance la plus active sur toute la ligne, et promit une gratification de cinquante louis à celui des employés qui parviendrait à saisir les bijoux prohibés ; pas un douanier ne dormit de trois jours.

Pendant ce temps, monsieur de Saint-Cricq arrive à Paris, descend à son hôtel, embrasse sa femme et ses enfans, et monte à sa chambre pour se débarrasser de son costume de voyage.

La première chose qu'il aperçoit sur la cheminée est une boîte élégante dont la forme lui est inconnue. Il s'en approche, et lit sur l'écusson d'argent qui l'orne : *Monsieur le comte de Saint-Cricq, directeur-général des douanes* : il l'ouvre, et trouve les bijoux qu'il a achetés à Genève.

Beautte s'était entendu avec un des garçons de l'auberge, qui, en aidant les gens de monsieur de Saint-Cricq à faire les paquets de leur maître, avait glissé parmi eux la boîte défendue. Arrivé à Paris, le valet de chambre, voyant l'élégance de l'étui et l'inscription particulière qui y était gravée, s'était empressé de le déposer sur la cheminée de son maître.

Monsieur le directeur des douanes était le premier contrebandier du royaume.

Les autres objets de contrebande que l'on trouve à Genève, à moitié prix de celui de Paris, sont les étoffes de piqué, les linges de table et les assiettes de terre anglaise ; ces objets y sont même moins chers qu'à Londres ; car, pour entrer dans cette ville, aux environs de laquelle il se fabriquent, ils paient un droit plus considérable que ne l'est le prix de leur transport à Genève. Partout, moyennant la même somme de cinq pour cent, on vous garantit le passage en fraude de ces objets : ce qui prouve, comme on le voit, l'utilité de la triple ligne de douaniers que nous payons pour garder la frontière.

Quoique Genève ait donné naissance à des hommes d'art et de science, le commerce est l'unique occupation de ses habitans. A peine si quelques-uns d'entre eux sont au courant de notre littérature moderne, et le premier commis d'une maison de banque se croirait fort humilié, je crois, si son importance était mise en parallèle avec celle de Lamartine et de Victor Hugo, dont les noms ne sont probablement pas même parvenus jusqu'à lui ; la seule littérature qu'ils apprécient est celle du Gymnase. Aussi, au moment où j'arrivai à Genève, Jenny Vertpré, cette gracieuse miniature de Mademoiselle Mars, mettait-elle la ville en ébullition ; la salle de spectacle débordait chaque soir dans ses corridors, et une émeute fut tout prêt d'éclater, parce que les entrées des abonnés dans les coulisses avaient été suspendues. Les déclarations d'amour étaient, de cette manière, obligées de passer publiquement par dessus la rampe, ce qui, du reste, n'en diminuait pas le nombre. Quelques-unes tombèrent par ricochet entre mes mains, et je remarquai qu'il fallait plus de désintéressement que de vertu pour y résister ; c'étaient, en général, des espèces de factures, dans lesquelles une jolie femme était évaluée au prix courant d'une perle fine.

La société de salon à Genève est en petit celle de notre Chaussée-d'Antin ; seulement, malgré la fortune acquise, l'économie primitive s'y fait sentir ; partout et à chaque instant on sent que l'on heurte les coudes de cette ménagère de la maison. A Paris, nos dames ont à elles des albums d'une grande valeur ; celles de Genève louent un album pour *la soirée* ; cela coûte dix francs.

Les seules choses d'art à voir, pour un étranger, sont :

A la bibliothèque, un manuscrit de saint Augustin, sur papyrus ; une histoire d'Alexandre, par Quinte-Curce, trouvée dans les bagages du duc de Bourgogne après la bataille de Granson, et les comptes de la maison de Philippe-le Bel, écrits sur les tablettes de cire :

Dans l'église de Saint-Pierre, le tombeau du maréchal de Rohan, ami de Henri IV, soutien ardent des calvinistes, mort en 1638, à Kœnigfelden (1) ; il est enterré avec sa femme, fille de Sully ;

Enfin, la maison de Jean-Jacques Rousseau, qu'indique, dans la rue de ce nom, une plaque de marbre noir, sur laquelle est gravée cette inscription :

ICI EST NÉ J.-J. ROUSSEAU LE 28 JUIN 1712.

Les courses dans les environs de Genève sont délicieuses ; à chaque moment de la journée, on trouve d'élégantes voitures disposées à conduire le voyageur partout où le mène sa curiosité ou son caprice. Lorsque nous eûmes visité la ville, nous montâmes dans une calèche et nous partîmes pour Ferney ; deux heures après, nous étions arrivés.

La première chose que l'on aperçoit avant d'entrer au château, c'est une petite chapelle dont l'inscription est un chef-d'œuvre ; elle ne se compose cependant que de trois mots latins :

DEO EREXIT VOLTAIRE.

Elle avait pour but de prouver au monde entier, fort inquiet des démêlés de la créature et du Créateur, que Voltaire et Dieu s'étaient enfin réconciliés ; le monde apprit cette nouvelle avec satisfaction, mais il soupçonna toujours Voltaire d'avoir fait les premières avances.

Nous traversâmes un jardin, nous montâmes un perron élevé de deux ou trois marches, et nous nous trouvâmes dans l'antichambre ; c'est là que se recueillent, avant d'entrer dans le sanctuaire, les pèlerins qui viennent adorer le dieu de l'irréligion. Le concierge les prévient solennellement d'avance que rien n'a été changé à l'ameublement, et qu'ils vont voir l'appartement tel que l'habitait monsieur de Voltaire ; cette allocution manque rarement de produire son effet. On a vu, à ces simples paroles, pleurer des abonnés du *Constitutionnel*.

Aussi rien n'est plus prodigieux à étudier que l'aplomb du concierge chargé de conduire les étrangers. Il entra tout enfant au service du grand homme ; ce qui fait qu'il possède un répertoire d'anecdotes à lui relatives, qui ravissent en béatitude les braves bourgeois qui l'écoutent. Lorsque nous mîmes le pied dans la chambre à coucher, une famille entière aspirait, rangée en cercle autour de lui, chaque parole qui tombait de sa bouche, et l'admiration qu'elle avait pour le philosophe s'étendait presque jusqu'à l'homme qui avait ciré ses souliers et poudré sa perruque : c'était une scène dont il serait impossible de donner une idée, à moins que d'amener les mêmes acteurs sous les yeux du public. On saura seulement que, chaque fois que le concierge prononçait, avec un accent qui n'appartenait qu'à lui, ces mots sacramentaux : *Monsieur Arouet de Voltaire*, il portait la main à son chapeau, et que tous ces hommes, qui ne se seraient peut-être pas découverts devant le Christ au Calvaire, imitaient religieusement ce mouvement de respect.

Dix minutes après ce fut à notre tour de nous instruire ; la société paya et partit ; alors le cicérone nous appartint exclusivement. Il nous promena dans un assez beau jardin, d'où le philosophe avait une merveilleuse vue, nous montra l'allée couverte dans laquelle il avait fait *sa belle tragédie d'Irène* ; et, nous quittant tout à coup pour s'approcher d'un arbre, il coupa avec sa serpette un copeau de son écorce, qu'il me donna. Je le portai successivement à mon nez, à ma langue, croyant que c'était un bois étranger qui avait une odeur ou un goût quelconque.—Point, c'était un arbre planté par monsieur Arouet de Voltaire lui-même, et dont il est d'usage que chaque étranger emporte une parcelle. Ce digne arbre avait failli mourir d'un accident, il y avait trois mois, et paraissait encore bien malade ; un sacrilège s'était introduit nuitamment dans le parc, et avait enlevé trois ou quatre pieds carrés de l'écorce sainte. — C'est quelque fanatique de *la Henriade* qui aura fait cette infamie, dis-je à notre concierge. — Non, monsieur, me répondit-il, je crois plutôt que c'est tout bonnement un spéculateur qui aura reçu une commande de l'étranger.

— Stupendo !!...

En sortant du jardin, notre concierge nous conduisit chez lui ; il voulait nous montrer la canne de Voltaire, qu'il conservait religieusement depuis la mort du grand homme, et qu'il finit par nous offrir pour un louis, les besoins du temps le forçant de se séparer de cette relique précieuse ; je lui répondis que c'était trop cher, et que j'avais connu un souscripteur de l'édition Touquet, auquel, il y avait huit ans, il avait cédé la pareille pour vingt francs.

Nous remontâmes en voiture, nous repartîmes pour Coppet, et nous arrivâmes au château de madame de Staël.

Là, point de concierge bavard, point d'Église à Dieu, point d'arbre dont on emporte l'écorce ; mais un beau parc où tout le village peut se promener en liberté, et une pauvre femme qui pleure de vraies larmes en parlant de sa maîtresse, et en montrant les chambres qu'elle habitait, et où rien ne reste d'elle. Nous demandâmes à voir le bureau qui était encore taché de l'encre de sa plume, le lit qui devait être encore tiède de son dernier soupir ; rien de tout cela n'a été sacré pour la famille ; la chambre a été convertie en je ne sais quel salon ; les meubles ont été emportés je ne sais où. Il n'y avait peut-être pas même dans tout le château un exemplaire de *Delphine*.

De cet appartement, nous passâmes dans celui de monsieur de Staël fils ; là aussi la mort était entrée et avait trouvé à frapper de ses deux mains ; deux lits étaient vides, un lit d'homme et un berceau d'enfant. C'est là que monsieur de Staël et son fils étaient morts à trois semaines d'intervalle l'un de l'autre.

Nous demandâmes à voir le tombeau de la famille, mais une disposition testamentaire de M. de Necker en a interdit l'entrée à la curiosité des voyageurs.

Nous étions sortis de Ferney avec une provision de gaîté qui nous paraissait devoir durer huit jours ; nous sortîmes de Coppet les larmes aux yeux et le cœur serré.

Nous n'avions pas de temps à perdre pour prendre le bateau à vapeur qui devait nous conduire à Lausanne ; nous le voyions arriver sur nous, rapide, fumant et couvert d'écume comme un cheval marin ; au moment où nous croyions qu'il allait passer sans nous voir, il s'arrêta tout à coup, tremblant de la secousse, puis, mettant en travers, il nous attendit ; à peine eûmes-nous mis le pied sur le pont, qu'il reprit sa course.

Le lac Léman, c'est la mer de Naples ; c'est son ciel bleu, ses eaux bleues, et, plus encore, ses montagnes sombres, qui semblent superposées les unes aux autres, comme les marches d'un escalier du ciel ; seulement, chaque marche a trois mille pieds de haut ; puis, derrière tout cela, apparaît le front neigeux du Mont-Blanc, géant curieux qui regarde le lac par dessus la tête des autres montagnes qui, près de lui, ne sont que des collines, et dont, à chaque échappée de vue, on aperçoit les robustes flancs.

Aussi a-t-on peine à détacher le regard de la rive méridionale du lac pour le porter sur la rive septentrionale : c'est cependant de ce côté que la nature a secoué le plus prodigalement ces fleurs et ces fruits de la terre qu'elle porte dans un coin de sa robe : ce sont des parcs, des vignes, des moissons, un village de dix-huit lieues de long, étendu d'un bout à l'autre de la rive ; des châteaux bâtis dans tous les sites, variés comme la fantaisie, et portant sur leurs fronts sculptés la date précise de leur naissance ; à Nyon, des constructions romaines bâties par César ; à Vuflans, un manoir go-

(1) Champ du roi.

thique élevé par Berthe, la reine fileuse; à Morges, des villas en terrasses qu'on croirait transportées toutes construites de Sorrente ou de Baïa; puis, au fond, Lausanne, avec ses clochers élancés, Lausanne, dont les maisons blanches semblent de loin une troupe de cygnes qui se sèchent au soleil, et qui a placé au bord du lac la petite ville d'Oulchy, sentinelle chargée de faire signe aux voyageurs de ne point passer sans venir rendre hommage à la reine vaudoise; notre bateau s'approcha d'elle comme un tributaire, et déposa une partie de ses passagers sur le rivage. A peine avais-je mis le pied sur le port, que j'aperçus un jeune républicain, nommé Allier, que j'avais connu à l'époque de la révolution de juillet, et qui, condamné pour une brochure à cinq ans de prison, je crois, s'était réfugié à Lausanne; depuis un mois il habitait la ville; c'était une bonne fortune pour moi, mon cicérone était tout trouvé.

Il vint se jeter dans mes bras aussitôt qu'il me reconnut, quoique nous n'eussions jamais été liés ensemble; je devinai à cet embrassement tout ce qu'il y avait de douleur dans cette pauvre âme errante: en effet, il était atteint du mal du pays. Ce beau lac aux rives merveilleuses, cette ville située dans une des positions les plus ravissantes du monde, ces montagnes pittoresques, tout cela était sans mérite et sans charme à ses yeux: l'air étranger l'étouffait.

Comme ce pauvre garçon n'était guère en état de satisfaire ma curiosité, et que, lorsque je parlais Suisse, il répondait France, il offrit de me présenter à un excellent patriote, député de la ville de Lausanne, qui l'avait reçu comme un frère en religion, et qui ne l'avait pas consolé, par la seule raison qu'on ne console pas l'exil.

M. Pellis est l'un des hommes les plus distingués que j'aie rencontrés dans tout mon voyage, par son instruction, son obligeance et son patriotisme; du moment où nous nous fûmes serré la main, nous devînmes frères; et, pendant les deux jours que je passai à Lausanne, il eut la bonté de me donner, sur l'histoire, la législation et l'archéologie du canton, les renseignemens les plus précieux. Il s'était lui-même beaucoup occupé de ces trois choses.

Le canton de Vaud, qui touche à celui de Genève, doit sa prospérité à une cause toute opposée à celle de son voisin. Ses richesses, à lui, ne sont point industrielles, mais territoriales: le sol est divisé de manière à ce que chacun possède: de sorte que, sur ses cent quatre-vingt mille habitans, il compte trente-quatre mille propriétaires. On a calculé que c'était quatre mille de plus que dans toute la Grande-Bretagne.

Le canton est, militairement parlant, l'un des mieux organisés de la confédération, et, comme tout Vaudois est soldat, il a toujours, tant en troupes disponibles qu'en troupes de réserve, trente mille hommes à peu près sous les armes: c'est le cinquième de la population. L'armée française, établie sur cette proportion, serait composée de six millions de soldats.

Les troupes suisses ne reçoivent aucune solde; c'est un devoir de citoyen qu'elles acquittent, et qui ne leur paraît pas onéreux. Tous les ans, elles passent trois mois au camp, pour s'exercer à toutes les manœuvres et s'endurcir à toutes les fatigues; de cette manière, la Suisse entière trouverait prête, à son premier appel de guerre, une armée de cent quatre-vingt mille hommes, qui ne coûte pas une obole au gouvernement. Le budget du nôtre, qui présente, je crois, un effectif de quatre cent mille hommes, s'élève à environ trois cent six millions.

Nul ne peut être officier s'il n'a servi deux ans; les candidats sont proposés par le corps d'officiers, et nommés par le conseil d'État: celui qui atteint l'âge de vingt-cinq ans sans avoir servi dans l'élite sert dans un corps de dépôt jusqu'à l'âge de cinquante, et est frappé d'incapacité pour devenir officier. Un citoyen ne peut se marier s'il ne possède son uniforme, ses armes et sa Bible.

Quant au pouvoir législatif, il est établi sur des bases aussi solides et aussi claires: tous les cinq ans, la chambre des députés est soumise à un renouvellement intégral, et le conseil exécutif à un renouvellement partiel. Tout citoyen est électeur; les élections se font dans l'église, et les députés prêtent aussitôt serment devant l'écusson fédéral, où sont inscrits ces deux mots : *Liberté. — Patrie.*

La cathédrale de Lausanne paraît avoir été commencée vers la fin du quinzième siècle; elle allait être terminée, et la partie supérieure de l'un de ses clochers restait seule à achever, lorsque la réformation interrompit ses travaux en 1536. L'intérieur, comme celui des temples protestans, est nu et dépouillé de tout ornement; un grand prie-Dieu s'élève au milieu du chœur: c'est là que, à l'époque où le calvinisme fit de si rapides progrès, les catholiques venaient prier Dieu de rendre la lumière à leurs frères égarés. Ils y vinrent si longtemps, et en si grand nombre, que le marbre, creusé par le frottement, a conservé l'empreinte de leurs genoux.

Le chœur est entouré de tombeaux presque tous remarquables, soit sous le rapport de l'art, soit à cause des restes illustres qui leur ont été confiés, soit enfin à cause des particularités qui se rattachent à la mort de ceux qu'ils renferment.

Les tombeaux gothiques dignes de quelque attention sont ceux du pape Félix V et d'Othon de Granson, à la statue duquel les mains manquent. Voici la cause de cette mutilation:

En 1395, Gérard d'Estavayer, jaloux des soins que rendait à sa femme, la belle Catherine de Belp, le sire Othon de Granson, prit le parti, pour se venger de lui, et pour dissimuler la véritable cause de cette vengeance, de l'accuser d'être l'auteur d'un empoisonnement dont le comte Amédée VIII, de Savoie, avait manqué d'être victime.

En conséquence, il fit solennellement sa plainte par devant Louis de Joinville, bailli de Vaux, et, la renouvelant avec de grandes formalités devant le comte Amédée VIII, il offrit à son ennemi le combat à outrance, comme témoignage de la vérité de son accusation. Othon de Granson, quoique affaibli par une blessure encore mal fermée, crut de son honneur de ne point demander un délai, et accepta le défi: il fut donc convenu que le combat aurait lieu le 9 août 1395, à Bourg en Bresse, et que chacun des combattans serait armé d'une lance, de deux épées et d'un poignard; il fut convenu, en outre, que le vaincu perdrait les deux mains, à moins qu'il n'avouât, si c'était Othon, le crime dont il était accusé, et, si c'était Gérard d'Estavayer, la fausseté de l'accusation.

Othon fut vaincu: Gérard d'Estavayer lui cria d'avouer qu'il était coupable; Othon répondit en lui tendant les deux mains, que Gérard abattit d'un seul coup.

Voilà pourquoi les mains manquent à la statue comme elles manquent au cadavre, car elles furent brûlées par le bourreau, ces étant les mains d'un traître (1).

Lorsqu'on ouvrit le tombeau d'Othon, afin de transporter ses restes dans la cathédrale de Lausanne, on trouva le squelette revêtu de son armure de combat, casque en tête et éperons aux pieds; la cuirasse, brisée à la poitrine, indiquait l'endroit où avait frappé la lance de Gérard.

Les tombeaux modernes sont ceux de la princesse Catherine Orlow et de lady Strafford Canning: lord Strafford obtint, à cause de sa profonde douleur, que sa femme fût enterrée dans le temple. Il écrivit à Canova pour lui commander un tombeau, recommandant au sculpteur de faire le plus de diligence possible. Le tombeau arriva au bout de cinq mois, le lendemain du jour où lord Strafford venait de convoler en secondes noces.

De là, M. Pellis, notre savant et aimable cicérone, nous offrit de nous faire voir la prison pénitentiaire: en sortant, nous admirâmes la merveilleuse vue que l'on découvre du plateau de la cathédrale, au-dessous duquel Lausanne, couchée, éparpille ses maisons, toujours plus distantes des unes des autres au fur et à mesure qu'elles s'éloignent du centre; au delà de ces maisons, le lac bleu, uni comme un miroir; à l'un des bouts de ce lac, Genève, dont les toits et les dômes de zinc brillent au soleil comme les coupoles d'une ville mahométane; enfin, à l'autre extrémité, la gorge

---

(1) L'artiste qui a fait le tombeau a sculpté deux petites mains sur le coussin de marbre qui soutient la tête d'Othon.

sombre du Valais, que dominent de leurs arêtes neigeuses la Dent de Morcle et la Dent du Midi.

Ce plateau est le rendez-vous de la ville; mais comme il est exposé à l'occident, il y vient toujours, de la cime des monts couverts de glaces qui bornent l'horizon, un vent aigu, dangereux pour les enfans et les vieillards. Le conseil d'État vient de décider, en conséquence, qu'il sera fait, sur le versant méridional de la ville, une promenade destinée à la vieillesse et à l'enfance, qui, faibles toutes deux, ont toutes deux besoin de soleil et de chaleur. Cette promenade coûtera cent cinquante mille francs : ne dirait-on pas une décision des éphores de Sparte ?

La Suisse n'a ni galères ni bagnes, mais seulement des maisons pénitentiaires. C'était l'une d'elles que nous allions visiter; ainsi, les hommes que nous allions voir, c'étaient des forçats. Nous y entrâmes avec cette pensée; mais cela ressemblait si peu à nos prisons de France, que nous nous crûmes tout simplement dans un hospice.

Les détenus étaient en récréation, c'est-à-dire qu'ils pouvaient se promener une heure dans une belle cour qui leur est consacrée; nous les vîmes par une fenêtre, causant par groupes. On nous fit remarquer que quelques-uns avaient des habits rayés vert et blanc, et portaient une espèce de ferrement au cou : ceux-là étaient les galériens.

Nous allâmes à une fenêtre en face, et nous vîmes dans un jardin des femmes qui se promenaient : c'était le jardin des Madelonnettes et du Saint-Lazare vaudois.

Nous visitâmes ensuite les petites chambres isolées dans lesquelles couchent les détenus ; c'étaient de jolies cellules, dont les grilles faisaient seules des prisons : chaque cellule était garnie des meubles nécessaires à l'usage d'une personne. Quelques-unes même avaient une petite bibliothèque, car il est loisible aux détenus de consacrer à la lecture les heures de la récréation.

Le but de ces maisons pénitentiaires est non seulement de séparer de la société les individus qui pourraient lui porter préjudice, mais elles ont encore pour résultat d'améliorer le moral de ceux qu'elles séquestrent. En général, nos jeunes condamnés français sortent des prisons ou des bagnes plus corrompus qu'ils n'y sont entrés ; les condamnés vaudois, au contraire, en sortent meilleurs. Voilà sur quelle base logique le gouvernement a fait reposer cette amélioration.

La plus grande partie des crimes a pour cause la misère; cette misère dans laquelle l'individu est tombé vient de ce que, ne connaissant aucun état, il n'a pu, à l'aide de son travail, se créer une existence au milieu de la société. Le séquestrer de cette société, le retenir emprisonné un temps plus ou moins long et le relâcher au milieu d'elle, ce n'est pas le moyen de le rendre meilleur : c'est le priver de la liberté, et voilà tout ; rejeté au milieu du monde dans la même position qui a causé sa première chute, cette même position en causera naturellement une seconde : le seul moyen de la lui épargner est donc de le rendre, aux hommes qui vivent de leur industrie, sur un pied égal au leur, c'est-à-dire avec une industrie et de l'argent.

En conséquence, les maisons pénitentiaires ont pour premier règlement que tout condamné qui ne saurait pas un état en apprendra un à son choix; et, pour second, que les deux tiers de l'argent que rapportera cet état, pendant la détention du coupable, seront pour lui. Un article ajouté depuis complète cette mesure philanthropique. Il autorise les prisonniers à faire passer un tiers de cet argent à leur père ou à leur mère, à leur femme ou à leurs enfans.

Ainsi la chaîne de la nature, violemment brisée pour le condamné par un arrêt juridique, se renoue à des relations nouvelles. L'argent qu'il envoie à sa famille lui prépare au milieu d'elle un retour joyeux. L'intérieur, dont son cœur a tant besoin, après avoir été si longtemps privé, lui est ouvert, puisqu'au lieu d'y revenir flétri, pauvre et nu, le membre absent de cette famille y rentre lavé du crime passé, par la punition même, et assuré de sa vertu à venir par l'argent qu'il possède et l'état qu'il a appris.

Plusieurs exemples sont venus à l'appui de cette merveilleuse institution, et ont récompensé ses auteurs. Voici des notes copiées sur le registre de la maison, qui attestent ce résultat :

B..., né en 1807, à Bellerive, — garçon meunier, — pauvre ; — il a volé trois mesures de méteil, et a été condamné à deux ans de fers. — Son bénéfice, à la fin de son temps, outre les secours envoyés à sa famille, était de soixante-dix francs de Suisse (cent francs de France, à peu près). Il est sorti, de plus, tisserand très habile.

Au-dessous de ces lignes, le pasteur du village où retournait B... a écrit de sa main :

« Lors de son retour à Bellerive, ce jeune homme, extrê-
» mement humilié de sa détention, se cachait chez son père,
» et n'osait sortir de la maison. Les jeunes gens du village
» allèrent le prendre un dimanche chez lui, et le conduisi-
» rent au milieu d'eux à l'église. »

L..., prévenue de divers vols, — trois ans de réclusion ; — elle est sortie dans de bonnes dispositions, et est allée dans sa commune, où, sur les renseignemens favorables qui étaient parvenus dans son village, relativement à son excellente conduite pendant sa détention, les jeunes filles sont allées à sa rencontre, et, après l'avoir embrassée, l'ont ramenée au milieu d'elles dans le village ; — son bénéfice, cent treize francs de Suisse (cent quatre-vingt francs de France environ). — Fileuse et sachant lire et écrire.

D..., condamnée à dix ans de réclusion, pour infanticide sans préméditation, — entrée ne sachant rien, — sortie instruite, — excellente ouvrière en linge, avec un bénéfice de neuf cents francs de Suisse (mille deux cent cinquante francs de France, à peu près.) Aujourd'hui gouvernante dans une des meilleures maisons du canton.

N'y a-t-il pas quelque chose de patriarcal dans ce gouvernement qui instruit le coupable, et dans cette jeunesse qui lui pardonne ? n'est-ce pas la sublime devise fédérale mise en pratique : *Un pour tous, tous pour un* ?

Je pourrais citer cent exemples pareils inscrits sur le registre d'une seule maison pénitentiaire. Que l'on consulte les registres de tous nos bagnes et de toutes nos prisons, et je porte le défi, même à M. Appert, de me citer quatre faits qui balancent moralement ce que je viens de rapporter.

En sortant de la maison pénitentiaire, nous allâmes prendre des glaces ; elles coûtent trois batz (neuf sous de France), et sont les meilleures que j'aie mangées de ma vie. Je les recommande à tout voyageur qui passera à Lausanne.

Une seconde recommandation gastronomique, que les amateurs ne me pardonneraient pas d'avoir oubliée, est celle de la *ferra du lac Léman*. Cet excellent poisson ne se trouve que là, et quoiqu'il ait une grande ressemblance avec le *lavaret* du lac de Neuchâtel, et l'*ombre chevalier* du lac du Bourget, il les surpasse tous deux en finesse. Je ne connais que l'alose de Seine qui lui soit comparable.

Lorsqu'on aura visité la promenade, la cathédrale et la maison d'arrêt de Lausanne ; lorsqu'on aura mangé, au Lion-d'Or, de la ferra du lac, bu du vin blanc de Vévay, et pris, au café qui se trouve dans la même rue que cette auberge, des glaces à la neige, on n'aura rien de mieux à faire que de louer une voiture et de partir pour Villeneuve. Chemin faisant, on traversera Vévay, où demeurait Claire ; le château de Blonay, qu'habitait le père de Julie ; Clarens, où l'on montre la maison de Jean-Jacques ; et enfin, en arrivant à Chillon, on apercevra à une lieue et demie, sur l'autre rive, les rochers escarpés de la Meilleraie, du sommet desquels Saint-Preux contemplait le lac profond et limpide dans les eaux duquel étaient la mort et le repos.

Chillon, ancienne prison d'état des ducs de Savoie, aujourd'hui l'arsenal du canton de Vaux, fut bâti en 1250. La captivité de Bonnivard l'a tellement rempli de son souvenir qu'on a oublié jusqu'au nom d'un prisonnier qui s'en échappa en 1798, d'une manière presque miraculeuse. Ce malheureux parvint à faire un trou dans le mur, à l'aide d'un clou arraché à la semelle de ses souliers ; mais, sorti de son cachot, il se trouva dans un plus grand, et voilà tout. Il lui fallut alors, à la force du poignet, briser une barre de fer qui fermait une meurtrière de trois ou quatre pouces de large ; la trace de ses souliers, restée sur le talus de cette meurtrière, atteste que les efforts qu'il fut obligé de faire dépassaient presque la puissance humaine. Ses pieds, à l'aide desquels il se raidissait, ont creusé la pierre à la profondeur d'un pouce. Cette meurtrière est la troisième à gauche en entrant dans le grand cachot.

A l'article de Genève, nous avons parlé de Bonnivard et de Berthelier. Le premier avait dit un jour que, pour l'affranchissement de son pays, il donnerait sa liberté, le second répondit qu'il donnerait sa vie. Ce double engagement fut entendu, et, lorsque les bourreaux vinrent en réclamer l'accomplissement, ils les trouvèrent prêts tous deux à l'accomplir. Berthelier marcha à l'échafaud. Bonnivard, transporté à Chillon, y trouva une captivité affreuse. Lié par le milieu du corps à une chaîne, dont l'autre bout allait rejoindre un anneau de fer scellé dans un pilier, il resta ainsi six ans, n'ayant de liberté que la longueur de cette chaîne, ne pouvant se coucher que là où elle lui permettait de s'étendre, tournant toujours comme une bête fauve à l'entour de son pilier, creusant le pavé avec sa marche forcément régulière, rongé par cette pensée que sa captivité ne servait peut-être en rien à l'affranchissement de son pays, et que Genève et lui étaient voués à des fers éternels. Comment, dans cette longue nuit, que nul jour ne venait interrompre, dont le silence n'était troublé que par le bruit des flots du lac battant les murs du cachot, comment, ô mon Dieu ! la pensée n'a-t-elle pas tué la matière, ou la matière la pensée ? Comment, un matin, le geôlier ne trouva-t-il pas son prisonnier mort ou fou, quand une seule idée, une idée éternelle devait lui briser le cœur et lui dessécher le cerveau ? Et pendant ce temps, pendant six ans, pendant cette éternité, pas un cri, pas une plainte, dirent ses geôliers, excepté sans doute quand le ciel déchaînait l'orage, quand la tempête soulevait les flots, quand la pluie et le vent fouettaient les murs ; car alors sa voix se perdait dans la grande voix de la nature ; car alors, vous seul : ô mon Dieu ! vous pouviez distinguer ses cris et ses sanglots: et ses geôliers, qui n'avaient pas joui de son désespoir, le retrouvaient le lendemain calme et résigné, car la tempête alors s'était calmée dans son cœur comme dans la nature. Oh ! sans cela, sans cela, ne se serait-il pas brisé la tête à son pilier ? ne se serait-il pas étranglé avec sa chaîne ? aurait-il attendu le jour où l'on entra en tumulte dans sa prison, et où cent voix lui dirent à la fois :

— Bonnivard, tu es libre !
— Et Genève ?
— Libre !

Depuis lors, la prison du martyr est devenue un temple, et son pilier un autel. Tout ce qui a un cœur noble et amoureux de la liberté se détourne de sa route et vient prier là où il a souffert. On se fait conduire droit à la colonne où il a été si longtemps enchaîné ; on cherche sur sa surface granitique, où chacun veut inscrire un nom, les caractères qu'il y a gravés ; on se courbe vers la dalle creusée pour y trouver la trace de ses pas ; on se cramponne à l'anneau auquel il était attaché, pour éprouver s'il est solidement scellé encore avec son ciment de huit siècles ; toute autre idée se perd dans cette idée : c'est ici qu'il est resté enchaîné six ans... six ans, c'est-à-dire la neuvième partie de la vie d'un homme.

Un soir, c'était en 1816, par une de ces belles nuits qu'on croirait que Dieu a faites pour la Suisse seule, une barque s'avança silencieusement, laissant derrière elle un sillage brillant par les rayons brisés de la lune ; elle cinglait vers les murs blanchâtres du château de Chillon, et toucha au rivage sans secousse, sans bruit, comme un cygne qui aborde ; il en descendit un homme au teint pâle, aux yeux perçans, au front découvert et hautain ; il était enveloppé d'un grand manteau noir qui cachait ses pieds, et cependant on s'apercevait qu'il boitait légèrement. Il demanda à voir le cachot de Bonnivard, il y resta seul et longtemps, et, lorsqu'on rentra après lui dans le souterrain, on trouva, sur le pilier même auquel avait été enchaîné le martyr, un nouveau nom dont voici la copie exacte :

BYRON.

UNE PÊCHE DE NUIT.

Nous arrivâmes à midi à Villeneuve.

Villeneuve, que les Romains appelaient *Penilucus*, est située à l'extrémité orientale du lac Léman. Le Rhône, qui descend de la Furca, où il prend sa source, passe à une demi-heure de chemin de ce petit bourg, marque les limites du canton de Vaux, qui, s'avançant en pointe, s'étend encore cinq lieues au-delà, et sépare le canton de Vaux du pays valaisan. Un célérifère, qui attend les passagers du bateau à vapeur, les conduit le même soir à Bex, où l'on couche ordinairement. L'heure d'avance que j'avais gagnée en venant par terre me permit de courir jusqu'à l'endroit où le Rhône se jette en se bifurquant, gris et sablonneux, dans le lac, pour y laisser son limon, et ressortir, pur et azuré, à Genève, après l'avoir traversé dans toute sa longueur.

Lorsque je revins à Villeneuve, la voiture était près de partir ; chacun avait pris sa place, et l'on m'avait gratifié, comme absent, de celle que l'on jugeait la plus mauvaise, et que j'eusse choisie, moi, comme la meilleure. On m'avait mis près du conducteur dans le cabriolet de devant, où rien ne devait me garantir du vent du soir, mais aussi où rien ne m'empêchait de voir le paysage.

C'était un beau coup d'œil, à travers cet horizon bleuâtre des Alpes, que cette vallée qui s'ouvre sur le lac, dans une largeur de deux lieues, et qui va toujours se rétrécissant, à tel point, qu'arrivée à Saint-Maurice, une porte la ferme, tant elle est resserrée entre le Rhône et la montagne. A droite et à gauche du fleuve, et de demi-lieue en demi-lieue, de jolis villages vaudois et valaisans paraissaient et disparaissaient presque aussitôt, sans que la rapidité de notre course nous permît d'en voir autre chose que la hardiesse de leur situation sur la pente de la montagne, les uns prêts à glisser sur un talus rapide où s'échelonnent des ceps de vigne, les autres arrêtés sur une plate-forme, entourés de sapins noirs, et pareils à des nids d'oiseaux cachés dans les branches ; quelques-uns dominant un précipice et ne laissant pas même deviner à l'œil la place du chemin qui y conduit. Puis, au fond du paysage et dominant tout cela, à gauche la Dent de Morcle, rouge comme une brique qui sort de la fournaise, s'élevant à sept mille cinq cents quatre-vingt-dix pieds au-dessus de nos têtes ; à droite, sa sœur, la Dent du midi, portant sa tête toute blanche de neige à huit mille cinq cents pieds dans les nues ; toutes deux diversement coloriées par les derniers rayons du soleil couchant, toutes deux se détachant sur un ciel bleu d'azur, la Dent du Midi par une nuance d'un rose tendre, la Dent de Morcle par sa couleur sanglante et foncée. Voilà ce que je voyais en punition de ma tardive arrivée, tandis que ceux du dedans, les stores chaudement fermés, se réjouissaient d'échapper à cette atmosphère froide, que je ne sentais pas, et à travers laquelle m'apparaissait ce pays de fées.

A la nuit tombante, nous arrivâmes à Bex. La voiture s'arrêta à la porte d'une de ces jolies auberges qu'on ne trouve qu'en Suisse ; en face était une église, dont les fondations, comme celles de presque tous les monumens religieux du Valais, paraissent, par leur style roman, avoir été l'œuvre des premiers chrétiens.

Le dîner nous attendait. Nous trouvâmes le poisson si délicat, que nous en demandâmes pour notre déjeuner du lendemain. Je cite ce fait insignifiant, parce que cette demande me fit assister à une pêche qui m'était complètement inconnue, et que je n'ai vu faire que dans le Valais.

A peine eûmes-nous exprimé ce désir gastronomique, que la maîtresse de la maison appela un grand garçon, de dix-huit ou vingt ans, qui paraissait cumuler dans l'hôtellerie les différentes fonctions de commissionnaire, d'aide de cuisine et de cireur de bottes. Il arriva à moitié endormi, et reçut l'ordre, malgré des bâillemens très-expressifs, seule espèce d'opposition que le pauvre diable osât faire à l'injonction de sa maîtresse, d'aller pêcher quelques truites pour le déjeuner de monsieur; et elle m'indiquait du doigt. Maurice, c'était le nom du pêcheur, — se retourna de mon côté avec un regard si paresseux, si plein d'un indicible reproche, que je fus ému du combat qu'il était forcé de se livrer pour obéir sans se laisser aller au désespoir. — Cependant, dis-je, si cette pêche doit donner trop de peine à ce garçon (la figure de Maurice s'épanouissait au fur et à mesure que ma phrase prenait un sens favorable à ses désirs), si cette pêche, continuai-je... La maîtresse m'interrompit : — Bah! bah! dit-elle, c'est l'affaire d'une heure, la rivière est à deux pas; allons, paresseux, prends ta lanterne et ta serpe, ajouta-t-elle en s'adressant à Maurice, qui était retombé dans cette apathie résignée habituelle aux gens que leur position a faits pour obéir; — et dépêche-toi.

— *Ta lanterne et ta serpe* pour aller à la pêche!... Ah! dès lors Maurice fut perdu, car il me prit une envie irrésistible de voir une pêche qui se faisait comme un fagot.

Maurice poussa un soupir; car il pensa bien qu'il n'avait plus d'espoir qu'en Dieu, et Dieu l'avait vu si souvent en pareille situation sans songer à l'en tirer, qu'il n'avait guère de chance qu'il fît un miracle en sa faveur.

Il prit donc, avec une énergie qui tenait du désespoir, une serpe pendue au milieu des instrumens de cuisine, et une lanterne, d'une forme si singulière qu'elle mérite une description détaillée.

C'était un globe de corne, rond comme ces lampes que nous suspendons aux plafonds de nos boudoirs ou de nos chambres à coucher, auquel on avait adapté un conduit de fer-blanc de trois pieds de long, de la forme et de la grosseur d'un manche à balai. Comme ce globe était hermétiquement fermé, la mèche huilée, qui brûlait à l'intérieur de la lanterne, ne recevait d'air que par le haut du conduit, et ne risquait d'être éteinte ni par le vent ni par la pluie.

— Vous venez donc? me dit Maurice, après avoir fait ses préparatifs, et voyant que je m'apprêtais à le suivre.

— Certes, répondis-je; cette pêche me paraît originale.....

— Oui, oui, grommela-t-il entre ses dents; c'est fort original de voir un pauvre diable barboter dans l'eau jusqu'au ventre, quand il devrait à la même heure dormir, enfoncé dans son foin jusqu'au cou. Voulez-vous une serpe et une lanterne? vous pêcherez aussi, vous, et ce sera une fois plus original.

Un *Tu n'es pas encore en route, musard!* qui partit de la chambre voisine, me dispensa de répondre par un refus à cette offre de Maurice, dans laquelle il y avait au moins autant d'amertume ironique que de désir de me procurer un passe-temps agréable. Au même instant, on entendit se rapprocher le pas de la maîtresse de l'auberge; elle accompagnait sa venue d'une espèce de grognement sourd, qui ne présageait rien de bon pour le retardataire. Il le sentit si bien, qu'à tout événement il ouvrit rapidement la porte, sortit et la referma sans m'attendre, tant il était pressé de mettre deux pouces de bois de sapin entre sa paresse et la colère de notre gracieuse hôtelière.

— C'est moi, dis-je en ouvrant la porte et en suivant des yeux la lanterne qui s'enfuyait à quarante pas de moi; c'est moi qui ai retenu ce pauvre garçon, en lui demandant des détails sur la pêche; ainsi ne le grondez pas. — Et je m'élançai à toutes jambes à la poursuite de la lanterne qui allait disparaître.

Comme mes yeux étaient fixés sur une ligne horizontale, tant je craignais de perdre de vue mon précieux fallot, à peine eus-je fait dix pas que mes pieds accrochèrent les chaînes pendantes de notre célérifère, et que j'allai, avec un bruit horrible, rouler au milieu du chemin au bout duquel brillait mon étoile polaire. Cette chute, dont le retentissement arriva jusqu'à Maurice, loin de l'arrêter, parut donner une nouvelle impulsion à la vélocité de sa course, car il sentait que maintenant il avait deux colères à redouter au lieu d'une. La malheureuse lanterne semblait un follet, tant elle s'éloignait rapidement, et tant elle sautait en s'éloignant; j'avais perdu près d'une minute, tant à tomber qu'à me relever, et à tâter si je n'avais rien de rompu. Maurice, pendant ce temps, avait

gagné du terrain, je commençais à perdre l'espoir de le rattraper; j'étais maussade de ma chute, tout endolori du contact forcé que mes genoux et la pommette de ma joue gauche avaient eu avec le pavé; je sentais la nécessité d'aller plus doucement, si je ne voulais m'exposer à un second accident du même genre. Toutes ces réflexions instantanées, cette honte, cette douleur, ce sang qui me portait à la tête, me firent sortir de mon caractère; je m'arrêtai au milieu du chemin frappant du pied et jetant devant moi, d'une voix sonore, quoique émue, ces terribles paroles qui étaient ma dernière ressource.

— Mais... S...d..., Maurice, attendez-moi donc.

Il paraît que le désespoir avait donné à cette courte mais énergique injonction un accent de menace qui résonna formidablement aux oreilles de Maurice, car il s'arrêta tout court, et la lanterne passa de son état d'agitation à un état d'immobilité qui lui donna l'aspect d'une étoile fixe.

— Pardieu, lui dis-je tout en me rapprochant de lui et en étendant les mains et les pieds avec précaution devant moi, vous êtes un drôle de corps; vous entendez que je tombe... un coup à fendre les pavés de votre village, et cela parce que je n'y vois pas, et vous ne vous en sauvez que plus vite avec la lanterne. Tenez, voyez, — je lui montrais mon pantalon déchiré; — tenez, regardez, — et je lui faisais voir ma joue éraflée; — je me suis fait un mal horrible avec vos chaînes de célérifère que vous laissez traîner devant la porte de l'auberge; c'est inouï; on met des lampions au moins. Tenez, tenez, je suis beau, là!...

Maurice regarda toutes mes plaies, écouta toutes mes doléances, et, quand j'eus fini de secouer la poussière amassée sur mes habits, d'extirper une douzaine de petits cailloux incrustés en mosaïque dans le creux de mes deux mains : — Voilà ce que c'est, me dit-il, que d'aller à la pêche à neuf heures et demie du soir. — Et il se remit flegmatiquement en chemin.

Il y avait du vrai au fond de cette réponse égoïste; aussi je ne jugeai pas à propos de rétorquer l'argument, quoiqu'il me parût attaquable de trois côtés. Nous continuâmes donc, pendant dix minutes à peu près, de marcher, sans proférer une seule parole, dans le cercle de lumière tremblante que projetait autour de nous la lanterne maudite. Au bout de ce temps, Maurice s'arrêta.

— Nous sommes arrivés, dit-il. En effet, j'entendais se briser dans une espèce de ravine les eaux d'une petite rivière, qui descendait du versant occidental du mont Cheville, et qui, traversant la grande route, sous un pont que je commençais à distinguer, allait se jeter dans le Rhône, qui n'était lui-même qu'à deux cents pas de nous.

Pendant que je faisais ces remarques, Maurice faisait ses préparatifs. Ils consistaient à quitter ses souliers et ses guêtres, à mettre bas son pantalon et à relever sa chemise, en la roulant et en l'attachant avec des épingles autour de sa veste ronde. Cet accoutrement mi-partie lui donnait l'air d'un portrait en pied d'après Holbein ou Albert Durer. Tandis que je le considérais, il se retourna de mon côté.

— Si vous voulez en faire autant? me dit-il.

— Vous allez donc descendre dans l'eau?

— Et comment voulez-vous avoir des truites pour votre déjeuner, si je ne vais pas vous les chercher?

— Mais je ne veux pas pêcher, moi!

— Mais vous venez pour me voir pêcher, n'est-ce pas!

— Sans doute.

— Alors défaites votre pantalon. A moins que vous n'aimiez mieux venir avec votre pantalon; vous êtes libre. — Il ne faut pas disputer des goûts.

Alors il descendit dans le ravin pierreux et escarpé, au fond duquel grondait le torrent, et où se devait accomplir la pêche miraculeuse.

Je le suivis en chancelant sur les cailloux qui roulaient sous mes pieds, me retenant à lui, qui était debout, et ferme comme un bâton ferré. Nous avions à peu près trente pieds à descendre dans ce chemin rapide et mouvant. Maurice vit combien j'aurais de peine à faire ce trajet sans son aide.

— Tenez, me dit-il, portez la lanterne. — Je la pris sans me

OEUV. COMPL. — VIII.   3 le faire répéter. Alors, de la main que je lui laissais libre, il me saisit le bras sous l'épaule, avec une force dont je croyais ce corps grêle incapable, force de montagnard que j'ai retrouvée en pareille circonstance dans des enfans de dix ans, me soutint en guida dans cette descente dangereuse, son instinct de guide bon et fidèle l'emportant sur la rancune qu'il m'avait conservée jusque là ; si bien que, grâce à son aide, j'arrivai sans accident au bord de l'eau. — J'y trempai la main, elle était glacée.

— Vous allez descendre là-dedans, Maurice? lui dis-je.

— Sans doute, répondit-il en me prenant la lanterne des mains et en posant un pied dans le torrent.

— Mais cette eau est glacée, repris-je en le retenant par le bras.

— Elle sort de la neige à une demi-lieue d'ici, me répondit-il, sans comprendre le véritable sens de mon exclamation.

— Mais je ne veux pas que vous entriez dans cette eau, Maurice !

— N'avez-vous pas dit que vous vouliez manger des truites demain à votre déjeuner ?

— Oui, sans doute, je l'ai dit, mais je ne savais pas qu'il fallait, pour me passer cette fantaisie, qu'un homme... que vous, Maurice ! entrassiez jusqu'à la ceinture dans ce torrent glacé, au risque de mourir dans huit jours d'une fluxion de poitrine. Allons, venez, venez, Maurice.

— Et la maîtresse, qu'est-ce qu'elle dira?

— Je m'en charge, allons, Maurice, allons-nous-en.

— Cela ne se peut pas ; — et Maurice mit sa seconde jambe dans l'eau.

— Comment ! cela ne se peut pas !

— Sans doute, il n'y a pas que vous qui aimez les truites.

— Je ne sais pas pourquoi même, mais tous les voyageurs aiment les truites, un mauvais poisson plein d'arêtes ! enfin il ne faut pas disputer les goûts.

— Eh bien ! qu'est-ce que cela veut dire ?

— Cela veut dire que s'il n'en faut pas pour vous, il en faudra pour d'autres, et que ainsi, puisque m'y voilà, autant que je fasse ma pêche tout de suite. Voyez-vous, il y a d'autres voyageurs qui aiment le chamois, et ils disent quelquefois : — Demain soir, en arrivant des salines, nous voudrions bien manger du chamois. — Du chamois ! une mauvaise chair noire ! autant vaudrait manger du bouc. Enfin n'importe ! — Alors, quand ils ont dit cela, la maîtresse appelle Pierre, comme elle a appelé Maurice quand vous avez dit : Je veux manger des truites ; — car Pierre, c'est le chasseur, comme moi je suis le pêcheur ; et elle dit à Pierre : Pierre, il me faudrait un chamois — comme elle m'a dit, à moi : Maurice, il me faudrait des truites. — Pierre dit : C'est bon, — et il part avec sa carabine à deux heures du matin. Il traverse des glaciers dans les fentes desquels le village tout entier tiendrait ; il grimpe sur des rochers où vous vous casseriez le cou vingt fois, si j'en juge par la manière dont vous avez descendu tantôt cette rigole-ci ; et puis, à quatre heures de l'après-midi, il revient avec une bête au cou, jusqu'à ce qu'un jour il ne revienne pas !

— Comment cela?

— Oui, Jean qui était avant Pierre, s'est tué, — et Joseph, qui était avant moi, est mort d'une maladie comme vous l'appeliez tout à l'heure, d'une fluxion... — Eh bien ! ça ne m'empêche pas de pêcher des truites, et ça n'empêche pas Pierre de chasser les chamois.

— Mais j'avais entendu dire, repris-je avec étonnement, que ces exercices étaient des plaisirs pour ceux qui s'y livraient, des plaisirs qui devenaient un besoin irrésistible, qu'il y avait des pêcheurs et des chasseurs qui allaient au-devant de ces dangers, comme on va à des fêtes ; qui passaient la nuit dans les montagnes pour y attendre les chamois à l'affût, qui dormaient sur la rive des fleuves pour y jeter leurs filets à la pointe du jour.

— Ah ! oui, dit Maurice avec un accent profond dont je l'aurais cru incapable : oui, cela est vrai, il y en a qui sont comme vous le dites.

— Mais lesquels donc?

— Ceux qui chassent et qui pêchent pour eux.

Je laissai tomber ma tête sur ma poitrine, sans cesser de regarder cet homme qui venait de jeter, sans s'en douter, un si amer argument dans le bassin inégal de la justice humaine. Au milieu de ces montagnes, dans ces Alpes, dans ce pays des hautes neiges, des aigles et de la liberté, se plaidait donc aussi, sans espoir de le gagner, ce grand procès de ceux qui ne possèdent pas contre ceux qui possèdent : — Là aussi, il y avait des hommes dressés, comme les cormorans et les chiens de chasse, à rapporter à leurs maîtres le poisson et le gibier, en échange desquels on leur donnait un morceau de pain. — C'était bizarre, car qui empêchait ces hommes de pêcher et de chasser pour eux ? — L'habitude d'obéir... C'est dans les hommes mêmes qu'elle veut faire libres que la liberté trouve ses plus grands obstacles.

Pendant ce temps, Maurice, qui ne se doutait guère à quelles réflexions m'avait conduit sa réponse, était descendu dans l'eau jusqu'à la ceinture, et commençait une pêche dont je n'avais aucune idée, et que j'aurais peine à croire possible si je ne l'avais pas vue. Je compris alors à quoi lui servaient les instrumens dont je l'avais vu s'armer au lieu de ligne ou de filet.

En effet, cette lanterne avec son long tuyau était destinée à explorer le fond du torrent, tandis que le haut du conduit, sortant de l'eau, laissait pénétrer dans l'intérieur du globe la quantité d'air suffisante à l'alimentation de la lumière. De cette manière, le lit de la rivière se trouvait éclairé circulairement d'une grande lueur trouble et blafarde, qui allait s'affaiblissant au fur et à mesure qu'elle s'éloignait de son centre lumineux. Les truites qui se trouvaient dans le cercle qu'embrassait cette lueur ne tardaient pas à s'approcher du globe, comme font les papillons et les chauve-souris attirés par la lumière, se heurtaient à la lanterne, et tournant tout autour. Alors Maurice levait doucement la main gauche qui tenait le fallot ; les étranges phalènes, fascinées par la lumière, la suivaient dans son mouvement d'ascension ; puis, dès que la truite paraissait à fleur d'eau, sa main droite, armée de la serpe, frappait le poisson à la tête, et toujours si adroitement, que, étourdi par la violence du coup, il tombait au fond de l'eau, pour reparaître bientôt mort et sanglant, et passer incontinent dans le sac suspendu au cou de Maurice comme une carnassière.

J'étais stupéfait : cette intelligence supérieure, dont j'étais si fier, il n'y avait que cinq minutes, était confondue ; car il est évident que si, la veille encore, je m'étais trouvé dans une île déserte avec des truites au fond d'une rivière pour toute nourriture, et n'ayant pour les pêcher qu'une lanterne et une serpe, cette intelligence supérieure ne m'aurait probablement pas empêché de mourir de faim.

Maurice ne soupçonnait guère l'admiration qu'il venait de m'inspirer, et continuait d'augmenter mon enthousiasme par les preuves renouvelées de son habileté, choisissant, comme un propriétaire dans son vivier, les truites qui lui paraissaient les plus belles, et laissant tourner impunément autour de la lanterne le menu fretin qui ne lui semblait pas digne de la sauce au bleu. Enfin je n'y tins plus, je mis bas pantalon, bottes et chaussettes, je complétai mon accoutrement de pêcheur sur le modèle de celui de Maurice, et, sans penser que l'eau avait à peine deux degrés au-dessus de zéro, sans faire attention aux cailloux qui me coupaient les pieds, j'allai prendre de la main de mon acolyte la serpe et la lanterne au moment où une superbe truite venait se mirer ; je l'amenai à la surface avec les précautions que j'avais vu employer à mon prédécesseur, et, au moment où je la jugeai à portée, je lui appliquai au milieu du dos, de peur de la manquer, un coup de serpe à fendre une bûche.

La pauvre bête remonta en deux morceaux.

Maurice la prit, l'examina un instant, et la rejeta avec mépris à l'eau, en disant : C'est une truite déshonorée.

Déshonorée ou non, je comptais bien manger celle-là et non une autre ; en conséquence, je repêchai mes deux fragmens, qui s'en allaient chacun de leur côté, et je revins au bord ; il était temps. Je grelottais de tous mes membres, et mes dents cliquetaient.

Maurice me suivit. Il avait son contingent de poisson, trois quarts d'heure lui avaient suffi pour pêcher huit truites. Nous nous rhabillâmes, et nous prîmes rapidement le chemin de l'auberge.

— Pardieu! me disais-je en revenant, si une de mes trente mille connaissances parisiennes fût passée, ce qui eût été possible, sur la route en vue de laquelle je me livrais, il y a un instant, à l'exercice de la pêche, et qu'elle m'eût reconnu au milieu d'un torrent glacé, dans le singulier costume que j'avais été forcé d'adopter, une serpe d'une main et une lanterne de l'autre, je suis bien certain que, jour pour jour, au bout du temps nécessaire à son retour de Bex à Paris, et à l'arrivée des journaux de Paris à Bex, j'aurais eu la surprise de lire dans la première gazette qui me serait tombée entre les mains, que l'auteur d'*Antony* a eu le malheur de devenir fou pendant son voyage dans les Alpes, *ce qui n'eût-on pas manqué d'ajouter, est une perte irréparable pour l'art dramatique!*

Et tout en me faisant ces réflexions, qu'entretenait ma congélation croissante, je pensais à un escabeau que j'avais remarqué dans la cheminée de la cuisine, et sur lequel, au moment où j'avais quitté l'auberge, s'épanouissait, à quarante-cinq degrés de chaleur, un énorme chat de gouttière dont j'avais admiré l'incombustibilité, et je me disais : Aussitôt que je serai arrivé, j'irai droit à la cheminée de la cuisine, je chasserai le chat, et je me mettrai sur son escabeau.

En effet, dominé par cette idée qui me donnait du courage en me donnant de l'espoir, je précipitai le pas, et comme, pour me réchauffer provisoirement les doigts, je m'étais muni de la lanterne, j'arrivai sans accident, malgré ma course accélérée, à la porte de l'auberge, dans l'intérieur de laquelle je devais trouver le bienheureux escabeau qui, pour le moment, était l'objet de tous mes désirs. Je sonnai en homme qui n'a pas le temps d'attendre. L'hôtesse vint nous ouvrir elle-même, je passai auprès d'elle comme une apparition, je traversai la salle à manger comme si j'avais été poursuivi, et je me précipitai dans la cuisine.

Le feu était éteint!...

Au même instant, j'entendis la maîtresse de l'hôtel, qui m'avait suivi aussi vite qu'elle avait pu le faire, demander à Maurice : — Qu'est-ce qu'il a donc, ce monsieur?

— Je crois qu'il a froid, répondit Maurice.

Dix minutes après, j'étais dans un lit bassiné, et j'avais à la portée de ma main un bol de vin chaud, les symptômes m'ayant paru assez inquiétants pour combattre le mal par les toniques et les révulsifs.

Grâce à ce traitement énergique, j'en fus quitte pour un rhume abominable.

Mais aussi j'ai eu l'honneur de découvrir et de constater le premier un fait important pour la science, et dont l'Institut et *la Cuisinière Bourgeoise* me sauront gré, je l'espère.

C'est que, dans le Valais, les truites se pêchent avec une serpe et une lanterne.

LES SALINES DE BEX

Le lendemain, après avoir mangé le train de devant de ma truite, je me mis en route pour les salines.

Maurice, avec lequel j'étais tout-à-fait raccommodé, m'indiqua un petit chemin qui part du jardin même de l'auberge, et qui conduit à l'établissement d'exploitation par une route plus courte et plus pittoresque. La première montée, qui est assez fatigante, mais où chaque pas que l'on fait élargit le paysage, une fois gravie, on arrive à un sentier qui traverse un bois de beaux châtaigniers, que rien ne protége contre la gourmandise des voyageurs. A cette vue, je me rappelai aussitôt mon ancien métier de maraudeur, et, à l'aide d'une grosse pierre, que je jetai de toute ma force contre le tronc de l'arbre qui se trouva le plus à ma portée, je fis tomber une véritable pluie de châtaignes. Comme elles étaient encore renfermées dans leurs coques, je procédai incontinent à l'extraction d'icelles par le procédé connu de tout collégien, procédé qui consiste à les faire rouler délicatement entre le gazon et la semelle de la botte, jusqu'à ce que la pression combinée avec la rotation amène un résultat satisfaisant. Au bout de dix minutes, j'avais mes poches pleines, et je m'étais remis en route, grignotant les *castaneæ molles*, comme aurait pu le faire un écureuil, ou un berger de Virgile.

C'est une admirable recette contre la fatigue et l'ennui, et je l'indique ici comme telle à tout voyageur pédestre, que de faire, dans les chemins qui n'offrent point pour eux-mêmes grande distraction, travailler leur âme ou leur bête. Quant à moi, c'est le procédé que j'employai, et que je me promets bien d'employer encore dans mes nouvelles courses. Pour occuper mon âme, j'avais en réserve dans ma tête trois ou quatre odes de Victor ou de Lamartine, que je répétais tout haut, recommençant aussitôt que j'avais achevé, finissant par ne plus comprendre le sens des paroles, délicieusement bercé dans l'ivresse du nombre et de l'harmonie. Pour donner de la besogne à ma bête, je bourrais toutes mes poches d'autant de châtaignes ou de noix qu'il en pouvaient contenir; puis, en les tirant une à une, je les épluchais du bout de mon canif, avec la patience méticuleuse d'un artiste qui sculpterait la tête de monsieur de Voltaire sur une canne de houx. Grâce à ces deux ressources, le temps et la distance cessaient de se diviser par heures et par lieues. Enfin, si une mauvaise disposition d'esprit m'ôtait la mémoire, si les arbres qui bordaient le chemin ne m'offraient pas de récolte, je poussais avec persévérance un petit caillou du bout du pied, et cela revenait absolument au même.

J'arrivai donc aux salines sans trop savoir le temps que je mis à faire la route. Ce sont les mineurs eux-mêmes qui, à tour de rôle et dans leurs heures de repos, se chargent de conduire les voyageurs. Je m'adressai à l'un d'eux; il fit aussitôt ses dispositions pour notre petit voyage; elles consistaient à nous mettre à chacun entre les mains une lampe allumée; et dans la poche un briquet, des allumettes et de l'amadou. Ces précautions prises, nous nous avançâmes vers une entrée taillée dans la montagne, et dont l'orifice, surmonté d'une inscription indiquant le jour où le premier coup de pioche avait été donné dans la montagne, présentait une ouverture de huit pieds de haut sur cinq de large.

Mon guide entra le premier dans le souterrain, et je le suivis : la galerie dans laquelle nous marchions s'enfonce hardiment, et en droite ligne dans la montagne, taillée partout dans la même proportion de largeur et de longueur que nous avons citée; de place en place, des inscriptions indiquent les progrès annuels des ouvriers mineurs, qui tantôt ont eu à percer le roc vif, où s'émoussaient les outils les mieux trempés, et tantôt une terre friable qui à chaque minute menaçait les travailleurs d'un éboulement qu'ils ne prévenaient qu'à l'aide d'un revêtement de charpente soutenu par des étais : cette avenue est bordée, de chaque côté, de deux ruisseaux coulant dans des ornières de bois : celui que j'avais à ma droite contenait de l'eau salée, et celui que j'avais à ma gauche de l'eau sulfureuse, dont la montagne fournit une certaine quantité que l'on sépare avec soin de l'autre. Quant au terrain sur lequel on marche, c'est un prolongement de planches glissantes, larges de dix-huit pouces et mises bout à bout.

A peine a-t-on fait cent pas dans cette galerie, qu'on trouve à sa droite un petit escalier composé de quelques marches : il conduit au premier réservoir, qui a neuf pieds de hauteur sur quatre-vingts pieds de circonférence : le liquide qu'il renferme contient cinq ou six parties de matières salines sur cent parties d'eau.

Vingt-cinq pas plus loin, et toujours en suivant la même galerie, on arrive au deuxième réservoir; on y monte comme au premier, à l'aide de quelques marches de bois rendues glissantes par l'humidité; celui-là, comme l'autre, a neuf pieds de profondeur, mais une circonférence double; l'eau qu'il renferme contient vingt-six parties de matières salines au lieu de cinq.

Un des échos les plus remarquables que j'aie entendus de ma vie, après celui de la Simonetta près de Milan, qui répète cinquante-trois fois les paroles qu'on lui jette, est sans contredit celui du second réservoir. Au moment de descendre dans la seconde galerie, mon guide m'arrêta par le bras, et, sans me prévenir, poussa un cri ; je crus que la montagne s'abîmait sur nous, tant la caverne s'emplit aussitôt de bruit et de rumeur ; une minute au moins s'écoula avant que le dernier frémissement de cet écho réveillé si violemment consentît à s'éteindre ; on l'entendait gronder sourdement, se heurtant aux cavités du roc, comme un ours surpris qui s'enfonce dans les dernières profondeurs de sa tanière. Il y a quelque chose d'effrayant dans cette répercussion bruyante du bruit de la voix humaine, dans un lieu où elle n'était pas destinée à parvenir, et où celle de Dieu même ne devrait arriver qu'au jour du jugement dernier.

Nous nous remîmes en route ; bientôt mon guide ouvrit une balustrade, ronde située à notre droite, et, mettant le pied sur le premier degré d'une échelle qui s'enfonçait presque perpendiculairement dans un gouffre, il me demanda si je voulais le suivre. Je l'invitai à descendre le premier, afin que je pusse un peu me rendre compte des facilités du chemin ; il descendit en conséquence le long d'une première échelle dont le pied reposait sur une pointe de terrain, contre laquelle une seconde échelle qui conduisait plus bas venait s'appuyer. C'est de ce premier plateau qu'il m'apprit que le puits dans lequel il m'avait précédé contenait une source d'eau saline que les voyageurs avaient l'habitude de visiter. Je n'éprouvais pas une curiosité bien vive pour le phénomène qu'on me promettait : je trouvais la route qui y conduisait assez mal éclairée et le chemin passablement ardu. Cependant une mauvaise honte me poussa, je posai à mon tour le pied sur le premier échelon ; le guide, qui vit mon mouvement, l'imita aussitôt, nous mîmes à descendre, lui la seconde, et moi la première échelle, lui avec l'insouciance d'un homme habitué au trajet, et moi comptant scrupuleusement un à un les degrés que je descendais.

Au bout de cinq minutes de cet exercice, et arrivé à mon deux cent soixante quinzième degré, je m'arrêtai au beau milieu de mon échelle, et, jetant les yeux au-dessous de moi, je vis mon guide, réglant toujours sa descente sur la mienne et se maintenant à la distance où nous étions lors du départ. La lampe qu'il portait éclairait autour de lui la paroi humide et brillante du rocher ; mais au-dessous de ses pieds tout rentrait dans l'obscurité, et j'apercevais seulement la pointe d'une autre échelle qui m'indiquait, à n'en pouvoir douter, que nous n'étions pas au bout de notre course. En me voyant arrêté, le guide s'était arrêté aussi ; moi regardant en bas, lui regardant en haut.

— Eh bien ? me dit-il.

— Dites-donc, l'ami, repris-je, lui faisant une question en même temps qu'une réponse, est-ce que nous ne sommes pas bientôt au bout de la plaisanterie ?

— Nous avons fait un peu plus du tiers du chemin.

— Ah ! ainsi nous avons encore quatre cent cinquante échelons à peu près à descendre ? — Le guide abaissa la tête pour compter plus à son aise, puis après un instant il la releva.

— Quatre cent cinquante-sept, dit-il. Il y a cinquante-deux échelles à la suite les unes des autres, les cinquante-une premières ont chacune quatorze pieds, et la dernière dix-huit.

— Ce qui me fait, dites-vous, une profondeur de quatre cent cinquante-sept pieds au-dessous de moi ?

— En droite ligne.

— De sorte que si mon échelle cassait ?...

— Vous tomberiez de cent pieds plus haut que si vous tombiez de la flèche du clocher de Strasbourg.

Il n'avait pas achevé ces mots, que, convaincu que je n'avais pas trop de mes deux mains pour prévenir, autant qu'il était en moi, cet accident, je lâchai, pour me cramponner à l'échelle pliante au milieu de laquelle j'étais juché comme un scarabée sur un brin d'herbe, ma lampe, que j'eus le plaisir de suivre des yeux tant que son lumignon brûla, puis ensuite d'entendre heurter les unes après les autres les échelles qu'elle rencontrait sur sa route, jusqu'à ce qu'enfin un bruit sourd, produit par son contact avec l'eau, m'annonça qu'elle venait d'arriver où nous allions.

— Qu'est-ce que c'est ? me dit le guide.

— Un étourdissement, voilà tout.

— Ah ! diable, il faut vous en défaire, ça n'est pas sain dans nos pays.

Sous ce rapport, j'étais parfaitement de son avis : en conséquence, je secouai la tête ainsi que fait un homme qui se réveille, et je me remis à descendre avec plus de précaution encore qu'auparavant, si cela était possible ; comme j'étais privé de ma lumière, je rejoignis mon guide, qui brillait fièrement sur son échelle comme un ver luisant sur une haie, et nous continuâmes à descendre. Au bout de dix minutes, nous étions arrivés au bas de la cinquante-deuxième échelle, sur un rebord glaiseux un pied au-dessous duquel était l'eau ; je cherchai à sa surface ma malheureuse lampe ; elle avait plongé, à ce qu'il paraît.

Arrivé là, je m'aperçus d'une chose à laquelle la préoccupation antérieure de mon esprit m'avait empêché de songer, c'est que je pouvais respirer à peine ; il me semblait que ces parois étroites me pressaient la poitrine comme dans un rêve, et m'étouffaient. En effet, l'air extérieur ne pénétrait jusqu'à nous que par l'ouverture de la porte d'entrée, et nous étions, comme je l'ai déjà dit, à sept cent trente-deux pieds au-dessous du niveau de la galerie ; et, comme la galerie elle-même est à neuf cents pieds à peu près du sommet de la montagne, je me trouvai avoir pour le moment quinze ou seize cents pieds de terre par dessus la tête : on étoufferait à moins.

Le malaise que j'éprouvais nuisit beaucoup à l'attention que je prêtai à mon guide, qui m'expliqua les divers travaux de mine à l'aide desquels on était arrivé où nous étions. Je me rappelle cependant qu'il me dit que l'espoir de trouver une source plus abondante avait encore déterminé une fouille plus profonde, qu'on exécutait à l'aide d'une sonde, qui était déjà parvenue à cent cinquante pieds, lorsqu'elle se trouva arrêtée par un obstacle qu'elle ne put vaincre, et contre lequel tous les instrumens d'acier vinrent s'émousser. Les ouvriers pensèrent qu'un ennemi de l'exploitation avait, pendant que les mineurs dînaient ou prenaient du repos, jeté un boulet dans le tuyau, et que c'était ce boulet qui faisait obstacle.

Cependant, telle qu'elle est, cette source, qui est la plus forte de toutes, puisqu'elle contient vingt-huit parties de matières salines sur cent parties d'eau, est assez abondante. Tous les cinq ans on vide le puits, on réduit par le mélange de l'eau ordinaire le liquide que l'on en tire à vingt-deux parties de matière saline seulement, degré auquel il faut que cette eau soit parvenue pour être soumise à l'ébullition. Les autres sources, au contraire, qui, plus faibles, ne contiennent que six parties de matière saline sur cent parties d'eau, renforcent leur principe salin en coulant à travers des épines, où s'opère une évaporation de la partie aqueuse qui augmente d'autant la matière saline.

Ces explications données, mon guide remit le pied sur l'échelle, et j'avoue que ce fut avec un certain plaisir que je le vis commencer son ascension, qui fut suivie immédiatement de la mienne. Toutes deux s'accomplirent sans accident, et je me retrouvai avec plaisir sur le terrain plus solide de la galerie.

Nous continuâmes de nous enfoncer dans cet immense corridor percé en ligne si droite que, chaque fois que nous nous retournions, nous pouvions voir l'entrée illuminée par les rayons du soleil, diminuant graduellement de largeur et de hauteur au fur et à mesure que nous nous éloignions d'elle. A quatre mille pieds de l'entrée, la galerie fait un coude ; avant de m'engager dans ce premier détour, je me retournai une dernière fois ; le jour intérieur brillait encore à l'extrémité de ce long tuyau, mais faible et isolé comme une étoile dans la nuit ; je fis un pas et il disparut.

Au bout de quatre mille autres pieds à peu près, on arrive au filon de sel fossile ; là le souterrain s'élargit, et l'on se trouve bientôt dans une immense cavité circulaire : tout ce que les hommes ont pu arracher aux larges flancs de la montagne, ils l'ont fait : tant que la terre a conservé un principe salin, ils ont creusé avaricieusement pour arriver au bout : aussi voit-on partout de nouvelles galeries, commencées, puis abandonnées, qui ressemblent à des niches de saints ou à des cellules d'ermites. Il y a quelque chose de profondément triste dans cette pauvre carrière vide, comme une maison pillée dont on a laissé toutes les portes ouvertes.

A quelques pas de là, un rayon de jour extérieur illumine une grande roue verticale de trente-six pieds de diamètre, mise en mouvement par un courant d'eau douce qui tombe du haut de la montagne. Cette roue fait agir des pompes destinées à extraire du puits l'eau salée et l'eau sulfureuse et à les amener à la hauteur des rigoles qui conduisent hors de la mine. Ce rayon de jour arrivait jusqu'à nous par un soupirail presque circulaire pratiqué dans le but de renouveler l'air intérieur de la mine, et qui va aboutir verticalement au sommet de la montagne. Mon guide m'assura qu'à l'aide de cet immense télescope on pouvait, quand le temps était beau, distinguer les étoiles en plein midi. Ce jour-là justement il n'y avait pas un nuage au ciel ; je regardai en conséquence avec l'attention la plus scrupuleuse pendant l'espace de dix minutes, au bout desquelles je demeurai convaincu qu'il y avait dans l'assertion de mon Valaisan beaucoup d'amour-propre national.

Ma situation sous le soupirail avait du moins produit un résultat, c'était celui de me remplir la poitrine d'un air un peu plus respirable que celui que je humais depuis une demi-heure ; aussi, ma provision faite, je me remis en route avec un nouveau courage. Bientôt mon guide s'arrêta pour me demander si je préférais m'en aller par le fondement d'en haut ou le fondement d'en bas ; je lui demandai quelle différence il faisait entre ces deux sorties ; il me répondit que par le premier il y avait quatre cents marches à monter et par le second sept cents marches à descendre. Je me décidai incontinent pour les quatre cents marches à monter ; je me rappelais mon puits, et j'avais assez d'une expérience comme celle-là pour un jour.

Arrivés au haut de l'escalier, nous aperçûmes la lumière du jour au bout de la galerie dans laquelle nous nous trouvions. J'avoue que cette vue me fut assez agréable : j'avais fait trois quarts de lieue dans la mine, et je trouvais le chemin fort curieux, mais un peu trop accidenté.

La sortie vers laquelle nous marchions débouche dans un vallon étroit et sauvage. Un sentier assez rapide nous ramena en une demi-heure à la porte par laquelle nous étions entrés ; c'était le moment de régler mes comptes avec mon guide ; j'avais une course et une lampe à lui payer ; j'évaluai les deux choses à six francs, et je reconnus à ses remercîmens qu'il se regardait comme largement rétribué.

J'étais de retour à Bex à onze heures du matin ; c'était d'assez bonne heure encore pour que je continuasse ma journée. Martigny, où je comptais aller coucher, n'étant qu'à cinq lieues et demie de pays de distance, je ne m'arrêtai donc à l'auberge que pour charger mon sac et prendre mon bâton. La première ville que l'on rencontre en sortant de Bex est Saint-Maurice : ce nom est celui du chef de la légion Thébéenne, qui y subit le martyre avec ses six mille six cents (1) soldats, plutôt que de renier la religion du Christ.

(1) Selon l'auteur du livre *de Gestis Francorum*, — et 6666 selon la légende du moine d'Agaune ; ce dernier nombre est aussi adopté par *Adon*, archevêque de Vienne, dans son *Abrégé de la vie des Saints*. Venance Fortunat, évêque de Poitiers, célébra en 590 cette glorieuse mort par un poème dont nous extrayons quelques vers :

> Turbine sub mundi cùm persequebantur iniqui
> Christicolasque daret sæva procella neci,
> Frigore depulso succendens corda peregit
> Rupibus in gelidis fervida bella fide.
> Quô, pie Maurici, ductor legionis opimæ,
> Traxisti fortes subdera colla viros,
> Quos positis gladiis armarunt dogmata Pauli
> Nomine pro Christi dulcius esse mori.

Saint-Maurice fut regardé de tout temps comme la porte du Valais ; en effet, les deux chaînes de montagnes au milieu desquelles s'étend la vallée se rapprochent tellement sur ce point, que tous les soirs on peut fermer ce défilé avec une porte. César avait si bien compris l'importance de ce passage, qu'il avait fait ajouter des fortifications à sa force naturelle, afin d'avoir toujours à sa disposition ce passage des Alpes. A cette époque, Saint-Maurice se nommait Tarnade, du nom d'un château voisin, *Castrum Tauredunense*, qui fut enseveli en 562 sous l'éboulement du mont *Tauredunum*.

Plusieurs inscriptions funéraires attestent l'antiquité de Saint-Maurice, en même temps qu'elles constatent la force de sa position, puisque les Romains, qui craignaient avant tout la violation des tombeaux, avaient toujours soin de placer les cendres des personnes qui leur étaient chères à l'abri de la vengeance de leurs ennemis. La famille des *Sévères* surtout paraissait avoir adopté ce lieu pour sa demeure mortelle : les trois inscriptions suivantes font foi de ce que nous avançons, puisque la première constate qu'Antoine Sévère avait fait transporter de Narbonne à Tarnade le corps de son fils.

*

D. M.
ANTONI II SEVERI II NARBONÆ DE-
FUNCTI QUI VIXIT ANNOS XXV.
MENSES III. DIEBUS XXIV. ANTONIUS
SEVERUS PATER INFELIX CORPUS
DEPORTATUM HIC CONDIDIT.

*

M. PANSIO COR.
M. FILIO SEVERO
II VIR. FLAMINI
JULIA DECUMINA
MARITO.

*

D. PANSIO M. FL.
SEVERO ANNO XXXVI
JULIA DECUMINA
MATER
FIL. PIENTISSIMO.

*

Tarnade était restée place forte et importante sous les empereurs, puisque la légion Thébéenne, commandée par saint Maurice, et forte de six mille six cents soldats, s'y trouvait en garnison lorsque Maximien voulut la faire sacrifier aux faux dieux, et que, ferme dans la foi naissante, elle préféra le supplice à l'abjuration. Bientôt après, comme ces vierges païennes qui, adoptaient le christianisme, Tarnade, baptisée du sang des martyrs, change de nom et s'appelle *Agaune* : l'époque précise de ce changement remonte à la fin du quatrième siècle, puisque la carte théodosienne qui parut vers l'an 580 lui conserve encore son ancien nom, et que dix ans après saint Martin, étiquetait le reliquaire où étaient les

> Pectore belligero poterant qui vincere ferro
> Invitans jugulis vulnera rara suis.
> Hortantes se clade suâ sic ire alios suates :
> Alter in alterius cæde nativit hærus.
> Adjuvit rapidas Rhodanis fons sanguinis nudas,
> Tinxit et alpinas irâ cruenta nives.
> Tali fine polos felix exercitus intrans,
> Junctus apostolicis plaudit honore choris.
> Cingitis angelicos super astra beata penatis,
> Mors fuit undè prius lux fovet indè viros
> Qui faciunt, sacrum Paradisi créscere censum
> Hæredes Domini luce perenne dati
> Sidereo chorus iste throno cum carne locandus
> Cùm veniet judex, arbiter orbis erit.
> Sic pia turba tuum, festinans cernere Christum,
> Ut cœlos peteret de nece facit iter

ossemens des Thébéens, reliques des *Martyrs d'Agaune*. Du reste, la conversion de Tarnade remonte encore plus haut que l'époque que nous indiquons ici, puisque, s'il faut en croire une inscription qu'elle devint la devise de sa maison de ville, elle était chrétienne depuis l'an 58: « *Christiana sumus anno 58.* »

L'étymologie du mot *Agaune* a fort occupé l'érudition des savans du moyen-âge; le moine d'Agaune fait dériver ce mot du mot latin *Acaunus*, qui dériverait lui-même du mot celtique *Agaum*, lequel veut dire pays de rochers. D'autres pensent que ce fut saint Ambroise, allant en ambassade près de l'empereur Maximien à Trèves, et passant vers l'an 385 à Tarnade, qui détermina ce changement avec de donner au lieu où les Thébéens avaient été mis à mort un nom relatif à leur martyre. Or, ce saint prélat nous apprend dans une de ses lettres, que le lieu où Samson termina sa vie, en écrasant avec lui les Philistins sous les ruines du temple, portait le nom d'*Agaunis* du grec *Agôn*. Festus, dans son vocabulaire, donne la signification de ce mot; *Agôn* était, selon lui, la victime que les empereurs immolaient avant de entreprendre leurs expéditions, afin de se rendre les dieux favorables; saint Jérôme dit toujours *Agones martyrum*, lorsqu'il parle des combats des martyrs; enfin, on appelait *Agaunistici*, certains donatistes fanatiques qui cherchaient à se faire donner la mort: c'est donc, selon nous, en faveur de cette dernière version que cette importante question doit être décidée.

Quoi qu'il en soit, vers le neuvième siècle, on joignit le nom du chef de la légion massacrée au nom qui exprimait le massacre: *Agaune* s'appela *Saint-Maurice-d'Agaune*, puis enfin il a fini de nos jours par ne plus s'appeler que Saint-Maurice.

Les miracles opérés par les reliques des martyrs les mirent en telle réputation, que ceux des évêques des Gaules qui manquaient de saints dans leur diocèse en envoyaient chercher à Agaune; bientôt les curés, jaloux du privilège de leurs supérieurs, poussèrent l'indiscrétion jusqu'à demander pour leur église, l'un un bras, l'autre une jambe; les saints ossemens, quelque nombreux qu'ils fussent, eussent probablement disparu jusqu'au dernier dans ce pillage, si l'empereur Théodose n'eût rendu un édit qui défendit, sous les peines les plus rigoureuses, d'ouvrir leurs tombeaux. De cette manière, on sauva de la déprédation un millier de martyrs, et plusieurs bouteilles de leur sang. Karl le Grand, pour conserver ce précieux dépôt, fit cadeau à Saint-Maurice d'une fiole d'agate que le trésor de la ville a conservée jusqu'à nos jours. Il lui donna en même temps une table d'or pesant soixante marcs et enrichie de diamans, destinée à la communion: elle servit à faire les frais du voyage en Terre-Sainte d'Amédée III, comte de Savoie.

Je me suis étendu sur les souvenirs antiques de Saint-Maurice, vu qu'en sortant de la ville il est difficile d'en emporter un souvenir moderne, et j'ai agi avec elle comme avec nos nobles actuels, que par politesse j'appelle encore de leurs vieux noms.

A peine sorti de Martigny, j'aperçus, en jetant les yeux à ma droite, le petit ermitage de Notre-Dame-de-Bex, bâti ou plutôt cloué à la hauteur de huit cents pieds contre la paroi d'un rocher. On y monte par un petit sentier sans parapet, large en quelques endroits de moins de dix-huit pouces. Il est habité par un aveugle.

Mille pas plus loin, et à la droite de la grande route, après dix minutes de marche, on trouve la petite chapelle de Vérolliez, bâtie à la place même où saint Maurice a subi le martyre. A l'époque où cet événement eut lieu, le Rhône passait au pied du petit monticule sur lequel eut lieu le supplice, et la tête du saint détachée du corps roula jusque dans le fleuve, où elle disparut.

Il était trois heures de l'après-midi, et je voulais arriver à Martigny pour dîner. Je désirais consacrer quelque temps à la cascade de Pissevache, qu'on m'avait vantée comme une des merveilles de la Suisse. En effet, après une heure et demie de marche, en tournant un coude, je l'aperçus de loin se découpant sur son rocher noir, comme un fleuve de lait qui se précipiterait de la montagne. L'eau est toujours une admirable chose dans un point de vue: c'est à un paysage ce qu'une glace est à un appartement; c'est le plus animé des objets inanimés; mais une cascade l'emporte sur tout: c'est véritablement de l'eau vivante; on est tenté de lui donner une âme. On s'intéresse aux efforts écumeux qu'elle fait en se heurtant contre les rochers; on écoute sa voix bruyante qui se plaint quand elle tombe; on gémit de sa chute dont ne la console pas l'écharpe brillante que lui jette en passant le soleil; puis enfin on la suit avec intérêt dans son cours plus tranquille au milieu de la vallée, comme on suit dans le monde l'existence paisible d'un ami dont le matin a été agité par de violentes passions.

Pissevache descend d'une des plus belles montagnes du Valais nommée Salanf; sa chute est d'environ quatre cents pieds.

LE BEEFSTEAK D'OURS.

J'arrivai à l'hôtel de la poste à Martigny vers les quatre heures du soir.

Pardieu! dis-je au maître de la maison en posant mon bâton ferré dans l'angle de la cheminée, et en ajustant mon chapeau de paille au bout de mon bâton, — il y a une rude trotte de Bex ici.

— Six petites lieues de pays, monsieur.

— Oui, qui en font douze de France à peu près. — Et d'ici à Chamouny?

— Neuf lieues.

— Merci. — Un guide demain à six heures du matin.

— Monsieur va à pied?

— Toujours.

Et je vis que si mes jambes gagnaient quelque chose en considération dans l'esprit de notre hôte, c'était certainement aux dépens de ma position.

— Monsieur est artiste? continua mon hôte.

— A peu près.

— Monsieur dîne-t-il?

— Tous les jours, et religieusement.

En effet, comme les tables d'hôte sont assez chères en Suisse, et que chaque dîner coûte quatre francs, prix fait d'avance, et sur lequel on ne peut rien rabattre, j'avais longtemps, dans mes projets d'économie, essayé de rattraper quelque chose sur cet article. Enfin, après de longues méditations, j'étais parvenu à trouver un terme moyen entre la rigidité scrupuleuse des hôteliers et le cri de ma conscience: c'était de ne me lever de table qu'après avoir mangé pour une valeur comparative de six francs; de cette manière, mon dîner ne me coûtait que quarante sous. Seulement, en me voyant acharné à l'œuvre et en m'entendant dire: *Garçon, le second service!* — l'hôte marmottait entre ses dents: *Voilà un Anglais qui parle fort joliment le français.*

Vous voyez que le maître de l'auberge de Martigny n'était pas doué de la science physiognomonique de son compatriote Lavater, puisqu'il osait me faire cette question au moins impertinente: — Monsieur dîne-t-il?

Lorsqu'il eut entendu ma réponse affirmative: — Monsieur est bien tombé aujourd'hui, continua-t-il, nous avons encore de l'ours.

— Ah! ah! fis-je, médiocrement flatté du rôti, — Est-ce que c'est bon, votre ours?

L'hôtelier sourit en secouant la tête avec un mouvement de haut en bas, qui pouvait se traduire ainsi: Quand vous en aurez goûté, vous ne voudrez plus manger d'autre chose.

— Très-bien, continuai-je. Et à quelle heure votre table d'hôte?

— A cinq heures et demie.

Je tirai ma montre, il n'était que quatre heures dix minutes. — C'est bon, dis-je à part moi, j'aurai le temps d'aller voir le vieux château.

— Monsieur veut-il quelqu'un pour le conduire et pour lui expliquer de quelle époque il est? me dit l'hôte, répondant à mon à parte.

— Merci, je trouverai mon chemin tout seul; quant à l'époque à laquelle remonte votre château, ce fut Pierre de Savoie, surnommé le Grand, qui, si je ne me trompe, le fit élever vers la fin du douzième siècle.

— Monsieur sait notre histoire aussi bien que nous.

Je le remerciai pour l'intention, car il était évident qu'il croyait me faire un compliment.

— Oh! reprit-il, c'est que notre pays a été autrefois; il avait un nom latin, il a soutenu de grandes guerres, et il a servi de résidence à un empereur de Rome.

— Oui, repris-je en laissant, comme le professeur du *Bourgeois gentilhomme*, tomber négligemment la science de mes lèvres; oui, Martigny est l'*Octodurum* des Celtes, et ses habitans actuels sont les descendans des Véragrians dont parlent César, Pline, Strabon et Tite-Live, qui les appellent même demi-Germains. Cinquante ans environ avant Jésus-Christ, Sergius Galba, lieutenant de César, y fut assiégé par les Séduniens; l'empereur Maximien y voulut faire sacrifier son armée aux faux dieux, ce qui donna lieu au martyre de saint Maurice et de toute la légion Thébéenne; enfin, lorsque Petronius, préfet du prétoire, fut chargé de diviser les Gaules en dix-sept provinces, il sépara le Valais de l'Italie, et fit de votre ville la capitale des Alpes Pennines, qui devaient former avec la Tarentaise la septième province viennoise. — N'est-ce pas cela, mon hôte?

Mon hôte était stupéfait d'admiration. — Je vis quel effet était produit; je m'avançai vers la porte, il se rangea contre le mur, le chapeau à la main, et je passai fièrement devant lui, fredonnant aussi faux que cela m'est possible :

Viens, gentille dame,
Viens, je t'attends!...

Je n'avais pas descendu dix marches, que j'entendis mon homme crier à tue-tête au garçon :

— Préparez pour monseigneur le no 3. — C'était la chambre où avait couché Marie-Louise lorsqu'elle passa à Martigny en 1829.

Ainsi mon pédantisme avait porté le fruit que j'en espérais. Il m'avait valu le meilleur lit de l'auberge, et, depuis que j'avais quitté Genève, les lits faisaient ma désolation.

C'est qu'il faut vous dire que les lits suisses sont composés purement et simplement d'une paillasse et d'un sommier sur lequel on étend, en le décorant du titre de drap, une espèce de nappe, si courte qu'elle ne peut ni se replier à l'extrémité inférieure, sous les matelas, ni se rouler à l'extrémité supérieure, autour du traversin, de sorte que les pieds ou la tête en peuvent jouir, alternativement il est vrai, mais jamais tous deux à la fois. Ajoutez à cela que, de tous côtés, le crin sort raide et serré à travers la toile, ce qui produit sur la peau du voyageur le même effet à peu près que s'il était couché sur une immense brosse à tête.

C'est donc bercé par l'espérance d'une bonne nuit que je fis dans la ville et dans les environs une tournée d'une heure et demie, espace de temps suffisant pour voir tout ce qu'offre de remarquable l'ancienne capitale des Alpes Pennines.

Lorsque je rentrai, les voyageurs étaient à table : je jetai un coup d'œil rapide et inquiet sur les convives; toutes les chaises se touchaient et toutes étaient occupées, je n'avais pas de place!...

Un frisson me courut par tout le corps, je me retournai pour chercher mon hôte. Il était derrière moi. Je trouvai à sa figure une expression méphistophélique. — Il souriait.

— Et moi, lui dis-je, et moi, malheureux!...

— Tenez, me dit-il en m'indiquant du doigt une petite table à part; — tenez, voici votre place; un homme comme vous ne doit pas manger avec tous ces gens-là.

— Oh! le digne Octodurois! — et je l'avais soupçonné!...

C'est qu'elle était merveilleusement servie, ma petite table.

— Quatre plats formaient le premier service, et au milieu était un beefsteak d'une mine à faire honte à un beefsteak anglais!... Mon hôte vit qu'il absorbait mon attention. Il se pencha mystérieusement à mon oreille :

— Il n'y en aura pas de pareil pour tout le monde, me dit-il.

— Qu'est-ce donc que ce beefsteak?

— Du filet d'ours, rien que cela!

J'aurais autant aimé qu'il me laissât croire que c'était du filet de bœuf.

Je regardais machinalement ce mets si vanté, qui me rappelait ces malheureuses bêtes que, tout petit, j'avais vues, rugissantes et crottées, avec une chaîne au nez et un homme au bout de la chaîne, danser lourdement, à cheval sur un bâton, comme l'enfant de Virgile; j'entendais le bruit mat du tambour sur lequel l'homme frappait, le son aigu du flageolet dans lequel il soufflait; et tout cela ne me donnait pas, pour la chair tant vantée que j'avais devant les yeux, une sympathie bien dévorante. — J'avais pris le beefsteak sur mon assiette, et j'avais senti, à la manière triomphante dont ma fourchette s'y était plantée, qu'il possédait au moins cette qualité qui devait rendre les moutons de mademoiselle Scudéry si malheureux. Cependant j'hésitais toujours, le tournant et retournant sur ses deux faces rissolées, lorsque mon hôte, qui me regardait sans rien comprendre à mon hésitation, me détermina par un dernier : *Goûtez-moi cela et vous m'en direz des nouvelles.*

En effet, j'en coupai un morceau gros comme une olive, je l'imprégnai d'autant de beurre qu'il était capable d'en éponger, et, en écartant mes lèvres, je le portai à mes dents plutôt par mauvaise honte que dans l'espoir de vaincre ma répugnance. Mon hôte, debout derrière moi, suivait tous mes mouvemens, avec l'impatience bienveillante d'un homme qui se fait un bonheur de la surprise que l'on va éprouver. La mienne fut grande. Je l'avoue. Cependant, je n'osai tout à coup manifester mon opinion, je craignais de m'être trompé; je recoupai silencieusement un second morceau d'un volume double à peu près du premier, je lui fis prendre la même route avec les mêmes précautions, et quand il fut avalé : Comment! c'est de l'ours? dis-je.

— De l'ours.

— Vraiment?

— Parole d'honneur.

— Eh bien! c'est excellent.

Au même instant, on appela à la grande table mon digne hôte, qui, rassuré par la certitude que j'avais fait honneur à son mets favori, me laissa en tête à tête avec mon beefsteak.

— Les trois quarts avaient déjà disparu lorsqu'il revint, et, reprenant la conversation où il l'avait interrompue :

— C'est, me dit-il, que l'animal auquel vous avez affaire était une fameuse bête. — J'approuvai d'un signe de tête.

— Pesant trois cent vingt!

— Beau poids! — Je ne perdais pas un coup de dent.

— Qu'on n'a pas eu sans peine, je vous en réponds.

— Je crois bien! — Je portai mon dernier morceau à ma bouche.

— Ce gaillard-là a mangé la moitié du chasseur qui l'a tué.

Le morceau me sortit de la bouche comme repoussé par un ressort.

— Que le diable vous emporte, dis-je en me retournant de son côté; de faire de pareilles plaisanteries à un homme qui dîne!...

— Je ne plaisante pas, monsieur, c'est vrai comme je vous le dis.

Je sentais mon estomac se retourner.

— C'était, continua mon hôte, un pauvre paysan du village de Fouly, nommé Guillaume Mons. L'ours, dont il ne reste plus que ce petit morceau que vous avez là sur votre assiette, venait toutes les nuits voler des poires, car à ces bêtes tout est bon. Cependant il s'adressait de préférence à un poirier chargé de crassanes. Qui est-ce qui se douterait qu'un animal comme ça a les goûts de l'homme, et qu'il ira choisir dans un verger justement les poires fondantes? Or, le paysan de Fouly préférait aussi, par malheur, les crassanes à tous les autres fruits. Il crut d'abord que c'étaient des enfans qui venaient faire du dégât dans son clos; il prit en conséquence son fusil, le chargea avec du gros sel de cuisine et se mit à l'affût. Vers les onze heures, un rugissement retentit dans la montagne. — Tiens, dit-il, il y a un ours dans les environs. Dix minutes après, un second rugissement se fit entendre, mais si puissant, si rapproché, que Guillaume pensa qu'il n'aurait pas le temps de gagner sa maison, et se jeta à plat ventre contre terre, n'ayant plus qu'une espérance, que c'était pour ses poires et non pour lui que l'ours venait. Effectivement, l'animal parut presque aussitôt au coin du verger, s'avança en droite ligne vers le poirier en question, passa à dix pas de Guillaume, monta lestement sur l'arbre, dont les branches craquaient sous le poids de son corps, et se mit à y faire une consommation telle qu'il était évident que deux visites pareilles rendraient la troisième inutile. Lorsqu'il fut rassasié, l'ours descendit lentement, comme s'il avait du regret d'en laisser, repassa près de notre chasseur, à qui le fusil chargé de sel ne pouvait pas être dans cette circonstance d'une grande utilité, et se retira tranquillement dans la montagne. Tout cela avait duré une heure à peu près, pendant laquelle le temps avait paru plus long à l'homme qu'à l'ours.

Cependant, l'homme était un brave.... et il avait dit tout bas en voyant l'ours s'en aller : — C'est bon, va-t'en; mais ça ne se passera pas comme ça; nous nous reverrons. Le lendemain, un de ses voisins, qui le vint visiter, le trouva occupé à scier en lingots les dents d'une fourche. — Qu'est-ce que tu fais donc là? lui dit-il. — Je m'amuse, répondit Guillaume.

Le voisin prit les morceaux de fer, les tourna et les retourna dans sa main en homme qui s'y connaît, et, après avoir réfléchi un instant :

— Tiens, Guillaume, dit-il, si tu veux être franc, tu avoueras que ces petits chiffons de fer sont destinés à percer une peau plus dure que celle d'un chamois.

— Peut-être, répondit Guillaume.

— Tu sais que je suis bon enfant, reprit François. — C'était le nom du voisin. — Eh bien! si tu veux, à nous deux l'ours; deux hommes valent mieux qu'un.

— C'est selon, dit Guillaume; et il continua de scier son troisième lingot.

— Tiens, continua François, je te laisserai la peau à toi tout seul, et nous ne partagerons que la prime (1) et la chair.

— J'aime mieux tout, dit Guillaume.

— Mais tu ne peux pas m'empêcher de chercher la trace de l'ours dans la montagne, et, si je la trouve, de me mettre à l'affût sur son passage.

— Tu es libre. — Et Guillaume, qui avait achevé de scier ses trois lingots, se mit, en sifflant, à mesurer une charge de poudre double de celle que l'on met ordinairement dans une carabine.

— Il paraît que tu prendras ton fusil de munition, dit François.

— Un peu! trois lingots de fer sont plus sûrs qu'une balle de plomb.

— Cela gâte la peau.

— Cela tue plus raide.

— Et quand comptes-tu faire ta chasse?

— Je te dirai cela demain.

— Une dernière fois, tu ne veux pas?

— Non.

— Je te préviens que je vais chercher la trace.

— Bien du plaisir.

— A nous deux, dis-je?

— Chacun pour soi.

— Adieu, Guillaume!

— Bonne chance, voisin!

(1) Le gouvernement accorde une prime de quatre-vingts francs par chaque ours tué.

Et le voisin, en s'en allant, vit Guillaume mettre sa double charge de poudre dans son fusil de munition, y glisser ses trois lingots et poser l'arme dans un coin de sa boutique. Le soir, en repassant devant la maison, il aperçut, sur le banc qui était près de la porte, Guillaume assis et fumant tranquillement sa pipe. Il vint à lui de nouveau.

— Tiens, lui dit-il, je n'ai pas de rancune. J'ai trouvé la trace de notre bête; ainsi je n'ai plus besoin de toi. Cependant, je viens te proposer encore une fois de faire à nous deux.

— Chacun pour soi, dit Guillaume.

C'est le voisin qui m'a raconté cela avant-hier, continua mon hôte, et il me disait : — Concevez-vous, capitaine, — car je suis capitaine dans la milice, — concevez-vous ce pauvre Guillaume? Je le vois encore sur son banc, devant sa maison, les bras croisés, fumant sa pipe, comme je vous vois. Et quand je pense enfin!!...

— Après? dis-je, intéressé vivement par ce récit, qui réveillait toutes mes sympathies de chasseur.

— Après, continua mon hôte, le voisin ne peut rien dire de ce que fit Guillaume dans la soirée.

A dix heures et demie, sa femme le vit prendre son fusil, rouler un sac de toile grise sous son bras et sortir. Elle n'osa lui demander où il allait; car Guillaume n'était pas homme à rendre des comptes à une femme.

François, de son côté, avait véritablement trouvé la trace de l'ours; il l'avait suivie jusqu'au moment où elle s'enfonçait dans le verger de Guillaume, et, n'ayant pas le droit de se mettre à l'affût sur les terres de son voisin, il se plaça entre la forêt de sapins qui est à mi-côte de la montagne et le jardin de Guillaume.

Comme la nuit était assez claire, il vit sortir celui-ci par sa porte de derrière. Guillaume s'avança jusqu'au pied d'un rocher grisâtre qui avait roulé de la montagne jusqu'au milieu de son clos, et qui se trouvait à vingt pas tout au plus du poirier, s'y arrêta, regarda autour de lui si personne ne l'épiait, déroula son sac, entra dedans, ne laissant sortir par l'ouverture que sa tête et ses deux bras, et, s'appuyant contre le roc, se confondit bientôt tellement avec la pierre, par la couleur de son sac et l'immobilité de sa personne, que le voisin, qui savait qu'il était là, ne pouvait pas même le distinguer. Un quart d'heure se passa ainsi dans l'attente de l'ours. Enfin un rugissement prolongé l'annonça. Cinq minutes après François l'aperçut.

Mais, soit par ruse, soit qu'il eût éventé le second chasseur, il ne suivait pas sa route habituelle; il avait au contraire décrit un circuit, et, au lieu d'arriver à la gauche de Guillaume, comme il avait fait la veille, cette fois il passait à sa droite, hors de la portée de l'arme de François, mais à dix pas tout au plus du bout du fusil de Guillaume.

Guillaume ne bougea pas. On aurait pu croire qu'il ne voyait pas même la bête sauvage qu'il était venu guetter, et qui semblait le braver en passant si près de lui. L'ours, qui avait le vent mauvais, parut, de son côté, ignorer la présence d'un ennemi, et continua lestement son chemin vers l'arbre. Mais au moment où, se dressant sur ses pattes de derrière, il embrassa le tronc de ses pattes de devant, présentant à découvert sa poitrine que ses épaisses épaules ne protégeaient plus, un sillon rapide de lumière brilla tout à coup contre le rocher, et la vallée entière retentit du coup de fusil chargé à double charge et du rugissement que poussa l'animal mortellement blessé.

Il n'y eut peut-être pas une seule personne dans tout le village qui n'entendit le coup de fusil de Guillaume et le rugissement de l'ours.

L'ours s'enfuit, repassant, sans l'apercevoir, à dix pas de Guillaume, qui avait rentré ses bras et sa tête dans son sac, et qui se confondait de nouveau avec le rocher.

Le voisin regardait cette scène, appuyé sur ses genoux et sur sa main gauche, serrant sa carabine de la main droite, pâle et retenant son haleine. — Pourtant c'est un crâne chasseur. Eh bien! il m'a avoué que, dans ce moment-là, il aurait autant aimé être dans son lit qu'à l'affût.

Ce fut bien pis quand il vit l'ours blessé, après avoir fait un circuit, chercher à reprendre sa trace de la veille, qui le conduisait droit à lui. Il fit un signe de croix, car ils sont pieux, nos chasseurs, recommanda son âme à Dieu, et s'assura que sa carabine était armée. L'ours n'était plus qu'à cinquante pas de lui, rugissant de douleur, s'arrêtant pour se rouler et se mordre le flanc à l'endroit de sa blessure, puis reprenant sa course.

Il approchait toujours. Il n'était plus qu'à trente pas. Deux secondes encore, et il venait se heurter contre le canon de la carabine du voisin, lorsqu'il s'arrêta tout à coup, aspira bruyamment le vent qui venait du côté du village, poussa un rugissement terrible, et rentra dans le verger.

— Prends garde à toi, Guillaume, prends garde! s'écria François en s'élançant à la poursuite de l'ours et oubliant tout pour ne penser qu'à son ami; car il vit bien que, si Guillaume n'avait pas eu le temps de recharger son fusil, il était perdu; l'ours l'avait éventé.

Il n'avait pas fait dix pas qu'il entendit un cri. Celui-là, c'était un cri humain, un cri de terreur et d'agonie tout à la fois; un cri dans lequel celui qui le poussait avait rassemblé toutes les forces de sa poitrine, toutes ses prières à Dieu, toutes ses demandes de secours aux hommes : — A moi!!!...

Puis rien, pas même une plainte ne succéda au cri de Guillaume.

François ne courait pas, il volait; la pente du terrain précipitait sa course. Au fur et à mesure qu'il approchait, il distinguait plus clairement la monstrueuse bête qui se mouvait dans l'ombre, foulant aux pieds le corps de Guillaume et le déchirant par lambeaux.

François était à quatre pas d'eux, et l'ours était si acharné à sa proie qu'il n'avait pas paru l'apercevoir. Il n'osait tirer de peur de tuer Guillaume, s'il n'était pas mort; car il tremblait tellement qu'il n'était plus sûr de son coup. Il ramassa une pierre et la jeta à l'ours.

L'animal se retourna furieux contre son nouvel ennemi; ils étaient si près l'un de l'autre, que l'ours se dressa sur ses pattes de derrière pour l'étouffer; François le sentit bourrer avec son poitrail le canon de sa carabine. Machinalement il appuya le doigt sur la gâchette, le coup partit.

L'ours tomba à la renverse, la balle lui avait traversé la poitrine et brisé la colonne vertébrale.

François le laissa se traîner en hurlant sur ses pattes de devant et courut à Guillaume. Ce n'était plus un homme, ce n'était plus même un cadavre. C'étaient des os et de la chair meurtrie, la tête avait été dévorée presque entièrement (1).

Alors, comme il vit, au mouvement des lumières qui passaient derrière les croisées, que plusieurs habitans du village étaient réveillés, il appela à plusieurs reprises, désignant l'endroit où il était. Quelques paysans accoururent avec des armes, car ils avaient entendu les cris et les coups de feu. Bientôt tout le village fut assemblé dans le verger de Guillaume.

Sa femme vint avec les autres. Ce fut une scène horrible. Tous ceux qui étaient là pleuraient comme des enfans.

On fit pour elle, dans toute la vallée du Rhône, une quête qui rapporta sept cents francs. François lui abandonna sa prime, fit vendre à son profit la peau et la chair de l'ours. Enfin chacun s'empressa de l'aider et de la secourir. Tous les aubergistes ont même consenti à ouvrir une liste de souscription, et si monsieur veut y mettre son nom...

— Je crois bien! donnez vite.

Je venais d'écrire mon nom et d'y joindre mon offrande, lorsqu'un gros gaillard blond, de moyenne taille, entra : c'était le guide qui devait me conduire le lendemain à Chamouny, et qui venait me demander l'heure du départ et le mode du voyage. Ma réponse fut aussi courte que précise.

— A cinq heures du matin et à pied.

LE COL DE BALME.

Mon guide fut exact comme une horloge à réveil. A cinq heures et demie, nous traversions le bourg de Martigny, où je ne vis rien de remarquable que trois ou quatre crétins, qui, assis devant la porte de la maison paternelle, végétaient stupidement au soleil levant. En sortant du village, nous traversâmes la Drance, qui descend du mont Saint-Bernard par le val d'Entremont, et va se jeter dans le Rhône, entre Martigny et la Batia. Presque aussitôt nous quittâmes la route, et nous prîmes un sentier qui s'enfonçait dans la vallée en s'appuyant à droite sur le versant oriental de la montagne.

Lorsque nous eûmes fait une demi-lieue à peu près, mon guide m'invita à me retourner et à remarquer le paysage qui se déroulait sous nos yeux.

Je compris alors, à la première vue, quelle importance politique César devait attacher à la possession de Martigny, ou, pour me servir du nom qu'il lui donne dans ses Commentaires, d'Octodure. Placée comme elle l'est, cette ville devait devenir le centre de ses opérations sur l'Helvétie, par la vallée de Tarnade: sur les Gaules, par le chemin que nous suivions et qui mène à la Savoie; enfin sur l'Italie, par l'*Ostiolum Montis Jovis*, aujourd'hui le Grand Saint-Bernard, où il avait fait tracer une voie romaine qui allait de Milan à Mayence.

Nous nous trouvions au centre de ces quatre chemins, et nous pouvions les voir fuir chacun de leur côté, en les suivant plus ou moins longtemps des yeux, selon que nous le permettaient les accidens fantasques de la grande chaîne des Alpes au milieu de laquelle nous voyions.

Le premier objet qui attirait la vue comme point central de ce vaste tableau était d'abord cette vieille ville de Martigny, où vivaient, du temps d'Annibal, ces demi-Germains dont parlent César, Strabon, Tite-Live et Pline, et qui dut à l'avantage de sa position topographique le terrible honneur de voir passer au milieu de ses murs les armées de ces trois colosses du monde moderne: César, Karl le Grand, Napoléon.

L'œil ne se détache de Martigny que pour suivre le chemin du Simplon, qui, s'enfonçant hardiment dans la vallée du Rhône, suit, de Martigny à Riddes, une ligne, si droite qu'il semble une corde tendue, dont les clochers de ces deux villes font les deux piquets. A sa gauche, le Rhône, encore enfant, serpente au fond de la vallée, onduleux et brillant comme le ruban argenté qui flotte à la ceinture d'une jeune fille, tandis qu'au-dessus de lui s'élève de chaque côté cette double chaîne d'Alpes qui s'ouvre au col de Ferret, s'élargit pour enfermer le Valais dans toute sa longueur, et qui va se joindre à cinquante lieues plus loin, à l'endroit où la Furca, point intermédiaire entre ces deux rameaux granitiques, réunit à sa droite et sa gauche les larges bases du Gallenstock et du Mutthorn.

En ramenant la vue de l'horizon à la place que nous occupions, nous apercevions à gauche, mais pour le perdre aussitôt derrière le vieux château de Martigny, le chemin qui conduit à Genève par la vallée de Saint-Maurice; à droite, visible pendant l'espace d'une lieue à peu près, côtoyant la Drance, torrent bruyant et caillouteux, qu'elle enjambe de temps en temps pour passer capricieusement d'un côté de la rive à l'autre, la route du Grand Saint-Bernard, et à laquelle succède en sortant de Saint-Pierre un sentier qui mène à l'hospice. Enfin, derrière nous, et en nous remettant en marche, nous trouvions le chemin escarpé et rapide que nous gravissions, et que semble au premier abord dominer sans

---

(1) J'affirme que je ne fais point ici de l'horreur à plaisir et que je n'exagère rien : il n'y a pas un Valaisan qui ignore la catastrophe que je viens de raconter, et lorsque nous remontâmes la vallée du Rhône pour gagner la route du Simplon, on nous raconta partout, avec peu de différence dans les détails, cette terrible et récente aventure.

OEUV. COMP. — VIII.

solution de continuité le sombre pic de la Tête-Noire, tandis que, arrivé au haut de la Forclas, convaincu qu'il va falloir escalader immédiatement cette espèce de Pélion entassé sur Ossa, vous vous arrêtez étonné qu'une distance de deux lieues sépare ces deux sommités qui semblaient se toucher d'abord, et entre lesquelles s'ouvre inopinément une vallée dont vous ne pouviez pas même soupçonner l'existence.

Quelque habitué que je fusse déjà à ne me faire, au milieu de ces masses colossales, aucune idée des distances d'après le témoignage de mes yeux, je n'en fus pas moins étonné en découvrant tout à coup à mes pieds, et comme si le sol se dérobait à leurs pas, cette ride profonde de la terre. Immédiatement au-dessous de moi, à deux mille pieds de profondeur, je voyais se tordre et reluire, mince comme un de ces fils que le vent emporte à la fin de l'été, le torrent qui, s'échappant du beau glacier de Trient, serpente capricieusement dans toute la longueur de la vallée, et va fendre une montagne, de sa cime à sa base, pour se jeter et se perdre dans le Rhône entre la Verrerie et Vernaya. Quelques maisons éparses sur ses bords, couvertes de leurs toits gris, semblaient de gros scarabées se promenant lourdement dans la plaine, tandis que, des extrémités opposées de cette espèce de village, s'échappaient, à peine visibles à l'œil nu, les deux chemins qui conduisent indifféremment à Chamouny, l'un par la Tête-Noire et l'autre par le col de Balme. C'était ce dernier que nous devions prendre.

Nous descendîmes dans la vallée. Mon guide me conseilla de faire halte à une petite baraque oubliée par le village au bord du chemin et pompeusement décorée du nom d'auberge. Ce repos était nécessaire, me dit-il, pour nous préparer à faire les deux autres tiers de la route, la seule maison que nous devions rencontrer après celle-là étant distante de trois lieues et située dans l'échancrure même du col de Balme. Ce que je compris de plus clair dans tout cela, c'est qu'il avait soif.

On nous donna, au prix du Bordeaux, une bouteille de vin du crû, avec lequel un Parisien n'aurait pas voulu assaisonner une salade, et que mon Valaisan vida voluptueusement jusqu'à la dernière goutte. Heureusement je trouvai ce que l'on trouve partout en Suisse, une tasse d'excellent lait, dans laquelle je versai quelques gouttes de kirchenwasser. C'était un assez pauvre déjeuner pour un homme auquel il restait encore six lieues de pays à faire. Mon guide, qui s'aperçut de ma préoccupation et qui en devina la cause, en me voyant piteusement tremper dans ce mélange acidulé une croûte de pain dure et grise comme de la pierre ponce, me rendit un peu de courage en m'assurant qu'à l'auberge du Col de Balme nous trouverions à manger quelque chose de plus restaurant. Je priai Dieu de l'entendre, et nous remîmes en route.

Après une demi-heure de marche, nous arrivâmes à l'entrée d'un bois de sapins où j'avais vu se perdre la route. Mon guide ne m'avait pas trompé ! là devait commencer la véritable fatigue. Cependant j'aurai tant à parler dans la suite de passages escarpés et dangereux, que je ne cite celui-ci, que pour mémoire. Nous commençâmes à côtoyer la pente rapide du col, ayant à notre droite un précipice de cinq à six cents pieds de profondeur, et au-delà de ce précipice une montagne à pic dans le pays appellent l'Aiguille d'Illiers, et qui venait d'acquérir une célébrité récente par la chute mortelle qu'y avait faite en 1851 un Anglais qui avait voulu parvenir à son sommet. Mon guide me fit voir, aux deux tiers de la hauteur de l'Aiguille, l'endroit où le pied avait manqué à ce malheureux, l'espace effrayant qu'il avait parcouru, bondissant de rocher en rocher comme une avalanche vivante ; puis enfin, au fond du précipice, la place où il s'était arrêté, masse de chair informe et hideuse à laquelle il ne restait aucune apparence humaine.

Ces sortes d'histoires, peu gracieuses par elles-mêmes, le sont encore moins racontées sur le terrain où elles sont arrivées ; il est peu réconfortant pour un voyageur, si flegmatique qu'il soit, d'apprendre qu'à l'endroit même où il est le pied glissa à un autre, et que cet autre s'est tué. Au reste, les guides ne sont guère avares de tels récits ; c'est un avis indirect qu'ils donnent aux voyageurs de ne point se hasarder sans eux.

Cependant, là où cet Anglais s'était tué, un pâtre, suivi de son troupeau de chèvres, courait à toutes jambes, sautant de rocher en rocher, ébranlant à chaque bond quelque pierre qui dans sa chute en entraînait d'autres. Celles-ci détachaient en roulant de petits rochers qui à leur tour déracinaient de plus gros ; enfin toute cette avalanche descendait avec une vitesse croissante sur le talus de la montagne, cliquetant comme la grêle sur un toit ; puis, après un intervalle de silence, elle allait se précipiter avec un bruit sourd dans l'eau qui coulait au fond du ravin coupé à pic qui séparait les deux montagnes. Il nous accompagna ainsi sur le versant opposé à celui que nous suivions, redoublant d'adresse et de vélocité pendant l'espace d'une demi-lieue, sans autre motif apparent que celui de prolonger le plaisir qu'il voyait bien que me donnaient son adresse et sa témérité montagnarde.

Depuis quelque temps l'air se rafraîchissait ; nous montions toujours, et déjà nous étions arrivés à sept mille pieds à peu près au dessus du niveau de la mer ; çà et là de grandes plaques de neige annonçaient que nous approchions des régions glacées où elle ne fond plus. Nous avions laissé au-dessous de nous, dans la montée du bois Magnen, les hêtres et les sapins ; les pâturages seuls poussaient à l'endroit où nous étions parvenus. Une bise froide passait de temps en temps, et glaçait tout à coup sur mon front la sueur que la fatigue y rappelait bientôt. Ce fut avec une véritable joie que j'appris de mon guide que nous allions apercevoir l'auberge du Col de Balme ; quelques minutes après je vis effectivement, au milieu de l'échancrure de la montagne qui sépare la vallée de Chamouny de celle du Trient, poindre, en se découpant sur un ciel bleu, le toit rouge de cette bienheureuse maison, puis ses murailles blanches qui semblaient sortir de terre au fur et à mesure que nous montions ; enfin les degrés de sa porte, sur lesquels était assis un chien roux, qui vint gracieusement vers nous les yeux brillans et la queue flamboyante pour nous inviter à venir nous reposer chez son maître. — Merci, mon chien, merci ! nous y allons.

J'étais si pressé de trouver du feu et une chaise, que je me précipitai dans l'auberge sans prendre le temps de jeter un regard sur cette fameuse vallée de Chamouny, qui, du seuil de la porte, se déroulait à la vue dans toute son étendue et toute sa beauté.

Lorsque le froid et la faim, ces deux grands ennemis du voyageur, furent un peu calmés, la curiosité reprit le dessus. Je me fis conduire les yeux fermés, par mon guide, à l'endroit le plus favorable pour embrasser d'un coup d'œil la double chaîne des Alpes, et bientôt je me trouvai placé sur un point assez élevé pour ne rien perdre de son étendue. Alors j'ouvris les yeux, et, comme si une toile se levait sur une magnifique décoration, je saisis, avec un plaisir mêlé d'effroi de me voir si petit au milieu de si grandes choses, tout l'ensemble de cet immense panorama, dont les dômes neigeux, dominant la riche végétation de la vallée, semblent le palais d'été du dieu de l'hiver.

En effet, aussi loin que la vue pouvait s'étendre, ce n'étaient que pics décharnés, à chacun desquels pendaient, comme la queue traînante d'un manteau, les scintillantes ondulations d'une mer de glace. C'était à qui s'élancerait le plus près du ciel, de l'Aiguille du Tour, de l'Aiguille Verte ou du Pic du Géant ; c'était à qui descendrait le plus menaçant dans la vallée, des glaciers d'Argentières, des Bossons ou de Taconnay. Puis à l'horizon, qu'il ferme comme s'il était la dernière sommité de cette chaîne que sa masse nous dérobe et qui fuit vers les Pyrénées, dominant pics et aiguilles, couché comme un ours blanc sur les glaçons d'une mer polaire, le frère du Chimborazo et de l'Immaüs, le roi des montagnes de l'Europe, le mont Blanc, cette dernière marche de l'escalier de la terre à l'aide duquel l'homme se rapproche du ciel.

Je restai une heure anéanti dans la contemplation de ce tableau, sans m'apercevoir qu'il faisait quatre degrés de froid.

Quant à mon guide, qui avait vu cent fois déjà ce splentide spectacle, il courait, pour se réchauffer, à quatre pattes avec le chien, et le faisait aboyer en lui tirant la queue.

Enfin, il vint à moi pour me faire part d'une idée dont il venait d'être frappé :

— Si monsieur veut coucher ici, me dit-il avec l'accent d'un homme qui ne serait pas fâché de doubler son bénéfice en doublant ses journées, monsieur trouvera un bon souper et un bon lit.

Le maladroit ! s'il m'eût laissé tranquille, ce souper et ce lit j'aurais bien été obligé de les prendre, et Dieu sait quel repas et quel sommeil l'un et l'autre me promettaient.

Je me levai tout effrayé à l'idée du danger que j'avais couru.

— Non, non, lui dis-je, partons.

— C'est que nous ne sommes qu'à moitié chemin tout juste de Martigny à Chamouny.

— Je ne suis pas fatigué.

— C'est qu'il est quatre heures.

— Trois heures et demie.

— C'est que nous avons encore près de cinq lieues à faire et trois heures de jour seulement.

— Nous ferons les deux dernières lieues de nuit.

— C'est que vous perdrez un beau paysage.

— Je gagnerai un bon lit et un bon souper. Allons, en route.

Mon guide, qui avait épuisé ses meilleures raisons, me tint quitte des autres et se remit en marche en soupirant. Nous partîmes.

Toutes les choses que je vis, tant que le jour me permit de distinguer les objets, ne furent plus que des détails du grand tableau dont l'ensemble m'avait tant frappé, détails merveilleux pour qui le voit, mais fatigans, je crois, pour ceux à qui on essaierait de les peindre. D'ailleurs, il entre bien plus dans le plan de ces Impressions, si tant est que ces Impressions aient un plan, de parler des hommes que des localités.

Il était nuit noire lorsque nous arrivâmes à Chamouny. Nous avions fait neuf lieues de pays, qui, sans exagération, en valent bien douze ou quatorze de France : c'était une bonne journée.

Aussi je ne m'occupai que de trois choses, que je recommande à tous ceux qui feront la route que je venais de parcourir :

La première, de prendre un bain ;

La seconde de souper ;

La troisième, de faire remettre à son adresse une lettre contenant une invitation à dîner pour le lendemain, et cette suscription :

A monsieur Jacques Balmat, dit Mont-Blanc.

Puis je me couchai.

Maintenant, je vais vous dire en deux mots et de mon lit, si toutefois sa célébrité n'est point arrivée jusqu'à vous, ce que c'est que monsieur Jacques Balmat, dit Mont-Blanc.

C'est le Christophe Colomb de Chamouny.

JACQUES BALMAT,

DIT MONT-BLANC.

Il y a deux choses consacrées que le voyageur qui passe à Chamouny ne peut se dispenser de voir : c'est la Croix de Flegère et la Mer de glace. Ces deux merveilles sont placées en face l'une de l'autre, à droite et à gauche de Chamouny, où l'on parvient à chacune de ces sommités qu'en gravissant la base de l'une ou l'autre des deux chaînes de montagnes au milieu desquelles est situé le village ; et, arrivé au bout de l'ascension, on domine la vallée à la hauteur de quatre mille cinq cents pieds à peu près.

La Mer de glace, qu'alimente le sommet neigeux du mont Blanc, descend entre l'aiguille des Charmoz et le pic du Géant, et s'avance jusqu'au milieu de la vallée. Là, après avoir rempli, comme un serpent immense, l'intervalle qui sépare ces deux montagnes entre lesquelles elle rampe, elle ouvre sa gueule verdâtre, de laquelle sort en bouillonnant à grand bruit le torrent glacé de l'Arveyron. L'ascension qui conduit le voyageur sur sa croupe immense se fait donc, comme on le voit, au flanc même du mont Blanc, dont on ne peut plus embrasser du regard la masse colossale, par cela même qu'on le touche.

La Croix de Flegère est au contraire placée au versant de la chaîne de montagnes opposée à celle du mont Blanc. Aussi au fur et à mesure qu'on s'élève on croirait, si ce n'était la fatigue, que c'est le colosse que l'on a en face de soi qui s'abaisse graduellement et avec la complaisance d'un éléphant qui se couche à l'ordre de son cornac pour se faire voir de lui même. Enfin, arrivé au plateau où se trouve la croix, le voyageur découvre devant lui, et aussi distinctement que si quelques centaines de pas seulement l'en séparaient, tous les accidens de glaces, de neiges, de rochers et de forêts, que la nature capricieuse ou tourmentée des montagnes peut accumuler dans son désordre ou dans sa fantaisie.

La première ascension que l'on fait est ordinairement celle de la Croix de Flegère. Voilà du moins ce que me dit le guide que m'envoya le syndic, car à Chamouny les guides sont soumis à un syndicat qui règle leurs tours de service ; de cette manière, aucun d'eux ne fait fortune aux dépens de ses confrères en intriguant auprès des voyageurs. Comme je n'avais aucune prédilection particulière pour la Mer de glace, je remis au lendemain la visite que je comptais lui faire, et nous partîmes.

Le chemin de la Croix de Flegère est assez facile : il y a bien par-ci par-là quelque passage escarpé, quelque précipice à pic, quelque pente rapide ; mais, quoique je ne sois pas un montagnard bien habile, comme on le verra en temps et lieu, je m'en tirai à mon honneur. Quant à la distance à parcourir, c'était une promenade en comparaison des courses que j'avais faites, et trois heures de marche nous suffirent pour atteindre le plateau. Arrivé à son sommet, on découvre de face le même tableau qu'on a vu la veille de profil, en arrivant par le col de Balme, qui lui-même sert alors de point de départ pour la vue dans le vaste panorama qu'elle a à parcourir.

J'ai déjà parlé de la difficulté de calculer les distances dans les montagnes et des illusions d'optique qui résultent de la proportion exagérée des objets que l'on a sous les yeux. De la Croix de Flegère nous apercevions, comme si une heure de chemin seulement nous en séparait, la petite maison blanche au toit rouge qui s'élève dans l'échancrure du col de Balme, et qui cependant est éloignée de quatre lieues à peu près, distance à laquelle il serait impossible de la distinguer dans nos plaines. La première aiguille et le premier glacier qu'on aperçoit, en commençant l'inventaire des sommités que l'on a devant soi, sont le glacier et l'aiguille du Tour. L'aiguille du Tour s'élève de sept ou huit mille pieds au-dessus du niveau de la mer.

Viennent immédiatement après le glacier d'Argentières et l'aiguille du même nom, qui s'élance noire et aiguë, à la hauteur de douze mille quatre-vingt-dix pieds ; puis l'aiguille Verte, dont la tête, toute couverte de neige, semble le géant de la ballade qui arrête les aigles dans leur vol et heurte les nuages de son front. Elle dépasse de six cents pieds la tête de sa sœur, l'aiguille d'Argentières.

Après elle et en face de vous, s'appuyant au pied de l'aiguille rougeâtre du Dru et aux flancs du Montanvert, la Mer de glace déroule son vaste tapis, dont les ondulations solides, à peine visibles de la place où l'on se trouve, deviennent de petites montagnes quand on les mesure de leur base.

Les cinq aiguilles qui se succèdent sont celles des Charmoz, du Grepont, de la Bletière, du Midi et du mont Maudit. La plus petite a neuf mille pieds.

Puis enfin vient la sommité la plus élevée du mont Blanc, haute, selon *Andry de Gy*, de quatorze mille huit cent quatre-vingt-douze; selon Tralles, de quatorze mille sept cent quatre-vingt-treize, et, selon Saussure, de quatorze mille six cent soixante-seize pieds, et de laquelle pendent, jusque dans la vallée, les glaciers des Bossons et de Taconnay.

En face de cette famille de géans aux têtes blanchies, on se fait tout d'abord cette question :

La cime de ces montagnes a-t-elle été de tout temps couverte de neige comme elle l'est en ce moment?

Nous allons essayer d'y répondre.

Deux théories se disputent la formation de la terre : la théorie neptunienne, la théorie vulcanique.

Toutes les recherches géologiques tendent à prouver que les différentes couches terrestres résultent d'un état primitivement fluide. La terre, à ses plus grandes hauteurs comme dans ses fouilles les plus profondes, livre à l'investigation du savant des matières cristallines; point de cristallisations salines sans liquidité. De leur côté, des impressions végétales et animales creusent les strates les plus réfractaires, et prouvent, à n'en point douter, que ces substances ont été, partie fluides, du moins amollies au point de recevoir les empreintes qu'elles ont conservées. Enfin la disposition généralement reconnue, partout où quelque cataclysme n'a point amené désordre, de matières terreuses différentes superposées les unes aux autres et étendues en couches parallèles, ne permet pas de doute à ce sujet. Maintenant, cette fluidité est-elle le résultat d'une chaleur intense ou d'un liquide primordial? Est-elle due au système vulcanique ou au système neptunien, au feu central ou à l'océan universel? Hutton est-il dans l'erreur, ou est-ce Werner qui se trompe?

Comme chacune de ces théories peut se défendre à l'aide des raisons dont se sont armés leurs auteurs et qu'il serait trop long de rapporter ici, les géologues modernes, embarrassés de choisir entre elles, se sont occupés seulement de recueillir les faits et de constater les résultats : or, les faits recueillis, les résultats constatés, prouvent que, soit primitivement, soit subséquemment, la terre fut entièrement couverte d'eau. Les montagnes calcaires du Derbyshire, et celles de Craven, dans le Yorkshire, contiennent, à la hauteur de deux mille pieds au-dessus de la mer, des débris fossiles de zoophytes et d'écailles de poissons. La partie la plus élevée des Pyrénées est couverte de roches calcaires, où l'on aperçoit des empreintes d'animaux marins. La pierre à chaux même, qui n'a pu conserver ces vestiges, dissoute dans un acide, exhale une odeur de cadavre, due certainement à la matière qu'elle contient. A sept mille pieds de hauteur, à trois lieues au-dessus des maisons de Stelchelberg, plus haut que la vallée de Rothun, envahie maintenant par les glaciers, l'on trouve, dans les débris d'une montagne écroulée, à l'endroit nommé *Krisgematten*, de belles pétrifications d'ammonites. Le mont Perdu, à la hauteur de plus de dix mille cinq cents pieds au-dessus de la mer, offre des débris de même nature; enfin monsieur de Humboldt en a découvert dans les Andes, à quatorze mille pieds de hauteur.

D'ailleurs les traditions de la Bible sont d'accord avec les recherches de la science. Moïse parle d'un déluge, et Cuvier le constate; le prophète et le savant se donnent le mot pour raconter aux hommes, à plus de trois mille ans d'intervalle, le même miracle géologique; et l'Académie enregistre comme une vérité incontestable cette belle phrase de la Genèse, que Voltaire prenait pour le rêve de la poésie :

« Spiritus Dei ferebatur super aquas. »

Or, partons de ce point :

La terre entière fut couverte d'eau.

Cette eau supportait, comme la supporte aujourd'hui la terre, les seize lieues d'atmosphère qui nous enveloppent. Bientôt, soit qu'elle se volatilisât par l'effet du feu intérieur, cet atelier de Vulcain; soit qu'elle s'évaporât par l'action du soleil, cet œil de Dieu, l'eau diluviale commença de diminuer.

Alors les parties les plus élevées de la terre pointèrent à sa surface. Le Chimboraço, l'Immaüs et le mont Blanc apparurent tour à tour comme de faibles îles au milieu de l'océan universel. Leur contact avec l'air, la lumière et la chaleur, les doua de fertilité; et comme la couche d'air qui les enveloppait devait être à peu près semblable à celle qui nous entoure, les plantes, les arbres, les animaux, les hommes y parurent. Les traditions antiques ne parlent que de hautes montagnes. C'est dans l'Eden que Dieu créa Adam et Eve; c'est sur le Caucase que Prométhée forma le premier homme.

Cependant, par l'une ou l'autre des causes que nous avons dites, et peut-être même par leur combinaison, les eaux allaient toujours se retirant; ce n'était plus seulement la cime des montagnes qu'elles laissaient à découvert, c'étaient leurs flancs. Au fur et à mesure que la couche d'air qui avait produit la fertilité s'abaissait, pesant à la surface de l'eau qui se retirait, le sommet des monts entrait dans une atmosphère plus subtile et plus froide qui en chassa les hommes, les força de redescendre vers des régions tempérées. La terre primitive que leurs aïeux avaient vue couverte de fleurs et de pâturages devint infertile, sèche et gercée; les eaux du ciel, en venant rejoindre celles de la terre, qui se retiraient incessamment, entraînèrent avec elles le sol végétal; le roc primitif apparut dans sa raideur nue et aride; puis, un jour, les hommes aperçurent avec étonnement la couche de neige temporaire qui blanchissait les cimes qui avaient été leurs berceaux. Enfin, lorsque l'eau eut laissé à sec le fond de la vallée, que les sommités eurent atteint la couche d'atmosphère raréfiée qui, par la faiblesse de sa densité, s'élève au-dessus des autres principes aériformes, cette neige temporaire devint éternelle, et la glace, envahissant à son tour les contrées qu'abandonnait l'eau fugitive, descendit conquérante de la montagne vers la vallée qu'à son tour elle menaça d'engloutir.

Au reste, ici comme partout, la tradition populaire est d'accord dans son ignorance ingénieuse avec l'investigation de la science. Ecoutez un paysan de la Furca, et il vous racontera que cette montagne est le passage habituel du Juif errant lorsqu'il se rend de l'Italie en France; seulement la première fois qu'il la franchit, vous dira-t-il, il la trouva couverte de moissons, la seconde fois de sapins, et la troisième fois de neiges.

Lorsque j'eus contemplé à loisir cet immense tableau, nous redescendîmes vers Chamouny; au milieu du chemin à peu près, je m'aperçus que j'avais perdu ma montre. Je voulus retourner sur mes pas, mais mon guide déclara que c'était son affaire, rien ne devant se perdre dans la vallée de Chamouny. Je m'établis sur un plateau, d'où la vue était presque aussi belle que celle de la Croix de Flegère, et j'attendis patiemment son retour : au bout d'une demi-heure, je le vis sortir, joyeux et triomphant, d'un bois de sapins que nous venions de traverser, il avait retrouvé la montre et me la montrait en l'agitant au bout de sa chaîne : il était certes plus content que moi. Je lui offris une récompense qu'il refusa. Cet incident nous fit perdre une quarantaine de minutes, et ce ne fut que vers les quatre heures que nous fûmes de retour au village. En approchant de l'hôtel, j'aperçus sur le banc placé devant la porte un vieillard de soixante-dix ans à peu près, qui se leva et vint à ma rencontre sur un signe que lui fit le garçon d'auberge qui causait avec lui. Je devinai que c'était mon convive, et j'allai au-devant de lui en lui tendant la main.

Je ne m'étais pas trompé : c'était Jacques Balmat, ce guide intrépide qui, au milieu de mille dangers, atteignant le premier la sommité la plus élevée du mont Blanc, avait frayé le chemin à de Saussure. Le courage avait précédé la science.

Je le remerciai de m'avoir fait l'honneur d'accepter mon invitation. Le brave homme crut que je me moquais de lui, il ne comprenait pas qu'il fût pour moi un être tout aussi extraordinaire que Colomb qui trouva un monde ignoré, ou que Vasco qui retrouva un monde perdu.

J'invitai mon guide à dîner avec son doyen ; il accepta avec autant de simplicité qu'il fût pour moi à refuser mon argent; nous prîmes place à table. J'avais commandé la carte au garçon : mes convives parurent contens.

Au dessert, je mis la conversation sur les exploits de Balmat. Le vieillard, que le vin de Montmeillan avait rendu gai et bavard, ne demandait pas mieux que de me les conter. Le surnom de mont Blanc, qu'il a conservé, prouve du reste qu'il n'est fier des souvenirs que j'invoquais.

Il ne se fit donc pas prier lorsque je l'invitai à me raconter tous les détails de sa périlleuse entreprise. Seulement il me tendit son verre, que je remplis ainsi que celui de mon guide. — Avec votre permission, mon maître, me dit-il en se levant.

— Certes, et à votre santé, Balmat.

Nous trinquâmes.

— Pardieu, dit-il en se rasseyant, vous êtes un bon garçon.

Puis il vida son verre, fit clapper sa langue, cligna des yeux en se renversant sur le dossier de sa chaise, essayant de rappeler ses idées, que le dernier verre qu'il venait d'avaler ne rendait probablement pas plus claires.

Mon guide, de son côté, fit ses dispositions pour écouter le plus commodément possible un récit qu'il avait déjà probablement entendu plus d'une fois. Elles étaient aussi confortables que simples, ne consistant qu'en un demi-tour qu'il fit décrire en même temps à sa chaise et à sa personne ; de cette manière, il se trouva les pieds au feu, le coude sur la table, la tête sur la main gauche et le verre dans la main droite.

Quant à moi, je pris mon album et mon crayon, et je me préparai à écrire. C'est donc le récit pur et simple de Balmat que je vais mettre sous les yeux du lecteur.

— Hum ! C'était ma foi en 1788 ; j'avais vingt-cinq ans, ce qui m'en fait aujourd'hui, tel que vous me voyez, soixante-douze bien comptés.

J'étais bon là... Un jarret du diable et un estomac d'enfer ! J'aurais marché trois jours de suite sans manger. Ça m'est arrivé une fois que j'étais perdu dans le Buet. J'ai croqué un peu de neige, voilà tout. Je me disais de temps en temps en regardant le mont Blanc de côté : Oh ! farceur, tu as beau faire et beau dire, va, je te grimperai dessus quelque jour. Enfin, c'est bon...

Voilà que ça me trottait toujours dans la tête, le jour comme la nuit. Le jour, je montais dans le Brévent, d'où l'on voit le mont Blanc comme je vous vois, et je passais des heures entières à chercher un chemin : — Bah ! j'en ferai un, s'il n'y en a pas, que je disais ; mais il faut que j'y monte.

La nuit, c'était bien autre chose, je n'avais pas plus tôt les yeux fermés que j'étais en chemin. Je montais d'abord comme s'il y avait eu une route royale, et je me disais : Pardieu ! j'étais bien bête de croire que c'était si difficile d'arriver au mont Blanc. Puis petit à petit le chemin se rétrécissait ; mais c'était encore un joli sentier comme celui de Flégère ; j'allais toujours. Enfin, j'arrivais à des endroits où le sentier s'effaçait, à des endroits inconnus, quoi ! la terre mouvait, j'enfonçais dedans jusqu'aux genoux. C'est égal, je me donnais une peine ! Qu'on est bon quand on rêve ! — C'est bien, j'en sortais à la longue ; mais ça devenait si raide, que j'étais obligé d'aller à quatre pattes : c'était bien autre chose alors ! Toujours de plus difficile en plus difficile. Je mettais mes pieds sur des bouts de rocher, et je les sentais remuer comme des dents qui vont tomber ; la sueur me coulait à grosses gouttes ; j'étouffais, que c'était un cauchemar ! N'importe, j'allais toujours. J'étais comme un lézard le long d'un mur : je voyais la terre s'en aller sous moi : ça m'était égal, je ne regardais encore qu'en l'air, je voulais arriver ; mais c'étaient les jambes !... moi, qui ai les jarrets solides, je ne pouvais plus les plier. Je me retournais les ongles sur les pierres, je sentais que j'allais tomber, et je disais : Jacques Balmat, mon ami, si tu n'attrapes pas cette petite branche-là, qui est au-dessus de ta tête, ton compte est bon. La maudite branche, je la touchais du bout des doigts ; je me raclais les genoux comme un ramoneur Ah ! la branche, ah ! je la pinçais. Allons, ah !... cette nuit-là, je me la rappellerai toujours ! ma femme m'a réveillé par le plus vigoureux coup de poing !... Imaginez-vous que je m'étais accroché à son oreille, et que je la tirais comme un morceau de gomme élastique. Ah ! pour cette fois, je me dis : Jacques Balmat,

il faut que tu en aies le cœur net. Je sautai donc à bas du lit, et je mis mes guêtres. — Où vas-tu ? me dit ma femme.

— Chercher du cristal, que je répondis : je ne voulais pas lui conter mon affaire ; — et ne sois pas inquiète, continuai-je, si tu ne me vois pas revenir ce soir. Si je ne suis pas rentré à neuf heures, c'est que je coucherai dans la montagne. Je pris un bâton solide, bien ferré, double en grosseur et en longueur d'un bâton ordinaire ; j'emplis ma gourde d'eau-de-vie, je mis un morceau de pain dans ma poche, — et en route !

J'avais bien essayé déjà de monter par la mer de glace, mais le mont Maudit m'avait barré le passage. Alors je m'étais retourné par l'aiguille du Goûter ; mais pour aller de la au Dôme, il y avait une espèce d'arête d'un quart de lieue de long sur un ou deux pieds de large, et puis au-dessous dix-huit cents pieds de profondeur. — Merci !

Cette fois donc, je résolus de changer de chemin : je pris celui de la montagne de la Côte ; au bout de trois heures j'étais arrivé au glacier des Bossons. Je le traversai : ce n'était pas là la difficulté. Quatre heures après j'étais aux Grands-Mulets : c'était déjà quelque chose. J'avais gagné mon déjeuner ; je cassai une croûte, je bus un coup. — C'est bon.

A l'époque dont je vous parle, on n'avait point encore pratiqué aux Grands-Mulets le plateau qui y est aujourd'hui, si bien qu'on n'y avait pas à son aise, je vous en réponds ; j'étais en outre assez inquiet de savoir si je trouverais plus haut un endroit où passer la nuit. J'avais beau chercher à droite et à gauche, je ne voyais rien. Enfin je me remis en route à la grâce de Dieu.

Au bout de deux heures et demie, je trouvai une belle place nue et sèche ; le rocher perçait la neige, et m'offrait une surface de six ou sept pieds : c'était tout ce qu'il me fallait, non pas pour dormir, mais pour attendre le jour d'une manière un peu moins dure que dans la neige. Il était sept heures du soir : je cassai mon second morceau de pain, je bus une seconde goutte, et je m'installai sur le rocher où j'allais passer la nuit : ça ne me prit pas grand temps, le lit n'était pas long à faire.

Sur les neuf heures, je vis venir l'ombre qui montait de la vallée comme une fumée épaisse, et s'avançait lentement vers moi. A neuf heures et demie, elle m'atteignit et m'enveloppa : cependant je voyais encore au-dessus de moi les derniers rayons du soleil couchant, qui avaient peine à quitter la plus haute sommité du mont Blanc. Je les suivis des yeux tant qu'ils y restèrent. Enfin ils disparurent, et le jour s'en alla. Tourné comme je l'étais vers Chamouny, j'avais à ma gauche l'immense plaine de neige qui monte au dôme du Goûter (1), et à ma droite, à la portée de ma main, un précipice de huit cents pieds de profondeur. Je ne voulais pas m'endormir, de peur de rouler dans la ruelle en rêvant ; je m'assis sur mon sac, et je me mis à battre des pieds et des mains pour entretenir la chaleur. Enfin la lune se leva pâle et dans un cercle de nuages, qui la voilèrent tout à fait sur les onze heures. En même temps, je voyais descendre de l'aiguille du Goûter un coquin de brouillard qui ne m'eut pas plus tôt atteint qu'il se mit à me cracher de la neige à la figure. Alors je m'enveloppai la tête avec mon mouchoir, et je lui dis : C'est bon, va ton train. A chaque minute, j'entendais la chute des avalanches, qui grondaient en roulant comme le tonnerre. Les glaciers craquaient, et à chaque craquement je sentais la montagne remuer. Je n'avais ni faim ni soif, et j'éprouvais un singulier mal de tête, qui me prenait au haut du crâne, et qui descendait jusqu'aux sourcils. Pendant ce temps-là, le brouillard n'arrêtait pas. Mon haleine s'était gelée contre mon mouchoir, la neige avait mouillé mes habits : il me sembla bientôt que j'étais tout nu. Je redoublai la rapidité de mes mouvements, et je me mis à chanter, pour chasser un tas d'idées bêtes qui me venaient dans l'esprit. Ma voix se perdait sur cette neige, aucun écho ne me répondait : tout était mort au milieu de cette

(1) Le dôme du Goûter est ainsi nommé parce que le soleil l'éclaire à l'heure où l'on fait ce repas.

nature glacée; ma voix me faisait à moi-même une drôle d'impression. Je me tus, j'avais peur.

A deux heures, le ciel blanchit vers l'orient. Avec les premiers rayons du jour, je sentis le courage me revenir. Le soleil se leva, luttant avec les nuages qui couvraient le mont Blanc; j'espérais toujours qu'il les chasserait, mais sur les quatre heures, les nuages s'épaissirent, le soleil s'affaiblit, et je reconnus que ce jour-là il me serait impossible d'aller plus loin. Alors, pour ne pas tout perdre, je me mis à explorer les environs, et je passai toute la journée à visiter les glaciers et à reconnaître les meilleurs passages. Comme le soir venait, et le brouillard à sa suite, je redescendis jusqu'au Bec-à-l'Oiseau, où la nuit me prit. Je passai celle-ci mieux que l'autre, car je n'étais plus sur la glace, et je pus dormir un peu. Je me réveillai transi, et aussitôt que le jour parut, je redescendis vers la vallée, ayant dit à ma femme que je ne serais pas plus de trois jours. Au village de la Côte seulement, mes habits dégelèrent.

Je n'avais pas fait cent pas hors des dernières maisons, que je rencontrai François Paccard, Joseph Carier et Jean-Michel Tournier: c'étaient trois guides; ils avaient leur sac, leur bâton et leur costume de voyage. Je leur demandai où ils allaient: ils me répondirent qu'ils cherchaient des cabris (1) qu'ils avaient donnés en garde à de petits paysans. Comme ces animaux ne valent pas plus de quarante sous la pièce, j'eus dans l'esprit l'idée qu'ils voulaient me tromper, et je pensai qu'ils tentaient le voyage que je n'avais pu faire; d'autant plus que monsieur de Saussure avait promis une récompense au premier qui atteindrait le haut du mont Blanc. Une ou deux questions que me fit Paccard sur l'endroit où l'on pourrait coucher au Bec-à-l'Oiseau me confirmèrent dans mon opinion. Je lui répondis que tout était plein de neige, et qu'une station m'y paraissait impossible; je le vis alors échanger avec les autres un signe d'intelligence que je fis semblant de ne pas apercevoir. Ils se retirèrent à l'écart, se consultèrent entre eux, et finirent par me proposer de monter tous ensemble; j'acceptai, mais j'avais promis de rentrer, et je ne voulais pas manquer de parole à ma femme. Je revins donc chez moi, pour lui dire de ne pas être inquiète, changer de bas et de guêtres, et prendre quelques provisions. A onze heures du soir, je partis de nouveau sans me coucher, et à une heure je rejoignis mes camarades au Bec-à-l'Oiseau, quatre lieues au-dessous de l'endroit où j'avais couché la veille; ils dormaient comme des marmottes; je les réveillai: en un instant ils furent sur pied, et nous nous mîmes tous quatre en marche. Ce jour-là, nous traversâmes le glacier de Taconnay, nous montâmes jusqu'aux Grands-Mulets, où, l'avant-veille, j'avais passé une si fameuse nuit; puis, prenant à droite, nous arrivâmes vers les trois heures au dôme du Goûter. Déjà l'un de nous, Paccard, avait manqué d'air un peu au-dessus des Grands-Mulets, et il était resté couché sur l'habit de l'un de nos camarades.

Parvenu au sommet du dôme, nous vîmes, sur l'aiguille du Goûter, bouger quelque chose de noir que nous ne pouvions distinguer. Nous ne savions pas si c'était un chamois ou un homme. — Nous criâmes, et l'on nous répondit; puis, au bout d'un instant, comme nous faisions silence pour entendre un second cri, ces paroles nous arrivèrent:

— Ohé! les autres! attendez, nous voulons monter avec vous.

Nous les attendîmes en effet, et en les attendant nous vîmes arriver Paccard, qui avait repris force. Au bout d'une demi-heure, ils nous rejoignirent: c'étaient Pierre Balmat et Marie Coutet, qui avaient fait le pari, avec les autres, d'être parvenus avant eux au dôme du Goûter; leur pari était perdu. Pendant ce temps, pour utiliser les momens, je m'étais aventuré à la découverte, et j'avais fait un quart de lieue à peu près à cheval sur l'arête en question, qui joint le dôme du Goûter au sommet du mont Blanc: c'était un chemin de danseur de corde; mais c'est égal, je crois que j'aurais réussi à aller jusqu'au bout, si la pointe Rouge ne fût venue me barrer le chemin. Comme il était impossible d'avancer plus loin,

(1) Des chevreaux.

je revins vers l'endroit où j'avais quitté les camarades; mais il n'y avait plus que mon sac: désespérant de gravir le mont Blanc, ils étaient partis en disant: — Balmat est leste, il nous rattrapera. — Je me trouvai donc seul, et un instant je balançai entre l'envie de les rejoindre et le désir de tenter seul l'ascension. Leur abandon m'avait piqué; puis quelque chose me disait que cette fois je réussirais. Je me décidai donc pour ce dernier parti; je chargeai mon sac et me mis en route: il était quatre heures du soir.

Je traversai le grand plateau, et je parvins jusqu'au glacier de la Brinva, d'où j'aperçus Cormayeur et la vallée d'Aoste en Piémont. Le brouillard était sur le sommet du mont Blanc; je ne tentai pas d'y monter, moins dans la crainte de me perdre, que dans la certitude que les autres, ne pouvant m'y voir, ne voudraient pas croire que j'y étais parvenu. Je profitai du peu de jour qui me restait pour chercher un abri; mais, au bout d'une heure, comme je n'avais rien trouvé, et que je me rappelais l'autre nuit, vous savez, je résolus de revenir chez moi. Je me mis donc en marche; mais, arrivé au grand plateau, comme je ne savais pas encore me garantir la vue avec un voile vert, ainsi que je l'ai fait depuis, la neige me fatigua tellement les yeux que je ne distinguais plus rien; j'avais des éblouissemens qui me faisaient voir de grandes taches de sang. Je m'assis pour me remettre; je fermai les yeux, et je laissai tomber ma tête entre mes mains. Au bout d'une demi-heure, ma vue s'était remise, mais la nuit était venue; il n'y avait pas de temps à perdre. Je me levai, — et allez!

Je n'avais pas fait deux cents pas que je sentis, avec mon bâton, que la glace manquait sous mes pieds: j'étais au bord de la grande crevasse, tu sais, Pierre Payot (c'était le nom de mon guide), — la grande crevasse où ils sont morts à trois, et d'où l'on a tiré Marie Coutet.

— Qu'est-ce que cette histoire? interrompis-je.

— Je vous conterai ça demain, me dit Payot. — Allez, mon ancien, allez, continua-t-il en s'adressant à Balmat, en vous écoute.

Balmat reprit:

— Ah! je lui dis: Je te connais. Au fait, nous l'avions traversée le matin sur un pont de glace recouvert de neige. Je le cherchai; mais la nuit allait toujours s'épaississant, ma vue se fatiguait de plus en plus, et je ne pus le retrouver: le mal de tête dont j'ai déjà parlé m'avait repris: je ne me sentais aucun désir de boire ni de manger; de violens maux de cœur me labouraient l'estomac. Cependant il fallait se décider à demeurer jusqu'au jour près de la crevasse. Je posai mon sac sur la neige, je tirai mon mouchoir en rideau sur mon visage, et je me préparai de mon mieux à passer une nuit pareille à l'autre. Cependant, comme j'étais deux mille pieds plus haut à peu près, le froid était bien plus vif; une petite neige fine et aiguë me glaçait; je sentais une pesanteur et une envie de dormir irrésistibles, des pensées tristes comme la mort me venaient dans l'esprit, et je savais très bien que ces pensées tristes et cette envie de dormir étaient un mauvais signe, et que, si j'avais le malheur de fermer les yeux, je pourrais bien ne plus les rouvrir. De l'endroit où j'étais, j'apercevais, à dix mille pieds au-dessous de moi, les lumières de Chamouny, où mes camarades étaient bien chaudement, bien tranquilles près de leur feu, ou dans leur lit. Je me disais: Peut-être n'y en a-t-il pas un parmi eux qui pense à moi, ou, s'il y en a un qui pense à Balmat, il dit en tisonnant ses braises ou en tirant sa couverture sur ses oreilles: — A l'heure qu'il est, cet imbécile de Jacques s'amuse probablement à battre la semelle. Bon courage, Balmat! — Ce n'était pas ce qui me manquait, le courage, mais la force! — L'homme n'est pas de fer, et je sentais bien que je n'étais pas à mon aise, enfin. Dans les courts intervalles de silence qui interrompaient de minute en minute la chute des avalanches et le craquement des glaciers, j'entendais aboyer un chien à Cormayeur, quoiqu'il y eût à peu près une lieue et demie de ce village à l'endroit où j'étais; — cela me distrayait. — C'était le seul bruit de la terre qui arrivât jusqu'à moi. — Vers minuit, le maudit chien se tut, et je retombai dans ce diable de silence comme il en fait un dans les cimetières, car je ne compte pas le bruit des glaciers et des avalanches; ce bruit-là, c'est la voix de la montagne qui se plaint, et, bien loin de rassurer l'homme, elle l'épouvante.

Sur les deux heures, je vis reparaître à l'horizon la même ligne blanche dont je vous ai déjà parlé. Le soleil la suivait comme la première fois; comme la première fois aussi, le mont Blanc avait mis sa perruque; c'est ce qui lui arrive quand il est de mauvaise humeur; et alors il ne faut pas s'y frotter. — Je connaissais son caractère; aussi je me tins pour averti, et je redescendis dans la vallée, attristé, mais non découragé par ces deux tentatives inutiles, car maintenant j'étais bien certain que la troisième fois je serais plus heureux. Au bout de cinq heures, j'étais de retour au village; il en était huit. Tout allait bien chez moi. Ma femme m'offrit à manger; j'avais plus sommeil que je n'avais faim; elle voulut aussi me faire coucher dans la chambre, mais je craignais d'y être tourmenté par les mouches; j'allai m'enfermer dans la grange, je m'étendis sur le foin, et je dormis vingt-quatre heures sans me réveiller.

Trois semaines se passèrent sans amener de changement favorable dans le temps, et sans diminuer mon envie de faire une troisième tentative. Le docteur Paccard, parent du guide dont j'ai parlé, désirait m'accompagner dans celle-ci; il fut convenu en conséquence qu'au premier beau jour nous partirions ensemble. Enfin, le 8 août 1786, le temps me parut assez sûr pour risquer le voyage. J'allai trouver Paccard et je lui dis: Voyons, docteur, êtes-vous bon? N'avez-vous peur ni du froid, ni de la neige, ni des précipices? Parlez comme un homme. — Je n'ai peur de rien avec toi, Balmat, répondit Paccard. — Eh bien! repris-je, le moment est venu de grimper sur la taupinière. — Le docteur me dit qu'il était tout prêt; mais, au moment de fermer sa porte, je crois que son grand courage lui manqua un peu, car la clef ne sortait pas de la serrure; il tournait le double tour, le détournait, le retournait. — Tiens, Balmat, ajouta-t-il, si nous faisions bien, nous prendrions deux autres guides. — Non pas, lui répondis-je, je monterai seul avec vous, ou vous y monterez avec d'autres; je veux être le premier, et pas le second. Il réfléchit un instant, tira sa clef, la mit dans sa poche, et me suivit machinalement et la tête baissée. Au bout d'un instant, il secoua les oreilles. — Eh bien! dit-il, je me fie à toi, Balmat. — En route, et à la grâce de Dieu. — Puis il se mit à chanter, mais très-juste. Ça le tracassait le docteur.

Alors je lui pris le bras. — Ce n'est pas tout, lui dis-je, il faut que personne ne sache notre projet, excepté nos femmes. — Une troisième personne fut cependant mise dans la confidence; c'est la marchande chez laquelle nous avions été obligés d'acheter du sirop pour mêler avec notre eau, le vin ou l'eau-de-vie étant trop forts pour un pareil voyage. Comme elle s'était doutée de quelque chose, nous lui dîmes tout, en l'invitant à regarder le lendemain à neuf heures du matin du côté du dôme du Goûter; c'était l'heure à laquelle nous devions y être, si rien ne dérangeait nos calculs.

Toutes nos petites affaires arrangées et nos adieux faits à nos femmes, nous partîmes vers les cinq heures du soir, prenant l'un du côté gauche, et l'autre du côté droit de l'Arve, afin que nul ne se doutât de notre projet, et nous nous réunîmes au village de la Côte. Le même soir, nous allâmes coucher au sommet de la Côte, entre le glacier des Bossons et celui de Taconnay. J'avais emporté une couverture, je m'en servis pour envelopper le docteur comme on emmaillotte un enfant, et, grâce à cette précaution, il passa une assez bonne nuit; quant à moi, je dormis tout d'un trait jusqu'à une heure et demie à peu près. A deux heures, la ligne blanche parut, et bientôt le soleil se leva sans nuage, sans brouillard, beau et brillant, enfin nous promettant une fameuse journée; je réveillai le docteur, et nous nous mîmes en route.

Au bout d'un quart d'heure, nous nous engageâmes dans le glacier de Taconnay; les premiers pas du docteur sur cette mer, au milieu de ces immenses gerçures dans les profondeur desquelles l'œil se perd, sur ces ponts de glace que l'on sent craquer sous soi, et qui, s'ils s'abîmaient, vous abîmeraient avec eux, furent un peu chancelans; mais peu à peu il se rassura en me voyant faire, et nous nous en tirâ-

mes sains et saufs. Nous nous mîmes aussitôt à gravir les Grands-Mulets, que nous laissâmes bientôt derrière nous. Je montrai au docteur la place où j'avais passé la première nuit. Il fit une grimace très-significative, garda le silence dix minutes; puis s'arrêtant tout à coup : — Crois tu, Balmat, me dit-il, que nous arriverons aujourd'hui au haut du mont Blanc? Je vis bien de quoi il retournait, et je le rassurai en riant, mais sans lui rien promettre. Nous montâmes encore ainsi l'espace de deux heures; depuis le plateau, le vent nous avait pris, et devenait de plus en plus vif; enfin, arrivés à la saillie du rocher qu'on appelle le Petit-Mulet, un coup d'air plus violent enleva le chapeau du docteur. Au juron qu'il proféra, je me retournai, et j'aperçus son feutre qui décampait du côté de Cormayeur. — Il le regardait s'en aller, les bras tendus. — Oh! il faut en faire votre deuil, docteur, que je lui dis, nous ne le reverrons jamais. Il s'en va dans le Piémont. Bon voyage! — Il paraît que le vent avait pris goût à la plaisanterie, car à peine avais-je fermé la bouche, qu'il nous en arriva une bouffée si violente, que nous fûmes obligés de nous coucher à plat ventre pour ne pas aller rejoindre le chapeau; de dix minutes nous ne pûmes nous relever; le vent fouettait la montagne, et passait en sifflant sur nos têtes, emportant des tourbillons de neige gros comme la maison. Le docteur était découragé. Moi, je ne pensais pendant ce temps qu'à la marchande, qui, à cette heure, devait regarder le dôme du Goûter; aussi, au premier répit que nous donna la bise, je me relevai; mais le docteur ne consentit à me suivre qu'en marchant à quatre pattes. Nous parvînmes ainsi à une pointe d'où l'on pouvait découvrir le village; arrivé là, je tirai ma lunette, et, à douze mille pieds au-dessous de nous dans la vallée, je distinguai notre commère à la tête d'un rassemblement de cinquante personnes, qui s'arrachaient les lunettes pour nous regarder. Une considération d'amour-propre détermina le docteur à se remettre sur ses jambes, et à l'instant où il fut debout, nous nous aperçûmes que nous étions reconnus, lui à sa grande redingote, et moi à mon costume habituel; ceux de la vallée nous firent des signes avec leurs chapeaux. — J'y répondis avec le mien. — Celui du docteur était absent par congé définitif.

Cependant Paccard avait usé toute son énergie à se remettre sur pieds, et ni les encouragemens que nous recevions, ni ceux que je lui donnais, ne pouvaient le déterminer à continuer son ascension. Après que j'eus épuisé toute mon éloquence, et que je vis que je perdais mon temps, je lui dis de se tenir le plus chaudement possible, et de se donner du mouvement; il m'écoutait sans m'entendre, et répondait oui, oui, pour se débarrasser de moi. Je compris qu'il devait souffrir du froid. J'étais moi-même tout engourdi. Je lui laissai la bouteille, et je partis seul en lui disant que je reviendrais le chercher. — Oui, oui, me répondit-il. — Je lui recommandai de nouveau de ne pas se tenir en place, et je partis. Je n'avais pas fait trente pas que je me retournai, et je vis qu'au lieu de courir et de battre la semelle, il s'était assis le dos au vent; c'était déjà une précaution.

A compter de ce moment, la route ne présentait pas une grande difficulté, mais, à mesure que je m'élevais, l'air devenait de moins en moins respirable. De dix pas en dix pas j'étais obligé de m'arrêter comme un phthisique. Il me semblait que je n'avais plus de poumons et que ma poitrine était vide; je pliai alors mon mouchoir comme une cravate, je le nouai sur ma bouche, je respirai à travers, ce qui me soulagea un peu. Cependant le froid me gagna de plus en plus, je mis une heure à faire un petit quart de lieue; je marchais le front baissé; mais voyant que j'étais sur une pointe que je ne connaissais pas, je relevai la tête, et je m'aperçus que j'étais enfin arrivé sur la sommité du mont Blanc.

Alors je retournai les yeux autour de moi, tremblant de me tromper et de trouver quelque aiguille, quelque pointe nouvelle, car je n'aurais pas eu la force de la gravir; les articulations de mes jambes me semblaient ne tenir qu'à l'aide de mon pantalon. — Mais non, non. — J'étais au terme de mon voyage. — J'étais arrivé là où personne n'était venu encore, pas même l'aigle et le chamois; j'y étais arrivé seul, sans autre secours que celui de ma force et de ma volonté ; tout ce qui m'entourait semblait m'appartenir ; j'étais le roi du mont Blanc, j'étais la statue de cet immense piédestal. — Ah!

Alors je me tournai vers Chamouny, agitant mon chapeau au bout de mon bâton, et je vis, à l'aide de ma lunette, qu'on répondait à mes signes. Mes sujets de la vallée m'avaient aperçu. Tout le village était sur la place.

Ce premier moment d'exaltation passé, je pensai à mon pauvre docteur. Je redescendis vers lui aussi vite que je le pus, l'appelant par son nom, et tout effrayé de ne pas l'entendre me répondre ; au bout d'un quart d'heure, je l'aperçus de loin, rond comme une boule, mais ne faisant aucun mouvement, malgré les cris que je poussais, et qui arrivaient certainement jusqu'à lui. Je le trouvai la tête entre les genoux et tout racorni sur lui-même comme un chat qui fait le manchon. Je lui frappai sur l'épaule, il leva machinalement la tête. Je lui dis que j'étais parvenu au haut du mont Blanc ; cela parut médiocrement l'intéresser, car il ne répondit que pour me demander où il pourrait se coucher et dormir. Je lui dis qu'il était venu pour monter au plus haut de la montagne, et qu'il y monterait. Je le secouai, le pris sous les épaules, et lui fis faire quelques pas ; il était comme abruti, et il lui paraissait aussi égal d'aller d'un côté que de l'autre, de monter que de redescendre. Cependant, le mouvement que e le forçais de prendre rétablit un peu la circulation du sang, alors il me demanda si je n'aurais point, par hasard dans ma poche, des gants pareils à ceux que je portais à mes mains ; c'étaient des gants en poil de lièvre, que je m'étais faits exprès pour mon excursion, sans séparation entre les doigts. Dans la situation où je me trouvais moi-même, je les eusse refusés tous les deux à mon frère ; je lui en donnai un.

A six heures passées nous étions sur le sommet du mont Blanc, et quoique le soleil jetât un vif éclat, le ciel nous paraissait bleu foncé, et nous y voyions briller quelques étoiles. Lorsque nous reportions les yeux au-dessous de nous, nous n'apercevions que glaces, neiges, rocs, aiguilles, pics décharnés. L'immense chaîne de montagnes qui parcourt le Dauphiné et s'étend jusqu'au Tyrol nous étalait ses quatre cents glaciers resplendissans de lumière. — A peine si la verdure nous paraissait occuper une place sur la terre. Les lacs de Genève et de Neuchâtel n'étaient que des points bleus presque imperceptibles. A notre gauche s'étendait la Suisse des montagnes toute moutonneuse, et au-delà, la Suisse des prairies, qui semblait un riche tapis vert ; à notre droite, tout le Piémont et la Lombardie jusqu'à Gênes ; en face, l'Italie. Paccard ne voyait rien, je lui racontais tout ; quant à moi, je ne souffrais plus, je n'étais plus fatigué ; à peine si je sentais cette difficulté de respirer, qui, une heure auparavant, avait failli me faire renoncer à mon entreprise. Nous restâmes ainsi trente-trois minutes.

Il était sept heures du soir ; nous n'avions plus que deux heures et demie de jour ; il fallait partir. Je repris Paccard par-dessous le bras ; j'agitai de nouveau mon chapeau, pour faire un dernier signe à ceux de la vallée, et nous commençâmes à redescendre. Aucun chemin tracé ne nous dirigeait ; le vent était si froid, que la neige n'était pas même dégelée à sa surface ; nous retrouvions seulement sur la glace les petits trous qu'y avait fait la pointe de nos bâtons ferrés. Paccard n'était plus qu'un enfant sans énergie, que je poussais, que je guidais dans les bons chemins, et que, dans les mauvais, je portais. La nuit commençait à tomber lorsque nous traversâmes la crevasse ; au bas du grand plateau, elle nous prit tout-à-fait ; à chaque instant Paccard s'arrêtait, déclarant qu'il n'irait pas plus loin, et à chaque instant je le forçais de reprendre sa marche, non par la persuasion, il n'entendait rien, mais à la force. A onze heures, nous sortîmes enfin des régions des glaces et mîmes le pied sur la terre ferme ; il y avait déjà une heure que nous avions perdu toute réverbération du soleil ; alors je permis à Paccard de s'arrêter, et je me préparai à l'envelopper de nouveau dans ses couvertures, lorsque je m'aperçus qu'il ne s'aidait plus de ses mains. Je lui en fis l'observation. Il me répondit que cela se pouvait bien, vu qu'il ne les sentait pas. Je tirai ses gants, ses mains étaient blanches et comme mortes ; moi-même, j'étais bête de la main où j'avais mis son petit gant de peau à la place du mien ; je lui dis que nous avions trois mains de gelées à nous deux, cela paraissait lui être fort égal ; il ne demandait qu'à se coucher et à dormir : quant à moi, il me dit de me frotter la partie malade avec de la neige ; le remède n'était pas loin.

Je commençai l'opération par lui, et je la terminai par moi. Bientôt le sang revint, et avec le sang la chaleur, mais avec des douleurs aussi aiguës que si on nous avait piqué chaque veine avec des aiguilles. Je roulai mon poupard dans sa couverture, je le couchai à l'abri d'un rocher, nous mangeâmes un morceau, bûmes un coup, nous nous serrâmes l'un contre l'autre le plus que nous pûmes, et nous nous endormîmes.

Le lendemain, à six heures, je fus réveillé par Paccard. — C'est drôle, Balmat, me dit-il, j'entends chanter les oiseaux et je ne vois pas le jour ; probablement que je ne peux pas ouvrir les yeux. Notez qu'il les avait écarquillés comme ceux du grand-duc. Je lui répondis qu'il se trompait sans doute, et qu'il devait très-bien y voir. Alors il me demanda une pincée de neige, la fit fondre dans le creux de sa main avec de l'eau-de-vie, et s'en frotta les paupières. Cette opération finie, il n'en voyait pas davantage, seulement les yeux lui cuisaient beaucoup plus.

— Allons, dit-il, il paraît que je suis aveugle, Balmat ? — Comment vais-je faire pour descendre ? continua-t-il.

— Prenez la bretelle de mon sac et marchez derrière moi ; voilà un moyen.

C'est ainsi que nous descendîmes et arrivâmes au village de la Côte.

Là, comme je craignais que ma femme ne fût inquiète, je quittai le docteur qui regagnait sa maison en tâtonnant avec son bâton, et je revins chez moi ; c'est alors seulement que je me vis.

Je n'étais pas reconnaissable ; j'avais les yeux rouges, la figure noire et les lèvres bleues ; chaque fois que je riais ou bâillais, le sang me jaillissait des lèvres et des joues. — Enfin, je n'y voyais plus qu'à l'ombre.

Quatre jours après, je partis pour Genève, afin de prévenir monsieur de Saussure que j'avais réussi à escalader le mont Blanc ; il l'avait déjà appris par des Anglais. Il vint aussitôt à Chamouny, et essaya avec moi la même ascension ; mais le temps ne nous permit pas d'aller plus haut que la montagne de la Côte, et ce ne fut que l'année suivante qu'il put accomplir son grand projet.

— Et le docteur Paccard, dis-je, est-il resté aveugle ?

— Ah ! oui, aveugle ! il est mort il y a onze mois, à l'âge de soixante et dix-neuf ans, et il lisait encore sans ses lunettes. Seulement il avait les yeux diablement rouges.

— Des suites de son ascension ?

— Oh ! que non !

— Et de quoi alors ?

— Le bonhomme levait un peu le coude...

En disant ces mots, Balmat vida sa troisième bouteille.

LA MER DE GLACE.

J'avais donné rendez-vous à Payot pour le lendemain à dix heures du matin seulement, la course que nous avions à faire n'étant que de six à sept lieues pour aller et revenir ; il vint nous chercher comme nous achevions de déjeuner ; il avait été la veille, en nous quittant, reconduire Balmat un bout de chemin, et l'avait laissé enchanté de moi ; il me promettait sa visite pour le soir.

En sortant du village, Payot resta en arrière pour causer avec une femme qu'il rencontra ; comme le chemin se bifur-

quait cent pas plus loin, nous nous arrêtâmes, ignorant laquelle des deux routes il nous fallait prendre; dès que Payot nous vit indécis, il accourut à nous et nous dit, pour s'excuser de l'embarras momentané où il nous avait mis :
— C'est que je causais avec Maria.
— Qu'est-ce que Maria?...
— C'est la seule femme de la terre qui soit jamais montée sur le mont Blanc.
— Comment, cette femme? Je me retournai pour la regarder.
— Oui, c'est une luronne, allez; imaginez-vous qu'en 1811 les habitans de Chamouny se dirent un matin; Ma foi! c'est bel et bon de conduire toujours les étrangers au sommet du mont Blanc pour leur plaisir, si nous y montions un jour pour le nôtre! Qui fut dit fut fait; on convint que le dimanche suivant, si le temps était beau, ceux qui voudraient faire partie de la caravane se réuniraient sur la place. A l'heure dite, Jacques Balmat, que nous avions fait notre capitaine, nous trouva rassemblés; nous étions sept en tout, lui compris: c'étaient Victor Terraz, Michel Terraz, Marie Frasseron, Édouard Balmat, Jacques Balmat et moi. Au moment de partir, nous ne sommes pas plus étonnés que de voir deux femmes qui arrivaient pour faire l'ascension avec les autres; l'une d'elles, nommée Euphrosine Ducrocq, nourrissait un enfant de sept mois. Balmat ne voulut point la recevoir dans la compagnie; l'autre, qui était celle que vous venez de voir, n'était pas encore mariée, et s'appelait Marie Paradis. Jacques Balmat alla à elle, lui prit les deux mains, et, la regardant dans le blanc des yeux : — Ah ça, mon enfant, lui dit-il, êtes vous bien décidée? — Oui ! — C'est qu'il ne nous faut pas de pleureuse, entendez-vous? — Je rirai tout le long du chemin. — Je ne vous demande pas ça, vu que moi, qui suis un vieux loup de montagne, je ne m'engagerais pas à le faire : on vous demande seulement d'être brave fille et d'avoir bon courage; si vous vous sentez en aller, adressez-vous à moi, et quand je devrais vous porter sur mon dos, je vous réponds que vous irez où iront les autres, est-ce dit : —Tope ! répondit Maria en lui frappant dans la main. Cet arrangement fait, nous partîmes.

Le soir, comme d'habitude, on coucha aux Grands-Mulets : comme les jeunes filles ont le sommeil agité, et qu'en rêvant Maria aurait bien pu tomber dans le ravin dont vous a parlé Balmat, nous la mîmes au milieu de nous, nous la couvrîmes d'habits et de couvertures : elle passa donc une assez bonne nuit.

Le lendemain, au petit jour, tout le monde était sur pied : chacun se secoua les oreilles, souffla dans ses doigts et se remit en route : nous arrivâmes bientôt à un endroit escarpé, et nous nous trouvâmes devant une espèce de mur de douze à quatorze cents pieds de hauteur, et quand je dis un mur, il suffira que je vous explique la manière dont nous le gravîmes pour que vous conveniez que je n'y mets pas d'exagération. Jacques Balmat, qui montait le premier, ne pouvait se plier assez pour donner la main au second de nous; alors il lui tendait la jambe, se soutenant à son bâton enfoncé dans la glace, jusqu'à ce que le second guide, se cramponnant à sa jambe, fût arrivé à son bâton; aussitôt Balmat prenait un autre bâton des mains du second guide, le plantait plus haut et recommençait la même manœuvre, qui, cette fois, s'étendait du second au troisième, et, au fur et à mesure que l'on montait, du troisième aux autres, jusqu'à ce qu'enfin chacun fût en route collé contre la glace, comme une caravane de fourmis contre le mur d'un jardin.

— Et Maria, interrompis-je, à qui tendait-elle la jambe?
— Oh! Maria montait la dernière, reprit Payot; d'ailleurs, pas un de nous ne pensait beaucoup à la chose. Nous nous faisions seulement la réflexion que, si le premier bâton venait à casser, nous dégringolerions tous, et, au fur et à mesure que nous montions, la réflexion devenait de plus en plus inquiétante; enfin n'importe, tout le monde s'en tira bien, jusqu'à Maria; mais arrivée en haut, soit par fatigue de la montée, soit par peur de réflexion, elle sentit que ses jambes s'en allaient à tous les diables ; alors elle s'approcha en riant de Balmat, et lui dit tout bas afin que les autres ne l'enten-

dissent pas : Allez plus doucement, Jacques, l'air me manque, faites comme si c'était vous qui soyez fatigué. Balmat ralentit sa marche ; Maria profita de cela pour manger de la neige à poignée; nous avions beau lui dire que les crudités ne valaient rien à l'estomac, c'est comme si nous chantions. aussi, au bout de dix minutes le mal de cœur s'en mêla; Balmat, qui s'en aperçut, vit que ce n'était pas le moment de faire de l'amour-propre; il appela un autre guide, ils la prirent chacun sous un bras, et l'aidèrent à marcher. Au même moment, Victor Terraz s'assit, en déclarant qu'il en avait assez et qu'il n'irait pas plus loin; alors Balmat me fit signe de venir prendre le bras de Maria à sa place, et allant à Terraz, qui commençait déjà à s'endormir, il le secoua vigoureusement.

— Qu'est-ce que vous me voulez? dit Terraz.
— Je veux que tu viennes.
— Et moi je veux rester ici, je suis bien libre.
— C'est ce qui te trompe.
— Pourquoi cela, s'il vous plaît?
— Parce que nous sommes partis à sept, qu'on sait que nous sommes partis à sept, et qu'en arrivant au grand plateau, d'où l'on peut nous distinguer de Chamouny, les gens du village verront que nous ne sommes plus que six; ils croiront alors qu'il est arrivé malheur à l'un de nous, et comme ils ne sauront pas auquel, cela mettra sept familles dans la désolation.

— Vous avez raison, père Balmat, dit Terraz, et il se remit sur ses jambes.

Ces deux retardataires ne nous rejoignirent que sur le dôme du mont Blanc; Maria était presque évanouie; cependant elle se remit un peu et porta les yeux sur l'horizon immense qu'on découvre; nous lui dîmes en riant que nous lui donnions pour sa dot tout le pays qu'elle pourrait apercevoir. Alors Balmat ajouta : Maintenant, puisqu'elle est dotée, il faut la marier ; Messieurs, quel est le luron qui l'épouse ici? Dam! nous ne faisions pas de crânes prétendus : aussi personne ne se présenta, excepté Michel Terraz, encore demanda-t-il une demi-heure.

Comme nous ne pouvions rester que dix minutes à peu près, la proposition n'était point acceptable ; aussi, lorsque nous eûmes bien regardé le coup d'œil, Balmat nous dit : Ah ça, mes enfans, c'est bel et bon, mais il est temps de défiler. En effet, le soleil s'en allait grand train, nous fîmes comme lui.

Le lendemain, lorsque nous descendîmes à Chamouny, nous trouvâmes toutes les femmes du village qui attendaient Maria pour lui demander des détails sur son voyage : elle leur répondit qu'elle avait vu tant de choses que ce serait trop long à raconter; mais que si elles étaient bien curieuses de les connaître, elles n'avaient qu'à faire le voyage elles-mêmes; pas une n'accepta.

Depuis ce temps, Maria est restée l'héroïne de Chamouny, comme Jacques en est le héros, et elle se partage avec lui la curiosité des étrangers et le sobriquet de *Mont-Blanc*. A chaque nouvelle ascension, elle va s'établir un peu au-dessus du village de la Côte; là, elle dresse un dîner que les voyageurs ne manquent jamais d'accepter en revenant, et, le verre à la main, hôtes et convives boivent aux dangers du voyage et à l'heureuse réussite des ascensions nouvelles.

— Est-ce que quelques-unes ont amené des accidens graves? repris-je.
— Dieu merci, me répondit Payot, il n'y a jamais eu que des guides de tués; Dieu a toujours préservé les voyageurs.

— Effectivement, Balmat parlait hier d'une crevasse dans laquelle était tombé Coutet; mais j'ai cru comprendre qu'on l'en avait retiré.

— Oui, lui, car quoiqu'il ait vu la mort de bien près, il est aujourd'hui sain et sauf comme vous et moi ; mais trois autres y sont restés ensevelis avec deux cents pieds de neige sur le corps; aussi, dans les belles nuits, vous voyez voltiger trois flammes au-dessus de la crevasse où ils sont enterrés ; ce sont leurs âmes qui reviennent, car ce n'est pas une

OEUV. COMP. — VIII.　　　　　　　　　　　　　　　　　　　　　　　5

sépulture chrétienne qu'un cercueil de glace et un linceul de neige.

— Et quels sont les détails de cet événement?

— Tenez, monsieur, me dit Payot avec une répugnance marquée, vous rencontrerez probablement Coutet avant de quitter Chamouny, et il vous les racontera lui-même; quant à moi, je n'étais pas du voyage.

Je vis que l'impression laissée par le souvenir de cet accident était si profonde et si triste, que je n'eus pas le courage d'insister; d'ailleurs, il s'empressa de distraire mon attention de ce sujet en me faisant remarquer une petite fontaine qui coule à droite du chemin.

— C'est la fontaine de Caillet, me dit-il.

Je la regardai avec attention, et comme je n'y trouvais rien d'extraordinaire, j'y trempai la main, pensant que c'était une source thermale; elle était froide; je la goûtai alors, la croyant ferrugineuse: elle avait le goût de l'eau ordinaire.

— Eh bien, dis-je en me relevant, qu'est-ce que la fontaine de Caillet?

— C'est la fontaine que monsieur de Florian a *immortalisée*, en faisant passer sur ses bords la première scène de son roman de *Claudine*.

— Ah! ah! diable! et elle n'a pas d'autre titre à la curiosité des voyageurs?

— Non, monsieur, si ce n'est qu'elle est située à mi-chemin de la montée de Chamouny à la mer de glace.

— A mi-chemin?

— Juste!

— Mon ami, voulez-vous que je vous donne un conseil?

— Volontiers, monsieur.

— Eh bien, c'est de ne jamais oublier, dans l'intérêt de l'*immortalité* de votre fontaine, d'ajouter, comme vous venez de le faire, son second titre au premier; vous verrez auquel des deux vos voyageurs seront le plus sensibles. En effet, la route du Montanvert est une des plus exécrables que j'aie faites; vers la fin de l'année surtout, lorsque les gens de pied et les mulets l'ont dégradée, les parties étroites du chemin s'éboulent, ce alors la surface plane disparaît, et fait place à un plan incliné; or, c'est comme si l'on marchait à une hauteur de deux mille pieds sur un toit d'ardoises; un faux pas, une distraction, un point d'appui qui manque, et vous roulez jusque dans la source de l'Arveyron que vous entendez gronder au fond de ce précipice, et où vous précèdent, comme pour vous en montrer le chemin, les pierres à qui un simple déplacement fait perdre l'équilibre, et que dès lors leur poids seul suffit pour entraîner.

C'est par cet aimable chemin qu'on grimpe, plutôt qu'on ne monte, pendant l'espace de trois heures à peu près; puis l'on aperçoit une masure perdue dans les arbres: c'est l'auberge des mulets; vingt pas plus loin, une petite maison s'élève dominant la mer de glace, c'est l'auberge des voyageurs; si je n'avais pas peur d'être taxé de partialité pour l'espèce humaine, j'ajouterais même que les quadrupèdes y sont beaucoup mieux traités que les bipèdes, attendu qu'ils trouvent dans leur écurie, du son, de la paille, de l'avoine et du foin, ce qui équivaut pour eux à un dîner à quatre services, tandis que les bipèdes ne peuvent obtenir dans leur hôtel que du lait, du pain et du vin, ce qui n'équivaut pas même à un mauvais déjeuner.

D'ailleurs, le premier besoin qu'on éprouve en arrivant sur le plateau n'est point celui de la faim; c'est le désir d'embrasser d'un seul coup d'œil cette large nature qui vous environne; à votre droite et à votre gauche, le pic de Charmoz et l'aiguille du Dru, qui s'élancent vers le ciel comme des paratonnerres de la montagne; devant vous la mer, un océan de glace, gelé au milieu du bouleversement d'une tempête, avec ses vagues aux mille formes, qui s'élèvent à soixante ou quatre-vingts pieds de haut, et ses gerçures, qui s'enfoncent à quatre ou cinq cents pieds de profondeur; au bout d'un instant de cette vue, vous n'êtes plus en France, vous n'êtes plus en Europe, vous êtes dans l'océan Arctique, au delà du Groenland ou de la Nouvelle-Zélande, sur une mer polaire, aux environs de la baie de Baffin ou du détroit de Bering.

Lorsque Payot crut que nous avions assez considéré de loin le tableau qui s'étendait au dessous de nous, il jugea qu'il était temps de nous faire mettre les pieds sur la toile; en conséquence, il commença à descendre vers la mer de glace, que nous dominions d'une soixantaine de pieds, par un chemin bien autrement exigu que celui du Montanvert' c'est au point que j'eus un instant d'incertitude, pour savoir s'il ne valait pas mieux me servir de mon bâton ferré comme d'un balancier que comme d'un appui; quant à Payot, il marchait là comme sur une grande route, et ne se retournait même pas pour savoir si je le suivais.

— Dites donc, mon brave, lui criai-je au bout d'une minute, lui donnant une épithète que dans ce moment je ne pouvais convenablement garder pour moi, dites-donc, est-ce qu'il n'y a pas un autre chemin?

— Tiens, vous voilà assis, vous, me dit-il; que diable faites-vous là?

— Ah! ce que je fais, je dis que la tête me tourne, pardieu! est-ce que vous croyez que je suis venu au monde sur le coq du clocher, vous? Vous êtes encore un fameux farceur; allons, allons, venez me donner la main; je n'y mets pas d'amour-propre, moi.

Payot remonta aussitôt vers moi et me tendit le bout de son bâton; grâce à ce secours, je fis heureusement ma descente, jusqu'au rocher situé à sept pieds à peu près au-dessus d'une espèce de bourrelet de sable qui environne la mer de glace; arrivé là je poussai un — Ah! prolongé, qui tenait autant au besoin de respirer qu'à la satisfaction que je pouvais avoir de me trouver sur une plate-forme; puis l'amour-propre me revenant, du moment où le danger s'était éloigné, je tins à prouver à Payot que, si je grimpais mal, je sautais bien, et, d'un air dégagé, sans rien dire à personne, et afin de jouir de l'effet que produirait sur lui mon agilité, je sautai du rocher sur le sable.

Nous poussâmes deux cris qui n'en firent qu'un; lui, parce qu'il me voyait enfoncer, et moi, parce que je me sentais en oncer; cependant, comme je n'avais pas lâché mon bâton, je le mis en travers, comme cela m'était arrivé en pareille circonstance avec mon fusil, en chassant au marais; ce mouvement instinctif me sauva; Payot eut le temps de me tendre son bâton, que j'empoignai d'une main, puis de l'autre; et me tirant comme un poisson au bout d'une ligne, il me réintégra sur mon rocher.

Lorsque je me trouvai sur mes pieds:

— Ah ça! êtes-vous fou? me dit Payot; vous allez sauter dans les moraines, vous!

— Et sacredieu! allez-vous-en au diable, vous et votre brigand de pays, où l'on ne peut faire un pas sans risquer de se casser le cou ou de s'ensabler; est-ce que je connais vos moraines, moi?

— Eh bien! une autre fois vous les connaîtrez, me dit tranquillement Payot; seulement je suis bien aise de vous dire que, si vous n'aviez pas mis votre bâton en travers, vous enfonciez sous le glacier, d'où vous ne seriez probablement sorti que l'été prochain, par la source de l'Arveyron. Maintenant voulez-vous venir au Jardin?

— Qu'est-ce que le Jardin?

— C'est une petite langue de terre végétale, en forme de triangle, qui est située dans le nord du glacier de Talètre, et qui forme la partie la plus basse de ces hautes pointes de montagnes, appelées les Rouges. — Les voyez-vous, là-bas?

— Oui, très bien; et que fait-on là?

— Rien au monde.

— Pourquoi y va-t-on, alors?

— Pour dire qu'on y a été.

— Eh bien! mon cher ami, je ne le dirai pas, et voilà tout.

— Vous viendrez au moins faire un petit tour sur la mer de glace?

— Oh! pour cela, tout à vous, je sais patiner.

— N'importe, donnez-moi toujours le bras, vous n'auriez qu'à faire quelque nouvelle imprudence...

— Moi! vous ne me connaissez guère, allez; j'en suis revenu, et je vous réponds que je ne marcherai plus autre part que sur votre ombre.

Je lui tins, ou plutôt je me tins religieusement parole ; nous fîmes, lui marchant devant et moi derrière, à peu près un quart de lieue sur cette mer dont on ne peut mesurer la largeur que lorsqu'on se trouve au milieu de ses vagues, et dont les horribles craquemens semblent des plaintes inconnues qui montent du centre de la terre jusqu'à sa surface ; je ne sais si cela tient à une organisation plus impressionnable et plus nerveuse que celle des autres ; mais, au milieu des grands bouleversemens de la nature, quoiqu'il me soit démontré qu'aucun danger réel n'existe, j'éprouve une espèce d'épouvante physique en me voyant si petit et perdu au milieu de si grandes choses ; une sueur froide me monte au front, je pâlis, ma voix s'altère, et si je n'échappais à ce malaise en m'éloignant des localités qui le produisent, je finirais certes par m'évanouir. Ainsi je n'avais aucune crainte, puisqu'il n'y avait aucun danger, et cependant je ne pus rester au milieu de ces crevasses ouvertes sous mes pieds, de ces vagues suspendues sur ma tête ; je pris le bras de mon guide, et je lui dis : « Allons-nous-en. »

Payot me regarda : — En effet, vous êtes pâle, me dit-il.
— Je ne me sens pas bien.
— Qu'avez-vous donc ?
— J'ai le mal de mer.

Payot se mit à rire, et moi aussi.—Allons, ajouta-t-il, vous n'êtes pas bien malade, puisque vous riez ; buvez un coup, cela vous remettra.

En effet, à peine eus-je posé le pied sur la terre que cette indisposition passa ; Payot me proposa de suivre le bord de la mer de glace jusqu'à la Pierre aux Anglais. — Je lui demandai ce que c'était que cette pierre. — Ah ! me dit-il, nous l'avons appelée ainsi parce que les deux voyageurs qui sont parvenus les premiers jusqu'ici, surpris par la pluie, se sont réfugiés sous la voûte qu'elle forme et y ont dîné. Or, ces deux voyageurs étaient des Anglais qui, dans une excursion, avaient découvert Chamouny, dont on ignorait l'existence, ce village étant renfermé dans une vallée où l'on trouve sans le secours du commerce extérieur tout ce qui est nécessaire à la vie. Ils ignoraient tellement quels hommes habitaient ce pays inconnu, qu'ils y entrèrent eux et leurs domestiques armés jusqu'aux dents, et croyant probablement avoir affaire à des sauvages ; au lieu de cela, ils trouvèrent de braves gens qui les reçurent de tout leur cœur, et qui, ignorans eux-mêmes des beautés qui les environnaient, n'avaient jamais cherché à explorer le cours solide de cette mer de glace, dont l'extrémité descendait jusqu'à la vallée ; la reconnaissance nous a fait leur consacrer cette pierre où ils ont trouvé un abri ; car, en venant ici et en disant les premiers au monde entier ce qu'ils y avaient vu, ils ont fait la fortune du pays.

En achevant ces mots, Payot me montra un rocher formant voûte, sur lequel était gravée cette inscription rappelant les noms des deux voyageurs et l'année de leur voyage :

POCOX ET WINDHEM. — 1741.

Après avoir fait le tour de la pierre, nous prîmes le chemin de l'auberge ; en entrant dans la seule chambre dont elle se compose, j'aperçus un homme à genoux, soufflant le feu avec sa bouche. Payot m'arrêta sur la porte.— Vous vouliez voir Marie Coutet ? me dit-il.
— Qu'est-ce que c'est que Marie Coutet ? repris-je, cherchant à rappeler mes souvenirs.
— Le guide qui a été emporté par une avalanche.
— Oui, certainement, je voulais le voir.
— Eh bien, c'est lui qui souffle le feu ; depuis qu'il a manqué d'être gelé, il est devenu frileux comme une marmotte.
— Comment, c'est l'homme qui est tombé dans la crevasse du grand plateau ?
— Lui-même.
— Croyez-vous qu'il veuille me raconter son accident ?
— Certainement ; quoique ce ne soit pas une chose gaie, c'est une chose curieuse, et nous sommes ici pour satisfaire la curiosité des voyageurs.

Je ne parus pas faire attention à l'espèce d'amertume avec laquelle il prononça ces mots. J'appelai le maître de l'auberge, afin qu'il nous apportât une bouteille de son meilleur vin et trois verres ; je les emplis, et, en prenant deux de chaque main, j'allai à Coutet.

En m'entendant venir à lui, il se releva. Je lui présentai le verre, qu'il accepta avec un sourire que je n'ai jamais trouvé plus cordial que sur la figure des habitans de la Savoie.

— A votre santé, mon maître, lui dis-je, et puisse-t-elle ne jamais se retrouver dans un danger pareil à celui qu'elle a couru !

— Ah ! monsieur veut parler de ma cabriole dans la crevasse ? répondit Coutet.
— Justement.
— Le fait est (Coutet interrompit sa phrase pour vider son verre) que j'ai passé un mauvais quart d'heure, continua-t-il en le posant sur la table et en s'essuyant la bouche du revers de la main.
— Auriez-vous la complaisance de me donner quelques détails sur cet événement ? repris-je.
— Tous ceux que vous voudrez, monsieur.
— Alors asseyons-nous.

Je donnai l'exemple : il fut suivi. Je remplis les verres des deux guides, et Coutet commença.

MARIE COUTET.

En 1820, le colonel anglais Anderson et le docteur Hamel (ce dernier envoyé par l'empereur de Russie pour faire des expériences météorologiques sur les montagnes les plus élevées du globe) arrivèrent à Chamouny : à peine arrivés, ils manifestèrent leur intention de gravir le mont Blanc, et ordonnèrent tous les préparatifs nécessaires à cette expédition : déjà neuf ascensions pareilles à celle qu'ils allaient faire avaient eu lieu sans accident (1).

Au jour fixé, les dix guides se trouvèrent prêts : c'était mon tour d'être guide-chef : je pris donc le commandement de la petite caravane ; ceux qui marchaient sous mes ordres étaient Julien Devoissou, David Folliguet, les deux frères Pierre et Mathieu Balmat, Pierre Carriez, Auguste Terre, David Coutet, Joseph Folliguet, Jacques Coutet et Pierre Favret : treize en tout, y compris les deux voyageurs.

Nous partîmes à huit heures du matin avec apparence de beau temps : arrivés aux Grands-Mulets à trois heures de l'après-midi, nous nous y arrêtâmes, car nous savions qu'il ne nous restait pas assez de jour pour arriver au sommet du mont Blanc, et que plus haut nous ne trouverions aucun endroit favorable à une halte de nuit. Nous nous assîmes en conséquence sur une espèce de plateau, où nous retrouvâmes

(1) Ceux qui les avaient effectuées étaient :
8 août 1786, le docteur Paccard, de Chamouny.
— — Jacques Balmat, id.
3 — 1787, monsieur de Saussure, de Genève.
9 — — le colonel Beaufroy, Anglais.
5 — 1788, monsieur Woodley, id.
10 — 1802, monsieur le baron de Doorthesen, de Courlande.
— — monsieur Forneret, de Lausanne.
10 sept. 1812, monsieur Rhodas, de Hambourg.
4 août 1818, monsieur le comte Matezeseski, Polonais.
19 juin 1819, monsieur le docteur Reusselaer, Américain.
— — monsieur Howard, id.
13 août — le capitaine Undrell, Anglais.
Celles qui ont eu lieu depuis ont été faites le
18 août 1822, par monsieur Fred Clissod, Anglais.
4 sept. — par monsieur Jackson, id.
26 août 1825, le docteur Edmond Clarke, id.
— — le capitaine Markham Sherville, id.

encore les débris de la cabane qu'y avait fait bâtir M. de Saussure, et nous procédâmes au dîner, en invitant les voyageurs à faire en un seul repas leurs provisions de vivres pour vingt-quatre heures, attendu qu'au fur et à mesure qu'ils monteraient, ils perdraient non seulement tout appétit, mais encore toute possibilité de manger. Après le dîner, on parla des ascensions précédentes, des difficultés heureusement surmontées. Ces antécédens nous donnaient de l'espoir et de la gaîté : le temps s'écoula vite, au milieu des récits de ceux de nous qui avaient déjà fait le voyage. Le soir vint, sans qu'il y eût eu un instant de doute, de crainte ou d'ennui : alors on se pressa les uns contre les autres, on étendit des couvertures sur la paille, on dressa une tente avec des draps, et chacun passa une nuit tant bonne que mauvaise.

Le lendemain, je me réveillai le premier, et, me levant aussitôt, je fis quelques pas hors de notre abri ; un coup d'œil me suffit pour voir que le temps était perdu pour tout le jour ; je rentrai aussitôt en secouant la tête. Qu'y a t il, Coutet ? me dit Devoissou. —Il y a, répondis-je, que le vent a changé et qu'il vient du midi. En effet, le vent venait de ce côté, chassant devant lui la neige comme une poussière. A cette vue, nous nous regardâmes, et, d'un commun accord, nous résolûmes de ne pas aller plus loin. Cette résolution fut maintenue malgré les instances du docteur Hamel, qui voulait essayer de continuer le voyage ; tout ce qu'il put obtenir de nous, fut que nous attendrions au lendemain pour redescendre au village. La journée se passa tristement ; la neige, qui ne tombait d'abord que sur la sommité du mont Blanc, descendait petit à petit vers l'endroit où nous étions, comme une amie qui croit devoir venir jusqu'à notre porte pour nous avertir du danger.

La nuit arriva. Les mêmes précautions furent prises, et nous la passâmes comme nous avions fait de la première. Le jour vint, il nous montra le temps aussi menaçant que la veille ; nous nous réunîmes en conseil, et au bout de dix minutes de délibération nous résolûmes de retourner à Chamouny ; nous fîmes part de cette décision au docteur Hamel, qui s'y opposa formellement. Nous étions à ses ordres ; notre temps et notre vie étaient à lui, puisqu'il les payait ; nous n'insistâmes donc point ; seulement, nous tirâmes au sort pour savoir lesquels d'entre nous retourneraient à Chamouny pour y chercher des vivres : le sort désigna Joseph Folliguet, Jacques Coutet et Pierre Favret, qui partirent immédiatement.

A huit heures du matin, le docteur Hamel, fatigué de l'opiniâtreté du temps, non seulement ne se contenta plus de rester où nous étions, mais encore voulut continuer le voyage. Si l'un de nous avait eu cette idée, nous l'aurions pris pour un fou et nous lui eussions lié les jambes, afin qu'il ne pût faire un pas ; mais le docteur était étranger, il ignorait les dangereux caprices de la montagne ; nous nous contentâmes donc de lui répondre que faire seulement deux lieues, malgré les avertissemens que le ciel donnait à la terre, c'était défier la Providence et tenter Dieu. Le docteur Hamel frappa du pied, se retourna vers le colonel Anderson et murmura le mot lâches.

Dès lors il n'y avait plus à hésiter ; chacun de nous fit silencieusement ses préparatifs de départ, et au bout de cinq minutes je demandai au docteur s'il était prêt à nous suivre ; il fit signe de la tête que oui, car il nous gardait rancune ; nous partîmes donc sans attendre nos camarades qui étaient descendus au village.

Contre toute probabilité, le commencement de notre route se fit sans accident ; nous arrivâmes ainsi au petit plateau, et, après avoir gravi le dôme du Goûter, nous redescendîmes vers le grand plateau. Arrivés là, nous avions à notre gauche la grande crevasse, qui a au moins soixante pieds de large et cent vingt pieds de long ; à notre droite, la côte du mont Blanc s'élevant en talus rapide à la hauteur de mille pieds encore au-dessus de nos têtes ; sous nos pas douze ou quinze pouces de neige nouvelle et fraîche, tombée pendant la nuit, et dans laquelle nous enfoncions jusqu'au genou. Nous venions d'entrer dans le vent, qui menaçait d'être toujours plus violent au fur et à mesure que nous monterions ; notre marche, sur une seule ligne, s'opérait ainsi : Auguste Terre marchait le premier, Pierre Carriez le second, et Pierre Balmat le troisième, puis venaient après eux Matthieu Balmat, Julien Devoissou et moi ; à six pas de distance à peu près, nous étions suivis par David Coutet et par David Folliguet ; puis après eux s'avançaient, les derniers, afin qu'ils profitassent du chemin que nous leur traçions, le colonel Anderson et le docteur Hamel (1).

La précaution prise pour nous sauver fut probablement celle qui nous perdit ; en marchant sur une seule ligne, nous tranchions, comme avec une charrue, cette neige molle et nouvelle qui n'avait point encore d'appui ; dès lors, le talus étant trop rapide pour la retenir en équilibre, elle dut glisser.

En effet, nous entendîmes tout à coup comme le bruissement sourd d'un torrent caché ; au même instant, depuis le haut de la côte jusqu'à l'endroit où nos pas avaient creusé une ornière de dix ou douze pouces de profondeur, la neige fit un mouvement ; aussitôt, je vis quatre des cinq hommes qui me précédaient renversés les pieds en l'air ; l'un d'eux seul me parut rester debout ; puis je sentis que les jambes me manquaient à moi-même, et je tombai en criant de toute ma force : L'avalanche ! l'avalanche ! nous sommes tous perdus !!...

Je me sentis entraîné avec une telle rapidité que, roulant comme un boulet, je dois avoir parcouru l'espace de quatre cents pieds dans l'intervalle d'une minute. Enfin je sentis que le terrain manquait sous moi, et que ma chute devenait perpendiculaire ; je me rappelle que je dis encore : Mon Dieu, ayez pitié de moi ! et que je me trouvai au même instant au fond de la crevasse, couché sur un lit de neige, où, sans le reconnaître, j'entendis presque aussitôt se précipiter un autre de nos compagnons.

Je restai un instant étourdi de la chute ; puis j'entendis au-dessus de ma tête une voix qui se lamentait ; celle de David Coutet.

— O mon frère, mon pauvre frère ! disait-il, mon frère est perdu !

— Non, lui criai-je, non, me voilà, David, et un autre avec moi ; Mathieu Balmat est-il mort ?

— Non, mon brave, non, me répondit Balmat, je suis vivant, et me voilà pour t'aider à sortir. Au même instant il se laissa glisser le long des parois de la crevasse, et tomba près de moi.

— Combien de perdus ? lui dis-je.

— Trois, puisqu'il y en a un avec toi !

— Lesquels ?

— Pierre Carriez, Auguste Terre et Pierre Balmat.

— Et ces messieurs ont-ils du mal ?

— Non, Dieu merci !

— Eh bien ! essayons de tirer d'ici celui que j'y ai vu tomber avec moi, et qui ne doit pas être loin.

En effet, en nous retournant, nous aperçûmes un bras qui passait seul hors de la neige ; c'était celui de notre pauvre camarade. Nous le tirâmes, afin de dégager la tête qui se trouvait couverte ; il n'avait point encore perdu connaissance, seulement il ne pouvait plus parler, et avait la figure bleue comme un asphyxié ; cependant, au bout de quelques secondes, il se remit sur ses jambes, mon frère nous jeta une petite hache avec laquelle nous taillâmes des escaliers dans la glace ; puis, arrivés à une certaine hauteur, nos camarades nous tendirent leurs bâtons et nous tirèrent à eux.

A peine fûmes-nous hors de la crevasse, que nous aperçûmes le docteur Hamel et le colonel Anderson, qui nous prirent les mains en nous disant : — Allons, courage, en

(1) Cet ordre de marche n'avait point été inspiré par la circonstance, mais est habituel aux guides ; il est adopté pour préserver le plus possible les voyageurs du danger. De cette manière, on conçoit que si une crevasse cachée s'ouvre sous la route, que si une couche de glace trop faible se brise sous nos pieds, l'accident arrivera plutôt à l'un des onze guides qui précèdent les voyageurs, qu'à ceux-ci, qui, venant à leur suite, ne marchent que sur un terrain éprouvé.

voilà toujours deux de sauvés, nous sauverons les autres de même. — Les autres sont perdus, répondit Matthieu Balmat, car c'est ici que je les ai vus disparaître; il nous conduisit alors vers le milieu de la crevasse, et nous vîmes bien qu'il n'y avait aucun espoir de les sauver; nos pauvres amis devaient avoir plus de deux cents pieds de neige par dessus la tête. Pendant que nous fouillions avec nos bâtons, chacun raconta ce qu'il avait éprouvé. Dans la chute commune, Matthieu Balmat seul était resté debout; c'était un gros garçon d'une force prodigieuse, de sorte qu'au moment où il sentit la neige nouvelle se glisser sous lui, il enfonça son bâton dans la vieille neige, et, s'enlevant à la force des poignets, il vit passer sous ses pieds, en moins de deux minutes, cette avalanche d'une demi-lieue qui entraînait avec le bruit du tonnerre son frère et ses amis; un instant il se crut seul sauvé, car de dix que nous étions, lui seul demeura debout.

Ceux qui se relevèrent les premiers étaient les deux voyageurs. Balmat leur cria : — Et les autres ? Au même moment, David Coutet se remit sur ses pieds. — Les autres, dit-il, je les ai vus rouler dans la crevasse. En courant vers elle, il heurta du pied David Folliguet, qui était encore tout étourdi de sa chute. En voilà encore un, me dit-il; ainsi cinq seulement sont perdus, et parmi eux est mon frère, mon pauvre frère! C'est à ce moment que, l'ayant entendu, je lui répondis du fond de ma crevasse : « Me voilà, frère, me voilà ! »

Cependant toutes nos recherches étaient inutiles, nous le sentions bien; et cependant nous ne pouvions nous déterminer à abandonner nos pauvres camarades, quoiqu'il y eût déjà deux heures que nous les cherchions. A mesure que la journée s'avançait, le vent devenait plus glacial; nos bâtons qui nous avaient servi à sonder étaient couverts de glace, et nos souliers aussi durs que du bois.

Alors Balmat, désespéré de voir que tous nos efforts n'aboutissaient à rien, se tourna vers le docteur Hamel. — Eh bien ! monsieur, lui dit-il, voyons maintenant, sommes-nous des lâches, et voulez-vous aller plus loin ? nous sommes prêts. — Le docteur répondit en donnant l'ordre de retourner à Chamouny. Quant au colonel Anderson, il se tordait les bras et pleurait comme un enfant. — J'ai fait la guerre, disait-il, j'étais à Waterloo, j'ai vu les boulets enlever des rangs entiers d'hommes; mais ces hommes étaient faits pour mourir... tandis qu'ici !... Les larmes lui coupaient la parole. — Non, ajoutait ce brave militaire, non, je ne m'en irai pas avant qu'on ait du moins retrouvé leurs cadavres. — Nous l'entraînâmes de force, car la nuit s'approchait, et il était temps de descendre.

En arrivant aux Grands-Mulets, nous rencontrâmes les autres guides qui apportaient les provisions; ils amenaient avec eux deux voyageurs qui comptaient se réunir au docteur Hamel et au colonel Anderson; nous leur racontâmes l'accident qui nous était arrivé; puis nous nous remîmes tristement en chemin pour redescendre vers le village. Nous y arrivâmes à onze heures du soir.

Les trois hommes qui avaient péri n'étaient heureusement pas mariés; mais Carriez soutenait toute une famille par son travail.

Quant à Pierre Balmat, il avait une mère; mais la pauvre femme ne fut pas longtemps séparée de son fils; trois mois après sa mort, elle mourut.

RETOUR A MARTIGNY.

Lorsque ce récit fut fini, je cherchai des yeux le maître de l'auberge, afin de lui payer la bouteille de vin qu'il nous avait fournie. Ne le trouvant pas, je donnai dix francs à Marie Coutet, et le chargeai de régler mon compte. Cinq minutes après, nous étions en route pour revenir.

Au bout d'une demi-heure de marche, Payot s'arrêta.

— Tenez, me dit-il, en me montrant une pente très-rapide, c'est ici qu'on se laisse glisser à la *ramasse* lorsqu'il y a de la neige; alors on est au bas du Montanvert en deux minutes et demie, tandis que par le chemin ordinaire on met près de trois heures.

— Et comment l'opération se pratique-t-elle ?

— Mon Dieu, c'est la chose du monde la plus facile; on coupe quatre branches de sapin, on les pose en croix, on s'assied dessus, puis on se laisse aller tranquillement, maître que l'on est de se servir de son bâton comme d'un gouvernail, pour éviter les arbres et les pierres.

— Ah diable ! ce doit être une manière de voyager fort agréable, pour les fonds de culotte surtout ?

— Dam ! ils restent quelquefois en route, ça, c'est un fait.

— Et l'été, cette descente est-elle impraticable ?

— Non. Vous voyez ce petit chemin ?...

— Large comme une roue à la Malborough ?

— Oui. Eh bien ! il raccourcit la route d'une heure et demie.

— Et l'on peut le prendre ?

— Certainement !

— Prenons-le alors. — Payot me regarda d'un air de doute.

— Ah ça ! mais il paraît que le vin du Montanvert vous donne du courage !

— Non, il me creuse l'estomac, et je meurs de faim.

— Voulez-vous que je vous donne la main ?

— Ce n'est point la peine ; marchez devant, cela me suffira.

Payot se mit en route, ne comprenant pas ma témérité ; elle était simple cependant. Un précipice n'a sur moi de prise vertigineuse que lorsqu'il est coupé à pic ; alors, et même lorsque je le regarde d'en bas, j'éprouve un malaise indéfinissable et dont je ne suis pas le maître ; mais le chemin fût-il beaucoup plus étroit, dès lors que ma vue se repose sur un talus, si rapide et si malaisé qu'il soit, j'échappe à son influence ; j'en vins donc à mon honneur, et un quart d'heure après, nous étions arrivés aux sources de l'Arveyron.

L'eau sort du pied du glacier des Bois, qui forme l'extrémité inférieure de la mer de glace, par une ouverture de quatre-vingts à cent pieds de haut; cette caverne a, comme nous l'avons déjà dit, l'apparence d'une gueule de poisson ; les arcades de glace qui la soutiennent sont cambrées, et ont la forme de plusieurs mâchoires qui, placées les unes à la suite des autres, s'enfoncent vers le gosier d'où sort la source, agile et agitée comme la langue fourchue d'un serpent ; quelques unes de ces arcades paraissent tenir à peine, et menacent d'écraser par leur chute ceux qui s'engageraient dans la caverne, chose possible, l'eau ne remplissant pas entièrement sa cavité.

Un accident de ce genre arriva en 1850 à l'endroit même où nous étions. Plusieurs voyageurs s'étaient arrêtés en face de la caverne, lorsque l'un d'eux, pour détacher de la voûte l'une de ces arcades de glace, tira un coup de pistolet. En effet, l'une d'elles tomba avec un bruit terrible, obstruant par sa chute et par ses débris l'entrée de la caverne et fermant le passage à l'eau. Les voyageurs voulurent alors examiner le réservoir qui devait naturellement se former derrière cette digue; mais au moment où ils la gravissaient, l'eau, qui avait doublé sa force en s'amassant, rompit le mur de glace qui la retenait, entraînant avec elle la digue et les voyageurs qui l'avaient élevée; l'un d'eux fut repoussé violemment vers le bord, et en fut quitte pour une cuisse cassée; l'autre, entraîné par le courant, se noya, sans que les guides pussent lui porter aucun secours.

Payot me donnait tous ces détails en me ramenant à Chamouny par le chemin le plus court. Nous avions déjà fait un quart de lieue à peu près depuis le lieu qui avait été témoin de cet accident, et nous nous trouvions dans une espèce d'île, entre l'Arve et l'Arveyron, lorsqu'il s'arrêta, cherchant des yeux avec inquiétude le pont qu'il avait l'habitude de trouver à l'endroit où nous étions. Dans les Alpes, ces sortes de passages sont en général fort mobiles, et surtout fort inconstants; c'est le plus souvent un arbre jeté en travers d'un torrent ou d'un précipice, dont les deux bouts reposent sur les deux rives, sans y être autrement fixé que par son équilibre, ce qui, sur trois chances, en offre une pour arriver, et deux pour tomber en route. Cette fois, nous n'avions pas même les deux dernières ; le pont avait probablement été précipité d'un coup de pied dans le torrent, par quelque voyageur morose ou ingrat ; mais enfin, soit par cette cause, soit par toute autre, le fait est que le pont n'y était plus.

— Eh bien ! nous voilà bien ! dit Payot.
— Qu'y a-t-il donc ? répondis-je.
— Il y a, il y a, pardi... — Il continuait de chercher des yeux, tandis que, de mon côté, ignorant l'objet de sa recherche, mes yeux suivaient les siens avec inquiétude.
— Quoi donc, voyons ? qu'y a-t-il enfin ?
— Il y a, qu'il n'y a plus de pont !
— Bah ! et ça vous inquiète, vous ?
— Ça ne m'inquiète pas précisément, parce qu'en revenant sur nos pas !..., — Mais, c'est une demi-heure de perdue.
— Mon cher ami, quant à moi, je vous déclare que j'ai trop faim pour la perdre.
— Alors, comment ferez-vous ?
— Vous savez que si je grimpe mal, je saute bien !
— Vous sauterez dix pieds ?
— La belle affaire !...
— Oh ! bah !
— Pas de moraines, n'est-ce pas ?
— Non, monsieur !
— Adieu, Payot.

En même temps, je pris mon élan et sautai par-dessus la petite rivière.

Je me retournai, et vis mon homme qui tenait son chapeau d'une main et se grattait l'oreille de l'autre. — Vous savez que je vous attends à dîner, lui dis-je ; je vais devant et je ferai faire la carte ; au revoir, mon brave.

Payot se remit silencieusement en route, remontant les bords de l'Arveyron que je descendais ; au pas dont nous marchions tous deux, il devait à peu près être arrivé au pont en même temps que j'arrivais à Chamouny.

En attendant le dîner, je jetai sur le papier les détails que m'avait donnés Marie Coutet sur l'accident arrivé lors de l'ascension du docteur Hamel ; mon hôte était l'oncle de Michel Terre, l'un des trois qui avaient péri dans la crevasse.

Comme j'achevais, Payot entra ; le pauvre diable était en nage ; le dîner était prêt, nous nous mîmes à table.

Je vis pendant le repas que, grâce à l'exploit que je venais de faire, j'avais considérablement grandi dans l'esprit de mon guide ; en général, les hommes de la nature ne font cas que des dons de la nature ; peu leur importent les talens de nos villes, qui, dans un moment de danger, ne peuvent leur être d'aucun secours, et dans la vie ordinaire d'aucune utilité ! La force, l'adresse, l'agilité, voilà les trois déesses de leur culte, et ceux qui les possèdent sont pour eux les hommes de génie.

Aussi, à part mes vertiges, qu'ils ne comprenaient pas, étais-je l'homme de leur sympathie : dès que j'avais eu l'occasion de donner devant eux une preuve quelconque de force ou d'adresse, ils se rapprochaient aussitôt de moi, plus familiers et cependant plus respectueux ; certains dès lors que je pouvais les comprendre, ils me racontaient de ces choses intimes qu'ils n'auraient l'habitude de dire qu'aux hommes de leur nature ; moins envieux sur les qualités physiques, qu'ils possèdent à un si haut degré cependant, que nous ne le sommes sur les qualités morales, ma supériorité sur eux, et il m'arrivait quelquefois d'en avoir, ne les humiliait pas ; au contraire, elle faisait naître une espèce d'admiration naïve, dont le murmure, je l'avouerai, a parfois plus flatté mon amour-propre que les applaudissemens d'une salle entière.

Vers la fin du dîner, Balmat arriva, comme il me l'avait promis ; il m'apportait des cristaux trouvés par lui dans la montagne, il m'en donna pour une valeur d'une dizaine de francs ; je voulus les lui payer, mais il s'y refusa, avec tant d'obstination que je vis que je lui ferais peine en insistant.

Pendant la soirée, il me parla des voyageurs illustres qu'il avait tour à tour conduits, et me nomma MM. de Saussure, Dolomieu, Châteaubriand et Charles Nodier ; sa mémoire était très-fidèle, autant que j'ai pu en juger par le portrait qu'il me fit des deux derniers.

A dix heures, je quittai ces braves gens, que je ne reverrai probablement jamais, mais qui, j'en suis sûr, gardent un bon souvenir de moi ; Payot ne pouvait me servir de guide le lendemain, étant de noce. Il m'offrit à sa place son fils que j'acceptai.

Le lendemain, l'enfant me réveilla vers les cinq heures. La journée était dure, nous devions revenir à Chamouny par la Tête-Noire ; c'étaient dix lieues de pays à faire. Le fils de Payot ne devait m'accompagner que jusqu'aux frontières de la Savoie ; mon guide valaisan, que j'avais gardé, mais qui avait perdu tous ses droits du moment où il avait mis le pied sur les états du roi de Sardaigne, reprenait son service en se retrouvant sur sa terre.

Le jeune garçon, trop faible pour une si longue course, m'amenait un mulet que je devais monter en allant, et lui en revenant ; de cette manière, nous ne faisions que cinq lieues chacun de notre côté. Nous enfourchâmes nos bêtes, et nous partîmes, nos grands bâtons ferrés nous donnant l'air de ces bouviers romains qui conduisent leur troupeau à cheval.

Au bout d'un quart de lieue, un douanier sortit d'une petite baraque près de laquelle nous allions passer, et nous attendit sur la route ; lorsque nous l'eûmes joint, il demanda les passeports ; nous allions obéir à cette injonction, lorsque le guide nous arrêta, en nous disant que ce n'étaient pas les nôtres, mais ceux de nos mulets dont on demandait l'exhibition. Il tira de sa poche un certificat constatant que c'était le tour de *Dur-au-Trot* et de *la Grise* à marcher. J'étais monté sur le premier, et j'avouai, dès que je connus son sobriquet, que jamais surnom de bataille n'avait été mieux mérité. Quant à *la Grise* on devine que la couleur de sa robe lui avait valu ce gracieux nom de baptême.

Pendant trois quarts d'heure à peu près, nous suivîmes la même route que nous avions déjà faite pour venir du col de Balme à Chamouny ; enfin, nous tournâmes à gauche, et, après nous être retournés pour prendre congé de la magnifique vue que nous allions perdre, nous nous enfonçâmes dans la gorge des Montets. Au fur et à mesure que nous y entrions, le caractère du pays changeait complètement. Une terre nue, grisâtre et pierreuse, sillonnée de cent pas en cent pas par des lits de ravins, s'étendait devant nous ; nous apercevions au loin, comme des groupes de pauvres déguenillés, les hameaux de Treluchan d'en bas, et de Treluchan d'en haut ; du reste, ces misérables chaumières ne prêtent d'asile à leurs habitans que trois ou quatre mois de l'année, après lesquels ils vont chercher un asile sur un plateau à l'abri des avalanches. De place en place, et semées sur la route, s'élèvent des croix, qui indiquent que, là où elles sont, un guide, un voyageur, quelquefois une famille toute entière, ont péri ; ces symboles de la mort ne sont pas eux-mêmes à l'abri de la destruction ; la plupart sont brisés par des pierres qui roulent de la montagne.

Bientôt nous entrâmes dans la gorge de Valorsine (val des ours), ainsi nommée par opposition au val de Chamouny (val des chamois) ; nous nous y arrêtâmes pour déjeuner, et nous vîmes que là aussi il devait y avoir de grandes craintes, aux grandes précautions qui sont prises ; les couvertures des maisons, que le vent menace d'emporter, sont maintenues en place par d'énormes pierres posées sur leurs toits, comme des morceaux de marbre sur les papiers d'un bureau. L'église est entourée de contregardes, comme un château du seizième siècle, afin qu'elle puisse soutenir les assauts que les avalanches lui livrent chaque hiver ; enfin plusieurs bâtimens, ainsi que certaines cases indiennes, sont supportés par des poteaux, de manière à ce que l'eau puisse monter jusqu'à la hauteur de plusieurs pieds sans les atteindre, et passer sous eux sans les emporter.

La gorge de Valorsine s'étend une lieue à peu près encore au-delà du village de ce nom ; le chemin passe au milieu d'une forêt de sapins plus pressés que ne le sont ordinairement les forêts des montagnes, et côtoie un torrent que les paysans, dans leur langage toujours imagé, appellent l'eau noire. Effectivement, quoique cette eau fût parfaitement incolore et la plus limpide peut-être de toutes les eaux que j'avais vues, la voûte de sapins qui l'ombrage lui donne une teinte foncée qui justifie le nom qu'elle a reçu. Trois fois on passe sur des ponts différens ce torrent capricieux; puis enfin on enjambe d'une montagne à l'autre, et l'on se trouve à la base de la Tête-Noire.

Quelques pas avant d'y arriver, on trouve sur la droite de la route un monument de l'originalité anglaise : c'est une énorme pierre, de la forme d'un champignon, dont la calotte s'appuie d'un côté au talus de la montagne, et de l'autre forme une espèce de voûte. Cette pierre appartient en toute propriété à une jeune miss et à un jeune lord qui l'ont achetée au roi de Sardaigne. Une inscription constatant cette acquisition est gravée sur le bourrelet de pierre qui surmonte sa base. Les armes des deux acheteurs, réunies sur une plaque de cuivre et surmontées d'une couronne de comte, avaient même été apposées au-dessous de l'écriture, comme un sceau sur une lettre patente; mais il paraît que ce métal a une certaine valeur en Savoie, car depuis longtemps la plaque a disparu. Notre guide nous dit que du côté de Sierres ces mêmes Anglais avaient encore acheté deux arbres jumeaux, sous l'ombrage desquels ils s'étaient reposés. J'ai recours aux lettres italiques pour exprimer le sens que le sourire de mon guide parut attacher à ce mot. — Cette pierre s'appelle Balmarossa.

A mesure que l'on gravit la Tête-Noire, le chemin devient de plus en plus sauvage. Les sapins cessent d'être pressés en forêt, et s'isolent comme des tirailleurs. On dirait une armée de géans, qui, voulant escalader la montagne, a été arrêtée par les rocs qu'une main invisible a fait rouler de sa cime. La plupart des arbres ont été brisés par ces avalanches de pierre, et des blocs énormes de granit sont arrêtés tout court aux pieds de ceux qui ont offert à ces masses une résistance proportionnée à leur pesanteur multipliée par l'impulsion.

Le chemin, de son côté, participe à cette nature sauvage; il s'escarpe de plus en plus, et se rétrécit enfin pour passer sur un abîme, de manière à ne présenter, pendant cinq ou six pas, qu'une largeur d'un demi-pied. Cet endroit est appelé par les gens mêmes du pays le Maupas, ou mauvais pas.

Cet espèce de défilé une fois franchi, la route devient praticable même pour les voitures, et descend par une pente assez douce vers le village du Trient. Nous nous y arrêtâmes pour dîner ; seulement, nous choisimes une autre auberge que celle où nous étions stationnés quatre jours auparavant. Ce fut, du reste, un changement de localités, et voilà tout ; quant au repas, il ne fut guère plus confortable que le premier.

Cent pas au-delà du village, nous nous retrouvâmes dans la même route que nous avions suivie en venant de Martigny ; nous la prîmes pour y retourner. A sept heures du soir, nous étions de retour dans la capitale du Valais.

Il paraît qu'il avait fait la veille à Martigny un orage épouvantable, dont nous n'avions pas même entendu le bruit à dix lieues de là. Cet accident atmosphérique parvint à ma connaissance pendant que je signais sur le registre de l'auberge où chaque voyageur inscrit son nom et la cause de son voyage. Le dernier signataire avait constaté le déluge qui en avait été la suite par cette boutade qui aurait fait honneur à l'humour d'un Anglais :

M. Dumont, — négociant, — voyageant pour son plaisir, — cinq filles, et une pluie battante ! !...

LE SAINT-BERNARD.

Au moment où je venais, à mon tour, d'inscrire sur le registre mon nom, ma profession et mes motifs de voyage, je tournai la tête, et j'aperçus derrière moi mon ancien ami, le maître d'hôtel, qui me salua d'un air si comiquement triste, que je vis bien que quelque malheur nous menaçait l'un ou l'autre, ou peut-être tous deux. En effet, le pauvre homme avait tant de monde chez lui qu'il ne savait où me loger : lui-même avait cédé son lit aux voyageurs et comptait coucher dans la grange. Il essaya timidement de me prouver que l'odeur du foin était fort saine, et que je serais mieux chez lui sur la paille que chez un autre dans un lit. Mais je venais de faire douze lieues à pied, circonstance qui me rendait l'esprit fort peu accessible à ce genre de raisonnement, quelque logique qu'il lui parût être : en conséquence, je dis à mon guide de me conduire à l'hôtel de la Tour.

Mon hôte tenta un dernier effort pour me retenir. Il lui restait une grande chambre où il avait empilé une société de cinq voyageurs, un de plus ne devait rien leur faire sur la quantité ; il me demanda donc si je me contenterais comme eux et avec eux d'un matelas posé à terre, et, sur ma réponse affirmative, il s'achemina, moi le suivant, vers leur chambre, d'où sortait un vacarme épouvantable. Nos voyageurs se battaient à coups de traversins, pour conquérir les uns sur les autres chacun un emplacement de trois pieds de large sur six de long, la grandeur de la chambre n'ayant pas paru leur offrir au premier abord cinq fois cette mesure géométrique. Je jugeai, à part moi, que le moment était mal choisi pour la demande que nous venions faire : mon hôte fit probablement la même réflexion, car il se retourna de mon côté avec un air d'embarras si marqué, que je me décidai à faire ma commission moi-même. Je poussai doucement la porte, et je m'aperçus que provisoirement la bataille se passait dans la nuit, les projectiles ayant éteint les lumières : dès-lors ma résolution fut prise.

Je soufflai la chandelle de mon hôte, ce qui fit rentrer le corridor dans une obscurité aussi complète que celle où était la chambre ; je lui recommandai de ne retrouver sous aucun prétexte la deuxième clef de la porte, et je le priai de me laisser me tirer d'affaire tout seul. Il ne demandait pas mieux.

La petite guerre continuait toujours, et les éclats de rire des combattans faisaient un tel bruit, que j'entrai dans la chambre, refermai la porte à double tour, et mis la clef dans ma poche, sans qu'aucun d'eux s'aperçut qu'il venait de se glisser dans la place un surcroît de garnison.

Je n'avais pas fait deux pas, que j'avais reçu sur la tête un coup de matelas qui m'avait enfoncé mon chapeau jusqu'à la cravate.

On juge bien que je n'étais pas venu là pour demeurer en reste de compte avec ceux qui s'y trouvaient; je n'eus qu'à me baisser pour ramasser une arme, et je me mis à frapper à mon tour avec une vigueur qui aurait dû prouver à mes adversaires qu'il venait d'arriver un renfort de troupes fraîches. Bientôt je m'aperçus que j'étais appuyé contre un angle, position, comme tout le monde sait, très favorable en stratégie pour une défense individuelle. La mienne fit, à ce qu'il paraît, de si grandes merveilles, que je compris, à la faiblesse des coups qu'on me portait, qu'on perdait l'espoir de me débusquer de la place, et le combat se transporta sur d'autres points. Je profitai de ce moment pour étendre mon matelas sur le carreau ; un manteau sans propriétaire apparent, et dans lequel je m'embarrassai les jambes, me parut devoir admirablement remplacer les couvertures, que la servante n'avait point encore apportées, et que, grâce à la précaution que j'avais prise de fermer la porte à double tour et de mettre la clef dans ma poche, il me paraissait bien difficile qu'elle introduisît désormais parmi nous ; je m'enveloppai donc le plus comfortablement possible ; je me jetai sur mon lit de camp, j'attendis, le nez tourné vers le mur, l'orage, qui ne devait pas tarder à gronder, lorsque l'un des combattans s'apercevrait qu'il y avait un matelas de déficit.

En effet, peu à peu le calme se rétablit. Les éclats de voix devinrent moins bruyans : chacun songea à établir son bivouac sur le champ de bataille ; je sentis un matelas s'appuyer à mes pieds, un autre à ma droite. Chacun emboîta le sien comme il put dans ceux de ses compagnons, et se jeta dessus ; un seul rôdeur continua de chercher quelque temps encore dans les coins et les recoins ; puis, impatienté de ne rien trouver, une idée lumineuse lui vint, et il s'écria tout à coup : *Messieurs, il y a l'un de vous qui est couché sur deux matelas.*

Cette accusation fut repoussée par un cri d'indignation unanime, auquel je m'abstins cependant de prendre part.

Notre homme se remit à chercher, moitié riant, moitié jurant ; puis, ne trouvant rien, il finit par où il eût dû commencer : il sonna pour avoir de la lumière.

Nous entendîmes les pas de la servante d'auberge qui s'approchait ; je vis briller la chandelle à travers le trou de la serrure, et je mis instinctivement la main dans ma poche, pour m'assurer si la bienheureuse clef y était toujours.

Notre homme alla à la porte : elle était fermée. — Ouvrez, t-il, et donnez-nous de la lumière.

— Messieurs, la clef est en dedans.

— Ah !

La main du chercheur m'intercepta un instant la lumière qui me venait du corridor ; puis il se baissa, passa la main à terre, sur la cheminée.

— Qui diable a donc fermé la porte en dedans, messieurs ? Ce n'était personne. — La fille attendait toujours.

— Eh ! pardieu, il y a une seconde clef de chaque chambre dans votre auberge ?

— Oui, monsieur.

— Eh bien ! allez chercher l'autre.

La fille obéit, c'était mon moment d'épreuve. Si le maître de l'hôtel n'avait pas suivi mes instructions, j'étais perdu : le plus profond silence régnait, et n'était interrompu que par les coups de pied impatiens de notre malheureux compagnon, qui murmurait entre ses dents :

— Cette péronnelle-là ne reviendra pas ! — je vous demande ce qu'elle peut faire. — Vous verrez qu'elle ne trouvera pas la clef maintenant ? Ah ! c'est bien heureux.

Cette dernière exclamation lui était, comme on le devine bien, arrachée par le retour de la fille, qui était de nouveau arrêtée devant notre porte.

— Eh bien ! allons donc.

— Monsieur, c'est comme un fait exprès, on ne peut pas mettre la main dessus.

— Ah ! mais c'est donc le diable qui s'en mêle ? — Oui, oui.

— Riez, messieurs. — Pardieu, c'est bien amusant, pour moi surtout. — D'abord, je vous préviens qu'il me faut un matelas, de gré ou de force.

Un hourra de propriétaires répondit à cette menace, et chacun se cramponna à son lit.

— Combien avez vous apporté de matelas ?

— Cinq.

— Vous voyez, messieurs, bien certainement l'un de vous en a deux.

Une dénégation plus absolue et plus énergique encore que la première lui répondit.

— Très-bien ; mais je vais le savoir. Allez-moi chercher une botte d'allumettes.

Il y avait dans cette demande un projet dont je ne comprenais pas bien l'exécution, mais dont le résultat possible me fit frémir. La fille revint avec l'objet demandé.

— C'est bien, glissez-moi une allumette par le trou de la serrure. Elle obéit.

— Maintenant, allumez le bout qui passe de votre côté. Très-bien, là.

Je suivais l'opération avec un intérêt que l'on peut comprendre ; je vis briller de l'autre côté de la serrure la petite flamme bleuâtre, qui disparut un instant dans l'intérieur de la porte, et reparut de notre côté brillante comme une étoile. C'est une stupide invention que celle des allumettes.

Au fait, je ne savais pas trop comment j'allais m'en tirer, et si mes nouveaux camarades goûteraient la plaisanterie ; je me tournai à tout hasard contre le mur, afin d'avoir le temps de préparer un petit discours de réception.

Pendant ce temps, la flamme de l'allumette se fixa à la mèche de la bougie ; l'appartement s'illumina. J'entendis chacun s'asseoir sur son matelas pour passer la revue. Au même instant, un cri de surprise s'échappa de toutes les bouches, et une voix éclatante comme celle du jugement dernier fit entendre ces mots terribles :

— Nous sommes six.

Une deuxième voix succéda à la première.

— Messieurs, l'appel nominal.

— Oui, l'appel nominal.

Celui que la perte de son lit rendait le plus intéressé à cette vérification y procéda sur-le-champ.

— D'abord moi, Jules de Lamark, présent.

— M. Caron, médecin, présent.

— M. Charles Soissons, propriétaire, présent.

— M. Auguste Reimoneuq, créole, présent.

— M. Honoré de Sussy...

Je me retournai vivement.

— A propos, mon cher de Sussy, lui dis-je en lui tendant la main, je puis vous donner des nouvelles de votre sœur, madame la duchesse d'O... Je l'ai vue, il y a huit jours, à Genève : elle y était belle à désespérer.

On peut juger du singulier effet que produisit mon interruption. Tous les yeux se fixèrent sur moi.

— Ah ! pardieu, c'est Dumas, s'écria de Sussy.

— Moi-même, mon cher ami ; voulez-vous me présenter à ces messieurs ? je serais enchanté de faire leur connaissance.

— Certainement. De Sussy me prit par la main. — Messieurs, j'ai l'honneur...

Chacun se leva sur son lit et salua.

— Maintenant, messieurs, dis-je en me tournant vers celui dont j'avais usurpé le matelas, permettez que je vous rende votre lit, mais à la condition cependant que vous m'autoriserez à m'en faire apporter un près des vôtres.

La réponse fut affirmative et unanime. J'ouvris la porte ; dix minutes après, j'avais un matelas dont j'étais le légitime locataire.

Ces messieurs allaient comme moi au grand Saint-Bernard. Ils avaient retenu deux voitures. Ils m'offrirent de prendre une place avec eux ; j'acceptai. La fille reçut l'ordre de nous éveiller le lendemain à six heures du matin. L'étape était longue, il y a dix lieues de Martigny à l'hospice, et les sept premières seulement peuvent se faire en char. Chacun de nous comprenait l'importance d'un bon sommeil : aussi dormîmes-nous tout d'une traite jusqu'à l'heure indiquée.

A sept heures, nous étions emballés à quatre dans un de ces chariots étroits sur lesquels on pose deux planches en travers, et qui, dès lors, prennent le titre pompeux de chars-à-bancs ; et à deux dans une de ces petites voitures suisses qui vont de côté comme les crabes. Je m'étais pour mon malheur placé sur le char-à-bancs.

Nous n'avions pas fait dix pas, que, d'après la manière dont il conduisait son cheval, je fis à notre cocher cette observation :

— Mon ami, je crois que vous êtes ivre ?

— C'est vrai, mais a pas peur, notre maître.

— Très-bien, du moins nous savons à quoi nous en tenir.

Les choses allèrent à merveille tant que nous fûmes en plaine, et nous ne fîmes que rire des légères courbes que décrivaient cheval et voiture ; mais après avoir dépassé Martigny-le-Bourg et Saint-Branchier, lorsque nous commençâmes à pénétrer dans le val d'Entremont, et que nous vîmes le chemin s'escarper aux flancs de la montagne, ce chemin étroit, chemin des Alpes, s'il en fut, avec son talus rapide comme un mur d'un côté et son précipice profond de l'autre, nos rires devinrent moins accentués, quoique les courbes fussent toujours aussi fréquentes ; et nous lui fîmes, mais d'une manière plus énergique, cette seconde observation :

— Mais, s... d... cocher, vous allez nous verser !

Il fouetta son cheval à lui enlever la peau, et nous répondit par sa locution favorite :

— A pas peur, notre maître. — Seulement il ajouta, par forme d'encouragement sans doute : — Napoléon a passé par ici.

— C'est une vérité historique que je n'ai pas l'intention de vous contester ; mais Napoléon était à mulet, et il avait un guide qui n'était pas ivre.

— A mulet ! — Vous vous y connaissez ! — Il était sur une mule...

Nous repartîmes comme le vent ; notre guide continua de parler la tête tournée de notre côté, et sans daigner même jeter les yeux sur la route.

— Oui, sur une mule, à preuve même que c'est Martin Grosseiller, de Saint-Pierre, qui le conduisait, et que sa fortune a été faite.

— Cocher !...

— A pas peur, — et que le premier consul lui a envoyé de Paris une maison et quatre arpens de terre. — Haoh ! haoh ! —

C'était la roue de notre char qui pinçait le précipice de si près, que Lamark et de Sussy, qui étaient du côté de la planche, dont l'extrémité dépassait de largeur de la voiture, étaient littéralement suspendus sur un abîme de quinze cents pieds de profondeur.

Ceci rendait la plaisanterie de fort mauvais goût. Je sautai à bas de la voiture au risque d'avoir les jambes brisées contre les roues, et j'arrêtai le cheval par la bride. Nos camarades, qui nous suivaient dans la seconde voiture, et qui ne comprenaient rien au jeu que nous jouions depuis le commencement du voyage, avaient jeté un cri que nous avions entendu : ils nous croyaient perdus.

— A pas peur, Napoléon a passé par ici. — A pas peur.

Et chaque mot de ce refrain éternel était accompagné d'une volée de coups de fouet, dont une partie tombait sur le cheval, et l'autre sur moi ; l'animal furieux se cabrait en reculant, et la voiture se trouva de nouveau suspendue au-dessus de l'épouvantable ravin. Ce moment critique ; nos compagnons du chariot le jugeaient mieux que personne ; aussi prirent-ils une résolution violente et instinctive ; le cocher, saisi à bras le corps, fut soulevé hors de son siége et jeté sur la route, où il tomba lourdement, embarrassé dans Hippolyte, dans ses rênes, qu'il n'avait point abandonnées. Le cheval, qui était d'un naturel fort pacifique, se calma aussitôt ; ces messieurs profitèrent de ce moment de repos pour sauter à terre, et chacun de nous, notre damné cocher excepté, se trouva sain et sauf et sur ses jambes au milieu de la route.

Nous laissâmes notre homme se relever, mener son cheval et sa voiture comme il l'entendait, et nous nous acheminâmes à pied ; c'était plus fatigant, mais plus sûr. A deux heures nous dînâmes à *Liddes*, où, d'après notre marché, nous devions changer de cheval et de cocher ; nous étions trop intéressés à ce que cette clause fût scrupuleusement suivie pour ne pas donner tous nos soins à son exécution. Cette mutation faite, nous nous remîmes en route complètement tranquillisés par l'allure honnête de notre quadrupède et la mine pacifique de son maître, qui, par parenthèse, était le notaire du lieu. En effet, nous arrivâmes sans accident à Saint-Pierre, où finit la route praticable pour les voitures.

— Ce fut à l'entour de ce bourg que l'armée française fit sa dernière station, lorsqu'elle franchit le grand Saint-Bernard, au-delà duquel l'attendaient les plaines de Marengo. Des gens du pays nous montrèrent les différens emplacemens qu'avaient occupés l'infanterie, la cavalerie et l'artillerie ; ils nous expliquèrent comment les canons, démontés de leurs affûts, avaient été assujettis dans des troncs de sapin creux et portés à bras par des hommes qui se relayaient de cent pas en cent pas. Quelques-uns de ces paysans avaient coopéré cette œuvre de géant, et se vantaient avec orgueil d'y avoir pris part ; ils se rappelaient la figure du premier consul, la couleur de son habit, et jusqu'à quelques mots insignifians qu'il avait laissés tomber devant eux. C'est ainsi que j'ai retrouvé chez l'étranger, vivant et dans toute sa puissance, le souvenir de cet homme, qui pour notre jeune génération, qui ne l'a pas vu, semble être un héros fabuleux enfanté par quelque imagination homérique.

Cette visite de localité nous retint jusqu'à sept heures du soir. Lorsque nous revînmes à Saint-Pierre, le temps était couvert et promettait de l'eau pour la nuit. Nous renonçâmes donc à notre premier dessein d'aller coucher à l'hospice, et en rentrant nous dîmes à notre hôte de nous donner à souper et de nous préparer des chambres.

Ce n'était pas chose facile : plusieurs sociétés de voyageurs étaient arrivées, et, retenues comme nous par la menace du temps et l'approche de la nuit, elles s'étaient emparées des chambres et avaient fait main-basse sur les provisions ; il ne restait pour nous six qu'un grenier et une omelette.

L'omelette fut dévorée ; puis nous procédâmes à la visite de notre chambre à coucher.

Il n'y avait vraiment qu'un aubergiste suisse qui pût avoir l'idée de faire coucher des chrétiens dans un pareil bouge ; l'eau, qui commençait à tomber, filtrait à travers le toit de planches ; le vent sifflait dans les fentes de contre-vents mal joints, seule clôture des fenêtres ; enfin les rats, que notre présence avait fait fuir, constataient, par des grignottemens dont le bruit ne pouvait échapper à des oreilles aussi exercées que les nôtres, leur droit de propriété sur le local que nous venions leur disputer, et leur intention de le reconquérir, malgré notre établissement, aussitôt que nous aurions soufflé les chandelles.

A l'aspect de cet infâme grenier, l'un de nous proposa de partir courageusement pour l'hospice le soir même. C'étaient trois heures de fatigue et de pluie, il est vrai ; mais au bout du chemin, quelle perspective !... Un souper splendide, un beau feu, une cellule bien close et un bon lit.

La proposition fut reçue avec enthousiasme ; nous descendîmes, et envoyâmes chercher un guide. Au bout de dix minutes il arriva ; nous lui dîmes de recruter deux de ses camarades, et de se procurer six mulets, attendu que nous voulions le même soir aller coucher au grand Saint-Bernard.

— Au grand Saint-Bernard ! diable ! dit-il.

Et il alla à la fenêtre, regarda le temps, s'assura qu'il était gâté pour toute la nuit, exposa sa main à l'action du vent, afin de juger de la direction dans laquelle il soufflait, et revint à nous en secouant la tête.

— Vous dites donc qu'il vous faut trois hommes et six mulets ?

— Oui.

— Pour aller cette nuit au Saint-Bernard ?

— Oui.

— C'est bon, vous allez voir.

Et il nous tourna le dos pour aller les chercher.

Cependant les signes qu'il avait laissés échapper nous donnèrent quelque inquiétude ; nous le rappelâmes.

— Est-ce qu'il y aurait du danger ? lui dîmes-nous.

— Dam !... le temps n'est pas beau ; mais puisque vous voulez aller au Saint-Bernard, on tâchera de vous y conduire.

— En répondez-vous ?

— L'homme ne peut promettre que ce que peut faire un homme ; on tâchera ; cependant, si j'ai un conseil à vous donner, avec votre permission, prenez plutôt six guides que trois.

— Eh bien ! soit, six guides, mais revenons au danger ; quel est-il ? Il me semble que nous ne sommes point encore assez avancés en saison pour avoir à craindre les avalanches ?

— Non, si nous ne nous écartons pas de la route.

— Mais on ne s'écarte dans la route que lorsqu'elle est couverte de neige, et le 26 août ce serait bien le diable !

— Oh ! quant à la neige, voyez-vous, que ça ne vous inquiète pas ; nous en aurons, et plus haut que vos guêtres... Voyez-vous cette petite pluie-là, qui est bien gentille ici ? eh bien ! à une lieue de Saint-Pierre, comme nous allons toujours en montant jusqu'à l'hospice, ça sera de la neige. — Il retourna à la fenêtre : — Et elle tombera dru, ajouta-t-il en revenant.

— Ah ! bah, bah ! au Saint-Bernard !

— Messieurs, cependant... repris-je.

— Au Saint-Bernard ! que ceux qui sont de l'avis d'aller coucher au Saint-Bernard lèvent la main.

Quatre mains se levèrent sur six. Le départ fut adopté.

— Voyez-vous, continua notre guide, si vous étiez des gens de la montagne, je dirais : C'est bon, en route ; mais vous êtes des Parisiens, à ce que je peux voir, avec votre permission, et le Parisien, c'est délicat et ça craint le froid ; aussitôt qu'il a les pieds dans la neige, il grelotte.

— Eh bien ! nous ne descendrons pas de mulet.

— Ça vous plaît à dire, vous y serez bien forcés.

— N'importe, allez prévenir vos camarades et chercher vos quadrupèdes.

— Avec votre permission, messieurs, vous savez que les courses de nuit se paient double.

— Très bien. Combien de temps vous faut-il ?

— Un quart d'heure.

— Allez.

Aussitôt que nous fûmes seuls, nous prîmes les dispositions les plus confortables pour la route ; chacun ajouta à ce qu'il avait sur le corps ce qu'il possédait en blouse, redingote ou manteau, et remplit sa gourde d'un excellent rhum, dont Soissons était le dispensateur. Une distribution fraternelle de cigarres fut faite, et un briquet phosphorique, qui se carrait dans son habit rouge, passa par acclamation du chambranle de la cheminée dans la poche de de Sussy. Puis chacun se rangeant autour du feu l'augmenta de tout ce que nous pûmes rencontrer de bois, et fit une provision de chaleur pour le voyage.

Notre guide entra. — Bon, chauffez-vous, dit-il, ça ne peut pas faire de mal.

— Etes-vous prêts ?

— Oui, notre maître.

— Alors... à cheval.

Nous descendîmes et trouvâmes nos montures à la porte ; chacun enfourcha gaîment sa bête, et, mû d'un sentiment d'ambition, tenta de lui faire prendre la tête de la colonne. Or, chacun sait, pour peu qu'il ait monté une fois dans sa vie à mulet, que l'une des choses les plus difficiles de ce monde est de faire passer un mulet devant son camarade ; cette lutte nous tint près d'un quart d'heure en joie, tant nous sentions le besoin de réagir d'avance contre la fatigue à venir ; enfin Lamark se trouva notre chef de file, et lâchant la bride de son mulet, il parvint, à l'aide de ses talons et de sa canne, à le mettre au trot en criant :

« — A pas peur, Napoléon a passé par ici !... »

Quand un mulet trotte, toute la caravane trotte, et par contre-coup les guides, qui sont à pied, sont obligés de se mettre au galop. Cela leur inspire en général pour cette sorte d'allure une répugnance qu'ils sont parvenus à faire partager à leurs bêtes ; aussi la tête de la colonne, si emportée qu'elle paraisse être, ne tarde-t-elle pas à s'arrêter tout à coup et à imposer successivement son immobilité à chaque individu, soit homme, soit animal, qui la suite. Puis, toute la ligne se remet gravement en marche, s'allongeant au fur et à mesure que le mouvement se communique de sa tête à sa queue.

— Avec votre permission, dit le guide de Lamark, qui avait rejoint son mulet, et qui, de peur d'une nouvelle course, l'avait pris par la bride, sous prétexte que le chemin était mauvais, — ce n'est point par ici qu'est passé Napoléon : la route que nous suivons n'est point encore praticable ; c'est au flanc opposé de la montagne ; et, s'il faisait jour, vous verriez que c'étaient de rudes gaillards, ceux qui passaient là avec des chevaux et des canons. — Tout le monde était de son avis, il n'y eut donc point de contestation.

— Messieurs, de la neige ! notre guide est prophète, dit l'un de nous.

En effet, comme nous montions depuis une demi-heure à peu près, le froid devenait de plus en plus vif, et ce qui dans la plaine tombait en pluie ici tombait en glace.

— Ah ! pardieu, de la neige le 26 août ! ce sera curieux à raconter à nos Parisiens. Messieurs, je suis d'avis que nous descendions et que nous nous battions avec des pelottes, en mémoire de Napoléon, qui a passé par ici...

Chacun se mit à rire du souvenir que lui rappelait cette parole sacramentelle ; quant au danger qu'elle pouvait rappeler en même temps, il était déjà complètement oublié.

— Avec votre permission, messieurs, je vous ai déjà dit que c'était sur l'autre route qu'avait passé Napoléon ; quant à ce qui est de vous battre avec des pelottes de neige, je ne vous le conseille pas. Cela vous ferait perdre du temps, et vous n'en avez pas de trop : songez que dans un quart d'heure vous n'y verrez plus même à conduire vos mulets.

— Eh bien ! alors, mon brave, nos mulets nous conduiront.

— Et c'est ce que vous pouvez faire de mieux, de ne pas les contrarier ; Dieu a fait chaque chose l'une pour l'autre, voyez-vous, le Parisien pour Paris, et le mulet pour la montagne. Voilà ce que je dis toujours à mes voyageurs. — Laissez aller la bête, — laissez-la aller. — Ici, comme nous sommes encore dans la plaine de Prou, il n'y a pas grand mal ; mais une fois le pont de Hudri passé, vous vous trouverez dans un petit chemin de danseur de corde, et comme la neige ne vous le laissera probablement pas distinguer, abandonnez-vous à votre mulet, et soyez tranquille.

— Bravo ! le guide, bien parlé, et buvons la goutte.

— Halte ! — Chacun porta sa bouteille à sa bouche, et la passa à son guide. Dans les montagnes, on boit dans le même verre et à la même gourde, on n'est pas dégoûté de celui qui, six pas plus loin, peut vous sauver la vie.

La chaleur du rhum remit chacun en gaîté, et, quoique la nuit et la neige tombassent toujours plus épaisses, la caravane, riant et chantant, se remit bruyamment en route.

C'était une singulière impression que celle que me produisait, au milieu de ce pays désolé, de cette neige aiguë, de cette nuit toujours plus sombre, cette petite file de mulets, de cavaliers et de guides, qui s'enfonçaient joyeusement dans la montagne sombre, silencieuse et terrible, qui n'avait pas même un écho pour lui envoyer ses chants et ses cris. Il paraît que cette impression ne m'atteignait pas seul ; car peu à peu les chants devinrent moins bruyans, les éclats de rire plus rares, quelques jurons isolés leur succédèrent ; enfin, un sac... D..., mes enfans, savez-vous qu'il ne fait pas chaud ? vigoureusement prononcé, parut tellement être le résumé de l'opinion générale qu'aucune voix ne s'éleva pour combattre le préopinant.

— La goutte, et allumons le cigarre.

— Bravo ! qui est-ce qui a eu l'idée ?

— Moi, Jules-Thierry de Lamark.

— Arrivé à l'hospice, il lui sera voté des remercîmens.

— Allons, de Sussy, le briquet phosphorique.

— Ah ! ma foi, messieurs, il faut que je tire mes mains de mes goussets, et elles y sont si chaudement qu'elles désirent y rester. Venez prendre le briquet dans ma poche.

Un guide nous rendit ce service ; ses camarades allumèrent leurs pipes au briquet, nous nos cigarres à leurs pipes, et nous nous remîmes en route, n'apercevant de chacun de nous, tant la nuit était noire, que le point lumineux que chacun portait à sa bouche, et qui devenait brillant à chaque aspiration.

Cette fois, il n'y avait plus ni chant ni cri : le rhum avait perdu son influence ; le silence le plus profond régnait sur toute la ligne, et n'était interrompu que par le bruit des encouragemens que nos guides donnaient à nos montures, tantôt avec la voix, tantôt avec le geste.

En effet, rien de tout ce qui nous entourait ne poussait à la gaîté : le froid devenait de plus en plus vif, et la neige tombait avec une prodigalité croissante ; la nuit n'était éclairée que par un reflet mat et blanchâtre ; le chemin se rétrécissait de plus en plus, et de place en place des quartiers de rochers l'obstruaient, tellement que nos mulets étaient forcés de l'abandonner et de prendre de petits sentiers, sur le talus même du précipice, dont nous ne pouvions mesurer la profondeur que par le bruit de la Drance qui roulait au fond : encore ce bruit, qui à chaque pas allait s'affaiblissant, nous prouvait-il que l'abîme devenait de plus en plus profond et escarpé. Nous jugions, par la neige que nous voyions amassée sur le chapeau et les vêtemens de celui qui marchait devant nous, que nous devions, chacun pour notre part, en supporter une égale quantité. D'ailleurs nous sentions à travers nos habits son contact moins pénétrant mais plus glacé que celui de la pluie ; enfin notre chef de colonne s'arrêta.

— Ma foi, dit-il, je suis gelé, moi, et je vais à pied.

— Je vous l'avais bien dit, que vous seriez obligé de descendre, reprit notre guide.

Effectivement, chacun de nous sentait le besoin de se réchauffer par le mouvement. Nous mîmes pied à terre, et comme on y voyait à peine à se conduire, nos guides nous conseillèrent de nous accrocher à la queue de nos mulets, qui de cette manière nous offraient le double avantage de nous épargner moitié de la fatigue, et de sonder le chemin. Cette manœuvre fut ponctuellement exécutée, car nous comprenions la nécessité de nous abandonner à l'instinct de nos bêtes et à la sagacité de leurs conducteurs.

C'est alors que je reconnus la vérité de la relation de Balmat; je ressentais, pour mon compte, le mal de tête dont il m'avait parlé, ses éblouissemens vertigieux, et cette irrésistible envie de dormir, à laquelle j'eusse cédé sur mon mulet, et que la nécessité de marcher pouvait seule combattre. Il paraît que notre docteur lui-même l'éprouvait, car il proposa une halte.

— En avant! en avant! messieurs, dit vivement notre guide, car je vous préviens que celui de nous qui s'arrêtera ne repartira plus.

Il y avait dans l'accent avec lequel il prononça ces paroles une conviction si profonde, que nous nous remîmes en marche sans aucune objection. L'un de nous, je ne sais lequel, tenta même de nous rappeler à notre ancienne gaîté, avec ces mots consacrés, qui jusques alors n'avaient jamais manqué leur effet : — *A pas peur, Napoléon a passé par ici.* Mais cette fois la plaisanterie avait perdu son efficacité : aucun rire n'y répondit, et le silence inaccoutumé avec lequel elle était reçue lui donna un caractère plus triste que celui d'une plainte.

Nous marchâmes ainsi machinalement et tirés par nos mulets pendant une demi-heure environ, enfonçant dans la neige jusqu'aux genoux, tandis qu'une sueur glacée nous coulait sur le front.

— Une maison! dit tout à coup de Sussy.
— Ah!

Chacun abandonna la queue de son mulet, s'étonnant que nos muletiers n'eussent rien dit de cette station.

— Avec votre permission, dit le guide-chef, vous ne savez donc pas ce que c'est que cette maison?

— Fût-ce la maison du diable, pourvu que nous puissions y secouer cette maudite neige et poser nos pieds sur de la terre, entrons.

La chose n'était point difficile, il n'y avait à cette maison ni portes ni contrevents. — Nous appelâmes, personne ne répondit.

— Oui, oui! appelez, dit notre guide, et si vous réveillez ceux qui y dorment, vous aurez du bonheur !...

Effectivement personne ne répondit, et la cabane paraissait déserte; cependant, quelque ouverte qu'elle fût à tous les vents du ciel, elle nous offrait un abri contre la neige; nous résolûmes donc de nous y arrêter un instant.

— S'il y avait une cheminée, nous ferions du feu, dit une voix.

— Et du bois?
— Cherchons toujours la cheminée.
De Sussy étendit les mains.
— Messieurs, une table! dit-il. — Ces mots furent suivis d'une espèce de cri, moitié de frayeur, moitié d'étonnement.

— Qu'y a-t-il donc? — Hein !...
— Il y a qu'un homme est couché sur cette table. — Je tiens sa jambe.
— Un homme!
— Alors secouez-le, il se réveillera.
— Hé! l'ami, hé!

Messieurs, dit un de nos guides, se détachant du groupe de ses camarades restés dehors et passant sa tête par la fenêtre : — Messieurs, pas de plaisanteries pareilles, et en pareil lieu. Elles nous porteraient malheur à tous, à vous comme à nous.

— Où sommes-nous donc?
— Dans une des morgues du Saint-Bernard... Il retira sa tête de la fenêtre et alla rejoindre ses camarades sans rien ajouter de plus ; mais peu d'orateurs peuvent se vanter d'avoir produit un aussi grand effet avec aussi peu de paroles. Chacun de nous était demeuré cloué à la place qu'il occupait.

— Ma foi, messieurs, il faut voir cela. C'est une des curiosités de la route, dit de Sussy, et il plongea une allumette dans le briquet phosphorique.

L'allumette pétilla, puis répandit un instant une faible lumière, à la lueur de laquelle nous aperçûmes trois cadavres, l'un effectivement couché sur la table, les deux autres accroupis aux deux angles du fond ; puis, l'allumette s'éteignit, et tout rentra dans l'obscurité.

Nous recommençâmes l'opération. Seulement cette fois chacun approcha un bout de papier roulé du mince et éphémère foyer, et lorsqu'il l'eut allumé, commença l'investigation de l'appartement, tenant de la main gauche d'autres mèches toutes prêtes.

Il faudrait s'être trouvé dans la position où nous étions nous-mêmes pour avoir une idée de l'impression que nous fit éprouver la vue de ces malheureux ; il faudrait avoir regardé ces figures noires et grimaçantes à la lumière tremblottante et douteuse de nos bougies improvisées, pour les garder dans sa mémoire comme elles resteront dans la nôtre. Il faudrait avoir eu pour soi-même, et dans un pareil moment, à craindre le sort terrible des devanciers que nous avions sous les yeux; pour comprendre que nos cheveux se dressèrent, que la sueur nous coula sur le front, et que, quelque besoin que nous eussions de repos et de feu, nous n'éprouvâmes plus qu'un désir, celui de quitter au plus vite cette hôtellerie mortuaire.

Nous nous remîmes donc en route, plus silencieux et plus sombres encore qu'avant cette halte, mais aussi pleins de l'énergie que nous avait donnée la vue d'un pareil spectacle; pendant une heure, pas un mot ne fut échangé, même de la part des guides. — La neige, le chemin, le froid même, je crois, avaient disparu, tant une seule idée s'était emparée de tout notre esprit, tant une seule crainte pressait notre cœur et hâtait notre marche.

Enfin notre guide-chef poussa un de ces cris habituels aux montagnards, qui, par leur accent aigu, se font entendre à des distances extraordinaires, et qui désignent, par leur modulation, si celui qui appelle ainsi demande du secours, ou prévient simplement de son arrivée.

Le cri s'éloigna, comme si rien ne pouvait l'arrêter sur cette vaste nappe de neige, et comme nul écho ne le renvoya vers nous, la montagne rentra dans le silence.

Nous fîmes encore deux cents pas à peu près, alors nous entendîmes les aboiemens d'un chien.

— Ici, Drapeau, ici ! cria notre guide.

Au même instant, un énorme dogue, de l'espèce unique connue sous le nom de race du Saint-Bernard, accourut à nous, et reconnaissant notre guide, se dressa contre lui, appuyant ses pattes sur sa poitrine.

— Bien, Drapeau, bien, bonne bête ! — Avec votre permission, messieurs, c'est une vieille connaissance qui est bien aise de me revoir : — N'est-ce pas, Drapeau ! hein ! Le chien... le bon chien ! oui, allons, allons, — assez, et en route.

Heureusement la route n'était plus longue : dix minutes après nous nous trouvâmes tout à coup devant l'hospice, que de ce côté on ne peut apercevoir, même pendant le jour, que lorsqu'on y est presque arrivé : un marronnier nous attendait sur sa porte, — porte ouverte nuit et jour gratuitement à quiconque vient y demander l'hospitalité, qui, dans ce lieu de désolation, est souvent la vie.

Nous fûmes reçus par le frère qui était de garde, et conduits dans une chambre où nous attendait un excellent feu. Pendant que nous nous réchauffions, on nous préparait nos cellules ; la fatigue avait fait disparaître la faim, aussi préférâmes-nous le sommeil au souper. On nous servit une tasse de lait chaud dans notre lit : le frère qui m'apporta la mienne me dit que j'étais dans la chambre où Napoléon avait dîné; quant à moi, je crois que c'est celle où j'ai le mieux dormi.

Le lendemain, à dix heures, nous étions tous sur pied et faisions l'inventaire de la chambre consulaire, qui m'était échue en partage : rien ne la distinguait des autres cellules, aucune inscription n'y rappelait le passage du moderne Charlemagne.

Nous nous mîmes à la fenêtre : le ciel était bleu, le soleil brillant et la terre couverte d'un pied de neige.

Il est difficile de se faire une idée de l'âpre tristesse du paysage que l'on découvre des fenêtres de l'hospice, situé à sept mille deux cents pieds au-dessus du niveau de la mer, et placé au milieu du triangle formé par la pointe de Dronaz, le mont Velan et le Grand Saint-Bernard. Un lac, entretenu par la fonte des glaces et situé à quelques pas du couvent, loin d'égayer la vue l'assombrit encore; ses eaux, qui paraissent noires dans leur cadre de neige, sont trop froides pour nourrir aucune espèce de poisson, trop élevées pour attirer aucune espèce d'oiseau. C'est en petit une image de la mer Morte, couchée aux pieds de Jérusalem détruite. Tout ce qui est doué d'une apparence de vie animale ou végétale s'est échelonné sur la route, selon que sa force lui a permis de monter : l'homme et le chien seuls sont arrivés au sommet.

C'est ce morne tableau sous les yeux, c'est là seulement où nous étions, qu'on peut prendre une idée du sacrifice de ces hommes qui ont abandonné les vallons ravissans du pays d'Aoste et de la Tarentaise, la maison paternelle qui se mirait peut-être aux flots bleus du petit lac d'Orta, qui brille, ardent, humide et profond, comme l'œil d'une Espagnole amoureuse, la famille aimée, la fiancée bénie avec sa dot de bonheur et d'amour, pour venir, un bâton à la main, un chien pour ami, se placer sur la route neigeuse des voyageurs, comme des statues vivantes de dévoûment. C'est là qu'on prend en pitié la charité fastueuse de l'homme des villes, qui croit avoir tout fait pour ses frères lorsqu'il a laissé ostensiblement tomber du bout de ses doigts, dans la bourse d'une belle quêteuse, la pièce d'or que lui paient une révérence et un sourire. Oh ! s'il pouvait arriver, au milieu de ces nuits voluptueuses de l'hiver parisien, quand le bal fait bondir les femmes comme un tourbillon de diamans et de fleurs, quand les beaux vers de Victor sur la charité ont attiré une larme juvénile au coin d'un œil brillant de plaisir; s'il pouvait arriver que les lumières s'éteignissent, qu'un pan du mur s'écroulât, que les yeux pussent percer l'espace, et qu'on vît tout à coup au milieu de la nuit, sur un étroit sentier, au bord d'un précipice, menacé par l'avalanche, enveloppé d'une tempête de neige, un de ces vieillards à cheveux blancs qui vont répétant à grands cris : « Par ici, frères ! » Oh ! certes, certes, le plus fier de son aumône essuierait son front humide de honte, et tomberait à genoux en disant : O mon Dieu !

On vint nous dire qu'on nous attendait au réfectoire.

Nous descendîmes le cœur serré. Le frère marchait devant nous pour nous montrer le chemin; nous passâmes à côté de la chapelle, et nous entendîmes les chants de l'office. — Nous continuâmes notre route, et, à mesure que ces chants s'éloignaient, des rires venaient à nous de l'extrémité du corridor : des rires ! cela nous semblait bizarre en pareil lieu. — Nous ouvrîmes enfin la porte, et nous nous trouvâmes au milieu de jeunes gens et de jolies femmes qui prenaient du thé et qui parlaient de mademoiselle Taglioni.

Nous nous regardâmes un instant stupéfaits, puis nous nous mîmes à rire comme eux. — Nous avions rencontré ces dames dans notre monde parisien. Nous nous approchâmes d'elles avec les mêmes manières que dans un salon; les complimens s'échangèrent avec le bon ton de la société la plus fashionable, nous prîmes à table les places qui nous étaient réservées, et la conversation devint générale, gagnant en gaîté ce qu'elle perdait en gêne. — Au bout de dix minutes, nous avions complètement oublié où nous étions.

C'est que rien aussi ne pouvait nous en rappeler le souvenir. Le salon, qu'on appelait le réfectoire, était loin de répondre à l'idée austère que retrace ce nom. C'était une jolie salle à manger, décorée avec plus de profusion que de goût; un piano ornait un de ses angles, plusieurs gravures étaient accrochées à ses murs; des vases, une pendule, quelques-uns de ces petits objets de luxe qu'on ne trouve que dans le boudoir des femmes, surchargeaient la cheminée; enfin un certain caractère mondain régnait dans toutes ces choses et nous fut expliqué par un seul mot : chacun de ces meubles était un don fait aux religieux par quelque société reconnaissante, qui avait voulu prouver aux bons pères que, de retour à Paris, elle n'avait point oublié l'hospitalité qu'elle avait reçue d'eux.

Pendant le déjeuner, le frère qui nous en faisait les honneurs, nous donna sur le mont Saint-Bernard quelques renseignemens historiques qu'on ne sera peut-être pas fâché de retrouver ici.

Avant la fondation de l'hospice, le grand Saint Bernard s'appelait le mont Joux, par corruption de ces deux mots latins *mons Jovis*, montagne de Jupiter; ce nom venait lui-même d'un temple élevé à ce dieu, sous l'invocation de Jupiter *pœnin*. L'époque précise de l'érection de ce temple, dont les ruines sont encore visibles, est inconnue. Au premier abord, l'orthographe du mot *pœnin*, que Tite-Live écrit incorrectement Pennin, pourrait faire croire qu'elle remonte au passage d'Annibal, et que ce général, parvenu heureusement au sommet des Alpes, y aurait posé la première pierre votive d'un temple à *Jupiter carthaginois*. Cependant les ex-voto qui ont été retrouvés en creusant ces ruines, indiquent que les pèlerins qui venaient y accomplir des vœux étaient des Romains. Maintenant des Romains seraient-ils venus prier au pied de la statue du dieu de leurs ennemis ? Cela est impossible. Le temple, au contraire, n'aurait-il pas été élevé par les Romains eux-mêmes, lorsque les revers d'Asdrubal, en Sardaigne, forcèrent son frère, amolli par Capoue et battu par Marcellus, d'abandonner l'Italie aux trois quarts conquise, pour se réfugier près d'Antiochus ? Dans le premier cas, son érection remonterait donc à l'an 535, et dans le second, à l'an 533 de la fondation de Rome. Quant à l'époque où son culte fut abandonné, on pourrait la fixer avec probabilité au règne de Théodose le Grand, aucune médaille postérieure au règne des enfans de cet empereur n'ayant été retrouvée dans les débris de ce temple.

Quant à la fondation de l'hospice, elle remonte certainement au commencement du neuvième siècle, puisque l'hospice du mont Joux est nommé dans la cession des terres que Lod-Her, roi de Lorraine, fit à Ludwig, son frère, en 830; il existait donc avant que l'archidiacre d'Aoste vint y établir, en 970, des chanoines réguliers de Saint-Augustin pour le desservir, et ne changeât son nom païen de mont Joux en nom chrétien de Saint-Bernard. Depuis cette époque jusqu'à nous, quarante-trois prévôts se sont succédé.

Neuf siècles sont révolus, et le temps ni les hommes n'ont rien changé aux règles du monastère, ni aux devoirs hospitaliers des chanoines.

La chaîne des Alpes sur laquelle est situé le Saint-Bernard fut témoin des quatre passages d'Annibal, de Karl le Grand, de François Ier et de Napoléon. Annibal et Karl le Grand la franchirent au mont Cenis; François Ier et Napoléon à l'endroit même où est bâti l'hospice; Karl le Grand et Napoléon la traversèrent pour vaincre, Annibal et François Ier pour être vaincus.

Outre les dames dont j'ai déjà parlé, nous avions encore au déjeuner une Anglaise et sa mère. Depuis trois ans, ces deux dernières parcouraient l'Italie et les Alpes à pied, portant leur bagage dans un cabas, et faisant leur huit ou dix lieues par jour; nous voulûmes savoir le nom de ces intrépides voyageuses, et nous le cherchâmes sur le registre des étrangers : la plus jeune avait signé *Louisa, ou la fille des montagnes.*

Nous étions entrés pour chercher ce registre dans la salle attenante au réfectoire : elle est, comme la première, ornée de mille petits meubles envoyés en cadeaux aux bons pères. Elle renferme de plus deux cadres contenant divers objets antiques retrouvés dans les fouilles du temple de Jupiter; les mieux conservés sont deux petites statues, l'une de Jupiter, et l'autre d'Hercule, une main malade entourée du serpent d'Esculape, et portant sur les doigts, comme signe de maladie, une grenouille et un crapaud; enfin plusieurs plaques de bronze sur lesquelles sont les noms de ceux qui venaient implorer le secours du dieu.

Je copiai plusieurs de ces ex-voto, et je les reproduis ici sans rien changer à l'arrangement des lignes.

```
    J. O. M. Pœnino : T. Macrinius demostratus. V. S. L.
    jovi optimo maximo              votum solvit liberte
        Pœnino                      numinibus-aug
    Pro itu et reditu           Jovi Pœnino sabineto
    C. Julius Primus                censor ambianus
        V. S. L.                        V. S. L.
```

Je fus interrompu dans cette occupation par le bruit que faisaient nos convives. Pendant que je copiais mes inscriptions, le frère qui nous avait fait, sans rien prendre lui-même, les honneurs du déjeuner, était allé dire sa messe. Notre docteur avait été placé en sentinelle à la porte du réfectoire, de Sussy s'était mis au piano, et nos dames, y compris la fille des montagnes, dansaient le galop autour de la table.

Au moment où il était le plus rapide, le docteur entr'ouvrit la porte, passa la tête :

— Mesdames, dit-il aux danseuses, c'est un des frères servans qui vient vous demander si vous voulez voir la Grande Morgue.

Cette proposition arrêta le galop tout court. Ces dames se consultèrent un moment entre elles. Le dégoût combattit la curiosité. La curiosité l'emporta : nous partîmes.

Arrivées à la porte extérieure, elles déclarèrent qu'elles n'iraient pas plus loin : il y avait un pied et demi de neige, et la morgue est située à quarante pas environ du seuil de l'hospice. Nous établîmes deux fauteuils sur des brancards, et nous offrîmes à nos belles curieuses de les porter pendant le trajet : elles acceptèrent.

Ce ne fut point sans un bon nombre de cris et de rires, arrachés par les vacillations de leur siège et les faux pas de leurs porteurs, qu'elles arrivèrent à la fenêtre éternellement ouverte, par laquelle l'œil plonge sous la vaste voûte de la morgue du Saint-Bernard. Il est impossible de voir quelque chose de plus curieux et de plus horrible à la fois que le spectacle qui s'offrit alors à nous.

Qu'on se figure une grande salle basse et cintrée, de trente-cinq pieds carrés à peu près, éclairée par une seule fenêtre, et dont le plancher est couvert d'une couche de poussière d'un pied et demi. —

Poussière humaine !

Cette poussière, qui semble, comme les flots épais de la mer Morte, rejeter à sa surface les objets les plus lourds, est couverte d'une multitude d'ossemens. —

Ossemens humains !

Et sur ces ossemens, debout, adossés aux murs, groupés avec la bizarre intelligence du hasard, conservant chacun l'expression et l'attitude dans laquelle la mort les a surpris; les uns à genoux, les autres les bras étendus ; ceux-ci les poings fermés et la tête baissée, ceux-là le front et les mains au ciel; cent cinquante cadavres, noircis par la gelée, aux yeux vides, aux dents blanches, et, au milieu d'eux, une femme, qui a cru sauver son enfant en lui donnant son sein, et qui semble, au milieu de cette réunion infernale, une statue de l'amour maternel.

Tout cela renfermé dans cette chambre : poussière, ossemens ou cadavres, selon l'époque dont ils datent; et, à la fenêtre de cette chambre éclairée par un soleil joyeux, des têtes de femmes, jeunes et belles, à la vie animée depuis vingt ans à peine, contemplant la vie éteinte depuis des siècles. —

Ah ! c'était un spectacle bien étrange, allez !...

Quant à moi, je verrai ce spectacle toute ma vie ; toute ma vie je verrai cette pauvre mère qui donne le sein à son enfant.

Que dire après cela du Saint-Bernard ? Il y a bien encore une église où est le tombeau de Desaix, une chapelle dédiée à sainte Faustine, une table de marbre noir où est gravée une inscription en l'honneur de Napoléon. Il y a bien mille autres choses encore. Mais, croyez-moi, faites-vous montrer ces choses avant d'aller voir cette pauvre mère qui donne le sein à son enfant.

LES EAUX D'AIX.

La cité d'Aoste est une jolie petite ville qui prétend n'appartenir ni à la Savoie ni au Piémont; ses habitans soutiennent que leur terre faisait partie de cette portion de l'empire de Karl le Grand dont avaient hérité les seigneurs de Stralingen. En effet, quoiqu'ils fournissent un contingent militaire, ils ne paient aucun impôt et ont conservé la franchise des chasses ; pour tout le reste, ils obéissent, tant bien que mal, au roi de Sardaigne.

A l'exception de l'abominable idiome qu'on y parle, et qui est, je crois, du savoyard corrompu, le caractère de la cité d'Aoste est tout italien; partout, dans l'intérieur des maisons, les peintures à fresque remplacent les papiers ou les lambris, et les aubergistes ne manquent jamais de vous servir à dîner une espèce de pâte ou une manière de crème qu'ils décorent pompeusement du titre de macaroni et de sambajohe. Joignez à cela du vin d'Asti, des côtelettes à la milanaise, et vous aurez la carte d'une table valdaostaine.

La ville d'Aoste s'appelait d'abord Cordelles, du nom de Cordellus Latiellus, chef d'une colonie de Gaulois cisalpins, nommés Salasses, qui vinrent s'y établir. Une légion romaine, commandée par Terentius Varron, s'en empara sous Auguste, et construisit, à l'entrée de la ville, en mémoire de cet événement, un arc de triomphe, encore debout et entier, sur lequel on lit ces deux inscriptions modernes :

> Le Salasse longtemps défendit ses foyers,
> Il succomba : Rome victorieuse
> Ici déposa ses lauriers.
> Au triomphe d'Octave-Auguste César.
> Il défit complètement les Salasses
> L'an de Rome DCCXXIV
> (24 ans avant l'ère chrétienne.)

Au bout de la rue de la Trinité, trois autres arcades antiques, bâties en marbre gris, forment trois entrées dont une est maintenant hors d'usage ; celle du milieu, comme la plus haute, était réservée pour le passage de l'empereur et du consul ; sur la colonne qui la soutient on lit cette inscription :

> L'empereur Octave-Auguste fonda ces murs,
> Bâtit la ville en trois ans,
> Et lui donna son nom l'an de Rome
> DCCVII.

A peu de distance de ce monument, on trouve encore quelques restes d'un amphithéâtre en marbre gris.

L'église offre les différens caractères des époques pendant lesquelles elle a été fondée et restaurée. Le porche est d'architecture romane, modifiée par le goût italien ; les fenêtres sont en ogives, et peuvent dater du commencement du quatorzième siècle. Le chœur, pavé d'une mosaïque antique représentant la déesse Isis entourée des mois de l'année, renferme plusieurs beaux tombeaux de marbre, sur l'un desquels est couchée la statue de Thomas, comte de Savoie; un petit bas-relief gothique d'un merveilleux travail est placé en face de l'autel. L'auteur y a sculpté, avec toute la naïveté de l'art au quinzième siècle, la vie du Christ depuis sa naissance jusqu'à sa mort.

Tous ces édifices, y compris les ruines d'un couvent de l'ordre de saint François, patron de la ville, peuvent être visités en deux heures; c'est du moins le temps que nous leur consacrâmes.

En revenant à l'auberge, nous y trouvâmes un voiturier que l'hôte avait fait prévenir en notre absence. Cet homme s'engageait à nous conduire le même jour à Pré-Saint-Dizier, et nous empila tous les six dans une voiture où nous aurions été gênés à quatre, nous assurant que nous nous y trouverions très bien lorsque nous nous serions *tassés*; il ferma ensuite la portière sur nous, et, esclave de sa parole, ne s'arrêta, malgré nos plaintes et nos cris, qu'à trois lieues d'Aoste, un peu au-delà de Villeneuve.

Nous devions ce moment de répit à un accident arrivé huit jours auparavant. Une portion de glace, en tombant dans un lac, dont j'ai si bien écrit le nom sur mon album qu'il m'est aujourd'hui impossible de le déchiffrer, avait fait monter de douze ou quinze pieds la masse de l'eau, qui s'était précipitée tout à coup hors de son lit. Le torrent avait pris pour s'écouler une route inaccoutumée, et, rencontrant sur cette route un chalet, il l'avait entraîné avec lui; cinquante-huit vaches, quatre-vingts chèvres et quatre hommes périrent dans l'inondation; on retrouva leurs cadavres brisés le long des bords de cette rivière nouvelle, qui avait traversé la grande route, et était allée se précipiter dans la Dora. Des troncs d'arbres, des planches et des pierres avaient été jetés à la hâte pour former un pont, et c'est ce pont, que n'osait traverser notre conducteur avec sa voiture chargée, qui nous valait la faculté de sortir un instant de notre cage.

Je ne connais pas de moine, de chartreux, de trappiste, de derviche, de faquir, de phénomène vivant, d'animal curieux que l'on montre pour deux sous, qui fasse une abnégation plus complète de son libre arbitre, que le malheureux voyageur qui monte dans une voiture publique. Dès lors ses désirs, ses besoins, ses volontés, sont subordonnés au caprice du conducteur dont il est devenu la chose. On ne lui donnera d'air que ce qui lui en sera strictement nécessaire pour qu'il ne meure pas asphyxié; on ne lui laissera prendre de nourriture que juste ce qu'il lui en faudra pour l'amener vivant à sa destination. Quant aux sites de la route, quant aux points de vue près desquels il passe, quant aux objets curieux à visiter dans les villes où l'on relaie, il lui sera défendu même d'en parler, s'il ne veut pas se faire insulter par le conducteur; décidément les voitures publiques sont une admirable invention pour les commis-voyageurs et les portemanteaux.

Nous déclarâmes au propriétaire de notre *vetturino* que quatre de nous seulement étaient disposés à rentrer dans sa machine; quant aux deux autres, ils étaient bien décidés à achever à pied les huit lieues qui restaient à faire; j'étais l'un de ces deux derniers.

Il était nuit noire lorsque nous arrivâmes à Pré-Saint-Dizier; nous y retrouvâmes nos camarades de la voiture un peu plus fatigués que nous; il fut convenu que, le lendemain, on passerait le petit Saint-Bernard à pied.

Le lendemain, celui qui ouvrit les yeux le premier poussa des cris d'admiration qui réveillèrent toute la troupe: nous étions arrivés de nuit, comme je l'ai dit, et nous n'avions aucune idée de la vue magnifique que l'on découvrait dès les fenêtres de l'auberge; quant à l'aubergiste, habitué à cette vue, il n'avait pas même pensé à nous en parler.

Nous nous retrouvions au pied du mont Blanc, mais sur le revers opposé à Chamouny. Cinq glaciers descendaient de la crête neigeuse de notre vieil ami, et fermaient l'horizon comme un mur; le point de vue inattendu, auquel rien ne nous avait préparés, était peut-être ce que nous avions trouvé de plus beau pendant tout notre voyage; je n'en excepte pas Chamouny.

Nous descendîmes pour demander à notre hôte le nom de ces glaciers et de ces pics; pendant qu'il nous les désignait, un chasseur passa près de nous, une carabine à la main et deux chamois sur ses épaules; c'étaient une chevrette et son faon; tous deux étaient tués à balle franche; Bas-de-Cuir n'aurait pas fait mieux.

L'hôte, qui vit que nous étions des *curieux*, s'approcha, et nous proposa de nous faire voir les bains du roi; nous apprîmes ainsi que Pré-Saint-Dizier possédait une source d'eau thermale; nous eûmes l'imprudence d'accepter.

Notre hôte nous conduisit alors vers une mauvaise baraque de plâtre, qu'il nous fallut visiter des combles aux caveaux; il ne nous fit pas grâce d'une casserole de la cuisine ni d'une éponge de la salle de bain. Nous pensions enfin être quittes de l'inventaire, lorsqu'en sortant il nous fit remarquer sous le péristyle un clou auquel sa majesté daignait suspendre son chapeau.

Je me sauvai, donnant à tous les diables le roi de Sardaigne, de Chypre et de Jérusalem; mon apostrophe fit naturellement tomber la conversation sur la politique, et, comme il y avait entre nous six des représentants de quatre opinions différentes, une discussion s'engagea; en arrivant à Bourg-Saint-Maurice, nous disputions encore; nous avions fait huit lieues sans nous en apercevoir. Le moins enroué de nous se chargea de demander le dîner.

Cette opération terminée, comme il nous restait encore quatre heures de jour, nous nous étendîmes dans deux charrettes, qui se mirent gravement en route, et ne s'arrêtèrent qu'à onze heures sonnant, à l'hôtel de la Croix-Rouge, à Moûtier.

Cette petite ville n'a rien de remarquable que ses salines; nous les visitâmes le lendemain matin.

L'établissement est situé à une demi-lieue à peu près de la source qu'il exploite; cette source, en sortant de terre, contient une partie et demie de matières salines sur cent parties d'eau. Pendant le trajet, l'évaporation de l'eau rend la proportion de sels beaucoup plus considérable au moment où le liquide est soumis à l'action de la pompe. Cette pompe élève à une hauteur de trente pieds l'eau, qui se distribue en une multitude de petits canaux, d'où elle retombe sur des milliers de cordes. Cet état extrême de division rend l'évaporation de la partie aqueuse bien plus grande encore que celle qui a eu lieu précédemment; et, comme les parties salines ne sont point enlevées par cette évaporation, il en résulte qu'on a enfin une eau très-chargée de sels, que l'on soumet ensuite à l'ébullition dans des chaudières.

On pourrait obtenir directement le sel en faisant bouillir l'eau telle qu'elle sort de la source; mais la dépense en combustible serait beaucoup plus grande.

La totalité du résultat de l'exploitation est de quinze mille kilogrammes, faisant partie des quarante mille qui se consomment en Savoie, et que le roi vend à ses sujets à raison de six sous la livre; le sel recueilli par le même mécanisme est vendu six liards par le gouvernement.

Le même jour, à quatre heures de l'après-midi, nous étions à Chambéry. Je ne dirai rien de l'intérieur des monuments publics de la capitale de la Savoie; je ne pus entrer dans aucun, attendu que j'avais un chapeau gris. Il paraît qu'une dépêche du cabinet des Tuileries avait provoqué les mesures les plus sévères contre le feutre séditieux, et que le roi de Sardaigne n'avait pas voulu, pour une chose aussi futile, s'exposer à une guerre avec son frère bien-aimé, Louis-Philippe d'Orléans; comme j'insistais, réclamant énergiquement contre l'injustice d'un pareil arrêté, les carabiniers royaux, qui étaient de garde à la porte du palais, me dirent facétieusement que, s'il y tenais absolument, il y avait à Chambéry un édifice dans l'intérieur duquel il leur était permis de me conduire; c'était la prison. Comme le roi de France à son tour n'aurait probablement pas voulu s'exposer à une guerre contre son frère chéri, Charles-Albert, pour un personnage aussi peu important que son ex-bibliothécaire, je répondis à mes interlocuteurs qu'ils étaient fort aimables pour des Savoyards, et très-spirituels pour des carabiniers.

Nous partîmes aussitôt après le dîner, sur la carte duquel nous rabattîmes dix-huit francs, sans que cela parût nuire aux intérêts matériels de notre hôte, nommé Chevalier, et nous arrivâmes une heure après à Aix-les-Bains. La première parole que nous entendîmes en nous arrêtant sur la place fut un *vive Henri V!* prononcé avec une force de poumon et une netteté d'organe qui ne laissaient rien à désirer. Je mis aussitôt la tête à la portière, pensant que, dans un pays où le gouvernement est si susceptible, je ne pouvais manquer de voir appréhender au corps le légitimiste qui venait de manifester son opinion d'une manière aussi publique. Je me trompais, aucun des dix ou douze carabiniers qui se promenaient sur la place ne fit un seul mouvement hostile ; il est vrai que ce monsieur avait un chapeau noir.

Les trois auberges d'Aix étaient pleines à regorger ; le choléra y avait amené une foule de poltrons, et la situation politique de Paris une multitude de mécontens ; de cette manière, Aix s'était trouvé le rendez-vous de l'aristocratie de noblesse et de l'aristocratie d'argent ; l'une était représentée par madame la marquise de Castries, l'autre par M. le baron de Rotschild ; madame de Castries est, comme on le sait, une des femmes les plus gracieuses et les plus spirituelles de Paris.

Du reste, cette foule n'avait fait augmenter ni le prix des logemens ni celui de la nourriture. — Je trouvai chez un épicier une assez jolie chambre pour trente sous par jour, et chez un aubergiste un excellent dîner pour trois francs. — Ces menus détails, fort peu intéressans pour beaucoup de personnes, ne sont consignés ici que pour quelques prolétaires comme moi, qui y attachent peut-être de l'importance.

Je voulus dormir, mais, à Aix, c'est chose impossible avant minuit ; mes fenêtres donnaient sur la place, et la place était le rendez-vous d'une trentaine de ces bruyans dandys qui mesurent au bruit qu'ils font le plaisir qu'ils éprouvent. Je ne pus distinguer au milieu de leur vacarme qu'un seul nom ; il est vrai qu'il fut répété à peu près cent fois dans l'intervalle d'une demi-heure ; c'était le nom de Jacotot. Je pensai naturellement que celui qui le portait devait être un personnage éminent, et je descendis dans l'intention de faire sa connaissance.

Il y a deux cafés sur la place : l'un était vide, l'autre encombré ; l'un se ruinait, l'autre faisait des affaires d'or. Je demandai à mon hôte d'où venait cette préférence ? Il me répondit que c'était Jacotot qui attirait la foule. Je n'osai pas demander ce que c'était que Jacotot, de peur de paraître par trop provincial. Je m'acheminai vers le café encombré ; toutes les tables étaient occupées ; une place était vacante à l'une d'elles, je m'en emparai, et j'appelai le garçon.

Mon appel resta sans réponse. Je pris alors ma voix du plus creux de ma poitrine, et je renouvelai mon interpellation, qui n'eut pas plus d'effet que la première fois.

— Fous chêtes arrivé à Aix il y avre peu de temps, me dit avec un accent allemand très prononcé un de mes voisins, qui avalait de la bière, et qui rendait de la fumée.

— Ce soir, monsieur.

Il fit un signe, comme pour me dire : Je comprends alors ; et, tournant la tête du côté de la porte du café, il ne prononça que cette seule parole : Chacotot !

— Voilà, voilà, monsieur ! répondit une voix.

Jacotot parut à l'instant même ; ce n'était pas autre chose que le garçon limonadier.

Il s'arrêta en face de nous ; le sourire était stéréotypé sur cette bonne grosse figure stupide, qu'il faut avoir vue pour s'en faire une idée. Pendant que je lui demandais une groseille, vingt cris partirent à la fois.

— Jacotot, un cigarre !
— Jacotot, le journal ?
— Jacotot, du feu !

Jacotot, au fur et à mesure que chaque chose lui était demandée, la tirait à l'instant même de son gousset ; je crus un instant qu'il possédait la bourse enchantée de Fortunatus.

Au même moment, une dernière voix partit d'une allée sombre attenante au café.

— Jacotot, vingt louis !

Jacotot porta sa main en abat-jour au-dessus de ses yeux, regarda quel était celui qui lui adressait cette dernière demande, l'ayant probablement reconnu pour solvable, fouilla au gousset merveilleux, en tira une poignée d'or qu'il lui donna, sans rien ajouter à son refrain habituel : Voilà, voilà, monsieur ! et disparut pour aller chercher ma groseille.

— Tu perds donc, Paul ? dit un jeune homme qui était à une table à côté de la mienne.

— Trois mille francs...
— Choeur-vous ? me dit mon Allemand.
— Non, monsieur.
— Pourquoi ?
— Je ne suis ni assez pauvre pour désirer gagner ni assez riche pour pouvoir perdre.

Il me regarda fixement, avala un verre de bière, poussa une bouffée de fumée, posa ses coudes sur la table, appuya sa tête sur ses mains, et me dit gravement :

— Fous avre raison, cheune homme. — Chacotot...
— Voilà, voilà, monsieur !
— Eine autre bouteille et eine autre cigarre.

Jacotot lui apporta son sixième cigarre et sa quatrième bouteille, il alluma l'un et déboucha l'autre.

Pendant que, de mon côté, j'avalais ma groseille, deux de nos compagnons vinrent me frapper sur l'épaule ; ils avaient organisé pour le lendemain, avec une douzaine d'amis qu'ils avaient retrouvés à Aix, une partie de bain au lac du Bourget, situé à une demi-lieue de la ville, et venaient me demander si je voulais être des leurs. Cela allait sans dire ; je m'informai seulement des moyens de transport ; ils me répondirent de demeurer parfaitement tranquille, attendu qu'ils avaient pourvu à tout. J'allai me coucher sur cette assurance.

Le lendemain, je fus réveillé par le bruit que l'on faisait sous ma fenêtre. Mon nom avait pour le moment remplacé celui de Jacotot, et une trentaine de voix le poussaient à mon second étage de toute la force de leurs poumons. Je sautai à bas du lit, croyant le feu à la maison, et courus à la fenêtre. Trente ou quarante ânes, enfourchés par autant de cavaliers, tenaient sur deux lignes toute la largeur de la place. C'était un coup d'œil à ravir Sancho. On m'appelait afin que je vinsse prendre ma place dans les rangs.

Je demandai cinq minutes, qui me furent accordées, et je descendis. On m'avait réservé, avec une délicatesse d'attention qu'on appréciera, une superbe ânesse nommée Christine. Le marquis de Montaigu, qui montait un beau cheval noir à tous crins, avait été nommé général à l'unanimité, et commandait toute cette brigade ; il donna le signal du départ, par cette allocution si familière aux colonels de cuirassiers :

— En avant ! quatre par quatre, au trot, si vous voulez, et au galop, si vous pouvez.

Nous partîmes en effet, suivis chacun d'un gamin qui piquait avec une épingle la croupe de nos ânes. Dix minutes après, nous étions au lac du Bourget ; seulement nous étions partis au nombre de trente-cinq, et nous étions arrivés douze ; quinze étaient tombés en route, les huit autres n'avaient jamais pu faire prendre à leurs bêtes une autre allure que le pas ; quant à Christine, elle allait comme le cheval de Persée.

C'est vraiment une merveille que les lacs de Suisse et de Savoie, avec leurs eaux bleues et transparentes qui laissent voir le fond à quatre-vingts pieds de profondeur. Il faut être arrivé à leurs bords, encore tout pollués comme nous l'étions des bains de notre Seine bourbeuse, pour se faire une idée de la volupté avec laquelle nous nous y précipitâmes.

A l'extrémité opposée à celle où nous étions, s'élevait un bâtiment assez remarquable ; je donnai une passade à l'un de nos compagnons, et, au moment où il revenait sur l'eau, je lui demandai ce qu'était cet édifice. Il m'appuya à son tour les mains sur la tête et les pieds sur les épaules, m'envoya à quinze pieds de profondeur, et, saisissant l'instant où ma tête revenait à la surface du lac : — C'est Hautecombe, me dit-il, la sépulture des ducs de Savoie et des rois de Sardaigne. — Je le remerciai.

On proposa d'y aller déjeuner et de visiter ensuite les tombes royales et la fontaine intermittente. Nos bateliers nous dirent que, quant à cette dernière curiosité, il fallait nous en priver, attendu que, depuis huit jours, la source ne coulait plus, sous prétexte qu'il faisait vingt-six degrés de chaleur. La proposition n'en fut pas moins acceptée à l'unanimité cependant, l'un de nous fit l'observation très sensée que trente-cinq gaillards comme nous ne seraient pas faciles à rassasier avec des œufs et du lait, seuls comestibles probables d'un pauvre village de Savoie. En conséquence, un gamin et deux ânes furent expédiés à Aix ; le gamin était porteur d'un mot pour Jacotot, afin qu'il nous envoyât le déjeuner le plus comfortable possible ; il devait être payé par ceux qui tomberaient de leurs ânes en revenant.

Nous étions, comme on le pense bien, arrivés à Hautecombe avant nos pourvoyeurs ; en les attendant, nous nous cheminâmes vers la chapelle où sont les tombeaux.

C'est une charmante petite église, qui, quoique moderne, est construite sur le plan et dans la forme gothiques. Si les murailles étaient brunies par ce vernis sombre que les siècles seuls déposent en passant, on la prendrait à l'extérieur pour une bâtisse de la fin du quinzième siècle.

En entrant, on heurte un tombeau : c'est celui du fondateur de la chapelle, du roi Charles-Félix ; il semble qu'après avoir confié à l'église les corps de ses ancêtres, lui, le dernier de sa race, ait voulu, comme un fils pieux, veiller à la porte sur les restes de ses pères, dont la chaîne remonte à plus de sept siècles.

De chaque côté du chemin qui conduit au chœur, sont rangés de superbes tombeaux de marbre, sur lesquels sont couchés les ducs et les duchesses de Savoie ; les ducs avec un lion à leurs pieds, type du courage ; les duchesses avec un lévrier, symbole de la fidélité. D'autres encore, qui ont marché par la voie sainte au lieu de suivre la voie sanglante, sont représentés avec un cilice sur le corps et des sabots aux pieds, en signe de souffrance et d'humilité ; presque tous ces monumens sont d'un beau travail et d'une exécution puissante et naïve ; mais au dessus de chaque tombeau, et comme pour jurer avec eux et donner un démenti au caractère et au costume, un beau médaillon ovale ou carré représente, exécutée par des artistes modernes, une scène de guerre ou de pénitence tirée de la vie de celui dont sous la pierre qu'il surmonte. Là vous pouvez voir le héros dépouillé de l'armure de *mauvais goût* qui le couvre sur son tombeau, combattant, en costume grec, un glaive ou un javelot à la main, avec la pose académique de Romulus ou de Léonidas. Ces messieurs étaient trop fiers pour copier, et avaient trop d'imagination pour faire le vrai. La paix du ciel soit avec eux !

Nous vîmes quelques religieux priant pour les âmes de leurs anciens seigneurs. Ce sont des moines d'une abbaye de Citeaux attenant à la chapelle, et qui ont charge de la desservir ; la date de la fondation de cette abbaye remonte au commencement du douzième siècle, et deux papes sont sortis de son sein, Geoffroi de Châtillon, élu en 1241, sous le nom de Célestin VI, et Jean Gaëtan des Ursins, élu sous celui de Nicolas III, en 1277.

Pendant que nous visitions le couvent, et que nous prenions ces renseignemens, nos provisions étaient arrivées, et une collation splendide s'organisait sous des marronniers, à trois cents pas de l'abbaye. Aussitôt que cette bienheureuse nouvelle nous parvint, nous prîmes congé des révérends pères, et nous nous acheminâmes au pas de course vers le déjeuner. En nous y rendant, nous laissâmes à notre gauche la fontaine intermittente. J'eus la curiosité de visiter son emplacement ; j'y trouvai immobile, avec son cigarre à la bouche et les mains derrière le dos, mon Allemand de la veille ; il attendait depuis trois heures que la source coulât ; on avait oublié de lui dire que, depuis huit jours, elle était tarie.

Je rejoignis nos camarades, couchés comme des Romains autour du festin ; je n'eus qu'à jeter un coup d'œil dessus pour rendre justice entière à Jacotot : c'est un de ces hommes rares qui méritent leur réputation.

Lorsque le déjeuner fut mangé, le vin bu, les bouteilles cassées, l'on pensa au retour, et l'on rappela la convention arrêtée le matin, à savoir, que ceux qui se laisseraient choir paieraient la part de ceux qui ne tomberaient pas. Le relevé fait, le déjeuner se trouva être un pique-nique.

A notre retour, nous trouvâmes Aix en révolution. Ceux qui avaient des chevaux les faisaient atteler, ceux qui n'en avaient pas louaient des voitures, ceux qui n'en pouvaient plus trouver encombraient les bureaux des diligences ; quelques hommes même se préparaient à partir à pied ; les dames nous entouraient à main jointes pour avoir nos ânes, et, à toutes les questions que nous faisions, on ne répondait que par ces mots : —Le choléra, monsieur, le choléra ! —Voyant que nous ne pouvions obtenir aucun éclaircissement de cette population épouvantée, nous appelâmes Jacotot.

Il arriva les larmes aux yeux. — Nous lui demandâmes ce qu'il y avait.

Voici le fait :

Un maître de forges, arrivé de la veille, et qui s'était vanté, en arrivant, d'avoir escamoté au gouvernement sarde la quarantaine de six jours imposée à tous les étrangers, s'était trouvé pris, après le déjeuner, d'étourdissemens et de coliques. Le malheureux avait eu l'imprudence de se plaindre ; son voisin à l'instant même reconnut les symptômes du choléra asiatique ; chacun alors se leva, poussant des clameurs affreuses, et plusieurs personnes, en se sauvant, crièrent sur la place : Le choléra ! le choléra ! comme on crie *au feu !*

Le malade, qui était habitué à de pareilles indispositions, et qui les guérissait à guérison ordinairement avec du thé ou simplement de l'eau chaude, était celui qui s'était le moins inquiété de tous ces cris. Il allait tranquillement regagner son hôtel, et se mettre à son régime, lorsqu'il trouva à la porte les cinq médecins de l'établissement des eaux. Malheureusement pour lui, au moment où il allait saluer la faculté savoyarde, une violente douleur lui arracha un cri, et la main qu'il portait à son chapeau descendit naturellement sur l'abdomen, siège de la douleur. Les cinq médecins se regardèrent, échangèrent un coup d'œil qui voulait dire : Le cas est grave. Deux d'entre eux saisirent le patient, chacun par un bras, lui tâtèrent le pouls, et le déclarèrent cholérique au premier degré.

Le maître de forges, qui se rappelait les aventures de M. de Pourceaugnac, leur remontra doucement que, malgré tout le respect qu'il devait à leur profession et à leur science, il croyait mieux connaître qu'eux une situation dans laquelle il s'était déjà trouvé vingt fois, que les symptômes qu'ils prenaient pour ceux de l'épidémie étaient des symptômes d'indigestion, et pas autre chose ; en conséquence, il les pria de se ranger un peu pour le laisser passer, attendu qu'il allait commander du thé à son hôtel. Mais les médecins déclarèrent qu'il n'était point en leur pouvoir de céder à cette demande, vu qu'ils étaient chargés par le gouvernement de l'état sanitaire de la ville, qu'ainsi tout baigneur qui tombait malade à Aix leur appartenait de droit. Le pauvre maître de forges fit un dernier effort, et demanda qu'on lui laissât quatre heures pour se traiter à sa manière ; passé ce temps, il consentait, s'il n'était pas guéri radicalement, à se livrer corps et âme entre les mains de la science. A ceci la science répondit que le choléra asiatique, celui-là même dont le malade était attaqué, faisait de tels progrès qu'en quatre heures il serait mort.

Pendant cette discussion, les médecins s'étaient dit quelques mots à l'oreille, et l'un d'entre eux, étant sorti, revint bientôt accompagné de quatre carabiniers royaux et d'un brigadier, qui demanda, en relevant sa moustache, où était l'infâme cholérique. On lui indiqua le malade ; deux carabiniers le prirent par les bras, deux autres par les jambes ; le brigadier tira son sabre et marcha en serrefile en marquant le pas. Les cinq médecins suivaient le cortège ; quant au maître de forges, il écumait de rage, criait à tue-tête, et mordait tout ce qui se trouvait à portée de sa bouche. C'étaient bien les symptômes du choléra asiatique au second degré : la maladie faisait des progrès effrayans.

Ceux qui le virent passer n'eurent donc plus aucun doute. On admira le dévoûment de ces dignes médecins, qui allaient braver la contagion ; mais chacun se disposa à le fuir le plus vitement possible. C'est dans cet état de panique que nous avions retrouvé la ville.

En ce moment, notre Allemand frappa sur l'épaule de Jacotot, et lui demanda si c'était parce que la source d'eau intermittente ne coulait plus que tout le monde paraissait si effrayé. Jacotot reprit d'un bout à l'autre le récit qu'il venait de nous faire. L'Allemand l'écouta avec sa gravité habituelle; puis, lorsqu'il eut fini, il se contenta de dire : Ah ! — et il s'achemina vers l'établissement.

— Où allez-vous? monsieur, où allez-vous ? lui cria-t-on de toutes parts.

— Ché fais foir la malate, — répondit notre homme, et il continua son chemin. Dix minutes après, il revint du même pas dont il était parti : tout le monde l'entoura, en lui demandant ce qu'on faisait au cholérique.

— On l'oufre, répondit-il.

— Comment ! on l'oufre !

— Oui, oui, on lui oufre le ventre ; — et il accompagna ces mots d'un geste qui ne laissait aucun doute sur le genre d'opération qu'il indiquait.

— Il est donc déjà mort?

— Oh ! oui, sans toute, téchà, dit l'Allemand.

— Et du choléra?

— Non t'eine intichestion : ce paufre homme ! il afait peaucoup técheuné, et son técheuner lui faisait mal; ils l'ont mis tans ein bain chaud, et alors son técheûner l'a étouffé : foilà tout.

C'était vrai ; le lendemain on enterra le maître de forges, et le surlendemain personne ne pensait plus au choléra. Les médecins seuls soutinrent qu'il était mort de l'épidémie régnante.

Le jour suivant, je me dispensai de la partie de bain. J'avais peu de jours à passer à Aix, et je voulais visiter en détail les thermes romains et les bains modernes.

La ville d'Aix remonte à la plus haute antiquité. Ses habitans, connus sous le nom d'*Aquenses*, étaient sous la protection immédiate du proconsul Domitius, comme le prouve le premier nom que portèrent les eaux : *Aquæ Domitianæ;* elles furent sous Auguste le rendez-vous des riches malades de Rome.

Après avoir été brûlée quatre fois, la première au troisième siècle, la deuxième et la troisième fois au treizième, enfin, la dernière fois, au dix-septième; après être passée en l'an 1000, le 5 des ides de juin, à la possession de Rodolphe, roi de la Bourgogne transjurane, en celle de Berold de Saxe; après avoir été longtemps un objet de contestation et une cause de guerre entre les maisons des ducs de Savoie et des comtes de Genève, Aix demeura enfin, par un traité conclu en 1293, sous la domination des premiers.

Les différentes révolutions survenues depuis le passage des barbares, auxquelles il faut attribuer la première destruction des thermes romains, jusqu'au dernier incendie de 1630, avaient fait oublier la vertu médicale des bains d'Aix. D'ailleurs les eaux pluviales, en descendant des montagnes qui environnent la ville, et en entraînant avec elles des portions de terre végétale et des fragmens de roche, avaient peu à peu recouvert d'une couche de sable de huit ou dix pieds les anciennes constructions romaines. Ce ne fut qu'au commencement du dix-septième siècle qu'un docteur d'une petite ville du Dauphiné, nommé Cabias, remarqua les sources thermales auxquelles les habitans ne faisaient aucune attention. Les expériences chimiques qu'il fit sur elles, tout incomplètes qu'elles étaient, lui découvrirent le secret de leur efficacité pour certaines maladies; de retour chez lui, il en conseilla l'usage dès que l'occasion s'en présenta, et accompagna lui-même, pour en faire l'application, les premiers malades riches qui voulurent se soumettre à ce traitement. Leur guérison donna lieu à la publication d'une petite brochure intitulée : *Des cures merveilleuses et propriétés des eaux d'Aix;* cette publication eut lieu à Lyon en 1624, et donna aux bains une célébrité qui depuis n'a fait que s'accroître.

Les monumens qui restent du temps des Romains sont un arc ou plutôt une arcade, les débris d'un temple de Diane et les restes des thermes.

On a de plus retrouvé, en creusant des tombes dans l'église du Bourget, un autel à Minerve, la pierre du sacrifice, l'urne dans laquelle on recueillait le sang de la victime, et enfin le couteau de pierre aiguisé avec lequel on l'égorgeait.

Le curé a fait disparaître tous ces objets dans un moment de zèle religieux.

L'arc romain a été l'objet d'une longue controverse : les uns ont prétendu retrouver en lui l'entrée des thermes, située à peu de distance de l'endroit où il est élevé ; les autres en ont fait un monument funéraire; d'autres enfin en ont fait un arc de triomphe.

Une inscription constate du moins le nom de celui qui a bâti le monument, si elle n'apprend pas dans quel but il a été élevé. La voici :

L. POMPEIVS CAMPANVS
VIVS FECIT.

De là, il a pris le nom d'arc de Pompée.

Le temple de Diane est bien moins complet. Une partie de ses pierres ont fourni les dalles magnifiques qui forment les escaliers du Cercle (1); celles qui sont restées entières et debout ont disparu au milieu de la bâtisse d'un mauvais petit théâtre auquel elles ont servi de fondemens. Une des quatre parois de la bibliothèque du Cercle est formée par le mur de cet ancien monument. On a eu le bon esprit de ne le recouvrir d'aucune tapisserie ; de cette manière, les curieux peuvent examiner à loisir les pierres colossales qui avaient servi à cette construction. Les plus petites ont deux pieds de hauteur sur quatre et cinq pieds de large. Elles sont posées les unes sur les autres, sans aucun ciment, et paraissent se maintenir seulement par le poids de l'équilibre.

Quant aux restes des thermes romains, ils sont situés sous la maison d'un particulier nommé M. Perrier. Nous avons déjà dit comment les eaux, en charriant de la terre, avaient recouvert ces constructions antiques ; elles avaient donc complétement disparu, et étaient restées ignorées de tous, lorsqu'en creusant les fondations de sa maison, M. Perrier les trouva.

Quatre marches d'un escalier antique, revêtues de marbre blanc, conduisent d'abord à une piscine octogone de vingt pieds de longueur, entourée de tous côtés de gradins sur lesquels s'asseyaient les baigneurs ; ces gradins et le fond de la piscine sont aussi revêtus de marbre. Sous chacun des gradins passent des conduits de chaleur, et, derrière le plus élevé de ces gradins, on retrouve les bouches par lesquelles la vapeur se répandait dans l'appartement. Au fond de cette piscine était placé l'immense lavabo de marbre qui renfermait l'eau froide dans laquelle les anciens se plongeaient immédiatement après avoir pris leurs bains de vapeurs. Le lavabo a été brisé en faisant la fouille, mais le détritus amené par les alluvions, et dont il avait été rempli, a conservé la forme exacte de la cuve qui l'embrassait et dans laquelle il s'était séché.

Au-dessous de la piscine est situé le réservoir qui contenait l'eau chaude dont la vapeur montait dans l'appartement situé au-dessus. Il devait en renfermer un immense volume, puisque la muraille du conduit qui y communique est rongée à la hauteur de sept pieds.

La partie supérieure de ce réservoir a seule été mise à découvert ; mais, en examinant les chapiteaux carrés des colonnes qui sortent de terre, et en procédant du connu à l'inconnu, d'après les règles architecturales, ces colonnes doivent s'enfoncer de neuf pieds dans le sol; elles sont bâties en brique, et chaque brique porte le nom du fabricant qui les a fournies : il s'appelait Glarianus.

En suivant le même chemin que devait suivre l'eau, on entre dans le corridor par lequel s'échappait la vapeur; les bouches de chaleur qu'on aperçoit au plafond sont les mêmes dont on retrouve l'orifice opposé derrière le gradin le plus élevé de la piscine.

Au bout d'un autre corridor, on trouve une petite salle de bain particulière pour deux personnes ; elle a huit pieds de long sur quatre de large, et c'est la salle même qui forme la baignoire ; elle est partout revêtue de marbre blanc, et soutenue par des colonnes de briques entre les chapiteaux

(1) Le Cercle est l'endroit où se réunissent le soir les baigneurs.

desquelles circulait l'eau thermale. On y descendait de côté par des escaliers de même longueur et de même largeur que la baignoire. Sous chacun de ces escaliers passaient des conduits de chaleur, afin que les pieds nus pussent s'y poser sans hésitation, et que la fraîcheur du marbre ne refroidît pas l'eau du bain.

Du reste, toutes ces fouilles, que l'on pourrait croire avoir été faites par le propriétaire du terrain dans un but scientifique, n'avaient pour objet que de creuser une cave; les corridors que nous venons de décrire y conduisent en droite ligne.

En remontant, nous vîmes dans le jardin un méridien antique; il diffère peu des nôtres.

Les édifices modernes sont le Cercle et les bains.

Le Cercle est le bâtiment dans lequel se réunissent les baigneurs. Moyennant vingt francs, on vous remet une carte personnelle qui vous ouvre l'entrée des salons. Ces salons sont composés d'une chambre de réunion, où les dames travaillent ou font de la musique, d'une salle de bal et de concert, d'une salle de billard, et d'une bibliothèque dont nous avons déjà parlé à propos du temple de Diane.

Un grand jardin attenant à ces bâtimens offre une magnifique promenade. D'un côté, l'horizon se perd à cinq ou six lieues dans un lointain bleuâtre; de l'autre il se termine par la Dent-du-Chat, la sommité la plus élevée des environs d'Aix, ainsi nommée, à cause de sa couleur blanche et de sa forme aiguë.

L'édifice où l'on prend les bains a été commencé en 1772 et terminé en 1784, par les ordres et aux frais de Victor-Amédée. Une inscription gravée sur la fontaine du monument constate cette libéralité du roi sarde. La voici :

VICTOR AMEDVS III REX PIVS FELIX AVGVSTVS
PP. HASCE THERMALES AQVAS A ROMANIS
OLIM E MONTIBVS DERIVATAS AMPLIATIS.
OPERIBVS IN NOVAM
MELIOREMQVE FORMAM REDIGI
IVSSIT APTIS AD ÆGRORVM VSVM
ÆDIFICIIS PVBLICE SALVTIS GRATIA
EXTRVCTIS ANNO MDCCLXXXIII.

Dans la première chambre, en entrant à droite, sont les deux robinets étiquetés auxquels les baigneurs viennent puiser trois fois par jour le verre d'eau qu'ils doivent boire. L'une de ces étiquettes porte le mot *soufre* et l'autre le mot *alun*. L'un est à trente-cinq degrés de chaleur, l'autre à trente-six.

L'eau de soufre pèse un cinquième de moins que l'eau ordinaire : une pièce d'argent mise en contact avec elle s'oxide en deux secondes.

Les eaux thermales, en les comparant à l'eau ordinaire, offrent ceci de remarquable, que l'eau ordinaire, portée par l'ébullition à quatre-vingts degrés de chaleur, perd en deux heures soixante degrés à peu près par son contact avec l'air atmosphérique, tandis que l'eau thermale, déposée à huit heures du soir dans une baignoire, n'a perdu à huit heures du matin, c'est-à-dire douze heures après, que quatorze ou quinze degrés, ce qui laisse aux bains ordinaires une chaleur suffisante de dix-huit ou dix-neuf degrés.

Quant aux bains de traitement, les malades les prennent ordinairement à trente-cinq ou trente-six degrés: de cette manière on voit qu'il n'y a rien à ajouter ni à ôter à la chaleur de l'eau, qui se trouve en harmonie avec celle du sang ; cela donne aux eaux d'Aix une supériorité marquée sur les autres, puisque partout ailleurs elles sont ou trop chaudes ou trop froides. Si elles sont trop froides, on est obligé de les soumettre au chauffage, et l'on comprend quelle quantité de gaz doit se dégager pendant cette opération. Si, au contraire, elles sont trop chaudes, elles ont besoin d'être refroidies par une combinaison avec l'eau froide ou par le contact de l'air, dans l'un ou l'autre cas, on conçoit encore ce que doit leur ôter de leur efficacité le mélange ou l'évaporation.

Ces eaux thermales possèdent encore sur celles des autres établissemens un avantage naturel : c'est que les sources chaudes sourdent ordinairement dans les endroits bas ; celle-ci, au contraire, se trouve à trente pieds au-dessus du niveau de l'établissement. Elles peuvent donc, par la faculté que leur donnent les lois de la pesanteur, s'élever, sans moyen de pression, à la hauteur nécessaire pour accroître ou diminuer leur action dans l'application des douches.

A certaines époques, et surtout lorsque la température atmosphérique descend de douze à neuf degrés au-dessus de zéro, chacune de ces eaux, dont la source paraît être cependant la même, présente un phénomène particulier. L'eau de soufre charrie une matière visqueuse, qui, en se solidifiant, offre tous les caractères d'une gelée animale parfaitement faite : elle en a le goût et les qualités nutritives, tandis que, de son côté, l'eau d'alun charrie en quantité à peu près pareille une gelée purement végétale.

En 1822, le jour du mardi gras, un tremblement de terre se fit sentir dans toute la chaîne des Alpes ; trente-sept minutes après la secousse, une quantité considérable de gélatine animale et végétale sortit par les tuyaux de soufre et d'alun.

Il serait trop long de décrire les différens cabinets et les divers appareils des douches que l'on y administre. La chaleur des douches varie, mais celle des cabinets est toujours la même, c'est-à-dire de trente-trois degrés. L'un de ces cabinets seulement, nommé *l'enfer*, est à une température beaucoup plus élevée; cela tient à ce que la colonne d'eau chaude est plus forte, et qu'une fois les portes et les vasistas fermés, on ne peut plus respirer l'air extérieur, mais seulement celui qui se dégage par la vaporisation. Cette atmosphère vraiment infernale pousse la circulation du sang jusqu'à cent quarante-cinq pulsations à la minute; le pouls d'un Anglais mort phthisique donna jusqu'à deux cent dix pulsations, c'est-à-dire trois et demie par seconde. C'est là qu'on avait conduit le maître de forges. Le chapeau de ce malheureux était encore accroché à une patère.

On peut descendre vers les sources par une entrée située dans la ville même : c'est une ouverture grillée, de trois pieds de large, appelée le *trou aux serpens*, parce que sa situation au midi et la vapeur qui s'échappe de cette espèce de soupirail y attirent, de onze à deux heures, une multitude de couleuvres. On n'y passe jamais à ce moment de la journée sans voir plusieurs de ces reptiles se récréant à cette double chaleur : comme ils ne sont nullement venimeux, les enfans les apprivoisent, et s'en servent, comme nos marchands de cire luisante ou de savon à dégraisser, pour arracher quelques pièces de monnaie aux voyageurs.

Pendant que j'étais en train de visiter les curiosités d'Aix, je pris ma course vers la cascade de Grésy, située à trois quarts de lieue à peu près de la ville. Un accident arrivé en 1815 à madame la baronne de Broc, l'une des dames d'honneur de la reine Hortense, a rendu cette chute d'eau tristement célèbre. Cette cascade n'offre, du reste, rien de remarquable que les entonnoirs qu'elle a creusés dans le roc, et dans l'un desquels cette belle jeune femme a péri. Au moment où je la visitais, l'eau était basse, et laissait à sec l'orifice des trois entonnoirs, qui ont de quinze à dix-huit pieds de profondeur, et dans les parois intérieures desquels l'eau s'est creusée une communication en rongeant le rocher ; elle descend de cette manière jusqu'au lit d'un ruisseau qui fuit à trente pieds de profondeur à peu près, entre des rives si rapprochées qu'on peut facilement sauter d'un bord à l'autre. La reine Hortense visitait cette cascade, accompagnée de madame Parquin et de madame de Broc, lorsque cette dernière, en traversant sur une planche le plus grand de ces entonnoirs, crut appuyer son ombrelle sur la planche, et la posa à côté ; le défaut d'un point d'appui lui fit pencher le corps d'un côté, la planche tourna, madame de Broc jeta un cri et disparut dans le gouffre : elle avait vingt-cinq ans.

La reine lui a fait élever un tombeau sur l'emplacement même où a eu lieu cet accident. On y lit cette inscription :

ICI
MADAME LA BARONNE DE BROC,

ÂGÉE DE 25 ANS, A PÉRI
SOUS LES YEUX DE SON AMIE,
LE 10 JUIN 1845.

> O vous
> Qui visitez ces lieux,
> N'avancez qu'avec
> Précaution sur ces
> Abîmes ;
> Songez à ceux
> Qui vous
> Aiment !

On trouve, en revenant, sur l'un des côtés de la route, au bord du torrent de la Baie, la source ferrugineuse de *Saint-Simon*, découverte par M. Despine fils, l'un des médecins d'Aix. Il a fait bâtir au-dessus une petite fontaine classique, sur laquelle il a fait graver le nom plus classique encore de la déesse HYGIE, au-dessous de ce mot ceux-ci : FONTAINE DE SAINT-SIMON. J'ignore si l'étymologie de ce nom a quelque rapport avec le prophète de nos jours.

On applique les eaux de cette fontaine au traitement des affections d'estomac et des maladies lymphatiques. Je la goûtai en passant, elle me parut d'un goût assez agréable.

Je revins juste pour l'heure du dîner. Lorsqu'il fut terminé, chacun se sépara, et je remarquai que personne ne se plaignait de la plus petite douleur de colique. Quant à moi, j'étais fatigué de mes courses de la journée : je me couchai.

A minuit, je fus réveillé par un grand bruit et une grande lueur. Ma chambre était pleine de baigneurs ; quatre tenaient à la main des torches allumées ; on venait me chercher pour monter à la Dent-du-Chat.

Il y a des plaisanteries qui ne paraissent bonnes à ceux qui en sont l'objet que lorsqu'ils sont eux-mêmes montés à un certain degré de gaîté et d'entrain. Certes, ceux qui, à la suite d'un souper chaud de bavardage et de vin, les esprits bien animés par tous deux, craignant que le sommeil ne vînt éteindre l'orgie, proposèrent de passer le reste de la nuit ensemble et de l'employer à faire une ascension pour voir l'aurore se lever de la cime de la Dent-du-Chat, ceux-là durent avoir près des autres un succès admirable. Mais moi, qui m'étais couché calme et fatigué, avec l'espoir d'une nuit bien pacifique, et qui me trouvais réveillé en sursaut par une invitation aussi incongrue, je ne reçus pas, on le comprendra facilement, la proposition avec un grand enthousiasme. Cela parut fort extraordinaire à mes grimpeurs, qui en augurèrent que j'étais mal éveillé, et qui, pour porter mes esprits au complet, me prirent à quatre et me déposèrent au milieu de la chambre. Pendant ce temps, un autre, plus prévoyant encore, vidait dans mon lit toute l'eau que j'avais eu l'imprudence de laisser dans ma cuvette. Si ce moyen ne rendait pas la promenade proposée plus amusante, il la rendait au moins à peu près indispensable. Je pris donc mon parti, comme si la chose m'agréait beaucoup, et cinq minutes après je fus prêt à me mettre en route. Nous étions douze en tout, et deux guides, qui faisaient quatorze.

En passant sur la place, nous vîmes Jacolot qui fermait son café, et l'Allemand qui fumait son dernier cigarre et vidait sa dernière bouteille. Jacolot nous souhaita bien du plaisir, et l'Allemand nous cria : « *Pon foyage !...* » Merci !...

Nous traversâmes le petit lac du Bourget pour arriver au pied de la montagne que nous allions escalader ; il était bleu, transparent et tranquille, et semblait avoir au fond de son lit autant d'étoiles qu'on en comptait au ciel. A son extrémité occidentale, on apercevait la tour d'Hautecombe, debout comme un fantôme blanc, tandis qu'entre elle et nous, des barques de pêcheurs glissaient en silence, ayant à leur poupe une torche allumée dont la lueur se reflétait dans l'eau.

Si j'avais pu rester là seul, des heures entières, rêvant dans une barque abandonnée, je n'aurais certes regretté ni mon sommeil, ni mon lit. Mais je n'étais point parti pour cela, j'étais parti pour *m'amuser*. Ainsi, je *m'amusais !...* La singulière chose que ce monde, où l'on passe toujours à côté d'un bonheur en cherchant un plaisir !...

Nous commençâmes à gravir à minuit et demi : c'était une chose assez curieuse que de voir cette marche aux flambeaux. A deux heures, nous étions aux trois quarts du chemin ; mais ce qui nous en restait à faire était si difficile et si dangereux, que nos guides nous firent faire une halte pour attendre les premiers rayons du jour.

Lorsqu'ils parurent, nous continuâmes notre route, qui devint bientôt si escarpée, que notre poitrine touchait presque le talus sur lequel nous marchions à la file les uns des autres. Chacun alors déploya son adresse et sa force, se cramponnant des mains aux bruyères et aux petits arbres, et des pieds aux aspérités du rocher et aux inégalités du terrain. Nous entendions les pierres que nous détachions rouler sur la pente de la montagne rapide comme celle d'un toit ; et lorsque nous les suivions des yeux, nous les voyions descendre jusqu'au lac, dont la nappe bleue s'étendait à un quart de lieue au-dessous de nous ; nos guides eux-mêmes ne pouvaient nous prêter aucun secours, occupés qu'ils étaient à nous découvrir le meilleur chemin ; seulement, de temps en temps, ils nous recommandaient de ne pas regarder derrière nous, de peur des éblouissements et des vertiges, et ces recommandations, faites d'une voix brève et serrée, nous prouvaient que le danger était bien réel.

Tout à coup celui de nos camarades qui les suivait immédiatement jeta un cri qui nous fit passer à tous un frisson dans les chairs. Il avait voulu poser le pied sur une pierre déjà ébranlée par le poids de ceux qui le précédaient et qui s'en étaient servis comme d'un point d'appui : la pierre s'était détachée ; en même temps, les branches auxquelles il s'accrochait, n'étant point assez fortes pour soutenir seules le poids de son corps, s'étaient brisées entre ses mains.

— Retenez-le, retenez-le donc ! s'écrièrent les guides. Mais c'était chose plus facile à dire qu'à faire. Chacun avait déjà grand'peine à se retenir soi-même ; aussi passa-t-il, en roulant, près de nous tous sans qu'un seul pût l'arrêter. Nous le croyions perdu, et la sueur de l'effroi au front, nous le suivions des yeux en haletant, lorsqu'il se trouva assez près de Montaigu, le dernier de nous tous, pour que celui-ci pût, en étendant la main, le saisir aux cheveux. Un moment il y eut doute si tous deux ne tomberaient pas. Ce moment fut court, mais il fut terrible, et je réponds que aucun de ceux qui se trouvaient-là n'oubliera de longtemps la seconde où il vit ces deux hommes oscillant sur un précipice de deux mille pieds de profondeur, ne sachant pas s'ils allaient être précipités ou s'ils parviendraient à se rattacher à la terre.

Nous gagnâmes enfin une petite forêt de sapins, qui, sans rendre le chemin moins rapide, le rendit plus commode, par la facilité que ces arbres nous offraient de nous accrocher à leurs branches ou de nous appuyer à leurs troncs. La lisière opposée de cette petite forêt touchait presque la base du rocher nu, dont la forme a fait donner à la montagne le singulier nom qu'elle porte : des trous creusés irrégulièrement dans la pierre offrent une espèce d'escalier qui conduit au sommet.

Deux d'entre nous seulement tentèrent cette dernière escalade, non que ce trajet fût plus difficile que celui que nous venions d'accomplir, mais il nous promettait pas une vue plus étendue, et celle que nous avions sous les yeux était loin de nous dédommager de notre fatigue et de nos meurtrissures : nous les laissâmes donc grimper à leur clocher, et nous nous assîmes pour procéder à l'extraction des pierres et des épines. Pendant ce temps, ils étaient arrivés au sommet de la montagne, et, comme preuve de prise de possession, ils y avaient allumé un feu et y fumaient leurs cigarres.

Au bout d'un quart d'heure, ils descendirent, se gardant bien d'éteindre le feu qu'ils avaient allumé, curieux qu'ils étaient de savoir si d'en bas on en apercevrait la fumée.

Nous mangeâmes un morceau, après quoi nos guides nous demandèrent si nous voulions revenir par la même route, ou bien en prendre une autre beaucoup plus longue, mais aussi plus facile : nous choisîmes unanimement cette dernière. A trois heures, nous étions de retour à Aix, et du milieu de la place ces messieurs eurent l'orgueilleux plaisir d'apercevoir encore la fumée de leur fanal. Je leur demandai s'il m'était permis, maintenant que je m'étais bien *amusé*, d'aller me mettre au lit. Comme chacun éprouvait probablement le besoin d'en faire autant, on me répondit qu'on n'y voyait pas d'objection.

Je crois que j'aurais dormi trente-six heures de suite comme Balmat, si je n'avais pas été réveillé par une grande rumeur. J'ouvris les yeux, il faisait nuit; j'allai à la fenêtre, et je vis toute la ville d'Aix sur la place publique : tout le monde parlait à la fois, on s'arrachait les lorgnettes, chacun regardait en l'air à se démonter la colonne vertébrale. Je crus qu'il y avait une éclipse de lune!

Je me rhabillai vivement pour avoir ma part du phénomène, et je descendis, armé de ma longue-vue. Toute l'atmosphère était colorée d'un reflet rougeâtre, le ciel paraissait embrasé : la Dent-du-Chat était en feu.

Au même instant, je sentis qu'on me prenait la main; je me retournai, et j'aperçus nos deux camarades du fanal : ils me firent de la tête un signe en s'éloignant. Je leur demandai où ils allaient; l'un d'eux rapprocha les deux mains de sa bouche pour s'en faire un porte-voix, et me cria : A Genève. Je compris leur affaire : c'étaient mes gaillards qui avaient incendié la Dent-du-Chat, et Jacotot les avait prévenus tout bas que le roi de Sardaigne tenait beaucoup à ses forêts.

Je reportai la vue sur la sœur cadette du Vésuve : c'était un fort joli volcan de second ordre.

Un incendie nocturne dans les montagnes est une des plus magnifiques choses que l'on puisse voir. Le feu lâché librement dans une forêt, allongeant de tous côtés, comme un serpent, sa tête flamboyante, se prenant à ramper tout à coup autour du tronc d'un arbre qu'il rencontre sur sa route, se dressant contre lui, dardant ses langues comme pour lécher les feuilles, s'élançant à son sommet qu'il dépasse ainsi qu'une aigrette, redescendant le long de ses branches, et finissant par les illuminer toutes comme celles d'un if préparé pour une réjouissance publique : voilà ce que nos rois ne peuvent pas faire pour leurs fêtes, voilà qui est beau ! Puis, quand cet arbre brûlé secoue ses feuilles ardentes, quand passe sur lui un coup de vent qui les emporte comme une pluie de feu, quand chacune de ces étincelles allume en tombant un foyer, que tous ces foyers, en s'élargissant, marchent au-devant les uns des autres, et finissent enfin par se réunir et se confondre dans une immense fournaise; quand une lieue de terrain brûle ainsi, et quand chaque arbre qui brûle nuance la couleur de la flamme selon son essence, la varie selon sa forme ; quand les pierres calcinées se détachent et roulent brisant tout sur leur route, quand le feu siffle comme le vent, et quand le vent mugit comme la tempête : oh! alors, voilà qui est splendide, voilà qui est merveilleux ! Néron s'entendait en plaisirs, lorsqu'il brûla Rome.

Je fus tiré de mon extase par une voiture qui traversait la place, escortée de quatre carabiniers royaux. Je reconnus celle des Ruggieri, qui, vendus par les guides, dénoncés par le maître de poste, avaient été rejoints, avant de pouvoir gagner la frontière de la Savoie, par les gendarmes de Charles-Albert. On voulait les conduire en prison, nous répondîmes tous d'eux; enfin, sur la caution générale, et leur paroles d'honneur de ne point quitter la ville, ils furent libres de jouir du spectacle qu'ils devaient payer.

Le feu dura ainsi trois jours.

Le quatrième, on leur apporta une note de TRENTE-SEPT MILLE CINQ CENTS et quelques francs.

Ils trouvèrent la somme un peu forte, pour quelques mauvais arpens de bois, dont la situation rendait l'exploitation impossible; en conséquence, ils écrivirent à notre ambassadeur à Turin de tâcher de faire rogner quelque chose sur le mémoire. Celui-ci s'escrima si bien, que la carte à payer leur revint, au bout de huit jours, réduite à sept cent quatre-vingts francs.

Moyennant le solde de cette somme, ils étaient libres de quitter Aix. Ils ne se le firent pas dire deux fois : ils payèrent, se firent donner leur reçu, et partirent immédiatement, de peur qu'on ne leur représentât le lendemain un reliquat de compte.

Je n'ai pas voulu nommer les deux coupables, qui jouissent à Paris d'une trop haute considération pour que j'essaie d'y porter atteinte.

Les huit jours qui s'écoulèrent après leur départ n'amenèrent que deux accidens : le premier fut un concert exécrable que nous donnèrent une soi-disant première basse de l'Opéra-Comique et un soi-disant premier baryton de l'ex-garde royale. Le second fut le déménagement de l'Allemand, qui vint prendre une chambre près de la mienne; il logeait auparavant dans la maison Roissard, située juste en face du trou aux serpens, et un beau matin il avait trouvé une couleuvre dans sa botte.

Comme on se lasse des parties d'ânes, même lorsqu'on ne tombe que deux ou trois fois; comme le jeu est chose fort peu amusante, lorsqu'on ne comprend ni le plaisir de gagner ni le chagrin de perdre; comme j'avais visité tout ce qu'Aix et ses environs avaient de curieux ; comme enfin madame la première basse et monsieur le premier baryton nous menaçaient d'un second concert, je résolus de faire quelque diversion à cette stupide existence, en allant visiter la grande Chartreuse, qui n'est située, je crois, qu'à dix ou douze lieues d'Aix. Je comptais de là retourner à Genève, d'où je voulais continuer mes courses dans les Alpes, en commençant par l'Oberland. En conséquence, je fis mes préparatifs de départ, je louai une voiture moyennant le prix habituel de dix francs par jour, et le 10 septembre au matin j'allai prendre congé de mon voisin l'Allemand ; il m'offrit de fumer un cigarre et de boire un verre de bière avec lui : c'est une avance qu'il n'avait encore faite, je crois, qu'à personne.

Pendant que nous trinquions ensemble, et que, les coudes appuyés en face l'un de l'autre sur une petite table, nous nous poussions réciproquement des bouffées de fumée au visage, on vint m'annoncer que la voiture m'attendait : il se leva et me conduisit jusqu'au seuil de la porte. Arrivé là, il me demanda :

— Où allez-fous ?

Je le lui dis.

— Ah ! ah ! continua-t-il, fous allez foir les Chartreux, ce sont tes trôles de corps.

— Pourquoi ?

— Oui, oui, ils manchent tans tes encriers, et ils couchent tans tes armoires.

— Que diable est-ce que cela veut dire ?

— Fous ferrez.

Alors il me donna une poignée de main, me souhaita un *pon foyaye*, et me ferma sa porte. Je n'en pus tirer autre chose.

J'allai faire mes adieux à Jacotot en prenant une tasse de chocolat. Quoique je ne fisse pas une grande consommation, Jacotot m'avait pris en respect parce qu'on lui avait dit que j'étais un auteur : lorsqu'il apprit que je partais, il me demanda si je n'écrirais pas quelque chose sur les eaux d'Aix. Je lui répondis que cela n'était pas probable, mais que cependant c'était possible. Alors il me pria de ne point oublier, dans ce cas, de parler du café dont il était le premier garçon, ce qui ne pourrait pas manquer de faire grand bien à son maître; non seulement je m'y engageai, mais encore je lui promis de le rendre, lui Jacotot, personnellement aussi célèbre que cela me serait possible. Le pauvre garçon devint tout pâle en apprenant peut-être son nom serait un jour imprimé dans un livre.

La société que je quittais en m'éloignant d'Aix était un singulier mélange de toutes les positions sociales et de toutes les opinions politiques. Cependant l'aristocratie de naissance traquée partout, repoussée pied à pied par l'aristocratie d'argent qui lui succède, comme dans un champ fauché pousse une seconde moisson, était là en majorité. C'est dire que le parti carliste était le plus fort.

Après lui, venait immédiatement le parti de la propriété, représenté par de riches marchands de Paris, des négocians de Lyon et des maîtres de forges du Dauphiné : tous ces braves gens étaient très malheureux, le *Constitutionnel* n'arrivant pas en Savoie (1).

Le parti bonapartiste avait aussi quelques représentans à cette diète égrotante. On les reconnaissait vite, au mécontentement qui fait le fond de leur caractère, et à ces mots sacramentels qu'ils jettent au travers de toutes les conversations :
— *Ah! si Napoléon n'avait pas été trahi.* — Honnêtes gens, qui ne voient pas plus loin que la pointe de leur épée, qui rêvent pour Joseph ou pour Lucien un nouveau retour de l'île d'Elbe, et qui ne savent pas que Napoléon est un de ces hommes qui laissent une famille et pas d'héritier.

Le parti républicain était évidemment le plus faible ; il se composait, si je m'en souviens bien, de moi tout seul. Encore, comme je n'acceptais ni tous les principes révolutionnaires de la *Tribune* ni toutes les théories américaines du *National* ; que je disais que Voltaire avait fait de mauvaises tragédies, et que j'ôtais mon chapeau en passant devant le Christ, on me prenait pour un utopiste, et voilà tout.

La ligne de démarcation était surtout sensible chez les femmes. Le faubourg Saint-Germain et le faubourg Saint-Honoré frayaient seuls ensemble : l'aristocratie de naissance et l'aristocratie de gloire sont sœurs ; l'aristocratie d'argent n'est qu'une bâtarde. Quant aux hommes, le jeu les rapprochait ; il n'y a pas de castes à l'entour du tapis vert, et c'est celui qui ponte le plus haut qui est le plus noble. Rotschild a succédé aux Montmorency, et si demain il abjure, après-demain personne ne lui contestera le titre de premier baron chrétien.

Tandis que je faisais à part moi toutes ces distinctions, je roulais vers Chambéry, et comme j'avais encore mon chapeau gris, je n'osai m'y arrêter. Je remarquai seulement en passant qu'un aubergiste qui avait pris pour exergue de son enseigne ces trois mots : « Aux Armes de France, » avait conservé les trois fleurs de lis de la branche aînée, que la main du peuple a grattées si brutalement sur l'écusson de la branche cadette.

A trois lieues de Chambéry, nous passâmes sous une voûte qui traverse une montagne : elle peut avoir cent cinquante pas de longueur. Ce chemin, commencé par Napoléon, a été achevé par le gouvernement actuel de la Savoie.

Ce passage franchi, on rencontre bientôt le village des Échelles : puis, à un quart de lieue de là, une petite ville moitié française, moitié savoyarde. Une rivière trace les frontières des deux royaumes ; un pont situé sur cette rivière est gardé à l'une des extrémités par une sentinelle sarde, et à l'autre par une sentinelle française. Ni l'une ni l'autre n'ayant le droit d'empiéter sur le territoire de son voisin, chacune d'elles s'avance gravement de chaque côté jusqu'au milieu du pont ; puis, arrivées à la ligne des pavés qui en forment l'arête, elles se tournent le dos réciproquement, et recommencent un manège tout le temps que dure la faction. Je revis, au reste, avec plaisir le pantalon garance et la cocarde tricolore qui me dénonçaient un compatriote.

Nous arrivâmes à Saint-Laurent ; c'est à ce village qu'on quitte la voiture, et qu'on prend des montures pour gagner la Chartreuse, distante encore de quatre lieues du pays. Nous n'y trouvâmes pas un seul mulet, ils étaient tous à je ne sais quelle foire. Cela nous importait assez peu, à Lamark et à moi, qui sommes d'assez bons marcheurs ; mais cela devenait beaucoup moins indifférent à une dame qui nous accompagnait : cependant elle prit son parti. Nous fîmes venir un guide, qui se chargea de nos trois paquets qu'il réunit en un seul. Il était sept heures et demie : nous n'avions plus guère que deux heures de jour, et quatre de marche.

Le val du Dauphiné où s'enfonce la Chartreuse est digne d'être comparé aux plus sombres gorges de la Suisse ; c'est la même richesse de nature, la même ardeur de végétation, le même aspect grandiose : seulement le chemin, tout en s'escarpant de même aux flancs des montagnes, est plus praticable que les chemins des Alpes, et conserve toujours près de quatre pieds de largeur. Il n'est donc point dangereux

(1) Les seuls journaux qui y soient reçus sont la *Gazette* et la *Quotidienne*.

pendant le jour, et, tant que la nuit ne vint pas, tout alla merveilleusement. Mais enfin la nuit s'avança, hâtée encore par un orage terrible. Nous demandâmes à notre guide où nous pourrions nous réfugier : il n'y pas une seule maison sur la route ; il fallut continuer notre voyage, nous étions à moitié chemin de la Chartreuse.

Le reste de la montée fut horrible. La pluie arriva bientôt, et avec elle l'obscurité la plus profonde. Notre compagne s'attacha au bras du guide, Lamark prit le mien, et nous marchâmes sur deux rangs : la route n'était pas assez large pour nous laisser passer de front ; à droite, nous avions un précipice dont nous ne connaissions pas la profondeur, et au fond duquel nous entendions mugir un torrent. La nuit était si sombre que nous ne ne distinguions plus le chemin sur lequel nous posions le pied, et que nous n'apercevions la robe blanche de la dame qui nous servait de guide qu'à la lueur des éclairs, qui heureusement étaient assez rapprochés pour qu'il y eût à peu près autant de jour que de nuit. Joignez à cela un accompagnement de tonnerre dont chaque écho multipliait les coups et quadruplait le bruit : on eût dit le prologue du jugement dernier.

La cloche du couvent, que nous entendîmes, nous annonça enfin que nous en approchions. Une demi-heure après, un éclair nous montra le corps gigantesque de la vieille Chartreuse, couché à vingt pas de nous ; pas le moindre bruit ne se faisait entendre dans l'intérieur que celui des tintemens de la cloche ; pas une lumière ne brillait à ses cinquante fenêtres : on eût dit un vieux cloître abandonné où jouaient de mauvais esprits.

Nous sonnâmes. Un frère vint nous ouvrir. Nous allions entrer, lorsqu'il aperçut la dame qui était avec nous. Aussitôt il referma la porte, comme si Satan en personne fût venu visiter le couvent. Il est défendu aux chartreux de recevoir aucune femme ; une seule s'est introduite dans leurs murs en habit d'homme ; et, après son départ, lorsqu'ils surent que leur règle avait été enfreinte, ils accomplirent, dans les appartemens et les cellules où elle avait mis le pied, toutes les cérémonies de l'exorcisme. La permission seule du pape peut ouvrir les portes du couvent à l'ennemi femelle du genre humain. La duchesse de Berri elle-même avait été, en 1829, obligée de recourir à ce moyen pour visiter la Chartreuse.

Nous étions fort embarrassés, lorsque la porte se rouvrit. Un frère en sortit avec une lanterne, et nous conduisit dans un pavillon situé à cinquante pas du cloître. C'est là que couche toute voyageuse qui, comme la nôtre, vient frapper à la porte de la Chartreuse, ignorant les règles sévères des disciples de saint Bruno.

Le pauvre moine qui nous servit de guide, et qui s'appelait le frère Jean-Marie, me parut bien la créature la plus douce et la plus obligeante que j'aie vue de ma vie. Sa charge était de recevoir les voyageurs, de les servir et de leur faire visiter le couvent. Il commença par nous offrir quelques cuillerées d'une liqueur faite par les moines et destinée à réchauffer les voyageurs engourdis par le froid ou la pluie : c'était bien le cas où nous nous trouvions, et jamais l'occasion ne s'était présentée de faire un meilleur usage du saint élixir. En effet, à peine eûmes-nous bu quelques gouttes, qu'il nous sembla que nous avions avalé du feu, et que nous nous mîmes à courir par la chambre comme des possédés, en demandant de l'eau : si le frère Jean-Marie avait eu l'idée de nous approcher en ce moment une lumière de la bouche, je crois que nous aurions craché des flammes comme Cacus.

Pendant ce temps, l'âtre immense s'éclairait et la table se couvrait de lait, de pain et de beurre ; les chartreux non seulement font toujours maigre, mais encore le font faire à leurs visiteurs.

Au moment où nous achevions ce repas plus que frugal, la cloche du couvent sonna matines. Je demandai au frère Jean-Marie s'il m'était permis d'y assister. Il me répondit que le pain et la parole de Dieu appartenaient à tous les chrétiens. J'entrai donc dans le couvent.

Je suis peut-être un des hommes sur lesquels la vue des objets extérieurs a le plus d'influence, et parmi ces objets, ceux qui m'impressionnent davantage sont, je crois, les monumens religieux. La grande Chartreuse surtout a un caractère sombre qu'on ne retrouve nulle part. Ses habitans forment, de plus, le seul ordre monastique que les révolutions aient laissé vivant en France : c'est tout ce qui reste debout des croyances de nos pères ; c'est la dernière forteresse qu'ait conservée la religion sur la terre de l'incrédulité. Encore, chaque jour, l'indifférence la mine-t-elle au dedans, comme le temps au dehors : de quatre cents qu'ils étaient au quinzième siècle, les chartreux, au dix-neuvième, ne sont plus que vingt-sept ; et comme depuis six ans ils ne se sont recrutés d'aucun frère, que les deux novices qui y sont entrés depuis cette époque n'ont pu supporter la rigueur du noviciat, il est probable que l'ordre ira toujours se détruisant, au fur et à mesure que la mort frappera à la porte des cellules ; que nul ne viendra les remplir, lorsqu'elles seront vides, et que le plus jeune de ces hommes, leur survivant à tous, et sentant à son tour qu'il va succomber, fermera la porte du cloître en dedans, et ira se coucher lui-même vivant dans la tombe qu'il aura creusée, car le lendemain il ne resterait de bras pour l'y porter mort.

On a dû voir, par les choses que j'ai écrites précédemment, que je ne suis pas un de ces voyageurs qui s'enthousiasment à froid, qui admirent là où leur guide leur dit d'admirer, ou qui feignent d'avoir eu, devant des hommes et des localités, recommandés d'avance à leur admiration, des sentimens absens de leur cœur ; non, j'ai dépouillé mes sensations, je les ai mises à nu pour les présenter à ceux qui me lisent ; ce que j'ai éprouvé, je l'ai raconté faiblement peut-être, mais je n'ai pas raconté autre chose que ce que j'avais éprouvé. Eh bien ! on ne croira donc si je dis que jamais sensation pareille à celle que j'éprouvai ne m'avait pris au cœur, lorsque je vis, au bout d'un immense corridor gothique de huit cents pieds de long, s'ouvrir la porte d'une cellule, sortir de cette porte et paraître, sous les arcades brunies par le temps, un chartreux à barbe blanche, vêtu de cette robe portée par saint Bruno, et sur laquelle huit siècles sont passés sans en changer un pli. Le saint homme s'avança, grave et calme, au milieu du cercle de lumière tremblotante projetée par la lampe qu'il tenait à la main, tandis que, devant et derrière lui, tout était sombre. Lorsqu'il se dirigea vers moi, je sentis mes jambes fléchir, et je tombai à genoux : il m'aperçut dans cette posture, s'approcha avec un air de bonté, et levant sa main sur ma tête inclinée, me dit : « Je vous bénis, mon fils, si vous croyez ; je vous bénis encore, si vous ne croyez pas. » Qu'on rie, si l'on veut, mais dans ce moment, je n'aurais pas donné cette bénédiction pour un trône.

Lorsqu'il fut passé, je me relevai. Il se rendait à l'église ; je l'y suivis. Là, un nouveau spectacle m'attendait.

Toute la pauvre communauté, qui n'est plus composée que de seize pères et de onze frères, était réunie dans une petite église, éclairée par une lampe qu'entourait un voile noir. Un chartreux disait la messe, et tous les autres l'entendaient, non point assis, non point à genoux, mais prosternés, mais les mains et le front sur le marbre ; les capuchons relevés laissaient voir leurs crânes nus et rasés. Il y avait là des jeunes gens et des vieillards. Chacun d'eux y était venu poussé par des sentimens différens, les uns par la foi, les autres par le malheur ; ceux-ci par des passions, ceux-là par le crime peut-être. Il y en avait dont les artères des tempes battaient comme s'ils avaient du feu dans leurs veines ; ceux-là pleuraient : il y en avait d'autres qui sentaient à peine circuler leur sang refroidi ; ceux-là priaient. Oh ! c'eût été, j'en suis sûr, une belle histoire à écrire que l'histoire de tous ces hommes !

Lorsque les matines furent finies, je demandai à parcourir le couvent pendant la nuit : je craignais que le jour ne vînt m'apporter d'autres idées, et je voulais le voir dans la disposition d'esprit où je me trouvais. Le frère Jean-Marie prit une lampe, m'en donna une autre, et nous commençâmes notre visite par les corridors. Je l'ai déjà dit, ces corridors sont immenses ; ils ont la même longueur que l'église de Saint-Pierre de Rome, ils renferment quatre cents cellules,

qui autrefois ont été toutes habitées ensemble, et dont maintenant trois cent soixante-treize sont vides. Chaque moine a gravé sur sa porte sa pensée favorite, soit qu'elle fût de lui, soit qu'il l'eût tirée de quelque auteur sacré. Voici celles qui me parurent les plus remarquables :

AMOR, QUI SEMPER ARDES ET NUNQUAM EXTINGUERIS,
ACCENDE ME TOTUM IGNE TUO.

—

DANS LA SOLITUDE, DIEU PARLE AU COEUR DE L'HOMME, ET
DANS LE SILENCE, L'HOMME PARLE AU COEUR DE DIEU.

—

FUGE, LATE, TACE.

—

A TA FAIBLE RAISON GARDE-TOI DE TE RENDRE,
DIEU T'A FAIT POUR L'AIMER ET NON POUR LE COMPRENDRE.

—

UNE HEURE SONNE, ELLE EST DÉJA PASSÉE.

Nous entrâmes dans une de ces cellules vides, le moine qui l'habitait était mort depuis cinq jours. Toutes sont pareilles, toutes ont deux escaliers, l'un pour monter un étage, l'autre pour en descendre un. L'étage supérieur se compose d'un petit grenier, l'étage intermédiaire d'une chambre à feu, près de laquelle est un cabinet de travail. Un livre y était encore ouvert à la même place où le mourant y avait jeté les yeux pour la dernière fois : c'étaient les *Confessions de saint Augustin*. La chambre à coucher est attenante à cette première chambre, son ameublement ne se compose que d'un prie-dieu, d'un lit avec une paillasse et des draps de laine ; ce lit a des portes battantes qui peuvent se fermer sur celui qui y dort : cela me fit comprendre quelle était la pensée de l'Allemand, lorsqu'il m'avait dit que les chartreux couchaient dans une armoire.

L'étage inférieur ne contient qu'un atelier, avec des outils de tour ou de menuiserie ; chaque chartreux peut donner deux heures par jour à quelque travail manuel, et une heure à la culture d'un petit jardin qui touche à l'atelier : c'est la seule distraction qui lui soit permise.

En remontant, nous visitâmes la salle du chapitre général ; nous y vîmes tous les portraits des généraux de l'ordre, depuis saint Bruno, son fondateur (1), mort en 1101, jusqu'à celui d'Innocent le Maçon, mort en 1705 ; depuis ce dernier jusqu'au père Jean-Baptiste Mortès, général actuel de l'ordre, la suite des portraits est interrompue. En 92, au moment de la dévastation des couvens, les chartreux abandonnèrent la France, emportant chacun avec soi un des portraits. Depuis, chacun est revenu reprendre sa place et rapporter le sien ; ceux qui moururent pendant l'émigration avaient pris leurs précautions pour que le dépôt dont ils s'étaient chargés ne s'égarât pas : aujourd'hui, aucun ne manque à la collection.

Nous passâmes de là au réfectoire : il est double ; la première salle est celle des frères, la seconde celle des pères. Ils boivent dans des vases de terre et mangent dans des assiettes de bois ; ces vases ont deux anses, afin qu'ils puissent les soulever à deux mains ; ainsi faisaient les premiers chrétiens ; les assiettes ont la forme d'une écritoire, le récipient du milieu contient la sauce, et les légumes ou le poisson, seule nourriture qui leur soit permise, sont déposés autour. Je pensai encore à mon Allemand, et l'assiette m'expliqua par sa forme ce qu'il m'avait dit encore, que les chartreux mangeaient dans un encrier.

Le frère Jean-Marie me demanda si je voulais voir le ci-

(1) La fondation de l'ordre remonte à 1804.

metière, quoiqu'il fît nuit. Ce qu'il regardait comme un empêchement était un motif de plus pour me décider à cette visite. J'acceptai donc. Mais, au moment où il m'ouvrait la porte par laquelle on y entrait, il m'arrêta en me saisissant le bras d'une main, et en me montrant de l'autre un chartreux qui creusait sa tombe. Je restai un instant immobile à cette vue; puis je demandai à mon guide si je pouvais parler à cet homme. Il me répondit que rien ne s'y opposait; je le priai de se retirer si cela était permis. Ma demande, loin de lui sembler indiscrète, parut lui faire grand plaisir; il tombait de fatigue. Je restai seul.

Je ne savais comment aborder mon fossoyeur. Je fis quelques pas vers lui; il m'aperçut, et, se retournant de mon côté, il s'appuya sur sa bêche, et attendit que je lui adressasse la parole. Mon embarras redoubla; cependant un plus long silence eût été ridicule.

— Vous faites bien tard une bien triste besogne, mon père, lui dis-je; il me semble qu'après les mortifications et les fatigues de vos journées, vous devriez éprouver le besoin de consacrer au repos le peu d'heures que la prière vous laisse, d'autant plus, mon père, ajoutai-je en souriant, car je voyais qu'il était jeune encore, que le travail que vous faites ne me paraît pas pressé.

— Ici, mon fils, me dit le moine avec un accent paternel et triste, ce ne sont pas les plus vieux qui meurent les premiers, et l'on ne va pas à la tombe par rang d'âge; d'ailleurs, lorsque la mienne sera creusée, Dieu permettra peut-être que j'y descende.

— Pardon, mon père, repris-je; quoique j'aie le cœur religieux, je connais peu les règles et les pratiques saintes; ainsi donc je puis me tromper dans ce que je vais vous dire; mais il me semble que l'abnégation que votre ordre fait des choses de ce monde ne doit pas aller jusqu'à l'envie de le quitter.

— L'homme est le maître de ses actions, répondit le chartreux; mais il ne l'est pas de ses désirs.

— Votre désir à vous est bien sombre, mon père.
— Il est selon mon cœur.
— Vous avez donc bien souffert?
— Je souffre toujours.
— Je croyais que le calme seul habitait cette demeure?
— Le remords entre partout.

Je regardai plus fixement cet homme, et je reconnus celui que j'avais vu cette nuit à l'église, prosterné et sanglotant. Lui me reconnut aussi.

— Vous étiez cette nuit à matines? me dit-il.
— Près de vous, je crois, n'est-ce pas?
— Vous m'avez entendu gémir?
— Je vous ai vu pleurer.
— Qu'avez-vous pensé de moi, alors?
— Que Dieu vous avait pris en pitié puisqu'il vous accordait les larmes.
— Oui, oui, depuis qu'il me les a rendues, j'espère aussi que sa vengeance se lasse.
— N'avez-vous point essayé d'adoucir vos chagrins en les confiant à quelqu'un de vos frères?
— Chacun ici porte un fardeau mesuré pour sa force; ce qu'un autre y ajouterait le ferait succomber.
— Cela vous aurait pourtant fait du bien.
— Je le crois comme vous.
— C'est quelque chose, continuai-je, qu'un cœur qui nous plaint et qu'une main qui serre la nôtre!

Je pris sa main et la serrai. Il la dégagea de la mienne, croisa ses bras sur sa poitrine, me regarda en face comme pour lire par mes yeux dans le plus profond de mon cœur.

— Est-ce de l'intérêt ou de l'indiscrétion? me dit-il... êtes-vous bon ou simplement curieux?

Ma poitrine se serra..
— Votre main une dernière fois, mon père!... et adieu.
— Je m'éloignai.

— Ecoutez, reprit-il — Je m'arrêtai. Il vint à moi. — Il ne sera point dit qu'un moyen de consolation m'aura été offert et que je l'aurai repoussé; que Dieu vous aura conduit près de moi et que je vous aurai éloigné. Vous avez fait pour un misérable ce que personne n'avait fait depuis six ans; vous lui avez serré la main. Merci!... Vous lui avez dit que raconter ses malheurs ce serait les adoucir, et par ces mots vous avez pris l'engagement de les entendre. — Maintenant n'allez pas m'interrompre au milieu de mon récit et me dire : assez... Ecoutez-le jusqu'au bout, car tout ce que j'ai dans le cœur depuis si longtemps a besoin d'en sortir. — Puis, quand j'aurai fini, partez aussitôt sans que vous sachiez mon nom, sans que je sache le vôtre; voilà tout ce que je vous demande.

Je le lui promis. Nous nous assîmes sur le tombeau brisé de l'un des généraux de l'ordre. Il appuya un instant son front entre ses deux mains; ce mouvement fit retomber son capuchon en arrière de sorte que, lorsqu'il releva la tête, je pus l'examiner à loisir. Je vis alors un jeune homme à la barbe et aux yeux noirs, la vie ascétique l'avait rendu maigre et pâle; mais en ôtant à sa beauté elle avait ajouté à sa physionomie. C'était la tête du Giaour telle que je l'avais rêvée d'après les vers de Byron.

— Il est inutile que vous sachiez, me dit-il, le pays où je suis né et le lieu que j'habitais. Il y a sept ans que les événemens que je vais raconter sont arrivés; j'en avais vingt-quatre alors.

J'étais riche et d'une famille distinguée; je fus jeté dans le monde au sortir du collège; j'y entrai avec un caractère résolu, une tête ardente, un cœur plein de passions et la conviction que rien ne devait longtemps résister à un homme qui avait de la persévérance et de l'or. Mes premières aventures ne firent que me confirmer dans cette opinion.

Au commencement du printemps de 1825, une campagne voisine de celle de ma mère se trouva à vendre; elle fut achetée par le général M... J'avais rencontré le général dans le monde, à l'époque où il était garçon. C'était un homme grave et sévère que la vue des champs de bataille avait habitué à compter les hommes comme des unités, et les femmes comme des zéros. Je crus qu'il avait épousé quelque veuve de maréchal, avec laquelle il pût parler des batailles de Marengo et d'Austerlitz, et je fus récréé par l'espoir que nous promettait un tel voisinage.

Il vint nous faire sa visite d'installation et présenter sa femme à ma mère; c'était une des plus divines créatures que le ciel eût formées.

— Vous connaissez le monde, monsieur, sa morale bizarre, ses principes d'honneur qui consistent à respecter la fortune de son voisin, qui ne fait que son plaisir, et qui permet de prendre sa femme, qui fait son bonheur. Dès le moment où j'eus vu madame M..., j'oubliai le caractère de son mari, ses cinquante ans, la gloire dont il s'était couvert, quand nous n'étions qu'au berceau, les vingt blessures qu'il avait reçues pendant que nous tétions nos nourrices; j'oubliai le désespoir de ses vieux jours, le ridicule que j'attacherais aux débris d'une vie si belle; j'oubliai tout pour ne penser qu'à une chose : posséder Caroline.

Les propriétés de ma mère et celles du général étaient, comme je l'ai dit, presque contiguës; cette position était un prétexte à nos visites fréquentes; le général m'avait pris en amitié, et, ingrat que j'étais, je ne voyais dans l'amitié de ce vieillard qu'un moyen de lui enlever le cœur de sa femme.

Caroline était enceinte, et le général se montrait plus fier de son héritier futur que des batailles qu'il avait gagnées. Son amour pour sa femme en avait acquis quelque chose de plus paternel et de meilleur. Quant à Caroline, elle était avec son mari exactement ce qu'il faut qu'une femme soit pour que, sans le rendre heureux, il n'ait aucun reproche à lui faire. J'avais remarqué cette disposition de sentiments avec le coup d'œil sûr d'un homme intéressé à en saisir toutes les nuances, et j'étais bien convaincu que madame M... n'aimait pas son mari. Cependant, chose qui me semblait bizarre, elle recevait mes soins avec politesse, mais avec froideur. Elle ne recherchait pas ma présence, preuve qu'elle ne lui causait aucun plaisir; elle ne le fuyait pas non plus, preuve qu'elle ne lui inspirait aucune crainte. Mes yeux, constamment fixés sur elle, rencontraient les siens, lorsque le hasard les lui faisait lever de sa broderie ou des touches de son piano ; mais il paraît que mes regards avaient perdu la puissance fascinatrice qu'avant Caroline quelques femmes eur avaient reconnue.

L'été se passa ainsi. Mes désirs étaient devenus un amour véritable. La froideur de Caroline était un défi ; je l'acceptai avec toute la violence de mon caractère ; comme il m'était impossible de lui parler d'amour à cause du sourire d'incrédulité avec lequel elle accueillait mes premières paroles, je résolus de lui écrire ; je roulai un soir sa broderie autour de ma lettre, et lorsqu'elle la déploya le lendemain matin pour travailler, je la suivis des yeux, tout en causant avec le général. Je la vis regarder l'adresse sans rougir et mettre mon billet dans sa poche sans émotion. Seulement un sourire imperceptible passa sur ses lèvres.

Toute la journée, je vis qu'elle avait l'intention de me parler, mais je m'éloignai d'elle. Le soir, elle travaillait avec plusieurs dames placées comme elle autour d'une table. Le général lisait le journal, j'étais assis dans un coin sombre d'où je pouvais la regarder sans qu'on s'en aperçût. Elle me chercha des yeux dans le salon et m'appela.

— Auriez-vous la bonté, monsieur, me dit-elle, de me dessiner deux lettres gothiques pour un coin de mon mouchoir, un C et un M ?

— Oui, madame, j'aurai ce plaisir.

— Mais il me les faut ce soir, il me les faut tout de suite. Venez là. Elle écartait d'auprès d'elle une dame de ses amies et me montrait la place vide. Je pris une chaise et j'allai m'y asseoir. Elle m'offrit une plume.

— Il me manque du papier, madame.

— En voilà, me dit-elle ; et elle me présenta une lettre pliée dans une enveloppe anglaise. Je crus que c'était une réponse à la mienne ; j'ouvris aussi froidement que je pus l'enveloppe qui me cachait l'écriture ; je reconnus mon billet. Pendant ce temps, elle s'était levée et allait sortir. Je la rappelai.

— Madame, lui dis-je en étendant ostensiblement la main vers elle, vous m'avez donné, sans y faire attention, une lettre à votre adresse. L'enveloppe me suffira pour tracer les chiffres que vous m'avez demandés.

Elle vit son mari lever les yeux de dessus son journal ; elle s'avança précipitamment vers moi, me reprit le billet des mains, regarda l'adresse, et dit avec indifférence :

— Oh ! oui, c'est une lettre de ma mère.

Le général reporta les yeux sur le *Courrier français*. Je me mis à dessiner le chiffre demandé. Madame M... sortit.

— Tous ces détails vous ennuient peut-être ? monsieur, me dit le chartreux en s'interrompant, et vous êtes étonné de les entendre sortir de la bouche d'un homme qui porte cette robe et qui creuse une tombe ; c'est que le cœur est la dernière chose qui se détache de la terre, et que la mémoire est la dernière chose qui se détache du cœur.

— Ces détails sont vrais, lui dis-je, et par conséquent intéressants. Continuez.

Le lendemain, je fus réveillé à six heures du matin par le général ; il était en attirail de chasseur, et venait me proposer une course dans la plaine.

Au premier abord, son aspect inattendu m'avait un peu troublé ; mais son air était si calme, sa voix avait si bien conservé le ton de franche bonhomie qui lui était habituel, que je me remis bientôt. J'acceptai sa proposition, nous partîmes.

Nous causâmes de choses indifférentes jusqu'au moment où, prêts à entrer en chasse, nous nous arrêtâmes pour charger nos fusils.

Pendant que nous exécutions cette opération, il me regarda fixement. Ce regard m'intimida.

— A quoi pensez-vous, général ? lui dis-je.

— Pardieu, me répondit il, je pense que vous êtes bien fou d'être devenu amoureux de ma femme.

On devine l'effet que produisit sur moi une pareille apostrophe.

— Moi, général ! répondis-je stupéfait...

— Oui, vous, n'allez-vous pas nier ?

— Général, je vous jure...

— Ne mentez pas, monsieur ; le mensonge est indigne d'un homme d'honneur, et vous êtes homme d'honneur, je l'espère.

— Mais, qui vous a dit cela ?...

— Qui, pardieu, qui ?... Ma femme...

— Madame M... !

— N'allez-vous pas dire qu'elle se trompe ? Tenez, voilà une lettre que vous lui avez écrite hier. — Il me tendit un papier que je n'eus pas de peine à reconnaître. La sueur me coulait sur le front. Lorsqu'il vit que j'hésitais à le prendre, il le roula entre ses mains, lui fit prendre la forme d'une bourre et en chargea son fusil.

Lorsqu'il eut fini, il posa la main sur mon bras. Est-ce que tout ce que vous avez écrit là est vrai ? me dit-il. Est-ce que vos souffrances sont telles que vous les dépeignez ? Est-ce que vos jours et vos nuits sont devenus un pareil enfer ? Dites-moi vrai, cette fois-ci...

— Serais-je excusable sans cela, général ?

— Eh bien ! mon enfant, reprit-il avec son ton de voix habituel, alors il faut partir, nous quitter, voyager en Italie ou en Allemagne, et ne revenir que guéri.

Je lui tendis la main, il la serra cordialement.

— Ainsi c'est entendu ? me dit-il.

— Oui, général, je pars demain.

— Je n'ai pas besoin de vous dire que, si vous avez besoin d'argent, de lettres de recommandation...

— Merci.

— Écoutez, je vous offre cela comme le ferait un père ; ne vous en fâchez point. Vous ne voulez pas décidément ? Eh bien ! mettons-nous en chasse, et n'en parlons plus.

Au bout de dix pas une perdrix partit ; le général lui envoya son coup de fusil, et je vis ma lettre fumer dans la luzerne.

A cinq heures nous revînmes au château ; j'avais voulu quitter le général avant d'y entrer, mais il avait insisté pour que je l'accompagnasse.

— Voici, mesdames, dit-il en entrant dans le salon, un beau jeune homme qui vient vous faire ses adieux ; il part demain pour l'Italie.

— Ah ! vraiment ? monsieur nous quitte ? dit Caroline en levant ses yeux de dessus sa broderie. Elle rencontra les miens, soutint tranquillement mon regard deux ou trois secondes, et se remit à travailler.

Chacun parla à son tour de ce voyage si brusque, dont je n'avais pas dit un seul mot les jours précédens ; mais nul n'en devina la cause.

Madame M... me fit les honneurs du dîner avec une grâce parfaite.

Le soir je pris congé de tout le monde ; le général me reconduisit jusqu'à la porte du parc. Je ne sais si, en le quittant, je n'avais pas pour sa femme plus de haine que d'amour.

Je voyageai un an ; je vis Naples, Rome, Venise, et je m'étonnai chaque jour de sentir cette passion que je croyais éternelle se détacher de mon cœur. J'arrivai enfin à ne plus la considérer que comme une des mille aventures dont est parsemée la vie d'un jeune homme, dont on ne se souvient plus que de temps en temps, et qu'un jour on finira par oublier tout à fait.

Je rentrai en France par le mont Cenis. Arrivé à Grenoble, nous fîmes la partie, avec un jeune homme que j'avais rencontré à Florence, de venir visiter la Chartreuse. Je vis ainsi cette maison, que j'habite depuis six ans, et je dis en riant à Emmanuel (c'était le nom de baptême de mon compagnon) que, si j'avais connu ce cloître lorsque j'étais amoureux, je m'y serais fait moine.

Je revins à Paris : j'y retrouvai mes anciennes connaissances. Ma vie se renoua au même fil qui s'était cassé lorsque j'avais connu madame M... Il me semblait que tout ce que je viens de vous raconter n'était qu'un rêve. Seulement ma mère, s'ennuyant à la campagne du moment où je n'y pouvais plus rester avec elle, avait vendu la nôtre et acheté un hôtel à Paris.

J'y avais revu le général, et il avait été content de moi. Il m'avait offert de présenter mes hommages à sa femme; j'avais accepté, certain que j'étais de mon indifférence. En entrant dans sa chambre, je ressentis cependant une légère oppression. Madame M... était sortie. L'émotion que j'avais éprouvée était si peu de chose que je n'en pris aucune inquiétude.

Quelques jours après, j'allai au bois et je rencontrai, au détour d'une allée, le général et sa femme. Les éviter eût été affecté; d'ailleurs, pourquoi aurais-je craint de voir madame L...?

J'allai donc à eux. Je trouvai Caroline plus belle encore que je ne l'avais quittée, lorsque je l'avais connue, les commencemens de sa grossesse la fatiguaient, tandis qu'alors, avec sa santé, sa fraîcheur était revenue.

Elle m'adressa la parole avec un son de voix plus affectueux qu'elle n'avait l'habitude de le faire. Elle me tendit la main, et, lorsque je la pris, je la sentis frémir dans la mienne; je frissonnai par tout le corps. Je la regardai et elle baissa les yeux. Je mis mon cheval au pas, et je marchai près d'elle.

Le général m'invita à retourner à sa campagne, pour laquelle sa femme et lui partaient dans quelques jours; il insista d'autant plus que nous ne possédions plus la nôtre. Je refusai. Caroline se retourna de mon côté: « Venez donc! » me dit-elle. Jusque là je ne connaissais pas sa voix; je ne répondis rien, et je tombai dans une rêverie profonde: ce n'était pas la même femme que j'avais vue il y avait un an.

Elle se retourna vers son mari.

— Monsieur craint de s'ennuyer chez nous, dit-elle; autorisez-le donc à amener un ou deux amis, cela le décidera peut-être.

— Pardieu, répondit le général, il est bien libre. — Vous entendez? me dit-il.

— Merci, général, répondis-je sans trop savoir ce que je disais; mais j'ai des engagemens...

— Que vous préférez aux nôtres, dit Caroline... c'est aimable. Elle accompagna ces mots de l'un de ces regards pour lesquels, il y avait un an, j'aurais donné ma vie.

J'acceptai.

J'avais continué de voir à Paris ce jeune homme que j'avais connu à Florence. Il vint chez moi la veille de mon départ, et me demanda où j'allais. Je n'avais aucune raison de le lui cacher. — Ah! me dit-il, c'est bizarre: peu s'en est fallu que je ne sois des vôtres.

— Vous connaissez le général?

— Non, un de mes amis devait m'y présenter; mais il est au fond de la Normandie, pour recueillir l'héritage de je ne sais quel oncle qui lui est mort: cela me contrarie d'autant plus que, vous allant à la campagne, c'était une véritable partie de plaisir pour moi de vous y trouver.

Je me rappelai alors l'offre que m'avait faite le général de me faire accompagner par un ami.

— Voulez-vous que je vous y conduise? dis-je à Emmanuel.

— Êtes-vous assez libre dans la maison pour cela?

— Oh! tout à fait.

— J'accepte alors.

— C'est bien! soyez prêt demain à huit heures, j'irai vous prendre.

Nous arrivâmes vers une heure au château du général; ces dames étaient dans le parc. On nous indiqua le côté où elles se promenaient: nous les rejoignîmes bientôt.

En nous apercevant, il me sembla que madame M... pâlissait. Elle m'adressa la parole avec une émotion à laquelle je ne pouvais me tromper. Le général accueillit Emmanuel avec cordialité, mais sa femme mit dans la réception qu'elle lui fit une froideur visible.

— Vous voyez, dit-elle à son mari, en lui indiquant, par un froncement de sourcils imperceptible, Emmanuel qui avait le dos tourné, que monsieur avait besoin, pour nous venir voir, de la permission que nous lui avons donnée: du reste, je le remercie deux fois.

Avant que j'eusse trouvé quelque chose à lui répondre, elle me tourna le dos et parla à une autre personne.

OEUV. COMP. — VIII.

Cependant cette mauvaise humeur ne tint que le temps strictement nécessaire pour que j'eusse à m'en louer bien plutôt qu'à m'en plaindre. Au dîner, je fus placé près d'elle, et je ne m'aperçus pas qu'elle en eût conservé la moindre trace. Elle fut charmante.

Après le café, le général proposa une promenade dans le parc. J'offris mon bras à Caroline: elle l'accepta. Il y avait dans toute sa personne cette langueur et cet abandon que les Italiens appellent *morbidezza*, et que notre langue n'a pas de mot pour exprimer.

Quant à moi, j'étais fou de bonheur. Cette passion à laquelle il avait fallu un an pour s'en aller, il lui avait suffi d'un jour pour me reprendre toute l'âme: je n'avais jamais aimé Caroline comme je l'aimais.

Les jours suivans ne changèrent rien aux manières de madame M... avec moi: seulement elle évitait un tête-à-tête. Je vis dans cette précaution une nouvelle preuve de sa faiblesse, et mon amour s'en accrut encore, s'il était possible.

Une affaire appela le général à Paris. Je crus m'apercevoir que, lorsqu'il annonça cette nouvelle à sa femme, un éclair de joie passa dans ses yeux, et je me dis à moi-même: — Oh! merci, Caroline, merci; car cette absence ne te rend joyeuse qu'à cause de la liberté qu'elle te donne, oh! à nous deux toutes les heures, tous les instans, toutes les secondes de cette absence.

Le général partit après le dîner. Nous allâmes le reconduire jusqu'au bout de l'avenue. Caroline s'appuya comme de coutume sur mon bras pour revenir; à peine si elle pouvait se soutenir: sa poitrine était haletante, son haleine embrasée. Je lui parlais de mon amour, et elle ne s'offensait point; puis, quand sa bouche m'eût fait la défense de continuer, ses yeux étaient noyés dans une telle langueur qu'il lui eût été impossible de leur donner une expression en harmonie avec ses paroles.

La soirée se passa comme un rêve. Je ne sais à quel jeu on joua; mais je sais que je restai près d'elle, que ses cheveux touchaient mon visage à chaque mouvement qu'elle faisait, et que ma main rencontra vingt fois la sienne; ce fut une ardente soirée: j'avais du feu dans les veines.

L'heure de nous retirer arriva; il ne manquait rien à mon bonheur, que d'avoir entendu, de la bouche de Caroline, ces mots que je lui avais répétés vingt fois tout bas: Je t'aime, je t'aime!... Je rentrai dans ma chambre, joyeux et fier comme si j'étais le roi du monde; car demain, demain peut-être, la plus belle fleur de la création, le plus riche diamant des mines humaines, Caroline, allait être à moi, à moi!... Toutes les joies du ciel et de la terre étaient dans ces deux mots.

Je les répétais comme un insensé en marchant dans ma chambre. J'étouffais.

Je me couchai, et je ne pus dormir. Je me levai, j'allai à la fenêtre et je l'ouvris. Le temps était superbe, le ciel flamboyait d'étoiles, l'air semblait embaumé: tout était beau et heureux comme moi: car on est beau lorsqu'on est heureux.

Je pensai que cette nature tranquille, cette nuit, ce silence, me calmeraient peut-être; ce parc où nous nous étions promenés toute la journée était là... Je pouvais retrouver dans les allées la trace de ses petits pieds qu'accompagnaient les miens; je pouvais baiser les places où elle s'était assise: je me précipitai dehors.

Deux fenêtres seules étaient illuminées sur toute la large façade du château: c'étaient celles de sa chambre. Je m'appuyai contre un arbre, et je collai mes yeux contre les rideaux.

Je vis son ombre; elle n'était point encore couchée, elle veillait, brûlée, comme moi peut-être, de pensées et de désir d'amour. Caroline, Caroline!

Elle était immobile et semblait écouter. Tout à coup elle s'élança vers la porte qui touchait presque à la fenêtre. Une autre ombre parut près de la sienne, leurs deux têtes se touchèrent: la lumière s'éteignit; je jetai un cri, et je restai haletant.

Je crus n'avoir pas bien vu, je crus que c'était un rêve...

8

je restai les yeux fixés sur ces rideaux sombres que ma vue ne pouvait percer!...

Le moine prit ma main et la broya dans les siennes. — Ah! monsieur, monsieur, me dit-il, avez-vous été jaloux?

— Vous les avez tués? lui dis-je. — Il se mit à rire d'une manière convulsive, entrecoupant ce rire de sanglots; puis tout à coup il se leva, croisant ses mains sur sa tête et se cambrant en arrière en poussant des cris inarticulés.

Je me levai et le pris à bras le corps.

— Voyons, voyons, lui dis-je, du courage.

— Je l'aimais tant, cette femme! je lui aurais donné ma vie jusqu'au dernier souffle, mon sang jusqu'à la dernière goutte, mon âme jusqu'à sa dernière pensée! Cette femme m'aura perdu dans ce monde et dans l'autre, monsieur! car je mourrai en songeant à elle, au lieu de songer à Dieu.

— Mon père!

— Eh! ne voyez-vous pas que je le désespoir et la, depuis six ans que je suis enfermé vivant dans ce sépulcre, espérant que la mort qui l'habite tuerait mon amour, il ne s'est point passé de journées sans que je me roulasse dans ma cellule, de nuits sans que le cloître ne retentit de mes cris; que les douleurs du corps n'ont rien fait à cette rage de l'âme! — Il ouvrit sa robe, et me montra sa poitrine déchirée sous le cilice qu'il portait sur sa peau. — Voyez plutôt, me dit-il...

— Alors, vous les avez donc tués? repris-je.

— Oh! j'ai fait bien pis, me répondit-il... Il n'y avait qu'un moyen d'éclaircir mes doutes; c'était d'attendre jusqu'au jour, s'il le fallait, dans le corridor où donnait la porte de sa chambre, et de voir qui en sortirait.

Je ne sais combien d'heures je passai là à désespoir et la calculant mal le temps. Une ligne blanche commençait à paraître à l'horizon, lorsque la porte s'entr'ouvrit, j'entendis la voix de Caroline, et, quoiqu'elle parlât bas, voilà ce qu'elle dit:

« Adieu, mon Emmanuel chéri! à demain! »

Puis la porte se ferma; Emmanuel passa près de moi, je ne sais comment il se fit qu'il n'entendit pas les battemens de mon cœur... Emmanuel!

Je rentrai dans ma chambre et je tombai sur le parquet, roulant dans ma pensée tous les moyens de vengeance et appelant Satan à mon aide, pour qu'il m'en choisit un: je crois bien qu'il m'entendit et qu'il m'exauça. Je m'arrêtai à un projet; dès lors je fus plus calme. Je descendis à l'heure du déjeuner. Caroline était devant une glace, entrelaçant du chèvrefeuille dans ses cheveux; je m'avançai derrière elle, et elle aperçut tout à coup dans la psyché ma tête au-dessus de la sienne. Il paraît que j'étais fort pâle; car elle tressaillit et se retourna.

— Qu'avez-vous donc? me dit-elle.

— Rien, madame, j'ai mal dormi.

— Et qui a causé votre insomnie? ajouta-t-elle en souriant.

— Une lettre que j'ai reçue hier soir en vous quittant, et qui me rappelle à Paris.

— Pour longtemps?

— Pour un jour.

— Un jour est bientôt passé.

— C'est une année ou une heure.

— Et dans laquelle de ces deux classes rangez-vous celui d'hier?

— Parmi les jours heureux; mais à un certain âge dans toute une vie, madame, car arrivé à ce degré de bonheur, ne pouvant plus augmenter, ne fait que décroître. Quand les anciens en étaient là, ils jetaient quelque objet précieux à la mer, pour conjurer des divinités mauvaises; je crois que j'aurais bien fait hier soir d'agir comme eux.

— Vous êtes un enfant, me dit-elle en me donnant le bras pour passer dans la salle à manger. Je cherchai des yeux Emmanuel, il était parti dès le matin pour la chasse. Ohi! leurs mesures étaient bien arrêtées pour qu'on ne me surprit pas même un coup d'œil.

Après le déjeuner, je demandai à Caroline l'adresse de son marchand de musique: j'avais, lui dis-je, quelques romances à acheter. Elle prit un morceau de papier, écrivit cette adresse, et me la donna. Je n'avais pas besoin d'autre chose.

Je fis seller mon cheval, au lieu de prendre mon tilbury; il me fallait aller vite. Caroline vint sur le perron, pour me voir partir; tant qu'elle put m'apercevoir, j'allai au pas; puis, arrivé au premier détour, je lançai mon cheval ventre à terre; je fis dix lieues en deux heures.

En arrivant à Paris, je passai chez le banquier de ma mère. J'y pris trente mille francs; de là, je me rendis chez Emmanuel. Je demandai son valet de chambre, on le fit venir. Je fermai la porte sur nous deux, et je lui dis:

— Tom, veux-tu gagner vingt mille francs?

Tom ouvrit de grands yeux.

— Vingt mille francs? dit-il.

— Oui, vingt mille francs.

— Si je veux les gagner, moi!... certainement que je le veux!

— Ou je me trompe, repris-je, ou tu ferais pour moitié de cette somme une action une fois plus mauvaise que celle que je vais te proposer.

Tom sourit.

— Monsieur ne me flatte pas, dit-il.

— Non, car je te connais.

— Parlez donc alors.

— Écoute, je tirai de ma poche l'adresse que m'avait donnée Caroline, et je la lui montrai. — Ton maître reçoit des lettres de cette écriture? lui dis-je.

— Oui, monsieur.

— Où les met-il?

— Dans son secrétaire.

— Il me faut toutes ces lettres. Voilà cinq mille francs d'avance. Je te donnerai les quinze mille autres lorsque tu m'apporteras la correspondance.

— Et où monsieur va-t-il m'attendre?

— Chez moi.

Une heure après, Tom entra.

— Voilà, monsieur, me dit-il en me présentant un paquet de lettres.

Je comparai les écritures, elles étaient pareilles... Je lui remis les quinze mille francs. Il sortit. Alors je m'enfermai, je venais de donner de l'or pour ces lettres, maintenant, j'aurais donné du sang pour que ce fût à moi qu'elles eussent été écrites.

Emmanuel était l'amant de Caroline depuis deux ans. Il l'avait connue jeune fille, lorsqu'elle se maria, il partit, et l'enfant, dont M. M... était si fier, il l'appelait le sien. Depuis cette époque, la difficulté de se faire présenter chez le général, les avait empêchés de se revoir. Mais un jour, comme je l'ai dit, je le rencontrai au bois avec sa femme, et je fus choisi par elle et son amant pour masquer leur amour. Je fus chargé de ramener Emmanuel près de Caroline, et ces attentions, ces soins, cette tendresse même que l'on affectait pour moi, c'était pour détourner les soupçons du général, qui, après l'aveu que sa femme lui avait fait autrefois, ne devait plus ne pouvait plus me craindre. — Vous voyez que l'intrigue était habile et que j'avais été bien dupe, bien stupide, moi!... Mais maintenant, c'était à mon tour!

J'écrivis à Caroline:

« Madame, j'étais hier, à onze heures du soir, dans le jar-
» din, quand Emmanuel est entré chez vous, et je l'ai vu y
» entrer. J'étais, ce matin, à quatre heures, dans le corridor,
» lorsqu'il est sorti de votre chambre, et je l'ai vu sortir.
» Il y a une heure que j'ai acheté vingt mille francs à Tom
» votre correspondance avec son maître. »

Le général ne devait être de retour au château que dans deux ou trois jours; j'étais donc sûr que cette lettre ne tomberait pas entre ses mains.

Le lendemain, à deux heures, je vis entrer Emmanuel dans ma chambre; il était pâle et couvert de poussière, et il me trouva sur mon lit comme je m'y étais jeté la veille. Je n'avais pas dormi un instant de la nuit. Il vint à moi.

— Vous savez sans doute ce qui m'amène? me dit-il.

— Je le présume, monsieur.

— Vous avez des lettres à moi?
— Oui, monsieur.
— Vous allez me les rendre.
— Non, monsieur.
— Que comptez-vous donc en faire?
— C'est mon secret.
— Vous refusez?
— Je refuse.
— Ne me forcez pas de vous dire ce que vous êtes.
— Hier j'étais un espion, aujourd'hui je suis un voleur; je me suis dit ces choses avant vous.
— Et si je vous le répétais!
— Vous êtes de trop bon goût pour le faire.
— Alors vous me rendrez raison de cela!
— Sans doute.
— A l'instant même?
— A l'instant même.
— Mais, c'est un duel implacable, un duel à mort, je vous en préviens.
— Aussi, vous me permettrez de faire mes dispositions testamentaires, elles ne seront pas longues. — Je sonnai. Mon valet de chambre entra; c'était un homme éprouvé, sur lequel je pouvais compter.
— Joseph, lui dis-je, je vais me battre avec monsieur et il est possible qu'il me tue. — J'allai à mon secrétaire que j'ouvris. — Aussitôt que vous me saurez mort, continuai-je, vous prendrez ces lettres, et vous les porterez au général M.... Ces dix mille francs, qui sont dans le même tiroir, seront pour vous. Voici la clef.
Je refermai le secrétaire, et j'en donnai la clef à Joseph. Il s'inclina et sortit. — Je me retournai vers Emmanuel.
— Maintenant je suis à vous, lui dis-je.
Emmanuel était pâle comme la mort, et chacun de ses cheveux avait une goutte de sueur.
— Ce que vous faites là est bien infâme! me dit-il.
— Je le sais.
Il se rapprocha de moi.
— Si vous me tuez, rendrez-vous ces lettres à Caroline, au moins?
— Cela dépendra d'elle.
— Que faut-il donc qu'elle fasse pour les ravoir? Voyons.
— Il faut qu'elle vienne les chercher.
— Ici?
— Ici.
— Avec moi, alors?
— Seule.
— Jamais.
— Ne vous engagez point pour elle.
— Elle n'y consentira pas.
— Peut-être! Retournez au château et consultez-vous ensemble; je vous donne trois jours.
Il réfléchit un instant et se précipita hors de la chambre.
Le troisième jour, Joseph m'annonça qu'une femme voilée voulait me parler en secret. Je lui dis de la faire entrer : c'était Caroline. Je lui fis signe de s'asseoir; elle s'assit. Je me tins debout devant elle.
— Vous voilà, monsieur, me dit-elle, je suis venue.
— Il eût été imprudent à vous de ne pas le faire, madame.
— Je suis venue, espérant dans votre délicatesse.
— Vous avez eu tort, madame.
— Vous ne me rendrez donc pas ces malheureuses lettres?
— Si fait, madame, mais à une condition.
— Laquelle?
— Oh! vous la devinez.
Elle s'enveloppa la tête dans les rideaux de ma fenêtre, en se renversant comme une femme désespérée; car elle avait compris au son de ma voix que je serais inflexible.
— Écoutez, madame, continuai-je, nous avons tous les deux joué un jeu bizarre; vous au plus fin, moi au plus fort; voilà que c'est moi qui ai gagné la partie, c'est à vous de savoir la perdre.
Elle se tordit et sanglota.
— Oh! votre désespoir et vos larmes n'y feront rien, madame; vous vous êtes chargée de dessécher mon cœur, et vous y avez réussi.
— Mais, dit-elle, si je m'engageais par serment, en face de l'autel, à ne plus revoir Emmanuel?
— Ne vous étiez-vous pas engagée, par serment et en face de l'autel, à rester fidèle au général?
— Comment! rien, rien autre chose que cela pour ces lettres!... ni or, ni sang!... dites...
— Rien!
Elle déroula le rideau qui enveloppait sa tête, et me regarda en face. Cette tête pâle, avec des yeux brillants de colère et ses cheveux épars, était superbe, se détachant sur la draperie rouge.
— Oh! dit-elle les dents serrées, oh! monsieur, votre conduite est bien atroce.
— Et que direz-vous de la vôtre, madame?... J'avais été un an à éteindre mon amour, et j'y étais parvenu, et j'étais rentré en France avec de la vénération pour vous. Mes tortures passées, je ne m'en souvenais pas; je ne demandais qu'à me reprendre à un autre amour, et voilà que je vous rencontre : alors ce n'est plus moi qui vais à vous, c'est vous qui marchez à moi; c'est vous qui venez du doigt remuer la cendre de mon cœur, et avec votre souffle chercher les étincelles de cet ancien feu. Puis, lorsqu'il est rallumé, quand vous le voyez dans ma voix, dans mes yeux, dans mes veines, partout... à quoi vais-je vous être bon? à quoi puis-je vous servir? à conduire dans vos bras l'homme que vous aimez, et à cacher derrière mon manteau vos baisers adultères. Je l'ai fait cela, aveugle que j'étais! Mais, aveugle aussi que vous étiez, vous n'avez pas pensé que je n'avais qu'à soulever le manteau, et que le monde entier vous verrait!... Allons, madame, c'est à vous de décider si je le ferai.
— Mais, monsieur, je ne vous aime pas, moi!
— Ce n'est pas votre amour que je vous demande.
— Ce serait un viol, songez-y.
— Appelez la chose comme vous le voudrez!...
— Oh! vous n'êtes pas si cruel que vous feignez de l'être, vous aurez pitié d'une femme qui est à vos genoux.
Elle se jeta à mes pieds.
— Avez-vous eu pitié de moi, lorsque j'étais aux vôtres?
— Mais je suis une femme, et vous êtes un homme.
— En souffrais-je moins?
— Je vous en supplie, monsieur, rendez-moi ces lettres, au nom de Dieu...
— Je n'y crois plus.
— Au nom de l'amour que vous aviez pour moi.
— Il est éteint.
— Au nom de ce que vous avez de plus cher au monde...
— Je n'aime plus rien.
— Hé bien, faites ce que vous voudrez de ces lettres, me dit-elle en se relevant; mais ce que vous exigez ne sera pas, et elle s'élança hors de la chambre.
— Vous avez jusqu'à demain, dix heures, madame, lui criai-je, de la porte; cinq minutes plus tard, il ne sera plus temps.
Le lendemain, à neuf heures et demie, Caroline entra dans ma chambre et s'approcha de mon lit.
— Me voilà, dit-elle.
— Hé bien?
— Faites ce que vous voudrez, monsieur.
Un quart d'heure après, je me levai, j'allai au secrétaire, et, prenant au hasard une lettre dans le tiroir où elles étaient enfermées toutes, je la lui présentai.
— Comment! me dit-elle en pâlissant, une seule!...
— Les autres vous seront remises de la même manière, madame, lorsque vous les voudrez, vous pouvez les venir prendre.
— Et elle revint? m'écriai-je, interrompant le moine.
— Deux jours de suite.
— Et le troisième jour?
— On la trouva asphyxiée avec Emmanuel.

AVENTICUM.

Le lendemain, à la pointe du jour, nous allâmes visiter la chapelle de saint Bruno : elle est située à une demi-lieue au-dessus de la Chartreuse, sur la pointe d'un rocher à pic; elle n'offre de remarquable que le pittoresque des localités et la hardiesse de sa situation. A l'intérieur, de mauvaises peintures à fresque représentent six généraux de l'ordre, et à l'extérieur, au-dessus de la porte, est gravée cette inscription, dont la dernière phrase ne m'a point paru parfaitement intelligible : je la rapporte ici telle qu'elle est :

**SACELLUM
SANCTI BRUNONIS**

**HIC EST LOCUS IN QUO
GRATIANOPOLITANUS EPISCOPUS
VIDIT DEUM
SIBI DIGNUM CONSTRUENTEM
HABITACULUM.**

En descendant de la chapelle, nous entrâmes dans une petite grotte où coulent, près l'une de l'autre, deux sources : l'une est presque tiède, l'autre est glacée.

Le chemin par lequel nous revînmes est d'un caractère grand et sauvage; je m'arrêtai pour admirer un de ces sites et faire remarquer à mon compagnon de voyage combien cet endroit semblait disposé par la nature pour qu'un peintre en fît, sans y rien changer, un admirable paysage : mon guide se mit à rire.

Comme il n'y avait rien de bien comique dans ce que je disais, et que ce n'était pas même à lui que j'adressais la parole, je me retournai pour lui demander quels étaient les motifs de son hilarité.

— Ah ! me dit-il, c'est que votre réflexion me rappelle une drôle d'aventure.

— Qui s'est passée ici?
— À l'endroit même.
— Peut-on la connaître?

— Certainement, il n'y a pas de mystère : elle est arrivée à un paysagiste de Grenoble qui était venu ici pour faire des peintures, garçon de talent, ma foi; il avait trouvé cet endroit-ci à son goût, il y avait établi sa petite baraque : c'était drôle on ne peut pas plus; imaginez-vous une tente fermée, avec une ouverture seulement par en haut; il établissait une mécanique qui bouchait le trou, de sorte que le jour entrait par des miroirs, si bien que je ne sais pas comment ça se faisait, mais tout le pays, à cinq cents pas environnant, se réfléchissait tout seul et en petit sur son papier; il appelait cela une chambre, une chambre...

— Obscure?

— C'est cela : en effet, une fois dans la petite baraque, on ne voyait plus ni ciel ni terre, on ne distinguait plus que le paysage représenté au naturel sur le papier, avec les arbres, les pierres, la cascade, enfin tout, si bien que, quand il ne faisait pas de vent, j'aurais pu dessiner les arbres aussi bien que lui, quoi. Voilà donc qu'un jour qu'il était dans sa machine, piochant d'ardeur, il voit dans un coin de son paysage quelque chose qui remue; bon, qu'il dit, ça animera le tableau. Alors, comme il voulait dessiner la chose qui remuait, le voilà qui regarde, qui regarde, et puis qui se frotte les yeux. Savez-vous ce que c'était qui remuait dans un coin du paysage?

— Non.

— Eh bien, c'était un ours, pas plus gros qu'une noisette, c'est vrai, parce que la diable de glace ça rapetisse tout, mais d'une belle taille tout de même, considéré du dehors; l'ours venait de son côté, et il grossissait sur le papier au fur et à mesure qu'il s'avançait vers lui; il était déjà gros comme une noix; ma foi la peur lui prit, il jeta là papier, palette, pinceaux, prit ses deux jambes à son cou et arriva à la Chartreuse à moitié mort. Depuis cette époque, il est revenu plusieurs fois; mais on n'a jamais pu le déterminer à s'éloigner de plus de cinq cents pas des bâtiments, et encore, avant de commencer, il regarde bien dans tous les coins de son paysage pour voir s'il n'y a pas quelque quadrupède.

Je promis de faire part de l'aventure à mes camarades d'atelier; en effet, je n'y manquai point à mon retour, et l'anecdote eut un prodigieux succès parmi les rapins.

Bientôt nous repassâmes près de la grande Chartreuse; je ne voulus rien voir pendant le jour de cet intérieur qui m'avait tant impressionné pendant la nuit, et nous descendîmes sans nous arrêter jusqu'à Saint-Laurent-du-Pont, où nous retrouvâmes notre voiture; le même soir, nous étions à Aix, et le lendemain sur la route de Genève.

Pendant qu'on dînait à Annecy, je courus jusqu'à l'église de la Visitation, dans laquelle sont déposées les reliques de saint François de Sales; en attendant que la grille du chœur fût ouverte, j'admirai à chacun de ses côtés deux petits bustes, l'un de saint François, l'autre de sainte Chantal, dont les piédestaux, creusés et fermés par un verre, laissaient voir des fragments d'os adorés comme reliques.

Au bout de cinq minutes, le sacristain arriva tout essoufflé et m'ouvrit le chœur; en y entrant, la première chose qui me frappa fut une vaste et double grille par laquelle on pouvait pénétrer dans une grande chambre voûtée et sombre. Cette grille est la porte de communication de l'église avec le couvent de la Visitation, et comme, ainsi que je l'ai dit, elle donne dans le chœur, les religieuses peuvent assister au sacrifice de la messe séparées des autres fidèles, et sans être exposées aux regards des laïques.

Une châsse de bronze et d'argent placée sur l'autel renferme les ossements de saint François; le corps est revêtu de ses habits d'évêque; les mains modelées en cire sont couvertes de gants, et l'une de ces mains est ornée de l'anneau épiscopal; la face est cachée sous un masque d'argent. La châsse, qui vaut dix-huit mille francs, a été donnée en 1820, par le comte François de Sales et la comtesse Sophie, sa femme. Plusieurs parents du saint existent encore dans les environs d'Annecy, sa mort ne remontant qu'à l'année 1625.

Dans une chapelle latérale, une autre châsse sert de tombeau à sainte Chantal, qu'on appelle généralement, avec plus de familiarité que de vénération, la mère Chantal. Sa châsse est un peu moins riche et moins pesante que celle de son voisin; aussi ne vaut-elle que quinze mille francs. Elle a été donnée à l'église par la reine Marie-Christine, épouse de Charles-Félix de Savoie.

Le soir, nous étions à Genève, où nous ne nous arrêtâmes qu'une nuit; le lendemain, à sept heures, nous nous embarquâmes sur notre beau lac bleu; à midi, j'embrassais à Lausanne notre bon ami M. Pellis, et, à une heure, je roulais vers Moudon dans l'une de ces petites calèches à un cheval, si commodes et si élégantes, comparées à nos fiacres et à nos remises.

Ce mode de voyager, le plus agréable de tous, n'est cependant praticable que sur les grandes routes; la fragilité de la caisse qui vous renferme ne résisterait pas aux cahots d'un chemin de traverse; le prix journalier de l'homme, du cheval et de la voiture, est de dix francs; mais comme cette somme est la même pour les jours de retour à vide, il faut calculer sur vingt francs, plus la *trinkgeld* (1) du conducteur, laquelle est à la générosité du voyageur, et qu'il augmente ou diminue ordinairement, selon la manière dont le cocher a fait son service. Cette *trinkgeld* est communément de quarante sous par jour; ainsi, ajoutez à cela trois francs pour le déjeuner, quatre pour le dîner et deux pour le lit, vous aurez à dépenser par vingt-quatre heures une somme totale de trente-un francs, que les frais inattendus porteront à trente-cinq.

(1). Argent pour boire.

Maintenant que j'ai donné ces détails, qu'il est très important de connaître dans un pays où les habitants vivent la moitié de l'année de ce qu'ils ont gagné l'autre, et où les aubergistes considèrent les voyageurs comme des oiseaux de passage, dont il faut que chacun d'eux arrache une plume, revenons à la petite calèche qui trotte sur le grand chemin de Lausanne à Morat, et à travers les rideaux de cuir de laquelle je commence à apercevoir Moudon.

Moudon, le *Musdonium* des Romains, n'offre rien de remarquable qu'un bâtiment carré du troisième siècle, et une fontaine du seizième; elle représente Moïse tenant les tables de la loi.

Nous nous arrêtâmes à Payerne pour y dîner; c'est dans cette ville que se trouve le tombeau de la reine Berthe. Il a été découvert dans une fouille faite sous la voûte de la tour Saint-Michel, qui appartenait à l'ancienne église abbatiale, où on l'avait enseveli, d'après une tradition populaire qui indiquait ce lieu pour celui de sa sépulture. Le sarcophage était taillé dans un bloc de grès qui avait parfaitement conservé les ossemens de la veuve de Rodolphe. Le conseil d'État du canton de Vaud, après avoir examiné le procès-verbal de cette fouille, convaincu que ces ossemens étaient bien ceux de la reine morte en 970, les fit transporter dans l'église paroissiale, et fit recouvrir le monument d'une table de marbre noir sur laquelle on lit cette inscription :

PIÆ MEMORIÆ
BERTHÆ,
RUD. II BURGUND. MIN. REG. CONJUG. OPT.
CUJUS NOMEN IN BENEDICTIONEM
COLUS IN EXEMPLUM.
ECCLESIAS FUNDAVIT, CASTRA MUNIIT,
VIAS APERIIT, AGROS COLUIT,
PAUPERES ALUIT.
TRANSJURANÆ PATRIÆ
MATER ET DELICIÆ.
POST IX SECULA
EJUS SEPUL. UT TRADITUR DETECTUM
A. R. S. MDCCCXVIII.
BENEFICIOR. ERGA PATRES MEMORES,
FILII RITE RESTAURAVERE.
S. P. Q. VAUDENSIS.

A la pieuse mémoire
De Berthe,
Très excellente épouse de Rodolphe II,
Roi de la petite Bourgogne,
Dont la mémoire est en bénédiction
Et la quenouille en exemple.
Elle fonda des églises, fortifia des châteaux,
Ouvrit des routes, cultiva des champs,
Nourrit les pauvres,
De la patrie transjurane
Mère et délices,
Après IX siècles
Son sépulcre, ainsi qu'on nous l'a dit, ayant été retrouvé,
L'an de grâce MDCCCXVIII,
Reconnaissans de ses bienfaits envers leurs aïeux,
Les fils le restaurèrent religieusement.
Le sénat et le peuple vaudois.

Un autre monument, non moins visité que celui-ci, est de son côté exposé par l'aubergiste à la curiosité des voyageurs; c'est la selle de la reine. On y voit encore le trou dans lequel elle plantait la quenouille citée dans son épitaphe, quand elle parcourait son royaume. Du reste, les traditions de cette époque sont restées dans tous les esprits comme un souvenir de l'âge d'or, et chaque fois qu'on veut parler d'un siècle heureux, on dit : *C'était du temps où la reine Berthe filait.*

Deux heures après avoir quitté Payerne, nous entrions à Avenches qui, sous le nom d'*Aventicum*, était la capitale de l'Helvétie sous les Romains; elle couvrait alors un espace de terrain deux fois plus considérable que celui qu'elle occupe aujourd'hui. Les barques du lac Morat abordaient au pied de ses murs; elle avait un cirque où rugissaient des lions et où combattaient des esclaves; des bains où des femmes du Niger et de l'Indus tressaient les cheveux parfumés des dames romaines, en les entremêlant de bandelettes blanches ou rouges, et un capitole, où les vaincus rendaient grâces aux dieux des triomphes de leurs vainqueurs. Atteinte par l'une de ces révolutions romaines pareilles aux tremblemens de terre qui vont du Vésuve, et par des conduits souterrains renverser Foligno, les démêlés mortels de Galba et de Vitellius l'atteignirent. Ignorant la mort du premier, elle voulut lui rester attachée; alors Albanus Cecina, gouverneur général de l'Helvétie, marcha contre elle à la tête d'une légion qui portait le nom de *Terrible*. Maître d'*Aventicum*, il crut atteindre, dans un riche Romain nommé Julius Alpinus, le chef du parti vaincu; et, malgré les témoins qui attestèrent l'innocence du vieillard, malgré les pleurs de Julia sa fille, consacrée à Vesta et qu'on appelait la belle prêtresse, Alpinus fut mis à mort. Julia ne put survivre à son père; un tombeau lui fut élevé, portant l'épitaphe suivante qui consacrait cet amour filial :

JULIA ALPINULA HIC JACET,
INFELICIS PATRIS INFELIX PROLES.
EXORARE PATRIS NECEM NON POTUI;
MALE MORI IN FATIS ILLI ERAT:
VIXI ANNOS XXII (1).

Alors Aventicum fut ruiné. *Vindonissa*, la Windisch moderne (2), lui succéda, et l'ancienne capitale resta sans importance jusqu'au moment où Titus Flavius Sabinus, qui s'y était retiré après avoir exercé en Asie la charge de receveur des impôts, y étant mort et y ayant laissé une veuve et deux fils, le cadet de ces deux fils parvint à l'empire. C'était Vespasien.

A peine fut-il assis sur le trône romain que, fils pieux, il se souvint de l'humble ville maternelle qu'il avait laissée dans les montagnes de l'Helvétie. Il y revint un jour sans couronne et sans licteurs, descendit de son char à quelques stades de la ville, et, par un de ces chemins connus à son enfance, se rendit à la maison où il était né, se fit reconnaître des gens qui l'habitaient, et demanda la chambre qui durant quinze ans avait été la sienne. C'est de cette chambre, qui l'avait vu si ignorant d'un si grand avenir, qu'il décréta la splendeur d'*Aventicum*. Tout s'anima soudain à cette parole puissante; le cirque se releva et retentit de nouveau des rugissemens et des plaintes qu'il avait oubliés; de nouveaux bains plus somptueux encore que les anciens sortirent des carrières de marbre de Crevola; un temple à Neptune s'éleva majestueusement, et sur ses colonnes toscanes, surmontées d'une architrave, les monstres marins d'Amphitrite et les fabuleuses syrènes d'Ulysse furent sculptés. Puis enfin, lorsque la ville se retrouva belle et parée, et que la coquette se mira de nouveau dans les eaux bleues du lac Morat, l'empereur lui donna, pour achever sa toilette féminine, une ceinture de murailles qu'il tira à grands frais des carrières de Narde-Nolex (5), et pour la seconde fois *Aventicum* devint la capitale du pays, *gentis caput*, titre qu'elle conserva jusqu'au règne de Constance Chlore.

L'an 507 de Jésus-Christ, les Germains se jetèrent dans l'Helvétie et pénétrèrent dans *Aventicum*, où ils firent un immense butin. Aux cris des habitans qu'ils emmenaient en esclavage, l'empereur accourut avec son armée, repoussa les Germains au-delà du Rhin, bâtit sur les bords de ce fleuve et d'un lac la ville de Constance, hérissa la chaîne de montagnes qui longe l'Argovie de forts et de soldats pour prévenir une seconde irruption. Mais le secours était arrivé trop tard pour *Aventicum*; la ville était ruinée pour la seconde

(1) Ici repose Julie Alpinula, malheureuse fille d'un malheureux père. Je ne pus détourner le trépas de lui; il était dans ses destins de mourir d'une mort funeste. J'ai vécu vingt-trois ans. La pierre sur laquelle cette inscription était gravée a été achetée par un anglais.
(2) Petit bourg de l'Argovie.
(3) Neufchâtel.

fois, et Ammien Marcellin, qui y passa vers l'an 355, c'est-à-dire quarante-huit ans après, la trouva déserte, les monumens étaient à peu près détruits et les murailles renversées.

Elle resta ainsi mutilée et solitaire jusqu'en 607, époque à laquelle le comte Wilhelm (4) de Bourgogne bâtit son château roman sur les fondemens du capitole de l'empereur Galba.

Peu de temps après (en 616), pendant la guerre entre Théode-Rik (2) et Théode-Bert (3), Aventicum fut prise de nouveau; le château, qu'on venait d'achever à peine, démoli, et la ville ruinée, si complètement que la contrée prit le nom d'Æchtland, ou pays désert, et la conserva jusqu'en 1676, époque à laquelle Bonnard, évêque de Lausanne, fit bâtir la nouvelle ville avec les ruines de l'ancienne, et du nom d'Aventicum l'appela Avenches.

La ville moderne conserve encore, pour le voyageur qui l'interroge, son histoire passée, gravée sur des lames de pierre et de marbre. A l'aide d'une investigation un peu sérieuse, on reconnaît à ses débris celui de ses deux âges auxquels ils appartiennent. L'amphithéâtre, qui est bâti sur un point élevé, à l'extrémité de la ville, conserve encore, creusé dans ses fondations, le souterrain où l'on enfermait les lions; il est évidemment de la première époque, c'est-à-dire qu'il remonte au règne d'Auguste. Un Helvétien et un Romain, sculptés sur le mur d'enceinte, prouvent, en se donnant la main, qu'il a été bâti peu de temps après la pacification de l'Helvétie.

Les deux colonnes du temple à Neptune, qui restent encore debout, sont de marbre blanc, et datent du règne de Vespasien. C'est tout ce qui reste d'une espèce de bourse élevée par la compagnie des Nautes (4) et à ses frais, ainsi que le prouve cette inscription gravée sur son fronton brisé :

IN HONOREM DOMUS DIVINÆ
NAUTÆ AVRANI ARAMICI
SCOLAM DE SUO INSTRUXERUNT.

L. D. D. D.

A l'époque où je visitai ces colonnes, une cigogne avait établi son nid sur la plus haute des deux, et y élevait ses petits sous la protection du gouvernement vaudois. L'amende de soixante-dix francs infligée à quiconque tue l'un de ces animaux lui donnait une telle confiance, que notre approche ne parut nullement la déranger dans les soins de son ménage, et qu'elle continuait gravement de partager en deux, à l'aide de son bec et de ses pattes, une pauvre grenouille dont elle donnait, avec une équité toute maternelle, un morceau à chacun de ses enfans.

Les autres débris antiques dignes de quelque attention sont: une tête colossale d'Apollon, une tête de Jupiter, et un lion de marbre. Ces débris sont renfermés dans l'amphithéâtre.

Quant aux amphores, aux urnes funéraires, aux petites statues de bronze et aux médailles découvertes dans les fouilles, le voyageur les trouvera étiquetées avec assez d'ordre, et de goût chez le syndic Toller. J'engage de plus les amateurs à regarder avec attention une petite statue que le naïf magistrat leur montrera sous le nom de Pâris donnant la pomme. Si c'est véritablement un Pâris, et si toutes les proportions de cette figurine sont exactes, la moue obstinée d'Hélène s'explique parfaitement. Une belle figure n'étant pas le seul don que Vénus, dans sa reconnaissance, eût fait au berger phrygien.

A quelques centaines de pas hors des murs et au bord de la route, à gauche, une petite maison bâtie aux frais de la ville

(1) Qui protège volontiers.
(2) Noble et brave.
(3) Noble et brillant.
(4) Bateliers.

conserve une assez belle mosaïque, qui paraît avoir été un fond de bain.

Une heure et demie ou deux heures nous suffirent pour visiter toutes ces curiosités, puis nous partîmes pour Morat.

CHARLES LE TÉMÉRAIRE.

Morat est célèbre dans les fastes de la nation suisse par la défaite du duc de Bourgogne, Charles le Téméraire. Un ossuaire, bâti avec les crânes et les ossemens de huit mille Bourguignons, était le trophée que la ville avait élevé devant l'une de ses portes, en commémoration de sa victoire. Trois siècles ce temple de la mort resta debout, montrant sur ces ossemens blanchis la trace des grands coups d'épée qu'avaient frappés les vainqueurs, et portant en front cette inscription triomphale :

DEO OPT. MAX.
CAROLI INCLYTI ET FORTISSIMI
BURGUNDIÆ DUCIS EXERCITUS
MURATUM OBSIDENS AB HELVETIIS
CÆSUS HOC SUI MONUMENTUM RELIQUIT (1).

ANNO MCCCCLXXVI.

Un régiment bourguignon la détruisit en 1798, lors de l'invasion des Français en Suisse, et pour effacer toute trace de la honte paternelle, il en jeta les ossemens dans le lac, qui en vomit quelques-uns sur ses bords à chaque nouvelle tempête qui l'agite.

En 1822, la république fribourgeoise fit élever à la place où avait été l'ossuaire une simple colonne de pierre haute à quatre pans; cette colonne est haute de trente pieds à peu près, et porte gravée sur la face qui regarde la route cette inscription nouvelle :

VICTORIAM
XXII JUN. MCCCCLXXVI
PATRUM CONCORDIA
PARTAM
NOVO SIGNAT LAPIDE
RESPUBLICA FRIBURG.
MDCCCXXII. (2).

Si l'on veut embrasser d'un coup d'œil le champ de bataille de Morat, il faudra s'arrêter à cent pas environ de cet ossuaire : alors on aura en face de soi la ville bâtie en amphithéâtre sur les bords du lac, où elle baigne ses pieds; à droite, les hauteurs de Gurmels, derrière lesquelles coule la Sarine; à gauche, le lac, qui domine, en le séparant du lac de Neufchâtel, le mont Villy, tout couvert de vignes; derrière soi, le petit village de Faoug; enfin, sous ses pieds, le terrain même où se passa l'acte le plus sanglant de la trilogie funèbre du duc Charles, qui commença à Granson et finit à Nancy.

Une première défaite avait prouvé au duc que s'il avait conservé le surnom de Téméraire, il avait perdu celui d'invincible : il y avait dès lors à son blason ducal une tache qui ne pouvait se laver que dans le sang; une seule pensée, pensée de vengeance, remplaçait chez lui la conviction de sa

(1) A Dieu très-bon et très-grand. — L'armée du très-vaillant duc de Bourgogne, assiégeant Morat, — détruite par les Suisses, a laissé ici ce monument de sa défaite.
(2) La république fribourgeoise consacre par cette nouvelle pierre la victoire remportée le 12 juin 1476, par les efforts réunis de ses pères. — MDCCCXXII.

force; son courage était toujours pareil, mais sa confiance n'était plus la même. On ne se fie à son armure que tant qu'elle n'a point été faussée. Néanmoins il était poussé à sa destruction par la voix de son orgueil, et il allait dans la tempête comme un vaisseau perdu qui se brise à tous les rochers. Il avait, dans l'espace de trois mois, rassemblé une armée aussi nombreuse que celle qui avait été détruite ; mais les nouveaux soldats qui la composaient, tirés les uns de la Picardie, les autres de la Bourgogne, ceux-ci de la Flandre, ceux-là de l'Artois, étaient étrangers les uns aux autres et divisés entre eux. Dans un autre temps, la fortune constante du duc les eût réunis par une confiance commune ; mais les jours mauvais commençaient à luire, et ces hommes marchaient au combat avec indiscipline et murmure.

De leur côté, les Suisses s'étaient dispersés, selon leur habitude, aussitôt après la victoire de Granson. Chacun avait suivi sa bannière dans son canton, car la saison de l'*alpage* était arrivée, et les neiges, qui fondaient au soleil de mai, appelaient sur la montagne les soldats bergers et leurs troupeaux.

Lorsque le duc de Bourgogne vint asseoir son camp, le 10 juin 1476, au petit village de Faoug, situé vers l'extrémité occidentale du lac, la Suisse n'avait donc à lui opposer, pour toute force qu'une garnison de douze cents hommes, et pour tout rempart que la petite ville de Morat. Aussi, dès que Berne, sa sœur, apprit que le duc de Bourgogne s'avançait avec toutes ses forces, des messagers partirent pour tous les cantons, des signaux de guerre s'allumèrent sur toutes les montagnes, et le cri *aux armes!* retentit dans toutes les vallées.

Adrien de Bubemberg, qui commandait la garnison de Morat, voyait s'avancer cette armée trente fois plus nombreuse que la sienne sans donner aucune marque de crainte ; il rassembla les soldats et les habitans, leur exposa le besoin qu'ils allaient avoir les uns des autres, la nécessité où ils étaient de ne plus faire qu'une famille armée, afin qu'ils se prétassent aide comme frères, et, lorsqu'il les vit dans ces dispositions, il leur dicta le serment de s'ensevelir jusqu'au dernier sous les ruines de la ville. Trois mille voix jurèrent en même temps, puis une seule voix jura à son tour de mettre à mort quiconque parlerait de se rendre ; cette voix était celle d'Adrien de Bubemberg. Ces précautions prises, il écrivit aux Bernois : « Le duc de Bourgogne est ici avec toute sa puissance, ses soudoyés italiens et quelques traîtres d'Allemands ; mais messieurs les avoyers, conseillers et bourgeois, peuvent être sans crainte, ne point se presser et mettre l'esprit en repos à tous nos confédérés. Je défendrai Morat. »

Pendant ce temps, le duc enveloppait la ville avec les ailes de son armée, commandées par le grand bâtard de Bourgogne et le comte de Romont. Le premier s'étendait sur la route d'Avenches et d'Estavayer ; le second sur le chemin d'Arberg ; le duc formait le centre, et, du superbe logis de bois qu'il s'était fait bâtir sur les hauteurs de Courgevaux, il pouvait presser ou ralentir leurs mouvemens, comme un homme qui ouvre ou ferme les bras. La ville était donc libre d'un seul côté : c'était celui du lac, dont les flots venaient baigner ses murs, et sur la surface duquel glissaient silencieusement chaque nuit des barques chargées d'hommes, de secours et de munitions de guerre.

De l'autre côté de la Sarine, et sur les derrières du duc les Suisses organisaient non seulement la défense mais encore l'attaque. Les petites villes de Laupen et de Gumenen avaient été mises en état de résister à un coup de main, et, protégée par elles, Berne s'était fait le point de réunion des confédérés.

Le duc vit bien qu'il n'y avait pas de temps à perdre : il fit sommer la ville de se rendre ; et, sur le refus de son commandant, le comte de Romont fit démasquer soixante-dix grosses bombardes, qui, au bout de deux heures, avaient abattu un pan de mur assez large pour donner l'assaut. Les Bourguignons, voyant crouler la muraille, marchèrent vers la ville en criant *ville gagnée* ; mais ils trouvèrent sur la brèche, une seconde muraille plus difficile à abattre que la première, muraille vivante, muraille de fer, contre laquelle les onze mille hommes du comte de Romont revinrent cinq fois se briser dans l'espace de huit heures. Sept cents soldats périrent dans ce premier assaut, et le chef de l'artillerie fut tué d'un coup d'arquebuse.

Le duc de Bourgogne se retourna comme un sanglier blessé, et se rua sur Laupen et Gumenen. Le choc retentit jusqu'à Berne, qui fut un instant en grande crainte, se voyant menacée de si près ; elle envoya ses bannières avec six mille hommes au secours des deux villes : ce renfort arriva pour voir battre en retraite le duc Charles.

La colère du Bourguignon était à son comble. Assiégé lui-même, en quelque sorte, entre les trois villes qu'il assiégeait, il semblait un lion se débattant dans un triangle de feu : personne n'osait lui donner conseil ; ses chefs, lorsqu'il les appelait, s'approchaient de lui en hésitant ; et, la nuit, ceux qui veillaient à la porte de sa tente l'entendaient avec terreur pousser des cris et briser ses armes.

Pendant dix jours, l'artillerie tonna sans interruption, trouant les remparts et ruinant la ville, sans lasser un instant la constance des habitans. Deux assauts conduits par le duc lui-même furent repoussés ; deux fois le Téméraire atteignit le sommet de la brèche, et deux fois il en redescendit. Adrien de Bubemberg était partout, et semblait avoir fait passer son âme dans le corps de chacun de ses soldats ; puis, lorsqu'il avait employé toute la journée à repousser les attaques furieuses de son ennemi, il écrivait le soir à ses alliés : « Ne vous pressez point, et soyez tranquilles, messieurs ; tant qu'il nous restera une goutte de sang dans les veines, nous défendrons Morat. »

Cependant les cantons s'étaient mis en route et se réunissaient. Déjà les hommes de l'Oberland, de Brienne, de l'Argovie, d'Uri et de l'Entlibuch étaient arrivés ; le comte Owald de Thierstein les avait rejoints, amenant ceux du pays de l'archiduc Sigismond ; le comte Louis d'Eptingen était campé sous les murs de Berne avec le contingent que Strasbourg s'était engagée à fournir, et qu'elle envoyait en alliée de parole ; enfin le duc René de Lorraine avait fait son entrée dans la ville, à la tête de trois cents chevaux, ayant près de son cheval un ours monstrueux merveilleusement apprivoisé, et auquel il donnait sa main à lécher comme il aurait fait à un chien.

On n'attendait plus que ceux de Zurich ; ils arrivèrent le 21 juin, au soir. Ils étaient accompagnés des hommes de Turgovie, de Baden, et des bailliages libres.

C'était plus que n'espéraient les confédérés ; aussi la ville de Berne fut illuminée, et l'on dressa des tables devant les portes des maisons en l'honneur des arrivans. On leur donna deux heures de repos ; puis le soir toute l'armée confédérée, pleine d'espoir et de courage, se mit en marche, chaque canton chantant sa chanson de guerre.

Le matin elle entendit les matines à Gumenen ; puis elle étendit son ordre de bataille sur le revers de la montagne opposé à celui où le duc avait placé ses logis.

Hans de Hallewyl commandait l'avant-garde. C'était un noble et brave chevalier de l'Argovie, que Berne avait reçu au rang de ses bourgeois, pour le récompenser des hauts faits d'armes qu'il avait accomplis dans les armées du roi de Bohême et dans la dernière guerre de Hongrie contre les Turcs. Il avait sous ses ordres les montagnards de l'Oberland, de l'Entlibuch, des anciennes ligues, et quatre-vingts volontaires de Fribourg, qui, pour se reconnaître dans la mêlée, avaient coupé des branches de tilleul et les avaient mises en guise de panaches sur leurs casques et leurs chapeaux. Après eux venaient, commandant le corps de bataille, Hans Waldman de Zurich et Guillaume Herter, capitaine des gens de Strasbourg, auquel on avait donné cette part de commandement pour honorer en son nom les fidèles alliés qu'il avait amenés au secours de la confédération. Ils avaient sous leurs ordres les cantons rangés autour de leurs bannières, dont chacune était spécialement défendue par quatre-vingts hommes choisis parmi les vaillans, et armés de cuirasses, de piques et de haches d'armes. Enfin l'arrière-garde était conduite par Gaspard Hertenstein de Lucerne.

Mille hommes, jetés de chaque côté à mille pas sur les flancs de cette armée, éclairaient sa marche dans les bois qui couvraient la pente du coteau qu'elle suivait en s'étendant de Gumenen à Laupen. Toute l'armée des confédérés réunie pouvait être de trente à trente-quatre mille hommes. Le duc de Bourgogne commandait à peu près un pareil nombre de soldats ; mais son camp paraissait beaucoup plus considérable, à cause de la quantité de marchands et de femmes de mauvaise vie qu'il traînait à sa suite.

La veille il y avait eu alerte parmi cette multitude : le bruit s'était répandu que les Suisses avaient passé la Sarine. Le duc l'avait appris avec une grande joie ; toute son armée s'était mise soudain en mouvement, et il avait marché jusqu'à la crête de la montagne au-devant de l'ennemi ; mais la pluie était survenue, et chacun était rentré dans ses quartiers.

Le lendemain, le duc fit exécuter la même manœuvre. Cette fois, il put apercevoir sur l'autre côté de la colline ses ennemis retranchés dans la forêt. Le ciel était sombre, et la pluie épaisse. Les Suisses, qui armaient en ce moment des chevaliers, ne faisaient aucun mouvement. Le duc, après deux ou trois heures d'attente, crut que c'était encore une journée perdue, et se retira dans ses logis. De leur côté, ses généraux, voyant la poudre mouillée, les cordes des arcs détendues et les hommes pliant de fatigue, donnèrent le signal de la retraite. C'était le moment qu'attendaient les confédérés. A peine virent-ils le mouvement que faisait l'armée du duc, que Hans de Hallewyl cria à son avant-garde : — A genoux, enfans, et faisons notre prière.—Chacun lui obéit. Ce mouvement fut imité par le corps d'armée et l'arrière-garde, et la voix de trente-quatre mille hommes priant pour leur liberté et la patrie monta vers Dieu.

En ce moment, soit hasard, soit protection céleste, le rideau de nuages tendu sur le ciel se déchira pour laisser passer un rayon de soleil, qui alla se réfléchir sur les armes de toute cette multitude agenouillée. Alors Hans de Hallewyl se leva, tira son épée, et, tournant la tête du côté d'où venait la lumière, il s'écria : « Braves gens, Dieu nous envoie la clarté de son soleil ; pensez à vos femmes et à vos enfans ! »

Toute cette armée se leva d'un seul mouvement, en criant d'une seule voix : « Granson ! Granson ! » et, se mettant en marche, parvint en assez bon ordre sur la crête de la colline occupée un instant auparavant par les soldats du duc. Une troupe de chiens de montagne qui marchaient devant l'armée rencontra une troupe de chiens de chasse qui appartenaient aux chevaliers bourguignons, et, comme si ces animaux eussent partagé la haine de leurs maîtres, ils se jetèrent les uns sur les autres ; les chiens des confédérés, habitués à tenir tête aux taureaux et aux ours, n'eurent point de peine à vaincre leurs ennemis, qui prirent la fuite vers le camp : cela fut regardé par les confédérés comme chose de bon présage. Les Suisses se divisèrent en deux troupes pour tenter deux attaques. Dès la veille, mille ou douze cents hommes avaient été détachés du corps d'armée, et, traversant la Sarine un peu au dessus de sa jonction avec l'Aar, s'étaient avancés en vue du comte de Romont, qu'ils devaient inquiéter, et empêcher par ce moyen de porter secours au duc Charles. Hallewyl, qui commandait une de ces troupes réunie à son avant-garde, et Waldman, qui commandait l'autre, combinèrent leurs mouvemens de manière à attaquer tous les deux en même temps ; et, partant du même point, ils s'ouvrirent comme un V et allèrent attaquer, Hallewyl la droite, et Waldman la gauche du camp, défendu dans toute sa circonvallation par des fossés et des retranchemens, dans l'embrasure desquels on apercevait les bouches noircies d'une multitude de bombardes et de grosses couleuvrines. Cette ligne resta muette et sombre jusqu'au moment où les confédérés se trouvèrent à demi-portée de canon. Alors une raie enflammée sembla faire une ceinture au camp, et de grands cris poussés par les Suisses annoncèrent que des messagers de mort avaient sillonné leurs rangs.

Ce fut surtout la troupe de Hallewyl qui souffrit le plus de cette première décharge. René de Lorraine et ses trois cents chevaux accoururent à son secours. Au même moment une porte du camp s'ouvrit, et une troupe de cavaliers bourguignons sortit et fondit sur eux la lance en arrêt. Comme ils n'étaient plus qu'à quatre longueurs de lance les uns des autres, un boulet tua le cheval de René de Lorraine ; le cavalier démonté roula dans la boue ; on le crut mort. Ce fut Hallewyl à son tour qui lui vint en aide et qui le sauva. Waldman, de son côté, s'était avancé jusqu'au bord du fossé ; mais il avait été forcé de reculer devant le feu de l'artillerie bourguignonne : il alla reformer sa troupe derrière un monticule, et marcha de nouveau à l'ennemi.

Ce fut alors que l'on courut dire au duc Charles que les Suisses attaquaient. Il croyait si peu à une telle audace que les premières décharges ne l'avaient point fait sortir de son logis ; il pensait que l'on continuait de tirer sur la ville. Le messager le trouva dans sa chambre, à moitié désarmé, sans épée au côté, la tête et les mains nues. Il ne voulut pas croire d'abord à la nouvelle qu'on lui annonçait, et lorsque le messager lui eut dit que c'étaient les Suisses de ses propres yeux attaquer le camp, il s'emporta en paroles furieuses, et le frappa du poing. Au même instant un chevalier entra avec une blessure au front et son armure tout ensanglantée. Il fallut bien que le duc se rendît à l'évidence ; il mit vivement son casque et ses gantelets, sauta sur son cheval de bataille, qui était resté tout sellé, et, lorsqu'on lui eut fait observer qu'il ne prenait pas son épée, il montra la lourde masse de fer qui pendait à l'arçon de sa selle, en disant qu'une telle arme était tout ce qu'il fallait pour frapper sur de pareils animaux. A ces mots, il mit son cheval au galop, gagna le point le plus élevé du camp, et, se dressant sur ses arçons, il embrassa d'un coup d'œil tout le champ de bataille. A peine eut-on reconnu, à la bannière ducale qui le suivait, le point où l'on pouvait le trouver, que le duc de Sommerset, capitaine des Anglais, et le comte de Marle, fils aîné du connétable de Saint-Pol, accoururent près de lui et lui demandèrent ce qu'il fallait qu'ils fissent. « Ce que vous allez me voir faire, répondit le duc en poussant son cheval vers un endroit du camp qui venait d'être forcé. C'était encore Hallewyl avec son avant-garde : repoussé d'un côté, il avait continué de tourner les retranchemens ; trouvant enfin un point plus faible, il l'avait enfoncé, et dirigeant aussitôt les canons de l'ennemi contre l'ennemi lui-même, il foudroyait presque à bout portant les Bourguignons avec leur propre artillerie. C'était donc vers ce point que se dirigeait le duc, et cette action avait lieu sur l'emplacement même où passe aujourd'hui la route de Fribourg.

Charles tomba comme la foudre au milieu de cette mêlée ; son arme était bien une arme de boucher, et tous ceux qu'il en frappait roulaient à ses pieds comme des taureaux sous une masse. Le combat venait donc de se rétablir avec quelque apparence de fortune pour le duc, lorsqu'il entendit à son extrême droite de grands cris et un grand tumulte. Hertestein et son arrière-garde, ayant continué le mouvement circulaire indiqué par l'armée suisse par son plan de bataille, étaient parvenus à tourner le camp et l'attaquaient à l'endroit où il se réunissait au lac. C'était le point que défendait le grand Bâtard : il fit courageusement face à l'assaut, et, peut-être l'eût-il repoussé, si un grand désordre ne s'était mis parmi ses gens d'armes. Adrien Bubemberg était sorti de la ville avec deux mille hommes et venait de le prendre entre deux feux.

Cependant le duc Charles n'avait pu reprendre son artillerie, qui était aux mains des Suisses : chaque décharge lui enlevait des rangs entiers. Mais comme l'élite de ses troupes était avec lui, nul ne pensait à reculer. C'étaient les archers à cheval, les gens de son hôtel et les Anglais ; peut-être eussent-ils tenu ainsi longtemps, si le duc René, qui s'était remonté, ne fût venu, escorté d'Eptingen, de Thierstein et de Gruyère, se jeter avec ses trois cents chevaux au milieu de cette boucherie. Le duc de Sommerset et le comte de Marle tombèrent sous le premier choc. C'était surtout à la bannière du duc qu'en voulait René, son ennemi mortel ; trois fois il poussa son cheval si près d'elle, qu'il n'avait qu'à étendre la main pour la saisir, et trois fois il trouva entre elle et lui un chevalier nouveau qu'il lui fallut abattre ; enfin il parvint à joindre Jacques de Maes, qui la portait, tua son cheval, et, tandis que le cavalier était pris sous l'animal mourant, et que, au lieu de se défendre il serrait contre sa poitrine la bannière de son maître, René parvint à trouver, avec son épée à deux mains, le défaut de son armure, et, se laissant peser de toute sa force sur la poignée, cloua son ennemi contre terre. Pendant ce temps, un homme de sa suite, se glissant entre les jambes des chevaux, arrachait des mains de Jacques de Maes la bannière que le loyal chevalier ne lâcha qu'en expirant.

Dès lors, ce fut, comme à Granson, non plus une retraite mais une déroute : car Waldman, vainqueur aussi sur le point qu'il avait attaqué, vint encore augmenter le désordre. Le duc Charles, et ce qui lui restait de soldats, étaient entourés de tous côtés ; le comte de Romont, inquiété par ceux qu'on avait détachés contre lui, ignorant d'ailleurs ce qui se passait sur leurs derrières, ne pouvait venir le dégager. Il n'y avait donc plus qu'un espoir : faire une trouée à travers ce mur vivant, dont on ne pouvait calculer l'épaisseur, et, arrivé de l'autre côté, fuir à grande course de chevaux vers Lausanne. Seize chevaliers entourèrent leur duc, et, mettant leurs lances en arrêt, traversèrent avec lui l'armée confédérée dans toute sa profondeur. Quatre tombèrent en route : ce furent les sires de Grimberges, de Rosimbos, de Mailly et de Montaigu. Les douze qui demeurèrent en selle gagnèrent Morgues avec leur maître, faisant en deux heures une course de douze lieues. C'était tout ce qui restait au Téméraire de sa riche et puissante armée.

Du moment où le duc cessa de résister, rien ne résista plus. Les confédérés parcoururent le champ de bataille, frappant tout ce qui était debout, achevant tout ce qui était tombé ; aucune grâce ne fut faite, excepté aux femmes : on poursuivit avec les barques les Bourguignons qui tentaient de fuir par le lac ; l'eau était chargée de corps morts et rouge de sang ; et pendant longtemps les pêcheurs, en tirant leurs filets, amenèrent des fragments d'armures et des tronçons d'épées.

Le camp du duc de Bourgogne, et tout ce qu'il contenait, tomba au pouvoir des Suisses : le logis du duc, avec ses étoffes, ses fourrures, les armes précieuses qu'il renfermait, fut donné par les vainqueurs au René de Lorraine, comme un témoignage d'admiration pour son courage pendant cette journée. Les confédérés se partagèrent l'artillerie ; chaque canton qui avait envoyé des combattans en obtint quelques pièces comme trophée de la bataille. Morat en eut douze. J'allai voir, dans l'endroit où on les conserve, ces vieux souvenirs de cette grande défaite. Ces canons ne sont point coulés tout d'une pièce, mais se composent d'anneaux, alternativement saillans et rentrans, soudés les uns aux autres, mode de fabrication qui devait leur ôter beaucoup de leur solidité.

En 1828 et 1829, Morat demanda des canons à Fribourg, afin de célébrer bruyamment la fête de la confédération : cette demande ne fut point accueillie par la métropole du canton, je ne sais pour quelle cause. Les jeunes gens se rappelèrent les canons du duc Charles, et les tirèrent de l'arsenal où ils dormaient depuis quatre siècles ; il leur paraissait digne d'eux de célébrer l'anniversaire de leur nouveau pacte de liberté avec les trophées de la victoire qu'ils devaient à leur vieille fédération. Ils les traînèrent donc avec de grands cris sur l'esplanade que le voyageur laisse à sa gauche en entrant dans la ville ; mais aux premiers coups une couleuvrine et une bombarde éclatèrent, et cinq ou six des jeunes gens qui servaient ces deux pièces furent tués ou blessés.

FRIBOURG.

Nous ne nous arrêtâmes à Morat que deux heures : ce temps suffisait de reste pour visiter ce que la ville offre de curieux. Vers les trois heures de l'après-midi nous remontâmes dans notre petite calèche, et nous nous mîmes en route pour Fribourg. Au bout d'une demi-heure de marche en pays plat, nous arrivâmes au pied d'une colline que notre cocher nous invita à monter à pied, sous prétexte de nous faire admirer le point de vue ; mais de fait, je crois, par déférence pour son cheval. Je me laissais ordinairement prendre à ces supercheries, sans paraître le moins du monde les deviner, car, n'eussent été mes compagnons de voyage, j'aurais fait toute la route à pied. Cette fois, au moins, l'invitation du guide n'était point dénuée de motifs plausibles. La vue, qui embrasse tout le champ de bataille, la ville, les deux lacs de Morat et de Neufchâtel, est magnifique ; c'est à l'endroit même où nous étions que le duc de Bourgogne avait fait bâtir ses logis. Une demi-heure de marche nous conduisit ensuite à la crête de la montagne, et à peine l'eûmes-nous dépassée, que, sur le versant opposé à celui que nous venions de gravir, je reconnus l'endroit où avait fait sa halte pieuse toute l'armée des confédérés. Le reste de la route n'offre rien de remarquable que la jolie vallée de Gotteron, qui vient se réunir à la route une lieue avant Fribourg, et qui s'étend jusqu'aux portes de la ville. Sur le sommet opposé à celui que nous suivions, notre guide nous fit remarquer l'ermitage de Sainte-Madeleine, qu'il nous invita à visiter le lendemain, et au fond de la vallée un aqueduc romain qui sert aujourd'hui à conduire une partie des eaux de la Sarine jusqu'aux forges de Gotteron.

La porte par laquelle on entre dans Fribourg, en arrivant de Morat, est une des constructions les plus hardies que l'on puisse voir : suspendue comme elle est au-dessus d'un précipice de deux cents pieds de profondeur, on n'aurait qu'à la détruire pour rendre la ville imprenable de ce côté ; Fribourg tout entier, du reste, semble le résultat d'une gageure faite par un architecte fantasque, à la suite d'un dîner copieux. C'est la ville la plus bossue que je connaisse : le terrain a été pris tel que Dieu l'avait fait ; les hommes ont bâti dessus, voilà tout. A peine a-t-on dépassé la porte qu'on descend, non pas une rue, mais un escalier de vingt-cinq ou trente marches ; on se trouve alors dans un petit vallon pavé, et bordé de maisons des deux côtés. Avant de monter vers la cathédrale, qui se trouve en face, il y a deux choses à voir : à gauche, une fontaine ; à droite, un tilleul. La fontaine est un monument du quinzième siècle, curieux de naïveté : elle représente Samson terrassant un lion. L'Hercule juif porte à son côté, passée dans un ceinturon, sa mâchoire d'âne en guise d'épée. — Le tilleul est à la fois un souvenir et un monument du même siècle ; voici à quelle tradition se rattache son existence :

Nous avons dit que les quatre-vingts jeunes gens que Fribourg avait envoyés à la bataille de Morat avaient, pour se reconnaître entre eux pendant la mêlée, orné leurs casques et leurs chapeaux de branches de tilleul ; aussitôt que celui qui commandait ce petit corps de frères eût vu la bataille gagnée, il dépêcha un de ses soldats vers Fribourg pour y porter cette nouvelle. Le jeune Suisse, comme le Grec de Marathon, fit la course tout d'une traite, et, comme lui, arriva mourant sur la place publique, où il tomba en criant : Victoire ! et en agitant de sa main mourante la branche de tilleul qui lui avait servi de panache. Ce fut cette branche qui, plantée religieusement par les Fribourgeois à la place où leur compatriote était tombé, produisit l'arbre colossal qu'on y voit aujourd'hui.

Le clocher de l'église est un des plus élevés de la Suisse : il a trois cent quatre-vingt-six pieds de hauteur. — En général, il y a peu de ces monuments dans les Alpes ; depuis Babel, les hommes ont renoncé à lutter contre Dieu ; les montagnes tuent les temples : quel est l'insensé qui oserait bâtir un clocher au pied du mont Blanc ou de la Yungfrau ? — Le porche est l'un des plus ouvragés qu'il y ait en Suisse : il représente le jugement dernier dans tous ses détails ; Dieu punissant ou récompensant les hommes, que la trompette du jugement réveille, et que les anges séparent en deux troupes, et qui entrent, séance tenante, la troupe des élus dans un château qui représente le paradis, la troupe des damnés dans la gueule d'un serpent qui simule l'enfer ; parmi les damnés il y a trois papes que l'on reconnaît à leur tiare. — Au-dessous du bas-relief on lit une inscription, qui indique que l'église est sous l'invocation de saint Nicolas, et témoigne de la foi que les Fribourgeois ont dans l'intercession du saint qu'ils ont choisi, et du crédit dont ils pensent que leur patron jouit près du Père éternel ; la voici :

PROTEGAM HANC URBEM ET SALVABO EAM PROPTER
NICOLAUM SERVUM MEUM (1).

L'intérieur de l'église n'offre de remarquable qu'une chaire gothique d'un assez beau travail ; quant au maître-autel, il est dans le goût de la statuaire de Louis XV, et ressemble considérablement au Parnasse de monsieur Titon du Tillet.

Comme il commençait à se faire tard, nous remîmes au lendemain la visite que nous comptions faire aux autres curiosités de la ville.

Fribourg est la cité catholique par excellence : croyante et haineuse comme au seizième siècle. Cela donne à ses habitans une couleur de moyen-âge pleine de caractère. Pour eux, point de différence intelligente entre la papauté de Grégoire VII ou celle de Boniface VIII, point de distinction entre l'église démocratique ou l'église aristocratique : le cas échéant, ils décrocheraient demain l'arquebuse de Charles IX ou rallumeraient le bûcher de Jean Huss.

Le lendemain matin, j'envoyai le cocher et la voiture nous attendre sur la route de Berne, et je priai notre hôte de nous procurer un jeune homme qui nous conduisît à l'ermitage de Sainte-Madeleine, les chemins qui y mènent étant impraticables pour une voiture. Il nous donna son neveu, gros joufflu, sacristain de profession et guide à ses momens perdus. Il nous restait à visiter à Fribourg la porte Bourguillon, ancienne construction romaine. Nous nous mîmes en route sous la conduite de notre nouveau cicerone. — Nous passâmes pour nous y rendre près du tilleul de Morat, dont j'appris alors l'histoire ; puis nous descendîmes une rue de cent vingt marches, qui nous conduisit à un pont jeté sur la Sarine. C'est du milieu de ce pont qu'il faut se retourner, regarder Fribourg s'élevant en amphithéâtre comme une ville fantastique : on reconnaîtra bien alors la cité gothique, bâtie pour la guerre, et posée à la cime d'une montagne escarpée comme l'aire d'un oiseau de proie ; on verra quel parti le génie militaire a tiré d'une localité qui semblait bien plutôt destinée à servir de retraite à des chamois qu'à des hommes, et comment une ceinture de rochers a formé une enceinte de remparts.

À gauche de la ville, et comme une chevelure rejetée en arrière, s'élève une forêt de vieux sapins noirs poussant dans les fentes des rochers, d'où sort, comme un large ruban chargé de la maintenir, la Sarine aux eaux grises, qui serpente un instant dans la vallée, et disparaît au premier détour. Au-delà de la petite rivière, et sur la montagne opposée à la ville, on découvre, au-dessus d'une espèce de faubourg bâti en amphithéâtre, la porte Bourguillon, à laquelle on arrive par un chemin creusé dans la montagne. Cette vue récompense mal de la fatigue qu'on a prise pour arriver jusque là : c'est une construction romaine, comme toutes celles qui restent de cette époque, lourde, massive et carrée. Près d'elle, à la gauche du chemin qui y conduit, est une assez jolie petite chapelle, bâtie en 1700, dans les niches de laquelle on a placé extérieurement quatorze statues de saints, qui portent la date de 1650 ; deux ou trois d'entre elles sont assez remarquables. L'intérieur n'offre rien de curieux, si ce n'est les nombreux témoignages de la foi des habitans : les murs sont tapissés d'ex-voto, qui tous attestent les miracles opérés par la vierge Marie, sous l'invocation de laquelle est placé ce petit temple ; des peintures naïves et des inscriptions plus naïves encore constatent le cas où la puissance de la protectrice divine s'est révélée. L'une représente un vieillard au lit de mort, qu'une apparition guérit ; l'autre, une femme près d'être écrasée par une voiture et un cheval emporté qu'une main invisible arrête tout à coup ; une troisième, un homme près de se noyer, que l'eau obéissante porte au bord sur un ordre de la Vierge ; enfin une dernière, un enfant qui tombe dans un précipice et dont les ailes d'un ange amortissent la chute. J'ai copié l'inscription écrite au-dessous de ce dernier dessin ; la voici dans toute sa pureté :

LE 26 JULLY 1799 ET TOMBÉ DEPUIS LE HEAU DU ROCH
DE LA MAISON DES FRERES BOURGER, EN MONTANT
A MONTTORGE JUSQUE DANS LA SARINE, JOSEPH
FILS DE JEAO VEINSANT KOLLY BOURGEOIT DE
FRIBOURG, AGÉ DE CINQ ANS, PRÉSERVÉ DE DIEU
ET DE LA SAINTE VIERGE ; SANS AUQU'UN MAL.

Je me fis montrer l'endroit où cette chute avait eu lieu ; l'enfant est tombé d'une hauteur de cent quatre-vingts pieds à peu près.

En regagnant la route de Berne, notre sacristain nous montra l'endroit que les ingénieurs viennent de choisir pour y jeter un pont suspendu qui joindra la ville à la montagne située en face d'elle. Ce pont aura huit cent cinquante pieds de longueur sur une élévation de cent cinquante : il passera à quatre-vingt-dix pieds au-dessus des toits des plus hautes maisons bâties au fond de la vallée. L'idée qu'on allait embellir Fribourg d'un monument dont la façon serait si moderne m'affligea autant qu'elle paraissait réjouir ses habitans. Cette espèce de balançoire en fil de fer qu'on appelle un pont suspendu jurera d'une manière bien étrange, ce me semble, avec la ville gothique et sévère qui vous reporte, à travers les siècles, à des temps de croyance et de féodalité. La vûe de quelques forçats aux habits rayés de noirs et de blanc, qui travaillaient sous la surveillance d'un garde-chiourme, ne contribua point à éclaircir ce tableau qui, dans mes idées d'art et de nationalité, m'attrista autant que pourrait le faire l'aspect d'un habit marron à Constantinople, ou d'une culotte courte sur les bords du Gange.

A trois heures nous rejoignîmes notre voiture, qui nous attendait, caisse, cheval et cocher, avec une immobilité et une patience qui auraient fait honneur à un fiacre ; nous nous établîmes dans le fond, avec notre sacristain sur le devant, et nous nous mîmes en route pour l'ermitage de la Madeleine. Après une demi-heure de marche à peu près, la voiture s'arrêta, et nous prîmes un chemin de traverse.

Nous étions partis de Fribourg par un temps magnifique, ce qui n'avait point empêché notre desservant de Saint-Nicolas de se munir d'un énorme parapluie qui paraissait, à la prédilection qu'il manifestait pour ce meuble, le compagnon ordinaire de ses courses ; c'était du reste un vieux serviteur vêtu de calicot bleu, raccommodé avec des carrés de drap gris, et qui, lorsqu'il était déployé dans toute sa largeur, avait une envergure de sept ou huit pieds ; vénérable parapluie-ancêtre dont on ne retrouverait l'espèce chez nous qu'en s'enfonçant dans la Bretagne ou la basse Normandie. Nous avions ri d'abord de la précaution de notre guide, qui, vif et jovial comme un Suisse allemand, nous avait regardés long-temps avec inquiétude avant de savoir ce qui provoquait notre hilarité, et qui enfin, au bout d'un quart d'heure, ayant fini par en deviner la cause, s'était dit tout haut à lui-même : — Ah ! foui, c'être ma parapluie, ché comprends.

Au bout de dix minutes de marche, et comme nous commencions à gravir par une chaleur de vingt-cinq degrés la rampe presque à pic qui conduit à la porte Bourguillon, et recevant d'aplomb sur la tête les rayons du soleil, nous vîmes notre guide qui avait déployé sa mécanique, et qui grimpait

(1) Je protégerai et sauverai cette ville à cause de mon serviteur Nicolas.

tranquillement par un petit sentier latéral, à l'ombre de cette espèce de machine de guerre, et abrité sous son toit comme un saint-sacrement sous un dais. Nous commençâmes à reconnaître que l'affection qu'il portait à son compagnon de voyage n'était pas aussi désintéressée que nous le pensions d'abord. Nous nous arrêtâmes, suivant d'un œil d'envie son ascension dans l'ombre mobile qui l'enveloppait comme l'atmosphère la terre. En arrivant à la hauteur où nous étions, il s'était arrêté à son tour, nous avait regardés un instant avec étonnement, comme pour s'interroger sur la cause de notre halte, puis, nous ayant vus nous passer mutuellement une bouteille de kirschenwaser, et nous essuyer le front avec nos mouchoirs, il s'était dit, toujours parlant à lui-même, comme s'il répondait à une question intérieure : — Ah! foui, ché comprends, fous avre chaud, c'est le soleil.—Puis il avait continué son ascension, qu'il avait achevée avec autant de calme qu'il l'avait commencée.

En arrivant à la voiture, comme un cavalier qui s'occupe de son cheval avant de penser à lui-même, il avait soigneusement plié son cher riflard, pour lequel je commençais à avoir une vénération presque aussi profonde que la sienne; il en avait abaissé symétriquement les plis les uns sur les autres; puis, faisant glisser dessus, de toute la longueur de son lacet vert, le cercle de laiton qui les maintenait, il avait solidement établi le précieux meuble dans l'angle en retour formé par la banquette de devant de la calèche, et avait conservé, en s'asseyant sur l'extrême bord du coussin dont son ami occupait le fond, toutes les marques de déférence qu'il croyait devoir simultanément à lui et à nous. On devine donc que, lorsque nous descendîmes pour faire à pied, et par le chemin de traverse où ne pouvait s'engager la voiture, les trois quarts de lieues qui nous séparaient encore de l'ermitage, le parapluie fut le premier descendu, comme il avait été le premier monté, et que nous ne dûmes nous mettre en route qu'après qu'un scrupuleux examen eût convaincu son propriétaire qu'il ne lui était arrivé aucun accident. L'inventaire n'était pas dénué de raison. Pendant notre course en voiture, le ciel s'était couvert de nuages, et un tonnerre lointain, qui se faisait entendre dans la vallée, se rapprocha à chaque coup. Bientôt de larges gouttes tombèrent; mais comme nous étions à moitié chemin à peu près, et que nous avions par conséquent aussi loin pour retourner à notre voiture que pour atteindre le but de notre excursion, nous nous élançâmes à toutes jambes vers le bouquet de bois derrière lequel nous présumions qu'était situé l'ermitage. Au bout de cinquante pas, la pluie tombait par torrens, et, au bout de cent, nous n'avions plus un fil de sec sur toute notre personne; nous ne nous arrêtâmes néanmoins que sous l'abri des arbres qui entourent l'ermitage. Alors nous nous retournâmes, et nous aperçûmes notre sacristain tranquillement à couvert sous son parapluie comme sous un vaste hangar. Il venait à nous, posant proprement la pointe de ses pieds sur l'extrémité des pierres dont était parsemé le chemin, et qui formaient un archipel de petites îles au milieu de la nappe d'eau qui couvrait littéralement la plaine; de sorte que, lorsqu'il nous rejoignit, il ne nous fallut qu'un coup d'œil pour nous convaincre que la personne de notre guide s'était conservée intacte depuis les extrémités supérieures jusqu'aux extrémités inférieures : pas une goutte d'eau ne coulait de sa chevelure, pas une tache de boue ne souillait ses souliers cirés à l'œuf. Arrivé à quatre pas de nous, il s'arrêta, fixa ses grands yeux étonnés sur notre groupe tout ruisselant et tout transi, et, comme s'il lui eût fallu autre chose que l'aspect du temps pour lui donner l'explication de notre détresse, il dit, après quelques secondes de réflexion, et toujours se parlant à lui même : — Ah! foui, ché comprends, fous être mouillés, c'est l'orache.

Le gredin ! nous l'aurions étranglé de bon cœur; je crois même que l'un de nous en fit la proposition. Heureusement que nous fûmes détournés de cette mauvaise pensée par les sons d'une cloche qui retentit à quelques pas de nous, et dont le bruit semblait sortir de terre : c'était celle de l'ermitage, dont nous n'étions plus qu'à quelques pas. L'orage avait été rapide et violent comme un orage de montagne; la pluie avait cessé, le ciel était redevenu pur; nous secouâmes nos vêtemens, et, quittant notre abri, nous nous acheminâmes vers la grotte, laissant notre sacristain occupé à chercher une place bien exposée où il pût faire sécher son parapluie. Bientôt nous nous trouvâmes en face de l'ouvrage le plus merveilleux qu'ait accompli peut-être depuis le commencement des siècles la patience d'un homme.

En 1760, un paysan de Gruyère, nommé Jean Dupré, prit la résolution de se faire ermite et de se creuser lui-même un ermitage comme jamais les pères du désert n'avaient soupçonné qu'il en pût exister. Après avoir cherché longtemps dans le pays environnant une place convenable, il crut avoir trouvé, à l'endroit même où nous étions, une masse de rochers à la fois assez solide et assez friable pour qu'il pût mettre à exécution son projet. Cette masse, recouverte à son sommet d'une terre végétale sur laquelle s'élèvent des arbres magnifiques, présente au midi trois de ses faces coupée à pic, et domine à la hauteur de deux cents pieds à peu près la vallée de Gotteron. Dupré attaqua cette masse, non pas pour s'y creuser une simple grotte, mais pour s'y tailler une habitation complète avec toutes ses dépendances, s'imposant en outre pour pénitence de ne manger que du pain et de ne boire que de l'eau tout le temps que durerait ce travail. Son œuvre n'était point encore achevée au bout de vingt ans, lorsqu'elle fut interrompue par la mort tragique du pauvre anachorète. Voici comment :

La singularité du vœu, la persistance avec laquelle Dupré l'accomplissait, la hardiesse de cette fouille à l'intérieur de la montagne, attiraient à la Madeleine nombre de visiteurs; et comme, des deux chemins qui y conduisaient, celui de la vallée de Gotteron était le plus court et le plus pittoresque, c'était celui que préféraient les curieux. Il y avait bien un petit inconvénient. Arrivé au pied de l'ermitage, il fallait traverser la Sarine ; mais Dupré lui-même se chargea de lever cette difficulté en faisant faire une barque, et en quittant la pioche pour la rame chaque fois qu'une nouvelle société désirait visiter son ermitage. Un jour, une bande de jeunes étudians vint à son tour réclamer l'office du pieux batelier; et, comme ils étaient avec lui au milieu de la rivière, l'un d'eux, riant de la terreur d'un de ses camarades, posa, malgré les remontrances de l'ermite, ses pieds sur les deux bords de la barque, et lui imprima, en se laissant peser tantôt à bâbord, tantôt à tribord, un mouvement si brusque qu'il la fit chavirer: les étudians, qui étaient jeunes et vigoureux, gagnèrent la rive malgré le courant rapide de la rivière; le vieillard se noya, et l'ermitage resta inachevé.

Nous parvînmes à cette grotte en descendant quatre ou cinq marches, par une espèce de poterne qui traverse un roc de huit pieds d'épaisseur. Cette poterne nous conduisit sur une terrasse taillée dans la pierre même qui surplombe au-dessus d'elle, à peu près comme le font certaines maisons gothiques, dont les différens étages avancent successivement sur la rue. Une porte s'offrait à notre droite, nous entrâmes. Nous nous trouvâmes dans la chapelle de l'ermitage, longue de quarante pieds, large de trente, haute de vingt. Deux fois par an, un prêtre de Fribourg vient y dire la messe, et alors cette église souterraine, qui rappelle les catacombes où les chrétiens célébraient leurs premiers mystères, se remplit de la population des villages voisins ; quelques bancs de bois, quelques images saintes, en forment la seule richesse. Aux deux côtés de l'autel sont deux portes aussi creusées dans le roc: l'une conduit dans la sacristie, petite chambre carrée d'une dizaine de pieds de large et de haut ; l'autre, au clocher. Ce clocher bizarre, dont la modeste prétention, tout opposée à celle de ses confrères, n'a jamais été de s'élever au-dessus du niveau de la terre, mais seulement d'arriver jusqu'à sa surface, ressemble d'en haut à un puits, et d'en bas à une cheminée; sa cloche est suspendue, au milieu des arbres qui couronnent le sommet de la montagne, à quatre ou cinq pieds au-dessus du sol, et le tuyau du clocher par lequel on la met en branle a soixante-dix pieds de long. — En rentrant dans la chapelle, et presque en face de l'autel, on trouve une porte qui conduit à une chambre: dans cette chambre est un escalier de dix-huit marches qui mène à un petit jardin; de cette chambre on passe dans un bûcher, et du bûcher dans la cuisine.

Malgré la chétive nourriture à laquelle s'était condamné le digne anachorète, il n'avait point négligé cette partie des bâtimens si importantes dans la demeure des autres individus de l'espèce à laquelle il appartenait; c'est même la portion de son ermitage à laquelle, par une prédilection bien désintéressée, il paraît avoir donné le plus de soin. — Lorsque nous y entrâmes, nous pûmes un instant nous croire dans une de ces grottes que le génie de Walter Scott creuse dans les montagnes d'Écosse, et qu'il peuple avec une sorcière échevelée et ses fils idiot. — En effet, une vieille femme était assise sous le manteau de la vaste cheminée dont la fumée s'échappait par un conduit de quatre-vingt-huit pieds de haut, creusé perpendiculairement dans le roc; elle grattait quelques légumes qu'attendait une marmite *bouillottante*, tandis qu'en face d'elle un grand gaillard de vingt-six ans, assis sur une pierre, étendait ses pieds, sans faire attention qu'il les baignait dans une mare d'eau que l'orage avait versée par la cheminée, préoccupé seulement du désir de trouver quelque chose de mangeable dans les épluchures que jetait sa mère, et qu'il examinait les unes après les autres avec la méticuleuse gourmandise d'un singe. Nous nous arrêtâmes un instant à la porte pour contempler cette scène éclairée seulement par le reflet rougeâtre d'un foyer ardent, dans lequel pétillait, dressé tout debout dans la cheminée, un sapin coupé vert, avec ses branches et ses feuilles, et qui brûlait ainsi depuis sa racine jusqu'à son extrémité. — Il aurait fallu Rembrandt pour fixer sur la toile, sa couleur ardente et son expression pittoresque, ce tableau bizarre, dont ui seul pourrait faire comprendre la poésie; lui seul aurait pu saisir cette lumière vive et résineuse, se reflétant toute entière sur la figure ridée de la vieille femme, et jouant dans les boucles d'argent de ses cheveux, tandis que, frappant de profil seulement sur la tête du jeune homme, elle laissait l'une de ses faces dans l'ombre et noyait l'autre dans la lumière.

Nous étions entrés sans être entendus; mais, à un mouvement que nous fîmes, la mère leva les yeux sur nous, et isolant son regard, ébloui par le centre de lumière près duquel elle se trouvait, à l'aide d'une main, elle nous aperçut debout et pressés contre la porte. Elle allongea le pied vers son fils, et, le poussant brusquement, elle le tira de l'occupation qui l'absorbait tout entier. Je présume qu'elle lui dit en mauvais allemand de nous montrer l'ermitage, car le jeune homme prit au foyer une branche de sapin tout enflammée, se leva avec une langueur maladive, resta un instant debout au milieu de la mare, devenue presque compacte par la réunion de la suie et des cendres que l'eau en tombant avait entraînées avec elle; puis, nous regardant d'un air hébété, bâilla, étendit les bras, et vint à nous. Il nous adressa quelques sons gutturaux et inintelligibles qui n'appartenaient à aucun idiome humain; mais, comme il étendait le bras dont il tenait la torche du côté des autres chambres, nous comprîmes qu'il nous invitait à les visiter: nous le suivîmes. Il nous conduisit vers un corridor long de quatre-vingts pieds et large de quatorze dont nous ne pûmes comprendre la destination. Ce corridor était éclairé par quatre fenêtres, percées comme des meurtrières, dans une plus ou moins grande épaisseur, selon les saillies extérieures que faisait le rocher. L'idiot approcha sa torche de la porte, et nous montra du bout du doigt, et sans autre explication que cette syllabe: Heu! heu! qu'il répétait chaque fois qu'il voulait indiquer quelque chose, des traits de crayon presque effacés. Nous retrouvâmes avec peine la forme des lettres; cependant nous pûmes lire le nom de Marie-Louise, la fille des Césars d'Allemagne, qui, à cette époque femme d'empereur, mère de roi, avait visité cet ermitage en 1815, et y avait écrit son nom, presqu'effacé aujourd'hui dans l'histoire comme il l'est sur cette porte.

Nous passâmes de ce corridor dans la chambre de l'ermite, qui forme la dernière pièce de ce bizarre appartement. Son lit de bois, sur lequel étaient posés un matelas et une couverture, sert aujourd'hui de couche à la vieille femme, et, en face de cette couche, quelques brins de paille étendus sur le plancher humide, insuffisans pour un cheval dans une écurie, pour un chien dans une niche, servent de litière à l'idiot. C'est là que ces malheureux passent leurs jours, vivant des aumônes des curieux qui viennent visiter leur étrange demeure.

La longueur de la trouée faite dans le roc par l'ermite est de trois cent soixante-cinq pieds: il s'est arrêté à ce chiffre, en mémoire des jours de l'année. La voûte a partout quatorze pieds de hauteur.

En revenant par la chambre contiguë à la chapelle, nous descendîmes les dix-huit marches de l'escalier qui nous conduisit au jardin, où poussent quelques misérables légumes qu'entretient le jeune homme qui nous servait de guide. Un geste démonstratif, accompagné de sa syllabe habituelle, heu! heu! nous fit tourner la tête vers une excavation du rocher: c'est l'entrée d'une fontaine d'eau excellente: on l'appelle *la Cave de l'ermite*.

Nous avions vu dans tous ses détails cette singulière construction. Le temps s'était éclairci pendant que nous la visitions: ce que nous avions de mieux à faire était de remonter en voiture et de nous mettre en route pour Berne. Nous traversâmes la poterne et nous nous mîmes en quête de notre guide, très préoccupés des premiers symptômes d'une faim qui promettait de devenir dévorante. Nous trouvâmes notre clerc de Saint-Nicolas assis à l'ombre d'un arbre, et ayant devant lui une pierre sur laquelle on voyait les débris d'un repas. Le drôle venait de déjeuner merveilleusement, autant que nous en pûmes juger par les os de son poulet qui jonchaient la terre autour de lui, et par une gourde pleine, posée sans bouchon à côté du parapluie, témoignait assez qu'elle venait de se vider dans un vase plus élastique et d'une plus large capacité. Quant à notre homme, il avait les yeux levés au ciel, et disait ses grâces en créature qui sent tout le prix des dons du Créateur.

Cette vue nous creusa horriblement l'estomac.

Nous lui demandâmes s'il n'y aurait pas moyen de se procurer dans les environs quelques articles de consommation dans le genre de ceux qu'il venait d'absorber. Il nous fit répéter plusieurs fois notre phrase; puis enfin, après avoir réfléchi un instant, il nous dit avec la tranquille perspicacité qui faisait le fond de son caractère: — Ah! foui, fous avre faim, ché comprends; c'être l'exercice.

Puis il se leva sans répondre autrement à notre question, ferma son couteau, mit sa gourde dans sa poche, ramassa son parapluie, et s'achemina vers l'endroit où nous attendait notre voiture, aussi flegmatiquement que s'il n'avait pas à la suite de son estomac plein deux estomacs vides.

Lorsque nous eûmes rejoint notre cocher, nous nous consultâmes pour régler nos comptes avec notre guide: il fut décidé que nous lui donnerions un thaler (six francs de notre monnaie, je crois) pour la demi-journée qu'il nous avait consacrée; je tirai donc de ma poche un thaler que je lui mis dans la main. Notre sacristain prit la pièce, la retourna attentivement sur les deux faces, en examina l'épaisseur, afin de bien s'assurer qu'elle n'était ni effacée ni rognée, la mit dans sa poche et tendit de nouveau la main. Cette fois, je la lui pris avec beaucoup de cordialité, et, la lui serrant de toutes mes forces, je lui dis dans le meilleur allemand que je pus: *Gut reis mein freund*. Le pauvre diable fit une grimace de possédé, et, pendant qu'il décollait, à l'aide de sa main gauche, les doigts de sa main droite, en murmurant quelques mots que nous ne pûmes comprendre, nous remontâmes en voiture. Au bout d'un quart de lieue, il nous vint une pensée, ce fut de demander à notre cocher s'il avait entendu ce qu'avait dit notre guide.

— Oui, messieurs, nous répondit-il.

— Hé bien?

— Il a dit qu'un thaler était bien peu de chose pour un homme qui, comme lui, avait supporté dans un seul jour la chaleur, la pluie et la faim.

On devine quelle impression dut faire un pareil reproche sur des hommes rôtis par le soleil, mouillés jusqu'aux os et mourans d'inanition. Aussi demeurâmes-nous dans l'insensibilité la plus complète; seulement la traduction de ces paroles nous amena tout naturellement à demander à notre cocher s'il n'y avait pas une auberge sur la route que nous avions à parcourir pour arriver à Berne. Sa réponse fut désespérante.

Deux heures après, il s'arrêta et nous demanda si nous voulions visiter le champ de bataille de Laupen.

— Y a-t-il une auberge sur le champ de bataille de Laupen?

— Non, monsieur; c'est une grande plaine où Rodolphe d'Erlac, à la tête du peuple, a vaincu la noblesse, l'an 1339...

— Très bien; et combien de lieues encore d'ici à Berne?

— Cinq.

— Un thaler de *trinkgeld*, si nous y sommes dans deux heures.

Le cocher mit son cheval au galop avec une ardeur que la nuit ne put ralentir, et, une heure et demie après, du haut de la montagne de Bümplitz, nous vîmes, éparpillées dans la plaine et brillantes comme des vers luisans sur une pelouse, les lumières de la capitale du canton bernois.

Au bout de dix minutes, notre voiture s'arrêta dans la cour de l'hôtel du Faucon.

LES OURS DE BERNE.

Un caquetage produit par plusieurs centaines de voix nous réveilla le lendemain avec le jour. Nous mîmes le nez à la fenêtre, le marché se tenait devant l'hôtel.

La mauvaise humeur que nous avait causé ce réveil matinal se dissipa bien vite à l'aspect du tableau pittoresque de cette place publique encombrée de paysans et de paysannes en costumes nationaux.

Une des choses qui m'avaient le plus désappointé en Suisse était l'envahissement de nos modes, non seulement dans les hautes classes de la société, les premières toujours à abandonner les mœurs de leurs ancêtres, mais encore parmi le peuple, conservateur plus religieux des traditions paternelles. Je me trouvai certes bien dédommagé de ma longue attente par le hasard qui réunissait sous mes yeux, et dans toute leur coquetterie, les plus jolies paysannes des cantons voisins de Berne. C'était la Vaudoise aux cheveux courts, abritant ses joues roses sous son large chapeau de paille pointu; la femme de Fribourg, qui tourne trois fois autour de sa tête nue les nattes de ses cheveux dont elle forme sa seule coiffure; la Valaisane, qui vient par le mont Gemmi, avec son chignon de marquise et son petit chapeau bordé de velours noir, d'où pend jusque sur son épaule un large ruban brodé d'or; enfin, au milieu d'elles est la plus gracieuse de toutes, la Bernoise elle-même avec sa petite calotte de paille jaune, chargée de fleurs comme une corbeille, posée coquettement sur le côté de la tête, et d'où s'échappent par derrière deux longues tresses de cheveux blonds; son nœud de velours noir au cou, sa chemise aux larges manches plissées et son corsage brodé d'argent.

Berne si grave, Berne si triste, Berne la vieille ville, semblait, elle aussi, avoir mis ce jour-là son habit et ses bijoux de fête; elle avait semé ses femmes dans les rues comme une coquette des fleurs naturelles sur une robe de bal. Ses arcades sombres et voûtées, qui avancent sur le rez-de-chaussée de ses maisons, étaient animées par cette foule qui passait leste et joyeuse, se détachant par les tons vifs de ses vêtemens sur la demi-teinte de ses pierres grises; puis, de place en place, rendant plus sensible encore la légèreté des ombres bariolées qui se croisaient en tous sens, des groupes de jeunes gens avec leurs grosses têtes blondes, leurs petites casquettes de cuir, leurs cheveux longs, leurs cols rabattus, leurs redingotes bleues plissées sur la hanche; véritables étudians d'Allemagne, qu'on croirait à vingt pas des universités de Leipsik ou d'Iéna, causant immobiles où se promenant gravement deux par deux, la pipe d'écume de mer à la bouche et le sac à tabac, orné de la croix fédérale, pendue à la ceinture. Nous criâmes bravo de nos fenêtres, en battant des mains comme nous l'aurions fait au lever de la toile d'un théâtre sur un tableau admirablement mis en scène; puis, allumant nos cigares, en preuve de fraternité, nous allâmes droit à deux de ces jeunes gens pour leur demander le chemin de la cathédrale.

Au lieu de nous l'indiquer de la main, comme l'aurait fait un Parisien affairé, l'un des deux nous répondit en français largement accentué de tudesque : « Par ici; » et, faisant doubler le pas à son camarade, il se mit à marcher devant nous.

Au bout de cinquante pas, nous nous arrêtâmes devant une de ces vieilles horloges compliquées, à l'ornement desquelles un mécanicien du quinzième siècle consacrait quelquefois toute sa vie... Notre guide sourit. — Voulez-vous attendre? nous dit-il, huit heures vont sonner.

En effet, au même instant, le coq qui surmontait ce petit clocher battit des ailes et chanta trois fois avec sa voix automatique. A cet appel, les quatre évangélistes sortirent, chacun à son tour, de leur niche, et vinrent frapper chacun un quart d'heure sur une cloche avec le marteau qu'ils tenaient à la main; puis, pendant que l'heure tintait, et en même temps que le premier coup se faisait entendre, une petite porte, placée au-dessous du cadran, s'ouvrit, et une procession étrange commença à défiler, tournant en demi-cercle autour de la base du monument, et rentra par une porte parallèle qui se ferma, en même temps que la dernière heure sonnait, sur le dernier personnage qui terminait le cortège.

Nous avions déjà remarqué l'espèce de vénération que les Bernois professent pour les ours; en entrant la veille au soir par la porte de Fribourg, nous avions vu se dérouper dans l'ombre les statues colossales de deux de ces animaux, placées comme le sont à l'entrée des Tuileries les chevaux domptés par des esclaves. Pendant les cinquante pas que nous avions faits pour arriver à l'horloge, nous avions laissé à notre gauche une fontaine surmontée d'un ours, portant une bannière à la main, couvert d'une armure de chevalier, et ayant à ses pieds un oursin vêtu en page marchant sur ses pattes de derrière et mangeant une grappe de raisin à l'aide de ses pattes de devant. Nous étions passés sur la place des Greniers, et nous avions remarqué, sur le fronton sculpté du monument, deux ours soutenant les armes de la ville, comme deux licornes un blason féodal; de plus, l'un d'eux versait avec une corne d'abondance les trésors du commerce à un groupe de jeunes filles qui s'empressaient de les recueillir, tandis que l'autre tendait gracieusement, et en signe d'alliance, la patte à un guerrier vêtu en Romain du temps de Louis XV. Cette fois, nous venions de voir sortir d'une horloge une procession d'ours, les uns jouant de la clarinette, les autres du violon, celui-ci de la basse, celui-là de la cornemuse; puis, à leur suite, d'autres ours portant l'épée au côté, la carabine sur l'épaule, marchant gravement, bannière déployée et caporaux en serre-file. Il y avait, on l'avouera, de quoi éveiller notre gaîté; aussi étions nous dans la joie de notre âme. Nos Bernois, habitués à ce spectacle, riaient de nous voir rire, et, loin de s'en formaliser, paraissaient enchantés de notre bonne humeur. Enfin, dans un moment de répit, nous leur demandâmes à quoi tenait cette reproduction continuelle d'animaux qui, par leur espèce et par leur forme, n'avaient pas jusque-là passé pour des modèles de grâce ou de politesse, et si la ville avait quelque motif particulier de les affectionner autrement que pour leur peau et pour leur chair.

Ils nous répondirent que les ours étaient les patrons de la ville.

Je me rappelai alors qu'il y avait effectivement un saint Ours sur le calendrier suisse; mais je l'avais toujours connu pour appartenir par sa forme à l'espèce des bipèdes, quoique par son nom il parût se rapprocher de celle des quadrupèdes : d'ailleurs il était le patron de Soleure et non de Berne. J'en fis poliment l'observation à nos guides.

Ils nous répondirent que c'était par le peu d'habitude qu'ils avaient de la langue française qu'ils nous avaient répondu que les ours étaient les patrons de la ville ; qu'ils n'en étaient que les parrains ; mais que, quant à ce dernier titre, ils y avaient un droit incontestable, puisque c'étaient eux qui avaient donné leur nom à Berne. En effet, *Bær*, qui en allemand se prononce *Berr*, veut dire *ours*. La plaisanterie, comme on le voit, devenait de plus en plus compliquée. Celui des deux qui parlait le mieux français, voyant que nous en désirions l'explication, nous offrit de nous la donner en nous conduisant à l'église. On devine qu'à l'affût comme je l'étais de traditions et de légendes, j'acceptai avec reconnaissance. Voici ce que nous raconta notre cicerone :

La cité de Berne fut fondée en 1191, par Berthold V, duc de Zœringen. A peine fut-elle achevée, ceinte de murailles et fermée de portes, qu'il s'occupa de chercher un nom pour la ville qu'il venait de bâtir, avec la même sollicitude qu'une mère en cherche un pour l'enfant qu'elle vient de mettre au jour. Malheureusement, il paraît que l'imagination n'était pas la partie brillante de l'esprit du noble seigneur ; car, ne pouvant venir à bout de trouver ce qu'il cherchait, il rassembla dans un grand dîner toute la noblesse des environs. Le dîner dura trois jours, au bout desquels rien de positif n'étant encore arrêté pour le baptême de l'enfant, lorsqu'un des convives proposa, pour en finir, de faire le lendemain une grande chasse dans les montagnes environnantes, et de donner à la ville le nom du premier animal que l'on tuerait. Cette proposition fut reçue par acclamation.

Le lendemain on se mit en route au point du jour. Au bout d'une heure de chasse, de grands cris de victoire se firent entendre ; les chasseurs coururent vers l'endroit d'où ils partaient : un archer du duc venait d'abattre un cerf.

Berthold parut très désappointé que l'adresse de l'un de ses gens se fût exercée sur un animal de cette espèce. Il déclara en conséquence qu'il ne donnerait pas à sa bonne et forte ville de guerre le nom d'une bête qui était le symbole de la timidité. De mauvais plaisants prétendirent que le nom de la victime offrait encore un autre symbole, que leur seigneur oubliait à dessein de relater, quoique ce fût peut-être celui qui lui inspirait le plus de répugnance : le duc Berthold était vieux et avait une jeune et jolie femme.

Le coup de l'archer fut donc déclaré non avenu, et l'on se remit en chasse.

Vers le soir les chasseurs rencontrèrent un ours.

Vive Dieu ! c'était là une bête dont le nom ne pouvait compromettre ni l'honneur d'un homme ni celui d'une ville. Le malheureux animal fut tué sans miséricorde, et donna à la capitale naissante le baptême avec son nom. Aujourd'hui encore, une pierre élevée à un quart de lieue de Berne, près de la porte du cimetière du Muri-Stalden, constate l'authenticité de cette étymologie par une courte mais précise inscription. La voici en vieux allemand :

ERST BÆR HIER FAM (1).

Il n'y avait rien à dire contre le témoignage de pareilles autorités. J'ajoutai sur parole la foi la plus entière à l'histoire de notre étudiant, qui n'est que la préface d'une autre plus originale encore et qui viendra en son lieu.

Pendant ce temps, nous avions traversé un passage, puis une grande place, et nous nous trouvions enfin en face de la cathédrale. C'est un bâtiment gothique, d'un style assez remarquable, quoique contraire aux règles architecturales du temps, puisqu'il n'offre, malgré sa qualité d'église métropolitaine, qu'un clocher et pas de tour ; encore le clocher est-il tronqué à la hauteur de cent quatre-vingt-onze pieds, ce qui lui donne l'aspect d'un vaste pain de sucre dont on aurait enlevé la partie supérieure. L'édifice fut commencé en 1421 sur les plans de Mathias Heins, qui avaient obtenu la préférence sur ceux de son compétiteur, dont on ignore le nom. Ce dernier dissimula le ressentiment qu'il éprouvait de cette humiliation ; et, comme le bâtiment était déjà parvenu à une certaine hauteur, il demanda un jour à Mathias la permission de l'accompagner sur la plate-forme. Mathias, sans défiance, lui accorda cette demande avec une facilité qui faisait plus d'honneur à son amour-propre qu'à sa prudence, passa le premier, et commença à lui montrer dans tous leurs détails les travaux que son rival avait eu un instant l'espoir de diriger. Celui-ci se répandit en éloges pompeux sur le talent de son confrère, qui, jaloux de lui prouver qu'il les méritait, l'invita à le suivre dans les autres parties du monument, et lui montra le chemin le plus court, en s'aventurant à soixante pieds du sol, sur une planche portant par ses deux extrémités, sur deux murs en retour et formant un angle. Au même instant on entendit un grand cri : le malheureux architecte avait été précipité.

Nul ne fut témoin du malheur de Mathias, si ce n'est son rival. Celui-ci raconta que le poids du corps avait fait tourner la planche, mal d'aplomb sur deux murs qui n'étaient pas de niveau, et qu'il avait eu la douleur de voir tomber Mathias sans pouvoir lui porter secours. Huit jours après, il obtint la survivance du défunt, auquel il fit élever, à la place même de sa chute, une magnifique statue, ce qui lui acquit dans toute la ville de Berne une grande réputation de modestie.

Nous entrâmes dans l'église, qui n'offre à l'intérieur, comme tous les temples protestans, rien de remarquable ; deux tombeaux seulement s'élèvent de chaque côté du chœur : l'un est celui du duc de Zœringen, fondateur de la ville ; l'autre, celui de Frédéric Steiger, qui était avoyer de Berne lorsque les Français s'en emparèrent en 1798.

En sortant de la cathédrale, nous allâmes visiter la promenade intérieure de la ville, on la nomme, je crois, la Terrasse. Elle est élevée de cent huit pieds au-dessus de la ville basse ; une muraille de cette hauteur, coupée à pic comme un rempart, maintient les terres et les préserve d'un éboulement.

C'est de cette terrasse que l'on découvre une des plus belles vues du monde. Au pied s'étendent, comme un tapis bariolé, les toits des maisons au milieu desquelles serpente l'Aar, rivière capricieuse et rapide, dont les eaux bleues prennent leur source dans les glaces du Finster Aarhorn, et qui enceint de tous côtés Berne, ce vaste château-fort dont les montagnes environnantes sont les ouvrages avancés. Au second plan s'élève le Gürchen, colline de trois ou quatre mille pieds de haut, et qui sert de passage à la vue pour arriver à la grande chaîne de glaciers qui ferme l'horizon comme un mur de diamant : espèce de ceinture resplendissante, au delà de laquelle il semble que doit exister le monde des Mille et une Nuits ; écharpe aux mille couleurs qui, le matin, sous les rayons du soleil, prend toutes les nuances de l'arc-en-ciel, depuis le bleu foncé jusqu'au rose tendre ; palais fantastique qui, le soir, lorsque la ville et la plaine sont déjà plongées dans la nuit, reste illuminé quelque temps encore par les dernières lueurs du jour expirant lentement au sommet.

Cette magnifique plate-forme, toute plantée de beaux arbres, est la promenade intérieure de la ville. Deux cafés, placés aux deux angles de la terrasse, fournissent des glaces excellentes aux promeneurs : entre ces deux cafés, et au milieu du parapet de la terrasse, une inscription allemande, gravée sur une pierre, constate un événement presque miraculeux. Un cheval fougueux, qui emportait un jeune étudiant, se précipita, avec son cavalier, du haut de la plate-forme ; le cheval se tua sur le pavé, mais le jeune homme en fut quitte pour quelques contusions. La bête et l'homme avaient fait un saut perpendiculaire de cent huit pieds. Voici la traduction littérale de cette inscription.

« Cette pierre fut érigée en l'honneur de la toute-puissance de Dieu, et pour en transmettre le souvenir à la postérité. — D'ici, le sieur Théobald Vëinzœpfli, le 25 mai 1654, sauta en bas avec son cheval. Après cet accident, il desservit trente ans l'église en qualité de pasteur, et mourut très vieux et en odeur de sainteté, le 25 novembre 1694. »

Une pauvre femme, condamnée aux galères, séduite par cet antécédent, tenta depuis le même saut pour échapper aux

---
(1) C'est ici que le premier ours a été pris.

soldats qui la poursuivaient ; mais, moins heureuse que Vænœpfli, elle se brisa sur le pavé.

Après avoir jeté un dernier coup d'œil sur cette vue magnifique, nous nous acheminâmes vers la porte d'en bas, afin de faire le tour de Berne, par l'Altenberg, jolie colline chargée de vignes qui s'élève de l'autre côté de l'Aar, un peu au-dessus du niveau de la ville. Chemin faisant, on nous montra une petite auberge gothique qui a pour enseigne une botte. Voici à quelle tradition se rattache cette enseigne, que l'on peut s'étonner à juste titre de trouver à la porte d'un marchand de vin.

Henri IV avait envoyé, en 1602, Bassompierre à Berne en qualité d'ambassadeur près des treize cantons, pour renouveler avec eux l'alliance déjà jurée en 1582 entre Henri III et la fédération. Bassompierre, par la franchise de son caractère et la loyauté de ses relations, réussit à aplanir les difficultés de cette négociation, et à faire des Suisses des alliés et des amis fidèles de la France. Au moment de son départ, et comme il venait de monter à cheval à la porte de l'auberge, il vit s'avancer de son côté les treize députés des treize cantons, tenant chacun un énorme *widercome* à la main, et venant lui offrir le coup de l'étrier. Arrivés près de lui, ils l'entourèrent, levèrent ensemble les treize coupes, qui contenaient chacune la valeur d'une bouteille, et, portant unanimement un toast à la France, ils avalèrent la liqueur d'un seul trait. Bassompierre, étourdi d'une telle politesse, ne vit qu'un moyen de la leur rendre. Il appela son domestique, lui fit mettre pied à terre, lui ordonna de tirer sa botte, la prit par l'éperon, fit vider treize bouteilles de vin dans ce vase improvisé ; puis, le levant à son tour, pour rendre le toast qu'il venait de recevoir : Aux treize cantons ! dit-il ; et il avala les treize bouteilles.

Les Suisses trouvèrent que la France était dignement représentée.

Cent pas plus loin nous étions à la porte d'en bas. Nous traversâmes l'Aar sur un assez beau pont de pierre ; puis une course d'une demi-heure nous conduisit au sommet de l'Altenberg. Là on retrouve la même vue à peu près que celle qu'on a de la terrasse de la cathédrale, excepté que, de ce second belvédère, la ville de Berne forme le premier plan du tableau.

Nous abandonnâmes bientôt cette promenade, toute magnifique qu'elle était. Comme aucun arbre n'y tempérait l'ardeur des rayons du soleil, la chaleur y était étouffante ; de l'autre côté de l'Aar, au contraire, nous apercevions un bois magnifique dont les allées étaient couvertes de promeneurs. Nous craignîmes un instant d'être réduits à retourner sur nos pas pour retrouver le pont que nous avions déjà traversé ; mais nous aperçûmes au-dessous de nous un bac à l'aide duquel s'opérait le passage, au grand bénéfice du batelier, car nous fûmes obligés d'attendre un quart d'heure notre tour d'inscription. Ce batelier est un vieux serviteur de la république, à qui la ville a donné pour récompense de ses services le privilége exclusif du transport des passagers qui veulent traverser l'Aar. Ce transport s'opère moyennant une rétribution de deux sous, à laquelle échappent les membres de deux classes de la société, qui n'ont cependant dans l'exercice de leurs fonctions aucun rapport probable, les sages-femmes et les soldats. Comme j'avais fait quelques questions à mon *passeur*, il se crut en droit, à son tour, en me reconnaissant pour Français, de m'en adresser une : il me demanda si j'étais pour l'ancien ou pour le nouveau roi. Ma réponse fut aussi catégorique que sa demande : — Ni pour l'un ni pour l'autre.

Les Suisses sont en général très questionneurs et très indiscrets dans leurs questions ; mais ils y mettent une bonhomie qui en fait disparaître l'impertinence ; puis, lorsque vous leur avez dit vos affaires, ils vous racontent à leur tour les leurs avec ces détails intimes que l'on réserve ordinairement pour les amis de la maison. A table d'hôte, et au bout d'un quart d'heure, on connaît son voisin comme si l'on avait vécu vingt ans avec lui. Du reste, vous êtes parfaitement libre de répondre ou de ne pas répondre à ces questions, qui sont ordinairement celles que vous font les registres des maîtres d'auberge : — Votre nom, votre profession, d'où venez-vous, où allez-vous ? — et qui remplacent avantageusement l'exhibition du passeport, en indiquant aux amis qui vous suivent où que vous suiviez l'époque à laquelle on est passé et la route qu'on a prise.

Comme il nous était absolument égal d'aller d'un côté ou d'un autre, pourvu que nous vissions quelque chose de nouveau, nous suivîmes la foule ; elle se rendait à la promenade de l'Engi, qui est la plus fréquentée des environs de la ville. Un grand rassemblement était formé devant la porte d'Aarberg ; nous en demandâmes la cause ; on nous répondit laconiquement : *Les ours*. Nous parvînmes en effet jusqu'à un parapet autour duquel étaient appuyées comme sur une galerie de spectacle deux ou trois cents personnes occupées à regarder les gentillesses de quatre ours monstrueux, séparés par couples et habitant deux grandes et magnifiques fosses tenues avec la plus grande propreté et dallées comme des salles à manger.

L'amusement des spectateurs consistait, comme à Paris, à jeter des pommes, des poires et des gâteaux aux habitans de ces deux fosses ; seulement leur plaisir se compliquait d'une combinaison que j'indiquerai à monsieur le directeur du Jardin des Plantes, et que je l'invite à naturaliser pour la plus grande joie des amateurs.

La première poire que je vis jeter aux Martins bernois fut avalée par l'un d'eux sans aucune opposition extérieure ; mais il n'en fut pas de même de la seconde. Au moment où, alléché par ce premier succès, il se levait nonchalamment pour aller chercher son dessert à l'endroit où il était tombé, un autre convive, dont je ne pus reconnaître la forme, tant son action fut agile, sortit d'un trou pratiqué dans le mur, s'empara de la poire, au nez de l'ours stupéfait, et rentra dans son terrier, aux grands applaudissemens de la multitude. Une minute après, la tête fine d'un renard montra ses yeux vifs et son museau noir et pointu à l'orifice de sa retraite, attendant l'occasion de faire une nouvelle curée aux dépens du maître du château dont il avait l'air d'habiter un pavillon.

Cette vue me donna l'envie de renouveler l'expérience, et j'achetai des gâteaux comme l'appât le plus propre à réveiller l'appétit individuel des deux antagonistes. Le renard, qui devina sans doute mon intention en me voyant appeler la marchande, fixa ses yeux sur moi et ne me perdit plus de vue. Lorsque j'eus fait provision de vivres et que je les eus emmagasinés dans ma main gauche, je pris une tartelette de la main droite et la montrai au renard ; le sournois fit un petit mouvement de tête comme pour me dire : Sois tranquille, je comprends parfaitement ; puis il passa sa langue sur ses lèvres avec l'assurance d'un gaillard qui est assez certain de son affaire pour se pourlécher d'avance. Je comptais cependant lui donner une occupation plus difficile que la première. L'ours, de son côté, avait vu mes préparatifs avec une certaine manifestation d'intelligence, et se balançait gracieusement assis sur son derrière, les yeux fixes, la gueule ouverte et les pattes tendues vers moi. Pendant ce temps le renard, rampant comme un chat, était sorti tout à fait de son terrier, et je m'aperçus que c'était une cause accidentelle plutôt encore que la vélocité de sa course qui m'avait empêché de reconnaître à quelle espèce il appartenait lors de sa première apparition : la malheureuse bête n'avait pas de queue.

Je jetai le gâteau, l'ours le suivit des yeux, se laissant retomber sur ses quatre pattes pour venir le chercher ; mais au premier pas qu'il fit, le renard s'élança par-dessus son dos d'un bond dont il avait pris la mesure plus juste, et tomba le nez sur la tartelette ; puis, faisant un grand détour, il décrivit une courbe pour rentrer à son terrier. L'ours, furieux, appliquant à l'instant à sa vengeance ce qu'il savait de géométrie, prit la ligne droite avec une vivacité dont je l'aurais cru incapable ; le renard et lui arrivèrent presque en même temps au trou ; mais le renard avait l'avance, et les dents de l'ours claquèrent en se rejoignant à l'entrée du terrier, au moment même où le larron venait d'y disparaître. Je compris alors pourquoi le pauvre diable n'avait plus de queue.

Je renouvelai plusieurs fois cette expérience, à la grande satisfaction des curieux et du renard, qui, sur quatre gâteaux, en attrapait toujours deux.

Les ours qui habitent la seconde fosse sont beaucoup plus jeunes et plus petits. J'en demandai la cause, et j'appris qu'ils étaient les successeurs des autres, et qu'à leur mort ils devaient hériter de leur place et de leur fortune. Ceci exige une explication.

Nous avons dit comment, après sa fondation par le duc de Zœringen, Berne avait reçu son nom, et la part que le genre animal avait prise à son baptême. Depuis ce temps, les ours devinrent les armes de la ville, et l'on résolut non seulement de placer leur effigie dans le blason, sur les fontaines, dans les horloges et sur les monumens, mais encore de s'en procurer de vivans, qui seraient nourris et logés aux frais des habitans. Ce n'était pas chose difficile : on n'avait qu'à étendre la main vers la montagne et à choisir. Deux jeunes oursins furent pris et amenés à Berne, où bientôt ils devinrent, par leur grâce et leur gentillesse, un objet d'idolâtrie pour les bourgeois de la ville.

Sur ces entrefaites, une vieille fille fort riche, et qui, vers les dernières années de sa vie, avait manifesté pour ces aimables animaux une affection toute particulière, mourut, ne laissant d'autres héritiers que des parens assez éloignés. Son testament fut ouvert avec les formalités d'usage, en présence de tous les intéressés. Elle laissait soixante mille livres de rente aux ours, et mille écus une fois donnés à l'hôpital de Berne, pour y fonder un lit en faveur des membres de sa famille. Les ayant-droit attaquèrent le testament, sous prétexte de captation ; un avocat d'office fut nommé aux défendeurs, et, comme c'était un homme d'un grand talent, l'innocence des malheureux quadrupèdes, que l'on voulait spolier de leur héritage, fut publiquement reconnue, le testament déclaré bon et valable, et les légataires furent autorisés à entrer immédiatement en jouissance.

La chose était facile ; la fortune de la donatrice consistait en argent comptant. Les douze cent mille francs de capital qui la composaient furent versés au trésor de Berne, que le gouvernement déclara responsable de ce dépôt, avec charge d'en compter les intérêts aux fondés de pouvoir des héritiers, considérés comme mineurs. On devine qu'un grand changement s'opéra dans le train de maison de ces derniers. Leurs tuteurs eurent une voiture et un hôtel, ils donnèrent en leur nom des dîners parfaitement servis et des bals du meilleur goût. Quant à eux personnellement, leur gardien prit le titre de valet de chambre, et ne les battit plus qu'avec un jonc à pomme d'or.

Malheureusement rien n'est stable dans les choses humaines ! Quelques générations d'ours avaient joui à peine de ce bien-être inconnu jusqu'alors à leur espèce, quand la révolution française éclata. L'histoire de nos héros ne se trouve pas liée d'une manière assez intime à cette grande catastrophe pour que nous remontions ici à toutes ses causes, ou que nous la suivions dans tous ses résultats ; nous ne nous occuperons que des événemens dans lesquels ils ont joué un rôle.

La Suisse était trop près de la France pour ne pas éprouver quelque atteinte du grand tremblement de terre dont le volcan révolutionnaire secouait le monde ; elle voulut résister cependant à cette lave militaire qui sillonna l'Europe. Le canton de Vaud se déclara indépendant ; Berne rassembla ses troupes ; victorieuse d'abord dans la rencontre de Neueneck, elle fut vaincue dans les combats de Straubrunn et de Grauholz, et les vainqueurs, commandés par les généraux Brune et Schaunbourg, firent leur entrée dans la capitale. Trois jours après, le trésor bernois fit sa sortie.

Onze mulets chargés d'or prirent la route de Paris ; deux d'entre eux portaient la fortune des malheureux ours, qui, tout modérés qu'ils étaient dans leurs opinions, se trouvaient compris sur la liste des aristocrates et traités en conséquence. Il leur restait bien l'hôtel de leurs fondés de pouvoirs, que les Français n'avaient pu emporter ; mais ceux-ci justifiaient du titre de propriété, de sorte que ce dernier débris de leur splendeur passée fut entraîné dans le naufrage de leur fortune.

Un grand exemple de philosophie fut alors donné aux hommes par ces nobles animaux ; ils se montrèrent aussi dignes dans le malheur qu'ils s'étaient montrés humbles dans la prospérité, et ils traversèrent, respectés de tous les partis, les cinq années de révolution qui agitèrent la Suisse depuis 1798 jusqu'en 1803.

Cependant la Suisse avait abaissé ses montagnes sous la main de Bonaparte, comme l'Océan ses vagues à la voix de Dieu. Le premier consul la récompensa en proclamant l'acte de médiation, et les dix-neuf cantons respirèrent, abrités sous l'aile que la France étendait sur eux.

À peine Berne fut-elle tranquille, qu'elle s'empressa de réparer les pertes faites par ses citoyens. Alors ce fut à qui solliciterait un emploi du gouvernement, réclamerait une indemnité au trésor, demanderait une récompense à la nation. Ceux-là seuls qui avaient le plus de droit pour tout obtenir dédaignèrent toute démarche, et attendirent, dans le silence du bon droit, que la république pensât à eux.

La république justifia sa devise sublime : *Un pour tous, tous pour un*. Une souscription fut ouverte en faveur des ours ; elle produisit soixante mille francs. Avec cette somme, si modique en comparaison de celle qu'ils avaient possédée, le conseil de la ville acheta un lot de terre qui rapportait deux mille livres de rente. Les malheureuses bêtes, après avoir été millionnaires, n'étaient plus qu'éligibles (1).

Encore cette petite fortune se trouva-t-elle bientôt réduite à moitié par un nouvel accident, mais qui était, cette fois, en dehors de toute commotion politique. La fosse qu'habitaient les ours était autrefois enfermée dans la ville, et touchait aux murs de la prison. Une nuit, un détenu condamné à mort, étant parvenu à se procurer un poinçon de fer, se mit à percer un trou dans la muraille ; après deux ou trois heures de travail, il crut entendre que du côté opposé du mur on travaillait aussi à quelque chose de pareil ; cela lui donna un nouveau courage. Il pensa qu'un malheureux prisonnier comme lui habitait le cachot contigu, et espéra qu'une fois réuni à lui, leur fuite commune deviendrait plus facile, le travail étant partagé. Cet espoir ne faisait que croître à mesure que la besogne avançait ; le travailleur caché opérait avec une énergie qui paraissait lui faire négliger toute précaution ; les pierres détachées par lui roulaient bruyamment ; son souffle se faisait entendre avec force. Le condamné n'en sentit que mieux la nécessité de redoubler d'efforts, puisque l'imprudence de son compagnon pouvait, d'un moment à l'autre, trahir son évasion. Heureusement il restait peu de chose à faire pour que le mur fût mis à jour. Une grosse pierre seulement résistait encore à toutes ses attaques, il la sentit s'ébranler ; cinq minutes après, elle roula du côté opposé. La fraîcheur de l'air extérieur pénétra jusqu'à lui ; il vit que ce secours inespéré qu'il avait reçu venait du dehors, et, ne voulant pas perdre de temps, il se mit en devoir de passer par l'étroite ouverture qui lui était offerte d'une manière si inattendue. À moitié chemin il rencontra un des ours qui faisait de son côté tous ses efforts pour pénétrer dans le cachot. Il avait entendu le bruit que faisait le détenu à l'intérieur de la prison, et, par l'instinct de destruction naturel aux animaux, il s'était mis à le seconder le mieux possible.

Le condamné se trouvait entre deux chances : être pendu ou dévoré ; la première était sûre, la seconde était probable ; il choisit la seconde, qui lui réussit. L'ours, intimidé par la puissance qu'exerce toujours l'homme, même sur l'animal le plus féroce, le laissa fuir sans lui faire de mal.

Le lendemain le geôlier, en entrant dans la prison, trouva une étrange substitution de personne ; l'ours était couché sur la paille du prisonnier.

Le geôlier s'enfuit sans prendre le temps de refermer la porte ; l'ours le suivit gravement, et, trouvant toutes les issues ouvertes, arriva jusqu'à la rue, et s'achemina tranquil-

(1) Le droit d'éligibilité est fixé à Genève à neuf francs ; je crois qu'il en est de même à Berne.

lement vers la place du marché aux herbes. On devine l'effet que produisit sur la foule marchande l'aspect de ce nouvel amateur. En un instant, la place se trouva vide, et bientôt l'arrivant put choisir, parmi les fruits et les légumes étalés, ceux qui étaient le plus à sa convenance. Il ne s'en fit pas faute, et, au lieu d'employer son temps à regagner la montagne, où personne ne l'aurait probablement empêché d'arriver, il se mit à faire fête de son mieux aux poires et aux pommes, fruits pour lesquels, comme chacun sait, cet animal a la plus grande prédilection. Sa gourmandise le perdit.

Deux maréchaux, dont la boutique donnait sur la place, avisèrent un moyen de reconduire le fugitif à sa fosse. Ils firent chauffer presque rouges deux grandes tenailles, et, s'approchant de chaque côté du maraudeur, au moment où il était le plus absorbé par l'attention qu'il portait à son repas, ils le pincèrent vigoureusement chacun par une oreille. L'ours sentit du premier abord qu'il était pris; aussi ne tenta-t-il aucune résistance, et suivit-il humblement ses conducteurs, sans protester autrement que par quelques cris plaintifs contre l'illégalité des moyens qu'on avait employés pour opérer son arrestation.

Cependant, comme on pensa qu'un pareil accident pourrait se renouveler, et ne finirait peut-être pas une seconde fois d'une manière aussi pacifique, le conseil de Berne décréta qu'on transporterait les ours hors de la ville, et qu'on leur bâtirait deux fosses dans les remparts.

Ce sont ces deux fosses qu'ils habitent aujourd'hui, et dont la construction est venue réduire de moitié leur capital, car elle coûta trente mille francs; et pour se procurer cette somme il fallut qu'ils laissassent prendre une inscription de première hypothèque sur leur propriété.

Aussitôt que j'eus consigné tous ces détails sur mon album, nous nous remîmes en route pour achever nos courses à l'entour de Berne. Une magnifique allée d'arbres s'offrait à nous; nous la suivîmes comme le faisait tout le monde. Au bout d'une heure de marche, nous passâmes l'eau sur un bateau, et nous nous trouvâmes au Reichenbach, entre une joyeuse et bruyante guinguette suisse et le vieux et morne château de Rodolphe d'Erlac; l'une nous offrait un bon déjeuner, l'autre un grand souvenir; la faim prit le pas sur la poésie; nous entrâmes à la guinguette.

C'est une admirable chose qu'une guinguette allemande pour quiconque aime la valse et la choucroute. Malheureusement je ne pouvais jouir que de l'un de ces plaisirs.

Aussi, à peine eus-je déjeuné tant bien que mal, que je me jetai au milieu de la salle de danse, offrant à la première paysanne qui se trouva près de moi ma main, qu'elle accepta sans trop de façon, bien que j'eusse des gants, luxe tout à fait inconnu dans cette joyeuse assemblée. Je partis aussitôt, saisissant du premier coup la mesure de cette valse balancée et rapide, comme si toutes mes études avaient été dirigées du côté de cet art. Il est vrai de dire que l'orchestre nous secondait merveilleusement, quoique composé entièrement de musiciens de village, qui jouaient de je ne sais quels instruments, et je dois dire qu'aucun de nos orchestres parisiens ne m'a jamais paru mieux approprié à cette danse.

La valse finie, je demandai à ma danseuse, en allemand très intelligible, la permission de l'embrasser; c'est l'une des phrases de cette langue dont la construction et l'accent sont le mieux restés dans ma mémoire; elle me l'accorda de fort bonne grâce.

Le château de Reichenbach eut ensuite notre visite. Une tradition moitié historique, moitié poétique, comme toutes les traditions suisses, s'y rattache. C'est là que le vieux Rodolphe d'Erlac se reposait de ses travaux guerriers, et passait les derniers jours d'une vie si utile à sa patrie et si honorée de ses concitoyens. Un jour, son gendre Rudenz vient le voir, comme il avait l'habitude de le faire; une discussion s'engage entre le vieillard et le jeune homme sur la dot que le premier devait payer au second. Rudenz s'emporte, saisit à la cheminée l'épée de vainqueur de Laupen, frappe le vieillard, qui expire sur le coup, et se sauve. Mais les deux chiens de Rodolphe, qui étaient à l'attache de chaque côté de la porte, brisent leur chaîne, poursuivent le fugitif dans la montagne, et reviennent deux heures après couverts de sang; on ne revit jamais Rudenz.

Le jeune homme qui nous raconta cette anecdote revenait à Berne; il nous proposa de faire route avec lui; nous acceptâmes. Chemin faisant, nous lui dîmes ce que nous avions déjà vu, et nous nous informâmes près de lui s'il ne nous restait pas quelque chose à voir. Il se trouva que nous avions déjà exploré à peu près toute la partie pittoresque de la ville; cependant il nous proposa de faire un petit circuit et de rentrer à Berne par la tour de Goliath.

La tour de Goliath est ainsi nommée parce qu'elle sert de niche à une statue colossale de saint Christophe.

Comme cette dénomination ne doit pas paraître au lecteur beaucoup plus conséquente qu'elle ne me parut à moi-même, je vais lui expliquer incontinent quelle analogie exista entre le guerrier philistin et le pacifique Israélite.

Vers la fin du quinzième siècle, un riche et religieux seigneur fit don à la cathédrale de Berne d'une somme considérable qui devait être employée à l'achat de vases sacrés. Cette disposition testamentaire s'exécuta religieusement, et un magnifique saint-sacrement fut acheté et renfermé dans le tabernacle. Possesseurs de cette nouvelle richesse, les desservans de l'église pensèrent aussitôt aux moyens de la mettre à l'abri de tout accident. On ne pouvait placer une garde humaine dans le sanctuaire; on chercha parmi la milice céleste quel était le saint qui donnerait le plus de garantie de vigilance et de dévouement. Saint Christophe, qui avait porté Notre-Seigneur sur ses épaules, et dont la taille gigantesque constatait la force, obtint, après une légère discussion, la préférence sur saint Michel, que l'on regardait comme trop jeune pour avoir la prudence nécessaire à l'emploi dont on voulait l'honorer. On chargea le plus habile sculpteur de Berne de modeler la statue, que l'on devait placer près de l'autel pour épouvanter les voleurs, comme on place un mannequin dans un champ de chènevis pour effrayer les oiseaux. Sous ce rapport, lorsque l'œuvre fut achevée, elle dut certainement réunir tous les suffrages, et saint Christophe lui-même, si Dieu lui accorda la jouissance de voir du ciel le portrait qu'on avait fait de lui sur la terre, dut être fort émerveillé du caractère guerroyant qu'avait pris, sous le ciseau créateur de l'artiste, sa tranquille et pacifique personne.

En effet, l'image sainte était haute de vingt-deux pieds, portait à la main une hallebarde, au côté une épée, et était peinte, de la tête aux pieds, en rouge et en bleu, ce qui lui donnait une apparence tout à fait formidable.

Ce fut donc avec toutes ces chances de remplir fidèlement sa mission, et après avoir entendu un long discours sur l'honneur qui lui était accordé, et sur les devoirs que cet honneur lui imposait, que le saint fut installé en grande pompe derrière le maître-autel, qu'il dépassait de toute la longueur du torse.

Deux mois après le saint-sacrement était volé.

On devine quelle rumeur cet accident causa dans la paroisse, et la déconsidération qui en rejaillit tout naturellement sur le pauvre saint. Les plus exaspérés disaient qu'il s'était laissé corrompre; les plus modérés, qu'il s'était laissé intimider; un troisième parti, plus fanatique que les deux autres, déblatérait aussi contre lui sans ménagement aucun; c'était le parti des Michélistes, qui, en minorité lors de la discussion, avait conservé sa rancune religieuse avec toute la fidélité d'une haine politique. Bref, à peine si une ou deux voix osèrent prendre la défense du gardien fidèle. Il fut donc ignominieusement exilé du sanctuaire qu'il avait si mal défendu; et, comme on était en guerre avec les Fribourgeois, on le chargea de protéger la tour de Lombach qui s'élevait hors de la ville, en avant de la porte de Fribourg. On lui tailla dans cette porte la niche qu'il habite encore de nos jours, on l'y plaça comme un soldat dans une guérite, avec l'injonction d'être plus vigilant cette fois qu'il ne l'avait été la première.

Huit jours après, la tour de Lombach était prise.

Cette conduite inouïe changea la déconsidération en mépris; le malheureux saint fut dès lors regardé par les hommes les plus raisonnables non seulement comme un lâche, mais encore comme un traître, et débaptisé d'un commun accord. On le dépouilla du nom respecté qu'il avait compromis, pour le flétrir d'un nom abominable, on l'appela Goliath.

En face de lui, et dans l'attitude de la menace, est une jolie petite statue de David tenant une fronde à la main.

PREMIÈRE COURSE DANS L'OBERLAND.

LE LAC DE THUN.

La seconde journée que nous passâmes à Berne fut consacrée à visiter la ville, matériellement parlant. Notre excursion investigatrice de la veille en avait écrémé tout le pittoresque et toute la poésie.

Après la cathédrale, dont nous avons parlé, il nous restait encore à voir, en fait de monumens, l'église du Saint-Esprit, l'Arsenal, la Monnaie, les greniers publics, l'Hôpital, et l'hôtel de l'État, où résident les avoyers et les trésoriers. Toutes ces bâtisses datent de 1718 et 1740; c'est dire que tous les itinéraires les recommandent aux voyageurs comme de magnifiques constructions, et que tous les artistes les regardent comme d'assez pauvres baraques.

Nous partîmes de Berne à sept heures et demie du soir : la route jusqu'à Thun est une des moins montueuses et des plus faciles de toute la Suisse. En général, les chemins des cantons de Vaud, de Fribourg et de Berne, sont admirablement tenus; et comme le gouvernement de ces cantons a eu le premier, je crois, entre tous les gouvernemens du monde, cette pensée que les grandes routes étaient faites non-seulement pour les gens en voiture, mais encore pour les piétons, il a fait placer de distance en distance des bancs comme sur une promenade, et près de ces bancs une colonne tronquée sur laquelle les colporteurs peuvent déposer et recharger leur fardeau.

Deux heures après notre départ, la nuit nous enveloppa, mais de cette ombre transparente qui indique le lever de la lune; elle était cependant encore invisible pour nous. La grande famille des glaciers, spectres immobiles et mélancoliques qui fermaient l'horizon et regardaient dormir la plaine, s'élevait entre elle et nous; bientôt cependant leurs cimes se colorèrent d'un léger reflet d'argent mat qui devint de plus en plus vif. Alors, et directement derrière la tête neigeuse de l'Eiger, apparut, échancré par la montagne, un globe de feu qu'on aurait pu croire un de ces fanaux de guerre qui appelaient la vieille Suisse aux armes. Bientôt après il reprit sa forme sphérique, parut reposer légèrement sur l'extrémité de la pointe aiguë, comme le feu Saint-Elme au bout d'un mât; puis enfin, se balançant ainsi qu'un aérostat qui fuit la terre, il prit son vol lent et silencieux vers le ciel.

Nous continuâmes ainsi notre route au milieu de tous les fantastiques enchantemens de la nuit, sans perdre de vue un instant la muraille de neige vers laquelle nous avancions, et de laquelle nous arrivions, quelque nous en fussions éloignés encore de près de six lieues, des rumeurs inconnues et plaintives, produites par la chute des avalanches et le craquement des glaciers. De temps en temps, à droite ou à gauche, un bruissement plus rapproché nous faisait tourner la tête : c'était quelque cascade jetant à une montagne son écharpe de gaze, ou quelque bois de sapins dans les cimes desquels passait la brise, et qui se plaignent les unes aux autres dans une langue que doivent comprendre ceux qui l'habitent. Les choses en apparence les plus inanimées ont reçu comme nous de Dieu des voix pour se réjouir ou pour pleurer, des accens pour louer ou pour maudire. Écoutez la terre pendant une belle nuit d'été; écoutez l'Océan pendant une tempête.

Nous arrivâmes à dix heures et demie à Thun, désespérés de n'avoir pas encore cinq ou six lieues à faire par une si belle nuit.

Ici notre mode de voyage allait changer, et les grandes routes allaient faire place aux lacs et aux montagnes. Nous réglâmes nos comptes avec notre cocher; il était désespéré de nous quitter, disait-il. Nous comprîmes que c'était une manière honnête d'ajouter quelque chose à son pour-boire : comme c'était un très brave garçon, cela ne fit point difficulté. Un quart d'heure après il revint nous dire, tout consolé, qu'il avait trouvé une dame et un monsieur à reconduire à Lausanne.

Comme Thun n'offre rien de remarquable que son école d'artillerie, et que nous n'étions pas venus en Suisse pour voir tirer le canon, je retins ma place pour Interlaken dans le bateau de poste, non que ce moyen de transport fût le plus commode, mais parce que j'espérais accrocher, chemin faisant, quelque tradition aux passagers. Le lendemain, à neuf heures et demie, nous partîmes.

On s'embarque à la porte même de l'auberge. Pendant dix minutes à peu près on remonte l'Aar, qui descend des glaciers du Finster-Aarhorn, se précipite aux rochers de la Handek d'une hauteur de trois cents pieds, et vient alimenter, en les traversant dans toute leur largeur, les deux lacs de Brientz et de Thun, séparés l'un de l'autre par le charmant village d'Interlaken, dont le nom seul indique la position. Après ces dix minutes de marche, on entre dans le lac.

Aussitôt l'horizon s'élargit sur les points, demeurant cependant plus borné à gauche qu'à droite; car à gauche une colline (1) couverte de bois borde le lac dans toute sa longueur, et, de la distance où on la voit, semble un mur tapissé de lierre; tandis qu'à droite le paysage s'étend en présentant deux étages de montagnes, dont les secondes ont l'air de regarder par-dessus les premières. De temps en temps ce premier plan s'ouvre et présente la gorge bleuâtre d'une vallée qui, des bords du lac, paraît large comme un fossé de citadelle, et qui à son entrée présente une ouverture d'une lieue.

La première ruine qui frappe les yeux en entrant dans le lac est celle du manoir de Schadeau, qui fut élevé au commencement du dix-septième siècle par un descendant de la famille d'Erlae. Sa vue ne rappelle aux habitans aucune tradition historique; d'ailleurs celui de Stratlingen, situé une demi-lieue plus loin, l'écrase de ses souvenirs.

Le chef de cette maison, si l'on en croit la chronique d'Elfnigen, n'est autre qu'un Ptolémée issu par sa mère du sang royal d'Alexandrie, et par son père d'une famille patricienne de Rome. Converti au christianisme par un miracle (il avait aperçu une croix entre les bois d'un cerf qu'il chassait); il prit à son baptême le nom de Théode-Rik, et, fuyant les persécutions de l'empereur Adrien, se présenta à la cour du duc de Bourgogne, alors en guerre avec le roi de France (2). Lorsque les deux armées se trouvèrent en présence, il fut convenu entre les chefs qu'un combat singulier déciderait de la querelle; le duc de Bourgogne nomma Théode-Rik son champion, et le jour du combat fut fixé. Mais dans la nuit qui devait précéder le duel, le roi de France vit en rêve l'archange Michel combattant pour son adversaire. Cette vision lui inspira une telle épouvante qu'en se réveillant il se déclara vaincu. Le duc de Bourgogne, reconnaissant envers Théode-Rik d'une victoire qu'il croyait intervention divine s'étant manifestée d'une manière si visible, lui donna en récompense sa fille Demut et le Hübsland, dot qui se composait de la Bourgogne et du lac

---

(1) Il faut toujours entendre par colline une élévation de terrain de trois à quatre mille pieds, et par montagne une masse de six m lle à douze mille pieds de hauteur.

(2) On sent que nous laissons parler ici la chronique, et que le *roi de France* et le *duc de Bourgogne* du deuxième siècle appartiennent entièrement à son auteur. Nous n'avons pas assez d'imagination pour nous permettre de pareilles hardiesses historiques.

Vandalique (1). C'est au bord de ce lac, et dans la partie la plus pittoresque de la contrée, que le nouveau maître de ce beau pays fit bâtir le château de Stratlingen.

Deux cents ans après ces événements, sir Arnold de Stratlingen, descendant de Théode Rik, fonda, en l'honneur de l'assistance miraculeuse que Saint Michel avait prêtée à son ancêtre, l'église de Paradis, qu'il dédia à ce saint. Au moment où les ouvriers venaient d'en poser la dernière pierre, une voix se fit entendre : « Ici se trouve un trésor, si grand, que personne n'en pourrait payer la valeur. » On se mit aussitôt en quête de ce trésor, et l'on trouva dans le maître-autel une roue du char du prophète Élie et soixante sept cheveux de la Vierge. La cavité avait été pratiquée dans l'autel pour y introduire les malades et les possédés, qui, les jours de grande fête, y obtinrent mainte fois leur entière guérison.

Après bien des révolutions successives dans les diverses parties du monde, la petite Bourgogne, qui était toujours soumise aux seigneurs de la même race, fut érigée en royaume. Le roi Rodolphe et la reine Berthe, dont nous avons vu à Payerne la selle et le tombeau, y régnaient vers le dixième siècle ; mais les mœurs simples et religieuses qui les avaient immortalisés firent bientôt place au luxe et à l'impiété. La contrée qui leur était soumise prit sous leurs successeurs le nom de *Zur Goldenen Lust*, « séjour d'or et de plaisir ; » et le château de Spietz, qu'ils firent bâtir sur les rives du lac, celui de *Goldener Hof*, « cour dorée. » Enfin, la licence et l'impiété furent portées à un tel degré, dans ce petit royaume, que la miséricorde céleste se lassa, et que sa perte fut résolue. En conséquence, Ulric, le dernier seigneur de cette race, ayant, le jour de son mariage, invité sa cour à une promenade sur le lac, Dieu suscita une tempête, et d'un seul coup de vent fit chavirer toute cette petite flottille. Un instant le lac fut couvert de fleurs et de diamans, puis tout s'engloutit aussitôt, sans qu'une seule des personnes conviées à cette fête mortuaire obtint grâce devant son juge.

Le même jour, la roue du char et les soixante-sept cheveux de la Vierge disparurent. Oncques n'en entendit reparler depuis. — Une inscription gravée sur le roc indique l'endroit du lac qui fut témoin de cet événement.

Pendant que l'un des passagers nous racontait cette histoire tragique, le ciel paraissait se préparer à faire un miracle du même genre que celui qui avait éteint la famille royale des Stratlingen. Le jour s'était obscurci, les nuages s'abaissaient graduellement et nous dérobaient les cimes blanches de la Blumlisalp et de la Yungfrau ; ils s'étendaient ensuite sur la chaîne de montagnes moins élevée qui formait le second plan du tableau, tronquant leurs formes pour leur donner les aspects les plus bizarres et les plus inconnus ; le Niesen surtout, magnifique montagne qui s'élève dans des proportions parfaites à la hauteur de cinq mille pieds, paraissait se prêter avec une complaisance parfaite aux jeux les plus fantasques de ces capricieux enfans de l'air. Ce fut d'abord une nuée qui, arrêtée par son sommet aigu, s'y fixa, et, s'étendant sur ses larges épaules, prit la forme onduleuse d'une perruque à la Louis XIV ; puis, s'élargissant en cercle à son extrémité inférieure, vint se rejoindre sur sa poitrine et s'y nouer comme une cravate. Enfin, cette masse transparente, s'épaississant et s'abaissant peu à peu, trancha complètement la tête du géant, et fit de sa base puissante une table sur laquelle la nappe paraissait mise pour un dîner auquel Micromégas aurait invité Gargantua.

J'étais très occupé à faire toutes ces remarques, lorsqu'une espèce de bise visible qui semblait raser la terre accourut de la vallée à nous, plus rapide mille fois qu'un cheval de course. Ce qui la rendait ainsi visible n'était rien autre chose que la poussière neigeuse qu'elle avait enlevée aux cimes des montagnes dont elle descendait ; je la fis remarquer à notre pilote, qui me répondit d'une voix brève et sans même se retourner vers elle, tant il était occupé du gouvernail : — Oui, oui, je la vois bien, et je vous réponds qu'elle va nous donner une chasse sévère, si nous n'avons pas le temps de nous

(1) Le lac de Thun est nommé par les historiens du huitième siècle *Lacus Vandalicus*.

mettre à l'abri derrière ces rochers. Allons, mes enfans, cria-t-il aux bateliers, quatre bras à chaque rame, et nageons vivement ! Les bateliers obéirent à l'instant, et notre petite embarcation rasa la surface du lac comme une hirondelle qui trempe le bout de ses ailes dans l'eau.

En même temps un premier coup de vent, messager de l'orage qui s'avançait, passa sur nous, emportant le chapeau du pilote. Celui-ci parut si indifférent à cet accident que je crus qu'il ne s'en était pas aperçu. — Dites donc, maître, lui dis-je en étendant la main vers l'endroit où le feutre nageait sur le lac comme un petit bateau perdu, est-ce que vous ne voyez pas ?

— Si, si, me répondit-il, toujours sans regarder.
— Eh bien ! mais votre chapeau ?
— L'administration m'en donnera un autre, c'est un cas prévu par mon marché avec elle. Sans cela, mes appointemens n'y suffiraient pas : c'est le cinquième de l'année.
— Très bien. Alors, bon voyage.

Au même moment, le chapeau, qui faisait eau par la cale, à ce qu'il paraît, sombra sous voile et disparut.

Pendant que je regardais le naufrage du pauvre feutre, je sentis le mouvement de la barque se ralentir. Je me retournai pour en voir la cause : deux de nos bateliers avaient abandonné leurs rames et roulaient vivement la toile qui couvrait notre bateau. Cette manœuvre fit pousser de grands cris à nos dames, qui voyaient la pluie s'avancer rapidement, et avaient compté sur cet abri pour les en garantir. Le pilote se retourna vers elles : — Voulez-vous en faire autant que mon chapeau ? leur dit-il... non. Eh bien ! laissez-nous faire et tenez-vous tranquilles. En effet, il était bien visible que nous n'aurions pas le temps de joindre l'abri que les rochers nous offraient, quoique nous n'en fussions plus éloignés que de cinquante pas ; le vent nous gagnait de vitesse, et il nous annonça son approche par les sifflemens aigus de ses premières bouffées chargées de neige. Au même moment, notre petit bateau bondit sur l'eau comme une pierre à laquelle un enfant fait faire des ricochets ; nous étions au milieu de l'ouragan ; notre petit océan se donnait des airs d'avoir une tempête.

Cependant la chose était plus sérieuse qu'on ne pourrait le croire au premier abord ; à l'endroit même où nous étions, et pendant le dernier hiver, un bateau chargé de bois s'était englouti, et les bateliers ne s'étaient sauvés qu'en montant sur la pyramide que formait leur cargaison ; ils avaient passé la nuit sur cette éminence, qui, le matin, entourée de glaçons que la gelée de la nuit avait consolidés autour d'elle, s'était trouvée le centre d'une petite île polaire. Ce ne fut qu'après être restés vingt-quatre heures dans cette situation que d'autres bateliers vinrent les secourir.

Quant à nous, nous n'avions pas même cette chance de salut ; c'est ce que le pilote nous fit parfaitement comprendre en me demandant à demi voix : — Savez-vous nager ? Je compris parfaitement, et, sous prétexte que n'ayant pas ma blouse, je ne voulais pas l'exposer à être mouillée, je me débarrassai de l'espèce de fourreau dans lequel elle m'emboîtait, et je me tins prêt à tout événement.

Nous en fûmes cependant quittes pour la peur ; notre bateau, toujours emporté par le vent, qui, le prenant en travers, avait l'air de vouloir le retourner, traversa ainsi le lac dans toute sa largeur, et aborda sans accident à la pointe de la Nase, au-dessous de la grotte de Saint-Beat.

En mettant pied à terre, je remerciai la tempête au lieu de lui garder rancune ; grâce à elle, je pouvais faire un pèlerinage au *Saint-Beaten Hohle*, que je n'aurais pas eu l'occasion de visiter. Je payai donc mon passage à notre pilote, et lui déclarai que, n'ayant plus qu'une lieue et demie à parcourir pour arriver à Neuhaus, où l'on trouve des voitures pour Interlaken, je ferais le reste du chemin à pied.

L'orage dura encore une demi-heure à peu près, pendant laquelle nous trouvâmes un abri dans une cabane bâtie à la base de la côte. Ce temps écoulé, le ciel s'éclaircit, le lac cessa de bouillonner, et notre embarcation se remit en route, tandis que je commençais mon ascension, accompagné d'un gamin qui s'était offert pour me servir de guide.

J'appris de lui, chemin faisant, que la grotte que nous allions visiter avait servi de demeure à saint Beat, qui vint s'y établir au troisième siècle. Il l'avait conquise lui-même sur un dragon qui y faisait sa résidence, et auquel il ordonna de laisser la place libre, ce que l'animal docile fit aussitôt. La légende dit qu'il était originaire d'Angleterre et d'une illustre naissance. Avant d'être converti et baptisé à Rome sous l'empereur Claude, il se nommait Suétone ; c'est de cette ville qu'il partit avec son compagnon, qui avait changé aussi son nom d'Achates en celui de Just, afin de venir prêcher le christianisme à l'Helvétie. Il y fit promptement de nombreux néophytes, dont un miracle doubla encore le nombre. Un jour que des bateliers refusaient de conduire saint Beat de l'autre côté du lac, au village d'Einigen, où il était attendu par une grande foule de peuple, il étendit son manteau sur le lac, et, montant dessus, il fit sur cette frêle embarcation les deux lieues qui le séparaient du village où il était attendu : dès lors, toute la contrée fut soumise à la parole de l'homme dont la mission céleste s'était manifestée par une telle merveille.

Le chemin de la grotte, comme si le saint l'eût choisi par allusion à celui du ciel, n'est rien moins que facile ; il est entrecoupé par de nombreux ravins ; mon petit bonhomme de guide me montra l'un d'eux, que les habitans nomment le Flocksgraben, et me raconta qu'un homme, voyageant de nuit, y était tombé, il y a quelques années, avec son cheval. Le malheureux se cassa les deux jambes dans cette chute, et poussa de tels cris qu'on l'entendit de l'autre côté du lac, quoique ses rives fussent distantes d'une lieue ; dans l'attente du secours, mourant de soif, comme il arrive presque toujours dans les cas de fracture, et ne pouvant bouger de la place où il était tombé, il avait trempé le bout de son manteau dans le ruisseau qui coulait au-dessous de lui, et l'avait ensuite sucé pour se désaltérer.

Nous parvînmes cependant, sans que rien de pareil nous arrivât, jusqu'à l'ouverture de la grotte, ou plutôt des grottes, car la caverne a deux orifices. De la plus basse de ces deux voûtes sort la source du Beaten bach (ruisseau de saint Beat), qui se précipite en grondant entre les rochers. C'est au bord du ruisseau que le saint expira, âgé de quatre-vingt-dix-huit ans ; son crâne fut conservé dans la caverne voisine, et offert jusqu'en 1528 à la vénération des fidèles ; à cette époque seulement, deux députés du grand conseil de la ville de Berne, qui venait d'adopter la réformation, vinrent enlever cette relique, et la firent enterrer à Interlaken. Les catholiques n'en ayant pas moins continué leurs pèlerinages à la grotte, on en mura l'entrée en 1566 : elle a été rouverte depuis. Cette voûte peut avoir trente pieds à peu près de profondeur sur quarante à quarante-cinq de large.

La grotte du ruisseau, quoique moins vénérée, est plus curieuse ; les arcades par lesquelles le torrent arrive, quoique en s'abaissant graduellement, offrent un chemin praticable pendant l'espace de six cents à six cents cinquante pieds. Nous n'avions fait aucun des préparatifs nécessaires pour nous aventurer dans ce gouffre ; d'ailleurs, les eussions-nous faits, la chose fut bientôt impossible.

En effet, à peine avions-nous eu le temps de visiter l'orifice de la grotte, qu'il me sembla que le bruit qu'on entendait dans les profondeurs augmentait graduellement. J'en fis la remarque à mon petit guide, qui écouta avec attention, puis qui, sans me dire autre chose que ces mots : — C'est la revue de *Seefeld*, sauvons-nous ! prit ses jambes à son cou. Je ne savais pas ce que c'était que la revue de Seefeld ; mais il courait de si bon cœur que je me mis à courir derrière lui, sans savoir où j'allais, ni ce que je fuyais. Il s'arrêta, je m'arrêtai. Nous nous regardâmes, il se mit à rire.

Je crus que le drôle s'était moqué de moi, et je venais de le prendre par l'oreille pour lui témoigner le peu de goût que je prenais à ces sortes de plaisanteries, lorsque, étendant la main vers la caverne, il me dit : Regardez !...

Je jetai les yeux dans la direction qu'il m'indiquait, et je fus témoin d'un phénomène dont l'explication me parut facile : la gueule de la grotte était presque entièrement remplie par le torrent, dont le volume avait plus que triplé.

C'était le bruit de cette eau qui accourait que nous avions entendu, et son augmentation était due à l'eau de l'orage, qui avait filtré à travers les fentes du rocher et grossi celle de la source ; si nous avions été avancés de cent pas seulement dans la caverne, nous n'aurions pas eu le temps de fuir ; quant au nom de Revue du *Seefeld*, par lequel on désigne cet accident qui se renouvelle à chaque orage nouveau, mon guide m'expliqua qu'il venait à la fois du nom du pâturage qui forme le sommet de la montagne, qu'on appelle Seefeld, et de la ressemblance du bruit qu'il produit avec celui que feraient des décharges de mousqueterie entremêlées de coups de canon. Il m'assura que ces espèces de détonations s'entendaient de deux lieues.

Ces explications données, nous prîmes congé du Beaten Hohle, et nous nous mîmes en route pour Neuhaus, où nous arrivâmes sains et saufs, et où je trouvai une petite voiture qui, moyennant la somme de un franc cinquante centimes, me conduisit à Interlaken. J'y trouvai nos passagers encore très peu remis de leur frayeur, et qui allaient se mettre à table. Un des voyageurs cependant manquait à l'appel ; ce pauvre diable avait pris une telle peur que, en mettant le pied à terre, il fut atteint d'une fièvre qui ne l'avait pas encore quitté lorsque je revins, cinq jours après, de mon excursion dans la montagne.

DEUXIÈME COURSE DANS L'OBERLAND.

LA VALLÉE DE LAUTERBRUNNEN.

En arrivant à Thun, j'ai dit, je crois, sans m'étendre davantage sur ce sujet, que c'était là que commençait l'*Oberland*. Quelques lignes maintenant sur la signification du mot et sur le pays qu'il désigne.

Ober land signifie la terre d'en-haut. C'est pour Berne ce que Dieppe est pour Paris, le pèlerinage des bourgeois. On se promet, un ou deux ans d'avance, dans les familles, d'aller voir les glaciers, comme un on deux ans d'avance on se réjouit, rue Saint-Martin ou rue Saint-Denis, d'aller visiter la mer. La réputation de ce magnifique pays s'étend, au reste, bien au-delà de la Suisse. Il y a des Anglais qui arrivent de Londres, et des Français de Paris, pour voir l'Oberland, et pas autre chose, et qui, après avoir fait une course de sept ou huit jours dans les montagnes qui l'environnent, reviennent chez eux convaincus qu'ils ont vu de la Suisse tout ce qui mérite d'en être vu. Il est vrai que c'en est, sinon la partie la plus curieuse, du moins la plus brillante.

Interlaken se trouve, par sa position, le point de réunion des voyageurs qui arrivent pour voir ou qui reviennent après avoir vu. Il n'est pas rare de s'y trouver à table avec les représentans de huit ou dix nations différentes ; aussi la conversation des dîneurs est-elle une espèce de baragouinage auquel le philologue le plus exercé a bien de la peine à comprendre quelques mots : c'est à désapprendre au bout de quinze jours sa langue maternelle (1).

Là aussi, la difficulté de communication avec les guides commence à devenir plus grande ; bien peu parlent français d'une manière intelligible. Celui que l'aubergiste me donna m'a fait faire, pendant les cinq jours que je l'ai gardé, un véritable cours de patois.

Les préparatifs de départ nous avaient retenus toute la matinée. Nous ne pûmes donc nous mettre en route pour Lauterbrunnen qu'à une heure après midi.

(1) Voir la note à la fin de cet ouvrage.

On nous avait recommandé de ne pas oublier, en passant à Mattin, petit village situé à un quart d'heure de marche d'Interlaken, de visiter les vitraux peints qui ornent les fenêtres d'une maison particulière, et qui datent de trois siècles. L'un d'eux me parut assez original pour que j'en demandasse l'explication au propriétaire; il représentait un ours armé d'une massue, et portant deux raves dans son ceinturon et une à sa patte. Voici à quelle tradition cette peinture bizarre se rapporte :

En 1250, l'empereur d'Allemagne fit un appel de guerre à ses peuples de l'Oberland, leur ordonnant d'envoyer à son armée le plus d'hommes qu'ils pourraient en mettre sous les armes. Trois géans forts et puissans habitaient alors à Iseltwald, sur les rives du lac de Brienz; ils passaient leurs journées à la chasse, et s'habillaient avec les peaux des ours qu'ils étouffaient entre leurs bras. Les peuples de l'Oberland crurent avoir dignement fourni leur contingent en envoyant ces trois hommes.

Lorsque l'empereur les vit arriver, il se mit dans une grande colère; car il avait compté sur un secours plus efficace. Les trois hommes qu'on lui envoyait n'étaient pas même armés.

Les trois géans dirent à l'empereur de ne point s'inquiéter de leur petit nombre, qu'ils lui promettaient de lui rendre à eux trois autant de services qu'une troupe entière; que, quant à leurs armes, la première forêt venue leur en fournirait.

En effet, une heure avant le combat, ils entrèrent dans un bois qui s'élevait près du champ de bataille, et coupèrent chacun un hêtre dont ils élaguèrent les branches; ils s'en firent des massues avec lesquelles ils revinrent se placer, l'un à l'aile droite, l'autre à l'aile gauche, et le troisième au centre du corps d'armée. L'issue de la bataille prouva qu'ils n'avaient point trop présumé de leur mérite : leurs énormes massues firent dans les rangs ennemis un ravage qui eut bientôt décidé la victoire. L'empereur reconnaissant dit alors :
— Demandez ce que vous voudrez et vous l'aurez. Les trois géans se consultèrent entre eux; puis l'aîné se retournant dit : — *Nous demandons qu'il plaise à votre gracieuse Majesté nous octroyer le droit d'arracher, dans les plantages de Bonigen, sur le territoire de l'empire, toutes les fois que nous nous promènerons sur les bords du lac, et que nous aurons soif, trois raves dont nous emporterons l'une à la main et les deux autres dans notre ceinturon.*

Sa majesté daigna leur accorder leur demande. Les trois géans enchantés revinrent à Iseltwald, où ils jouirent du privilége de manger des raves impériales tout le reste de leur vie.

Un quart de lieue après Mattin, et à droite de la route, les ruines du château d'Unspunnen achèvent de s'écrouler : il appartenait autrefois au seigneur de ce nom, qui était très considéré par le conseil de Berne. Il avait plusieurs fois tenté, en faisant des démarches près du vieux Walter de Waldenschwyl, de joindre la vallée d'Oberhasli, dont ce dernier était seigneur indépendant, au territoire de la ville. Pendant que le seigneur d'Unspunnen s'occupait de ce soin, le jeune Walter vit sa fille, en devint amoureux, et tenta à son tour près de son père une dernière démarche, qui n'eut pas plus de succès que les autres. Le seigneur d'Unspunnen, furieux, défendit aux jeunes gens de se revoir; mais les jeunes gens, qui s'occupaient peu des affaires de leurs parens, disparurent un jour ensemble, laissant les vieillards démêler leurs intérêts et ceux de la ville de Berne.

Au bout d'un an, le vieux Walter mourut.

Un soir que le châtelain d'Unspunnen pleurait, solitaire et triste, la perte de sa fille unique, deux pèlerins venant de Rome demandèrent l'hospitalité à la porte de son château; il les fit entrer. Tous deux alors vinrent à lui, s'agenouillèrent à ses pieds, et, relevant leur capuce, lui demandèrent la bénédiction paternelle, seule formalité qui manquait encore à leur mariage. Le vieillard voulut leur refuser d'abord; mais alors ils tirèrent de leur sein deux papiers qu'ils lui présentèrent; l'un était un pardon du pape, l'autre une donation au canton de Berne de la vallée d'Oberhasli. Le vieillard ne put tenir contre cette double attaque : les fugitifs, d'ailleurs, l'avaient trop fait souffrir pour qu'il ne leur pardonnât point.

Au bout d'une demie-lieue nous traversâmes le ruisseau de Saxeten sur les débris de son pont que l'orage de la veille avait fracassé ; puis nous entrâmes dans la vallée de Lauterbrunnen, remontant le cours de la Lutchine.

La petite vallée de Lauterbrunnen est certes une des plus délicieuses vallées de la Suisse; nulle part cette ardeur de végétation, si développée à la base des montagnes, ne se fait mieux remarquer qu'en la traversant. Partout où s'étend un coin de terre, quelque graine d'arbre dit aussitôt : cette terre est à moi et la couvre. Un rocher nu et aride roule-t-il du sommet de la montagne : il s'est à peine arrêté dans la vallée que le vent le couvre de poussière; une pluie arrive et la fixe sur sa surface. Bientôt un peu de mousse y verdit ; un gland y tombe, le petit arbrisseau pousse, étend ses mille racines rampantes, qui suivent en s'arrondissant les contours capricieux du roc, jusqu'à ce qu'enfin elles touchent à la terre. Alors la masse de pierre est prisonnière pour des siècles : le chêne, qui reçoit désormais sa nourriture de la mère commune, se pose impérieusement sur elle, comme la serre d'un aigle sur un caillou, se développe de jour en jour, grandit d'année en année, si bien qu'il ne faudra un jour rien moins que la colère de Dieu pour déraciner le géant.

Après avoir fait une demi-lieue à peu près dans ce paysage dont les tons primitifs, déjà si accentués naturellement, prennent une nouvelle vigueur par les accidens d'ombre et de lumière que versent sur ses différentes parties les nuages et le soleil, on arrive auprès du Rocher-des-Frères, qui est dominé par la Rothen-Fluh. Ce pic rougeâtre, comme l'indique son nom, était autrefois couronné par un château-fort appartenant à deux frères, Ulric et Rodolphe. L'amour d'une femme les désunit. Rodolphe, qui avait été méprisé, cacha sa douleur et renferma quelque temps sa haine. La veille du jour où le mariage devait se faire, il proposa au fiancé une chasse dans la montagne; celui-ci, sans défiance, accepta l'offre de son frère et partit avec lui. Arrivés au pied du rocher que nous avons désigné, et voyant quelle solitude régnait autour d'eux, Rodolphe frappa son frère d'un coup de poignard. Ulric tomba.

Alors, tirant des broussailles une bêche qu'il y avait cachée la veille, le meurtrier creusa une fosse, y déposa la victime, la recouvrit de terre, et s'apercevant qu'il était souillé de sang, il alla vers la Lutchine, qui coule à quelques pas du rocher.

Lorsque les taches dont son pourpoint était couvert eurent disparu, il se releva et jeta un dernier regard vers le théâtre du meurtre, pour voir si rien ne le dénonçait. Le cadavre d'Ulric qu'il venait d'enterrer était couché sur le sable.

Rodolphe creusa une nouvelle fosse, y jeta une seconde fois son frère; mais il s'aperçut qu'au fur et à mesure qu'il le couvrait de terre, les traces de sang reparaissaient sur son pourpoint. La fosse comblée, l'assassin se retrouva tout sanglant.

Doutant de lui-même, Rodolphe redescendit une seconde fois vers la rivière, dont les eaux limpides eurent bientôt fait disparaître de nouveau l'épouvantable prodige; puis, se retournant presque en délire vers le rocher, il jeta un cri affreux et s'enfuit. Le tombeau avait une deuxième fois rejeté le cadavre.

Le soir, les gens d'Ulric retrouvèrent le corps de leur maître et le rapportèrent au château.

Rodolphe, n'osant demander l'hospitalité à personne, mourut de faim dans la montagne.

Une inscription creusée dans le rocher constate la vérité du fait, mais sans entrer dans les détails que nous venons de raconter, et qui sans doute auront paru trop puérils à l'historien sévère qui l'a fait graver. La voici :

ICI LE BARON DE ROTHENFLUH FUT OCCIS PAR SON FRERE. OBLIGÉ DE FUIR, LE MEURTRIER TERMINA SA VIE DANS L'EXIL ET LE DÉSESPOIR, ET FUT LE DERNIER DE SA RACE, JADIS SI RICHE ET SI PUISSANTE.

Presque en face des ruines du château de Rothenfluh, de l'autre côté de la vallée, et comme un pendant colossal, s'élève le Scheinige-Platte ; c'est une montagne dont le sommet rouge et arrondi porte la trace des eaux primitives. C'est de la cime de ce roc, qui domine la vallée à la hauteur de trois mille pieds à peu près, que fut précipité, par le génie de la montagne, un chasseur de chamois dont mon guide me raconta l'histoire avec un accent qui offrait un singulier mélange de doute et de crédulité. Ce chasseur, qui se livrait à sa profession avec toute l'ardeur qu'ont pour elle les hommes de la montagne, était un pauvre diable que la misère avait forcé d'abord de faire ce métier, devenu désormais pour lui un besoin. Son adresse était reconnue, et sa réputation s'étendait d'une limite à l'autre de l'Oberland. Un jour qu'il poursuivait une chamelle pleine, la pauvre bête, ne pouvant traverser un précipice que dans tout autre temps elle eût franchi d'un bond, voyant la mort devant et derrière elle, se coucha au bord de l'abîme, et, comme un cerf aux abois, se mit à pleurer. La vue des angoisses de la pauvre mère n'attendrit pas le chasseur, qui banda son arbalète, prit une flèche dans sa trousse et s'apprêta à la percer ; mais en reportant les yeux vers l'endroit où il venait de la voir seule un instant auparavant, il aperçut un vieillard assis, ayant à ses pieds la chamelle haletante qui lui léchait la main : ce vieillard était le génie de la montagne. A cette vue, le chasseur baissa son arbalète, et le génie lui dit :

— Hommes de la vallée, à qui Dieu a donné tous les dons qui enrichissent la plaine, pourquoi venez-vous tourmenter ainsi les habitants de la montagne ? Je ne descends pas vers vous, moi, pour enlever les poules de vos basses-cours et les bœufs de vos étables. Pourquoi donc alors montez-vous vers moi pour tuer les chamois de mes rocs et les aigles de mes nuages ?

— Parce que Dieu m'a fait pauvre, répondit le chasseur, et qu'il ne m'a rien donné de ce qu'il a donné aux autres hommes, excepté la faim. Alors, comme je n'ai poules ni vaches, je suis venu chercher l'œuf de l'aigle dans son aire et surprendre le chamois dans sa retraite. L'aigle et le chamois trouvent leur nourriture dans la montagne ; moi, je ne puis trouver la mienne dans la vallée.

Alors le vieillard réfléchit, puis, ayant fait signe au chasseur de s'approcher, il se mit à traire la chamelle dans une petite coupe de bois ; le lait y prit aussitôt la consistance et la forme d'un fromage ; le vieillard le donna au chasseur.

— Voilà, lui dit-il, de quoi apaiser à l'avenir ta faim ; quant à ta soif, ma sœur fournit assez d'eau à la vallée pour que tu en prennes ta part. Ce fromage se retrouvera toujours dans ton sac ou ton armoire, pourvu que tu ne le consommes jamais entièrement ; je te le donne à la condition que tu laisseras tranquilles désormais mes chamois et mes aigles.

Le chasseur promit de renoncer à son état, redescendit dans la plaine, accrocha son arbalète à sa cheminée, et vécut un an du fromage miraculeux, qu'il retrouvait intact à chaque nouveau repas.

De leur côté, les chamois joyeux avaient repris confiance dans les hommes, ils descendaient jusque dans la vallée, on les voyait gracieusement bondir en venant à la rencontre des chèvres qui grimpaient dans la montagne.

Un soir que le chasseur était à sa fenêtre, un chamois vint si près de sa maison qu'il pouvait le tuer sans sortir de chez lui ; la tentation était trop forte, il décrocha son arbalète, et, oubliant la promesse qu'il avait faite au génie, il ajusta avec son adresse ordinaire l'animal qui passait sans défiance, et le tua.

Il courut aussitôt vers l'endroit où la pauvre bête était tombée, la chargea sur ses épaules, et, l'ayant rapportée chez lui, il en prépara un morceau pour son souper.

Lorsque ce morceau fut mangé, il songea à son fromage, qui cette fois allait lui servir non de repas, mais de dessert. Il alla donc vers son armoire et l'ouvrit : il en sortit un gros chat noir, qui avait les yeux et les mains d'un homme ; il tenait le fromage à sa gueule, et, sautant par la fenêtre qui était restée ouverte, il disparut avec lui.

Le chasseur s'inquiéta peu de cet accident ; les chamois étaient redevenus si communs dans la vallée que, pendant un an, il n'eut pas besoin de les aller chercher dans la montagne ; cependant peu à peu ils s'effarouchèrent, devinrent de plus en plus rares, puis enfin disparurent tout à fait. Le chasseur, qui avait oublié l'apparition du vieillard, reprit ses anciennes courses dans les rocs et dans les glaciers.

Un jour il se trouva au même endroit où trois ans auparavant il avait lancé une chamelle pleine. Il frappa sur le buisson d'où elle était partie ; un chamois en sortit en bondissant. Le chasseur l'ajusta, et l'animal blessé alla tomber sur le bord du précipice où était apparu le vieillard.

Le chasseur l'y suivit ; mais il n'arriva pas assez à temps pour empêcher que, dans les mouvements de son agonie, l'animal qu'il poursuivait ne glissât sur la pente inclinée, et ne se précipitât du haut en bas du rocher.

Il se pencha alors sur le bord pour regarder où il était tombé. Le génie de la montagne était au fond du gouffre ; leurs yeux se rencontrèrent, et le chasseur ne put plus détacher les siens de ceux du vieillard.

Alors il sentit un incroyable vertige s'emparer de tous ses sens ; il voulut fuir et ne le put. Le vieillard l'appela trois fois par son nom, et à la troisième fois le chasseur jeta un cri de détresse qui fut entendu dans toute la vallée, et se précipita dans l'abîme.

J'ai désigné sous le nom de Lutchine la petite rivière qui côtoie le chemin de Lauterbrunnen. C'est une erreur que j'ai commise ; j'aurais dû dire les deux Lutchines (zwey Lutchinen) ; car, mille pas environ au-dessus des deux montagnes dont nous venons de parler, on rencontre l'endroit où elles se réunissent au pied du Hunnenfluh : la Lutchine noire (1) venant du glacier de Grinderwald, la Lutchine blanche de celui du Tschingel. Quelque temps elles coulent l'une à côté de l'autre dans le même lit, sans mêler leurs eaux, qui conservent de chaque côté de la rive la nuance qui leur est propre : l'une une teinte de plâtre, l'autre une couleur cendrée. Là, le chemin bifurque le torrent, chaque route suit la rive, l'un conduisant à Lauterbrunnen, l'autre au Grinderwald.

Nous continuâmes de côtoyer la Lutchine blanche, et une heure après nous étions arrivés à l'auberge de Lauterbrunnen.

Nous profitâmes aussitôt de la demi-heure que l'aubergiste nous déclara lui être nécessaire à la confection de notre dîner pour aller visiter le Staubach, l'une des cascades les plus vantées de la Suisse.

Nous avions vu de loin cette immense colonne, semblable à une trombe, qui se précipite de neuf cents pieds de haut, par une chute perpendiculaire, quoique légèrement arquée par l'impulsion que lui donnent les chutes supérieures. Nous nous approchâmes d'elle aussi près que nous le pûmes, c'est-à-dire jusqu'au bord du bassin qu'elle s'est creusé dans le roc, non par la force, mais par la continuité de sa chute ; car cette colonne, compacte au moment où elle s'élance du rocher, en arrivant au bas n'est plus que poussière. Il est impossible de se figurer quelque chose d'aussi gracieux que les mouvements ondulés de cette magnifique cascade : un palmier qui plie, une jeune fille qui se cambre, un serpent qui se déroule, n'ont pas plus de souplesse qu'elle. Chaque souffle du vent la fait onduler comme la queue d'un cheval gigantesque, ou bien que, de ce volume immense d'eau qui se précipite, puis se divise, puis s'éparpille, quelques gouttes à peine tombent quelquefois dans le bassin destiné à la recevoir. La brise emporte le reste, et va le secouer, à la distance d'un quart de lieue, sur les arbres et sur les fleurs, comme une rosée de diamants (2).

(1) La Lutchine noire est ainsi nommée parce qu'en passant au pied du Wetter-Horn elle délaie et entraîne avec elle des particules d'ardoise qui donnent à ses eaux une couleur foncée.
(2) Deux grands poètes allemands ont consacré quelques vers à la description de cette merveilleuse cascade : Haller, la trente-sixième strophe de son poème sur les Alpes, et Baggesen l'introduction de son cinquième chant de la Parthénéide. Voici la tra-

C'est grâce aux accidens auxquels est soumise cette belle cascade que deux voyageurs, à dix minutes d'intervalle l'un de l'autre, ont rarement pu la voir sous la même forme, tant les caprices de l'air ont d'influence sur elle, et tant elle met de coquetterie à les suivre. Ce n'est pas seulement dans sa forme, mais encore dans sa couleur, qu'elle varie; à chaque heure du jour elle semble changer l'étoffe de sa robe, tant les rayons du soleil se réfractent en nuances différentes dans sa poussière liquide et dans ses étincelles d'eau. Parfois arrivent tout à coup des courans d'un vent du sud (fonwind) qui saisissent la cascade au moment où elle va tomber, l'arrêtent suspendue, la repoussent vers sa source, et interrompent entièrement sa chute; puis, les eaux raccourent bientôt se précipiter dans la vallée, plus bruyantes et plus rapides. Parfois encore des bouffées de vent du nord à l'haleine glacée gèlent d'un souffle ces flocons d'écume, qui se condensent en grêle. Sur ces entrefaites, l'hiver arrive, la neige tombe, s'attache à la paroi du rocher d'où la cascade se balance, se convertit en glace, augmente de jour en jour les masses qui s'allongent sa droite et à sa gauche, puis enfin finissent par figurer deux énormes pilastres renversés, qui semblent le premier essai d'une architecture audacieuse, qui poserait ses fondemens en l'air et bâtirait du haut en bas.

TROISIÈME COURSE DANS L'OBERLAND.

PASSAGE DE LA VENGENALP.

Le lendemain, une tyrolienne chantée sous nos fenêtres par notre guide nous éveilla au point du jour.

Depuis Berne, et avec les premiers mots tudesques que nous avions entendus, des chants populaires particuliers au pays nous avaient accompagnés. Il faut avoir voyagé en Allemagne pour se douter combien le génie musical est à l'aise

duction de ces deux morceaux, dont presque tous les paysans de la vallée savent l'original par cœur:

« Ici une montagne sourcilleuse élève ses cimes semblables à
» des créneaux, entre lesquels le torrent de la forêt se hâte de
» s'échapper pour se précipiter et subir successivement des chutes
» multipliées. Un fleuve d'écume jaillit avec impétuosité des fen-
» tes du rempart de rochers qu'il dépasse; l'eau, divisée dans son
» élan rapide, forme une vapeur grisâtre et mobile suspendue
» dans les airs, qu'elle épaissit. Un arc-en-ciel jette son écharpe
» diaprée au milieu de ces gouttes légères, qui vont abreuver au
» loin la vallée. L'étranger voit avec surprise une rivière prendre
» sa source dans les airs, sortir des nues et se verser de nouveau
» dans les nuages. » (HALLER.)

« Comme on voit au sommet du mât d'un esquif des bande-
» rolles légères, qu'agite doucement le zéphir, serpenter en mille
» contours gracieux dans les airs, tantôt étendues, tantôt se rou-
» lant sur elles-mêmes, s'élevant et s'abaissant dans un clin-d'œil,
» caressant un instant les ondes de leurs pointes agiles, qui bien-
» tôt vont se perdre dans l'azur des cieux, ainsi le torrent aérien
» se balance dans l'atmosphère; il se précipite de la corniche du
» rocher imposant, avec un élan sans cesse varié, et flotte dans
» l'espace; les vents entravent sa chute; il voltige çà et là, et ne
» peut atteindre la terre. Voyez-le la cime du jour, c'est un fleuve,
» c'est une vague puissante qui descend avec impétuosité du ciel;
» plus bas, ce n'est plus qu'un nuage, et plus bas encore, qu'une va-
» peur blanchâtre. Dans leur chute rapide, ses ondes se dissolvent,
» se métamorphosent en fumée, s'évanouissent comme un rêve; elles
» partent avec le fracas du tonnerre, elles menacent d'engloutir
» toute la contrée; mais bientôt leur fureur s'apaise, et, bienfai-
» santes qu'elles sont, elles viennent humecter en douce rosée
» l'humble colline, et faire naître sur sa pente l'émail des plus
» belles fleurs du printemps. » (BAGGESEN.)

sur cette terre. Les enfans, bercés avec des chants nationaux, les apprennent en même temps que la langue maternelle, et les modulent avec leurs premières paroles; des hommes sans méthode et sans maîtres approchent leurs lèvres des instrumens, et en tirent un parti harmonieux avec un charme qu'on demanderait quelquefois en vain à nos plus habiles exécutans. Ici ce ne sont plus les chants rauques des enfans des plaines de la France, ni les cris sauvages du guide des montagnes de la Savoie; ce sont des chants qui se répondent, des modulations infinies, reproduites avec quelques notes seulement, des octaves franchies hardiment sans gamme intermédiaire, des morceaux attaqués par six personnes, et où chacune d'elles saisit du premier coup la partie qui convient à sa voix, la suit dans toutes ses modulations, la brodant à sa fantaisie de petites notes rapides et étincelantes, ce qu'aucune autre contrée n'offre enfin, excepté l'Italie, et encore à un degré bien inférieur, ce me semble.

Mon guide, croyant que je ne l'avais pas entendu, commença une seconde tyrolienne dans un ton plus élevé. J'ouvris ma fenêtre, et je l'écoutai jusqu'au bout.

— Aurons-nous beau temps, Willer ? lui dis-je quand il eut fini.

— Oui, oui, me dit-il en se retournant; on entend siffler les marmottes, c'est bon signe. Seulement, si monsieur voulait partir tout de suite, nous arriverions sur les trois heures à Grinderwald, de sorte qu'il aurait le temps de visiter le glacier aujourd'hui.

— Je suis prêt, moi.

En effet, je n'avais que mes guêtres à mettre et ma blouse à passer. A la porte de l'auberge, je trouvai Willer, le sac sur le dos et mon bâton à la main; il me le donna, et nous nous mîmes en route.

J'allais donc reprendre ma vie de montagnard, pèlerinage de chasseur, d'artiste et de poète, mon album dans ma poche, ma carabine sur l'épaule, mon bâton ferré à la main. — Voyager, c'est vivre dans toute la plénitude du mot; c'est oublier le passé et l'avenir pour le présent; c'est respirer à pleine poitrine, jouir de tout, s'emparer de la création comme d'une chose qui est sienne; c'est chercher dans la terre des mines d'or que nul n'a fouillées, dans l'air des merveilles que personne n'a vues; c'est passer après la foule, et ramasser sous l'herbe les perles et les diamans qu'elle a pris, ignorante et insoucieuse qu'elle est, pour des flocons de neige ou des gouttes de rosée.

Certes, ce que je dis est vrai. Beaucoup sont passés avant moi où je suis passé, qui n'ont pas vu les choses que j'y ai vues, qui n'ont pas entendu les récits qu'on m'a faits, et qui ne sont pas revenus pleins de ces mille souvenirs poétiques que mes pieds ont fait jaillir en écartant à grande peine quelquefois la poussière des âges passés.

C'est qu'aussi les recherches historiques que j'ai été obligé de faire m'ont donné pour ces choses une patience merveilleuse. Je feuilletais mes guides comme des manuscrits, trop heureux encore quand ces traditions vivantes du passé parlaient la même langue que moi. Pas une ruine ne s'offrait sur notre route, dont je ne les forçasse de se rappeler le nom, pas un nom dont je les amenasse à m'expliquer le sens. Ces histoires éternelles, dont peut-être on fera honneur à mon imagination parce qu'aucune histoire ne les relate, parce qu'aucun itinéraire ne les consigne, m'ont toutes été racontées plus ou moins poétiquement par ces enfans des montagnes, qui sont nés dans le même berceau qu'elles; ils les tenaient de leurs pères, les aïeux les avaient leur dites. Mais cependant, peut-être, ils ne les répéteront pas à leurs enfans: car de jour en jour le sourire incrédule du voyageur esprit-fort arrête sur leurs lèvres les légendes naïves, qui fleurissent, comme les roses des Alpes, au bord de tous les torrens, au pied de tous les glaciers.

Malheureusement pour moi, il n'y avait rien de pareil dans la montée de la Vengenalp (c'est le nom de la montagne que nous gravissions); mais si quelque chose avait pu m'en dédommager, c'eût été certes la vue merveilleuse qui s'étendait devant nous au fur et à mesure que nous nous élevions. Sous nos pieds la vallée de Lauterbrunnen, verte comme une émeraude, éparpillait ses maisons rouges sur le gazon ; en face, le magnifique Staubach, dont nous apercevions alors les chutes supérieures, méritait son nom de poussière d'eau, tant il semblait une vapeur flottante ; à gauche, la vallée fermée au bout de deux ou trois lieues par la montagne neigeuse d'où se précipite le Schmadribach, comme si le monde finissait là ; à droite, la vallée que nous venions de parcourir se développant en ligne droite dans toute son étendue, et reportant les yeux à l'aide de la Lutchine qui leur sert de conducteur jusqu'au village d'Interlaken, dont, à travers cette atmosphère bleuâtre qui n'appartient qu'au pays de montagnes, on apercevait les maisons et les arbres, pareils à ces joujoux qu'on enferme dans une boîte, et dont les enfans font sur une table des villes et des jardins.

Au bout d'une heure nous fîmes une halte pour combiner notre admiration et notre déjeuner ; ce fut chose facile. Un rocher en saillie nous offrit une table, une source son eau glacée, et un noyer son ombre. Nous tirâmes les provisions du sac, et je reconnus avec grand plaisir, au premier coup d'œil que je jetai sur elles, que Willer était, sous le rapport de la prévoyance, digne d'être nommé pour le reste de la route commissaire-général des vivres de toute la caravane.

Une nouvelle étape d'une heure nous conduisit au premier sommet de la Vengenalp, sommet à pic au haut duquel on n'arrive que par un chemin taillé en zig-zag. Une fois sur le plateau, la pente de la montée devient plus douce, et le sentier, prenant enfin un parti, se tend une ligne droite l'espace d'une lieue encore, puis on trouve un chalet où l'on fait halte. On est arrivé au pied de la Yungfrau.

Je ne sais si ce nom de jeune fille, donné à la montagne que j'avais devant les yeux, la décorait pour moi d'un charme magique, mais je sais que, outre la cause qui le lui a fait donner, il s'harmonise merveilleusement avec ses proportions élégantes et sa blancheur virginale. En tout cas, au milieu de cette chaîne de colosses, ses frères et ses sœurs, elle m'a paru la privilégiée des voyageurs et des montagnards. C'est avec un sourire que les guides vous indiquent deux autres montagnes posées sur sa puissante poitrine, que les géographes appellent *pointes d'argent* (1), et auxquelles les guides plus naïfs ont donné le nom de *mamelles*. Ils vous montrent fais à droite le Finster-Aarhorn, plus élevé qu'elle (2), la Blumlisalp, plus puissante par sa base ; mais ils reviennent toujours à la vierge des Alpes, dont ils font la reine des montagnes.

Ce nom de vierge fut donné à la Yungfrau parce qu'aucun être créé n'avait, depuis la formation du monde, souillé son manteau de neige ; ni le pied du chamois, ni la serre de l'aigle, n'étaient parvenus à ces hautes régions où elle porte sa tête. L'homme cependant résolut de lui faire perdre le titre qu'elle avait si longtemps et si religieusement gardé. Un chasseur de chamois, nommé Poumann, fit pour elle ce que Balmat avait fait pour le mont Blanc ; après plusieurs tentatives inutiles et dangereuses, il parvint à gravir sa pointe la plus élevée ; et les montagnards émerveillés virent un matin un drapeau rouge flotter sur la tête de la jeune fille déflorée. Depuis ce temps ils l'appellent la *frau*; car, selon eux, elle n'a plus le droit de porter l'épithète de *yung*; outrage qui est le même que si nous arrachions du front ou du cercueil d'une jeune fille le bouquet d'oranger, parure symbolique avec laquelle ses compagnes la conduisent à l'autel ou au tombeau.

C'est sur l'une de ces mamelles, sur celle qui regarde la vallée de Lauterbrunnen, qu'un lammergeyer (3) emporta un enfant de Grinderwald et le dévora, sans que ses parens ni personne du village, accourus à ses cris, pussent lui porter secours.

A la droite de la Yungfrau s'élève le Wetter-Horn (pic du temps), ainsi nommé, non point parce qu'il est contemporain du monde, *intacta œvis congenita mundo*, mais parce que, selon qu'il est couvert ou dégagé de nuages, on peut prédire le temps qu'il fera.

A sa gauche s'étend, sur une base de plusieurs lieues, la Blumlisalp (montagne des fleurs), dont le nom, aussi significatif que celui du Wetter-Horn, me parut présenter, avec son apparence, une analogie plus difficile à expliquer ; car la montagne des fleurs est entièrement couverte de neige. J'eus alors recours à Willer, qui m'expliqua ainsi cette contradiction entre le nom et la montagne à laquelle il est appliqué.

— Nos Alpes, me dit-il, n'ont pas toujours été sauvages comme elles le sont aujourd'hui. Les fautes des hommes et les punitions de Dieu ont fait descendre les neiges sur nos montagnes et les glaciers dans nos vallées ; les troupeaux paissaient là où l'aigle ni le chamois n'osent parvenir aujourd'hui. Alors la Blumlisalp était comme ses sœurs, et plus brillante qu'elles encore, sans doute, puisque, seule entre elles, elle avait mérité le nom de montagne des fleurs. C'était le domaine d'un pâtre riche comme un roi, et qui possédait un magnifique troupeau ; dans ce troupeau, une génisse blanche était l'objet de son affection. Il avait fait bâtir pour cette favorite une étable qui ressemblait à un palais, et à laquelle on montait par un escalier de fromages. Pendant un soir d'hiver, sa mère, qui était pauvre et qui habitait la vallée, vint pour le visiter ; mais, n'ayant pu supporter les reproches qu'elle lui faisait sur sa prodigalité, il lui dit qu'il n'avait pas de place pour la loger cette nuit, et qu'il fallait qu'elle redescendît vers le village. Vainement elle lui demanda une place au coin du feu de la cuisine ou dans l'étable de sa génisse ; il la fit prendre par ses bergers, et la fit jeter dehors. Une bise humide et glacée sifflait dans l'air, et la pauvre femme, misérablement vêtue comme elle l'était, fut promptement saisie par le froid ; alors elle se mit à descendre vers la vallée en dévouant ce fils ingrat à toutes les vengeances célestes. A peine la malédiction fut-elle prononcée, que la pluie qui tombait se convertit en neige si épaisse, qu'au fur et à mesure que la mère descendait, et derrière le dernier pli de sa robe traînante, la montagne semblait se couvrir d'un linceul. Parvenue dans la vallée, elle tomba épuisée de froid, de fatigue et de faim. Le lendemain on la trouva morte ; et depuis ce temps la montagne des fleurs est couverte de neige.

Pendant que Willer me donnait cette explication, un bruit pareil au roulement du tonnerre, entremêlé d'épouvantables craquemens, arriva jusqu'à nous ; je crus que la terre allait se fendre sous nos pieds, et je regardai avec inquiétude notre guide, en lui disant : — Eh bien !... qu'est-ce donc ?

Alors il étendit la main vers la Yungfrau, et me montra une espèce de ruban argenté et mouvant qui se précipitait des flancs de la montagne. — Tiens, une cascade ! dis-je.

— Non, une avalanche, répondit Willer.

— Et c'est elle qui a produit ce bruit effroyable ?

— Elle-même.

Je ne voulais pas le croire ; il me semblait impossible que ce ruisseau de neige, qui de loin semblait une écharpe de gaze flottante, produisît un bruit aussi effrayant. Je tournai les yeux de tous les côtés pour en chercher la véritable cause ; mais pendant ce temps il s'éteignit, et lorsque je reportai la vue vers la Yungfrau, la cascade avait cessé de couler.

Alors Willer me dit de détacher ma carabine et de tirer en l'air : je le fis.

La détonation, qui, au premier abord, me parut plus faible qu'en plaine, alla se heurter contre la montagne, et nous fut renvoyée soudain par son écho ; puis aux dernières vibrations succéda un grondement sourd et croissant, pareil à celui qui avait déjà une fois causé ma surprise. Willer alors me montra à la base de l'une des mamelles de la Yungfrau une seconde cascade improvisée, et comme le bruit était pareil, il me fallait bien reconnaître que la cause était la même.

Alors accourut à nous une espèce de nain de montagne, double crétin, portant dans ses bras un petit canon ; il le posa à nos pieds, le pointa en s'accroupissant avec autant de soin que si le boulet eût dû faire une brèche à la montagne,

---

(1) Silberhorner.
(2) Treize mille deux cent trente-quatre pieds; la Yungfrau a que douze mille huit cent soixante-douze.
(3) Grand vautour des Alpes (*gypaëtanos barbatus*).

et approchant un morceau d'amadou de la lumière il souffla dessus jusqu'à ce que le coup partit. Aussitôt le même accident se renouvela pour la troisième fois. La précipitation du pauvre petit diable était causée par la détonation de ma carabine; il était faiseur d'avalanches de son état, et comme au moyen de ma carabine je m'étais approvisionné moi-même, il craignait que les quelques batz (1) qu'il prélève, au moyen de son artillerie, sur les voyageurs qui traversent la Vengenalp ne lui échappassent cette fois; je le rassurai bien vite en lui payant le coup de ma carabine au même tarif que son coup de canon.

Après nous être arrêtés une heure environ en face de ce magnifique spectacle, nous nous remîmes en route, continuant de monter sur une pente douce jusqu'au moment où nous nous trouvâmes sur le point le plus élevé de l'arête de la Vengenalp; déjà depuis longtemps nous avions laissé derrière nous les sapins qui, pareils à de braves soldats repoussés dans un assaut, nous avaient offert d'abord, réunis en forêt, l'aspect d'une armée qui se rallie; plus haut, disséminés selon leur force végétative, l'apparence de tirailleurs qui soutiennent la retraite; puis enfin, où finit leur domaine, des troncs renversés sans feuillage ni écorce, pareils à des corps morts étendus et dépouillés sur le champ de bataille.

Nous nous arrêtâmes avant de descendre le versant opposé pour prendre congé du pays que nous venions de parcourir, et pour saluer celui dans lequel nous allions entrer. Je remarquai alors que nous nous trouvions par hasard au centre d'un cercle d'une trentaine de pas de circonférence, et quoique autour de ce cercle la terre fût couverte de roses des Alpes, de gentiane purpurine et d'aconit, sous nos pieds le sol était nu et desséché, comme il l'est dans nos forêts aux places où l'on vient d'exploiter les fourneaux à charbon. J'en demandai la cause à Willer, qui se fit longtemps prier pour me raconter la tradition suivante, et qui ne me la raconta même, je lui dois cette justice, qu'en me prévenant d'avance qu'il n'y croyait pas.

Il y avait autrefois dans la vallée de Gadmin un homme téméraire très puissant en magie, et qui commandait aux animaux comme à des serviteurs intelligens. Toutes les nuits, du samedi au dimanche, il les rassemblait sur les plus hautes montagnes, tantôt les ours, tantôt les aigles, tantôt les serpens, et là, traçant avec sa baguette un cercle qu'ils ne pouvaient franchir, il les appelait en sifflant; et, lorsqu'ils étaient réunis, il leur donnait ses ordres, qu'ils allaient exécuter aussitôt aux quatre coins de l'Oberland. Une nuit qu'il avait rassemblé les dragons et les serpens, il leur commanda des choses telles, à ce qu'il paraît, qu'ils refusèrent leur service accoutumé. Le magicien entra dans une grande colère et eut recours à des charmes qu'il n'avait point encore employés, tant lui-même hésitait à avoir recours à des paroles qu'il savait toutes-puissantes, mais aussi coupables que puissantes : à peine les eut-il prononcées, qu'il vit deux dragons quitter la troupe des reptiles qui l'environnaient et se diriger vers une caverne voisine; il crut qu'ils obéissaient enfin; mais bientôt ils reparurent, portant sur le dos un serpent énorme, dont les yeux brillaient comme deux escarboucles, et qui portait sur sa tête une petite couronne de diamans : c'était le roi des basilics. Ils s'approchèrent ainsi jusqu'au cercle qu'ils ne pouvaient dépasser; mais, arrivés là ils soulevèrent leur souverain sur leurs épaules et le lancèrent par-dessus la ligne magique, qu'il franchit ainsi sans la toucher. Le magicien n'eut que le temps de faire le signe de la croix et de dire *je suis perdu*; le lendemain on le retrouva mort au milieu de son cercle infernal, sur lequel, depuis, aucune verdure n'a poussé.

Nous quittâmes à l'instant cet endroit maudit, et nous nous remîmes en route pour Grinderwald, où nous arrivâmes heureusement, sans avoir rencontré ni le roi ni la reine des basilics (2).

(1) Petite monnaie suisse qui vaut trois sous.
(2) Les bergers croient encore, au reste, à l'existence de serpens qui viennent la nuit téter leurs vaches; ils prétendent s'en préserver en plaçant un coq blanc au milieu de leurs troupeaux.

Nous ne nous arrêtâmes à l'auberge que pour commander le dîner, et nous nous acheminâmes aussitôt vers le glacier, qui n'est qu'à un quart d'heure de marche du village.

J'ai déjà tant parlé de glaciers que je ne m'étendrai pas sur la description de celui-ci, qui n'offre rien de particulier. Je raconterai seulement une aventure dont il fut témoin, et qui servira à faire ressortir les mœurs à part de cette race d'hommes courageux et dévoués qui exercent le métier de guides.

On monte sur le glacier de Grinderwald à l'aide de quelques escaliers grossièrement pratiqués dans la glace; je ne me souciais pas d'abord beaucoup de faire cette ascension; mais Willer, qui connaissait mon faible, me dit qu'il avait quelque chose d'intéressant à m'y faire voir. Je le suivis aussitôt.

Après une escalade assez pénible, et qui dura près d'un quart d'heure, nous nous trouvâmes sur la surface du glacier, dont la pente plus douce devient dès lors plus facile; cependant à chaque pas il faut tourner des gerçures profondes dont les parois vont, en se fonçant de couleur, se réunir à cinquante, soixante et cent pieds de profondeur. Willer sautait par dessus ces crevasses, et je finis par faire comme lui; après un autre quart d'heure de marche, nous arrivâmes à un trou rond comme l'ouverture d'un puits. Willer y jeta une grosse pierre, qui mit plusieurs secondes à trouver le fond; puis il me dit : — C'est en tombant dans ce précipice que s'est tué, en 1821, M. Mouron, pasteur de Grinderwald.

Voici de quelle manière l'accident arriva et quelles en furent les suites :

M. Mouron, l'un des plus habiles explorateurs de la contrée, consacrait tout le temps que lui laissait l'exercice de ses fonctions à des courses dans les montagnes, assez bon physicien et botaniste distingué, il avait fait des observations météorologiques curieuses, et possédait un herbier où il avait réuni et classé par familles à peu près toutes les plantes des Alpes. Un jour qu'il se livrait à de nouvelles recherches, il traversa le glacier de Grinderwald, et s'arrêta à l'endroit où nous étions pour jeter des pierres dans le trou que nous avions devant les yeux. Après avoir écouté la chute de plusieurs, il voulut découvrir l'intérieur du précipice, et, appuyant son bâton ferré sur le bord opposé à celui sur lequel il se trouvait, il se pencha sur l'abîme : le bâton mal arrêté glissa, et le pasteur fut précipité. Le guide accourut tout haletant au village et raconta l'accident dont il venait d'être témoin.

Quelques jours se passèrent pendant lesquels cette nouvelle devint l'entretien de toute la contrée; le pasteur y était chéri, et, comme les regrets causés par sa mort étaient grands, des soupçons s'éveillèrent sur la fidélité du guide qui l'avait accompagné; ces soupçons prirent bientôt de la consistance, et l'on alla jusqu'à dire que ce pasteur avait été assassiné et jeté ensuite dans le trou du glacier : le but de l'assassinat aurait été de lui voler sa montre et sa bourse.

Alors le corps tout entier des guides, que ce soupçon attaquait dans l'un de ses membres, se réunit et décida que l'un d'eux, que le sort désignerait, descendrait, au péril de sa vie, dans le précipice qui avait servi de tombeau à leur malheureux pasteur; si le cadavre avait sur lui sa montre et sa bourse, le guide était innocent. Le sort tomba sur l'un des hommes les plus forts et les plus vigoureux de la contrée, nommé Burguenen.

Au jour dit, tout le village se rendit sur le glacier; Burguenen se fit attacher une corde autour du corps, une lanterne au cou, et prenant une sonnette d'une main pour indiquer en l'agitant qu'il fallait le retirer, et son bâton ferré de l'autre afin de se préserver du contact tranchant des glaçons, il se laissa glisser, suspendu à un câble que quatre hommes laissaient filer peu à peu. Deux fois, sur le point d'être asphyxié par le manque d'air, il sonna et fut ramené à la surface du trou; mais enfin la troisième on sentit qu'un poids plus lourd pesait au bout de la corde, et Burguenen reparut rapportant le corps mutilé du pasteur.

Le cadavre avait sa bourse et sa montre !

La pierre qui couvre le tombeau du pasteur constate l'accident dont il fut victime et le dévouement de celui qui risqua sa vie pour rendre son corps à une sépulture chrétienne ; la voici :

AIMÉ MOURON, MIN. DU S. E.
A L'ÉGLISE PAR SES TALENS ET SA PIÉTÉ,
NÉ A CHARDONNE DANS LE CANTON DE VAUD,
LE 5 OCTOBRE 1790,
ADMIRANT DANS CES MONTAGNES
LES OUVRAGES MAGNIFIQUES DE DIEU,
TOMBA DANS UN GOUFFRE
DE LA MER DE GLACE,
LE 31 AOUT 1821.

ICI REPOSE SON CORPS,
RETIRÉ DE L'ABIME APRÈS 12 JOURS
PAR CH. BURGUENEN DE GRINDERWALD.
SES PARENS ET SES AMIS,
PLEURANT SA MORT PRÉMATURÉE,
LUI ONT ÉLEVÉ CE MONUMENT.

Burguenen estima qu'il était descendu à la profondeur de sept cent cinquante pieds.

LE FAULHORN.

Le lendemain, à huit heures du matin, nous nous mîmes en route pour accomplir la plus rude ascension que nous eussions encore tentée ; nous avions la prétention d'aller coucher dans la plus haute habitation de l'Europe, c'est-à-dire à huit mille cent vingt-un pieds au-dessus du niveau de la mer ; — cinq cent soixante-dix-neuf pieds plus haut que l'hospice du Saint-Bernard, dernière limite des neiges éternelles.

Le Faulhorn est, sinon la plus haute, du moins l'une des plus hautes montagnes de la chaîne qui sépare les vallées de Thun, d'Interlaken et de Brienz, de celles du Grinderwald et de Rosenlauwi. Ce n'est que depuis un an ou deux qu'un aubergiste, spéculant sur la curiosité des voyageurs, eut l'idée d'établir sur le plateau qui tranche son sommet une petite hôtellerie qui n'est habitable que l'été. Aussitôt le mois d'octobre arrivé, il abandonne sa spéculation et son domicile, démonte les portes et les volets, afin de n'en avoir pas d'autres à faire établir l'année suivante, et abandonne sa maison à tous les ouragans du ciel, qui font rage autour d'elle jusqu'à ce qu'il n'en reste plus un poteau debout.

Notre hôte de la vallée eut grand soin de nous prévenir d'avance, en confrère charitable, que la vie animale était fort pauvrement alimentée dans les régions supérieures où nous allions parvenir, attendu que l'aubergiste, obligé de tirer tous ses comestibles du Grinderwald et de Rosenlauwi, faisait le lundi les provisions de la semaine : mesure qui n'avait aucun inconvénient pour les voyageurs qui lui rendaient visite le mardi, mais qui, tout le long de la route, devait tenir dans une grande perplexité ceux que, comme nous, le hasard amenait chez lui le dimanche. Il nous invita en conséquence, et cela dans notre intérêt, nous dit-il, à revenir coucher chez lui, où nous trouverions, comme nous avions pu nous en convaincre, bon lit et bonne table. Nous le remerciâmes de l'avis ; mais nous lui dîmes que notre intention bien positive, si nous descendions le même jour, était de nous rendre droit à Rosenlauwi et de gagner ainsi une journée de marche. Cette déclaration lui fit perdre à l'instant une grande partie de la sollicitude qu'il venait si tendrement de nous manifester, et qui, au moment de notre départ, parut même avoir fait place à la plus complète indifférence, sentiment dont il nous donna enfin une preuve en refusant net de me vendre un poulet froid dont je voulais, à tout hasard, faire mon camarade de route. Nous partîmes donc assez inquiets de notre avenir gastronomique.

Tout mon espoir reposait de ce côté sur le fusil que je portais en bandoulière ; mais chacun sait combien en Suisse est précaire pour le voyageur la chance de dîner avec sa chasse ; le gibier, naturellement rare, déserte encore les environs des routes fréquentées. Je m'écartai donc autant que je le pus du chemin frayé, et je m'en allai, suivi par mon guide et frappant à tous les buissons, dans l'espoir d'en faire partir un gibier quelconque.

De temps en temps celui-ci s'arrêtait et me disait : — Entendez-vous ? — J'écoutais. — Et, en effet, une espèce de sifflement aigu arrivait jusqu'à moi. — Qu'est-ce cela ? faisais-je.

— Des marmottes, répondait mon guide. Voyez-vous, continuait-il, les marmottes c'est fameux.

— Diable ! si je pouvais rejoindre celle qui siffle.

— Oh ! vous ne pourrez pas. Ça se dépouille comme un lapin, ça se met à la broche, ça s'arrose avec du beurre frais ou de la crème ; puis on sème là-dessus des fines herbes, et, quand on a mangé la chair et sucé les os, on se lèche les doigts.

— Dites donc, l'ami, alors je ne serais pas fâché d'en tuer une, moi.

— Impossible. Ou bien, quand on veut la manger froide, on la met tout bonnement dans une marmite, avec du sel, du poivre, un bouquet de persil ; il y en a qui ajoutent un filet de vin. On la laisse bouillir deux heures, puis on fait à la bête une sauce avec de l'huile, du vinaigre et de la moutarde. Voyez-vous, si jamais vous en mangez, vous m'en direz de fameuses nouvelles.

— Hé bien ! mon cher ami, je tâcherai que ce soit ce soir.

— Ouiche, courez. C'est malin comme tout, ces animaux, ça sait bien que c'est fameux rôti et bouilli. V'là pourquoi ça ne se laisse pas approcher. Il n'y a que l'hiver ; on défonce leurs terriers, et l'on en trouve des douzaines qui dorment en rond.

Comme je ne comptais pas attendre l'hiver pour goûter de la marmotte, je me mis incontinent en quête de celle qui sifflait ; mais, lorsque je fus à quatre cents pas d'elle environ, le sifflement cessa, et la bête rentra probablement dans son terrier, car je ne pus l'apercevoir. Une autre me rendit presque aussitôt le même espoir, qui fut déçu de la même manière, et ainsi de suite jusqu'à ce que, harassé de cinq ou six tentatives aussi infructueuses, je reconnus la vérité des paroles que mon guide m'avait dites.

Je regagnais le chemin, tout penaud, lorsqu'un oiseau que je ne connaissais pas partit à mes pieds ; je n'étais pas sur mes gardes. Il était donc déjà à une cinquantaine de pas lorsque je lui envoyai mon coup de fusil. Je vis, malgré la distance, qu'il en tenait ; mon guide me cria de son côté que la bête était blessée. L'oiseau continua son vol, et je me mis à courir après l'oiseau.

Il n'y a qu'un chasseur qui puisse comprendre par quels chemins on passe lorsqu'on court après une pièce de gibier qui emporte son coup. Je ne crois pas m'être présenté au lecteur comme un montagnard bien intrépide. Eh bien ! je descendais à grande course une montagne aussi rapide qu'un toit, embarrassée de buissons que j'enjambais, de rochers du haut desquels je sautais ; emmenant avec moi un régiment de pierres qui avaient toutes les peines du monde à me suivre, et, de plus, ne jetant pas un regard à mes pieds, tant mes yeux étaient fixés sur les courbes que décrivait en volant la bête blessée que je poursuivais. Elle tomba enfin, de l'autre côté du torrent ; emporté par mon élan, je sautai par-dessus sans même calculer sa largeur, et je mis la main sur mon rôti. C'était une magnifique gélinotte blanche.

Je la montrai aussitôt à mon guide en poussant un grand cri de triomphe ; il était resté à l'endroit où j'avais tiré, et ce fut alors seulement que je reconnus quel espace j'avais parcouru. Je crois avoir fait un quart de lieue en moins de cinq minutes.

Il s'agissait de regagner la route, chose peu facile pour plusieurs raisons : la première était le torrent. Je m'en approchai, et m'aperçus seulement alors qu'il avait quatorze à quinze pieds de large, espace que j'avais franchi il n'y avait qu'un instant sans y regarder, mais qui, maintenant que je l'examinais, me paraissait fort respectable. Je pris deux fois mon élan, deux fois je m'arrêtai au bord : j'entendais rire mon guide. Je me souvins alors de Payot, dont j'avais ri en pareille circonstance, et je me décidai à faire comme lui, c'est-à-dire à remonter la cascade jusqu'à ce que je trouvasse un pont, ou que son lit devint plus étroit. Au bout d'un quart d'heure, je m'aperçus qu'elle prenait une direction opposée à celle qu'il me fallait suivre, et que je m'étais déjà fort écarté de mon chemin.

Je me tournai du côté de mon guide ; une éminence de terrain me le cachait, je profitai de la circonstance, et, prenant une branche de sapin, je sondai le torrent avelle elle ; puis, bien convaincu qu'il n'avait que deux ou trois pieds de profondeur, je descendis bravement dedans, le traversai à gué, et arrivai sur l'autre bord trempé jusqu'à la ceinture. Je n'étais qu'à la moitié de mes peines : il me fallait maintenant gravir la montagne.

Comme je commençais cette opération, mon guide parut au sommet ; je lui criai de m'apporter mon bâton, à l'aide duquel il était évident que je resterais en route ; il eût peut-être été plus philanthropique de lui dire de me le jeter ; mais, outre que j'ignorais si aucun obstacle ne devait l'arrêter en chemin, je n'étais pas fâché de me venger de certain éclat de rire qui me bruissait encore aux oreilles, et pour lequel la fraîcheur de l'eau, qui ruisselait dans mes pantalons, entretenait une bonne et loyale rancune.

Willer n'en vint pas moins à moi avec toute l'obéissance obligeante qui fait le fond du caractère de ces braves gens, m'aida de son expérience, me tirant après son bâton, ou me soutenant sous les épaules, si bien qu'au bout de trois quarts d'heure à peu près j'eus refait le chemin que j'avais parcouru en cinq minutes.

Cependant nous avions monté toujours, et nous commencions à rencontrer sur notre chemin de grandes flaques de neige que la chaleur de l'été n'avait pu fondre ; un vent froid passait par bouffées chaque fois qu'une ouverture de la montagne lui offrait une issue ; dans toute autre circonstance, j'y eusse fait attention à peine, mais le bain local que je venais de prendre me le rendait pour le moment fort sensible. Je grelottais donc tant soit peu en arrivant aux bords d'un petit lac situé à sept mille pieds au-dessus du niveau de la mer ; ce qui signifie que, onze cent vingt-un pieds plus haut, c'est-à-dire au sommet du Faulhorn, je grelottais beaucoup.

Aussi me précipitai-je dans la petite baraque sans m'occuper le moins du monde du paysage que je venais chercher ; je me sentais des douleurs d'entrailles assez vives, et j'aurais été très peu flatté d'être pris d'une inflammation, même dans la demeure la plus élevée de l'Europe ; en conséquence, je réclamai un grand feu ; l'hôte me demanda combien je voulais de livres de bois.

— Eh ! pardieu, mon cher ami, donnez-moi un fagot ; il pèsera ce qu'il pèsera. J'ai trop froid pour me chauffer à l'once.

L'hôte alla me chercher une espèce de falourde qu'il suspendit à un peson : l'aiguille indiqua dix livres. — En voilà pour trente francs, me dit-il.

Cela devait paraître naturellement un peu cher à un homme né au milieu d'une forêt, où le bois se vend douze francs la voie ; aussi fis-je une grimace fort significative.

— Dam, monsieur, me dit l'hôte, qui la comprit à ce qu'il paraît, c'est qu'on est obligé de l'aller chercher à quatre ou cinq lieues, et cela à dos d'hommes : c'est ce qui fait que la vie est un peu chère ici, attendu que, comme on ne peut pas faire la cuisine sans bois...

La tournure de la dernière phrase et sa terminaison par une réticence ne m'annonçaient rien de bon pour l'addition de la carte ; mais en tous cas, comme mon rôti me coûtait déjà les trente francs de bois que j'allais brûler pour me réchauffer, je portai le défi à mon hôte de me compter le reste du dîner sur le même pied ; bien entendu que ce fut tout bas que je lui portai ce défi ; car si je l'avais fait tout haut, il me paraissait homme à l'accepter sans la moindre hésitation.

Je fis scier en conséquence ma falourde en trois, m'enfermai avec elle dans ma chambre, fourrai pour dix francs de bois dans mon poêle, et, tirant de mon sac du linge, un pantalon de drap et ma redingote de fourrure, je commençai une toilette analogue à la localité.

J'achevais à peine lorsque Willer frappa à ma porte : il venait m'inviter à me dépêcher, si je voulais jouir de la vue dans toute la largeur de son horizon. Le temps menaçait de se mettre à l'orage, et l'orage promettait de nous dérober bientôt l'aspect de l'immense panorama que nous étions venus visiter. Je m'empressai de sortir.

Nous gravîmes aussitôt une petite éminence d'une quinzaine de pieds de hauteur contre laquelle s'adosse l'auberge, et nous nous trouvâmes sur la pointe la plus élevée du Faulhorn.

En nous tournant vers le nord, nous avions en face de nous toute la chaîne des glaciers que nous voyions depuis Berne, et qui, quoique courant de l'orient à l'occident, à quatre ou cinq lieues de nous, paraissait fermer l'horizon à quelques pas de distance seulement. Tous ces colosses, aux épaules et aux cheveux blancs, semblaient la personnification des siècles se tenant par la main en encerclant le monde ; quelques-uns, plus géans encore que les autres, tels que le Wetter-Horn, le Finster-Aarhorn, la Yungfrau et la Blumlisalp, dépassaient de la tête toute cette famille patriarcale de vieillards, et de temps en temps nous donnaient le bruyant spectacle d'une avalanche se détachant de leur front, se déployant sur leurs épaules comme une cascade, et se glissant entre les rochers qui forment leurs armures, comme un serpent immense dont les écailles argentées reluisent au soleil. Chacun de ces pics porte un nom significatif, qu'il doit soit à sa forme, soit à quelques traditions connues des gens du pays, tels que le Schreck-Horn, *pic tronqué*, ou la Blumlisalp, *montagne de fleurs*.

En nous tournant vers le midi, le paysage changeait complètement d'aspect : à trois pas de l'endroit où se posaient nos pieds, la montagne, fendue par quelque cataclysme, et coupée à pic, laissait apercevoir, s'étendant à six mille cinq cents pieds au-dessous de nous, toute la vallée d'Interlaken, avec ses villages et ses deux lacs, qui semblaient d'immenses glaces placées là dans leur cadre vert pour que Dieu puisse s'y mirer du ciel. Au-delà, dans le lointain, se détachaient en masses sombres, sur un horizon bleuâtre, le Pilate et le Righi, placés aux deux côtés de Lucerne comme les géans des Mille et une Nuits chargés de garder quelque ville merveilleuse ; tandis qu'à leurs pieds se tordait le lac des quatre cantons ; et derrière eux, aussi loin que la vue pouvait s'étendre, resplendissait le lac bleu de Zug, confondu avec le ciel, auquel il semblait toucher.

Willer me frappa sur l'épaule ; je tournai la tête, et, suivant des yeux la direction de son doigt, je vis que j'allais assister à l'un des spectacles les plus imposans de la nature après une tempête sur mer, c'est-à-dire à une tempête dans la montagne.

Les nuées qui apportaient l'orage avec elles se détachaient, l'une du sommet du Wetter-Horn, l'autre des flancs de la Yungfrau, et s'avançaient silencieuses, noires et menaçantes, comme deux armées ennemies qui marchent l'une contre l'autre et ne veulent commencer le feu qu'à une portée mortelle. Quoiqu'elles voguassent avec une rapidité extrême, on ne sentait aucun souffle d'air ; on eût dit qu'elles étaient poussées l'une vers l'autre par une double puissance attractive ; un silence profond, que le cri d'aucun être ne troublait, s'était étendu sur la nature, et la création toute entière semblait attendre, muette et immobile, la crise qui la menaçait !

Un éclair, suivi d'une détonation épouvantable reproduite et prolongée par tous les échos des glaciers, annonça que les nuées venaient de se joindre, et que le combat était commencé; cette commotion électrique sembla rendre la vie à la création, elle se réveilla en sursaut avec tous les symptômes de l'effroi. Un souffle chaud et lourd passa sur nous, agitant à défaut d'arbres une grande croix de bois mal fixée en terre; les chiens de nos guides hurlèrent, et trois chamois, se levant je ne sais d'où, parurent tout à coup, bondissant sur la pente d'une montagne qui s'élevait côte à côte avec la nôtre; une balle que je leur envoyai, et qui alla labourer la neige à quelques pieds d'eux, ne parut nullement avoir attiré leur attention; le bruit du coup ne leur fit pas même tourner la tête, tant ils étaient tout entiers livrés à la terreur que leur inspirait l'ouragan.

Pendant ce temps les nuées se croisaient, passant l'une au-dessus de l'autre et se renvoyant éclair pour éclair. De tous les points de l'horizon on voyait accourir, comme des régimens pressés de prendre part à une bataille, des nuages de formes et de couleurs différentes, qui, se précipitant dans la mêlée, augmentaient la masse de vapeurs en se réunissant à elles. Bientôt, le midi tout entier fut en feu; la partie du ciel où était le soleil s'empourpra d'une couleur vive, comme celle d'un incendie; le paysage s'éclaira d'une manière fantastique; le lac de Thun parut rouler des vagues de flammes; celui de Brienz se teignit de vert, comme une décoration de l'Opéra illuminée par des lampes de couleur, et ceux des Quatre-Cantons et de Zug perdirent leur teinte azurée pour devenir d'un blanc mat.

Bientôt le vent redoubla de violence; des portions de nuages se déchirèrent, et, fouettées par lui, quittèrent le centre commun, s'égarèrent dans toutes les directions, et, comme à un signal donné, se précipitèrent vers la terre; des portions de paysages disparurent comme si l'on avait étendu sur elles un rideau. Nous sentîmes quelques gouttes de pluie; puis, presque aussitôt, nous fûmes enveloppés de vapeur; l'éclair s'alluma près de nous et vint réfléchir un de ses rayons sur le canon de ma carabine, que je lâchai comme si elle était de fer rouge. Nous étions au milieu de l'orage. Un sauve qui peut général se fit entendre, et nous nous réfugiâmes dans l'auberge. Pendant dix minutes la pluie fouetta dans nos carreaux; l'ouragan ébranla la cabine comme s'il voulait la déraciner: la foudre eut littéralement l'air de frapper à la porte. Enfin la pluie s'arrêta, le jour reparut, nous nous hasardâmes à sortir. Le ciel était pur, le soleil brillant, l'orage, que nous avions eu sur la tête, était maintenant à nos pieds; le bruit du tonnerre remontait au lieu de descendre: à cent pieds au-dessous de nous, l'orage, comme une vaste mer, roulait des vagues dans la profondeur desquelles s'allumait l'éclair; puis de cet océan qui comblait les précipices et les vallées sortaient, comme de grandes îles, les têtes neigeuses de l'Eiger, du Monck, de la Blumlisalp et de la Yungfrau. Tout à coup un être animé parut, se débattant au milieu de ces flots de vapeur, et se soulevant à leur surface: c'était un grand aigle des Alpes qui cherchait le soleil et qui, l'apercevant enfin, monta majestueusement vers lui, passant à quarante pas de moi, sans que je songeasse même à lui envoyer une balle, tant le spectacle qui m'entourait m'absorbait tout entier dans la contemplation de sa magnificence.

L'orage gronda pendant le reste du jour dans la vallée; la nuit vint.

Harassé de fatigue et encore tout souffrant des douleurs que j'avais éprouvées, je comptais sur le sommeil pour rétablir mon équilibre sanitaire, que je sentais violemment dérangé; mais cette fois je comptais sans mon hôte ou plutôt sans mes hôtes.

A peine fus-je couché qu'un tapage infernal commença au-dessus de ma tête. Il paraît que le fluide électrique répandu dans l'air avait vigoureusement impressionné le système nerveux de nos guides, et l'avait poussé vers la gaîté. Les drôles étaient assemblés, au nombre d'une douzaine, dans l'espèce de grenier qui formait le premier étage de la maison dont les voyageurs habitaient le rez-de-chaussée; et comme ce premier étage et ce rez-de-chaussée n'étaient séparés l'un de l'autre que par des planches de sapin d'un pouce d'épaisseur tout au plus, nous ne perdions pas une syllabe d'une conversation que peut-être j'eusse trouvée aussi intéressante qu'elle me paraissait gaie, si elle ne se fût tenue en allemand. Le bruit des verres qui se choquaient sans interruption, celui de bouteilles vides qui roulaient sur le plancher, l'introduction de deux ou trois nouveaux convives d'un sexe différent, l'absence complète des lumières bannies par la crainte du feu, m'inspirèrent des terreurs tellement vives sur la durée et la progression bruyante de cette bacchanale, que je pris le bâton ferré qui était près de mon lit, et que j'en frappai à mon tour le plancher, en signe d'invitation au silence. Effectivement, le bruit cessa, les tapageurs se parlèrent à voix basse; mais il paraît que c'était pour s'encourager mutuellement à la résistance, car, au bout de quelques secondes, un grand éclat de rire annonça le cas qu'ils faisaient de ma réclamation. Je repris mon bâton et le renouvelai en l'accompagnant du plus abominable juron allemand que je pus trouver dans le répertoire tudesque; cette fois leur réponse ne se fit pas attendre: l'un d'eux prit une chaise, en frappa de son orifice un coin du grenier même où se gaudissaient mes ennemis, et, pour ne rien garder à moi, me renvoya en français le plus beau s.... n... de Dieu... que j'aie jamais entendu: c'était une révolte ouverte.

Je restai un instant abasourdi de la riposte; puis je me mis à chercher dans mon esprit de quelle manière je pourrais forcer les rebelles à se rendre. Mon silence les fit croire à ma défaite, et les cris et le tapage recommencèrent de plus belle dans les régions supérieures.

Cependant je venais de me rappeler que le tuyau de mon poêle avait son orifice dans un coin du grenier même où se gaudissaient mes ennemis. La cherté du bois ayant fait présumer au propriétaire que ce poêle serait habituellement un meuble de luxe, cette conviction ne lui avait par conséquent inspiré aucune crainte sur les conséquences, attendu que, s'il n'y a pas de feu sans fumée, il est incontestable qu'il y a encore bien moins de fumée sans feu.

Ce souvenir fut un trait de lumière; un autre moins modeste dirait une inspiration du génie. Je sautai à bas de mon lit, frappant dans mes deux mains, comme un chef arabe qui appelle son cheval, et, courant à la cuisine, j'y ramassai tout le foin que j'y pus trouver, le rapportai dans ma forteresse, dont je barricadai au dedans les fenêtres et les portes, et commençai immédiatement mes préparatifs de vengeance. Ils consistaient, le lecteur l'a déjà deviné sans doute, à humecter légèrement la matière combustible, afin qu'elle donnât pour résultat la fumée la plus épaisse qu'il était possible d'en tirer; puis, cette précaution préalablement prise, d'en bourrer atrocement le poêle; enfin, mon artillerie ainsi préparée, d'approcher le feu des combustibles: c'est ce que je fis; après quoi, je revins tranquillement attendre dans mon lit le résultat d'une opération si habilement préparée, et pour la réussite de laquelle l'obscurité qui enveloppait mes ennemis me donnait des garanties presque certaines.

En effet, quelques minutes se passèrent sans amener aucun changement dans la manière de faire de mes guides; puis tout à coup l'un d'eux toussa, un autre éternua, et un troisième, après une seconde consacrée à l'aspiration nasale, déclara que cela sentait la fumée. Chacun se leva de table sur ces mots.

C'était le moment de redoubler mon feu, et de profiter du désordre qui s'était mis dans l'armée ennemie pour l'empêcher de se rallier: je me précipitai donc vers le poêle, le bourrai à double charge, puis, refermant la porte, j'attendis, les bras croisés comme un artilleur près de sa pièce, le résultat de cette seconde manœuvre.

Il fut aussi complet que je pouvais le désirer; ce n'était plus une toux, ce n'étaient plus des éternuemens: c'étaient des cris de rage, des hurlemens de désespoir; je les avais enfumés comme des renards.

Cinq minutes après, un parlementaire frappait à ma fenêtre, c'était à mon tour de faire mes conditions: j'usai de la victoire en véritable héros; comme Alexandre, je pardonnai à la famille de Darius, et la paix fut jurée entre elle et moi, à cette condition qu'elle ne ferait plus de bruit et que je ne ferais plus de feu.

Les clauses du traité furent religieusement exécutées des deux côtés, et je commençais non pas à m'endormir, mais à espérer que je m'endormirais, lorsque les chiens de nos guides poussèrent un cri plaintif et prolongé qui finit par se résumer en hurlemens continus.

Je crus que les quadrupèdes étaient d'accord avec leurs maîtres pour me faire damner ; je cherchai dans mon arsenal une arme qui tînt le milieu entre une houssine et un bâton, et je sortis de ma chambre dans l'intention d'aller au chenil et d'y épousseter vigoureusement le poil de ses habitans, à quelque race qu'ils appartinssent.

A peine eus-je mis le pied dehors que Willer, que je ne voyais pas, tant la nuit était abominablement noire, surtout pour moi qui sortais d'une chambre éclairée, me prit par le bras et me fit signe de garder le silence ; j'obéis, écoutant de toutes mes oreilles sans savoir ce que j'allais entendre. Un cri modulé d'une certaine manière monta des profondeurs de la vallée, mais si lointain et si affaibli par la distance qu'il vint mourir à l'endroit où nous étions, et que vingt pas plus loin peut-être il eût été impossible de l'entendre.

C'est un cri de détresse, dirent tout d'une voix les guides réunis pour écouter. Il y a des voyageurs perdus dans la montagne ; allumons les torches, lâchons les chiens, et en route.

Peu de harangues eurent jamais un effet aussi prompt sur les auditeurs que celle que je viens de rapporter. Chacun courut à son poste, les uns à la cuisine pour prendre du rhum, les autres au grenier pour chercher des falots, d'autres enfin au chenil pour lâcher les bêtes ; puis tous ensemble se réunissant poussèrent d'une seule voix un grand cri, ayant pour but d'annoncer aux voyageurs qu'on les avait entendus et qu'on allait à leur secours.

J'avais pris ma torche comme les autres, non que j'eusse la présomption de croire que je pourrais être, la nuit, d'une grande aide dans des chemins où le jour j'étais quelquefois obligé de marcher à quatre pattes ; mais je voulais voir cette scène nouvelle pour moi dans tous ses détails. Malheureusement, à peine eûmes-nous fait cinq cents pas, que chacun tira de son côté, la connaissance des localités permettant à mes braves compagnons de s'engager dans des chemins impraticables pour tout autre que pour eux. Je vis donc que, si j'allais plus loin à la recherche des autres, les autres seraient à leur tour obligés de venir à la mienne, ce qui ferait naturellement une perte de temps inutile. Je pris alors le parti moins philanthropique, mais plus prudent, de m'asseoir sur une pointe de rocher, d'où mon regard, plongeant dans la vallée, pouvait suivre, dans les différentes directions qu'elles prenaient, toutes les lumières bondissantes comme des feux follets sur un étang.

Pendant une demi-heure, elles parurent s'égarer, tant elles prirent des directions différentes et folles : disparaissant dans des ravins, reparaissant sur des cimes ; toutes leurs évolutions accompagnées en outre de cris d'hommes, d'aboiemens de chiens, de coups de pistolet, qui donnaient à ce spectacle une apparence étrange et désordonnée. Enfin elles se dirigèrent vers un centre commun ; se réunirent dans un espace circonscrit dont elles ne s'écartèrent plus ; puis, se mettant en route avec un certain ordre, elles s'acheminèrent vers mon rocher, accompagnant sur deux rangs les voyageurs retrouvés, dans le même ordre que le fait une patrouille qui conduit des vagabonds au corps de garde.

Au fur et à mesure que ce cortège s'avançait, je distinguais, à la lueur saccadée que les torches réflétaient sur lui, une troupe confuse d'hommes, de femmes, d'enfans, de mulets, de chevaux et de chiens ; tout cela parlant, hennissant, hurlant dans une langue différente : c'était l'arche de Noé lâchée dans la tour de Babel.

Je me joignis à la caravane au moment où elle passa devant moi, et j'arrivai avec elle à l'auberge. Lorsqu'on eut trié cette macédoine, on y reconnut : dix Américains, un Allemand et un Anglais, le tout dans le plus mauvais état possible, les Américains ayant été retrouvés dans le lac, l'Allemand sur la neige, et l'Anglais suspendu à une branche d'arbre, au-dessus d'un précipice de trois mille pieds.

Le reste de la nuit s'écoula dans la tranquillité la plus parfaite.

ROSENLAUWI.

Le lendemain, à huit heures du matin, tout le monde était sur pied, infanterie et cavalerie rangées en bataille sur le plateau de Faulhorn ; la cavalerie se composait d'une dame française, de l'Américain, sa femme et ses sept enfans, le fils aîné de cette jeune famille marchant à pied avec l'Anglais, les six guides et moi. Quant à l'Allemand, il était totalement perclus, et, quoiqu'il eût passé la nuit sur les dalles de la cuisine, qu'on avait fait chauffer comme un four, il ne pouvait faire un seul mouvement sans l'accompagner de cris surhumains; nous le laissâmes donc au Faulhorn, où, si la Providence n'a pas jugé à propos de faire un miracle spécial en sa faveur, il doit être encore, vu la température peu favorable à la guérison des pleurésies.

Aussitôt les préparatifs indispensables accomplis, tels que les mulets ressanglés et les gourdes remplies, la petite armée se mit en marche avec toute la gaité qui suit par réaction toute situation précaire dont on s'est bien tiré.

Notre intention était de visiter en passant le glacier de Rosenlauwi et de nous en aller de là coucher à Meyringen : c'était une assez forte journée, mais nos dames étaient bien montées, et nous avions, mes deux camarades et moi, des jambes avec lesquelles nous pouvions défier à la course les plus rudes montagnards de l'Oberland.

Je dis mes deux camarades, car nous n'avions pas fait cinq cents pas que nous étions les meilleurs amis du monde : rien ne lie aussi vite que le collège, la chasse ou les voyages ; j'avais vu d'ailleurs l'Américain à Paris, chez madame la princesse de Salm ; quant à l'Anglais, contre la nature de ses compatriotes, il était d'un caractère très gai et d'une constitution très remuante, ce qui tranchait singulièrement avec son visage grave, qui restait impassible au milieu de toutes les gambades qu'il faisait à chaque instant : c'est un contraste dont Debureau seul, avec sa figure froide et ses gestes animés, offre le pendant dans mes souvenirs. On devine donc qu'avec nos dispositions à la gaîté il nous mit très vite à l'aise, sinon avec sa physionomie, du moins avec ses manières.

Je n'ai rien vu, au reste, de plus agile, de plus imprudent et de plus adroit dans ces imprudences, que ce corps de Fantoccini et cette tête de Clown ; le tout faisait l'admiration de nos guides, qui le regardaient faire avec un air de doute et d'étonnement qui voulait visiblement dire : — Va toujours, va, et un beau matin tu te casseras le cou. Quant à lui, il ne faisait aucun compte de cet avis, et continuait tranquillement à enjamber les précipices, à passer à cloche-pied sur les arbres qui servent de pont aux torrens, et à faire un gros bouquet de fleurs dont la plus facile à recueillir aurait pu rester pendant l'éternité à la place où elle était, sans me donner, si belle qu'elle fût, l'envie de l'y aller chercher.

Cette témérité était d'autant plus méritoire que nous suivions sur du schiste argileux un chemin détestable, tracé depuis deux ans seulement de Faulhorn à Rosenlauwi, et rendu plus dangereux encore par la pluie tombée la veille une partie de la nuit. A tout moment le pied des hommes et des mulets glissait sur un fond ardoisé, dont chaque pas enlevait un peu de la terre végétale qui le recouvrait ; nos dames poussaient incessamment des cris affreux, bien justifiés par l'aspect du sentier où les conduisaient leurs montures. Un moment nous nous trouvâmes, bêtes et gens, côtoyant un précipice de mille cinq cents pieds de profondeur, sur une espèce de gouttière si étroite que les guides, malgré le danger, ne pouvaient tenir la bride des chevaux. Au milieu de ce défilé, le mulet de la fille aînée de l'Américaine butta, et la jeune personne, enlevée de sa selle par la secousse, se trouva sur le cou de sa monture, oscillant comme le balancier d'une pendule, et ne sachant, pendant une seconde, si elle tomberait soit à gauche, soit à droite, c'est-à-dire sur le talus ou dans le précipice. Heureusement, l'un des guides la poussa de son bâton, et elle tomba avec un cri affreux du côté où elle ne courait d'autre danger que de se faire une contusion ou une égratignure.

Cet accident mit la confusion dans la caravane. Les dames, de peur de tomber, sautèrent, et en sautant tombèrent; des cris plus aigus les uns que les autres partaient de tous côtés; tout le monde, se croyant en danger de mort, appelait du secours qu'on ne pouvait porter à personne, et dont, à tout prendre, personne n'avait besoin. Les chiens hurlaient, les guides juraient, les mulets profitaient de cet instant de répit pour brouter l'herbe qui poussait au bord du précipice, et l'Anglais, perché à vingt-cinq pieds au-dessus de nos têtes, dans une position à donner des vertiges à un chamois, sifflait tranquillement le *God save the king*.

Au bout d'un instant cependant, le calme se rétablit : on tira nos dames d'entre les jambes de leurs quadrupèdes ; elles traversèrent une à une, et conduites par les guides, le reste du mauvais chemin, et dix minutes après toute la caravane se retrouvait saine et sauve sur une pelouse unie comme le tapis vert du jardin de Versailles.

Nous profitâmes de la circonstance pour déjeuner, et nos dames, tout à fait remises de leur frayeur, qui, pour toutes, une exceptée, n'avait été qu'une panique, nous tinrent courageusement compagnie. Puis, nous nous remîmes en route.

Bientôt nous entrâmes dans l'Oberhasli, et nous traversâmes la place des lutteurs. La veille même, des exercices avaient eu lieu entre les montagnards, et nous regrettâmes beaucoup que le hasard ne nous eût pas conduits là au moment du spectacle.

Nous étions descendus dans une atmosphère plus tempérée, et de place en place nous commencions à voir reparaître les sapins, qui s'arrêtent à une région connue, comme si la baguette d'un enchanteur avait tracé un cercle magique qu'ils ne peuvent franchir. Ces troncs isolés offrirent une variété à nos exercices ; ils devinrent le but de nos bâtons de montagne, qui, lancés comme des javelots, allaient à la distance de trente à quarante pas s'y enfoncer de toute la longueur de leur fer. L'Américain surtout excellait dans cet exercice, auquel l'Anglais était le moins habile de nous trois. Cette supériorité amena entre eux une discussion assez vive, au milieu de laquelle je les laissai, pour suivre, non pas avec mon bâton, mais avec mon fusil, un coq de bruyère qui se leva trop loin de moi pour que je pusse le tirer, et que j'espérais rejoindre à sa remise. Ma pointe fut inutile, et dix minutes après je redescendis de l'autre côté du petit bois où j'avais laissé mes compagnons de voyage.

Je les aperçus de loin arrêtés au bord d'un torrent, et je m'approchai d'eux sans pouvoir bien comprendre à quel exercice se livrait l'Anglais, tant cet exercice me paraissait bizarre ; il consistait à prendre de l'eau dans sa bouche et à faire sortir cette eau par le milieu de sa joue. Je crus d'abord que cette éjaculation se faisait par l'oreille, et j'admirais ce nouveau genre de jonglerie, lorsque, ayant fait quelques pas encore, je m'aperçus que l'eau prenait en sortant une teinte rouge qu'elle devait à son mélange avec le sang.

Voici ce qui était arrivé : l'Anglais, furieux de son infériorité, avait parié qu'il se planterait à soixante pas de l'Américain et que celui-ci ne l'atteindrait pas avec son bâton. L'Américain avait accepté le pari ; les parties intéressées s'étaient placées à la distance convenue, et l'Anglais, esclave de sa parole, avait attendu flegmatiquement le coup de javelot d'une nouvelle espèce, dont le fer lui avait percé la joue et cassé une dent.

Cet accident ramena un peu de calme à l'arrière-garde de notre caravane, dont la tête entra bientôt sous la grande porte de l'auberge de Rosenlauwi.

Nous ne nous arrêtâmes que le temps d'y prendre un bain, qu'on n'eut pas même la peine de faire chauffer, l'eau thermale nous arrivant toute tiède d'une source voisine ; après quoi nous nous acheminâmes vers le glacier, l'un des plus renommés de l'Oberland.

Cette fois, nous avions sur la tête le frère cadet de l'orage que la veille nous avions eu sous les pieds ; cette différence dans sa position en faisait une très grave dans la nôtre ; nous n'en continuâmes pas moins notre route, malgré l'avertissement de prudence que nous donnait le tonnerre, et nous arrivâmes sans accident au pied de la mer de glace située à un quart de lieue à peu près de l'auberge.

Le glacier de Rosenlauwi mérite sa réputation, et s'il n'est pas le plus grand, c'est, à mon avis, le plus beau de l'Oberland. Resplendissant partout d'une teinte azurée dont j'ignore la cause, et qui n'appartient qu'à lui, il offre toutes les nuances de cette couleur, depuis le bleu mat et pâle de la turquoise jusqu'au bleu étincelant et foncé du saphir. L'ouverture située à sa base, et par laquelle sort en bouillonnant le Reichenbach, semble le portique d'un palais de fée ; et de merveilleuses colonnes, qu'on croirait l'œuvre des génies, tant elles sont légères et transparentes, soutiennent une voûte dentelée par les festons les plus variés, les plus élégans et les plus bizarres. Lorsqu'on se penche pour regarder dans ses profondeurs, où tourbillonne le torrent, on est si émerveillé de cette architecture fantastique, qu'on porte envie à la déesse qui habite une pareille demeure, et qu'on éprouve le besoin jaloux de s'y précipiter pour la partager avec elle. Ce dut être à l'entrée d'une pareille grotte que Goëthe fit son *Ondine*.

Le bruit produit par le bouillonnement de l'eau, qui se brise sur les rochers et rejaillit en écume, nous empêchait depuis un quart d'heure d'entendre le tonnerre, qui cependant redoublait de force. Nous avions complètement oublié l'orage, lorsque quelques gouttes larges et tièdes vinrent nous le rappeler ; nous levâmes la tête, le ciel semblait s'être abaissé sur le vaste entonnoir de montagne au fond duquel nous nous trouvions, et de moment en moment il s'affaissait encore sur leur pente, se rapprochant toujours de nous, comme s'il devait finir par peser sur nos têtes ; la respiration nous manquait, comme si nous eussions été enfermés sous une vaste machine pneumatique ; il nous semblait qu'il ne faudrait qu'un éclair pour enflammer l'atmosphère ardente qui nous environnait. Enfin, un violent coup de tonnerre déchira ce dais de vapeurs, et l'ouragan, fouettant l'air, secoua sur nous ses vastes ailes toutes ruisselantes de pluie.

Nous étions trop loin de l'auberge pour y aller chercher un abri ; nous nous réfugiâmes donc sous un arbre, et, à l'aide de nos blouses et de nos bâtons, nous construisîmes une petite tente pour mettre nos dames à couvert. Cette espèce de hangar remplit d'abord le but que nous nous étions proposé ; mais, au bout d'un quart d'heure, la toile s'étant mouillée, l'eau cessa de glisser dessus, passa au travers, et trois ou quatre fontaines commencèrent à jouer sur nos têtes, en manière de douches. Il fallut donc, bravant la pluie et le tonnerre, se remettre en campagne et tenter de regagner l'auberge ; c'est ce que nous fîmes, ayant partout de la boue par-dessus la cheville, et dans certains endroits de l'eau par dessus le genou. Nous y arrivâmes ruisselans comme des gouttières.

Nous appelâmes Willer, chargé de la garde de nos paquets ; mais, lorsque nous lui demandâmes celui où était le linge, il nous répondit que, sachant notre désir d'arriver le soir même à Meyringen, il avait profité d'une occasion qui se présentait pour y faire parvenir nos bagages. Nous n'avions pas, à Rosenlauwi, un mouchoir de poche de rechange.

Quant à partir le même jour pour Meyringen, c'était chose impossible ; l'orage avait rendu la route impraticable, et les chemins étaient devenus des lits de torrens.

Il n'y avait qu'un parti à prendre, et nous le prîmes ; c'était de faire bassiner nos lits et de nous coucher, tandis que nos vêtemens sécheraient.

Nous dinâmes couchés comme les empereurs romains, puis nous nous endormîmes.

Je ne sais depuis combien de temps nous dormions ; mais ce que je sais, c'est que nous étions dans le plus beau et le plus profond de notre sommeil lorsque la fille de l'auberge entra dans notre chambre un flambeau à la main.

— Qu'est-ce? dis-je avec la mauvaise humeur d'un homme interrompu dans une des fonctions qui lui sont les plus chères.

— Rien, monsieur; seulement il faudrait vous lever.

— Pourquoi cela?

— C'est que, voyez-vous, l'orage a tellement grossi les deux petites cascades qui sont au-dessus de l'auberge, que le ruisseau qui passe devant la porte vient d'enlever le pont, et qu'il est probable que la maison va être emportée.....

— Comment, emportée!... la maison où nous sommes?

— Oh! oui, monsieur, ça lui est déjà arrivé une fois, pas à celle-ci, mais à une autre.

— Et mes habits?

— Vous n'avez pas le temps de les mettre.

— Allez me les chercher alors.

Jamais toilette, j'en réponds, ne fut faite avec plus de promptitude; je n'avais pas encore passé les manches de ma blouse, que, sans écouter les cris de la fille, j'avais pris la rampe de l'escalier au bas duquel, trouvant la porte de la cuisine, je sautai dedans.

— Eh! fis-je aussitôt: — j'étais dans l'eau jusqu'à mi-jambes.

— Mais, monsieur!... me criait la bonne; — je ne l'écoutais pas, et, apercevant une porte, j'allais l'ouvrir.

— Monsieur, vous allez vous trouver dans le ruisseau!

Je lâchai le loquet, et, sautant sur les fourneaux, je voulus passer par la fenêtre.

— Monsieur, vous allez sauter dans la cascade!

— Ah çà, décidément, je suis donc cerné? Par où voulez-vous que je m'en aille? alors il fallait donc me laisser dans mon lit; au moins, je serais parti en bateau.

— Mais, monsieur, on peut sortir par la fenêtre du premier étage.

— Que le diable vous brûle! pourquoi ne me dites-vous pas cela tout de suite donc?...

— Il y a une heure qu'on vous le répète, mais vous ne m'écoutez pas, vous courez comme un égaré.

— C'est vrai, j'ai tort; conduisez-moi.

Nous remontâmes au premier, et elle m'indiqua une planche dont un bout s'appuyait sur la fenêtre et l'autre sur la montagne; cela ressemblait trop au pont de Mahomet pour qu'un bon chrétien pût s'y hasarder sans faire quelques observations.

— La fille! dis-je en clignant de l'œil et en me grattant l'oreille, est-ce qu'il n'y a pas un autre chemin?

— Est-ce que celui-là vous inquiète? Bah! votre ami l'Anglais, vous savez bien, qui a une fluxion, il y a passé, et il n'a fait qu'un saut.

— Ah! il y a passé; c'est très bien de sa part; et ces dames y ont-elles passé, elles?

— Non, les guides les ont emportées.

— Où sont-ils, les guides?

— Dans la montagne, à abattre des sapins pour couper la cascade.

Il n'y avait pas moyen de reculer: je pris mon parti en brave; seulement, au lieu de faire le chemin à pied, je le fis à cheval. Quelqu'un qui m'aurait vu d'en bas, pendant ce voyage, m'aurait certainement pris pour une sorcière se rendant au sabbat sur un manche à balai.

Lorsque je fus arrivé à ma destination, et que le contact de la terre ferme m'eût rendu la liberté d'esprit que m'avait momentanément enlevée ce mode de transport, je me dirigeai vers un endroit où je voyais briller des torches, et je n'oublierai jamais l'étrange et magnifique spectacle qui se déploya sous mes yeux.

La cascade, dont en arrivant nous avions admiré la grâce et la légèreté, était devenue un torrent épouvantable; ses eaux, que nous avions vues tout argentées d'écume, se précipitaient noires et boueuses, entraînant avec elles des rochers qu'elles faisaient bondir comme des cailloux, des arbres séculaires qu'elles brisaient comme des baguettes de saule. Nos guides, pendant ce temps, nus jusqu'à la ceinture et armés de haches, abattaient avec toute l'ardeur de leur nature montagnarde les sapins qui poussaient sur la rive, et dont ils dirigeaient la chute de manière à former une digue. Quatre ou cinq d'entre eux seulement, prêts à relayer les autres, tenaient à la main des torches dont la lueur tremblante éclairait ce tableau. Mais bientôt le concours de tous les bras devint urgent: les éclaireurs saisirent à leur tour des haches et cherchèrent où poser leurs torches. Voyant leur embarras et l'urgence de la position, je pris un flambeau des mains de l'un d'eux, et, courant à un sapin isolé qui dominait le terrain où nous nous trouvions, j'approchai la flamme de ses branches résineuses; dix minutes après il était en feu depuis le tronc jusqu'à la cime, et la scène fut éclairée dès lors par un candélabre en harmonie avec elle.

Je ne saurais exprimer quel caractère primitif et grandiose présentait le spectacle de ces hommes luttant en liberté contre les élémens; ces arbres, qui dans tout autre pays eussent été marqués au coin du roi, tombant les uns sur les autres, abattus par la hache montagnarde, certaine qu'elle était de n'en devoir compte à personne, offraient une image de l'une des premières scènes du déluge. Pour moi c'était, je l'avoue, avec une certaine ébriosité que je m'acquittai de ma tâche; et, lorsque je vis tomber le sapin monstrueux que j'avais attaqué, je poussai un véritable cri de victoire: c'est peut-être le seul moment de fatuité que j'aie eu dans toute ma vie. J'éprouvais une conviction extraordinaire de ma force; j'aurais abattu, je crois, toute la forêt sans me reposer.

Cependant le cri assez retentit: toutes les haches restèrent levées, les regards se tournèrent vers le torrent; il était vaincu et enchaîné. La destruction cessa aussitôt qu'elle fut devenue inutile.

Nous entrâmes à l'auberge à peu près certains de ne plus en être délogés; néanmoins deux hommes veillèrent auprès du torrent pour donner l'alarme en cas de danger. J'ignore s'ils firent une garde bien fidèle; mais ce que je sais, c'est que nous dormîmes tout d'une haleine jusqu'à huit heures du matin.

Nous avions dormi avec une tranquillité d'autant plus grande, que nous savions que notre course du lendemain, quoique l'une des plus longues que nous eussions faites, était l'une des moins fatigantes, quatre des dix lieues dont se composait notre étape devant se faire sur le lac de Brienz, et Meyringen, par lequel nous passions, ne nous offrant rien d'assez curieux pour entraver notre marche autrement que par le déjeuner que nous comptions y prendre.

Le chemin conservait des traces affreuses de l'orage de la veille; de quart de lieue en quart de lieue la route était coupée par des torrens improvisés, qui avaient laissés à la place de leur passage un large sillon au fond duquel coulaient encore des ruisseaux assez rapides pour rendre la marche très difficile et surtout très fatigante; de temps en temps aussi, des arbres déracinés s'étaient cramponnés à l'aide de leurs branches aux pierres du chemin, et formaient des barricades que les mulets de nos dames aimaient beaucoup à brouter, mais très peu à franchir; aussi étaient-ce à tout moment des cris et des frayeurs qui quelquefois ne manquaient réellement pas de cause.

Au bout de deux heures à peu près de travail plutôt que de marche, nous nous trouvâmes au sommet de la petite montagne qui sépare la vallée de Rosenlauwi de celle de Meyringen. Un plateau couvert de gazon offre de loin aux voyageurs son riche tapis pour y faire une halte, et, lorsque, séduit par cette nappe verte, il s'en approche pour s'y reposer, il s'étonne, au fur et à mesure qu'il s'avance, de la coquetterie de la montagne, qui, au pied du plateau dans lequel il n'avait vu d'abord qu'un lieu de repos, étale toutes les richesses inattendues de la plus belle vallée de la Suisse peut-être.

C'est une chose remarquable, au reste, que le soin que prend la nature de se montrer toujours dans son aspect le plus avantageux, soit qu'elle se présente dans sa grâce ou dans sa force, dans sa richesse ou dans son âpreté. Au milieu de tant de pics et de rochers dont les chamois et les aigles seuls peuvent atteindre la cime, il y a toujours quelque sommet accessible au pied de l'homme, et c'est de celui-là surtout que la vue embrasse le plus favorablement les lignes du paysage qui s'étend sous les pieds; il semble que la nature, coquette comme une femme, indifférente qu'elle est aux suffrages des animaux, a besoin pour son orgueil des hommages de l'homme, et que, pareille à ces reines qui sentent en elles la faiblesse de leur sexe, elle ne puisse rester sur le trône sans y faire asseoir un roi.

C'est sur ce plateau de Meyringen, plus que partout ailleurs, que doivent naître dans la pensée des réflexions étranges. Après deux heures de marche dans un pays assez médiocrement beau, où l'on n'a eu pour distraire ses yeux de l'aspect fatigant d'un double mur de montagnes qu'une chute d'eau assez élevée, mais si exiguë qu'on l'appelle la cascade de la corde (Seilibach), voilà que tout à coup, sans préparation aucune, et comme si un vaste rideau se levait, on découvre l'un des paysages les plus variés et les plus merveilleux qui aient jamais récompensé le voyageur de sa fatigue, je devrais dire qui la lui eussent jamais fait oublier.

Après être restés une demi-heure absorbés dans le contemplation de ce spectacle que la plume ne saurait reproduire sur le papier, ni le pinceau sur la toile, nous nous acheminâmes vers la cascade de Reichenbach, dont nous ne pouvions voir encore la chute, mais dont la place était indiquée par une poussière d'eau pareille à la vapeur qui sort de la bouche d'un volcan.

Il nous fallut gravir, pour y arriver, une pente gazonneuse si rapide, qu'on a pratiqué des escaliers pour arriver à son sommet. C'est du plateau qu'il forme que l'on plonge dans l'abîme où l'eau précipite sa chute; cette eau, brisée à quatre-vingts pieds au-dessous de celui qui la contemple, remonte en poussière humide assez épaisse pour qu'on cherche, dans une maison bâtie dans ce seul but, un abri contre cette pluie venue de la terre au lieu du ciel.

Là, comme dans beaucoup d'autres endroits de la Suisse, on vend une foule de babioles de bois sculptées avec le couteau, qui feraient honte, pour la grâce des formes et le fini de l'exécution, à beaucoup d'objets d'une matière plus précieuse sortant de nos manufactures. Ce sont des sucriers autour desquels courent des branches de lierre ou de chêne, surmontés d'un chamois à l'aide duquel on lève le couvercle, des fourchettes et des cuillers sculptées comme celles du moyen âge; enfin, des coupes qui rappellent celles que les bergers de Virgile se disputaient par leurs chants; ces objets montent quelquefois à des prix assez élevés : je vis vendre cent francs une paire de ces vases.

Nous descendîmes de la petite maison où se tient l'entrepôt général vers un deuxième plateau situé à cent pieds à peu près au-dessous d'elle; c'est de ce second plateau qu'on découvre la chute inférieure du Reichenbach, plus tourmentée encore que la première, par la disposition des rochers sur lesquels elle rebondit. Je n'ai pas vu le Pénée dont parle Ovide; je ne sais si le tableau qu'il en fait est ressemblant :

> ..... Spumosis volvitur undis
> Dejectuque gravi tenues agitantia fumos
> Nubila conducit, summasque aspergine silvas
> Implicit, et sonitu plus quam vicina fatigat.

mais ce que je sais, c'est que cette description s'applique si bien à Reichenbach, que je la vole au premier livre de ses Métamorphoses, pour me dispenser d'en faire une qui serait probablement moins exacte.

De ce dernier plateau à Meyringen, il y a à peine pour dix minutes de chemin, et de Meyringen à Brienz pour deux heures. Arrivés à ce dernier village, nous louâmes une barque et nous nous dirigeâmes vers le Geissbach, qui a le privilège de partager avec le Reichenbach la royauté des cascades de l'Oberland. Quant à moi, je n'émettrai pas d'opinion sur cette importante question : on se lasse de tout, même des cascades, et depuis cinq ou six jours j'en avais tant vu que je commençais à prendre en grippe tous les noms qui finissaient en bach.

Cependant, comme on aurait évidemment crié à l'hérésie si j'étais passé devant le Geissbach sans m'y arrêter, je mis bravement pied à terre, et je commençai de gravir la montagne du haut de laquelle il se précipite par les onze chutes successives dont nous entendions le bruissement depuis Brienz, c'est-à-dire à la distance d'une lieue.

A la moitié de la montée à peu près, nous trouvâmes le régent Kœrli et ses deux filles, qui nous attendaient pour nous offrir l'hospitalité dans un joli chalet dont la principale chambre était ornée d'un piano devant lequel il s'assit; ses filles se mirent aussitôt à chanter plusieurs airs suisses et deux ou trois tyroliennes. Quoique cette hospitalité et cette musique ne fussent pas tout à fait désintéressées, elles étaient offertes avec tant de bonhomie, qu'il n'y avait pas moyen de se croire quitte avec ce brave homme en le payant; nous le remerciâmes donc de toutes les manières. Aussi enchanté de nous que nous paraissions l'être de lui, il nous fit don, en nous quittant, de son portrait et de celui de ses enfans. Il est lithographié accompagnant sur son piano ses deux filles qui chantent debout derrière lui. Une singularité qui paie à elle seule la peine que l'on a prise pour gravir le sentier assez difficile qui conduit aux chutes supérieures du Geissbach est une grotte pratiquée dans le rocher derrière l'une de ces chutes; elle en couvre entièrement l'orifice, de sorte qu'après être parvenu dans cette grotte sans recevoir une goutte d'eau, grâce à la courbe que décrit cette cascade par la rapidité de son élan, on voit tout le paysage, c'est-à-dire le lac, le village de Brienz et le Roth-Horn auquel ils s'adossent. On jouit de cette vue à travers une gaze d'eau qui, mouvante elle-même, donne une apparence de vie aux objets sur lesquels elle est tendue; ceux-ci, à leur tour, se meuvent derrière elle, silhouettes sans couleur, comme de gigantesques ombres chinoises.

Après avoir consacré une heure environ au régent Kœrli et à sa cascade, nous nous embarquâmes. Une *trinkgeld* double, que nous promîmes à nos bateliers si nous arrivions avant cinq heures à Interlaken, donna des ailes à notre barque. Nous passâmes, comme des oiseaux de mer attardés, près d'une jolie petite île appartenant à un général italien longtemps au service de la France, et qui, exilé, je crois, de son pays, s'est retiré là. Un peu plus loin nos guides nous indiquèrent le Tanzplaz, rocher coupé à pic, dont le sommet offre un magnifique plateau couvert de gazon; c'est à cette place que les paysans des villages environnans se réunissaient autrefois pour se livrer à la danse. Un jour, un jeune homme et une jeune fille que leurs parens refusaient d'unir l'un à l'autre s'y donnèrent rendez-vous; une grande valse se forma, à laquelle ils prirent part comme les autres; seulement on remarqua qu'à chaque tour ils se rapprochaient du précipice; enfin, à une dernière passe, ils se serrèrent plus étroitement dans les bras l'un de l'autre; on vit leurs lèvres se toucher; puis, comme si l'ardeur de la danse les eût entraînés, ils s'approchèrent de l'abîme et s'y précipitèrent : on les retrouva le lendemain dans le lac, morts et se tenant embrassés. Depuis ce temps la place de danse a été transportée à un autre endroit de la vallée. A cinq heures moins un quart, nous abordions à dix minutes de chemin d'Interlaken.

Notre course sur le lac nous avait rafraîchis au lieu de nous fatiguer; nous pûmes donc, après dîner, aller faire un tour à Hohbuhl, jolie promenade située derrière Interlaken.

Hohbuhl est un jardin anglais qui s'étend depuis la base jusqu'à la cime d'un petit tertre de terrain de trois ou quatre cents pieds de hauteur; des échappées de vue, ménagées entre les arbres laissent voir, au fur et à mesure qu'on monte, des parties isolées du panorama dont, une fois arrivé au sommet, on embrasse tout l'ensemble. A part la vue merveilleuse dont on y jouit, il n'offre, comme chose remarquable, qu'un banc sur lequel Henri de France, Caroline de Berry et François de Châteaubriand ont gravé leurs noms en passant à Interlaken.

En rentrant à l'auberge, je retrouvai Willer, qui me demanda par où je comptais sortir le lendemain de l'Oberland pour me rendre dans les petits cantons. J'avais le choix entre trois passages de montagnes : le Brunig, le Grimsel et le Gemmi; je me décidai pour le Gemmi, que je connaissais de réputation. Le surlendemain j'eus l'avantage de le reconnaître de vue, ce qui veut dire que, si jamais je retourne à Interlaken, j'en sortirai cette fois par le Grimsel ou le Brunig.

LE MONT GEMMI (1).

Nous devions partir à cinq heures du matin d'Interlaken, dans une petite calèche qui devait nous conduire jusqu'à Kandersteg, lieu auquel la route cesse d'être praticable pour les voitures; c'était toujours la moitié du chemin épargnée à nos jambes; et, comme nous avions quatorze lieues à faire ce jour-là pour aller aux bains de Louëche, et dans la dernière partie du chemin l'une des plus rudes montagnes des Alpes à franchir, ces sept lieues de rabais sur notre étape n'étaient pas chose à dédaigner. Aussi fûmes-nous d'une exactitude militaire. A six heures nous étions engagés dans la vallée de la Kander, dont nous remontâmes la rive pendant l'espace de trois ou quatre lieues; enfin, à dix heures et demie, nous prenions, autour d'une table assez bien servie, à l'auberge de Kandersteg, des forces pour l'ascension que nous allions entreprendre; à onze heures nous réglâmes nos comptes avec notre voiturier, et dix minutes après nous étions en route avec notre brave Willer, qui ne devait me quitter qu'à Louëche.

Pendant une lieue et demie à peu près nous côtoyâmes par un chemin assez facile la base de la Blumlisalp, cette sœur colossale de la Yungfrau, qui a reçu maintenant, en échange de son nom de montagne des Fleurs, celui plus expressif et plus en harmonie surtout avec son aspect de *Wild-Frau* (femme sauvage). Cependant, si près que je fusse du *Wild-Frau*, j'oubliais la tradition qui s'y rattache, et dont une malédiction maternelle forme le dénouement, pour penser à une autre légende et à une autre malédiction, bien autrement terrible, d'après laquelle Werner a fait son drame du *Vingt-Quatre Février*. L'auberge que nous allions atteindre dans une heure était l'auberge de Schwarrbach.

Connaissez-vous ce drame moderne, dans lequel Werner a transporté le premier la fatalité des temps antiques, cette famille de paysans que la vengeance de Dieu poursuit comme si elle était une famille royale; ces pâtres Atrides qui, pendant trois générations, pour jeter et heures fixes, vengent les uns sur les autres, fils sur pères, pères sur fils, les crimes des fils et des pères; ce drame, qu'il faut lire à minuit, pendant l'orage, à la lueur d'une lampe qui finit, si, n'ayant jamais rien craint, vous voulez sentir pour la première fois courir dans vos veines les atteintes frissonnantes de la peur; ce drame enfin que Werner a jeté sur la scène, sans oser le regarder jouer peut-être, non pour en faire un titre de gloire, mais pour se débarrasser d'une pensée dévorante qui, tant qu'elle fut en lui, le rongeait incessamment, comme le vautour Prométhée?

Ecoutez ce que Werner en dit lui-même dans son prologue aux fils et aux filles d'Allemagne:

« Quand je viens de me purifier devant le peuple, réveillé
» par la confession sincère de mes erreurs (2) et mes fautes
» envers lui, je veux encore me détacher de ce poème d'hor-
» reur qui, avant que ma voix le chantât, troublait comme un
» nuage orageux ma raison obscurcie, et qui, lorsque je le
» chantais, retentissait à mes propres oreilles comme le cri
» aigu des hiboux... de ce poème qui a été tissu dans la nuit,
» semblable au retentissement du râle d'un mourant, qui,

(1) Prononcez Ghemmi.
(2) Werner, de luthérien qu'il était, venait de se faire catholique.

» bien que faible, porte la terreur jusque dans la moelle des
» os. »

Maintenant voulez-vous savoir ce que c'est que ce poème? je vais vous le dire en deux mots.

Un paysan habite avec son père une des cimes les plus hautes et les plus sauvages des Alpes: le besoin d'une compagne se fait sentir au jeune Kuntz, et, malgré le vieillard, il épouse Trude, fille d'un pasteur du canton de Berne, qui n'a rien laissé en mourant que de vieux livres, de longs sermons et une belle fille.

Le vieux Kuntz voit avec regret entrer une maîtresse dans la maison dont il est le maître; de là des querelles intérieures entre le beau-père et la bru, querelles dans lesquelles le mari, blessé dans la personne de sa femme, s'aigrit de jour en jour contre son père.

Un soir, c'était le 24 février, il revient joyeux d'une fête donnée à Louëche. Il rentre, la gaîté au front, la chanson à la bouche. Il trouve le vieux Kuntz qui gronde et Trude qui pleure. Le malheur intérieur veillait à la porte dont il vient de franchir le seuil.

Plus il avait de joie dans le cœur, plus il a maintenant de colère. Cependant son respect pour le vieillard lui ferme la bouche; l'eau lui coule du front; le mord ses poings serrés; son sang s'allume, et pourtant il se tait. Le vieillard s'emporte de plus en plus.

Alors le fils le regarde en riant de ce rire amer et convulsif de damné, prend une faux pendue à la muraille. — L'herbe va bientôt croître, dit-il, il faut que j'aiguise cet instrument. Le cher père n'a qu'à continuer de gronder, je vais l'accompagner en musique. — Puis, tout en aiguisant sa faux à l'aide d'un couteau, il chantait une jolie chansonnette des Alpes, fraîche et naïve comme une de ces fleurs qui s'ouvrent au pied d'un glacier:

> Un chapeau sur la tête,
> De petites fleurs dessus;
> Une chemise de berger
> Avec de jolis rubans.

Pendant ce temps le vieillard écumait de rage, trépignait, menaçait. Le fils chantait toujours. Alors le vieillard, hors de lui, jeta à la femme une de ces lourdes injures qui soufflettent la face d'un mari. Le jeune Kuntz se releva furieux, pâle et tremblant. Le couteau, le couteau maudit avec lequel il aiguisait sa faux lui échappa des mains, et, conduit sans doute par le démon qui veille à la perte de l'homme, il al'a frapper le vieillard. Le vieillard tombe, se relève pour maudire le parricide, puis retombe et meurt.

Depuis ce moment, le malheur entra dans la chaumière et s'y établit comme un hôte qu'on ne peut chasser. Kuntz et Trude continuèrent de s'aimer cependant, mais de cet amour sauvage, triste et morne, sur lequel il a passé du sang. Six mois après la jeune femme accoucha. Les dernières paroles du mourant avaient été frapper l'enfant dans le sein de sa mère; comme Caïn, il portait avec lui le signe du maudit, une faux sanglante sur le bras gauche.

Quelque temps après, la ferme de Kuntz brûla, la mortalité se mit dans ses troupeaux; la cime de Renderhorn s'écroula, comme poussée par une main vengeresse; un éboulement de neige couvrit la terre sur une surface de deux lieues, et sous cette neige étaient engloutis les champs les plus fertiles et les alpages les plus riches du parricide. Kuntz, n'ayant plus ni grange, ni terre, de fermier qu'il était se fit hôtelier. Enfin, cinq ans après être accouchée d'un garçon, Trude accouche d'une fille. Les époux crurent la colère de Dieu désarmée, car cette fille était belle et n'avait aucun signe de malédiction sur le corps.

Un soir, c'était le 24 février, la petite fille avait alors deux ans, et le garçon sept, les deux enfans jouaient sur le seuil de la porte avec le couteau qui avait tué leur aïeul; il venait de couper le cou à une poule, et le petit garçon, avec cette volupté de sang si particulière à la jeunesse, chez laquelle l'éducation ne l'a point encore effacée, l'avait regardée faire. — Viens, dit-il à sa sœur, nous allons jouer ensemble; je serai la cuisinière et toi la poule. — L'enfant prit le couteau maudit, entraîna sa petite sœur derrière la porte de l'auberge; cinq minutes après la mère entendit un cri, elle accourut: la petite fille était baignée dans son sang, son frère venait de lui couper le cou. Alors Kuntz maudit son fils, comme son père l'avait maudit.

L'enfant se sauva. Nul ne sut ce qu'il devint.

A compter de ce jour tout alla de mal en pis pour les habitans de la chaumière. Les poissons du lac moururent, les récoltes cessèrent de germer; la neige, qui ordinairement fondait aux plus grandes chaleurs de l'été, couvrit la terre comme un linceul éternel; les voyageurs qui alimentaient la pauvre hôtellerie devinrent de plus en plus rares, parce que le chemin devint de plus en plus difficile. Kuntz fut forcé de vendre le dernier bien qui lui restait, cette petite cabane, devint le locataire de celui à qui il l'avait vendue, et vécut plusieurs années du prix de cette vente; puis un jour il se trouva si dénué qu'il ne put payer le loyer de ces misérables planches que le vent et la neige avaient lentement disjointes, comme pour arriver jusqu'à la tête du parricide.

Un soir, c'était le 24 février, Kuntz rentra revenant de Louèche; il s'était mis en route le matin pour aller supplier le propriétaire, qui le poursuivait, de lui accorder du temps. Celui-ci l'avait renvoyé au bailli, et le bailli l'avait condamné à payer dans les vingt-quatre heures. Kuntz avait été chez ses amis riches; il les avait priés, implorés, conjurés au nom de tout ce qu'il y avait de sacré dans le monde, de sauver un homme du désespoir. Pas un ne lui avait tendu la main. Il rencontra un mendiant qui partagea son pain avec lui. Il rapporta ce pain à sa femme, le jeta sur la table, et lui dit: Mange le pain tout entier, femme; j'ai dîné là-bas, moi.

Cependant il faisait un ouragan terrible, le vent rugissait autour de la maison comme un lion autour d'une étable; la neige tombait toujours plus épaisse, comme si l'atmosphère allait finir par se condenser; les corneilles et les hiboux, oiseaux de mort, que la destruction réjouit, se jouaient au milieu du désordre des élémens, comme les démons de la tempête, et venaient, attirés par la clarté de la lampe, frapper de l'extrémité de leurs lourdes ailes les carreaux de la cabane où veillaient les deux époux, qui, assis en face l'un de l'autre, osaient à peine se regarder, et qui, lorsqu'ils se regardaient, détournaient aussitôt la vue, épouvantés des pensées, qu'ils lisaient sur le front l'un de l'autre.

En ce moment un voyageur frappa. Les deux époux tressaillirent.

Le voyageur frappa une seconde fois. Trude alla ouvrir.

C'était un beau jeune homme de vingt à vingt-quatre ans, vêtu d'une veste de chasseur, ayant une gibecière et un couteau de chasse au côté, une ceinture à mettre de l'argent autour du corps, deux pistolets dans cette ceinture; il portait d'une main une lanterne près de s'éteindre, et de l'autre un long bâton ferré.

En apercevant cette ceinture, Kuntz et Trude échangèrent un regard rapide comme l'éclair.

— Soyez le bien venu, dit Kuntz, et il tendit la main au voyageur. — Votre main tremble? ajouta-t-il.

— C'est de froid, répondit celui-ci en le regardant avec une expression étrange.

A ces mots, il s'assit, tira de son sac du pain, du kirchenwaser, du pâté et une poule rôtie, et offrit à ses hôtes de souper avec lui.

— Je ne mange pas de poule, dit Kuntz.
— Ni moi, dit Trude.
— Ni moi, dit le voyageur.

Et tous trois soupèrent avec le pâté seulement. Kuntz but beaucoup.

Le souper fini, Trude alla dans le cabinet voisin, étendit une botte de paille sur le plancher, et revint dire à l'étranger: Votre lit est prêt.

— Bonne nuit, dit le voyageur.
— Dormez en paix, répondit Kuntz.

Le voyageur entra dans sa chambre, en poussa la porte, et se mit à genoux pour faire sa prière.

Trude alla s'étendre sur son lit.

Kuntz laissa tomber sa tête entre ses deux mains.

Au bout d'un instant, le voyageur se releva, détacha sa ceinture, dont il se fit un traversin, et accrocha ses habits à un clou. Le clou était mal scellé; il tomba, entraînant les habits qu'il devait soutenir.

Le voyageur essaya de le fixer de nouveau dans la muraille en frappant dessus de son poing. L'ébranlement causé par cette tentative fit tomber un objet suspendu de l'autre côté de la cloison. Kuntz tressaillit, chercha craintivement des yeux l'objet dont la chute venait de le tirer de sa rêverie. C'était le couteau fois maudit qui avait tué le père par la main du fils, et la sœur par la main du frère. Il était tombé près de la porte de la chambre qu'occupait l'étranger.

Kuntz se leva pour aller ramasser. En se baissant, son regard plongea par le trou de la serrure dans la chambre de son hôte. Celui-ci dormait, la tête appuyée sur sa ceinture. Kuntz resta l'œil sur la serrure, la main sur le couteau. La lampe s'éteignait dans la chambre de l'étranger.

Kuntz se retourna vers Trude, pour voir si elle dormait.

Trude était appuyée sur son coude, les yeux fixes: elle regardait Kuntz. — Lève-toi et éclaire-moi, puisque tu ne dors pas, dit Kuntz.

Trude prit la lampe; Kuntz ouvrit la porte; les deux époux entrèrent.

Kuntz mit la main gauche sur la ceinture. Il tenait le couteau de la main droite.

L'étranger fit un mouvement, Kuntz frappa. Le coup était si sûrement donné que la victime n'eut la force que de dire ces deux mots: Mon père!

Kuntz venait de tuer son fils.

Le jeune homme s'était enrichi à l'étranger et revenait partager sa fortune avec ses parens.

Voilà le drame de Werner et la légende de Schwarrbach.

On peut juger jusqu'à quel point un pareil souvenir me préoccupait. Le désir de voir l'auberge qui avait été le théâtre de ces terribles événemens m'avait surtout déterminé à prendre le chemin du mont Gemmi. Il y avait bien, une lieue au-delà de l'auberge, certaine descente que les gens du pays eux-mêmes regardent comme une des plus effrayantes des Alpes; ce qui ne promettait pas à ma tête, si disposée aux vertiges, une grande liberté d'esprit pour admirer le travail des hommes qui ont pratiqué cette descente, et le caprice de Dieu qui a dressé les rochers contre lesquels elle rampe. Mais à force de penser à l'auberge et au chemin facile qui y conduit, j'avais fini par m'étourdir sur le chemin infernal par lequel on en sort.

Pendant que je repassais dans mon esprit tout ce drame, nous avions gravi la montagne. En arrivant sur son plateau, un vent froid nous prit tout à coup. Tant que nous avions monté, il passait au-dessus de notre tête et nous ne l'avions pas senti. Parvenus au sommet, rien ne nous garantissait plus, et il descendait par bouffées terribles des pics de l'Altels et du Gemmi, comme pour garder à lui le domaine de la mort, et repousser les vivans dans la vallée où ils peuvent vivre.

Il était d'ailleurs impossible d'inventer une décoration plus en harmonie avec le drame. Derrière nous, la délicieuse vallée de la Kander (Kander-Thal), jeune, joyeuse et verte; devant nous, la neige glacée et les rochers nus; puis, au milieu de ce désert, comme une tache sur un drap mortuaire, l'auberge maudite qui vit se passer la scène que nous venons de raconter.

A mesure que j'approchais, l'impression était plus vive. J'en voulais au ciel, qui était d'un bleu d'azur transparent, et au soleil joyeux qui éclairait cette chaumière: j'aurais voulu voir l'atmosphère épaissie par les nuages; j'aurais voulu entendre les sifflemens de la tempête, faisant rage autour de cette cabane. Rien de tout cela. Du moins, sans doute, la mine sauvage de nos hôtes allait s'harmoniser avec les souvenirs qui les entouraient. Point: deux beaux enfans blancs et roses, un petit garçon et une petite fille, jouaient sur le seuil de la porte, creusant des trous dans la neige avec un couteau. Un couteau! comment, leurs parens étaient-ils assez imprudens pour laisser encore un couteau aux mains de leur fils? Je lui arrachai vivement le pauvre petit me laissa faire et se mit à pleurer.

J'entrai dans la cabane, l'hôte vint à moi : c'était un gros homme de trente-cinq à quarante ans, bien gras et bien gai.

— Tenez, lui dis-je, voilà un couteau que j'ai repris à votre fils, qui jouait avec sa sœur. Ne lui laissez plus une pareille arme entre les mains, vous savez ce qu'il en pourrait résulter? — Merci, monsieur, me dit-il en me regardant avec étonnement, mais il n'y a pas de danger. — Pas de danger, malheureux! et le 24 février?

L'hôte fit un geste marqué d'impatience.

— Ah! dis-je, vous comprenez?

En même temps je jetai les yeux autour de moi; la disposition intérieure de la cabane était bien la même que du temps de Kuntz. Nous étions dans la première chambre, en face de nous, dans un enfoncement, était, non plus le grabat de Trude, mais un bon lit suisse, aussi large que long; à gauche était le cabinet où le voyageur avait été assassiné. J'allai à la porte de ce cabinet, je l'ouvris : une table était servie, attendant les hôtes qui passent journellement; je regardai le plancher, il me semblait que j'allais y retrouver les traces du sang.

— Que cherchez-vous, monsieur? me dit l'hôte; avez-vous perdu quelque chose?

— Comment, dis-je, répondant à ma pensée et non à sa demande, avez-vous eu l'idée de faire de ce cabinet une salle à manger?

— Pourquoi pas? fallait-il y mettre un lit comme l'avait fait mon prédécesseur? un lit est chose inutile ici, où peu de voyageurs s'arrêtent pour passer la nuit.

— Je le crois bien, après l'événement affreux dont cette cabane a été témoin...

— Allons, encore un! grommela l'hôte entre ses dents, avec une expression de mauvaise humeur qu'il ne cherchait pas même à cacher.

— Mais vous, continuai-je, comment avez-vous eu le courage de venir habiter cette maison?

— Je ne suis pas venu l'habiter, monsieur, elle a toujours été à moi.

— Mais avant d'être à vous?

— Elle était à mon père.

— Vous êtes le fils de Kuntz?

— Je ne me nomme pas Kuntz, je me nomme Hantz.

— Oui, vous avez changé de nom, et vous avez bien fait.

— Je n'ai pas changé de nom, et Dieu merci! j'espère n'en changer jamais.

— Je comprends, me dis-je à moi-même, Werner n'aura pas voulu.

— Tenez, monsieur, expliquons-nous, me dit Hantz.

— Je vais bien aise que vous alliez au devant de mes désirs, je n'aurais pas osé vous demander de détails sur des événemens qui paraissent vous toucher de si près, tandis que maintenant vous allez me dire... n'est-ce pas?

— Oui, je vais vous dire ce que j'ai dit vingt fois, cent fois, mille fois; je vais vous dire ce qui depuis quinze ans me fait damner, moi et ma femme, ce qui finira un beau jour par me faire faire quelque mauvais coup.

— Ah! des remords! me dis-je à demi-voix.

— Car, continua-t-il avec désespoir, une persécution pareille lasserait la patience de Calvin lui-même. Il n'y a ni 24 février, ni Kuntz, ni assassinat; cette auberge est aussi sûre pour le voyageur que le sein de la mère pour l'enfant; et il le sait mieux que personne, le brigand qui est cause de tout cela, puisqu'il est resté quinze jours ici.

— Kuntz?

— Eh! mon Dieu non, je vous dis qu'il n'y a jamais eu à vingt lieues à la ronde un seul homme du nom de Kuntz, mais un misérable qu'on appelait Werner.

— Comment! le poète?

— Oui, monsieur, le poète; car c'est comme cela qu'ils l'appellent tous. — Eh bien! monsieur, le poète est venu chez mon père : il aurait mieux valu, pour son repos dans l'autre monde et pour le nôtre dans celui-ci, qu'il se rompît le cou en grimpant le rocher que vous allez descendre. Il est donc venu; c'était en 1815, je m'en souviens comme si c'était aujourd'hui : une honnête et digne figure, monsieur; impossible de rien soupçonner. Aussi, quand il a demandé à mon pauvre père de rester huit ou dix jours avec nous, mon père n'a pas fait d'objection, il lui a dit seulement : — Dame, vous ne serez pas bien; je n'ai que ce cabinet-là à vous donner. L'autre, qui avait son coup à faire, a répondu : C'est bon. — Alors nous l'avons installé là, où vous êtes. — Nous aurions dû nous douter de quelque chose cependant, car, dès la première nuit, il s'est mis à parler tout haut comme un fou. Je crus qu'il était malade; je me levai pour regarder par le trou de la serrure : c'était à faire peur; il était pâle, il avait les cheveux rejetés en arrière, les yeux tantôt fixes, tantôt égarés; par momens il restait immobile comme une statue, tout à coup il gesticulait comme un possédé, et puis il écrivait, il écrivait... des pattes de mouches, voyez-vous, ce qui est toujours mauvais signe; si bien que cela dura quinze jours ou plutôt quinze nuits, parce que dans le jour il se promenait tout autour de la maison. C'est moi qui le conduisais. Enfin, après quinze jours il nous dit : — Mes braves gens, j'ai fini, je vous remercie. — Il n'y a pas de quoi, répondit mon père, vu que je ne vous ai pas beaucoup aidé, je crois. — Il paya, je dois le dire, il paya même bien, et puis il partit.

Un an se passa tranquillement sans que nous entendissions parler de lui. Un matin, c'était en 1815, je crois, deux voyageurs entrèrent, regardèrent attentivement l'intérieur de notre auberge. — Tiens, dit l'un, voilà la faux. — Tiens, dit l'autre, voilà le couteau. — C'étaient une belle faux toute neuve que je venais d'acheter à Kandersteg, et un vieux couteau de cuisine qui n'était plus bon qu'à casser du sucre, et qui était accroché à un clou près de la porte du cabinet... Nous nous regardions avec étonnement, mon père et moi, lorsque l'un d'eux s'approcha et me dit : — N'est-ce pas ici, mon petit ami, qu'a eu lieu, le 24 février cet horrible assassinat? — Nous restâmes, mon père, et moi, comme deux hébétés. — Quel assassinat? dis-je. — L'assassinat commis par Kuntz sur son fils. — Alors je leur répondis ce que je viens de vous répondre.

— Connaissez-vous M. Werner? continua le voyageur.

— Oui, monsieur; c'est un brave et digne homme qui a passé quinze jours ici, il y a deux ans, je crois, et qui n'avait qu'un défaut, c'était d'écrire et de parler toute la nuit, au lieu de dormir.

— Eh bien! tenez, mon ami, voilà ce qu'il a écrit dans votre auberge et sur votre auberge.

Alors il nous donna un mauvais petit livre en tête duquel il y avait 24 Février. Jusque-là pas de mal : le 24 février est un jour comme un autre, et je n'ai rien à dire; mais je n'eus pas lu trente pages que ce livre me tomba des mains. C'étaient des mensonges, et puis encore des mensonges, et puis cela sur notre pauvre hôtellerie, et tout cela pour ruiner de malheureux aubergistes. Si nous lui avions pris trop cher pour son séjour ici, il pouvait nous le dire, n'est-ce pas? On n'est pas des Turcs pour s'égorger; mais non, il ne dit rien, il paie; il donne un pourboire même, et puis, le sournois qu'il est, il va écrire que notre maison... ça fait frémir, quoi, cette indignité, une infamie! Aussi, qu'il revienne un poète ici, que j'en trouve un, qu'il m'en passe un entre les mains, oh! il paiera pour son camarade!

— Comment! rien de ce que raconte Werner n'est arrivé?

— Mais rien du tout, c'est-à-dire pas la moindre chose. — Mon hôte trépignait.

— Mais alors je conçois que les questions que l'on vous fait là-dessus doivent être fort ennuyeuses pour vous. — Ennuyeuses, monsieur! Dites... Il prit ses cheveux à deux mains... Dites... il n'y a pas de mots, voyez-vous! C'est au point qu'il ne passe pas une âme vivante qu'elle ne nous répète la même chanson. Tant que la faux et le couteau sont restés là : Tenez, disait-on, voilà la faux et le couteau. — Mon père les a enlevés un jour, parce qu'à la fin ça l'embêtait d'entendre toujours répéter la même chose. Alors ça a été une antienne. — Ah! ah! disaient les voyageurs, ils ont retiré la faux et le couteau " mais voilà encore le cabinet. — Diable!

— Oui, — Oui, ma foi, c'est vrai.— Ah ! monsieur, c'était à se manger le cœur : ils en ont abrégé la vie de mon père de plus de dix ans. Entendre dire de pareilles choses sur la maison où l'on est né, l'entendre dire par tout le monde, et cela chaque jour que Dieu fait, et plutôt deux fois qu'une encore, c'est à n'y plus tenir ; je donnerais la baraque pour cent écus ? Je vous la donne, et le mobilier avec, et je m'en irai, et je n'entendrai plus parler ni de Werner ni de Kuntz, ni de la faux, ni du couteau, ni du 24 février, ni de rien.

— Voyons, voyons, mon hôte, calmez-vous et faites-nous à dîner, cela vaudra bien mieux que de vous désespérer.

— Qu'est-ce que vous voulez manger ? répondit notre hommo, se calmant tout à coup et levant le coin de son tablier, qu'il passa dans sa ceinture.

— Une volaille froide.

— Ah ! oui, une volaille, cherchez-en une ici. C'était bien autre chose quand on voyait des poules. Il a mis une poule dans son affaire ; je vous demande un peu, une poule !... faut croire qu'il ne les aimait pas, ou bien alors c'était une rage.

— Tout ce que vous voudrez, peu m'importe ; vous me préparerez cela pendant que j'irai faire un tour dans les environs.

— Dans une demi-heure, vous trouverez votre dîner prêt.

Je sortis, partageant bien sincèrement le désespoir de ce pauvre homme ; car telle est en effet la puissance de la parole du poète que, dans quelque lieu qu'il la sème, ce lieu se peuple à sa fantaisie de souvenirs heureux ou malheureux, et qu'il change les êtres qui l'habitent en anges ou démons.

Je me mis en course aussitôt, mais l'explication de Hantz avait fait un singulier tort à son paysage. L'aspect en était toujours gigantesque et sauvage, mais le principe vivifiant était détruit ; mon hôte avait avait soufflé sur le fantôme du poète et l'avait fait évanouir. C'était une nature terrible, mais déserte et inanimée ; c'était la neige, mais sans tache de sang ; c'était un linceul, mais le linceul ne couvrait plus de cadavre.

Ce désenchantement abrégea d'une bonne heure au moins ma course topographique sur le plateau où nous étions parvenus. Je me contentai de jeter un coup d'œil à l'orient, sur le sommet auquel la montagne doit son nom de *Gemmi*, dérivé probablement de *Geminus*, et à l'ouest, sur le vaste glacier de Lammern, toujours *mort et bleu*, comme l'a vu Werner. Quant au lac de la Daube (*Dauben see*), et à l'éboulement du Renderhorn, j'avais vu l'un en venant, et j'allais être obligé de côtoyer l'autre en m'en allant. Je rentrai donc au bout d'une demi-heure à peu près, et trouvai mon hôte exact et debout près d'une table passablement servie.

En partant, je promis à ce brave homme d'aider de tout mon pouvoir à détruire la *calomnie* dont il était victime. Je lui ai tenu parole ; et si quelqu'un de mes lecteurs s'arrête jamais à l'auberge de Schwarrbach, je lui serai fort obligé de dire à Hantz que j'ai, dans un livre dont il ignorerait probablement à tout jamais l'existence, rétabli les faits dans leur plus exacte vérité.

Nous n'avions pas fait vingt minutes de chemin que nous nous trouvâmes sur les bords du petit lac de la Daube. C'est, avec celui du Saint-Bernard et celui du Faulhorn, l'un des plus élevés du monde connu. Aussi, comme les deux autres, est-il inhabité ; aucun hôte ne peut supporter la température de ses eaux, même pendant l'été.

Le lac dépassé, nous nous engageâmes dans un petit défilé, au bout duquel nous aperçûmes un chalet abandonné. Willer me dit que c'était au pied de cette cabane que commençait la descente. Curieux de voir ce passage extraordinaire, et retrouvant mes jambes, fatiguées par trois heures de mauvais chemin, je hâtais le pas à mesure que j'avançais, si bien que j'arrivai en courant à la cabane.

Je jetai un cri, et, fermant les yeux, je me laissai tomber en arrière.

Je ne sais si quelques-uns de mes lecteurs ont jamais connu cette épouvantable sensation du vertige; si, mesurant des yeux le vide, ils ont éprouvé ce besoin irrésistible de se précipiter; je ne sais s'ils ont senti leur cheveux se dresser, la sueur couler sur leur front, et tous les muscles de leur corps se tordre et se raidir alternativement, comme ceux d'un cadavre au toucher de la pile de Volta : s'ils l'ont éprouvé, ils savent qu'il n'y a pas d'acier tranchant dans le corps, de plomb fondu dans les veines, de fièvre courant dans les vertèbres, dont la sensation soit aussi aiguë, aussi dévorante que celle de ce frisson, qui, dans une seconde, fait le tour de tout votre être ; s'ils l'ont éprouvé, dis-je, je n'ai besoin, pour leur tout expliquer, que de cette seule phrase : J'étais arrivé en courant jusqu'au bord d'un rocher perpendiculaire, qui s'élève à la hauteur de seize cents pieds au-dessus du village de Louëche : un pas de plus, j'étais précipité.

Willer accourut à moi ; il me trouva assis, écarta mes mains que je serrais sur mes yeux ; et, me voyant près de m'évanouir, il approcha de ma bouche un flacon de kirchenwaser dont j'avalai une large gorgée : puis, me prenant sous le bras, il me conduisit ou plutôt me porta sur le seuil de la cabane.

Je le vis si effrayé de ma pâleur que, réagissant à l'instant même par la force morale sur cette sensation physique, je me mis à rire pour le rassurer ; mais c'était d'un rire dans lequel mes dents se heurtaient les unes contre les autres, comme celles des damnés qui habitent l'étang glacé de Dante.

Cependant, au bout de quelques instans, j'étais remis. J'avais éprouvé ce qui m'est habituel en pareille circonstance, c'est-à-dire un bouleversement total de toutes mes facultés, suivi presque aussitôt d'un calme parfait. C'est que la première sensation appartient au physique, qui terrasse instinctivement le moral, et la seconde au moral, qui reprend sa puissance raisonnée sur le physique ; il est vrai que parfois ce second mouvement est chez moi plus douloureux que le premier, et que je souffre plus encore du calme que du bouleversement.

Je me levai donc d'un air parfaitement tranquille, et je m'avançai de nouveau vers le précipice dont la vue avait produit en moi l'effet que j'ai essayé de décrire. Un petit sentier, large de deux pieds et demi, se présentait ; je le pris d'un pas en apparence aussi ferme que celui de mon guide ; seulement, de peur que mes dents ne se brisassent les unes contre les autres, je mis dans ma bouche un coin de mon mouchoir replié vingt fois sur lui-même.

Je descendis deux heures en zig-zag , ayant toujours, tantôt à ma droite, tantôt à ma gauche, un précipice à pic, et j'arrivai sans avoir prononcé une seule parole au village de Louëche.

— Eh bien ! me dit Willer, vous voyez bien que ce n'est rien du tout.

Je tirai mon mouchoir de ma bouche, et je le lui montrai : le tissu était coupé comme avec un rasoir.

LES BAINS DE LOUECHE.

J'étais si fatigué en arrivant aux bains de Louëche, que je remis au lendemain la visite que me proposait mon guide Willer et le dîner que m'offrait l'aubergiste ; en échange, je réclamai le lit que ni l'un ni l'autre ne pensaient à me faire faire.

Le lendemain matin, Willer entra dans ma chambre à neuf heures : c'était le moment de visiter les bains ; les malades s'y rendent avant leur déjeuner. J'avais bien envie de les laisser plonger à leur aise dans leur piscine et de rester dans mon lit au risque de perdre cette scène d'ablution qu'on m'avait dit être assez curieuse ; mais Willer fut impitoyable, et il fallut me contenter de quatorze heures de sommeil.

A vingt pas de l'auberge, nous trouvâmes la grande fontaine de Saint-Laurent, qui alimente les bains; quant aux douze ou quinze autres sources d'eaux thermales qui jaillissent dans les environs, elles se perdent sans utilité dans la Dala, et personne n'a jamais songé à en tirer parti.

L'aspect des bains de Louèche est tout différent de celui qu'offrent ordinairement les établissemens de ce genre; l'ablution s'y fait non dans des cabinets séparés, comme à Aix, mais en commun, hommes et femmes mêlés, ce qui offre un coup d'œil tout patriarcal.

Qu'on se figure un bassin de l'école de natation, et entouré d'une galerie dallée, avec deux ponts perpendiculaires l'un à l'autre, qui, par leur réunion, forment une croix latine, et dans chacun de leurs compartimens une trentaine de baigneurs, entassés les uns sur les autres, ce qui fait, pour les quatre, un total de cent vingt personnes hermétiquement enfermées dans des peignoirs de flanelle, et ne laissant paraître à fleur d'eau qu'une collection de têtes emperruquées ou embéguinées, plus grotesques les unes que les autres. Ajoutez à cela que chacune de ces têtes a devant elle une planche de liége ou de sapin, sur laquelle, à l'aide de mains dont on ne voit pas les bras, elle fait son petit ménage, mange, boit, tricote, joue aux cartes, etc., et cela avec d'autant plus d'aisance et de facilité qu'elle possède en outre un siége mobile, qui lui sert à changer de station, avec lequel elle s'établit à sa convenance, tantôt dans un coin, tantôt dans un autre, n'ayant à transporter, pour rendre le déménagement complet, que sa petite table, qui la suit au moyen d'un fil, et le tabouret invisible sanglé à la partie du corps qui ne paraît pas à la surface de l'eau. Du reste, la fréquence de ces déplacemens varie avec le caractère des baigneurs. Il y a tel personnage morose qui fait ses deux heures le nez tourné vers la cloison, et sans bouger du coin où il s'est mis; tel politique qui s'endort en lisant son journal, dont la partie inférieure trempe dans l'eau et se trouve décomposée jusqu'au titre lorsqu'il se réveille; tel brouillon qui se promène en tous sens, ayant toujours quelque chose à dire au baigneur le plus éloigné, heurtant et culbutant tout pour arriver jusqu'à lui, parlant à la fois à son enfant qui pleure sur le pont, à sa femme qui ne sait jamais où le retrouver, et à son chien qui hurle en tournant autour de la galerie.

Les trois premiers bassins que je visitai m'offrirent, l'un après l'autre, le même aspect; le dernier seulement me présenta un épisode que je n'oublierai jamais.

Au milieu de ces têtes bouffonnes apparaissait la figure mélancolique et pâle d'une jeune fille de dix-huit ans à peu près : elle ne cachait ses cheveux noirs ni sous le bonnet ni sous la coiffe des autres baigneurs; sa petite table était chargée, non de verres et de tasses, mais de rhododendron, de gentiane et de myosotis, dont elle faisait un bouquet. L'eau thermale donnait à ces plantes un éclat et une fraîcheur qu'elle ne pouvait lui rendre à elle-même; on l'eût prise pour une fleur morte et séparée de sa tige, au milieu de ces fleurs vivantes dont elle ornait son front et sa poitrine en chantant, comme Ophélia, folle et prête à mourir, lorsque sa tête et ses mains seules sortaient encore du ruisseau où elle se noya.

Il est possible que si j'eusse rencontré cette jeune fille à la promenade, au bal, au spectacle, partout ailleurs enfin que dans cette réunion, je ne l'eusse pas même remarquée : sa taille m'eût peut-être paru gauche, sa démarche commune, sa voix prétentieuse; elle eût passé devant mes yeux comme devant un miroir, s'y réfléchissant sans y laisser de souvenir; mais là, mais dans ce cadre sculpté par Callot, je verrai toujours cette vierge de Raphaël.

Après l'avoir bien regardée, je fermai les yeux et je m'éloignai sans demander ni son nom ni son âge; à peine eus-je fait quatre pas que j'entendis le médecin dire en parlant d'elle : *Dans un mois elle sera morte!*

J'étouffais dans cette atmosphère tiède, entre ces murs humides : je sortis tout baigné de sueur. — Le ciel avait son voile d'azur, la terre sa robe de fête.

Dans un mois elle sera morte!

Morte au milieu de cette nature si jeune, si robuste et si vivante!

Je passai devant le cimetière, et ces paroles revinrent me frapper comme un écho :

Dans un mois elle sera morte!

Ainsi, à compter d'aujourd'hui, le père et la mère de cette enfant chérie peuvent faire venir le fossoyeur et lui dire : Mettez-vous à l'ouvrage sans perdre de temps, car cette belle jeune fille que vous voyez, que Dieu nous avait donnée avec un sourire, celle qui faisait notre joie dans le passé, notre bonheur dans le présent, notre espoir dans l'avenir, hé bien! *dans un mois elle sera morte!*

Morte! c'est-à-dire sans voix, sans haleine, sans regard; elle dont la voix est si harmonieuse, l'haleine si pure, le regard si doux!

Chaque jour, pendant un mois, nous verrons s'éteindre une étincelle de ses yeux, un son de sa bouche, un battement de son cœur; puis, au bout de ce mois, malgré nos soins, nos peines, nos larmes, une heure viendra où ses yeux se fermeront, où sa bouche sera muette, où son cœur se glacera. Le corps sera cadavre : celle que nous croyons notre fille sera la fille de la terre, et sa mère nous la redemandera!...

Oh! c'est une merveilleuse chose que la science qui peut ainsi prédire à l'homme une des plus atroces douleurs de l'humanité! Mais n'est-ce pas qu'on devrait bien tuer le médecin qui laisse tomber de ses lèvres de semblables paroles?

J'avais fait trois quarts de lieue à peu près, si préoccupé du souvenir de cette jeune fille que j'avais complètement oublié mon chemin et le but où il devait me conduire, lorsque Willer m'arrêta par le bras et me dit : Nous sommes arrivés.

En effet, nous nous trouvions dans une espèce de grotte, ayant au-dessous de nous la cime d'un rocher perpendiculaire de huit cents pieds de haut, à la base duquel coule la Dala, et à notre gauche la première des six échelles qui établissent une communication entre Louèche-les-Bains et le village d'Albinnen, dont les habitans seraient obligés de faire un détour de trois lieues pour venir au marché, s'ils n'avaient pratiqué cette route aérienne.

Il faut réellement voir ce passage si l'on veut se faire une idée de la merveilleuse hardiesse des habitans des Alpes. Après s'être couché à plat ventre, de peur du vertige, pour regarder à huit cents pieds au-dessous du sol les eaux écumantes de la Dala, il faut se relever, monter la première échelle, s'aider des mains et des pieds pour atteindre la saillie du roc sur laquelle pose la seconde; et, arrivé à cette saillie, au moment où vous nierez à votre guide que jamais créature humaine puisse s'aventurer par un pareil chemin, vous entendrez une tyrolienne chantée dans les airs, et à cent pieds au-dessus de vous, suspendu sur le gouffre, vous apercevrez un paysan portant ses fruits, un chasseur son chamois, une femme son enfant, et vous les verrez venir à vous presque avec la même insouciance et la même vitesse que s'ils marchaient sur la pente gazonneuse de l'une de nos collines.

Willer me demanda si je voulais continuer ma route ascendante. Je le remerciai. Il se mit à rire. — Ce n'est rien du tout, me dit-il; voilà une femme qui vient, vous allez la voir grimper.

En effet, une jeune fille arriva des bains en suivant notre route, et, montant l'échelle que nous venions de quitter, parut bientôt sur l'étroit plateau où nous avions à peine place pour trois, puis continua son chemin sans autre précaution que de prendre par derrière le bas de sa jupe, de la ramener par devant, et de l'attacher à sa ceinture avec une épingle, de manière à s'en faire un pantalon au lieu d'une jupe.

Nous la regardions faire son ascension, quand un homme parut au haut de la quatrième échelle, descendant tandis qu'elle montait. Cela devenait embarrassant; il n'y avait point place pour deux sur une pareille route.

— Comment vont-ils faire? dis-je à Willer.
— Vous allez voir.

Effectivement il n'avait pas achevé que j'avais vu.

L'homme, avec une galanterie dont peu de nos dandys seraient capables en pareille circonstance, avait fait un demi-tour, et, passant à l'envers de l'échelle, descendait d'un côté pendant que la jeune fille gravissait de l'autre; ils se rencontrèrent ainsi vers le milieu, échangèrent quelques paroles, et continuèrent leur route. C'était à ne pas y croire!

L'homme passa près de nous.

— Vous voyez bien ce gaillard-là? me dit Willer pendant qu'il s'éloignait.

— Eh bien?

— Ce soir, à sept heures, il aura bu ses quatre bouteilles de vin, il sortira du cabaret ivre mort, et tombera trente fois sur la route depuis les bains jusqu'à la première échelle, ce qui ne l'empêchera pas de traverser ce passage et d'arriver chez lui sans accident. Il y a dix ans que le coquin fait ce métier-là.

— Oui, et un beau jour il finira par se tuer.

— Lui! ouiche! en descendant l'escalier de sa cave peut-être, mais ici jamais. Est-ce qu'il n'y a pas un Dieu pour les ivrognes?

— Mon cher ami, il paraît que je ne suis point en état de grâce devant ce Dieu, car la tête commence à me tourner.

— Alors descendez vite, et n'allez pas faire comme monsieur B...

— Qu'est-ce que monsieur B...? dis-je lorsque j'eus regagné la terre ferme.

— Ah! monsieur B...? Venez par ici, je vais vous conter cela.

Nous nous remîmes en route.

— Monsieur B..., voyez-vous, continua Willer, c'était un agent de change.

— Oui, dis-je. — Un souvenir vague me traversait l'esprit.

— Et il s'était ruiné, et il avait ruiné sa femme et ses enfans en jouant sur les fonds publics; vous devez savoir ce que c'est, vous qui êtes de Paris.

— Très bien.

— Voilà donc qu'il s'est ruiné. Bon. Qu'est-ce qu'il fait? Il assure sa vie. Comprenez-vous, sa vie? c'est-à-dire que, s'il mourait, il hériterait de cinq cent mille francs. Je ne conçois pas trop ça, moi; c'est un embrouillamini du diable; mais c'est égal, vous le concevrez peut-être, vous.

— Parfaitement.

— Tant mieux. Voilà donc qu'il vient en Suisse avec une société. Une dame dit en déjeunant: Allons voir les échelles. — Ah! oui, dit monsieur B..., allons voir les échelles.

Après le déjeuner on monte à mulet, c'est-à-dire; on prend un guide. M. B..., qui avait son idée, dit: Moi, je veux aller à pied. — Il va à pied.

Arrivé ici, tenez, voyez-vous, ici sur cette petite pente qui n'a l'air de rien... N'allez pas si au bord, c'est glissant, et il y a cinq cents pieds de profondeur là-dessous. — Où en étais-je?

— Arrivé ici...

— Oui, arrivé ici, voilà donc qu'il laisse aller la société en avant, qu'il s'assied, et qu'il dit à son guide : Va me chercher une grosse pierre, entends-tu? une grosse. — Bon. L'autre y va, il ne se doutait de rien. Au bout de cinq minutes il revient avec un moellon ; c'était tout ce qu'il pouvait faire de le porter. — Tenez, en voilà un fameux, dit-il, si vous n'êtes pas content, vous serez difficile.

Bonsoir, il n'y avait plus personne. Seulement on voyait sur le gazon une petite glissade de rien qui allait depuis l'endroit où il s'était assis jusqu'au bord du précipice. Il ne faut pas demander si le guide poussa des cris. Alors tout le monde accourut. Un monsieur qui était de la société lui dit : Mon ami, voilà un louis, tâche de regarder dans l'abîme. Le guide ne se fit pas dire deux fois. Il s'accrocha comme il put à ces bruyères, tant il y a qu'il parvint à regarder dans le trou.

— Eh bien? dit le monsieur.

— Ah! le voilà au fond, répondit le guide. Je le vois. — Il n'y avait plus de doute, puisqu'il le voyait.

Alors la société revint aux bains ; on fit venir des hommes pour aller chercher le corps, le guide les conduisit.

Cinq heures après on rapporta deux paniers pleins de chair humaine; c'étaient les restes de M. B...

— S'était-il tué avec l'intention de se tuer?

— Jamais on ne l'a su. La compagnie d'assurances a voulu lui faire un procès comme suicide; mais il paraît que M. B... a gagné, car il a hérité des cinq cent mille francs.

J'avais déjà entendu raconter cette histoire à Paris; mais j'avoue qu'elle m'avait fait moins d'impression qu'elle ne m'en fit sur le lieu même où elle s'était passée; c'est au point que, lorsque Willer eut fini, je fus forcé de m'asseoir; les jambes me manquaient, et la sueur me coulait sur le front.

Bizarre organisation de notre société, qui, par le développement de son industrie et de son commerce, donne à un homme l'idée d'un pareil dévouement, et lui permet d'escompter jusqu'à sa mort! — Il faut l'avouer, si pessimiste qu'on soit, nous sommes bien près de la perfection!

Un quart d'heure après ce récit nous étions sur la place de Louëche-les-Bains. Il y avait grande réunion près de la fontaine; des voyageurs faisaient cuire une poule dans l'eau thermale. C'était une opération trop curieuse pour que je ne la suivisse pas jusqu'au bout; je dis à Willer d'aller payer l'hôte et de venir me reprendre avec mon bagage.

Au bout de vingt minutes, il me retrouva mangeant un aileron de l'animal, sur lequel, je dois le dire, l'expérience s'était faite à point; cet aileron m'avait été offert par le propriétaire de la poule, qui, voyant l'intérêt que je prenais à son expérience, m'avait jugé digne d'en apprécier les résultats.

A mon tour je lui offris un verre de kirschenwaser, qu'il refusa, à son grand regret; le pauvre diable ne buvait que de l'eau, et de l'eau chaude encore!

Après cet échange de politesses, nous nous mîmes en route pour Louëche-le-Bourg. A mi-chemin, Willer s'arrêta pour me montrer le village d'Albinnen, auquel conduit le passage des échelles que nous avions visité deux heures auparavant; ce village est situé sur la pente d'une colline tellement rapide, que les poules rassemblées sur les toits; ce qui fait, me dit Willer, que les habitans sont obligés de ferrer leurs poules pour les empêcher de tomber.

A trois heures nous arrivâmes à Louëche-le-Bourg, qui ne nous offrit rien de remarquable, et où nous ne nous arrêtâmes que pour dîner. A quatre heures nous traversions le Rhône, et à quatre heures et demie je prenais congé de mon brave Willer pour monter dans une calèche de poste, qui devait me conduire le même soir à Brieg.

Le chemin que nous suivîmes dès lors était celui qui mène au Simplon, au pied duquel est situé Brieg. Depuis Martigny jusqu'à cette ville, la route fut exécutée par les Valaisans, et ce n'est qu'à cent pas environ avant les premières maisons que les ingénieurs français commencèrent ce merveilleux passage.

Du moment où je m'étais engagé sur cette route, j'avais remarqué à l'horizon des nuages amoncelés dans la gorge du Haut-Valais, qui se déployait devant moi dans toute sa profondeur. Tant que le jour dura, je les pris pour un de ces orages partiels si communs dans les Alpes, mais, à mesure qu'il baissa, ils se colorèrent d'une teinte sombre, qui fit enfin place aux lueurs d'un immense incendie, — toute une forêt située sur le versant septentrional du Valais était en flammes et faisait étinceler à trois mille pieds au-dessus d'elle la chevelure glacée du Finster-Aarhorn et de la Yungfrau. Plus la nuit s'épaississait, plus le fond devenait rouge, et plus je voyais se dessiner d'une manière bizarre les objets placés sur les plans intermédiaires. Nous fîmes ainsi sept lieues, marchant toujours vers l'incendie, qu'à chaque instant nous semblions près d'atteindre, et qui reculait devant nous. Enfin nous aperçûmes la silhouette noire de Brieg ; à peine parut-elle d'abord sortir de terre, puis petit à petit elle grandit sur le rideau sanglant de l'horizon, comme une vaste découpure noire. Bientôt nous ne vîmes plus de l'incendie qu'une lueur flamboyant à l'extrémité des dômes d'étain qui couronnent les clochers; enfin il nous sembla que nous nous enfoncions dans un souterrain sombre et prolongé. Nous étions arrivés; nous dépassions la porte; nous entrions dans la ville, muette, calme et endormie comme Pompeia au pied de son volcan.

OBERGESTELEN.

Brieg est située à la pointe occidentale du Kunhorn, et forme l'extrémité la plus aiguë de l'embranchement des routes du Simplon et de la vallée du Rhône. La première, large et belle, s'avance vers l'Italie par la gorge de la Ganter; la seconde, qui n'est qu'un mauvais sentier étroit et capricieux, traverse rapidement la plaine, pour aller s'escarper au revers méridional de la Jungfrau, et s'enfonce dans le Valais jusqu'à ce que la réunion du Mutthorn et du Galenstock ferme ce canton avec la cime de la Furca; alors il redescend de cette cime avec la Reuss jusqu'à ce qu'il rencontre à Andermat le chemin d'Uri, dans lequel le pauvre sentier se jette comme un ruisseau dans une rivière.

C'est dans ce dernier défilé que je m'engageai à pied le lendemain de mon arrivée à Brieg; il était cinq heures du matin lorsque je sortis de la ville, et j'avais douze lieues de pays à faire; ce qui en représente à peu près dix-huit de France. Ajoutez à cela que le sentier va toujours en montant.

Les premières maisons que l'on rencontre sur ce sentier sont celles d'un petit village appelé Naters en Allemand, et Natria en latin. Ce dernier nom lui vient, dit une légende, d'un dragon qui le portait et qui le lui a légué en mourant. Ce dragon se tenait dans une petite caverne, d'où il s'élançait pour dévorer les bêtes et les gens qui avaient le malheur de paraître dans le cercle que lui permettait d'embrasser l'ouverture de son antre; il était tellement devenu la terreur des environs qu'il avait interrompu toute communication entre le haut et le bas Valais. Plusieurs montagnards l'avaient cependant attaqué; mais comme ils avaient été, jusqu'au dernier, victimes de leur courage, personne n'osait plus depuis longtemps s'exposer à une mort que l'on regardait comme certaine.

Sur ces entrefaites, un serrurier qui avait assassiné sa femme par jalousie fut condamné à mort. La sentence rendue, le coupable demanda à combattre le monstre. Sa demande lui fut accordée, et de plus sa grâce lui fut promise s'il sortait vainqueur du combat. Le serrurier demanda deux mois pour s'y préparer.

Pendant ce temps il se forgea une armure du plus pur acier qu'il pût trouver, puis une épée qu'il trempa à la source glacée de l'Aar et dans le sang d'un taureau fraîchement égorgé.

Il passa le jour et la nuit qui précédèrent le combat en prières dans l'église de Brieg; le matin il communia, comme pour monter à l'échafaud; puis, à l'heure dite, il s'avança vers la caverne du dragon.

A peine l'animal eut-il aperçu qu'il sortit de son rocher, déployant ses ailes, dont il se battait le corps avec un tel bruit que ceux mêmes qui étaient hors de sa portée en furent épouvantés.

Les deux adversaires marchèrent l'un contre l'autre comme deux ennemis acharnés, tous deux couverts de leur armure, l'un d'acier, l'autre d'écailles.

Arrivé à quelques pas du dragon, le serrurier baisa la poignée de son épée, qui était une croix, et attendit l'attaque de son adversaire. Celui-ci, de son côté, semblait comprendre qu'il n'avait point affaire à un montagnard ordinaire.

Cependant, après une minute d'hésitation, il se dressa sur ses pattes de derrière, et essaya de saisir le condamné avec celles de devant. L'épée flamboya comme un éclair, et abattit une des pattes du monstre. Le dragon jeta un cri, et, se soulevant à l'aide de ses ailes, tourna autour de son antagoniste et le couvrit d'une rosée de sang. Tout à coup il se laissa tomber comme pour l'écraser sous son poids; mais à peine fut-il à la portée de la terrible épée qu'elle décrivit un nouveau cercle et lui trancha encore une aile.

L'animal, mutilé, tomba à terre, se traînant sur trois pattes, saignant de ses deux blessures, tordant sa queue et mugissant comme un taureau mal tué par la masse du boucher. De grands cris de joie répondaient de toutes les parties de la montagne à ces mugissemens d'agonie.

Le serrurier s'avança bravement sur le dragon, dont la tête à fleur de terre suivait tous ses mouvemens, comme l'aurait fait un serpent; seulement, à mesure qu'il s'approchait de lui, le monstre retirait sa tête, qui se trouva enfin presque cachée sous son corps gigantesque. Tout à coup, et quand il crut son ennemi à sa portée, il déploya cette tête terrible, dont les yeux semblaient lancer du feu, et dont les dents allèrent se briser contre la bonne armure du serrurier. Cependant la violence du coup renversa celui-ci. Au même instant le dragon fut sur lui.

Alors ce ne fut plus qu'une horrible lutte, dans laquelle les cris et les mugissemens se confondaient; on voyait bien de temps en temps l'aile battre ou l'épée se lever; on reconnaissait bien dans certains momens l'armure brunie du serrurier, tranchant sur les écailles luisantes du dragon; mais, comme l'homme ne pouvait se remettre sur ses pieds, comme la bête ne pouvait reprendre son vol, les combattans n'étaient jamais assez isolés l'un de l'autre pour que l'on pût distinguer lequel était le vainqueur ou le vaincu.

Cette lutte dura un quart d'heure, qui parut un siècle aux assistans. Tout à coup un grand cri s'éleva du lieu du combat, si étrange et si terrible qu'on ne sut s'il appartenait à l'homme ou au monstre. La masse qui se mouvait s'abaissa comme une vague, trembla un instant encore, puis enfin resta immobile. Le dragon dévorait-il l'homme? l'homme avait-il tué le dragon?

On s'approcha lentement et avec précaution. Rien ne remuait : l'homme et le dragon étaient étendus l'un sur l'autre. A vingt pas autour d'eux l'herbe était rasée comme si un moissonneur y eût passé la faux, et cette place était pavée d'écailles qui étincelaient comme une poudre d'or.

Le dragon était mort, l'homme n'était qu'évanoui. On fit revenir l'homme en le dégageant de son armure et en lui jetant de l'eau glacée; puis on le ramena au village, qui reçut, en commémoration de ce combat, le nom de Naters (vipère).

Quant au dragon, on le jeta dans le Rhône.

Je vis en passant à Naters la grotte du dragon : c'est une excavation du rocher ouverte sur la prairie où eut lieu le combat. On me montra encore l'endroit où le monstre se couchait habituellement et la trace que sa queue d'écailles a laissée sur le roc.

A partir de cet endroit, le sentier s'attache au versant méridional de la chaîne des montagnes qui sépare le Valais de l'Oberland : comme il faut rendre justice à tout, même au chemin, j'avouerai que celui-ci est assez praticable.

Je m'arrêtai à Lax, après avoir fait dix lieues de France à peu près; j'entrai dans un café, et j'y déjeunai côte à côte avec un brave étudiant qui parlait assez bien français, mais qui ne connaissait de notre littérature moderne que Télémaque; il me dit l'avoir lu six fois. Je lui demandai s'il y avait dans les environs quelques légendes ou quelques traditions historiques : il secoua la tête.

— Oh! mon Dieu, non, me dit-il : on jouit d'une fort belle vue de la montagne qui est devant nous, mais seulement les jours où il n'y pas de brouillard.

Je le remerciai poliment, et je mis le nez dans le *Nouvelliste vaudois*. Ceux qui ont lu ce journal peuvent avoir ainsi la mesure de la détresse où j'étais réduit.

La première chose que j'y trouvai, c'était la condamnation à mort de deux républicains pris les armes à la main au cloître Saint-Merry.

Je laissai tomber ma tête entre mes mains, et je poussai

un profond soupir. Je n'étais plus à Lax, je n'étais plus dans le Valais, j'étais à Paris.

Je relevai la tête, je rejetai mon sac sur mes épaules, et, mon bâton à la main, je me mis en route.

Voilà donc où nous en étions venus au bout de deux ans ! Des têtes roulent, tantôt sur les dalles des Tuileries, tantôt sur le pavé de la Grève, compte en partie double, tenu au profit de la mort, entre le peuple et la royauté, et écrit à l'encre rouge par le bourreau !

Oh ! quand fermera-t-on ce livre ? et quand le jettera-t-on, scellé du mot *liberté*, dans la tombe du dernier martyr ?

Je marchais, et ces pensées faisaient bouillonner mon sang : je marchais sans calculer ni l'heure ni l'espace, voyant autour de moi ces scènes sanglantes de juillet et de juin, entendant les cris, le canon, la fusillade ; je marchais enfin comme un fiévreux qui se lève de son lit et qui fait sa route en délire, poursuivi par les spectres de l'agonie.

Je passai ainsi dans cinq ou six villages ; on dut m'y prendre pour le Juif errant, tant je semblais taciturne et pressé d'avancer. Enfin une sensation de fraîcheur me calma : il pleuvait à verse ; cette eau me faisait du bien ; — je ne cherchai pas d'abri et continuai ma route, mais plus lentement.

Je traversais le village de Munster, recevant avec le calme de Socrate toute cette averse sur la tête, lorsqu'un petit garçon de quinze à seize ans courut après moi, et me dit en italien : — Allez-vous au glacier du Rhône, monsieur ?

— Oui, mon garçon, répondis-je aussitôt dans la même langue, qui m'avait fait tressaillir de plaisir.

— Monsieur veut-il un cheval ?

— Non.

— Un guide ?

— Oui, si c'est toi.

— Volontiers, monsieur ; pour cinq francs je vous conduirai.

— Je t'en donnerai dix ; viens.

— Il faut que j'aille dire adieu à ma mère et chercher mon parapluie.

— Hé bien ! je continue, tu me rejoindras sur la route.

Le petit bonhomme me tourna les talons en courant de toutes ses forces, et je poursuivis mon chemin.

Bizarre organisation que celle de notre machine ! — Quelques gouttes d'eau avaient apaisé ma fièvre et ma colère. Pétion, menacé d'une émeute, étendit la main hors de la fenêtre, et alla se coucher tranquillement en disant : Il n'y aura rien cette nuit, il pleut.

Il n'y eut rien.

S'il eût plu le 27 juillet, il n'y aurait rien eu !...

On a plus peur en France de l'eau que des balles ; on ne sort pas sans parapluie, et l'on se bat sans cuirasse.

J'en étais là, lorsque j'entendis derrière moi le galop de mon petit guide. Le pauvre diable me rattrapait enfin ; je lui avais fait faire une demi-lieue en courant.

— Ah ! c'est toi, lui dis-je ; causons.

— Prenez d'abord mon parapluie.

— Non, j'aime l'eau ; mais prends mon sac, toi.

— Volontiers.

— D'où es-tu ?

— De Munster.

— Et comment se fait-il que tu parles italien dans un village allemand ?

— Parce que j'ai été mis en apprentissage chez un cordonnier à Domo-d'Ossola.

— Ton nom ?

— Frantz en allemand, Francesco en italien.

— Eh bien ! Francesco, je vais, non-seulement au glacier du Rhône, mais je descends de là dans les petits cantons ; je traverserai les Grisons, un coin de l'Autriche ; j'irai à Constance, je suivrai le Rhin jusqu'à Bâle, et reviendrai probablement à Genève par Soleure et Neufchâtel : veux-tu venir avec moi ?

— Je le veux bien.

— Combien te donnerai-je par jour ?

— Ce que voudrez ; ce sera toujours plus que je ne gagne chez moi.

— Quarante sous et je te nourrirai ; cela te fera à peu près soixante-dix ou quatre-vingts francs à la fin du voyage.

— C'est une fortune !

— Cela te convient donc ?

— Parfaitement.

— Eh bien ! en arrivant au prochain village, tu feras dire à ta mère que ton voyage, au lieu de durer trois jours, durera un mois.

— Merci.

Francesco posa son parapluie à terre et fit la roue. Je reconnus depuis que c'était sa manière d'exprimer un extrême contentement. Je venais de faire un heureux ; il avait fallu, comme on le voit, peu de chose pour cela.

C'était du reste une admirable et naïve confiance que celle de cet enfant qui s'attachait avec tant de candeur et d'abandon à la suite d'un inconnu qui, passant à pied dans son village, le rencontre par hasard et l'emmène par caprice. Ils n'y a qu'un âge où une pareille résolution ne puisse être troublée par la défiance : un homme aurait exigé un gage, cet enfant m'en aurait donné, s'il en avait eu.

En arrivant à Obergestelen, je dis à Francesco que j'étais parti de Brieg le matin ; il me répondit que j'avais fait dix-sept lieues d'Italie : je trouvai que c'était assez pour un jour, et je m'arrêtai à l'auberge.

C'est là que Francesco commença à me rendre service. Il était presque chez lui, puisque nous n'avions fait que deux lieues depuis Munster : il connaissait tout le monde dans l'auberge, ce qui me valut incontinent la meilleure chambre et un feu splendide.

Je m'étais laissé mouiller jusqu'aux os ; je fis donc, avant de penser au dîner, une toilette d'autant plus délicieuse qu'elle était assaisonnée du sentiment égoïste et voluptueux de l'homme qui entend tomber la pluie sur le toit de la maison qui l'abrite.

J'entendis à la porte un grand bruit ; je courus à la fenêtre, et je vis un guide et un mulet qui venaient d'arriver au grand trot, précédant de cent pas tout au plus quatre voyageurs qui descendaient de la Furca lorsque l'orage avait commencé, et s'étaient égarés deux heures dans la montagne.

Comme il y avait parmi ces quatre voyageurs deux dames, qui me parurent jeunes et jolies malgré leurs cheveux pendans sur le visage et leurs gigots collés sur les bras, je me hâtai d'ajouter trois ou quatre morceaux de bois au feu ; je roulai vivement en paquet mes effets éparpillés çà et là ; et, passant dans une chambre voisine, j'appelai Francesco, et le chargeai de dire à la maîtresse de l'auberge qu'elle pouvait disposer en faveur de ces dames de la chambre qu'elle m'avait donnée, et qui se trouvait toute chauffée, chose qui me parut fort essentielle pour des voyageurs qui arrivent dans l'état où je venais de m'apercevoir des nôtres.

Aussi cinq minutes après je recevais par Francesco les actions de grâces de ces dames et de leurs cavaliers, qui me faisaient demander la permission de changer de vêtemens avant de venir me remercier eux-mêmes.

Lorsqu'ils rentrèrent, je m'occupais des préparatifs de mon dîner, qu'ils m'invitèrent à interrompre pour partager le leur. J'acceptai. C'étaient deux hommes de trente-quatre à trente-six ans, l'un Français, gai, spirituel, bon compagnon, portant ruban rouge et figure ouverte, vieille connaissance des rues et des salons de Paris, où nous nous étions croisés vingt fois, comme cela arrive entre gens du monde ; l'autre pâle, grave et empesé, portant ruban jaune et figure froide, parlant français juste avec ce qu'il fallait d'accent pour prouver son origine allemande ; du reste, complètement étranger à mes souvenirs. Ils n'avaient pas fait un pas dans ma chambre que j'avais flairé le compatriote et l'étranger ; ils n'avaient pas dit vingt paroles que je savais qui ils étaient : le Français se nommait Brunton, et je me rappelai le nom de l'un de nos architectes les plus distingués ; l'Allemand se nommait Kœfford, et était chambellan du roi de Danemark.

Après les premiers complimens échangés, j'appris que les

dames étaient visibles; en conséquence, monsieur Kœfford se chargea de me conduire près d'elles, tandis que monsieur Brunton descendait à la cuisine; à tout hasard, j'indiquai à celui-ci certaine marmite bouillant à la crémaillère, et de laquelle s'échappait une odeur tout-à-fait succulente; il me promit de s'en occuper.

Je trouvai dans les femmes les mêmes différences nationales que chez leurs maris. Ma vive et jolie compatriote se leva en m'apercevant, et m'avait déjà remercié vingt fois avant que sa compagne eût achevé la révérence d'étiquette avec laquelle elle m'accueillit. Celle-ci était une grande et belle femme, blanche, pâle et froide, n'ayant de flamme en tout le corps que l'étincelle mourante qui s'éteignait noyée dans ses yeux.

Le désordre de la toilette était, du reste, complétement réparé chez ces dames, et elles avaient la tenue matinale de la campagne. Monsieur Kœfford, à peine rentré, ouvrit deux ou trois Guides en Suisse, déploya une carte, consulta un Itinéraire, et laissa bientôt aux dames le soin de faire les honneurs de la chambre que je leur avais cédée.

En quelque lieu du monde qu'on se rencontre, il y a entre Parisiens un sujet de conversation à l'aide duquel on peut s'étudier, et bientôt se connaître. C'est l'Opéra, pierre de touche de bonne compagnie, qui éprouve les fashionables. L'Opéra forme dans ces habitués un monde à part, parlant cette langue des premières loges, qui seule a cours pour transmettre de la Chaussée d'Antin au noble faubourg les fluctuations de la Bourse, les variations de la mode, et les changemens de ministère de la beauté.

J'avais un avantage sur ma jolie compatriote : c'est que je la connaissais et qu'elle ne me connaissait pas; il est évident qu'elle cherchait à savoir à quelle classe de la société j'appartenais, et qu'elle ne pouvait le deviner à ce premier essai : elle changea donc la conversation, et l'amena sur l'art en général.

Au bout de dix minutes, nous avions passé en revue la littérature depuis Hugo jusqu'à Scribe, la peinture depuis Delacroix jusqu'à Abel de Pujol, l'architecture depuis monsieur Percier jusqu'à monsieur Lebas. Je connaissais encore mieux les hommes que les choses, et je parlais plus savamment des individus que de leurs œuvres. — L'esprit de ma compatriote était toujours flottant.

Après un moment de silence, quelques questions que je lui adressai sur sa santé firent virer de bord la conversation, qui entra à pleines voiles dans la médecine. Ma spirituelle antagoniste avait une névralgie. C'est, comme on le sait, la maladie de ceux qui ont besoin d'en avoir une. Lorsque vous entendez sortir de la bouche d'une femme ces mots : J'ai affreusement mal aux nerfs, vous pouvez incontinent les traduire par ceux-ci : Madame a de vingt-cinq à quatre-vingts mille francs à dépenser par an, sa loge à l'Opéra, ne marche jamais, et ne se lève qu'à midi. On voit donc que mon interlocutrice se livrait de plus en plus. Je soutins la conversation en homme qui, sans avoir des nerfs, ne nie point qu'ils existent, et qui, sans avoir l'honneur de les connaître personnellement, en a beaucoup entendu parler.

Madame Kœfford, qui, tant que nous avions escarmouché sur un terrain tout national, était restée simple témoin du duel, voyant que la conversation ballottait en ce moment une question d'humanité générale, fit un léger effort qui colora ses joues, et laissa tomber quelques paroles au milieu de notre dialogue : elle aussi, la pauvre femme, avait des nerfs, mais les nerfs du nord. Cela me fournit l'occasion d'établir une distinction très subtile et très savante sur la manière de sentir selon les degrés de latitude; et il demeura clairement démontré à ces deux dames, au bout de quelques minutes, que je m'étais beaucoup occupé de la différence des sensations.

Ma compatriote hésitait donc de plus en plus à fixer son esprit sur ma spécialité. J'étais trop homme du monde pour n'être qu'un artiste, j'étais trop artiste pour n'être qu'un homme du monde; je parlais trop bas pour un agent de change, trop haut pour un médecin, et je laissais parler mon interlocutrice, ce qui prouvait que je n'étais pas avocat.

En ce moment, monsieur Brunton rentra, la figure comiquement bouleversée, marcha droit à monsieur Kœfford, toujours plongé dans des Guides et des Itinéraires, et lui dit gravement :

— Mon pauvre ami!...

— Qu'est-ce? fit le chambellan en se tournant tout d'une pièce.

— Avez-vous lu dans votre Ebel, continua monsieur Brunton, que les habitants d'Obergestelen fussent anthropophages?

— Non, dit le chambellan; mais je vais voir si cela y est. Il feuilleta un instant son livre, arriva au mot Obergestelen, et lut à haute voix :

« Obergestelen ou Oberghestelen, avant-dernier village du Haut Valais, situé au pied du mont Grimsel, à quatre mille cent pieds au-dessus du niveau de la mer : ses maisons sont tout-à-fait noires; cette couleur provient de l'action du soleil sur la résine que contient le bois de mélèze dont elles sont bâties. Les débordemens du Rhône y causent de fréquentes inondations pendant l'été. »

— Je ne sais ce que vous voulez dire, continua gravement monsieur Kœfford en levant les yeux; vous voyez qu'il n'y a pas dans tout cela un mot de chair humaine.

— Eh bien! mon ami, il y a longtemps que je vous dis que vos faiseurs d'Itinéraires sont des ignorans.

— Pourquoi cela?

— Descendez vous-même à la cuisine, levez le couvercle de la marmite qui bout sur le feu, et vous remonterez nous dire ce que vous aurez vu.

Le chambellan, qui vit un fait extraordinaire à consigner sur ses tablettes, ne se le fit pas dire deux fois. Il se leva et descendit à la cuisine. Madame Brunton et moi avions grande envie de rire. Son mari conservait invariablement cette figure triste que les plaisans de bon goût savent si bien prendre. Quant à madame Kœfford, elle était retombée dans sa rêverie, et, plutôt couchée qu'assise dans son fauteuil, elle suivait, les yeux vaguement fixés au ciel, quelques nuages à forme bizarre qui lui rappelaient ceux de sa patrie.

Sur ces entrefaites, monsieur Kœfford rentra pâle et s'essuyant le front.

— Et bien! qu'y a-t-il dans la marmite?

— Un enfant! répondit-il en se laissant tomber sur une chaise.

— Un enfant!...

— Pauvre petit ange! dit madame Kœfford, qui avait écouté sans entendre, ou entendu sans comprendre, et qui voyait sans doute passer dans ses songes quelque chérubin avec des ailes blanches et une auréole d'or.

Quand on a compté sur un gigot braisé ou sur une tête de veau; que, dans cette attente, on a depuis une heure apaisé les murmures de son estomac à la fumée d'une marmite, et qu'on vient vous dire que cette marmite ne contient qu'un enfant, cet enfant, fût-il un ange, comme l'appelait madame Kœfford, devient un trop triste équivalent pour que l'appétit ne se révolte pas de l'échange. J'allais donc m'élancer hors de la chambre, lorsque monsieur Brunton m'arrêta par le bras et me dit : Il est inutile que vous alliez le voir, on va vous le servir.

En effet, la fille de l'auberge entra bientôt, portant sur un plat long, et couché sur un lit d'herbe, un objet qui avait l'apparence parfaite d'un enfant nouveau-né, écorché et bouilli.

Nos dames jetèrent un cri et détournèrent la tête. Monsieur Kœfford se leva de sa chaise, s'approcha, la mort dans l'âme, du premier service, et après l'avoir regardé attentivement, il dit avec un profond soupir : *C'était une fille*.

— Mesdames, dit monsieur Brunton en s'asseyant et en aiguisant un couteau, j'ai entendu dire qu'au siége de Gênes, pendant lequel, vous le savez, Masséna invita un jour tout son état-major à manger un chat et douze souris, on avait remarqué, au milieu du dépérissement général de nos troupes, un régiment qui se maintenait aussi frais et aussi dispos que s'il n'y avait pas eu de famine. La ville rendue, le général en chef interrogea le colonel sur cette étrange excep-

13

tion. Celui-ci alors avoua ingénument que ses soldats étaient venus lui demander la permission de manger de l'Autrichien, et qu'il n'avait pas cru devoir leur refuser une aussi légère faveur ; il ajouta même qu'en sa qualité de colonel, les meilleurs morceaux lui étaient envoyés avec la régularité d'une distribution de vivres ordinaire, et que, malgré sa répugnance primitive, il avait fini par trouver, comme les autres, que les sujets de Sa Majesté impériale étaient un mets fort agréable.

Les cris redoublèrent.

Alors monsieur Brunton enleva fort délicatement l'épaule de l'objet en question, et se mit à l'attaquer avec autant d'appétit que l'avait fait Cérès lorsqu'elle dévora l'épaule de Pélops.

En ce moment la fille rentra, et, voyant que monsieur Brunton était seul à table : — Eh bien ! mesdames, dit-elle, est-ce que vous ne mangez pas de marmotte ?

La respiration nous revint. Mais, maintenant même que nous savions le secret, la ressemblance du quadrupède avec le bipède ne nous paraissait pas moins frappante ; ses mains et ses pieds surtout, articulés comme des membres humains, eussent suffi seuls pour m'empêcher de goûter de ce mets que Willer m'avait tant vanté en gravissant le Faulhorn.

— N'avez-vous donc pas autre chose ? dis-je à notre camérière.

— Une omelette, si vous voulez.

— Va pour une omelette, dirent ces dames.

— Mais savez-vous la faire, au moins ? Une omelette, ajoutai-je en me retournant vers ces dames, est à la cuisine ce que le sonnet est à la poésie.

— Il me semble au contraire, répondirent-elles, que c'est l'A B C de l'art.

— Lisez Boileau et Brillat-Savarin.

— Vous entendez, la fille ? dit monsieur Kœfford.

— Oh ! quant à ce qui est de l'omelette, nous en faisons tous les jours, et, Dieu merci ! les voyageurs ne s'en plaignent jamais.

— Nous verrons bien ! — La fille alla faire son omelette : dix minutes après elle apporta une espèce de galette plate et dure qui couvrait toute la superficie d'un énorme plat. Dès le premier coup d'œil je vis que nous étions volés ; je n'en découpai pas moins la chose, et j'en servis un morceau à chacune de ces dames ; elles y goûtèrent du bout des lèvres, et repoussèrent aussitôt leur assiette : je tentai la même épreuve ; mes prévisions ne m'avaient pas trompé : autant aurait valu mordre dans une courte-pointe.

— Eh bien ! dis-je à la fille, votre omelette est exécrable, mon enfant.

— Comment cela peut-il se faire ? on y a mis tout ce qu'il fallait.

— Qu'en dites-vous mesdames ?

— Mais nous disons que c'est désespérant, et que nous mourons de faim !

— Dans les cas désespérés il faut donner quelque chose au hasard. Ces dames veulent-elles que j'essaie de leur en faire une ?

— Une omelette !

— Une omelette, repris-je en m'inclinant modestement.

Ces dames se regardèrent.

— Mais, dit Kœfford en se levant vivement et en se rattachant à la seule planche de salut qu'il voyait flotter dans les eaux, mais puisque monsieur à la bonté de nous offrir...

— Pourvu cependant, repris-je, que monsieur Brunton et vous me serviez d'aides de cuisine.

— Volontiers, s'écrièrent ces deux messieurs avec une spontanéité qui dénotait la confiance de la faim ; volontiers, ajoutèrent ces dames avec un sourire de doute.

— En ce cas, dis-je à la fille, du beurre frais, des œufs frais, de la crème fraîche.

Je chargeai monsieur Brunton de hacher les fines herbes, et monsieur Kœfford de battre les œufs ; je pris la queue de la poêle, et j'opérai le mélange avec une gravité qui faisait le bonheur de ces dames. Déjà l'omelette cuisait dans le beurre et tout le monde me regardait avec un intérêt croissant, lorsque monsieur Brunton interrompit le silence général :

— Monsieur, me dit-il, serait-il bien indiscret de vous demander qui nous avons l'honneur d'avoir pour cuisinier ?

— Oh ! mon Dieu, non, monsieur.

— C'est que je suis convaincu que je vous ai rencontré à Paris.

— Et moi aussi. — Ayez la bonté de me passer le beurre.

— Merci. — J'en fis glisser quelques morceaux sous l'omelette, qui commençait à prendre, afin qu'elle ne tînt point à la poêle.

— Et je suis sûr que, si vous me disiez votre nom...

— Alexandre Dumas.

— L'auteur d'*Antony !* s'écria madame Brunton.

— Lui-même, répondis-je en mettant dans le plat l'omelette parfaitement cuite et en la posant sur la table.

N'entendant aucune félicitation ni pour le drame ni pour l'omelette, je levai les yeux : la société était stupéfaite. Il paraît qu'on s'était fait de ma personne une idée beaucoup plus poétique que ne le comportait le prospectus que je venais d'en donner. Par malheur, l'omelette se trouva excellente. Les dames la mangèrent jusqu'au dernier morceau.

LE PONT DU DIABLE.

En quittant ces dames le soir, j'avais obtenu d'elles la permission de les voir le lendemain matin. Je me présentai donc chez elles aussitôt que je les sus visibles.

Elles étaient tout à fait remises de leur mauvaise route et de leur mauvais dîner ; il n'y avait que M. Kœfford qui, ayant passé la nuit au milieu de ses cartes et de ses itinéraires, paraissait beaucoup plus fatigué que la veille.

— C'était un singulier homme que notre chambellan ! ponctuel comme l'étiquette, monté comme une horloge, et réglé comme une romance. Avant de partir de Copenhague, il avait compulsé tous les voyageurs qui ont écrit sur la Suisse, consulté toutes les cartes des vingt-deux cantons, et avait fini par se tracer, jour par jour, au sein de la république helvétique, un itinéraire dont il ne s'était encore écarté ni d'une heure ni d'un sentier.

Sur cet itinéraire il y avait que, le 28 septembre, il devait descendre dans l'Oberland, en traversant le Grimsel. Il est vrai qu'il n'y était pas question de l'orage qui avait empêché ce projet, — tout simple d'ailleurs, — de s'exécuter comme l'avait espéré M. Kœfford.

Or, nous étions au 29 septembre au lieu d'être au 28, nous nous trouvions dans le Valais au lieu de nous trouver dans l'Oberland, et les guides déclaraient qu'après la tempête de la veille le passage du pont Gemmi était seul praticable, et qu'il fallait renoncer à celui du Grimsel. La chose était fort égale à M. et à madame Brunton, mais elle bouleversait toute l'existence de M. Kœfford.

Je fis tout ce que je pus pour lui rendre son courage ; je lui dis que le passage du Gemmi était beaucoup plus curieux que celui du Grimsel, et que ce n'était, à tout prendre, qu'un retard d'un jour.

— Et croyez-vous, me dit-il d'un air désespéré, que ce n'est rien qu'un retard d'un jour ? d'être obligé de faire le lundi ce qu'on croyait faire le dimanche, de marquer une heure et d'en sonner une autre, comme une pendule dérangée ?

Madame Brunton, son mari et moi, fîmes ce que nous pûmes pour consoler le pauvre chambellan ; mais il était comme Rachel pleurant ses fils. Quant à sa femme, qui connaissait son caractère, elle n'osait hasarder un mot.

Cependant, comme il n'y avait pas d'autre parti à prendre, M. Kœfford se décida à subir un retard de vingt-quatre heures et à passer le Gemmi. Je le quittai donc à peu près calme, sinon tout à fait résigné.

Depuis notre retour à Paris, j'ai su, par une lettre de notre malheureux ami à M. Brunton, qu'il n'était arrivé à Copenhague que le 1er janvier au soir, au lieu du 30 décembre. Il avait manqué sa visite du jour de l'an au roi de Danemark, et avait failli perdre sa place de chambellan.

Quant à moi, qui heureusement n'avais de visite à rendre à aucun roi, je baisai la main de ces dames, et me mis en route avec Francesco.

C'était un brave enfant et un bon compagnon, joyeux et insouciant, toujours d'une humeur libre, plus fort que ne l'est avec cinq ans de plus un jeune homme de nos villes, vif comme un lézard et léger comme un chamois.

Nous marchâmes deux heures à peu près, suivant toujours les bords escarpés du Rhône, qui de fleuve était devenu torrent, et de torrent devint bientôt ruisseau, mais ruisseau capricieux et fantasque, annonçant dès sa source tous les écarts de son cours, comme les bizarreries d'un enfant annoncent à l'aurore de la vie les passions de l'homme.

Enfin, au détour d'un sentier, nous aperçûmes devant nous, remplissant tout l'espace compris entre le Grimsel et la Furca, le magnifique géant de glace, la tête posée sur la montagne, les pieds pendans dans la vallée, et laissant échapper, comme la sueur de ses flancs, trois ruisseaux qui, se réunissant à une certaine distance, prennent, dès leur jonction, le nom de Rhône, que le fleuve ne perd qu'en vomissant ses eaux à la mer par quatre embouchures, dont la plus petite à près d'une lieue de large.

Je sautai par-dessus ces trois ruisseaux, dont le plus fort n'a pas douze pieds d'une rive à l'autre. Cet exploit terminé, nous commençâmes à gravir la Furca.

C'est une des montagnes les plus nues et les plus tristes de toute la Suisse. Les habitans attribuent son aridité au choix que fit le Juif-Errant de ce passage pour se rendre de France en Italie. J'ai déjà dit qu'une tradition raconte que la première fois que le réprouvé franchit cette montagne il la trouva couverte de moissons, la seconde fois de sapins, la troisième fois de neige.

C'est dans ce dernier état que nous la trouvâmes aussi. Arrivés à son sommet, je remarquai que cette neige était, de place en place, mouchetée de taches rouges comme un immense tapis tigré; je vis, en approchant, que ces taches étaient produites par des sources qui venaient sourdre à la surface de la terre: je pensai qu'elles devaient être ferrugineuses, et je les goûtai. Je ne m'étais pas trompé: c'était la rouille qui donnait à la neige cette teinte rougeâtre qui m'avait étonné d'abord.

Pendant que j'examinais ce phénomène et que je cherchais à m'en rendre compte, Francesco vint à moi, et, d'un air assez embarrassé, me demanda ma gourde, qu'il s'était chargé de faire remplir le matin à Obergestelen, et dans laquelle il avait versé du vin au lieu de kirchenwaser; je m'étais aperçu de cette méprise en route seulement, et je n'avais pu deviner pour quel motif Francesco avait ainsi manqué aux instructions que je lui avais données; mais comme la liqueur substituée à celle que je buvais habituellement était un excellent vin rouge d'Italie, je n'avais pas considéré cette infraction à mes ordres comme un grand malheur.

Francesco, en me demandant ma gourde, ramena ma pensée sur ce petit incident, que j'avais déjà oublié. Je crus qu'une mesure d'hygiène personnelle lui faisait préférer le vin d'Italie à l'eau de cerises des Alpes, et qu'il allait, en portant ma gourde à sa bouche, me donner une preuve de cette préférence. Je le suivis donc du coin de l'œil, tout en ayant l'air de ne le point regarder, mais cependant sans perdre de vue un seul de ses mouvemens.

Rien de ce que j'avais soupçonné n'arriva: Francesco alla se placer sur la crête la plus élevée de la montagne, et, à cheval pour ainsi dire sur les deux versans, il fit deux fois le signe de la croix, une fois tourné vers l'occident et l'autre fois vers l'orient; puis, versant du vin dans le creux de sa main, il jeta en l'air le liquide, qui retomba autour de lui comme une pluie dont chaque goutte faisait sur la neige une petite tache rouge, assez pareille par la couleur aux grandes taches dont je venais de découvrir la cause. Enfin, cette espèce d'exorcisme achevé, Francesco me remit la gourde, sans avoir même pensé à l'approcher de ses lèvres.

— Quelle cérémonie d'enfer viens-tu de faire? lui dis-je en replaçant la gourde à mon côté.

— Ah! me répondit-il, c'est une précaution pour qu'il ne nous arrive pas d'accident.

— Comment cela?

— Oui: nous sommes sur la route d'Italie, n'est-ce pas? c'est par ici que passent les vins qui descendent du Saint-Gothard et qu'on envoie en Suisse, en France ou en Allemagne; ces vins sont renfermés dans des barriques et conduits par des muletiers italiens, qui presque tous sont des ivrognes. Comme la Furca est la montagne la plus fatigante qu'ils aient à gravir pendant tout le chemin, c'est aussi pendant cette montée que le démon de l'ivrognerie les tente, et arrive ordinairement à son but en leur faisant percer les tonneaux qui leur sont confiés, et qui de cette manière arrivent rarement pleins à leur destination. Vous concevez que de pareils hommes, dépositaires infidèles pendant leur vie, ne peuvent entrer dans le séjour des honnêtes gens après leur mort. Leurs âmes en peine reviennent donc errer la nuit à l'endroit même où la tentation les a vaincues: ce sont elles qui, tout imbibées encore du vin dérobé, font, en se posant sur la neige, ces taches rouges éparses de tous côtés; ce sont elles qui, pour se distraire, poursuivent le voyageur avec la tempête, qui font glisser son pied au bord du précipice, qui l'égarent le soir par des lueurs trompeuses. Hé bien! il n'y a qu'un moyen de se rendre ces âmes favorables, c'est de leur jeter, en faisant le signe de la croix, quelques gouttes de ce vin qu'elles ont tant aimé pendant leur vie qu'il a été pour elles une cause de damnation éternelle après leur mort. Voilà pourquoi j'ai fait mettre dans votre gourde du vin au lieu de kirchenwaser.

Cette explication me parut si satisfaisante que je ne trouvai d'autre réponse à faire que de renouveler pour mon compte l'opération que Francesco venait de faire pour le sien, et je ne doute pas que ce ne soit à cette précaution antidiabolique que nous dûmes d'arriver sans accident aucun à Réalp, petit village situé à la base de la terrible montagne.

Nous ne fîmes à Réalp qu'une halte d'une heure, et nous continuâmes notre route jusqu'à Andermatt. Châteaubriand et M. de Fitz-James y étaient passés quelques jours auparavant, et l'hôte me montra avec orgueil les noms des deux illustres voyageurs inscrits sur son registre.

Le lendemain matin, je fis prix avec un voiturier qui ramenait une petite calèche à Altorf. Toute notre discussion roula sur le droit que je me réservais d'aller à pied quand bon me semblerait: le brave homme ne pouvait comprendre que je louasse une voiture à la condition de ne pas monter dedans. Enfin je lui fis comprendre, grâce à mon interprète Francesco, que, désirant voir en détail certaines parties de la route, une course trop rapide ne me permettrait pas de me livrer à cette investigation. Ces choses convenues, nous nous mîmes en marche, en prenant la route nouvelle du Saint-Gothard à Altorf.

Cette route, profitable surtout au canton d'Uri, a été exécutée par lui, avec l'aide de ses frères les plus riches: les cantons de Berne, de Zurich, de Lucerne, de Bâle, lui ouvrirent généreusement leur bourse à son premier appel, et lui prêtèrent entre eux, et sans intérêts, huit millions, qu'il acquitte religieusement en leur rendant une somme annuelle de cinq cent mille francs.

A peine fus-je à un quart de lieue d'Andermatt que j'usai du privilége d'aller à pied. Nous étions arrivés à un des endroits les plus curieux de la route: c'est un défilé formé par le Galenstok et le Crispalt, rempli entièrement par les eaux de la Reuss, que j'avais vue naître la veille au sommet de la Furca, et qui, cinq lieues plus loin, mérite déjà, par l'accroissement qu'elle a pris, le nom de Géante, que lui a donné.

La route, arrivée à cet endroit, s'est donc heurtée contre la base granitique du Crispalt, et il a fallu creuser le roc pour qu'elle pût passer d'une vallée à l'autre. Cette galerie souterraine, longue de cent quatre-vingts pieds, et éclairée par des ouvertures qui donnent sur la Reuss, est vulgairement appelée le trou d'Uri.

Après avoir fait quelques pas de l'autre côté de la galerie, je me trouvai en face du pont du Diable : je devrais dire des ponts du Diable; car il y en a effectivement deux : il est vrai qu'un seul est pratiqué, le nouveau ayant fait abandonner l'ancien.

Je laissai ma voiture prendre le pont neuf, et je me mis en devoir de gagner, en m'aidant des pieds et des mains, le véritable pont du Diable, auquel le nouveau favori est venu voler non seulement ses passagers, mais encore son nom.

Les ponts sont tous deux jetés hardiment d'une rive à l'autre de la Reuss, qu'ils franchissent d'une seule enjambée, et qui coule sous une seule arche : celle du pont moderne a soixante pieds de haut et vingt-cinq pied de large : celle du vieux pont n'en a que quarante-cinq sur vingt-deux. Ce n'en est pas moins le plus effrayant à traverser, vu l'absence des parapets.

La tradition à laquelle il doit son nom est peut-être une des plus curieuses de toute la Suisse : la voici dans toute sa pureté.

La Reuss, qui coule dans un lit creusé à soixante pieds de profondeur entre des rochers coupés à pic, interceptait toute communication entre les habitans du val Cornera et ceux de la vallée de Goschenen, c'est-à-dire entre les Grisons et les gens d'Uri. Cette solution de continuité causait un tel dommage aux deux cantons limitrophes, qu'ils rassemblèrent leurs plus habiles architectes, qu'à frais communs plusieurs ponts furent bâtis d'une rive à l'autre, mais jamais assez solides pour qu'ils résistassent plus d'un an à la tempête, à la crue des eaux ou à la chute des avalanches. Une dernière tentative de ce genre avait été faite vers la fin du quatorzième siècle, et l'hiver presque fini donnait l'espoir que cette fois le pont résisterait à toutes ces attaques, lorsqu'un matin on vint dire au bailli de Goschenen que le passage était de nouveau intercepté.

— Il n'y aura que le diable, s'écria le bailli, qui puisse nous en bâtir un.

Il n'avait pas achevé ces paroles, qu'un domestique annonça… Messire Satan.

— Faites entrer, dit le bailli.

Le domestique se retira et fit place à un homme de trente cinq à trente-six ans, vêtu à la manière allemande, portant un pantalon collant de couleur rouge, un justaucorps noir, fendu aux articulations des bras, dont les crevés laissaient voir une doublure couleur de feu. Sa tête était couverte d'une toque noire, coiffure à laquelle une grande plume rouge donnait par ses ondulations une grâce toute particulière. Quant à ses souliers, anticipant sur la mode, ils étaient arrondis du bout, comme ils le furent cent ans plus tard, vers le milieu du règne de Louis XII, et un grand ergot, pareil à celui d'un coq, et qui adhérait visiblement à sa jambe, paraissait destiné à lui servir d'éperon lorsque son bon plaisir était de voyager à cheval.

Après les complimens d'usage, le bailli s'assit dans un fauteuil, et le diable dans un autre ; le bailli mit ses pieds sur les chenets, le diable posa tout bonnement les siens sur la braise.

— Hé bien ! mon brave ami, dit Satan, vous avez donc besoin de moi ?

— J'avoue, monseigneur, répondit le bailli, que votre aide ne nous serait pas inutile.

— Pour ce maudit pont, n'est-ce pas ?

— Hé bien ?

— Il vous est donc bien nécessaire ?

— Nous ne pouvons nous en passer.

— Ah ? ah ! fit Satan.

— Tenez, soyez bon diable, reprit le bailli après un moment de silence, faites-nous-en un.

— Je venais vous le proposer.

— Hé bien ! il ne s'agit donc que de s'entendre… sur… Le bailli hésita.

— Sur le prix, continua Satan en regardant son interlocuteur avec une singulière expression de malice.

— Oui, répondit le bailli, sentant que c'était là que l'affaire allait s'embrouiller.

— Oh ! d'abord, continua Satan, en se balançant sur les pieds de derrière de sa chaise et en affilant ses griffes avec le canif du bailli, je serai de bonne composition sur ce point.

— Eh bien ! cela me rassure, dit le bailli ; le dernier nous a coûté soixante marcs d'or ; nous doublerons cette somme pour le nouveau, mais c'est tout ce que nous pouvons faire.

— Eh ! quel besoin ai-je de votre or ? reprit Satan ; j'en fais quand je veux. Tenez.

Il prit un charbon tout rouge au milieu du feu, comme il eût pris une praline dans une bonbonnière.—Tendez la main, dit-il au bailli.—Le bailli hésitait. N'ayez pas peur, continua Satan, et il lui mit entre les doigts un lingot d'or le plus pur et aussi froid que s'il fût sorti de la mine.

Le bailli le tourna et le retourna en tous sens ; puis il voulut le lui rendre.

— Non, non, gardez, reprit Satan en passant d'un air suffisant une de ses jambes sur l'autre ; c'est un cadeau que je vous fais.

— Je comprends, dit le bailli en mettant le lingot dans son escarcelle, que si l'or ne vous coûte pas plus de peine à faire, vous aimez autant qu'on vous paie avec une autre monnaie ; mais, comme je ne sais pas celle qui peut vous être agréable, je vous prierai de faire vos conditions vous-même.

Satan réfléchit un instant.

— Je désire que l'âme du premier individu qui passera sur ce pont m'appartienne, répondit-il.

— Soit, dit le bailli.

— Rédigeons l'acte, continua Satan.

— Dictez vous-même.— Le bailli prit une plume, de l'encre et du papier, et se prépara à écrire.

Cinq minutes après, un sous-seing en bonne forme, *fait double et de bonne foi*, était signé par Satan en son propre nom, et par le bailli au nom et comme fondé de pouvoirs de ses paroissiens. Le diable s'engageait formellement par cet acte à bâtir dans la nuit un pont assez solide pour durer *cinq cents ans*, et le magistrat, de son côté, concédait, en paiement de ce pont, l'âme du premier individu que le hasard ou la nécessité forcerait de traverser la Reuss sur le passage diabolique que Satan devait improviser.

Le lendemain, au point du jour, le pont était bâti.

Bientôt le bailli parut sur le chemin de Goschenen ; il venait vérifier si le diable avait accompli sa promesse. Il vit le pont, qu'il trouva fort convenable, et, à l'extrémité opposée à celle par laquelle il s'avançait, il aperçut Satan, assis sur une borne et attendant le prix de son travail nocturne.

— Vous voyez que je suis homme de parole, dit Satan.

— Et moi aussi, répondit le bailli.

— Comment ! mon cher Curtius, reprit le diable stupéfait, vous dévoueriez-vous pour le salut de vos administrés ?

— Pas précisément, continua le bailli en déposant à l'entrée du pont un sac qu'il avait apporté sur son épaule, et dont il se mit incontinent à dénouer les cordons.

— Qu'est-ce ? dit Satan, essayant de deviner ce qui allait se passer.

— Prrrrrrooooou, dit le bailli.

Et un chien, traînant une poêle à sa queue, sortit tout épouvanté du sac, et, traversant le pont, alla passer en hurlant aux pieds de Satan.

— Eh ! dit le bailli, voilà votre âme qui se sauve ; courez donc après, monseigneur.

Satan était furieux, il avait compté sur l'âme d'un homme ; et il était forcé de se contenter de celle d'un chien. Il y aurait eu de quoi se damner, si la chose n'eût pas été faite. Cependant, comme il était de bonne compagnie, il eut l'air de trouver le tour très drôle, et fit semblant de rire tant que le bailli fut là ; mais à peine le magistrat eut-il le dos tourné, que Satan commença à s'escrimer des pieds et des mains pour démolir le pont qu'il avait bâti; il avait fait la chose tellement en conscience, qu'il se retourna les ongles et se déchaussa les dents avant d'en avoir pu arracher le plus petit caillou.

— J'étais un bien grand sot, dit Satan. Puis, cette réflexion faite, il mit les mains dans ses poches et descendit les rives de la Reuss, regardant à droite et à gauche, comme aurait pu le faire un amant de la belle nature. Cependant il n'avait pas renoncé à son projet de vengeance. Ce qu'il cherchait des yeux, c'était un rocher d'une forme et d'un poids convenables, afin de le transporter sur la montagne qui domine la vallée, et de le laisser tomber de cinq cents pieds de haut sur le pont que lui avait escamoté le bailli de Goschenen.

Il n'avait pas fait trois lieues qu'il avait trouvé son affaire.

C'était un joli rocher, gros comme une des tours de Notre-Dame : Satan l'arracha de terre avec autant de facilité qu'un enfant aurait fait d'une rave, le chargea sur son épaule, et, prenant le sentier qui conduisait au haut de la montagne, il se mit en route, tirant la langue en signe de joie et jouissant d'avance de la désolation du bailli quand il trouverait le lendemain son pont effondré.

Lorsqu'il eut fait une lieue, Satan crut distinguer sur le pont un grand concours de populace; il posa son rocher par terre, grimpa dessus, et, arrivé au sommet, aperçut distinctement le clergé de Goschenen, croix en tête et bannière déployée, qui venait de briser l'œuvre satanique et de consacrer à Dieu le pont du diable.

Satan vit bien qu'il n'y avait rien de bon à faire pour lui; il descendit tristement, et, rencontrant une pauvre vache qui n'en pouvait mais, il la tira par la queue et la fit tomber dans un précipice.

Quant au bailli de Goschenen, il n'entendit jamais reparler de l'architecte infernal; seulement, la première fois qu'il fouilla à son escarcelle, il se brûla vigoureusement les doigts : c'était le lingot qui était redevenu charbon.

Le pont subsista cinq cents ans, comme l'avait promis le diable.

Si l'on veut chercher la vérité cachée derrière ces voiles mystérieux mais transparens de la tradition, ce sera surtout lorsqu'il sera question de ces grands travaux attribués à l'ennemi du genre humain qu'elle sera facile à découvrir. Ainsi, presque partout en Suisse il y a des chaussées du diable, des ponts du diable, des châteaux du diable, qu'après une investigation un peu sérieuse on reconnaîtra pour des ouvrages romains. Contre l'exemple des Grecs, qui, dans leurs invasions, détruisaient et emportaient, les Romains, dans leurs conquêtes, apportaient et bâtissaient. Aussi, à peine l'Helvétie fut-elle soumise par César, qu'une tour s'éleva à Nyon (Noviodunum), un temple à Moudon (Mus Donium), et qu'une voie militaire, aplanissant le sommet du Saint-Bernard, traversa l'Helvétie dans sa plus grande largeur, et alla aboutir au Rhin, près de Mayence. Sous Auguste, les maisons les plus nobles et les plus riches de Rome acquirent des possessions de la nouvelle conquête, et vinrent s'établir à Vindich (Vindonissa), à Avenches (Aventicum), à Arbon (Arbor felix) et à Coire (Curia). C'est alors que, pour rendre les communications plus faciles entre ces riches étrangers, les architectes romains, sinon les premiers, du moins les plus hardis du monde, jetèrent, d'une montagne à l'autre et à des milliers d'épouvantables précipices, ces ponts aériens, si solides que presque en tous lieux on les retrouve debout. La domination romaine en Helvétie dura, comme on le sait, quatre cent cinquante ans; puis un jour apparurent sur les montagnes de nouveaux peuples, venus de on ne sait d'où, conquérans nomades, cherchant une patrie, s'établissant selon leur caprice, avec leurs femmes et leurs enfans, là où ils croyaient être bien, chassant devant eux avec le fer de leur épée les vainqueurs du monde comme les bergers chassent les troupeaux avec le bois de la houlette, et faisant esclaves les populations que Rome avait adoptées pour ses filles. Ceux que le souffle de Dieu poussa vers l'Helvétie étaient les Burgunds et les Allemanni : ils s'établirent depuis Genève jusqu'à Constance, et depuis Bâle jusqu'au Saint-Gothard. Ces hommes, incultes et sauvages comme les forêts dont ils sortaient, restèrent saisis d'étonnement en face des monumens que la civilisation romaine avait laissés. Incapables de produire de pareilles choses, leur orgueil se révolta à l'idée que des hommes les avaient produites, et toute œuvre qui leur parut au-dessus de leurs forces fut attribuée par ceux-ci à la complaisante coopération de l'ennemi des hommes, que ceux-ci avaient dû nécessairement payer au prix de leurs corps ou de leurs âmes. De là toutes les légendes merveilleuses dont le moyen âge hérita et qu'il a léguées à ses enfans.

Une lieue après le pont du Diable, et en descendant toujours la Reuss, on trouve un second pont jeté sur cette rivière et à l'aide duquel on passe d'une rive à l'autre; il a été bâti à l'endroit même appelé le *Saut du Moine*. Ce nom vient de ce qu'un moine, qui avait enlevé une jeune fille et l'emportait entre ses bras, poursuivi par ses deux frères, dont les chevaux le gagnaient de vitesse, s'élança sans quitter son fardeau, d'une rive à l'autre, au risque de se briser avec lui dans le précipice. Les frères de la jeune fille n'osèrent le suivre, et le moine resta maître de ce qu'il aimait. Le saut fait par cet autre Claude Frollo avait vingt-deux pieds de largeur, et l'abîme qu'il franchissait cent vingt pieds de profondeur.

Un quart d'heure avant d'arriver à Altorf, nous aperçûmes de l'autre côté de la rivière le village d'Attinghausen, et derrière le clocher de ce village les ruines de la maison de Walter Furst, l'un des trois libérateurs de la Suisse. Nous venions d'abandonner la terre de la fable pour celle de l'histoire. Désormais plus de légendes diaboliques ou de traditions monacales; mais une épopée toute entière, grande, belle et merveilleuse, accomplie par une nation, sans autre secours que celui de ses enfans, et dont nous lirons bientôt la première page à Bürglen, sur l'autel de la chapelle élevée à l'endroit même où naquit Guillaume Tell.

WERNER STAUFFACHER.

Un an s'est passé depuis que nous avons pris congé de nos lecteurs sur les bords de la Reuss, après leur avoir fait traverser avec nous le *Pont du Diable* et le *Saut du Moine*. Nous étions restés, si nous avons bonne mémoire, en vue du village d'Attinghausen, derrière le clocher duquel nous apercevions les ruines de la maison de Walter Furst, l'un des trois libérateurs de la Suisse. Depuis ce temps, nous avons fait une lointaine et longue excursion chez d'autres peuples et au fond d'autres contrées; nous en avons rapporté de nouvelles impressions et de puissans souvenirs, qui demandent aussi à voir le jour, mais qui, en frères respectueux, doivent cependant céder la place à leurs aînés. Nous allons donc revenir, non plus à notre Helvétie des glaciers et des montagnes, mais à la Suisse des lacs et des prairies; non plus au sol fabuleux, mais à la terre historique, car nous n'avons que cette petite montagne qui est devant nous à gravir, que ce petit cimetière plein de roses à traverser, près de l'église, à gauche, nous allons nous trouver à la porte d'une petite chapelle bâtie sur l'emplacement de la maison même où naquit Guillaume Tell, et dont le sacristain est allé nous chercher la clef.

Si connue que soit l'histoire du héros populaire dont nous venons de prononcer le nom, et quelque familiers que nous soyons généralement avec cette histoire, nous ne pouvons nous dispenser, arrivés où nous en sommes, et près de parcourir les lieux qui se déroulent à notre vue, d'entrer dans quelques détails sur la révolution helvétique, et de suivre dans ses développemens l'association qui donna naissance à la plus vieille république, non-seulement de l'ère moderne, mais encore des temps anciens. D'ailleurs nous écrivons, non seulement pour le lecteur casanier qui nous lit au coin de son feu, un pied sur chacun de ses chenets et enveloppé dans sa robe de chambre, mais encore pour le voyageur aventureux qui, comme nous, le grand chapeau de paille sur la tête, le sac sur l'épaule et le bâton ferré à la main, suivra dans l'avenir la route que nous avons suivie et que nous lui traçons. Or, celui-là, à qui nous donnons ici notre salut fraternel, sera heureux de s'asseoir au haut de cette petite colline de roses, près de cette église et en face de cette chapelle où nous sommes, et de trouver chez nous un précis historique, court et cependant exact, des événemens passés il y a près de six siècles, et dont il peut embrasser presque tout l'ensemble sur cet immense panorama qui s'étend à nos pieds comme une carte géographique.

Albert d'Autriche, qui était de la maison de Habsbourg, parvint au trône impérial en 1298. À l'époque de son avènement, il n'existait en Helvétie (1) ni association, ni cantons, ni diète. Quant à l'empereur, il possédait seulement au milieu de ces contrées, à titre de chef des comtes de Habsbourg, une quantité considérable de villes, de forteresses et de terres qui font aujourd'hui partie des cantons de Zurich, Lucerne, Zug, Argovie, etc., etc. Les autres comtes auxquels appartenait le reste du pays étaient ceux de Savoie, de Neufchâtel et de Rapperschwyl.

Il serait difficile de faire l'histoire individuelle de cette noblesse, riche, débauchée et remuante, toujours en guerre et en plaisir, épuisant le sang et l'or de ses vassaux, et couvrant chaque cime de montagnes de tours et de forteresses, d'où, comme les aigles de leurs aires, ils s'abattaient dans la plaine pour y enlever l'objet de leur désir qu'ils revenaient mettre en sûreté derrière les murs de leurs châteaux. Et que l'on ne croie pas que les laïques seuls se livraient à ces déprédations; non, les puissans évêques de Bâle, de Constance, de Coire et de Lausanne, vivaient de la même manière, et les riches abbés de Saint-Gall et d'Ensielden suivaient l'exemple de leurs chefs mitrés, comme la petite noblesse celle des hauts barons.

Au milieu de cette terre couverte d'esclaves et d'oppresseurs, trois petites communes étaient restées libres ; c'étaient celles d'Uri, de Schwitz et d'Unterwald, qui, dès 1291, prévoyant les jours de malheur et les circonstances périlleuses cachées dans l'avenir, s'étaient réunies et engagées à défendre mutuellement envers et contre tous leurs personnes, leurs familles, leurs biens, et à s'aider, le cas échéant, par les conseils et par les armes. Cette alliance leur avait fait donner le nom d'Eidsgenossen (2), c'est-à-dire alliés par serment. Albert, déjà alarmé de cette première démonstration hostile, voulut les forcer à renoncer à la protection de l'empereur, leur seul suzerain, et de se soumettre à celle plus immédiate et plus directe des comtés d'Habsbourg, afin que, si aucun de ses fils n'était élu au trône romain après lui, ils conservassent la souveraineté de ces pays, qui, sans cela, échappaient à la noble maison des ducs d'Autriche.

Mais Uri, Schwitz et Unterwald avaient trop vu quels brigandages infâmes s'exerçaient autour d'eux, pour être dupes d'une pareille proposition. Ils repoussèrent donc les ouvertures qui leur en furent faites, en 1303, par les députés d'Albert, et supplièrent qu'on ne les privât pas de la protection de l'empereur régnant, ou, selon l'expression usitée à cette époque, qu'on ne les séparât point de l'empire.

Albert leur fit répondre que son désir était de les adopter comme enfans de sa famille royale, offrit des fiefs à leurs principaux citoyens, et parla d'une création de dix chevaliers par commune. Mais ces vieux montagnards répondirent que ce qu'ils demandaient était le maintien de leurs anciens droits, et non de nouvelles faveurs ; alors Albert, voyant qu'il n'y avait rien à faire de ces hommes par la corruption, voulut voir ce qu'on en pourrait faire par la tyrannie ; il leur envoya en conséquence deux baillis autrichiens dont il connaissait le caractère despotique et emporté ; c'étaient Hermann Guessler de Brouneig et le chevalier Beringuer de Landenberg. Ces nouveaux baillis s'établirent dans le pays même des confédérés, ce que leurs devanciers ne s'étaient jamais permis de faire ; Landenberg prit possession du château royal de Sarnen, dans le Haut-Unterwalden, et Guessler, ne trouvant point de séjour digne de lui dans le pauvre pays qui lui était échu en partage, fit bâtir une forteresse, à laquelle il donna le nom d'*Urijoch*, ou *Joug-d'Uri*; dès lors commença à être mis à exécution le plan d'Albert, qui espérait, à l'aide de cette tyrannie, déterminer les confédérés à se détacher eux-mêmes de l'Empire et à se mettre sous la protection de la maison d'Autriche ; en conséquence, les péages furent augmentés, les plus petites fautes punies par de fortes amendes, et les citoyens traités avec hauteur et mépris.

Un jour qu'Hermann Guessler faisait sa tournée dans le canton de Schwitz, il s'arrêta devant une maison que l'on achevait de bâtir, et qui appartenait à Werner Stauffacher.

— N'est-ce point une honte, dit-il en s'adressant à l'écuyer qui le suivait, que de misérables serfs bâtissent de pareilles maisons, quand les chaumières seraient trop bonnes pour eux ? — Laissez-la finir, monseigneur, répondit l'écuyer, et, lorsqu'elle sera achevée, nous ferons sculpter au-dessus de la porte les armes de la maison de Habsbourg, et nous verrons si son maître est assez hardi pour la réclamer. — Tu as raison, dit Guessler, et, piquant son cheval, il continua son chemin. La femme de Werner Stauffacher était sur le seuil de la porte ; elle entendit cette conversation, et donna aussitôt l'ordre aux ouvriers de laisser là leur ouvrage et de se retirer chacun chez eux. Ils obéirent.

Lorsque Werner Stauffacher revint, il regarda avec étonnement cette maison solitaire, et demanda à sa femme pourquoi les ouvriers s'étaient retirés, et qui leur en avait donné l'ordre.

— Moi, répondit-elle.

— Et pourquoi cela, femme ?

— Parce qu'une chaumière est tout ce qu'il faut à des vassaux et à des serfs.

Werner poussa un soupir et entra dans la maison. Il avait faim et soif ; il s'attendait à trouver le dîner préparé. Il s'assit à table ; sa femme lui servit du pain et de l'eau et s'assit près de lui.

— N'y a-t-il plus de vin au cellier, plus de chamois dans les montagnes, plus de poissons dans le lac, femme ? dit Werner.

— Il faut savoir vivre selon sa condition ; le pain et l'eau sont le dîner des vassaux et des serfs.

Werner fronça le sourcil, mangea le pain et but l'eau.

La nuit vint, ils se couchèrent. Avant de s'endormir, Werner prit sa femme entre ses bras et voulut l'embrasser ; elle le repoussa.

— Pourquoi me repousses-tu, femme ? dit Werner (1).

— Parce que des vassaux et des serfs ne doivent point désirer donner le jour à des enfans qui seront vassaux et serfs comme leurs pères.

Werner se jeta à bas du lit, se rhabilla en silence, détacha de la muraille une longue épée qui y était pendue, la jeta sur ses épaules et sortit sans prononcer une parole.

Il marcha sombre et pensif jusqu'à Brünen. Arrivé là, il fit prix avec quelques pêcheurs, traversa le lac, arriva deux heures avant le jour à Attinghausen, et alla frapper à la maison de Walter Furst, son beau-père. Le vieillard vint ouvrir lui-même, et, quoique étonné de voir paraître son gendre à cette heure de nuit, il ne lui demanda point la cause de cette visite, mais donna l'ordre à un serviteur d'apporter sur la table un quartier de chamois et du vin.

— Merci, père, dit Werner, j'ai fait un vœu.

— Et lequel ?

---

(1) L'Helvétie ne prit le nom de Suisse qu'après la confédération.

(2) Etymologie du mot *huguenot*.

(1) Qu'on me permette de rapporter la tradition suisse dans toute sa naïveté ; c'est le seul moyen de lui conserver sa couleur.

— De ne manger que du pain et de ne boire que de l'eau jusqu'à un moment peut-être bien éloigné encore.
— Et lequel ?
— Celui où nous serons libres.
Walter Furst s'assit en face de Werner.
— Ce sont de bonnes paroles que celles que tu viens de dire ; mais auras-tu le courage de les répéter à d'autres qu'au vieillard que tu appelles ton père ?
— Je les répéterai à la face de Dieu qui est au ciel, et à la face de l'empereur qui est son représentant sur la terre.
— Bien dit, enfant : il y a longtemps que j'attendais de ta part une pareille visite et une semblable réponse. Je commençais à croire que ni l'une ni l'autre ne viendraient.
On frappa de nouveau ; Walter Furst alla ouvrir. Un jeune homme armé d'un bâton qui ressemblait à une massue était debout à la porte ; un rayon de lune éclaira en ce moment ses traits pâles et bouleversés.
— Mechtal ! s'écrièrent à la fois Walter Furst et Stauffacher.
— Et que viens-tu demander ? continua Walter Furst, effrayé de sa pâleur.
— Asile et vengeance ! dit Mechtal d'une voix sombre.
— Tu auras ce que tu demandes, répondit Walter Furst, si la vengeance dépend de moi comme l'asile.
— Qu'est-il donc arrivé, Mechtal ?
— Il est arrivé que j'étais à labourer ma terre, et que j'avais à ma charrue les deux plus beaux bœufs de mon troupeau, lorsqu'un valet de Landenberg vint à passer et s'arrêta, puis après un instant s'approchant de mon attelage :
— Voilà de trop beaux bœufs pour un vassal, dit-il ; il faut qu'ils changent de maître.
— Ces bœufs sont à moi, lui dis-je, et comme j'en ai besoin, je ne veux pas les vendre.
— Et qui parle de te les acheter, manant ?
A ces mots il tira de sa ceinture un couteau à dépouiller le gibier et coupa les traits.
— Mais si vous me prenez cet attelage, comment ferai-je pour labourer ma terre ?
— Des paysans comme toi peuvent bien traîner leur charrue eux-mêmes, s'ils veulent manger le pain dont ils ne sont pas dignes.
— Tenez, lui dis-je, il en est encore temps, si vous passez votre chemin, je vous pardonne.
— Et où est ton arc ou ton arbalète pour parler ainsi ?
Il y avait près de moi un jeune arbre, je le brisai. — Je n'ai besoin ni de l'un ni de l'autre, vous voyez que je suis armé, lui dis-je.
— Si tu fais un pas, me répondit-il, je t'éventre comme un chamois.
D'un seul bond je fus près de lui, le bâton levé.
— Et moi, si vous portez la main sur mon attelage, je vous assomme comme un taureau.
Il étendit le bras et toucha le joug. — Oui, je crois qu'il le toucha du bout du doigt.
Mon bâton tomba, et le valet de Landenberg avec lui. Je lui avais rompu le bras comme si c'eût été une baguette de saule.
— Et tu avais bien fait, et c'était justice, s'écrièrent les deux hommes.
— Je le sais, et je ne m'en repens pas, continua Mechtal ; mais je ne fus pas moins forcé de me sauver. J'abandonnai mes bœufs, et je me cachai tout le jour dans le bois du Rœstock ; puis, la nuit venue, je pensai à vous, qui êtes bon et hospitalier, je pris la passe de Surchen, et me voilà.
— Sois le bien venu, Mechtal, dit Walter Furst en lui tendant la main.
— Mais ce n'est point tout, continua le jeune homme ; il nous faudrait un homme intelligent, que nous pussions envoyer à Sarnen, afin qu'il sache ce qui s'est passé depuis hier et quelles mesures de vengeance ont été prises contre moi par Landenberg.
En ce moment, un pas alourdi par la fatigue se fit entendre ; un instant après, un homme frappa en disant : Ouvrez, je suis Ruder.

Mechtal ouvrit la porte pour se jeter dans les bras du serviteur de son père ; mais il le trouva si pâle et si abattu qu'il recula épouvanté.
— Qu'y a-t-il, Ruder ? dit Mechtal d'une voix tremblante.
— Malheur sur vous, mon jeune maître ! malheur sur le pays qui voit tranquillement de pareils crimes ! malheur sur moi, qui vous apporte de si fatales nouvelles !
— Il n'est rien arrivé au vieillard ? dit Mechtal ; ils ont respecté son âge et ses cheveux blancs ; la vieillesse est sacrée !...
— Respectent-ils quelque chose ? y a-t-il quelque chose de saint pour eux ?
— Ruder !... s'écria Mechtal en joignant les mains.
— Ils l'ont pris, ils ont voulu lui faire dire où vous étiez, et, comme il ne le savait pas... pauvre vieillard ! ils lui ont crevé les yeux !
Mechtal jeta un cri terrible. Werner et Walter Furst se regardèrent les cheveux hérissés et la sueur sur le front.
— Tu mens ! s'écria Mechtal en saisissant Ruder au collet, tu mens ! il est impossible que des hommes commettent de pareils crimes ! oh ! tu mens ! dis-moi que tu mens !
— Hélas ! répondit Ruder.
— Ils lui ont crevé les yeux, dis-tu ? et cela parce que je m'étais sauvé comme un lâche ! ils ont crevé les yeux du père parce qu'il ne voulait pas livrer le fils ! ils ont enfoncé une pointe de fer dans les yeux d'un vieillard... on lui a fait du jour, du soleil, de Dieu ! et nos montagnes ne se sont pas écroulées sur leurs têtes ! nos lacs n'ont pas débordé pour les engloutir ! le tonnerre n'est pas tombé du ciel pour les foudroyer !... Ils n'ont plus assez de nos larmes, et ils nous font pleurer le sang ! Ah ! ah ! mon Dieu, mon Dieu ! prenez pitié de nous ! et Mechtal tomba comme un arbre déraciné, se roula et mordit la terre.
Werner s'approcha de Mechtal.
— Ne pleure pas comme un enfant, ne te roule pas comme une bête fauve ; relève-toi comme un homme, nous vengerons ton père, Mechtal !
Le jeune homme se retrouva debout, comme si un ressort l'avait remis sur ses pieds.
— Nous le vengerons ! avez-vous dit, Werner ?
— Nous le vengerons ! reprit Walter Furst.
— Ah ! fit Mechtal en jetant un éclat de voix qui ressemblait au rire d'un fou.
En ce moment, le refrain d'une chanson joyeuse se fit entendre à quelque distance, et au détour du chemin on vit, aux premiers rayons du jour, apparaître un nouveau personnage.
— Rentrez, s'écria Ruder en s'adressant à Mechtal.
— Reste, dit Walter Furst ; c'est un ami.
— Et qui pourrait nous être utile, ajouta Werner. Mechtal accablé tomba sur un banc.
Pendant ce temps, l'étranger s'approchait toujours ; c'était un homme de quarante ans à peu près : il était vêtu d'une espèce de robe brune qui lui descendait jusqu'aux genoux seulement, et qui tenait le milieu entre le costume monacal et le vêtement des laïques ; cependant ses cheveux longs, ses moustaches et sa barbe, taillés comme ceux des bourgeois libres, indiquaient que, s'il appartenait au cloître, c'était fort indirectement. Sa démarche était d'ailleurs bien plus celle d'un soldat que d'un moine, et l'on aurait pu le prendre pour un homme de guerre, s'il n'eût porté, à la place de l'épée, une écritoire pendue à sa ceinture, et, dans une trousse d'archer vide de flèches, un rouleau de parchemin et des plumes. Son costume était complété, du reste, par un pantalon de drap bleu, collant sur sa jambe, par des brodequins lacés dessus, et par le long bâton ferré sans lequel voyage si rarement le montagnard.
Dès qu'il avait aperçu le groupe qui s'était formé devant la porte, il avait cessé de chanter, et il s'approchait avec cet air ouvert qui annonçait sa certitude d'y trouver des figures de connaissance. En effet, il était encore à quelques pas, que Walter Furst lui adressa la parole.
— Sois le bien venu, Guillaume, lui dit-il. Où vas-tu si matin ?

— Dieu vous garde, Walter ! Je vais toucher les redevances du *fraumunster* (1) de Zurich, dont je suis, comme vous savez, le receveur.

— Ne peux-tu pas t'arrêter un quart d'heure avec nous ?
— Pourquoi faire?
— Pour écouter ce que va te dire ce jeune homme...

L'étranger se tourna du côté de Mechtal, et vit qu'il pleurait; alors il s'approcha de lui et lui tendit la main.

— Que Dieu sèche vos larmes, frère ! lui dit-il.
— Que Dieu venge le sang ! répondit Mechtal... Et il lui raconta tout ce qui venait d'arriver.

Guillaume écouta ce récit avec une grande compassion et une profonde tristesse.

— Et qu'avez-vous résolu ? dit Guillaume lorsqu'il eut fini.

— De nous venger et de délivrer notre pays ! répondirent les trois hommes.

— Dieu s'est réservé la vengeance des crimes et la délivrance des peuples, dit Guillaume.

— Et que nous a-t-il donc laissé, à nous autres hommes?...
— La prière et la résignation qui les hâtent.

— Guillaume, ce n'est point la peine d'être un si vaillant archer, si tu réponds comme un moine quand on te parle comme à un citoyen.

— Dieu a fait la montagne pour le daim et le chamois, et le daim et le chamois pour l'homme. Voilà pourquoi il a donné la légèreté au gibier et l'adresse au chasseur. Vous vous êtes donc trompé, Walter Furst, en m'appelant un vaillant archer, je ne suis qu'un pauvre chasseur.

— Adieu, Guillaume, va en paix !...
— Dieu soit avec vous, frères !

Guillaume s'éloigna. Les trois hommes le suivirent des yeux en silence jusqu'à ce qu'il eût disparu au premier détour du chemin.

Il ne faut pas compter sur lui, dit Werner Stauffacher ; et cependant c'eût été un puissant allié.

— Dieu réserve à nous seuls la délivrance de notre pays. Dieu soit loué !

— Et quand nous mettrons-nous à l'œuvre, dit Mechtal ? Je suis pressé... mes yeux pleurent, et ceux de mon père saignent...

— Nous sommes chacun d'une commune différente; toi, Werner, de Schwitz; toi, Mechtal, d'Unterwalden, et moi d'Uri. Choisissons chacun, parmi nos amis, dix hommes sur lesquels nous puissions compter ; rassemblons-nous avec eux au Grutli... Dieu peut ce qu'il veut, et, lorsqu'ils marchent dans sa voie, trente hommes valent une armée...

— Et quand nous rassemblerons-nous ? dit Mechtal.
— Dans la nuit de dimanche à lundi, répondit Walter Furst.

— Nous y serons ! répondirent Werner et Mechtal. Et les trois amis se séparèrent.

CONRAD DE BAUMGARTEN.

Parmi les dix hommes du canton d'Unterwalden qui devaient accompagner Mechtal au Grutli dans la nuit du 17 novembre, était un jeune homme de Wolfenschiess nommé Conrad de Baumgarten; il venait d'épouser par amour la plus belle fille d'Alzellen, et le désir seul de délivrer son pays l'avait fait entrer dans la conjuration ; car il était heureux.

Aussi ne voulut-il pas dire à sa jeune femme quel motif l'éloignait d'elle. Il feignit une affaire au village de Brunnen, et,

(1) Couvent de femmes.

le 16 au soir, il lui annonça qu'il quittait la maison jusqu'au lendemain. La jeune femme pâlit.

— Qu'y a-t-il, Roschen ? (1) dit Conrad ; il est impossible qu'une chose aussi simple vous fasse une telle impression !
— Conrad, dit la jeune femme, ne pouvez-vous remettre cette affaire ?
— Impossible.
— Ne pouvez-vous m'emmener avec vous ?
— Impossible.
— Allez, alors.

Conrad la regarda. Serais-tu jalouse, pauvre enfant? — Roschen sourit tristement.—Mais non, c'est impossible, continua-t-il ; il est arrivé quelque chose que tu me caches.
— Peut-être ai-je tort de craindre, répondit Roschen.
— Et que peux-tu craindre dans ce village, au milieu de nos parents, de nos amis ?
— Tu connais notre jeune seigneur, Conrad?
— Oui, sans doute, répondit celui-ci en fronçant le sourcil ; eh bien !
— Eh bien ! il m'a vue à Alzellen avant que je fusse ta femme.
— Et il t'aime ! s'écria Conrad en fermant les poings et en la regardant fixement.
— Il me l'a dit.
— Autrefois?
— Oui, et je l'avais oublié ; mais hier je l'ai rencontré sur le chemin de Stanz, et il m'a répété les mêmes paroles.
— Bien, bien ! murmura Conrad. Insolens seigneurs !... ce n'était donc pas assez de mon amour pour la patrie; vous voulez que j'y joigne ma haine pour vous ! Mais hâtez-vous d'amasser de nouveaux crimes sur vos têtes, le jour de la vengeance va venir !
— Qui menaces-tu ainsi ? dit Roschen. Oublies-tu qu'il est le maître ?
— Oui, de ses vassaux, de ses serfs et de ses valets ; mais moi, Roschen, je suis de condition libre, citoyen de la ville de Stanz, seigneur de mes terres et de ma maison ; et, si je n'ai pas droit, comme lui, d'y rendre justice, j'ai droit de me la faire.
— Tu vois bien que j'avais raison de craindre, Conrad.
— Oui.
— Ainsi tu ne me quitteras pas?
— J'ai donné ma parole, il faut que je la tienne.
— Tu me permettras de t'accompagner, alors?
— Je t'ai déjà dit que cela était impossible.
— Mon Dieu, Seigneur ! murmura Roschen.
— Ecoute, reprit Conrad ; nous nous effrayons à tort, peut-être : je n'ai dit à personne que je dusse partir ; personne ne le sait donc. Je ne serai absent que jusqu'à demain à midi. On me croira près de toi, et tu seras respectée.
— Dieu le veuille !

Conrad embrassa Roschen et la quitta.

Le rendez-vous était, nous l'avons dit, au Grutli (2) ; personne n'y manqua.

C'est là, dans cette petite plaine que forme une prairie étroite entourée de buissons, au pied des rocs du Seelisberg, que, dans la nuit du 17 novembre 1307, la terre donna au ciel l'un de ses plus sublimes spectacles, celui de trois hommes promettant sur leur honneur de rendre, au risque de leur vie, la liberté à tout un peuple. — Walter Furst, Werner Stauffacher et Mechtal étendirent le bras, et s'écrièrent à Dieu *devant qui les rois et les peuples sont égaux, de vivre et de mourir pour leurs frères, d'entreprendre et de supporter tout en commun; de ne plus souffrir, mais de ne pas commettre d'injustice; de respecter les droits et les propriétés du comte de Habsbourg ; de ne faire aucun mal aux baillis impériaux, mais de mettre un terme à leur tyrannie*; priant Dieu, si ce serment lui était agréable, de le faire connaître par quelque miracle. Au même instant, trois sources d'eau vive jaillirent aux pieds des trois chefs. Les conjurés crièrent alors gloire au Seigneur ! et, levant la main, firent à leur tour le serment

(1) Rosette.
(2) De *Ruten* défricher.

de rétablir la liberté en hommes de cœur. Quant à l'exécution de ce dessein, il fut remis à la nuit du 1er janvier 1508 ; puis, le jour approchant, ils se séparèrent, et chacun reprit le chemin de sa vallée et de sa cabane.

Quelque diligence que fît Conrad, il était midi lorsqu'en sortant du Dallenwyl, il aperçut le village de Wolfranchiess, et, près du village, la maison où l'attendait Roschen ; tout paraissait tranquille. Ses craintes se calmèrent à cette vue, son cœur cessa de battre, il s'arrêta pour respirer. En ce moment, il lui sembla que son nom passait à ses oreilles emporté sur une bouffée de vent. Il tressaillit, et se remit en marche.

Au bout de quelques minutes, il entendit une seconde fois une voix qui l'appelait. Il frémit, car cette voix était plaintive, et il crut reconnaître celle de Roschen. Cette voix venait de la route, il s'élança vers le village.

A peine eut-il fait vingt pas, qu'il aperçut une femme accourant à lui échevelée, éperdue, qui, dès qu'elle l'aperçut, étendit les bras, prononça son nom, et, sans avoir la force d'aller plus avant, tomba au milieu du chemin. Conrad ne fit qu'un bond pour arriver près d'elle. Il avait reconnu Roschen.

— Qu'as-tu ma bien-aimée ; s'écria-t-il.
— Fuyons, fuyons ! murmura Roschen en essayant de se relever.
— Et pourquoi faut-il que nous fuyions !
— Parce qu'il est venu, Conrad, parce qu'il est venu pendant que tu n'y étais pas...
— Il est venu !...
— Oui... et abusant de ton absence et de ce que j'étais seule...
— Parle donc ! parle donc !
— Il a exigé que je lui préparasse un bain...
— L'insolent !... Et tu as obéi ?...
— Que pouvais-je faire, Conrad ? Alors il m'a parlé de son amour... il a étendu la main sur moi... c'est alors que je me suis sauvée, t'appelant à mon aide... j'ai couru comme une insensée... puis, quand je t'ai aperçu, les forces m'ont abandonnée, et je suis tombée tout-à-coup comme si la terre manquait sous mes pieds.
— Et où est-il ?
— A la maison... dans le bain...
— L'insensé ! s'écria Conrad en s'élançant vers Wolfranchiess.
— Que vas-tu faire, malheureux ?...
— Attends-moi, Roschen, je reviens...

Roschen tomba à genoux, les bras tendus vers l'endroit où avait disparu Conrad. Elle resta ainsi un quart d'heure, immobile et muette comme la statue de la prière ; puis tout-à-coup elle se releva et poussa un cri. C'était Conrad qui revenait, pâle et tenant à la main une coignée rouge de sang.

— Fuyons, Roschen ! dit-il à son tour, fuyons, car nous ne serons en sûreté que de l'autre côté du lac. Fuyons sans suivre de route... loin des sentiers, loin des villes... fuyons, si tu ne veux pas que je meure de crainte, non pour ma vie, mais pour la tienne !...

A ces mots, il l'entraîna à travers la prairie.

Roschen n'était pas une de ces fleurs délicates et étiolées comme il en pousse dans nos villes ; c'était une noble montagnarde, forte et puissante en face du danger, faite au soleil et à la fatigue. Conrad et elle eurent donc bientôt atteint le pied de la montagne. Conrad alors voulut se reposer ; mais elle lui montra du doigt le sang qui couvrait le fer de sa coignée.

— Quel est ce sang ? lui dit-elle.
— Le sien... répondit Conrad.
— Fuyons ! s'écria Roschen. Et elle se remit en route.

Alors ils s'enfoncèrent dans le plus fourré de la forêt, gravissant les flancs de la montagne par des sentiers connus des seuls chasseurs. Plusieurs fois Conrad voulut s'arrêter encore, mais toujours Roschen lui rendit le courage en lui assurant qu'elle n'était pas fatiguée. Enfin, une demi-heure avant la tombée de la nuit, ils arrivèrent au sommet d'un des prolongemens de Roestock ; de là ils entendaient le bêlement des troupeaux qui rentraient à Seidorf et à Bauen, et devant ces deux villages ils apercevaient, couché au fond de la vallée, le lac des Waldstetten, tranquille et pur comme un miroir. A cet aspect, Roschen voulait continuer sa route ; mais sa volonté dépassait ses forces ; aux premiers pas qu'elle fit, elle chancela. Alors Conrad exigea d'elle qu'elle prît quelques heures de repos, et il lui prépara un lit de feuilles et de mousse sur lequel elle se coucha tandis qu'il veillait près d'elle.

Conrad entendit mourir l'une après l'autre toutes les clameurs de la vallée, il vit s'éteindre, chacune à son tour, toutes les lumières qui semblaient des étoiles tombées sur la terre. Puis aux rumeurs discordantes des hommes succédèrent les bruits harmonieux de la nature ; aux lueurs éphémères allumées par des mains mortelles, cette splendide poussière d'étoiles que soulèvent les pas de Dieu ; la montagne a, comme l'Océan, des voix immenses qui s'élèvent tout-à-coup au milieu des nuits, de la surface des lacs, du sein des forêts, des profondeurs des glaciers. Dans leurs intervalles on entend le bruit continu de la cascade ou le fracas orageux des avalanches, et tous ces bruits parlent au montagnard une langue sublime qui lui est familière, et à laquelle il répond par ses cris d'effroi ou ses chants de reconnaissance, car ces bruits lui présagent le calme ou la tempête.

Aussi Conrad avait-il suivi avec inquiétude la vapeur qui, ternissant le miroir du lac, avait commencé de s'élever à sa surface, et qui, montant lentement dans la vallée, avait été se condenser autour de la tête neigeuse de l'Axemberg. Plusieurs fois déjà il avait tourné avec anxiété les yeux vers le point du ciel où la lune allait se lever ; lorsqu'elle apparut, mais blafarde et entourée d'un cercle brumeux qui voilait sa pâle splendeur ; de temps en temps aussi des brises passaient, portant avec elles une saveur humide et terreuse ; et alors Conrad se retournait vers l'occident, les aspirant avec l'instinct d'un limier et murmurant à demi-voix : Oui, oui, je vous reconnais, messagers d'orage, et je vous remercie, vos avis ne seront pas perdus. — Enfin une dernière bouffée de vent apporta avec elle les premières vapeurs enlevées aux lacs de Neufchâtel et aux marais de Morat. Conrad reconnut qu'il était temps de partir, et se baissa vers Roschen.

— Ma bien-aimée, murmura-t-il à son oreille, ne crains rien, c'est moi qui t'éveille...

Roschen ouvrit les yeux et jeta les bras au cou de Conrad.

— Où sommes-nous ? dit Roschen. J'ai froid...
— Il faut partir, Roschen ; le ciel est à l'ouragan, et nous avons le temps à peine de gagner la grotte du Rikenbach, où nous serons en sûreté contre lui ; puis lorsqu'il sera passé nous descendrons à Bauen, où nous trouverons quelque batelier qui nous conduira à Brunnen ou à Sisigen.
— Mais ne perdons-nous pas un temps précieux, Conrad ? et ne vaudrait-il pas mieux gagner tout de suite les rives du lac ? Si l'on nous poursuivait...
— Autant vaudrait chercher la trace du chamois et de l'aigle, répondit négligemment Conrad. Sois donc tranquille de ce côté, pauvre enfant ; mais voici l'orage, partons.

En effet, un coup de tonnerre éloigné se fit entendre, parcourut en grondant les sinuosités de la vallée, et s'en alla mourir sur les flancs nus de l'Axemberg.

— Tu as raison, il n'y a pas un instant à perdre, dit Roschen ; fuyons, Conrad, fuyons !

A ces mots, ils se prirent par la main, et coururent, aussi vite que leur permettaient les difficultés du terrain, dans la direction de la grotte du Rikenbach.

Cependant l'ouragan s'était déclaré en même temps que les premiers rayons du jour, et se rapprochait en grondant. De dix minutes en dix minutes, des éclairs sillonnaient le ciel, et des nuages, s'abattant sur la tête des fugitifs, leur dérobaient un instant l'aspect de la vallée, et glissant rapidement le long de la montagne, les laissaient imprégnés d'une humidité froide et pénétrante, qui glaçait la sueur sur leur front. Tout à coup et, dans un de ces intervalles de silence où la nature semble rappeler à elle toutes ses forces pour la lutte qu'elle va soutenir, on entendit dans le lointain les aboiemens d'un chien de chasse.

OEUV. COMPL. — VIII. 14

— Napft, s'écria Conrad en s'arrêtant tout à coup.

— Il aura brisé sa chaîne et aura profité de sa liberté pour chasser dans la montagne, répondit Roschen.

Conrad lui fit signe de faire silence, et il écouta avec cette attention profonde d'un chasseur et d'un montagnard habitué à tout deviner, salut et péril, d'après le plus léger indice. Les aboiemens se firent entendre de nouveau. Conrad tressaillit.

— Oui, oui, il est en chasse, murmura-t-il; mais sais-tu bien quel gibier il guette?

— Que nous importe?

— Qu'importe la vie à ceux qui fuient pour la conserver? Nous sommes poursuivis, Roschen; l'enfer a donné une idée à ces démons; ne sachant où me retrouver, ils ont détaché Napft, et se sont fiés à son instinct.

— Mais qui peut te faire croire?...

— Ecoute, et remarque avec quelle lenteur les aboiemens s'approchent; ils le tiennent en laisse pour ne pas perdre notre piste; sans cela, Napft serait déjà près de nous, tandis que de cette façon il en a pour une heure encore avant de nous rejoindre.

Napft aboya de nouveau, mais sans se rapprocher d'une manière sensible; au contraire, on eût dit que sa voix était plus éloignée que la première fois qu'elle s'était fait entendre.

— Il perd notre trace, dit Roschen avec joie, la voix s'écarte.

— Non, non, répondit Conrad, Napft est un trop bon chien pour leur faire défaut, c'est le vent qui tourne; écoute, écoute. Un violent coup de tonnerre interrompit les aboiemens, qui venaient effectivement de se faire entendre de plus près; mais à peine fut-il éteint qu'ils retentirent de nouveau.

— Fuyons, s'écria Roschen, fuyons vers la grotte.

— Et que nous servira la grotte maintenant? si dans deux heures nous n'avons pas mis le lac entre nous et ceux qui nous poursuivent, nous sommes perdus.

A ces mots, il lui prit la main et l'entraîna.

— Où vas-tu, où vas-tu? s'écria Roschen; tu perds la direction du lac.

— Viens, viens; il faut que nous luttions de ruse avec ces chasseurs d'hommes; il y a trois lieues d'ici au lac, et si nous allions en ligne droite, avant vingt minutes, pauvre enfant, tu ne pourrais plus marcher : viens, te dis-je.

Roschen, sans répondre, rassembla toutes ses forces, et, s'avançant rapidement dans la direction choisie par son mari, ils marchèrent ainsi dix minutes à peu près; puis tout-à-coup ils se trouvèrent sur les bords d'une de ces larges gerçures si communes dans les montagnes; un tremblement de terre l'avait produite dans des temps, que les aïeux avaient eux-mêmes oubliés, et un précipice de vingt pieds de largeur et d'une lieue de long peut-être faisait une ceinture profonde à la montagne. C'était une de ces rides qui annoncent la vieillesse de la terre; mais, arrivé là, Roschen jeta un cri terrible. Le pont fragile qui servait de communication d'un bord à l'autre avait été brisé par un rocher qui avait roulé du haut du Roestock. Conrad comprit tout ce qu'il avait de désespoir dans ce cri, et, se croyant perdue, elle tomba à genoux.

— Non, non, ce n'est pas encore l'heure de prier, s'écria Conrad, les yeux brillans de joie. Courage, Roschen, courage! Dieu ne nous abandonne pas tout à fait.

En disant ces mots, il avait couru vers un vieux sapin ébranlé par les orages, qui poussait solitaire et dépouillé au bord du précipice, et il avait commencé l'œuvre du salut en le frappant de sa coignée; l'arbre, attaqué par un ennemi plus acharné et plus puissant que la tempête, gémit de sa racine à son sommet : il est vrai que jamais bûcheron n'avait frappé de si rudes coups.

Roschen encourageait son mari, tout en écoutant la voix de Napft, qui, pendant ces retards et ces contre-temps, avait gagné sur eux.— Courage, mon bien-aimé, disait-elle, courage! vois comme l'arbre tremble! Oh! que tu es fort et puissant! Courage, Conrad : il chancelle, il tombe! — Il tombe! ô mon Dieu! je te remercie, nous sommes sauvés?

En effet, le sapin, coupé par sa base et cédant à l'impulsion que lui avait donnée Conrad, s'était abattu en travers du précipice, offrant un pont impraticable pour tout autre que pour un montagnard, mais suffisant au pied d'un chasseur.

— Ne crains rien, s'écria Roschen en s'élançant la première, ne crains rien, Conrad, et suis-moi. Mais, au lieu de la suivre, Conrad, n'osant regarder le périlleux trajet, s'était jeté à terre et assujettissait l'arbre avec sa poitrine, afin qu'il ne vacillât pas sous le pied de sa bien-aimée; pendant ce temps les aboiemens de Napft se faisaient entendre, distans d'un quart de lieue à peine; tout à coup Conrad sentit que le mouvement imprimé à l'arbre par le poids du corps de Roschen avait cessé; il se hasarda à regarder de son côté; elle était sur l'autre bord, lui tendant les bras et l'excitant à la rejoindre.

Conrad s'élança aussitôt sur ce pont vacillant d'un pas aussi ferme que s'il eût passé sur une arche de pierre; puis, arrivé près de sa femme, il se retourna, et d'un coup de pied précipita le sapin dans l'abîme. Roschen le suivit du regard, et le voyant se briser sur les rochers et bondir de profondeurs en profondeurs, elle détourna les yeux et pâlit. Conrad, au contraire, fit entendre un de ces cris de joie comme en poussent l'aigle et le lion après une victoire; puis, passant son bras autour de la taille de Roschen, il s'enfonça dans un de ces sentiers frayés par les seules bêtes fauves. Cinq minutes après, ceux qui les poursuivaient, guidés par Napft, arrivèrent sur le bord du précipice!...

Cependant la tempête redoublait de force, les éclairs se succédaient sans interruption, le tonnerre ne cessait pas un instant de se faire entendre, la pluie tombait par torrens, les cris des chasseurs, les aboiemens de Napft, tout était perdu dans ce chaos. Au bout d'un quart d'heure, Roschen s'arrêta. Je ne puis plus marcher, dit-elle en laissant tomber ses bras et en pliant sur ses genoux; fuis seul, Conrad, fuis, je t'en supplie...

Conrad regarda autour de lui, pour reconnaître à quelle distance il se trouvait du lac; mais le temps était si sombre, tous les objets avaient pris, sous le voile de l'orage, une teinte si uniforme, qu'il lui fut impossible de s'orienter; il releva les yeux au ciel, mais il n'était que foudre et éclairs, et le soleil avait disparu comme un roi chassé de son trône par une émeute populaire. La pente du sol lui indiquait à peu près la route qu'il avait à suivre; mais sur cette route pouvaient se trouver de ces accidens de terrains si communs dans les montagnes, et qu'il n'y a que les jambes de chamois ou les ailes de l'aigle qui puissent surmonter. Conrad, à son tour, laissa tomber ses bras, et poussa un gémissement comme un lutteur à demi vaincu.

En ce moment, un long et bizarre murmure se fit entendre venant du haut du Roestock; la montagne oscilla trois fois, pareille à un homme ivre, et un brouillard, chaud comme la vapeur qui s'élève au-dessus de l'eau bouillante, traversa l'espace.

— Une trombe! s'écria Conrad, une trombe!... Et, prenant Roschen dans ses bras, il se jeta avec elle sous la voûte d'un énorme rocher, serrant d'un bras sa femme contre sa poitrine et se cramponnant de l'autre aux aspérités du roc.

A peine étaient-ils sous cet abri que les branches supérieures des sapins tressaillirent; puis bientôt ce mouvement se communiqua aux branches inférieures. Un sifflement dont le bruit dominait celui de l'ouragan s'empara à son tour de l'espace; la forêt se courba comme un champ d'épis, des craquemens affreux se firent entendre, et bientôt ils virent les troncs des arbres les plus forts voler en éclats, se déraciner, s'enlever, comme si la main d'un démon les prenait en passant à la chevelure, et fuir devant le souffle de la trombe, tournoyans comme une ronde insensée de gigantesques et effrayans fantômes. Au-dessus d'eux, une masse épaisse de branchages, de rameaux brisés, de bruyères, fuyaient, suivant la même impulsion; au-dessous bondissaient des milliers de rocs arrachés à la montagne, et qui tourbillonnaient comme une poussière. Heureusement, celui sous lequel ils étaient abrités tenait par des liens séculaires à l'ossature immense de la montagne ; il resta immobile, protégeant les fugitifs, qui, se trouvant au centre même de l'ouragan, suivirent d'un œil épouvanté la marche de l'effrayant phénomène, qui, s'avançant en ligne droite, et renversant tous les obstacles, marcha vers Bauen, passa sur une maison qui disparut avec lui, atteignit le lac, sépara le brouillard qui le couvrait en deux parois qu'on eût crues solides, rencontra une barque qu'il abîma, et s'en alla mourir contre les rochers de l'Axemberg, laissant l'espace qu'il avait parcouru vide et écorché comme le lit d'un fleuve mis à nu.

— Allons, voilà notre chemin tout tracé, s'écria Conrad en entraînant Roschen dans le ravin. Nous n'avons qu'à suivre cette blessure de la terre, et elle nous conduira au lac.

— Peut-être aussi, dit Roschen en rassemblant toutes ses forces pour suivre Conrad..., peut-être l'ouragan nous aura-t-il débarrassés de nos ennemis.

— Oui, répondit Conrad, oui, si j'avais laissé le pont derrière moi..., car ils se seraient trouvés sur la même ligne que nous, et alors il est probable que nous aurions vu passer leurs cadavres au-dessus de nos têtes ; mais ils ont été obligés de prendre à gauche pour tourner le précipice. La trombe leur aura donné le temps pour nous joindre, et voilà tout... et la preuve, tiens, tiens... la voilà.

En effet, on recommençait à entendre les aboiemens de Napft.

Conrad alors, sentant que les forces de Roschen l'abandonnaient, la prit dans ses bras, et, chargé de ce fardeau, continua sa route plus rapidement qu'il n'aurait pu le faire suivi par elle.

Dix minutes d'un silence de mort succédèrent aux quelques mots que les époux avaient échangés entre eux. Mais, pendant ces dix minutes, Conrad avait gagné bien du terrain ; le lac lui apparaissait maintenant, à travers le brouillard et la pluie, éloigné de cinq cents pas à peine. Quand à Roschen, ses yeux étaient fixés sur l'étrange vallée qu'ils venaient de parcourir. Tout à coup Conrad la sentit tressaillir par tout le corps ; en même temps des cris de joie se firent entendre ; c'étaient ceux des soldats qui les poursuivaient, et qui enfin les avaient aperçus. Au même instant, Napft vint bondir aux côtés de son maître ; il avait, en le reconnaissant, donné une si vive secousse à la chaîne, qu'il l'avait brisée aux mains de celui qui la tenait ; quelques anneaux pendaient encore à son collier.

— Oui, oui, murmura Conrad, tu es un chien fidèle, Napft ; mais ta fidélité nous perd mieux qu'une trahison. Maintenant ce n'est plus une chasse, c'est une course.

Alors Conrad se dirigea en droite ligne vers le lac, suivi, à trois cents pas environ, par huit ou dix archers du seigneur de Wolfranchiess ; mais, arrivé au bord de l'eau, un autre obstacle se présenta ; le lac était soulevé comme une mer en démence, et, malgré les prières de Conrad, aucun batelier ne voulut risquer sa vie pour sauver la sienne.

Conrad courait comme un insensé, portant toujours Roschen à demi évanouie, et demandant aide et protection à grands cris, et poursuivi toujours par les archers, qui, à chaque pas, gagnaient sur lui.

Tout à coup un homme s'élança d'un rocher au milieu du chemin.

— Qui demande secours ? dit-il.

— Moi, moi, dit Conrad ; pour moi et pour cette femme que vous voyez. Une barque, au nom du ciel ! une barque !

— Venez, dit l'inconnu en s'élançant dans un bateau amarré dans une petite anse.

— Oh ! vous êtes mon sauveur ! mon Dieu !

— Le Sauveur est celui qui a répandu son sang pour les hommes ; Dieu est celui qui m'a envoyé sur votre route ; adressez-lui donc vos actions de grâces, et surtout vos prières ; car nous allons avoir besoin qu'il ne nous perde pas de vue.

— Mais, au moins, faut-il que vous sachiez qui vous sauvez.

— Vous êtes en danger, voilà tout ce que j'ai besoin de savoir ; venez !

Conrad sauta dans le bateau et y déposa Roschen. Quant à l'inconnu, il déploya une petite voile, et, se plaçant au gouvernail, il détacha la chaîne qui retenait la barque au rivage. Aussitôt elle s'élança, bondissant sur chaque vague et s'animant au vent, comme un cheval aux éperons et à la voix de son cavalier. A peine les fugitifs étaient-ils à cent pas du lieu où ils s'étaient embarqués que les archers y arrivèrent.

— Vous venez trop tard, mes maîtres, murmura l'inconnu ; nous sommes maintenant hors de vos mains ; mais ce n'est pas le tout, continua-t-il, en s'adressant à Conrad ; couchez-vous, jeune homme, couchez-vous ; ne voyez-vous pas qu'ils fouillent à leurs trousses ? Une flèche va plus vite que la meilleure barque, fût-elle poussée par le démon de la tempête lui-même. Ventre à terre, ventre à terre, vous dis je. Conrad obéit. Au même instant un sifflement se fit entendre au-dessus de leurs têtes ; une flèche se fixa en tremblant dans le mât de la barque ; les autres allèrent se perdre dans le lac.

L'étranger regarda avec une curiosité calme la flèche dont tout le fer avait disparu dans le trou qu'elle avait fait.

— Oui, oui, murmura-t-il ; il pousse dans nos montagnes de bons arcs de frêne, d'if et d'érable ; et si la main qui les bande et l'œil qui dirige la flèche qu'ils lancent était plus exercés, on pourrait s'inquiéter de leur servir de but. Au reste, ce n'est point une chose facile que d'atteindre le chamois qui court, l'oiseau qui vole ou la barque qui bondit. Baissez-vous encore, jeune homme, baissez-vous, voilà une seconde volée qui nous arrive.

En effet, une flèche s'enfonça dans la proue, et deux autres, perçant la voile, y restèrent arrêtées par les plumes. Le pilote les regarda dédaigneusement.

— Maintenant, dit-il à Conrad et à Roschen, vous pouvez vous asseoir sur les bancs du bateau, comme si vous faisiez votre promenade du dimanche ; avant qu'ils n'aient eu le temps de tirer une troisième flèche de leurs trousses, nous serons hors de leur portée ; il n'y a qu'un vireton d'arbalète poussé par un arc de fer qui puisse envoyer la mort à la distance où nous sommes ; et tenez, voyez si je me trompe.

En effet, une troisième volée de flèches vint s'abattre dans le sillage du bateau ; les fugitifs étaient sauvés de la colère des hommes et n'avaient plus à redouter que celle de Dieu ; mais l'inconnu semblait aguerri contre la seconde aussi bien que contre la première, et, une demi-heure après être parti d'une rive, Conrad et sa femme débarquaient sur l'autre. Quant à Napft, qu'ils avaient oublié, il les avait suivis à la nage.

Avant de quitter l'étranger, Conrad pensa de quelle importance un homme aussi intrépide pouvait être dans la conjuration dont il faisait partie ; il commença donc de lui dire ce qui avait été résolu au Grutli, mais au premier mot l'étranger l'arrêta.

— Vous m'avez appelé à votre secours et j'y suis venu comme j'aurais désiré, que l'on vînt au mien, si je m'étais trouvé dans une position pareille à la vôtre ; ne m'en demandez pas davantage, car je ne ferais pas plus.

— Mais au moins, s'écria Roschen, dites-nous quel est votre nom ; que nous le reportions dans notre cœur auprès de celui de nos pères et de nos mères, car, comme à eux, nous vous devons la vie.

— Oui, oui, votre nom, dit Conrad, vous n'avez aucun motif pour nous le cacher.

— Non, sans doute, répondit naïvement l'étranger en amarrant sa barque au rivage ; je suis né à Burglen, je suis receveur du fraumunster de Zurich, et je me nomme Guillaume Tell.

A ces mots, il salua les deux époux et prit le chemin de Fluelen.

GUILLAUME TELL.

Le lendemain du jour où les choses que nous venons de raconter s'étaient passées, on annonça au bailli Hermann Guessler de Brouneig un messager du chevalier Beringuer de Landenberg. Il donna l'ordre de le faire entrer.

Le messager raconta l'aventure de Mechtal et la vengeance de Landenberg.

A peine eut-il fini qu'on annonça un archer du seigneur de Wolfranchiess.

L'archer raconta la mort de son maître, et de quelle manière le meurtrier s'était échappé, grâce au secours que lui avait porté un homme nommé Guillaume, de Burglen, village placé sous la juridiction de Guessler. Le bailli promit qu'il serait fait justice de cet homme.

Il venait d'engager sa parole, lorsqu'on annonça un soldat de la garnison de Schwanau.

Le soldat raconta que le gouverneur du château, ayant attenté à l'honneur d'une jeune fille d'Art, avait été surpris à la chasse par les deux frères de cette jeune fille et assommé par eux; puis les assassins s'étaient réfugiés dans la montagne, où on les avait poursuivis inutilement.

Alors Guessler se leva, et jura que si le jeune Mechtal, qui avait cassé le bras à un valet de Landenberg, que si Conrad de Baumgarten, qui avait tué le seigneur de Wolfranchiess dans son bain, que si les jeunes gens qui avaient assassiné le gouverneur du château de Schwanau tombaient entre ses mains, ils seraient punis de mort. Les messagers allaient se retirer avec cette réponse; mais Guesler les invita à l'accompagner auparavant sur la place publique d'Altorf.

Arrivé là, il ordonna qu'on plantât en terre une longue perche, et sur cette perche il plaça son chapeau, dont le fond était entouré par la couronne ducale d'Autriche; puis il fit annoncer à son de trompe que tout noble, bourgeois ou paysan, passant devant cet insigne de la puissance des comtes de Habsbourg, eût à se découvrir en signe de foi et hommage; alors il congédia les messagers en leur ordonnant de raconter ce qu'ils venaient de voir et d'inviter ceux qui les avaient envoyés à en faire autant dans leurs juridictions respectives; ce qui était, ajouta-t-il, le meilleur moyen de reconnaître les ennemis de l'Autriche; enfin il plaça une garde de douze archers sur la place, et leur ordonna d'arrêter tout homme qui refuserait d'obéir à l'ordonnance qu'il venait de rendre.

Trois jours après, on vint le prévenir qu'un homme avait été arrêté pour avoir refusé de se découvrir devant la couronne des ducs d'Autriche. Guessler monta à l'instant à cheval, et se rendit à Altorf, accompagné de ses gardes. Le coupable était lié à la perche même au haut de laquelle était fixé le chapeau du gouverneur, et, autant qu'on en pouvait juger à son justaucorps de drap vert de Bâle, et à son chapeau orné d'une plume d'aigle, c'était un chasseur de montagne. Arrivé en face de lui, Guessler donna ordre qu'on détachât les liens qui le retenaient. Cet ordre accompli, le chasseur, qui savait bien qu'il n'en était pas quitte, laissa tomber ses bras, et regarda le gouverneur avec une simplicité aussi éloignée de la faiblesse que de l'arrogance.

— Est-il vrai, lui dit Guessler, que tu aies refusé de saluer ce chapeau?

— Oui, monseigneur.

— Et pourquoi cela?

— Parce que nos pères nous ont appris à ne nous découvrir que devant Dieu, les vieillards et l'empereur.

— Mais cette couronne représente l'empire.

— Vous vous trompez, monseigneur, cette couronne est celle des comtes de Habsbourg et des ducs d'Autriche. Plantez cette couronne sur les places de Lucerne, de Fribourg, de Zug, de Bienne et du pays de Glaris, qui leur appartiennent, et je ne doute pas que les habitans ne lui rendent hommage; mais nous, qui avons reçu de l'empereur Rodolphe le privilége de nommer nos juges, d'être gouvernés par nos lois et de ne relever que de l'empire, nous devons respect à toutes les couronnes, mais hommage seulement à la couronne impériale.

— Mais l'empereur Albert, en montant sur le trône romain, n'a point ratifié ces libertés accordées par son père.

— Il a eu tort, monseigneur, et voilà pourquoi Uri, Schwitz et Unterwalden ont fait alliance entre eux, et se sont engagés, par serment, à défendre mutuellement envers et contre tous leurs personnes, leurs familles, leurs biens, et à s'aider les uns les autres par les conseils et par les armes.

— Et tu crois qu'ils tiendront leur serment? dit en souriant Guessler.

— Je le crois, répondit tranquillement le chasseur.

— Et que les bourgeois mourront plutôt que de le rompre?

— Jusqu'au dernier.

— C'est ce qu'il faudra voir.

— Tenez, monseigneur, continua le chasseur, que l'empereur y prenne garde, il n'est pas heureux en expéditions de ce genre : il se souviendra du siège de Berne, où sa bannière impériale fut prise; de Zurich, dans laquelle il n'osa point entrer, quoique toutes ses portes fussent ouvertes; et cependant avec ces deux villes ce n'était point une question de liberté, mais de limites; je sais qu'il vengea ces deux échecs sur Glaris; mais Glaris était faible et fut surprise sans défense, tandis que nous autres confédérés nous sommes prévenus et armés.

— Et où as-tu pris le temps d'apprendre les lois et l'histoire, si tu n'es qu'un simple chasseur, comme on pourrait le croire d'après ton costume?

— Je sais nos lois, parce que c'est la première chose que nos pères nous apprennent à respecter et à défendre; je sais l'histoire, parce que je suis quelque peu clerc, ayant été élevé au couvent de Notre-Dame-des-Ermites, ce qui fait que j'ai obtenu la place de recevoir les rentes du fraumunster de Zurich. Quant à la chasse, ce n'est point mon état, mais mon amusement, comme celui de tout homme libre.

— Et comment te nomme-t-on?

— Guillaume de mon nom de baptême, et Tell de celui de mes aïeux.

— Ah! répondit Guessler avec joie, n'est-ce pas toi qui as porté secours à Conrad de Baumgarten et à son épouse, lors du dernier ouragan?

— J'ai donné passage dans ma barque à un jeune homme et à une jeune femme qui étaient poursuivis; mais je ne leur ai pas demandé leur nom.

— N'est-ce pas toi aussi que l'on cite comme le plus habile chasseur de toute l'Helvétie?

— Il enlèverait, à cent cinquante pas, une pomme sur la tête de son fils, dit une voix qui s'éleva de la foule.

— Dieu pardonne ces paroles à celui qui les a dites! s'écria Guillaume; mais, à coup sûr, elles ne sont pas sorties de la bouche d'un père.

— Tu as donc des enfans? dit Guessler.

— Quatre, trois garçons et une fille. Dieu a béni ma maison.

— Et lequel aimes-tu le mieux?

— Je les aime tous également.

— Mais n'en est-il pas un pour lequel ta tendresse soit plus grande?

— Pour le plus jeune, peut-être, car c'est le plus faible et par conséquent celui qui a le plus besoin de moi, ayant sept ans à peine.

— Et comment se nomme-t-il?

— Walter.

Guessler se retourna vers un des gardes qui l'avaient suivi à cheval. Courez à Burglen, lui dit-il, et ramenez-en le jeune Walter.

— Et pourquoi cela, monseigneur? — Guessler fit un signe, le garde partit au grand galop.

— Oh! vous n'avez sans doute que de bonnes intentions, monseigneur; mais que voulez-vous faire de mon enfant!

— Tu le verras, dit Guessler en se retournant vers le

groupe et en causant tranquillement avec les écuyers et les gardes qui l'accompagnaient. Quant à Guillaume, il resta debout à la place où il était, la sueur sur le front, les yeux fixes et les poings fermés.

Au bout de dix minutes, le garde revint, ramenant l'enfant assis sur l'arçon de sa selle; puis, arrivé près de Guessler, il le descendit à terre.

— Voilà le petit Walter, dit le garde.

— C'est bien, répondit le gouverneur.

— Mon fils, s'écria Guillaume. L'enfant se jeta dans ses bras.

— Tu me demandais, père? dit l'enfant en frappant de joie ses petites mains l'une dans l'autre.

— Comment ta mère t'a-t-elle laissé venir? murmura Guillaume.

— Elle n'était point à la maison; il n'y avait que mes deux frères et ma sœur. Oh! ils ont été bien jaloux, va; ils ont dit que tu m'aimais mieux qu'eux.

Guillaume poussa un soupir et serra son enfant contre son cœur.

Guessler regardait cette scène avec des yeux brillants de joie et de férocité; puis, lorsqu'il eut bien donné aux cœurs du père et du fils le temps de s'ouvrir : — Qu'on attache cet enfant à cet arbre, dit-il en montrant un chêne qui s'élevait à l'autre extrémité de la place.

— Pourquoi faire! s'écria Guillaume en le serrant dans ses bras.

— Pour te prouver qu'il y a parmi mes gardes des archers qui, sans avoir ta réputation, savent aussi diriger une flèche.

Guillaume ouvrit la bouche comme s'il ne comprenait pas, quoique la pâleur de son visage et les gouttes d'eau qui lui ruisselaient sur le front annonçassent qu'il avait compris.

Guessler fit un signe, les hommes d'armes s'approchèrent.

— Attacher mon enfant pour exercer l'adresse de tes soldats! oh! n'essaie pas cela, gouverneur, Dieu ne te laisserait pas faire.

— C'est ce que nous verrons, dit Guessler; et il renouvela l'ordre. — Les yeux de Guillaume brillèrent comme ceux d'un lion; il regarda autour de lui pour voir s'il n'y avait pas un passage ouvert à la fuite; mais il était entouré.

— Que me veulent-ils donc, père? dit le petit Walter effrayé.

— Ce qu'ils te veulent, mon enfant? ce qu'ils te veulent? Oh! les tigres à face humaine! ils veulent t'égorger.

— Et pourquoi cela, père? dit l'enfant en pleurant; je n'ai fait de mal à personne.

— Bourreaux! bourreaux! bourreaux!... s'écria Guillaume en grinçant des dents.

— Allons, finissons, dit Guessler. — Les soldats s'élancèrent sur lui, et lui arrachèrent son fils. Guillaume se jeta aux pieds du cheval de Guessler.

— Monseigneur, lui dit-il en joignant les mains, monseigneur, c'est moi qui vous ai offensé; c'est donc moi qu'il faut punir, monseigneur, punissez-moi, tuez-moi; mais renvoyez cet enfant à sa mère.

— Je ne veux pas qu'ils te tuent, cria l'enfant en se débattant dans les bras des archers.

— Monseigneur, continua Guillaume, ma femme et mes enfans quitteront l'Helvétie; ils vous laisseront ma maison, mes terres, mes troupeaux; ils s'en iront mendier de ville en ville, de maisons en maisons, et de chaumières en chaumières; mais, au nom du ciel, épargnez cet enfant.

— Il y a un moyen de le sauver, Guillaume, dit Guessler.

— Lequel? s'écria Tell en se relevant et en joignant les mains. Oh! lequel? dites, dites vite, et si ce que vous voulez exiger de moi est au pouvoir d'un homme, je le ferai.

— Je n'exigerai rien qu'on ne te croie capable d'accomplir.

— J'écoute.

— Il y a une voix qui a dit tout à l'heure que tu étais si habile chasseur que tu enlèverais, à cent cinquante pas de distance, une pomme sur la tête de ton fils.

— Oh! c'était une voix maudite, et j'avais cru qu'il n'y avait que Dieu et moi qui l'avions entendue.

— Eh bien! Guillaume, continua Guessler, si tu consens à me donner cette preuve d'adresse, je te fais grâce pour avoir contrevenu à mes ordres en ne saluant pas ce chapeau.

— Impossible, impossible, monseigneur, ce serait tenter Dieu.

— Alors, je vais te prouver que j'ai des archers moins craintifs que toi. Attachez l'enfant.

— Attendez, monseigneur, attendez; quoique ce soit une chose bien terrible, bien cruelle, bien infâme, laissez-moi réfléchir.

— Je te donne cinq minutes.

— Rendez-moi mon fils, pendant ce temps au moins.

— Lâchez l'enfant, dit Guessler. L'enfant courut à son père.

— Il nous ont donc pardonné, père? dit l'enfant en essuyant ses yeux avec ses petites mains, en riant et en pleurant à la fois.

— Pardonné? sais-tu ce qu'ils veulent? O mon Dieu! Comment une pareille pensée peut-elle venir dans la tête d'un homme? Ils veulent... mais non, ils ne le veulent pas! c'est impossible qu'ils veuillent une telle chose. Ils veulent, pauvre enfant, ils veulent qu'à cent cinquante pas j'enlève avec une flèche une pomme sur ta tête.

— Et pourquoi ne le veux-tu pas, père? répondit naïvement l'enfant.

— Pourquoi? Et si je manquais la pomme, si la flèche allait t'atteindre?...

— Oh! tu sais bien qu'il n'y a pas de danger, père, dit l'enfant en souriant.

— Guillaume! cria Guessler.

— Attendez donc, monseigneur, attendez donc, il n'y a pas cinq minutes.

— Tu te trompes, le temps est passé; Guillaume, décide-toi.

L'enfant fit un signe d'encouragement à son père. Eh bien! murmura Guillaume à demi-voix. Oh jamais! jamais!

— Reprenez son fils, cria Guessler.

— Mon père veut bien, dit l'enfant; et il s'élança des bras de Guillaume pour courir de lui-même vers l'arbre.

Guillaume resta anéanti, les bras pendans et la tête sur la poitrine.

— Donnez-lui un arc et des flèches, dit Guessler.

— Je ne suis pas archer, s'écria Guillaume en sortant de sa torpeur, je ne suis pas archer, je suis arbalétrier.

— C'est vrai, c'est vrai, cria la foule.

Guessler se tourna vers les soldats qui avaient arrêté Guillaume, comme pour les interroger.

— Oui, oui, dirent-ils, il avait une arbalète et des viretons.

— Et qu'en a-t-on fait?

— On les lui a pris quand on l'a désarmé.

— Qu'on les lui rende, dit Guessler. On alla les chercher, et on les rapporta à Guillaume.

— Maintenant une pomme, dit Guessler; on lui en apporta une pleine corbeille. Guessler en choisit une.

— Oh! pas celle-là! s'écria Guillaume, pas celle-là; à la distance de cent cinquante pas je la verrai à peine; il n'y a vraiment pas de pitié à vous de la choisir si petite.

— Guessler la laissa retomber et en prit une autre d'un tiers plus grosse.

— Allons, Guillaume, je veux te faire beau jeu, dit le gouverneur; que dis-tu de celle-ci?

Guillaume la prit, la regarda et la rendit en soupirant.

— Allons, voilà qui est convenu; maintenant mesurons la distance.

— Un instant, un instant, dit Guillaume; une distance loyale, monseigneur, des pas de deux pieds et demi, pas plus : c'est la mesure, n'est-ce pas, messieurs les archers, c'est la mesure pour les tirs et pour les défis?

— On la fera telle que tu désires, Guillaume. Et l'on mesura la distance en comptant cent cinquante pas de deux pieds et demi.

Guillaume suivit celui qui calculait l'espace, mesura lui-même trois fois la distance; puis, voyant qu'elle avait été loyalement prise il revint à la place où étaient son arbalète et ses traits.

— Une seule flèche, cria Guessler.

— Laissez-la-moi choisir, au moins, dit Guillaume; ce n'est pas une chose de peu d'importance que le choix du trait; n'est-ce pas, messieurs les archers, qu'il y a des flèches qui dévient, soit parce que le fer en est trop lourd, soit qu'il y ait un nœud dans le bois, soit qu'elles aient été mal empennées?

— C'est vrai, dirent les archers.

— Eh bien, choisis, reprit Guessler; mais une seule, tu m'entends.

— Oui, oui, murmura Guillaume en cachant un vireton dans sa poitrine; oui, une seule, c'est dit.

Guillaume examina toutes ces flèches avec la plus scrupuleuse attention; il les prit et reprit les unes après les autres, les essaya sur son arbalète pour s'assurer qu'elles s'emboîtaient exactement dans la rainure, les posa en équilibre sur son doigt pour voir si le fer n'emportait pas de son côté, ce qui aurait fait baisser le coup. Enfin il en trouva une qui réunissait toutes les qualités suffisantes; mais, longtemps après l'avoir trouvée, il fit semblant de chercher parmi les autres, afin de gagner du temps.

— Eh bien! dit Guessler avec impatience.

— Me voilà, monseigneur, dit Guillaume; le temps de faire ma prière.

— Encore?

— Oh! c'est bien le moins que, n'ayant pas obtenu pitié des hommes, je demande miséricorde à Dieu! c'est une chose qu'on ne refuse pas au condamné sur l'échafaud.

— Prie.

Guillaume se mit à genoux et parut absorbé dans sa prière. Pendant ce temps, on liait l'enfant à l'arbre; on voulut lui bander les yeux; mais il refusa.

— Eh bien! eh bien! dit Guillaume en interrompant sa prière, ne lui bandez-vous pas les yeux?

— Il demande à vous voir, crièrent les archers.

— Et moi, je ne veux pas qu'il me voie, s'écria Guillaume; je ne le veux pas, entendez-vous? ou sans cela, rien n'est dit, rien n'est arrêté, il fera un mouvement en voyant venir la flèche, et je tuerai mon enfant. Laisse-toi bander les yeux, Walter, je t'en prie à genoux.

— Faites, dit l'enfant.

— Merci! dit Guillaume en s'essuyant le front et en regardant autour de lui avec égarement, merci, tu es un brave enfant.

— Allons, courage, père, lui cria Walter.

— Oui, oui, dit Guillaume en mettant un genou en terre et en bandant son arbalète. Puis, se tournant vers Guessler: Monseigneur, il est encore temps, épargnez-moi un crime, et à vous un remords. Dites que tout cela était pour me punir, pour m'éprouver, et que maintenant que vous voyez ce que j'ai souffert, vous me pardonnez, n'est-ce pas, monseigneur? N'est-ce pas que vous me faites grâce? continua-t-il en se traînant sur ses genoux. Au nom du Ciel, au nom de la vierge Marie, au nom des saints, grâce! grâce!...

— Allons, hâte-toi, Guillaume, dit Guessler, et crains de lasser ma patience; n'est-ce pas chose convenue? Allons! chasseur, montre ton adresse.

— Mon Dieu, Seigneur, ayez pitié de moi! murmura Guillaume en levant les yeux au ciel. Alors, ramassant son arbalète, il y plaça le vireton, appuya la crosse contre son épaule, leva lentement le bout; puis, arrivé à la hauteur voulue, cet homme, tremblant tout à l'heure comme une feuille agitée par le vent, devint immobile comme un archer de pierre. Pas un souffle ne se faisait entendre, toutes les respirations étaient suspendues, tous les yeux étaient fixes. Le coup partit, un cri de joie éclata; la pomme était clouée au chêne, et l'enfant n'avait point été atteint. Guillaume voulut se lever, mais il chancela, laissa échapper son arbalète et retomba évanoui.

Lorsque Guillaume revint à lui, il était dans les bras de son enfant. Lorsqu'il l'eut embrassé mille fois, il se tourna vers le gouverneur, et rencontra ses yeux étincelans de colère.

— Ai-je fait ainsi que vous me l'aviez ordonné, monseigneur? dit-il.

— Oui, répondit Guessler, et tu es un vaillant archer. Aussi je te pardonne, comme je te l'ai promis, ton manque de respect à mes ordres.

— Et moi, monseigneur, dit Guillaume, je vous pardonne mes angoisses de père.

— Mais nous avons un autre compte à régler ensemble. Tu as donné secours à Conrad de Baumgarten, qui est un assassin et un meurtrier, et tu dois être puni comme son complice.

Guillaume regarda autour de lui comme un homme qui devient fou.

— Conduisez cet homme en prison, mes maîtres, continua Guessler; c'est un procès en forme qu'il faut pour punir l'assassinat et la haute trahison.

— Oh! il doit y avoir une justice au ciel, dit Guillaume, et il se laissa tranquillement conduire dans son cachot.

Quant à l'enfant, il fut fidèlement rendu à sa mère.

GUESSLER.

Cependant le bruit des divers événemens accomplis dans cette journée s'était répandu dans les villages environnans et y avait éveillé une vive agitation. Guillaume était généralement aimé. La douceur de son caractère, ses vertus domestiques, son dévouement désintéressé pour toutes les infortunes, en avaient fait un ami pour la chaumière et le château. Son adresse extraordinaire avait ajouté au sentiment une admiration naïve qui faisait qu'on le regardait comme un être à part. Les peuples primitifs sont ainsi faits: forcés de se nourrir par l'adresse, de se défendre par la force, ces deux qualités sont celles qui élèvent dans leur esprit l'homme à la qualité de demi-dieu. Hercule, Thésée, Castor et Pollux, n'ont point eu d'autre marche-pied pour monter au ciel.

Aussi, vers le milieu de la nuit, vint-on prévenir Guessler qu'il serait possible qu'une révolte eût lieu si on lui laissait le temps de s'organiser. Guessler pensa que le meilleur moyen de la prévenir était de transporter Guillaume hors du canton (1) d'Uri, dans une citadelle appartenant aux ducs d'Autriche et située au pied du mont Righi, entre Küssnach et Weggis. En conséquence, et pensant que le trajet était plus sûr par eau que par terre, il donna l'ordre de préparer une barque, et, une heure avant le jour, il y fit conduire Guillaume. Guessler, six gardes, le prisonnier et trois bateliers formaient tout l'équipage du petit bâtiment.

Lorsque le gouverneur arriva à Fluelen, lieu de l'embarquement, il trouva ses ordres exécutés. Guillaume, les pieds et les mains liés, était couché au fond de la barque; près de lui, et comme preuve de conviction, était l'arme terrible qui, en lui servant à donner une preuve éclatante de son adresse, avait éveillé tant de craintes dans le cœur de Guessler. Les archers, assis sur les bancs inférieurs, veillaient sur lui; les deux matelots, à leur poste, près du petit mât, se tenaient prêts à mettre à la voile, et le pilote attendait sur le rivage l'arrivée du bailli.

— Aurons-nous le vent favorable? dit Guessler.

— Excellent, monseigneur, du moins en ce moment.

— Et le ciel?

(1) Qu'on nous permette d'employer ce mot, quoique l'Helvétie n'ait point encore à cette époque subi la division sous laquelle la Suisse est connue de nos jours. C'est *juridiction* peut-être que nous devrions dire; mais le mot canton représente mieux les limites, puisqu'on n'a qu'à jeter les yeux sur la carte pour nous suivre. Nous demandons en conséquence pardon pour cet anachronisme de trois cents ans.

— Annonce une magnifique journée.
— Partons donc sans perdre une minute.
— Nous sommes à vos ordres.

Guessler prit place au haut bout de la barque, le pilote s'assit au gouvernail, les bateliers déployèrent la voile, et le petit bâtiment, léger et gracieux comme un cygne, commença de glisser sur le miroir du lac.

Cependant, malgré ce lac bleu, malgré ce ciel étoilé, malgré ces heureux présages, il y avait quelque chose de sinistre dans cette barque, passant silencieuse comme un esprit des eaux. Le gouverneur était plongé dans ses pensées, les soldats respectaient sa rêverie, et les bateliers, obéissant à contre-cœur, accomplissaient tristement leurs manœuvres sur les signes qu'ils recevaient du pilote. Tout à coup une lueur météorique traversa l'espace, et, se détachant du ciel, parut se précipiter dans le lac. Les deux bateliers échangèrent un coup d'œil, le pilote fit le signe de la croix.

— Qu'y a-t-il, patron? dit Guessler.
— Rien, rien encore jusqu'à présent, monseigneur, répondit le vieux marinier. Cependant il y en a qui disent qu'une étoile qui tombe du ciel est un avis que vous donne l'âme d'une personne qui vous est chère.
— Et cet avis est-il de mauvais ou de bon présage?
— Hum! murmura le pilote, le ciel se donne rarement la peine de nous envoyer des présages heureux. Le bonheur est toujours le bien venu.
— Ainsi cette étoile est un signe funeste?
— Il y a de vieux bateliers qui croient que, lorsqu'une semblable chose arrive au moment où l'on s'embarque, il vaut mieux regagner la terre, s'il en est encore temps.
— Oui; mais lorsqu'il est urgent de continuer sa route?
— Alors il faut se reposer sur sa conscience, répondit le pilote, et remettre sa vie à la garde de Dieu. Un profond silence succéda à ces paroles, et la barque continua de glisser sur l'eau, comme si elle eût eu les ailes d'un oiseau de mer.

Cependant, depuis l'apparition du météore, le pilote tournait avec inquiétude ses yeux du côté de l'orient, car c'était de là qu'allaient lui arriver les messagers de mauvaises nouvelles. Bientôt il n'y eut plus de doute sur le changement de l'atmosphère; à mesure que l'heure matinale s'avançait, les étoiles pâlissaient au ciel, non pas dans une lumière plus vive, comme elles ont l'habitude de le faire, mais comme si une main invisible eût tiré un voile de vapeurs entre la terre et le ciel. Un quart d'heure avant l'aurore, le vent tomba tout à coup; le lac, d'azur qu'il était, devint couleur de cendre, et l'eau, sans être agitée par aucun vent, frissonna comme si elle eût été prête à bouillir.

— Abattez la voile! cria le pilote.

Les deux mariniers se dressèrent contre le mât; mais, avant qu'ils eussent accompli l'ordre qu'ils venaient de recevoir, de petites vagues couronnées d'écume s'avancèrent rapidement de Brünnen et semblèrent venir à l'encontre de la barque.

— Le vent! le vent! s'écria le pilote. Tout à bas!

Mais, soit maladresse de la part de ceux à qui ces ordres étaient adressés, soit que quelque nœud mal formé empêchât l'exécution de la manœuvre, le vent était sur le bâtiment avant que la voile fût abattue. La barque, surprise, trembla comme un cheval qui entend rugir un lion, puis sembla se cabrer comme lui; enfin elle se tourna d'elle-même, comme si elle eût voulu fuir les étreintes d'un si puissant lutteur; mais dans ce mouvement elle présenta ses flancs à son ennemi. La voile, tout à l'heure incertaine, s'enfla comme si elle eût été prête à s'ouvrir, la barque s'inclina à croire qu'elle allait chavirer. En ce moment, le pilote coupa avec son couteau le cordage qui retenait la voile; elle flotta un instant, comme un pavillon, au bout du mât où elle était retenue encore; enfin les liens qui l'attachaient se brisèrent, elle s'enleva comme un oiseau par les dernières bouffées de vent, et la barque, n'offrant plus aucune prise à la bourrasque, se redressa lentement et reprit son équilibre. En ce moment, les premiers rayons du jour parurent. Le pilote se replaça à son gouvernail.

— Eh bien! maître, dit Guessler, le présage ne mentait pas, et l'événement ne s'est pas fait attendre.
— Oui, oui; la bouche de Dieu est moins menteuse que celle des hommes... et l'on se trouve rarement bien de mépriser ses avertissemens...
— Croyez-vous que nous en soyons quittes pour cette bourrasque, ou bien ce coup de vent n'est-il que le précurseur d'un orage plus violent?
— Il arrive parfois que les esprits de l'air et des eaux profitent de l'absence du soleil pour donner de pareilles fêtes sans la permission du Seigneur, et alors, au premier rayon du jour, les vents se taisent et disparaissent, s'en allant où vont les ténèbres. Mais, le plus souvent, c'est la voix de Dieu qui a dit à la tempête de souffler. Alors elle doit accomplir sa mission toute entière, et malheur à ceux contre qui elle a été envoyée!
— Tu n'oublieras pas, je l'espère, qu'il s'agit de ta vie en même temps que de la mienne.
— Oui, oui, monseigneur, je sais que nous sommes tous égaux devant la mort; mais Dieu est tout-puissant, il punit qui il veut punir et sauve qui il veut sauver. Il a dit à l'apôtre de marcher sur les flots, et l'apôtre a marché comme sur la terre. Et, tout lié et garrotté qu'est votre prisonnier, il est plus sûr de son salut, s'il est dans la grâce du Seigneur, que tout homme libre qui serait dans sa malédiction. Un coup de rame, Frantz, un coup de rame, que nous présentions la proue au vent, car nous n'en sommes pas encore quittes, et le voilà qui revient sur nous...

En effet, des vagues plus hautes et plus écumeuses que les premières accouraient menaçantes, et, quoique la barque offrit le moins de prise possible, le vent, qui les suivait, fit glisser la barque en arrière avec la même rapidité que les pierres plates que les enfans font bondir sur la surface de l'eau.

— Mais, s'écria Guessler commençant à comprendre le danger, si le vent nous est contraire pour aller à Brünnen, il nous doit être favorable pour retourner à Altorf.
— Oui, oui, j'y ai bien pensé, continua le pilote, et voilà pourquoi plus d'une fois j'ai regardé de ce côté. Mais regardez au ciel, monseigneur, et voyez les nuages qui passent entre le Dodiberg et le Titlis : ils viennent du Saint-Gothard et suivent le cours de la Reuss; c'est un souffle contraire à celui qui soulève ces vagues qui nous pousse, et avant cinq minutes ils se seront rencontrés.
— Et alors?...
— Alors, c'est le moment où il faudra que Dieu pense à nous, ou que nous pensions à Dieu.

La prophétie du pilote ne tarda point à s'accomplir. Les deux orages, qui s'avançaient au devant l'un de l'autre, se rencontrèrent enfin. Un éclair flamboya, et un coup de tonnerre terrible annonça que le combat venait de commencer.

Le lac ne tarda point à partager cette révolte des élémens : ses vagues, tour à tour poussées et repoussées par des souffles contraires, s'enflèrent comme si un volcan sous-marin les faisait bouillonner, et la barque parut bientôt ne pas leur peser davantage qu'un de ces flocons d'écume qui blanchissaient à leur cime.

— Il y a danger de mort, dit le pilote; que ceux qui ne sont point occupés à la manœuvre fassent leur prière...
— Que dis-tu là, prophète de malheur? s'écria Guessler, et pourquoi ne nous as-tu pas prévenus plus tôt?...
— Je l'ai fait au premier moment que Dieu m'a donné, monseigneur... mais vous n'avez pas voulu me suivre.
— Il fallait gagner le bord malgré moi.
— J'ai cru qu'il était de mon devoir de vous obéir, comme il est du vôtre d'obéir à l'empereur, comme il est de celui de l'empereur d'obéir à Dieu.

En ce moment une vague furieuse vint se briser contre les flancs de l'esquif, le couvrit, et jeta un pied d'eau dans la barque.

— A l'œuvre! messieurs les hommes d'armes! cria le pilote; rendez au lac l'eau qu'il nous envoie, car nous sommes assez chargés ainsi. Vite! vite!... une deuxième vague nous coulerait, et, quelle que soit l'imminence de la mort, il est toujours du devoir de l'homme de lutter contre elle.

— Né vois-tu aucun moyen de nous sauver, et n'y a-t-il plus d'espoir?...

— Il y a toujours espoir, monseigneur, quoique l'homme avoue que sa science est inutile, car la miséricorde du Seigneur est plus grande que les connaissances humaines.

— Comment as-tu pu prendre une pareille responsabilité, ne sachant pas mieux ton métier, drôle! murmura Guessler.

— Quant à mon métier, monseigneur, répondit le vieux marinier, il y a quarante ans que je l'exerce, et il n'y a peut-être dans toute l'Helvétie qu'un homme meilleur pilote que moi...

— Alors, que n'est-il ici pour prendre ta place! s'écria Guessler.

— Il y est, monseigneur... dit le pilote.

Guessler regarda le vieillard d'un air étonné.

— Ordonnez qu'on détache les cordes du prisonnier; car, si la main d'un homme peut nous sauver à cette heure, c'est la sienne...

Guessler fit signe qu'il y consentait. Un léger sourire de triomphe passa sur les lèvres de Guillaume.

— Tu as entendu? lui dit le vieux marinier en coupant avec son couteau les cordes qui le garrottaient.

Guillaume fit signe que oui, étendit les bras comme un homme qui ressaisit sa liberté, et alla reprendre au gouvernail la place abandonnée, tandis que le vieillard, prêt à lui obéir, alla s'asseoir au pied du mât avec les deux autres bateliers.

— As-tu une seconde voile, Rudenz? dit Guillaume.

— Oui; mais ce n'est pas l'heure de s'en servir.

— Prépare-la et tiens-toi prêt à la hisser.

Le vieillard le regarda avec étonnement.

— Quant à vous, continua Guillaume en s'adressant aux mariniers, — à la rame, enfans, et nagez où je vous le dirai. En même temps il pressa le gouvernail; la barque, surprise de cette brusque manœuvre, hésita un instant, puis, comme un cheval qui reconnaît la supériorité de celui qui le monte, elle tourna enfin sur elle-même. — Nagez! cria Guillaume aux matelots qui, se courbant aussitôt sur leurs rames, firent, malgré l'opposition des vagues, marcher le bateau dans la direction voulue.

— Oui, oui, murmura le vieillard, il a reconnu son maître, et il obéit.

— Nous sommes donc sauvés! s'écria Guessler.

— Hum! fit le vieillard, fixant ses yeux sur ceux de Guillaume, pas encore, mais nous sommes en bon chemin, car je devine... Oui, sur mon âme, tu as raison, Guillaume, il doit y avoir entre ces deux montagnes de la rive droite un courant d'air qui, si nous l'atteignons, nous mènera en dix minutes sur l'autre bord; tu as deviné juste; ce serait la première fois qu'il y aurait pareille fête au lac sans que le vent d'ouest s'y mêlât; et tenez, le voilà qui siffle comme s'il était le roi du lac.

Guillaume se tourna en effet vers l'ouverture déjà désignée par le vieux pilote; une vallée séparait deux montagnes, et, par cette vallée, le vent d'ouest établissait un courant et soufflait avec une telle violence qu'il formait une espèce de route dans le lac. Guillaume s'engagea dans cette ouverture liquide, et, tournant sa poupe au vent, il fit signe aux bateliers de rentrer les avirons et au pilote de hisser la voile. Il fut obéi aussitôt, et la barque commença de cingler avec rapidité vers la base de l'Axemberg.

En effet, dix minutes après, comme l'avait prédit le vieillard, et avant que Guessler et les gardes fussent revenus de leur étonnement, la barque était près de la rive. Alors Guillaume ordonna d'abattre la voile, et, feignant de se baisser pour amarrer un cordage, il posa la main gauche sur son arbalète, pressa de la main droite le gouvernail; la barque vira aussitôt, la poupe se présentant la première, Guillaume s'élança léger comme un chamois, et retomba sur un rocher à fleur d'eau, tandis que la barque, cédant à l'impulsion que lui avait donnée son élan, retournait vers le large; d'un deuxième bond, Guillaume fut à terre, et avant que

Guessler et ses gardes songeassent même à pousser un cri, il avait disparu dans la forêt.

Aussitôt que la stupéfaction causée par cet accident fut dissipée, Guessler ordonna de gagner la terre, afin de se mettre à la poursuite du fugitif; ce fut chose facile, deux coups de rames suffirent pour conduire la barque vers la rive. Un des mariniers sauta à terre, tendit une chaîne, et, malgré les vagues, le débarquement se fit sans danger; aussitôt un archer partit pour Altorf, avec ordre d'envoyer des écuyers et des chevaux à Brünnen, où allait les attendre le gouverneur.

A peine arrivé dans ce village, Guessler fit annoncer à son de trompe que celui qui livrerait Guillaume recevrait cinquante marcs d'argent et serait exempt d'impôts, lui et ses descendans, jusqu'à la troisième génération; pareille récompense fut aussi promise pour Conrad de Baumgarten.

Vers le milieu du jour les chevaux et les écuyers arrivèrent; Guessler, tout entier à sa vengeance, refusa de s'arrêter plus longtemps, et partit aussitôt pour le village d'Art, où il avait aussi des mesures de rigueur à prendre contre les assassins du gouverneur de Schwanau; à trois heures il sortait de ce village, et, côtoyant les bords du lac de Zug, il arriva à Immensée, qu'il traversa sans s'arrêter, et prit le chemin de Küssnach.

C'était pendant une froide et sombre journée du mois de novembre (1) que s'étaient accomplis les derniers événemens que nous venons de raconter; elle tirait à sa fin, et Guessler, désireux d'arriver avant la nuit à la forteresse, pressait de l'éperon son cheval engagé dans le chemin creux de Küssnach. Arrivé à son extrémité, il ralentit le pas en faisant signe à son écuyer de le rejoindre. Celui-ci, que le respect avait retenu en arrière, s'avança, les gardes et les archers suivaient à quelque distance; ils cheminèrent ainsi pendant quelque temps sans parler; enfin Guessler, tournant la tête de ce côté, le regarda comme s'il eût voulu lire jusqu'au fond de son âme. Puis tout à coup :

— Niklaus, m'es-tu dévoué? lui dit-il.

L'écuyer tressaillit.

— Eh bien? continua Guessler.

— Pardon, monseigneur; mais je m'attendais si peu à cette question...

— Que tu n'es point préparé à y répondre, n'est-ce pas? Eh bien, prends ton temps, car c'est une réponse réfléchie que je te demande.

— Et elle ne se fera pas attendre, monseigneur : sauf mes devoirs envers Dieu et envers l'empereur, je suis à vos ordres.

— Et tu es prêt à les accomplir?

— Je suis prêt.

— Tu partiras ce soir pour Altorf, tu y prendras quatre hommes, tu te rendras cette nuit avec eux à Bürglen, et là seulement tu leur diras ce qu'ils auront à faire.

— Et qu'auront-ils à faire, monseigneur?

— Ils auront à s'emparer de la femme de Guillaume et de ses quatre enfans. Aussitôt en ton pouvoir, tu les feras conduire dans la forteresse de Küssnach, où je les attendrai, et une fois là...

— Oui, je vous comprends, monseigneur.

— Il faudra bien qu'il se fasse lui-même; car chaque semaine de retard coûtera la vie à un de ses enfans, et la dernière à sa femme.

Guessler n'avait point achevé ce mot qu'il poussa un cri, lâcha les rênes, étendit les bras et tomba de son cheval; l'écuyer se précipita à terre pour lui porter secours, mais il n'était déjà plus temps : une flèche lui avait traversé le cœur.

C'était celle que Guillaume Tell avait cachée sous son pourpoint lorsque Guessler le força d'enlever une pomme de la tête de son fils, sur la place publique d'Altorf.

La nuit du dimanche au lundi suivant, les conjurés se réunirent au Grutli; la mort de Guessler avait provoqué cette réunion extraordinaire.

(1) Le 19.

Plusieurs étaient d'avis d'avancer le jour de la liberté, et de ce nombre étaient Conrad de Baumgarten et Mechtal.

Mais Walter Furst et Werner Stauffacher s'y opposèrent, disant qu'ils trouveraient certainement le chevalier de Landenberg sur ses gardes, ce qui rendrait l'expédition mille fois plus hasardeuse; tandis qu'au contraire, si le pays restait tranquille malgré la mort de Guessler, il attribuerait cette mort à une vengeance particulière, et ne s'en inquiéterait que pour rechercher le meurtrier.

— Mais en attendant, s'écria Conrad, que deviendra Guillaume? que deviendra sa famille? Guillaume m'a sauvé la vie, et il ne sera pas dit que je l'abandonnerai.

— Guillaume et sa famille sont en sûreté, dit une voix dans la foule.

— Je n'ai plus rien à dire... répondit Conrad.

— Maintenant, dit Walter Furst, arrêtons le plan de l'insurrection.

— Si les anciens me permettent de parler, dit en s'avançant un jeune homme du haut Unterwalden, nommé Zagheli, je proposerai une chose.

— Laquelle? dirent les anciens.

— C'est de me charger de la prise du château de Rossberg.

— Et combien demandes-tu d'hommes pour cela?

— Quarante.

— Fais attention que le château de Rossberg est un des mieux fortifiés de toute la juridiction...

— J'ai des moyens d'y pénétrer...

— Et quels sont-ils?

— Je ne puis les dire, répondit Zagheli.

— Es-tu sûr de trouver les quarante hommes qu'il te faut?

— J'en suis sûr...

— C'est bien, ton offre est acceptée.

Zagheli rentra dans la foule.

— Moi, dit Stauffacher, si l'on veut m'abandonner cette entreprise, je me charge du château de Schwanau.

— Et moi, ajouta Walter Furst, je prendrai la forteresse d'Uri.

Un assentiment unanime accueillit ces deux dernières propositions. Chaque conjuré prit l'engagement, pendant les cinq semaines qui restaient encore à passer, de recruter des soldats parmi ses amis les plus braves, et l'on adopta, avant de se séparer, les trois bannières sous lesquelles on marcherait. Uri choisit pour la sienne une tête de taureau avec un anneau brisé, en mémoire du joug qu'ils allaient rompre; Schwitz une croix, en souvenir de la passion de Notre-Seigneur, et Unterwalden deux clefs, en honneur de l'apôtre saint Pierre, qui était en grande vénération à Sarnen.

Ainsi que l'avaient prévu les vieillards, le meurtre de Guessler fut considéré comme l'expression d'une vengeance particulière. Les poursuites inutiles dirigées contre Guillaume se ralentirent faute de résultat, et tout redevint calme et tranquille dans les trois juridictions jusqu'au jour où devait éclater la conjuration.

Le soir du 31 décembre, le gouverneur du château de Rossberg fit, comme d'habitude, la visite des postes, plaça les sentinelles, donna le mot d'ordre, et fit sonner le couvre-feu. Alors le château lui-même parut s'endormir comme les hôtes qu'il renfermait; les lumières disparurent l'une après l'autre, le bruit s'éteignit peu à peu, et les seules sentinelles placées au sommet des tours interrompirent ce silence par le bruit régulier de leurs pas et les cris de veille répétés de quart d'heure en quart d'heure.

Cependant, malgré cette apparence de sommeil, une petite fenêtre donnant sur les fossés du château s'ouvrit avec précaution; une jeune fille de dix-huit ou dix-neuf ans passa sa tête craintive, et, malgré l'obscurité de la nuit, elle essaya de plonger ses regards dans le fossé du château. Au bout de quelques minutes d'une investigation que les ténèbres rendaient inutile, elle laissa tomber le nom de Zagheli.

Ce nom avait été dit si bas qu'on eût pu le prendre pour un soupir de la brise, ou pour un murmure du ruisseau. Cependant il fut entendu, et une voix plus forte et plus hardie, quoique prudente encore, y répondit par le nom d'Anneli.

La jeune fille resta un moment immobile, la main sur sa poitrine comme pour en étouffer les battemens. Le nom d'Anneli ne se fit entendre une seconde fois.

— Oui, oui, murmura-t-elle en se penchant vers l'endroit d'où semblait lui parler l'esprit de la nuit, oui, mon bien-aimé... mais pardonne-moi, j'ai si grande peur!...

— Que peux-tu craindre? dit la voix; tout est endormi au château, les sentinelles seules veillent au haut des tours... je ne puis te voir, et à peine si je t'entends; comment veux-tu qu'elles nous entendent et qu'elles nous voient?...

La jeune fille ne répondit pas; mais elle laissa tomber quelque chose. C'était le bout d'une corde à laquelle Zagheli attacha l'extrémité d'une échelle qu'Anneli tira à elle et fixa à la barre de sa fenêtre. Un instant après, le jeune homme entrait dans sa chambre. Anneli voulut retirer l'échelle de corde.

— Attends, ma bien-aimée, lui dit Zagheli, car j'ai encore besoin de cette échelle, et ne t'effraie pas surtout de ce qui va se passer; car le moindre mot, le moindre cri de ta part, seraient ma mort...

— Mais qu'y a-t-il?... au nom du ciel!... dit Anneli. Ah! nous sommes perdus!... regarde! regarde!... Et elle lui montrait un homme qui apparaissait à la fenêtre.

— Non, non, Anneli, nous ne sommes pas perdus; ce sont des amis.

— Mais moi, moi, je suis déshonorée! s'écria la jeune fille en cachant sa tête dans ses deux mains.

— Au contraire, Anneli, ce sont des témoins qui viennent assister au serment que je fais de te prendre pour femme aussitôt que la patrie sera délivrée.

La jeune fille se jeta dans les bras de son amant. Les vingt jeunes gens montèrent les uns après les autres; puis Zagheli retira l'échelle et ferma la fenêtre.

Les vingt jeunes gens se répandirent dans l'intérieur. La garnison, surprise endormie, ne fit aucune résistance; les conjurés enfermèrent les Allemands dans la prison du château, revêtirent leurs uniformes, et le drapeau d'Albert continua de flotter sur la forteresse qui ouvrit le lendemain ses portes à l'heure accoutumée.

A midi, la sentinelle placée au haut de la tour aperçut plusieurs cavaliers qui se dirigeaient à toute bride vers la forteresse. Deux conjurés se placèrent à la porte, les autres se rangèrent dans la cour. Dix minutes après, le chevalier de Landenberg franchissait la herse qui se baissait derrière lui. Le chevalier était prisonnier comme la garnison.

Le plan de Zagheli avait complètement réussi. Nous avons vu que vingt des quarante hommes nécessaires à son entreprise avaient escaladé avec lui le château et s'en étaient rendus maîtres; les vingt autres avaient pris le chemin de Sarnen.

Au moment où Landenberg sortait du château royal de Sarnen pour se rendre à la messe, ces vingt hommes se présentèrent à lui, apportant, comme présens d'usage, des agneaux, des chèvres, des poules; le gouverneur leur dit d'entrer au château et continua sa route. Arrivés sous la porte, ils tirèrent de dessous leurs habits des fers aiguisés qu'ils mirent au bout de leurs bâtons, et s'emparèrent du château. Alors l'un d'entre eux monta sur la plate-forme, et fit entendre trois fois le son prolongé de la trompe montagnarde. C'était le signal convenu : de grands cris de révolte se firent entendre de rue en rue. On courut vers l'église pour s'emparer de Landenberg; mais, prévenu à temps, il s'élança sur son cheval et prit la fuite vers le château de Rossberg. C'est ce qu'avait prévu Zagheli.

Les plus grands soins et les plus grands égards furent prodigués au bailli impérial pendant le reste de la journée. Le soir, il demanda à prendre l'air sur la plate-forme de la forteresse. Zagheli l'accompagna. De là il pouvait découvrir tout le pays soumis encore la veille à sa juridiction; et, détournant les yeux de la bannière où les clefs d'Unterwalden avaient remplacé l'aigle d'Autriche, il les fixa dans la direction de Sarnen, et demeura immobile et pensif.

A l'autre angle du parapet était Zagheli, immobile et pensif aussi, les yeux fixés sur un autre point. Ces deux hommes attendaient, l'un un secours pour la tyrannie, l'autre un renfort pour la liberté.

Au bout d'un instant, une flamme brilla au sommet de l'Axemberg, Zagheli jeta un cri de joie.

— Qu'est-ce que cette flamme? dit Landenberg.

— Un signal.

— Et que veut dire ce signal?

— Que Walter Furst et Guillaume Tell ont pris le château d'Urijoch.

Au même instant des cris de joie qui retentirent par toute la forteresse confirmèrent ce que venait de dire Zagheli.

— Toutes les Alpes sont-elles donc changées en volcan? s'écria Landenberg; voilà le Righi qui s'enflamme.

— Oui, oui, répondit Zagheli en bondissant de joie, lui aussi arbore la bannière de la liberté.

— Comment! murmura Landenberg; est-ce donc aussi un signal?

— Oui, et ce signal annonce que Werner Stauffacher et Mechtal ont pris le château de Schwanau. Maintenant, tournez-vous de ce côté, monseigneur.

Landenberg jeta un cri de surprise en voyant le Pilate se couronner à son tour d'un diadème de feu.

— Et voilà, continua Zagheli, voilà qui annonce à ceux d'Uri et de Schwitz, que leurs frères d'Unterwalden ne sont pas en arrière, et qu'ils ont pris le château de Rossberg et fait prisonnier le bailli impérial.

De nouveaux cris de joie retentirent par toute la forteresse.

— Et que comptez-vous faire de moi? dit Landenberg en laissant tomber sa tête sur sa poitrine.

— Nous comptons vous faire jurer, monseigneur, que jamais vous ne rentrerez dans les trois juridictions de Schwitz, d'Uri et d'Unterwalden; que jamais vous ne porterez les armes contre les confédérés; que jamais vous n'exciterez l'empereur à nous faire la guerre, et lorsque vous aurez fait ce serment, vous serez libre de vous retirer où vous voudrez.

— Et me sera-t-il permis de rendre compte de ma mission à mon souverain?

— Sans doute, répondit Zagheli.

— C'est bien, dit Landenberg. Maintenant, je désire descendre dans mon appartement; un pareil serment demande à être médité, surtout lorsqu'on veut le tenir.

L'EMPEREUR ALBERT.

Le hasard, cette fois, avait semblé favoriser les confédérés de toutes les manières. Le nouvel an de la liberté avait sonné pour l'Helvétie, le 1er janvier 1308, et le 15 du même mois, avant même que la nouvelle de l'insurrection fût parvenue à l'empereur, il apprenait la défaite de son armée en Thuringe; il ordonna aussitôt une levée de troupes, déclara qu'il marcherait lui-même à leur tête, et fit, avec son activité ordinaire, tous les préparatifs de cette nouvelle campagne; ils étaient terminés à peine lorsque le chevalier Beringuer de Landenberg arriva d'Unterwalden, et lui raconta ce qui venait de se passer.

Albert écouta ce récit avec impatience et incrédulité; puis, lorsqu'il ne lui fut plus permis de conserver aucun doute, il étendit le bras dans la direction des trois cantons, et jura sur son épée et sa couronne impériale d'exterminer jusqu'au dernier de ces misérables paysans qui auraient pris part à l'insurrection. Landenberg fit ce qu'il put pour le détourner de ses desseins de vengeance; mais tout fut inutile, l'empereur déclara qu'il marcherait lui-même contre les confédérés, et fixa au 24 février le jour du départ de l'armée.

La veille de ce jour, Jean de Souabe, son neveu, fils de Rodolphe, son frère cadet, se présenta devant lui; l'empereur avait été nommé tuteur de cet enfant pendant sa minorité; mais depuis deux ans son âge l'affranchissait de la tutelle impériale, et cependant Albert avait constamment refusé de lui rendre son héritage; il venait, avant le départ de son oncle, essayer une dernière tentative. Il se mit donc respectueusement à genoux devant lui, et lui redemanda la couronne ducale de ses pères. L'empereur sourit, dit quelques mots à un officier de ses gardes, qui sortit et rentra bientôt avec une couronne de fleurs. L'empereur la posa sur la tête blonde de son neveu; et, comme celui-ci le regardait étonné:

— Voilà, lui dit l'empereur, la couronne qui convient à ton âge; amuse-toi à l'effeuiller sur les genoux des dames de ma cour et laisse-moi le soin de gouverner tes Etats. Jean devint pâle, se releva en tremblant, arracha la couronne de sa tête, la foula aux pieds et sortit.

Le lendemain, au moment où l'empereur montait à cheval, un homme couvert d'une armure complète et la visière baissée vint se ranger près de lui. Albert regarda cet inconnu, et, voyant qu'il demeurait à la place qu'il avait prise, il lui demanda qui il était et quel droit il avait de marcher à sa suite. — Je suis Jean de Souabe, fils de votre frère, dit le cavalier en levant sa visière; j'ai réclamé hier ma souveraineté, vous m'avez refusé et vous avez eu raison; il faut que le casque ait pesé sur la tête où pèsera la couronne, il faut que le bras qui portera le sceptre ait porté l'épée. Laissez-moi vous suivre, sire, et à mon retour vous ordonnerez de moi ce que vous voudrez. Albert jeta un coup d'œil profond et rapide sur son neveu. — Me serais-je trompé! murmura-t-il; et, sans lui rien permettre ni lui rien défendre, il se mit en route; Jean de Souabe le suivit.

Le 1er mai 1308, l'armée impériale arriva sur les bords de la Reuss. Des bateaux avaient été préparés pour le passage de l'armée, et l'empereur allait descendre dans l'un d'eux, lorsque Jean de Souabe s'y opposa, disant qu'ils étaient trop chargés pour qu'il laissât son oncle s'exposer au danger que couraient de simples soldats. Il lui offrit en même temps une place dans un petit batelet où se trouvaient seulement Walter d'Eschembach, son gouverneur, et trois de ses amis, Rodolphe de Wart, Robert de Balm et Conrad de Tegelfeld. L'empereur s'assit près d'eux; chacun des cavaliers prit son cheval par la bride, afin qu'il pût suivre son maître en nageant, la petite barque, traversant la rivière avec rapidité, déposa sur l'autre bord l'empereur et sa suite.

A quelques pas de la rive, et sur une petite éminence, s'élevait un chêne séculaire; Albert alla s'asseoir à son ombre, afin de surveiller le passage de l'armée, et, détachant son casque, il le jeta à ses pieds.

En ce moment, Jean de Souabe, regardant autour de lui et voyant l'armée tout entière arrêtée sur l'autre bord, prit sa lance, monta sur son cheval, et, faisant quelques feintes manœuvres, il prit du champ, et, revenant au galop sur l'empereur, il lui traversa la gorge avec sa lance. Au même instant, Robert de Balm, saisissant le défaut de la cuirasse, lui enfonçait son épée dans la poitrine, et Walter d'Eschembach lui fendait la tête avec sa hache d'armes. Quant à Rodolphe de Wart et à Conrad de Tegelfeld, le courage leur manqua, et ils restèrent l'épée à la main, mais sans frapper.

A peine les conjurés eurent-ils vu tomber l'empereur qu'ils se regardèrent, et, que, sans dire un mot, ils prirent la fuite chacun de son côté, épouvantés qu'ils étaient l'un de l'autre. Cependant Albert, expirant, se débattait sans secours; une pauvre femme qui passait accourut vers lui, et le chef de l'empire germanique rendit le dernier soupir dans les bras d'une mendiante, qui étancha son sang avec des haillons.

Quant aux assassins, ils restèrent errans dans le monde. Zurich leur ferma ses portes; les trois cantons leur refusèrent asile. Jean le Parricide gagna l'Italie en remontant le cours de la Reuss, sur les bords de laquelle il avait commis son crime. On le vit à Pise déguisé en moine; puis il se perdit du côté de Venise, et l'on n'en entendit plus parler. D'Eschembach vécut trente-cinq ans caché sous un habit de berger dans un coin du Wurtemberg, et ne se fit connaître qu'au moment de sa mort; Conrad de Tegelfeld disparut comme si la terre l'avait englouti, et mourut on ne sait ni où ni comment. Quant à Rodolphe de Wart, livré par un de ses parens, il fut pris, roué vif, et exposé encore vivant à la voracité des oiseaux de proie. Sa femme, qui n'avait pas voulu le quitter, resta agenouillée près de la roue du haut de laquelle il lui parlait pendant le supplice, l'exhortant et la consolant jusqu'au moment où il rendit le dernier soupir.

Parmi les enfans d'Albert (1), deux se chargèrent de la vengeance, ce furent Léopold d'Autriche et Agnès de Hongrie, Léopold en se mettant à la tête des troupes, Agnès en présidant aux supplices. Soixante-trois chevaliers innocens, mais parens et amis des coupables, furent décapités à Farnenghen. Agnès, non-seulement assista à l'exécution, mais encore se plaça si près d'eux que bientôt le sang coula jusqu'à ses pieds et que les têtes roulaient à l'entour d'elle. Alors on lui fit observer que ses vêtemens allaient être souillés. — Laissez, laissez, répondit-elle, je me baigne avec plus de plaisir dans ce sang que je ne le ferais dans la rosée du mois de mai. Puis, le supplice terminé, elle fonda avec les dépouilles des morts le riche couvent de Konigsfelden (2), sur la place même où son père avait été tué, et s'y retira pour finir ses jours dans la pénitence, la solitude et la prière.

Pendant ce temps, le duc Léopold se préparait à la guerre; d'après ses ordres, le comte Othon de Strassberg se prépara à passer le Brünig avec quatre mille combattans. Plus de mille hommes furent armés par les gouvernemens de Wellisau, de Wallhausen, de Rothenbourg et de Lucerne, pour surprendre Unterwalden du côté du lac. Quant au duc, il marcha contre Schwitz avec l'élite de ses troupes, et conduisant à sa suite des chariots chargés de cordes pour pendre les rebelles.

Les confédérés rassemblèrent à la hâte treize cents hommes, dont quatre cents d'Uri et trois cents d'Unterwalden. La conduite de ce corps fut donnée à un vieux chef nommé Rodolphe Redurg de Bibereck, dans l'expérience duquel les trois cantons avaient grande confiance. Le 14 novembre, la petite armée prit ses positions sur le penchant de la montagne de Sattel, ayant à ses pieds des marais presque impraticables, et, derrière ces marais, le lac Égérie.

Chacun venait de choisir son poste de nuit, lorsqu'une nouvelle troupe de cinquante hommes se présenta. C'étaient des bannis de Schwitz, qui venaient demander à leurs frères d'être admis à la défense commune, tout coupables qu'ils étaient. Rodolphe Reding prit l'avis des plus vieux et des plus sages. Et la réponse unanime fut qu'il ne fallait pas compromettre la sainte cause de la liberté en admettant des hommes souillés parmi les défenseurs. Défense fut faite, en conséquence, aux bannis de combattre sur le territoire de Schwitz. Ils se retirèrent, marchèrent une partie de la nuit, et allèrent prendre poste dans un bois de sapins situé au haut d'une montagne, sur le territoire de Zug.

Le lendemain, au point du jour, les confédérés virent briller les lances des Autrichiens. De leur côté, les chevaliers, en apercevant le petit nombre de ceux qui les attendaient pour disputer le passage, mirent pied à terre, et, ne voulant pas leur laisser l'honneur de commencer l'attaque, marchèrent au devant d'eux. Les confédérés les laissèrent gravir la montagne, et, lorsqu'ils les virent épuisés par le poids de leurs armures, ils descendirent sur eux comme une avalanche. Tout ce qui avait essayé de monter à cette espèce d'assaut fut renversé du premier choc, et ce torrent d'hommes alla du même coup s'ouvrir un chemin dans les rangs de la cavalerie, qu'elle refoula sur les hommes de pied tant le choc fut terrible et désespéré.

Au même moment on entendit de grands cris à l'arrière-garde. Des rochers qui semblaient se détacher tout seuls descendaient en bondissant et sillonnaient les rangs, broyant hommes et chevaux. On eût dit que la montagne s'animait, et, prenant parti pour les montagnards, secouait sa crinière comme un lion. Les soldats, épouvantés, se regardèrent, et, voyant qu'ils ne pouvaient rendre la mort pour la mort, se

(1) L'empereur Albert eut vingt et un enfans. Aucun de ses fils ne lui succéda comme empereur.
(2) Champ du roi.

laissèrent prendre à une terreur profonde et reculèrent. En ce moment, l'avant-garde, écrasée sous les massues armées de pointes de fer des bergers, se replia en désordre. Le duc Léopold se crut enveloppé par des troupes nombreuses; il donna l'ordre ou plutôt l'exemple de la retraite, quitta l'un des premiers le champ de bataille, et le soir même, dit un auteur contemporain, fut vu à Winthertur, pâle et consterné. Quant au comte de Strassberg, il se hâta de repasser le Brünig en apprenant la défaite des Autrichiens.

Ce fut la première victoire que remportèrent les confédérés. La fleur de la noblesse impériale tomba sous les coups de pauvres bergers et de vils paysans, et servit d'engrais à cette noble terre de la liberté. Quant à la bataille, elle prit le nom expressif de *Morgenstern*, parce qu'elle avait commencé à la lueur de l'étoile du matin.

C'est ainsi que le nom des hommes de Schwitz devint célèbre dans le monde, et qu'à dater du jour de cette victoire, les confédérés furent appelés Suisses du mot *Schwitzer* qui veut dire homme de Schwitz. Uri, Schwitz et Unterwalden devinrent le centre autour duquel vinrent se grouper tour à tour les autres cantons, que le traité de 1815 porta au nombre de vingt-deux.

Quant à Guillaume Tell, qui avait pris une part si active, quoique si involontaire, à cette révolution, après avoir retrouvé sa trace sur le champ de bataille de Laupen, où il combattit, comme simple arbalétrier, avec sept cents hommes des petits cantons, on le perd de nouveau de vue pour ne le retrouver qu'au moment de sa mort, qui eut lieu, à ce que l'on croit, au printemps de 1354. La fonte des neiges avait grossi la Schachen et venait d'entraîner une maison avec elle. Au milieu des débris, Tell vit flotter un berceau et entendit les cris d'un enfant; il se précipita aussitôt dans le torrent, atteignit le berceau et le poussa vers la rive. Mais, au moment où il allait aborder lui-même, le choc d'une solive lui fit perdre connaissance, et il disparut. Il y a de ces hommes élus dont la mort couronne la vie.

Le fils aîné du savant Matteo publia, en 1760, un extrait d'un écrivain danois du douzième siècle, nommé Saxo Grammaticus, qui raconte le fait de la pomme et l'attribue à un roi de Danemark. Aussitôt l'école positive, cette bande noire de la poésie, déclara que Guillaume Tell n'avait jamais existé; et, joyeuse de cette découverte, tenta d'enlever au jour solennel de la liberté suisse les rayons les plus éclatans de son aurore, mais le bon peuple des Waldstetten garda à la religion traditionnelle de ses pères un saint respect et resta dévot à ses vieux souvenirs. Chez lui le poème est demeuré vivant et sacré comme s'il venait de s'accomplir (1), et, si sceptique que l'on soit, il est impossible de douter encore de la vérité de cette tradition, lorsqu'en parcourant cette terre éloquente, on a vu les descendans de Walter Furst, de Stauffacher et de Mechtal, prier Dieu de les conserver libres, devant la chapelle consacrée à la naissance de Guillaume et à la mort de Guessler.

PAULINE.

Le sacristain revint et nous ouvrit la grille devant laquelle j'ai arrêté mes lecteurs pour leur raconter l'antique légende qu'ils viennent de lire; les chapelles de Guillaume Tell sont toutes bâties sur le même plan; à l'intérieur il y a quelques

(1) Les archives d'Altorf conservent le nom de cent quatorze personnes qui assistèrent, en 1380, à l'érection de la chapelle de Tellen Plate (pierre de Tell), et qui avaient connu personnellement Guillaume Tell. Sa famille d'ailleurs ne s'est éteinte dans sa descendance mâle qu'en 1684, et dans sa descendance femelle qu'en 1720. Jean Martin et Verona Tell, sont les noms des deux derniers membres de sa famille.

mauvaises peintures, qui n'ont pas même le mérite de dater de l'époque où la naïveté était une école; celle que nous visitions était décorée de toute l'histoire de Guillaume Tell et de Mechtal; le plafond représentait le passage de la mer Rouge par les Hébreux; je n'ai jamais pu comprendre quelle analogie il y avait entre Moïse et Guillaume Tell, si ce n'est que tous deux ils avaient délivrés un peuple; et, comme le sacristain n'en savait pas plus que moi sur cet article, je suis forcé de laisser dans l'obscurité qui la couvre la pensée symbolique de l'artiste.

On me présenta un livre sur lequel chaque voyageur qui passe inscrit son nom et sa pensée; il faut voir beaucoup de noms et de pensées réunies dans de pareils livres pour bien se convaincre combien l'un et l'autre sont choses rares. Au bas de la dernière page, je reconnus la signature de l'un de mes amis, Alfred de N.....; il était passé le matin même ; j'interrogeai le sacristain, et j'appris qu'il suivait la même route que moi, et était redescendu à Altorf.

C'était bien mon affaire; Alfred est de mon âge à peu près; c'est un artiste distingué, qui étudiait, dans les ateliers de monsieur Ingres, la peinture, dont il comptait faire son état, lorsque je ne sais quel oncle, qui ne lui avait jamais donné un écu de son vivant, fut enfin forcé de lui laisser vingt-cinq mille livres de rentes à l'heure de sa mort. Alfred avait continué la peinture : seulement il allait à l'atelier en cabriolet, et il avait coupé ses cheveux, sa barbe et ses moustaches, de sorte que c'était à cette heure un homme du monde comme tous les gens du monde, plus le cœur et le talent.

On comprend qu'un pareil compagnon de voyage m'agréait fort, à moi surtout qui, depuis quelques jours, étais forcé de me contenter de Francesco (1), fort brave garçon sans doute, mais à qui le ciel avait donné plus de vertus solides que de qualités agréables, très suffisant, au reste, pour me soutenir dans les mauvais chemins, où la crainte de faire un faux pas réunissait toutes mes facultés pensantes sur le point où il me fallait poser le pied, mais très insuffisant à me distraire dans les belles routes, où, dès que mon corps était à peu près certain de conserver son équilibre, ma langue et mon esprit retrouvaient toute leur liberté, et, avec leur liberté, cette rage de questions dont je suis possédé en voyage. Or il y avait, sous ce rapport, une chose que je n'avais jamais pu jusque là faire comprendre à Francesco, et qu'il ne comprit pas davantage par la suite, quoique je lui rende cette justice, c'était de me traduire en italien la réponse à la demande que je le chargeais de faire en allemand à mes guides; il faisait la demande, il est vrai, il écoutait la réponse avec une grande attention, et souvent même avec un plaisir visible, mais il la gardait religieusement pour lui ; la seule explication que j'aie jamais pu me donner à moi-même sur ce mutisme, c'est que Francesco se figurait que mes interrogations continuelles avaient pour but son instruction particulière.

En sortant de la chapelle nous arrêtâmes un instant sur la colline qui domine le lac des Quatre-Cantons; elle offre non seulement une délicieuse vue d'horizon, mais encore un magnifique panorama d'histoire, car c'est autour de ce lac, berceau de la liberté suisse, que se sont passés tous les événements de cette épopée que nous venons de raconter, et qui est devenue si populaire parmi nous, grâce à la poésie de Schiller et à la musique de Rossini, qu'on serait tenté de croire qu'elle fait partie de nos chroniques nationales.

En redescendant vers Altorf, nous traversâmes la Schachen sur un pont couvert : c'est dans cette rivière et à l'endroit même où est bâti ce pont que Guillaume Tell se noya en sauvant un enfant que l'eau débordée entraînait avec son berceau.

En dix minutes, nous fûmes à Altorf; les deux premières choses qui frappent la vue en entrant sur la place sont une grande tour carrée, et parallèlement à elle une jolie fontaine; la tour est bâtie sur l'emplacement où Guessler avait fait

(1) Voir le chapitre Obergestelen.

planter l'arbre au haut duquel il avait placé son bonnet, orné de la couronne des ducs d'Autriche. La fontaine s'élève à l'endroit même où le petit Walter était attaché lorsque son père lui enleva la pomme de dessus la tête ; la tour est peinte sur deux de ses faces ; une des fresques représente la bataille de Morgarten, remportée le 15 novembre 1315 sur le duc Léopold ; et l'autre, toute l'histoire de la délivrance de la Suisse. La fontaine sert de piédestal à un groupe de deux statues : l'une est Guillaume Tell tenant son arbalète; l'autre Walter tenant la pomme. Mon guide m'assura que, dans sa jeunesse, il se rappelait avoir vu debout encore l'arbre auquel l'enfant avait été attaché; mais cet arbre, qui ne comptait alors pas moins de cinq cents ans, portait ombre à la maison du général Bessler. Le brave général, qui aimait, à ce qu'il paraît, jouir du soleil, fit abattre le tilleul qui lui en dérobait les rayons, et éleva à sa place la fontaine qui y est aujourd'hui, et qui, au goût de mon guide, et à celui des habitans d'Altorf, dont il résume probablement l'opinion, fait beaucoup mieux à l'œil. Je comptai, au reste, cent dix-huit pas de la tour à la fontaine : en supposant la tradition exacte, ce serait donc à cette distance que Guillaume Tell a donné la fameuse preuve d'adresse qui lui a valu sa poétique réputation.

Nous entrâmes pour dîner à l'hôtel du Cygne, qui est lui-même sur la grande place. Pendant que l'aubergiste trempait notre soupe et faisait griller nos côtelettes, sa fille vint nous demander en allemand si nous désirions voir la maison de Guillaume Tell ; ce à quoi Francesco répondit très vivement, et d'un air très détaché, que nous n'en avions pas la moindre envie. Malheureusement pour Francesco, mon oreille commençait à s'accoutumer aux sons de la langue germanique, et j'avais à peu près compris la demande. Je rectifiai donc à l'instant sa réponse, en déclarant que j'étais tout prêt à suivre mon nouveau guide; et, pour ne pas laisser à Francesco une fausse idée sur mon empressement, qui heurtait son insouciance, je l'invitai à me suivre en sa qualité d'interprète, car depuis longtemps il était inutile comme guide, le pays où nous voyagions lui étant aussi inconnu qu'à moi. Il obéit donc avec un sentiment de tristesse profonde, produit par l'idée que notre curiosité, dans les circonstances où nous nous trouvions, ne pouvait être satisfaite qu'aux dépens de notre estomac, et Francesco était plus gastronome que curieux; il n'en suivit pas moins avec la physionomie d'un homme qui se dévoue à ses devoirs. À la porte, nous rencontrâmes le potage ; ce fut le dernier coup porté au stoïcisme du pauvre garçon : il me montra la soupière qui passait, et, respirant voluptueusement l'atmosphère odorante dont elle nous avait enveloppés un instant, il ne me dit que cette seule parole, dans laquelle tenait toute sa pensée : *La minestra !...*

— *Va bene,* répondis-je, *è troppo bollente ; al nostro ritorno, sara excellente !...*

— *Die kalte suppe ist ein sehr schlectes ding* (1), murmura tristement Francesco, rejeté par son émotion dans sa langue naturelle. Malheureusement la phrase se composait de sons nouveaux, auxquels je n'étais pas encore habitué ; de sorte que je restai parfaitement insensible à cette touchante interpellation.

Nous suivîmes notre guide, qui nous conduisit dans un petit caveau dont on avait fait un fruitier. Deux anneaux scellés au plafond étaient les mêmes, nous assura naïvement la jeune fille, que ceux auxquels les mains de Guillaume Tell avaient été attachées pendant la nuit qui suivit sa révolte contre l'autorité de Guessler, et qui précéda son embarquement sur le lac des Quatre-Cantons ; quant aux deux portes de chêne qui fermaient le cachot, il n'en reste que les ferremens adhérens à la muraille : on nous les fit voir, et il fallut bien nous en contenter.

J'écoutai cette tradition, très apocryphe peut-être, avec la même foi qu'elle m'était racontée ; je mérite d'être rangé, je l'avoue, dans une classe de voyageurs oubliée par Sterne, celle des voyageurs crédules : mon imagination s'est toujours

(1) La soupe froide est une très mauvaise chose.

bien trouvée de ne pas chercher le fond de ces sortes de choses. Pourquoi, d'ailleurs, dépouiller les lieux de la poésie du souvenir, la plus intime de toutes les poésies? Pourquoi ne pas croire que le fruitier où il y a maintenant des pommes soit le cachot où, il y a cinq siècles, était enchaîné un héros? J'ai vu depuis, au Pizzo, la prison de Murat; j'ai passé une nuit où le soldat royal a sué son agonie; j'ai mis le doigt dans le trou des balles qui ont creusé le mur après lui avoir traversé le corps, et de cela il n'y avait aucun doute à en faire, car l'événement est d'hier, et les enfans qui l'ont vu s'accomplir sont à peine aujourd'hui des hommes; mais, dans cinquante ans, dans cent ans, dans cinq siècles, en supposant que la forteresse homicide reste debout, toutes ces traces vivantes encore aujourd'hui ne seront plus alors que des traditions comme celles de Guillaume Tell; peut-être même mettra-t-on en doute la naissance obscure, la carrière chevaleresque, la mort fatale del re Joachimo, et regardera-t-on comme un conte soldatesque, raconté autour du feu d'un bivouac, cette histoire dont nous avons connu les héros. Bienheureux ceux qui croient : ce sont les élus de la poésie !

— Oui, diront les sceptiques;—mais ils mangent leur soupe froide et leurs côtelettes brûlées.

A ceci je n'ai rien à répondre, si ce n'est que l'algèbre est une fort belle chose, mais que je n'y ai jamais rien compris.

Après le dîner, je demandai à notre hôte s'il ne logeait pas en même temps que nous dans son hôtel un jeune Français nommé *Alfred de N.*

— Il partait comme vous arriviez, me répondit-il.

— Et où est-il allé que vous sachiez ?

— A Fluelen, où il avait fait d'avance retenir une barque.

— Alors, la carte, et partons.

Ce fut un nouveau coup porté à Francesco : il me fit répéter deux fois avant de se décider à traduire ma phrase de l'italien en allemand. Le pauvre garçon avait déjà fait toutes ses dispositions pour passer le reste de la journée et la nuit à Altorf. Je lui promis qu'il dormirait admirablement à Brünnen, dont on m'avait vanté l'auberge; cette promesse le fit frissonner des pieds à la tête, et il nous restait encore cinq lieues à faire pour arriver au gîte que je lui promettais; il est vrai que, sur les cinq lieues, nous en avions quatre et demie de bateau : c'est que qu'ignorait Francesco, aussi faible sur la géographie qu'il était insoucieux sur l'histoire; je me hâtai de le rassurer en lui faisant part de cette circonstance. Ma parole lui rendit toute sa bonne humeur; il m'apporta gaiment mon sac de voyage et mon bâton ferré. Nous payâmes, et nous prîmes congé de la capitale du canton d'Uri.

C'était un bon enfant, à tout prendre, que Francesco, à part l'idée qu'il voyageait pour son propre plaisir; ce qui l'entraînait dans des erreurs continuelles, en lui faisant prendre des dispositions qui étaient le plus souvent ne cadraient pas avec les miennes; de là sa stupéfaction quand d'un mot presque toujours inattendu je dérangeais tous ses arrangemens; alors il y avait un moment de lutte entre ma volonté et son étonnement, puis presque aussitôt il cédait passivement comme une pauvre créature dressée à l'obéissance, et, son excellent naturel reprenant le dessus, il retrouvait sa gaîté en faisant de nouveaux projets qui devaient être détruits à leur tour.

Alfred avait sur nous deux heures d'avance; de plus il était en voiture, ce qui nous laissait peu de chances pour le rattraper. Nous n'en marchâmes que plus vite, et, un quart d'heure après notre départ d'Altorf, nous entrions à Fluelen. J'étais encore à cent pas du rivage, à peu près, lorsque j'aperçus mon voyageur qui mettait le pied dans sa barque. Je l'appelai par son nom de toute la force de mes poumons; il se retourna aussitôt ; mais, quoiqu'il m'eût visiblement reconnu, il n'en continua pas moins son embarquement, et je crus même remarquer qu'il y mettait d'autant plus de célérité que je m'approchais davantage. Je l'appelai une seconde fois : il me salua en souriant de la tête; mais, au même instant, prenant une rame des mains d'un des mariniers, il s'en

servit pour éloigner vivement la barque de la rive. Dans le mouvement qu'il fit, j'aperçus, alors seulement, une femme qui était cachée derrière lui ; je compris aussitôt la cause de cette apparente impolitesse, et je le rassurai, sur l'effet qu'elle pouvait produire dans mon esprit, en lui faisant un salut si respectueux qu'il était évident que la moitié en était adressée à sa mystérieuse voisine. En même temps j'arrêtai Francesco, qui, ne comprenant rien à notre pantomime, continuait à courir vers la barque et de crier en allemand aux mariniers d'arrêter. Alfred me remercia de la main, et la barque s'éloigna gracieusement, se dirigeant vers la base de l'Axemberg, où est la chapelle de *Tellen Plate.* Quant à Francesco, il reçut l'autorisation d'aller faire préparer à Fluelen nos chambres respectives, mission qu'il accomplit avec une vive satisfaction, tandis qu'avec une satisfaction non moins grande j'allais me coucher paresseusement au bord du lac.

C'est toujours une excellente chose que de se coucher; mais cette action s'accomplit parfois dans des conditions merveilleuses. Se coucher sur une terre historique, sur les bords d'un lac qui fuit entre des montagnes ; voir glisser sur l'eau comme un fantôme une barque dans laquelle une personne qui se rattache à vos souvenirs d'une autre époque et à vos habitudes d'une autre localité; sentir se mêler le passé au présent, si différens qu'ils soient l'un de l'autre; être en personne en Suisse et en esprit en France; voir avec les yeux de l'imagination la rue de la Paix, et avec ceux du corps le lac de Lucerne; mêler dans cette rêverie infinie et sans but les objets et les lieux; voir passer dans ce chaos des figures qui semblent porter leur lumière en elles-mêmes, comme les anges de Martynn : c'est un rêve de la veille, qui peut se comparer aux plus beaux rêves du sommeil, surtout si vous faites ce rêve à l'heure où le jour s'assombrit, où le soleil descend derrière une cime qu'il enflamme, comme celle de l'Horeb, et où le crépuscule, tout trempé de fraîcheur, de silence et de rosée, fait trembler à l'orient les premières étoiles du soir ; alors vous comprenez instinctivement que le monde marche pour lui-même et non pour vous; que vous n'êtes qu'un spectateur convié par la bonté de Dieu à ce splendide spectacle, et que la terre n'est qu'un fragment intelligent du système universel. Vous songez soudain avec effroi combien peu d'espace vous couvrez sur cette terre; mais bientôt l'âme réagit sur la matière, votre pensée se proportionne à la largeur des objets qu'il faut qu'elle embrasse; vous rattachez le passé au présent, les mondes aux mondes, l'homme à Dieu, et vous vous dites à vous-même, étonné de tant de faiblesse et de tant de puissance : Seigneur, que votre main m'a fait petit, mais que votre esprit m'a fait grand !

J'étais plongé au plus profond de ces pensées, lorsque la voix de Francesco me ramena à un ordre d'idées fort inférieur; il venait m'annoncer que, si petit que la main de Dieu m'eût fait, il n'y avait pas de place pour moi à Fluelen, et, comme il vit que la nouvelle produisait sur mon esprit un effet assez désagréable, il me présenta incontinent un grand garçon natif de Lausanne et cocher de son métier, lequel mettait à ma disposition, si la chose m'agréait, la voiture et les chevaux avec lesquels il avait amené Alfred à Fluelen, soit que je voulusse retourner à Altorf, soit que je me décidasse à faire le tour du lac par la rive gauche, le long de laquelle s'étend une route à peu près praticable. Ni l'une ni l'autre de ces deux propositions ne m'allait; mais je lui en fis une à laquelle il ne s'attendait pas : c'était de me louer l'intérieur de sa voiture pour la nuit; il n'en accepta pas moins en véritable Suisse toujours prêt à tirer parti de tout. Nous fîmes prix à un franc cinquante centimes, et Francesco partit pour combler l'intervalle des banquettes avec de la paille, ma blouse devait remplacer les draps, et mon manteau me tenir lieu de couverture.

Resté seul avec le propriétaire de ma chambre improvisée, je lui fis quelques questions sur Alfred et sur la personne qui l'accompagnait ; mais il ne savait absolument rien, si ce n'est que la dame était souffrante, paraissait prodigieusement aimer son compagnon de voyage, et s'appelait *Pauline.*

Quand je fus bien convaincu que je n'en saurais pas davantage, je mis bas mes habits, je me jetai dans le lac pour faire ma toilette du soir, et j'allai me coucher dans ma voiture.

HISTOIRE D'UN ANE, D'UN HOMME, D'UN CHIEN ET D'UNE FEMME.

Le lendemain, je fus réveillé à la pointe du jour par le cocher qui mettait les chevaux à la voiture, comme nous ne faisions pas même route, je me hâtai de sauter à bas de mon lit, et je trouvai Francesco, qui avait dormi de son côté dans le grenier à foin, tout prêt à me suivre ; notre barque, retenue dès la veille, nous attendait avec les deux rameurs et son pilote ; nous y montâmes aussitôt, et nous commençâmes à notre tour notre navigation : une heure après notre départ de Fluelen, nous mettions pied à terre sur la pierre de Guillaume Tell. Au dire de nos mariniers, c'était sur ce rocher même que le vaillant archer s'était élancé, profitant de la liberté qui lui avait été rendue par Guessler, au milieu de la tempête.

A un quart de lieue de la chapelle de Tellen Plat, sur la même rive et derrière le village de Sissigen, s'ouvre une vallée qu'à trois lieues de la ferme le Roestock ; la cime escarpée de ce pic servit de route aux vingt-cinq mille Russes, commandés par Suwarow, qui descendirent le 28 octobre 1799 au village de la Muotta. C'est alors qu'on vit des armées tout entières passer là où les chasseurs de chamois ôtaient leurs souliers, marchaient pieds nus, et s'aidaient de leurs mains pour ne pas tomber. C'est là que trois peuples, venus de trois points différents, se donnèrent rendez-vous audessus de la demeure des aigles, comme pour rendre de plus près Dieu juge de la justice de leur cause. Alors il y eut un instant où toutes ces montagnes glacées s'allumèrent comme des volcans, où les cascades descendirent sanglantes dans la plaine, et où roulèrent jusque dans la vallée des avalanches humaines, si bien que la mort fit une telle moisson, là où jusques alors la vie n'était pas parvenue, que les vautours, pour qui elle avait fauché, devenus dédaigneux par abondance, ne prenaient plus que les yeux des cadavres pour porter à leurs petits.

Je voulais m'arrêter là, et visiter cette vallée de Pélion et d'Ossa, où Masséna et Suwarow avait lutté comme deux Titans ; mais mes mariniers me dirent que j'aurais plus beau et plus court chemin en remontant la Muotta, que je devais rencontrer à Ibach, entre Ingenbohl et Schwitz. Je continuai donc ma route vers le Grutli ; nous marchions sur une terre si féconde qu'on ne perd de vue un grand souvenir que pour en découvrir aussitôt un autre.

Nous abordâmes au Grutli ; nous gravîmes une petite colline en pente assez douce, et nous arrivâmes sur un plateau formant une charmante prairie : c'est là que, pendant la nuit du 17 novembre de l'année 1307, Werner Stauffacher, du canton de Schwitz, Walter Furst, du canton d'Uri, et Arnold de Mechtal, du canton d'Unterwalden, accompagnés chacun de dix hommes, firent, comme nous l'avons dit, le serment de délivrer leur pays, demandant au Seigneur, si ce serment lui était agréable, de le leur faire connaître par quelque signe visible : au même instant, trois sources jaillirent aux pieds des trois conjurés.

Ce sont ces trois sources qu'on va visiter, qui coulent depuis cinq siècles passés, et qui tariront, au dire des vieux prophètes des montagnes, le jour où la Suisse cessera d'être libre. La première, en commençant à gauche, est celle de Walter Furst ; la seconde, celle de Werner Stauffacher ; la troisième, celle de Mechtal.

Je fis servir, sous le hangar même qui enferme les sources, et qui fut bâti, me dit le cicerone de ce petit coin de terre, grâce à la *munificence* du roi de Prusse, mon déjeuner et celui de mes matelots ; je remarquai, comme un fait à l'honneur de leur patriotisme, qu'ils poussèrent le respect pour les sources jusqu'à boire leur vin pur. Je ne sais si ce fut le sentiment d'un devoir accompli qui mit mes hommes en gaîté ; mais ce que je sais, c'est qu'ils traversèrent joyeusement le lac, accompagnant le mouvement de leur aviron d'une tyrolienne dont j'entendais encore le refrain aigu de l'autre côté de Brünnen, dix minutes après les avoir quittés.

Nous ne nous arrêtâmes point dans ce village, qui n'offrait rien de remarquable, si ce n'est pour demander à un homme qui fumait, assis sur le banc de la dernière maison, si nous étions bien sur la route de Schwitz. Celui à qui nous faisions cette question nous répondit affirmativement, et, pour plus grande sûreté il nous montra, à trois cents pas devant nous, un paysan et son âne qui nous précédaient dans le chemin que nous devions suivre, et qui devaient nous précéder ainsi jusqu'à Ibach ; d'ailleurs il n'y avait pas à s'y tromper, la route de Schwitz à Brünnen étant carrossable.

Rassurés par cette explication, nous avions perdu nos deux guides derrière un coude de la route, et nous ne pensions déjà plus à eux, lorsqu'en arrivant nous-mêmes à l'endroit où ils avaient disparu, nous vimes revenir le quadrupède, qui retournait au grand galop à Brünnen, et qui, sans doute, pour y annoncer son arrivée, donnait à sa voix toute l'étendue qu'elle pouvait atteindre. Derrière lui, mais perdant visiblement autant de terrain que Curiace blessé sur Horace sain et sauf, venait le paysan, qui, tout en courant, employait l'éloquence la plus persuasive pour retenir le fugitif. Comme la langue dans laquelle ce brave homme conjurait son âne était ma langue maternelle, je fus aussi touché de son discours que le stupide animal l'était peu, et, au moment où il passait près de moi, je saisis adroitement le longe qu'il traînait après lui ; mais il ne se tint pas pour arrêté et continua de tirer de son côté. Comme je ne voulais pas avoir tort devant un âne, j'y mis de l'entêtement et je tirai du mien : bref, je n'oserais pas dire à qui la victoire serait restée, si Francesco ne m'était venu en aide, en faisant pleuvoir sur la partie postérieure de mon adversaire une grêle de coups de son bâton de voyage ; l'argument fut décisif ; l'âne se rendit aussitôt, se courut à bon secours. En ce moment le paysan arriva, et nous lui remîmes le prisonnier.

Le pauvre bonhomme était en nage ; aussi crûmes-nous qu'il allait continuer à sa bête la correction commencée ; mais, à notre grand étonnement, il lui adressa la parole avec un accent de bonté qui me parut si singulièrement assorti à la circonstance, que je ne pus m'empêcher de lui exprimer mon étonnement sur sa mansuétude, et que je lui dis franchement que je croyais qu'il gâterait entièrement le caractère de son animal s'il l'encourageait dans de pareilles fantaisies.

— Ah ! me répondit-il, ce n'est pas une fantaisie ; c'est qu'il a eu peur, ce pauvre Pierrot !

— Peur de quoi ?

— Il a eu peur d'un feu que des enfans avaient allumé sur la route.

— Eh bien ! mais, dites donc, continuai-je, c'est un fort vilain défaut qu'il a là, monsieur Pierrot, que d'avoir peur du feu.

— Que voulez-vous ? répondit le bonhomme avec la même longanimité, c'est plus fort que lui, pauvre bête !

— Mais si vous étiez sur son dos, mon brave homme, quand une peur comme celle-là lui prend, à moins que vous ne soyez meilleur cavalier que je ne vous crois, savez-vous qu'il vous casserait le cou ?

— Oh ! oui, monsieur, fit le paysan avec un geste de conviction ; ça ne fait pas de doute, aussi je ne le monte jamais.

— Alors, ça vous fait un animal bien agréable.

— Eh bien ! tel que vous le voyez, continua le bonhomme, ç'a été la bête la plus docile, la plus dure à la fatigue et la plus courageuse de tout le canton ; il n'avait pas son pareil.

— C'est votre faiblesse pour lui qui l'aura gâté.

— Oh ! non, monsieur, c'est un accident qui lui est arrivé.

— Allons donc, Pierrot, continuai-je en poussant l'âne qui s'était arrêté de nouveau.

— Attendez... c'est qu'il ne veut pas passer l'eau.

— Comment, il a peur de l'eau aussi ?

— Oui, il en a peur.

— Il a donc peur de tout ?

— Il est très-ombrageux, c'est un fait. — Allons, Pierrot !

Nous étions arrivés à un endroit où un ruisseau d'une dizaine de pieds de large coupait la route, et Pierrot, qui paraissait avoir une profonde horreur de l'eau, était resté sur le bord, les quatre pieds fichés en terre, et refusait absolument de faire un pas de plus. Sa résolution était visible; le paysan avait beau tirer, Pierrot opposait une force d'inertie inébranlable. Je m'attachai à la corde, et je tirai de mon côté; mais Pierrot se cramponna de plus belle, en s'assurant sur ses pieds de derrière. Francesco alors le poussa par la croupe; ce qui n'empêcha point Pierrot, malgré la combinaison de nos efforts, de rester dans l'immobilité la plus parfaite. Enfin, ne voulant pas en avoir le démenti, je tirai si bien que tout à coup la corde cassa ; cet accident eut sur les différents personnages un effet pareil dans ses résultats, mais très varié dans ses détails. Le paysan tomba immédiatement le derrière dans l'eau, j'allai à reculons m'étendre à dix pas dans la poussière, et Francesco, manquant tout à coup de point d'appui, grâce au quart de conversion que fit inopinément Pierrot en se sentant libre, s'épata le nez et les deux mains dans la vase.

— J'étais sûr qu'il ne passerait pas, dit tranquillement le bonhomme en tordant le fond de sa culotte.

— Mais c'est un infâme rhinocéros que votre Pierrot, répondis-je en m'époussetant.

— Diavolo di sommaro ! murmura Francesco, remontant le courant pour se laver la figure et les mains à un endroit où l'eau ne fût pas troublée.

— Je vous remercie bien, me dit le bonhomme, de la peine que vous vous êtes donnée pour moi, mon bon monsieur.

— Il n'y a pas de quoi ; seulement je suis affligé qu'elle n'ait pas eu un meilleur résultat.

— Que voulez-vous ? quand on a fait ce qu'on peut, il n'y a pas de regrets à avoir.

— Eh bien ! mais... de quelle manière allez-vous vous en tirer ?

— Je vais faire un détour.

— Comment ! vous céderez à Pierrot ?

— Il le faut bien, puisqu'il ne veut pas me céder.

— Oh ! non, dis-je, ça ne finira pas comme cela ; quand je devrais porter Pierrot sur mon dos, Pierrot passera.

— Hum ! il est lourd, fit le bonhomme en hochant la tête.

— Allez d'attraper par la bride, j'ai une idée.

Le paysan repassa le ruisseau, et alla reprendre le bout de sa longe Pierrot, qui s'était tranquillement arrêté à mâcher un chardon.

— C'est bien, continuai-je ; maintenant amenez-le le plus près que vous pourrez du courant : bon !

— Est-il bien là ?

— Parfaitement. As-tu fini de te débarbouiller, Francesco ?

— Oui, excellence.

— Donne-moi ton bâton et passe du côté de la tête de Pierrot.

Francesco me tendit l'objet demandé et exécuta la manœuvre prescrite : quant au paysan, il caressait tendrement son âne.

Je profitai de ce moment pour prendre ma position derrière l'animal, et pendant qu'il répondait aux amitiés de son maître, je passai nos deux bâtons de montagne entre ses jambes. Francesco comprit aussitôt ma pensée, se tourna comme un commissionnaire qui se prépare à porter une civière, et prit les deux bâtons par un bout, pendant que je les tenais par l'autre ; au mot, enlevez ! Pierrot perdit terre, et au commandement de, en avant, marche ! il se mit triomphalement en route, ressemblant assez à une litière dont nous étions les porteurs.

Soit que la nouveauté de l'expédient l'eût étourdi, soit qu'il trouvât cette manière de voyager de son goût, soit enfin qu'il fut frappé de la supériorité de nos moyens dynamiques, Pierrot ne fit aucune résistance, et nous le déposâmes sain et sauf sur l'autre rive.

— Eh bien ! dit le paysan, quand la bête eut repris son aplomb naturel, en voilà une sévère ! qu'est-ce que tu en penses, mon pauvre Pierrot ?

Pierrot se remit en route comme s'il n'était absolument rien arrivé.

— Et maintenant, dis-je au bonhomme, racontez-moi l'accident arrivé à votre âne et d'où vient qu'il a peur de l'eau et du feu : c'est bien le moins que vous me deviez, après le service que je viens de vous rendre.

— Ah ! monsieur, me répondit le paysan en posant sa main sur le cou de sa bête, la chose est arrivée il y aura deux ans au mois de novembre prochain : il y avait déjà beaucoup de neige dans la montagne, et un soir que j'étais revenu comme aujourd'hui de Brünnen avec Pierrot, dans ce temps-là, pauvre animal ! il n'avait peur de rien, et que nous nous chauffions, mon fils, — mon fils n'était pas encore mort à cette époque-là, — ma belle-fille, Fidèle et moi, autour d'un bon feu.

— Pardon, interrompis-je ; mais quand je commence à écouter une histoire, j'aime à connaître parfaitement mes personnages : — sans indiscrétion, qu'est-ce que Fidèle ?

— Sauf votre respect, c'est notre chien, un griffon superbe, oh ! une fameuse bête, allez !

— Bien, mon ami, maintenant j'écoute.

— Nous nous chauffions donc, écoutant le vent siffler dans les sapins, quand on frappa à la porte ; je courus ouvrir : c'étaient deux jeunes gens de Paris qui étaient partis de Sainte-Anna sans guide, et qui s'étaient perdus dans la montagne : ils étaient raides de froid : je les fis approcher du feu, et tandis qu'ils dégelaient, Marianne prépara un cuisseau de chamois. C'étaient de bons vivants, à moitié morts, mais gais et farceurs tout de même, de vrais Français, enfin. Ce qui les avait sauvés, c'est qu'ils avaient avec eux tout ce qu'il fallait pour faire du feu ; de sorte que deux ou trois fois ils avaient allumé des tas de branches, s'étaient réchauffés et s'étaient remis en route de plus belle ; si bien qu'à force de marcher, de se refroidir, de se réchauffer et de se remettre en chemin, ils étaient arrivés jusqu'à la maison. Après souper, je les conduisis dans leur chambre : dam ! ça n'était pas élégant, mais c'était tout ce que nous avions : douce comme un poêle, du reste, parce qu'il y avait une porte qui donnait dans l'étable, et que les chrétiens profitaient de la chaleur des animaux. En allant chercher de la paille pour faire le lit, je laissai la porte de communication ouverte, et Pierrot, qui restait toujours libre comme l'air, vu qu'il était doux comme un agneau, rentra derrière moi dans la chambre, me suivant comme un chien et mangeant à même de la botte de paille que je tenais sous le bras. Vous avez là un bien bel animal ? me dit un des voyageurs ; effectivement, je ne sais pas si vous l'avez remarqué, mais Pierrot est superbe dans son espèce. — Je fis un signe de tête.

— Comment s'appelle-t-il ? continua le plus grand des deux.

— Il s'appelle Pierrot. Oh ! vous pouvez l'appeler ; il n'est pas fier, il viendra.

— Combien peut valoir un âne comme celui-ci ?

— Dam ! vingt écus, trente écus.

— C'est pour rien.

— Effectivement, dis-je, relativement aux services que ça rend, ce n'est pas cher. Allons, Pierrot, mon ami, faut laisser coucher ces messieurs ; il me suivit comme s'il m'entendait. Je fermai la porte de communication, et, pour ne pas déranger ces messieurs davantage, je rentrai par devant. Un instant après, je les entendis rire de tout leur cœur : Bon, dis-je, Dieu regarde la chaumière dont les hôtes sont joyeux.

Le lendemain, sur les sept heures, nos deux jeunes gens se réveillèrent ; mon fils était déjà parti pour la chasse. Pauvre François ! c'était sa passion... enfin Marianne avait préparé le déjeuner. Nos hôtes mangèrent avec des appétits de voyageurs ; puis ils voulurent régler leur compte : nous leur dîmes que c'était ce qu'ils voudraient ; ils donnèrent un louis à Marianne qui voulut leur rendre, mais ils s'y opposèrent. Ils étaient riches, à ce qu'il paraît.

— Maintenant, mon brave homme, me dit l'un d'eux, ce n'est pas tout ; il faut que vous nous prêtiez Pierrot jusqu'à Brünnen.

— Avec grand plaisir, messieurs, que je répondis : vous le laisserez à l'auberge de l'Aigle, et la première fois que j'irai aux provisions, je le reprendrai. Pierrot est à votre service, prenez-le ; vous monterez chacun votre tour dessus et même tous les deux ensemble ; il est solide, ça vous soulagera.

— Mais, reprit son camarade, comme il pourrait arriver malheur à Pierrot...

— Qu'est-ce que vous voulez qu'il lui arrive ? que je dis ; la route est bonne d'ici à Ibach, et d'Ibach à Brünnen elle est superbe.

— Enfin on ne peut pas savoir. Nous allons vous laisser sa valeur.

— C'est inutile, j'ai confiance en vous.

— Nous ne le prendrons pas sans cette condition.

— Faites comme vous voudrez, messieurs, vous êtes les maîtres.

— Vous nous avez dit que Pierrot valait trente écus ;

— Au moins.

— En voilà quarante, donnez nous un reçu de la somme. Si nous remettons votre bête saine et sauve entre les mains du maître de l'hôtel de l'Aigle, il nous la remboursera ; s'il arrive quelque malheur à Pierrot, vous garderez les quarante écus.

On ne pouvait pas mieux dire. Ma bru, qui sait lire et écrire, parce qu'elle était la fille du maître d'école de Goldau, leur donna un reçu circonstancié ; on leur harnacha Pierrot, et ils partirent. C'est une justice à lui rendre, pauvre bête ! il ne voulait pas marcher ; il nous regardait d'un air triste, au point qu'il me fit de la peine et que j'allai couper un morceau de pain que je lui donnai. Il aime beaucoup le pain, Pierrot ; c'était un moyen de lui faire faire tout ce qu'on voulait ; de sorte que je n'eus qu'à lui dire : *Allons va !* pour qu'il se mit en route. Dans ce temps-là il était obéissant comme un caniche.

— L'âge l'a bien changé.

— Le fait est qu'il n'est pas reconnaissable ; mais avec votre permission, ce n'est pas l'âge, c'est l'accident en question.

— Qui lui arriva pendant le voyage ?

— Oh ! oui, monsieur, et un rude ; n'est-ce pas mon pauvre Pierrot ?

— Voyons l'accident.

— Vous ne le devineriez jamais, allez ! Il faut vous imaginer que nos farceurs de Parisiens avaient eu une idée, une drôle encore ! c'était, au lieu de se chauffer de temps en temps, comme ils l'avaient fait la veille, de se chauffer ce jour-là tout le long de la route ; or, ils avaient pensé à Pierrot pour cela : j'ai su depuis comment tout s'était passé, par un voisin de Ried, qui travaillait dans le bois et qui les vit faire ; il lui mirent d'abord sur son bât une couche d'herbe mouillée, puis sur la couche d'herbe une couche de neige, puis une nouvelle couche d'herbe, et sur cette couche un fagot de sapins, comme on en avez vu entassés tout le long de la route ; alors ils tirèrent leur briquet de leur poche et allumèrent le fagot ; de sorte qu'ils n'avaient qu'à suivre Pierrot pour se chauffer et à étendre la main pour allumer leurs cigares, exactement comme s'il étaient devant leur cheminée. Que dites-vous de l'invention ?

— Je dis que je reconnais parfaitement là mes Parisiens.

— J'aurais dû les connaître aussi, moi ; j'avais déjà eu affaire à eux du temps du général Masséna.

— Comment ! vous habitiez déjà la contrée ?

— Je venais de m'y établir. J'arrivais du canton de Vaud ; voilà pourquoi je parle français.

— Et vous avez vu le fameux combat de Muotta-Thal ?

— C'est-à-dire, oui, je l'ai vu et je ne l'ai pas vu : c'est une autre histoire, ça, c'est la mienne.

— Ah ! c'est vrai, et nous n'en sommes encore qu'à celle de Pierrot.

— Comme vous dites : ça alla donc bien comme ça l'espace d'une lieue à peu près ; ils avaient traversé le village de Schonembuch en se chauffant comme je vous ai dit, et ne s'étaient arrêtés que pour remettre du bois au feu. Tout le monde était sorti sur les portes pour les regarder passer ; ça ne s'était jamais vu, vous comprenez ; mais petit à petit la neige qui empêchait Pierrot de sentir la chaleur était fondue, les deux couches d'herbe s'étaient séchées ; le feu gagnait du terrain sans que nos Parisiens y fissent attention, et plus il gagnait du terrain, plus il se rapprochait du cuir de Pierrot ; aussi ce fut lui qui s'en aperçut le premier. Il commença à tourner sa peau, puis à braire, puis à trotter, puis à galoper, que nos jeunes gens ne pouvaient plus le suivre, et plus il allait vite, et plus le courant d'air l'allumait. Enfin, pauvre animal ! il devint comme un fou, il se roulait ; mais le feu avait gagné le bât et ça le rôtissait ; il se relevait, il se roulait encore. Enfin, à force de rouler, il arriva sur le talus de la rivière, et comme elle allait rapidement en pente, il dévala dedans. Les farceurs continuèrent leur route sans s'inquiéter de lui ; il était payé.

Deux heures après, on retrouva Pierrot, il était éteint ; mais comme les bords de la Muotta sont escarpés, il n'avait pas pu remonter, et il était resté tout ce temps-là dans l'eau glacée, de sorte qu'après avoir été rôti il gelait : on voulut le faire approcher du feu, mais dès qu'il vit la flamme il s'échappa comme un enragé, et comme il savait son chemin, il revint à la maison, où il fit une maladie de six semaines.

C'est depuis ce temps-là qu'il ne peut plus sentir ni l'eau ni le feu.

Comme j'avais vu des répugnances plus extraordinaires que celles de Pierrot, je compris parfaitement la sienne, et il reprit dès lors dans mon estime toute la considération que lui avaient ôtée ses deux escapades.

HISTOIRE DE L'HOMME.

Tout en bavardant, nous étions arrivés à Ibach, et comme notre déjeuner commençait à être loin, je proposai à notre homme de manger un morceau avec nous ; il accepta l'offre avec la même bonhomie qu'elle était faite, et nous nous mîmes à table.

— A propos, lui dis-je, pendant qu'on nous faisait notre omelette, vous avez laissé tomber un mot que j'ai ramassé.

— Lequel, notre bourgeois ? dit le bonhomme qui commençait à se familiariser avec mes manières.

— Vous avez dit que vous aviez connu les Français du temps de Masséna ?

— Un peu, répondit le paysan, après avoir vidé son verre et en faisant clapper sa langue contre son palais.

— Et vous avez eu affaire à eux ?

— Oh ! à un entre autres. Quel chenapan ! c'était pourtant un capitaine.

— Est-ce que vous ne pourriez pas nous conter cela ?

— Si fait : imaginez-vous... Ah ! c'est que voilà l'omelette...

En effet, on apportait ce plat indispensable, et quelquefois unique des mauvaises auberges, et, à la manière empressée dont mon convive avait salué sa présence, il y aurait eu cruauté à le détourner des soins qu'il paraissait disposé à lui rendre.

— Diable ! dis-je, c'est fâcheux que nous ne suivions probablement pas plus loin la même route, nous aurions causé de la fameuse bataille.

— Oh ! oui, c'en est une fameuse : vous allez à Schwitz ?

— Oui, mais pas tout de suite; je voudrais auparavant voir la Muotta-Thal.

— Eh bien! mais ça tombe à merveille, il me semble: j'y demeure en plein; de ma fenêtre on voit jusqu'au village de Muotta, où le plus chaud de la chose s'est passé. Venez coucher à la maison; dame! vous ne serez pas crânement, mais la petite chambre est là.

— Ma foi! dis-je, j'accepte la chose comme vous me l'offrez, sans façon.

— Vous avez raison, où il y a de la gêne il n'y a pas de plaisir. Vous verrez Marianne, qui est une brave fille qui a bien soin de moi; vous n'aurez pas de chamois parce que le tueur n'est plus là. Le vieillard poussa un soupir: pauvre François!... Enfin; mais vous trouverez des poules, de bon beurre et de fameux lait, allez!

— Je suis sûr que je serai parfaitement bien.

— Parfaitement bien n'est pas le mot; mais enfin on tâchera que vous n'y soyez pas trop mal. A votre santé!

— A la vôtre, mon brave, et à celle des gens que vous aimez!

— Merci; vous me faites souvenir que j'ai oublié Pierrot...

— J'y ai pensé, moi, et probablement qu'à l'heure qu'il est il dîne mieux que nous.

— Eh bien! je vous remercie. Voyez-vous, Marianne, Fidèle et Pierrot, c'est tout ce qui me reste sur la terre. Quand nous sommes pour rentrer, Pierrot brait, Fidèle vient au devant de moi, Marianne paraît sur le seuil de la maison. Ceux qui arrivent sont les bienvenus de ceux qui attendent. Quand on vit isolés comme nous vivons nous autres, les animaux deviennent des amis, dont on connaît les bonnes et les mauvaises habitudes; les bonnes leur viennent de la nature, les mauvaises de leurs rapports avec nous. Quand on sait cela, on leur passe les mauvaises. Pourquoi vouloir que les bêtes soient plus parfaites que les hommes? Si Pierrot n'avait jamais connu de Parisiens, soit dit sans vous offenser...

— Oh! allez, allez, je ne suis pas de Paris.

— Il n'aurait pas le caractère gâté comme il l'a.

C'était vrai, au moins, ce qu'il disait: la civilisation corrompt tout, jusqu'aux ânes.

Tout en dialoguant, l'omelette et le fromage avaient disparu; il ne restait plus dans la bouteille que de quoi trinquer une dernière fois: nous trinquâmes et nous partîmes.

— Et notre capitaine? dis-je aussitôt que nous eûmes dépassé la dernière maison.

— Ah! le capitaine; eh bien! c'était le matin de la bataille, le 29 septembre; je m'en souviens comme d'hier, et cependant il y a trente-quatre ans. Comme le temps passe! je venais de me marier il y avait huit jours: je tenais en location la maison que j'occupe aujourd'hui. J'avais couché à Ibach, lorsqu'en sortant de l'auberge je suis arrêté par quatre grenadiers; on me conduit devant le général; je ne savais pas ce qu'on voulait faire de moi.

— Tu parles français? me dit-il.

— C'est ma langue.

— Tu demeures depuis longtemps dans le pays?

— Depuis cinq ans.

— Et tu le connais?

— Dame! je le crois.

— C'est bien. — Capitaine, continua le général en se tournant vers un officier qui attendait ses ordres, voilà l'homme qu'il vous faut. S'il vous conduit bien, faites-lui donner une récompense; s'il vous trahit, faites-le fusiller.

— Tu entends? dit le capitaine.

— Oui, mon officier, répondis-je.

— Eh bien! en avant, marche!

— Où cela?

— Je te le dirai tout à l'heure.

— Mais enfin...

— Allons! pas de raisons ou je t'assomme.

Il n'y avait rien à répondre, je marchai. Nous nous engageâmes dans la vallée, et quand nous eûmes dépassé Schœnembuch, où étaient les avant-postes français: — Maintenant, dit le capitaine, me regardant en face, ce n'est plus cela: il faut prendre à gauche ou à droite et nous conduire au-dessus du village de la Muotta; nous avons quelque chose à y faire, et prends garde que nous tombions dans quelque parti ennemi, car je te préviens qu'au premier coup de feu,

— il prit un fusil des mains d'un soldat qui en portait deux, le fit tourner comme une badine, et, laissant retomber la crosse jusqu'à deux pouces de ma tête, — je t'assomme.

— Mais enfin, dis-je, ce ne serait cependant pas ma faute si...

— Te voilà prévenu, arrange-toi en conséquence; plus un mot, et marchons.

On fit silence dans les rangs: nous nous engageâmes dans la montagne; comme il fallait dérober notre marche aux Russes qui étaient à Muotta, je gagnai ces sapins que vous voyez et qui s'étendent jusqu'au delà de ma maison. Arrivé près de chez nous, je me retournai vers le capitaine. — Mon officier, lui dis-je, voulez-vous me permettre de prévenir ma femme?

— Ah! brigand, me dit le capitaine en me donnant un coup de crosse entre les deux épaules, tu veux nous trahir!

— Moi, mon officier! Oh!...

— Du silence, et marchons!

Il n'y avait rien à dire, comme vous voyez. Nous passâmes à cinquante pas de la maison, sans que le pusse dire un mot à ma pauvre femme; j'enrageais et c'était une pitié. Enfin, par une éclaircie, nous aperçûmes Muotta; je le lui montrai du doigt, je n'osais plus parler. On voyait les Russes qui s'avançaient par la route.

— C'est bien, dit le capitaine. Maintenant il s'agit de nous conduire, sans être vus, le plus près possible de ces gaillards-là.

— C'est bien facile, dis-je, il y a un endroit où le bois descend jusqu'à cinquante pas de la route.

— Le même que celui où nous sommes?

— Non, un autre; il y a une plaine entre les deux; mais le second empêchera qu'on nous voie sortir du premier.

— Mène-nous à l'endroit en question, et prends garde qu'ils ne nous aperçoivent, car, au premier mouvement qu'ils font, je t'assomme.

Nous revînmes sur nos pas, car je désirais prendre toutes les précautions possibles pour que nous ne fussions pas vus, attendu que j'étais convaincu que le maudit capitaine ferait la chose comme il le disait. Au bout d'un quart d'heure nous arrivâmes à la lisière: il y avait un demi-quart de lieue à peu près d'un bois à l'autre. Tout paraissait tranquille autour de nous. Nous nous engageâmes dans l'espace vide, ça allait bien jusque là; mais voilà qu'en arrivant à vingt pas de l'autre bois, il en sortit une fusillade enragée!... Oh! mais, tiens, dis-je au capitaine, il paraît que les Russes ont eu la même idée que vous. Je n'eus pas le temps d'en dire davantage; il me sembla que la montagne me descendait sur la tête; c'était la crosse du fusil du capitaine; je vis du feu et du sang, puis je ne vis plus rien du tout, et je tombai.

Lorsque je revins à moi, il faisait nuit; je ne savais où j'étais, j'ignorais ce qui m'était arrivé, je ne me souvenais de rien, seulement j'avais la tête affreusement lourde; j'y portai la main; je sentis mes cheveux collés à mon front; je vis ma chemise pleine de sang: autour de moi il y avait des corps morts; alors je me rappelai tout.

Je voulus me lever, mais il me sembla que la terre tremblait, et je fus forcé de m'accouder d'abord jusqu'à ce que mes esprits fussent un peu revenus. Je me souvins qu'une source coulait à quelques pas de l'endroit où j'étais; je m'y traînai sur mes genoux, je lavai ma blessure, j'avalai quelques gorgées d'eau, elles me firent du bien; alors je pensai à ma pauvre femme, à l'inquiétude où elle devait être; cela me rendit mon courage; je m'orientai, et, quoique chancelant encore, je me mis en route.

Il paraît que la troupe à laquelle j'avais servi de guide avait battu en retraite par le même chemin où je l'avais conduite; car tout le long de la route je trouvai des cadavres, mais en moindre quantité, cependant, à mesure que j'avançais; enfin il vint un moment où je n'en trouvai plus du tout.

soit que la petite colonne eût changé de direction, soit que je fusse arrivé à l'endroit où l'ennemi avait cessé de la poursuivre. Je marchai encore un quart d'heure ; enfin j'aperçus la maison ; entre le bois et elle, il y avait un espace vide où nous faisions pâturer nos bêtes, et, aux deux tiers de cet espace, j'apercevais à la lueur de la lune quelque chose comme un homme couché : je marchai vers l'objet en question. Au bout de quelques pas, il n'y avait plus de doute ; c'était un militaire, je voyais briller ses épaulettes, je me penchai vers lui : c'était mon capitaine.

J'appelai alors, comme j'avais l'habitude de le faire quand je rentrais, pour annoncer de loin mon retour : ma femme reconnut ma voix et sortit ; je courus à elle, elle tomba presque morte dans mes bras ; elle avait passé une journée affreuse et pleine d'inquiétude. On s'était battu aux environs de la maison ; elle avait entendu toute la journée la fusillade, et, dominant la mousqueterie, le canon qui grondait dans la vallée.

Je l'interrompis pour lui montrer le corps du capitaine.

— Est-il mort ? s'écria-t-elle.

— Mort ou non, répondis-je, il faut le porter dans la maison : s'il est vivant encore, peut-être parviendrons-nous à le sauver ; s'il est mort, nous renverrons à son régiment ses papiers, qui peuvent être importans, et ses épaulettes qui ont une valeur ; va préparer notre lit.

Rose courut à la maison, je pris le capitaine dans mes bras, et je l'emportai en me reposant plus d'une fois ; car je n'étais pas bien fort moi-même ; enfin, j'arrivai tant bien que mal ; nous déshabillâmes le capitaine ; il avait trois coups de baïonnette dans la poitrine, mais cependant il n'était pas mort.

Dam ! j'étais assez embarrassé moi, je ne suis pas médecin ; mais je pensai que le vin, qui fait du bien à l'intérieur, ne peut pas faire de mal à l'extérieur ; je versai une bouteille du meilleur dans une soupière, je trempai dedans des compresses, et je les lui appliquai sur ses blessures. Pendant ce temps ma femme qui, comme toutes les paysannes de nos Alpes, connaissait certaines herbes bienfaisantes, sortit pour tâcher d'en cueillir au clair de lune, heure à laquelle elles ont encore plus de vertu.

Il paraît que mes compresses faisaient du bien au capitaine ; car au bout de dix minutes il poussa un soupir, et au bout d'un quart d'heure il ouvrit les yeux, mais sans rien voir encore ; on m'aurait donné plein la chambre d'or que je n'aurais pas été plus content. Enfin ses regards reprirent de la vie, et, après avoir erré autour de la chambre, ils s'arrêtèrent sur moi : je vis qu'il me reconnaissait.

— Eh bien ! capitaine, lui dis-je tout joyeux... si vous m'aviez tué cependant !

Je fis un bond en entendant cela ; le mot était magnifique d'évangélisme !...

— Quinze jours après, continua le vieillard, le capitaine rejoignit son régiment ; le surlendemain un aide de camp m'apporta cinq cents francs de la part du général Masséna ; alors j'achetai la maison que je tenais en location, ainsi que la prairie qui est à l'entour.

— Et comment s'appelait le capitaine ?

— Je ne lui ai pas demandé.

Ainsi ce vieillard avait été assassiné par un homme, il avait sauvé la vie à son assassin, et il n'avait eu dans le cœur ni assez de ressentiment du mal qu'il avait reçu, ni assez d'orgueil du bien qu'il avait fait, pour désirer savoir le nom de celui qui lui devait la vie et à qui il avait failli devoir la mort.

— Je serai plus curieux que vous ne l'avez été, répondis-je, car je veux savoir comment vous vous appelez, vous.

— Jacques Elsener, pour vous servir, dit le vieillard en ôtant son chapeau pour me saluer, et en découvrant, du même coup et sans y penser, la cicatrice que lui avait faite la crosse du fusil du capitaine.

En ce moment Pierrot se mit à braire ; cinq minutes après Fidèle accourut, et, au premier détour du chemin, nous aperçûmes Marianne qui nous attendait sur le seuil de la maison.

— Ma fille, dit Jacques, je te ramène un brave monsieur qui vient nous demander à coucher et à souper.

— Qu'il soit le bienvenu, dit Marianne ; la maison est petite et la route étroite ; mais cependant il y a place pour le voyageur ; et elle prit mon sac et mon bâton pour les emporter dans ma chambre.

— Hein ! comme elle parle, dit Jacques en la voyant s'éloigner avec un sourire : c'est qu'elle a reçu une éducation de demoiselle, cette pauvre Marianne ; c'est la fille du maître d'école de Goldau.

— Mais, dis-je, me rappelant la catastrophe arrivée en 1806 au village que Jacques venait de nommer, sa famille n'habitait pas ce pays lors de la chute de la montagne qui l'a écrasé ?

— Si fait, me répondit Jacques : mais Dieu a préservé le père et les enfans : la mère seule a péri.

— Est-ce que votre belle-fille consentira à me donner des détails sur cet événement ?

— Tout ce que vous voudrez, quoiqu'elle fût bien jeune lorsqu'il est arrivé ; mais son père le lui a raconté si souvent, qu'elle se le rappelle comme si la chose était d'hier ; — à bas, Fidèle. — Excusez, monsieur, c'est sa manière de vous faire, de son côté, les honneurs de la maison.

En effet, Fidèle sautait après moi comme si nous eussions été de vieilles connaissances : peut-être flairait-il le chasseur.

— Maintenant, me dit Jacques, si vous n'êtes pas trop fatigué et que vous vouliez monter sur la petite montagne qui est derrière ma maison, vous embrasserez d'un seul coup d'œil le champ de bataille de Muotta-Thal ; pendant ce temps, Marianne préparera ses petites affaires.

Je suivis mon guide en appelant Fidèle, qui marcha derrière nous pendant vingt pas à peu près ; mais arrivé là, il s'arrêta en remuant la queue, nous regarda quelque temps ; puis, voyant que nous continuions notre route, il retourna en arrière, s'arrêtant pour nous regarder de dix pas : puis enfin il alla s'asseoir sur le seuil de la porte, aux derniers rayons du soleil couchant.

— Il paraît que Fidèle n'est pas des nôtres, dis-je à Jacques, car tout dans cette famille me semblait tellement uni que je cherchais la raison des plus simples choses, sûr d'y trouver toujours un mystère d'intimité.

— Oui, oui, me répondit le vieillard, du temps de mon pauvre François, Fidèle aimait également tout le monde ici, car tout le monde était heureux ; mais, depuis que nous l'avons perdu, il s'est attaché à sa veuve : il paraît que c'est elle qui a le plus souffert ; cependant j'étais le père, moi. Enfin Dieu nous l'avait donné, Dieu nous l'a ôté, sa volonté soit faite !

Je suivis avec respect ce vieillard si simple et si résigné dans sa douleur, et nous arrivâmes au sommet de la petite colline d'où l'on découvrait une partie de la vallée, depuis Muotta jusqu'à Schonenbuch : à droite, nous apercevions la cime de la montagne, qu'on a appelée, depuis 99, le Pas des Russes ; deux lieues au-delà de Muotta, le mont Pragel fermait la vallée et la séparait de celle de Klon, qui commence à l'autre versant de la montagne et qui descend jusqu'à Nœfels. Nous dominions la place même où était venue se briser sur nos baïonnettes la sauvage réputation de Souwarow, et où le géant du nord, venu au pas de course de Moscou, fut obligé de battre en retraite lui-même, après avoir écrit à Korsakoff et à Jallachiech : « Je viens réparer vos fautes, tenez ferme comme des murailles. Vous me répondrez sur votre » tête de chaque pas, que vous ferez en arrière. » Quinze jours après, celui qui avait écrit cette lettre, battu et fuyant lui-même, après avoir laissé dans les montagnes huit mille hommes et dix pièces de canon, traversait la Reuss sur un pont formé à la hâte par deux sapins que ses officiers avaient joints avec leurs écharpes.

Je restai à peu près à examiner toute cette vallée, si tourmentée alors, et aujourd'hui si tranquille. Au premier plan, j'avais la maison, s'élevant au milieu de sa pelouse verte, ombragée par un immense noyer, avec sa cheminée dont la fumée s'élevait perpendiculairement, tant l'atmosphère était calme; au second plan, le village de Muotta, assez rapproché de moi pour que je visse ses maisons, mais trop éloigné pour que je distinguasse ses habitans. Enfin, à l'horizon, le mont Pragel, dont la cime neigeuse empruntait une teinte de rose aux derniers rayons du soleil.

Il y a entre le marin et le montagnard une grande ressemblance, c'est qu'ils sont religieux l'un et l'autre; cela tient à la puissance du spectacle qu'ils ont incessamment sous les yeux, aux dangers éternels qui les entourent, et à ces grands cris de la nature qui se font entendre sur la mer et dans la montagne! A nous autres habitans des villes, rien n'arrive de grand; la voix du monde couvre celle de Dieu; il nous faut, pour retrouver un peu de poésie, aller la chercher au milieu des vagues, ces montagnes de l'Océan, ou au milieu des montagnes, ces vagues de la terre. Alors, pour peu que nous soyons nés poètes ou religieux, ce qui est souvent la même chose, nous sentons se réveiller dans notre cœur une fibre qui frémit, nous sentons vibrer dans notre âme une voix qui chante, et nous comprenons bien que cette fibre et cette voix n'étaient pas absentes, mais endormies; que c'était le monde qui pesait sur elles, et qu'aux ailes de la poésie et de la religion, comme à celles des aigles, il faut la solitude et l'immensité. Alors on comprend parfaitement la résignation du montagnard et du matelot, tant qu'il erre dans ses glaciers, ou tant qu'il vogue sur l'Océan. Là, l'espace est trop grand pour qu'il sente dans toute sa profondeur la perte d'une personne aimée; ce n'est que lorsqu'il rentre dans sa cabane ou dans son chalet qu'il s'aperçoit qu'il y a une mère de moins au foyer, entre lui et son fils, ou qu'il manque un enfant à table, entre lui et sa femme; ce n'est qu'alors que ses yeux, qu'il avait portés hauts et résignés, tant qu'il avait pu voir le ciel où est allée l'âme, une fois qu'ils ont perdu le ciel de vue, s'inclinent en pleurant vers la terre qui renferme, le corps.

Le vieillard me frappa sur l'épaule; Fidèle venait annoncer que le souper était prêt.

HISTOIRE DU CHIEN.

— Mettez-vous là, me dit le vieillard en approchant une chaise du couvert qui m'était destiné. — C'était la place de mon pauvre François.

— Ecoutez, père, lui dis-je, si vous n'étiez pas une âme puissante, un cœur plein de religion, un homme selon Dieu, je ne vous demanderais ni ce qu'était votre fils, ni comment il est mort; mais vous croyez, et, par conséquent, vous espérez. Comment François vous a-t-il donc quitté ici-bas pour aller vous attendre au ciel?

— Vous avez raison, répondit le vieillard, et vous me faites du bien en me parlant de mon fils; quand nous ne sommes que nous trois, Fidèle, ma fille et moi, peut-être l'oublions-nous parfois, ou avons-nous l'air de l'oublier, pour ne pas nous affliger les uns les autres; mais, dès qu'un étranger entre, qui nous rappelle son âge, dès qu'il dépose son bâton où François déposait sa carabine, dès qu'il prend au foyer ou à la table la place que prenait habituellement celui qui nous a quittés; alors nous nous regardons tous les trois et nous voyons bien que la blessure n'est pas cicatrisée encore et demande à saigner des larmes; n'est-ce pas, Marianne, n'est-ce pas, mon pauvre Fidèle?

La veuve et le chien s'approchèrent en même temps du vieillard; l'une lui tendit la main, l'autre lui posa sa tête sur le genou. Quelques larmes silencieuses coulèrent sur les joues du père et de la femme; le chien poussa un gémissement plaintif.

— Oui, continua le vieillard, un jour il rentra, venant de Speringen, qui est à cinq lieues d'ici, du côté d'Altorf; il tenait sur son bras celui-ci, le vieillard étendit la main et la posa sur la tête de Fidèle, qui n'était pas plus gros que le poing; il l'avait trouvé sur un fumier où on l'avait jeté avec deux autres de ses frères; mais les autres étaient tombés sur un pavé et s'étaient tués; on lui fit chauffer du lait, et on commença de le nourrir comme un enfant avec une cuiller; ce n'était pas commode; mais enfin la pauvre petite bête était là, on ne pouvait pas la laisser mourir de faim.

Le lendemain, Marianne, en ouvrant la porte, trouva une belle chienne sur le seuil de la maison; elle entra comme si elle était chez elle, alla droit à la corbeille où était Fidèle, et lui donna à téter; c'était sa mère; elle avait fait, par la montagne, et conduite par son instinct, la même route que François; la chose finie, et lorsque le petit eût bu, elle sortit et reprit la route de Speringen. A cinq heures, elle revint pour remplir le même office, repartit ensuite de la même manière qu'elle avait déjà fait, et le lendemain, en ouvrant la porte, on la retrouva de nouveau sur le seuil.

Elle fit de cette manière, pendant six semaines, et deux fois par jour, le chemin de Speringen en aller et retour, c'est-à-dire vingt lieues; car son maître lui avait laissé un chien à Sissigen, et François avait apporté l'autre ici; de sorte qu'elle se partageait entre ses deux petits; dans tous les animaux de la création, depuis le chien jusqu'à la femme, le cœur d'une mère est toujours une chose sublime. Au bout de ce temps, on ne la vit plus que tous les deux jours. Car Fidèle commençait à pouvoir manger; puis elle ne vint plus que toutes les semaines, puis enfin on ne l'aperçut plus qu'à des espaces éloignés et à la manière d'une voisine de campagne qui fait sa visite.

François était un hardi chasseur de montagnes, il était rare que la carabine que vous voyez là suspendue au-dessus de la cheminée envoyât une balle qui se perdît; presque tous les deux jours nous le voyions descendre de la montagne avec un chamois sur les épaules; sur quatre, nous en gardions un et nous en vendions trois, c'était un revenu de plus de cent louis par an. Nous eussions mieux aimé que François ne gagnât que la moitié de cette somme à un autre métier; mais François était encore plus chasseur par goût que par état, et vous savez ce que c'est que cette passion dans nos montagnes.

Un jour, un Anglais passa chez nous. François venait de tuer un superbe lammergeyer (1); l'oiseau avait seize pieds d'envergure; l'Anglais demanda si l'on ne pourrait pas en avoir un pareil vivant; François répondit qu'il fallait le prendre dans l'aire, et que cela se pouvait seulement au mois de mai, époque de la pondaison des aigles. L'Anglais offrit douze louis de deux aiglons, tira l'adresse d'un négociant de Genève qui était en correspondance avec lui et qui se chargerait de les lui faire passer, donna à François deux louis d'arrhes, et lui dit que son correspondant lui remettrait le reste de la somme contre les deux aiglons.

Nous avions oublié, Marianne et moi, la visite de l'Anglais, lorsqu'au printemps d'ensuite François nous dit un soir en rentrant:

— A propos, j'ai trouvé un nid d'aigle.

Nous tressaillîmes tous deux, Marianne et moi, et cependant c'était une chose bien simple qu'il nous disait, et il nous l'avait déjà dite bien souvent.

— Où cela? lui demandai-je.

— Dans le Frohn-Alp. — Le vieillard étendit le bras vers la fenêtre. — C'est, dit-il, cette grande montagne à la tête neigeuse que vous apercevez d'ici. — Je fis de la tête signe que je la voyais.

Trois jours après, François sortit comme d'habitude avec sa carabine. Je l'accompagnai pendant une centaine de pas, car j'allais moi-même à Zug, et je ne devais revenir que le lendemain. Marianne nous regardait aller tous les deux; François l'aperçut sur le pas de la porte, lui fit de la main un signe d'adieu, lui cria à ce soir, et s'enfonça dans le

(1) Vautour des Alpes.

bois de sapins jusqu'à la lisière duquel nous avons été aujourd'hui.

« Le soir vint sans que François reparût ; mais cela n'inquiéta pas trop Marianne, parce qu'il arrivait souvent que François couchait dans la montagne.

— Pardon, mon père, pardon, vous vous trompez, interrompit la veuve ; chaque fois que François tardait j'étais fort tourmentée, et ce soir-là, comme si j'avais eu des pressentimens, j'étais plus tourmentée encore que d'habitude. D'ailleurs, j'étais seule, vous n'étiez pas là pour me rassurer ; Fidèle, que François n'avait point emmené, était parti dans la journée pour rejoindre son maître ; il était tombé de la neige vers la brune, le vent était froid et triste ; je regardais dans le foyer des flammes bleuâtres pareilles à ces feux follets qui courent dans les cimetières. Je frissonnais à chaque instant, j'avais peur, et je ne savais de quoi. Les bœufs étaient tourmentés dans l'étable, et mugissaient tristement comme lorsqu'il y a un loup qui rôde dans la montagne ; tout à coup j'entendis quelque chose éclater derrière moi ; c'était cette petite glace que vous nous aviez donnée le jour de notre mariage, et qui se brisait toute seule comme vous la voyez encore aujourd'hui. Je me levai et j'allai me mettre à genoux devant le crucifix ; j'avais commencé de prier à peine que je crus entendre dans la montagne le hurlement d'un chien qui se lamentait ; je me levai toute droite ; je sentis courir un frisson par tout mon corps. En ce moment le Christ mal attaché tomba et brisa un de ses bras d'ivoire, je me baissai pour le ramasser, mais j'entendis un second hurlement plus rapproché ; je laissai le Christ à terre, et ce fut un sacrilège, sans doute, mais j'avais cru reconnaître la voix de Fidèle. Je courus à la porte, la main sur la clef, n'osant pas ouvrir, les yeux fixés sur cette croix de bois noir, où il ne restait plus que la tête de mon fils et les deux os ; ce n'était plus un signe d'espérance, c'était un symbole de mort. J'étais ainsi, tremblante et glacée, lorsqu'un violent coup de vent ouvrit la fenêtre et éteignit la lampe. Je fis un pas pour aller fermer cette fenêtre et rallumer cette lampe ; mais au même instant un troisième hurlement retentit à la porte même ; je m'élançai, je l'ouvris ; c'était Fidèle tout seul, il sauta après moi comme d'habitude ; mais, au lieu de me caresser, il me prit par ma robe et me tira. Je devinai qu'il y avait pour François danger de mort, toute ma force me revint ; je ne fermai ni porte, ni fenêtre, je m'élançai dehors ; Fidèle marcha devant moi, je suivis.

« Au bout d'une heure, je n'avais plus de souliers, mes vêtemens étaient en lambeaux, le sang coulait de ma figure et de mes mains, je marchais pieds nus sur la neige, sur les épines, sur les cailloux ; je ne sentais rien. De temps en temps j'avais envie de crier à François que j'arrivais à son secours, mais je ne pouvais pas, ou plutôt je n'osais pas.

« Partout où Fidèle passa, je passai ; vous dire où et comment, je n'en sais rien. Une avalanche tomba de la montagne, j'entendis un bruit pareil à celui du tonnerre, je sentis tout vaciller comme dans un tremblement de terre. Je me cramponnai à un arbre, l'avalanche passa. Je fus entraînée par un torrent, je me sentis rouler quelque temps, puis j'allai me heurter contre un roc auquel je me retins, et sans savoir comment je me retrouvai sur mes pieds et hors de l'eau ; je vis briller les yeux d'un loup dans un buisson qui se trouvait sur ma route, je marchai droit au buisson, sentant que j'étranglerais l'animal s'il osait m'attaquer ; le loup eut peur et prit la fuite. Enfin, au point du jour, toujours guidée par Fidèle, j'arrivai au bord d'un précipice au-dessus duquel planait un aigle ; je vis quelque chose au fond, comme un homme couché ; je me laissai couler sur un rocher en pente, et je tombai près du cadavre de François.

« Le premier moment fut tout à la douleur : je ne cherchai pas comment il s'était tué, je me couchai sur lui, je tâtai son cœur, ses mains, sa figure, tout était froid, tout était mort ; je crus que j'allais mourir aussi, mais je pus pleurer.

« Je ne sais combien de temps je restai ainsi ; enfin je levai la tête et je regardai autour de moi.

« Près de François était une femelle d'aigle étranglée ; sur la pointe d'un roc, un petit aiglon vivant, triste et immobile comme un oiseau sculpté, et dans l'air le mâle décrivant des cercles éternels et faisant entendre de temps en temps un cri aigu et plaintif ; quant à Fidèle, haletant et mourant lui-même, il était couché près de son maître et léchait son visage couvert de sang.

« François avait été surpris par le père et la mère ; attaqué par eux au moment, sans doute, où il venait de s'emparer de leur petit, et forcé de détacher ses mains du roc à pic contre lequel il gravissait, il était tombé étranglant celui des deux aigles qui s'était abattu sur lui, et dont les serres étaient encore marquées sur son épaule.

— Voilà pourquoi nous aimons tant Fidèle, voyez-vous, continua le vieillard ; sans lui le corps de François aurait été dévoré par les loups et par les vautours, tandis que, grâce à lui, il est tranquillement couché dans une tombe chrétienne, sur laquelle, de temps en temps, lorsque la résignation nous manque, nous pouvons aller prier...

Je compris que Jacques et Marianne avaient besoin de rester seuls, et, au lieu de me mettre à table, je sortis.

HISTOIRE DE LA FEMME.

A dix heures, le vieillard me conduisit à la chambre qu'on avait préparée pour moi ; sur une table, près de mon lit, étaient un manuscrit, de l'encre et des plumes.

— Tenez, me dit Jacques, vous m'avez demandé des renseignemens sur l'éboulement de Goldau, je n'ai point voulu parler à ma fille de cet accident qui lui aurait rappelé la mort de sa mère, surtout dans un moment où elle avait déjà le cœur brisé ; mais voilà un récit très exact de cette catastrophe, écrit par son père, mon vieil ami, Joseph Vigeld. Vous pouvez le copier, et vous verrez que c'est le bon Dieu qui a préservé ma pauvre Marianne, afin qu'elle pût être un jour la consolation d'un vieillard qui n'a plus de fils. Je remerciai mon hôte ; mais j'avais suffisamment de souvenirs pour ma soirée, et je remis au lendemain matin ce nouveau travail.

Je fus réveillé par un rayon de soleil, qui vint danser si joyeusement sur mes yeux fermés que, bon gré mal gré, il me les fallut ouvrir. Je crus d'abord que j'avais fait des rêves incohérens et étranges : Pierrot, Masséna, François, Fidèle, Jacques, Marianne et les aigles s'étaient tellement embrouillés dans mon sommeil que j'eus toutes les peines du monde à trier dans ma mémoire tous ces souvenirs, et à faire luire la lumière dans ces chaos. Cette besogne faite, je me rappelai qu'il me restait une dernière catastrophe de famille, non moins terrible, à enregistrer, c'était celle de l'éboulement du Ruffiberg. Je donne à mes lecteurs le récit dans toute sa simplicité, car je l'ai copié, ou plutôt traduit littéralement du manuscrit de mon hôte. Il ne sera peut-être pas sans intérêt au moment où, grâce au beau talent de monsieur Daguerre, on peut voir au Diorama une peinture si exacte et si dramatique de cet événement.

« L'été de 1806 avait été très orageux, des pluies continuelles avaient détrempé la montagne ; mais cependant nous étions arrivés au 2 septembre sans que rien pût faire présager le danger qui nous menaçait. Vers les deux heures de l'après-midi, je dis à Louisa, l'aînée de mes filles, d'aller puiser de l'eau à la source ; elle prit la cruche et partit ; mais, au bout d'un instant, elle revint, me disant que la source avait cessé de couler. Comme je n'avais que le jardin à traverser pour m'assurer de ce phénomène, j'y allai moi-même, et je vis qu'effectivement la source était tarie ; je voulus donner trois ou quatre coups de bêche dans la terre pour me rendre compte de cette disparition, lorsqu'il me sembla sentir le sol trembler sous mes pieds ; je lâchai ma bêche au moment où je venais de l'enfoncer dans la terre. Mais quel fut mon étonnement lorsque je la vis se mouvoir toute seule !

Au même instant, une nuée d'oiseaux prit son vol en poussant des cris aigus; je levai les yeux, et je vis des rochers se détacher et rouler le long de la montagne; je crus que j'étais en proie à un vertige. Je me retournai pour revenir vers la maison. Derrière moi, un fossé s'était formé, dont je ne pouvais mesurer la profondeur. Je sautai par-dessus comme j'aurais fait dans un rêve, et je courus vers la maison; il me semblait que la montagne glissait sur sa base et me poursuivait. Arrivé devant ma porte, je vis mon père qui venait de bourrer sa pipe; il avait souvent prédit ce désastre. Je lui dis que la montagne chancelait comme un homme ivre, et allait tomber sur nous; il regarda de son côté.—Bah! dit-il, elle me donnera bien le temps d'allumer ma pipe; et il rentra dans la maison. Dans ce moment, quelque chose passa en l'air, qui fit une ombre : je levai les yeux, c'était un rocher qui, lancé comme un boulet de canon, alla briser une maison située à quatre cents pas du village. Ma femme parut alors, tournant le coin de la rue, avec trois de nos enfans; je courus à elle, j'en pris deux dans mes bras, et je lui criai de me suivre. — Et Marianne, s'écria-t-elle en s'élançant vers la maison, Marianne, qui est restée chez nous avec Francisque! Je la retins par le bras, car, au moment même, la maison tournait sur elle-même comme un dévidoir. Mon père, qui mettait le pied sur le seuil, fut poussé de l'autre côté de la rue. Je tirai ma femme à moi, et je la forçai de me suivre. Tout à coup un bruit affreux se fait entendre, un nuage de poussière couvre la vallée. Ma femme m'est arrachée violemment; je me retourne, elle était disparue avec son enfant : c'était quelque chose d'incompréhensible, d'infernal; la terre s'était ouverte et refermée sous ses pieds; je n'aurais pas su où elle était passée, si une de ses mains n'était restée hors du sol. Je me jetai sur cette main, que la terre serrait comme un étau; je ne voulais pas quitter la place; cependant mes enfans criaient et m'appelaient à leur secours; je me relevai comme un fou, j'en pris un sous chaque bras, et je me mis à courir. Trois fois je sentis la terre se mouvoir sous mes pieds, et je tombai avec mes enfans, trois fois je me relevai; enfin il ne me fut plus possible de demeurer debout; je voulais me retenir aux arbres, et les arbres tombaient; je voulais m'appuyer à un rocher, et le rocher fuyait comme s'il eût été animé. Je posai mes enfans contre la terre, je me couchai sur eux; un instant après, le dernier jour de la création sembla venu, la montagne toute entière tombait.

» Je restai ainsi avec mes pauvres enfans tout le jour et une partie de la nuit; nous croyons être les derniers êtres vivans du monde, lorsque nous entendîmes des cris à quelque pas de nous : c'était un jeune homme de Busingen qui s'était marié le jour même; il revenait d'Art avec la noce. Au moment d'entrer à Goldau, il était resté en arrière pour cueillir dans un jardin un bouquet de roses à sa fiancée. Village, noce, fiancée, tout avait disparu tout à coup, et il courait comme une ombre parmi les débris, son bouquet de roses à la main, et criant : Catherine! Je l'appelai, il vint à nous, nous regarda, et voyant que celle qu'il cherchait n'était point avec nous, il repartit comme un insensé.

» Nous nous relevâmes, mes enfans et moi : en regardant autour de nous, nous aperçûmes, à la lueur de la lune, un grand crucifix qui était resté debout; nous allâmes vers lui : un vieillard était couché auprès de la croix, je reconnus mon père, je le crus mort et me précipitai sur lui, il se réveilla : la vieillesse est insoucieuse.

» Alors je lui demandai s'il savait quelque chose de ce qui s'était passé dans la maison, où il était rentré au moment de la catastrophe; mais il n'avait rien vu, si ce n'est que Francisque, notre cuisinière, avait pris la main de la petite Marianne, en criant : « C'est le jour du jugement, sauvons-nous, sauvons-nous! » Mais en ce moment tout avait été bouleversé, et lui-même repoussé dans la rue; il ne savait plus rien, sa tête ayant frappé contre une pierre et la violence du coup l'ayant étourdi; quand il avait repris connaissance, il avait pensé à la croix, était venu à elle, avait fait sa prière et s'était endormi: alors je lui confiai mes deux enfans, et je me mis à errer parmi tous ces décombres, essayant de deviner où était la place de notre chalet.

» Enfin, en m'orientant d'après la croix et la cime du Rossberg, je crus me reconnaître : je montai sur une petite colline formée par la terre qui couvrait les débris d'une maison, je m'inclinai comme lorsqu'on parle à des ouvriers qui sont dans une mine, et j'appelai de toutes mes forces. Aussitôt j'entendis une voix d'enfant qui répondait par des plaintes, je reconnus celle de Marianne. Je n'avais ni pioche ni bêche; je me mis à creuser avec mes mains; comme la terre était mouvante, j'eus bientôt fait un trou de quatre ou cinq pieds de profondeur; je sentis le toit brisé; j'arrachai les tuiles qui le couvraient. Lorsqu'il y eut passage pour mon corps, je me laissai glisser le long d'une poutre, et, comme le plafond était défoncé, je me trouvai dans l'intérieur de la maison, pleine de pierres et de débris de charpente. J'appelai une seconde fois, et j'entendis des plaintes du côté du lit : c'était l'enfant qui avait été jeté sous la couchette; je sentis sa tête et une partie de son corps; je voulus la tirer à moi, mais elle était serrée entre le bois de lit et la terre; le toit en s'affaissant avait brisé la couchette. La couchette lui avait cassé la jambe.

» Je soulevai le bois du lit par un effort presque surnaturel, l'enfant rampa en s'aidant de ses mains. Je la pris dans mes bras; mais elle me dit qu'elle n'était pas seule, que Francisque devait être quelque part. J'appelai Francisque; la pauvre fille ne put me répondre que par des gémissemens je posai l'enfant à terre et je me mis à chercher. Séparée violemment de Marianne, qu'elle avait saisie par la main au moment de l'accident, elle était restée suspendue entre les débris, la tête en bas, le corps pressé de toutes parts, le visage meurtri. Après bien des efforts, elle était parvenue à dégager une de ses mains et à essuyer ses yeux pleins de sang. C'est dans cette affreuse position qu'elle avait entendu les gémissemens de la petite Marianne. Elle appela, l'enfant répondit; elle lui demanda où elle était, et Marianne dit qu'elle se trouvait couchée sur le dos, prise sous la couchette, mais qu'elle avait les mains libres et qu'à travers une crevasse elle apercevait le jour et même des arbres. Alors l'enfant demanda à Francisque s'ils resteraient longtemps ainsi, et si l'on ne viendrait pas les secourir; mais Francisque en était revenue à son idée première, que le jour du jugement était arrivé, qu'elles survivaient seules à la création, et que bientôt elles allaient mourir et être heureuses dans le ciel; alors l'enfant et la jeune fille se mirent à prier ensemble. Pendant qu'elles priaient, une cloche sonna l'*Angelus*, et une horloge sept heures; Francisque reconnut la cloche et l'horloge pour être celles de Sternerberg. Il existait donc encore des êtres vivans et des maisons debout : elles pouvaient attendre des secours; elle essaya, en conséquence, de consoler l'enfant; mais Marianne commençait à avoir faim, et demandait sa soupe en pleurant; bientôt ses gémissemens s'affaiblirent, et Francisque ne l'entendit plus. Elle crut que la pauvre enfant était morte, et elle pria l'ange qui venait de quitter la terre de se souvenir d'elle au ciel. Bien des heures se passèrent ainsi. Francisque éprouvait un froid insupportable; son sang, qui ne pouvait circuler à cause de la pression de ses membres, se portait à sa poitrine et l'étouffait : elle se sentait mourir à son tour.

» Ce fut alors que Marianne, qui n'était qu'endormie, se réveilla et recommença ses plaintes; cette voix humaine, toute faible et toute impuissante qu'elle fût, ranima la pauvre Francisque; elle fit des efforts inouis, dégagea une de ses jambes et se trouva soulagée. Alors l'assoupissement la prit à son tour; et elle venait d'y céder lorsque ma petite Marianne entendit ma voix et me répondit. Je trouvai enfin Francisque, et, avec une peine incroyable, je parvins à la dégager. Elle croyait avoir les bras et les jambes cassés; elle demandait de l'eau, car ce qui la faisait le plus souffrir, disait-elle, c'était la soif. Je la portai près de Marianne, au-dessous du trou que j'avais pratiqué, et à travers lequel on voyait le ciel; je lui demandai si elle apercevait les étoiles; mais elle me répondit qu'elle croyait être aveugle. Alors je lui dis de rester à l'endroit où elle était, et que j'allais revenir à son secours; mais elle me saisit par le bras et me supplia de ne pas la quitter. Je lui répondis qu'elle n'avait rien à craindre, que tout était tranquille maintenant, que j'allais commencer par faire sortir Marianne, et qu'aussitôt je retournerais à elle et lui rapporterais de l'eau : elle y consentit.

» Je dénouai alors le tablier qu'elle avait autour du corps, je me l'attachai au cou ; je mis Marianne dans le tablier, j'en pris les deux extrémités opposées entre mes dents, et grâce à cet expédient qui me laissait les mains libres, je parvins à remonter le long de la poutre à l'aide de laquelle j'étais descendu. Je courus au pied de la croix ; sur la route, je vis passer près de moi, comme une ombre, le malheureux jeune homme qui cherchait sa fiancée : il tenait toujours son bouquet de roses à la main.

» — Avez-vous vu Catherine ? me dit-il.
» — Venez avec moi, du côté de la croix, lui répondis-je.
» — Non, continua-t-il, il faut que je la retrouve.
» Et il disparut au milieu des décombres, appelant toujours sa fiancée.

» Je retrouvai au pied du crucifix non seulement mon père et les deux enfans, mais encore trois ou quatre personnes qui avaient échappé au désastre, et qui, instinctivement, étaient venues chercher un refuge au pied de la croix. Je déposai Marianne près d'elles, la recommandant à son frère et à sa sœur, plus âgés qu'elle ; je racontai à ceux qui étaient là que Francisque était restée dans les décombres, et que je ne savais comment l'en tirer : ils me dirent alors qu'une seule maison, placée à l'écart, était restée debout et que j'y pourrais trouver une échelle ou des cordages. J'y courus ; elle était ouverte et abandonnée, les propriétaires en avaient fui ; cependant j'entendis du bruit au-dessus de ma tête, j'appelai : Est-ce toi, Catherine ? dit une voix que je reconnus pour celle du fiancée ; il me brisait le cœur ; j'entrai dans la cour pour ne pas revoir ce malheureux jeune homme : j'y trouvai une échelle que je mis sur mon épaule, une gourde que je remplis d'eau, et je retournai au secours de Francisque.

» La fraîcheur de l'air lui avait rendu un peu de forces, elle était debout et m'attendait. J'introduisis l'échelle ; elle était assez longue pour toucher la terre ; je descendis près de Francisque, je lui donnai la gourde, qu'elle vida avec avidité, puis je l'aidai à monter à l'échelle, la guidant, car elle n'y voyait pas, et je parvins à la conduire hors de l'espèce de tombeau où elle était restée quatorze heures. Pendant cinq jours elle fut aveugle, et tout le reste de sa vie elle resta sujette à des mouvemens convulsifs et à des accès de terreur.

» Le jour parut : rien ne peut donner une idée du spectacle qu'il éclaira. Trois villages avaient disparu ; deux églises et cent maisons étaient enterrées ; quatre cents personnes ensevelies vivantes ; un fragment de la montagne avait roulé dans le lac de Lowertz, et, en le comblant en partie, avait soulevé une vague de cent pieds de hauteur et d'une lieue d'étendue, qui avait passé sur l'île de Schwanau, et avait enlevé les maisons et les habitans. La chapelle d'Olten, bâtie en bois, fut trouvée flottant sur le lac comme par miracle ; la cloche de Goldau, emportée à travers les airs, alla tomber à un quart de lieue de l'église.

» Dix-sept personnes seulement survécurent à cette catastrophe.

» Écrit à Art en l'honneur de la très sainte Trinité, le 10 » janvier 1807, et donné à ma fille Marianne, pour qu'elle » n'oublie jamais, quand je ne serai plus là pour le lui rap- » peler, que, si le Seigneur nous a châtiés d'une main, il » nous a soutenus de l'autre.

» Joseph Vigeld. »

Mon hôte entra dans ma chambre comme je copiais les dernières lignes du manuscrit de son beau-père ; il venait m'annoncer que le déjeuner était prêt.

C'était le souper de la veille, auquel personne de nous n'avait pensé à toucher.

UNE CONNAISSANCE D'AUBERGE.

La journée était magnifique. Quelque envie que j'eusse de rester plus longtemps avec cette excellente famille, mes heures étaient comptées ; j'allai dire adieu à Pierrot, à qui je portai un morceau de pain ; je pris congé de Fidèle en lui promettant un collier ; je serrai la main du vieillard qui voulait à toute force me reconduire jusqu'à Schœnenbuch ; et je recommandai à Marianne de ne point m'oublier dans ses prières.

Au moment de tourner l'angle où la veille nous avions rencontré Fidèle, je me retournai pour regarder une fois encore cette petite maison blanchissante sur sa pelouse verte. Le vieillard était assis sur son banc de bois ; Marianne, debout sur la porte, me regardait m'éloigner ; Fidèle était couché aux premiers rayons du soleil matinal ; tout cela se détachait dans une atmosphère pure, avec un aspect calme et tranquille, à croire que le malheur avait dû oublier ce petit coin de terre ; et certes, c'est ce que j'aurais cru, si je n'avais fait que passer devant cette maison ; mais j'y étais entré, et toute la vie réelle de ses habitans, avec sa joie et ses larmes, s'était déroulée devant moi. La chaumière a son drame comme le palais, seulement la douleur du village est silencieuse, et celle de la ville bruyante ; le villageois pleure dans l'église, et le citadin dans la rue ; le pauvre se plaint des hommes à Dieu, et le riche, de Dieu aux hommes.

Nous nous arrêtâmes à Schwitz le temps de déjeuner seulement, attendu que la ville, à part l'honneur d'avoir donné son nom à la confédération, et la forme étrange des deux montagnes auxquelles elle était adossée, n'offre rien de remarquable ; puis nous nous remîmes en route pour Sewen, où nous prîmes un bateau ; nous laissâmes à gauche le château de Schwanau, brûlé par Stauffacher en 1508, et nous allâmes aborder, au bout d'une heure à peu près de navigation, à l'endroit même où une partie de la montagne a précipitée dans le lac. Du moment où nous avions aperçu les débris du Ruffiberg, l'envie m'avait pris de les traverser, et de loin la chose me paraissait des plus faciles, car dans les Alpes on ne peut juger ni de la distance, ni du volume des objets. Mes bateliers m'avaient bien dit que je me repentirais de cette entreprise ; mais je n'étais pas pas voulu les croire, de sorte qu'arrivé au bord, une fausse honte m'empêcha de retourner en arrière, et je m'engageai au milieu de ces ruines gigantesques de la nature.

Il faut avoir vu cet effroyable chaos pour s'en faire une idée ; ce ne sont que rochers arrachés de leurs bases, arbres déracinés, collines sans formes et sans verdure. Toutes les fois que nous suivions ces vallées creusées et sans continuité, c'était à croire que, comme le Caïn de Byron, nous visitions le cadavre d'un monde. Au milieu de ce bouleversement de la création, il nous était impossible d'adopter un chemin, de nous proposer un but, d'orienter notre course ; il fallait à tout moment détourner des rochers à pic, qu'on ne pouvait franchir, s'accrocher à ses mains aux branches et aux racines des arbres, se tourner sans savoir ce menait un détour, ni si le chemin adopté avait son issue. De temps en temps, étouffés par la vue de ces masses au fond desquelles nous semblions ramper, nous nous attachions à l'une d'elles, nous gravissions jusqu'à son sommet, et nous retrouvions au delà du désert dans lequel nous étions engagés la nature vivante et joyeuse des prairies, des lacs et des montagnes ; alors nous respirions comme des nageurs qui remontent à la surface de l'eau ; nous faisions notre provision d'air, et nous nous replongions au fond de ces vagues de terre qui avaient englouti trois villages, que nous foulions sous nos pieds avec leurs habitans ensevelis. Francesco ne comprenait rien au caprice que j'avais eu de passer au milieu de ces décombres, tandis que je pouvais prendre le chemin d'Art, et j'avoue que moi-même, comme cela m'était déjà arrivé en pareille circonstance, je commençais à trouver assez stupide, à part moi, cette curiosité qui me pousse toujours là où il y a la plus grande fatigue à essuyer.

Enfin, après quatre heures de marche au milieu de cette terre convulsionnée, nous en atteignîmes l'extrémité, et nous aperçûmes, à un quart de lieue de nous, le joli clocher d'Art, qui se détachait sur le lac de Zug, et qui n'était séparé de nous que par une charmante prairie du vert le plus appétissant. On devine avec quelle volupté nous foulâmes ce tapis moelleux, après avoir trébuché, comme nous l'avions fait pendant cinq ou six heures, de tours et de détours, de montées et de descentes, au milieu de rochers, d'arbres et de terres éboulés. Aussi, en arrivant à Art, au lieu de demander le dîner, je demandai un lit, et je recommandai qu'on ne me réveillât sous aucun prétexte.

Lorsque je rouvris les yeux, les rayons de la lune éclairaient ma chambre d'une si douce lumière que je ne pus résister au désir de me lever et d'aller à la fenêtre. Elle donnait sur le lac de Zug, qui brillait comme un miroir d'argent ; à gauche, le mont Righi, presque taillé à pic, s'élevait majestueusement jusqu'aux étoiles, qui semblaient des fleurs tremblantes à sa cime ; à droite, les maisons de Saint-Adrian et de Walchwyl dormaient tout le long de la rive, abritées par la montagne de Zug. Pas un nuage ne tachait le ciel, pas un souffle ne passait dans l'air, pas un bruit ne s'éveillait dans l'espace : le monde endormi flottait dans l'éther, comme un vaisseau qui vogue, et l'on sentait à sa confiance que Dieu le regardait marcher.

Alors il me vint une idée fatale pour Francesco ; c'était de profiter de cette belle nuit et de cette fraîche lueur pour me mettre en route, afin d'arriver de bon matin à Lucerne. Il n'y avait à cela qu'un inconvénient, c'était la faim qui commençait à se faire sentir. Je voulus me remettre au lit pour essayer de me rendormir ; mais la somme de repos dont j'avais besoin était prise, je ne pus refermer l'œil ; d'ailleurs ce magique clair de lune, qui teignait tout le paysage d'une teinte bleuâtre, m'attirait irrésistiblement. Je sautai une seconde fois à bas de mon lit, et je m'engageai, avec mon costume plus que léger, dans les escaliers de l'auberge, cherchant la chambre de mon hôte et frappant à toutes les portes, afin d'être sûr, dans le nombre, de trouver la sienne. Ma recherche fut longtemps inutile, soit que les appartemens fussent inhabités, soit que leurs locataires eussent le sommeil dur ; enfin je commençais à désespérer du succès de mon excursion, lorsque, de la dernière chambre où je frappai, on me répondit en allemand : *Varten sie da bin ich* (1).

Je n'avais garde de ne pas attendre : la langue qu'on me parlait, et que je reconnaissais pour celle de mon hôte, résonnait trop doucement à mon oreille ; je restai donc sur le pallier, attendant que la porte s'ouvrît ; mon attente ne fut pas longue, et un grand jeune homme blond parut en se frottant les yeux et en demandant s'il était déjà temps de partir.

— Pour moi, oui, répondis-je en souriant, mais peut-être pas pour vous, monsieur ; car je crois que nous nous sommes trompés tous deux, moi en vous prenant pour mon hôte, vous en me prenant pour votre guide ; veuillez donc, je vous prie, agréer mes excuses. Je voulus me retirer.

— Pardon, me dit-il, mais puis-je au moins savoir qui j'ai eu l'honneur de recevoir ?

— Monsieur Alexandre Dumas.

— Croyez, monsieur, que je suis enchanté.

— Me permettez-vous de vous faire la même question ?

— Monsieur Édouard Viclers, avocat à Bruxelles.

— Trop heureux, monsieur, d'avoir l'honneur...

Et nous nous inclinâmes comme si nous nous rencontrions dans un salon ; cependant la connaissance avait quelque chose de plus original, vu le costume où nous nous trouvions, et qui avait l'air d'un uniforme, tant il était pareil.

— Maintenant, monsieur, continuai-je, sans indiscrétion oserais-je vous demander une chose ?

— Faites, monsieur.

(1) Attendez, me voilà.

— Auriez-vous faim, par hasard ?

— Hum ! fit le Bruxellois en se consultant, il me semble que oui.

— C'est que je me suis couché hier sans souper, attendu que je tombais de sommeil en arrivant.

— Et moi, monsieur, attendu que je suis arrivé trop tard et qu'il n'y avait que des œufs dans l'auberge.

— Vous n'aimez pas les œufs, à ce qu'il paraît ?

— Je ne puis pas les sentir.

— De sorte que vous êtes à jeun ?

— Comme vous.

— Eh bien ! il faut manger.

— Mangeons.

— Puis, si vous le voulez, nous profiterons de cette belle nuit pour nous mettre en route.

— Volontiers ; mais que mangerons-nous ?

— Dieu y pourvoira ; allons d'abord mettre nos pantalons.

La proposition était opportune, aussi fut-elle adoptée sans discussion ; cinq minutes après nous étions à moitié présentables, c'était tout autant qu'il en fallait pour le moment.

— Maintenant, dis-je, mon cher avocat, vous qui parlez allemand comme Luther, chargez-vous de réveiller notre hôte, et demandez-lui s'il n'y aurait pas moyen de mettre la main sur les poules qui ont pondu ces œufs ; ça nous ferait toujours une fricassée. Quant à moi, je vais secouer mon guide, et voir s'il peut nous être bon à quelque chose.

J'allai à la chambre des domestiques ; je reconnus Francesco à la manière triomphante dont il ronflait. Je le tirai par les jambes ; il se réveilla et me reconnut.

— Ah ! excellence, dit-il en étendant les bras, ah ! je faisais un beau rêve.

— Lequel, mon garçon ?

— Je rêvais que vous me laissiez dormir.

Le reproche m'alla au cœur, et si Francesco, en me l'adressant, ne s'était pas laissé glisser le long du lit, je crois que la pitié l'aurait emporté sur l'égoïsme ; mais le pauvre garçon s'était trop pressé de m'obéir, et il porta la peine de sa promptitude.

Je trouvai, en revenant, ma nouvelle connaissance en grande conversation avec notre hôte. Les nouvelles étaient désastreuses : il n'y avait décidément que des œufs dans toute la maison.

— Voyons, dis-je à mon avocat, avez-vous une antipathie invincible pour l'omelette ?

— C'est-à-dire que je l'exècre.

— Et pour le poisson ?

— Le poisson, c'est autre chose, je l'adore.

— Mais c'est qu'il n'y a pas de poisson dans l'auberge, interrompit l'hôte.

— Comment, il n'y en a pas ; voyez ce que dit mon *Itinéraire* : « Art, grand et beau village du canton de Schwitz, au bord du lac de Zug, entre le Righi et le Ruffiberg, — auberge de l'Aigle-Noir ; — on y est très bien, — bon poisson ! voyez, bon poisson, c'est imprimé.

— Oh ! oui, dans le lac, il a voulu dire. Oh ! il y a des roteis, des truites et des ferras superbes.

— Eh bien ! nous allons en pêcher.

— Mais je n'ai pas de filets.

— Sans filets.

— Je n'ai pas de ligne.

— Sans ligne.

— À quoi ?

— À la carabine.

— C'est pour me conter de ces histoires-là que vous m'avez réveillé ? me dit l'aubergiste.

— Oui, mon ami, et j'ajouterai encore quelque chose ; préparez tout ce qu'il vous faut pour faire une bonne matelote, chargez-vous des oignons, du vin et du beurre, je me charge du poisson.

— Allons, il faut voir, dit le bonhomme en préparant sa casserole.

— A la bonne heure. — Maintenant, est-ce à vous la petite barque qui est sur le lac?
— Oui.
— M'autorisez-vous à la prendre?
— Oui.
— Voulez-vous me prêter le réchaud de terre sur lequel est assis mon guide.
— Oui.
— Eh bien! c'est tout ce qu'il faut, merci. Maintenant, Francesco, mets du feu dans le réchaud. Ramasse des branches de sapin, prends une corde, et en route!
— Bonne pêche, dit l'aubergiste d'un ton goguenard.

Je pris ma carabine, je fis signe à l'avocat de me suivre, et nous sortîmes.

En cinq minutes nous fûmes au bord du lac. J'assurai le fourneau avec la corde à la proue de la barque, je le chargeai de nouvelles branches de sapin; Francesco s'assit sur le banc du milieu, un aviron de chaque main; M. Viclers détacha la chaîne qui retenait la barque au rivage, et vint me rejoindre; je fis signe à notre rameur de se mettre à la besogne, et nous commençâmes à glisser sur le lac.

Comme je l'ai dit, il était uni comme un miroir, et si limpide, que nous voyions parfaitement à la profondeur de vingt pieds à peu près. L'eau réfléchissait la flamme tremblante de notre réchaud, qui semblait brûler au milieu de l'élément destiné à l'éteindre : de temps en temps nous apercevions comme un éclair argenté qui passait sous notre barque, et je montrais du doigt à mon camarade de pêche ce présage de succès; car c'était l'écaille scintillante d'un habitant du lac, qui, réveillé par cette lueur inaccoutumée, passait rapidement dans le cercle de lumière que nous poussions en avant. Peu à peu les poissons semblèrent non seulement se familiariser avec nous, mais encore, attirés par la curiosité, nous les vîmes monter du fond de l'eau, puis s'arrêter à quelques pieds au-dessous de sa surface, immobiles et comme endormis : nous pouvions reconnaître leur forme et leur espèce; mais aucun ne montait encore assez près de nous pour que je voulusse risquer de perdre une balle. Je fis signe à Francesco de cesser de ramer, et je jetai de nouvelles branches sur le foyer; la flamme redoubla; les poissons, attirés comme par un charme, s'élevaient avec un mouvement de nageoires si imperceptible, que nous ne nous apercevions qu'ils montaient à la surface que par l'accroissement de leur dimension; enfin ils entrèrent dans le foyer de lumière réfléchi par l'eau, et nous les vîmes étinceler comme si chacune de leurs écailles était un diamant; nous pouvions choisir selon notre goût et notre caprice. Mon compagnon me montrait une truite superbe; mais j'avais jeté mon dévolu sur un lavaret magnifique. Je connaissais son espèce pour avoir eu avec elle, au bord du lac de Genève, des relations dont je n'avais eu qu'à me louer. Ce fut donc vers lui que je dirigeai le canon de ma carabine; l'avocat me regardait faire en retenant son souffle. Francesco s'était traîné à quatre pattes jusqu'auprès de nous, et paraissait prendre le plus grand intérêt à ce qui allait se passer. Le lavaret seul semblait ignorer qu'il fût l'objet de l'attention générale. Il montait insensiblement, comme si, après avoir traversé le premier foyer réfléchi par l'eau, il eût voulu arriver jusqu'à la véritable flamme qui brûlait dans l'air; enfin je jugeai qu'il était à une bonne hauteur, j'appuyai le doigt sur la gâchette, le coup partit.

Nous ne pûmes nous empêcher de tressaillir nous-mêmes à cette détonation, comme si elle était inattendue : toute la montagne s'était éveillée jusqu'en ses profondeurs; on eût dit que le tonnerre bondissait sur les flancs du Righi et du Ruffiberg; nous l'entendîmes s'éloigner d'écho en écho du côté de Zug, puis s'adoucir. Nous reportâmes alors nos yeux sur le lac, tous nos curieux avaient disparu; seulement, à une grande profondeur, nous apercevions un point argenté; je le montrai à mes compagnons : c'était notre lavaret qui remontait le ventre en l'air. Au bout de quelques secondes, il flottait complaisamment à la surface de l'eau, de sorte que nous n'eûmes qu'à étendre la main pour le prendre; la balle lui avait emporté la moitié de la tête.

Nous rentrâmes en triomphateurs à l'hôtel. Notre hôte nous attendait devant ses fourneaux; cependant il n'avait pas cru devoir s'avancer jusqu'à commencer sa matelote.
— Eh bien! fis-je en lui montrant notre pêche, qu'est-ce vous dites de celui-là, mon brave homme?
— Je dis qu'on apprend à tout âge, répondit notre hôte avec un air de profonde humilité et en regardant la magnifique bête que nous lui rapportions.
— Ah! eh bien, maintenant, pendant que nous allons achever notre toilette, faites votre fricassée, et tâchez de ne pas mettre de rancune dans l'assaisonnement.

J'ignore si la recommandation était nécessaire; mais ce que je sais, c'est que la matelote était excellente, et que le lavaret était de si belle taille qu'il y en eut pour tout le monde, même pour le guide de mon nouvel ami, qui était arrivé pendant le repas.

Le souper fini, nous réglâmes nos comptes avec l'hôte; puis, comme une légère teinte orangée commençait à paraître au sommet du Ruffiberg, nous pensâmes qu'il était temps de nous mettre en route. A la porte de l'auberge, mon compagnon tourna à gauche et moi à droite.
— Où diable allez-vous donc? me dit-il.
— Eh bien : mais à Lucerne.
— A Lucerne! j'en viens.
— Tiens, tiens, tiens! — Alors il paraît que nous ne faisons pas même route?
— Nous avons même tout à fait l'air de nous tourner le dos.
— Alors, bon voyage!
— Dieu vous garde!
— Si vous passez à Bruxelles...
— Si vous venez à Paris...
— C'est chose dite. — Adieu!
— Adieu!

Et nous nous quittâmes pour ne nous revoir probablement que dans la vallée de Josaphat.
— Eh bien! dis-je, Francesco, qu'est-ce que tu penses de tout cela? mon garçon.
— Ma foi, monsieur, me répondit-il, je pense que vous avez de singulières habitudes; vous quittez les beaux chemins pour en prendre de mauvais; vous dormez le jour pour marcher la nuit, et vous pêchez des poissons avec une carabine!...

LES POULES DE M. DE CHATEAUBRIAND.

En sortant de l'hôtel de l'Aigle et en prenant le chemin qui s'étend à la gauche du lac de Zug, nous nous retrouvions sur un terrain qui appartient exclusivement à l'histoire. La route que nous suivions fût suivie par Guessler, et va aboutir à sa tombe. Nous ne nous arrêtâmes à Immensée, où nous arrivâmes à sept heures du matin, que le temps de faire une halte, et nous prîmes aussitôt la route de Küssnach, dont le nom amoureusement poétique (1) est si peu en harmonie avec le souvenir de mort qu'il rappelle. A un quart de lieue d'Immensée à peu près, nous nous engageâmes dans le chemin creux au bout duquel veillait Guillaume Tell; il est large à peine pour passer une voiture et encaissé des deux côtés par un talus de douze pieds de hauteur, au sommet duquel s'élèvent des arbres, dont les branches se joignant et s'entrelaçant, forment un berceau au-dessus de la tête du voyageur; à son extrémité s'élève une chapelle; c'est celle qui fut élevée à l'endroit même où expira Guessler. En face de la chapelle, un chemin latéral quitte la route, monte vingt pas à peu près, et s'arrête au pied d'un arbre. S'il faut en

(1) Baiser du soir.

croire la tradition, c'est là, derrière et contre cet arbre même, dont on aperçoit à au-dessous en venant d'Immensée le tronc couvert de mousse, que Tell, caché, appuya son arbalète pour être plus sûr de son coup. En admettant cette distance entre le tireur et le but, Guillaume aurait tiré à vingt-sept pas.

Cette chapelle n'a rien qui la distingue des autres. Les effigies de saint Nicolas de Floue et de saint Charles Borromée la décorent, et, dans celle-ci, comme dans les autres, on me présenta un livre où les pèlerins inscrivent leurs noms ; à l'avant-dernière page, je trouvai celui de monsieur de Châteaubriand.

Depuis Martigny, j'avais vu de temps en temps reparaître sur les livres des auberges ce grand et beau nom, confondu parmi les noms obscurs des touristes. A Andermatt, un voyageur avait dessiné au-dessous de ce nom une couronnée de lauriers. L'aubergiste me l'avait montré comme un nom de prince, et je l'avais détrompé en lui disant que c'était un nom de roi. Je griffonnai ma signature bien loin et bien au-dessous de la sienne, comme devait le faire un courtisan respectueux, et je me remis en route.

En sortant du petit bois dans lequel est située la chapelle de Tell, nous aperçûmes à notre gauche les ruines de la forteresse à laquelle se rendait Guessler lorsqu'il fut tué. Un petit chemin y conduit ; nous le prîmes, et en moins de dix minutes nous arrivâmes à ce château, détruit par Stauffacher au mois de janvier de l'année 1508, et qui n'offre rien de remarquable que le souvenir qu'il rappelle. Le sentier qui y mène entre d'un côté, le traverse entièrement, et, sortant de l'autre, conduit droit à Küssnach. Nous nous y embarquâmes pour Lucerne.

Le lac des Quatre-Cantons passe généralement pour le plus beau lac de la Suisse : en effet, le caprice de sa forme donne à ses perspectives différentes beaucoup d'inattendu. Cependant jusqu'alors je lui avais préféré le lac de Brienz, avec sa ceinture de glaciers ; mais en arrivant en face de Lucerne, je fus forcé d'avouer que nulle part encore une vue aussi complète dans son ensemble et dans ses détails ne s'était offerte à mes yeux.

En effet, en face de moi, au fond de son petit golfe, s'élevait Lucerne, entourée de fortifications qui remontent au seizième siècle, et qui donnent un aspect étrange à cette ville, dans un pays où les véritables remparts sont bâtis de la main de Dieu et s'élèvent à quatorze mille pieds de hauteur ; à sa droite et à sa gauche, comme deux sentinelles, comme deux géans, comme le génie du bien et du mal, s'élèvent le Righi, cette reine des montagnes (1), revêtu de son manteau de verdure, brodé de villages et de chalets, et le Pilate (2), squelette osseux et décharné, couronné de nuages, où dorment les tempêtes. Jamais contraste plus complet que celui qu'offrent ces deux montagnes n'a été embrassé d'un coup d'œil. L'une, couverte de végétation de sa base à son sommet, abrite cent cinquante chalets et nourrit trois mille vaches ; l'autre, comme un mendiant, vêtue à peine de quelques lambeaux de verdure sombre qui laissent apercevoir ses flancs nus et déchirés, n'est habitée que par les orages et les aigles, les nuages et les vautours ; la première n'a que des traditions riantes, la seconde ne rappelle que des légendes infernales : aussi le chemin qui côtoie sa base est-il celui que Walter Scott a choisi pour en faire le théâtre de la scène terrible qui ouvre son roman de Charles le Téméraire.

Le vent qui soufflait de Brünnen et qui enflait notre petite voile nous faisait glisser si doucement, au milieu de ce ravissant paysage, que, couché comme je l'étais sur la proue, je ne me sentais pas marcher, et que j'étais prêt à croire que c'était la ville qui venait au-devant de moi ; cette illusion dura jusqu'au dernier moment ; les maisons grandissantes semblaient sortir de l'eau. Nous doublâmes une tour qui, servant autrefois de phare (3), a donné son nom à la ville, et nous abordâmes sur le quai. Une auberge que nous trou-

(1) *Regina montium.*
(2) *Mons Pileatus.*
(3) Lucerna.

vâmes sur notre route était celle du Cheval-Blanc ; nous nous y arrêtâmes.

La première nouvelle que j'appris, et en effet c'était la plus importante, était que M. de Châteaubriand habitait Lucerne. On se rappelle qu'après la révolution de juillet, notre grand poète, qui avait voué sa plume à la défense de la dynastie déchue, s'exila volontairement, et ne revint à Paris que lorsqu'il y fut rappelé par l'arrestation de la duchesse de Berry. Il demeurait à l'hôtel de l'Aigle.

Je m'habillai aussitôt dans l'intention d'aller lui faire une visite, je ne le connaissais pas personnellement. A Paris, je n'eusse point osé me présenter à lui ; mais hors de la France, à Lucerne, isolé comme il l'était, je pensai qu'il y aurait peut-être quelque plaisir pour lui à voir un compatriote. J'allai donc hardiment me présenter à l'hôtel de l'Aigle ; je demandai M. de Châteaubriand au garçon de l'hôtel, il me répondit qu'il venait de sortir pour donner à manger à ses poules : je le fis répéter, croyant avoir mal entendu ; mais il me fit une seconde fois la même réponse. Je laissai mon nom, en réclamant en même temps la faveur d'être reçu le lendemain, car il commençait à se faire tard, et les courses continues que j'avais faites depuis Brigg, le peu de repos que j'avais pris pendant les trois ou quatre dernières étapes, me faisaient sentir que je n'aurais pas trop du reste du jour et de la nuit pour me remettre tout à fait ; quant à Francesco, toute ville était pour lui Capoue.

Le lendemain, je reçus une lettre de M. de Châteaubriand, envoyée dès la veille, mais qu'on ne m'avait pas remise de peur de m'éveiller ; c'était une invitation à déjeuner pour dix heures ; il en était neuf, il n'y avait pas de temps à perdre ; je sautai à bas de mon lit, et je m'habillai.

Il y avait bien longtemps que je désirais voir M. de Châteaubriand. Mon admiration pour lui était une religion d'enfance ; c'était l'homme dont le génie s'était le premier écarté du chemin battu, pour frayer à notre jeune littérature la route qu'elle a suivie depuis ; il avait suscité à lui seul plus de haines que tout le cénacle ensemble ; c'était le roc que les vagues de l'envie, encore émues contre nous, avaient vainement battu pendant cinquante ans, c'était la lime sur laquelle s'étaient usées les dents dont les racines avaient essayé de nous mordre.

Aussi, lorsque je mis le pied sur la première marche de l'escalier, le cœur faillit me manquer. Tout à fait inconnu, il me semblait que j'eusse été moins écrasé de cette immense supériorité, car alors le point de comparaison eût manqué pour mesurer nos deux hauteurs, et je n'avais pas la ressource de dire comme le Stromboli au mont Rosa : « Je ne suis qu'une colline, mais je renferme un volcan. »

Arrivé sur le palier, je m'arrêtai, le cœur me battait avec violence ; j'eusse moins hésité, je crois, à frapper à la porte d'un conclave. Peut-être en ce moment M. de Châteaubriand croyait-il que je le faisais attendre par impolitesse, tandis que je n'osais entrer par vénération. Enfin, j'entendis le garçon qui montait : je ne pouvais rester plus longtemps à cette porte, je frappai, ce fut M. de Châteaubriand lui-même qui me vint ouvrir.

Certes il dut se former une singulière opinion de mes manières s'il n'attribua pas mon embarras à sa véritable cause ; je balbutiai comme un provincial, je ne savais si je devais passer devant ou derrière lui, je crois que, comme M. Parseval devant Napoléon, s'il m'eût demandé mon nom, je n'aurais su que lui répondre.

Il fit mieux, il me tendit la main.

Pendant tout le déjeuner, nous parlâmes de la France ; il envisagea, les unes après les autres, toutes les questions politiques qui se débattaient à cette époque, depuis la tribune jusqu'au club, et cela avec cette lucidité de l'homme de génie qui pénètre au fond des choses et des hommes, qui estime à leur valeur leurs convictions et leurs intérêts, et qui ne s'illusionne sur rien. Je demeurai convaincu que M. de Châteaubriand regardait dès-lors le parti auquel il appartenait comme perdu, croyait tout l'avenir dans le républicanisme social, et demeurait attaché à sa cause plus encore parce qu'il la voyait malheureuse que parce qu'il la croyait bonne ; il en est ainsi de toutes les grandes âmes, il faut qu'elles se dévouent à quelque chose ; quand ce n'est pas aux femmes, c'est aux rois, quand ce n'est pas aux rois, c'est à Dieu.

Je ne pus m'empêcher de faire observer à M. de Châteaubriand que ses théories, royalistes par la forme, étaient républicaines par le fond. — Cela vous étonne ? me dit-il en souriant ; je le lui avouai. — Je le crois, cela m'étonne bien davantage encore, continua-t-il ; j'ai marché sans le vouloir, comme un rocher que le torrent roule, et maintenant voilà que je me trouve plus près de vous que vous de moi !... Avez-vous vu le lion de Lucerne ?

— Pas encore.

— Eh bien ! allons lui faire une visite ; c'est le monument le plus important de la ville ; vous savez à quelle occasion il a été érigé ?

— En mémoire du 10 août.

— C'est cela.

— Est-ce une belle chose ?

— C'est mieux que cela, c'est un beau souvenir.

— Il n'y a qu'un malheur, c'est que le sang répandu pour la monarchie était acheté à une république, et que la mort de la garde suisse n'a été que le paiement exact d'une lettre de change.

— Cela n'en est pas moins remarquable dans une époque où il y avait tant de gens qui laissaient protester leurs billets.

Comme on voit, ici nous différions dans nos idées : c'est le malheur des opinions qui partent de deux principes opposés, toutes les fois que le besoin les rapproche elles s'entendent sur les théories, mais elles se séparent sur les faits.

Nous arrivâmes en face du monument, situé à quelque distance de la ville, dans le jardin du général Pfyffer. C'est un rocher taillé à pic, dont le pied est baigné par un bassin circulaire. Une grotte de quarante-quatre pieds de longueur sur quarante-huit pieds d'élévation, a été creusée dans ce rocher, et dans cette grotte, un jeune sculpteur de Constance, nommé Ahorn, a, sur un modèle en plâtre de Thorwaldsen, taillé un lion colossal percé d'une lance, dont le tronçon est resté dans la plaie, et qui expire en couvrant de son corps le bouclier fleurdelisé qu'il ne peut plus défendre : au-dessus de la grotte on lit ces mots :

Helvetiorum fidei ac virtuti.

Et au-dessous d'elle les noms des officiers et des soldats qui périrent le 10 août ; les officiers sont au nombre de vingt-six, et les soldats de sept cent soixante.

Ce monument prenait, au reste, un intérêt plus grand de la nouvelle révolution qui venait de s'accomplir et de la nouvelle fidélité qu'avaient déployée les Suisses. Cependant, chose bizarre, l'invalide qui garde le lion nous parla beaucoup du 10 août, mais ne nous dit pas un mot du 29 juillet. La plus nouvelle des deux catastrophes était celle qu'on avait déjà oubliée, et c'est tout simple : 1830 n'avait chassé que le roi, 1790 avait chassé la royauté.

Je montrai à M. de Châteaubriand les noms de ces hommes qui avaient si bien fait honneur à leur signature, et je lui demandai, si l'on élevait un pareil monument en France, quels seraient les noms de nobles qu'on pourrait inscrire sur la pierre funéraire de la royauté, pour faire pendant à ces noms populaires.

— Pas un, me répondit-il.

— Comprenez-vous cela ?

— Parfaitement : les morts ne se font pas tuer.

L'histoire de la révolution de juillet était toute entière dans ces mots : la noblesse est le véritable bouclier de la royauté ; tant qu'elle l'a porté au bras, elle a repoussé la guerre étrangère et étouffé la guerre civile ; mais du jour où, dans sa colère, elle l'a imprudemment brisé, elle s'est trouvée sans défense. Louis XI avait tué les grands vassaux, Louis XIII les grands seigneurs, et Louis XVI les aristocrates ; de sorte que lorsque Charles X a appelé à son secours de l'Armagnac, les Montmorency et les Lauzun, sa voix n'a évoqué que des ombres et des fantômes.

— Maintenant, me dit M. de Châteaubriand, si vous avez vu tout ce que vous vouliez voir, allons donner à manger à mes poules.

— Au fait, vous me rappelez une chose : c'est que, lorsque je me suis présenté hier à votre hôtel, le garçon m'a dit que vous étiez sorti pour vous livrer à cette champêtre occupation ; votre projet de retraite irait-il jusqu'à vous faire fermier ?

— Pourquoi pas ? un homme dont la vie aurait été comme la mienne poussée par le caprice, la poésie, les révolutions et l'exil, sur les quatre parties du monde, serait bien heureux, ce me semble, non pas de posséder un chalet dans ces montagnes, je n'aime pas les Alpes, mais un herbage en Normandie, ou une métairie en Bretagne. Je crois décidément que c'est la vocation de mes vieux jours.

— Permettez-moi d'en douter. Vous vous souviendrez de Charles-Quint à Saint-Just : vous n'êtes pas de ces empereurs qui abdiquent, ou de ces rois qu'on détrône ; vous êtes de ces princes qui meurent sous un dais et qu'on enterre comme Charlemagne, les pieds sur leur bouclier, l'épée au flanc, la couronne en tête et le sceptre à la main.

— Prenez garde, il y a longtemps qu'on ne m'a flatté, et je serais capable de m'y laisser reprendre. Allons donner à manger à mes poules.

Sur mon honneur, j'aurais voulu tomber à genoux devant cet homme, tant je le trouvais à la fois simple et grand !...

Nous nous engageâmes sur le pont de la Cour, qui conduit à la partie de la ville qui est séparée par un bras du lac : c'est le pont couvert le plus long de la Suisse après celui de Rapperschwyll, a treize cent quatre-vingts pieds et est orné de deux cent trente-huit sujets tirés de l'Ancien et du Nouveau-Testament.

Nous nous arrêtâmes aux deux tiers à peu près de son étendue, à quelque distance d'un endroit couvert de roseaux. M. de Châteaubriand tira de sa poche un morceau de pain qu'il y avait mis après le déjeuner, et commença de l'émietter dans le lac ; aussitôt une douzaine de poules d'eau sortirent de l'espèce d'île que formaient les roseaux, et vinrent en hâte se disputer le repas que leur préparait, à cette heure, la main qui avait écrit le *Génie du Christianisme*, les *Martyrs* et le *Dernier des Abencerrages*. Je regardai longtemps, sans rien dire, le singulier spectacle de cet homme penché sur le pont, les lèvres contractées par un sourire, mais les yeux tristes et graves ; peu à peu son occupation devint tout à fait machinale, sa figure prit une expression de mélancolie profonde, ses pensées passèrent sur son large front comme des nuages au ciel : il y avait parmi elles des souvenirs de patrie, de famille, d'amitiés tendres, plus sombres que les autres. Je devinai que ce moment était celui qu'il s'était réservé pour penser à la France.

Je respectai cette méditation tout le temps qu'elle dura. A la fin, il fit un mouvement et poussa un soupir. Je m'approchai de lui ; il se souvint que j'étais là et me tendit la main.

— Mais si vous regrettez tant Paris, lui dis-je, pourquoi n'y pas revenir ? Rien ne vous en exile, et tout vous y rappelle.

— Que voulez-vous que j'y fasse ? me dit-il. J'étais à Cauteretz lorsque arriva la révolution de juillet. Je revins à Paris. Je vis un trône dans le sang et l'autre dans la boue, des avocats faisant une charte, un roi donnant des poignées de main à des chiffonniers. C'était triste à en mourir, surtout quand on est plein, comme moi, des grandes traditions de la monarchie. Je m'en allai.

— D'après quelques mots qui vous sont échappés ce matin, j'avais cru que vous reconnaissiez la souveraineté populaire.

— Oui, sans doute, il est bon que de temps en temps la royauté se retrempe à sa source, qui est l'élection ; mais cette fois on a sauté une branche de l'arbre, un anneau de la chaîne ; c'était Henri V qu'il fallait élire et non Louis-Philippe.

— Vous faites peut-être un triste souhait pour ce pauvre enfant, répondis-je ; les rois du nom de Henri sont malheureux en France : Henri Ier a été empoisonné, Henri II tué dans un tournoi, Henri III et Henri IV ont été assassinés.

— Eh bien! mieux vaut, à tout prendre, mourir du poignard que de l'exil; c'est plus tôt fait, et on souffre moins.

— Mais vous, ne reviendrez-vous pas en France, voyons?

— Si la duchesse de Berry, après avoir fait la folie de venir dans la Vendée, fait la sottise de s'y laisser prendre, je reviendrai à Paris pour la défendre devant ses juges, puisque mes conseils n'auront pu l'empêcher d'y paraître.

— Sinon?...

— Sinon, continua M. de Châteaubriand en émiettant un second morceau de pain, je continuerai à donner à manger à mes poules.

Deux heures après cette conversation, je m'éloignais de Lucerne dans un bateau conduit par deux rameurs; j'avais vu de la ville ce que je voulais en voir, et, de plus, j'en emportais un souvenir que je ne comptais pas y trouver, celui d'une entrevue avec M. de Châteaubriand; j'étais resté tout un jour avec le géant littéraire de notre époque, avec l'homme dont le nom retentit aussi haut que ceux de Gœthe et de Walter Scott. Je l'avais mesuré comme ces montagnes des Alpes qui s'élevaient blanchissantes sous mes yeux; j'étais monté sur son sommet, j'étais descendu au fond de ses abîmes; j'avais fait le tour de sa base de granit, et je l'avais trouvé plus grand encore de près que de loin, dans la réalité que dans l'imagination, dans la parole que dans les œuvres. Depuis ce temps, l'impression que j'avais reçue n'a fait que s'accroître, et jamais je n'ai essayé de revoir M. de Châteaubriand de peur de ne pas le retrouver tel que je l'avais vu, et que ce changement ne portât atteinte à la religion que je lui ai vouée. Quant à lui, il est probable qu'il a oublié, non-seulement les détails de ma visite, mais encore la visite elle-même, et c'est tout simple; j'étais le pélerin et il était le Dieu.

RIGHI.

Nous arrivâmes vers les quatre heures à Wegghis, point qui, après une mûre délibération, avait été choisi par mes bateliers comme celui d'où je devais commencer mon ascension sur la montagne la plus renommée de la Suisse pour le magnifique panorama qu'on découvre de sa cime.

La journée était déjà avancée, aussi ne nous arrêtâmes-nous à l'auberge que le temps d'aller chercher un conducteur. Malheureusement, ainsi que je l'ai dit, nous nous y prenions un peu tard. Comme le temps promettait d'être magnifique pour le lendemain, il y avait eu abondance de voyageurs, ce qui avait amené pénurie de guides, si bien que le dernier était parti, il y avait une heure, avec un Anglais. Notre hôte nous conseilla de nous mettre à la poursuite du gentleman, nous promettant que, si nous étions bons marcheurs, nous le rattraperions à moitié chemin de la montée, ce qui nous permettrait de profiter, pour la dernière partie de la montagne, qui est la plus difficile, de la compagnie de son cicerone.

Nous profitâmes de l'avis, et nous nous mîmes immédiatement en route. Le chemin, qui part de la porte même de l'auberge, était assez visiblement tracé pour que nous n'eussions pas à craindre de nous égarer; il s'engageait, à deux cents pas à peine de la maison, dans un charmant bois de noyers et de chênes, qui nous accompagnèrent ainsi pendant l'espace d'une demi-lieue, après laquelle nous entrâmes dans un espace aride et couleur de rouille, dévasté ainsi par l'irruption de 1795.

Cette irruption bizarre, dont on a cherché longtemps la cause, expliquée de nos jours, menaça un instant les habitans de Wegghis du même sort que ceux d'Herculanum; seulement, au lieu d'être engloutis par la lave, ils faillirent l'être par la boue. Le 16 juillet 1795, au point du jour, les habitans, qui toute la nuit avaient été tenus sur pied par des bruits dont ils ignoraient la cause, virent se former des crevasses transversales au tiers de la hauteur de la montagne, à l'endroit où les couches de brèche du Rossberg, échancrées par la vallée de Goldau, viennent s'appuyer aux couches calcaires du Righi; de ces crevasses sortit un courant de vase d'une teinte ferrugineuse, qui descendit comme une large nappe de fange d'un quart de lieue de largeur et de dix à vingt pieds de hauteur, suivant les inégalités du terrain, et s'avançant avec assez de lenteur pour donner aux habitans le loisir d'enlever ce qu'ils avaient de plus précieux; pareille en tout point à la lave, excepté que sa fusion n'était point produite par la chaleur, cette boue s'amoncelait à la partie des objets qui lui faisaient obstacle et passait par dessus quand elle ne les poussait pas devant elle. L'irruption dura ainsi sept jours, et, partout où elle passa, la fraîche verdure du Righi disparut sous une teinte ferrugineuse qui, vue du lac, forme encore une dartre immense aux flancs de la montagne. Au reste, l'industrie des habitans a déjà reconquis à la végétation une partie de ce désert, et finira par le recouvrer entièrement; alors, comme les pêcheurs de Torre del Greco et de Resina, ils dormiront de nouveau couchés à la base d'un volcan tout aussi dangereux que celui de Naples; car le phénomène dont ils ont manqué d'être victimes vers la fin du siècle dernier est causé par l'infiltration des eaux qui pénètrent du sommet du Righi dans l'intérieur de la montagne, trouvent une couche de terre située entre deux couches de rochers et lui ôtent sa consistance, de sorte que, cédant à la pression de la masse supérieure, cette terre délayée s'échappe à l'état de boue. Ces symptômes sont d'autant plus alarmans que ce sont ceux qui annoncèrent la chute du Rossberg, et que cette fois ce ne serait plus une couche de la montagne qui se précipiterait dans la vallée, mais la montagne toute entière qui glisserait sur sa base, comme un vaisseau sur le chantier en pente où on l'a construit, et qui, comblant le lac de Lucerne, inonderait tout le pays environnant.

Nous venions de dépasser cette plaine désolée, et nous approchions du petit ermitage de Sainte-Croix qui forme la moitié du chemin, lorsque nous vîmes revenir à nous, raide et formant des enjambées aussi exactement régulières qu'en pourrait faire un compas qui marcherait, un jeune homme que nous reconnûmes facilement pour notre Anglais. Son guide le suivait en lui faisant, moitié en allemand, moitié en français, toutes les observations qu'il croyait propres à lui faire rebrousser chemin pour continuer son ascension interrompue; mais lui, sourd et impassible, continuait de descendre, augmentant de rapidité à mesure qu'il descendait, de manière à craindre qu'avant cinq cents pas il ne se mît à courir. Nous vîmes du premier coup que les officieuses et instantes prières du guide lui étaient inspirées par la crainte de perdre sa journée, et je lui demandai s'il voulait abandonner la fortune de l'Anglais et s'attacher à la nôtre. La proposition fut acceptée à l'instant même; il s'arrêta et laissa son voyageur achever sa route. Celui-ci, sans s'inquiéter de l'abandon de son guide, continua de descendre la montagne dans la même progression, ce qui nous donna l'espérance que, du train dont il allait, il serait à Wegghis avant une demi-heure.

Nous demandâmes au guide s'il savait quel genre d'affaire rappelait si instamment son juif errant vers le lac; mais il nous dit qu'il fallait qu'il fût sujet à cette maladie; que ça lui avait pris tout à coup. D'abord, il avait eu grande peine à le décider à monter sur le Righi, et pour le décider il avait eu besoin de lui promettre qu'il s'y trouverait probablement seul; alors, et sur cette promesse, il avait pris son parti et s'était mis en route, demandant de cinq cents pas en cinq cents pas s'il était arrivé, et sur la réponse négative, se remettant en route avec une résignation de quaker; enfin, à moitié chemin à peu près, il avait appris qu'une société considérable le précédait; cette nouvelle avait paru le frapper de stupeur; il était resté un instant immobile et rougissant; puis tout à coup il avait fait volte-face et s'était mis en route pour Wegghis. Le guide avait eu beau lui dire que, puisqu'il était à moitié chemin, il avait aussi court de continuer à monter. L'Anglais avait pensé sans doute, à part lui, que le lendemain il lui faudrait descendre, et cette conviction fâcheuse lui avait inspiré la résolution désespérée dont, sans nous, son guide était victime.

L'épisode le plus curieux de la montée du Righi est une route formée par quatre blocs de rochers qui, l'on ne peut deviner comment, se sont dressés les uns contre les autres de manière à former une arche. Il est évident que la main des hommes n'est pour rien dans ce capricieux incident de la nature. Mon guide, selon l'habitude des paysans suisses, ne manqua pas de l'attribuer à l'ennemi éternel du genre humain; mais j'eus beau l'interroger, il ne savait pas dans quel but le diable s'était passé cette fantaisie.

A compter de ce moment, nous marchâmes en plaine, voyant les montagnes voisines s'abaisser et le panorama s'étendre à mesure que nous nous élevions; cependant, la nuit commençait à s'amasser dans les profondeurs, tandis que tous les pics étaient encore éclairés d'une vive lumière; au reste, le soleil semblait descendre visiblement, et l'ombre montait comme une marée. Bientôt il n'y eut plus que les sommités des montagnes qui semblèrent former des îles sur cette mer de ténèbres, puis elles furent submergées à leur tour les unes après les autres. Le déluge nous atteignit nous-mêmes bientôt. Pendant quelque temps encore nous vîmes flamboyer la tête du Pilate, plus élevé que le Righi de quatorze ou quinze cents pieds. Enfin, la lueur de ce dernier phare s'éteignit, et, comme nous arrivions au Staffel, les Alpes tout entières étaient plongées dans l'obscurité. Nous avions mis deux heures un quart à faire l'ascension.

En mettant le pied dans l'auberge, nous crûmes entrer dans la tour de Babel; vingt-sept voyageurs de onze nations différentes s'étaient donné rendez-vous sur le Righi pour voir lever le soleil; en attendant, ils mouraient de faim ou à peu près, l'hôte, n'attendant pas si nombreuse compagnie, ne s'était pas muni de provisions suffisantes; aussi, n'obtins-je de la société qu'une réception fort médiocre; j'étais une nouvelle bouche, tombant au milieu d'une garnison affamée. Chacun jurait dans sa langue, ce qui faisait le plus abominable concert que j'aie jamais entendu.

Dès que je sus ce dont il était question, je pensai qu'il serait brave et magnanime à moi de me venger de l'accueil que m'avait fait la société en lui donnant une preuve de philantrophie; en conséquence, je tirai de mon carnier une superbe poule d'eau que j'avais tuée en tournant la pointe de Niederdof avant d'arriver à Wegghis; ce n'était pas grand-chose, mais enfin, en temps de disette, tout devient précieux. Je pensai alors que l'Anglais avait eu quelque révélation de la famine qui régnait dans les hauts lieux, et que c'était pour cela qu'il avait regagné si rapidement la vallée.

En ce moment nous entendîmes, à cinquante pas de l'auberge, le son d'une trompe des Alpes; c'était une galanterie de notre hôte qui, à défaut d'autre chose, nous donnait une sérénade.

Nous sortîmes pour écouter ce fameux ranz des vaches qui, dit-on, donne au Suisse le mal de la patrie; pour nous autres étrangers, ce n'était qu'une espèce de mélodie assez monotone qui, en mon particulier, éveillait une idée tout à fait formidable, c'est que, s'il y avait quelque voyageur égaré dans la montagne, les sons de la trompe lui indiqueraient son chemin. Je communiquai cette réflexion à mon voisin; c'était un gros Anglais qui, dans les temps ordinaires, devait avoir l'air assez joyeux, mais auquel les circonstances dans lesquelles nous nous trouvions donnaient une apparence de mélancolie profonde. Il réfléchit un instant, puis il lui parut sans doute que mes craintes étaient fondées, car il se détacha de la société, alla arracher la trompe des mains du berger et la rapporta à l'aubergiste en lui disant : Mon ami, rangez cette petite instrument, afin que votre garçon ne fasse plus de tapage avec.

— Mais, mylord, c'est l'habitude, répondit l'hôte, et généralement la musique est agréable aux voyageurs.

— Dans les temps d'abondance, cela être possible, mais jamais dans les temps de disette. Il revint à moi. — Soyez tranquille, me dit-il, je lui ai fait ranger son cor de chasse.

— Ma foi, mylord, lui dis-je, j'ai bien peur que ce ne soit trop tard; si je ne me trompe, j'aperçois là-bas une espèce d'ombre qui m'a tout à fait l'air d'appartenir à un nouvel arrivant.

— Oh! oh! fit mylord, croyez-vous?
— Dame! regardez.

En effet, aux premiers rayons de la lune, nous voyions s'avancer un grand jeune homme qui venait à nous d'un air délibéré, faisant tourner son bâton de montagne autour de son index, à la manière des artistes qui enlèvent des pièces de six liards sur le bout du nez des militaires. A mesure qu'il avançait, je reconnaissais mon homme pour un véritable type de commis voyageur parisien; il avait un chapeau gris légèrement incliné, des favoris en collier, une cravate à la Colin, un habit de velours et un pantalon à la cosaque. C'était, comme on le voit, la tenue de rigueur.

En arrivant à nous, il changea de manœuvre, et, pour nous prouver sans doute sa science acquise dans le service de la garde nationale, et sa vocation naturelle pour les premiers rôles d'opéra-comique, il s'arrêta à dix pas de nous, joignit la voix au geste, et commença, avec son bâton, l'exercice en douze temps :

— Portez arme! présentez arme!

Voilà, voilà, voilà,
Voilà le voyageur français.

Salutem omnibus, — bonjour tout le monde. Eh bien! qu'y a-t-il?

— Il y a, mon cher compatriote, répondis-je, que si vous n'arrivez pas avec le secret de la multiplication des pains et des poissons, vous auriez bien fait de rester à Wegghis.

— Bah! bah! bah! quand il y en a pour trois il y en a pour quatre.

— Oui; mais quand il y en a pour quatre, il n'y en a pas pour vingt-huit.

— Ma foi, tant pis! à la guerre comme à la guerre; une fois à Lucerne, je n'ai pas voulu m'en aller sans avoir vu le Ghi-Ghi. Seulement, comme il n'y avait plus de guides dans le village, je suis venu tout seul; ça me connait, la montagne, je suis de Montmartre, moi. Cependant, comme la nuit était venue, je commençais à vaguer tant soit peu, quand votre trompette m'a remis dans le chemin du salut. — Est-ce vous, mon petit père, qui avez soufflé dans la machine? continua-t-il en s'adressant à l'Anglais.

— Non, monsieur, ce n'être pas moi.

— Pardon, mylord, c'est que vous avez l'air d'avoir une bonne respiration.

— Cela être possible; mais je n'aime pas le musique.

— Vous avez tort, — la musique adoucit les mœurs de l'homme. Ohé! la maison, qu'est-ce que nous avons pour souper? — Et il entra dans l'auberge.

— Il être tout à fait trôle, fotre ami, me dit un Allemand qui n'avait pas encore parlé.

— Je vous demande pardon, répondis-je; mais ce monsieur n'est pas du tout mon ami, et je ne le connais pas; c'est un compatriote, et voilà tout.

— Dites donc, dites donc! voilà comme vous me soutenez, farceur; dit le nouvel arrivant en paraissant sur la porte, la bouche pleine et mordant à même d'une tartine. — Ne faites pas attention, mylord; ce que je mange, ça ne fait de tort à personne; c'est une rôtie que j'ai trouvée dans la lèchefrite, et que notre voleur d'aubergiste mitonnait pour son épouse; heureusement que j'ai été jeter mon coup d'œil dans la cuisine.

— Eh bien, quelle nouvelle? dis-je.

— Il y a juste ce qu'il faut pour ne pas mourir de faim. L'Anglais poussa un soupir.

— Mylord me paraît avoir bon appétit.

— Je avoir un faim de le diable.

— Alors, reprit le commis-voyageur, je demanderai à la

société la permission de découper : en pareille circonstance, j'ai partagé un œuf à la coque entre quatre personnes.

— Ces messieurs et ces dames sont servis, dit l'aubergiste.

Notre hôte avait fait flèche de tout bois ; le potage n'était parvenu à acquérir un volume proportionné aux convives qu'aux dépens de sa consistance, et le bœuf était perdu dans une forêt de persil. Néanmoins, le commis voyageur qui, en sa qualité d'écuyer tranchant, s'était placé au milieu de la table, mesura si bien l'un à la cuillère, l'autre à la fourchette, que chacun en eut suffisamment pour se convaincre que ni l'un ni l'autre ne valaient le diable.

On servit le rôti flanqué de quatre plats, le premier contenant une omelette, le second des œufs frits, le troisième des œufs sur le plat, et le quatrième des œufs brouillés ; quant au rôti, il se composait de vingt mauviettes et de la poule d'eau ; le commis-voyageur détailla cette dernière en huit portions à peu près égales, équivalant chacune à une mauviette ; puis passant le plat à l'Anglais : — Messieurs et dames, dit-il, chaque personne aura un morceau de poule d'eau ou une mauviette, au choix, du pain à discrétion. L'anglais prit deux mauviettes.

— Dites donc, dites donc, mylord, dit le commis voyageur, si tout le monde fait comme vous, il n'y en aura que pour la moitié de la table. — L'Anglais fit semblant de ne pas comprendre. — Ah ! dit le commis voyageur confectionnant avec le plus grand soin une boulette de pain de la grosseur d'une noisette et la plaçant entre le pouce et l'index comme un gamin fait d'une bille, — ah ! tu n'entends pas le français ! attends, je vais te parler ta langue: goddem! vous êtes un goinfre ; et il envoya la boulette de pain droit sur le nez de mylord.

L'Anglais étendit le bras, prit une bouteille comme pour se servir à boire, et l'envoya à la tête du commis voyageur, qui, se doutant de la réponse, la saisit à la volée comme un escamoteur fait d'une muscade.

— Merci, mylord, dit-il ; pour le moment j'ai plus faim que soif, et j'aimerais mieux que vous m'envoyassiez votre mauviette que votre bouteille ; cependant je ne veux pas vous refuser le toast que vous m'offrez.

Il versa quelques gouttes de vin dans son verre déjà plein.

— Au plaisir de vous rencontrer dans un autre endroit que celui-ci, où soyons quatre au lieu de vingt-huit, et où, en place de bouteilles de vin, nous nous envoyions des balles de plomb à la tête.

— Cela sera avec la plus grande satisfaction pour moi, répondit l'Anglais levant son verre à son tour, et en le vidant jusqu'à la dernière goutte.

— Allons, allons, messieurs, dit un des convives, assez comme cela ; nous avons des dames.

— Tiens ! dit le commis voyageur, encore un compatriote ?

— Vous vous trompez, monsieur, je n'ai pas cet honneur; je suis Polonais.

— Eh bien ! être Polonais,
C'est encore être Français.

— Qui est-ce qui veut de l'omelette ? Et le commis voyageur se mit à partager l'omelette en vingt-huit portions avec la même facilité que si rien ne s'était passé.

Il y a une chose remarquable : tous les peuples se battent en duel ; mais nul ne propose et n'accepte un défi aussi légèrement que les Français, et le défi proposé ou accepté, nul ne va sur le terrain avec plus d'insouciance. Pour tous, mettre le pistolet ou l'épée à la main est une affaire sérieuse ; pour le Parisien surtout, c'est un motif d'exagération de gaîté. Vous voyez deux hommes qui se promènent au bois de Vincennes, à cinquante pas l'un de l'autre ; l'un fredonne un air de la Cenerentola, l'autre prend des notes sur ses tablettes. Vous croyez que le premier est un amant en bonne fortune, et le second un poète qui cherche des rimes ; point, ce sont deux messieurs qui attendent que leurs amis décident s'ils se couperont la gorge ou s'ils se brûleront la cervelle ; quant à eux, le mode d'exécution ne les regarde pas, c'est l'affaire de leurs témoins. Il n'y a peut-être pas là un plus grand courage, mais il y a certes un plus grand mépris de la vie.

C'est qu'aussi, depuis cinquante ans, chacun a vu la mort de si près et si souvent qu'il s'est habitué à elle ; nos grands-pères l'ont affrontée sur l'échafaud, nos pères sur les champs de bataille, nous dans les rues ; et, on peut le dire, les trois générations ont marché au-devant d'elle en chantant. Cela tient à ce que, depuis un siècle, nous avons touché le fond de toutes les questions sociales et religieuses. Nous sommes devenus si sceptiques en politique, qu'il n'y a plus moyen de croire à la conscience ; nous sommes si savans en anatomie, qu'il n'y a plus moyen de désespérer dans l'âme. Il en résulte que la vie étant sans croyance et la mort sans terreur, la mort, loin d'être une punition, devient parfois une délivrance.

Mais ici ce n'était pas le cas, et nous nous sommes laissé emporter par des généralités hors d'une situation toute individuelle. Monsieur Alcide Jollivet, c'est le nom de notre commis voyageur, n'avait probablement jamais examiné la vie sous le côté désenchanteur. Loin de là, la Providence semblait lui avoir auné des jours de coton et de soie, et, comme si, dans la crainte de les voir finir d'une manière inattendue, il voulait mettre à profit les instans qui lui restaient, sa gaieté et son en-train s'étaient augmentés d'une manière sensible depuis la querelle qui venait d'avoir lieu. Quant à l'Anglais, au contraire, il était devenu plus sombre, et sa mauvaise humeur s'était portée spécialement sur le plat d'œufs brouillés qui était en face de lui, et qu'il avait presque complètement dévoré. Au reste, lorsqu'on apporta le dessert, qui se composait majestueusement de huit assiettes de noix et de trois assiettes de fromage, et qu'il ne sut plus convaincu qu'il n'y avait pas autre chose à attendre, il se leva de table et disparut.

Dix minutes après, l'hôte entra lui-même pour nous prévenir qu'il n'y avait de lits que pour les voyageuses, encore l'Anglais, sans rien dire, s'était-il traîtreusement glissé dans l'un d'eux, de sorte que force était que deux dames couchassent ensemble. Monsieur Alcide Jollivet offrit d'aller vider une cuvette d'eau glacée dans les draps de l'Anglais ; mais la femme et la fille de l'Allemand l'arrêtèrent en lui disant qu'elles avaient l'habitude de partager le même lit.

Dès que les dames se furent retirées, le commis voyageur vint à moi. Ah ! çà, je compte sur vous, me dit-il ; car vous présumez bien que ça n'est pas fini comme cela.

— Bah ! répondis-je, il faut espérer que la chose n'aura pas de suite.

— Pas de suite ! allons donc ; quand ce ne serait que par amour national. C'est que vous n'avez pas idée comme je déteste les goddem, moi ; ils ont fait mourir mon emprureur. Aussi je n'ai jamais voulu voyager en Angleterre pour le compte d'aucune maison.

— Pourquoi cela ?

— Parce qu'il y a trop d'Anglais.

C'était une raison à laquelle il n'y avait rien à répondre.

— A la bonne heure les Polonais, continua-t-il ; c'est une nation de braves. Où est donc le nôtre ?

— Il vient de sortir.

— Il n'y a qu'un malheur, nous pouvons le dire, puisqu'il n'est pas là, c'est qu'ils ont des noms, ma parole d'honneur, il faut être quatre pour les prononcer, et ça devient gênant dans le tête-à-tête.

— Fous êtes tans l'erreur, dit l'Allemand, rien n'est plus facile ; fous éternuez, fous ajoutez ki, voilà tout.

Dans ce moment, le Polonais rentra avec son manteau, qu'il était allé chercher. Jollivet alla à lui : — Monsieur, lui dit-il, serais-je indiscret en vous priant, en cas de duel, d'être mon témoin ?

— Pardon, monsieur, répondit le Polonais avec hauteur, mais j'ai pour habitude de ne jamais me mêler de querelle de cabaret. Et il alla étendre son manteau au pied du mur et se coucha dessus.

— Eh bien ! mais il est poli l'enfant de la Vistule, dit Jollivet; et moi qui avais déjà fait quinze lieues pour voler au secours de la Pologne, quand j'ai appris que Varsovie était prise!... Ceci est une leçon.

— Chêtre folontiers fotre témoin, cheune homme, dit l'Allemand; mylord il afait tort; il être la cause que je n'ai pas eu de mauflettes.

— Ah! maintetartêfle! à la bonne heure, s'écria Jollivet, vous êtes un brave homme; voulez-vous que nous passions la nuit à boire du punch? je le fais un peu crânement, allez.

— Che feux pien, répondit l'Allemand.

— Et vous? me dit Jollivet.

— Merci, j'aime mieux dormir, répondis-je.

— Liberté, *libertas*; je vais à la cuisine.

— Et moi, je me couche.

— Bonne nuit.

J'étendis à mon tour mon manteau à terre, et je me jetai dessus; mais quelque besoin que j'eusse de sommeil, je ne m'endormis pas si vite cependant que je ne visse rentrer notre commis voyageur, portant à deux mains une casserole pleine de punch, dont la flamme bleuâtre éclairait sa joyeuse figure.

Le lendemain, nous fûmes réveillés par la trompe des Alpes. Nous nous levâmes aussitôt, et, comme notre toilette n'était pas longue à faire, nous nous trouvâmes prêts à partir pour le Righi-Culm un quart d'heure avant le jour.

Lorsque nous arrivâmes à la cime la plus élevée, toutes les Alpes étaient encore plongées dans la nuit; mais cette nuit, d'une pureté merveilleuse, nous promettait un lever du soleil splendide. En effet, après quelques minutes d'attente, une ligne pourprée s'étendit à l'orient, et en même temps, au midi, on commença de distinguer la grande chaîne des Alpes, comme une découpure d'argent sur le ciel bleu et étoilé, tandis qu'au couchant et au nord l'œil se perdait au milieu du brouillard qui s'élevait de la Suisse des prairies. Cependant, quoique le soleil ne parût point encore, les ténèbres se dissipaient peu à peu, la ligne pourprée de l'orient devenait couleur de feu, les neiges de la grande chaîne des Alpes étincelaient, et le brouillard, s'évaporant partout où il n'y avait pas d'eau, stationnait seulement au-dessus des lacs, et accompagnait le cours de la Reuss, qui se tordait au milieu des prairies comme un immense serpent. Enfin, après dix minutes de crépuscule, pendant lesquelles le jour et la nuit luttèrent ensemble, l'orient sembla rouler des flots d'or, les grandes Alpes se couvrirent d'une teinte orange, et, tandis qu'à leurs pieds une seconde chaîne plus basse, que les rayons du jour n'avaient point encore pu atteindre, détachait sur la première sa silhouette d'un bleu foncé; le brouillard se déchira par larges flocons que le vent emporta vers le nord, laissant apparaître les lacs comme d'immenses flaques de lait. Ce fut alors seulement que le soleil se leva derrière le glacier du Glarner, assez pâle d'abord pour qu'on pût fixer les yeux sur lui, mais presque aussitôt, comme un roi qui reconquiert son empire, il reprit son manteau de flammes et le secoua sur le monde, qui s'anima de sa vie et s'illumina de sa splendeur.

Il y a des descriptions que la plume ne peut pas transmettre, il y a des tableaux que le pinceau ne peut pas rendre, il faut en appeler à ceux qui les ont vus, et se contenter de dire qu'il n'y a pas au monde de spectacle plus magnifique que le lever du soleil sur ce panorama dont on est le centre, et du milieu duquel, en tournant sur son talon, on embrasse d'un seul coup d'œil trois chaînes de montagnes, quatorze lacs, dix-sept villes, quarante villages et soixante-dix glaciers, parsemés sur cent lieues de circonférence.

— C'est égal, me dit Jollivet en me frappant sur l'épaule, j'aurais été diablement vexé d'être tué, surtout par un Anglais, avant d'avoir vu ce que nous venons de voir!...

Vers les sept heures, nous nous remîmes en route pour Lucerne.

ALCIDE JOLLIVET.

Il était quatre heures du soir à peu près lorsque mon nouvel ami, Alcide Jollivet, entra dans ma chambre, au moment où je donnais l'ordre qu'on m'amenât, le lendemain matin, une barque et des bateliers pour me rendre à Stanstadt.

— Un instant, un instant, dit Jollivet, vous ne vous en irez pas comme cela; vous savez que j'ai un compte à régler avec mon Goddem.

— Bah! lui dis-je, je croyais que vous aviez oublié cette ridicule querelle.

— Merci! on vous jettera des bouteilles à la tête sans dire gare, et vous croyez que ça se passera comme ça? Oh! vous ne connaissez pas Alcide Jollivet.

— Voyons, asseyez-vous là, et causons.

— Avec plaisir. Si je faisais monter un petit verre de kirsch, hein?

— J'en ai là d'excellent. Attendez.

— Non, non, ne vous dérangez pas, je le vois... Et des verres?... En voilà. Maintenant, prêchez, j'écoute.

— Eh bien! mon cher compatriote, croyez-vous que l'insulte que vous avez faite ou reçue soit assez sérieuse pour que vous tuiez un homme ou qu'un homme vous tue, voyons!

— Écoutez, dit Jollivet en dégustant son petit verre, je suis bon garçon, moi. C'est fameux votre kirsch! — Je ne ferais pas de la peine à un enfant; je ne suis pas querelleur, attendu que je ne sais pas me battre. — Où l'avez-vous acheté, hein?

— Ici même.

— Au Cheval-Blanc?

— Oui.

— Ah! le père Frantz, il ne m'en a pas donné de ce coin-là; je m'en plaindrai à Catherine. — Je conviens donc que si c'était avec un Français que la chose fût arrivée, je dirais : C'est bon, c'est bien, l'affaire ne regarde que nous; entre compatriotes, ça s'arrange, personne n'a le droit d'y mettre le nez; mais avec un Anglais, voyez-vous?... d'abord je ne peux pas les sentir, ces Anglais, ils ont fait mourir mon empereur... avec un Anglais, c'est autre chose, d'autant plus qu'il y avait là des Allemands, des Russes, des Polonais, l'Afrique et l'Amérique, est-ce que je sais, moi? et qu'on dirait dans toutes les quatre parties du monde que les Français ont eu le dessous; eh bien! ça ne doit pas être. En France, c'est bien; un Français recule devant un Français, il n'y a rien à dire; mais à l'étranger, chacun de nous représente la France : ce qui m'est arrivé à moi vous serait arrivé à vous que vous vous battriez, et, si vous ne vous battiez pas, je me battrais à votre place, moi. Voyez-vous, à Milan, l'année passée, il y avait un commis voyageur de Paris, de la rue Saint-Martin, qui avait manqué d'argent : un Italien lui en avait prêté, il lui avait fait son billet; au jour dit, il ne l'a pas payé : le surlendemain je suis arrivé dans la ville; on parlait de ça dans le commerce, on commençait à jaser sur les Français.

— Oh! j'ai dit, halte-là! c'est un de mes amis; il m'a chargé de payer; je suis de deux jours en retard, c'est ma faute, ce n'est pas la sienne; je me suis amusé à Turin, j'ai eu tort. C'est cinq cents francs, les voilà; mettez votre pour-acquit derrière, et donnez-moi le billet.

— Et votre ami, vous a-t-il remboursé?

— Mon ami, je ne le connaissais pas; seulement, il était de la rue Saint-Martin, et moi de la rue Saint-Denis; il voyageait pour les vins, et moi pour les soieries, ç'a été cinq cents francs de moins dans ma poche; mais le nom de Français est sans tache.

— Vous êtes un brave garçon, lui dis-je en lui tendant la main.

— Oui, oui, oui, je m'en vante; je n'ai pas d'esprit, moi, je n'ai pas grande éducation, je ne fais pas des drames, comme vous, enfin, car je vous ai reconnu, et puis d'ailleurs votre nom est connu au boulevard Saint-Martin; mais il n'y en a pas un pour m'en revendre en arithmétique: je sais que deux et deux font quatre, qu'une bouteille jetée à la tête vaut un coup de pistolet.

— Eh bien! c'est vrai, vous avez raison, lui dis-je.

— Ah! c'est heureux; on a du mal à vous tirer la vérité du ventre.

— Écoutez, lui dis-je en le regardant dans les yeux, je ne vous connaissais pas; au premier abord, pardon de ce que je vais vous dire, vous ne m'avez inspiré ni l'intérêt ni la confiance qu'en ce moment j'éprouve pour vous.

— Ah! c'est vrai, n'est-ce pas? parce que je suis sans façon; — j'ai des manières de commis voyageur. Que voulez-vous? c'est mon état; mais le cœur est solide, néanmoins, et pour l'honneur national je me ferais hacher en morceaux.

— Or, continuai-je, ce que vous avez dit de l'importance de notre conduite à l'étranger, je le pense comme vous. Dans un duel hors de France, un témoin, — c'est un second, c'est un parrain, c'est un frère; si l'homme dont il est la caution ne se bat pas, il faut qu'il se batte, lui. Ainsi, réfléchissez: quand vous m'aurez fait entamer l'affaire, si ce n'est pas vous qui la terminez, ce sera moi. — Maintenant, je suis prêt.

— Eh bien! soyez tranquille, allez trouver l'Anglais de confiance, arrangez les choses avec lui comme cela vous conviendra, et puis vous me direz ce qu'il faut que je fasse, et je le ferai.

— Avez-vous de la préférence pour une arme quelconque?

— Moi, je n'en sais pas plus à l'épée qu'au pistolet; la seule arme que je manie un peu proprement, c'est l'aune: à celle-là, je ne crains pas de rencontrer un maître. — Il est un peu joli, le calembourg, hein?...

— Oui; mais nous ne sommes pas ici pour faire de l'esprit.

— Vous avez raison, parlons peu et parlons bien.

— Aurez-vous du calme sur le terrain?

— Je ne peux pas vous répondre de cela, moi: — si le sang me monte à la tête, il faudra que ça éclate; seulement, ça éclatera en avant, je vous en réponds.

— Sacredieu! quelle stupide affaire! m'écriai-je en frappant du pied.

— Allons, allons, allons, en route, et tout ce qu'il voudra, entendez-vous? depuis l'aiguille à tricoter jusqu'à la couleuvrine.

— Où demeure-t-il?

— A la Balance.

— Et comment l'appelle-t-on?

— Sir Robert Lesly, baronet; passez par l'Aigle, et prenez l'Allemand avec vous; c'est un brave homme, et puis je ne suis pas fâché qu'il soit là.

— C'est bien, attendez-moi ici.

— Écoutez: si cela vous est égal, je monterai chez moi; j'ai deux mots à dire à ma petite femme.

— Vous êtes marié?

— Marié!... allons donc!

— Très bien!

— Voyez-vous, en rentrant ici, vous prendrez votre bâton de voyage, vous frapperez trois fois au plafond, et je descendrai.

— C'est dit. Laissez-moi seulement le temps de faire un peu de toilette.

— Bah! vous êtes bien comme cela.

— Mon cher ami, il y a certaines propositions qu'on ne peut faire qu'avec une chemise à jabot et des gants blancs.

— Vous avez raison. Bonne chance! et ne rompez pas d'une semelle, ne cédez pas un pouce. Des excuses ou du plomb!

— Soyez tranquille.

Je m'habillai tout en pensant à ce singulier mélange d'expressions vulgaires et de sentiments élevés. Ce type, qu'on chercherait vainement, je crois, dans tout autre pays, et qui est si commun en France, m'était déjà connu; mais jamais je n'avais été à même de l'étudier de si près. De ce moment,

outre l'intérêt réel que m'inspirait ce brave jeune homme, il y avait en ore une curiosité d'anatomiste. Il en est de l'auteur dramatique comme du médecin: dans toute chose, il voit malgré lui le côté de l'art, et, en même temps que son âme se prend, malgré lui, son esprit étudie. Cela est triste à dire; mais, chez l'un comme chez l'autre, il y a une partie du cœur qui est desséchée. Cette partie, chez le médecin, c'est celle qui touche à la science; chez le poète, c'est celle qui touche à l'imagination.

Je trouvai l'Allemand à l'hôtel de l'Aigle; il avait donné sa parole, et, en général, les gens de sa nation ne la retirent point. Il me suivit chez l'Anglais.

Arrivés à l'hôtel de la Balance, nous demandâmes sir Robert; on nous dit qu'il était dans le jardin, nous y entrâmes. A peine eûmes nous fait vingt pas que nous l'aperçûmes au bout d'une allée transversale. Il s'exerçait au pistolet; derrière lui, son domestique chargeait les armes.

Nous nous approchâmes lentement et sans bruit, et, arrivés à dix pas de lui, nous nous arrêtâmes. Sir Robert était de première force: il tirait à vingt-cinq pas sur des pains à cacheter collés contre le mur, et faisait mouche presque à tout coup.

— Sacrement!... murmura l'Allemand.

— Diable! diable! fis-je.

— Pardon! dit sir Robert; je n'avais pas vu vous, messieurs, et je faisais la main à moi.

— Mais elle ne me paraît pas trop dérangée, d'après les trois derniers coups que vous venez de tirer.

— No! no! je être assez content pour moi.

— Nous sommes enchantés de vous trouver dans ces heureuses dispositions, monsieur; l'affaire que nous avons à traiter n'en sera que plus facile à mener à terme.

— Oui; vous venez pour la bouteille, n'est-ce pas? Très bien! très bien! je attendais vous.

— Alors, monsieur, je vois que la négociation ne sera pas longue.

— No, elle sera très-courte. — Votre camarade, il have le envie de se battre, et moi aussi.

— Alors, monsieur, envoyez-nous vos témoins; car il me paraît que le point principal est convenu, et qu'il n'y a plus à régler que les armes, le lieu et l'heure.

— Oui, oui, — cela être tout, et ils seront à le vôtre hôtel, demain à sept heures.

— C'est bien; à l'honneur de vous revoir.

— Adieu, adieu. — John, rechargez les pistolets. — Et avant que nous fussions sortis du jardin, nous avions la preuve que mylord continuait son exercice.

— Savez-vous, dis-je à mon compagnon, que notre adversaire tire le pistolet d'une manière assez distinguée?

— Ia, dit l'Allemand.

— Je voudrais bien avoir des pistolets de tir, pour voir au moins ce que sait faire notre homme; allons chez un armurier, peut être que nous en trouverons.

— Moi en afoir.

— Vous! et sont-ils bons?

— Des *Kuchenreiter*.

— Parfait. Allons les chercher.

— Allons.

Nous rentrâmes à l'hôtel de l'Aigle, l'Allemand tira les instruments de leur boîte, c'était bien cela; d'ailleurs le nom de l'auteur était écrit en lettres d'argent, incrustées sur leur canon bleu d'azur.

— Oh! mes vieux amis, dis-je en essayant leurs ressorts, je vous reconnais: vous n'êtes pas si brillans que nos joujoux de Paris, ni si moelleux que vos confrères de Londres, mais vous êtes bons et sûrs, et, pourvu que la main qui vous dirige ne tremble pas, vous porterez une balle aussi loin et aussi juste que si vous sortiez des ateliers de Versailles ou des fabriques de Manchester. Permettez-vous que je les emporte, monsieur? demandai-je à l'Allemand.

— Faites.

— A demain sept heures.

— A temain.

Je rentrai à l'hôtel, assez inquiet. L'affaire prenait une

tournure sérieuse. L'Anglais avait été calme, digne et poli. Il était évident que c'était non seulement un homme qui se battait, mais encore un homme qui savait se battre. L'offense était réciproque; par conséquent, il n'y avait pas à refuser ou à choisir les armes; le sort devait en décider, et, si le sort décidait que le combat aurait lieu au pistolet, je ne voyais pas grande chance pour mon pauvre compatriote. Aussi étais-je là, debout devant la table, tournant et retournant mes Kuchenreiter, sans pouvoir me décider à le faire descendre. Enfin je voulus voir s'ils étaient aussi bons que ceux avec lesquels j'avais commencé mon éducation; je les chargeai tous deux, et, comme ma fenêtre donnait sur le jardin, je visai un petit arbre qui était à une vingtaine de pas de moi, et je tirai... La balle enleva un morceau d'écorce.

— Bravo! dit une voix qui partait de la fenêtre au-dessus de la mienne, et que je reconnus pour celle de notre commis voyageur; bravo, bravissimo! Et il se mit à descendre par son balcon pour gagner le mien.

— Eh bien! mais que diable faites-vous?
— Je prends le chemin le plus court.
— Mais vous allez vous casser le cou, mon cher ami.
— Moi, — oh! pas si jeune, on connaît sa gymnastique et on s'en sert. Il lâcha la dernière barre de fer, qu'il ne tenait plus que d'une main, et tomba sur mon balcon. — Voilà, sans balancier.
— Ma parole, vous me faites peur.
— Et pourquoi cela?
— Parce que vous êtes un grand enfant, et pas autre chose.
— Bah! dans l'occasion on sera un homme, soyez tranquille. Eh bien! qu'y a-t-il de nouveau?
— J'ai vu notre Anglais.
— Ah!
— Il se battra.
— Tant mieux.
— Nous l'avons trouvé dans le jardin.
— Que faisait-il donc? Le temps des fraises est passé, ce semble.
— Il s'exerçait au pistolet.
— C'est un amusement comme un autre.
— Vous ne demandez pas comment il tire?
— Je le saurai demain.
— Mais vous-même, voyons, prenez ce pistolet, il est tout chargé.
— Pourquoi faire?
— Pour que je voie ce que vous savez faire.
— Ne vous inquiétez pas de cela; si nous nous battons, je tirerai d'assez près pour ne pas le manquer.
— Vous êtes toujours décidé!
— Ah ça! vous devenez monotone à la fin.
— C'est bon, n'en parlons plus.
— Et pour quelle heure?
— Mais pour huit heures à peu près.
— Bien; quand vous aurez besoin de moi, vous me frapperez; en attendant, je retourne à mes amours, toujours.

A ces mots, il se mit à grimper comme un écureuil à l'angle de ma fenêtre, regagna son balcon, et rentra chez lui.

J'employai le reste de la soirée à me procurer des épées et à prévenir un chirurgien. Francesco se chargea, de son côté, de tenir une barque prête : je la louai pour toute la journée.

Le lendemain, à sept heures, l'Allemand était chez moi; derrière lui venaient les témoins de sir Robert. Comme je l'avais prévu, le sort devait décider de toutes les conditions; quant au lieu du combat, ils proposèrent une petite île inhabitée du golfe de Küssnach : nous acceptâmes. Ces préliminaires arrêtés, ces messieurs se retirèrent.

Je frappai, comme il était convenu, le plafond avec mon bâton de voyage, Alcide me répondit avec le talon de sa botte, et cinq minutes après il descendit.

Lui aussi avait fait toilette, car il avait entendu ce que j'avais dit la veille, et il avait voulu me prouver qu'il ne l'avait pas oublié. Malheureusement sa toilette était des plus mal choisies pour l'occasion à laquelle elle devait servir : il avait un habit à boutons de métal ciselé, un pantalon à raies et une cravate de satin noir, surmontée d'un col blanc.

— Vous allez remonter chez vous et changer entièrement de costume? lui dis-je.
— Et pourquoi cela? je suis tout flambant neuf.
— Oui, vous êtes magnifique, c'est vrai; mais les raies de votre pantalon, les boutons de votre habit et le col de votre chemise sont autant de points de mire, qu'il est inutile de présenter à votre adversaire. N'avez-vous pas un pantalon de couleur sombre et une redingote noire; quant à votre col, vous l'ôterez, et voilà tout.
— Si fait, j'ai tout cela; mais cela nous retardera.
— Soyez tranquille, nous avons le temps.
— Et où l'affaire a-t-elle lieu?
— Dans la petite île de Küssnach.
— Dans un instant je suis à vous. — En effet, cinq minutes après, il rentra dans le costume indiqué.
— Voilà, dit-il : — costume complet d'entrepreneur des pompes funèbres; il ne me manque qu'un crêpe à mon chapeau; mais ce n'est pas la peine de retarder le départ pour cela. En route, messieurs, en route; je ne voudrais pour rien au monde arriver le dernier.

La barque était à cinquante pas de l'auberge, les bateliers n'attendaient que nous; le chirurgien, prévenu, était à bord. nous partîmes. A peine fûmes-nous sur le lac que nous vîmes, à cinq cents pas devant nous, le bateau de sir Robert.

— Un louis de *trinkgeldt* (1), dit Jollivet aux bateliers, si nous sommes arrivés à l'île de Küssnach avant la barque que vous voyez. Les bateliers se courbèrent sur leurs rames, et la petite embarcation glissa sur l'eau comme une hirondelle. La promesse fit merveille : nous arrivâmes les premiers.

C'était une petite île de soixante-dix pas de longueur à peu près, au milieu de laquelle l'abbé Raynal, dans un de ses accès de liberté philosophique, avait fait élever un obélisque en granit, pour consacrer la mémoire du patriote de 1308. Il avait d'abord demandé aux magistrats d'Unterwalden de faire ériger ce monument au Grütli; mais ceux-ci l'avaient remercié, en répondant que la chose était inutile, et que le souvenir de leurs ancêtres n'était pas en danger de s'éteindre chez leurs descendans. Il s'était donc contenté de l'île de Küssnach, et il y avait fait dresser son obélisque, traversé, pour plus grande solidité, d'une barre de fer dans toute sa longueur. Malheureusement, cette précaution, qui devait éterniser le monument, fut la cause même de sa perte. La foudre attirée par le fer tomba, quelques années après, sur l'obélisque et le mit en pièces.

Le lieu était on ne peut mieux choisi pour la scène qui allait s'y passer. C'était une langue de terre plus longue que large, au milieu de laquelle se trouvent encore les débris du monument de l'abbé Raynal; parfaitement solitaire, du reste, attendu que, dans les crues du lac occasionnées par la fonte des neiges, l'eau doit la recouvrir entièrement. Je venais de l'examiner dans toutes ses parties, lorsque la barque de sir Robert aborda à l'extrémité opposée à celle où nous nous trouvions. Sir Robert resta au bord de l'eau, ses témoins s'avancèrent vers nous; je fis un pas pour aller au devant d'eux, Jollivet m'arrêta par le bras. Je fis signe à l'Allemand que j'allais le rejoindre; il s'avança en conséquence à la rencontre de ces messieurs.

— Une seule chose, dit Jollivet.
— Laquelle?
— Promettez-moi que, si le sort nous accorde la faculté de régler les conditions du combat, vous accepterez les miennes. Ce seront celles d'un homme qui n'a pas peur, soyez tranquille.
— Je vous le promets.
— Allez maintenant.

Je m'avançai vers nos adversaires. Sir Robert leur avait expressément défendu de faire aucune concession, de sorte que nous n'eûmes à nous occuper que des préparatifs du combat. Nous jetâmes une pièce de cinq francs en l'air. Ces

(1) Mot à mot, *argent pour boire*.

messieurs retinrent tête pour le pistolet, et nous pile pour l'épée : la pièce retomba tête, le pistolet fut adopté.

On jeta la pièce une seconde fois en l'air, pour savoir si l'on se servirait des pistolets de l'Anglais, qui lui étaient familiers, ou de ceux de l'Allemand, qui étaient étrangers à l'un comme à l'autre : cette fois encore, le sort favorisa nos adversaires.

Enfin, on fit un troisième appel au hasard, pour savoir à qui appartiendrait de régler le mode du combat : cette fois le sort fut pour nous. J'allai trouver Jollivet.

— Eh bien ! dis-je, vous vous battez au pistolet.
— Très bien.
— Sir Robert a le droit de choisir ses armes.
— Ça m'est égal.
— Maintenant c'est à vous de régler le combat.
— Ah ! dit Jollivet en se levant, eh bien ! dans ce cas-là nous allons rire : je veux, — entendez-vous bien ? je puis dire : je veux, car j'ai votre parole, je veux que nous marchions l'un sur l'autre, un pistolet de chaque main, et que nous tirions à volonté.
— Mais, mon cher ami...
— Voilà mes conditions, je n'en accepterai pas d'autres.

Je n'avais rien à dire ; j'étais lié par ma promesse. Je transmis ma mission aux témoins de sir Robert. Ils allèrent le trouver. Après quelques mots échangés, l'un d'eux se retourna.

— Sir Robert accepte, dit-il.

Nous nous saluâmes réciproquement.

J'allai chercher les pistolets dans la barque, et je les apportai. Je commençais à les charger, lorsque Jollivet me prit par le bras.

— Laissez faire la besogne à notre ami l'Allemand, me dit-il ; j'ai deux mots à vous communiquer. Nous nous écartâmes.

— Je n'ai personne au monde, et, si je suis tué, par conséquent, personne ne me pleurera, si ce n'est pourtant une pauvre fille qui m'aime de tout son cœur.

— Lui avez-vous écrit ?

— Oui, voilà une lettre. Si je suis tué, dis-je, faites-la lui parvenir ; si je suis blessé, et qu'on ne puisse pas me transporter jusqu'à Lucerne, allez la trouver vous-même, et envoyez-la-moi où je serai.

— Elle demeure donc dans cette ville ?

— C'est la fille de notre hôte, Catherine. Je lui ai promis de l'épouser, pauvre fille ! et en attendant... vous comprenez ?

— C'est bien, la chose sera faite.

— Merci. Allons, sommes-nous prêts, mes petits amours ? Je me retournai vers nos adversaires, ils attendaient.

— Je crois qu'oui, répondis-je.

— Une poignée de main.

— Du sang-froid !...

— Soyez tranquille.

En ce moment, l'Allemand se rapprocha de nous avec les pistolets tout chargés ; nous conduisîmes Alcide Jollivet à l'extrémité de l'île ; puis, voyant que les témoins de sir Robert s'étaient déjà écartés de lui, nous revînmes nous placer en face d'eux, laissant les deux combattants à cinquante-cinq pas de distance à peu près l'un de l'autre ; alors, nous étant regardés pour savoir si l'on pouvait donner le signal, et voyant que rien ne s'y opposait, nous frappâmes trois fois dans nos mains, et au troisième coup les adversaires se mirent en marche.

Certes, une des sensations les plus poignantes qu'on puisse éprouver, c'est de voir deux hommes pleins de vie et de santé, qui devraient avoir encore tous deux de longues années à vivre, et qui s'avancent l'un au-devant de l'autre, tenant la mort de chaque main. En pareille circonstance, le rôle d'acteur est, je crois, moins pénible que celui du spectateur, et je suis sûr que le cœur de ces hommes, qui d'un moment à l'autre pouvait cesser de battre, était moins violemment serré que le nôtre. Pour moi, mes yeux étaient fixés, comme par enchantement, sur ce jeune homme, dans lequel, la veille au soir, je ne voyais encore qu'un farceur d'assez

mauvais goût, et auquel, à cette heure, je m'intéressais comme à un ami. Il avait rejeté ses cheveux en arrière, sa figure avait perdu cette expression de plaisanterie triviale qui lui était habituelle ; ses yeux noirs, dont seulement alors je remarquai la beauté, étaient hardiment fixés sur son adversaire, et ses lèvres entr'ouvertes faisaient voir ses dents violemment serrées les unes contre les autres. Sa démarche avait perdu son allure vulgaire : il marchait droit, la tête haute, et le danger lui donnait une poésie que je n'avais pas même soupçonnée en lui. Cependant la distance disparaissait devant eux ; tous deux marchaient d'un pas mesuré et égal, ils n'étaient plus qu'à vingt pas l'un de l'autre. L'Anglais tira son premier coup. Quelque chose comme un nuage passa sur le front de son adversaire, mais il continua d'avancer. A quinze pas, l'Anglais tira son second coup et attendit. Alcide fit un mouvement comme s'il chancelait, mais il avança toujours. A mesure qu'il s'approchait, sa figure pâlissante prenait une expression terrible. Enfin il s'arrêta à une toise à peu près ; mais, ne se croyant pas assez près, il fit encore un pas, et puis un pas encore. Ce spectacle était impossible à supporter.

— Alcide ! lui criai-je, est-ce que vous allez assassiner un homme ? Tirez en l'air, sacredieu ! tirez en l'air.

— Cela vous est bien aisé à conseiller, dit le commis voyageur en ouvrant sa redingote et en montrant sa poitrine ensanglantée ; vous n'ayez pas deux balles dans le ventre, vous.

A ces mots, il étendit le bras, et brûla à bout portant la cervelle de l'Anglais.

— C'est égal, dit-il alors en s'asseyant sur un débris de l'obélisque ; je crois que mon compte est bon ; mais au moins j'ai tué un de ces brigands d'Anglais qui ont fait mourir mon empereur !...

PONCE PILATE.

Sir Robert était mort sur le coup. On avait transporté Alcide Jollivet à Küssnach. J'étais revenu à Lucerne pour prévenir Catherine, et, certain que des soins meilleurs et plus efficaces que les miens allaient entourer le blessé, m'éloignai dans ma barque, que le vent poussait vers l'extrémité du lac opposée à celle où avait eu lieu le combat. Rien ne pouvait écarter de mon souvenir la scène terrible dont j'avais été témoin du matin ; partout où mes yeux se fixaient, je voyais des cercles sanglans. Francesco et moi gardions le silence, quand tout à coup un des bateliers dit à l'autre : — Ne t'avais-je pas dit qu'il lui arriverait malheur !...

— A qui cela ? dis-je en tressaillant.

— A l'Anglais, donc.

— Qui pouvait vous donner cette pensée ?

— Ah ! voyez-vous ? ça ne manque jamais cela.

— Quoi ?

— Quand on a vu Ponce Pilate, voyez-vous...

Je le regardai.

— Oui, oui, l'Anglais a voulu monter le vendredi sur la montagne, malgré tout ce qu'on a pu lui dire ; car les Anglais, ce sont des messieurs qui ne croient à rien.

— Après ?

— Et il a rencontré le maudit en habit de juge, car le vendredi est le jour qu'il s'est réservé.

— Vous êtes fou, mon ami.

— Non, il n'est pas fou, dit sérieusement Francesco ; c'est vrai ce qu'il a dit, mais vous n'êtes pas forcé de le croire.

— Peut-être croirais-je si je comprenais ; mais je ne comprends pas.

— Savez-vous comment on appelle cette grande montagne rouge et décharnée, qui a trois sommets, en souvenir des

trois croix du Calvaire, auquel, à cette heure, mauvais sont, et tout. Il était resplendis-
— On l'appelait le Pilate. comme à midi. Il avait rejoint l'armée ; sa
— Et d'où l'appelle-t-on comme cela ? figure avait perdu son expression féroce ;
— Dam ! ma foi, M... Pilate... — qui veut dire celui qui pace que, ayant toujours des nuages à sa cime, il l'ai... d'avoir été couverte d'ailleurs, c'est bien prouvé par le proverbe que je vous ai entendu dire à vous-même, ce matin, lorsque vous ai demandé quel temps nous aurions : La tête perd sa tente, et le danger lui donne une porte que je n'avais pas même soupçonnée jusqu'alors.
Quand Pilate a mis son chapeau, Après ceci,
il va pleuvoir. ils étaient plus qu'à vingt pas de l'arbre. L'anglais tira
— Vous n'y êtes pas, dit le batelier. son premier coup.
— Et d'où lui vient ce nom, alors ? — Oh ! dit-il en s'approchant, c'est touché.
— De celui qui fut de Rome, à celui qui condamna le En effet, on voyait comme il aurait déchiré
Christ.
— Ah ! Ponce Pilate ?... le cuivre. A mesure qu'ils s'approchaient, l'ap-
— Oui, oui. prit avait une expression terrible ; encore
— Allons donc ! le pape Brottier dit qu'il est enterré à
Vienne, et Flavien qu'il a été jeté dans le Tibre.
— Tout cela est vrai.
— Il y a donc trois Ponce Pilate, alors ?
— Non, non, il n'y en a qu'un seul, — toujours le même,
seulement il voyage.
— Diable ! cela me semble assez curieux : ne peut-on savoir cette histoire ? vous n'avez pas deux...
— Oh ! pardieu ! ce n'est pas un mystère, et le dernier paysan vous la racontera.
— La savez-vous ?
— Oh ! on m'a bercé avec, mais ces histoires-là, voyez-vous, c'est bon pour nous, qui sommes des imbéciles ; mais vous autres, vous n'y croyez pas.
— La preuve que j'y crois, c'est qu'il y aura cinq francs de trinkgeldt si vous me la racontez.
— Vrai ?
— Les voilà.
— Qu'est-ce que vous en faites donc, des histoires, que vous les payez ce prix-là ?
— Que vous importe.
— Oh ! au fait, ça ne me regarde pas. Pour lors, comme vous le savez, le bourreau de Notre-Seigneur ayant été appelé de Jérusalem à Rome par l'empereur Tibère...
— Non, je ne savais pas cela.
— Eh bien ! je vous l'apprends. Donc, voyant qu'il allait être condamné à mort pour son crime, il se pendit aux barreaux de sa prison. De sorte que, lorsqu'on vint pour l'exécuter, on le trouva mort. Mécontent de voir sa besogne faite, le bourreau lui mit une pierre au cou et jeta le cadavre dans le Tibre. Mais à peine y fut-il, que le Tibre cessa de couler vers la mer, et que, refluant à sa source, il couvrit les campagnes et inonda Rome. En même temps, des tempêtes affreuses vinrent éclater sur la ville, la pluie et la grêle battirent les maisons, la foudre tomba et tua un esclave, qui portait la litière de l'empereur Auguste (1), lequel eut une telle peur qu'il fit vœu de bâtir un temple à Jupiter Tonnant. Si vous allez à Rome, vous le verrez, il y est encore. Mais, comme ce vœu n'arrêtait pas le carillon, on consulta l'oracle : l'oracle répondit que, tant qu'on n'aurait pas repêché le corps de Ponce Pilate, la désolation de l'abomination continuerait. Il n'y avait rien à dire. On convoqua les bateliers, et on les mit en réquisition ; mais pas un ne se souciait de plonger pour aller chercher le farceur qui faisait un pareil sabbat au fond de l'eau. Enfin on fut obligé d'offrir la vie à un condamné à mort s'il réussissait dans l'entreprise. Le condamné accepta : on lui mit une corde autour du corps ; il plongea deux fois dans le Tibre ; mais inutilement ; à la troisième, voyant qu'il ne remontait pas, on tira la corde, alors il remonta à la surface de l'eau, tenant Ponce Pilate par la barbe. Le plongeur était mort ; mais, dans son agonie, ses doigts, crispés, n'avaient point lâché le maudit. On

(1) J'espère qu'on nous croit assez instruit en histoire pour qu'on ne soit pas nous qu'on accuse d'avoir fait tuer, sous Tibère, un esclave qui portait la litière d'Octave.

sépara les deux cadavres l'un de l'autre ; on enterra magnifiquement le condamné, et l'on décida qu'on emporterait l'ex-proconsul de Judée à Naples, et qu'on le jetterait dans le Vésuve. Ce qui fut dit fut fait ; mais à peine le corps fut-il dans le cratère, que toute la montagne mugit, que la terre trembla, les cendres jaillirent, des laves coulèrent, Naples fut renversée, Herculanum ensevelie et Pompéia détruite.
Enfin, comme on se douta que tous ces bouleversements venaient encore du fait de Ponce Pilate, on proposa une grande récompense à celui qui le tirerait de sa nouvelle tombe. Un citoyen dévoué se présenta ; et, aujourd'hui que la montagne était un peu plus calme, il prit congé de ses amis et partit pour tenter l'entreprise, défendant que personne le suivît, afin de n'exposer que lui seul. La nuit qui suivit son départ tout le monde veilla, mais nul bruit ne se fit entendre, le ciel resta pur, et le soleil se leva magnifique, et comme on ne l'avait pas vu depuis longtemps, alors on alla en procession sur la montagne, et l'on trouva le corps de Pilate au bord du cratère ; mais de celui qui l'en avait tiré, jamais, au grand jamais, on n'en entendit reparler.

Alors, comme on n'osait plus jeter Pilate dans le Tibre, à cause des inondations, comme on ne pouvait le pousser dans le Vésuve, à cause des tremblements de terre, on le mit dans une barque que l'on conduisit hors du port de Naples, et qu'on abandonna au milieu de la mer, afin qu'il s'en allât, puisqu'il était si difficile, choisir lui-même la sépulture qui lui conviendrait. Le vent venait de l'Orient, la barque marcha donc vers l'Occident ; mais, après huit ou dix jours, il changea, et, comme il tournait au midi, la barque navigua vers le nord. Enfin, elle entra dans le golfe de Lyon, trouva une des bouches du Rhône, remonta le fleuve jusqu'à ce que, rencontrant près de Vienne, en Dauphiné, l'arche d'un ancien pont cachée par l'eau, l'embarcation chavira.

Alors les mêmes prodiges recommencèrent ; le Rhône s'émut, le fleuve se gonfla, et l'eau couvrit les terres basses ; la grêle coupa les maisons et les vignes des terres hautes, et le tonnerre tomba sur les habitations des hommes. Les Viennois, qui ne savaient à quoi attribuer ce changement dans l'atmosphère, bâtirent des temples, firent des pèlerinages, s'adressèrent aux plus savants devins de France et d'Italie ; mais nul ne put dire la cause de tous les malheurs qui affligèrent la contrée. Enfin la désolation dura ainsi près de deux cents ans. Au bout de ce temps, on entendit dire que le Juif errant allait passer par la ville, et, comme c'était un homme fort savant, attendu que, ne pouvant mourir, il avait toute la science des temps passés, les bourgeois résolurent de guetter son passage et de le consulter sur les désastres dont ils ignoraient la cause. Or, il est connu que le Juif errant est passé à Vienne.

— Ah ! pardieu ! dis-je, interrompant mon batelier, vous me tirez là une fameuse épine du pied ; certainement que le Juif errant est passé à Vienne...

— Ah ! voyez-vous ! dit mon homme tout radieux.

— Et la preuve, continuai-je, c'est qu'on a fait une complainte avec une gravure représentant son vrai portrait, dans laquelle il y a ce couplet :

En passant par la ville
De Vienne en Dauphiné,
Des bourgeois fort dociles
Voulurent lui parler.

— Oui, dit le batelier, on les voit dans le fond, le chapeau à la main.

— Eh bien ! nous avons passé une nuit et un jour à chercher, Méry et moi, ce que les bourgeois de Vienne pouvaient avoir à dire au Juif errant ; c'est tout simple, ils avaient à lui demander ce que signifiait le tonnerre, la pluie et la grêle.

— Justement.

— Ah bien ! mon ami, je vous suis bien reconnaissant ; voilà un fameux point historique éclairci ; allez, allez, allez.

— Donc, ils prièrent le Juif errant de les débarrasser de cette peste ; le Juif errant y consentit, les bourgeois le remercièrent et voulurent lui donner à dîner, mais, comme vous savez, il ne pouvait pas s'arrêter plus de cinq minutes au même endroit, et comme il y avait déjà quatre qu'il causait avec les bourgeois de Vienne, il descendit vers le Rhône, s'y jeta tout habillé, et reparut au bout d'un instant, portant Ponce Pilate sur ses épaules. Les bourgeois le suivirent quelque temps en le comblant de bénédictions. Mais comme il marchait trop vite, ils l'abandonnèrent à deux lieues de la ville, en lui disant que, si jamais ses cinq sous venaient à lui manquer, ils lui en feraient la rente viagère. Le Juif errant les remercia et continua son chemin, assez embarrassé de ce qu'il allait faire de son ancienne connaissance Ponce Pilate.

Il fit ainsi le tour du monde, tout en pensant qu'il pourrait le mettre, et cela sans jamais trouver une place convenable, car partout il pouvait renouveler les malheurs qu'il avait causés ; enfin, en traversant la montagne que vous voyez, qui, à cette époque, s'appelait Fracmont, il crut avoir trouvé son affaire ; en effet, presque à sa cime, au milieu d'un désert horrible, on voit un lac de rochers s'étend un petit lac qui ne nourrit aucune créature vivante, ses bords sont sans roseaux et ses rivages sans arbres. Le Juif errant monta sur le sommet de l'Esel, que vous voyez d'ici, le plus pointu des trois pics, et d'où l'on découvre, par le beau temps, la cathédrale de Strasbourg, et de là jeta Ponce Pilate dans le lac.

À peine y fut-il, qu'on entendit à Lucerne un carillon auquel on n'était pas habitué. On eut dit que tous les lions d'Afrique, tous les ours de la Sibérie et tous les loups de la Forêt Noire rugissaient dans la montagne. À compter de ce jour-là, les nuages, qui ordinairement passaient au-dessus de sa tête, s'y arrêtèrent ; ils arrivaient de tous les côtés du ciel comme s'ils s'y étaient donné rendez-vous ; cela faisait, au reste, que toutes les tempêtes éclataient sur le Fracmont et laissaient assez tranquille le reste du pays. De là vient le proverbe que vous disiez :

Quand Pilate a mis son chapeau, etc., etc.

— Oui ! oui ! c'est clair ; d'ailleurs, ça ne le serait pas, que j'aime beaucoup mieux cette histoire-ci que l'autre.
— Oh ! mais c'est qu'elle est vraie, l'histoire !
— Mais je vous dis que je le crois !
— C'est que vous avez l'air...
— Non, je n'ai pas l'air.
— À la bonne heure, parce qu'alors ce serait inutile de continuer.
— Un instant, un instant ; je vous dis que j'y crois, parole d'honneur ; allez, je vous écoute.

Ça dura comme ça mille ans à peu près ; Ponce Pilate faisait toujours les cent dix-neuf coups ; mais, comme la montagne est à trois ou quatre lieues de la ville, il n'y avait pas grand inconvénient, et on le laissait faire. Seulement, toutes les fois qu'un paysan ou qu'une paysanne se hasardait dans la montagne sans être en état de grâce, c'était autant de flambé ; Ponce Pilate leur mettait la main dessus, et bonsoir.

Enfin, un jour, c'était au commencement de la réforme, en 1525 ou 30, je ne sais plus bien l'année, un frère rose-croix, Espagnol de nation, qui venait de visiter la terre sainte, et qui cherchait des aventures, entendit parler de Ponce Pilate, et vint à Lucerne dans l'intention de mettre le pacha à la raison. Il demanda à l'avoyer de lui laisser tenter l'entreprise, et, comme la proposition était agréable à tout le monde, on l'accepta avec reconnaissance. La veille du jour fixé pour l'expédition, le frère rose-croix communia, passa la nuit en prières, et, le premier vendredi du mois de mai 1551, je me le rappelle maintenant, il se mit en route pour la montagne, accompagné jusqu'à Stenbach, ce petit village, à notre droite, que nous venons de passer par toute la ville ; quelques-uns, plus hardis, s'avancèrent même jusqu'à Nergiswyl ;

Mons fractus.

mais là, le chevalier fut abandonné de tout le monde, et continua sa route seul, ayant son épée pour toute arme.

À peine fut-il dans la montagne qu'il trouva un torrent furieux qui lui barrait le chemin ; il le sonda avec une branche d'arbre, mais il vit qu'il était trop profond pour être traversé à gué ; il chercha de tout côté un passage et n'en put trouver ; enfin, se confiant à Dieu, il fit sa prière, résolu de la franchir, quelque chose qui pût arriver, et, lorsque sa prière fut finie, il releva la tête et reporta les yeux sur l'obstacle qui l'avait arrêté. Un pont magnifique était jeté d'un bord à l'autre ; le chevalier vit bien que c'était la main du Seigneur qui l'avait bâti, et s'y engagea hardiment. À peine avait-il fait quelques pas, sur l'autre rive, qu'il se retourna pour voir encore une fois l'ouvrage miraculeux ; mais le pont avait disparu.

Une lieue plus avant, et comme il venait de s'engager dans une gorge étroite et rapide, qui conduisait au plateau de la montagne où se trouve le lac, il entendit un bruit effroyable au-dessus de sa tête ; au même moment, la masse de granit sembla chanceler sur sa base, et il vit venir à lui une avalanche qui, se précipitant pareille à la foudre, remplissait toute la gorge et roulait bondissante comme un fleuve de neige ; le rose-croix n'eut que le temps de mettre un genou en terre et de dire : Mon Dieu, Seigneur ! ayez pitié de moi ; mais à peine avait-il prononcé ces paroles, que le flot immense se partagea devant lui, passant à ses côtés avec un fracas affreux, et le laissant, isolé comme sur une île, alla s'engloutir dans les abîmes de la montagne.

Enfin, comme il mettait le pied sur la plate-forme, un dernier obstacle, et le plus terrible de tous, vint s'opposer à sa marche. C'était Pilate lui-même, en habit de guerre, et tenant pour arme à la main un pin dégarni de ses branches, dont il s'était fait une massue.

La rencontre fut terrible ; et, si vous montiez sur la montagne, vous pourriez voir encore l'endroit où les deux adversaires se joignirent. Tout un jour et toute une nuit ils combattirent et luttèrent, et le rocher a conservé l'empreinte de leurs pieds. Enfin, le champion de Dieu fut vainqueur, et, généreux dans sa victoire, il offrit à Pilate une capitulation qui fut acceptée. Le vaincu s'engagea à rester six jours tranquille dans son lac, à la condition que le septième, qui serait le vendredi, il lui serait permis d'en faire trois fois le tour, en robe de juge, et, comme il fut juré sur un morceau de la vraie croix, Pilate fut forcé de l'exécuter point en point. Quant au vainqueur, il redescendit de la montagne, et ne retrouva plus ni l'avalanche ni le torrent, qui étaient des œuvres du démon, et qui avaient disparu avec sa puissance.

Alors le conseil de Lucerne prit une décision, ce fut d'interdire l'ascension du Pilate le vendredi ; car, ce jour, la montagne appartenait au maudit, et le rose-croix avait prévu que ceux qui le rencontreraient mourraient dans l'année. Pendant trois cents ans, cette coutume fut observée ; aucun étranger ne pouvait gravir le Pilate sans permission ; ces permissions étaient accordées par l'avoyer pour tous les jours de la semaine, excepté le vendredi, et, chaque semaine, les pâtres prêtaient serment de n'y conduire personne pendant l'interdiction ; cette coutume dura jusqu'à la guerre des Français, en 99. Depuis ce temps, va qui veut et quand il veut au Pilate. Mais il y a en plusieurs exemples que le bourreau du Christ n'a pas renoncé à ses droits. Aussi, quand, jeudi dernier, l'Anglais envoya chercher un guide pour lui dire de se tenir prêt pour le lendemain, celui-ci lui dit toute l'histoire que je viens de vous raconter ; mais sir Robert n'en fit que rire, et, le lendemain matin, malgré le conseil de tous, il entreprit son ascension, quoique son guide l'eût prévenu qu'il n'irait pas jusqu'au lac.

En effet, à un quart de lieue du plateau, Nicklaus, qui est un homme prudent et religieux, s'arrêta et se mit en prières. L'Anglais continua sa route, et, deux heures après, revint très pâle et très défait. Il eut beau dire que c'était parce qu'il avait laissé à Nicklaus le pain, le vin et le poulet, et qu'alors il avait faim, il eut beau boire et manger comme si de rien n'était, Nicklaus ne revint pas moins convaincu que son abattement venait de la frayeur et non de la faim; qu'il avait rencontré Pilate en robe de juge, et que par conséquent il était condamné à mourir dans l'année. Il crut de son devoir de prévenir sir Robert de la position critique dans laquelle il se trouvait, afin qu'il mit ordre à ses affaires temporelles et spirituelles; mais sir Robert n'en fit que rire. Vous voyez bien cependant que Nicklaus avait raison.

En achevant cette dernière phrase, mon batelier donna son dernier coup de rame, et nous débarquâmes à Stanzstad. Je me mis aussitôt en route pour Stanz, où j'arrivai après une heure de marche.

La première chose que je fis en entrant à l'auberge de la Couronne fut d'écrire à Méry ce que les bourgeois de Vienne avaient à dire au Juif errant, et qu'à mon retour à Paris je lui en ferais part.

UN MOT POUR UN AUTRE.

La première chose que nous aperçûmes en sortant de l'auberge de la Couronne, pour faire notre tournée dans la ville, fut la statue d'Arnold de Winkelried tenant contre sa poitrine le faisceau de lances qui la traversa.

C'est encore un des beaux et grands souvenirs de la Suisse, et que je ne sache pas avoir encore été contesté, que le dévouement de ce martyr. Léopold d'Autriche, fils de celui qui avait été battu à Morgarten, avait juré de venger la défaite paternelle. Il avait appelé à lui, pour la croisade du despotisme, toute la grande noblesse, et s'était mis à sa tête. Son avant-garde était commandée par le baron de Reinach, qui la conduisait monté sur un chariot chargé de cordes, criant aux habitants qu'avant le soleil couché ils en auraient chacun une au cou. Parmi cette armée, il y avait un corps de faucheurs, qui ne venait pas pour combattre, mais pour détruire les moissons, et qui, s'arrêtant dans les villages à l'heure où les ouvriers des champs prennent leurs repas, se faisaient apporter la soupe des moissonneurs. Cependant, en arrivant à Sempach, on mit du retard à leur apporter le déjeuner; alors ils le demandèrent avec des menaces. Patience! leur répondit celui à qui ils s'adressaient : voici messieurs de Lucerne qui vous l'apportent. En effet, en ce moment on voyait descendre les Lucernois par le chemin d'Adelwil; ils venaient joindre leurs frères de Schwitz, d'Uri, d'Unterwalden, de Zug et de Glaris, qui les attendaient dans un camp entouré de fossés et adossé à une montagne, et les reçurent avec de grands cris de joie.

Alors Léopold vit que le moment était venu de donner la bataille, et, voulant savoir à quels hommes il avait affaire, il envoya pour les examiner un vieux et brave capitaine nommé le comte d'Harembourg. Celui-ci s'avança jusqu'aux fossés du camp; et, comme si les Suisses eussent été sûrs du résultat de cette démarche, ils laissèrent le vieux guerrier étudier à son aise leur force numérique et leurs moyens d'attaque et de défense. Cette tranquillité confiante parut plus formidable au comte que ne l'eût été une démonstration de guerre furieuse et bruyante. Il revint donc lentement vers le duc Léopold, qui l'attendait à cheval, couvert de son harnais de guerre, à l'exception de sa tête, qui n'était point encore casquée. Il avait près de lui, à cheval aussi et sous les habits ecclésiastiques, le doyen du chapitre de Strasbourg. Interrogé par son seigneur, le comte d'Harembourg répondit qu'il croyait qu'il serait bon d'attendre un renfort, et que ces gens que l'on croyait si méprisables lui paraissaient, à lui, terribles et résolus : « Cœur de lièvre! » dit avec mépris le prélat; puis, se retournant vers le duc Léopold. « Monseigneur, lui dit-il, comment voulez-vous que je vous fasse servir tous ces manans? bouillis ou rôtis? Choisissez. »

En ce moment le duc vit venir à lui un nouveau conseiller : c'était son bouffon: il était d'Uri, et avait obtenu de son maître un congé pour aller voir ses compatriotes. Il avait été témoin du départ des Suisses de leur canton, de l'enthousiasme avec lequel ils s'étaient armés, et du serment qu'ils avaient fait de mourir tous jusqu'au dernier, s'il le fallait, pour défendre l'héritage sacré de leurs pères. Il fut donc de l'avis du comte d'Harembourg, et supplia le prince de ne point livrer bataille; mais une nouvelle plaisanterie du prélat fut plus forte que toutes les considérations de la prudence; Léopold demanda son casque, le posa sur sa tête, et dit : *Marchons!*

A peine les Suisses eurent-ils vu les Autrichiens se mettre en route, qu'ils sortirent de leur camp et s'avancèrent au-devant d'eux; les deux troupes, l'une forte de quatre mille gentilshommes parfaitement armés, et l'autre de treize cents paysans sans cuirasses, s'arrêtèrent à un trait d'arbalète l'un de l'autre. Quant aux faucheurs, on les avait répandus sur le versant de la montagne, et ils avaient commencé en chantant leur œuvre de destruction.

Le terrain sur lequel le combat paraissait devoir se livrer était inégal et raboteux, serré entre le lac et le talus de la montagne, tout à fait impropre enfin aux manœuvres de la cavalerie. Le duc ordonna à sa noblesse de mettre pied à terre; sa gendarmerie en fit autant. Le duc alors descendit de cheval, et vint se placer aux premiers rangs; plusieurs alors, et de ce nombre était le vieux comte d'Harembourg, voulurent l'engager à remonter à cheval et à reprendre un poste moins dangereux; mais le duc leur imposa silence en disant : Je combats pour mes droits et mon héritage, à Dieu ne plaise que vous périssiez et que je vive heureux! à nous tous le bien et le mal! à nous tous la même mort ou la même victoire!

Les deux armées alors firent un nouveau et même mouvement pour se rapprocher, mais d'une manœuvre différente : les chevaliers autrichiens marchèrent de front, appuyant leurs longues lances au crampon d'arrêt et poussant devant eux cette muraille de fer; les Suisses, au contraire, selon leur habitude, prirent la forme de triangle, et poussèrent avec acharnement ce coin vivant sur le bataillon qu'ils voulaient entamer, mais, mal protégés qu'ils étaient par leurs armes défensives et n'ayant pour armes offensives que de courtes hallebardes, dont la longueur n'atteignait pas aux deux tiers des lances autrichiennes, ils ne purent entamer le rempart que leur opposaient leurs ennemis. En vain revinrent-ils deux fois à la charge, en vain, la seconde fois, Pierre de Goldeningen se mit à leur tête avec la bannière du canton; Pierre de Goldeningen tomba, serrant dans ses bras l'étendard qu'on ne put lui arracher, et qu'on peut encore voir teint de son sang à l'hôtel de ville de Lucerne. Ce fut alors qu'Arnold de Winkelried, qui était cuirassé, comme étant un des chefs, ôta son armure, monta sur un cheval, et se mit à la tête du triangle obstiné, qui revint pour la troisième fois à la charge, et qui pour la troisième fois trouva au front ennemi l'inébranlable ligne de fer contre laquelle déjà cinquante confédérés avaient trouvé la mort. Aussitôt, ayant jeté son épée, il étendit les bras, ramassa tout un faisceau de lances, et, les réunissant sur sa poitrine, il se laissa tomber de tout son poids sur leurs pointes. Cette chute fit une brèche dans les rangs des chevaliers, et le coin entra dans le chêne.

Dès ce moment, les Autrichiens furent empêchés de combattre par la longueur même de leurs lances. Les Suisses, au contraire, avec leurs courtes épées, et leurs hallebardes à peine plus longues que des haches, avaient tout l'avantage d'une lutte corps à corps : de ce moment, le vieux comte d'Harembourg vit bien que tout était perdu; mais il voulut tenter un dernier effort, et, courant à la montagne où étaient les faucheurs, il les appela à lui, afin de les conduire à une autre moisson, et, se mettant à leur tête, une faux à la main, il leur donna l'exemple en entrant le premier dans le champ d'hommes aussi pressés que les épis.

Cette attaque imprévue, l'arme étrange avec laquelle elle était faite, le courage du vieux guerrier qui la dirigeait, tout jeta un moment de terreur dans les rangs des Suisses. Le duc profita de ce moment, et voyant, par une éclaircie qui venait de se faire, la grande bannière d'Autriche près de tomber entre les mains des confédérés, il se précipita vers elle, arriva au moment où le porte-enseigne tombait, et la prit de ses bras mourans; au même instant tous les efforts se réunirent contre lui, et avant que les seigneurs de sa suite fussent arrivés à son secours, il était tombé couvert de blessures, gardant entre ses dents et entre ses mains des lambeaux de son étendard, qu'il n'avait lâché qu'avec la vie.

Six cent soixante-seize gentilshommes, parmi lesquels trois cent cinquante aux casques couronnés, tombèrent autour de leur duc. Son cadavre fut transporté à l'abbaye de Kœnigsfelden, sur le même char que montait le baron de Reinach, et encore plein des cordes dont devaient garrotter ces mêmes paysans qui l'avaient vaincu.

Près de la statue de Winkelried, qui consacre ce grand souvenir, s'élève l'église de Stanz, qui rappelle un combat plus moderne et non moins acharné. En 1798, les soldats français attaquèrent l'Unterwalden : Stanz résista avec acharnement; les Suisses furent vaincus, ils laissèrent le champ de bataille, au milieu duquel s'élevait la chapelle de Winkelried, couvert de morts, parmi lesquels on retrouva dix-sept jeunes filles qui avaient combattu avec leurs frères et leurs amans, et se réfugièrent dans l'église déjà pleine de femmes et de vieillards; mais cette faible forteresse fut bientôt emportée : les Français pénétrèrent malgré une vive fusillade, et, à la première ... qu'ils firent à leur tour, le prêtre, qui élevait au ciel l'hostie sainte, tomba la poitrine traversée d'une balle qui alla faire à l'autel un trou qui existe encore. Le martyr moderne s'appelait Wisler Lusen.

Derrière l'église, une petite chapelle, bâtie sur le lieu même où l'on enterra les morts, au nombre de quatre cent quatorze, parmi lesquels cent deux femmes et vingt-cinq enfans, porte cette inscription :

« *Den erschlagemen frommen Untervalden*, von 175 von *ihren edeldenkenden feuden und vervaden gevidmet* (1). »

Nous allâmes faire une dernière visite à la chapelle de Winkelried, et nous nous mîmes en route pour Sarnen, où nous arrivâmes à deux heures de l'après-midi.

En venant, nous avions laissé à gauche la route de Wil, qui conduit à Wolfranchiess, patrie de Conrad de Baumgarten, et où eut lieu l'aventure tragique du bain. Comme rien ne restait de ce souvenir que le souvenir lui-même, nous ne crûmes pas nécessaire de nous déranger pour aller chercher dans la tradition des détails que l'histoire a conservés; Sarnen d'ailleurs en présentant d'aussi importans, car c'est sur la montagne qui la domine que s'élevait le château de Landenberg, qui fut pris par les gens de campagne qui faisaient semblant d'apporter des provisions, le 1er janvier 1508; et c'est au milieu de la ville qu'est bâtie, sur l'emplacement même où le vieux Mechtal eut les yeux crevés, la maison de M. Landwelbel.

En visitant cette dernière, nous entendîmes des coups de feu tirés régulièrement : cela me rappela que le jour où nous nous trouvions était un dimanche, et qu'en Suisse un des plus grands plaisirs de ce jour est l'exercice de la cible. J'avais beaucoup entendu vanter les tireurs de l'Enlibuch et de Mechtal; je serais bien aise de me convaincre par mes yeux de cette adresse si célèbre. Je dis donc à Francesco de courir me chercher ma carabine, et de venir me rejoindre au tir.

Il ne me fut pas difficile de trouver mon chemin : j'étais guidé par les coups de fusil, et, après dix minutes de marche, j'arrivai à la baraque des tireurs. En face d'eux, à trois cents pas de distance, au milieu de la montagne, était dressée la cible, et près de la cible une petite cabane où se cachait l'homme chargé d'indiquer le point du cercle où le coup avait porté, et de reboucher le trou avec une fiche de bois qu'il enfonçait à l'aide d'un maillet.

En me voyant paraître, les tireurs me saluèrent avec la politesse habituelle aux Suisses, et j'eus besoin de leur faire

(1) « Dédiée aux victimes pieuses du massacre d'Unterwalden, par cent soixante-treize de leurs amis et parens. »

signe de ne pas se déranger pour qu'ils continuassent leur exercice. Je m'approchai d'eux, et, comme je suivais avec intérêt les coups tirés, l'un d'eux, qui venait de charger son fusil, me l'offrit. Ce que j'avais vu de leur adresse me laissait l'espoir de lutter facilement avec eux. Sur trois coups, celui qui s'était le plus rapproché du centre était resté à six pouces de la mouche, et, pour peu le fusil valût quelque chose, j'étais sûr de faire au moins aussi bien.

Avant de me servir de l'arme qu'on venait de me remettre, je voulus l'examiner; mais, au moment où j'allais en faire jouer le ressort, le tireur auquel il appartenait me mit la main sur le bras pour m'en empêcher. Comme je ne comprenais pas son intention, je demandai en français s'il y avait quelqu'un dans l'honorable société qui parlât anglais ou italien; alors un homme du Linthal, qui se trouvait là par hasard, et qui, dans les Grisons, avait attrapé quelques mots du patois milanais, essaya de me faire comprendre que la détente était si douce, que, au moment où je mettrais le doigt dessus, elle partirait; comme la conversation traînait en longueur, et que je voyais que tout le monde avait les yeux sur moi, j'abrégeai en portant le fusil à mon épaule. Ce fut alors seulement que je m'aperçus que la batterie sur laquelle venait frapper la pierre était recouverte d'un petit sac de peau : comme je n'en comprenais pas l'utilité, je voulus l'ôter; mais le tireur me mit de nouveau la main sur le bras, m'expliquant dans son mauvais allemand, dont je ne comprenais pas un mot, l'utilité de ce petit ustensile. Lorsqu'il eut fini, mon homme du Linthal reprit à son tour, traduisant la recommandation en mauvais italien. Comme je ne comprenais pas plus l'un que l'autre, et que je commençais à m'apercevoir que j'avais l'air de M. de Pourceaugnac entre ses deux médecins, je répondis à l'un, en allemand : *Sher gut*; et à l'autre, en italien : *Va bene*. Je mis le petit sac de cuir dans la poche de mon gilet, je reboutonnai ma blouse par dessus, et j'épaulai.

Je n'avais pas porté la main à la gâchette que le coup était parti; la balle dut passer à trois cents pieds à peu près au-dessus du but. Cependant l'homme de la cabane, qui ne pouvait deviner l'accident qui m'était arrivé, ni même que c'était moi qui avais tiré, sortit de son retranchement, chercha sur la cible le coup, qui n'avait garde d'y être, et, ne le trouvant pas, il tourna le dos aux tireurs, et fit, à l'intention du maladroit qui venait de perdre une balle, un geste qui me fit sérieusement regretter de n'avoir pas en ce moment dans mon fusil une charge de ce petit plomb que méprisait tant Sancho Pança. Cette démonstration fut accueillie par les rires et les applaudissemens de la multitude.

Une mystification, de quelque part qu'elle sorte, est toujours une chose fort désobligeante; mais elle porte encore avec elle un nouveau degré d'humiliation pour celui qui en est l'objet, si elle tombe sur lui au milieu d'hommes d'une condition inférieure et dans un pays dont il n'entend pas la langue; ce qui le met dans l'impossibilité de rendre plaisanterie pour plaisanterie. Je me reculai pour faire place à un autre tireur, tout en me mordant les lèvres et en examinant le fusil qui venait de me faire le mauvais tour dont j'étais victime, lorsque mon homme du Linthal, qui avait suivi tous mes mouvemens et paraissait m'avoir pris sous sa protection, me tira dans un coin, et, voyant qu'il fallait substituer le geste à la parole, arma la carabine que je venais de décharger si malheureusement contre mon honneur, et, soufflant sur la détente, fit partir le chien par la seule force de son souffle.

Je compris alors que la finesse de nos pistolets à double détente n'était rien, comparée à celle des fusils de tir suisses, et que, pour rendre toutes les facilités d'adresse plus grandes, il n'y avait qu'à approcher le doigt de la gâchette pour que le coup partît. Lorsque mon patron me vit bien au fait de cette particularité, il me conduisit près de celui qui allait tirer; la batterie de son fusil était recouverte d'un petit sac pareil à celui que j'avais mis dans ma poche. Sur un signe qu'il fit, son voisin l'enleva; presque aussitôt le coup partit et alla frapper à un pied de la mouche. L'homme aux gestes sortit de sa cabane, montra le trou de la balle avec le bout de son maillet, fit un salut fort agréable à celui qui venait de donner cette preuve d'habileté, et rentra dans sa baraque.

— Avete capito? me dit mon protecteur.

— Pardieu! si j'ai compris! à merveille: le petit sac de cuir est pour empêcher le chien de faire feu dans le cas où il s'abattrait avant le moment voulu; si j'avais laissé le mien, au lieu de le mettre dans ma poche comme un imbécile que je suis, mon coup de fusil ne serait pas parti avant le temps, et je n'aurais pas eu l'humiliation de vous, un Suisse, me montrer...

— Va bene, va bene, répondit mon homme, vos avete capito.

— Parfaitement; recommençons. Voilà votre petit sac, remettez-le à sa place, et vous ne l'ôterez que quand je vous ferai signe.

— Sta, sicuro.

— Très bien; alors rechargeons.

— Je voulus l'aider dans cette opération, mais il me fit sentir qu'elle était d'une trop grande importance pour en abandonner le moindre détail à une main profane; en effet, il commença par boucher la lumière avec une allumette, puis mesura la poudre avec le plus grand soin, comptant littéralement les grains qui devaient composer la charge, appuya sur elle un bourre de cuir, passa dans le canon un peu de graisse, et enfin fit entrer la balle à coups de maillet; puis il ôta l'allumette, amorça le fusil, plaça le petit sac de peau sur la batterie, et me remit l'arme.

C'est une chose assez bizarre, et sur laquelle on ne peut pas prendre le dessus, que la question d'amour-propre. Je tais là, au milieu d'une assemblée de paysans dont l'opinion devait m'être d'autant plus indifférente qu'aucun d'eux ne savait mon nom, ni peut-être mon pays; je passais à Sarnen pour ne jamais y repasser sans doute, que devait par conséquent m'importer le souvenir d'adresse ou de maladresse que j'y laisserais? Et cependant, quand je m'approchai pour prendre ma place derrière la barrière, le cœur me battait comme lorsqu'au moment de mes débuts, dans la carrière théâtrale, j'entendais les trois coups qui annonçaient le lever du rideau d'une première représentation.

Il s'était fait un grand silence, et chacun avait cessé de s'occuper de sa propre affaire pour penser à la mienne. On avait vu un des plus habiles tireurs des environs me prêter son arme après avoir échangé avec moi quelques mots dans une langue étrangère; on avait remarqué l'attention qu'il avait donnée à la charge du fusil, ce qui était une preuve qu'il ne pensait pas que cette charge dût être perdue; enfin, à la manière seule dont j'avais pris l'arme, on avait jugé qu'elle m'était familière. Il était dès lors évident que, chacun ayant compris que le premier coup était parti avant que je ne voulusse, on regardait la première épreuve comme non avenue, et l'on attendait la seconde pour me juger.

Aussi pris-je les précautions nécessaires; j'écartai de mon épaule tout ce qui pouvait empêcher la crosse de s'y emboîter parfaitement; je choisis ma ligne de bas en haut, et arrivé en face du but, je fis sauter d'un pouce le petit sac, ce qui fut fait avec une minutieuse légèreté; puis, me donnant tout le temps de viser, je ne rapprochai mon doigt de la détente que lorsque je fus sûr de ma direction, et bien m'en prit car, à peine eus-je effleuré la gâchette que le coup partit; mais cette fois j'étais tranquille. Je posai la crosse de mon fusil à terre, et j'attendis.

L'homme de la baraque sortit de sa niche, regarda la cible, prit un drapeau qui était caché derrière elle, et, se retournant de notre côté, il l'agita en signe d'hommage et de salut. Au même instant, tout le monde battit des mains, et mon répondant me frappa sur l'épaule.

— Qu'y a-t-il? lui dis-je.

— Vous avez touché la mouche, me répondit-il.

— Vrai?

— Parole d'honneur!

Je regardai autour de moi, et je vis dans tous les yeux que la chose était vraie. En ce moment Francesco arriva avec ma carabine.

— Tiens, lui dis-je, prends ce thaler, et porte-le au marqueur en échange de la mouche que tu me rapporteras.

Francesco obéit, pendant que les tireurs m'entouraient pour examiner ma carabine; c'était une belle arme de Lefaucheux, réglée par Devisme et se chargeant par la culasse. Cette invention nouvelle était tout à fait inconnue à mes arquebusiers, de sorte qu'ils ne pouvaient en comprendre le mécanisme, qu'ils examinaient avec toute l'attention de véritables amateurs. Le peu de longueur du canon surtout les intriguait singulièrement et leur faisait douter de sa portée. Alors je mis une cartouche dans le canon, et leur montrant un sapin isolé qui s'élevait à une distance double à peu près de la cible, l'ajustai avec la rapidité que donne l'habitude d'une arme, et je fis feu.

Pas un tireur ne resta dans la baraque; tous coururent à qui mieux mieux, pour voir le résultat de ce coup, dont ils croyaient la portée impossible avec un canon de vingt pouces. Le premier arrivé jeta un cri qui fut répété par tous les autres, la balle était enfoncée si profondément dans le tronc qu'une baguette de fer entra d'un pouce et demi dans le trou qu'elle avait fait. Pendant ce temps, Francesco revint de l'autre côté, me rapportant la mouche écornée par la balle.

Cet incident interrompit l'exercice; ma carabine faisait l'admiration de la société, et, si je n'avais pas commencé à tirer avec le fusil de l'un d'eux, ils auraient probablement cru que je possédais une arme enchantée. Quant à mon patron, il rayonnait; on eût dit qu'il lui revenait une part de la gloire que je venais d'acquérir. Il s'approcha de moi, et, me mettant la main sur l'épaule:

— Vous êtes chasseur? me dit-il.

— Je suis né au milieu d'une forêt.

— Avez-vous chassé le chamois?

— Jamais.

— Eh bien, si vous venez à Glaris, souvenez-vous de Prosper Lehmann, et venez lui demander de vous en faire tuer un.

— Un instant, dis-je, entendons-nous bien, c'est que, si vous me promettez cela, je compte y aller.

— Vous serez le bienvenu.

— Ainsi, c'est dit?

— C'est dit. Maintenant, voulez-vous me laisser tirer une balle ou deux avec votre carabine?

— Comment! mais dix si vous voulez. Voilà des cartouches en masse; vous savez la manière de vous en servir; vous me la rapporterez à l'hôtel du Cor-de-Chasse, où je suis logé; voilà tout. Moi, je vais dîner.

A ces mots je pris congé de la société, pétrifiée d'étonnement qu'on pût inventer quelque chose de supérieur à l'armurerie de Lausanne et de Berne.

Deux heures après, Lehmann me rapporta ma carabine; il avait usé jusqu'à ma dernière cartouche, et touché deux ou trois fois la mouche, de sorte qu'il était en admiration devant l'arme qu'il me rendait. Je lui montrai mon fusil à deux coups, qui était dans le même système, et, m'approchant de la fenêtre, je tirai deux hirondelles, que je tuai.

Cette dernière expérience bouleversa entièrement l'esprit du pauvre chasseur, et cela est concevable, lorsqu'on saura que les Suisses ne connaissent pas notre chasse de plaine et ne tirent jamais qu'à coup posé; dans certaines parties même, comme l'Appenzell et la Thurgovie, ils appuient leur fusil sur une fourche pour tirer au blanc. Quant à la chasse au vol ou à la course, elle leur est tout à fait inconnue, et un habitué de la plaine Saint-Denis exciterait sous ce rapport leur admiration.

Je passai la soirée avec mon nouvel ami, dont je commençais à entendre parfaitement le patois; il me raconta ses chasses dans les montagnes, dont il était le roi, et me renouvela l'invitation de me faire assister activement à l'une d'elles; c'était déjà parole donnée, et je lui promis que, quand cela me dérangerait de ma route, je n'en passerais pas moins à Glaris. Il partit le lendemain pour retourner dans le Linthal, et moi à Lucerne; mais il fut convenu que nous ne nous quitterions pas comme cela, et qu'il m'éveillerait à quatre heures du matin, afin de ne pas nous séparer sans avoir consacré notre amitié par un verre d'eau de cerises.

Le lendemain, Lehmann me réveilla, comme la chose s'arconvenu; je descendis dans la salle à manger, et je trouvai tous mes tireurs de la veille, réunis; ils venaient prendre congé de moi comme d'un frère. La chasse est une véritable franc-maçonnerie.

Je quittai enfin ces braves gens, que je ne reverrai sans doute de ma vie, mais qui, quoiqu'ils ignorent mon nom, ont gardé, je suis sûr, mon souvenir, et je me remis en route. Le chemin ne m'offrit rien de remarquable jusqu'à Alpnach, où je m'arrêtai un instant chez le plus jovial aubergiste que j'aie jamais vu. Enfin je me remis en route pour Lucerne, comptant prendre un bateau à Hergiswel ou à Stenibach.

En sortant de Gstad, la route cesse d'être carrossable, et ne le redevient qu'à Winkel. Je ne fus donc pas peu surpris, à l'un des détours du chemin, de me trouver à vingt pas d'un monsieur et de son domestique qui, s'étant engagés dans un chemin abominable, avaient versé, et essayaient de relever leur calèche. J'allai à eux, tout en me demandant, à part moi, quelle diable d'idée avait pu porter un homme raisonnable à essayer de passer par de telles routes, et j'avoue que j'arrivai auprès des voyageurs sans m'être fait une réponse satisfaisante. En revanche, je reconnus celui des deux qui me paraissait le maître pour l'Anglais que j'avais vu, quatre ou cinq jours auparavant, descendre si rapidement du Righi, en laissant son guide à ma disposition. Voyant que je pouvais lui être de quelque utilité, j'allai à lui, et lui demandai en mauvais anglais par quel hasard j'avais l'honneur de le rencontrer avec une voiture dans un sentier à mulets. L'Anglais, qui était un grand jeune homme mince et pâle, rougit beaucoup, balbutia quelques mots qui me firent croire d'abord qu'il bégayait; puis, se remettant peu à peu, je parvins à comprendre, au milieu des hésitations de sa langue, qu'on lui avait dit qu'il pouvait passer avec son équipage.

— Et qui vous a dit cela?
— Les Suisses.
— Cela m'étonne, répondis-je; les habitants de ces pays sont peu portés à ce genre de plaisanterie. Que leur avez-vous demandé?
— Si une voiture pouvait passer par-dessus ces montagnes, et je leur ai montré du doigt la plus haute, qui est là-bas, au fond.
— Le Brünig?
— Je ne sais pas comment elle s'appelle.
— Et qu'ont-ils répondu?
— Ils se sont mis à rire, et m'ont dit que oui.
— En quelle langue leur avez-vous demandé cela?
— En allemand.
— Vous parlez donc allemand?
— Un peu.
— Et comment avez-vous dit? *Ascolta, Francesco, il signor inglese va parlare tedesco.*
— J'ai dit: *Kann einen vogel über dieser berg fahren.*
— Qu'est-ce que signifie le mot *vogel?* dis-je à Francesco.
— Cela signifie un oiseau.
— Comment! dit l'Anglais.
— Eh bien! répondis-je, je m'en étais douté. Vous avez pris un mot pour un autre: *vogel* pour *wagen*, et vous avez demandé si un oiseau pouvait passer par-dessus ces montagnes.
— Ah! ah! fit l'Anglais.
— De sorte que les paysans, qui ont cru que vous vous moquiez d'eux, se sont mis à rire, et vous ont répondu que oui.
— Eh bien! alors qu'y a-t-il à faire?
— A remettre votre calèche sur ses roues et à reprendre la route de Lucerne.

HISTOIRE DE L'ANGLAIS QUI AVAIT PRIS UN MOT POUR UN AUTRE

Lorsque la voiture fut relevée, le cocher prit les chevaux par la bride, et les conduisit en main. L'Anglais, Francesco et moi, marchâmes en avant, et, comme le chemin était plus commode pour nos jambes que pour quatre roues, nous arrivâmes à Stenibach un quart d'heure avant l'équipage. Nous employâmes ce quart d'heure à chercher un charron pour réparer le dommage arrivé à la calèche de notre gentleman. Mais le charron était un personnage inconnu, un mythe fantastique, un être de raison à Stenibach, où, de mémoire d'homme, aucune voiture ne s'était avisée de paraître, et où celle dont nous précédions le retour avait occasionné à son passage un étonnement général. L'Anglais, qui paraissait fort timide, était tout abattu de sa déconvenue; son visage devenait alternativement pâle et cramoisi, sa langue embarrassée continuait de balbutier; enfin tous les signes d'une gêne extrême étaient chez lui si visibles, que je commençais à craindre que ce ne fût ma présence qui la lui causât. Aussi m'empressai-je de lui dire que, s'il n'avait pas autrement besoin de nous, nous étions prêts à prendre congé. Il fit alors, pour nous retenir, quelques efforts, si maladroits que je fus d'autant plus confirmé dans mon opinion, et que, le saluant, je continuai ma route.

Je m'arrêtai à Winkel. J'avais fait à peu près sept ou huit lieues de France, et je n'étais pas fâché de me reposer un instant. J'envoyai Francesco à la recherche d'une carriole quelconque pour me brouetter jusqu'à Lucerne, qui était encore éloignée de deux ou trois milles d'Allemagne, qui équivalent à quatre ou cinq lieues de France. Pendant qu'il courait le village, je commençai mes perquisitions dans l'hôtel, et je découvris à grand'peine une gélinotte, que l'aubergiste comptait probablement garder pour une meilleure occasion, et qu'il ne me céda que parce que, pour couper court à la contestation, je me mis à la plumer moi-même. Ce rôti, joint à des œufs accommodés de deux manières différentes pour varier l'entremets, m'offrait encore la perspective d'un dîner assez confortable.

Au moment où on le dressait dans la salle à manger, mon Anglais arriva avec sa voiture à moitié démantibulée, et, entrant dans la première pièce, il demanda si on pouvait lui donner à dîner; ce à quoi l'hôtelier répondit qu'il venait d'arriver un Français qui avait tout pris. Cette nouvelle parut porter à notre gentleman un coup si douloureux, que j'oubliai à l'instant la manière peu gracieuse dont il m'avait remercié de la peine que j'avais prise en remettant sur pied sa voiture, et que, allant à lui, je lui offris de partager mon festin. Après être devenu tour à tour cinq ou six fois pâle et cramoisi, après s'être essuyé le front, malgré un air assez frais, coulait de ses cheveux sur son front, mon original accepta, et se mit à table avec une gaucherie si grande, que je commençai à croire qu'il n'avait pas l'habitude de prendre ses repas de cette manière; pendant que je cherchais dans mon esprit à deviner celle qu'il pouvait avoir adoptée, Francesco rentra, et me dit en italien qu'il n'avait point trouvé la moindre charrette.

— Ainsi, m'écriai-je, nous allons être obligés de continuer notre route à pied, hein?
— Oh! mon Dieu! oui, fit Francesco.
— Que le diable emporte ce pays! on n'y trouve rien que ce qu'on y apporte; et encore, continuai-je en montrant la voiture de l'Anglais, qu'on était en train de raccommoder, ce qu'on y apporte s'y casse!
— Mais, dit mon convive, si j'osais...
— Quoi, monsieur?
— Vous offrir une place dans ma calèche.
— Osez, pardieu!...
— Vous accepteriez?
— Comment, si j'accepterais? mais avec reconnaissance.

— Je voulais vous en parler ce matin, continua l'Anglais, lorsque je vous ai rencontré; mais j'étais si embarrassé...
— De quoi?
— De ma position.
— Comment! parce que vous aviez versé? Eh bien! mais c'est un malheur qui peut arriver au plus honnête homme du monde, quand il est dans de mauvais chemins; il n'y a pas de quoi être embarrassé pour cela.
— Ah! je vous remercie de me mettre à mon aise; cela me fait du bien.
— Comment! je vous intimide! vous êtes bien bon, par exemple! voulez-vous ôter votre habit?
— Je vous remercie, je n'ai pas trop chaud.
— Vous suez à grosses gouttes.
— C'est que mon potage était bouillant.
— Il fallait souffler dessus ou attendre.
— Vous aviez déjà mangé le vôtre, et je voulais vous rattraper.
— Oh! nous avions le temps! Que ne me disiez-vous que vous vouliez marcher d'ensemble? je vous aurais attendu; mais vous comprenez donc l'italien?
— Parfaitement.
— S'il vous était égal de le parler avec moi, au lieu de votre anglais dont je comprends un mot sur quatre, hein?
— Je n'oserais pas.
— Voyons, essayez : *volette ancora un pezzo di questa pernice*? Eh bien, qu'avez-vous donc?
— Rien, rien, dit l'Anglais, devenant cramoisi, — et frappant du pied, — rien.
— Mais si, vous vous étranglez. Attendez, attendez, je vais vous frapper dans le dos; là... là... buvez par là-dessus, buvez... bien; ça va mieux, n'est-ce pas?
— Oui.
— Eh bien! qu'est-ce que vous avez eu? voyons.
— Votre question m'a surpris.
— Elle n'avait rien d'inconvenant, cependant; je vous demandais si vous vouliez encore de la gélinotte.
— Oui; mais vous me demandiez cela en italien, j'ai voulu vous répondre dans la même langue, et ça m'a fait avaler de travers.
— Dites donc, je vous conseille de vous défaire de cette timidité-là; ça doit être gênant, à la longue.
— Je vous en réponds, monsieur, me dit l'Anglais d'un air profondément triste.
— Eh bien! mais il faut vous guérir.
— C'est impossible; depuis que je me connais, je suis comme cela; j'ai fait tout ce que j'ai pu pour vaincre cette malheureuse organisation, et j'ai fini par renoncer même à l'espoir. C'est pour cela que je voyage; j'ai fait tant de bévues en Angleterre, que j'ai été obligé de quitter Londres; mais, comme vous voyez, ma malheureuse timidité me suit partout; elle est cause que ce matin je vous ai fait une impolitesse; qu'en commençant de dîner, j'ai avalé mon potage trop chaud, et que tout à l'heure j'ai manqué de m'étrangler en voulant vous répondre en italien; ce qui était cependant bien facile. Ah! je suis bien malheureux, allez!
— Vous êtes riche, à ce qu'il me semble.
— J'ai cent mille livres de rentes.
— Pauvre garçon!
— Oui; eh bien! j'en donnerais soixante-quinze mille, voyez-vous, quatre-vingt mille; — je donnerais tout pour être un homme comme un autre : eh bien! avec ce que je sais, je me créerais une existence honorable, je me ferais une réputation peut-être, tandis qu'avec mes cent mille livres de rente et ma bêtise, je mourrai du spleen.
— Oh! bah!...
— C'est comme je vous le dis. Vous ne savez pas, vous ne pouvez pas savoir ce que c'est que d'être convaincu qu'on a une valeur égale, au moins à celle des autres hommes, et de voir des gens sur lesquels on a la conscience de sa supériorité l'emporter sur vous en toutes choses, passer pour instruits, et vous pour ignorant; pour spirituels, et vous pour imbécile; vous écarter des maisons dans lesquelles ils s'impatronisent, et où quelquefois vous auriez eu grande envie

de rester. Plus tard, allez, si j'ose vous conter mes chagrins, vous comprendrez ce que j'ai souffert avec mes cent mille livres de rentes, que le diable emporte! puisqu'elles ne m'ont jamais rien apporté que des déboires et des humiliations.
— Contez-moi la chose tout de suite, cela vous soulagera.
— Je n'ose pas encore.
— Allons donc! vous vous manièrez.
— Regardez-moi, et voyez comme je deviens pourpre rien que d'y songer.
— Effectivement, vous avez l'air d'un coquelicot.
— Eh bien! voyez-vous, quand je sens que je deviens comme cela, ce que j'ai de mieux à faire, c'est de me sauver.
— Ne vous sauvez pas, je courrais après vous.
— Pourquoi faire?
— Pour savoir votre histoire; j'en fais collection.
En ce moment l'hôte entra. Le dîner était fini, la calèche raccommodée; je demandai la carte. L'Anglais tira une bourse pleine d'or de sa poche, et la tourna et la retourna entre ses mains.
— Qu'est-ce que vous faites là? lui dis-je.
— Eh bien! mais il me semble...
— Il me semble que je vous ai invité à vous mettre à ma table, et que, puisque je suis l'amphitryon, c'est à moi de payer; d'ailleurs je veux pouvoir me vanter d'avoir donné à dîner à un homme ayant cent mille livres de rentes.
— Très-bien, mais à la condition que vous souperez avec moi.
— Comment! mais avec le plus grand plaisir : seulement vous me permettrez de me charger du punch.
— Et pourquoi cela?
— Parce que je veux le faire de manière à ce qu'il vous délie la langue. Vous êtes-vous jamais grisé?
— Jamais.
— Eh bien! essayez-en, c'est un remède excellent contre le spleen.
— Vous croyez?
— En vérité.
— Je n'oserais jamais.
— Vous êtes plus beau que nature, parole d'honneur! Allons, allons, en calèche!
— Allons, en calèche, dit l'Anglais d'un air dégagé, et au grand galop, jusqu'à Lucerne!
— Non, non! au pas, si cela vous est égal; je n'ai pas l'habitude de verser, moi, ça troublerait ma digestion.
— Eh bien! au pas, soit, — j'aime beaucoup aller au pas.
Nous nous établîmes le plus confortablement possible au fond de la calèche; Francesco monta avec le cocher sur le siège, et nous nous mîmes en route.
En arrivant à Lucerne, nous étions liés, l'Anglais et moi, d'une amitié touchante; il ne rougissait presque plus en me regardant, et il s'était même hasardé à me faire une ou deux questions.
Nous descendîmes au Cheval-Blanc; la première chose que je fis fut pour m'informer près du père Franz de l'état de Jollivet; il allait on ne peut mieux, le médecin répondait de lui. Aucune des deux balles n'avait pénétré dans la poitrine, l'une avait glissé sur une côte, et était sortie près de la colonne vertébrale; l'autre avait seulement effleuré les pectoraux. Je regardai autour de moi, et je ne vis pas Catherine; je n'eus pas l'indiscrétion de demander où elle était, et je remontai à ma chambre, qui était restée libre. Quant à mon compagnon de voyage, il resta derrière moi pour commander le souper.
Il y a dans toutes les auberges suisses une chose excellente, qu'on chercherait inutilement dans celles de France; ce sont des bains, ce grand et délicieux remède à la fatigue, et cela est d'autant plus hospitalier, que je ne me suis jamais aperçu que les indigènes eussent la moindre velléité de prendre leur part de cette jouissance, qu'ils réservent exclusivement pour les étrangers; quant à moi, ma baignoire était habituellement mon cabinet de travail; j'écrivais mes notes quotidiennes pendant l'heure que j'y passais, et je ne répondrais pas que l'état de bien-être dans lequel je me trouvais, en me li-

vrant à cette occupation, n'ait pas influé sur la teinte de bienveillance pour les hommes, d'admiration pour les choses, que je retrouve aujourd'hui encore, depuis la première jusqu'à la dernière page de mon album.

J'étais passé de mon bain à mon lit, et j'y dormais le plus profondément du monde, lorsqu'on vint me réveiller pour me dire que le souper était prêt. Je fus quelque temps à me remettre ; j'avais complétement oublié l'Anglais, sa voiture et son souper, et j'avoue que, pour le moment, j'aurais tout autant aimé qu'on ne m'en fit pas souvenir.

Cependant je me levai et je descendis ; en traversant la cuisine, je vis tous les marmitons en l'air, toutes les broches en route et toutes les casseroles en révolution ; je demandai s'il y avait une noce dans l'hôtel, et si, dans ce cas-là, on pourrait y aller valser ; mais on me répondit que tous ces préparatifs étaient à notre intention. J'eus un instant l'idée que mon nouvel ami, pour me faire honneur, avait invité le conseil municipal de Lucerne ; mais je fus détrompé en entrant dans la salle à manger : il n'y avait que deux couverts.

On nous servit un dîner de quinze personnes, et comme, malgré notre bonne volonté, nous ne pûmes guère en manger que le tiers, notre desserte dut, pendant deux ou trois jours, défrayer l'hôtel du Cheval-Blanc.

L'Anglais supporta assez courageusement l'assaut ; il était évident qu'il commençait à se faire à moi : il avait bien rougi encore en me revoyant, mais peu à peu cette rougeur qui ne lui était pas naturelle avait disparu de ses joues. A la fin du dîner, lorsqu'on apporta le punch, il était donc tout à fait revenu à son état naturel, et, grâce à quelques verres de vin de Champagne que je l'avais décidé à boire, il commençait à parler à peu près comme tout le monde parle ; je vis que le moment était venu d'aborder les affaires sérieuses.

— Eh bien ! lui dis-je en lui versant un verre de punch, et ce spleen, qu'en avons-nous fait ? Il me semble qu'il est resté au fond de notre seconde bouteille de vin de Champagne ?...

— Oui, me répondit mon hôte avec l'accent profondément mélancolique d'un homme qui commence à se griser ; oui, si vous étiez toujours là, je crois qu'il finirait par battre en retraite et que je pourrais peut-être en être débarrassé à l'avenir ; — mais le passé, — le passé existerait toujours.

— Il est donc bien terrible, le passé ?

— Ah ! fit l'Anglais en poussant un soupir.

— Allons, allons, confessons-nous !

— Versez-moi encore un verre de punch.

— Voilà ! — et parlez doucement, s'il vous plaît, que je ne perde pas un mot de la chose.

— Si j'osais, dit l'Anglais, hésitant...

— Quoi encore !

— J'essaierais de vous raconter cela en français.

— Comment, en français ? vous savez donc le français ?

— Je l'ai appris du moins, me répondit-il, changeant d'idiome et me donnant la preuve en même temps que l'assurance.

— Ah çà ! mon cher ami, vous êtes polyglotte au premier degré, et vous me laissez éreinter à vous bredouiller l'italien que je parle à peine, et l'anglais que je ne parle pas du tout, quand vous savez le français comme un Tourangeau ! Dites donc ! il me semble que vous me faites aller sur toutes vos histoires de timidité, de misanthropie et de spleen ! Je vous préviens que, de ce moment, je rentre dans ma langue maternelle, et que je n'en sors plus ; d'ailleurs c'est à vous de parler, et je vous écoute. Tout ce que je peux faire pour vous, c'est de vous verser un verre de punch. Là ! maintenant, vous n'en aurez plus qu'à la fin de vos chapitres. A votre santé et que Dieu vous délie la langue comme au jeune Cyrus ! — Savez-vous le persan ?

— J'allais l'apprendre, me répondit sérieusement mon Anglais, lorsque j'ai eu le malheur d'hériter de mon oncle ces malheureuses cent mille livres de rentes qui sont cause de tous mes chagrins...

— Commençons par le commencement : Il y avait une fois... maintenant, à votre tour.

— D'abord, il faut que vous sachiez mon nom.

— Cela me fera plaisir.

— Je m'appelle Williams Blundel. Mon père était un petit fermier des environs de Londres, qui, n'ayant pas reçu grande éducation, avait regretté toute sa vie d'être resté dans son ignorance native. Aussi, au lieu de faire de son fils un bon garçon de charrue, comme cela était raisonnable et naturel, il lui vint la fatale idée d'en faire un savant : en conséquence, il m'envoya à l'université avec l'intention de me faire entrer dans les ordres. Mon arrivée fit sensation ; j'ai toujours été long et mince, j'ai toujours eu les cheveux couleur de filasse ; enfin, quoique habituellement pâle, à la moindre émotion ma figure s'est toujours épanouie comme une pivoine : je fus accueilli par les rires et les chuchotemens de mes camarades, et de ce jour commencèrent mes infortunes. La certitude que j'étais un objet de dérision pour mes condisciples, la conscience de ma gaucherie et de ma timidité, enfin ce besoin de solitude, qui en était la fatale conséquence, furent cause que, sur dix années que je restai à l'université, je ne partageai aucun des jeux qui sont la récompense du travail des enfans : loin de là, je passais mes récréations en études ; de sorte que mes camarades, qui ne pouvaient pas comprendre la cause qui me retenait dans la classe tandis qu'ils jouaient dans le préau, croyant que je n'agissais ainsi que pour capter la bienveillance de mes maîtres, m'accusaient d'hypocrisie, tandis que bien souvent je pleurais toutes les larmes de mon corps, en écoutant avidement leurs cris de plaisir, et me faisaient payer en plaisanteries cruelles les triomphes que j'obtenais sur eux.

Je supportai d'abord toutes ces tribulations avec constance et résignation ; mais enfin, au bout de dix-huit mois ou deux ans, cette existence devint intolérable, et je serais mort, je crois si le hasard ne m'avait envoyé une consolation.

Les fenêtres de notre classe, élevées de six pieds au-dessus du sol, afin qu'aucun objet extérieur n'apportât de distractions aux études des écoliers, donnaient sur un jardin consacré, comme le nôtre, aux récréations d'une institution, mais celle-là était une institution de demoiselles. Pendant que j'entendais des cris bruyans d'un côté, j'entendais parfois de doux chants de l'autre. Cependant, comme je l'ai dit, dix-huit mois s'écoulèrent sans que j'eusse l'idée de regarder par cette fenêtre, et de distraire mes pénitences volontaires par le spectacle de la récréation de mes jeunes voisines, et, quand cette idée me fut venue, quelque temps encore son exécution n'amena pour moi d'autre plaisir qu'une distraction machinale, qui engourdissait momentanément le souvenir de mes douleurs ; cependant peu à peu cette distraction me devint nécessaire ; à peine le professeur, prenant lui-même son congé d'une heure, avait-il fermé la porte de la classe, où je demeurais alors toujours seul, que je posais les bancs sur la table, les chaises sur les bancs, et que, grimpant au sommet de cet échafaudage, je plongeais mes regards distraits sur cet essaim de jeunes filles, qui sortait de sa ruche et venait bourdonner jusque sous les murs de ma prison ; alors je sentais que la nature s'était trompée en faisant de moi un homme ; que si j'eusse été d'un sexe différent, tous mes défauts étaient des vertus ; ma faiblesse physique devenait de la grâce, ma gaucherie de la pudeur ; il n'y avait que mes cheveux jaunes et ma figure tantôt pâle et tantôt cramoisie qui n'allaient à rien ; mais, au moins encore, ces jeunes filles avaient-elles des voiles sous lesquels elles cachaient la leur.

Leur récréation commençait et finissait un quart d'heure avant la nôtre, et c'était pour moi une règle : aussitôt qu'elles rentraient les unes après les autres, que j'avais vu la robe bleu de ciel de la dernière disparaître derrière la porte, je descendais de mon piédestal, je remettais chaque chose à sa place, et, lorsque mes camarades et les maîtres rentraient, ils me retrouvaient courbé sur mes livres, et ne faisaient aucun doute que je n'eusse point interrompu mon travail.

Il y avait déjà deux ou trois mois que je me procurais chaque jour cette distraction ; je connaissais de vue toutes ces jeunes filles, j'étais au fait de leurs habitudes, et je dirais presque de leurs caractères : c'était pour moi comme des fleurs vivantes sur un riche tapis ; mais cependant toutes encore m'étaient aussi indifférentes les unes que les autres, et mon affection se répandait sur elles comme sur des sœurs.

Un jour, je vis, parmi tous ces jeunes visages que je connaissais, un visage nouveau et inconnu : c'était celui d'une jolie enfant blonde et rose, à la tête de chérubin. Ce charmant petit visage était tout baigné de larmes ; la pauvre enfant venait de quitter sa famille et croyait ne jamais pouvoir s'en consoler. Le premier jour, ses jeunes compagnes voulurent vainement la distraire : la blessure était encore trop fraîche, elle saigna tout ce sang du cœur qu'on appelle des larmes. Je fus profondément ému de cet épisode dans mon roman ; je voyais un point de ressemblance entre cette pauvre petite et moi : je pensais que, comme moi, elle allait mener une vie triste et isolée, et, sachant ce que j'avais souffert, je la plaignais de ce qu'elle allait souffrir.

Le lendemain, je grimpai au haut de ma pyramide avec plus d'empressement que je n'avais l'habitude de le faire. Mon regard embrassa dans un seul instant tout le jardin : les jeunes filles jouaient comme d'habitude, et la nouvelle arrivée était assise au pied d'un arbre, entre deux autres petites filles qui, pour la consoler, avaient apporté devant elle leurs plus jolis ménages et leurs plus riches poupées. La pauvre recluse ne jouait pas encore, mais elle ne pleurait déjà plus. Toute sa récréation se passa à écouter les consolations de ses deux amies, auxquelles elle donna la main pour s'en aller. Le lendemain, son joli visage ne conservait plus que de faibles traces de tristesse, et elle commença de partager les jeux de ses compagnes ; enfin, huit jours ne s'étaient pas écoulés qu'elle avait oublié, avec la légèreté de l'enfance, ce nid maternel hors duquel, faible oiseau, elle avait cru qu'elle ne pourrait pas vivre.

Il n'y avait donc que moi dont la malheureuse organisation ne savait trouver que des chagrins où les autres découvraient des plaisirs. Ma tristesse et ma timidité s'augmentèrent encore de cette certitude, et je continuai de mener l'existence douloureuse que j'avais commencée, et dont je n'avais pas la force de sortir.

Cependant, un rayon doré et joyeux venait d'éclairer un coin de cette existence. Dans mes vingt-quatre sombres, j'avais une heure de soleil : c'était l'heure pendant laquelle les jeunes filles venaient jouer sous mes fenêtres. La dernière arrivée, que j'entendais appeler Jenny, était maintenant aussi folle et aussi rieuse que ses compagnes, et, quoique je lui eusse su mauvais gré d'abord de ne pas conserver cette tristesse qui l'unissait plus intimement à moi, j'avais fini par lui pardonner son bonheur. Chaque jour j'attendais cette heure de la récréation avec impatience. A peine était-elle arrivée que je reprenais mon poste accoutumé. J'aurais pu dire que je ne vivais que pendant cette heure, et que tout le reste du temps j'attendais la vie.

Le mois des vacances arriva : je le vis venir presque avec effroi ; c'étaient six semaines pendant lesquelles je ne verrais pas Jenny. L'idée de rentrer dans ma famille qui m'aimait tant, de revoir mon père, qui depuis la mort de ma pauvre mère avait concentré toutes ses affections sur moi, n'était qu'un faible soulagement à ce chagrin. Seul, au milieu de la joie qu'amenait parmi les écoliers cette importante époque, je restai triste et pensif. Cependant, j'étais loin de me douter du surcroît de chagrin qui m'attendait ; j'avais toujours présumé que l'époque des vacances des deux pensionnats était la même, et je calculais le nombre de jours que j'avais encore à voir Jenny, lorsqu'un matin, en montant sur mon échafaudage accoutumé, je trouvai le jardin vide.

Je n'y compris rien d'abord ; je crus que l'heure avait été avancée pour moi et reculée pour elles ; j'attendis, croyant à chaque instant que cette porte, qui donnait ordinairement passage à toute cette volée de colombes, allait s'ouvrir comme d'habitude. Elle resta fermée, le jardin demeura désert. Je compris la vérité, mon cœur se serra, des larmes silencieuses coulèrent de mes yeux. Ne pouvant plus calculer l'heure par la rentrée des pensionnaires, je restai là à pleurer ; de sorte que, quand la porte s'ouvrit pour la seconde classe, je fus surpris, baigné dans mes larmes, au haut de mon échafaudage. En voulant descendre rapidement, le pied me manqua, je tombai, la tête sur l'angle d'un banc ; on me releva

évanoui, et l'on me transporta à l'infirmerie, la tête ouverte par cette blessure dont vous me voyez encore la cicatrice.

Mes maîtres m'aimèrent en raison inverse de la haine que me portaient mes camarades. J'étais pour eux un enfant doux, patient et travailleur ; jamais je n'avais encouru la punition pour paresse, espièglerie ou désobéissance. La facilité que j'avais à apprendre et à retenir leur faisait espérer que je serais un jour la lumière de l'Église. Quant à cette malheureuse timidité qui menaçait mon avenir de sa funeste influence, n'allant pas eux-mêmes dans le monde, ils ne pouvaient prévoir combien elle me serait fatale, lorsque je serais forcé d'y aller, de sorte qu'ils ne faisaient rien pour m'en corriger. Mon accident causa donc une douleur générale dans le professorat, les soins les plus empressés me furent prodigués, et, grâce à ce concours de bienveillance générale, je pus prendre mes vacances en même temps que les autres écoliers.

J'arrivai chez mon père : le pauvre homme, qui n'avait que moi au monde, voyait en moi l'idéal de la perfection ; d'ailleurs les notes de mes professeurs étaient si bienveillantes, qu'il lui était permis de se laisser entraîner à une pareille erreur ; il me trouva grandi et embelli, pauvre père ! Ma réputation de savant m'avait précédé dans la ferme. Tous les garçons, les valets et les domestiques ne m'appelaient que le docteur, et mon père, pour me rendre digne de ce titre par l'apparence comme je l'étais déjà par le fait, me fit confectionner un habit noir, un gilet noir et une culotte courte noire, couleur qui semblait faite exprès pour exagérer encore la longueur de ma taille et l'exiguïté de ma personne.

Cependant je continuais d'être triste et pensif au milieu des paysans et des domestiques. Je cessais bien d'éprouver au même degré qu'avec mes égaux ou mes supérieurs cet embarras et cette honte qui étaient le caractère distinctif de mon organisation ; mais je ne pouvais oublier la petite tête blonde de Jenny, qui tous les jours, à la même heure, venait m'apparaître. Cette heure, je la passais ordinairement seul, soit dans ma chambre, soit au pied de quelque arbre, soit au bord de quelque ruisseau. On devine qu'elle était toute entière consacrée au souvenir du jardin. Je le revoyais avec ses gazons, ses arbres, ses fleurs et toute cette joyeuse enfance qui le peuplait. Enfin mon père, me voyant toujours préoccupé, résolut de me conduire à Londres pour me distraire. Notre ferme n'était distante de la capitale que de dix-huit lieues. On mit le cheval à la carriole, et en un jour et demi le voyage fut accompli.

La recommencèrent mes tribulations. Mon père n'avait pas manqué, pour me faire honneur, de m'affubler du costume qu'il m'avait fait faire, et qui depuis longtemps n'était plus de mode à Londres, même pour les personnes âgées. Tous les enfans que je rencontrais portaient un habit analogue à leur âge, moi seul semblais une caricature grotesque d'une autre époque. Je sentis bien que j'étais profondément ridicule, et cela redoubla encore ma gaucherie ; je ne savais que faire de mes jambes si minces et de mes bras si longs ; ma figure passait, dix fois en un quart d'heure, de la pâleur la plus blême au cramoisi le plus foncé. Quant à mon père, il ne voyait rien de ce qui se passait en moi, de là il se tenait à quatre pour ne pas arrêter les passans et leur dire : Vous voyez bien ce grand et beau garçon-là, il n'a que quinze ans, n'est-ce pas ? eh bien ! c'est déjà un puits de science.

Le second jour de notre arrivée, nous traversions Regent-Street pour nous rendre à Saint-James, je produisais mon effet accoutumé sur tout ce qui m'entourait, la sueur me coulait du front ; selon mon habitude, lorsqu'à travers le nuage dont la honte couvrait ma vue, je crus, dans une voiture qui venait à nous, reconnaître Jenny : c'était bien la même petite tête blonde et rosée, le même teint blanc, le même regard limpide. La vision approchait, il n'y avait plus de doute, c'était elle, c'était Jenny. Je m'arrêtai, ne pouvant plus continuer : il me sembla que tout mon sang s'élançait à mon visage, je tendis les bras vers la voiture, en criant d'une voix étouffée : — Jenny !... Jenny !... — Sans m'entendre, elle m'aperçut, et, me montrant aussitôt à son père qui était près d'elle : — Ah ! papa, s'écria-t-elle en riant, regarde donc ce petit garçon tout noir comme il est drôle... — Et la voiture passa, entraînée par le galop de deux chevaux magnifiques, emportant ma vision et me laissant le cœur profondément percé de l'effet que j'avais produit sur la jeune fille, qui, sans s'en douter, avait acquis une si grande influence sur ma vie.

Cette rencontre fut le seul événement remarquable qui arriva pendant mes vacances. Le temps fixé pour leur durée s'écoula, et le jour vint de repartir pour l'université. Mon père me manqua pas d'ajouter à mon trousseau de maudit costume noir qui m'avait été si fatal, et je repartis pour continuer cette éducation, dont l'auteur de mes jours avait été privé, et sur laquelle il comptait tant pour donner à son fils une considération de laquelle, grâce à son ignorance, il n'avait jamais joui.

Je fus accueilli par mes maîtres avec le même empressement, et par mes camarades avec la même antipathie. Nous rentrâmes en classe, et, comme d'habitude, à l'heure de la récréation, chacun se précipita dans la cour, moi seul restai courbé sur mon pupitre. A peine la porte fut-elle fermée, que je recommençai à rétablir mon échafaudage; cependant, mon cœur battait horriblement. Les vacances de la pension contiguë à la nôtre étaient-elles finies ? et si elles l'étaient, Jenny était-elle revenue ? Je restai quelque temps debout sur ma table et n'osant monter ; enfin je me décidai, j'arrivai au faîte de ma pyramide, je jetai les yeux vers le jardin, je respirai, des larmes coulèrent de mes joues ; Jenny était au milieu de ses compagnes, elle était revenue ; j'avais devant moi dix mois de bonheur.

Cinq ans s'écoulèrent ainsi, pendant lesquels mon éducation s'acheva. Je savais le grec comme Homère, le latin comme Cicéron, je parlais parfaitement le français, l'italien et un peu l'allemand, j'étais de première force en mathématiques et en algèbre. Toutes ces choses réunies, et plus encore mon malheureux caractère, m'avaient déterminé à suivre la carrière du professorat. Le directeur de la pension où j'avais été sept ans m'offrit de m'associer à son entreprise, et, sauf l'agrément de mon père, j'acceptai, ne me rendant pas compte au fond du cœur de la véritable cause qui influait sur cette détermination était le désir de continuer de voir Jenny, qui ne m'avait jamais vu, elle, que le jour malencontreux où mon aspect grotesque avait excité sa hilarité.

Tous ces projets faits et arrêtés dans ma tête, je partis pour prendre mes dernières vacances d'écolier, ne devant reparaître dans l'institution qu'avec le titre de maître.

Mais, comme vous dites, vous autres Français, l'homme propose, et Dieu dispose.

— Sommes-nous à la fin du premier chapitre ? interrompis-je.

— Justement, me répondit sir Williams.

— Eh bien ! alors, un verre de punch ; cela vous donnera la force d'aborder les situations terribles que je prévois dans l'avenir.

Sir Williams poussa un soupir et avala un verre de punch.

— J'arrivai à la ferme de mon père avec la résolution bien arrêtée de mettre à exécution le projet que je viens de vous raconter, lorsque deux événements inattendus changèrent complètement l'état de mes affaires : mon pauvre père mourut et il m'arriva un oncle des Indes.

J'avais très rarement entendu parler de cet oncle, que tout le monde croyait mort depuis longtemps, et qui arriva justement pour fermer les yeux de son frère. Comme il y avait trente ans que mon père et lui s'étaient quittés, sa douleur ne fut pas grande ; quant à moi, j'étais inconsolable. Bien des fois cependant, j'avais souffert de l'ignorance de mon père, de la position inférieure qu'il occupait dans la société, et de la mise et des habitudes patriarcales qu'il avait conservées ; mais ce digne vieillard mort, le côté matériel disparut, et en face de cette ombre si dévouée et si aimante, tout autre souvenir s'effaça. Je me rappelai alors une foule douleur poignante, les moindres sujets de peine que je lui avais donnés, et, chaque fois qu'un nouveau souvenir de ce genre se représentait à ma mémoire, je fondais en larmes. Mon oncle ne comprenait rien à cette douleur exagérée ; mais comme, selon lui, elle était l'indice d'un bon cœur, et

qu'il n'avait aucun parent au monde, il porta sur moi le peu d'affection qu'il était capable de distraire de la somme d'amour qu'il se réservait pour lui-même. Un jour, que j'étais plus triste encore que d'habitude, il m'offrit de faire avec lui une promenade. Je le suivis machinalement, mais, si préoccupé que je fusse, je vis cependant prendre la route d'un château distant d'une lieue et demie de notre ferme, et qui était resté, parmi mes souvenirs d'enfance, une espèce de palais féerique, que je croyais toujours resplendissant à travers le voile mouvant des grands arbres qui s'élevaient autour de lui. Arrivé à une petite porte du parc, je vis mon oncle tirer une clef de sa poche et ouvrir cette porte. Je l'arrêtai en lui demandant qu'il faisait...

— J'entre, me dit-il.

— Comment ! vous entrez ; mais ce château...

— Est à un de mes amis.

— Mais, mon oncle, m'écriai-je en devenant cramoisi, je ne le connais pas, votre ami ; moi, je ne suis pas préparé à voir un grand seigneur... Je vous laisse, je m'en vais... je me sauve.

— Allons donc ! allons donc ! dit mon oncle en m'attrapant par le bras ; tu es fou, je crois. Le propriétaire de ce château est un brave homme sans façon, comme moi, qui te recevra à merveille, et dont tu seras content, je l'espère...

— Impossible, mon oncle, impossible. Je vous supplie...

— Mais, que faites-vous ? — Mon oncle fermait la porte derrière nous. — Je suis dans un négligé. — Mon oncle mettait la clef dans sa poche. — Et s'il y avait des dames, mais j'en mourrais de honte ! — Mon oncle marchait devant en sifflant le God save the king. Force me fut donc de le suivre ; mais je sentis mes genoux se dérober sous moi, le sang me monta à la figure, et je ne vis plus les objets qui m'environnaient qu'à travers un nuage. En arrivant sur le perron, j'aperçus un grand monsieur en habit vert resplendissant de broderies, avec d'énormes épaulettes au cou et le sabre au côté. Je le pris pour un général, et je le saluai jusqu'à terre. Mon oncle passa devant lui sans se découvrir, me laissant confondu de son impolitesse. Cependant le monsieur en habit vert ne parut pas blessé de cet oubli ; il se mit à notre suite et entra dans le château avec nous. Dans le vestibule, nous trouvâmes un autre monsieur dont le visage était noir, mais dont le costume oriental était si riche qu'il me rappela un des trois rois mages qui apportèrent des présents à l'enfant Jésus. Je cherchais déjà dans ma mémoire de quelle manière on abordait les rajahs de l'Inde, et j'allais mettre les genoux en terre et m'incliner en joignant mes deux mains au-dessus de ma tête, lorsque mon oncle ôta sa redingote et la jeta sans façon sur les bras du sectateur de Vishnou. Cette dernière action troubla toutes mes idées : je ne savais pas où j'étais ; je vivais mécaniquement, je croyais faire un rêve. Mon oncle marchait toujours, et je le suivais. Enfin nous arrivâmes à un charmant pavillon, se composant d'un appartement complet de la plus grande élégance.

— Que penses-tu de ce logement ? me dit mon oncle.

— Mais, répondis-je tout ébloui, je pense que c'est une demeure royale.

— Ainsi, il te convient ?

— Comment, mon oncle ?

— Tu l'habiterais volontiers, je veux dire.

Je restai sans répondre, la bouche ouverte et la tête complètement perdue. Mon oncle prit naturellement mon silence admiratif pour un consentement.

— Eh bien ! continua-t-il en me frappant sur l'épaule, cet appartement est le tien.

— Mais, mon oncle, fis-je, rappelant toutes mes forces ; mais à qui donc ce château ?

— A moi, pardieu !

— Vous êtes donc riche, mon oncle ?

— J'ai cent mille livres de rentes.

Pour le coup, je sentis que mon cerveau était prêt à sauter ; j'appuyai mon front sur le marbre de la cheminée. Quant à mon oncle, enchanté de l'effet inattendu qu'il avait produit sur moi, il se retira en me disant que, si j'avais besoin de quelque chose, je n'avais qu'à sonner, et que son chasseur et son nègre étaient à mes ordres.

Si je vous ai donné une idée de la timidité de mon caractère, vous pouvez vous représenter ma situation : je restai une demi-heure accablé sous le poids d'un événement aussi imprévu, puis enfin je me levai. Au premier pas que je fis dans la chambre, je vis mon individu reproduit par trois ou quatre glaces immenses ; et, je l'avouerai en toute humilité, plus je le vis, plus je le trouvai indigne d'habiter le lieu où il se trouvait. Non seulement ma mise était celle d'un paysan, mais encore, comme malgré mes vingt-un ans je grandissais toujours, mes vêtemens, qui avaient été faits au commencement de l'année précédente, étaient devenus trop courts, mes manches avaient cessé d'être en proportion avec mes bras, et mon pantalon avec mes jambes. Quant à mon gilet, il laissait, comme un pourpoint d'Albert Durer ou d'Holbein, voir non seulement ma chemise, mais encore les pattes de mes bretelles ; tout cela était bien, tout cela était bon, tout cela était naturel dans la pauvre petite ferme de mon père ; mais, dans ce palais magique, tout cela présentait, avec les objets dont j'étais entouré, une anomalie tellement révoltante que je cherchais un endroit où me fuir moi-même, et qu'à peine l'eus-je trouvé, je m'y blottis comme un lièvre dans son gîte, et qu'une fois blotti, je restai là à songer.

Je ne sais combien de temps je demeurai ainsi ; enfin le chasseur, que j'avais pris pour un rajah, vint m'annoncer que le dîner était servi, et que mon oncle m'attendait ; je descendis : heureusement il était seul ; je respirai.

A la fin du repas, lorsqu'on lui eut apporté son punch, et que son nègre lui eut allumé sa pipe, il congédia les domestiques, et nous restâmes seuls. Pendant quelque temps, mon oncle, qui paraissait préoccupé, aspira et poussa sa fumée sans rien dire, mais tout à coup, rompant le silence :

— Eh bien ! Williams ? me dit-il.

Je n'étais pas préparé, je bondis sur ma chaise.

— Eh bien ! mon oncle ? balbutiai-je...

— Il faut enfin que nous parlions un peu de toi, mon enfant. Quand je suis venu, ton pauvre père avait assez à s'occuper de lui : — je me mis à pleurer ; — de sorte que je ne pus pas lui demander ce qu'il comptait faire de toi. Eh bien ! voilà que tu sanglotes ; allons donc, toi qui sors du collège, tu devrais être ferré sur la philosophie. Hier, c'était mon pauvre frère ; demain, ça sera moi ; dans huit jours, toi, peut-être ; — il faut prendre la vie pour ce qu'elle vaut et pour ce qu'elle dure, vois-tu ; — toutes tes larmes ne feront pas revenir le pauvre Jack Blundel ; — ainsi, crois-moi, essuie tes yeux, bois un verre de punch ; prends une pipe, et causons comme deux hommes.

Je remerciai mon oncle, quant au punch et à la pipe ; mais j'essuyai mes yeux, et je m'efforçai de ne pas pleurer.

— Maintenant, me dit mon oncle en jetant sur moi un regard de côté ; voyons, quels sont tes plans d'avenir ?

— Mais, dis-je, je voulais me consacrer à l'éducation, et je crois que les études que j'ai faites me rendent capable de cette sainte mission.

— Ta, ta, ta, dit mon oncle ; ce langage-là était bon quand tu étais le fils d'un pauvre fermier ; mais maintenant tu es le neveu d'un riche nabab, et cela change bien la thèse. Je n'ai pas d'enfant, et, Dieu merci ! comme je ne compte pas me marier, je n'en aurai jamais ; tout ce que je possède te reviendra donc. — Ce serait une chose curieuse que de voir un maître d'école ayant cent mille livres de rentes ; — tu comprends que cela ne se peut pas ? Voyons, cherchons, au-dessus de cela, monsieur le gentleman.

— Que voulez-vous, mon oncle ? je ne puis vous dire, moi ; je ne suis qu'un pauvre savant, qui ne connais pas le monde, qui ne suis bon à rien qu'à mener une vie de travail et d'études, et, avec votre permission, je crois que ce que j'ai de mieux à faire, c'est d'en revenir à mes premières idées.

— A tes premières idées ! mais tu es fou, mon ami : avec ta fortune ou avec la mienne, ce qui est la même chose, tu peux, selon que tu seras avare ou vaniteux, aspirer aux plus riches partis de Londres, ou bien t'allier à quelque famille noble et ruinée, qui t'apportera de la considération.

— Moi, mon oncle, moi me marier ! m'écriai-je.

— Et pourquoi pas ? As-tu fait des vœux ?

— Moi, me marier !... je pourrais me marier... je pourrais épouser... Je m'arrêtai... Le nom de Jenny était sur mes lèvres... C'était la première fois que je concevais l'idée d'un pareil bonheur... Posséder cette blonde et charmante jeune fille qui depuis six ans était tout pour moi ! épouser Jenny ! Jenny être ma femme ! cela était possible ! Mon oncle me disait qu'avec sa fortune je pouvais aspirer à tout. Rien que l'espoir, c'était déjà plus de bonheur que je n'en pouvais supporter. Je sentis que j'étouffais, que j'allais me trouver mal ; je me précipitai hors de l'appartement, et je m'élançai dans le jardin, cherchant de la fraîcheur et de l'air. Mon oncle crut que j'étais fou ; mais, pensant que, lorsque ma folie serait passée, je reviendrais, il demanda d'autre tabac et d'autre punch, bourra pour la deuxième fois sa pipe, remplit pour la sixième fois son verre, et continua de boire et de fumer.

C'était un homme de grand sens que mon oncle. Quand j'eus fait deux ou trois fois le tour du parc en courant et en me livrant à mes rêves, je rentrai un peu plus calme, et le retrouvai assis à la même place, achevant sa troisième pipe et son deuxième bol, et aspirant et expirant sa fumée avec le même calme et la même volupté.

— Eh bien ! me dit-il, veux-tu toujours être instituteur ?

— Mon oncle, lui répondis-je, quoique ce soit ma vocation réelle, je crois que Dieu a décidé qu'il en serait autrement ; mais, continuais-je, j'ai vu quelquefois passer devant moi de ces jeunes gens qu'on appelle du monde, et qui sont faits pour aller dans la société et plaire aux femmes ; et je vous avouerai, mon oncle, que, plus je me les rappelle, plus je les crois d'une autre espèce que moi et susceptibles d'un perfectionnement que je ne puis atteindre... Mon oncle se mit à rire.

— Vois-tu, Williams, me dit-il lorsque l'accès fut passé, toute la différence qu'il y a entre eux et toi, c'est qu'ils ont la tête pleine de termes de chasse, de course et de paris, et toi de mots hébreux, grecs et latins. Quand tu auras oublié ce que tu sais pour apprendre ce qu'ils savent, tu feras un cavalier tout aussi inutile, tout aussi impertinent, et par conséquent tout aussi présentable que pas un d'entre eux. Laisse-moi faire seulement, je me charge de diriger ton éducation.

Je remerciai mon oncle de ses bontés pour moi, et, comme huit heures venaient de sonner à la pendule, je lui demandai la permission de remonter à ma chambre, n'ayant pas l'habitude de veiller plus tard. Mon oncle me fit signe de la main que je pouvais me retirer, ralluma sa pipe, qui s'était éteinte pendant son accès d'hilarité, et sonna le rajah pour avoir un troisième bol de punch.

On devine facilement que, si je me retirai dans mon appartement, ce n'était pas pour dormir. Je passai une partie de la nuit à rêver les yeux ouverts, et, quand le sommeil vint, il continua les rêves de ma veille. Le lendemain, je fus réveillé, sur les neuf heures du matin, par un monsieur fort élégant, qui, conduit par le valet de chambre de mon oncle, entra dans ma chambre suivi de son groom qui portait un paquet.

— Le tailleur de monsieur, dit le valet de chambre.

Je regardai la personne qu'on m'annonçait sous ce titre, et j'avoue que, si je n'avais pas été prévenu, je n'aurais jamais cru qu'un homme d'un extérieur aussi distingué professât une condition si humble. Je doutais même encore de ce qu'avait dit le valet de chambre, lorsque l'homme au groom, voyant que je le regardais sans bouger et sans dire un mot, crut qu'il était de son devoir de m'adresser la parole.

— J'attends le bon plaisir de mylord, me dit-il.

— Pourquoi faire ? répondis-je.

— Pour lui essayer différens habits que je lui apporte tout faits, et pour prendre la mesure de ceux qu'il me fera l'honneur de me commander !

— Eh bien ! dis-je, ayez la bonté de les poser là, je les essaierai.

— Mylord n'y pense pas, me dit le tailleur ; il faut que ce soit moi-même qui juge de la manière dont ils iront. Si le pantalon était d'un pouce trop étroit ou trop large, si le gilet ne descendait pas juste à son point, et si l'habit faisait un seul pli, je serais un homme déshonoré.

— Mais, continuai-je avec hésitation... je vais donc être forcé de me lever ?...

— Mylord n'est forcé à rien, mon devoir est d'attendre qu'il soit prêt ; j'attendrai. — Et en effet il resta debout et attendait.

Comme je vis qu'effectivement il était décidé à attendre et que je n'osais lui dire de passer dans une chambre à côté, je me décidai, quoiqu'il m'en coûtât, à descendre du lit devant lui : — il ne jeta qu'un coup d'œil rapide sur moi, et, se tournant vers son groom : — Le n° 4, dit-il, mylord est de première taille. — Le groom tira un costume noir complet. — Le tailleur me l'essaya ; on eût dit qu'il était fait pour moi, tant il allait miraculeusement à ma longue personne. — Puis, m'ayant pris immédiatement les mesures nécessaires pour m'exécuter toute une garde-robe, il se retira. Je le reconduisis jusqu'à la porte en le remerciant de la peine qu'il avait prise.

Je rentrai dans ma chambre, fort empressé de voir quel changement mon nouveau costume avait apporté dans mon individu. Je n'étais pas reconnaissable, et je commençai à croire que mon oncle avait raison, et que, si jamais je parvenais à dompter cette malheureuse timidité qui était la source de toutes mes peines, j'arriverais à être un homme comme un autre.

J'étais, je dois l'avouer, assez content de mon examen, lorsque le valet de chambre rentra, suivi d'un gentleman en tenue complète de bal : comme je n'étais pas préparé à cette visite de cérémonie, elle commença par me troubler prodigieusement, et je ne savais si je devais avancer vers l'étranger, lorsque le valet de chambre annonça :

— Le maître de danse de monsieur !

Le nouveau venu vint à moi avec une grâce parfaite, jeta un coup d'œil complaisant sur l'écolier qu'il allait avoir à former, et arrêtant un regard appréciateur sur la partie inférieure de ma personne.

— Je suis enchanté, mylord, me dit-il, d'avoir été choisi pour faire l'éducation d'une aussi belle paire de jambes.

Je n'étais pas habitué à m'entendre faire des compliments sur mon physique ; aussi celui-ci me démonta-t-il complètement. Je voulus répondre, je balbutiai ; j'essayai de faire un pas, je m'emmêlai si bien l'une dans l'autre ces belles jambes qui faisaient l'admiration de mon maître, que je pensai tomber de tout mon long ; il me retint.

— Bien ! dit-il, bien ! Je vois que nous n'avons reçu aucun principe. Cela vaut mieux, nous n'aurons pas de mauvaises habitudes à rompre.

— Le fait est, répondis-je, qu'à l'exception de ce que j'ai les genoux et la pointe des pieds un peu en dedans, je crois que, quant au reste du corps, je ne manque pas... je possède... je...

— Bon ! bon ! s'écria mon optimiste, je vois que mylord n'a pas la parole facile ; tant mieux ! cela prouve que l'intelligence s'est portée aux extrémités. Soyez tranquille, mylord ; nous la développerons si elle y est, et, si elle n'y est pas, nous l'y ferons descendre. Allons, mylord, commençons.

Je serais bien en peine de dire ce qui se passa dans cette première leçon ; tout ce dont je me souviens, c'est que ma science approfondie des mathématiques me fut d'un prodigieux secours pour conserver mon équilibre et garder le centre de gravité dans les cinq positions. Quand mes pieds sortirent de l'instrument de torture dans lequel ils firent leur apprentissage, ils se refusaient, littéralement, à porter mon corps, si mince qu'il fût, et je boitais des deux jambes lorsque je descendis dans la salle à manger, où mon oncle m'avait fait prévenir qu'il m'attendait pour déjeuner.

— Ah ! ah ! me dit-il en me regardant des pieds à la tête, — te voilà, Williams ! — sur mon honneur, tu as l'air d'un véritable dandy ; — on voit déjà à tes pieds que tu as pris une leçon de danse ; il n'y a plus que tes bras qui sont toujours bêtes ; mais, sois tranquille, avec quelques leçons d'armes, cela se passera.

— Comment ! mon oncle, vous voulez que j'apprenne à tirer l'épée ? — et pourquoi faire ?

— Pour te battre si on se moque de toi, pardieu ! — Il me passa un frisson par tout le corps. — Est-ce que tu ne serais pas brave, par hasard ?

— Je ne sais pas, mon oncle, répondis-je, je n'ai jamais pensé à cela.

— Enfin, si on insultait une femme que tu aimasses, que ferais-tu ?

— Si on insultait... j'allais nommer Jenny ; je me retins.

— Oui, oui, mon oncle, je me battrais ! soyez tranquille, répondis-je vivement.

— A la bonne heure ! Mais tu as fait de l'exercice ce matin, du dois avoir faim, déjeunons.

Nous nous mîmes à table. Nous venions de prendre le thé lorsque le maître d'armes arriva. C'était un des plus renommés de Londres. Il ne parut pas d'abord aussi content de mes bras que le maître de danse l'avait été de mes jambes ; mais je fis tant d'efforts à la seule pensée que peut-être un jour Jenny serait insultée devant moi et que j'aurais le bonheur de la défendre, qu'il me quitta moins mécontent que je n'avais osé l'espérer.

J'étais, comme vous le voyez, en bon chemin d'amélioration, lorsqu'un matin que mon oncle ne descendait pas à son heure habituelle, je montai dans sa chambre et le trouvai mort dans son lit.

Il avait été frappé pendant la nuit d'une apoplexie foudroyante.

Sir Williams s'arrêta à ces mots, et cette fois, je ne lui versai pas un verre de punch ; je lui tendis la main.

Cette mort fut un coup terrible pour moi, continua sir Williams après un instant de silence. Je ne pensai pas un instant à l'immense fortune dont elle me rendait maître ; je ne vis que l'isolement auquel elle me condamnait. Mon oncle, sans me faire oublier mon père, l'avait remplacé près de moi ; c'était peut-être le seul homme qui, par son originalité, pouvait me guérir de la terrible maladie morale dont j'étais attaqué ; lui mort le mal était incurable, et, pour être tout entier à ma douleur, je donnai congé au maître d'armes et au maître de danse.

Il faudrait avoir ma fatale organisation pour comprendre à quel point je me trouvai seul et isolé ; je n'avais jamais de ma vie su donner un ordre, et ce furent le général et le rajah, comme mon pauvre oncle les appelait depuis ma méprise, qui continuèrent à mener la maison ; cependant, comme c'étaient deux bons domestiques parfaitement dressés, tout marcha comme d'habitude, et je n'eus malheureusement à m'occuper de rien que de vivre ; de sorte qu'au bout de deux ou trois mois, à l'exception de ma mise, j'étais redevenu le même homme qu'auparavant.

Le château, que mon oncle avait acheté tout meublé, était muni d'une fort belle bibliothèque ; c'était là que je passais une partie de ma journée ; parfois aussi je prenais un Homère ou un Xénophon, j'allais me coucher sur la lisière d'un petit bois qui formait la limite de mes propriétés ; et souvent je m'oubliais tellement dans le siège de Troie, ou dans la retraite des Dix Mille, que le rajah ou le général était obligé de venir m'y annoncer que le dîner était prêt.

Un jour que j'étais assis comme d'habitude au pied de mon arbre, lisant un de mes auteurs favoris, je fus tiré de ma préoccupation guerrière par un bruit de cor qui résonna à quelque distance de moi ; je levai la tête, et, au même instant, un renard passa à quelque pas, se glissant dans les herbes. Au même instant, j'entendis les aboiements des chiens qui venaient de retrouver sa piste, et je vis paraître le limier, puis toute la meute. Ils passèrent à l'endroit même où le renard avait passé ; et, comme j'augurais qu'ils ne tarderaient pas à être suivis à leur tour par les chasseurs, je me retirais pour ne pas me trouver sur leur route, lorsque j'entendis le cor à cent cinquante pas à peine de moi, et que, de la lisière d'un bois voisin de celui où j'étais; je vis déboucher toute la chasse, emportée par le galop des chevaux.

Parmi cette troupe, j'y avais une femme qui se maintenait à la tête des chasseurs, menant son cheval avec l'habileté d'une parfaite amazone; elle était vêtue d'une longue robe collante partout, et avait la tête couverte d'un petit chapeau d'homme, autour duquel flottait un voile vert. Je regardais avec étonnement cette hardiesse, dont, tout homme que j'étais, je me sentais si loin, lorsqu'en s'approchant du côté où j'étais, une branche accrocha son voile et son chapeau tomba; je vis alors cette tête rosée et ces cheveux blonds qui m'étaient si connus; je sentis mes jambes s'affaiblir; je m'appuyai contre un arbre... C'était Jenny; elle passa comme une vision sans s'arrêter, et laissait à un piqueur le soin de ramasser son chapeau, tant elle était ardente à cette course. En une seconde, tout avait disparu, et n'étaient les aboiements des chiens, le bruit du cor et les cris des chasseurs, j'aurais cru que je venais de faire un rêve. Tout à coup, en reportant les yeux de l'endroit où j'avais cessé de la voir à celui où elle m'avait apparu, j'aperçus au bout d'une branche un lambeau de voile vert; je m'élançai vers lui, et, grâce à ma longue taille, je parvins à l'atteindre; je le pris, je le baisai, je le mis sur mon cœur; j'étais heureux comme jamais je ne l'avais été depuis que j'avais quitté Jenny.

En ce moment, j'aperçus le rajah qui venait me chercher. Je m'étais oublié selon mon habitude; mais cette fois, tout le monde en eût fait autant. Nous retournions ensemble au château, lorsqu'en passant près d'une haie nous aperçûmes de l'autre côté de cette haie un homme étendu, et près de lui un cheval traînant sa selle; je reconnus à l'instant l'uniforme des chasseurs du roi, celui que je venais de voir passer; celui-ci s'était écarté de sa route, et, comme il franchissait tout ainsi que dans une course au clocher, il n'avait pas vu un saut de loup qui était de l'autre côté de la haie, avait voulu le franchir, son cheval s'était abattu, et il était resté évanoui à la place. Nous le ramassâmes aussitôt, et comme nous n'étions qu'à quelques pas du parc, nous le transportâmes au château. Aussitôt arrivés, je renvoyai le rajah chercher un cheval, et j'ordonnai au général de se mettre en quête d'un médecin.

Heureusement, les soins du docteur étaient peu nécessaires; aux premières gouttes d'eau que je lui avais jetées au visage, et aux premiers sels que je lui avais fait respirer, le jeune chasseur était revenu à lui; de sorte que, lorsque le médecin arriva, il trouva son malade sur pied. Soit qu'il jugeât précautionnellement la chose nécessaire, soit qu'il voulût utiliser son voyage, le docteur n'en fit pas moins une saignée, en recommandant au chasseur deux ou trois heures de repos. J'offris aussitôt à mon hôte d'envoyer un courrier chez lui pour calmer l'inquiétude que pourraient concevoir ses parents. Comme il demeurait à deux heures de chemin à peine, il accepta, écrivit à sa sœur qu'ayant perdu la chasse, il était resté à dîner dans un château voisin, et la pria de rassurer son père, si toutefois il avait conçu quelque crainte. La lettre terminée, il la plia, écrivit l'adresse, et me la remit. En la donnant au général, qui devait la porter, je lus machinalement la suscription; elle portait le nom de Jenny Burdett; ce jeune homme, c'était son frère!... La lettre s'échappa de mes mains... je balbutiai une excuse... et je sortis sous prétexte d'ordres à donner.

Lorsque je rentrai, je trouvai sir Henry tout à fait bien; mais, par compensation, c'était moi qui étais fort mal. La manière dont je l'avais rencontré, la crainte que j'avais éprouvée que l'accident ne fût sérieux, le plaisir que j'avais ressenti en voyant que je m'étais trompé; tout cela m'avait fait oublier un instant ma timidité; — mais elle était revenue plus forte que jamais en apprenant quel lien étroit de parenté unissait sir Henry à celle qui depuis si longtemps absorbait toutes mes pensées. Cependant, soit politesse, soit préoccupation, sir Henry ne parut s'apercevoir de rien; et, tout le temps du dîner, il fit les frais de la conversation avec cette facilité élégante que j'aurais donné la moitié de ma fortune et de ma vie pour posséder. Puis, vers les neuf heures du soir, il se retira, s'excusant de l'embarras qu'il m'a-

vait causé, en me demandant la permission de revenir me remercier de mon hospitalité.

Lorsqu'il fut parti, je respirai; toute notre conversation de deux heures, confuse dans ma tête, commença à se classer. D'après ce qu'il m'avait dit de sa famille, je vis que sir Thomas Burdett possédait à peu près deux cent mille livres de rente, ce qui, en supposant, selon toutes les probabilités, qu'il en gardât la moitié pour lui, faisait trente à trente-cinq mille francs de dot à chacun de ses trois enfans. Du côté de la fortune, je pouvais donc espérer à la main de miss Jenny, c'est-à-dire être aussi heureux qu'un homme, à mon avis, pouvait l'être sur la terre; d'un autre côté, sir Henri m'avait laissé entrevoir que son père, retenu habituellement trois mois de l'année dans son fauteuil par la goutte, et habitué, pendant ce temps d'épreuve, à être distrait par la société de ses enfans, tenait à les marier autant que possible dans son voisinage. Comme on l'a vu, nos deux châteaux n'étaient qu'à cinq ou six milles de distance, et, sous ce rapport comme sous l'autre, il m'était donc permis de conserver quelque espoir. Malheureusement, seul comme je l'étais, il me fallait faire toutes les démarches moi-même, et je sentais qu'à la seule idée de me trouver en face de Jenny, de lui parler, de lui donner le bras, soit pour la conduire à table, soit pour la mener à la promenade, j'étais tout prêt à défaillir; d'un autre côté, si je ne me présentais pas, Jenny était l'aînée des filles de sir Thomas; un prétendant plus hardi que moi pouvait être plus heureux. Alors Jenny m'échappait, Jenny devenait la femme d'un autre; cette seule idée était capable de me rendre fou. Je passai une partie de la nuit entre des velléités de courage et des accès d'abattement. Enfin, sur les deux heures du matin, écrasé de plus de fatigue que si, comme Jacob, j'avais passé mon temps à lutter avec un ange, je parvins à m'endormir.

Je fus éveillé par le rajah, qui entra dans ma chambre pour me remettre une lettre; je l'ouvris avec un tremblement pressentimental; elle était de sir Thomas; il avait appris l'accident de son fils, les soins que je lui avais donnés; s'il n'avait pas beaucoup souffert encore de son dernier accès de goutte, il serait venu lui-même me remercier; mais, désirant le plus tôt possible s'acquitter de ce qu'il regardait comme un devoir pour toute sa famille, il m'invitait à dîner pour le lendemain.

J'aurais lu mon arrêt de mort que je ne serais pas devenu plus pâle. La lettre s'échappa de mes mains, et je retombai sur mon oreiller; si accablé, que le rajah crut que je me trouvais mal. Je lui demandai d'une voix éteinte si le courrier attendait sa réponse; il me répondit qu'il était parti; cela me rendit quelque courage; je n'étais plus obligé de prendre une résolution instantanée.

La journée se passa dans les alternatives de force et de faiblesse: je me disais bien que cette invitation allait au devant de tous mes désirs, et qu'elle comblerait de joie tout autre homme se trouvant à ma place et avec les mêmes sentimens; qu'elle m'introduisait naturellement dans la maison, et cela sous un excellent aspect; celui d'un service rendu; mais aussi je savais que, chez les femmes surtout, le sentiment qu'elles conservent d'un homme dépend presque toujours de la manière dont il se présente à la première entrevue. Or, je ne me dissimulais pas que, si j'avais quelques qualités essentielles, ce n'était malheureusement pas de celles qui sautent aux yeux; loin de là; pour être estimé ce que je valais véritablement, j'avais besoin d'une investigation profonde et d'une longue intimité. Je me rappelai combien peu m'avait été favorable le coup d'œil que Jenny jeta sur moi lorsqu'elle m'avait rencontré, il y a six ans, avec mon costume de docteur; il n'y avait, certes, aucune crainte qu'elle me reconnût, elle avait probablement oublié cette circonstance; mais moi, je me souvenais de tout; et ce souvenir, c'était pis qu'un remords.

Enfin l'heure du dîner vint. Je me mis machinalement à table; mais je ne pus manger. Je pensai que le lendemain, à la même heure, je serais chez sir Thomas, en face de Jenny, et qu'alors mon sort se déciderait pour un malheur ou pour une félicité éternelle, et cela sur une gaucherie ou une maladressé que je me verrais faire, et que cependant je ne pourrais pas m'empêcher de faire. Un pareil état n'était pas supportable. Je demandai une plume et de l'encre : j'écrivis à sir Thomas qu'une indisposition subite me privait de l'honneur d'accepter son invitation; j'appelai le général, et je lui ordonnai d'aller porter cette lettre; mais à peine fut-il sorti avec elle que je sentis ma poitrine se serrer. Je montai dans ma chambre, je me jetai sur mon tapis et je me mis à pleurer. Oui, à pleurer, à verser des larmes amères, des larmes d'adieu au bonheur dont je n'étais pas digne puisque je ne me sentais pas la force de le cueillir sur l'arbre de la vie; des larmes de douleur, car cette occasion perdue de voir Jenny, je ne la retrouverais peut-être jamais; des larmes de honte enfin, car je sentais qu'il était honteux à un homme d'être ainsi l'esclave de sa sotte timidité et de sa misérable faiblesse.

Je passai une nuit affreuse, je formai vingt projets tous plus ridicules les uns que les autres. Je voulais écrire à Jenny directement, lui avouer mon amour, lui raconter ma faiblesse ; lui dire qu'il n'y avait que deux chances pour moi au monde, vivre près d'elle, et vivre éternellement heureux, ou vivre loin d'elle et mourir dans le désespoir. Oh! je sentais qu'une lettre pareille, je la ferais douloureuse, éloquente, passionnée : je sentais que je l'écrirais avec mes larmes. Mais comment lui faire remettre une pareille missive? Puis, une fois remise, si Jenny la prenait du côté ridicule, j'étais un homme perdu ; je ne pouvais plus me présenter devant ses parens, devant elle ; mieux était encore d'attendre les événemens, qui semblaient m'avoir pris sous leur protection et pouvaient me conduire à bien : le hasard est souvent notre meilleur ami, et je résolus de m'en rapporter au hasard.

La journée se passa ainsi, ramenant avec elle un peu de courage. Plus l'heure à laquelle j'aurais dû me rendre chez sir Thomas approchait, plus je trouvais ma terreur de la veille ridicule et exagérée. Il me semblait que, si je n'avais pas refusé son invitation, j'aurais eu le courage de m'y rendre. Puis, quand sonnèrent dix heures du soir, je me dis qu'à cette heure tout serait fini; que j'aurais vu Jenny et ses parens ; que je serais un ami de la maison, pouvant y retourner à ma fantaisie; que sans doute Jenny m'aurait dit un mot encourageant, enfin que peut-être à cette heure je serais au comble de la joie, au lieu d'être un des hommes les plus malheureux de la terre. Le résultat de ce raisonnement fut une résolution formelle d'accepter la première invitation qu'on me ferait. Sur ce, je baisai le lambeau de son voile, et je me couchai.

Cette victoire sur moi-même me donna une nuit tranquille; je m'éveillai calme et presque heureux. La journée était magnifique; aussi, à peine eus-je déjeuné, que je pris mon Xénophon, et que, par mon sentier habituel, je gagnai mon arbre : j'étais plongé au plus profond de ma lecture, lorsque je me sentis toucher sur l'épaule. C'était sir Henry!

— Eh bien! mon cher philosophe, me dit-il, toujours sauvage et retiré ; je vous préviens qu'il y a conspiration contre votre misanthropie, et ne pensez pas que personne de chez moi ait cru à votre indisposition. — Je voulus balbutier quelques excuses. — Non, continua sir Henry, vous nous avez pris pour des gens à grande cérémonie ; vous vous êtes trompé, et la preuve, c'est que je suis venu aujourd'hui moi-même vous dire exprès qu'on vous attendait sans façon à dîner.

— Comment! m'écriai-je. — Moi! — Aujourd'hui!

— Oui, vous, aujourd'hui, et je vous préviens qu'on ne recevra aucune excuse, qu'on vous attendra jusqu'à ce que vous veniez, et que, si vous ne venez pas, on ne dînera pas.

— Voyez si vous voulez prendre sur vous de faire jeûner toute une famille.

— Non, certainement, répondis-je, — je fis un effort, — et j'irai..., ajoutai-je en soupirant.

— A la bonne heure, dit sir Henry, voilà qui est parler. Que lisiez-vous donc là? un roman de Walter Scott, des poésies de Thomas Moore, un poème de Byron?

— Non, répondis-je, je lisais... — Je ne sais quelle mauvaise honte me retint au moment où j'allais prononcer le nom du grand capitaine, pour lequel cependant j'avais une vénération presque divine. — De sorte que je tendis le livre.

— Sir Henry y laissa tomber un regard.

— Du grec! — s'écria-t-il. — Eh! mon cher voisin, comment voulez-vous que je lise cela? — Depuis que je suis sorti du collège, Dieu merci! je n'ai pas jeté les yeux sur un seul de ces grands hommes dont la collection a pensé me faire mourir d'ennui, à commencer par le divin Homère et à finir par le sublime Platon ; de sorte que je puis dire, sans fatuité, que je me crois maintenant incapable de distinguer l'alpha de l'oméga. — Je voulus me lever. — Non, non, ne vous dérangez pas, continua sir Henry, je ne fais que passer.

— Comment! m'écriai-je, ne m'attendez-vous pas? ne retournons-nous pas ensemble chez vous? ne me présentez-vous point à votre famille?

— Ne m'en parlez pas, me répondit sir Henry; je suis au désespoir que vous ne soyez pas venu hier ; mais j'ai aujourd'hui un combat de coqs, dans lequel je suis engagé pour une somme considérable. On m'attend, et je n'y puis manquer; mais soyez tranquille, je ferai diligence, et j'arriverai pour le dessert.

Si je n'avais pas été assis, je serais tombé. Tout mon courage m'était venu de l'idée que j'entrerais dans le salon de ces dames avec sir Henry. J'avais compté sur un introducteur, et voilà que j'étais obligé de me présenter moi-même, ne connaissant de toute la maison que Jenny... Je laissai tomber mon Xénophon avec un sentiment profond de découragement. Sir Henry ne s'en aperçut pas, et, avec la même aisance et la même facilité qu'il m'avait abordé, il prit congé de moi, me laissant consterné de la promesse que j'avais faite et qu'il n'y avait plus moyen de rétracter.

Je restai ainsi une heure accablé, anéanti; puis je songeai tout à coup que j'avais le temps à peine de m'habiller si je voulais arriver chez sir Thomas à l'heure du dîner. Je me levai vivement, et je revins en courant vers le château. Je trouvai sur le perron le général et le rajah, qui, m'ayant aperçu de loin, étaient venus au-devant de moi, fort inquiets de l'allure que j'avais prise, et qui ne m'était pas habituelle. Ils m'avaient cru poursuivi par quelque chien enragé, et accouraient à mon aide.

Je montai à ma chambre et retournai toute ma garde-robe; enfin je jetai mon dévolu sur un pantalon café au lait, sur un gilet de soie broché et sur un habit vert-bouteille; c'était un choix de couleur qui me semblait des plus harmonieux; et, lorsqu'elles furent assemblées sur ma personne, je fus assez content de leur ensemble. J'ordonnai alors au rajah d'aller faire seller mon cheval, enchanté d'avoir un moment de solitude pour répéter devant ma glace le salut que m'avait appris mon maître de danse. Je vis avec satisfaction que je le possédais encore assez agréablement pour m'en servir avec honneur, si je ne perdais pas la tête au moment de le faire. Cependant je ne fus que médiocrement rassuré par cette répétition, car je ne me dissimulais pas quelle distance infinie il y a entre la théorie et la pratique. J'en étais à mon sept ou huitième essai lorsque le rajah rentra et me dit que le cheval était sellé. Je jetai les yeux sur la pendule; il n'y avait plus moyen de reculer, l'aiguille marquait quatre heures ; j'avais cinq milles à faire, et ma science de l'équitation n'était pas assez grande pour me permettre, si pressé que je fusse, une autre allure que celle du pas allongé ou du petit trot. Je rappelai, en conséquence, tout mon courage, et je descendis d'un pas assez délibéré, en essayant de siffler un air de chasse et en me fouettant les mollets avec ma cravache.

— Je prévois, dis-je, interrompant le narrateur, qu'il va se passer de telles choses, qu'un verre de punch n'est pas de trop pour vous donner la force de les raconter.

— Hélas! dit sir Williams en tendant son verre, quelque chose que vous prévoyiez, vous n'approcherez jamais de la vérité!...

J'enfourchai donc assez courageusement mon poney, continua sir Williams, et je me mis en route. Pendant la première heure, la préoccupation que me causait naturellement la nécessité de conserver mon équilibre ne permit pas trop à mon esprit de s'occuper de soins étrangers ; mais, à mesure que je pris mon aplomb, mon inquiétude me revint, plus cruelle que jamais : de temps en temps, cependant, j'étais rappelé au soin de ma sûreté personnelle par un mouvement plus vif de ma monture. Cela tenait à ce que, mes études de danse ayant radicalement vaincu la disposition naturelle que j'avais à tenir mes pieds en dedans et m'ayant jeté dans l'excès contraire, mes talons faisaient, avec le ventre de ma monture, un angle aigu dont mes éperons formaient l'extrême pointe; il en résultait que, si peu caracoleur que fût mon cheval, il se fatiguait cependant à la longue de ce chatouillement continuel, et prenait parfois un temps de trot, mouvement qui avait pour résultat de chasser toute pensée étrangère à la situation précaire dans laquelle il me mettait. Mais à peine avions-nous repris une allure un peu plus douce que la réaction s'opérait, et que le danger à venir, bien autrement terrible que le danger passé, se dressait devant moi plus menaçant, à mesure que j'approchais du terme de mon voyage. Tout à coup, au détour de la route, j'aperçus, à un quart de lieue devant moi, à moitié caché par un massif d'arbres verts, le château de sir Thomas. En même temps une cloche sonna, je crus que c'était celle du dîner. L'idée d'avoir à m'excuser d'un retard produisit sur moi un tel surcroît d'anxiété, qu'oubliant que je tenais à mon cheval qu'en vertu d'une espèce de transaction par laquelle je m'étais engagé à ne pas le frapper, et lui à ne pas courir, je lui appliquai en même temps mes éperons au ventre et ma cravache sur le cou. L'effet produit par cette crânerie fut aussi prompt que la pensée : sans ménagement et sans transition, mon poney, dont l'ardeur était depuis longtemps contenue, prit immédiatement le galop ; au bout de cent pas, je perdis un étrier, au bout de deux cents pas je perdis l'autre ; je lâchai aussitôt la bride, et, m'accrochant des deux mains à la selle, je parvins, grâce à cette manœuvre, à conserver mon équilibre ; mais, tout entier à cette préoccupation, je ne distinguais plus rien autour de moi. Les arbres couraient comme des insensés, les maisons tournaient comme des folles. Je voyais cependant au milieu de tout cela le château de sir Thomas, qui semblait venir au-devant de moi avec une rapidité incroyable. Enfin le tourbillon qui m'emportait s'arrêta tout court, de sorte que, continuant le mouvement d'impulsion que j'avais reçu, je sautai naturellement par-dessus mes mains, comme un enfant qui joue au cheval fondu. Je me crus perdu ; mais, en ce moment, je sentis que je glissai doucement sur un plan incliné, et je me trouvai sur mes deux jambes, aux grandes acclamations de lady Burdett et de sa fille, qui, m'ayant aperçu de loin, et charmées de l'empressement que je paraissais mettre à me rendre à leur invitation, étaient accourues à la fenêtre à temps pour me voir exécuter mon dernier tour de voltige.

En me sentant sur un terrain solide, je repris quelque courage ; si peu que je comptasse sur mes jambes, j'avais toujours la conscience qu'elles étaient plus disposées à m'obéir que celles de mon quadrupède. Je rappelai donc mes esprits, et, levant les yeux, j'aperçus devant moi sir Thomas Burdett ; cette vue me donna la force fiévreuse que doit donner à un condamné l'aspect de l'exécuteur. Je marchai assez courageusement à lui, et, les premières paroles de politesse échangées, il me fit passer devant et nous entrâmes. Il n'y avait plus à dire, il fallait payer d'audace. J'enfilai d'un pas rapide une suite d'appartemens dont les portes étaient ouvertes, et qui conduisaient à la bibliothèque, où m'attendait lady Burdett ; je l'aperçus debout, Jenny était près d'elle. J'entrai dans la chambre ; puis, arrivé à la distance que je crus convenable, j'assemblai mes jambes à la troisième position, et, reportant le pied droit en arrière, je le posai de toute la lourdeur de ma personne et avec toute la force de mon aplomb géométrique sur le gros orteil gauche du baron, qui jeta un grand cri ; c'était justement celui où il avait la goutte ; je me retournai rapidement pour lui faire mes excuses ; mais sir Thomas me rassura aussitôt par son air calme et digne, et j'admirai la force stoïque que lui donna sa bonne éducation pour supporter ce pénible accident. — Nous nous assîmes.

L'air gracieux de lady Burdett, la figure angélique de miss Jenny, la conversation facile de sir Thomas, me remirent un peu, et je commençai à hasarder quelques paroles. La bibliothèque où nous étions était nombreuse et richement reliée ; je compris que le baronnet était un homme instruit, j'avançai quelques opinions littéraires qu'il partagea complétement, et je m'étendis alors sur la magnifique collection de classiques grecs que publiait en ce moment le libraire Longmann. Au milieu de l'éloge que j'en faisais, j'aperçus sur un rayon une édition de Xénophon en seize volumes : comme la plus complète que je connaissais n'en formait que deux, cette nouveauté bibliographique excita si vivement ma curiosité, qu'oubliant ma honte habituelle, je me levai pour examiner avec quelles matières inconnues on avait pu remplir les quatorze volumes de supplément. Sir Burdett, comprenant mon intention, se leva de son côté, pour me prévenir que ce que je voyais n'était qu'une planche rapportée sur laquelle on avait cloué des dos de reliure, pour ne pas interrompre la symétrie de la bibliothèque. Je crus qu'il voulait, au contraire, m'offrir un de ces volumes, et, désirant lui en épargner la peine, je me précipitai sur le tome huit, et, quelque chose que pût me dire le baronnet, je tirai si bien, que j'entraînai la planche, laquelle, en tombant sur une table, fit choir à son tour un encrier de porcelaine, dont le contenu se répandit aussitôt sur un magnifique tapis turc. À cette vue, je poussai un cri de détresse ; en vain sir Thomas Burdett et ces dames m'assurèrent-ils qu'il n'y avait pas de mal, je ne voulus entendre à rien ; je me jetai à plat ventre sur le plancher, et, tirant un mouchoir de batiste, je m'obstinai à étancher l'encre jusqu'à la dernière goutte. Cette opération terminée, je remis mon mouchoir dans ma poche, et, ne me sentant point la force de regagner mon fauteuil, je me laissai tomber sur celui qui était le plus proche de moi.

Une plainte étouffée qui sortit de dessous le coussin, au moment où je pesai dessus de toute ma lourdeur, me causa une nouvelle alarme. Sans aucun doute, je venais de m'asseoir sur un être animé, et il était évident que cet être, quel qu'il fût, était trop soigneux de sa conservation pour me laisser ajouter impunément le poids de ma personne à celui du coussin sous lequel il était allé chercher un asile. En effet, mon siège fut bientôt agité de mouvemens convulsifs pareils à ceux qui secouent le mont Etna lorsque Encelade se retourne. Certes le mieux eût été de me lever aussitôt et de laisser la retraite libre à l'animal que je comprimais d'une façon si abusive ; mais en ce moment la fille cadette de sir Thomas entra inquiète et préoccupée, en demandant à sa sœur si elle n'avait pas vu *Misouf*. Je compris à l'instant même que j'étais assis sur l'animal égaré, et que moi seul pouvais donner de ses nouvelles ; mais j'avais tardé trop longtemps à me lever pour me lever à cette heure. Un baronnet boiteux, un tapis taché, un chat ou un chien, car je ne connaissais encore l'animal que par son nom et non par son espèce, un chat ou un chien, dis-je, estropié pour le reste de ses jours, c'était pour une personne seule trop de méfaits en dix minutes ; je me décidai à dérober au moins à tous les yeux mon dernier crime. La position extrême où je me trouvais me rendit féroce. Je me cramponnai sur les bras de mon fauteuil, et à mon poids naturel j'ajoutai toute la pression musculaire dont le désespoir me rendait capable. Mais j'avais affaire à un ennemi résolu de me disputer chèrement son existence ; aussi la résistance devint-elle digne de l'attaque ; je sentais l'animal, quel qu'il fût, se replier, se rouler et se tordre comme un serpent. Au fond du cœur, je ne pouvais m'empêcher de rendre justice à sa belle défense ; mais, s'il combattait pour sa vie, je combattais pour mon honneur, je combattais sous les yeux de Jenny. Je sentais que les forces commencaient à manquer à mon adversaire, et cela redoublait les miennes. Malheureusement, la dignité qui était obligée de conserver la partie supérieure de ma personne m'ôtait une partie de mes avantages ; je fis une fausse manœuvre. Mon ennemi parvint à dégager une patte, et je sentis quatre griffes, quatre épingles, quatre aiguillons m'entrer dans les chairs. J'étais fixé ; c'était un chat.

Soit satisfaction de savoir à quel ennemi j'avais affaire, soit puissance sur moi-même, il fut impossible aux assistans de deviner sur mon visage ce qui se passait vers la partie opposée de ma personne; la douleur que m'avait causée la griffe de Misouf déchargeait même ma poitrine d'un grand poids. Ce n'était plus un être faible et sans défense que j'égorgeais injustement, c'était un ennemi qui m'avait blessé et dont je me vengeais en toute justice; ce n'était plus un lâche assassinat que je commettais, c'était un duel franc et loyal, dans lequel chacun employait les armes qu'il avait reçues de la nature, et où le vaincu ne pouvait s'en prendre qu'à lui-même de sa défaite. J'éprouvai alors tout ce que peut donner de force, dans une situation critique, la conscience de son droit; je me sentis, comme Hercule, la puissance d'étouffer le lion de Némée; je fis un dernier effort de pression, et je m'aperçus avec joie qu'il était couronné d'un plein succès; les mouvemens cessèrent, le calme se rétablit : mon ennemi était mort ou dompté. En ce moment un domestique annonça qu'on était servi; cinq minutes plus tôt, j'étais perdu.

Le sentiment de ma victoire me donna une espèce d'exaltation, grâce à laquelle j'eus le courage d'offrir le bras à lady Burdett. Nous traversâmes les appartemens dans lesquels j'avais déjà passé, et nous arrivâmes sans encombre à la salle à manger. Lady Burdett me fit asseoir entre elle et miss Jenny, à qui je n'avais pas encore eu le courage d'adresser la parole, et sir Thomas et miss Dinah, son autre fille, s'assirent en face de nous. Quoique, depuis l'aventure du Xénophon, mon visage fût resté rouge comme un tison ardent, je commençai cependant à me remettre et à sentir que je rentrais dans une température confortable, lorsqu'un nouvel accident vint de nouveau me faire monter la rougeur au front. J'avais respectueusement placé le plus près possible du bord de la table l'assiette pleine de potage que lady Burdett venait de m'offrir, lorsqu'en m'inclinant pour répondre à un compliment que miss Dinah me faisait sur le bon goût de mon gilet, je pesai sur l'assiette, qui, faisant immédiatement la bascule, renversa sur moi tout ce qu'elle contenait d'un bouillon si brûlant que personne encore n'avait osé en porter une cuillerée à sa bouche. La douleur m'arracha un cri; le potage avait inondé mon pantalon et coulait jusque dans mes bottes. Malgré le secours de ma serviette et de celles de lady Burdett et de miss Jenny, qui s'empressèrent de venir à mon aide, l'effet du liquide bouillant fut prodigieux; j'avais la partie inférieure du corps comme dans une fournaise : mais, me rappelant la puissance que sir Thomas avait eue sur lui-même lorsque je marchai sur son pied goutteux, je renfonçai mes plaintes, et je supportai ma torture en silence, au milieu des éclats de rire étouffés des dames et des domestiques.

Je ne vous parlerai pas de mes gaucheries pendant le premier service : la saucière renversée, le sel répandu sur la table, un poulet que l'on me passa à découper par déférence ou par trahison, et dont je ne pus jamais trouver les joints, continuèrent à donner à sir Burdett et à sa famille une idée avantageuse du convive qu'ils avaient admis à leur table. Enfin le second service arriva; c'était là, que m'attendait la troisième série des malheurs à laquelle je devais définitivement succomber.

Parmi les plats du second service, on avait apporté un pudding au rhum tout allumé; lady Burdett avait eu l'adresse de m'en servir une portion sans qu'il s'éteignit, et j'étais en train d'alimenter, à l'aide d'un morceau piqué au bout de ma fourchette, et bien imbibé d'alcool, la flamme qui brûlait sur l'autel placé devant moi : en ce moment miss Dinah, qui semblait avoir juré ma perte, me pria de lui passer un plat de pigeons qui était près de moi. Dans mon empressement à lui obéir, je me hâtai de fourrrer le morceau de pudding tout enflammé dans ma bouche; autant aurait valu y mettre les charbons ardens de Porcie : il n'y a pas de paroles pour vous faire comprendre une pareille agonie; mes yeux sortaient de leur orbite; je poussais une espèce de rugissement nasal, qui devait être déchirant à entendre. Enfin, en dépit de ma résolution, de mon courage et de ma honte, je fus forcé de rejeter sur mon assiette la cause première de mon tourment. Sir Thomas, sa femme et ses filles, éprouvaient, je le voyais bien, une compassion réelle pour mon infortune, et y cherchaient

quelque remède, car j'avais l'intérieur de la bouche complétement brûlé; l'un proposait de l'huile d'olive, l'autre de l'eau, une troisième, et c'était encore miss Dinah, affirma que le vin blanc était ce qu'il y avait de mieux en pareille circonstance. La majorité se réunit à cette opinion. Aussitôt un domestique m'apporta un verre plein de la liqueur demandée; par obéissance, plutôt que par conviction, je portai le verre à ma bouche, et je le remplis machinalement : je crus avoir mis du vitriol sur mes brûlures; soit mauvaise plaisanterie, soit erreur, le sommelier m'avait envoyé un verre de la plus forte eau-de-vie. Sans aucune habitude des liqueurs fortes, je ne pouvais avaler le gargarisme infernal, qui cependant brûlait mon palais et ma langue. Je sentis que malgré moi j'allais rejeter l'eau-de-vie comme j'avais rejeté le pudding. Je portai mes deux mains à ma bouche, et je les croisai convulsivement sur mes lèvres; mais le liquide, repoussé par les convulsions de la nature, s'élança violemment à travers mes doigts, comme à travers le crible d'un arrosoir, et aspergea les dames et tous les plats de la table. Des éclats de rire partirent à l'instant de tous côtés; vainement sir Thomas réprimanda ses valets et lady Burdett ses filles. Je comprenais moi-même qu'il était impossible de ne pas éclater, et cette conviction ajoutait encore à mon martyre; la sueur de la honte me monta au front : je sentais une goutte d'eau couler de chacun de mes cheveux : je perdis alors complétement l'esprit. Pour mettre fin à cette intolérable transpiration, je tirai mon mouchoir de ma poche, et, sans me souvenir ni sans voir qu'il était tout trempé de l'encre du Xénophon, je m'essuyai le visage, qui fut à l'instant barbouillé de noir dans toutes les directions. Pour cette fois, personne n'y tint plus : lady Burdett se renversa en pâmoison sur sa chaise; sir Thomas tomba en convulsions sur la table; les jeunes demoiselles étaient prêtes à suffoquer. En ce moment, je jetai les yeux sur une glace qui se trouvait en face de moi, et je me vis !... Je sentis que tout était perdu; je m'élançai, désespéré, hors de la salle à manger; je me précipitai dans le jardin; en ce moment, sir Henry rentrait; voyant un homme fuir à toutes jambes, il me prit pour un voleur, et se mit à ma poursuite en me criant d'arrêter; mais la honte me donnait des ailes : je franchis le fossé comme un daim effarouché, et, à travers champs, en droite ligne, sans suivre aucune route tracée, je me dirigeai vers Williams-House, et vins tomber haletant et sans force à la porte du château.

Je fis une maladie de trois mois, pendant laquelle la famille de sir Burdett eut le bon goût de ne pas même envoyer demander de mes nouvelles : à peine pus-je me lever, que je fis venir une voiture avec des chevaux de poste, et que je quittai l'Angleterre sans dire adieu à personne, emportant pour toute consolation ce lambeau de voile, que je conserverai toute ma vie, et que je veux qu'on mette dans ma tombe après ma mort.

Maintenant vous devinez pourquoi vous m'avez vu, l'autre jour, descendre si rapidement du Righi; c'est que j'appris à moitié route que, parmi les voyageurs qui me précédaient, il y avait un compatriote à qui mon nom et mes aventures pouvaient être connus; car voilà la vie que je mène, fuyant toute société, dévoré de l'idée que je dois tous mes malheurs à moi-même, et écrasé de la conviction qu'il n'y a pas de félicité possible pour moi dans ce monde.

Malheureusement, il n'y avait pas la plus petite chose à répondre à cela; c'était clair comme le jour et vrai comme l'Evangile. En conséquence, au lieu de me perdre en banalités philosophiques, je fis venir un second bol de punch, et, au bout d'une demi-heure, j'eus la satisfaction de voir sir Williams, sinon consolé, du moins hors d'état de sentir momentanément toute l'étendue de son malheur.

ZURICH.

Le lendemain, j'entrai d'assez bonne heure dans la chambre de sir Williams, et le trouvai profondément atterré. Le remède de la veille avait produit un effet tout contraire à celui que j'en attendais. Sir Williams avait le punch triste ; il n'y avait plus rien à faire qu'à le laisser tranquillement mourir du spleen.

— Ah ! me dit-il en m'apercevant et en me tendant les bras, c'est vous, mon cher ami ; vous ne m'avez donc pas abandonné ?

— Comment, abandonné ! mais il me semble que, tout au contraire, je vous ai ramassé sous la table quand l'excès de vos malheurs vous a fait rouler de votre chaise ; je vous ai tendrement mis au lit, et vous ai souhaité tous les songes qui sortiraient cette nuit par la porte dorée. Je ne pouvais pas faire plus.

— Si, vous pouviez faire plus, et vous venez de le faire ; vous pouviez revenir ce matin me voir, et vous êtes revenu. Est-ce que vous consentez à continuer le voyage avec moi ?

— Comment, si j'y consens ! mais sans aucun doute. D'abord vous avez une excellente voiture ; ensuite, quand vous n'êtes pas honteux, vous ne manquez pas d'esprit ; enfin, sous tous les autres rapports, vous me paraissez un excellent compagnon de voyage. Nous irons tant que la terre pourra nous porter, et, quand elle ne le pourra plus, eh bien ! nous prendrons un bateau.

— Merci ! car, si un homme peut me sauver la vie, c'est vous !...

— Je ne demande pas mieux.

— Ainsi, nous partons de Lucerne aujourd'hui ?

— C'est-à-dire, entendons-nous, il faut que nous nous séparions momentanément.

— Comment cela ?

— J'ai une visite à faire.

— Je la ferai avec vous.

— Impossible, mon ami, je vais voir un brave garçon qui vient de se battre avec un de vos compatriotes, qui lui avait logé deux balles dans la poitrine, et qu'il a tué ; de sorte que, dans la position où il est, s'il apercevait un Anglais, voyez-vous, avec cela que vous avez fait mourir son empereur, ce serait capable de lui faire une révolution.

— Je comprends.

— Ainsi partez pour Zug, demain je vous y rejoins, et je suis à vous pour tout le reste du voyage, pourvu que vous alliez où je voudrai.

— J'irai partout, je ne vais nulle part.

— Eh bien ! c'est chose dite, à demain à Zug.

— Ne prenez-vous pas le thé avec moi ?

— Oui, à condition que je vous l'offrirai.

— Écoutez, me dit sir Williams, je comprends que vous teniez à ce que nous alternions.

— Oui, beaucoup.

— Mais j'ai d'excellent thé de caravane, comme vous n'en trouverez pas dans toute la Suisse.

— A ceci, je n'ai aucune objection à faire ; prenons le thé !

Le thé pris, sir Williams me conduisit jusqu'au port, nous nous donnâmes pour la dernière fois rendez-vous à Zug ; puis nous sautâmes, Francesco et moi, dans la barque qui nous attendait. Deux heures après, nous étions à Küssnach.

Je m'informai au maître de l'hôtel de la santé du blessé ; il était en excellente voie de convalescence. On m'indiqua sa chambre, je montai, et, poussant doucement la porte, j'entrai sans bruit ; il était couché, et dormait sur le bras de Catherine assise près de lui, et dont la pâleur attestait le chagrin et les veilles ; je lui fis signe de ne pas réveiller le malade, et je m'assis à une table pour écrire mon nom. Pendant ce temps, il ouvrit les yeux et me reconnut.

— Comment, vingt dieux ! me dit-il, c'est vous, et on ne me réveille pas ! à quoi penses-tu donc, Catherine ? — Après mon père, après mon frère, c'est mon meilleur ami, vois-tu ? va l'embrasser pour moi, mon enfant ; — amène-le auprès de mon lit, et laisse-nous causer une minute ; et puis, en remontant, n'oublie pas une tasse de bouillon de poulet. L'appétit commence à revenir. Catherine, religieuse observatrice des ordres de Jollivet, vint m'offrir sa joue, me conduisit près de son amant et sortit.

— Eh bien ! vous avez donc repensé à moi ? — c'est bien, je vous en remercie, me dit Jollivet. Vous voyez, ça va mieux. Ah, ça ! restez-vous ici jusqu'à la noce ?

— Comment ! jusqu'à la noce ? et qui est-ce qui se marie donc ?

— Moi.

— Et avec qui ?

— Avec Catherine.

— Eh bien ! je vous en fais mon compliment ; vous êtes un brave homme !

— C'est bien le moins que je lui doive, après le soin qu'elle a pris de moi. Croyez-vous qu'elle n'a pas encore voulu se coucher une seule nuit ? Elle dort là, assise dans le fauteuil où vous êtes, la tête sur mon traversin. Quand je dis qu'elle dort, elle ne dort même pas, car, toutes les fois que je me réveille, je la retrouve les yeux ouverts.

— Et est-elle heureuse de votre projet ?

— Je ne lui en ai encore rien dit : c'est à part moi que j'ai résolu cela. Ainsi voyez : dans quinze jours je serai sur pied, à ce que dit le médecin ; dans trois semaines la chose peut se faire. Restez jusque-là, ou revenez. S'il faut vous attendre, on vous attendra.

— Impossible, mon cher ami. Dans trois semaines sais-je où je serai ? Je n'ai moi-même plus guère qu'un mois et demi à passer en Suisse ; je suis vivement rappelé en France. Je ne suis pas comme vous, moi ; je ne place pas d'échantillons de mes drames à l'étranger : je suis obligé de faire mon débit à domicile.

— Bah ! bah ! Qu'est-ce que c'est que quinze jours de plus ou de moins ? Comment ! vous avez consenti à être témoin de mon duel, et vous refusez d'être témoin de mon mariage ! — Avec ça, voyez-vous, que vous attendiez seulement cinq ou six mois, vous pourriez encore être parrain. — Voyons, Catherine, continua Jollivet s'adressant à sa maîtresse, qui rentrait une tasse à la main, — donne-moi un coup d'épaule.

— Pourquoi faire ? dit Catherine.

— Pour qu'il reste jusqu'à la noce.

— Jusqu'à quelle noce ?

— Jusqu'à la noce de Catherine Franz et d'Alcide Jollivet, qui, s'il n'y a pas d'empêchement du côté de la future, se fera avant un mois, foi d'homme d'honneur.

Catherine jeta un cri, laissa tomber la tasse et alla se jeter, à moitié évanouie, sur le lit de Jollivet.

— Eh bien ! eh bien ! qu'y a-t-il ? sommes-nous folle ?

— Oh ! s'écria Catherine ; oh ! mon enfant aura donc un père !... Elle se laissa glisser sur ses genoux. — Le ciel te bénisse, Alcide, pour le bien que tu me fais ! Dieu m'est témoin que je ne t'eusse jamais rien demandé de pareil ; mais Dieu m'est témoin aussi que quand tu serais parti je serais morte ! Oh ! Seigneur, Seigneur, que vous êtes grand ! que vous êtes bon ! que vous êtes miséricordieux !

Catherine dit ces derniers mots avec une reconnaissance si large, avec une ferveur si profonde et avec une voix si émue, que les larmes me vinrent aux yeux. Quant à Jollivet, il voulait faire l'homme fort ; mais la nature l'emporta, et il jeta en pleurant ses deux bras autour du cou de Catherine.

— Adieu, mes enfans, repris-je en m'approchant d'eux ; vous devez avoir mille choses à vous dire ; je vous laisse ; soyez heureux !

— Sacredieu ! s'écria Jollivet, je déclare qu'il me manquera quelque chose si vous n'êtes pas à la noce.

— Oh ! revenez, me dit Catherine ; vous m'avez déjà porté bonheur, puisque c'est devant vous qu'il m'a dit ce qu'il vient de me dire; revenez, et vous me porterez bonheur encore.

— Impossible, mes amis; tout ce que je puis faire, c'est de passer le reste de la journée avec vous.

— Allons, dit Jollivet, prenant son parti, d'une mauvaise paie, il faut tirer ce qu'on peut. Commande le dîner, Catherine, et veille à ce qu'il soit bon.

— Mais, nous avons le temps; je vais faire un tour; restez ensemble, dans une heure je reviendrai.

— Eh bien! allez donc, car vous avez raison, nous avons besoin d'être un instant seuls.

Je revins à l'heure dite, je passai le reste de la journée avec ces braves jeunes gens; et je ne sais pas si le ciel vit jamais deux cœurs plus heureux que ceux que je laissai battant l'un contre l'autre dans cette misérable auberge de village.

En partant de Küssnach, je fus obligé de reprendre une route déjà connue et de repasser par le même chemin creux de Guillaume Tell; à Immensée, je fis mes adieux au berceau de la liberté suisse, et je pris une barque pour Zug, où j'arrivai au bout d'une heure de traversée. Je descendis à l'hôtel du Cerf, où j'avais rendez-vous avec mon Anglais; mais, comme il avait été dé de faire le tour du lac par Cham, il n'était pas encore arrivé.

Je montai, en l'attendant, sur le belvédère de l'auberge; d'où l'on découvre une vue magnifique qui plonge d'abord sur le lac, tout entier, resplendissant à midi comme une mer de feu, s'étend à droite sur la Suisse des prairies, qui se plonge à perte de vue derrière Cham et Baonas, va heurter, à gauche les masses colossales du Righi et du Pilate, qui semblent deux géants gardant un défilé; puis, glissant entre leur base, s'enfonce dans la vallée de Sarnen, que ferme de Brünig, au-dessus duquel s'étaient en aiguilles blanches et dentelées les cimes aiguës et neigeuses de la chaîne de la Jungfrau.

En ramenant humblement mes yeux de ce magnifique spectacle sur la grande route, j'aperçus la voiture de sir Williams, qui cheminait honnêtement, conduite par ses deux chevaux de maître et son cocher en livrée. Je mis aussitôt mon mouchoir au bout de mon bâton de voyage, et je l'agitai en signal; il ne tarda pas à être aperçu, et sir Williams y répondit en faisant mettre ses chevaux au grand trot. Cinq minutes après il était à côté de moi; l'hôte montait derrière lui, sous prétexte de nous demander à quelle heure nous désirions dîner, mais en effet pour nous raconter, si nous paraissions disposés à l'écouter, la catastrophe qui engloutit dans le lac une partie de la ville. Comme nous avions aussi grande envie d'entendre le récit que lui de nous le faire, la chose ne fut pas longue à s'arranger.

L'hiver de 1435 avait été si froid qu'à l'exception de la chute de Schaffhausen, le Rhin était pris depuis Coire jusqu'à l'Océan. Tous les lacs qui contenaient une eau presque dormante offraient une surface aussi solide que celle du sol. Le lac de Constance lui-même, le plus grand de tous les lacs de la Suisse, fut traversé à cheval et en char à la plus forte raison ceux de Zug et de Zurich, dont l'un à peine à huitième et l'autre le quart de son étendue. Alors les animaux des montagnes descendirent jusqu'aux villes, et les magistrats défendirent de tuer le gibier, à l'exception des loups et des ours. Les choses étaient ainsi depuis trois mois à peu près, lorsque la glace commença à fondre, on s'aperçut que la terre se gerçait profondément dans plusieurs endroits, et surtout vers la partie de la ville la plus voisine du rivage. Vers le soir, deux rues entières et une partie des murs de la ville se détachèrent du reste, glissèrent rapidement dans le lac et disparurent; soixante personnes, qui n'avaient pas cru le danger aussi pressant, étaient restées dans leurs maisons menacées, et disparurent avec elles. De ce nombre était le premier magistrat et toute sa famille, à l'exception d'un enfant qu'on retrouva le lendemain, flottant comme Moïse dans son berceau. Cet enfant devint landamman du canton et conserva cette dignité jusqu'à l'âge de quatre-vingt-un ans. Notre hôte nous assura qu'il y avait une heure du jour où, quand le soleil cessait d'enflammer le lac, on apercevait encore, à quarante pieds environ, sous l'eau bleue et limpide, des restes de murs, dont un débris, avait conservé la forme d'une tour. Quant à ce fait, nous fûmes forcés de nous en rapporter à sa parole, notre regard n'ayant point été assez perçant, ce qu'il paraît, pour plonger jusqu'à cette profondeur.

Comme, au dire de notre hôte lui-même, il nous restait encore deux bonnes heures avant le dîner, nous les employâmes à parcourir la ville. Notre première visite fut pour l'arsenal.

Comme presque tous les arsenaux de Suisse, il renferme une forte d'armes et d'armures curieuses, dont quelques-unes sont historiques. Ce sont des reliques sur lesquelles veille secrètement l'amour national, et que ne sont point encore parvenues à disperser, dans les cabinets d'amateurs, les offres des brocanteurs, désespérés d'échouer devant les souvenirs qui les rattachent aux villes où elles se trouvent. L'une de ces reliques est la bannière de Zug, teinte encore du sang de Pierre Collin, et de son fils, qui se firent tuer en la défendant, en 1422, à la bataille de Bellinzone.

En sortant de l'arsenal, nous entrâmes dans l'église de Saint-Oswald; elle n'offre rien de remarquable qu'un groupe ou plutôt que trois statues assez naïves, qu'une Christine martyre, sainte Apolline, et sainte Agathe. Sainte Apolline tient à la main une tenaille où est encore une dent, et sainte Agathe un livre sur la couverture duquel elle présente à la piété des fidèles les deux seins coupés de la Vierge.

A quelques pas de cette église, s'élève celle de Saint-Michel, qu'avoisine le cimetière de Zug. Depuis Altorf, on me parlait du cimetière de Zug. En effet, je n'ai jamais vu un tel luxe de croix dorées; on dirait la musique d'un régiment. Mais ce qui accompagne toute cette vivacité d'une manière charmante, ce sont les fleurs qui s'y entrelacent. Jamais cimetière n'a, j'en suis certain, inspiré moins d'idées tristes; on croirait bien plutôt que toutes les fosses sont des corbeilles prêtes pour des baptêmes, ou pour des noces, que des cendres funéraires en donnant aux pieds de la mort. J'ai vu des enfants qui couraient comme des abeilles d'une tombe à l'autre, et qui sortaient le front joyeusement paré de roses et d'œillets qui avaient poussé sur la tombe de leur mère.

A vingt pas de là, cependant, sous un hangar qu'on décore du nom de chapelle, un spectacle tout opposé attend le voyageur; c'est un ossuaire dans les cases duquel sont rangées quinze cents têtes, à peu près, superposées les unes aux autres. Chacune de ces têtes repose sur deux os croisés, et sur leurs crânes dépouillés, qui ont pris la teinte jaunâtre de l'ivoire, une petite étiquette collée avec grand soin conserve le nom et l'état de la personne à laquelle appartenaient ces débris.

Quelle mine de joyeuses plaisanteries eussent trouvé là les fossoyeurs d'Hamlet!

Comme, ces merveilles une fois visitées, Zug ne nous offrait rien d'autrement curieux à voir, nous revînmes à l'hôtel, où, au grand désappointement de l'aubergiste, sir Williams donna l'ordre à son cocher de tenir ses chevaux, qui n'avaient fait que quatre lieues dans la matinée, prêts à nous conduire à Horghen aussitôt après le dîner; de cette manière nous économisions une demi-journée, et nous pouvions être le lendemain à onze heures à Zurich. L'exécution suivit immédiatement le projet, et, trois heures après avoir quitté le lac de Zug, tout resplendissant des rayons du soleil couchant, nous aperçûmes, à travers le feuillage des arbres, celui de Zurich, tout frémissant de la brise du soir, et tout argenté de la lueur des étoiles.

Rien ne nous arrêtait à Horghen, espèce de petit port qui sert d'entrepôt aux marchandises de Zurich qui passent en Italie par le Saint-Gothard. En conséquence, nous partîmes au point du jour, ainsi qu'il avait été convenu, et, après avoir longé la délicieuse route qui côtoie à droite la rive du lac, et à gauche la base de l'Albis, nous arrivâmes vers midi à Zurich, qui s'intitule modestement l'Athènes de la Suisse.

Cela tient à ce que c'est dans cette ville que sont nés les cent quarante poètes dont Rover, Manes, le Mécène quatorzième siècle, laisse une liste très complète et très ignorée: il est vrai que dans le dix-huitième elle a joint à ces noms ceux plus connus de Gessner, de Lavater et de Zimmermann.

Les Zuricois se font remarquer, en général, par une curiosité naïve qui surprend d'abord, parce qu'on la prend pour de l'indiscrétion; puis bientôt vous vous apercevez qu'elle prend sa source dans cette bonhomie qui, n'ayant rien à cacher aux autres, n'admet pas que les autres puissent avoir des secrets pour nous.

Pendant que nous déjeunions, tout en causant en italien, nous en eûmes un exemple. Un honnête bourgeois de Zurich, vêtu d'un habit marron, d'une culotte courte et de bas chinés, portant un chapeau à grands bords, des boucles à ses souliers, et une grande chaîne de montre à son gousset, se leva du coin du feu où il était assis, fit quelques pas vers nous, s'arrêta pour nous regarder tout à son aise, puis se mit à arpenter la chambre en long et en large, jetant, chaque fois qu'il passait près de notre table, un regard naïvement curieux sur sir Williams et sur moi; il est vrai de dire que, quoique nous mangeassions au même râtelier, nous formions un singulier attelage.

Enfin il n'y put plus tenir; il s'arrêta juste en face de nous, appuya ses deux mains sur le pommeau de sa canne, et sans préparation aucune:

— Qui êtes-vous? nous dit-il en français.

La question nous surprit dans un pays où l'on voyage sans passeport; nous fûmes donc un instant sans répondre, doutant qu'elle nous fût adressée: aussi le bourgeois s'impatientait-il de notre silence, et indiquant d'un mouvement de tête que c'était à nous qu'il adressait la parole:

— Je vous demande qui vous êtes? continua-t-il.

— Qui nous sommes, nous? répondis-je.

— Oui, vous.

— Nous sommes des voyageurs, parbleu! *Will you a wing of this fowl*, continuai-je en anglais pour dérouter notre homme, et offrant à mon vis-à-vis une aile de poulet.

— *Yes, very well, I thank you*, me répondit sir Williams en me tendant son assiette.

Le Zuricois s'arrêta tout court en entendant ce nouveau langage qu'il ne comprenait pas; il demeura un instant à réfléchir, tenant son menton dans une de ses mains; puis il se remit à parcourir à pas mesurés la ligne qu'il avait adoptée; puis s'arrêtant une seconde fois:

— Et pourquoi voyagez-vous? nous dit-il.

— Pour notre plaisir, répondis-je.

— Ah! ah! fit le Zuricois; alors il se remit à marcher un instant; puis s'arrêtant de nouveau:

— Vous êtes donc riche?

— Moi?... dis-je, ne pouvant revenir de l'étonnement que me causait ce laisser-aller.

— Oui, vous.

— Vous me demandez si je suis riche?

— Oui.

— Non, je ne suis pas riche.

— Alors, si vous n'êtes pas riche, comment faites-vous pour voyager? on dépense beaucoup d'argent en voyage.

— C'est vrai, répondis-je, surtout en Suisse, où les aubergistes sont tant soit peu voleurs.

— Hum! fit le Zuricois en reprenant sa course.

— Mais enfin, comment faites-vous? continua-t-il en s'arrêtant de nouveau.

— Mais je gagne quelque argent.

— A quoi?

— A quoi?

— Oui.

— Eh bien! le matin, quand je suis bien disposé, je prends une plume et un cahier de papier; puis, tant que j'ai des idées dans la tête, j'écris, et quand ça forme un volume ou un drame, je porte le paquet à une librairie ou à un théâtre.

Le Zuricois laissa retomber sa lèvre inférieure en signe de mépris, et se remit à arpenter la chambre en paraissant ré-

fléchir profondément à ce que je lui avais dit; puis, répétant le même jeu de scène:

— Et combien cela peut-il vous rapporter par an? continua-t-il.

— Mais l'un dans l'autre vingt-cinq à trente mille francs.

Le Zuricois me regarda un instant fixément et sournoisement, pour s'assurer que je ne me moquais pas de lui; puis il reprit, comme le malade imaginaire, sa promenade en murmurant: — Vingt-cinq à trente mille francs? hum!... vingt-cinq à trente mille francs!... hum! hum!... sans autre mise de fonds que du papier et une plume!... hum!... hum!... hum!... c'est joli, fort joli, très joli!

Il s'arrêta.

— Et votre camarade?

— Il a cent mille livres de rentes.

Le Zuricois reprit sa course, qu'il interrompit à son troisième retour, en ayant l'air d'attendre qu'à notre tour nous lui fissions quelques questions; mais voyant que nous nous étions remis à manger du poulet et à parler italien:

— Moi, dit-il, je m'appelle Fritz Haguemann, j'ai cinq mille trois cents francs de rentes, une femme que j'ai épousée par inclination, quatre enfans, deux garçons et deux filles; je suis bourgeois à Zurich et abonné à la bibliothèque, ce qui me donne le droit d'y prendre des livres.

— Et cela vous donne-t-il le droit d'y conduire des étrangers?

— Sans doute, dit le bourgeois en se rengorgeant, et, conduits par moi, ils peuvent se vanter qu'ils seront bien reçus par M. Orell, le bibliothécaire, ou par M. Horner, qui est son second.

— Eh bien! lui dis-je, mon cher monsieur Haguemann, puisque nous nous connaissons maintenant comme si nous étions amis depuis dix ans, est-ce que vous ne pourriez pas, en faveur de cette amitié, me conduire à la bibliothèque? vous devez y avoir trois lettres autographes de Jane Gray à Bullinger, et une lettre de Frédéric à Müller, que je serais fort aise de lire.

— Et comment savez-vous cela?

— Ah! comment je sais cela? Un de mes amis, un savant, ce qui ne l'empêche pas d'être un homme d'infiniment d'esprit, exception qui lui fait quelque tort parmi ses confrères, Buchon, le connaissez-vous? je vous le nomme, parce que vous aimez à ce qu'on mette les points sur les i.

— Je ne le connais pas.

— Ça ne fait rien. — Eh bien! Buchon est venu l'année dernière à Zurich, il a lu vos lettres, et il m'en a parlé.

— Ah! ah! Eh bien! dites donc, vous me les ferez voir, n'est-ce pas?

— Avec le plus grand plaisir, et je serai enchanté d'être venu de Paris pour cela: *Let us go, sir, are you coming?* — dis-je en me levant.

— *Yes*, répondit sir Williams.

Et nous nous acheminâmes vers la bibliothèque, conduits par notre respectable introducteur.

Il ne nous avait menti ni sur son influence, ni sur l'amabilité de M. Horner. On nous déroula ce que la bibliothèque de Zurich avait de plus curieux, c'est-à-dire une partie de la correspondance de Zwingle, des manuscrits de Lavater, trois lettres de Jane Gray, trop longues pour que nous les reproduisions ici, et une lettre assez originale et assez courte de Frédéric pour que nous la mettions sous les yeux de nos lecteurs. — Voici à quelle occasion elle fut écrite.

En 1784, le professeur H. Müller publia, avec le soin et la religion d'un véritable Allemand, une collection d'anciennes chansons suisses, naïves et vigoureuses, comme le peuple qui les chantait. L'éditeur, qu'il ne faut pas confondre avec l'historien, J. de Müller, obtint de Frédéric le Grand la permission de lui dédier ces chants nationaux, et les lui envoya, croyant lui faire grand plaisir. Mais c'était un genre de littérature que le roi philosophe appréciait médiocrement; aussi répondit-il à M. Müller la lettre suivante:

« Cher et fidèle savant, vous jugez trop favorablement ces
» poésies des douzième, treizième et quatorzième siècles qui
» ont vu le jour par vos soins, et que vous croyez si dignes

» d'enrichir la langue allemande ; à mon avis, elles ne valent
» pas une charge de poudre, et ne méritent pas d'être tirées
» de l'oubli où elles étaient ensevelies. Ce qu'il y a de sûr,
» c'est que dans ma bibliothèque particulière je ne souffrirai
» pas de pareilles niaiseries, et je les jetterai plutôt par la
» fenêtre. Aussi l'exemplaire que vous m'envoyez attendra-
» t-il tranquillement son sort dans la grande bibliothèque
» publique ; quant à vous garantir beaucoup de lecteurs,
» c'est ce que ne saurait, malgré toute sa bienveillance pour
» vous, vous garantir votre roi.

» FRÉDÉRIC. »

LES MUETS QUI PARLENT ET LES AVEUGLES QUI LISENT.

En sortant de la bibliothèque, nous allâmes visiter l'hospice des Sourds-Muets, fondé par monsieur Scher. Quelques conversations par signes, que j'avais eues, avant de partir, avec un jeune homme de grand talent, sourd-muet lui-même et professeur à l'Institut royal de Paris, m'avaient familiarisé avec les tentatives faites jusqu'à ce jour pour améliorer l'état de ces malheureux, et les appeler à prendre leur part des biens que promet la société et des devoirs qu'elle impose. Il avait même eu, avant mon départ de Paris, la complaisance de me donner quelques notes à ce sujet, tout en me priant d'examiner avec soin l'institut de Zurich, où, m'avait-il assuré, on était parvenu à faire parler les aveugles. Je me sers aujourd'hui de ces notes pour donner à mes lecteurs quelques détails assez curieux et assez ignorés, je crois, sur cette singulière et exceptionnelle éducation (1).

A Sparte, les sourds-muets étaient rangés dans la classe des êtres incomplets ou difformes qu'il était inutile de laisser vivre, puisqu'ils ne pouvaient être d'aucune utilité pour la république. En conséquence, aussitôt qu'on venait de s'apercevoir de leur infirmité, ils étaient mis à mort. A Rome, les lois les déshéritaient d'une partie des droits civils ; elles les déclaraient inhabiles à gérer leurs biens, leur donnaient des tuteurs et les retranchaient de la société. La religion chrétienne, toute d'amour et de charité, reconnut des hommes dans ces malheureux à qui la nature avare n'avait donné que trois sens ; elle leur ouvrit ses cloîtres, où les premiers germes d'éducation commencèrent à leur être donnés ; cependant c'était une éducation bien grossière et bien imparfaite, puisqu'un auteur du quinzième siècle cite comme une merveille un sourd-muet qui gagnait sa vie en tressant des filets pour la pêche.

Ce fut Pedro de Ponce, bénédictin espagnol du couvent de Pahagues au royaume de Léon, mort en 1584, qui eut le premier l'idée que les sourds-muets, tout privés qu'ils étaient des organes de la parole et de l'ouïe, pouvaient recevoir des idées et les transmettre. Le hasard lui avait donné quatre illustres élèves : c'étaient les deux frères et la sœur du cardinal de Velasco, et le fils du gouverneur d'Aragon. La méthode qu'il avait employée, et que malheureusement on ignore, puisqu'il ne laissa aucun traité sur cette matière, eut un tel succès, que les écoliers d'une classe inférieure lui arrivèrent de tous côtés ; et parmi ces derniers, quelques-uns firent de si grands progrès, qu'ils soutenaient en public des discussions sur l'astronomie, la physique et la logique ; si bien, disent les auteurs contemporains, qu'ils eussent passé pour gens habiles et savans aux yeux mêmes d'Aristote. Dans le même siècle et vers la même époque, c'est-à-dire de 1550 à

1576, un philosophe italien, nommé Jérôme Cardan, s'occupa, mais secondairement, de cette tâche, et ses écrits sont les premiers dans lesquels on trouve consignée la possibilité d'apprendre à lire et à écrire aux sourds-muets.

En 1620, trente-six ans après la mort de Pedro de Ponce, et quarante-quatre ans après celle de Jérôme Cardan, un livre parut en Espagne, sous le titre de *Arte para ensenar a hablar a los mudos*. C'était un Français, secrétaire du connétable de Castille, qui, dans le but d'adoucir la position du frère de ce connétable, devenu muet à l'âge de quatre ans, avait dirigé ses travaux vers ce nouveau genre de professorat. Dans le livre qui reste de lui, et qui, nous l'avons dit, est le premier, Pierre Bonnet se donna comme l'inventeur de sa méthode ; au reste, ce qu'il est impossible de nier, c'est qu'il ne soit pas le premier qui ait introduit dans son ouvrage l'alphabet manuel qu'adopta depuis, à certaines modifications près, le savant et bon abbé de l'Épée.

Vers 1660, J. Wallis, professeur de mathématiques à l'université d'Oxford, tenta de faire pour l'Angleterre ce que Pierre Bonnet avait fait pour l'Espagne, c'est-à-dire de mettre les sourds-muets à même de comprendre les pensées d'autrui et d'exprimer les leurs par gestes ou par écrit. Lui-même se félicite de ses succès dans la carrière à laquelle il s'était dévoué, dans une lettre adressée au docteur Beverley. « En peu de temps, dit-il, mes élèves (1) avaient acquis beau-
» coup plus de savoir qu'on n'en pourrait supposer d'hom-
» mes dans leur position, et ils étaient en état, si on les eût
» cultivés, d'acquérir toutes les connaissances qui se trans-
» mettent par la lecture. »

Quelque temps après, un médecin suisse, nommé Conrad Amman, publia un traité intitulé *Surdus loquens*, et plus tard une dissertation sur la parole, traité qui fut traduit en français par Beauvais de Préau.

Au commencement du dix-huitième siècle, la question pénétra en Allemagne. Kerger adressa une lettre, en date de 1704, à Etmuller, sur la manière d'instruire les sourds-muets. Soixante-quatorze ans après, l'électeur de Saxe fondait une école à Leipsick, et en nommait Hinsiken directeur.

Cependant la France était en retard : le Portugais Rodrigue Pereire, qui s'était présenté à Paris comme inventeur d'une nouvelle méthode dactylogique, et qui avait reçu du roi une pension et le titre de secrétaire-interprète, offrit de vendre le secret de cette méthode ; mais le prix qu'il en demandait ayant été jugé exorbitant, le gouvernement en refusa la communication ; Rodrigue Pereire n'entreprit plus alors l'éducation qu'après avoir fait jurer à ses élèves de ne pas révéler son secret, qui, gardé religieusement, mourut avec lui. Ce fut vers cette époque qu'une circonstance fortuite révéla à l'abbé de l'Épée sa sainte vocation.

Ses devoirs ecclésiastiques l'ayant appelé un jour chez une dame qui demeurait rue des Fossés-Saint-Victor, il trouva ses deux filles occupées à des travaux d'aiguille, et remarqua qu'elles étaient si profondément attentionnées à leur ouvrage, que le bruit de son entrée ne leur fit pas lever les yeux ; alors le bon abbé s'approcha d'elles et leur adressa la parole ; mais ce fut inutilement, les deux jeunes filles parurent ne pas entendre. Le visiteur, ne pouvant croire à une mystification, s'assit près des travailleuses et attendit. Dix minutes après, leur mère entra, tout fut expliqué en deux mots : les jeunes filles étaient sourdes-muettes.

Cette rencontre parut à l'abbé de l'Épée un enseignement du ciel sur la voie chrétienne qu'il avait à suivre ; il demanda la permission de se charger de l'éducation des deux demoiselles, commencée par le père Vanin ; et sans autres secours que celui des estampes, car il ne connaissait aucune des méthodes adoptées, il entreprit son œuvre de patience et de charité ; mais ne voulant pas s'en tenir à deux élèves particuliers, il proposa de donner des cours publics, appelant toutes les intelligences à son secours, et demandant aide aux savans de l'Europe dans la tâche qu'il avait entreprise.

Ce fut pendant un de ces exercices publics qu'un inconnu

---

(1) Ce jeune homme est M. F. Berthier, qui a dû à ses connaissances spéciales sur la matière l'honneur d'être choisi par l'Institut historique pour faire un mémoire sur l'éducation des sourds-muets de toutes les époques et de tous les pays.

(1) *Transactions philosophiques de Londres*, octobre 1698. *Histoire de l'éducation des Sourds-Muets*, par Ferdinand Berthier, 1830.

vint lui offrir un livre espagnol qui traitait de la matière. L'abbé de l'Épée, qui ignorait la langue dans laquelle il était écrit, allait refuser de faire cette acquisition, lorsqu'en l'ouvrant au hasard il tomba sur l'alphabet manuel de Pierre Bonnet, gravé en taille-douce. Ce livre était l'Art d'enseigner à parler aux muets.

Dès lors l'abbé de l'Épée partit d'un but et marcha vers un résultat. Sur quatorze mille livres de rentes qu'il avait, il n'en réserva que deux pour ses besoins personnels, et consacra le reste à ceux de ses élèves. Enfin, après dix ans de sollicitations auprès du roi, Louis XVI finit par lui accorder, sur sa cassette, une somme annuelle et la jouissance d'une maison voisine du couvent des Célestins. Deux ans après la mort de l'abbé de l'Épée, par ordonnance des 21 et 29 juillet 1791, cette maison devint institution royale. C'était quelques années auparavant que M. Scher avait fondé l'école de Zurich que nous allions visiter, et qui est attenante à celle des aveugles, fondée par M. Fauck, vers la même époque à peu près.

Il y avait en ce moment à l'institution dix-huit ou vingt sourds-muets, dont quelques-uns, outre l'alphabet manuel, possédaient encore la reproduction labiale. Comme ce genre d'instruction est peu adopté en France, était jugé inutile, nous donnerons sur lui quelques détails à nos lecteurs.

La reproduction labiale est la faculté qu'acquièrent les élèves de lire sur les lèvres de ceux qui leur parlent, et de répéter mot pour mot les paroles qu'ils ont prononcées. On nous fit venir un beau jeune garçon de quinze ans, au regard intelligent et à la figure mélancolique, qui en entrant, jeta les yeux sur son professeur, et qui, en les reportant sur nous, nous dit en français, sans aucun accent : — Bonjour, messieurs.

Nous lui adressâmes alors la parole ; et à toutes les questions que nous lui fîmes, reportant les yeux immédiatement sur son maître, il nous répondit avec ce même ton doux et monotone, sans aucun changement d'intonation, quelle que fût la différence dans la pensée dont les paroles étaient l'expression. Ceci nous paraissait tenir du miracle : c'était tout simplement de la mécanique. Il lisait la réponse qu'il devait nous faire tout haut sur les lèvres de son maître qui la faisait tout bas, et il la reproduisait avec la plus grande exactitude.

Au reste, malgré cette explication, la chose conservait bien encore son côté étonnant. Par quel mécanisme est-on parvenu à faire répéter par un automate des sons que son oreille n'entend pas, et par conséquent ne peut juger? Mais à l'évidence, cependant, il fallut se rendre : notre jeune muet reproduisit textuellement toutes les phrases que nous lui adressâmes en français, en anglais et en italien, mais toujours avec le même ton monotone et mélancolique, semblable à un écho vivant et rapproché, et non-seulement il nous répéta celles que nous lui disions, mais immédiatement, à haute voix, mentalement, en accompagnant cependant toujours la pensée du mouvement des lèvres, mais encore il répéta celles que le nôtre tourna de son côté, muettes devant une glace, dans laquelle il allait chercher sur l'image de nos lèvres l'ombre de notre parole.

Lorsque nous eûmes fini avec notre muet, on fit appeler un aveugle. Il entra avec cette physionomie ouverte et cette expression heureuse qu'on lit sur la figure de presque tous les malheureux privés de la vue ; c'était comme l'autre un enfant de quatorze ou quinze ans. Il tenait à la main un gros livre, qu'il alla poser sur une table avec la même hardiesse d'allure que s'il y voyait parfaitement ; puis, arrivé là, il se tourna comme par instinct vers son maître.

— Que faut-il que je fasse? lui dit-il en souriant.
— Mon cher enfant, lui dit le maître, ce sont deux étrangers, l'un Français, l'autre Anglais, qui ont entendu parler de notre institution et qui viennent pour la voir. Voulez-vous bien leur lire quelque chose?
— Volontiers, dit l'enfant.
— Quel est le livre que vous apportez?
— Je n'en sais rien, je l'ai pris au hasard dans la bibliothèque.
— Voyez le titre.

L'aveugle ouvrit le livre, passa son doigt sur les lignes écrites sur la première page, et répondit :
— Ce sont les Confessions de saint Augustin.
— En latin?
— Oui.
— Eh bien ! lisez-en quelque chose à ces messieurs; au hasard, où vous voudrez, peu importe.

L'enfant sauta une quarantaine de pages, puis, cherchant avec son doigt un alinéa, il lut cinq ou six minutes en suivant du doigt les caractères, et cela aussi vite qu'aurait pu le faire un autre avec ses yeux.

Je ne sais quel est le mécanisme dont on se sert pour les aveugles de Paris, je n'ai jamais vu d'institution de ce genre; mais ceux de Zurich apprennent par une méthode aussi simple que facile. Les lettres sont piquées d'un côté du papier avec une épingle, de sorte qu'elles ressortent en relief sur l'autre face. C'est en passant le doigt sur ce relief que l'aveugle lit par le toucher, et remplace un sens par un autre.

Nous écrivîmes nous-mêmes, à l'aide d'un alphabet préparé pour ces sortes d'expériences, plusieurs phrases dans différentes langues, que l'aveugle lut immédiatement sans hésitation, mais en conservant à chaque langue l'accentuation allemande.

Cette expérience finie, on lui apporta un solfège noté à la même manière, et il chanta plusieurs chants d'église et quelques airs nationaux. Enfin nous recommençâmes par un air la même expérience que nous avions faite pour une phrase, et il déchiffra à la première vue, solfiant à l'aide de ses doigts, toujours aussi juste qu'aurait pu le faire un musicien de seconde force, d'après la musique qu'il avait vue pour la première fois. Le temps avait passé vite au milieu de ces études si nouvelles pour nous, et notre estomac seul avait compté les heures; il sonna celle du dîner, et nous prîmes congé de nos muets et de nos aveugles.

En rentrant à l'hôtel, nous trouvâmes la table prête ; après le repas, nous demandâmes à notre hôte s'il n'y avait pas un café dans la ville; il nous répondit qu'il y en avait plusieurs, mais que, si nous désirions qu'on nous servît sans quitter l'hôtel, il allait nous faire venir ce que nous désirions du moins éloigné, et en même temps les journaux anglais et français que l'on y recevait. Nous acceptâmes. Dix minutes après on nous apporta le National et le Times. Chacun de nous mit la main sur son journal, et nous enfonçant le plus carrément possible dans nos fauteuils, le coude appuyé sur la table où fumait notre moka, et les pieds étendus vers le feu, nous commençâmes à dévorer notre pâture politique avec l'avidité de voyageurs qui, depuis deux ou trois mois, sont privés de toute nouvelle.

Tout à coup, au milieu de notre lecture, sir Williams poussa un cri étouffé. Je me retournai de son côté, je le vis très pâle. Qu'y a-t-il? lui dis-je, et qu'avez-vous?
— Lisez, me dit-il en me tendant le journal anglais.

Je jetai les yeux sur l'endroit qu'il m'indiquait, et je lus :
« Hier, 5 août, le roi a signé le contrat de mariage de miss Jenny Burdett avec sir Arthur Lesly, membre de la chambre. »

Je voulus essayer de donner à sir Williams quelque consolation, mais m'interrompant en me montrant la main :
— J'ai besoin d'être seul, me dit-il, devant vous je n'oserais pas pleurer.

Je serrai la main de ce brave et malheureux jeune homme, et je me retirai dans ma chambre.

PROSPER LEHMANN.

Le lendemain, à sept heures du matin, le garçon de l'hôtel entra dans ma chambre, et me remit une lettre de sir Williams; il s'excusait de me quitter sans prendre congé de moi, qui, disait-il, avais été si compatissant à ses vieilles douleurs; mais il craignait de lasser ma patience par ses douleurs nouvelles, et partait pour en supporter seul tout le poids. Cette lettre était accompagnée d'un petit cachet d'or, qu'il me priait de conserver en souvenir de lui. Je fis quelques questions au domestique, mais il ne savait rien de plus, si ce n'est que sir Williams avait passé une partie de la nuit à écrire, et, à trois heures du matin, avait fait mettre ses chevaux à la voiture et avait quitté Zurich.

J'employai le reste de la journée à visiter la cathédrale, qu'on dit fondée par Charlemagne, le cabinet d'histoire naturelle et la tombe de Lavater, tué, comme on le sait, en voulant tirer un de ses amis des mains de soldats français qui le maltraitaient. Masséna, qui a laissé à Zurich un mémoire sans tache, fit ce qu'il put, mais inutilement, pour découvrir le meurtrier.

A six heures, je m'embarquai sur le lac. Je me rappelais la promesse que j'avais faite à Prosper Lehmann au tir de Sarnen, et, comme je me trouvais assez près de Glaris, je pensai que le moment était venu de la tenir.

Je ne sais rien de plus ravissant que de voyager sur les lacs de la Suisse par une belle matinée de printemps ou d'automne, surtout lorsqu'un peu de brise dispense les mariniers de se servir de leurs rames : la barque glisse alors comme par magie et sans plus d'efforts qu'un cygne qui ouvre son aile. Souvent il semble que c'est le rivage qui fuit, et que c'est le bateau qui reste immobile. Pour moi, j'étais couché au fond du mien, les yeux fixés sur les nuages du soir, qui se roulaient et se déroulaient en aspects fantastiques, et au fond desquels naissaient, les unes après les autres, toutes les étoiles du ciel; en même temps la terre s'illuminait. Ces milliers de maisons qui s'éparpillent aux deux côtés du lac, entourées de leurs clos de vignes, allumaient leurs fanaux nocturnes, et, comme le lac réfléchissait à la fois les lumières de la terre et les lumières du ciel, la barque semblait flotter dans l'éther. Peu à peu tous les différens objets de ce grand spectacle se confondirent à mes yeux; ma pensée cessa de se maintenir à la place que leur avait fixée la nature. Je vis des palais se bâtir au ciel, des nuages descendre sur la terre, des étoiles filer au fond du lac, et je m'endormis, espérant aborder pendant mon sommeil dans le port de quelque monde inconnu.

Je me réveillai glacé. J'ouvris les yeux; il n'y avait plus ni ciel, ni étoiles, ni maisons; il ne restait de tout cela que le lac qui était fort agité, les nuages qui se fondaient en eau, et une brise du nord qui, heureusement, nous poussait vers Rapperschwyll, où nous arrivâmes en très piteux état sur les dix heures du soir.

Heureusement l'auberge du Paon, où nous descendîmes, est une des bonnes auberges de la Suisse; nous y trouvâmes bon visage, bon feu et bon souper; c'était plus qu'il n'en fallait pour nous remettre. Je demandai à mon hôte s'il pourrait, le lendemain, me procurer un cabriolet et un cheval pour me rendre à Glaris. Il se consulta un instant avec une espèce de garçon d'écurie, qui mettait du feu dans ses sabots pour se réchauffer les pieds, et le résultat de la délibération fut que j'aurais ce que je désirais.

Comme ce que j'avais à voir à Rapperschwyll, c'est-à-dire les tours et le pont, ne pouvait être vu qu'à la lumière du soleil, et que, vu l'orage qui durait toujours, il ne faisait pas même clair de lune, je pris congé d'une société de braves fermiers qui causaient grains et bestiaux, et j'allai me coucher.

Le lendemain, le temps était encore assez incertain; cependant le vent était tombé, et l'averse de la veille s'était convertie en une petite pluie fine qui, à la rigueur, n'empêchait pas de voir les objets; je m'acheminai vers le pont jeté sur le lac, et qui est la première merveille de la ville.

Il fut bâti en 1358 par Léopold d'Autriche, qui, ayant acheté le vieux Rapperschwill et la March, voulut établir une communication entre la ville et la rive gauche du lac. Il résulta de ce vouloir ducal un pont de bois reposant sur cent quatre-vingts piles et long de dix-sept cent quatre pas, que je mis, montre à la main, vingt-deux minutes à parcourir.

C'est arrivé au bout de ce pont qu'on voit, en se retournant, Rapperschwyll, sous son aspect le plus pittoresque; ses tours gothiques lui donnent un petit air formidable, qui ne laisse pas que d'être imposant, et que complète la poterne basse et voûtée qui forme une des portes du canton de Saint-Gall.

En rentrant à l'hôtel, je trouvai mon déjeuner et mon cabriolet prêts; j'avalai lestement l'un, et sautai immédiatement dans l'autre. Notre conducteur s'assit de côté sur le brancard, et nous partîmes au grand galop de notre coursier, qui, quoique paraissant peu habitué encore à la profession de cheval d'attelage, ne nous conduisit pas moins sains et saufs à Vesen, où nous nous arrêtâmes pour passer la soirée et la nuit.

Le lendemain nous partîmes d'assez bonne heure, et, laissant le lac de Wallenstadt à notre gauche, nous suivîmes la route qui longe la Linth. Au bout d'une demi-heure de marche à peu près, je m'étais vertueusement endormi en lisant l'histoire du Valais du père Schkinner, et je ne sais pas depuis combien de temps durait mon sommeil, lorsque je fus réveillé en sursaut par un mouvement désordonné de mon équipage et par les cris de Francesco. Je rouvris les yeux, notre conducteur n'était plus sur son brancard, notre cabriolet allait comme le vent, entre un précipice de quinze cents pieds de profondeur et une montagne presque à pic; notre cheval s'était tout simplement emporté, fatigué qu'il était de traîner une brouette derrière lui; au moins c'est ce que je crus comprendre par ses hennissemens et ses ruades.

La situation était assez précaire; notre conducteur, en abandonnant son poste, avait lâché les rênes; elles traînaient à terre, s'accrochant à chaque caillou et occasionnant à chaque accroc des écarts peu rassurans sur une route de douze pieds de large au plus. Ressaisir les rênes avec la main était chose impossible, les pieds de notre cheval venant à chaque instant faire luire leurs fers à huit ou dix pouces de notre visage; sauter à bas du cabriolet était chose impraticable; car, à gauche, emportés par l'élan, nous roulions inévitablement dans le précipice, et à droite, nous étions écrasés entre la roue et le talus. Francesco priait tous les saints du paradis en allemand et en italien, et avait tellement perdu la tête qu'il n'entendait pas un mot de ce que je lui disais. Je résolus alors de m'en tirer tout seul, puisqu'il n'y avait pas d'aide à attendre de lui. Je parvins à abaisser la capote du cabriolet et à m'emparer d'un de nos bâtons de voyage : avec son extrémité je soulevai la bride, que je ressaisis heureusement; c'était déjà beaucoup, car j'espérais, grâce à elle, maintenir notre cheval dans le milieu de la route jusqu'à Näfels, que j'apercevais à un quart de lieue devant nous; et je n'avais plus à craindre qu'une chose, c'est que, inaccoutumée depuis sa vieillesse à un exercice aussi violent, la voiture se disloquât. Heureusement il n'en fut pas ainsi; nous approchions de la ville avec la vitesse d'un tourbillon; j'espérais trouver un obstacle contre lequel la course enragée de notre Bucéphale irait se briser; mais il entra dans la rue sans coup férir et continua sa route sans tenir compte du changement de localité.

Cependant la chose ne pouvait durer ainsi, à moins de risquer d'écraser les chiens et les enfans qui se rencontreraient sur notre route. J'avisai donc une maison qui avançait sur la rue, et je décidai que c'était là que finirait notre voyage. En effet, lorsque je me trouvai bien à portée, je tirai violemment les guides de la main droite; le cheval suivit l'impulsion donnée, et, sans rien voir, il alla comme un bélier donner du front contre la muraille. Le coup fut si violent qu'il plia sur les jarrets de derrière, reculant presque avec la même promptitude qu'il avait avancé; mais dans ce mouvement il passa sous une enseigne; je profitai de l'occasion; je lâchai bride et bâton, et, criant à Francesco d'en faire autant, je saisis de mes deux mains la branche de fer, et, me laissant tirer du cabriolet comme une lame de son fourreau, je restai pendu ainsi qu'Absalon; seulement, comme ce n'était point par les cheveux, je n'eus qu'à lâcher prise pour me retrouver immédiatement sur la terre, dont, grâce à la dimension de mes jambes, je n'étais distant que de deux ou trois pieds. Quant au cabriolet, au cheval et à Francesco, ils avaient continué leur route triomphale au milieu des cris de Halt ab! halt ab! dont le seul résultat était de donner à leur course une nouvelle vitesse.

Je me mis aussitôt à leur poursuite, en criant de mon côté: Arrête! arrête! et fort inquiet au surplus, non pas de la voiture, non pas du cheval, mais du pauvre Francesco, qui, dans l'état où il était, ne pouvait guère s'aider lui-même. Je courais ainsi depuis cinq minutes, lorsqu'au détour d'une rue je trouvai machine, bête et homme étendus mollement sur une couche de fagots qu'ils avaient heureusement rencontrée à la porte d'un boulanger. De tout cela c'était le cabriolet le plus malade; un des brancards était brisé, et le chasse-crotte en lambeaux. Pendant que nous examinions le dommage, notre conducteur arriva qui en réclama le prix. Cette prétention suscita une grave difficulté, vu que, de mon côté, je prétendis que, si quelqu'un avait à se plaindre, c'était lui, sans contredit, moi, qui avais, grâce à la maladresse et à la trahison du cocher, manqué de me casser le cou.

La discussion ayant pris une certaine consistance, nous en appelâmes au juge.

Les plaintes exposées de part et d'autre, le juge ordonna qu'on examinât le cheval, qui fut incontinent reconnu par les gens de l'art pour un poulain de deux ans qu'il n'avait jamais été mis à la voiture. Il résulta de cet examen un jugement digne du roi Salomon; je fus condamné à payer quinze francs de louage; mon cocher fut condamné à passer un mois en prison, et le maître de l'hôtel du Paon fut condamné au raccommodage de sa carriole. Au reste, une demi-heure suffit au bailli de Nœfels pour prendre connaissance de l'affaire, entendre les plaidoyers et prononcer son verdict. Avant de le quitter, je demandai à ce brave homme de juge son nom et son adresse, en lui promettant d'en faire part à mes amis et connaissances; puis, la chose religieusement inscrite sur mon album, nous reprîmes nos sacs et nos bâtons, et nous continuâmes notre route à pied. Heureusement nous n'étions plus qu'à deux lieues de Glaris.

En entrant dans la ville, je m'approchai du premier groupe que je rencontrai, et je demandai si l'on connaissait Lehmann le chasseur. Tout le monde me répondit affirmativement, mais, comme il ne demeurait pas à Glaris même, mais dans un chalet sur le chemin de Mitlodi, un paysan qui faisait route de ce côté m'offrit de me conduire chez lui. Je ne m'arrêtai donc à Glaris que le temps de regarder les peintures à fresque qui ornent une maison en face de l'auberge, et qui représentent un combat entre un croisé et un Sarrasin, une femme jetant un bouquet par une fenêtre, et un lion debout derrière des barreaux; puis nous sortîmes de la ville, et, après dix minutes de marche, mon guide me montra une charmante maisonnette près de laquelle pâturaient deux vaches, et, sous une treille de vigne, Lehmann lui-même se chauffant aux derniers beaux rayons du soleil d'été avec sa femme et sa fille. En effet, je reconnus aussitôt mon ours des Alpes, et, sautant par dessus le fossé qui borde la route, je m'avançai vers le châlet.

Du plus loin qu'il m'aperçut il vint à moi.

— A la bonne heure, me dit-il, voilà un homme de parole; je commençais à ne pas compter sur vous.

— Et vous aviez grand tort, répondis-je, avec la promesse d'une chasse au chamois, vous m'auriez fait aller jusqu'au fond du Tyrol. Mais j'ai été tourmenté toute la journée de l'idée que le temps ne serait pas favorable.

— Si fait, dit Lehmann. Voyez les montagnes du fond, elles sont toutes blanches de la neige qui est tombée ce matin; c'est signe de beau temps pour quatre ou cinq jours.

— Et nous en profiterons?

— Dès demain si vous voulez.

— Eh bien! maintenant, il ne me reste plus qu'un aveu à vous faire.

— Lequel?

— C'est que Francesco et moi nous avons une faim de loup.

— Tant mieux, vous trouverez notre pauvre cuisine meilleure. Allons, allons, dit-il en allemand à sa femme et à sa fille, alerte; un cuisseau de chamois à la broche et des œufs dans la poêle! — Avec cela on ne dîne pas somptueusement, continua-t-il en se retournant de mon côté, mais au moins on ne meurt pas de faim. Maintenant voulez-vous venir voir votre chambre?

— Comment, ma chambre?

— Oui, oui; depuis que ma femme sait que vous devez venir, elle vous a préparé votre appartement; vous avez notre lit de noce, la courte-pointe brodée et les deux seuls tableaux qu'il y ait dans la maison; ils représentent une dame et un monsieur qui seront, je crois, de connaissance.

Je suivis Lehmann; il me conduisit dans une charmante petite chambre, devant les croisées, de laquelle s'étendait un magnifique balcon chargé de pots de fleurs et sculpté dans le goût de la renaissance. De ce belvédère, la vue se portait à l'occident sur la chaîne de Glarnich, suivait la vallée, embrassait la ville de Glaris toute entière, et, remontant la Linth jusqu'à sa source, allait s'arrêter sur la cime blanche et neigeuse du Dodi, qui s'élevait à l'horizon comme un rempart infranchissable et glacé.

— Et maintenant que vous voilà installé, me dit Lehmann, je vais vous laisser faire votre toilette de voyageur. Voici dans cette armoire du kirsch et du sucre, dans ces jarres de l'eau, dans ces tiroirs des serviettes; si vous avez besoin de quelque chose, vous frapperez du pied, on montera.

Je restai un instant sur le balcon, puis je me rappelai les deux tableaux dont m'avait parlé mon hôte, et qui représentaient un monsieur et une dame de ma connaissance. Je rentrai aussitôt, et, dans des cadres de bois noir, je reconnus, quoique les noms ne fussent pas au bas, les portraits enluminés de Talma et de mademoiselle Mars, l'un dans le costume de Sylla, l'autre dans celui de l'École des Vieillards. Décidément mon ours était un homme des plus civilisés.

Mademoiselle Mars et Talma dans une chaumière de la Suisse, dans une vallée perdue de la Linth! Les deux grands génies dramatiques de notre époque réunis dans une chambre préparée pour moi! C'était me faire croire à un raffinement d'hospitalité bien étonnant dans un chasseur des Grisons. Mais, quelle que fût la cause de leur présence, elle ne ramena pas moins mon esprit à un tout autre ordre de pensées; la grande décoration des montagnes disparut, la perspective de la vallée s'effaça, le théâtre changea à vue, et je me trouvai en esprit dans la salle de la rue de Richelieu, assis à l'orchestre et regardant jouer la première représentation de l'École des Vieillards.

Ce fut un grand triomphe, je me le rappelle. D'abord c'était une belle œuvre, puis splendidement jouée, jamais Talma et mademoiselle Mars ne m'avaient paru plus beaux. On les rappela, on rappela l'auteur. Son frère le traîna de force dans une loge; ils se jetèrent dans les bras l'un de l'autre, le parterre éclata en applaudissemens. C'était une fête.

A cette époque, je connaissais déjà un peu Casimir, et j'étais content et heureux pour lui; je n'ai jamais eu d'envie, et surtout alors, où, étant parfaitement inconnu, ce mauvais sentiment ne pouvait m'atteindre. Cependant j'étais triste, mais d'une idée accablante pour moi. Depuis trois ou quatre ans j'étais tourmenté du besoin de travailler pour le théâtre; j'avais consciencieusement étudié nos grands maîtres, j'avais à leur égard une admiration profonde, mais je sentais en moi une impossibilité complète de faire quelque chose dans les règles qu'ils avaient prescrites et suivies: aussi manquais-je bien rarement une représentation nouvelle, espérant toujours trouver chez les modernes un point de départ pour un monde nouveau, une boussole pour cette étoile encore voilée que je cherchais au ciel, un vent qui me poussât au milieu de cet océan de passions humaines qu'on appelle un drame.

Il y avait quelque chose de ce que je cherchais dans l'œuvre qui venait de se dérouler sous mes yeux. La force, la vérité et la nature avec lesquelles Talma et mademoiselle Mars en avaient joué certaines parties me confirmaient dans la certitude qu'on pouvait créer une manière plus franche dans sa forme, plus libre dans son allure, plus vraie dans ses détails; mais toutes ces perceptions n'étaient encore que les oiseaux dans l'air et les algues sur l'Océan, qui annonçaient à Christophe Colomb qu'il était dans le voisinage d'une terre, mais sans lui dire où était cette terre.

Six mois après, les acteurs anglais arrivèrent à Paris. Trois ans auparavant, on les avait accueillis au théâtre de la Porte-Saint-Martin avec des huées et des trognons de pommes. C'est ce qu'on appelait alors de l'esprit national. Cette fois ils jouaient à l'Odéon, et la meilleure société de Paris faisait queue pour aller applaudir Smithson et Kemble. Je l'avouerai à ma honte, à cette époque, je ne connaissais Shakespeare que par les imitations de Ducis. J'avais vu jouer Hamlet par Talma, et, quelque tragique que fût l'acteur dans cette pâle copie, l'ouvrage en lui-même ne m'avait fait qu'un médiocre plaisir; j'eus donc quelque peine à me décider à aller revoir le même ouvrage joué par Kemble, dont la réputation était loin d'égaler celle de notre grand tragédien.

Il me serait difficile de raconter ce qui se passa en moi dès la première scène; cette vérité de dialogue dont alors je ne comprenais pas un mot, il est vrai, mais dont l'accent simple des interlocuteurs me donnait la mesure; ce naturel du geste qui s'inquiétait peu d'être trivial pourvu qu'il fût en harmonie avec la pensée; ce laisser-aller des poses qui ajoutait à l'illusion, en faisant croire que l'acteur, occupé de ses propres affaires, oubliait qu'elles se passaient devant un public. Au milieu de tout cela la poésie, cette grande déesse qui domine toujours l'œuvre de Shakespeare, et dont Smithson était une si merveilleuse interprète, bouleversait entièrement toutes les idées acquises, et, comme au travers d'un brouillard, me laissait apercevoir des resplendissantes des idées innées. Enfin, quand j'arrivai à la scène où toute la cour réunie regarde la représentation fictive de cette tragédie dont la mort du roi de Danemarck a fourni le sujet réel, quand, après avoir vu le jeune Hamlet, dans sa feinte folie, se coucher aux pieds de sa maîtresse, jouant avec son éventail et regardant sa mère à travers les branches, je le vis, à mesure que l'intrigue infernale se déroulait, rendre progressivement à sa figure l'expression lucide et profonde d'une haute intelligence; lorsque je le vis ramper, comme un serpent, du côté droit au côté gauche de la scène, s'approcher de la reine la bouche haletante, les yeux étincelans et le cou tendu, et, au moment où, s'apercevant qu'elle ne peut plus supporter le spectacle de son propre crime, et qu'elle se trouble, et qu'elle se détourne, et qu'elle va s'évanouir, il se dresse tout à coup en criant: « Ligth! ligth! » je fus prêt à me lever comme lui, et à crier comme lui : « Lumière! lumière!... »

Cinq ans étaient passés depuis cette époque; Talma était mort, Kemble voyageait en Amérique, Smithson, après avoir donné l'élan et l'exemple à toutes les actrices qui depuis se sont fait un nom dans le drame moderne, s'était effacée et perdue dans la vie privée comme une étoile qui s'éteint au ciel. Moi-même, après avoir tenté de réaliser mon beau rêve et de retrouver, pareil à Vasco de Gama, un monde perdu, dégoûté déjà, au commencement de ma carrière, comme d'autres l'ont été à la fin de leur vie, je venais chercher au milieu des montagnes de la force pour continuer cette lutte, où, comme Sisyphe, il faut incessamment repousser le rocher de la médiocrité qui retombe sur vous. Mademoiselle Mars seule, toujours belle, toujours jeune, toujours comprise et aimée du public, restait debout sur son piédestal, trouvait dans son talent des forces pour résister à tout, même au succès, et, pour dernière satisfaction d'amour-propre, pouvait, en voyageant en Suisse, rencontrer son portrait au fond d'une chaumière.

J'en étais là de mes réflexions philosophiques lorsque Lehmann rentra; j'allai vivement à lui. — Comment diable avez-vous ces deux portraits? lui dis-je,

— Je les ai achetés à un colporteur, me répondit-il.

— Pourquoi ceux-là plutôt que d'autres?

— Parce que c'étaient les portraits de l'empereur Napoléon et de l'impératrice Joséphine.

— Votre colporteur vous a trompé, mon ami, ces portraits sont ceux de Talma et de mademoiselle Mars.

— Vraiment!... Ah bien! à son prochain passage, je m'en vais un peu les lui rendre.

— Gardez-vous en bien, lui dis-je, et conservez-les religieusement, au contraire; les portraits ne sont pas ceux de l'empereur et de l'impératrice, c'est vrai; mais ce sont ceux d'un grand roi et d'une grande reine qui, comme Napoléon et Joséphine, n'ont point laissé d'héritiers.

A la fin du dîner, Lehmann me demanda si je ne voulais pas l'accompagner dans la montagne, où il allait préparer notre chasse du lendemain; quoique je ne comprisse pas trop comment on pouvait préparer une chasse au chamois, je lui répondis que j'étais prêt à le suivre; il mit alors du sel plein sa poche, et nous partîmes.

La montagne dans laquelle nous devions chasser s'appelait le Glarnich: c'est un glacier à deux cimes, où les chamois sont retranchés comme dans une forteresse inexpugnable. Nous prîmes la grande route jusqu'à Mitlodi; alors nous tournâmes à droite, nous suivîmes les bords d'une petite rivière qui n'a point de nom, puis nous la traversâmes en sautant de roches en roches, et nous nous engageâmes dans un bois de sapins qui s'étendait à la base du Glarnich; après une heure de marche, nous arrivâmes à sa lisière opposée. Nous marchâmes encore à peu près une autre heure, sans suivre aucune route tracée. Enfin nous trouvâmes une espèce d'arête étroite et raboteuse sur laquelle Lehmann s'engagea sans regarder si je le suivais.

Je le laissai aller; puis, voyant qu'il continuait sa route sur cette espèce de pont de Mahomet, je l'appelai.

— Eh bien! me dit-il en se retournant, pourquoi ne me suivez-vous pas?...

— Tiens, parce que je me casserais le cou, moi.

— Vous croyez?

— J'en suis sûr.

— Diable!

— Est-ce qu'il n'y a pas un autre chemin?

— Oui; mais j'ai pris le plus court.

— Vous avez eu tort, j'aurais mieux aimé faire une lieue de plus.

— Maintenant ce n'est point la peine, nous sommes arrivés ; tenez, ajouta-t-il en me montrant du doigt une petite esplanade verte qui s'étendait de l'autre côté du pont qu'il traversait, ça c'est la petite plaine.

— Eh bien! allez-y; je vous attendrai ici pour ce soir, demain je serai peut-être plus brave.

— Oh! demain nous prendrons un autre chemin.

— Meilleur que celui-ci?

— Une grande route.

— Alors allez, allez, je me repose.

Je me couchai les yeux fixés sur Lehmann, qui continua son chemin, traversa sans accident le passage périlleux dans lequel il était engagé, puis, arrivé sur l'esplanade, tira le sel de sa poche et se mit à le semer, comme un laboureur fait du blé; je le regardai tant que je pus le voir, sans rien comprendre à cette manœuvre, et me promettant de lui en demander l'explication à son retour; mais bientôt il suivit une pente qui le cacha à mes yeux; j'attendis dix minutes encore, regardant du côté où je l'avais perdu de vue. Mais tout à coup il reparut à une grande distance de là, tenant à la main une branche d'arbre, et suivant, pour revenir au pont, la cime du précipice. Arrivé au lieu de l'arête, il attacha à la branche un mouchoir de cotonnade rouge, planta la branche dans la gerçure d'une pierre et revint à moi.

— Là, me dit-il ; maintenant c'est besogne faite !

— Et que va-t-il résulter de cela?

— Il va résulter que demain la rosée fera fondre le sel semé ce soir, et que, comme les chamois sont très friands barbe salée, ils se réuniront à cinq ou six, dix peut-être, à l'endroit où leur gourmandise les attirera. Cet endroit est à portée de balle d'un rocher jusques auquel je puis arriver sans être vu. A mon coup de fusil, ils fuiront de ce côté, mais mon mouchoir leur barrera la route, et ils seront forcés d'aller passer tous, les uns après les autres, près de l'endroit où je vous embusquerai ; de sorte que nous serons bien maladroits si nous ne rapportons pas chacun notre bête.

Cette assurance me donna un nouveau courage pour le lendemain. Nous redescendîmes vers le chalet, où nous arrivâmes à la nuit noire. Comme Lehmann me menaçait de me réveiller deux heures avant le jour, je me retirai dans ma chambre, et, après avoir fait ma prière dramatique à Talma et à mademoiselle Mars, je m'endormis du sommeil du juste, et rêvai que je tuais six chamois.

UNE CHASSE AU CHAMOIS.

Lehmann me tint parole : à trois heures il entra dans ma chambre tout accoutré pour la chasse ; je sautai à bas de mon lit, et en un tour de main je fus prêt à mon tour ; j'hésitai quelque temps entre ma carabine, qui portait plus juste et plus loin, et mon fusil, qui m'offrait la chance d'un second coup ; enfin je me décidai pour mon fusil. Je retrouvai tout servi le reste du souper de la veille ; mais il était de trop bon matin pour que j'eusse envie de lui faire honneur. Je me contentai de remplir ma gourde de kirsch et de mettre un morceau de pain dans mon carnier. Lehmann me vit faire et se mit à rire : — Ne vous chargez pas trop, me dit-il, nous déjeunerons dans la montagne. En effet, il mit dans sa carnassière un paquet tout préparé, et qui me parut contenir un assortiment de provisions assez comfortable.

Nous nous mîmes en marche aussitôt, mais en prenant, comme me l'avait dit Lehmann, un autre chemin que celui de la veille ; au lieu de suivre la route comme nous l'avions fait jusqu'à Mitlodi, nous la traversâmes, et, piquant droit devant nous à travers plaine, nous arrivâmes au bout d'une demi-heure à un petit village que mon compagnon me dit se nommer Seerati. Lorsque nous en sortîmes, nous nous trouvâmes sur le bord d'un charmant petit lac tranquille, silencieux et argenté. Un ruisseau qui descendait du Glarnich, et qui venait se jeter en bondissant sur les cailloux dans ce charmant miroir des fées, troublait seul de son bouillonnement ce calme délicieux de la nuit. Nous le remontâmes jusqu'à sa source, puis, arrivés là, Lehmann s'engagea dans la montagne en me faisant signe de le suivre ; car, quoique nous fussions encore éloignés de l'endroit où nous comptions trouver le gibier, depuis longtemps nous ne parlions plus, de peur qu'un de ces échos étranges, comme il y en a dans les montagnes, et qui portent la voix à des distances où l'on croirait la détonation d'un fusil ne pourrait atteindre, n'allât indiscrètement réveiller avant le temps ceux que nous venions saluer à leur petit lever. Au reste, Lehmann, en chasseur prudent et exercé, avait pris le vent, de sorte que, avec quelques précautions de notre part, ils ne pouvaient ni nous sentir ni nous entendre.

Nous marchâmes ainsi une demi-heure à peu près dans des chemins assez difficiles, mais cependant encore praticables ; de temps en temps nous passions près de grandes nappes de neige que nous évitions de peur du bruit qu'elle eût fait en s'écrasant sous nos pieds. L'air se refroidissait sensiblement, nous approchions de la région des glaces. Enfin, au pied d'un rocher, nous aperçûmes une cabane à moitié enterrée ; Lehmann en poussa la porte, y entra le premier, je le suivis.

— Nous voilà arrivés, me dit-il, et ici nous pouvons parler, car il n'y a plus d'écho qui nous trahisse ; dans un quart d'heure le jour commencera à paraître, et alors nous irons prendre notre poste.

— Mais, lui répondis-je, ne vaudrait-il pas mieux aller nous placer pendant la nuit ? nous aurions eu une chance de plus, celle de ne pas être vus.

— Oui, mais il pourrait arriver qu'un chamois, que nous aurions ainsi précédé à son rendez-vous, rencontrât notre trace, et non-seulement rebroussât chemin, mais en encore donnât l'alarme à ses camarades ; ce qui nous ferait faire une course inutile, tandis qu'en arrivant derrière eux nous ne courons pas risque d'être éventés ; reste la crainte d'être vus ; mais vous n'avez qu'à me suivre et à imiter tous mes mouvements, et je vous réponds que, si malins qu'ils soient, nous leur en revendrons encore. En attendant, si vous le voulez bien, nous allons fermer la porte et nous occuper de certains détails dont vous apprécierez encore mieux l'opportunité dans deux heures qu'à présent.

A ces mots, Lehmann battit le briquet, alluma une chandelle, ouvrit une espèce d'armoire dans laquelle il y avait une casserole, une poêle et quelques assiettes, tira le paquet de sa carnassière, et déposa près de ces ustensiles du vin, du pain, du fromage et du beurre.

— Ah ! ah ! fis-je, manifestant mon approbation pour ces préparatifs.

— Comprenez-vous ? me dit-il ; nous ferons ici, sur cette esplanade, en face d'une des plus belles vues des Alpes, quelque chose de plus délicieux qu'un repas de roi, c'est-à-dire un déjeuner de chasseurs ; j'ai pensé que vous aimeriez mieux cela que de revenir à Glaris.

— Et vous avez bien pensé, dis-je ; mais que fricasserons-nous avec notre beurre, et que mangerons-nous avec notre pain ?

— Ah ! voilà ! notre déjeuner est dans le canon de notre fusil.

— Diable ! fis-je, et le mien qui est vide.

— Chargez alors ; pour moi, c'est chose faite.

Je glissai d'un côté une cartouche contenant dix chevrotines, et de l'autre deux balles mariées.

— Voilà, dis-je, je suis prêt.

Lehmann regarda ce fusil qui se chargeait si vivement et si commodément, me le prit de la main, le tourna et le retourna en secouant la tête.

— Voulez-vous vous en servir et me donner votre carabine ? lui dis-je. — Il hésita un instant.

— Non, répondit-il en me le rendant, ma carabine est une vieille arme, mais une arme que je connais ; il y a dix ans que nous ne nous sommes quittés que pour dormir chacun de notre côté ; je suis sûr de elle comme elle est sûre de moi, et toutes ces nouvelles inventions du monde ne nous brouilleront pas ensemble ; gardez votre fusil, je garderai le mien, et dépêchons-nous de gagner notre poste, car les chamois doivent être maintenant au leur.

Nous sortîmes aussitôt ; une légère teinte matinale commençait à blanchir le ciel ; à nos pieds s'étendait le petit lac qui dormait toujours dans l'ombre, ayant à l'une de ses extrémités le village de Seerati, et à l'autre celui de Richisau ; derrière nous s'élevait la crête de la montagne, le long de laquelle pendaient comme une chevelure blanche les extrémités inférieures d'un glacier. Au bout de vingt pas, nous trouvâmes le chemin coupé par un large ravin d'un quart de lieue de longueur à peu près ; un tronc d'arbre était jeté d'un bord à l'autre ; je regardai tout autour de nous, et voyant qu'il n'y avait pas d'autre passage, je posai la main sur le bras de Lehmann ; il me comprit parfaitement.

— Soyez tranquille, me dit-il à voix basse, ceci est mon chemin à moi ; quant au vôtre, il est plus facile ; suivez le bord de ce ravin ; à son extrémité vous trouverez un grand rocher qui domine une petite esplanade d'une vingtaine de pas ; cette petite esplanade est comme une île entourée de tous côtés de précipices ; aussitôt que j'aurai tiré, les chamois se dirigeront de ce côté, et autant il y en aura, autant sauteront du rocher sur l'esplanade, et de l'esplanade de l'autre côté, sur une pelouse qu'elle domine elle-même.

comme elle est dominée par le rocher. Maintenant gagnez votre affût, ne faites pas de bruit, et attendez.

— Puis-je rester encore un instant ici pour voir comment vous passerez sur l'autre bord sans balancier?

— Parfaitement, ce n'est pas plus difficile que cela, voyez.

Lehmann ôta ses souliers, mit sa carabine en bandoulière, et, saisissant de ses pieds nus les aspérités du sapin, il s'avança sur ce chemin étroit et tremblant avec autant d'assurance que j'aurais pu en avoir moi-même sur le pont des Arts.

La chose était, au reste, si effrayante, que rien qu'à regarder cet homme je sentais le vertige me monter à la tête; mes cheveux pleins de sueur se dressèrent sur mon front, tous les nerfs de mon corps se tordirent comme s'ils voulaient se nouer, et, ne pouvant rester debout devant un pareil spectacle, je fus forcé de m'asseoir.

En quelques secondes Lehmann arriva à l'autre bord sans accident, et, se retournant, il m'aperçut assis; à son air étonné, je vis qu'il ne comprenait rien à mon attitude. Aussitôt je me relevai, et me mis en route pour ma destination. Au bout de dix minutes j'arrivai au rocher, je reconnus l'esplanade qui dominait le ravin en entonnoir qui s'étendait à ses pieds; seulement j'avoue que je ne comprenais rien au double bond que devaient faire les chamois, le premier étant de vingt pieds de haut à peu près, et le second de quinze ou dix-huit de large.

Lorsque j'eus fait l'inspection de mon domaine, je m'établis à mon poste, et portant les yeux vers le point où j'avais quitté Lehmann, je l'aperçus qui, après avoir fait un long détour pour se retrouver à bon vent, gravissait le flanc de la montagne plutôt comme un serpent qui rampe ou un jaguar qui se traîne que comme un homme qui a reçu de Dieu des jambes pour marcher et l'*os sublime* pour regarder le ciel.

De temps en temps il s'arrêtait tout à coup, restait immobile comme un tronc d'arbre; alors, à force de fixer les yeux sur le même objet, tous les objets se confondaient; je ne reconnaissais plus le chasseur des rochers qui l'entouraient jusqu'à ce qu'un nouveau mouvement me fît distinguer la nature animée de la nature morte; puis il se mettait en route avec les mêmes ruses et les mêmes précautions, profitant de tous les accidens de terrain qui pourraient favoriser sa marche, en le dérobant aux yeux du gibier défiant qu'il tentait de joindre; parfois je le voyais disparaître derrière un buisson, je le croyais arrêté à l'endroit où ma vue l'avait perdu. Je restais les yeux fixés à la place où je pensais qu'il devait être ; mais tout à coup, à trente ou quarante pas de là, je le revoyais marchant sur ses pieds, accroupi sur ses genoux ou rampant sur son ventre, suivant que le terrain lui permettait d'adopter l'un de ces modes de locomotion; enfin je le vis s'arrêter derrière un rocher, lever la tête, approcher son fusil de son épaule, viser un instant, puis, remettant son fusil au repos, traverser un nouvel espace de dix pieds, gagner une autre pierre, appuyer de nouveau sur elle le canon de sa carabine, épauler une seconde fois, puis rester immobile comme le roc qui lui servait d'appui. Il faut être chasseur pour comprendre ce que j'éprouvais; j'étais haletant, mon cœur bondissait avec une telle force que je l'entendais battre. Enfin un éclair sillonna la montagne, une seconde après le bruit arriva jusqu'à moi, passa au-dessus de ma tête, et alla comme un tonnerre gronder dans les échos du Glarnich; quant à Lehmann, il était resté couché au même endroit, sans bouger après le coup. Je ne comprenais rien à son inaction, quand tout à coup je le vis reposer l'extrémité de sa carabine sur le rocher, épauler une seconde fois, viser avec la même attention, et un nouvel éclair fut suivi d'une nouvelle détonation; cette fois, je le vis aussitôt, poussant un cri et faisant un geste pour m'avertir. En effet, au même moment une ombre passa au-dessus de moi, un chamois tomba sur l'esplanade, et, d'un bond si rapide que j'eus à peine le temps de le voir, il s'élança de l'autre côté du ravin. J'étais encore tout étourdi de cette rapidité, lorsqu'une deuxième ombre répéta la même manœuvre. Machinalement je portai mon fusil à mon épaule; au même instant une troisième ombre passa; au moment où elle touchait l'esplanade, je lui jetai mon coup de chevrotine, il sembla l'emporter dans sa flamme et dans sa fumée; je courus aussitôt au bord du ravin, et j'aperçus mon chamois qui, blessé sans doute, n'avait pu le franchir et s'était retenu par la corne de ses pieds aux petites aspérités du mur en talus qui formait le rocher. Je profitai de cet instant, tout rapide qu'il était, et lui envoyai mon second coup; aussitôt il lâcha l'angle auquel il se retenait et roula au fond du ravin. Je jetai mon fusil, je descendis de rochers en rochers, d'arbres en arbres, je ne sais comme; pour le moment, il n'était plus question de vertiges; je voyais l'animal se débattant dans les convulsions de l'agonie, j'avais peur qu'il ne remontât, qu'il ne trouvât quelque issue souterraine, qu'il ne m'échappât enfin par un moyen quelconque; si bien que, ne m'inquiétant que du moyen de descendre jusqu'à lui, sans penser au moyen de remonter ensuite, je me laissai glisser de la hauteur de trente pieds sur le talus de la pierre, et me trouvai immédiatement, sans autre accident que la disparition entière du fond de ma culotte, auprès de ma victime, sur laquelle je me jetai furieusement, croyant toujours qu'elle parviendrait à m'échapper tant que je n'aurais pas mis la main dessus : il n'y avait pas de danger, le pauvre animal était déjà mort.

Je lui liai aussitôt les quatre pattes ensemble, je me passai autour du cou, et, tout fier de ma capture, je m'apprêtai à aller rejoindre mon compagnon. Malheureusement c'était là la difficile; j'étais dans un véritable entonnoir, et d'aucun côté le talus n'était assez doux pour que je pusse remonter seul et sans aide. Un instant je tournai tout autour de ma fosse, à peu près comme le font les ours du Jardin des Plantes, puis, voyant que je n'avais aucune chance de terminer l'ascension à mon honneur, je me décidai à surmonter ma mauvaise honte, et à appeler Lehmann à mon secours. Au moment où j'ouvrais la bouche, je l'entendis qui m'appelait lui-même; je lui répondis aussitôt. Un instant après, il parut sur le bord de l'esplanade, ayant deux chamois en sautoir.

— Que diable faites-vous là? me dit-il, et pourquoi êtes-vous descendu là-dedans?

— Pardieu! vous le voyez bien, répondis-je en montrant mon chamois, je suis descendu y chercher mon déjeuner; seulement je ne puis plus remonter, voilà tout.

— Ah! ah! dit-il, il paraît que nous avons fait chacun notre affaire; bravo! maintenant il s'agit de vous tirer de là.

— Mais oui, répondis-je, je crois, en effet, que c'est pour le moment la chose la plus urgente.

— C'est bien, attendez-moi.

— Oh! vous pouvez être tranquille, je ne me sauverai pas.

Lehmann prit le même chemin que j'avais suivi, descendant à travers les rochers avec une agilité merveilleuse, si bien qu'au bout de quelques secondes il se trouva au bord du talus le long duquel je m'étais laissé glisser.

— Maintenant, me dit-il en me jetant le bout d'une corde, voulez-vous nous débarrasser de votre chamois, qui vous alourdit toujours d'une soixantaine de livres?

— Avec grand plaisir.

— Alors attachez-lui les pattes à l'extrémité de cette corde, et il va vous montrer le chemin.

En effet, cette opération finie, j'eus le plaisir de voir ma chasse, tirée par Lehmann, gagner les régions supérieures, non sans laisser toutefois des fragmens de son poil et même de sa chair à toutes les aspérités du roc; cela me fit faire de sérieuses réflexions.

— Lehmann ! dis-je.

— Hein ? fit le chasseur en mettant la main sur mon chamois.

— Est-ce que vous comptez vous servir pour moi du même procédé que vous venez d'employer à l'égard de cet animal?

— Oh ! non, me répondit Lehmann; pour vous, ça va être une autre mécanique.

— Bien longue à organiser?

— Cinq minutes.

— Allons, c'est bien ; faites, mon ami, faites. Lehmann s'éloigna, et je me mis à me promener en sifflant au fond de mon entonnoir ; au bout du temps indiqué, je levai le nez et ne vis personne ; alors je m'assis sur un rocher qui avait sans doute roulé comme moi dans cette espèce de trappe, riant de la position ridicule où je me trouvais ; au bout de dix minutes, je trouvai que j'avais assez ri comme cela, et, me relevant, j'appelai Lehmann ; personne ne me répondit ; j'appelai une seconde fois, même silence.

Alors, je l'avoue, une certaine inquiétude me prit ; je ne connaissais pas cet homme, dont j'avais avec tant de confiance fait mon compagnon de chasse. J'étais perdu dans une montagne où lui venait dans ses excursions matinales, enterré à vingt-cinq pieds de profondeur dans une espèce de ravin dont il m'était impossible de regagner seul la crête ; nul ne savait où j'étais ; cet homme pouvait avoir été tenté par mes armes et par une cinquantaine de louis que je lui avais donnés à serrer. Cet homme pouvait redescendre tranquillement chez lui, et aller désormais chasser d'un autre côté : il ne me tuait pas, il me laissait mourir. Ces craintes étaient stupides, je le sais bien, mais les idées nous viennent en harmonie avec la situation où nous nous trouvons, et la mienne ne cessait d'être ridicule que pour devenir terrible.

Cependant je résolus de ne point rester ainsi dans mon trou sans faire au moins quelques efforts pour en sortir : je cherchai un endroit où quelques aspérités plus saillantes me permissent d'appuyer mes pieds et mes mains, et je commençai à tenter l'escalade ; mais je ne tardai pas à me convaincre qu'elle était impossible ; deux fois je parvins à une hauteur de trois ou quatre pieds ; mais, arrivé là, je redescendis au fond de mon ravin, au grand détriment de mes mains et de mes genoux. Je n'en commençais pas moins une troisième tentative, lorsque j'entendis une voix qui me dit :

— Si vous voulez remonter comme cela, défaites vos souliers, au moins.

Je me retournai, c'était Lehmann. Je pensai au ridicule qu'il y aurait à moi de lui laisser soupçonner les craintes que j'avais eues, et je lui répondis, d'un air détaché, que comme il avait tardé, j'essayais en attendant, afin de voir comment je m'en serais tiré si je n'avais pas pu compter sur son secours.

— Ce n'est pas ma faute, reprit Lehmann ; il m'a fallu faire un quart de lieue pour trouver un sapin comme j'en cherchais un pour vous hisser ; mais enfin voici mon affaire : je m'en vais vous descendre la mécanique ; vous vous mettrez à cheval sur une des branches, et je vous tirerai à moi avec la corde : voilà tout.

En effet, comme on voit, le moyen était on ne peut plus simple : deux bâtons liés en travers faisaient une base qui empêchait ce sapin de tourner ; j'enfourchai ma monture, j'empoignai la branche de mes deux mains, comme fait un mauvais cavalier qui s'accroche au pommeau de la selle, et au mot : Allez, je commençai à monter à reculons par un mouvement tout à fait doux et régulier ; au bout de quelques secondes, le mouvement s'arrêta ; j'étais assis sur la pelouse ; je me retournai, et je vis à quinze pas de moi Lehmann, tenant encore l'autre extrémité de la corde à l'aide de laquelle il m'avait ramené dans les hauts lieux.

— Eh bien ! me dit-il, voilà encore une nouvelle manière de voyager que vous ne connaissiez probablement pas.

— Ma foi, non, répondis-je, et je vous avoue que je ne me sens pas grande vocation pour elle, attendu que je ne trouverais peut-être pas toujours un guide aussi brave et aussi fidèle que vous.

Lehmann me regarda un instant, mais évidemment sans comprendre ce que je voulais lui dire ; puis, ne voulant sans doute pas se donner la peine de chercher plus longtemps l'intention de cette phrase, qui lui paraissait obscure :

— Maintenant, me dit-il, ne vous êtes-vous pas plaint d'avoir des vertiges ?

— Je crois bien ; c'est-à-dire que cela me rend l'homme le plus malheureux qu'il y ait au monde.

— Voulez-vous que je vous en guérisse ?

— Vous ?
— Oui, moi.
— Certainement que je le veux bien.
— Alors donnez-moi votre tasse de cuir.
— La voilà. — Lehmann se pencha vers l'un des chamois qui n'était pas encore tout à fait mort, et, lui ouvrant l'artère du cou, il le fit saigner dans ma tasse jusqu'à ce qu'elle fût aux trois quarts pleine.

— Buvez cela, me dit-il.
— Du sang ! m'écriai-je avec répugnance.
— Oui, du sang de chamois. — Voyez-vous, c'est le plus sûr remède que vous puissiez trouver.
— Non, merci, dis-je, je ne m'en soucie pas, j'aime mieux garder mes vertiges ; d'ailleurs, pour le moment, j'ai plus faim que soif, et si le cœur vous en dit, vous pouvez garder pour vous la boisson.
— Merci, me répondit naïvement Lehmann, je n'en ai pas besoin ; et il vida le sang et me rendit la tasse ; puis chargeant sur son dos ses deux chamois : Puisque vous avez faim, me dit-il, prenez votre animal, et allons déjeuner. A propos, qu'est-ce que vous avez donc fait de votre fusil ?
— Ah ! c'est vrai, répondis-je ; eh bien ! il est là-haut, sur l'esplanade.
— Ne vous donnez pas la peine, me dit Lehmann ; et, s'élançant de rochers en rochers, il atteignit la plate-forme, et reparut un instant après avec l'arme, qu'il avait retrouvée au milieu du chemin.

Nous nous acheminâmes vers la cabane. Comme me l'avait promis Lehmann, je revenais avec un appétit fort distingué, de sorte que, voulant me rendre utile pour activer la besogne, je lui demandai s'il ne pouvait pas m'employer à quelque chose ; il me montra alors un fourneau composé de pierres assemblées en rond, et m'invita à faire le feu. Je fus d'abord un peu humilié de ne pas prendre d'autre part à la confection du repas qui s'apprêtait, mais je pensai que le mieux était d'obéir sans réplique ; il n'y a rien qui avilisse l'homme comme un estomac vide.

Pendant que je m'occupais de ces soins infimes, Lehmann ouvrait un des chamois et en tirait ce qu'on appelle la fressure, c'est-à-dire le morceau le plus délicat, et qui, dans nos chasses au chevreuil des environs de Paris, appartient de droit aux gardes qui nous accompagnent. Cinq minutes après, elle bouillait, avec assaisonnement de beurre, de vin, de poivre et de sel, au-dessus du feu que j'avais fait, et dont l'utilité commençait à me relever moi même dans mon esprit. Pendant ce temps, Lehmann sortit de la cabane le reste des provisions et les apporta sur une pelouse d'où l'on dominait la vallée.

— Maintenant, lui dis-je, expliquez-moi un peu comment vous avez fait, avec un fusil à un coup, pour tuer deux chamois, tandis que moi, avec un fusil à deux coups, je n'en ai tué qu'un ?
— Oh ! la chose est bien simple, me répondit Lehmann. Lorsque le matin les chamois pâturent, ils placent toujours une sentinelle à cinquante ou soixante pas d'eux, afin de leur donner l'alarme en cas de danger. Or, vous savez que ce qui effraie le moins le chamois, c'est le bruit d'une arme à feu, qu'ils confondent avec celui du tonnerre et des avalanches. J'ai tiré d'abord sur la sentinelle, qui est tombée sans donner l'alarme, et ensuite, rechargeant mon arme, j'ai fait feu sur le corps d'armée, qui avait bien levé la tête à mon premier coup, mais ne s'en était pas autrement inquiété ; ce ne fut qu'au second, et en voyant tomber un de leurs camarades à côté d'eux, que les chamois ont pris la fuite, et que, voyant qu'ils se dirigeaient de votre côté, je vous ai fait signe de vous apprêter à les bien recevoir, ce que vous avez fait ; au reste, il n'y a pas à se plaindre pour un début.

— Dites donc ? si, au lieu de me faire des compliments, vous alliez voir si la chose est cuite, hein ? j'y serais bien autrement sensible, parole d'honneur.

— Mais vous avez donc bien faim ? me dit Lehmann.
— Je meurs d'inanition.
— Mangez, en attendant, un morceau de pain et de fromage.

— Merci, je suis trop gourmand pour cela.

Lehmann, voyant qu'il y avait urgence, se leva et revint avec la casserole.

Alors commença un de ces déjeuners mémorables dont on se souvient toutes les fois qu'on a faim, et qui fut pour moi le pendant de celui du chasseur d'abeilles et de Bas-de-Cuir, lorsque, dans un coin de la prairie, ils mangèrent la fameuse bosse de bison que vous savez.

Deux heures après, nous rentrions à Glaris, portant nos trois chamois sur nos épaules. Lehmann m'avait fait prendre ce chemin sous prétexte de retenir un guide pour le lendemain, mais, en réalité, pour satisfaire ma vanité de chasseur.

Je ne sais vraiment pas si je ne lui sus pas plus gré de cette attention que de m'avoir tiré de mon trou.

REICHENAU.

Je passai le reste de la journée occupé à dépouiller nos chamois des fourrures, desquelles je comptais bien faire des tapis de pied pour ma chambre à coucher : Lehmann me promit de me les faire passer par la première occasion à Genève ; je lui indiquai l'hôtel de la Balance, où je comptais les reprendre en revenant de Schaffausen et de Neufchâtel.

Le lendemain, au point du jour, je me remis en route, accompagné du guide que nous avions retenu la veille à Glaris : Lehmann me conduisit jusqu'à Schwanden ; là nous entrâmes chez un de ses amis qu'il avait prévenu la veille sans m'en rien dire, et où nous trouvâmes un déjeuner tout préparé. Cette surprise eut pour résultat de m'arrêter trois heures en route ; de sorte que, quelque diligence que nous fissions pendant le reste de la journée, nous fûmes obligés de coucher à Rutti au lieu d'aller jusqu'à Au, comme nous comptions le faire.

A partir du village du Linthal, la route, qui cesse d'être carrossable, devient sentier, serpente à travers de charmantes prairies, laisse à droite la cascade de Fitschbach, s'escarpe par une pente très raide aux flancs du Schren, et, après une montée d'une demi-heure, conduit au Pantenbrucke : aucun souvenir historique ne se rattache à ce pont, dont la situation pittoresque est le seul mérite ; jeté qu'il est d'une montagne à l'autre, et s'étendant au dessus d'une gerçure profonde, il domine, étroit et sans parapet, à la hauteur de deux cents pieds, le torrent de la Linth qui bouillonne et blanchit au fond de son lit sombre et encaissé : le paysage solitaire et déchiré au milieu duquel il se trouve ajoute encore à l'effet de terreur que produit l'abîme, et qu'on éprouve malgré soi au milieu de cette solitude et de ce chaos.

Nous traversâmes le Pantenbrucke, nous enfonçâmes dans le Selbsanft, et, tout en côtoyant la petite rivière de Limmern, que nous franchîmes près de sa source, moi en sautant par dessus, et Francesco et mon guide en relevant leurs pantalons, nous nous engageâmes dans les neiges qui étaient tombées trois jours auparavant : heureusement notre guide avait fait cent fois ce chemin pour passer du Linthal dans les Grisons, de sorte que, quoique tout chemin tracé eût disparu, il nous dirigea, avec un instinct de montagnard incroyable, au milieu des glaces, des roches et des précipices, jusqu'au sommet de la montagne, d'où nous découvrîmes alors toute la vallée du Rhin : trois heures après nous étions à Hanz, première ville que l'on rencontre sur le Rhin : nous descendîmes à l'hôtel du Lion.

Le lendemain, nous partîmes pour Reichenau, où nous arrivâmes à midi.

Ce petit village du canton des Grisons n'a de remarquable que l'anecdote étrange à laquelle son nom se rattache. Vers la fin du dernier siècle, le bourgmestre Scharner, de Coire, avait établi une école à Reichenau ; on était en quête dans le canton d'un professeur de français, lorsqu'un jeune homme se présenta à M. Boul, directeur de l'établissement, porteur d'une lettre de recommandation signée par le bailli Aloys Toost de Zitzers : il était Français, parlait comme sa langue maternelle l'anglais et l'allemand, et pouvait, outre ces trois langues, professer les mathématiques, la physique et la géographie. La trouvaille était trop rare et trop merveilleuse pour que le directeur du collége la laissât échapper ; d'ailleurs le jeune homme était modeste dans ses prétentions ; M. Boul fit prix avec lui à 1,400 fr. par an, et le nouveau professeur, immédiatement installé, entra en fonctions.

Ce jeune professeur était Louis-Philippe d'Orléans, duc de Chartres, aujourd'hui roi de France.

Ce fut, je l'avoue, avec une émotion mêlée de fierté que sur les lieux mêmes, dans cette chambre située au milieu du corridor, avec sa porte d'entrée à deux battants, ses portes latérales à fleurs peintes, ses cheminées placées aux angles, ses tableaux Louis XV entourés d'arabesques d'or, et son plafond ornementé, que dans cette chambre, dis-je, où avait professé le duc de Chartres, je me fis donner des renseignements sur cette singulière vicissitude d'une fortune royale qui, ne voulant pas mendier le pain de l'exil, l'avait dignement acheté de son travail ; un seul professeur, collègue du duc d'Orléans, un seul écolier, son élève, existaient encore en 1832, époque à laquelle je visitai leur collége ; le professeur est le romancier Zschokke, et l'écolier le bourgmestre Tscharner, fils de celui-là même qui avait fondé l'école. Quant au digne bailly Aloys Toost, il est mort en 1827, et a été enterré à Zitzers, sa ville natale.

Aujourd'hui il ne reste plus rien à Reichenau du collége où professa un futur roi de France, si ce n'est la chambre d'étude que nous avons décrite, et la chapelle attenante au corridor, avec sa tribune et son autel surmonté d'un crucifix peint à fresques. Quant au reste des bâtiments, ils sont devenus une espèce de villa, appartenant au colonel Pastaluzzi ; et ce souvenir, si honorable pour tout Français qu'il mérite d'être rangé parmi nos souvenirs nationaux, menacerait de disparaître avec la génération de vieillards qui s'éteint, si nous ne connaissions un homme au cœur artiste, noble et grand, qui ne laissera rien oublier, nous l'espérons, de ce qui est honorable pour lui et pour la France.

— Cet homme, c'est vous, monseigneur Ferdinand d'Orléans, vous, qui, après avoir été notre camarade de collége, serez aussi notre roi ; vous, qui, du trône où vous monterez un jour, toucherez d'une main à la vieille monarchie, et de l'autre à la jeune république ; vous, qui hériterez des galeries où sont renfermées les batailles de Taillebourg et de Fleurus, de Bovines et d'Aboukir, d'Azincourt et de Marengo ; vous, qui n'ignorez pas que les fleurs de lis de Louis XIV sont les fers de lance de Clovis ; vous, qui savez si bien que toutes les gloires d'un pays sont des gloires, quel que soit le temps qui les a vues naître et le soleil qui les a fait fleurir ; vous enfin, qui de votre bandeau royal pourrez lier deux mille ans de souvenirs, et en faire le faisceau consulaire des licteurs qui marcheront devant vous.

Alors il sera beau à vous, monseigneur, de vous rappeler ce petit port isolé où, passager battu par la mer de l'exil, matelot poussé par le vent de la proscription, votre père a trouvé un si noble abri contre la tempête : il sera grand à vous, monseigneur, d'ordonner que le toit hospitalier se relève pour l'hospitalité, et sur la place même où croule l'ancien édifice, d'en élever un nouveau destiné à recevoir tout fils de proscrit qui viendrait, le bâton de l'exil à la main, frapper à ses portes, comme votre père y est venu, et cela quelles que soient son opinion et sa patrie, qu'il soit menacé par la colère des peuples, ou poursuivi par la haine des rois.

Car, monseigneur, l'avenir serein et azuré pour la France, qui a accompli son œuvre révolutionnaire, est gros de tempêtes pour le monde ; nous avons tant semé de libertés dans nos courses à travers l'Europe, que la voilà qui, de tous côtés, sort de terre, comme les épis au mois de mai, si bien qu'il ne faut qu'un rayon de notre soleil pour mûrir les plus lointaines moissons; jetez les yeux sur le passé, monseigneur, et ramenez-les sur le présent : avez-vous jamais senti plus de tremblemens de trônes, et rencontré par les grands chemins autant de voyageurs découronnés? Vous voyez bien, monseigneur, qu'il vous faudra fonder un jour un asile, ne fût-ce que pour les fils de roi dont les pères ne pourront pas, comme le vôtre, être professeurs à Reichenau.

PAULINE.

Le même soir j'allai coucher à Coire, et le lendemain, grâce à une voiture que j'eus grand'peine à me procurer dans la capitale des Grisons, j'arrivai vers les onze heures du matin à Ragatz. Ce n'était pas ce petit bourg qui m'appelait, car il n'a rien de remarquable, si ce n'est l'aspect de la Tamina, qui, à quelques pas de l'auberge du Sauvage, sort furieuse de la gorge profonde où elle roule encaissée pendant trois ou quatre lieues, et va se jeter dans le Rhin; mais les bains de Pfeffers, dont la situation pittoresque attire autant de curieux au moins que l'efficacité de leurs eaux amène de malades: aussi partîmes-nous immédiatement pour Valenz, où nous arrivâmes après une heure de montée par une pente raide, étroite et bordée de précipices, et une autre heure de marche faite au milieu de charmantes prairies : une lieue au-delà, la terre semble tout à coup manquer, et à neuf cents pieds au-dessous de soi, au fond d'une étroite crevasse, on aperçoit le toit couvert d'ardoises de l'établissement, qui a l'aspect d'un monastère; un petit sentier taillé dans la montagne, et coquettement sablé, offre un chemin facile à la descente, et qui peut durer dix minutes.

Les propriétaires de ces bains, qui rapportent par an de douze à quinze mille francs de rente, sont des moines d'un couvent voisin : comme la saison commençait à s'avancer, ils n'avaient plus que cinq ou six malades allemands et deux voyageurs français. Voyant que l'établissement tenait à la fois de l'auberge et de l'hospice, je prévins que je dînerais et coucherais; on me fit répondre que, dans une heure, mon couvert serait, à mon choix, mis à la table d'hôte ou dans ma chambre : espérant, d'après ce qu'on m'avait dit, rencontrer deux compatriotes dans la salle commune, je priai qu'on m'y réservât une place, et je me mis immédiatement en quête des curiosités qu'on m'avait promises.

Nous descendîmes d'abord dans une chambre basse destinée à servir de salon aux malades, qui, non-seulement se traitent par les bains, mais encore prennent les eaux en boissons. Comme cette salle n'était pas encore terminée, elle n'offrait rien de bien curieux intérieurement; mais on ouvrit la porte, et la chose changea. Cette porte donnait sur une espèce d'abîme au fond duquel roulait la Tamina, entraînant avec elle des rochers qu'elle arrondit en les frottant sur son lit de marbre noir. En face, à quarante pas à peu près, s'ouvrait le souterrain conduisant aux sources thermales, qui sont sur la rive opposée : pour arriver jusqu'à ces sources, on a jeté un pont de planches assez mal assujetties sur des coins enfoncés dans les rochers, qui, longeant d'abord la rive gauche de la rivière, forme, au bout de douze ou quinze pas, un coude, s'étend en travers du précipice, va chercher un appui sur la rive droite, et offre sa surface étroite et glissante à ceux qui veulent s'enfoncer comme Énée dans cette espèce d'antre Cuméen : ce pont, au reste, n'a d'autre parapet que les conduits mêmes par lesquels arrive l'eau.

Je regardais à deux fois avant de m'aventurer sur cette route tremblante et suspendue, lorsque le garçon des bains, voyant ma crainte, me dit qu'une dame venait d'y passer il n'y avait pas dix minutes, et cela sans la moindre hésitation : on comprend que dès lors je ne pouvais honorablement reculer, aussi, empoignant la rampe, à peu près comme un homme qui se noie prend la perche, je me cramponnai si bien des pieds et des mains, que j'atteignis sans accident l'autre côté de la Tamina.

Nous continuâmes alors de suivre ce dangereux chemin, et nous nous engageâmes sous cette gorge infernale, entendant gronder sous nos pieds le torrent, que nous n'osions regarder de peur des vertiges. Il était juste une heure de l'après-midi, de sorte que les rayons du soleil tombant perpendiculairement sur Pfeffers, pénétraient à travers les crevasses des deux montagnes, qui, en se rapprochant dans quelque cataclysme, ont formé la voûte de ce corridor étrange, et l'éclairant sur certains points, rendaient visible la profonde obscurité du reste du chemin : tout à coup mon guide me fit remarquer deux ombres qui, pareilles à Orphée et à Eurydice, semblaient remonter de l'enfer; elles venaient à nous du fond de la caverne, et chaque fois qu'elles passaient sous un de ces soupiraux, elles s'illuminaient d'un jour blafard qui n'avait rien de vivant. Nous nous arrêtâmes pour contempler cet épisode du poëme du Dante, car rien ne m'empêchait de croire que c'étaient Paolo et Francesca qui, conjurés au nom de leur amour, accouraient, comme dit le poëte, d'une aile ferme et rapide, et pareils à deux colombes qui s'abattent. A mesure qu'elles venaient à moi, rentrant dans l'ombre ou ressortant dans la lumière, elles prenaient des aspects différens et plus fantastiques les uns que les autres; enfin elles s'approchèrent, et comme le retentissement de leurs pas s'éteignait dans le bruit de la Tamina, on eût dit qu'elles ne touchaient pas la terre. A quelques pas de nous elles s'arrêtèrent, et comme nos deux groupes étaient chacun sous un rayon de jour, je reconnus Alfred de N..., ce jeune peintre que j'avais tenté de joindre à Fluelen, et qui m'avait échappé en lançant lui-même sa barque sur le lac : à son bras s'appuyait sa mystérieuse compagne, qui, en nous voyant et en me reconnaissant sans doute, s'arrêta, hésitant à continuer son chemin; cependant il n'y avait pas moyen de nous éviter l'un l'autre; nous étions dans un passage plus étroit et plus dangereux encore que celui de Laïus et d'OEdipe; et tout ce que nous pouvions faire, c'était de ne pas disputer le frivole avantage des vains honneurs du pas. En conséquence, nous nous rangeâmes contre le mur, et force fut au couple voyageur de passer devant nous; alors Pauline, car on se rappelle que c'était le nom que le conducteur de la voiture de Lausanne m'avait dit être celui de la même dame, baissa sur son visage le voile vert de son chapeau, et changeant de côté pour prendre le bord du précipice, elle passa devant nous si rapidement qu'on eût dit un fantôme, mais cependant point si rapidement encore que je ne pusse voir son visage gracieux, mais pâle, et presque mourant. Je crus le reconnaître, et je tressaillis, car il était évident que cette femme était frappée dans les sources de la vie, et que quelque maladie organique la conduisait lentement au tombeau. Quant à Alfred, en passant devant moi il avait pris ma main et l'avait serrée, sans cependant me donner d'autres preuves, que ce signe certain, mais muet, de reconnaissance et d'amitié. Je ne comprenais rien à tout ce mystère, qui cependant, je le pensais bien, devait s'éclaircir un jour, et je regardais mon ami s'éloigner avec sa compagne, qui, exempte de terreur et semblant déjà appartenir à un autre monde, marchait ou plutôt glissait sans crainte sur ce chemin, si dangereux même pour les gens du pays, qu'en face de nous était une croix indiquant qu'un ouvrier qui passait à l'endroit où nous étions avec une charge de pierres était tombé, et s'était brisé dans sa chute. Nous restâmes un instant ainsi immobiles, jusqu'à ce que nous les eussions perdus de vue, puis nous reprîmes notre chemin.

Il continua de s'enfoncer sous cette voûte, qui, en certains endroits, a jusqu'à sept cents pieds de hauteur. Après un quart d'heure de marche à peu près, car la marche est retardée par les précautions qu'il faut prendre, notre guide ouvrit une porte, et nous entrâmes dans le caveau de la source; quoique l'eau qui s'en échappe n'ait que trente-cinq ou trente-sept degrés de chaleur, la vapeur renfermée dans cet étroit espace en rend l'atmosphère insupportable et même dangereuse, puisqu'en la quittant on en retrouve une autre presque glacée. Nous refermâmes en conséquence la porte en toute hâte, et nous rentrâmes plus émerveillés, comme cela arrive souvent, du chemin qui nous avait conduits que du but auquel nous étions arrivés.

Le dîner n'étant point encore tout à fait servi, je profitai de ce répit pour lâcher le robinet d'une baignoire, et, afin de ne pas perdre une minute, je me couchai au-dessous de lui. La chose est d'autant plus commode, que l'eau, arrivant à la chaleur naturelle des bains, n'a pas besoin d'être mélangée.

Je passai mon temps à chercher à me rappeler sur quel boulevard, dans quel spectacle, à quel bal j'avais vu cette femme qui craignait tant de se laisser reconnaître ; mais son visage était perdu dans un flot de souvenirs si lointains, que ma recherche fut vaine : j'étais au plus profond de mes remembrances, lorsqu'on vint m'annoncer que le dîner était servi. Comme je comptais la retrouver à table, et là poursuivre mes investigations, je ne m'en inquiétai pas davantage, et m'habillant aussi rapidement que possible, je suivis le porteur de la nouvelle.

J'entrai dans une salle à manger immense, où était dressée une table de trente ou quarante personnes, mais dont, pour le moment, un tiers seulement était occupé : les convives étaient, comme je l'ai dit, cinq ou six malades allemands, et les deux pères qui faisaient les honneurs de la maison : après avoir salué tout le monde avec l'étiquette requise, je demandai si je n'aurais pas le plaisir de dîner avec deux compatriotes ; on me dit alors qu'effectivement ils avaient d'abord manifesté l'intention de s'arrêter jusqu'au soir à Pfeffers, mais qu'ils avaient tout à coup changé d'avis, et venaient de partir à l'instant même, sans prendre autre chose qu'un bouillon qu'ils s'étaient fait porter dans leur chambre. Décidément la misanthropie de nos voyageurs était pour moi seul.

Je m'en consolai en causant tout le temps du dîner avec un jeune officier suisse, qui était le seul de toute l'honorable société qui parlât le français : je m'étonnai d'abord de la pureté de son langage ; mais il m'apprit bientôt que, quoique au service de la Confédération, il était mon compatriote, et avait fait son éducation militaire sous l'empereur. Je l'avais pris pendant une heure, à sa figure réjouie et à son excellent appétit, pour un touriste comme moi ; aussi fus-je fort étonné, au moment où nous nous levâmes de table, de voir deux domestiques s'approcher de lui, le prendre par dessous les bras et le conduire à la cheminée. Il était complètement paralysé de la jambe gauche.

Lorsqu'il fut assis, il se tourna de mon côté, et voyant que je l'avais suivi des yeux avec étonnement, il se mit à sourire avec mélancolie.

— Vous voyez, me dit-il, un pauvre impotent qui vient chercher à Pfeffers une santé qu'il n'y retrouvera probablement pas.

— Et qu'avez-vous donc? lui dis-je ; si jeune et si vigoureux du reste : un coup de pistolet?... un duel?...

— Oui, un duel avec Dieu, un coup de pistolet tiré des nuages.

— Eh! m'écriai-je, seriez-vous le capitaine Buchwalder?

— Hélas ! oui.

— C'est vous qui avez été frappé de la foudre sur le Sentis?

— Justement.

— Mais j'ai entendu parler de cette terrible histoire.

— Alors vous en voyez le héros.

— Seriez-vous assez bon pour me donner quelques détails?

— À vos ordres.

Je m'assis près du capitaine Buchwalder, il alluma sa pipe, moi mon cigare, et il commença en ces termes.

UN COUP DE TONNERRE.

Si nous étions au sommet du moindre monticule, au lieu d'être enterrés dans cette fosse, me dit le capitaine, je vous montrerais le Sentis : vous le reconnaîtrez facilement, au reste, car c'est le plus haut des trois pics qui s'élèvent au nord-ouest, à quelques lieues, derrière le lac de Wallenstadt, sa plus grande hauteur est de sept mille sept cent vingt pieds au-dessus du niveau de la mer ; il sépare le canton de Saint-Gall de celui d'Appenzell, et au nord et à l'est demeure éternellement couvert de neiges et de glaciers.

Chargé par la république de faire des observations météorologiques sur les différentes montagnes de la Suisse, le 20 juin dernier, à trois heures du matin, je partis de Alt-Saint-Johann avec dix hommes et mon domestique pour aller planter mon signal sur le pic le plus élevé du Sentis. Ces dix hommes portaient mes vivres, ma tente, ma pelisse, mes couvertures et mes instrumens, parmi lesquels mon domestique et moi nous nous étions réservé les plus précieux : mes guides, habitués à franchir tous les jours la montagne pour se rendre de Saint-Gall dans l'Appenzell, m'avaient assuré, en nous mettant en chemin, que l'ascension ne nous offrirait aucune difficulté ; nous marchions donc en toute confiance, lorsque nous nous aperçûmes, au tiers de notre route à peu près, que de nouvelles neiges tombées depuis quelques jours couvraient entièrement les sentiers frayés, de sorte qu'il fallait avancer au hasard. Nous nous aventurâmes sur ces pentes solitaires et glissantes, et dès les premiers pas que nous y fîmes nous devinâmes les dangers et les fatigues réservés à notre voyage. En effet, après une demi-heure de marche à peu près, nous trouvâmes que la neige se glaçait de plus en plus, et il nous fallut l'enfoncer pour continuer notre route ; ce travail indispensable non seulement dévorait tout notre temps, mais encore nous exposait sans cesse et de plus en plus ; car sous ce tapis inconnu, sans vestiges, étendu sur la montagne ainsi qu'un linceul, comment deviner les torrens et les précipices? Cependant Dieu nous protégea ; après sept heures d'une marche cruelle, nous atteignîmes le plateau de la montagne. J'ordonnai aussitôt à mes hommes d'allumer un grand feu, de tirer les vivres des paniers, et de ranimer leurs forces ; vous comprenez qu'ils ne se firent pas prier pour m'obéir ; quant à moi, je pris un verre de vin à peine, et, inquiet de la place où je pourrais établir mon camp, je cherchai un endroit propice à mes observations : je ne tardai pas à le trouver, j'en marquai le centre avec mon bâton ferré, et je revins près de mes hommes : ils avaient fini leur repas. Nous retournâmes ensemble à la place marquée ; je leur fis enlever la neige sur une circonférence de trente-cinq à quarante pieds : je déployai ma machine, j'accomplis mon installation, et, tranquille désormais sur mon logement, je congédiai mes dix hommes, qui retournèrent à Alt-Saint-Johann, et je restai seul avec Pierre Gobat, mon domestique : c'était un brave homme qui me servait depuis trois ans, et m'était si dévoué que je pouvais compter sur lui en toute circonstance.

Vers le soir nous vîmes s'amonceler autour de nous un brouillard épais et froid, si compacte qu'il bornait notre vue à un rayon de vingt-cinq ou trente pieds. Il dura deux jours et deux nuits, nous occasionnant un état de malaise dont vous ne pouvez vous faire aucune idée, les brumes des montagnes et de l'Océan étant pires que la pluie ; car la pluie ne peut traverser la toile d'une tente, tandis que ces brumes pénètrent partout, vous glacent jusqu'au cœur, et jettent sur les objets un voile triste et sombre qui s'étend bientôt jusqu'à l'âme.

Pendant la troisième nuit, inquiet de l'obstination de ce brouillard, je me levai plusieurs fois pour examiner le ciel ; enfin, vers les trois heures du matin, il me sembla voir scintiller quelques étoiles. Je restai debout pour m'en assurer : bientôt une lueur blanche apparut à l'orient, une main invisible tira le rideau de vapeurs qui m'enveloppait, mon horizon s'étendit, et le soleil se leva sur une chaîne de glaciers qui semblaient perdus dans ses rayons. Le ciel resta ainsi pur et dégagé jusqu'à dix heures du matin; mais alors les nuages commencèrent à m'entourer de nouveau; toute la journée je me retrouvai plongé dans ce chaos de brouillards; aussitôt le coucher du soleil, les vapeurs se dissipèrent de nouveau, j'eus un instant de crépuscule magnifique; mais presque aussitôt la nuit s'empara de l'espace, et je me couchai espérant pour le lendemain une plus belle et plus complète journée.

Je me trompais; ce singulier phénomène se renouvela tous les matins pendant un mois; pendant un mois j'eus le courage de rester ainsi, n'ayant que le sommeil pour refuge contre l'ennui et pour consolation contre l'isolement. Enfin, le 4 juillet au soir, il tomba une pluie diluvienne, et le froid et le vent s'augmentèrent à un tel point, que nous ne pûmes dormir, et que Gobat et moi passâmes la nuit à assurer notre tente par de nouvelles cordes enroulées aux pieux qui la maintenaient. A quatre heures du matin, la montagne s'entoura de brouillards qui, malgré le vent, restèrent condensés autour de nous; de temps en temps, à l'ombre qu'ils jetaient en passant, nous devinions que des nuages sombres passaient au-dessus de nos têtes; mais nous jugions par cette ombre même que la bise les emportait si rapidement, qu'ils n'auraient sans doute pas le temps de se former en orage.

Cependant, de plus épaisses masses, s'avançant de l'est, vinrent à leur tour, mais lentement et marchant contre le vent, poussées par un courant supérieur. Arrivées au-dessus du Sentis, elles parurent s'arrêter; la pluie perça notre brume, et le tonnerre commença de gronder dans le lointain: bientôt les sifflemens du vent se mêlèrent aux éclats de la foudre, et tout annonça qu'une fête terrible allait être donnée par le ciel et la terre. Tout à coup la pluie se changea en grêle, et cette grêle tomba en telle abondance, qu'elle couvrit, en dix minutes, tout le sommet de la montagne d'une couche de grêlons gros comme des pois et ayant près de deux pouces d'épaisseur. Je reconnus tous les symptômes d'un orage furieux; je me réfugiai avec mon domestique dans ma tente; et j'en fermai toutes les issues pour que l'ouragan n'eût aucune prise sur elle. Un instant il se fit un profond silence, et Gobat, croyant que l'orage était passé, voulut se lever pour aller rouvrir la porte; je le retins: je sentais que ce calme n'était qu'un temps de repos: la nature haletante respirait un instant, mais pour recommencer la lutte. En effet, à huit heures du matin, le tonnerre gronda de nouveau, plus rapproché et plus violent, et se fit entendre ainsi sans interruption jusqu'à six heures du soir. En ce moment, lassé de la réclusion à laquelle la tempête m'avait condamné pendant dix heures, je sortis pour examiner le ciel; il me parut un peu plus tranquille; alors je pris une sonde de fer, et j'allai à quelques pas de notre tente mesurer la profondeur de la neige; elle avait diminué de trois pieds dix pouces depuis le 1er juillet. A peine avais-je pris cette mesure, que la foudre éclata au-dessus de ma tête; je jetai loin de moi l'instrument de fer qui me valait cette reprise d'hostilités, je me réfugiai dans la tente, où je trouvai Gobat à genoux près de notre dîner qu'il avait préparé, mais auquel le dernier coup de tonnerre avait ôté l'appétit. Il me demanda moitié par signes, moitié verbalement, si je voulais manger; mais, comme je n'étais pas moi-même sans inquiétude, je lui répondis que je n'avais pas faim, et me couchai sur une planche qui interceptait toujours tant soit peu l'humidité et le froid de la terre; alors Gobat se rapprocha de moi et s'étendit à mes côtés. En ce moment, nous fûmes plongés tout à coup dans une obscurité pareille à la nuit; un nuage épais et noir comme une fumée enveloppait le Sentis; la pluie et la grêle tombèrent par torrens, le vent gémit et siffla, mille éclairs se croisèrent comme les fusées d'un feu d'artifice, il faisait clair comme au milieu d'un incendie. Nous voulions nous parler, mais nous pouvions à peine nous entendre, car la foudre, heurtant ses éclats contre eux-mêmes, allait répercuter tous les coups dans les flancs de la montagne, qui, au milieu de ce fracas horrible et de ce chaos infernal, semblait parfois tressaillir sur sa base. Je compris alors que nous étions dans le cercle de l'orage même; nous l'entendions rugir, et nous le voyions flamboyer tout autour de nous; enfin sa violence devint telle, que Gobat effrayé me demanda si nous ne courions pas danger de mort. J'essayai de le rassurer en lui racontant que la même chose qui nous arrivait était arrivée à MM. Blot et Arago pendant leurs observations sur les Pyrénées; la foudre était même tombée sur leur tente, mais avait glissé sur la toile, et s'était éloignée d'eux sans les toucher; j'achevais à peine ce récit qu'un coup terrible éclata; il me sembla que notre tente se brisait; Gobat jeta un cri de douleur: au même instant un globe de feu m'apparut courant de sa tête à ses pieds, et moi-même je me sentis frappé à la jambe gauche d'une commotion électrique; je me tournai vers mon compagnon, et, éclairé par la déchirure de la toile, je le vis tout sillonné du passage de la foudre; le côté gauche de sa figure était marqué de taches brunes et rougeâtres, ses cheveux, ses cils, et ses sourcils étaient crispés et brûlés, ses lèvres étaient d'un bleu violet, sa poitrine se soulevait encore par instans, haletant comme un soufflet de forge; mais bientôt elle s'affaisa, la respiration s'éteignit, et je sentis toute l'horreur de ma position; je souffrais horriblement moi-même, je connaissais trop les effets de la foudre pour ne pas sentir que j'étais cruellement blessé; mais cependant j'oubliai tout pour essayer de porter quelque secours à l'homme que je voyais mourir, et qui était plutôt mon ami que mon domestique. Je l'appelais, je le secouais, il ne répondait pas, et cependant son œil droit ouvert, brillant, plein d'intelligence encore, était tourné de mon côté, et semblait implorer mon aide; quant à l'œil gauche, il était fermé; je soulevai sa paupière, il était pâle et terne; je supposai alors que la vie s'était réfugiée dans le côté droit, et un instant je conservai cet espoir; car j'essayai de fermer cet œil ouvert et qui me regardait toujours, mais il se rouvrit ardent et animé: trois fois je renouvelai cette expérience, trois fois le même regard vivant repoussa la paupière. J'étais frappé d'une terreur incroyable, car il me semblait qu'il y avait quelque chose d'infernal dans ce qui m'arrivait; alors je portai la main sur son cœur, il ne battait plus; je piquai le corps, les membres, les lèvres de Gobat avec la pointe d'un compas, mais le sang ne vint pas, il resta immobile; c'était la mort, la mort que je voyais et à laquelle je ne pouvais croire, car cet œil toujours ouvert protestait contre elle, et lui donnait un démenti. Je ne pus supporter cette vue plus longtemps; je jetai mon mouchoir sur sa figure, et je revins à mes propres douleurs: ma jambe gauche était paralysée, et j'y sentais un frémissement de muscles, un bouillonnement de sang extraordinaire; la circulation s'arrêtait et montait refoulée vers mon cœur, qui battait d'une manière insensée: un tremblement général et désordonné s'empara de moi; je me couchai, croyant que j'allais mourir.

Au bout de quelques instans, l'orage redoubla de violence, et le vent devint si impétueux qu'il emporta comme des feuilles sèches les pierres qui assujettissaient ma tente; aussitôt la toile se souleva. Je songeai rapidement à la situation où je me trouverais si ce seul et dernier abri allait m'être emporté dans le précipice; cette idée me rendit des forces surhumaines; je saisis une des cordes qui la retenaient aux pierres que le vent avait emportées, je me jetai à terre, la maintenant de mes deux mains; mais sentant les forces me manquer, je la tournai autour de ma jambe droite, et, me raidissant de tout mon corps, j'attendis ainsi trois quarts d'heure à peu près que l'ouragan se calmât; pendant tout ce temps, et malgré moi, j'eus les yeux fixés sur Gobat, que je m'attendais à tout moment à voir remuer; mais mon attente fut trompée, il était bien mort.

Ce qui se passa en moi pendant ces trois quarts d'heure, voyez-vous, je ne puis vous le dire; le naufragé qui se noie, le voyageur assassiné au coin d'un bois, l'homme qui sent la lave miner le rocher sur lequel il a cherché un refuge, en ont seuls une idée. Je sentais ma jambe tellement paralysée, que je pouvais à peine la mouvoir; j'étais enchaîné à ma place, condamné à mourir lentement près de mon domestique mort; et la seule chance de secours et de salut que j'eusse était qu'un pâtre égaré dans la montagne s'approchât de ma tente, ou qu'un voyageur curieux gravit le sommet du Sentis, et me trouvât à moitié mort; mais cette chance était bien désespérée, car depuis trente-deux jours que j'avais établi ma demeure sur ce pic, je n'avais aperçu que des chamois et des vautours.

Pendant que ma pensée errante courait après chaque espoir de salut, une douleur aiguë fit tressaillir ma jambe paralysée, il me semblait qu'on m'enfonçait dans les veines des aiguilles d'acier; c'était le sang qui faisait des efforts naturels pour reprendre sa circulation interrompue, et qui, pénétrant dans les vaisseaux, allait ranimer la sensibilité engourdie des muscles et des nerfs. A mesure que le sang regagnait le terrain perdu, l'oppression diminuait, les battemens de mon cœur reprenaient quelque forme et quelque raison, et à chaque élancement une nouvelle force m'était rendue; au bout d'un quart d'heure à peu près je parvins à plier le genou et à mouvoir le pied, mais chaque essai de ce genre m'arrachait un cri; néanmoins, dès ce moment ma résolution fut prise, j'attendis vingt minutes encore peut-être pour reprendre de nouvelles forces, je dénouai la corde qui attachait ma jambe droite à la tente, et lorsque je crus pouvoir me tenir debout, je me levai.

Le premier moment fut plein d'éblouissemens et de faiblesse; mais enfin je me remis; je dépouillai ma pelisse et mes bas de peau, je chaussai des bottes à crampons, et à l'aide de mon bâton de montagne je me traînai hors de la tente; je la chargeai de nouvelles pierres pour assurer le mieux possible l'abri où j'allais laisser mon pauvre compagnon; enfin, espérant toujours qu'il n'était pas mort, mais seulement en léthargie, je le couvris de toutes mes fourrures pour le garantir de la pluie et du froid, puis bouclant sur mes épaules la sacoche qui contenait mes papiers, passant mon thermomètre en bandoulière, je me mis en route, essayant de m'orienter au milieu de ce chaos; mais c'était chose impossible. Je me remis à la miséricorde du Seigneur, et au milieu d'une pluie effroyable, entouré d'un brouillard qui ne me permettait pas de distinguer les objets les plus proches, ne faisant pas un mouvement qui ne fût une douleur, un pas qui ne fût une incertitude, je me hasardai à descendre, à l'aide de mon bâton ferré, le pic escarpé et nu, sans savoir même de quel côté je me dirigeais, et si j'étais bien dans la ligne des chalets de Gemplut. En effet, au bout de dix minutes de marche à peine, je me trouvai au milieu de rochers et de précipices; partout des abîmes que je devine plutôt que je ne les vois; cependant je vais toujours, je me traîne d'un rocher à l'autre, je me laisse glisser quand la pente est trop rapide pour m'offrir un point d'appui; chaque pas m'enfonce dans un labyrinthe dont je ne connais ni la profondeur ni l'issue; enfin, ruisselant de pluie, me soutenant à peine, je me trouve sur une esplanade formée par deux rochers, l'un au-dessus de ma tête, l'autre sous mes pieds, tout autour le vide.

Alors le courage est prêt à m'abandonner comme l'a fait la force. Un frisson court par tout mon corps, mon sang se glace, cependant j'explore avec attention l'espèce d'impasse dans lequel je suis enfermé; je m'avance sur ses bords, je me cramponne aux fissures d'une roche, je me suspends au-dessus de l'abîme, je cherche avidement des yeux un passage; à quelque distance seulement est une ouverture verticale et sombre, une gueule de caverne, de trois pieds de largeur à peu près, qui descend je ne sais où, dans un précipice peut-être; mais n'importe, je suis si accablé, si endolori, si insouciant et même si désireux peut-être d'une mort prompte, que je sens que, si j'étais près de cette ouverture, je fermerais les yeux et me laisserais glisser; mais cette ouverture est à vingt-cinq ou trente pieds de moi; pour l'atteindre, il faut que je retourne en arrière, que je gravisse ces rochers que j'ai descendus avec tant de peine. Je fais un dernier effort, je rappelle tout mon courage, je rampe, je me traîne, et, haletant, couvert de sueur, j'arrive enfin à cette crevasse, et, sans regarder où elle me conduit, je m'assieds sur la pente, et sans autre prière que ces mots : Mon Dieu! ayez pitié de moi, je ferme les yeux et je me laisse glisser. Je descends ainsi quelques secondes; tout à coup une impression glacée se fait sentir, en même temps mes pieds sont arrêtés par un corps solide; je rouvre les yeux, je suis au fond d'un ravin rempli d'eau et formé par le rapprochement de deux parois; je ne distingue rien; au reste, je suis dans une caverne où viennent se répercuter le mugissement du vent et le fracas du tonnerre. Au milieu de tous ces bruits confus, je distingue cependant celui d'une cascade qui tombe et rejaillit; puisqu'elle descend, il y a un passage; s'il y a un passage, je le trouverai, et alors je descendrai comme elle, dussé-je bondir et me briser comme elle de rochers en rochers; ma dernière ressource, c'est le lit du torrent : sur les mains, sur les pieds, assis, à genoux, rampant, m'attachant aux pierres, aux racines, aux mousses, je me traîne, je descends deux ou trois cents pas, puis la force me manque, mes bras se raidissent, ma jambe paralysée me pèse, je sens que je vais m'évanouir, et, convaincu que j'ai fait tout ce que peut faire un homme pour disputer son existence à la mort, je jette un dernier cri d'adieu au monde, et je me laisse tomber.

Je ne sais combien de minutes je roulai, comme un rocher détaché de sa base; car presque aussitôt je perdis la connaissance, et avec elle le sentiment du temps et de la douleur.

Quand je revins à moi, j'étais étendu au bord du torrent. J'éprouvais une sensation indéfinissable de malaise; cependant je me relevai : pendant mon évanouissement, un coup de vent avait chassé le brouillard qui enveloppait la montagne, et, en regardant au-dessous de moi, je vis, à vingt pas à peu près, l'extrémité des rochers, et au delà une pente douce et couverte de neige; à cet aspect, auquel je ne pouvais croire, mon cœur reprend la vie, mes membres leur chaleur, mon sang circule; j'avance jusqu'au bord du rocher, il domine à pic cette pente bienheureuse de la hauteur de douze ou quinze pieds à peu près. Dans toute autre circonstance, et avant que le tonnerre m'eût ôté la faculté d'un membre, je n'eusse fait qu'un bond : la neige était un lit étendu pour me recevoir; mais en ce moment je ne pouvais risquer le saut sans risquer en même temps de me briser; je regardai donc de tous côtés, et, à quelque distance, je vis un endroit moins escarpé; je me cramponnai aux inégalités de la pierre, je fis un dernier effort, et je touchai enfin cette neige, qui était pour moi ce que la terre ferme est pour le naufragé.

Mes premiers instans furent tout au repos, tous au bonheur de vivre encore, quelque estropié et souffrant que je fusse; puis, ce moment de repos pris, mes actions de grâce rendues à Dieu, je me mis en quête d'une pierre carrée qui pût me servir de traîneau; je ne tardai pas à la trouver; je m'assis dessus, et lui donnant moi-même l'impulsion, je me laissai couler sur la pente, me servant de mon bâton ferré pour diriger ma course, qui ne se termina qu'à l'endroit où finissait la neige; je fis ainsi trois quarts de lieue en moins de dix minutes. Arrivé aux bruyères, je me relevai, je cheminai quelque temps à travers des ravins, des rochers, des pentes arides ou gazonnées; puis enfin je reconnus le sentier que nous avions suivi un mois auparavant; je le pris, et, vers deux heures de l'après-midi, j'arrivai aux chalets de Gemplut.

J'entrai dans la première chaumière, et j'y trouvai deux hommes : ils me reconnurent pour le jeune major qui avait passé par chez eux pour aller faire des expériences sur la montagne; je leur racontai l'accident qui nous était arrivé, et, malgré la tempête qui continuait de gronder, j'obtins d'eux qu'ils partiraient à l'instant même pour porter des secours à Gobat. Ils se mirent en route devant moi, et lorsque je les eus perdus de vue, je descendis de mon côté jusqu'à Alt-Saint-Johann, où j'arrivai à trois heures, presque mourant. En me regardant devant une glace, je fus effrayé de moi-même; mes yeux étaient hagards, la sclérotique en était devenue jaune; mes cheveux, mes cils et mes sourcils étaient brûlés, j'avais les lèvres noires comme des charbons; outre cela, j'éprouvais une douleur affreuse à la hanche gauche; j'y portai la main, j'ôtai mon pantalon : c'était là que le feu électrique avait frappé, laissant comme marque de son passage une large et profonde brûlure.

OEUV. COMP. — VIII.   22

Je me couchai, croyant que je pourrais dormir; mais à peine avais-je fermé les yeux, que des rêves plus effroyables encore que la réalité venaient s'emparer de mon esprit; je les rouvrais alors, mais la réalité succédait aux rêves; je crus que je devenais fou, j'avais la fièvre et le délire.

À dix heures, le messager que j'avais dépêché en arrivant aux chalets de Gemplut revint; nos deux hommes étaient de retour: ils avaient trouvé Gobat, il était mort; en conséquence, ils étaient revenus tous les deux pour chercher du renfort, afin de rapporter ma tente, mes instrumens et mes effets. Le lendemain, 6 juillet, à deux heures du matin, ils partirent au nombre de douze d'Alt-Saint-Johann, où ils étaient de retour à trois heures, rapportant le corps de mon pauvre domestique. Le médecin qu'on avait appelé pour moi fit l'inspection et l'autopsie du corps: il constata que le cadavre avait la figure noircie, les cheveux et la barbe brûlés; que les narines et les lèvres étaient d'un rouge noirâtre; que le côté gauche, et surtout la partie supérieure de la cuisse, était sillonné d'ecchymoses profondes, que la peau de l'extrémité supérieure en était brûlée, dure et racornie comme du cuir dans une circonférence de quatre pouces; que les traits de la face n'étaient point altérés, et conservaient plutôt l'apparence du sommeil que l'aspect de la mort. Quant à l'autopsie, elle montra le cœur gorgé de sang noir, ainsi que les poumons, qui cependant étaient mous et sains.

Quant à moi, pour le moment, mon état n'était guère meilleur: huit jours entiers je restai entre la vie et la mort; enfin un peu de mieux se déclara; mais j'étais complètement paralysé de la cuisse gauche. Aussitôt que je fus transportable, je me fis conduire ici, où vous voyez que l'influence des eaux, a déjà produit son effet, puisque, en dédommagement sans doute de l'usage de ma jambe, elle m'a rendu celui de l'estomac.

POURQUOI JE N'AI PAS CONTINUÉ LE DESSIN.

Je passai une partie de la nuit à écrire le récit de mon jeune compatriote, et j'y mis cette promptitude surtout, afin de lui conserver, autant que possible, la couleur terrible et simple qu'il avait prise en passant par sa bouche; malheureusement, ce qui augmente surtout l'intérêt dans pareille relation, c'est qu'elle soit faite par celui-là même qui en est le héros. Cette lutte du courage intelligent et de la destruction aveugle, ce combat de l'homme et de la nature, grandit démesurément le vaincu, et Ajax se cramponnant à son rocher et criant à la tempête: — J'échapperai malgré les dieux, est plus magnifique qu'Achille traînant sept fois Hector autour des murailles de Troie.

Le lendemain je ne voulus point partir sans avoir déjeuné avec le major Buchiwalder, dont la plus grande douleur était l'inactivité à laquelle le condamnait sa blessure; cependant il avait grand espoir d'être rendu, pour le printemps de 1835, à ses travaux, car il commençait à pouvoir s'appuyer sur sa jambe, dans laquelle la sensibilité revenait chaque jour davantage; il m'en voulut donner une preuve en me conduisant jusqu'à la porte des bains; mais arrivés là, nous étions au bord du cercle de Popilius, défense expresse lui était faite par la Faculté de le franchir, et, rappelé à son propre malheur par la grande faculté de locomotion que Dieu a accordée à mes jambes, il prit mélancoliquement congé de moi, par le souhait antique: *I pede fausto*.

Après avoir fait quelques pas, nous nous arrêtâmes pour jeter un dernier regard sur le rocher à pic qui domine de la hauteur de mille pieds à peu près le cours de la Tamina; ce rocher, coupé comme avec une scie, semble le fragment d'un rempart gigantesque, au sommet duquel, comme une guérite de factionnaire, s'élève une petite cabane dont les deux tiers posent sur le sol, et dont l'autre tiers est suspendu sur le précipice; dans cette dernière partie une trappe a été pratiquée, et pendant que nous cherchions dans quel but pouvait avoir été établie cette trappe, qui, vu la distance, nous apparaissait à peine comme un point noir, elle donna passage à un objet qui nous parut d'abord gros comme un manche à balai, et qui, se détachant des régions supérieures et tombant dans le lit de la rivière, se trouva être, lorsqu'il fut arrivé à sa destination, un sapin de la plus grande taille, dépouillé de ses branches, et tout préparé pour une construction quelconque. L'arbre tomba debout au milieu du cours de la Tamina, oscilla quelque temps, puis, prenant son parti, se coucha dans la rivière comme dans un lit. Aussitôt les eaux bouillonneuses le soulevèrent ainsi qu'une plume, et l'emportèrent avec elles, rapide comme une flèche. Plusieurs sapins suivirent immédiatement le premier, et s'éloignèrent incontinent par la même route. Nous comprîmes alors que les paysans, pour s'épargner la peine du transport jusqu'à Ragatz, chargeaient la Tamina de cet office, dont, comme on le voit, grâce à sa rapidité même, elle s'acquittait en conscience.

Comme ce spectacle, qui nous avait étonnés d'abord, ne nous offrait pas une grande variété de détails, nous nous engageâmes bientôt dans une route opposée à celle que nous avions prise pour venir, et qui, au lieu de nous mener à la plaine par une pente douce, nous y conduisit par un escalier rapide et taillé dans le roc. Nous suivîmes ses zigzags pendant une demi-heure à peu près, puis nous nous trouvâmes enfin au niveau de la petite cabane aux sapins.

En revenant à Malans, nous passâmes près du château de Wartenstein, qui appartient, nous dit-on, au couvent de Pfeffers; nous traversâmes une petite montagne qui se nomme, je crois, Bruder, puis nous arrivâmes au Zolbruck, et enfin à Malans, où je ne trouvai rien de remarquable, si ce n'est une pluie comme jamais je n'en avais vu.

Cela ne m'empêcha pas de trouver un homme et une voiture; je m'inquiétai d'abord en voyant qu'elle ne pouvait contenir que deux personnes; mais le conducteur me tira d'embarras, en me disant qu'il conduirait sur le brancard; je lui demandai combien il évaluait le rhume qu'il devait infailliblement attraper; il fit son prix à cinq francs; je le payai d'avance, tant j'étais sûr qu'il ne pouvait manquer de gagner son argent.

Je ne m'étais pas trompé, nous eûmes un si pitoyable temps que je n'eus pas le courage d'aller visiter en passant à Mayenfeld la grotte de Flesch, remarquable cependant par ses stalactites; à Saint-Lucien de Steik nous vîmes en passant la forteresse destinée à mettre de ce côté la Suisse à l'abri d'un coup de main de la part de l'Autriche, qui, à cette époque, avait manifesté quelques velléités hostiles envers la république. Six pièces de canon avaient été établies là provisoirement, et à tout hasard, tournaient leurs gueules du côté de l'empire. Il est vrai qu'elles se gardaient toutes seules, ce qui leur ôtait un peu l'air formidable qu'elles s'efforçaient de prendre. Dix minutes après, nous entrâmes dans la principauté de Lichtenstein.

Quelque envie que j'eusse de gagner le plus promptement possible le lac de Constance, force me fut de m'arrêter à Vadutz; depuis notre départ il pleuvait à verse, et le cheval et le conducteur refusèrent obstinément de faire un pas de plus, sous prétexte, la bête, qu'elle entrait dans la boue jusqu'au ventre, et l'homme, qu'il était mouillé jusqu'aux os. Il y aurait vraiment eu, au reste, de la cruauté à insister.

Il ne fallut rien moins, je l'avoue, que cette considération philanthropique pour me déterminer à entrer dans la misérable auberge dont le bouchon avait arrêté net mon équipage; ce n'était plus un de ces jolis chalets suisses qui n'ont contre eux que d'avoir été parodiés si souvent et si malheureusement dans nos jardins anglais. Depuis Saint-Lucien de Steik, nous avions quitté la république helvétique, et nous étions entrés dans la petite principauté de Lichtenstein, qui, toute libre qu'elle se croit être, me parut cependant relever de l'empire par la malpropreté de ses habitans. À peine avais-je mis le pied dans l'allée étroite qui conduisait à la cuisine, laquelle était en même temps la salle commune aux voyageurs, que je fus aigrement pris à la gorge par une odeur de choucroûte, qui venait m'annoncer d'avance, comme les cartes mises à la porte de certains restaurans, le menu de mon dîner. Or je dirai de la choucroûte ce que certain abbé disait des limandes, que, s'il n'y avait sur la terre que la choucroûte et moi, le monde finirait bientôt.

Je commençai donc à passer en revue tout mon répertoire tudesque, et à l'appliquer à la carte d'une auberge de village; la précaution n'était point inutile, car à peine fus-je assis à table dont deux voituriers, premiers occupans, voulurent bien me céder un bout, qu'on m'apporta une pleine assiette creuse du mets en question; heureusement j'étais préparé à cette infâme plaisanterie, et, de même que madame Geoffrin repoussa Gibbon, je repoussai le plat, qui fumait comme un Vésuve, avec un *nicht gut* si franchement prononcé qu'on dut me prendre pour un Saxon de pure race; or les Saxons, pour la pureté du langage, sont à l'Allemagne ce que les Tourangeaux sont à la France.

Un Allemand croit toujours avoir mal entendu lorsqu'on lui dit qu'on n'aime pas la choucroûte; et lorsque c'est dans sa propre langue que l'on méprise ce mets national, on comprendra que son étonnement, pour me servir d'une expression familière à sa langue, se dresse en montagne.

Il y eut donc un instant de silence, de stupéfaction, pareil à celui qui aurait suivi un abominable blasphème, et pendant lequel l'hôtesse me parut occupée laborieusement à remettre sur pied ses idées bouleversées; le résultat de ses réflexions fut une phrase prononcée d'une voix si altérée, que les paroles en restèrent parfaitement inintelligibles pour moi, mais à laquelle la physionomie qui accompagnait ces paroles prêtait évidemment ce sens : Mais, mon Dieu, Seigneur, si vous n'aimez pas la choucroûte, qu'est-ce que vous aimez donc?

— *Alles dies, ausgenommen*, répondis-je ; ce qui veut dire pour ceux qui ne sont pas de ma force en philologie : —Tout, excepté cela.

Il paraît que le dégoût avait produit sur moi le même effet que l'indignation sur Juvenal : seulement, au lieu de m'inspirer le vers, il m'avait donné l'accent, je m'en aperçus à la manière soumise avec laquelle l'hôtesse enleva la malheureuse choucroûte. Je restai donc dans l'attente du second service, m'amusant, pour tuer le temps, à faire des boulettes à l'aide de mon pain et à déguster avec des grimaces de singe une espèce de piquette qui, parce qu'elle avait un abominable goût de pierre à fusil, et qu'elle demeurait dans une bouteille à long goulot, avait la fatuité de se présenter comme du vin du Rhin.

— Eh bien! lui dis-je.
— Eh bien! fit-elle.
— Ce souper!
— Ah! oui! Et elle me rapporta la choucroûte.

Je pensai que, si je n'en faisais pas justice, elle me poursuivrait jusqu'au jour du jugement dernier. J'appelai donc un chien de la race de ceux du Saint-Bernard, qui, assis sur son derrière et les yeux fermés, se rôtissait obstinément le museau et les pattes devant un foyer à faire cuire un bœuf. A la première idée qu'il eut de mes bonnes intentions pour lui, il quitta la cheminée, vint à moi, et en trois coups de langue lapa le comestible qui faisait contestation.

— Bien, la bête, fis-je en le caressant lorsqu'il eut fini ; et je rendis l'assiette vide à l'hôtesse.

— Et vous? me dit-elle.
— Moi, je mangerai autre chose.
— Mais je n'ai pas autre chose, répondit-elle.
— Comment! m'écriai-je du fond de l'estomac, vous n'avez pas des œufs?
— Non.
— Des côtelettes?
— Non.
— Des pommes de terre?
— Non.
— Des... Une idée lumineuse me traversa l'esprit : je me rappelai qu'on m'avait recommandé de ne point passer dans la principauté de Lichtenstein sans manger de ses champignons, qui sont renommés à vingt lieues à la ronde; seulement, lorsque je voulus mettre à profit ce bienheureux souvenir, il n'y eut qu'une difficulté, c'est que je ne me rappelai pas plus en allemand qu'en italien le nom que j'avais si grand besoin de prononcer si je ne voulais pas aller coucher à jeun; je restai donc la bouche ouverte sur le pronom indéfini.

— Des... des... Comment diable appelez-vous donc en allemand des...?
— Des.. répéta machinalement l'hôtesse.
— Eh! pardieu! oui, des... En ce moment mes yeux tombèrent machinalement sur mon album. Attendez, dis-je, attendez. Je pris alors mon crayon, et, sur une belle feuille blanche, je dessinai, avec tout le soin dont j'étais capable, le précieux végétal qui formait, pour le moment, le but de mes désirs; aussi je puis dire que mon dessin approchait de la ressemblance autant qu'il est permis à l'œuvre de l'homme de reproduire l'œuvre de Dieu. Pendant ce temps, l'hôtesse me suivait des yeux avec une curiosité intelligente qui me paraissait du meilleur augure.

— Ah! ia, ia, ia, dit-elle au moment où je donnais le dernier coup de crayon au dessin.

Elle avait compris, l'honnête femme!!...

Si bien compris, que cinq minutes après elle rentra avec un parapluie tout ouvert.

— Voilà, dit-elle.

Je jetai les yeux sur mon malheureux dessin, la ressemblance était parfaite.

— Allons, dis-je, vaincu comme Turnus, *adverso Marte*, rendez-moi la choucroûte.

— La choucroûte!
— Oui.
— Il n'y en a plus, de choucroûte, Dragon a mangé le reste.

Je trempai mon pain dans mon vin, et j'allai me coucher.

Avant de m'endormir, je jetai les yeux sur ma carte géographique; elle me donna une singulière idée. Je recommandai à mon guide de me réveiller à trois heures du matin, afin d'avoir le temps de la mettre à exécution. Nous partîmes donc avant le jour, et le soleil ne nous attrapa qu'en Autriche.

Je m'arrêtai un instant sur le pont de Felkirch, afin de plonger ma vue dans le Tyrol, dont les montagnes bleuâtres s'ouvrent pour laisser passer l'Ill, rivière tortueuse qui prend sa source dans la vallée de Paznaun et va se jeter dans le Rhin entre Oberried et Renti ; puis je continuai ma course, conservant le Rhin à ma gauche et voyant naître et s'enrichir sur sa rive occidentale ces magnifiques côteaux couverts de vignes, dont le vin pétille dans des bouteilles de forme bizarre, et se verse dans des verres bleus qu'on appelle *Rœmer*, parce qu'ils ont conservé la forme de la coupe dans laquelle buvait l'empereur romain, le jour de son élection. Depuis Defis le sol allait s'aplanissant : les montagnes s'ouvraient à droite et à gauche, comme pour un pont; on n'apercevait point encore le lac de Constance; mais on le devinait en voyant se dérouler cette vaste vallée qui mourait sur un horizon de plaines. A Lauterac seulement, nous commençâmes à apercevoir cette magnifique nappe d'eau, qui semble une partie du ciel encadrée dans la terre pour servir de miroir à Dieu. Enfin nous touchâmes ses rives à Bregenz, où je déjeunai.

Malgré le souper de perroquet que j'avais fait la veille, j'expédiai mon repas aussi militairement qu'il me fut possible. Puis aussitôt, laissant là mon homme et sa voiture, je dis adieu à l'Autriche, et me jetai dans un bateau qui me conduisit à la petite île de Lindeau en Bavière. J'y touchai par conscience, je grimpai sur le premier monticule venu, du sommet duquel je découvris, comme Robinson, mon île toute entière ; puis me remettant aussitôt en route, j'allai, à force de rames, aborder au bout d'une heure à cette langue de terre wurtembergeoise qui vient, s'amincissant entre deux rivières, lécher l'eau du lac ; enfin, prenant une voiture à

Oberndorf, je ne m'arrêtai que pour souper à Moesburg, dans le grand-duché de Bade.

J'étais parti le matin d'une principauté libre, j'avais longé une république, écorné un empire, déjeuné dans un royaume, et enfin j'étais venu me coucher dans un grand-duché, tout cela en dix-huit heures.

Le lendemain j'arrivai à Constance.

CONSTANCE.

Depuis longtemps ce nom résonnait mélodieusement à mon oreille, depuis longtemps, lorsque je pensais à cette ville, je fermais les yeux, et je la voyais à ma fantaisie : il y a de ces choses et de ces lieux dont on se fait d'avance, sur leur nom plus ou moins sonore, une idée arrêtée : alors vous voyez, si c'est une femme, passer dans vos rêves une *péri* svelte, gracieuse, aérienne, aux cheveux flottans, aux vêtemens diaphanes ; vous lui parlez, et sa voix est consolante : si c'est une ville, vous voyez à l'horizon s'amasser des maisons aux pignons dentelés, s'élever des palais aux frêles colonnades, s'élancer des cathédrales aux hardis clochers ; vous marchez vers l'œuvre fantastique, vous atteignez ses murailles, vous entrez dans ses rues, vous visitez ses monumens, vous vous asseyez sur ses tombes ; vous sentez circuler cette population qui est le sang de ses veines, vous entendez ce grand murmure qui est le battement de son cœur : à force de le voir ainsi dans vos songes, vierge et cité finissent par devenir pour votre esprit des réalités. Un beau jour, vous quittez votre ville natale, les hommes qui vous serrent la main, la femme qui vous presse sur son cœur, pour aller voir Constance ou la Guaccioli. Tout le long de la route votre front est radieux, votre cœur est en fête, votre âme chante ; puis enfin vous arrivez devant votre déesse, vous entrez dans votre ville, une voix vous dit : — La voilà ; et vous, tout étonné, vous répondez : — Mais où donc est-elle ? C'est que chaque homme a sa double vue, ses yeux du corps et ses yeux de l'âme ; c'est que l'imagination, cette fille de Dieu, voit toujours au-delà de la réalité, cette fille de la terre.

Enfin, force me fut de croire que j'étais à Constance : c'était bien, du reste, le beau lac calme et transparent où la ville se mire ; c'étaient bien, à sa droite, ses plantureuses montagnes parsemées de châteaux ; c'étaient bien, à sa gauche, ses riches plaines brodées de villages : l'œuvre de la nature s'offrait à ma vue aussi large et aussi belle que je l'avais vue dans mes songes d'or ; il n'y avait que l'œuvre des hommes qu'un méchant enchanteur avait touchée de sa baguette, et qui s'était écroulée.

Alors, en voyant cette ville moderne si pauvre, si solitaire et si triste, je voulus du moins fouiller sa tombe et retrouver quelques-uns des ossemens de la vieille ville ; je demandai qu'on me fit visiter cette basilique où le pape Martin V a été élu, qu'on me montrât le palais où l'empereur Sigismond avait tenu sa cour romaine. On me conduisit à une petite église sous l'invocation de saint Conrad, on me fit voir un grand bâtiment appelé la douane ; c'était là la basilique, c'était là le palais.

Il y avait dans l'église un beau Calvaire peint par Holbein, deux petites statues d'argent représentant saint Conrad et saint Pylade, chacun de ces saints ayant une armoire pratiquée au milieu de la poitrine, et dans laquelle le sacristain enferme leurs propres reliques ; enfin, dans une petite châsse en argent, on me fit voir les ossemens de sainte Candide et de sainte Floride, toutes deux martyres.

Il y avait dans la douane, sous un dais qui n'a point été renouvelé depuis 1415, deux fauteuils que reléguerait dans son garde-meuble un rentier du Marais ; et cependant, s'il faut en croire maître Jos Kastell, le cicérone de céans, c'est sur ces deux siéges décorés du nom de trônes que s'assirent.

Ces deux moitiés de Dieu, le pape et l'empereur.

En face, et sur une estrade, des espèces de figures de cire, remuant les yeux, les bras et les jambes, sont censées représenter Jean Hus, Jérôme de Prague, son ami, et le dominicain Jean-Célestin Carceri, leur accusateur.

Du reste, et comme on le sait, l'œuvre la plus importante de ce concile, qui dura quatre ans, et qui réunit à Constance une si grande quantité de princes et de cardinaux, de chevaliers et de prêtres, que, dit naïvement une chronique manuscrite, on fut obligé de porter le nombre des courtisanes à deux mille sept cent quatre-vingt-huit, fut le jugement et le supplice de Jean Hus, recteur de l'université et prédicateur de la cour de Prague.

Le grand nombre de disciples qui s'étaient ralliés à cette nouvelle doctrine inquiéta le chef de la religion chrétienne : un aussi hardi docteur faisait pressentir la séparation qui allait briser l'unité de l'Église... Jean Hus annonçait Luther.

Il reçut donc l'invitation de se rendre à Constance pour se justifier de son hérésie devant le concile ; il ne refusa point d'obéir ; mais il demanda un sauf-conduit, et cette lettre de l'empereur Sigismond, conservée dans les pièces de la procédure, lui fut octroyée comme gage de sûreté : c'était, du reste, ce même empereur Sigismond qui avait fui à Nicopolis, entraînant avec lui ses soixante-mille Hongrois, et laissant Jean de Nevers et ses huit cents chevaliers français attaquer Bajazet et ses cent quatre-vingt-dix mille hommes.

Voici la lettre :

« Nous Sigismond, par la grâce de Dieu empereur romain, toujours auguste, roi de Hongrie, de Dalmatie, de Croatie ; savoir faisons à tous princes ecclésiastiques, séculiers, ducs, margraves, comtes, barons, nobles, chevaliers, chefs, gouverneurs, magistrats, préfets, baillis, douaniers, receveurs, et tous fonctionnaires des villes, bourgs, villages et frontières, à toutes communautés et à leurs préposés, ainsi qu'à tous nos fidèles sujets qui verront le présent,

» Vénérables sérénissimes, nobles et chers fidèles,

» L'honorable maître Jean Hus de Bohême, bachelier de la sainte Écriture, et maître ès-arts, porteur du présent, partant ces jours prochains pour le concile général qui aura lieu dans la ville de Constance, nous l'avons reçu et admis en notre protection et celle du Saint-Empire ; nous le recommandons à vous tous ensemble, et à chacun à part avec plaisir, si vous envoyons d'accueillir volontiers et traiter favorablement ledit maître Hus s'il se présente auprès de vous, et de lui donner aide et protection de bonne volonté en tout ce qui peut lui être utile pour favoriser son voyage tant par terre que par mer.

» En outre, c'est notre volonté que vous laissiez passer, demeurer et repasser librement et sans obstacle, lui, ses domestiques, chevaux, chars, bagage, et tous autres effets quelconques à lui appartenant, en tous passages, portes, ponts, territoires, seigneuries, bailliages, juridictions, villes, bourgs, châteaux, villages et tous vos autres lieux, sans faire payer d'impôts, droit de chaussée, péages, tributs ou quelque autre charge que ce soit. Enfin, de donner escorte de sûreté à lui et aux siens, s'il en est besoin.

» Le tout en l'honneur de notre majesté impériale.

» Donné à Spire, le 9 octobre 1414, l'an 33 de notre règne hongrois, et l'an 5 de notre règne romain. »

Jean Hus, muni de ce sauf-conduit, arriva à Constance le 3 novembre, comparut devant le concile le 28 du même mois, fut mis en prison au couvent des Dominicains le samedi 26 juillet 1415, et n'en sortit que pour marcher à la mort. Le bûcher s'élevait à un quart de lieue de Constance, dans un endroit nommé le Brull ; Jean Hus y monta tranquillement et se mit à genoux dessus ; sommé une dernière fois d'abjurer sa doctrine, il répondit qu'il aimait mieux mourir que d'être perfide envers son Dieu comme l'empereur Sigismond l'était envers lui ; puis, voyant que le bourreau s'approchait pour mettre le feu, il s'écria trois fois. — Jésus-

Christ, fils du Dieu vivant, qui avez souffert pour nous, ayez pitié de moi. Enfin, lorsqu'il fut entièrement caché par les flammes, on entendit ces dernières paroles du martyr : — Je remets mon âme entre les mains de mon Dieu et de mon Sauveur.

Cette exécution fut suivie de celle de Jérôme de Prague, son disciple et son défenseur : conduit au bûcher le 30 mai 1417, il marcha au supplice comme il serait allé à une fête. Le bourreau, selon la coutume, voulut allumer le bûcher par derrière ; mais Jérôme lui dit : — Viens çà, maître, et allume le feu en face de moi ; car, si j'avais craint le feu, je ne serais pas ici.

Deux mois après leur mort, Jean XXIII trépassa à son tour, et, d'accusateur qu'il avait été devant les hommes, devint accusé devant Dieu.

Maintenant voulez-vous savoir ce qu'il advint lorsque le concile fut terminé, et que cette cour romaine, cette suite pontificale, ces comtes de l'empire, ces barons et ces chevaliers, que vous avez vus l'autre jour à l'Opéra couverts d'or et de diamans, voulurent quitter Constance ? pas autre chose que ce qui arrive parfois à un pauvre étudiant chez un restaurateur de la rue de La Harpe. Ni le pape, ni l'empereur Martin, ni Sigismond, ne purent payer la carte que leur apportèrent respectueusement les bourgeois de la ville ; ce que voyant les susdits bourgeois, ils s'emparèrent, respectueusement toujours, de la vaisselle d'argent de l'empereur, des vases sacrés du pape, des armures des comtes, des hardes des barons, des harnais des chevaliers.

Vous devinez que la désolation fut grande parmi la noble assemblée : Sigismond se chargea de tout arranger.

A cet effet, il rassembla les magistrats et les bourgeois de la ville de Constance dans le bâtiment de la douane, où s'était tenu le concile, monta à la tribune, et dit qu'il répondait des dettes de tout le monde ; les bourgeois de la ville répliquèrent que c'était très bien, qu'il ne restait plus qu'à trouver quelqu'un qui répondît du répondant.

L'empereur fit alors apporter des ballots de draps, de soie, de damas et de velours, des housses, des rideaux et des coussins brodés d'or, les fit estimer par des experts, les déposa à la douane, s'engageant à les dégager dans l'année ; et, pour plus grande sûreté de la dette et comme preuve qu'il la reconnaissait, il fit apposer ses armes sur les caisses qui les renfermaient. Les bourgeois laissèrent sortir leurs royaux débiteurs.

Un an s'écoula sans qu'on entendit parler de l'empereur Sigismond ; au bout de cette année, on voulut vendre les objets restés en gage. Mais alors défense fut faite, de par sa majesté, de procéder à cette vente, attendu que les armes apposées sur les ballots en faisaient la propriété de l'empire, et non celle de l'empereur. Il y a aujourd'hui quatre cent dix-sept ans que cette signification fut faite.

Les bourgeois de Constance espèrent que M. Duponchel, à la centième représentation de *la Juive*, dégagera les effets de l'empereur Sigismond.

NAPOLÉON LE GRAND ET CHARLES LE GROS.

Si vous voulez me suivre maintenant dans les rues tortueuses de Milan, nous nous arrêterons un instant en face de son dôme miraculeux ; mais, comme nous le reverrons plus tard, et en détail, je vous inviterai à prendre promptement à gauche, car une de ces scènes qui se passent dans une chambre et qui retentissent dans un monde est prête à s'accomplir.

Entrons donc au palais royal, montons le grand escalier, traversons quelques-uns de ces appartemens qui viennent d'être si splendidement décorés par le pinceau d'Appiani ;

nous nous arrêterons devant ces fresques qui représentent les quatre parties du monde, et devant le plafond où s'accomplit le triomphe d'Auguste ; mais, à cette heure, ce sont des tableaux vivans qui nous attendent, c'est de l'histoire moderne que nous allons écrire.

Entrebâillons doucement la porte de ce cabinet, afin de voir sans être vus. — C'est bien : vous apercevez un homme, n'est-ce pas ? et vous le reconnaissez à la simplicité de son uniforme vert, à son pantalon collant de cachemire blanc, à ses bottes assouplies et montant jusqu'au genoux. Voyez sa tête modelée comme un marbre antique ; cette étroite mèche de cheveux noirs qui va s'amincissant sur son large front ; ces deux yeux bleus dont le regard s'use à percer le voile de l'avenir ; ces lèvres pressées, qui recouvrent deux rangées de perles dont une femme serait jalouse : quel calme ! — c'est la conscience de la force, c'est la sérénité du lion. — Quand cette bouche s'ouvre, les peuples écoutent ; quand cet œil s'allume, les plaines d'Austerlitz jettent des flammes comme un volcan ; quand ce sourcil se fronce, les rois tremblent. A cette heure, cet homme commande à cent vingt millions d'hommes, dix peuples chantent en chœur l'*hosanna* de sa gloire en dix langues différentes ; car cet homme, c'est plus que César ; c'est autant que Charlemagne ; — c'est Napoléon le Grand, le Jupiter Tonnant de la France.

Après un instant d'attente calme, il fixe ses yeux sur une porte qui s'ouvre ; elle donne entrée à un homme vêtu d'un habit bleu, d'un pantalon gris collant, au-dessous du genou duquel montent, en s'échancrant en cœur, des bottes à la hussarde. — En jetant les yeux sur lui, nous lui trouverons une ressemblance primitive avec celui qui paraît l'attendre. Cependant il est plus grand, plus maigre, plus brun : — Celui-là, c'est Lucien, le vrai Romain, le républicain des jours antiques, la barre de fer de la famille (1).

Ces deux hommes, qui ne s'étaient pas revus depuis Austerlitz, jetèrent l'un sur l'autre un de ces regards qui vont fouiller les âmes ; car Lucien était le seul qui eût dans les yeux la même puissance que Napoléon.

Il s'arrêta après avoir fait trois pas dans la chambre. Napoléon marcha vers lui et lui tendit la main. — Mon frère, s'écria Lucien en jetant les bras autour du cou de son aîné, — mon frère ! que je suis heureux de vous revoir !

— Laissez-nous seuls, messieurs, dit l'empereur, faisant signe de la main à un groupe. Les trois hommes qui le formaient s'inclinèrent et sortirent sans murmurer une parole, sans répondre un mot. Cependant, ces trois hommes qui obéissaient ainsi à un geste, c'étaient Duroc, Eugène et Murat : un maréchal, un prince, un roi.

— Je vous ai fait mander, Lucien, dit Napoléon lorsqu'il se vit seul avec son frère.

— Et vous voyez que je me suis empressé de vous obéir comme à mon aîné, répondit Lucien.

Napoléon fronça imperceptiblement le sourcil.

— N'importe ! vous êtes venu, et c'est ce que je désirais, car j'ai besoin de vous parler.

— J'écoute, répondit Lucien en s'inclinant.

Napoléon prit avec l'index et le pouce un des boutons de l'habit de Lucien, et le regardant fixement : — Quels sont vos projets ? dit-il.

— Mes projets, à moi ? reprit Lucien étonné : les projets d'un homme qui vit retiré, loin du bruit, dans la solitude ; mes projets sont d'achever tranquillement, si je le puis, un poème que j'ai commencé.

— Oui, oui, ironiquement Napoléon, vous êtes le poète de la famille, vous faites des vers tandis que je gagne des batailles : quand je serai mort, vous me chanterez ; j'aurai cet avantage de voir dans ma famille Alexandre, d'avoir mon Homère.

— Quel est le plus heureux de nous deux ?

— Vous, certes, vous, dit Napoléon en lâchant avec un geste d'humeur le bouton qu'il tenait ; car vous n'avez pas le chagrin de voir dans votre famille des indifférens, et peut-être des rebelles.

(1) Le prince de Canino n'avait point encore, à l'époque où j'écrivais ces lignes, publié ses Mémoires.

Lucien laissa tomber ses bras, et regarda l'empereur avec tristesse.

— Des indifférens!... rappelez-vous le 18 brumaire... des rebelles?... et où jamais m'avez-vous vu évoquer la rebellion?

— C'est une rébellion que de ne point me servir; celui qui n'est point avec moi est contre moi. Voyons, Lucien; tu sais que tu es parmi tous mes frères celui que j'aime le mieux!
— Il lui prit la main, — le seul qui puisse continuer mon œuvre : veux-tu renoncer à l'opposition tacite que tu fais?... Quand tous les rois de l'Europe sont à genoux, te croiras-tu humilié de baisser la tête au milieu du cortège de flatteurs qui accompagnent mon char de triomphe? Sera-ce donc toujours la voix de mon frère qui me criera : César! n'oublie pas que tu dois mourir! Voyons, Lucien, veux-tu marcher dans ma route?

— Comment votre majesté l'entend-elle? répondit Lucien en jetant sur Napoléon un regard de défiance (1).

L'empereur marcha en silence vers une table ronde qui masquait le milieu de la chambre, et, posant ses deux doigts sur le coin d'une grande carte roulée, il se retourna vers Lucien, et lui dit :
— Je suis au faîte de ma fortune, Lucien; j'ai conquis l'Europe, il me reste à la tailler à ma fantaisie; je suis aussi victorieux qu'Alexandre, aussi puissant qu'Auguste, aussi grand que Charlemagne; je veux et je puis. Eh bien !... — il prit le coin de la carte, et la déroula sur la table avec un geste gracieux et nonchalant, — choisissez le royaume qui vous plaira le mieux, mon frère, et je vous engage ma parole d'empereur que, du moment où vous me l'aurez montré du bout du doigt, ce royaume est à vous.

— Et pourquoi cette proposition à moi, plutôt qu'à tout autre de nos frères?

— Parce que toi seul es selon mon esprit, Lucien.

— Comment cela se peut-il, puisque je ne suis pas selon vos principes ?

— J'espérais que tu avais changé depuis quatre ans que je ne t'ai vu.

— Et vous vous êtes trompé, mon frère; je suis toujours le même qu'en 99 : je ne troquerais pas ma chaise curule contre un trône.

— Niais et insensé! dit Napoléon en se mettant à marcher et en se parlant à lui-même, insensé et aveugle, qui ne veut pas que je suis envoyé par le destin pour enrayer le tombereau de la guillotine qu'ils ont pris pour un char républicain! — Puis s'arrêtant tout à coup et marchant à son frère : — Mais laisse-moi donc t'enlever sur la montagne et te montrer les royaumes de la terre : lequel est mûr pour ton rêve sublime? Voyons, est-ce le corps germanique, où il n'y a de vivant que ces universités, espèce de pouls républicain qui bat dans un corps monarchique? est-ce l'Espagne, catholique depuis le treizième siècle seulement, et chez laquelle la véritable interprétation de la parole du Christ germe à peine? est-ce la Russie, dont la tête pense peut-être, mais dont le corps, galvanisé un instant par le czar Pierre, est retombé dans sa paralysie polaire? Non, Lucien, non, les temps ne sont pas venus; renonce à tes folles utopies; donne-moi la main comme frère et comme allié, et demain je te fais le chef d'un grand peuple, je reconnais ta femme pour ma sœur, et je te rends toute mon amitié.

— C'est cela, Lucien, vous désespérez de me convaincre, et vous voulez m'acheter. — L'empereur fit un mouvement. — Laissez-moi dire à mon tour, car ce moment est solennel, et n'aura pas son pareil dans le cours de notre vie : je ne vous en veux pas de m'avoir mal jugé; vous avez rendu tant d'hommes muets et sourds en leur coulant de l'or dans la bouche et dans les oreilles, que vous avez cru qu'il en serait de moi ainsi que des autres. Vous voulez me faire roi, dites-vous? Eh bien! j'accepte, si vous me promettez que mon royaume

(1) Tous les détails de cet entretien m'ont été donnés par madame la duchesse d'Abrantès, aux Mémoires de laquelle je renverrais mes lecteurs, si je ne craignais que sa prose, si naïve, si vraie et si animée, ne fît par trop de tort à la mienne.

ne sera point une préfecture. Vous me donnez un peuple : je le prends, peu m'importe lequel, mais à la condition que je le gouvernerai selon ses idées et selon ses besoins; je veux être son père, et non son tyran; je veux qu'il m'aime, et non qu'il me craigne : du jour où j'aurai mis la couronne d'Espagne, de Suède, de Wurtemberg ou de Hollande sur ma tête, je ne serai plus Français, mais Espagnol, Allemand ou Hollandais; mon nouveau peuple sera ma seule famille. Songez-y bien, alors nous ne serons plus frères selon le sang, mais selon le rang, vos volontés seront consignées à mes frontières; si vous marchez contre moi, je vous attendrai debout : vous me vaincrez, sans doute, car vous êtes un grand capitaine, et le Dieu des armées n'est pas toujours celui de la justice; alors je serai un roi détrôné, mon peuple sera un peuple conquis, et libre à vous de donner ma couronne et mon peuple à quelque autre plus soumis ou plus reconnaissant. J'ai dit.

— Toujours le même, toujours le même! murmura Napoléon; puis tout à coup, frappant du pied : Lucien, vous oubliez que vous devez m'obéir, comme à votre père, comme à votre roi.

— Tu es mon aîné, non mon père; tu es mon frère, non mon roi : jamais je ne courberai la tête sous ton joug de fer, jamais, jamais!

Napoléon devint affreusement pâle, ses yeux prirent une expression terrible, ses lèvres tremblèrent.

— Réfléchissez à ce que je vous ai dit, Lucien.

— Réfléchis à ce que je vais te dire, Napoléon : tu as mal tué la république, car tu l'as frappée sans oser la regarder en face; l'esprit de liberté, que tu crois étouffé sous ton despotisme, grandit, se répand, se propage; tu crois le pousser devant toi, il te suit par derrière; tant que tu seras victorieux, il sera muet; mais vienne le jour des revers, et tu verras si tu peux t'appuyer sur cette France que tu auras faite grande mais esclave. Tout empire élevé par la force et la violence doit tomber par la violence et la force. Et toi, toi, Napoléon, qui tomberas du faîte de cet empire, tu seras brisé, — prenant sa montre et l'écrasant contre terre, — brisé, vois-tu, comme je brise cette montre, tandis que nous, morceaux et débris de ta fortune, nous serons dispersés sur la surface de la terre parce que nous serons de la famille, et maudits parce que nous porterons ton nom. Adieu, sire!

Lucien sortit.

Napoléon resta immobile et les yeux fixes; au bout de cinq minutes, on entendit le roulement d'une voiture qui sortait des cours du palais; Napoléon sonna.

— Quel est ce bruit? dit-il à l'huissier qui entr'ouvrit la porte.

— C'est celui de la voiture du frère de votre majesté qui repart pour Rome.

— C'est bien, dit Napoléon; et sa figure reprit ce calme impassible et glacial sous lequel il cachait, comme sous un masque, les émotions les plus vives.

Dix ans étaient à peine écoulés que cette prédiction de Lucien s'était accomplie. L'empire élevé par la force avait été renversé par la force, Napoléon était brisé, et cette famille d'aigles, dont l'aire était aux Tuileries, s'était éparpillée, fugitive, proscrite et battait des ailes sur le monde. Madame mère, cette Niobé impériale, qui avait donné le jour à un empereur, à trois rois, à deux archi-duchesses, s'était retirée à Rome, Lucien dans sa principauté de Canino, Louis à Florence, Joseph aux États-Unis, Jérôme en Wurtemberg, la princesse Élisa à Baden, madame Borghèse à Piombino, et la reine de Hollande au château d'Arenemberg.

Or, comme le château d'Arenemberg est situé à une demi-lieue seulement de Constance, il me prit un grand désir de mettre mes hommages aux pieds de cette majesté déchue, et de voir ce qui restait d'une reine dans une femme, lorsque le destin lui avait arraché la couronne du front, le sceptre de la main et le manteau des épaules; et de cette reine surtout, de cette gracieuse fille de Joséphine Beauharnais, de cette sœur d'Eugène, de ce diamant de la couronne de Napoléon.

J'en avais tant entendu parler dans ma jeunesse comme

d'une belle et bonne fée, bien gracieuse et bien secourable, et cela par les filles auxquelles elle avait donné une dot, par les mères dont elle avait racheté les enfans, par les condamnés dont elle avait obtenu la grâce, que j'avais un culte pour elle. Joignez à cela le souvenir de romances que ma sœur chantait, qu'on disait de cette reine, et qui s'étaient tellement répandues de ma mémoire dans mon cœur, qu'aujourd'hui encore, quoiqu'il y ait vingt ans que j'aie entendu ces vers et cette musique, je répèterais les uns ou je noterais les autres sans transposer un mot, sans oublier une note. C'est que des romances de reine, c'est qu'une reine qui chante, cela ne se voit que dans les *Mille et une Nuits*, et cela était resté dans mon esprit comme un étonnement doré.

Il était trop matin pour me présenter en personne au château ; j'y déposai ma carte, et je sautai dans un bateau qui me conduisit en une heure à l'île Reichenau.

C'est dans une petite église située au milieu de l'île que sont déposés les restes de Charles le Gros, cinquième successeur de Charles le Grand ; son épitaphe, qu'on lit dans le chœur, au-dessous d'un portrait qui passe pour le sien, raconte toute son histoire. La voici traduite textuellement :

« Charles le Gros, neveu de Charles le Grand, entra puissamment dans l'Italie, qu'il vainquit, obtint l'Empire, et fut couronné César à Rome ; puis, son frère Ludwig de Germanie étant mort, il devint, par droit d'hérédité, maître de la Germanie et de la Gaule. Enfin, manquant à la fois par le génie, par le cœur et par le corps, un jeu de fortune le jeta du faîte de ce grand empire dans cette humble retraite, où il mourut, abandonné de tous les siens, l'an de Notre-Seigneur 888. »

Comme il n'y avait rien autre chose à voir dans l'église ni dans l'île, nous remontâmes dans la barque et fîmes voile pour Arenemberg.

En entrant au château de Volberg, qu'habite madame Parquin, lectrice de la reine et sœur du célèbre avocat de ce nom, je trouvai une invitation à dîner chez madame de Saint-Leu et des lettres de France : l'une d'elles contenait l'ode manuscrite de Victor Hugo sur la mort du roi de Rome.

Je la lus en me rendant à pied chez la reine Hortense (1).

UNE EX-REINE.

Le château d'Arenemberg n'est point une résidence royale ; c'est une jolie maison qui pourrait appartenir indifféremment à M. Aguado, à M. de Schickler ou à Scribe : ainsi l'émotion que j'éprouvai appartenait toute entière à une cause morale qui remuait ma pensée, et nullement aux objets physiques qui frappaient mes yeux.

Cette émotion était telle, qu'après avoir désiré ardemment voir madame de Saint-Leu, au moment où ce désir allait être réalisé, je m'arrêtais à chaque pas pour retarder le moment de l'entrevue, plongeant mes yeux dans chaque échappée de vue, regardant sans distinguer, et bien plus disposé à retourner en arrière qu'à continuer mon chemin : c'est que j'étais sur le point de voir se réaliser une chimère ou de perdre une illusion ; c'est que j'aimais presque autant m'en aller à l'instant avec un doute, que de me retirer plus tard avec un désenchantement. Tout à coup, à trente pas de moi, au détour d'une allée, j'aperçus trois femmes et un jeune homme ; mon premier mouvement fut de fuir : mais il était trop tard, j'avais été vu ; je sentis le ridicule d'une pareille retraite, je fixai les yeux sur le groupe qui s'avançait, je reconnus instinctivement la reine, je marchai vers elle.

Certes elle ne se doutait guère, en venant au-devant de moi, de ce qui se passait alors dans mon âme ; elle était loin de penser qu'au jour de sa puissance jamais homme, entrant dans la salle de réception du château de La Haye, et s'approchant du trône où elle était assise dans toute la majesté du pouvoir, dans toute la splendeur de la beauté, n'avait ressenti une émotion pareille à celle que j'éprouvais ; tous les sentimens généreux que renferme le cœur de l'homme, l'amour, le respect, la pitié, se pressaient sur mes lèvres ; j'étais prêt à tomber à genoux, et certes je l'eusse fait si elle eût été seule.

Elle vit probablement ce qui se passait en moi ; car elle sourit ineffablement en me tendant la main.

— Vous êtes mille fois bon, me dit-elle, de ne point passer près d'une pauvre proscrite sans la venir voir.

C'était moi qui étais bon, c'était de son côté qu'était la reconnaissance : bien, mon cœur ; cette fois tu ne t'étais pas trompé, jeune homme, c'est la reine de ton enfance, gracieuse et bonne ; poète, c'est ce son de voix, c'est ce regard que tu as rêvé à la fille de Joséphine ; laisse battre librement ton cœur : une fois la réalité s'est trouvée à la hauteur du songe ; regarde, écoute, sois heureux.

La reine s'appuya sur mon bras, elle me conduisit, car je ne voyais pas ; nous marchâmes ainsi je ne sais combien de temps, puis nous rentrâmes dans le salon. La première chose qui rappela mes esprits, qui arrêta mes pensées, qui fixa mes yeux, fut un magnifique portrait.

— Oh ! voilà qui est beau ! m'écriai-je.
— Oui, dit madame de Saint-Leu ; c'est Bonaparte au pont de Lodi.
— Ce tableau doit être de Gros, n'est-ce pas ?
— De lui-même.
— Fait d'après nature, sans doute : c'est trop merveilleux de ressemblance et de modelé pour ne pas être ainsi.
— L'empereur a posé trois ou quatre fois.
— Il a eu cette patience ?
— Gros avait trouvé un excellent moyen pour cela.
— Lequel ?
— Il le faisait asseoir sur les genoux de ma mère.

Voyez-vous cette fille qui me parle de sa mère, qui est Joséphine, de son beau-père, qui est Napoléon, qui me fait assister à cette scène de ménage, qui me montre le lion doux et apprivoisé, l'empereur sur les genoux de l'impératrice, et, devant eux, Gros, l'homme de Jaffa, d'Eylau et d'Aboukir, son pinceau à la main, fixant sur la toile cette tête large à contenir le monde : et tout cela n'était pas un rêve !

J'allai m'asseoir dans un coin, et, laissant tomber mon front entre mes deux mains, je restai abîmé dans un océan de pensées. Lorsque je revins à moi et que je levai les yeux, je vis que madame de Saint-Leu me regardait en souriant : elle comprenait trop bien les causes d'une pareille inconvenance pour attendre de moi des excuses, que je ne pensais, du reste, aucunement à lui faire. Elle se leva et vint à moi.

— Voulez-vous me suivre ? me dit-elle.
— Oh ! certes.
— Venez !
— Et quelle merveille allez-vous me faire voir ?
— Mon reliquaire impérial.

Elle me conduisit devant un meuble fermé comme une bibliothèque, avec des carreaux de vitre, et sur chaque planche duquel, ainsi que sur une étagère, étaient rangés des objets qui avaient appartenu à Joséphine ou à Napoléon.

D'abord c'était, dans un portefeuille marqué d'un J et d'un N, la correspondance intime de l'empereur et de l'impératrice. Toutes les lettres étaient autographes, datées des champs de bataille de Marengo, d'Austerlitz, d'Iéna, écrites sur l'affût d'un canon, les pieds dans le sang, et toutes contenaient un mot de la victoire. Puis, des pages d'amour, mais de cet amour profond, ardent, passionné, comme le ressentaient Werther, René, Antony. Quelle organisation immense que celle de cet homme, qui renfermait à la fois tant de choses dans la tête et dans le cœur !

---

(1) Nos lecteurs s'apercevront facilement que toute la première partie de ce volume a été écrite en 1834, et par conséquent avant les événemens de Strasbourg.

C'était ensuite le talisman de Charlemagne : or c'est toute une histoire que celle de ce talisman ; écoutez-la ;

Lorsqu'on ouvrit, à Aix-la-Chapelle, le tombeau dans lequel avait été inhumé le grand empereur, on trouva son squelette revêtu de ses habits romains ; il portait sa double couronne de France et d'Allemagne sur son front desséché ; il avait au côté, près de sa bourse de pèlerin, Joyeuse, cette bonne épée avec laquelle, dit le moine de Saint-Denis, il coupait en deux un chevalier tout armé ; ses pieds reposaient sur le bouclier d'or massif que lui avait donné le pape Léon, et à son cou était suspendu le talisman qui le faisait victorieux. Ce talisman était un morceau de la vraie croix, que lui avait envoyé l'impératrice. Il était renfermé dans une émeraude, et cette émeraude était suspendue par une chaîne à gros anneaux d'or. Les bourgeois d'Aix-la-Chapelle le donnèrent à Napoléon lorsqu'il fit son entrée dans leur ville, et Napoléon, en 1813, jeta en jouant cette chaîne autour du cou de la reine Hortense, lui avouant que, le jour d'Austerlitz et de Wagram, il l'avait portée lui-même sur sa poitrine, comme, il y a neuf cents ans, le faisait Charlemagne.

C'était enfin la ceinture qui ceignait ses reins aux Pyramides ; c'était l'anneau de mariage qu'il avait passé lui-même au doigt de la veuve de Beauharnais ; c'était le portrait du roi de Rome, brodé par Marie-Louise, sur lequel s'était reposé son dernier regard. Cet œil d'aigle s'était fermé sur le même objet que j'avais à mon tour sous les yeux ; sa bouche mourante avait touché ce satin, son dernier soupir l'avait humecté ; et il y avait un mois à peine que l'enfant était mort à son tour, les yeux sur le portrait de son père. Le temps et la liberté nous révèleront peut-être le secret providentiel de ce double trépas ; en attendant, prosternons-nous et adorons.

Je demandai à voir l'épée rapportée de Sainte-Hélène par Marchand, et léguée par le duc de Reichstadt au prince Louis ; mais la reine n'avait point encore reçu ce don mortuaire, et craignait de ne le recevoir jamais.

La cloche du dîner sonna.

— Déjà ! m'écriai-je.

— Vous reverrez tout cela demain, me dit-elle.

Après le dîner nous rentrâmes au salon. Au bout de dix minutes, on annonça madame Récamier. Celle-là était encore une reine, reine de beauté et d'esprit : aussi la duchesse de Saint-Leu la reçut-elle en sœur.

J'ai beaucoup entendu discuter l'âge de madame Récamier ; il est vrai que je ne l'ai vue que le soir, vêtue d'une robe noire, la tête et le cou enveloppés d'un voile de la même couleur ; mais à la jeunesse de sa voix, à la beauté de ses yeux, au modelé de ses mains, je parierais pour vingt-cinq ans.

Aussi fus-je bien étonné d'entendre ces deux femmes parler du directoire et du consulat comme de choses qu'elles avaient vues. Enfin, l'on pria madame de Saint-Leu de se mettre au piano.

— Cela vous fera-t-il plaisir ? dit-elle en se retournant vers moi, à demi-levée et attendant ma réponse.

— Oh ! oui, répondis-je en joignant les mains.

Elle chanta plusieurs romances dont elle avait dernièrement composé la musique.

— Si j'osais vous demander une chose ? lui dis-je à mon tour.

— Eh bien ! que me demanderiez-vous ?

Une de vos anciennes romances.

— Laquelle ?

Vous me quittez pour marcher à la gloire.

— O mon Dieu ! mais c'est du plus loin qu'il me souvienne ; cette romance est de 1809. Comment faites-vous pour vous la rappeler ? vous étiez à peine né lorsqu'elle était en vogue.

— J'avais cinq ans et demi ; mais, parmi les romances que chantait ma sœur, mon aînée de quelques années, c'était ma romance de prédilection.

— Il n'y a qu'un inconvénient, c'est que je ne me la rappelle plus.

— Je me la rappelle, moi.

Je me levai, et, m'appuyant sur le dos de sa chaise, je commençai à lui dicter les vers.

Vous me quittez pour marcher à la gloire ;
Mon triste cœur suivra partout vos pas ;
Allez, volez au temple de mémoire ;
Suivez l'honneur, mais ne m'oubliez pas.

— Oui, c'est cela, me dit la reine avec tristesse. Je continuai.

A vos devoirs comme à l'amour fidèle,
Cherchez la gloire, évitez le trépas ;
Dans les combats où l'honneur vous appelle
Distinguez-vous, mais ne m'oubliez pas.

— Ma pauvre mère ! soupira madame de Saint-Leu.

Que faire, hélas ! dans mes peines cruelles ?
Je crains la paix autant que les combats :
Vous y verrez tant de beautés nouvelles,
Vous leur plairez !... mais ne m'oubliez pas.

Oui, vous plairez, et vous vaincrez sans cesse,
Mars et l'Amour suivront partout vos pas ;
De vos succès gardez la douce ivresse,
Soyez heureux, mais ne m'oubliez pas.

La reine passa la main sur ses yeux pour essuyer une larme.

— Quel triste souvenir ! lui dis-je.

— Oh ! oui, bien triste ! Vous savez qu'en 1808 les bruits du divorce commencèrent à se répandre ; ils étaient venus frapper ma mère au cœur, et, voyant l'empereur prêt à partir pour Wagram, elle pria M. de Ségur de lui faire une romance sur ce départ ; il lui apporta les paroles que vous venez de dire, ma mère me les donna pour que j'en fisse la musique, et la veille du départ de l'empereur, je les lui chantai. Ma pauvre mère ! je la vois encore, suivant sur la figure de son mari, qui m'écoutait soucieux, l'impression que lui faisait cette romance, qui s'appliquait si bien à la situation de tous deux. L'empereur l'écouta jusqu'au bout ; enfin, lorsque le dernier son du piano se fut éteint, il alla vers ma mère.—Vous êtes la meilleure créature que je connaisse, lui dit-il ; puis l'embrassant au front en soupirant, il rentra dans son cabinet ; ma mère fondit en larmes ; car de ce moment elle sentit qu'elle était condamnée. Vous concevez maintenant ce qu'il y a pour moi de souvenir dans cette romance, et en me la disant, vous venez de toucher toutes les cordes de mon cœur comme un clavier.

— Mille pardons ; comment n'ai-je pas deviné cela ? Je ne demande plus rien.

— Si fait, dit la reine en se replaçant à son piano ; si fait ; tant d'autres malheurs sont venus passer sur celui-là, que c'est un de ceux sur lequel j'arrête ma mémoire avec le plus de douceur ; car ma mère, quoique séparée de l'empereur, en fut toujours aimée.

Elle laissa courir ses doigts sur le piano, un prélude plaintif se fit entendre, puis elle chanta avec toute son âme, avec le même accent qu'elle dut chanter devant Napoléon.

Je doute que jamais homme ait ressenti ce que j'éprouvai dans cette soirée.

UNE PROMENADE DANS LE PARC D'ARENEMBERG.

Madame la duchesse de Saint-Leu m'avait invité à déjeuner pour le lendemain matin, à dix heures ; comme j'avais passé une partie de la nuit à écrire mes notes, j'arrivai quelques minutes après l'heure indiquée ; j'allais m'excuser de l'avoir fait attendre, ce qui était d'autant moins pardonnable qu'elle n'était plus reine ; mais elle me rassura avec une bonté parfaite, me disant que le déjeuner n'était que pour midi, et que si elle m'avait invité pour dix heures, c'était afin d'avoir tout le temps de causer avec moi ; en même temps elle me proposa une promenade dans le parc ; je lui répondis en lui offrant mon bras.

Nous fîmes à peu près cent pas en silence, le premier je l'interrompis.

— Vous aviez quelque chose à me dire, madame la duchesse ?

— C'est vrai, dit-elle en me regardant, je voulais vous parler de Paris ; qu'y avait-il de nouveau quand vous l'avez quitté ?

— Beaucoup de sang dans les rues, beaucoup de blessés dans les hôpitaux, pas assez de prisons et trop de prisonniers (1).

— Vous avez vu les 5 et 6 juin ?

— Oui, madame.

— Pardon, mais je vais être bien indiscrète peut-être ; d'après quelques mots que vous avez dit hier, je crois que vous êtes républicain ?

Je souris. — Vous ne vous êtes pas trompée, madame la duchesse ; et, cependant, grâce au sens et à la couleur que les journaux qui représentent le parti auquel j'appartiens, et dont je partage toutes les sympathies, mais non tous les systèmes, ont fait prendre à ce mot, avant d'accepter la qualification que vous me donnez, je vous demanderai la permission de vous faire un exposé de principes ; à toute autre femme, une pareille profession de foi serait ridicule ; mais à vous, madame la duchesse, à vous qui, comme reine, avez dû entendre autant de paroles austères que vous avez dû écouter de mots frivoles en votre qualité de femme, je n'hésiterai point à dire par quels points je touche au républicanisme social, et par quelque dissidence je m'éloigne du républicanisme révolutionnaire.

— Vous n'êtes donc point d'accord entre vous ?

— Notre espoir est le même, madame ; mais les moyens par lesquels chacun veut procéder sont différens : il y en a qui parlent de couper des têtes et de diviser les propriétés ; ceux-là, ce sont les ignorans et les fous. Il vous paraît étonnant que je ne me serve pas pour les désigner d'un nom plus énergique ; c'est inutile, ils ne sont ni craints ni à craindre ; ils se croient fort en avant et sont tout à fait en arrière ; ils datent de 93, et nous sommes en 1832. Le gouvernement fait semblant de les redouter beaucoup, et serait bien fâché qu'ils n'existassent pas, car leurs théories sont le carquois où il prend ses armes ; ceux-là ne sont point les républicains, ce sont les républiqueurs.

Il y en a d'autres qui oublient que la France est la sœur aînée des nations, qui ne se souviennent plus que son passé est riche de tous les souvenirs, et qui vont chercher parmi les constitutions suisse, anglaise, et américaine, celle qui serait la plus applicable à notre pays ; ceux-là, ce sont les rêveurs et les utopistes ; tout entiers à leurs théories de cabinet, ils ne s'aperçoivent pas, dans leurs applications imaginaires, que la constitution d'un peuple ne peut être durable qu'autant qu'elle est née de la situation géographique, qu'elle ressort de sa nationalité, et qu'elle s'harmonise avec ses mœurs. Il en résulte que, comme il n'y a pas sous le ciel deux peuples dont la situation géographique, dont la nationalité et dont les mœurs soient identiques, plus une constitution est parfaite, plus elle est individuelle, et moins par conséquent elle est applicable à une autre localité qu'à celle qui lui a donné naissance ; ceux-là, ce ne sont point non plus les républicains, ce sont les républiquistes.

Il y en a d'autres qui croient qu'une opinion, c'est un habit bleu barbeau, un gilet à grands revers, une cravate flottante et un chapeau pointu ; ceux-là, ce sont les parodistes et les aboyeurs ; ils excitent les émeutes, mais se gardent bien d'y prendre part ; ils élèvent les barricades et laissent les autres se faire tuer derrière ; ils compromettent leurs amis, et vont partout se cachant comme s'ils étaient compromis eux-mêmes ; ceux-là, ce ne sont point encore les républicains, ce sont les républiquets.

Mais il y en a d'autres, madame, pour qui l'honneur de la France est chose sainte, et à laquelle ils ne veulent pas que l'on touche, pour qui la parole donnée est un engagement sacré, qu'ils ne peuvent souffrir de voir rompre, même de roi à peuple, dont la vaste et noble fraternité s'étend à tout pays qui souffre et à toute nation qui se réveille ; ils ont été verser leur sang en Belgique, en Italie et en Pologne, et sont revenus se faire tuer ou prendre au cloître Saint-Merry ; ceux-là, madame, ce sont les puritains et les martyrs. Un jour viendra où non seulement on rappellera ceux qui sont exilés, où non seulement on ouvrira les prisons de ceux qui sont captifs, mais encore où l'on cherchera les cadavres de ceux qui sont morts, pour leur élever des tombes ; tout le tort que l'on peut leur reprocher, c'est d'avoir devancé leur époque et d'être nés trente ans trop tôt ; ceux-là, madame, ce sont les vrais républicains.

— Je n'ai pas besoin de vous demander, me dit la reine, si c'est à ceux-là que vous appartenez ?

— Hélas ! madame, lui répondis-je, je ne puis me vanter tout à fait de cet honneur ; oui, certes, à eux toutes mes sympathies ; mais, au lieu de me laisser emporter à mon sentiment, j'en ai appelé à ma raison ; j'ai voulu faire pour la politique ce que Faust a fait pour la science, descendre et toucher le fond. Je suis resté un an plongé dans les abîmes du passé ; j'y étais entré avec une opinion instinctive, j'en suis sorti avec une conviction raisonnée. Je vis que la révolution de 1830 nous avait fait faire un pas, il est vrai, mais que ce pas nous avait conduits tout simplement de la monarchie aristocratique à la monarchie bourgeoise, et que cette monarchie bourgeoise était une ère qu'il fallait épuiser avant d'arriver à la magistrature populaire. Dès lors, madame, sans rien faire pour me rapprocher du gouvernement dont je m'étais éloigné, j'ai cessé d'en être l'ennemi, je le regarde tranquillement poursuivre sa période, dont je ne verrai probablement pas la fin ; j'applaudis à ce qu'il fait de bon, je proteste contre ce qu'il fait de mauvais, mais tout cela sans enthousiasme et sans haine ; je ne l'accepte ni ne le récuse, je le subis ; je ne le regarde pas comme un bonheur, mais je le crois une nécessité.

— Mais à vous entendre, il n'y aurait pas chance qu'il changeât ?

— Non, madame.

— Si cependant le duc de Reichstadt n'était point mort et qu'il eût fait une tentative ?

— Il eût échoué, du moins, je le crois.

— C'est vrai ; j'oubliais qu'avec vos opinions républicaines, Napoléon doit n'être pour vous qu'un tyran.

— Je vous demande pardon, madame, je l'envisage sous un autre point de vue ; à mon avis, Napoléon est un de ces hommes élus dès le commencement des temps, et qui ont reçu de Dieu une mission providentielle. Ces hommes, madame, on les juge non point selon la volonté humaine qui les a fait agir, mais selon la sagesse divine qui les a inspirés ; non pas selon l'œuvre qu'ils ont faite, mais selon le résultat qu'elle a produit. Quand leur mission est accomplie, Dieu les rappelle ; ils croient mourir, ils vont rendre compte.

— Et, selon vous, quelle était la mission de l'empereur ?

— Une mission de liberté.

---

(1) Ces lignes ont été écrites avant l'amnistie : je n'ai pas voulu les effacer, car, de reproche qu'elles étaient, elles sont devenues un éloge ; il faut laisser à chaque chose le caractère du temps dans lequel elle a été mise au jour.

— Savez-vous que tout autre que moi vous en demanderait la preuve?
— Et je la donnerais, même à vous.
— Voyons; vous n'avez point idée à quel degré cela m'intéresse.
— Lorsque Napoléon ou plutôt Bonaparte apparut à nos pères, madame, la France sortait, non pas d'une république, mais d'une révolution. Dans un de ces accès de fièvre politique, elle s'était jetée si fort en avant des autres nations, qu'elle avait rompu l'équilibre du monde; il fallait un Alexandre à ce Bucéphale, un Androclès à ce lion; le 15 vendémiaire les mit face à face: la révolution fut vaincue; les rois, qui auraient dû reconnaître un frère au canon de la rue Saint-Honoré, crurent avoir un ennemi dans le dictateur du 18 brumaire; ils prirent pour le consul d'une république celui qui était déjà le chef d'une monarchie, et, insensés qu'ils étaient, au lieu de l'emprisonner dans une paix générale, ils lui firent une guerre européenne. Alors Napoléon appela à lui tout ce qu'il y avait de jeune, de brave et d'intelligent en France, et le répandit sur le monde; homme de réaction pour nous, il se trouva être en progrès sur les autres; partout où il passa il jeta aux vents le blé des révolutions; l'Italie, la Prusse, l'Espagne, le Portugal, la Pologne, la Belgique, la Russie elle-même, ont tour à tour appelé leurs fils à la moisson sacrée; et lui, comme un laboureur fatigué de sa journée, il a croisé les bras et les regards faire du haut de son roc de Sainte-Hélène; c'est alors qu'il eut une révélation de sa mission divine, et qu'il laissa tomber de ses lèvres la prophétie d'une Europe républicaine.
— Et croyez-vous, reprit la reine, que si le duc de Reichstadt ne fût pas mort, il eût continué l'œuvre de son père?
— À mon avis, madame, les hommes comme Napoléon n'ont pas de père et n'ont pas de fils; ils naissent, comme des météores, dans le crépuscule du matin, traversent d'un horizon à l'autre le ciel qu'ils illuminent, et vont se perdre dans le crépuscule du soir.
— Savez-vous que ce que vous dites là est peu consolant pour ceux de sa famille qui conserveraient quelque espérance?
— Cela est ainsi, madame; car nous ne lui avons donné une place dans notre ciel qu'à la condition qu'il ne laisserait pas d'héritier sur la terre.
— Et cependant il a légué son épée à son fils.
— Le don lui a été fatal, madame, et Dieu a cassé le testament.
— Mais vous m'effrayez, car son fils à son tour l'a légué au mien.
— Elle sera lourde à porter à un simple officier de la confédération Suisse.
— Oui, vous avez raison, car cette épée, c'est un sceptre.
— Prenez garde de vous égarer, madame; j'ai bien peur que vous ne viviez dans cette atmosphère trompeuse et enivrante qu'emportent avec eux les exilés. Le temps, qui continue de marcher pour le reste du monde, semble s'arrêter pour les proscrits. Ils voient toujours les hommes et les choses comme ils les ont quittés, et cependant les hommes changent de face et les choses d'aspect; la génération qui a vu passer Napoléon revenant de l'île d'Elbe s'éteint tous les jours, madame, et cette marche miraculeuse n'est déjà plus un souvenir, c'est un fait historique.
— Ainsi, vous croyez qu'il n'y a plus d'espoir pour la famille Napoléon de rentrer en France?
— Si j'étais le roi, je la rappelerais demain.
— Ce n'est point ainsi que je veux dire.
— Autrement, il y a peu de chances.
— Quel conseil donneriez-vous donc à un membre de cette famille qui rêverait la résurrection de la gloire et de la puissance napoléonienne?
— Je lui donnerais le conseil de se réveiller.
— Et, s'il persistait, malgré ce premier conseil, qui à mon avis aussi est le meilleur, et qu'il vous en demandât un second?
— Alors, madame, je lui dirais d'obtenir la radiation de son exil, d'acheter une terre en France, de se faire élire député, de tâcher par son talent de disposer de la majorité de la chambre, et de s'en servir pour déposer Louis-Philippe et se faire élire roi à sa place.
— Et vous pensez, reprit la duchesse de Saint-Leu en souriant avec mélancolie, que tout autre moyen échouerait?
— J'en suis convaincu.
La duchesse soupira.
En ce moment la cloche sonna le déjeuner; nous nous acheminâmes vers le château, pensifs et silencieux; pendant tout le retour, la duchesse ne m'adressa point une seule parole; mais, en arrivant au seuil de la porte, elle s'arrêta, et me regardant avec une expression indéfinissable d'angoisse:
— Ah! me dit-elle, j'aurais bien voulu que mon fils fût ici, et qu'il entendît ce que vous venez de me dire!...

REPRISE ET DÉNOUEMENT DE L'HISTOIRE DE L'ANGLAIS QUI AVAIT PRIS UN MOT POUR UN AUTRE.

Après le déjeuner, je pris congé de madame la duchesse de Saint-Leu; à Steikborn, je trouvai Francesco, que j'avais dépêché en courrier, et qui m'attendait avec une voiture; nous partîmes aussitôt, et sur les huit heures du soir nous arrivâmes à l'hôtel de la Couronne à Schaffausen.
Le lendemain, dès que je fus levé, je me mis en quête par la ville. La première chose qui s'offrit à mes regards, sur la place même de l'hôtel, fut une statue représentant un homme de la fin du quinzième siècle, ayant le poignet droit coupé; cette circonstance, comme on le devine, éveilla aussitôt ma curiosité. Il était évident que quelque légende devait se rattacher à cette mutilation. Je cherchais des yeux quelqu'un qui pût me mettre au courant de l'histoire particulière de l'individu représenté, lorsque j'avisai le garçon de l'hôtel debout sur la porte et fumant flegmatiquement dans une pipe d'écume de mer des feuilles d'une herbe quelconque, qu'on lui avait vendue pour du tabac. J'allai à lui, pensant que je ne pouvais mieux m'adresser qu'à un voisin, et je lui demandai s'il savait quelle circonstance avait opéré la solution de continuité que j'avais remarquée entre l'avant-bras et la main du personnage dont je désirais connaître la biographie; mon maître d'hôtel tira gravement sa pipe de sa bouche, étendit la main dans la direction de la statue, et me répondit : L'histoire est écrite. Confiant dans cette indication, je retournai vers le manchot, je le regardai de la tête aux pieds; mais je n'aperçus pas la moindre ligne calligraphique; je crus que mon homme avait voulu se moquer de moi, et je revins dans l'intention de lui faire mes remercîmens de sa politesse.
— Eh bien! me dit mon homme avec le même calme, avez-vous lu?
— Comment voulez-vous que je m'y prenne pour cela? lui répondis-je; il n'y a rien d'écrit.
— Avez-vous regardé derrière?
— Non.
— Eh bien! regardez.
Je retournai à la recherche de l'inscription, et en effet, en tournant autour du piédestal, j'aperçus des lettres à moitié effacées; heureusement que, lorsque j'eus déchiffré le premier mot, je devinai le reste; c'était ce vers de Virgile:

Auri sacra fames, quid non mortalia pectora cogis!

C'était une charmante sentence, dont je reconnaissais la vérité, mais qui pouvait s'appliquer à tant de circonstances qu'elle ne m'apprenait rien de ce que je désirais savoir; j'eus de nouveau recours à mon homme.
— Eh bien! me dit-il.
— Eh bien! j'ai lu.

— Alors, vous êtes content?
— Pas du tout.
— N'avez-vous pas trouvé une inscription?
— Sans doute; mais elle ne me dit pas pourquoi votre bonhomme a le poignet coupé.
— Alors, me répondit dédaigneusement le cuisinier, c'est que vous ne savez pas le latin.

Je n'en pus pas tirer autre chose; de sorte que, bon gré mal gré, il fallut bien me contenter de cette réponse, tant soit peu humiliante pour un homme qui sait son Virgile par cœur.

Du reste, comme c'était, au dire du même cicerone, la seule chose qu'il y eût à voir à Schaffausen, je rentrai dans l'hôtel, d'où je comptais repartir aussitôt mon déjeuner; le garçon profita de ce moment pour m'apporter le registre de l'auberge, afin que je m'y inscrivisse. En jetant machinalement les yeux sur l'avant-dernière page, je reconnus le nom de sir Williams Blundel; il avait passé à Schaffausen il y avait douze jours. Comme je ne faisais pas grand fonds sur l'intelligence de mon servant, je le priai de dire au maître de l'hôtel de monter à la chambre du Français dont il lui reportait la signature, et qu'il avait à lui parler. La manière dont sir Williams m'avait quitté à Zurich m'avait laissé quelques inquiétudes; ces caractères timides et concentrés qui renferment tout en eux-mêmes ont des tristesses d'autant plus profondes qu'elles ressemblent à du calme, et des désespoirs d'autant plus mortels qu'ils n'ont ni cris ni larmes; il en résulte que leurs blessures saignent au dedans, et qu'ils étouffent presque toujours d'un épanchement de douleurs. Je désirais donc savoir quel aspect avait mon compagnon de route, ce qu'il avait fait pendant le temps qu'il était resté à Schaffausen, et quelle route il avait suivie en partant.

L'hôte entra; c'était un gros homme, qui devait porter habituellement une face des plus réjouies; cependant, pour le quart d'heure, il lui avait imposé une expression de douleur officielle qui jurait si énergiquement avec la physionomie que la nature lui avait donnée dans un moment d'hilarité, que j'augurai qu'il allait m'annoncer quelque malheur. En effet, avant que j'eusse ouvert la bouche : Ah! monsieur, me dit-il, si j'avais su hier votre nom, je me serais empressé de monter près de vous. J'ai à vous rendre une lettre de votre ami. A ces paroles, mon hôte poussa un gémissement qui tenait le milieu entre un hoquet et un sanglot.

— De quel ami? dis-je.
— Ah! monsieur, continua-t-il en décomposant de plus en plus son visage, c'était un bien digne jeune homme, à sa folie près.
— Mais qui donc est fou? interrompis-je.
— Hélas! hélas! continua l'hôte, il est guéri maintenant. La mort est un grand médecin.
— Mais enfin qui donc est mort? parlez.
— Comment! vous ne savez pas? me dit l'aubergiste.
— Je ne sais rien, mon cher; allez donc!
— Vous ne savez pas qu'on n'a pas même retrouvé son corps.
— Mais le corps de qui enfin?
— L'autre, ça m'est bien égal, vous m'entendez: il ne logeait pas ici, il était descendu au Faucon d'or, son corps pouvait s'en aller au diable; mais celui de ce pauvre monsieur Williams qui avait l'air d'une jeune...
— Comment! m'écriai-je, sir Williams est mort?
— Mort, mon cher monsieur.
— Et comment est-il mort, mon Dieu!...
— Mort noyé, malgré tout ce que j'ai pu lui dire.
— Mort! noyé!
— Hélas, oui, et voilà la lettre qu'il vous a écrite.

Je tendis machinalement la main, et je pris la lettre, mais sans la lire, tant j'étais écrasé sous l'inattendu de cette nouvelle.

— On a eu beau lui répéter que c'était une folie, continua l'aubergiste, bah! plus on lui a parlé du danger, plus il s'est entêté à la chose.

— Mais enfin, repris-je en revenant à moi, comment ce malheur lui est-il arrivé? Car il est mort par accident; il ne s'est pas suicidé, n'est-ce pas?

— Hum! hum!... Dieu sait le fond, voyez-vous? mais, quant à moi, j'ai bien peur qu'il n'ait eu de mauvaises intentions contre lui-même. Voulez-vous que je vous dise? je crois qu'il avait un grand chagrin dans le cœur.

— Vous ne vous trompez pas, mon ami; mais enfin donnez moi quelques détails. Comment est-il mort?.. noyé, dites-vous? Son bateau a donc chaviré? ou bien est-ce en se baignant?

— Non, monsieur, rien de tout cela; imaginez... C'est toute une histoire, voyez-vous?

— Eh bien! racontez-la-moi.
— Vous saurez donc... Pardon si je m'assieds.
— Faites, faites; je suis si impatient que j'oubliais de vous inviter à le faire.

— Eh bien, vous saurez donc, comme j'avais l'honneur de vous le dire, qu'il y a trois semaines à peu près, deux jeunes fashionnables anglais vinrent à Schaffausen, et descendirent... je ne sais pourquoi, car sans amour-propre la Couronne vaut bien le Faucon; mais le confrère, c'est un intrigant : croiriez-vous qu'il va attendre les voyageurs à la porte de Constance, et que là...

— Revenons à notre affaire, mon ami; vous disiez que deux jeunes Anglais étaient descendus au Faucon d'or; après...

— Oui, monsieur; à Schaffausen, il n'y a pas grand chose à voir; mais à une lieue, une lieue et demie d'ici, nous avons la fameuse chute du Rhin, dont il n'est pas que vous ayez entendu parler; le fleuve se précipite de soixante-dix pieds de hauteur dans un abîme...

— Bien, mon ami, je sais cela; retournons à nos Anglais.

— Ils étaient donc venus pour voir la chute; en conséquence, le matin, ils prirent un guide, quoique ce soit tout à fait inutile de prendre un guide; il y a une grande route de vingt-quatre pieds de large; mais le propriétaire du Faucon d'or leur avait dit : — Mylords, il faut prendre un guide! Vous comprenez, parce que le guide fait une remise à celui qui lui procure des pratiques.

— C'est bon, mon ami, je sais à quoi m'en tenir sur l'aubergiste du Faucon d'or, et la preuve c'est que je suis venu chez vous; mais cependant je dois vous prévenir que, si vous ne me racontez pas l'événement d'une manière plus concise, je serai obligé d'aller demander ce récit à votre confrère.

— Voilà, monsieur, voilà; cependant, sauf votre respect, permettez-moi de vous dire qu'il ne vous raconterait pas la chose aussi bien que moi, attendu que c'est un bavard qui...

Je me levai avec impatience, l'aubergiste apprécia cette démonstration hostile, me fit signe de la main qu'il arrivait au récit, et continua :

— Nos deux Anglais étaient donc devant la chute du Rhin, au bas du château de Lauffen; ils regardèrent quelque temps le fleuve, qui se change tout à coup en cascade et se précipite de quatre-vingts pieds; ils n'avaient pas ouvert la bouche, ni sourcillé de contentement ou de mécontentement, lorsque tout à coup le plus jeune dit au plus vieux : — Je parie vingt-cinq mille livres sterling que je descends la chute du Rhin dans une barque. Le plus vieux laissa tomber la provocation comme s'il n'avait rien entendu, prit son lorgnon, regarda l'eau bouillonnante, descendit quelques pas, afin de découvrir l'abîme où elle se précipitait, puis revint près de son camarade, et, avec le même flegme, lui dit tranquillement : Je parie que non.

Deux heures après les deux amis revinrent à Schaffausen, et se firent servir à dîner comme si rien n'était.

Après le dîner, le plus jeune fit monter le maître de l'auberge, et lui demanda où il pourrait acheter un bateau.

Le lendemain, l'aubergiste du Faucon le conduisit dans tous les chantiers; mais il ne trouva rien qui lui convînt, et commanda un bateau neuf. Aux instructions qu'il donna pour sa confection, et à quelques mots qui lui échappèrent, le constructeur devina dans quel but il demandait ce bateau;

il interrogea à son tour la singulière pratique qui lui arrivait. Sir Arthur Mortimer, c'était le nom du plus jeune Anglais, n'ayant aucun motif pour cacher son projet, lui raconta le pari. Il faut lui rendre justice, Peter fit tout ce qu'il put pour le dissuader ; mais sir Arthur, impatienté, se leva pour aller faire la commande dans un autre chantier ; alors Peter vit que c'était une résolution prise, et que, rien ne pouvant la faire changer, autant valait qu'il en profitât qu'un autre ; il prit le dessin que lui avait fait sir Arthur, et promit le bateau pour le dimanche suivant.

Le même jour, le bruit se répandit dans les environs qu'un Anglais avait parié de descendre la chute du Rhin ; personne n'y pouvait croire, tant la résolution paraissait folle. Tout le monde allait demander la vérité à Peter, qui répondait en montrant son bateau, qui commençait déjà à prendre tournure. L'Anglais venait voir tous les jours s'il avançait, faisait tranquillement ses observations ; les choses allaient le mieux du monde.

Sur ces entrefaites, sir Williams Blundel arriva à Schaffausen, et descendit chez moi. Il paraissait triste et abattu ; je demandai ses ordres, il balbutia quelques mots que je n'entendis pas ; n'importe, je le fis conduire à la plus belle chambre, celle-ci, au reste, et je lui fis servir un dîner comme il n'aurait pu, je vous en réponds, en obtenir un au Faucon d'or. Quand son valet de chambre descendit, je l'interrogeai, pour savoir si mylord faisait un long séjour à Schaffausen. J'appris alors qu'il partait le lendemain ; aussitôt il me vint une idée, c'était de retenir sir Williams jusqu'au dimanche, et c'était chose facile, il me semblait, je n'avais qu'à lui dire ce qui devait se passer ce jour-là.

En conséquence, quand je crus qu'il était au dessert, je montai dans sa chambre ; j'entrai discrètement et sans bruit ; il tenait à la main contre laquelle son front un lambeau de voile vert, et paraissait absorbé dans une si profonde tristesse qu'il ne fit pas attention à moi ; je lui fis trois révérences sans pouvoir le tirer de sa rêverie ; enfin, voyant qu'il me fallait joindre la parole à la pantomime, je lui demandai s'il était content de son dîner.

Ma voix le fit tressaillir, il leva la tête, m'aperçut devant lui, et aussitôt, cachant le voile dans son habit :

— Oui, très content, très content, me dit-il.

Dans ce moment je m'aperçus qu'il n'avait touché à rien de ce qu'on lui avait servi ; je compris qu'il avait le spleen ; mon désir de le distraire n'en devint que plus fort.

— Le valet de chambre de mylord m'a dit que sa grâce partait demain.

— Oui, c'est mon intention.

— Mylord ne sait peut-être pas ce qui se passe ici.

— Non, je ne le sais pas.

— C'est que, si mylord le savait, il resterait sans doute.

— Que se passe-t-il ?

— Un pari, mylord : un compatriote de votre grâce a parié qu'il descendrait la chute du Rhin en bateau,

— Eh bien ! qu'y a-t-il là d'étonnant ?

— Ce qu'il y a d'étonnant, mylord, c'est qu'il y a quatre-vingt-dix-neuf chances sur cent pour qu'il périsse.

— Vous en êtes sûr ? me dit sir Williams en me regardant fixement.

— J'en suis sûr, mylord.

— Comment nomme-t-on mon compatriote ?

— Sir Arthur Mortimer.

— Où loge-t-il ?

— A l'auberge du Faucon d'or.

— Faites-moi conduire chez lui, je veux lui parler.

J'eus un instant de frayeur ; je pensai que sir Williams, mécontent du dîner auquel il n'avait pas touché, voulait changer d'hôtel, et vous concevez que ce n'était pas pour la perte, mais pour l'humiliation ; en conséquence, j'ordonnai au plus intelligent de mes garçons, à celui qui vous a donné tous les renseignemens sur la statue à laquelle il manque une main, vous vous rappelez ?...

— Oui, oui.

— Je lui ordonnai donc, comme il parle anglais, de conduire sir Williams à l'hôtel du Faucon d'or, et d'être tout yeux, tout oreilles. Je n'eus pas besoin de lui recommander deux fois la chose ; non-seulement il conduisit sir Williams jusqu'à la chambre de sir Arthur, mais encore il écouta à la porte.

Sir Arthur était en train de dîner ; mais il paraît qu'il avait meilleur appétit que sir Williams, du moins à ce que put juger mon envoyé, d'après le cliquetis des fourchettes. Il reçut son compatriote avec une grande politesse, se leva, lui offrit un siège, et lui proposa de partager son repas. Sir Williams accepta le fauteuil et refusa le dîner. J'appris cette dernière circonstance avec plaisir, attendu qu'elle me prouva que ce n'était point par mépris qu'il n'avait pas touché au mien.

— Mylord, dit sir Williams après un instant de silence, je vous demande pardon de mon indiscrétion, mais je viens d'apprendre d'un honnête aubergiste qui tient l'hôtel de la Couronne que vous avez fait un pari.

— Cela est vrai, monsieur, répondit sir Arthur.

Les deux Anglais s'inclinèrent ; car il faut vous dire que mon garçon, qui est très intelligent quoique vous ayez l'air d'en douter, non seulement écoutait à la porte, mais encore regardait par le trou de la serrure, de sorte qu'aucun détail de la scène ne lui échappa. Je disais donc que les deux Anglais se saluèrent.

— Très bien, répondis-je ; mais la conversation n'en resta point là, je présume ?

— Ah ! bien oui ! vous allez voir. Ce pari, continua sir Williams, consiste, m'a-t-on dit, à descendre la chute du Rhin dans un bateau.

— Vous êtes parfaitement informé, monsieur. Les deux Anglais se saluèrent de nouveau.

— Eh bien ! mylord, dit sir Williams, je viens vous demander à être votre compagnon de voyage.

— Comme intéressé dans le pari ?

— Non, mylord, comme amateur.

— Alors, c'est simplement pour le plaisir ?

— Pour le plaisir, répondit sir Williams. Les deux Anglais se saluèrent une troisième fois.

— Je vous ferai observer, reprit sir Arthur, que le bateau a été commandé par moi seul.

— Et moi, je vous demanderai la permission, mylord, de passer chez Peter et de lui transmettre de nouveaux ordres, bien entendu que la construction se fera à frais communs.

— Parfaitement, monsieur, et si vous voulez attendre que j'aie fini de dîner, nous irons ensemble.

Sir Williams fit signe qu'il était à la disposition de son compatriote, et Frantz, rassuré sur les craintes que je lui avais fait partager, revint me faire part de la conversation.

Deux heures après, sir Williams, en rentrant, me trouva sur la porte :

— Vous avez raison, me dit-il, je resterai chez vous jusqu'à dimanche.

— De ce moment, continua mon hôte, sir Williams parut beaucoup plus calme, il but et mangea comme vous et moi aurions pu faire ; tous les jours il allait faire sa visite au bateau, qui avançait à vue d'œil. Enfin le samedi matin il fut fini et exposé à la porte de Peter ; de sorte que personne ne put douter que l'expérience n'eût lieu le lendemain.

Le soir, sir Williams, après son dîner, demanda du papier, de l'encre et des plumes, et passa la nuit à écrire ; le lendemain matin, qui était le jour du pari, il me fit appeler, me remit deux lettres, l'une pour vous, et c'est celle que je vous ai remise, et l'autre pour miss Jenny Burdett, et celle-là, selon ses instructions, je l'ai fait passer en Angleterre ; puis il régla son compte, me paya le double de la somme portée sur la carte, laissa cent francs pour les domestiques, et se leva pour aller trouver sir Arthur. En ce moment son valet de chambre et son cocher entrèrent les larmes aux yeux ; ils venaient faire une dernière tentative près de leur maître, car, d'après tout ce qu'on leur avait dit, ils regardaient sa mort comme certaine ; mais sir Williams fut inébranlable ; vainement ils le supplièrent, se jetèrent à ses pieds, embrassèrent ses genoux ; sir Williams les releva, leur mit à chacun dans la main un contrat de rente de cent louis, puis, les embrassant comme s'ils étaient ses frères, il sortit sans vouloir écouter davantage leurs observations.

Les deux autres Anglais l'attendaient au Faucon d'Or, où un déjeuner avait été préparé. Les trois gentlemen se mirent à table ; sir Williams but et mangea de bon appétit et sans affectation : le déjeuner dura deux heures ; au dessert, le compagnon de sir Arthur remplit un verre de vin de champagne, et élevant la main :

— A la perte de mon pari, dit-il ; et puissé-je vous compter ce soir, à cette même table, les vingt-cinq mille livres sterling que j'espère avoir le bonheur de perdre. Les deux convives firent raison à ce toast ; puis, s'étant levés de table, ils vinrent sur le balcon.

La place était encombrée de curieux ; on était venu de Constance, d'Appenzell, de Saint-Gall, d'Aarau, de Zurich et du grand-duché de Bade. A peine parurent-ils sur le balcon qu'on les accueillit avec de grands cris ; ils saluèrent ; puis sir Williams jetant les yeux sur l'horloge : — Mylord, dit-il, l'heure va sonner, ne faisons pas attendre les spectateurs. Sir Arthur demanda le temps d'allumer son cigare, et, la chose faite, les trois Anglais descendirent.

Le bateau était amarré à cent pas de Schaffausen, sur la rive gauche du Rhin : près du bateau, le groom du second Anglais tenait deux chevaux en main, l'un pour son maître, qui devait suivre le bateau, l'autre pour lui qui devait suivre son maître. Sir Williams et sir Arthur descendirent dans le bateau ; lord Murdey, c'était le nom du troisième Anglais, monta à cheval ; à un signal donné, Peter coupa la corde qui amarrait la barque. Un grand cri s'éleva des deux rives, elles étaient couvertes de spectateurs ; mais à peine ceux-ci se furent-ils assurés que le pari tenait, qu'au lieu de suivre la marche du bateau, ils coururent d'avance à la chute du Rhin, afin de ne rien perdre du dénoûment de ce drame dont ils venaient de voir l'exposition.

Quant à sir Williams et à sir Arthur, ils avaient pris le cours du fleuve, et ils descendaient du même pas que l'eau, ne s'aidant des rames ni pour avancer ni pour se retenir. Pendant dix minutes à peu près leur marche fut si lente que sir Murdey les suivait au pas de son cheval ; alors on commença d'entendre dans le lointain les rugissements de la cataracte ; sir Arthur appuya une main sur l'épaule de sir Williams, et, étendant l'autre du côté d'où venait le bruit, il lui fit en souriant signe d'écouter. Alors un batelier qui était sur le bord du fleuve leur cria que s'ils voulaient revenir il était encore temps, et qu'il se jetterait à la nage pour gagner leur barque et les ramener au rivage ; sir Arthur fouilla dans sa poche, tira sa bourse et la lança vers le rivage, aux pieds duquel elle tomba ; le batelier la ramassa en secouant la tête. Quant à la barque, elle commençait à éprouver un mouvement plus rapide, et qui eût été insensible peut-être, si, pour la suivre, lord Murdey n'eût été obligé de mettre son cheval au petit trot.

Cependant, plus on approchait, plus le bruit de la chute devenait formidable ; à une demi-lieue de l'endroit où elle se précipite, on distingue au-dessous de l'abîme un nuage de poussière d'eau, qui, repoussé par les rochers, remonte au ciel comme une fumée. A cette vue, sir Williams tira de sa poitrine le voile vert que je lui avais déjà vu entre les mains et le baisa ; probablement c'était quelque souvenir de sa patrie, de sa mère ou de sa maîtresse.

— Oui, oui, interrompis-je, je sais ce que c'est ; allez.

— La barque commençait à se ressentir aussi de l'approche de la cataracte. Lord Murdey fut obligé de mettre son cheval au grand trot pour la suivre. Sir Arthur s'était assis, et commençait à s'assurer aux banquettes du bateau ; quant à sir Williams, il était resté debout, le bras croisés et les yeux au ciel ; un coup de vent enleva son chapeau, qui tomba dans le fleuve.

Cependant la barque avançait avec une rapidité toujours croissante ; lord Murdey, pour la suivre, avait été obligé de mettre son cheval au galop ; quant aux piétons, ceux qui s'étaient laissé rejoindre par elle ne pouvaient plus la suivre. Quelques rochers commençaient déjà à sortir leur tête noire et luisante hors de l'eau, et les aventureux navigateurs passaient emportés au milieu d'eux comme par le vol d'une flèche ; sir Arthur penchait de temps en temps la tête hors de la barque et regardait la profondeur de l'eau, car il y avait des espaces sans rochers, où, par sa rapidité même, l'eau, claire comme une nappe, laissait voir le fond de son lit. Quant à sir Williams, ses yeux ne quittaient pas le ciel.

A trois cents pas du précipice, la marche de la barque acquit une telle rapidité que l'on eût cru qu'elle avait des ailes. Si vite que fût le cheval de lord Murdey, et quoiqu'il l'eût lancé dans sa plus forte allure, elle le laissa en arrière, comme aurait fait un oiseau : le bruit de la cataracte était tel qu'il couvrait les cris des spectateurs, et, je vous le dis, ces cris devaient cependant être terribles, car c'était une chose épouvantable à voir que ces deux hommes entraînés vers le gouffre, n'essayant pas de se retenir, et quand ils l'eussent essayé, ne pouvant pas le faire. Enfin, pendant les trente derniers pas, hommes et bateau ne furent plus qu'une vision : tout à coup le Rhin manqua sous eux, la barque, précipitée au milieu de l'écume, rebondit sur un rocher ; l'un des deux passagers fut lancé dans le gouffre, l'autre resta cramponné au bateau, et fut emporté avec lui comme une feuille ; avant d'atteindre le bas de la cataracte, on les vit reparaître, tournoyer un instant, et s'engloutir. Presque au même instant des planches brisées parurent à la surface de l'eau, et, reprenant le courant, furent entraînées par lui vers Kaisersthul. Quant au corps de sir Williams et de sir Arthur, on n'en entendit jamais reparler, et lord Murdey paiera les vingt-cinq mille livres sterling aux héritiers de son partner.

Voilà mot à mot comment la chose s'est passée, et il n'y a pas longtemps de cela ; c'était dimanche dernier.

J'avais écouté ce récit tout haletant d'intérêt, et son dénoûment m'avait anéanti. Je pensais bien, lorsque sir Williams me quitta si brusquement à Zurich, qu'il nourrissait quelque mauvais dessein ; mais je n'aurais pas cru que l'exécution en dût être si tragique et si prompte. Je me reprochais mon voyage dans les Grisons, cette chasse au chamois qui m'avait détourné de ma route. Si j'avais suivi mon premier itinéraire, je serais arrivé à Schaffausen deux ou trois jours à peine après sir Williams, et je ne doute pas que je ne l'eusse empêché de tenter la folle entreprise dans laquelle il avait trouvé la mort. Au reste, il était évident que dans cette circonstance il n'avait pas eu d'autre but que d'échapper au suicide par un accident, et j'aurais méconnu son intention que sa lettre ne m'eût laissé aucun doute ; elle était simple et triste comme l'homme étrange qui l'avait écrite ; la voici :

« Mon cher compagnon de voyage,

» Si j'ai jamais regretté de vous avoir quitté sans prendre de vous un congé plus amical, c'est à cette heure surtout, où ce congé se change en adieu. Je vous ai ouvert mon âme, vous y avez lu comme dans un livre ; j'ai fait passer sous vos yeux toutes mes faiblesses, toutes mes espérances, toutes mes tortures ; Dieu et vous savez seuls qu'il n'y avait de bonheur pour moi sur la terre que dans l'amour et la possession de Jenny ; aussi, lorsque vous avez lu qu'elle appartenait à un autre, et que tout espoir était perdu désormais pour moi, ou vous me connaissez mal, ou vous avez dû deviner à l'instant que je ne survivrais pas à cette nouvelle. En effet, tout fugitif et errant que j'étais, il me restait toujours au fond du cœur cet espoir vague et sourd qui soutient le condamné jusqu'au pied de l'échafaud. Cet espoir illuminait des horizons fantastiques et inconnus comme ceux qu'on découvre dans un rêve, mais il me semblait toujours qu'en marchant dans la vie je finirais par les atteindre : voilà que tout à coup le mariage de Jenny tire un crêpe entre moi et l'avenir ; voilà que mon soleil s'éteint, que je ne sais plus où je vais, et qu'autour de moi tout est ténèbres et désespoir : vous voyez bien, mon cher poète, qu'il faut que je meure ; car que ferais-je d'une vie aussi solitaire et aussi décolorée ?

» Mais, croyez-moi bien, cette résolution de mourir n'est point chez moi le résultat d'un paroxysme douloureux et aigu ; je ne me sens de haine ni pour les hommes, ni pour les choses, et loin de maudire le Seigneur de m'avoir fait ainsi incomplet pour la vie, je lui rends grâce d'avoir ouvert au milieu de ma route une porte qui conduise au ciel. Heureux, je ne l'eusse point vue, et j'eusse continué mon chemin : malheureux, elle m'ouvre la seule voie qui me promette le repos : il faut bien que je cherche l'ombre, puisque mes regards n'ont point la force de se fixer sur le soleil.

» Adieu, cette lettre fermée, j'écris à Jenny : à elle ma dernière pensée ; elle saura qu'il y avait sous cette enveloppe ridicule, dont elle a tant ri sans doute, un cœur bon et dévoué, capable de mourir pour elle. Peut-être eût-il été plus généreux et plus chrétien de ne point attrister son bonheur de cette nouvelle, toute indifférente qu'elle lui sera sans doute; mais je n'ai pas eu le courage de la quitter pour toujours en lui laissant son ignorance et en emportant mon secret.

» Adieu donc encore une fois ; si jamais vous allez en Angleterre, faites-vous présenter chez elle : dites-lui que vous m'avez connu ; dites lui que sans qu'elle le sût, je lui avais juré de mourir le jour où je perdrais l'espoir de la posséder, et que, le jour où j'ai perdu cet espoir, je lui ai tenu parole.

» Adieu, pensez quelquefois à moi, et ne riez pas trop à ce souvenir. »

La recommandation était inutile; deux grosses larmes coulaient de mes yeux et tombèrent sur la terre.

En effet, qui eût osé rire en face d'une pauvre organisation humaine si faible pour la vie et si forte pour la mort : il y avait pour moi dans cette existence solitaire et incomprise quelque chose de tendre et de touchant, un long martyre moral, qui avait une auréole plus religieuse et plus sainte que toutes les douleurs physiques, et une humilité qui, en se courbant, devenait plus grande que l'orgueil.

Je résolus donc de consacrer le reste de la journée toute entière à la mémoire de sir Williams : je réglai mes comptes avec l'hôte, je chargeai Francesco du soin de faire transporter mon porte-manteau jusqu'au château de Lauffen ; je pris mon bâton ferré, et je sortis de Schaffhausen seul avec mes pensées, suivant lentement le bord du Rhin, aujourd'hui si solitaire et si silencieux, et il y avait quelques jours si peuplé et si bruyant, pour regarder deux hommes qui allaient mourir.

J'arrivai bientôt à l'endroit où le bateau avait été amarré, je reconnus le pieu fiché en terre et le bout de corde flottant dans l'eau : j'arrachai un échalas d'une vigne qui était dans le fleuve pour voir quel était son cours. Ainsi que me l'avait dit l'aubergiste, il était peu rapide en cet endroit, où rien ne fait présager encore le voisinage de la cataracte. Je continuai mon chemin.

Au bout d'un autre quart d'heure de marche, je commençai à entendre un bruissement sourd et continu. Si je n'avais pas eu l'existence d'une grande chute d'eau à trois quarts de lieue de l'endroit où je me trouvais, j'aurais cru à un orage lointain. Je continuai d'avancer, et à mesure que j'avançais le bruit devenait plus fort; ce bruit qui, dans toute autre circonstance, ne m'eût inspiré que de la curiosité, éveillait en moi une véritable terreur. En ce moment, un coup de vent emporta d'un arbre qui se levait au bord de la route quelques feuilles jaunies par l'automne : elles allèrent tomber sur le fleuve, dont le courant les emporta, aussi rapide et aussi insoucieux qu'il avait emporté ces deux hommes.

Bientôt j'aperçus le nuage de poussière humide produit par le rejaillissement de la cascade : le cours du Rhin devenait de plus en plus rapide ; quelques rochers aux formes bizarres sortaient leurs têtes du fleuve comme des caïmans endormis; l'eau préludait en se brisant contre eux à la chute immense qu'elle allait faire. De place en place, de belles nappes unies comme une glace et d'un vert d'émeraude laissaient voir jusqu'au sable du fleuve d'une manière si transparente qu'on aurait pu compter les cailloux dont il était semé; enfin j'arrivai à l'endroit où tout à coup le lit manquant au fleuve, il se précipite, en une seule masse de vingt pieds d'épaisseur et dans une largeur de trois cents, au fond d'un abîme de soixante-dix.

Ou j'ai bien mal exprimé l'intérêt que m'avait inspiré sir Williams, ou l'on doit se faire une idée de ce que j'éprouvai à cet aspect. La chute de cette cataracte immense, qui en toute autre occasion n'eût produit sur moi qu'un effet de curiosité, me causait alors une profonde terreur ; il me semblait que le terrain sur lequel j'étais devenait tout à coup mobile, je me sentais entraîné par ce courant furieux, j'approchais de la chute, j'entendais les rugissemens du gouffre, je voyais son haleine, j'étais aspiré par la cataracte, le fleuve manquait sous mes pieds, je roulais d'abîmes en abîmes, sans haleine, sans voix, étouffé, rompu, brisé. On fait des rêves pareils quelquefois, puis on se réveille au moment où l'on croit mourir : on reprend ses esprits, on se tâte et l'on rit, convaincu qu'il est impossible que l'on coure jamais un pareil danger. Eh bien ! ce danger fantastique, deux hommes l'avaient couru ; ces angoisses horribles, deux hommes les avaient souffertes ; ils s'étaient sentis entraînés, précipités, dévorés ; ils avaient roulé de rochers en rochers, étouffés, rompus, brisés, et ne s'étaient pas réveillés au moment de mourir.

Je restais comme enchaîné à la partie supérieure de la cascade, quoique ce fût la moins belle ; mais ce n'était pas sa beauté que je cherchais : de quelque point que je l'examinasse, à travers la magie de l'aspect m'apparaissait la terreur du souvenir. Je descendis enfin, importuné par un homme qui, ne comprenant rien à mon immobilité, s'efforçait de m'expliquer en mauvais français que j'avais mal choisi mon point de vue, et que c'était d'en bas que la chute était belle. Je le suivis machinalement, étourdi par les rugissemens de la cataracte et glissant sur les escaliers humides où son eau retombe en poussière. Enfin, après avoir descendu dix minutes à peu près, nous trouvâmes une construction en planches qu'on appelle le Fischetz ; elle conduit si près de la cataracte qu'en levant la tête on la voit se précipiter sur soi, et qu'en étendant le bras on la touche avec la main.

C'est de cette galerie tremblante que le Rhin est véritablement terrible de puissance et de beauté : là les comparaisons manquent ; ce n'est plus le retentissement du canon, ce n'est plus la fureur du lion, ce ne sont plus les gémissemens du tonnerre ; c'est quelque chose comme le chaos, ce sont les cataractes du ciel s'ouvrant à l'ordre de Dieu pour le déluge universel ; une masse incommensurable, indescriptible enfin, qui vous oppresse, vous épouvante, vous anéantit, quoique vous sachiez qu'il n'y a pas de danger qu'elle vous atteigne.

Ce fut cependant sur cette galerie que l'idée vint à sir Arthur de descendre la chute du Rhin en bateau, et ce fut en la quittant qu'il proposa le pari mortel qu'accepta lord Murdey : c'est, je l'avoue, à n'y rien comprendre.

Après avoir vu la chute du Rhin du château de Lauffen, c'est-à-dire de la partie supérieure, et ensuite de Fischetz, c'est-à-dire de la partie inférieure, je voulus la voir encore du milieu de son cours ; à cet effet, je descendis le long de sa rive pendant une centaine de pas environ, puis, dans une espèce de petite anse, je trouvai une douzaine de bateaux qui attendent les voyageurs pour les passer à l'autre bord. Je sautai dans l'un d'eux, Francesco me suivit avec mon porte-manteau, et j'ordonnai alors au patron de me conduire au milieu du fleuve. Quoique déjà à cent pas de la chute, il est encore aussi ému et aussi agité que l'est la mer dans un gros temps ; cependant, arrivés au centre de l'immense nappe d'eau, nous trouvâmes le milieu moins agité : c'est que la cataracte est partagée par un rocher, aux flancs duquel poussent des mousses, des lierres et des arbres, et que surmonte une espèce de girouette représentant Guillaume Tell, et que ce rocher brise l'eau qui s'écarte en bouillonnant à la base, mais laisse derrière lui toute une ligne calme et nue, si on la compare surtout au bouillonnement des deux bras qui l'enveloppent. Je demandai alors à mon batelier, si, profitant de cette espèce de remou, nous pourrions remonter jusqu'au rocher ; il nous répondit que, sans être dangereuse, la chose était cependant assez difficile, à cause du clapotement des vagues, qui rejetait toujours la barque dans l'un ou l'autre courant, mais que si cependant je voulais lui donner cinq francs il le tenterait. Je répondis en lui mettant dans la main ce qu'il demandait, et il se mit à ramer vers la cataracte.

Ainsi qu'il m'en avait prévenu, nous eûmes quelque difficulté à surmonter les vagues, qui nous repoussaient toujours de la ligne; mais, grâce à son habileté, le batelier se maintint dans la bonne voie. Plus nous approchions du rocher, plus le fleuve, bouillonnant à notre droite et à notre gauche, se calmait sous notre bateau. Enfin nous arrivâmes à un endroit assez calme, et où il fut plus facile à notre pilote de se maintenir. Placés où nous étions, au milieu même de son cours, tout couverts de son écume et de sa poussière, la cataracte était admirable; le soleil prêt à se coucher teignait la partie supérieure de la chute d'une riche couleur rose, tandis qu'un arc-en-ciel enflammait la vapeur qui s'élevait de l'abîme, et qui, comme je l'ai dit, rejaillissait à plus de deux cents pieds de haut. Je restai ainsi près d'une demi-heure en extase; puis enfin le batelier me demanda où je comptais aller coucher; je lui répondis que je comptais coucher sur la grande route, et qu'à cet effet j'allais m'enquérir d'une voiture à Neuhausen ou à Altembourg, attendu que, n'ayant pas grand'chose à voir, je comptais mettre à profit la nuit et me retrouver en me réveillant à une dizaine de lieues de Schaffausen.

— S'il ne faut qu'un moyen de transport à monsieur, me dit le batelier, et si une barque lui semblait un aussi bon lit qu'une voiture, il n'aura pas besoin d'aller à Neuhausen ni à Altembourg pour trouver ce qu'il lui faut; je n'ai qu'à lever mes deux avirons, et nous partirons aussi vite que si nous étions emportés par les deux meilleurs chevaux du duché de Bade.

La proposition était si tentante que je trouvai la chose on ne peut mieux pensée. Nous fîmes prix à dix francs, payables à Kaiserstuhl. A peine le marché fut-il arrêté que le batelier cessa de s'opposer à la rapidité du courant, et qu'ainsi qu'il me l'avait promis, la petite barque, légère comme une hirondelle, s'éloigna de la chute avec une rapidité qui, pendant quelques secondes, nous ôta la respiration.

Pendant dix minutes à peu près nous pûmes encore embrasser tout l'ensemble de la cascade, moins grande, au reste, de loin que de près, attendu que de près la chute même borne l'horizon, tandis que de loin elle n'est plus que l'ornement principal du tableau, et que ses accompagnemens sont pauvres et mesquins. Le château de Lauffen est peu pittoresque, son architecture lourde pèse sur la cascade, le village de Neuhausen est insignifiant, pour ne rien dire de plus; enfin les vignes qui entourent ces deux fabriques ne contribuent pas peu à leur donner un aspect bourgeois des plus antipoétiques. Il faudrait, pour faire un digne cadre à cette magnifique cataracte, les pins de l'Italie, les peupliers de la Hollande, ou les beaux chênes de notre Bretagne.

Au premier coude que fit le fleuve je perdis tout cela de vue; mais longtemps encore j'entendis le mugissement de la cascade, et j'aperçus, par delà des bouquets d'arbres qui bordent les sinuosités du Rhin, la poussière blanche qui forme au-dessus du cataracte un nuage éternel. Enfin la distance amortit ce bruit, les ténèbres me dérobèrent la vapeur, et je commençai à songer aux moyens de passer dans mon bateau la nuit la moins mauvaise possible. Il s'élevait du fleuve une humidité pénétrante, un vent frais courait à sa surface, et pour me garantir de ce double inconvénient, je n'avais qu'une blouse de toile écrue et un pantalon de coutil blanc. Je tâchai d'y remédier en me couchant au fond du bateau; je me fis un traversin de ma valise, je fourrai mes mains dans mes poches, et grâce à ces précautions, je parvins à réagir assez victorieusement contre la fraîche haleine de la nuit. Du reste, nous allions toujours un train fort convenable; sur les deux rives je voyais fuir les arbres, les vignes et les maisons; cette fuite finit par produire sur mon esprit l'effet d'une valse trop prolongée. La tête me tourna, je fermai les yeux, et, bercé par le courant de l'eau, je finis par tomber dans une espèce de somnolence qui n'était plus la veille et n'était pas encore le sommeil. Tout endormi que j'étais; je me sentais vivre, un refroidissement général me gagnait, je comprenais que j'aurais eu besoin de secouer cet engourdissement et de me réchauffer par la pensée; mais je n'en avais pas le courage, et je me laissais aller à cette douloureuse léthargie. De temps en temps je me sentais emporté plus rapidement, j'entendais un bruit plus fort et plus effrayant, je soulevais ma tête appesantie, et je me voyais emporté comme une flèche sous une arche de pont contre laquelle le fleuve écumant venait se briser. Alors j'éprouvais un vague instinct du danger, un frisson courait par tout mon corps, mais cependant la terreur n'était point assez forte pour me réveiller; je continuais mon cauchemar, et je sentais que de minute en minute mes membres s'engourdissaient davantage, et que l'espèce de rêve même qui agitait mon cerveau était près de s'effacer et de s'éteindre. Enfin j'arrivai à un assoupissement complet, grâce auquel, si j'étais tombé à l'eau, je me serais certainement noyé sans m'en apercevoir et en croyant continuer mon rêve. Je ne sais combien de temps dura cette léthargie; je sentis que l'on faisait ce qu'on pouvait pour m'en tirer; j'aidai de mon mieux les efforts de Francesco et du batelier. Grâce à ce concours de bonne volonté de ma part et d'efforts de la leur, je passai heureusement de la barque à bord, et je me vis entrer dans un château-fort, puis je me trouvai dans un lit bien chaud, où je me dégourdis peu à peu. Alors je pus demander dans quelle partie du monde j'avais abordé, et j'appris assez indifféremment que j'habitais le château Rouge, et que, moyennant rétribution, j'y recevais l'hospitalité du grand-duc de Bade.

KOENIGSFELDEN.

Le lendemain nous partîmes au point du jour; ma nuit avait été un long cauchemar où la réalité se mêlait avec le rêve; il me semblait que mon lit avait conservé le mouvement du bateau. Je me sentais attiré par la cataracte; puis, au moment d'être précipité, ce n'était plus moi que le danger menaçait, c'était sir Williams : je l'avais revu les bras croisés et les yeux au ciel, et le pauvre garçon avait bouleversé tout mon sommeil. Qu'était devenu son corps? Le Rhin le roulerait-il jusqu'à l'Océan, et l'Océan le jetterait-il aux rives de l'Angleterre qu'il avait quittées si désespéré, et auxquelles il retournait guéri? Je traversai le pont qui sépare le grand-duché de Bade du canton d'Argovie; mais je m'arrêtai au milieu pour jeter un dernier regard sur le Rhin: à travers le brouillard qui nous enveloppait, j'apercevais jusqu'à une certaine distance ses vagues bouillonnantes, et il me semblait à tout instant qu'au sommet de ces vagues j'allais voir se dresser le corps du pauvre Blundel; je ne pouvais m'arracher des bords du fleuve, il me semblait qu'en les abandonnant je perdais un suprême espoir; enfin il fallut me décider, je jetai un dernier regard, un dernier adieu sur le cours du fleuve, et je pris la route de Baden.

Pendant une heure je marchai au milieu de ce brouillard; puis enfin, vers les huit ou neuf heures du matin, cette voûte mate et froide s'échauffa et jaunit dans un coin, quelques pâles rayons percèrent la nuée; bientôt elle se déchira par bandes et s'en alla rasant le sol, formant des vallées dont les parois semblaient solides, et des montagnes de vapeurs qu'on eût cru pouvoir gravir : peu à peu cette mer de nuages se souleva, montant doucement, et découvrant d'abord les vignes, puis les arbres, puis les montagnes; enfin toutes ces îles flottantes sur la mer du ciel se confondirent dans son azur, et finirent par se mêler et se perdre dans les flots limpides de l'éther.

Alors se déroula devant moi une route riante et gracieuse, qui vint, riche de toutes les coquetteries de la nature, essayant de me distraire des émotions de la veille; les prairies avec leur fraîcheur, les arbres avec leur murmure, la montagne avec ses cascades, tentèrent de me faire oublier le crime du fleuve. Je me retournai vers lui, lui seul continuait à charrier une masse de vapeurs; lui seul, comme un tyran, essayait de se cacher à la vue de Dieu. Je ne sais comment une idée aussi bizarre me vint, je ne sais comment elle prit une réalité dans mon esprit ; mais le fait est que je fis plusieurs lieues sous cette préoccupation que toute ma raison ne pouvait écarter. Ainsi est fait l'orgueil de l'homme, toujours prompt à croire, avec ses souvenirs instinctifs et despotiques de l'Éden, qu'il est le souverain de la terre, et que tous les objets de la création sont ses courtisans.

J'arrivai ainsi, à travers un pays délicieux, à la ville de Baden. Je mis à profit le temps que l'aubergiste me demanda pour préparer mon dîner, et je montai sur le vieux château qui domine la ville. C'est encore une de ces grandes aires féodales dispersées par la colère du peuple. Cette forteresse, qu'on appelait le rocher de Bade, resta entre les mains de la maison d'Autriche jusqu'en 1415, époque à laquelle les confédérés s'en emparèrent, et se vengèrent, en la démolissant, de ce que ses murs avaient offert si longtemps un asile imprenable à leurs oppresseurs, qui y résolurent les campagnes de Morgarten et de Sempach. Du sommet de ces ruines, qui, du reste, n'offrent point d'autre intérêt, on domine toute la ville, rangée aux deux côtés de la Limmat, et qui, avec ses maisons blanches et ses contrevents verts, semble sortir des mains des peintres et des maçons : au second plan, des collines boisées, qui semblent le marchepied des glaciers, et, enfin, à l'horizon, comme une dentelure gigantesque, les pics déchirés et neigeux des grandes Alpes, depuis la Yungfrau jusqu'au Glarnich.

Comme rien de bien curieux ne me retenait à Bade, que j'avais fait un assez long séjour à Aix pour avoir épuisé la curiosité que pouvait m'inspirer le mystère des eaux thermales, je me contentai de jeter un coup d'œil sur celles qui bouillonnent au milieu du cours de la Limmat ; leur chaleur, qui est de trente-huit degrés, est due, dit-on, au gypse et à la marne recouverts de couches de pierres calcaires dont est formé le Legerberg, au travers duquel elles filtrent. Je donne cette opinion pour ce qu'elle vaut, en me hâtant toutefois d'en décliner la responsabilité.

Ce qui, du reste, m'attirait comme un aimant, c'était le désir de visiter le lieu où avait été assassiné l'empereur Albert, et que les descendants de ses ennemis ont appelé Kœnigsfelden ou le Champ du Roi. Ce champ, situé, comme nous l'avons dit, sur les rives de la Reuss, s'étend jusqu'à Windisch, l'ancienne Windonissa des Romains, fondée par Germanicus lors de ses campagnes sur le Rhin ; la ville antique, dont il ne reste aujourd'hui d'autres ruines que celles qui sont cachées sous terre, couvrait tout l'espace qui s'étend de Hausen à Gebistorf, et se trouvait ainsi à cheval sur la Reuss, au confluent de l'Aar et de la Limmat. Quinze jours avant mon arrivée, un laboureur avait, avec sa charrue, effondré un vieux tombeau, et y avait trouvé les restes d'un casque, d'un bouclier et d'une de ces épées de cuivre que les Espagnols seuls savaient tremper dans l'Èbre, et auxquelles ils donnaient un tranchant supérieur à celui du fer et de l'acier.

C'est sur l'emplacement même où expira l'empereur Albert qu'Agnès de Hongrie, sa fille, éleva le couvent de Kœnigsfelden. A l'endroit où pose l'autel s'élevait le chêne contre lequel l'empereur assis s'adossait lorsque Jean de Souabe, son neveu, lui traversa la gorge d'un coup de lance. Agnès fit déraciner l'arbre, tout teint qu'il était du sang de son père, et elle en fit faire un coffra dans lequel elle enferma les habits de deuil qu'elle jura de porter tout le reste de sa vie.

Tout à l'entour du chœur sont les portraits de vingt-sept chevaliers à genoux et priant. Ces chevaliers sont les nobles tués à la bataille de Sempach. Parmi ces fresques est un buste, ce buste est celui du duc Léopold, qui voulut mourir avec eux. Ce chœur, éclairé par onze fenêtres dont les vitraux coloriés sont des merveilles de la fin du quinzième siècle, est séparé de l'église par une cloison ; on passe de l'un dans l'autre, et l'on se trouve au pied du tombeau de l'empereur Albert ; il est de forme carrée, entouré d'une balustrade en bois peint, aux quatre coins et aux quatre colonnes de laquelle sont appendues les armoiries des membres de la famille impériale qui dorment près de leur chef.

C'est qu'outre l'empereur Albert, qui a perdu la vie ici, cette pierre recouvre, dit l'inscription de la balustrade, « sa femme, madame Elisabeth, née à Keindten ; sa fille, madame Agnès, ci-devant reine de Hongrie, ensuite aussi notre seigneur le duc Léopold, qui a été tué à Sempach. »

Autour de ces cadavres impériaux gisent les reliques ducales et princières du duc Léopold le Vieux, de sa femme Catherine de Savoie, de sa fille Catherine de Habsbourg, du duc de Lussen, du duc Henry et de sa femme Elisabeth de Vernburg, celles du duc Frédéric, fils de l'empereur Frédéric de Rome, et de son épouse Elisabeth, duchesse de Lorraine.

Puis encore, autour de ceux-là, et sous les dalles armoriées qui les couvrent, dorment soixante chevaliers aux casques couronnés, tués à la bataille de Sempach ; enfin, dans les chapelles environnantes, et formant un cadre digne de cet ossuaire, reposent à droite sept comtes de Habsbourg et deux comtes de Griffenstein, et à gauche quatre comtes de Lauffenbourg et cinq comtes de Reinach et de Brandis.

Il en résulte que, si aujourd'hui Dieu permettait que l'empereur Albert se soulevât sur sa tombe, et réveillât la cour mortuaire qui l'entoure, ce serait, certes, la plus noble et la mieux accompagnée de tous les rois qui, à cette heure, portent un sceptre et une couronne.

Au moment où je foulais aux pieds toutes ces cendres féodales, l'homme qui m'accompagnait vit que l'heure des vêpres était arrivée, et, quoique personne ne dût venir à cet appel, il sonna la cloche, la même qui fut donnée au couvent par Agnès. J'allai à lui, et lui demandai si l'on allait célébrer un office divin. — Non, me répondit-il, je sonne les vêpres pour les morts ; laissons-leur leur église. — Nous sortîmes.

Cet homme sonne ainsi trois fois par jour : la première à l'heure de la messe, la seconde à l'heure des vêpres, et la troisième à l'heure de l'angélus.

Nous passâmes dans le couvent de Sainte-Claire, où est située la chambre à coucher où Agnès entra, le cœur plein de jeunesse et de vengeance, à l'âge de vingt-sept ans, resta plus d'un demi-siècle à prier, et sortit, comme elle le dit elle-même, purgée de toute souillure, pour rejoindre son père, à l'âge de quatre-vingt-quatre ans.

Sur le panneau, et en dehors de la porte de cette chambre, est peint en pied le portrait du fou de la reine, qui s'appelait Henrick, et qui était du canton d'Ury. Sans doute ce portrait est une allusion aux joies, aux plaisirs et aux vanités du monde, qu'Agnès, en entrant dans la retraite, laissait en dehors de sa cellule.

Cette cellule resta triste, nue et austère comme celle du plus sévère cénobite, tant que l'habita la fille d'Albert. Dans un cabinet, au pied du lit, est encore le coffre grossier, taillé dans le chêne, où la religieuse orpheline serrait ses habits de deuil. En certains endroits l'écorce a été respectée : ce sont ceux qui étaient tachés de sang. Après la mort d'Agnès, cette cellule fut habitée par Cécile de Reinach, qui, après avoir perdu son mari et ses frères à Sempach, vint à son tour demander asile au couvent et consolation à Dieu. Ce fut elle qui fit peindre dans cette même cellule les portraits des vingt-sept chevaliers agenouillés, dont les fresques de la chapelle ne sont que des copies.

La journée s'avançait ; il était trois heures, j'avais vu à Kœnigsfelden tout ce qui est curieux à voir ; je remontai dans la voiture que j'avais prise à Bade ; car je désirais arriver le même soir à Aarau. Cependant, quelque diligence que je me fusse promis de faire, au bout d'une heure j'arrêtai ma voiture au pied du Wulpesberg : c'est qu'à son sommet s'élève le château d'Habsbourg, et que je ne voulais pas passer si près du berceau des Césars modernes sans le visiter.

Ce château est situé sur une montagne longue et étroite ; il en reste une tour toute entière qui, grâce à son architecture carrée et massive, est parfaitement conservée, quoiqu'elle date du onzième siècle ; une des salles dont les boiseries, grâce au temps et à la fumée, sont devenues noires comme de l'ébène, conserve encore des restes de sculptures. Au flanc de la tour s'est cramponné un bâtiment irrégulier qui se soutient à elle ; il est habité par une famille de bergers, qui a fait une écurie de la salle d'armes du grand Rodolphe. Par un vieil instinct de faiblesse et par une antique habitude d'obéissance, quelques cabanes sont venues se grouper autour de ces ruines qui furent la demeure du premier-né de la maison d'Autriche. Un nom et quelques pierres couvertes de chaume, voilà ce qui reste du château et des propriétés de celui dont la descendance a régné cinq cents ans, et ne s'est éteinte qu'avec Marie-Thérèse.

L'homme qui habite ces ruines, et qui s'en est constitué le cicerone, me fit voir, de l'une des fenêtres orientales, une petite rivière qui coule dans la vallée, et à laquelle se rattache une tradition assez curieuse. Un jour que Rodolphe de Habsbourg revenait de Mellingen, monté sur un magnifique cheval, il aperçut sur ses bords un prêtre portant le viatique : les pluies avaient enflé le torrent, et le saint homme ne savait comment le franchir. Il venait de se déterminer à se déchausser pour passer la rivière à gué, lorsque le comte arriva près de lui, sauta à bas de son cheval, mit un genou en terre pour recevoir la bénédiction de l'homme de Dieu ; puis, l'ayant reçue, lui offrit sa monture ; le prêtre accepta, passa la rivière à cheval ; le comte le suivit à pied jusqu'au lit du mourant, et assista l'officiant dans la sainte cérémonie. Le viatique administré, le prêtre sortit, et voulut rendre au comte Rodolphe le cheval qu'il lui avait prêté; mais le religieux seigneur refusa, et comme le prêtre insistait : A Dieu ne plaise, mon père, répondit le comte, que je sois assez orgueilleux pour oser me servir jamais d'un cheval qui a porté mon créateur ! gardez-le donc, mon père, comme un gage de ma dévotion à votre saint ordre : il appartient désormais à votre église.

Dix ans plus tard, le pauvre prêtre était devenu chapelain de l'archevêque de Mayence, et le comte Rodolphe de Habsbourg était prétendant à l'empire. Or, le prêtre se souvint que son seigneur s'était humilié devant lui, et il voulut lui rendre les honneurs qu'il en avait reçus. Sa place lui donnait un grand crédit sur l'archevêque ; celui-ci en avait à son tour sur les électeurs. Rodolphe de Habsbourg obtint la majorité et fut élu empereur de Rome.

Vers la fin du quinzième siècle, les confédérés vinrent mettre le siége devant le château de Habsbourg. Il était commandé par un gouverneur autrichien qui se défendit jusqu'à la dernière extrémité. Plusieurs fois les Suisses lui avaient offert une capitulation honorable, mais il avait constamment refusé ; enfin, pressé par la famine, il envoya un parlementaire. Il était trop tard : ses ennemis, sachant à quel état de détresse la garnison était réduite, repoussèrent toute proposition, et exigèrent des assiégés qu'ils se rendissent à discrétion : alors la femme du gouverneur demanda la libre sortie pour elle, avec la permission d'emporter ce qu'elle avait de plus précieux. Cette permission lui fut accordée : aussitôt les portes s'ouvrirent, et elle sortit du château, emportant son mari sur ses épaules ; les Suisses, esclaves de leur parole, la laissèrent passer ; mais à peine avait-elle déposé à terre celui que cette pieuse ruse avait sauvé, qu'il la poignarda, pour qu'il ne fût pas dit qu'un chevalier avait dû la vie à une femme.

Malgré tout ce que je pus faire de questions à mon cicerone, je n'en pus obtenir une troisième légende. En conséquence, voyant qu'il était au bout de son érudition, je regagnai ma voiture au jour tombant ; un quart d'heure après, je traversais l'établissement des bains de Schiznach, et j'arrivai à Aarau encore assez à temps pour me faire conduire à la meilleure coutellerie de la ville.

On m'avait beaucoup vanté ce produit de la capitale de l'Argovie ; et, d'après cette réputation, je me serais fait un scrupule de passer au milieu d'une industrie aussi célèbre sans en emporter un échantillon. Aussi, quelque maigre que fût ma bourse, et quoique je ne dusse retrouver de l'argent qu'à Lausanne, je résolus de faire un sacrifice, convaincu qu'une occasion pareille ne se rencontrerait jamais. En conséquence, j'achetai pour la somme de dix francs une paire de rasoirs renfermés dans leur cuir, et, enchanté de mon emplette, je revins à l'hôtel pour en faire l'essai.

En passant la lame de l'instrument barbificateur sur le cuir destiné à en adoucir le mordant, je m'aperçus que le manche de ce cuir portait une adresse ; j'en fus enchanté, afin de pouvoir la donner à ceux de mes amis qui viendraient en Suisse, et voudraient, comme moi, profiter de la circonstance pour se monter en rasoirs à la coutellerie d'Aarau. Voici cette adresse :

A LA FLOTTE.

FRANÇOIS BERNARD,
Fabricant de Rasoirs et de Cuirs,
Rue Saint-Denis, 74,
A PARIS.

Ce sont les meilleurs rasoirs que j'aie jamais rencontrés.

L'ILE SAINT-PIERRE.

L'humiliation que j'éprouvai d'avoir fait douze cents lieues pour venir acheter à Aarau des rasoirs de la rue Saint-Denis fit que le lendemain, aussitôt mon déjeuner, je quittai l'auberge de la Cigogne, où j'étais descendu la veille au soir ; je continuai ma route par Olten, jolie petite ville du canton de Soleure, située sur les bords de l'Aar, et dont les habitants élevèrent autrefois un monument à Tibère-Claude Néron, *quod viam per Jurassi valles duxit*. Comme il n'existe aucune trace de cette antique voie romaine, je ne m'y arrêtai que le temps de faire souffler le cheval, et, vers les trois heures de l'après-midi, j'arrivai à Soleure : il me restait juste le temps nécessaire pour aller voir coucher le soleil sur le Weissenstein.

Ce qui m'avait surtout déterminé à cette excursion, c'est qu'au contraire des montagnes des Alpes, le Weissenstein, qui appartient au Jura, est arrivé à un degré de civilisation qu'il doit sans doute à son voisinage de la France. Pour arriver à sa cime la plus élevée, on n'a qu'à se mettre dans une bonne calèche et à dire : Marchez ; cela vous coûte vingt francs, c'est à dire un peu moins cher que si vous faisiez la route à pied et en prenant un guide. Ce mode de locomotion m'allait d'autant mieux que je commençais à être au bout de mes forces, et que je sentais tous les jours diminuer ma sympathie pour les montagnes. J'en avais tant laissé derrière moi, que les souvenirs que j'en conservais ressemblaient beaucoup à un chaos, et que dans cet entassement de Pélion sur Ossa, je commençais vraiment à ne plus distinguer Ossa de Pélion. Aussi je remerciai Dieu de m'avoir gardé, contre ses habitudes providentielles, la meilleure pour la dernière. Je m'étendis aussi moelleusement que possible dans la calèche, je m'en remis au cocher de la fortune de César, j'élevai Francesco au rang de mon historiographe, lui recommandant de retenir avec attention et fidélité tout ce que la route offrait de remarquable, et je m'endormis du sommeil de l'innocence ; trois heures après, je me réveillai à la porte de l'auberge. Je demandai aussitôt à Francesco ce qu'il avait remarqué sur la route ; il me répondit que ce qui l'avait le plus frappé, c'est qu'elle était été toujours en montant.

Comme je n'avais pas pris le temps de manger à Soleure, je recommandai à madame Brunet, mon hôtesse, de donner tous ses soins au dîner qu'elle allait me servir. Elle réclama une heure pour faire un chef-d'œuvre, et me demanda si je ne voulais pas mettre cette heure à profit en montant sur le sommet du Rothiflue. Je frissonnai de tous mes membres : je crus que j'avais été abominablement volé ; que la montagne où j'étais si doucement parvenu n'était qu'une déception, et que j'allais être condamné à en grimper une autre avec mes propres jambes ; mais, en me retournant, j'aperçus, à travers les portes de la cuisine, un horizon si étendu et si magnifique, que je me rassurai un peu. Je demandai alors ce que je verrais de plus en haut du Rothiflue qu'en haut du

Weissenstein ; on me répondit que je verrais les vallées du Jura, une partie de la Suisse septentrionale, la Forêt-Noire, et quelques montagnes des Vosges et de la Côte-d'Or ; à ceci je répondis que depuis quatre mois j'avais vu tant de montagnes, que je me figurais parfaitement ce que celles-là pouvaient être, et que je me contenterais du panorama du Weissenstein. En échange, je demandai s'il serait possible de me préparer un bain ; madame Brunet me répondit que c'était la chose du monde la plus facile, et que je n'avais seulement qu'à dire si je le voulais d'eau ou de lait.

Dans les dispositions de sybaritisme où je me trouvais, on devine ce que cette dernière proposition éveilla en moi de désirs ; malheureusement un bain de lait devait être une volupté d'empereur qu'un banquier seul pouvait se permettre. Je me rappelai les mesures de lait parisiennes qu'on déposait à ma porte le matin, et que mon domestique additionnait mensuellement, les unes au bout des autres, à soixante-quinze centimes chaque ; et je calculais que, surtout pour moi, il en faudrait bien douze ou quinze cents, et cela au minimum ; or, douze cents fois soixante-quinze centimes ne laissent pas que de faire une somme. Je mis la main à la poche de mon gilet, faisant glisser les unes après les autres, entre mon pouce et mon index, les cinq dernières pièces d'or qui me restaient pour aller à Lausanne ; et, convaincu qu'elles ne pourraient pas même suffire pour à-compte, je demandai vertueusement un bain d'eau.

— Vous avez tort, me dit madame Brunet : le bain de lait n'est pas beaucoup plus cher, et il est infiniment plus bienfaisant.

J'eus alors une peur, c'est qu'à cette hauteur le bain d'eau lui-même ne fût hors de la portée de mes moyens pécuniaires.

— Comment ? dis-je vivement, et quelle est donc la différence ?

— Le bain d'eau coûte cinq francs, et le bain de lait dix.

— Comment, dix francs ? m'écriai-je, dix francs un bain de lait !

— Dam ! monsieur, me dit ma bonne hôtesse, se trompant à l'intention, ils sont un peu plus chers dans ce moment-ci parce que les vaches redescendent ; aux mois d'août et de septembre, ils n'en coûtent que six.

— Comment ? mais, madame Brunet, je ne me plains aucunement de la somme ; faites-moi chauffer un bain de lait, et bien vite.

— Monsieur le prendra-t-il dans sa chambre ?

— On peut le prendre dans sa chambre ?

— C'est à volonté.

— En dînant ?

— Sans doute.

— Près de la fenêtre ?

— A merveille.

— En regardant le coucher du soleil ?

— Parfaitement.

— Et le dîner sera mangeable avec tout cela ?... Mais c'est un paradis que votre auberge, madame Brunet !

— Monsieur, me répondit mon hôtesse en me faisant une révérence, je prends des pensionnaires et fais des remises sur les prix quand on reste quinze jours.

Malheureusement je ne pouvais profiter de l'offre économique que me faisait madame Brunet ; je me contentai donc de lui recommander la plus grande diligence, et je montai dans ma chambre. Comme il n'y avait que moi de voyageur, on me donna la plus grande et la plus commode ; j'allai au balcon, et j'avoue que, quoique familiarisé avec les plus belles vues de la Suisse, je restai en admiration devant celle-ci.

Qu'on se figure un demi-cercle de cent cinquante lieues, borné à droite par la grande chaîne des Alpes, et à gauche par un horizon incommensurable, dans lequel sont enfermés trois rivières, sept lacs, douze villes, quarante villages et cent cinquante-six montagnes, tout cela subissant les variations de lumière d'un coucher de soleil d'automne, tout cela vu d'une baignoire adhérente à une table couverte d'un excellent dîner et l'on aura une idée du panorama du Weissens-

tein, découvert dans les meilleures conditions possibles ; quant à moi, il me parut magnifique.

Cependant je n'ose le décrire, tant, dans ma religion pour l'exactitude et la vérité, je me défie de l'influence du bain et du dîner.

Je dormais du plus beau et et du plus saint sommeil, quand, le lendemain, Francesco entra dans ma chambre à quatre heures du matin ; il avait jugé que, puisque j'avais vu le coucher du soleil, je ne pouvais pas me dispenser de voir son lever pour faire pendant ; comme j'étais réveillé, je pensai que ce que j'avais de mieux à faire était de me ranger à son opinion.

Mais j'avais pris dans l'auberge de madame Brunet des habitudes de sybarite ; de sorte qu'au lieu de me lever, je fis traîner mon lit auprès de la fenêtre, et je n'eus qu'à me donner la peine d'ouvrir les yeux pour jouir du même spectacle qui, sur le Faulhorn et le Righi, m'avait coûté tant de fatigues et tant de peines. Malgré le laisser-aller de mes manières, le soleil ne me fit pas attendre, il s'éleva avec sa régularité et sa magnificence ordinaire, faisant étinceler comme des volcans cette chaîne immense de glaciers qui s'étend depuis le mont Blanc jusqu'au Tyrol. Je suivis tous les accidens de lumière de son retour comme j'avais suivi toutes les variations de son départ ; puis, lorsque cette lanterne magique merveilleuse commença de me fatiguer par sa sublimité même, je fis fermer ma fenêtre, tirer mes rideaux, repousser mon lit contre le mur, et, fermant les yeux, je me rendormis comme sur un rêve.

Comme, après une démonstration aussi expressive, personne n'osa plus rentrer dans ma chambre, je me réveillai bravement à midi ; j'avais dormi seize heures, moins les quarante minutes que j'avais employées à regarder le lever du soleil.

Il n'y avait pas de temps à perdre si je voulais visiter Soleure avec quelque détail : aussi je fis atteler, et, une heure et demie après, je descendais à la porte de la ville.

Elle est d'une forme parfaitement carrée, et la mieux fortifiée de la Suisse ; une vieille tour, que les habitans disent romaine et antérieure au Christ, est, je crois, du septième ou du huitième siècle. Elle s'élevait d'abord seule, comme l'indique son nom *Solothurn* ; mais peu à peu les maisons vinrent s'appuyer à elle, et, se rassemblant sous sa protection, formèrent une ville qui offre cela de remarquable, qu'elle procède en tout par le nombre onze : elle a onze rues, onze fontaines, onze églises, onze chanoines, onze chapelains, onze cloches, onze pompes, onze compagnies de bourgeois et onze conseillers.

Soleure possède l'arsenal le mieux organisé de toute la Suisse : la première salle contient un parc d'artillerie de trente-six canons ; elle est soutenue par trois colonnes chargées de trophées ; la première est ornée des dépouilles de Morat ; elle porte une bannière du duc de Bourgogne et un drapeau des chevaliers de Saint-Georges, la seconde est un souvenir de la bataille de Dornach, et l'on reconnaît à leur double tête les aigles d'Autriche ; enfin la troisième conserve deux drapeaux pris, à la bataille de Saint-Jacques, sur notre roi Louis XI.

La seconde salle est celle des fusils : elle en contenait, à l'époque où je la visitai, six mille parfaitement en état et prêts à être distribués en cas de besoin.

La troisième salle est celle des armures : deux mille armures complètes des quinzième, seizième et dix-septième siècles y sont classées au hasard, sans aucun ordre et sans aucune science. Au milieu de l'arsenal s'élève une table ovale, autour de laquelle sont assis treize guerriers figurant les treize cantons. Les Suisses ont choisi pour habiller les mannequins qui les représentent treize armures colossales, qui semblent avoir appartenu à une race de Titans. Cela me rappela Alexandre, qui avait fait enterrer, avec son nom et l'olympiade de son règne, des mors de chevaux d'une grandeur gigantesque, afin que la postérité mesurât la taille de ses guerriers à celle de leurs montures.

En sortant de l'arsenal, nous allâmes visiter le cimetière de Schouzevil ; nous y étions conduits par un pèlerinage politique; il renferme la tombe de Kosciusko. C'est un monument formant un carré long, et sur lequel est écrite cette épitaphe :

VISCERA
THADDÆI KOSCIUSKO
DEPOSITA DIE XVII OCTOBRIS
M DCCC XVIII.

Comme la ville n'offre pas d'autre curiosité, et que, grâce au somme que j'avais fait au Weissenstein, je pouvais prendre sur ma nuit, je fis mettre le cheval à la voiture à huit heures du soir, et j'arrivai à Bienne à une heure du matin.

Pendant que Francesco frappait à l'hôtel de la Croix-Blanche, j'examinai une charmante fontaine qui se trouve sur la place; elle est surmontée d'un groupe qui paraît dater du seizième siècle, et qui représente un ange gardien emportant dans ses bras un agneau, que Satan essaie de lui enlever. L'allégorie de l'âme entre le bon et le mauvais principe était trop évidente pour que j'en cherchasse une autre.

En 1826, lorsqu'on creusa autour de cette fontaine pour faire un bassin, on trouva une grande quantité de médailles romaines; une partie fut déposée à l'hôtel de ville, et l'autre enfouie, avec quantité pareille de pièces françaises au millésime de la même année, sous les nouvelles fondations. Ce fut l'aubergiste qui me donna ces détails, et cela dans mon idiome maternel, dont je commençais à m'ennuyer; car à Bienne on entre tout à coup et de plein bond dans la langue française, que dix personnes à peine parlent à Soleure.

Le lendemain à huit heures, mes bateliers étaient prêts, j'allai les rejoindre à la pointe qui s'avance entre Nydau et Vingel; de l'endroit de l'embarquement, nous embrassâmes tout le panorama du petit lac de Bienne, l'un des plus jolis de la Suisse, et qui est célèbre près des touristes modernes par le séjour que fit Rousseau dans son île de Saint-Pierre. On aperçoit de loin cette île, qui se présente sous le même aspect que celle des Peupliers à Ermenonville, à l'exception, cependant, qu'à Ermenonville ce sont les peupliers qui sont un peu plus grands que l'île, tandis qu'à Saint-Pierre c'est l'île qui est un peu plus grande que les peupliers. Elle est, au reste, et pour plus de précautions, ceinte d'un mur de pierres élevé dans le but de lui donner de la consistance, afin que, dans quelque crue du lac, elle n'aille pas échouer à la plage comme la demeure flottante de Latone.

Notre navigation, poussée par le vent de nord-est, était charmante. Au nord la chaîne du Jura, couverte de sapins dans ses hautes sommités, de hêtres et de chênes dans ses moyennes régions, venait mirer sa pente couverte de vignes et tachetée de maisons dans l'azur de l'eau. Au midi s'étendait une chaîne de petites collines sans noms, derrière lesquelles se cachent Berne et Morat, et au-dessus desquelles regardent comme des géans les pics neigeux des grandes Alpes; enfin, à l'occident, gît, ombreuse et calme, la petite île de Saint-Pierre, et derrière elle la ville de Cerlier, bâtie en amphithéâtre, et dont les maisons semblent grimper la pente de Jolimont, pour aller s'asseoir sur son plateau.

Peu d'années se passent sans que le lac de Bienne ne gèle. Cette circonstance atmosphérique a donné lieu à une coutume assez singulière, de laquelle mes bateliers n'ont pu me donner l'explication. Le receveur de l'île Saint-Pierre, qui appartient à l'hôpital de Berne, doit une mesure de noix au premier qui arrive à l'aide de la croûte de glace qui se forme alors sur le lac. C'est presque toujours un habitant de Glaris qui remporte ce prix; mais aussi peu d'années se passent sans que l'on ait à déplorer la perte de quelque pèlerin trop pressé, sous lequel la glace, à peine formée encore, se brise, et qui disparaît pour ne reparaître qu'au dégel. Il est vrai que la mesure de noix vaut huit batz, et que huit batz valent vingt-quatre sous.

Nous abordâmes à l'île Saint-Pierre après une heure de navigation à peu près; nous traversâmes un beau bois de chênes, nous laissâmes à notre gauche un petit pavillon, et nous arrivâmes à l'auberge où est la chambre de Rousseau,

que le calcul bien plus que la vénération a conservée telle qu'elle était lorsqu'il l'habita.

C'est une petite chambre carrée, sans papier, et à solives saillantes, éclairée au midi par une seule fenêtre donnant sur le lac, et d'où la vue, par une échappée, s'étend jusqu'aux grandes Alpes. Treize chaises de paille, deux tables, une commode et un lit de bois pareil aux tables et aux chaises, un pupitre peint en blanc et un poêle de faïence verte, en forment tout l'ameublement. Une trappe placée dans un coin communique, à l'aide d'une échelle, aux appartemens inférieurs, et peut au besoin servir d'escalier dérobé.

Quant aux murs, ils sont couverts des noms des admirateurs du *Contrat Social*, de l'*Émile* et de la *Nouvelle Héloïse*, venus de toutes les parties du monde. C'est une collection de signatures fort curieuses, à laquelle il n'en manque qu'une seule, celle de Rousseau.

———

UN RENARD ET UN LION.

Comme il suffit d'une demi-heure pour visiter dans tous ses détails l'île de Bienne, et que j'avais pris mes bateliers pour tout un jour, je me fis conduire, par mesure d'économie, à Cerlier, où nous arrivâmes sur le midi : nous nous mîmes immédiatement en route pour Neufchâtel, que nous découvrîmes au bout de trois heures de marche, en sortant de Saint-Blaise.

La ville se présente, de ce côté, sous un point de vue assez pittoresque, qu'elle doit au vieux château qui lui a fait, il y a treize ou quatorze cents ans, donner son nom de Château-Neuf à une langue de terre chargée de fabriques, qui s'avance dans le lac, et aux jardins qui entourent ses maisons et donnent à chacune d'elles l'aspect d'une villa. Une seule chose nuit au caractère du paysage, c'est la couleur jaunâtre des pierres avec lesquelles les murs sont bâtis, et qui donnent à la ville l'apparence d'un immense joujou taillé dans du beurre.

Nous entrâmes dans Neufchâtel par une porte de barricades; elle datait de la révolution de 1831. Cette révolution, conduite par un homme d'un grand courage, nommé Bourquin, avait pour but de soustraire la ville au principat de la Prusse, et de la réunir entièrement à la confédération Suisse.

Il est vrai que la position de Neufchâtel était étrange, dépendant à la fois d'une république et d'un royaume; envoyant deux députés à la diète helvétique, et payant une contribution à Frédéric-Guillaume, ayant sa noblesse et son peuple qui relèvent d'elle, et qui sont royalistes, et sa bourgeoisie et ses paysans, qui ne relèvent que d'eux-mêmes, et qui sont républicains.

Au moment où j'arrivai à Neufchâtel, le procès de propriété se plaidait encore : les Neufchâtelois, ignorant ce qu'ils étaient, attendaient de jour en jour la décision qui les ferait Suisses ou Prussiens; cependant les haines étaient en présence, et la garnison du château, au-dessus de la porte duquel les insurgés avaient été briser la couronne et les pattes de l'aigle qui porte sur sa poitrine l'écusson fédératif, n'osait descendre dans la ville; le soir, des chansons séditieuses se chantaient à haute voix dans les rues. Ces chansons étaient un véritable appel aux armes. Le moment était peu favorable pour recueillir les légendes ou les traditions; tous les souvenirs étaient venus se fondre dans celui de la révolution, et les seuls héros de Neufchâtel étaient, à cette époque, quelques pauvres jeunes gens, prisonniers en Prusse, dont les noms, localement célèbres, n'ont pas franchi les murs de la ville pour laquelle ils se sont dévoués. Aussi ne restai-je qu'une nuit à Neufchâtel; d'ailleurs à l'autre bout du lac, m'attendait Granson, avec ses souvenirs héroïques du quatorzième et du quinzième siècle.

Nous avons raconté, dans notre premier volume, comment Othon de Granson, dont l'église de Lausanne garde le mausolée, fut tué en champ clos, à Bourg en Bresse, par Gérard d'Estavayer, qui le blessa d'abord et lui coupa, vivant encore, les deux mains, suivant les conditions du combat; maintenant il nous reste à dire comment le noble duc Charles de Bourgogne fut outrageusement battu et défait par les bonnes gens des cantons.

Une grande question se débattait en France vers la fin du quinzième siècle; c'était celle de la monarchie et de la grande vassalité. Certes, au premier abord et en examinant les champions qui représentaient les deux principes, les chances semblaient peu douteuses, et les prophètes superficiels eussent cru pouvoir prédire d'avance de quel côté serait la victoire. L'homme de la royauté était un vieillard portant la tête courbée plutôt encore par la fatigue que par l'âge, habitant un château-fort situé loin de sa capitale, n'ayant autour de lui qu'une petite garde d'archers écossais, un barbier dont il avait fait son ministre, un grand-prévôt dont il avait fait son exécuteur, et deux valets dont il avait fait ses bourreaux. Il avait encore auprès de lui des chimistes et des médecins italiens et espagnols qui passaient leur vie dans des laboratoires souterrains. Ils y préparaient des breuvages étranges et inconnus; de temps en temps ils étaient appelés par le roi, qu'ils trouvaient chaque fois agenouillé devant l'image de quelque saint ou de quelque madone. Le roi et le chimiste causaient à voix basse, au pied de l'autel, de choses religieuses et saintes sans doute, car leur entretien était fréquemment interrompu par des signes de croix, des prières et des vœux; puis, un temps après cette conférence mystérieuse, on entendait dire que quelque prince révolté contre le roi, et qui s'apprêtait à faire à la France une rude guerre, était trépassé subitement, au moment même où il rassemblait ses soldats; ou que quelque veuve de grand baron, dont la grossesse, si elle était bénie par Dieu, devait perpétuer la race et la puissance d'une grande maison féodale, était accouchée avant le terme d'un enfant mort. Aussitôt le roi, à qui tout prospérait ainsi, allait faire un pèlerinage d'actions de grâce soit au Mont-Saint-Michel, soit à la Croix-de-Saint-Laud, soit à Notre-Dame d'Embrun; et l'on voyait alors sortir de sa tanière, la tête couverte d'un petit bonnet de feutre entouré d'images de plomb, vêtu d'un justaucorps de drap râpé, enveloppé dans un vieux manteau bordé de fourrures, et armé seulement d'une courte et légère épée, ce roi étrange, qui semblait le dernier des bourgeois d'une de ses bonnes villes, et que le peuple appelait le renard du Plessis-lès-Tours.

L'homme de la féodalité, au contraire, était un capitaine dans la force de l'âge, portant haute et fière sa tête casquée et couronnée; habitant des palais magnifiques ou des tentes somptueuses; toujours entouré de ducs et de princes, recevant comme un empereur les envoyés d'Aragon et de Bretagne, les ambassadeurs de Venise et le nonce du pape; rendant et faisant hautement et publiquement justice ou vengeance, et frappant en plein soleil de la hache ou du poignard. Sa préoccupation, à lui, était de ressusciter à son profit l'ancien royaume de Bourgogne, que l'on nommait la Cour-Dorée. Il avait en propre le Mâconnais, le Charolais et l'Auxerrois; il comptait forcer le roi René à abdiquer en sa faveur le duché d'Anjou et le royaume d'Arles; il avait conquis la Lorraine, il tenait en gage le pays de Ferrette et une partie de l'Alsace; il avait acheté pour trois cent mille florins le duché de Gueldres, il convoitait le duché de Luxembourg; il tenait prêts et exposés dans l'église de Saint-Maximin le sceptre et la couronne, le manteau et la bannière; celui qui devait le sacrer était choisi, et c'était Georges de Bade, évêque de Metz; il avait parole de l'empereur Frédéric III d'être nommé par lui vicaire-général, et en échange il lui avait promis sa fille Marie pour son fils Maximilien. Enfin il étendait les bras pour toucher d'une main à l'Océan, et de l'autre à la Méditerranée, et chaque fois qu'il se montrait à ses futurs sujets et qu'il parcourait son royaume à venir, c'était sur quelque cheval de guerre dont l'équipement avait coûté le prix d'un duché, ou sous quelque dais d'or, humblement porté par quatre seigneurs; et alors les peuples, qui le regardaient passer dans sa magnificence, pensaient en tremblant à sa force, à sa puissance et à sa colère, et se rangeaient sur son passage en disant : « Malheur à nos villes, malheur à nous! car voici venir le lion de Bourgogne. »

Ces deux hommes qui se trouvaient ainsi en face l'un de l'autre et prêts à lutter, c'étaient : Louis le Rusé et Charles le Téméraire.

Voici quelle était la position du roi de France.

Il venait de signer un traité avec le duc de Bretagne, allié incertain, qu'il ne maintenait dans son amitié que par l'or et les promesses : il venait de renouveler les trêves avec le roi d'Aragon. Il avait fait assassiner le comte d'Armagnac, qui cherchait à introduire les Anglais en France, fait avorter la comtesse, qui était enceinte, et s'était emparé du comté. Il avait empoisonné le duc de Guienne et réuni son duché à la couronne; il avait mis le duc d'Alençon en jugement et confisqué ses seigneuries; il avait fait exécuter le connétable de Saint-Pol et aboli sa charge; il avait fait assiéger le duc de Nemours dans Carlat; enfin il venait de marier sa fille Jeanne à Louis, duc d'Orléans, et sa fille Anne à Pierre de Bourbon, sire de Beaujeu. En ce moment, c'est à dire vers la fin de l'année 1475, il s'occupait de réconcilier l'archiduc Sigismond avec les Suisses, faisant offrir à l'un l'argent nécessaire pour le rachat de son duché, et aux autres de les prendre à sa solde. Il envoyait une ambassade au roi René pour produire les anciennes prétentions qu'il avait à titre de créancier et d'héritier, par sa mère, de toutes les seigneuries et domaines de la maison d'Anjou, et les nouveaux droits que madame Marguerite, reine d'Angleterre, qu'il venait de délivrer par la paix de Pecquigny, y avait ajoutés encore par la cession entière qu'elle avait consentie de tous ses héritages dans la succession du roi René. Puis, tous ses troubles apaisés à l'occident et au midi, tous ses filets tendus à l'orient et au nord, il prétexta comme toujours un pèlerinage, choisit Notre-Dame-du-Puy-en-Velay, qui était célèbre par une image de la Vierge, sculptée en bois de Setbim par le prophète Jérémie, et le 19 de février 1476, il partit de Plessis-lès-Tours dans cette sainte intention; mais, ayant reçu de grandes nouvelles, il s'arrêta à Lyon. L'araignée était au centre de sa toile.

Voici maintenant quelle était la position du duc de Bourgogne :

Il venait de conclure un traité d'alliance avec l'empereur; il s'était emparé de la Lorraine, il avait fait son entrée à Nancy, ayant le duc de Tarente, fils du roi de Naples, à sa droite, le duc de Clèves à sa gauche, et à sa suite le comte Antoine, grand bâtard de Bourgogne, les comtes de Nassau, de Marle, de Chimay et de Campo-Basso; il comptait parmi ses généraux Jacques, comte de Romont, oncle du jeune duc régnant de Savoie, et parmi ses dévoués, Louis, évêque de Genève; il avait contracté alliance avec le duc de Milan, au fils duquel il avait promis sa fille, déjà promise au duc de Calabre et à l'archiduc Maximilien. Il venait d'obtenir du roi René la parole qu'il le nommerait son héritier; enfin, disposant du pays de Ferrette qui lui était cédé en gage par le duc Sigismond, il avait envoyé un gouverneur, Pierre de Hagembach, qui était un homme de grand courage à la guerre, mais violent, luxurieux et cruel; du reste, courtisan de l'ambition du duc, et de ses plus amis et de ses plus fidèles. Tout lui paraissait donc préparé à merveille pour faire la guerre au roi de France, lorsque les mêmes nouvelles qui avaient arrêté Louis à Lyon arrêtèrent Charles à Nancy.

Comme nous l'avons dit, Pierre de Hagembach avait été envoyé comme gouverneur dans le pays de Ferrette. Il y était insolemment entré, suivi de son armée et précédé de quatre-vingts hommes d'armes marchant devant lui, portant sa livrée, qui était blanche et grise, avec des dés brodés en argent et ces deux mots : *Je passe*. Une des principales conditions de la mise en gage du pays de Ferrette était que les libertés des villes et des habitans seraient conservées : la première chose que fit le gouverneur, au mépris de cet engagement, fut de mettre un pfenning de taxe sur chaque pot de vin qui se devait boire. Il interdit la chasse aux nobles ; ce qui était cependant une prérogative inaliénable, puisqu'ils étaient possesseurs libres de leurs terres. Il donna des bals dans lesquels ses soldats s'emparèrent des maris, et déchirèrent les habits des femmes jusqu'à ce qu'elles fussent nues ; il enleva des maisons paternelles de jeunes filles qui n'étaient pas nubiles encore ; il força des couvens, et donna à ses soldats comme un butin de guerre les épouses du Seigneur. Il s'était emparé du château d'Ortembourg et de tout le val de Viller, qui appartenaient aux Strasbourgeois. Il avait fait des courses dans les principautés des seigneurs de l'Alsace et des bords du Rhin, et dans les évêchés des prélats de Spire et de Bâle ; il avait arrêté et mis à rançon un bourgmestre de Schaffausen ; il avait planté l'étendard de Bourgogne dans la seigneurie de Schenkelberg, qui appartenait aux gens de Berne, et lorsque ceux-ci avaient réclamé contre cette violation des Ligues, il avait répondu que, s'ils ne se taisaient pas, il irait à Berne écorcher leur ours pour s'en faire des fourrures ; enfin un de ses lieutenans, le seigneur de Haendorf, avait fait prisonnier un convoi de marchands suisses qui se rendaient avec leurs toiles à la foire de Francfort, et les avait conduits au château de Schuttern.

De si grandes et outrageuses insultes ne pouvaient durer : les bourgeois de Thann réclamèrent contre l'impôt, et envoyèrent une ambassade de trente bourgeois au gouverneur ; le gouverneur les fit saisir par ses soldats, et ordonna de leur couper la tête. Quatre avaient déjà subi ce supplice, lorsqu'au moment où le bourreau levait l'épée sur le cinquième, sa femme poussa de tels cris qu'ils émurent les spectateurs ; ceux-ci se précipitèrent vers l'échafaud, tuèrent le bourreau avec sa propre épée, et mirent en liberté les vingt-quatre bourgeois qui restaient à exécuter.

De leur côté, les gens de Strasbourg avaient appris qu'un convoi de marchands qui se rendaient dans leur ville avait été arrêté sur leurs terres, les marchandises pillées et les marchands conduits au château de Schuttern : or ils gardaient déjà rancune au gouverneur de la prise d'Ortembourg et du val de Viller lorsque cette dernière violation de tout droit combla la mesure. Ils se réunirent, s'armèrent, tombèrent à l'improviste sur la forteresse dont Hagembach avait fait une prison, délivrèrent les marchands suisses, et les emmenèrent en triomphe, après avoir rasé le château du Guessler bourguignon.

Au milieu de cette effervescence et de ces haines croissantes, il arriva que Pierre de Hagembach oublia de payer un capitaine allemand qu'il tenait à sa solde avec deux cents hommes de sa nation. Celui-ci, qui se nommait Frédéric Woegelin, et qui était de petite taille et de mince apparence, ayant d'abord été garçon tailleur, monta chez le gouverneur pour réclamer ce qui était dû à lui et à ses hommes. Hagembach répondit à cette réclamation en menaçant Frédéric Woegelin de le faire jeter à la rivière ; le capitaine descendit, fit battre le tambour. Hagembach, entendant cet appel à la révolte, se précipita dans la rue, l'épée à la main, pour tuer l'insolent qui osait lui résister ; mais les soldats allemands présentèrent leurs longues piques, les bourgeois saisirent des haches et des faux, les femmes des fourches et des broches ; Hagembach, abandonné du peu de soldats qui l'avaient suivi, se sauva dans une maison ; aussitôt Woegelin l'y poursuivit, le fit prisonnier, et le remit aux mains du bourgmestre. Le même jour les Lombards et les Flamands qui tenaient garnison, voyant le gouverneur pris, la révolte générale, et manquant de chefs pour se défendre, entrèrent en pourparlers, et demandèrent à se retirer avec la vie sauve. Cette permission leur fut accordée. Aussitôt les gens de Strasbourg allèrent reprendre possession du château d'Ortembourg et du val de Viller.

Le duc Sigismond, apprenant ces nouvelles, accepta l'argent que lui offraient, au nom du roi de France, les villes de Strasbourg et de Bâle, fit signifier au duc Charles qu'il tenait ce remboursement à sa disposition, et, sans attendre sa réponse, envoya Hermann d'Eptingen, avec deux cents cavaliers, reprendre possession de ses domaines. Le nouveau landvoegt fut reçu avec joie, et tout le pays rentra incontinent sous la puissance de son ancien seigneur. Tous ces événemens arrivèrent vers le temps de Pâques ; de sorte que les habitans ne firent qu'une seule fête de la délivrance de leur pays et de la Résurrection de Notre-Seigneur.

Cependant la cause première de tout ce désordre, Pierre de Hagembach, avait été transféré de chez le bourgmestre dans une tour. A peine cette arrestation fut-elle connue, qu'un grand cri qui demandait justice et ne formait qu'une seule voix s'éleva de toutes les villes. L'archiduc la leur promit, et, pour qu'elle fût bien réglée, il décida que des juges, élus parmi les plus graves et les plus sages, se réuniraient à Brisach, où devait s'instruire le procès, envoyés de Strasbourg, de Colmar, de Schelestadt, de Fribourg en Brisgau, de Bâle, de Berne et de Soleure, et à ces juges, qui représentaient la bourgeoisie, il adjoignit seize chevaliers, pour représenter la noblesse.

De tous côtés le bruit de ce jugement se répandit, et les villes que nous avons nommées envoyèrent alors non pas seulement deux juges pour juger, mais une partie de leur population pour assister au jugement. De son cachot, situé au-dessous des voûtes de la porte, le prisonnier les entendait passer, et demandait quels étaient ces hommes. Le geôlier répondait que c'étaient des gens assez mal vêtus, de haute taille, de puissante apparence, montés sur des chevaux aux courtes oreilles, et à ces paroles, Hagembach s'écriait : — Mon Dieu Seigneur, ce sont les Suisses que j'ai tant maltraités ; mon Dieu Seigneur, ayez pitié de moi !

Le 4 mai on vint le chercher pour lui donner la torture : il la supporta, comme un homme fort et brave qu'il était, sans rien dire autre chose, sinon qu'il n'avait fait qu'exécuter les ordres qu'il avait reçus, et que son seul juge et son seul souverain étant le duc Charles de Bourgogne, il n'en reconnaissait pas d'autre.

Lorsque la question fut terminée on conduisit l'accusé sur la place où siégeaient les juges ; il y trouva, outre le tribunal, un accusateur et un avocat ; il fut interrogé par ses juges, répondit comme il avait fait à ses tortionnaires ; alors l'accusateur se leva et demanda sa mort. Son avocat répondit en plaidant pour sa vie. Puis, les interrogatoires, le réquisitoire et le plaidoyer entendus, on l'emmena de nouveau ; les juges restèrent douze heures en délibération. Enfin, à sept heures du soir, les juges le firent rappeler, et sur la place publique, au milieu d'un auditoire de trente mille personnes, sous la voûte du ciel et le regard de Dieu, le tribunal rendit la sentence qui condamnait Pierre de Hagembach à la peine de mort. Le condamné entendit son arrêt d'un visage impassible, et la seule grâce qu'il demanda fut d'avoir la tête tranchée. Alors huit exécuteurs se présentèrent ; car les villes avaient envoyé non-seulement des spectateurs et des juges, mais encore des bourreaux. Le tribunal n'eut donc que le choix à faire : le bourreau de Colmar fut préféré, comme étant le plus adroit.

Alors les seize chevaliers se levèrent à leur tour, et le plus vieux et le plus irréprochable d'entre eux demanda, au nom et pour l'honneur de l'ordre, que messire Pierre de Hagembach fût dégradé de sa dignité et de ses honneurs. Aussitôt Gaspard Heuter, héraut de l'empire, s'avança jusqu'au bord de l'estrade, et dit :

« Pierre de Hagembach, il me déplaît grandement que vous ayez si mal employé votre vie mortelle, de façon qu'il vous faut, pour l'honneur de l'ordre, que vous perdiez aujourd'hui la dignité de la chevalerie ; car votre devoir était de rendre justice ; car vous aviez fait serment de protéger la veuve et l'orphelin ; car vous vous êtes engagé à respecter les femmes et les filles et à honorer les saints prêtres ; et tout au contraire, à la douleur de Dieu et à la perte de votre âme, vous avez commis tous les crimes que vous deviez empêcher, ou du moins punir. Ayant ainsi forfait au noble ordre de la chevalerie et aux sermens jurés, les seigneurs ici présens m'ont enjoint de vous ôter vos insignes ; mais, ne vous les voyant pas en ce moment, je me contenterai de vous proclamer indigne chevalier de Saint-Georges, au nom duquel vous avez reçu l'accolade et avez été honoré du baudrier. »

Puis, après un instant de silence, Hermann d'Eptingen,

gouverneur pour l'archiduc, s'approcha à son tour du condamné, et lui dit :

« En vertu du jugement qui vient de te dégrader de la chevalerie, je t'arrache ton collier, ta chaîne d'or, ton anneau, ton poignard et ton gantelet, je brise tes éperons, et je t'en frappe le visage comme à un infâme. » — A ces mots, il le soufflèta, et se retournant vers le tribunal et l'auditoire : « Chevaliers, continua-t-il, et vous tous qui désirez le devenir, gardez dans votre mémoire cette punition publique, qu'elle vous serve d'exemple, et vivez noblement et vaillamment dans la crainte de Dieu, dans la dignité de la chevalerie et dans l'honneur de votre nom. »

Alors Hermann d'Eptingen alla reprendre sa place ; Thomas Schutz, prévôt d'Einsisheim, se leva à son tour, et s'adressant au bourreau :

— Cet homme, lui dit-il, est à vous ; faites selon la justice.

Ces paroles dites, les juges et les chevaliers montèrent à cheval, et le peuple suivit. En tête de toute cette escorte marchait, à pied et entre deux prêtres, Pierre de Hagembach ; il s'avançait à la mort en soldat et en chrétien, avec un visage calme et un cœur pieux. Arrivé à la place où devait se faire l'exécution (cette place était une grande prairie aux portes de la ville), il monta d'un pas ferme sur l'échafaud, fit signe au bourreau d'attendre que chacun eût pris sa place pour bien voir ; puis à son tour il éleva la voix et dit : « Ce que je plains, ce n'est pas mon corps qui va mourir, ni mon sang qui va couler ; mais ce que je regrette, ce sont les malheurs que fera ma mort ; car je connais monseigneur de Bourgogne, et il ne laissera pas ce jour sans vengeance. Quant à vous dont j'ai été le gouverneur pendant quatre ans, oubliez ce que j'ai pu vous faire souffrir par défaut de sagesse ou par malice, rappelez-vous seulement que j'étais homme, et priez pour moi. »

Alors il baisa le crucifix que lui présenta le prêtre, et tendit au bourreau sa tête, qui tomba d'un seul coup.

Cette exécution faite, l'archiduc Sigismond, le margrave de Bade, les villes de Strasbourg, de Colmar, de Haguenau, de Schelestadt, de Mulhausen et de Bade entrèrent en négociation avec les Ligues suisses, et se réunissant contre le danger commun, signèrent une alliance pour dix ans.

Puis les seigneurs de l'Empire, traversant en alliés cette Suisse, dont ils avaient été cent cinquante ans les ennemis, chevauchèrent jusqu'à Zurich, s'embarquèrent sur le lac, et, au milieu du concours d'un peuple immense qui accourait des villes et descendait des montagnes, allèrent pieusement faire leurs dévotions à Ensielden, au couvent de Notre-Dame-des-Ermites.

Voilà les nouvelles qu'apprirent à Nancy le duc de Bourgogne, et à Lyon le roi Louis ; elles furent apportées au premier par Etienne de Hagembach, qui venait lui demander vengeance pour son frère, et au second par Nicolas de Diesbach, qui venait lui demander secours au nom des Ligues.

PRISE DU CHATEAU DE GRANSON.

Le roi de France se hâta de passer un traité avec les Suisses : il s'engagea à leur donner aide et secours dans leurs guerres contre le duc de Bourgogne, et à leur faire payer dans sa ville de Lyon vingt mille livres par an ; de leur côté, ils mettaient un certain nombre de soldats à sa disposition.

Presque en même temps qu'à Louis de France, les Suisses envoyaient une ambassade à Charles de Bourgogne ; mais, au contraire du roi, le duc les accueillit fort mal, et leur déclara qu'ils eussent à se préparer à le recevoir ; car il allait leur faire la guerre avec toute sa puissance. A cette menace, le plus vieux des ambassadeurs s'inclina tranquillement, et dit au duc : « Vous n'avez rien à gagner contre nous, monseigneur : notre pays est rude, pauvre et stérile ; les prisonniers que vous ferez sur nous n'auront point de quoi payer de riches rançons, et il y a plus d'or et d'argent dans vos éperons et dans les brides de vos chevaux que vous n'en trouverez dans toute la Suisse. »

Mais la résolution du duc était prise, et le 11 janvier il quitta Nancy pour se mettre à la tête de son armée : c'était une assemblée royale, et dont la puissance aurait pu faire trembler celui des souverains de l'Europe à qui il lui eût pris l'envie de faire la guerre ; il avait amené avec lui trente mille hommes de la Lorraine ; le comte de Romont l'avait rejoint avec quatre mille Savoyards, et six mille soldats arrivés du Piémont et du Milanais l'attendaient aux frontières de la Suisse ; puis d'autres encore de toutes langues et de toutes contrées, le tout formant, dit Commines, un nombre de cinquante mille, voire plus. Il avait sous ses ordres le fils du roi de Naples, Philippe de Bade, le comte de Romont, le duc de Clèves, le comte de Marle et le sire de Château-Guyon ; il menait à sa suite des équipages qui, par leur magnificence, rappelaient ceux de ces anciens rois asiatiques qui, comme lui, venaient pour anéantir les Spartiates, ces Suisses de l'ancien monde. Parmi ces équipages étaient sa chapelle et sa tente ; sa chapelle dont tous les vases sacrés étaient d'or, et qui contenait les douze apôtres en argent, une châsse de saint André en cristal, un magnifique chapelet du bon duc Philippe, un livre d'heures couvert de pierreries, et un ostensoir d'un merveilleux travail et d'une incalculable richesse. Enfin sa tente, qui était ornée de l'écusson de ses armes formé d'une mosaïque de perles, de saphirs et de rubis, tendue de velours rouge broché d'un lierre courant dont le feuillage était d'or et les branchages de perles, et dans laquelle le jour entrait par des vitraux coloriés, enchâssés dans les baguettes d'or. C'est dans cette tente, qui renfermait ses armures, ses épées et ses poignards, dont les poignées étincelaient de saphirs, de rubis et d'émeraudes, ses lances, dont le fer était d'or et les manches d'ivoire et d'ébène, toute sa vaisselle et ses joyaux, son sceau, qui pesait deux marcs, son collier de la Toison, son portrait et celui du duc son père ; c'est dans cette tente, dis-je, où le jour il recevait les ambassadeurs des rois sur un trône d'or massif, et que, le soir, couché sur une peau de lion, il se faisait lire l'histoire d'Alexandre dans un magnifique manuscrit, dans lequel sa ressemblance et celle des seigneurs de sa cour avait été substituée à celle du vainqueur de Porus et des capitaines qui, après lui, devaient se partager son empire. Cependant son héros de prédilection était Annibal, et s'il n'avait pas mis, disait-il, Tite-Live dans une cassette d'or, comme avait fait Alexandre pour Homère, c'est qu'il renfermait Tite-Live tout entier dans son cœur, qui était le plus noble tabernacle qui se pût trouver dans la chrétienté.

Autour de la chapelle et du pavillon royal, dont le service était fait par des valets, des pages et des archers aux habits éclatans de dorures, s'élevaient quatre cents tentes où logeaient tous les seigneurs de sa cour et tous les serviteurs de sa maison ; puis venaient ses soldats, qui, forcés de camper, vu leur grand nombre, mettaient le feu aux villages pour se chauffer ; car, nous l'avons dit, la saison était encore rigoureuse ; puis enfin, pour les besoins et les plaisirs de cette multitude, suivaient, au nombre de six mille, les marchands de vivres, de vin et d'hypocras, et les filles de joyeux amour. Le bruit de cette multitude, qui retentissait dans les vallées du Jura, s'étendit bien vite dans les montagnes des Alpes. Le vieux comte de Neufchâtel, le margrave Rodolphe, dont le fils, Philippe de Bade, était dans l'armée du duc, et qui était allié des Suisses, du haut de la Hasenmatt et du Rothiflue vit s'avancer toute cette puissance ; il fit aussitôt venir cinq cents de ses sujets, plaça des garnisons dans les châteaux qui commandaient les défilés, remit sa ville de Neufchâtel aux mains de messieurs des Ligues, et s'en alla à Berne, où les confédérés avaient établi le centre de leurs opérations. Les gens de Berne, aux nouvelles qu'il leur apporta, virent qu'il n'y avait pas de temps à perdre ; ils écrivirent aussitôt à leurs confédérés des Ligues Suisses et à leurs nouveaux alliés d'Allemagne, pour leur demander aide et secours : « Pensez, disaient-ils aux derniers, que nous parlons le même langage, que nous faisons partie du même empire; car, tout en combattant pour notre indépendance, nous ne nous croyons pas séparés de l'empereur; d'ailleurs, en ce moment, notre cause est commune : il s'agit de préserver l'Allemagne et l'Empire de cet homme dont l'esprit ne connaît nul repos et les désirs aucune borne. Nous vaincus, c'est vous qu'il voudra mettre sous sa domination. Envoyez-nous donc des cavaliers, des arquebusiers, des archers, de la poudre, des canons et des couleuvrines, afin que nous puissions nous délivrer de lui. Au reste, nous avons bon espoir que l'affaire ne sera pas longue et finira bien. » Ces lettres écrites, Nicolas de Scharnachtal, avoyer de Berne, alla se placer à Morat avec huit mille hommes : c'était tout ce que les Suisses avaient pu rassembler jusque là.

Cependant le comte de Romont était entré sur les terres de la Confédération par Jougne, que les Suisses avaient laissée sans défense; puis aussitôt il avait marché sur Orbe, dont les Suisses se retirèrent aussi volontairement et devant lui; enfin il était arrivé devant Iverdun, avait établi son siège autour de la ville, située à l'extrémité sud-ouest de Neufchâtel, et se préparait à lui donner l'assaut le lendemain, lorsque pendant la nuit on introduisit un moine de Saint-François dans sa tente : il venait, au nom du parti bourguignon et de ceux des bourgeois d'Iverdun qui regrettaient d'être passés sous la domination suisse, offrir au comte le moyen de pénétrer dans la ville. Ce moyen était facile à faire comprendre et plus facile encore à exécuter : deux maisons bourguignonnes touchaient aux remparts, leurs caves adhéraient aux murailles, il n'y avait qu'à percer un trou, et par ce trou à introduire les gens du comte de Romont.

La proposition offerte fut adoptée : dans la nuit du 12 au 15 janvier, au moment où la garnison, à l'exception des sentinelles et des hommes de garde, dormait de son premier sommeil, les soldats du comte de Romont furent introduits, et se répandirent aussitôt dans les rues en criant : « Bourgogne! Bourgogne! ville gagnée! » Aux cris et au bruit des trompettes qui les accompagnaient, la ville s'emplit de tumulte; les Suisses sortirent à moitié nus des maisons; les Bourguignons voulurent y entrer; on se battit dans les rues, sur le seuil des portes, dans l'intérieur des appartements. Enfin, grâce au mot d'ordre de la nuit, répété à haute voix dans une langue que leurs ennemis ne comprenaient pas, les Suisses parvinrent à se rassembler sur la place, et de là, sous la conduite de Hamsen Schurpf, de Lucerne, se faisant jour à travers les Bourguignons à l'aide de leurs longues piques, ils firent leur retraite vers le château, où les reçut Hans Müller, de Berne, qui en avait le commandement.

Le comte de Romont les suivait à la portée du trait; il commença le siège du château, dans lequel la famine ne devait pas tarder à l'introduire; car, outre qu'il était assez mal approvisionné, le temps ayant manqué pour faire venir des vivres salés, le nouveau renfort de garnison qui venait d'y entrer devait promptement mener à fin le peu qu'il y en avait. Les Suisses ne perdirent cependant pas courage, ils démolirent ceux des bâtimens qui n'étaient pas strictement nécessaires, transportèrent leurs décombres sur les murailles, et lorsque le comte de Romont voulut tenter l'escalade, ils firent pleuvoir sur ses soldats cette grêle meurtrière que Dieu avait envoyée aux Amorrhéens. Alors le comte de Romont, voyant l'impossibilité d'escalader les murailles, fit combler les fossés avec de la paille, des fascines et des sapins tout entiers; puis, lorsqu'il eut entouré la forteresse de matières combustibles, il y fit mettre le feu, et en moins d'une demi-heure celle-ci eut une ceinture de flammes au-dessus desquelles les plus hautes tours élevaient à peine leurs têtes.

Les Bourguignons eux-mêmes regardaient ce spectacle avec une certaine terreur, lorsqu'une des portes s'ouvrit, le pont-levis s'abaissa au milieu des flammes, comme une jetée du Tartare, et la garnison toute entière tomba sur les spectateurs, qui, mal préparés à cette sortie, prirent la fuite en désordre, entraînant avec eux le comte de Romont blessé. Une partie des assiégés alors, sans perdre de temps, éteignit l'incendie, tandis que l'autre se répandait par la ville, entrait dans les maisons, ramassait à la hâte les vivres de ses ennemis, et rentrait dans la citadelle avec cinq canons et trois voitures de poudre. Le lendemain, les Bourguignons, mal remis encore de cette surprise, entendirent les assiégés pousser de grands cris de joie; en même temps ils virent arriver par la route de Morat un renfort d'hommes que Nicolas de Scharnachtal envoyait au secours de la garnison. Ils prirent ces hommes pour l'avant-garde de l'armée confédérée, et, craignant d'être enfermés entre deux feux, ils abandonnèrent Iverdun. Les habitans, qui étaient Bourguignons dans le cœur, suivirent l'armée. La nuit suivante, la ville entière fut livrée aux flammes, et, à la lueur de cet immense incendie, les Suisses, avec leur artillerie, bannières déployées, trompettes en tête, se retirèrent au château de Granson, que l'on était convenu de défendre jusqu'à la dernière extrémité.

Ils y étaient à peine enfermés qu'arriva toute l'armée du duc : il avait quitté Besançon le 6 février, était arrivé à Orbe le 11, y était resté plusieurs jours, et, le 19 au matin, il était venu poser son camp devant la ville, dont il avait résolu de faire lui-même le siège. Le même jour, il tenta un assaut, dans lequel il fut repoussé et perdit deux cents hommes; cinq jours après, il en ordonna un autre, s'avança malgré les machines jusqu'au pied du rempart, contre lequel il avait déjà fait dresser les échelles, lorsque les Suisses ouvrirent les portes, sortirent comme ils l'avaient fait à Iverdun, renversèrent les écheleurs, et tuèrent quatre cents Bourguignons. Le duc changea alors de place; il établit des batteries sur les points élevés, et foudroya le château. Dans cette extrémité, Georges de Stein, commandant de la garnison, tomba malade; Jean Tiller, chef de l'artillerie, fut tué sur une couleuvrine qu'il pointait lui-même; enfin le magasin à poudre, soit par imprudence, soit par trahison, prit feu et sauta; de sorte que la garnison en vint à un état si désespéré, que deux hommes se dévouèrent, sortirent nuitamment, traversèrent le lac à la nage, au milieu des barques des Bourguignons, et coururent à Berne demander secours au nom de la garnison de Granson.

Mais ils arrivaient trop tôt : les hommes des Vieilles Ligues n'avaient point encore répondu à l'appel de leurs frères, les secours de l'Empire n'étaient point encore arrivés : Berne en était encore réduite à son noyau d'armée, dont Nicolas de Scharnachtal avait été nommé chef. La moindre tentative imprudente brisait l'espoir qui reposait sur cette petite troupe prête à se dévouer, non pas pour secourir un château, mais pour sauver la patrie. Messieurs de Berne se contentèrent donc d'envoyer un convoi de vivres et de munitions. Ce convoi arriva à Estavayer; mais la ville de Granson était bloquée du côté du lac comme du côté de la terre, et Henri Ditlinger, qui commandait cette expédition inutile, aperçut de loin la forteresse démantelée à moitié, vit les signaux de détresse, mais ne put se hasarder, avec sa faible escorte, à lui porter aucun secours.

Ce fut un coup terrible porté à la garnison, qui un instant avait repris courage, que cette impuissance de leurs frères à les soulager. Alors les dissensions commencèrent à éclater entre les chefs : Jean Weiller, qui avait succédé à Georges de Stein, demanda que l'on se rendît, tandis que Hans Müller, le capitaine d'Iverdun, qui commandait toujours la brave garnison qui s'était si bien défendue, donna l'ordre exprès de n'ouvrir ni porte ni poterne sans l'ordre de messieurs des Alliances.

Sur ces entrefaites et au milieu de ces débats, un gentilhomme de l'Empire se présenta de la part du margrave Philippe de Bade, venant offrir à la garnison des conditions honorables : c'était un homme du pays, parlant la langue allemande; cette confraternité d'idiome disposa la garnison en sa faveur; son discours acheva par la terreur ce que sa présence avait commencé; selon lui, Fribourg avait été mis à feu et à sang, on avait tout égorgé sans miséricorde, depuis le vieillard touchant à la tombe jusqu'à l'enfant dormant au berceau; les gens de Berne, au contraire, qui avaient demandé humblement merci à monseigneur, et qui lui avait apporté les clefs de leur ville sur un plat d'argent, avaient été épargnés; quant aux Allemands du bord du Rhin, ils avaient rompu l'alliance, il ne fallait donc pas compter sur eux. La garnison avait certes assez fait à Iverdun et à Granson pour sa gloire personnelle et pour le salut de la patrie, qu'elle n'avait pu sauver ; monseigneur était grandement émerveillé de sa vaillance, et, au lieu de les en punir, il leur promettait récompenses et honneurs. Toutes ces offres étaient garanties sur l'honneur de monseigneur Philippe de Bade.

Il y eut alors grande émotion parmi les assiégés : Hans Müller persista dans son opinion qu'il fallait s'ensevelir sous les ruines du château plutôt que de se rendre : il citait Briey, en Lorraine, où le duc avait fait de pareilles promesses qu'il n'avait pas tenues. — Mais son adversaire Jean Weiller lui répondit que, cette fois, monseigneur Philippe garantissait le traité, et il lui démontra l'impossibilité de résister à une si grande puissance qu'elle couvrait à perte de vue les plaines, les campagnes et les vallées. En ce moment, quelques soldats gagnés par des femmes de joyeuse vie, qui du camp bourguignon avaient passé dans la ville, se révoltèrent, criant que l'heure était venue de se rendre, quand tous les moyens de défense était épuisés. Hans Müller voulut répondre ; mais sa voix fut couverte et étouffée par les murmures. Weiller profita de ce moment pour emporter la reddition : on donna cent écus au parlementaire afin d'acquérir sa protection, et sous sa conduite la garnison, sans armes, sortit du château, et s'achemina vers le camp, se remettant entièrement à la miséricorde du duc de Bourgogne.

Charles entendit une grande rumeur dans son armée ; il s'avança aussitôt sur le seuil de sa tente, et alors il vit venir à lui les huit cents hommes de Granson. — Par saint Georges, dit-il à ce spectacle, auquel il était loin de s'attendre, quelles gens sont ces gens-ci ? que viennent-ils demander, ou quelles nouvelles apportent-ils ?

— Monseigneur, dit le fatal ambassadeur qui avait si bien réussi dans sa mission, c'est la garnison du château qui vient se rendre à votre merci et à votre merci.

— Alors, dit le duc, ma volonté est qu'ils soient pendus, et ma merci est qu'on leur accorde le temps de demander à Dieu le pardon de leurs péchés.

A ces mots et sur un signe du duc, les prisonniers furent entourés, divisés par dix, par quinze et par vingt ; on leur lia les mains derrière le dos, et l'on en fit deux parts, une pour être pendue, l'autre pour être noyée. La garnison de Granson fut destinée à la corde, et celle d'Iverdun à la noyade.

On signifia ce jugement aux Suisses, ils l'écoutèrent avec calme. A peine fut-il prononcé que Weiller s'agenouilla devant Müller, et lui demanda pardon de l'avoir entraîné dans sa perte ; Müller le releva, l'embrassa aux yeux de toute l'armée, et nul ne pensa à reprocher sa mort à l'autre.

Alors arrivèrent les gens d'Estavayer, que les Suisses avaient fort maltraités trois ans auparavant, et ceux d'Iverdun, dont ils venaient de brûler la ville ; ils accouraient réclamer l'office de bourreaux, leur demande leur fut accordée. Une heure après l'exécution commença.

On mit six heures à pendre la garnison de Granson à tous les arbres qui entouraient la forteresse, et dont quelques uns furent chargés de dix ou douze cadavres ; puis, cette exécution terminée, le duc dit : — A demain la noyade, il ne faut pas user tous les plaisirs en un jour.

Le lendemain, après le déjeuner, le duc monta dans une barque richement préparée ; elle avait des tapis et des coussins de velours et des voiles brodés ; son pavillon de Bourgogne flottait au mât ; elle forma le centre d'un grand cercle, formé de cent autres barques chargées d'archers ; au milieu de ce cercle on amena les prisonniers, et les uns après les autres, on les précipita dans le lac, et, lorsqu'ils revenaient à la surface, on les assommait à coups d'aviron, ou on les perçait à coups de flèche.

Tous moururent en martyrs, et sans qu'un seul demandât merci ; ils étaient plus de sept cents.

LA BATAILLE.

Pendant que cette terrible exécution s'opérait, les confédérés rassemblaient leurs troupes : à Nicolas de Scharnachtal et à ses huit mille Bernois étaient venus se joindre Pierre de Faucigny de Fribourg, avec cinq cents hommes ; Pierre de Romestal, avec deux cents de Bienne ; Conrad Voegt, avec huit cents de Soleure. Alors Nicolas de Scharnachtal se hasarda à faire un mouvement, et se porta sur Neufchâtel : à peine y fut-il, qu'Henri Goldli l'y joignit, avec quinze cents hommes de Zurich, de Baden, de l'Argovie, de Baumgarten et des pays d'alentour, qu'on nommait les bailliages libres ; puis Petermann Rot, avec huit cents hommes de Bâle ; Hasfurter, avec huit cents de Lucerne ; Raoul Reding, avec quatre mille des Vieilles-Ligues allemandes, qui comprenaient Schwitz, Uri, Unterwalden, Zug et Glaris ; puis le contingent de la commune de Strasbourg, qui se composait de quatre cents cavaliers et de douze cents arquebusiers, sans compter deux cents cavaliers armés par l'évêque ; puis les gens des communes de Saint-Gall, de Schaffausen et d'Appenzell ; puis enfin Hermann d'Eptingen, avec les hommes d'armes et les vassaux de l'archiduc Sigismond.

Le duc apprit l'approche de cette nuée d'ennemis ; mais il s'inquiéta peu, car, réunis tous ensemble, ils formaient à peine le tiers de son armée ; encore la plupart d'entre eux méritaient-ils à peine le nom de soldats ; il n'en prit pas moins quelques précautions stratégiques. Il s'avança avec les archers de sa garde pour prendre le vieux château de Vaux-Marcus, qui commandait le chemin de Granson à Neuchâtel, fort resserré en cet endroit entre les montagnes et le lac ; mais, au lieu de rencontrer de la part du seigneur qui le commandait la résistance que le comte de Romont avait éprouvée à Iverdun, et lui-même à Granson, il vit à son approche les portes de la forteresse s'ouvrir, et le seigneur de Vaux-Marcus, sans armes et sans suite, vint au devant de lui, s'agenouilla comme devant son maître et seigneur, lui demandant la faveur de ses bonnes grâces et du service dans son armée. L'un et l'autre lui furent accordés ; cependant le duc jugea prudent de l'employer autre part que dans sa seigneurie : il le fit en conséquence sortir avec la garnison, et mit en son lieu et place le sire Georges de Rosembos et cent archers pour garder le château rendu et les hauteurs environnantes.

Les Suisses, de leur côté, s'avançaient, venant de Neufchâtel, et se rangeaient derrière la Reuss, petite rivière torrentueuse qui prend sa source au temple des Fées et se jette dans le lac entre Labiel et Cortaillod. Les Suisses marchaient pas à pas et timidement, ignorant où ils rencontreraient leurs ennemis ; quant aux Bourguignons, pleins de confiance, ils avaient négligé d'éclairer leur armée, se reposant sur sa force et sur son nombre.

Le 1er mars, les Suisses passèrent la Reuss et s'avancèrent vers Gorgier ; le 2, après la messe entendue dans le camp de messieurs de Lucerne, les hommes de Schwitz et de Thun, qui formaient ce jour-là l'avant garde, prirent un chemin dans la montagne, laissèrent le château de Vaux-Marcus à gauche, et, arrivés sur la hauteur, ils rencontrèrent le sire de Rosembos et soixante archers. La rencontre fut le signal du combat ; les archers lancèrent leurs flèches ; les Suisses, armés seulement de leurs épées et de leurs piques, continuèrent de marcher, cherchant le combat corps à corps, le seul dans lequel ils pussent rendre à leurs ennemis le dommage qu'ils en recevaient. Les archers, trop faibles pour soutenir le choc, reculèrent ; les gens de Thun et de Schwitz atteignirent le point le point le plus élevé des hauteurs de Vaux-Marcus, et de là ils aperçurent toute l'armée bourguignonne en ordre de marche, rangée au bord du lac en avant de Concise, et de son aile gauche embrassant la montagne comme eût fait la corne d'un croissant. Ils s'arrêtèrent aussitôt, examinèrent bien la position de leur ennemi, et renvoyèrent derrière eux quatre hommes pour la faire connaître aux corps différens et leur servir de guide, afin qu'ils débouchassent par les points les plus importans. De son côté, le duc aperçut cette avant-garde, et, croyant que c'était toute l'armée, il quitta le petit palefroi qu'il montait, se fit amener un grand cheval gris, tout couvert de fer comme son maître, et s'élançant sur lui : — Marchons à ces vilains, cria-t-il, quoique de pareils paysans soient indignes de chevaliers comme nous.

La première troupe que rencontrèrent les quatre messagers fut celle commandée par Nicolas de Scharnachtal : aussitôt que le brave avoyer apprit que le combat était engagé, il ordonna à ses soldats de doubler le pas, et arriva au secours des gens de Thun et de Schwitz au moment même où l'armée bourguignonne s'ébranlait de son côté. Cette avant-garde, quoique à peine nombreuse de quatre mille hommes, ne voulut pas paraître avoir l'air de craindre le choc ; elle descendit en belle ordonnance, d'un pas rapide, mais en conservant ses rangs, vers une petite plaine au milieu de laquelle s'élevait la chartreuse de la Lance ; les Suisses s'appuyèrent à cette chartreuse ; puis, comme on entendait les chants de moines qui disaient la messe, les confédérés firent planter en terre piques, bannières et étendards, se mirent à genoux, et, prenant leur part de la messe qui se disait et qui pour tant d'hommes devait être un service funèbre, ils commencèrent leur prière.

Comme en ce moment le duc n'était éloigné d'eux qu'à portée du trait, il se méprit à leur intention, et, s'avançant sur son front de bataille : — Par Saint-Georges ! s'écria-t-il, ces canailles crient merci !... Gens des canons, feu sur ces vilains !... Au même instant les gens des canons obéirent, on entendit le bruit d'une décharge ; l'armée bourguignonne fut enveloppée de fumée, et les messagers de mort allèrent fouiller les rangs agenouillés des gens de la Ligue, qui, quoique quelques-uns de leurs parens et de leurs amis se fussent couchés auprès d'eux, sanglans et mutilés, continuèrent leur prière. En ce moment, la cloche du couvent sonna le lever-Dieu ; l'armée suisse s'inclina plus bas encore, car chacun faisait son acte de contrition et demandait au Seigneur de le recevoir dans sa grâce. Le duc de Bourgogne, qui ne comprenait rien à cette humilité, ordonna une seconde décharge ; les canonniers obéirent, et les boulets de pierre vinrent une seconde fois sillonner les rangs des pieux soldats, qui croyaient que ceux qui seraient tués dans un pareil moment leur seraient plus secourables au ciel par la prière qu'ils ne pourraient l'être sur la terre par leurs armes.

Mais, cette fois, lorsque le vent eut chassé la fumée, le duc aperçut les Suisses debout et s'avançant vers lui ; car la messe était finie.

Il venaient d'un pas rapide, formant trois bataillons carrés, tout hérissés de piques ; dans les intervalles de ces bataillons des pièces d'artillerie, marchant du même pas qu'eux, faisaient feu tout en marchant, et les ailes de ce dragon immense, qui jetait des éclairs, de la fumée et du bruit, composées de gens armés à la légère et commandés par Félix Schwarzmurer de Zurich et Hermann de Mullinen, battaient d'un côté la montagne, et de l'autre s'étendaient jusqu'au lac.

Le duc de Bourgngne appela sa bannière, la fit placer devant lui, mit sur sa tête un casque d'or avec une couronne de diamans, et, voulant attaquer le vautour par le bec, il marcha droit au bataillon du milieu, commandé par Nicolas de Scharnachtal, le sire de Château-Guyon attaqua le bataillon de gauche, et Louis d'Aimeries le bataillon de droite.

Le duc de Bourgogne s'était avancé si imprudemment qu'il n'avait avec lui que son avant-garde : à vrai dire, elle était composée de l'élite de sa chevalerie ; aussi le choc fut-il terrible.

Il y eut un instant de mêlée où l'on ne put rien voir, l'artillerie ne tirait plus, car les canonniers ne pouvaient distinguer les amis des ennemis ; le duc de Bourgogne et Nicolas de Scharnachtal se rencontrèrent : c'étaient le lion de Bourgogne et l'ours de Berne ; ni l'un ni l'autre ne reculèrent d'un pas ; les deux corps d'armée semblaient immobiles.

Le sire de Château-Guyon, qui commandait la belle chevalerie du duc, et qui, outre son courage, avait encore grande haine contre les Suisses, qui lui avaient robé toutes ses seigneuries, s'était jeté en désespéré contre le bataillon de gauche ; aussi l'avait-il rompu, et y avait-il pénétré comme un coin de fer dans un bloc de chêne. Déjà il n'était plus qu'à deux pas de la bannière de Schwitz, déjà il étendait la main pour la saisir ; mais entre lui et cette bannière il y avait encore un homme, c'était Hans in der Grub, de Berne ; il leva une épée large comme une faux et pesante comme une massue ; l'épée gigantesque tomba sur le casque du sire de Château-Guyon : il était d'une trop bonne trempe pour être entamé ; mais la force du coup était telle, que le chevalier, assommé comme sous un marteau, tomba de cheval. En même temps, Henri Elsener, de Lucerne, s'emparait de l'étendard du sire de Château-Guyon.

A droite, la chance était encore plus mauvaise aux Bourguignons : au premier choc, Louis d'Ajmeries avait été tué, Jean de Lalain lui avait succédé, et il avait été tué aussi ; alors le duc de Poitiers avait repris le commandement, et il avait été tué encore. Ainsi de ce côté les Bourguignons, non seulement n'avaient eu aucun avantage, mais avaient même perdu beaucoup de terrain ; de sorte que c'était maintenant l'aile gauche des Suisses qui s'étendait au bord du lac et débordait l'aile droite du duc de Bourgogne ; le même mouvement s'opéra à l'autre aile lorsque le sire de Château-Guyon fut tombé. Alors ce fut le duc Charles qui se trouva en danger ; Saint-Sorlin et Pierre de Lignaro étaient tombés à ses côtés ; son porte-étendard avait été abattu, et il avait été obligé de reprendre lui-même sa bannière pour qu'elle ne tombât point aux mains des ennemis : force lui fut donc de battre en retraite et de reculer, et c'est ce qu'il fit, mais pied à pied, frappant et frappé sans relâche, et cela pendant une lieue, c'est-à-dire de Concice au bord de l'Arnon. Là le duc retrouva son camp et son armée ; il changea de casque et de cheval, car le casque était tout bosselé, un coup de masse en avait brisé la couronne, et le cheval tout sanglant pouvait à peine se soutenir ; puis ce fut lui à son tour qui revint à la charge.

Au même moment, à sa gauche, au sommet des collines de Champigny et de Bonvillars, le duc vit apparaître une nouvelle troupe d'ennemis, le double au moins de celle qui l'avait si rudement ramené : elle descendait rapidement et avec bruit, faisait feu tout en courant de son artillerie, et dans les intervalles des décharges criant tout d'un cri : — Granson ! Granson ! Il se retourna alors pour faire face à ces nouveaux ennemis, qui n'avaient encore pris part au combat, et qui arrivaient frais et terribles. Mais à peine la manœuvre qu'il avait ordonnée était-elle accomplie, que d'un autre côté on entendit le son des trompes des hommes d'Uri et d'Unterwalden. C'étaient deux cornes gigantesques, qui avaient été données à leurs pères, l'une par Pépin, et l'autre par Charlemagne, lorsque ces Titans de la monarchie franke avaient traversé la Suisse, et qu'à cause de leurs mugissemens on avait nommées la vache d'Unterwalden et le taureau d'Uri. A ce bruit inconnu et terrible, le duc s'arrêta :

— Qu'est-ce donc que ceux-ci ? s'écria-t-il.

— Ce sont nos frères des Vieilles-Ligues suisses qui habitent les hautes montagnes, et qui tant de fois ont mis en déroute les Autrichiens, répondit un prisonnier qui avait entendu la question : ce sont les gens de Glaris, d'Uri et d'Unterwalden... malheur à vous, monseigneur, car ce sont les gens de Morgarten et de Sempach.

— Oui, oui, malheur à moi, dit le duc, car si leur simple avant-garde m'a déjà donné tant de mal, que sera-ce quand je vais avoir affaire à toute l'armée ?

En effet, toute l'armée attaquait le camp du duc par trois côtés différens, et au premier choc cette multitude de femmes et de marchands, se jetant au milieu des hommes d'armes, mit le désordre parmi les Bourguignons. Déjà le camp avait été troublé de la retraite du duc et de ses meilleurs hommes d'armes ; puis, à l'aspect de ces enfans des montagnes aux cris sauvages, les Italiens les premiers prirent épouvante et s'enfuirent; peu de temps après, de trois côtés à la fois, les canonnades éclatèrent, et les boulets des couleuvrines creusèrent cette foule trois fois plus considérable, il est vrai, que ceux qui les attaquaient, mais qui, ne s'attendant pas à être attaquée, n'était pas à ses rangs, n'avait point ses chefs, et n'entendait point les ordres. Le duc courait avec de grands cris par cette masse tremblante, accablait les soldats d'injures, les frappait à coups d'épée, chargeait avec quelques-uns des plus braves et des plus fidèles les ennemis les plus avancés, puis revenait à ses troupes, qu'il retrouvait plus émues et plus désordonnées encore que lorsqu'il les avait quittées. Enfin chacun se mit à fuir de son côté sans que rien pût le retenir, poussé d'une terreur panique, les uns dans la montagne, les autres par le lac, ceux-là sur la grande route; si bien que le duc resta le dernier sur le champ de bataille, avec cinq de ses serviteurs, jusqu'à ce que, voyant tout perdu, il se mit à fuir à son tour, suivi de son bouffon, qui galopait sur son petit cheval, et criait d'une voix comique et lamentable à la fois : — Oh ! monseigneur, monseigneur ! quelle retraite ! et comme nous voilà annibalés !

Et le duc courut ainsi sans s'arrêter pendant six heures, jusqu'à la ville de Jougne, dans le passage du Jura.

Aussitôt que le champ de bataille fut vide d'ennemis, les Suisses tombèrent à genoux, et remercièrent Dieu de leur avoir accordé une si belle victoire, puis procédèrent régulièrement au pillage du camp.

Car le duc Charles avait tout abandonné, tente, chapelle, armes, trésors et canons, et cependant quelque temps encore, à l'exception des engins de guerre, les Suisses furent loin de se douter de la valeur de leur prise ; ils prenaient les diamans pour du verre, l'or pour du cuivre, l'argent pour de l'étain ; les tentes de velours, les draps d'or et de damas, les dentelles d'Angleterre et de Malines, furent divisés entre les soldats, puis coupés à l'aune comme de la toile, et chacun en emporta sa part.

Le trésor du duc fut partagé entre les alliés : tout ce qui était argent fut mesuré dans des casques, tout ce qui était or fut mesuré à la poignée.

Quatre cents pièces de canon, huit cents arquebuses, cinq cent cinquante drapeaux et vingt-sept bannières furent divisés entre les villes qui avaient fourni des soldats à la confédération; Berne eut de plus la chasse de cristal, les apôtres d'argent et les vases sacrés, comme étant la ville qui avait pris le plus de part à la victoire.

Un soldat trouva un diamant gros comme une noix dans une toute petite boîte entourée de pierres fines ; il jeta le diamant, qu'il prit pour un morceau de cristal comme il en avait ramassé parfois dans la montagne, et garda la boîte; cependant après avoir fait une centaine de pas il se ravisa et revint le chercher. Il le retrouva sous la roue d'un chariot, le ramassa et le vendit un écu au curé de Montagnis. Il passa de la main du curé dans celles d'un marchand nommé Barthélemy, qui le vendit à la république de Gênes, qui le revendit à Louis Sforce, dit le More; après la mort de ce duc de Milan et la chute de sa maison, Jules II l'acheta pour la somme de vingt mille ducats. Il avait orné la couronne du Grand-Mogol, et brille aujourd'hui à la tiare du pape. Ce diamant est estimé deux millions.

A l'endroit où le premier choc avait eu lieu entre le duc de Bourgogne et Nicolas de Scharnachtal, on retrouva sur le sable deux autres diamans, qu'un coup d'épée avait enlevés de la couronne qui brillait sur le casque du duc. L'un de ces diamans fut acheté par un riche marchand nommé Jacques Fugger, qui refusa de le vendre à Charles-Quint, parce que Charles-Quint lui devait déjà près de cinq cent mille francs qu'il ne lui payait pas, et à Soliman, parce qu'il ne voulait pas qu'il sortît de la chrétienté. Henri VIII l'acquit pour une somme de cinq mille livres sterling, et sa fille Marie le porta parmi sa dot à Philippe II d'Espagne. Depuis ce temps il est resté dans la maison d'Autriche.

Le dernier, dont on avait d'abord perdu la trace, fut vendu, seize ans ans après la bataille, cinq mille ducats à un marchand de Lucerne, qui fit exprès le voyage de Portugal, et le vendit à Emmanuel le Grand et le Fortuné. Lorsqu'en 1762 les Espagnols envahirent le Portugal, Antonio, prieur de Crato, dernier descendant de la famille détrônée, émigra en France, y mourut, et laissa ce diamant parmi les objets précieux de sa succession. Nicolas de Harlay, sieur de Sancy, l'acheta et le revendit après lui avoir donné son nom. Il fait aujourd'hui partie des diamans de la couronne de France.

Cette déroute avait eu lieu le 2 mars : le roi Louis II apprit trois jours après, et pensa qu'il était temps d'accomplir son pèlerinage. Le 7, il arriva à une petite auberge située à trois lieues et demie du Puy. Le lendemain, il fit à pied la route; arrivé devant la porte de l'église, il passa sur ses habits un surplis et une chappe de chanoine, entra dans le chœur, s'agenouilla devant le tabernacle, fit une oraison, et déposa trois cents écus sur l'autel.

POURQUOI L'ESPAGNE N'AURA JAMAIS UN BON GOUVERNEMENT.

Lorsque j'eus bien fait le tour de Granson, que, Philippe de Comminès et Müller à la main, j'eus reconnu le champ de bataille; lorsqu'à l'extrémité septentrionale de la ville j'eus retrouvé les ruines du vieux château, je pris un bateau, je touchai par conscience archéologique à un rocher qui surgit au milieu du port, et sur lequel s'élevait autrefois, dit-on, un autel à Neptune, et, après trois quarts d'heure de traversée, j'arrivai à Iverdun, où les Suisses avaient fait un si belle résistance quelques jours avant la bataille de Granson.

Iverdun fut l'une des douze villes que les Helvétiens brûlèrent lorsqu'ils abandonnèrent leur pays pour passer dans les Gaules et qu'ils rencontrèrent César près d'Autun. Battus par le proconsul romain, une des conditions que leur imposa le vainqueur fut, comme on sait, de rebâtir les cités qu'ils avaient détruites. Ils obéirent, et les Romains, trouvant la ville nouvelle à leur convenance, et parfaitement située à l'extrémité du lac, entre les rivières d'Orbe et de la Thiele, en firent une colonie romaine et l'environnèrent de fortifications ; la ville s'étendait alors sur un terrain dont celui qu'elle occupe aujourd'hui ne forme guère que la cinquième partie.

En 1769, en creusant une cave près des moulins de la ville, on découvrit plusieurs squelettes bien conservés, dont la tête, selon la coutume antique, était tournée vers l'Orient; ils étaient étendus dans une couche de sable sans cercueil ni tombeau ; entre leurs jambes étaient placés des urnes de terre, des lampes sépulcrales, et de petits plats d'argile, dans lesquels on retrouva encore des os de volaille. Quelques médailles enterrées avec les cadavres portaient la date, les unes du règne de Constantin, les autres de celui de Julien l'Apostat.

Ebrodunum avait une compagnie de bateliers présidée par un préfet; cette compagnie existe encore aujourd'hui, seulement le préfet est devenu abbé.

A l'une des extrémités de la ville, un vieux château, bâti en 1135, par Conrad de Bœningen, élève ses quatre tours aux quatre coins cardinaux : on m'assura que c'était le même où Hans Müller de Berne avait fait en 1476 une si vaillante défense.

Comme tout ce qu'il y a de curieux à Iverdun peut se voir en deux heures, je fis ma tournée le matin pendant que Francesco me cherchait un cocher qui s'engageait à me conduire le même jour à Lausanne. Lorsque je revins à l'hôtel, je trouvai le déjeuner prêt et le cheval attelé, et le soir, à six heures, nous étions dans la capitale du canton de Vaud, où je serrais de nouveau la main à mon bon et vieil ami Pellis, qui le même soir me fit faire connaissance avec monsieur Monnard, le traducteur de l'*Histoire de la Suisse*, par Zchokke, et l'un des patriotes les plus fermes et les plus éloquens de la diète.

Quelque envie que j'eusse de rester en si bonne société, le temps commençait à me presser, et il me fallut partir : je voulais visiter le lac Majeur et les îles Borromées, et compléter mon voyage de Suisse en allant toucher à Locarno, qui est dans le Tessin, seul canton que je n'eusse pas visité; et, comme nous avancions dans la saison, de jour en jour le Simplon pouvait devenir impraticable. En conséquence, le lendemain à midi, je pris congé de mon hôte, en lui promettant de revenir le voir pour un plus long temps, promesse que je lui renouvelle, et je m'embarquai sur le bateau à vapeur qui va de Genève à Villeneuve.

Je faisais ma rentrée dans le monde : il y avait véritablement six semaines que je l'avais quitté. La Suisse allemande est au bout de la terre : on n'y sait rien, aucun bruit n'y pénètre, aucun écho de politique, d'art ou de littérature, n'y retentit : tout au contraire, et d'un seul bond, je me trouvai sur un bateau à vapeur, où du contact des voyageurs de tous les pays s'échappe un cliquetis de nouvelles. Je me jetai en affamé sur les journaux français : ils étaient pleins de la révolution d'Espagne; quelques-uns, qui jugent tout du point de vue de la France, qui croient tous les peuples arrivés à notre degré de civilisation, croyaient que ce pays à un Eldorado politique. Moi seul je niais la possibilité d'appliquer à un peuple les institutions d'un autre, et voyais dans la contrefaçon de notre charte au-delà des Pyrénées une source de révolutions à venir. La discussion s'échauffa enfin, comme cela arrive toujours, chacun des utopistes voulant avoir raison de son côté. Nous en appelâmes à un Espagnol qui fumait tranquillement son cigarito sans prendre part à notre discussion; et, le reconnaissant juge compétent en pareille matière, nous lui demandâmes quel serait, selon lui, le meilleur gouvernement pour la Péninsule.

L'Espagnol tira son cigarito de sa bouche, rejeta une colonne de fumée que depuis dix minutes il amassait dans sa poitrine, puis répondit avec gravité : L'Espagne n'aura jamais un bon gouvernement.

Comme cette réponse ne donnait raison ou tort à aucun, elle ne satisfit personne.

— Permettez-moi de vous dire, seigneur Espagnol, repris-je en riant, que vous me paraissez un peu trop pessimiste. L'Espagne n'aura jamais un bon gouvernement, dites-vous?

— Jamais.

— Et à qui faut-il qu'elle s'en prenne de ce défaut de perfection? est-ce à son peuple ou à sa royauté, à son clergé ou à sa noblesse?

— Ni à l'un ni à l'autre.

— A qui donc est-ce la faute, alors?

— C'est la faute de saint Iago.

— Mais comment, repris-je avec le même sérieux, quoique la conversation parût dégénérer en plaisanterie, saint Iago, qui est le patron de l'Espagne, et qui jouit d'un certain crédit dans le ciel, peut-il s'opposer au premier bonheur d'un peuple, celui de l'amélioration politique, de laquelle découle toutes les autres améliorations?

— Voilà comment la chose est arrivée, répondit l'Espagnol : il advint qu'un jour le bon Dieu, lassé d'entendre les peuples se plaindre éternellement, ceux-ci d'une chose, ceux-là d'une autre, ne sachant, au milieu des lamentations générales, à laquelle entendre, envoya un ange annoncer, à son de trompe, que chaque nation eût à bien réfléchir à ce qu'elle désirait, et à lui envoyer dans un an, au même jour, chacune un député chargé de sa requête, s'engageant d'avance à y faire droit. La nouvelle fit grand bruit, chacun nomma son député : la France saint Denis, l'Angleterre saint Georges, l'Italie saint Janvier, l'Espagne saint Iago, la Russie saint Nowsky, l'Ecosse saint Dunstan, la Suisse saint Nicolas de Floue, que sais-je moi? Il n'y eut pas jusqu'à la république de Saint-Marin qui ne voulût être représentée et avoir sa part de la munificence céleste : c'était une élection générale par toute la terre; enfin le jour arriva, et chaque saint se mit en route chargé de ses instructions.

Le premier qui arriva fut saint Denis : il salua le Père éternel, non pas en ôtant son chapeau de dessus sa tête, mais en ôtant sa tête de dessus ses épaules : cela était une manière honnête de rappeler à Dieu le martyre qu'il avait subi pour son saint nom; aussi cette salutation le disposa à merveille en sa faveur.

— Eh bien! lui dit-il, tu viens de la France?
— Oui, monseigneur, répondit saint Denis.
— Que demandes-tu pour les Français?
— Je demande qu'ils aient la plus belle armée du monde.
— J'y consens, dit le bon Dieu.

Saint Denis, enchanté, remit sa tête sur ses épaules et s'en alla. — A peine était-il parti, que l'ange qui était de service annonça saint Georges. — Faites entrer, dit le bon Dieu. Saint Georges entra et leva la visière de son casque.

— Eh bien! mon brave capitaine, tu viens au nom de l'Angleterre, n'est-ce pas? que demande-t-elle?
— Monseigneur, répondit saint Georges, elle demande à avoir la plus belle marine du monde.
— Très-bien, dit le bon Dieu, elle l'aura.

Saint Georges, qui avait tout ce qu'il voulait avoir, baissa la visière de son casque et s'en alla. A la porte il rencontra saint Janvier.

— Bonjour, mon saint évêque, dit le bon Dieu; enchanté de vous voir; au reste, je me doutais bien que c'était vous que les Italiens m'enverraient : que vous ont-ils chargé de me demander?
— D'avoir les premiers artistes du monde, monseigneur.
— Soit, dit le bon Dieu, je les leurs promets.

Saint Janvier n'en demanda pas davantage; il remit sa mitre sur sa tête et sortit.

— Faites entrer, dit le bon Dieu.
— Seigneur, répondit l'ange, il n'y a personne.
— Comment! il n'y a personne? et que fait donc ce grand flâneur de saint Iago, qui galope toujours et qui n'arrive jamais (1)?
— Seigneur, reprit l'ange, je l'aperçois là-bas, là-bas, là-bas.
— Paresseux comme un Espagnol, murmura le bon Dieu. Enfin le voilà.

Saint Iago arriva tout essoufflé, sauta à bas de son cheval, et se présenta devant le Seigneur.

— Eh bien! monsieur l'hidalgo, dit le bon Dieu, voyons, que voulez-vous?
— Je veux, répondit saint Iago, respirant entre chacune de ses paroles, je veux que l'Espagne ait le plus beau climat du monde.
— Accordé, fit le bon Dieu.
— Je veux...
— Eh mais, ce n'est pas tout? interrompit le bon Dieu.
— Je veux, continua saint Iago, que l'Espagne ait les plus belles femmes du monde.
— Eh bien! soit, reprit le bon Dieu, je consens encore à cela. Accordé.
— Je veux...
— Comment! comment! s'écria le bon Dieu, tu veux encore, encore quelque chose?
— Je veux, continua saint Iago, que l'Espagne ait les plus beaux fruits du monde.
— Allons, dit le bon Dieu, il faut bien faire quelque chose pour ses amis. Accordé.
— Je veux, continua saint Iago, que l'Espagne ait le meilleur gouvernement du monde.
— Oh! s'écria le bon Dieu l'arrêtant tout court, assez comme cela... il faut bien qu'il reste quelque chose aux autres. Refusé!...

Saint Iago voulut insister; mais le bon Dieu lui fit signe de retourner à Compostelle. Saint Iago remonta sur son cheval et repartit au galop.

Voilà pourquoi l'Espagne n'aura jamais un bon gouvernement.

(1) Les Espagnols représentent saint Jacques sur un cheval lancé à fond de train.

L'Espagnol battit le briquet, ralluma son cigarito qui s'était éteint et se remit à fumer.

Comme je trouvais la raison qu'il m'avait donnée aussi spécieuse que pas une de celles que trouvent parfois, en circonstance pareille, nos hommes d'état, je m'en contentai pour le moment, et la suite des événemens me prouva que saint Iago n'était point encore parvenu à obtenir du bon Dieu le don qu'il avait eu l'imprudence de garder pour sa quatrième demande.

Nous touchâmes à Villeneuve vers les trois heures : comme on séjourne rarement dans cette petite ville pour y coucher, je ne me fiai pas à son auberge, et, aussitôt le dîner fini, je me mis en route pour Saint-Maurice, où j'arrivai à neuf heures du soir; rien ne m'arrêtait plus dans le Valais, que je visitais pour la seconde fois; je repartis en conséquence le lendemain dès le matin, et comme huit heures sonnaient j'entrais dans l'hôtel de la poste, à Martigny; c'était, si mes lecteurs ont bonne mémoire, l'auberge où je m'étais arrêté dans mon voyage à Chamouny, et où j'avais mangé le fameux beefsteak d'ours, qui depuis a fait tant de bruit dans le monde littéraire et gastronomique.

Je trouvai mon digne hôte toujours aussi accommodant que de coutume; en conséquence, nous eûmes bientôt fait prix pour une carriole jusqu'à Domo d'Ossola, c'est-à-dire pour cinq jours. Je devais la laisser chez le maître de poste de cette petite ville; puis le premier voyageur qui viendrait d'Italie en Suisse, comme j'allais de Suisse en Italie, devait la ramener; de cette manière, l'allée et le retour étaient payés. Mon hôte m'indiqua de plus une facilité économique que j'ignorais : j'étais libre, quoique voyageant en poste, de ne prendre qu'un cheval en payant un cheval et demi; comme je tirais vers la fin de mon voyage, et par conséquent vers la fin de mon argent, j'acceptai, avec reconnaissance, ce moyen de transport, qu'indique avec empressement.

Et je le propose avec d'autant plus de confiance aux voyageurs qui feront cette route, qu'ils n'en seront pas retardés d'une heure, ni gênés d'une seule place; le postillon s'assied sur le brancard, et, pour peu qu'on ajoute quelques batz à son pourboire, il s'arrange avec son cheval pour qu'il fasse à lui seul sa besogne et celle de son camarade. Le double marché se conclut ordinairement au moyen d'une bouteille de vin que le voyageur donne au postillon, et d'un picotin d'avoine que le postillon promet à la bête. Grâce à cette convention, qui fut tenue scrupuleusement, de ma part du moins, nous arrivâmes le même soir à Brigg.

Là une grande douleur nous attendait : mon arrangement avec mon pauvre Francesco était terminé; je l'avais ramené à une douzaine de lieues de l'endroit où je l'avais pris, il me devenait inutile : nous n'avions donc plus qu'à compter ensemble et à nous séparer. Je le fis venir.

Le brave garçon, qui se doutait de la chose, monta le cœur gros; la vie qu'il avait menée avec moi, quoiqu'un peu fatigante, était, sous tous les autres rapports, bien autrement comfortable celle qu'il allait retrouver à Munster; de sorte qu'il était fort disposé, comme le jardinier du comte Almaviva, à ne pas renvoyer un si bon maître.

Aussi, à peine me vit-il tirer ma bourse de ma poche et calculer les jours pendant lesquels nous étions restés ensemble, qu'il se détourna pour me cacher ses larmes, qui bientôt dégénérèrent en sanglots : je l'appelai alors, il vint, me prit la main, et me supplia de le garder comme domestique, disposé qu'il était à me suivre partout, en Italie, en France, au bout du monde; malheureusement Francesco, qui faisait un excellent guide à Munster, aurait fait un fort mauvais groom à Paris; d'ailleurs c'était une trop grande responsabilité que celle d'enlever cet enfant à sa famille et à ses montagnes : aussi, quoique mon cœur fût assez d'accord avec sa prière, je tins ferme et je refusai.

Il était resté trente-trois jours avec moi : au prix que nous avions arrêté, cela faisait soixante-six francs; j'y ajoutai quatorze francs de pour-boire, afin de compléter la somme de quatre-vingt, et je lui mis quatre louis sur la table. C'était plus d'or que le pauvre enfant n'en avait vu de toute sa vie; cependant il s'avança vers la porte sans les prendre : je le rappelai en lui demandant pourquoi il me laissait cette somme, qui était à lui. Alors il se retourna, et tout en sanglotant il me dit : Si monsieur le permet, j'irai demain lui faire la conduite dans le Simplon, je reviendrai en croupe derrière le postillon, et, au moment de me quitter, il sera bien temps qu'il me donne l'argent... Je lui fis signe que j'y consentais, et il sortit un peu consolé.

Effectivement, le lendemain, Francesco m'accompagna jusqu'à la première poste : arrivés là, nous nous embrassâmes; lui s'en retourna tout pleurant vers Brigg, et moi, je continuai mon chemin tout pensif et tout attristé.

Je recommande cet enfant aux voyageurs qui prendront la route de la Furca : c'est une excellente créature, d'une probité sévère et d'une activité infatigable; ils le trouveront à Munster, d'où il m'a écrit ou plutôt fait écrire, il y a six mois : il y est connu sous le nom allemand de Franz et sous le nom italien de Francesco.

COMMENT SAINT ÉLOI FUT GUÉRI DE LA VANITÉ.

Annibal et Charlemagne, comme Bonaparte, ont franchi les Alpes et à peu près conquis l'Italie; mais derrière eux, effaçant les vestiges de leur passage, les défilés des montagnes se sont refermés, les pics du mont Genèvre et du petit Saint-Bernard se sont recouverts de neige, et les générations qui ont succédé à celles de leurs enfans ne retrouvant aucune trace de la route qu'ils avaient suivie que dans la tradition des localités et dans la mémoire des populations, se sont prises à douter de ces miracles, et ont presque nié les dieux qui les avaient opérés. Bonaparte n'a pas voulu qu'il en fût ainsi pour lui, et afin que sa religion guerrière n'eût point à souffrir des ravages de l'oubli et de l'atteinte du doute, il a lié l'Italie à la France comme une esclave à sa maîtresse; il a étendu une chaîne à travers les montagnes, il a mis le premier anneau aux mains de Genève, sa nouvelle fille, et le dernier au pied de Milan, notre vieille conquête : ce souvenir de notre descente en Italie, cette chaîne dorée par le commerce, cette voie tracée par le passage de nos armées et battue par la sandale d'un géant, c'est la route du Simplon.

Cette route, rivale de celle de Tiberius Néron, de Julius César et de Domitianus, à laquelle chaque jour trois mille ouvriers ont travaillé pendant trois ans, qui grimpe aux flancs des montagnes, franchit les précipices et creuse les rochers, commence à Glys, laisse Brigg à gauche, et s'élève par une pente visible à l'œil, mais presque insensible à la marche, jusqu'au col du Simplon, c'est-à-dire pendant six lieues : c'est aux faiseurs d'Itinéraires et à nous de dire combien de ponts on passe, combien de galeries on traverse, combien d'aqueducs on franchit; nous y renonçons d'autant plus facilement qu'aucune description ne peut donner une idée du spectacle qu'on y rencontre à chaque pas, des oppositions et des harmonies que forment entre elles les vallées de Ganther et de la Saltine, et la chute des cascades se réfléchissant aux miroirs des glaciers : à mesure qu'on monte, la végétation et la vie disparaissent. Ces sommités n'avaient point été faites pour le commun des hommes et des animaux; là, le génie seul pouvait atteindre, là, l'aigle seul pouvait vivre: aussi le village du Simplon, cette conquête artificielle de la vallée sur les montagnes, s'étend-il misérablement, comme un serpent engourdi, sur un plateau nu et sauvage : aucun arbre ne l'abrite, aucune fleur ne le décore, aucun troupeau ne l'anime; il faut tout tirer des bas lieux, et l'on ne voit l'existence renaître, la nature revivre, qu'en descendant ses deux versans : quant à son sommet, c'est le domaine des glaces et des neiges, c'est le palais de l'hiver, c'est le royaume de la mort.

Presque en quittant le village du Simplon, on commence à descendre, et par un effet d'optique naturel, cette descente paraît plus rapide que la montée; d'ailleurs elle est beaucoup plus tourmentée par les accidens de la montagne : tantôt elle pivote sur des angles aigus, tantôt elle se roule par mille ondulations autour de la montagne aussi loin que l'œil peut atteindre, et semble le serpent fabuleux qui encercle la terre. D'abord on rencontre la galerie d'Algaby, la plus longue et la plus belle, qui traverse deux cent quinze pieds de granit pour s'ouvrir sur la vallée de Gondo, chef-d'œuvre divin de décoration terrible qu'aucun pinceau ne peut imiter, qu'aucune plume ne peut décrire, qu'aucun récit ne peut rendre; c'est un corridor de l'enfer, étroit et gigantesque; à mille pieds au-dessous de la route le torrent; à deux mille pieds au-dessus de la tête le ciel : la distance est si grande du chemin à la Doveria, qu'à peine l'entend-on mugir, quoiqu'on la voie furieusement écumer sur les roches qui forment le fond de la vallée : tout à coup un pont léger, d'une architecture aérienne, se présente, jeté d'une montagne à une autre comme un arc-en-ciel de pierre : il conduit au bout de quelques pas à la galerie de Gondo, longue de sept cents pas, éclairée par deux ouvertures. En face de l'une d'elles on lit ces mots, écrits par une main habituée à graver des dates sur le granit :

ÆRE ITALICO
MDCCCV.

Et l'homme qui les avait écrits croyait, comme Jésus-Christ et Mahomet, que non pas de sa naissance, non pas de sa fuite, mais de sa victoire, daterait pour l'Italie une ère nouvelle.

Bientôt la vallée s'élargit, l'air se réchauffe, la poitrine respire, quelques traces de végétation reparaissent, des échappées à travers les sinuosités de la montagne permettent à l'œil de se reposer sur un plus doux horizon. Un village apparaît avec un doux nom : c'est Isella, la sentinelle avancée et presque perdue de la molle Italie. Aussi derrière elle la vallée se referme : les rochers nus et gigantesques se rapprochent; l'imprudente fille de la Lombardie a été prise au sortir d'un défilé qu'elle ne peut plus repasser : sur la route par laquelle elle est venue, une galerie s'est formée, c'est l'avant-dernière : elle repose sur un pilier de granit colossal, dont la masse noire se détache à sa sommité sur l'azur du ciel, à son milieu sur le tapis vert de la colline, à sa base sur la mousse blanche des cascades. Celle-là, on se hâte de la traverser, et soit illusion, soit véritable changement atmosphérique à sa sortie, les tièdes bouffées du vent d'Italie viennent au-devant de vous : à droite et à gauche les montagnes s'écartent, des plateaux se forment, et sur ces plateaux, comme des cygnes qui se réchauffent au soleil, on commence à apercevoir des groupes de maisons blanches, aux toits plats : c'est l'Italie, la vieille reine, la coquette éternelle, l'Armide séculaire qui envoie au-devant de vous ses paysannes et ses fleurs. Encore une rivière à franchir, encore une galerie à traverser, et vous voilà à Crevola, suspendu entre le ciel et la terre, sur un pont magique; sous vos pieds vous avez la ville et son clocher, devant vous le Piémont. Puis, au loin, là-bas derrière l'horizon, Florence, Rome, Naples, Venise, ces villes merveilleuses dont les poètes vous ont raconté tant de féeries, et dont aucun rempart ne vous sépare plus. Aussi la route, comme lassée de ses longs détours, heureuse de retrouver la plaine, s'élance-t-elle d'un seul jet de deux lieues jusqu'à Domo d'Ossola.

J'y tombai au milieu d'une procession toute italienne : une corporation de maréchaux ferrans fêtait saint Éloi. Dans mon ignorance, j'avais toujours cru ce bienheureux le patron des orfèvres et l'ami du roi Dagobert, auquel il donnait parfois sur sa toilette de si bons conseils fort judicieux; mais j'ignorais complètement qu'il eût jamais été maréchal. Leur bannière, sur laquelle il était représenté brisant son enseigne, ne me laissait aucun doute à ce sujet : la seule chose qui me restât à éclaircir, c'était à quel moment de sa vie se rapportait l'action qui avait inspiré l'artiste; car cette vie sanctifiée, je la connaissais à peu près, depuis son entrée chez le préfet de la monnaie de Limoges jusqu'à sa nomination au siége de Noyon, et je ne voyais rien dans tout cela qui pût s'appliquer au spectacle que j'avais sous les yeux. En conséquence, je m'adressai au maître de poste, pensant que pour une tradition de fer à cheval c'était le meilleur historien qui se puisse trouver. Nous commençâmes par faire prix pour la voiture qui devait me conduire de Domo d'Ossola à Baveno. Puis, ce prix fait au double de ce qu'il valait, tant j'étais pressé de revenir à ma procession, j'obtins sur le père d'Occuli les renseignemens biographiques suivans. Au reste voici la tradition telle qu'elle me fut transmise dans sa naïveté primordiale et dans sa simplicité primitive : il est inutile de dire que nous n'en garantissons point l'authenticité.

Vers l'an 610, Éloi, qui était alors un jeune maître de vingt-six à vingt-huit ans, habitait la ville de Limoges, située à deux lieues seulement de Cadillac, son pays natal : dès sa jeunesse il avait manifesté une grande aptitude pour les arts mécaniques; mais comme il n'était pas riche, il lui avait fallu demeurer simple maréchal. Il est vrai qu'il avait fait faire à ce métier de tels progrès, qu'entre ses mains il était presque devenu un art : les fers qu'il forgeait, et qu'il était parvenu à confectionner en trois chaudes (1), s'arrondissaient d'une courbe merveilleusement élégante, et brillaient comme de l'argent poli : les clous par lesquels il les fixait aux pieds des chevaux étaient taillés en diamans, et eussent pu être enchâssés comme des chatons de bague dans une monture d'or; cette habileté d'exécution qui étonnait tout le monde finit par exalter l'ouvrier lui-même; la vanité lui tourna la tête, et oubliant que Dieu nous élève et nous abaisse à sa volonté, il fit faire une enseigne sur laquelle il était représenté ferrant un cheval, avec cette exergue, passablement insolente pour ses confrères, et blessante pour l'humilité religieuse : *Éloi, maître sur maître, maître sur tous.*

L'inscription fit grande rumeur dès son apparition, et comme Éloi avait surtout affaire à une clientèle de commerçans, de chevaliers et de pèlerins, qui se croisaient incessamment devant sa boutique, l'orgueilleuse enseigne alla bientôt éveiller la susceptibilité des autres maréchaux ferrans, non-seulement de la France, mais encore de l'Europe. De tous côtés s'éleva alors contre l'orgueilleux maître une clameur si grande, qu'elle monta jusqu'au paradis : le bon Dieu, ne sachant pas d'abord quelle cause l'occasionnait, s'en émut et regarda sur la terre; ses yeux, qui par hasard étaient tournés vers Limoges, tombèrent sur la fameuse enseigne, et tout lui fut expliqué.

De tous les péchés mortels, celui qui a toujours le plus fâché le bon Dieu, c'est l'orgueil : ce fut l'orgueil qui souleva Satan et Nabuchodonosor contre le Seigneur, et le Seigneur foudroya l'un et ôta la raison à l'autre : aussi Dieu cherchait-il déjà quelle punition il pourrait appliquer au nouvel Aman, lorsque Jésus-Christ, voyant son père préoccupé, lui demanda ce qu'il avait. Dieu lui répondit en lui montrant l'enseigne; Jésus-Christ la lut.

— Oui, oui, mon père, dit-il, c'est vrai, l'inscription est violente; mais Éloi est véritablement habile, seulement il a oublié que sa force lui vient d'en haut; mais à part son orgueil, il est plein de bons principes.

— J'en conviens, dit le bon Dieu, il a d'excellentes qualités; mais son orgueil les dépasse toutes autant que le cèdre dépasse l'hysope, et il les fera mourir sous son ombre. Avez-vous lu ? *Éloi, maître sur maître, maître sur tous.* C'est un défi non seulement porté à l'habileté humaine, mais encore à la puissance céleste.

— Eh bien ! mon père, que la puissance céleste lui réponde par la bonté et non par la rigueur; vous voulez la conversion et non la mort du coupable, n'est-ce pas ? eh bien ! je me charge de le convertir.

— Hum ! fit le bon Dieu en secouant la tête, tu te charges là d'une mauvaise besogne.

---

(1) En les remettant trois fois à la forge : terme caractéristique que nous avons voulu conserver et que nous nous empressons d'expliquer à nos lecteurs.

— Y consentez-vous? continua Jésus-Christ.
— Tu ne réussiras pas, dit le bon Dieu.
— Laissez-moi toujours essayer.
— Et combien de temps me demandes-tu?
— Vingt-quatre heures.
— Accordé, dit le Seigneur.

Jésus ne perdit pas de temps; il dépouilla ses habits divins, revêtit le costume d'un compagnon du devoir, se laissa glisser sur un rayon de soleil et descendit aux portes de Limoges.

Il entra aussitôt dans la ville, le bâton à la main, avec l'apparence d'un homme qui vient de faire une longue route; ensuite il alla droit à la maison d'Éloi; il le trouva forgeant: il en était à la troisième chaude.

— Dieu soit avec vous, maître! dit Jésus en entrant dans la boutique.

— Amen! répondit Éloi sans le regarder.

— Maître, continua Jésus, je viens de faire mon tour de France, et partout j'ai entendu parler de ta science, de sorte que, pensant qu'il n'y avait que toi qui pouvais me montrer quelque chose de nouveau...

— Ah! ah! fit Éloi en jetant un regard rapide sur lui, et en continuant de battre son fer.

— Veux-tu de moi pour compagnon? reprit humblement Jésus; je viens t'offrir mes services.

— Et que sais-tu? dit Éloi, lâchant négligemment le fer auquel il venait de donner le dernier coup de marteau et jetant sa pince.

— Mais, continua Jésus, je sais forger et ferrer aussi bien, je crois, que qui que ce soit au monde.

— Sans exception? dit dédaigneusement Éloi.

— Sans exception, répondit tranquillement Jésus.

Éloi se mit à rire.

— Que dis-tu de ce fer? reprit Éloi montrant complaisamment à Jésus celui qu'il venait d'achever.

Jésus le regarda.

— Je dis que ce n'est pas mal, mais je crois qu'on peut faire mieux.

Éloi se mordit les lèvres.

— Et en combien de chaudes ferais-tu un fer comme celui-là?

— En une chaude, dit Jésus.

Éloi se mit à rire; comme nous l'avons dit, il lui en fallait trois à lui, et cinq ou six aux autres; il crut que le compagnon était fou.

— Et veux-tu me montrer comment tu t'y prends? dit-il d'un air goguenard.

— Volontiers, maître, répondit Jésus en ramassant tranquillement la pince et en prenant auprès de l'enclume un lingot de fer brut qu'il mit dans la forge; puis il fit un signe à Occult, qui se mit à tirer la corde du soufflet. Le feu, étouffé d'abord sous le charbon, s'élança en petits jets bleus; des millions d'étincelles pétillèrent; bientôt la flamme rougissante embrasa l'aliment qui lui était offert; de temps en temps l'habile compagnon arrosait le foyer, qui, momentanément noirci, reprenait presque aussitôt une nouvelle force et une teinte plus vive; enfin, la braise sembla une matière fondue. Au bout d'un instant, cette lave pâlit, tant toute la partie combustible du charbon était dévorée; alors Jésus tira du brasier son fer presque blanc, le posa sur l'enclume, et le tournant d'une main tandis qu'il le frappait et le façonnait de l'autre, en quelques coups de marteau il lui donna une forme et un fini desquels celui d'Éloi était loin d'approcher. La chose avait été si vivement faite, que le pauvre maître sur maître n'y avait vu que du feu.

— Voilà! dit Jésus-Christ.

Éloi prit le fer dans l'espoir d'y découvrir quelque paille; mais rien n'y manquait; aussi, quoique la mauvaise intention y fût, elle ne put trouver prise à en dire le moindre mal.

— Oui, oui, dit-il en le tournant et retournant, oui, pas mal... allons, pour un simple ouvrier, pas mal. Mais, continua-t-il, espérant prendre Jésus en défaut, ce n'est pas tout que de savoir confectionner un fer, il faut encore savoir l'appliquer au pied de l'animal. Et m'as dit que tu savais ferrer, je crois?

— Oui, maître, répondit tranquillement Jésus-Christ.

— Mettez le cheval au travail (1)! cria Éloi à ses garçons.

— Oh! ce n'est pas la peine! interrompit Jésus; j'ai une manière à moi, qui épargne beaucoup de peine et abrège beaucoup de temps.

— Et quelle est ta manière, dit Éloi étonné.

— Vous allez voir, répondit Jésus.

A ces mots, il tira un couteau de sa poche, alla au cheval, leva une de ses jambes de derrière, lui coupa le pied gauche à la première jointure, mit le pied dans l'étau, y cloua le fer avec la plus grande facilité, reporta le pied ferré, le rapprocha de la jambe, où il le reprit aussitôt, coupa le pied droit, répéta la même cérémonie avec le même succès, continua ainsi pour les deux autres, et cela sans que l'animal parût s'inquiéter le moins du monde de ce que la manière du nouveau compagnon avait d'étrange et d'inusité. Quant à Éloi, il regardait l'opération s'accomplir dans la stupéfaction la plus profonde.

— Voilà, maître, dit Jésus-Christ en reculant le quatrième pied.

— Je vois bien, dit saint Éloi faisant tous ses efforts pour cacher son étonnement.

— Ne connaissez-vous point cette manière? continua négligemment Jésus-Christ.

— Si fait, si fait, reprit vivement Éloi, j'en ai entendu parler... mais j'ai toujours préféré l'autre.

— Vous avez tort, celle-ci est plus commode et plus expéditive.

Éloi, comme on le pense bien, n'eut garde de renvoyer un si habile compagnon; d'ailleurs il craignait, s'il ne le traitait pas avec lui, qu'il ne s'établît dans les environs, et il ne se dissimulait pas que c'était un concurrent redoutable: il fit donc ses conditions, qui furent acceptées, et Jésus fut installé dans la boutique comme premier garçon.

Le lendemain au matin, Éloi envoya Jésus-Christ faire une tournée dans les villages environnans: il s'agissait de quelques commissions qui avaient besoin d'être remplies par un messager intelligent. Jésus partit.

Il était à peine disparu au tournant de la grande rue, qu'Éloi se prit à songer sérieusement à cette nouvelle manière de ferrer les chevaux, qu'il ne connaissait pas. Il avait suivi l'opération avec le plus grand soin; il avait remarqué à quelle jointure l'amputation avait été faite; il ne manquait pas, comme nous l'avons dit, d'une grande confiance en lui-même, il résolut de profiter de la première occasion qui s'offrirait de mettre à profit la leçon qu'il avait prise.

Elle ne tarda pas à se présenter: au bout d'une heure, un cavalier armé de toutes pièces s'arrêta à la porte d'Éloi; son cheval s'était déferré d'un pied de derrière à un quart de lieue de la ville, et attiré par la réputation du maître, il avait piqué droit chez lui; il venait d'Espagne et retournait en Angleterre, où il avait, à propos de l'Écosse, de grandes affaires à régler avec saint Dunstan; il attacha son cheval à un des anneaux de fer de la boutique, entra dans un cabaret, et demanda un pot de bière, en recommandant à Éloi de se hâter.

Éloi pensa que, puisque la pratique était pressée, c'était le moment de mettre à exécution la manière expéditive dont il avait vu faire la veille un essai qui avait si bien réussi. Il prit son couteau le mieux affilé, lui donna un dernier coup sur sa pierre à rasoir, leva la jambe du cheval, et prenant le joint avec une grande justesse, il lui coupa le pied au-dessus du sabot.

L'opération avait été si habilement faite, que le pauvre animal, qui ne se doutait de rien, n'avait pas eu le temps de s'y opposer, et ne s'était aperçu de l'amputation que par la douleur même qu'elle lui avait causée; mais alors il poussa un hennissement si plaintif et si douloureux, que son maître se retourna et vit sa monture pouvant à peine se tenir debout

(1) Le travail est un appareil en charpente, au milieu duquel on attache le cheval que l'on veut ferrer.

sur les trois pieds qui lui restaient, et secouant sa quatrième jambe d'où s'échappaient des flots de sang : il s'élança hors du cabaret, se précipita dans la boutique et trouva Éloi qui ferrait tranquillement le quatrième pied dans son état ; il crut que le maître était devenu fou. Éloi le rassura, lui disant que c'était une nouvelle manière qu'il avait adoptée, lui montra le fer parfaitement adhérent au sabot, et sortant de sa boutique, se mit en devoir d'aller recoller le pied au moignon de la jambe, comme il avait vu faire la veille à son compagnon.

Mais il en advint cette fois tout autrement : le pauvre animal, qui, depuis dix minutes perdait son sang, était couché sans force et tout prêt à mourir ; Éloi rapprocha le pied de la jambe ; mais, entre ses mains, rien ne reprit, le pied était déjà mort et le reste du corps ne valait guère mieux.

Une sueur froide couvrit le front du maître : il sentit qu'il était perdu, et ne voulant pas survivre à sa réputation, il tira de sa trousse le couteau qui avait si bien rempli son office, et il allait se l'enfoncer dans la poitrine, lorsqu'il sentit qu'on lui arrêtait le bras ; il se retourna, c'était Jésus-Christ. Le divin messager avait achevé ses commissions avec la même promptitude et la même habileté qu'il avait coutume de mettre à tout ce qu'il faisait, et il était de retour deux heures plus tôt que ne l'attendait Éloi.

— Que fais-tu, maître ? lui dit-il d'un ton sévère.

Éloi ne répondit pas, mais montra du doigt le cheval expirant.

— N'est-ce que cela ? dit le Christ ; et il ramassa le pied et le rapprocha de la jambe, et le sang cessa de couler, et le pied reprit, et le cheval se releva et hennit de bien-être ; de sorte que, moins la terre rougie, on eût juré qu'il n'était rien arrivé au pauvre animal tout à l'heure si malade, et maintenant si vif et si bien portant.

Éloi le regarda un instant, confus et stupéfait, étendit le bras, prit dans sa boutique un marteau, et brisant son enseigne, il alla à Jésus-Christ, et lui dit humblement : C'est toi qui es le maître, et c'est moi qui suis le compagnon.

— Heureux celui qui s'humilie, répondit le Christ d'une voix douce, car il sera élevé.

A cette voix si pure et si harmonieuse, Éloi leva les yeux, et il vit que son compagnon avait le front ceint d'une auréole ; il reconnut Jésus, et il tomba à genoux.

— C'est bien, je te pardonne, dit le Christ ; car je te crois guéri de ton orgueil ; reste *maître sur maître* ; mais souviens-toi que c'est moi seul qui suis *maître sur tous*.

A ces mots, il monta en croupe derrière le cavalier et disparut avec lui.

Le cavalier était saint Georges.

PAULINE.

Cette narration terminée, je priai le maître de poste de visiter les pieds de ses deux chevaux, de peur qu'il ne leur arrivât en route le même accident qu'à la monture de saint Georges ; puis, cette inspection finie, nous partîmes au grand trot sur une de ces routes sablées comme des allées de jardin anglais, qui, depuis l'occupation française, sillonnent le Piémont.

Il est impossible de rêver pour péristyle à l'Italie une route plus charmante ; pendant deux lieues de plaines qui paraissent plus fraîches et plus gracieuses encore après cette terrible vallée de Gondo, l'on arrive à Villa ; car déjà, comme on le voit, tous les noms de cités finissent par une douce voyelle. Puis des maisons blanches succèdent aux chalets gris ; les toits font place aux terrasses, la vigne grimpe aux arbres de la route, enjambe le chemin et se balance en berceau. Au lieu des paysannes goîtreuses du Valais, on rencontre à chaque pas de belles vendangeuses au teint pâle, aux yeux veloutés, au parler rapide et doux ; le ciel est pur, l'air est tiède, et l'on reconnaît, comme le dit Pétrarque, la terre aimée de Dieu ; la terre sainte, la terre heureuse, que les invasions barbares, que les discordes civiles, que les colères des volcans n'ont pu dépouiller des dons qu'elle avait reçus du ciel. Une chose cependant s'opposait à ce que je les appréciasse dans toute leur étendue : j'étais seul.

C'est une chose triste que d'être seul en voyage, que de n'avoir personne qui partage nos émotions de joie ou de crainte ; aussi passai-je devant la vallée d'Anzasca sans presque m'arrêter, et cependant, au fond de ses sinuosités, au-dessus de ses vertes collines, s'élève, comme le géant chargé de veiller sur ces jardins enchantés, le mont Rosa, l'Adamastor de l'Italie. Une lieue plus loin, en approchant de Fariolo, et tandis que je le regardais, à ma droite, une de ces dernières filles des Alpes qui vont mourir en collines et en monticules, au bord des lacs qu'elles teignent de leur ombre, je vis se détacher du front de la montagne quelque chose comme un grain de sable, qui s'en vint roulant sur les pentes, bondissant par dessus les ravins, grossissant toujours à mesure qu'il s'approchait, et finit par se changer en un rocher qui, passant avec le bruit de la foudre, et pareil à une avalanche de pierres, traversa la route à trente pas de la voiture, et arrivé au bout de sa force d'impulsion, alla s'arrêter contre un orme qu'il courba ; j'enviai presque le postillon, qui avait peur pour ses chevaux.

Espérer ou craindre pour un autre, est la seule chose qui donne à l'homme le sentiment complet de sa propre existence.

J'arrivai au crépuscule sur les bords du lac Majeur, et je m'arrêtai à Baveno dans une charmante auberge de granit rose, toute entourée d'orangers et de lauriers-roses ; au dehors c'était un palais enchanté ; au dedans c'était déjà une auberge italienne.

Une auberge italienne est une habitation assez tolérable encore l'été ; mais l'hiver, attendu qu'aucune précaution n'a été prise contre le froid, c'est quelque chose dont on ne peut se faire aucune idée. On arrive glacé, on descend de voiture, on demande une chambre, le maître de la maison, sans se déranger de sa sieste, fait signe au garçon de vous conduire. Vous le suivez, dans la confiance que vous allez trouver un abri ; erreur, vous entrez dans un énorme galetas aux murs blancs, dont l'aspect seul vous fait frissonner. Vous parcourez des yeux votre nouvelle demeure, votre vue s'arrête sur une petite fresque ; elle représente une femme nue, en équilibre au bout d'une arabesque, rien que de la voir vous grelotez. Vous vous retournez vers le lit, vous voyez qu'on le couvre avec une espèce de châle de coton et une courte-pointe de basin blanc : alors les dents vous claquent. Vous cherchez de tous côtés la cheminée, l'architecte l'a oubliée ; il faut en prendre votre parti. En Italie, on ne sait pas ce que c'est que le feu : l'été on se chauffe au soleil, l'hiver au Vésuve ; mais comme il fait nuit et que vous êtes à quatre-vingts lieues de Naples, vous vous empressez de fermer les fenêtres. Cette opération accomplie, vous vous apercevez que les carreaux sont cassés : vous en bouchez un avec votre mouchoir en tampon, vous murez l'autre avec une serviette tendue en voile. Vous vous croyez enfin barricadé contre le froid ; alors vous voulez fermer votre porte, la serrure manque ; vous poussez votre commode contre, et vous commencez à vous déshabiller. A peine avez-vous ôté votre redingote, que vous sentez un vent coulis atroce : ce sont les panneaux qui ont joué, et qui ne touchent ni du haut ni du bas ; alors vous détachez les rideaux des fenêtres, et vous en faites des rouleaux ; puis, quand tout est bien calfeutré, quand vous le croyez, du moins, vous faites le tour de votre appartement avec votre bougie. Un dernier courant d'air que vous n'avez pas encore senti vous de, souffle dans les mains. Vous cherchez une sonnette, il n'y en a pas ; vous frappez du pied pour faire monter quelqu'un, votre plancher donne sur l'écurie. Vous dérangez votre commode, vous tirez vos rideaux de leurs fentes, vous rouvrez votre porte et vous appelez : peine perdue, tout le monde dort : et quand on dort on ne se réveille pas en Italie : c'est aux voyageurs de se procurer eux-mêmes ce dont ils ont besoin... Et comme, à tout prendre, c'est encore de votre lit que vous avez le plus à faire, vous le gagnez à tâtons, vous vous couchez suant d'impatience, et vous vous réveillez raide de froid.

L'été c'est autre chose ; tous les inconvéniens que nous venons de signaler disparaissent pour faire place à un seul, mais qui à lui seul les vaut tous : aux moustiques. Il n'est point que vous n'ayez entendu parler de ce petit animal, qui affectionne particulièrement le bord de la mer, des lacs et des étangs ; il est à nos cousins du nord ce que la vipère est à la couleuvre. Malheureusement, au lieu de fuir l'homme et de se cacher dans les endroits déserts comme celle-ci, il a le goût de la civilisation, la société le réjouit, la lumière l'attire : vous avez beau fermer, il entre par les trous, par les fentes, par les crevasses : le plus sûr est de passer la soirée dans une autre chambre que celle où l'on doit passer la nuit ; puis, à l'instant même où l'on compte se coucher, de souffler sa bougie et de s'élancer vivement dans l'autre pièce. Malheureusement le moustique a les yeux du hibou et le nez de la hyène ; il vous voit dans la nuit, il vous suit à la piste, si toutefois, pour être plus sûr encore de son affaire, il ne se pose pas sur vos cheveux. Alors vous croyez l'avoir mis en défaut, vous vous avancez en tâtonnant vers votre couchette, vous renversez un guéridon chargé de vieilles tasses de porcelaine, que le lendemain on vous fera payer pour neuves ; vous faites un détour pour ne pas vous couper les pieds sur les tessons, vous atteignez votre lit, vous soulevez avec précaution la moustiquaire qui l'enveloppe, vous vous glissez sous votre couverture comme un serpent, et vous vous félicitez de ce que, grâce à ce faisceau de précautions, vous avez acheté une nuit tranquille ; l'erreur est douce, mais courte : au bout de cinq minutes vous entendez un petit bourdonnement autour de votre figure : autant vaudrait entendre le rauquement du tigre et le rugissement du lion ; vous avez renfermé votre ennemi avec vous ; apprêtez-vous à un duel acharné : cette trompette qu'il sonne est celle du combat à outrance. Bientôt le bruit cesse ; c'est le moment terrible : votre ennemi est posé, où ? vous n'en savez rien : à la botte qu'il va vous porter il n'y a pas de parade ; tout à coup vous sentez la blessure, vous y portez vivement la main, votre adversaire a été plus rapide encore que vous, et cette fois vous l'entendez qui sonne la victoire ; le bourdonnement infernal enveloppe votre tête de cercles fantastiques et irréguliers, dans lesquels vous essayez vainement de le saisir : puis une seconde fois le bruit cesse. Alors votre angoisse recommence, vous portez les mains partout où il n'est pas, jusqu'à ce qu'une nouvelle douleur vous indique où il était jadis, où il était, car, au moment où vous croyez l'avoir écrasé comme un scorpion sur la plaie, l'atroce bourdonnement recommence : cette fois il vous semble un ricanement diabolique et moqueur ; vous y répondez par un rugissement concentré, vous vous apprêtez à le surprendre partout où il va se poser, vous étendez les deux mains, vous leur donnez tout le développement dont elles sont susceptibles, vous tendez vous-même la joue à votre adversaire, vous voulez l'attirer sur cette surface charnue, que la paume de votre main emboîterait si exactement. Le bourdonnement cesse, vous retenez votre haleine, vous suspendez les battemens de votre cœur, vous croyez sentir, en mille endroits différens, s'enfoncer la trompe acérée : tout à coup la douleur se fixe à la paupière, vous ne calculez rien, vous ne pensez qu'à la vengeance, vous vous appliquez sur l'œil un coup de poing à assommer un bœuf ; vous voyez trente-six étincelles ; mais ce n'est rien que tout cela, si votre vampire est mort : un instant vous en avez l'espoir, et vous remerciez Dieu qui vous a accordé la victoire. Une minute après le bourdonnement satanique recommence : oh ! alors vous rompez toute mesure ; votre imagination se monte, votre tête s'exaspère, vous sortez de votre couverture, vous ne prenez plus aucune précaution contre l'attaque, vous vous levez tout entier dans l'espoir que votre antagoniste commettra quelque imprudence, vous vous battez le corps des deux mains, comme un laboureur bat la gerbe avec un fléau ; puis enfin, après trois heures de lutte, sentant que votre tête

se perd, que votre esprit s'égare, sur le point de devenir fou, vous retombez, anéanti, épuisé de fatigue, écrasé de sommeil ; vous vous assoupissez enfin. Votre ennemi vous accorde une trève, il est rassasié : le moucheron fait grâce au lion ; le lion peut dormir.

Le lendemain vous vous réveillez, il fait grand jour : la première chose que vous apercevez, c'est votre infâme moustique, cramponné à votre rideau et le corps rouge et gonflé du plus pur de votre sang ; vous éprouvez un mouvement d'effroyable joie, vous approchez la main avec précaution, et vous l'écrasez le long du mur comme Hamlet Polonius ; car il est tellement ivre, qu'il ne cherche pas même à fuir. En ce moment votre domestique entre, vous regarde avec stupéfaction, et vous demande ce que vous avez sur l'œil ; vous vous faites apporter un miroir, vous y jetez les yeux, vous ne vous reconnaissez pas vous-même : ce n'est plus vous, c'est quelque chose de monstrueux, quelque chose comme Vulcain, comme Caliban, comme Quasimodo.

Heureusement j'abordais l'Italie dans une bonne époque : les moustiques étaient déjà partis, et la neige n'était point encore venue ; je n'hésitai donc pas à ouvrir ma fenêtre toute grande ; elle donnait sur le lac : j'ai rarement vu un plus ravissant spectacle.

La lune s'élevait derrière Lugano, au milieu d'une atmosphère calme et limpide : elle montait à l'horizon comme un globe d'argent ; et, à mesure qu'elle montait, elle éclairait le paysage de sa pâle lumière : dans le lointain, elle se jouait confusément au milieu d'objets inconnus et sans forme, auxquels je ne pouvais donner un nom, ne sachant si c'étaient des nuages, des montagnes, des villages ou des vapeurs. Les montagnes qui bordent le lac s'étendaient entre elle et moi ainsi qu'un paravent gigantesque, dont les sommets étincelaient comme s'ils étaient couronnés de neiges, et dont les flancs et la base, couverts d'ombres, descendaient jusqu'au lac, brunissant les flots dans lesquels ils se réfléchissaient : quant au reste de l'immense nappe limpide et unie, c'était un miroir de vif-argent, au milieu duquel s'élevaient, comme trois points sombres, les trois îles Borromées, qui, se découpant à la fois sur le ciel et dans l'eau, semblaient des nuages noirs, cloués sur un fond d'azur étoilé d'or.

Au-dessous de ma fenêtre se prolongeait jusqu'à la route une terrasse couverte de fleurs ; j'y descendis afin de jouir plus complètement de ce spectacle, et je me trouvai dans une forêt de roses, de grenades et d'orangers : je cassai machinalement quelques branches fleuries, en me laissant inonder de ce sentiment mélancolique qu'éprouve toute organisation impressionnable au milieu d'une belle nuit calme et silencieuse, et dont aucun bruit humain ne vient troubler la religieuse et solennelle sérénité : au milieu de cette quiétude de la nature, il semble que le temps, endormi comme les hommes, cesse de marcher, que la vie s'arrête et se repose, que les heures de la nuit sommeillent, et qu'elles sont repliées ; qu'elles ne se réveilleront qu'au jour, et qu'alors seulement le monde continuera de vieillir.

Je restai une heure à peu près tout entier à ce spectacle, portant alternativement mes yeux de la terre au ciel, et sentant monter du lac une fraîcheur nocturne délicieuse. Du fond d'un massif d'arbres dont les pieds trempaient dans l'eau et dont les cimes peu épaisses se détachaient sur un fond argenté, un oiseau chantait par intervalles, comme le rossignol de Juliette ; puis tout à coup l'éclat perlé de sa voix s'arrêtait à la fin d'une roulade ; et comme son chant était le seul son qui veillât, aussitôt qu'il cessait de chanter tout redevenait silencieux de son silence : dix minutes après il reprenait son hymne, sans aucun motif de le reprendre, comme il l'avait interrompu sans aucune raison de l'interrompre : c'était quelque chose de frais, de nocturne et de mystérieux, parfaitement en harmonie avec l'heure et le paysage : c'était une mélodie qui devait être écoutée comme je l'écoutais, au clair de la lune, au pied des montagnes, au bord d'un lac.

Pendant un intervalle de silence, je distinguai le roulement lointain d'une voiture ; il venait du côté de Domo d'Ossola, et me rappelait qu'il y avait sur la terre d'autres êtres que moi et l'oiseau qui chantait pour Dieu. En ce moment il reprit son harmonieuse prière, et je ne songeai plus à rien qu'à l'écouter; puis il cessa son chant, et j'entendis de nouveau la voiture plus rapprochée : elle venait rapidement, mais point si rapidement encore cependant que mon mélodieux voisin ne pût recommencer son concert; mais cette fois, à peine fut-il terminé que j'aperçus, au tournant de la route, la chaise de poste, que je distinguai à ses deux lanternes brillantes dans l'ombre, et qui s'avançait comme si elle avait eu les ailes d'un dragon, dont elle semblait avoir les yeux : à deux cents pas de l'auberge, le postillon se mit à faire bruyamment claquer son fouet, afin d'avertir de son arrivée : en effet, j'entendis quelque mouvement dans l'écurie au-dessus de laquelle était ma chambre; la voiture s'arrêta au-dessous de la terrasse que je dominais.

La nuit était si belle, si douce et si étoilée, quoique nous fussions déjà à la fin de l'automne, que les voyageurs avaient abaissé la capote de la calèche; ils étaient deux, un jeune homme et une jeune femme : la jeune femme enveloppée dans un manteau, la tête renversée et les yeux au ciel, le jeune homme la soutenant dans ses bras : en ce moment le postillon sortit avec les chevaux, et la fille de l'auberge avec des lumières; elle les approcha des voyageurs, et lorsque, perdu et caché au milieu des orangers et des lauriers roses qui garnissaient la terrasse, je reconnus Alfred de N... et *Pauline*.

Pauline, mais si changée encore depuis Pfeffers, Pauline si mourante, que ce n'était plus qu'une ombre; le même souvenir qui m'avait déjà passé dans l'esprit s'y présenta de nouveau. J'avais vu autrefois cette femme, belle et dans sa fleur : aujourd'hui si pâle et si fanée, elle allait sans doute chercher en Italie une atmosphère plus douce, un air plus vivace et le printemps éternel de Naples ou de Palerme. Je ne voulus pas la contrarier en me montrant à elle, et cependant je désirais qu'elle sût bien que quelqu'un priait pour sa vie : je pris une carte de visite dans ma poche, j'écrivis derrière avec mon crayon : *Dieu garde les voyageurs, console les affligés, et guérisse les souffrans!* Je mis ma carte dans le bouquet que j'avais cueilli, et je laissai tomber le bouquet sur les genoux d'Alfred; il se pencha vers la lanterne de sa voiture pour regarder l'objet qui lui arrivait ainsi; il regarda ma carte, reconnut mon nom, lut ma prière; puis, cherchant des yeux où je pouvais être, et ne me découvrant pas, il fit de la main un signe de remerciement et d'adieu; et, voyant les chevaux attelés, il cria au postillon : En avant! La voiture repartit avec la rapidité de la flèche, et disparut au premier angle du chemin.

J'écoutai son roulement jusqu'à ce qu'il s'éteignit, puis je me retournai du côté où chantait l'oiseau; mais j'attendis vainement.

C'était peut-être l'âme de cette pauvre enfant qui était déjà remontée au ciel.

LES ILES BORROMÉES.

Le lendemain, en me réveillant, je vis à la clarté du soleil le paysage que j'avais entrevu la veille à la lumière de la lune; tous les détails perdus dans les masses d'ombres m'apparaissaient distinctement au jour : l'île Supérieure avec son village de pêcheurs et de bateliers, l'île Mère avec sa villa toute couverte de verdure, l'île Belle avec son entassement de piliers superposés les uns aux autres, enfin le bord opposé du lac où viennent finir les montagnes des Alpes et où commencent les plaines de la Lombardie.

Il y a cent cinquante ans, ces îles n'étaient que des roches nues, lorsqu'il vint dans l'esprit au comte Vitaliano Borromée d'y transporter de la terre et de maintenir cette terre comme dans une caisse, par des murailles et des pilotis : cette opération terminée, le noble prince sema sur ce sol factice de l'or comme le laboureur sème du grain, et il y poussa des arbres, des villages et des palais. C'est un magnifique caprice de millionnaire qui a voulu, comme Dieu, avoir son monde créé par lui.

Le garçon de l'hôtel vint me prévenir que deux choses m'attendaient, mon déjeuner et mon bateau : j'allai à la plus pressée.

On m'avait servi ma collation dans la salle à manger commune : comme presque toutes les salles à manger d'Italie, elle était peinte en ocre jaune, avec quelques arabesques représentant des oiseaux et des sauterelles; mais en outre elle avait un ornement particulier, assez original pour n'être point passé sous silence : c'était le portrait du maître de l'auberge, *il signor Adami*, en habit d'officier de la garde nationale piémontaise, et portant sous son bras un volume intitulé : *Manuel du lieutenant d'infanterie*. Cette surprise inattendue me fit grand plaisir; je croyais qu'il n'y avait que dans la rue Saint-Denis que l'on rencontrait de pareilles enseignes.

Au premier morceau que je portai à ma bouche, mon étonnement cessa, et je vis qu'il était tout naturel que le signor Adami se fût fait peindre en officier : il était évident que le lieutenant s'occupait beaucoup plus de sa compagnie que l'hôtelier de ses marmitons.

Cette découverte me désespéra d'autant plus que j'étais décidé à rester huit jours à Baveno : je demandai à parler à mon hôte, afin de m'expliquer tout aussitôt avec lui sur ma nourriture à venir. On me répondit qu'il était à Arona pour affaire de service. Je descendis dans mon bateau, et je donnai à mes bateliers l'ordre de me conduire à l'île des Pêcheurs.

Je tenais à acquérir la certitude que je pourrais tous les jours me procurer du poisson frais.

Ce doute éclairci affirmativement, je visitai l'île avec quelque tranquillité.

C'est une charmante plaisanterie, qui ressemble en petit à un village, et qui a des maisons, des rues, une église, un prêtre et des enfans de chœur. Les filets, qui forment la seule richesse de ses deux cents habitans, sont étendus devant toutes les portes.

Nous nous rembarquâmes et mîmes à la voile pour l'île Mère.

De loin, c'est une masse de verdure au milieu d'une large tasse d'eau : elle est toute plantée de pins, de cyprès et de platanes : ses espaliers sont couverts de cédrats, d'oranges et de grenades, les allées sont peuplées de faisans, de perdrix et de pintades : abritée de tous côtés contre le froid, s'ouvrant comme une fleur à tous les rayons du soleil, elle reste toujours verte, même lorsque les montagnes qui l'environnent blanchissent sous les neiges de l'hiver. Le gardien du château me coupa une charge de cédrats, d'oranges et de grenades, qu'il fit porter dans mon bateau. Je n'avais pas vu, je l'avoue, cet excès d'hospitalité sans inquiétude pour ma bourse; aussi, en revenant à ma barque, je demandai à mes mariniers ce qu'il me fallait donner à mon cicerone; ils me dirent que moyennant trois francs il serait fort satisfait; je lui en donnai cinq, en échange desquels il souhaita toutes sortes de prospérités *à mon excellence*. Sous ces heureux auspices nous nous remîmes en route.

A mesure que nous avancions vers l'île Belle, nous voyions sortir de l'eau ses dix terrasses superposées les unes aux autres : c'est sinon la plus belle des îles de ce petit archipel, du moins la plus curieuse : tout y est taillé, marbre et bronze, dans le goût de Louis XIV : une forêt tout entière d'arbres magnifiques, une forêt de peupliers et de pins, ces géans au doux murmure, qui parlent au moindre vent une langue poétique, que comprennent sans doute l'air et les flots, puisqu'ils leur répondent dans le même idiome, s'élève sur des arcs de pierre qui baignent leurs pieds dans le lac, car l'île toute entière est enfermée dans un immense cercle de granit, comme un oranger dans sa caisse.

Nous y abordâmes, et nous mîmes le pied au milieu d'un

parterre de fleurs étrangères et précieuses, qui toutes sont venues s'établir des Colonies, de graines et de boutures, sous cette heureuse exposition : chaque terrasse est une plate-bande embaumée d'un parfum différent, au milieu duquel domine toujours celui de l'oranger, et peuplée de dieux et de déesses : la dernière est surmontée d'un Pégase et d'un Apollon : toute cette nympherie, au reste, est d'un rococo enragé, plein de tournure et d'ardeur.

Des terrasses nous descendîmes au château : c'est une véritable villa royale, pleine de fraîcheur, de verdure et d'eau : il y a des galeries de tableaux assez remarquables : trois chambres, dans lesquelles un des princes Borroméo a donné l'hospitalité au chevalier Tempesta, qui, dans un mouvement de jalousie, avait tué sa femme, et dont l'artiste reconnaissant s'est fait un vaste album qu'il a couvert de merveilleuses peintures ; enfin un palais souterrain, tout en coquillages comme la grotte d'un fleuve, et plein de naïades aux urnes renversées, d'où coule abondamment une eau fraîche et pure.

Cet étage donne sur la forêt ; car le jardin est une véritable forêt pleine d'ombre, et à travers laquelle des échappées de vue sont ménagées sur les points les plus pittoresques du lac : un des arbres qui composent ce bois est historique : c'est un magnifique laurier, gros comme le corps et haut de soixante pieds : trois jours avant la bataille de Marengo, un homme tuait sous son feuillage ; dans l'intervalle du premier service au second, cet homme, à cœur impatient prit son couteau, et, sur l'arbre contre lequel il était appuyé, il écrivit le mot *victoire* : c'était alors la devise de cet homme, qui ne s'appelait encore que Bonaparte, et qui pour son malheur s'est appelé plus tard Napoléon.

Il ne reste plus trace d'une seule lettre de ce mot prophétique : tout voyageur qui passe enlève une parcelle de l'écorce sur laquelle il était écrit, et fait chaque jour au laurier une blessure plus profonde, dont il finira par mourir peut-être.

Au nord de la forêt, je rencontrai quelques petites maisons de pêcheurs et de bateliers, au milieu desquelles s'élève une auberge : le souvenir de mon déjeuner me revint alors, et je crus avoir fait une trouvaille. Je fis réveiller l'hôte, afin de m'informer de ce qu'il m'en coûterait pour huit jours passés chez lui : il me demanda quelque chose comme cent écus. J'aurais eu plus court et moins cher de louer le palais Borroméo au prince lui-même : je lui fis en conséquence mes excuses de l'avoir réveillé, et l'invitai à aller se recoucher.

En conséquence, je remontai dans mon embarcation, et ordonnai de mettre le cap sur l'auberge *del signor Adami*.

Le soir il revint d'Arona : à part sa manie de garde nationale, que je lui ai bien pardonnée depuis par comparaison avec celle de nos enragés de Paris, que je ne connaissais pas alors comme maintenant, c'était un fort galant homme : nous eûmes vitement fait prix, pour huit jours : il me donna une chambre dont les fenêtres s'ouvraient sur le lac ; je tirai mes livres de ma malle et je m'installai.

Je fis dans cette petite auberge, en face du plus beau pays du monde, au milieu d'une atmosphère embaumée, sous un ciel d'azur, les trois plus mauvais articles que j'aie jamais envoyés à la *Revue des Deux-Mondes*.

Il faut pour un travail heureux quatre murs, et pas d'horizon : plus le paysage est grand, plus l'homme est petit.

Mon hôte était un si brave garçon, que je n'eus pas le courage de lui faire, pendant ces huit jours, une seule observation sur l'ordinaire de son hôtel : je me contentai en partant de substituer, au titre du livre, son effigie guerrière portant sous le bras celui, plus confortable, de *Cuisinière bourgeoise*.

J'espère, pour mes successeurs qu'il aura profité de l'avis.

Moyennant la somme de dix francs que je donnai à mes bateliers, et un bon vent que Dieu m'envoya gratis, en quatre heures, je fus à Arona.

UNE DERNIÈRE ASCENSION.

Arona est une des plus charmantes petites villes parmi celles qui dominent le lac Majeur, et on n'y arrêterait rien que pour la vue qu'on découvre des fenêtres de l'hôtel, si on n'y était plus impérieusement appelé encore par la curiosité qu'inspire le colosse de saint Charles.

Car c'est à Arona que naquit, en 1538, le fameux archevêque de Milan, le cardinal Borroméo, qui, par l'emploi qu'il fit de ses richesses, dont il fonda des établissements de charité, et par le dévouement avec lequel il exposa ses jours dans la peste de 1576, mérita de son vivant le titre de saint, qui fut ratifié après sa mort.

Aussi s'est-il emparé de tous les souvenirs de la ville. Je visitai d'abord le dôme où est son tombeau : ce monument est déjà une de ces églises d'Italie coquettement décorées dont Notre-Dame-de-Lorette essaie de nous donner une copie, et qui nous paraissent si étrangement pimpantes au premier coup d'œil, à nous autres hommes du nord, habitués aux pierres grises de nos sombres cathédrales. J'entrai dans celle-ci au moment où une messe des morts venait de finir ; j'appelai un long et mince sacristain qui éteignait avec sa calotte une douzaine de cierges qui brûlaient autour d'une bière vide ; il me fit signe qu'aussitôt cette besogne terminée il serait à moi ; pour ne pas perdre mon temps, je me mis à regarder quelques tableaux de Ferrari et d'Appiani, qui garnissent les chapelles latérales : ni les uns ni les autres, quoique fort vantés aux étrangers, ne me parurent remarquables.

Le sacristain avait éteint ses cierges ; il revint à moi, et me conduisit dans la chapelle souterraine : c'est là que repose le corps de saint Charles Borromée ; son squelette est couché dans une châsse, revêtu de ses habits épiscopaux, les mains couvertes de gants violets, la mitre au front, et un masque de vermeil sur la figure : toute la chapelle est de marbre noir avec des ornemens d'argent massif. Dans une petite armoire à côté de la châsse sont renfermés, à titre de reliques, les draps ensanglantés sur lesquels on fit l'autopsie du saint, mort à quarante-six ans d'une phthisie pulmonaire.

L'archevêque de Milan est un des derniers saints canonisés par la cour de Rome : ce fut en 1610, vingt-six ans seulement après sa mort, que Paul V, ratifiant le culte général qui était rendu à son tombeau, le convertit en autel : aussi autour de cette existence presque contemporaine ne retrouve-t-on aucune des vieilles légendes du martyrologe ; ce fut la propre vie de saint Charles qui fut un long miracle : né au milieu des désordres civils et religieux, vivant au milieu de la corruption, de la prélature italienne, il fut le restaurateur obstiné de la discipline ecclésiastique, dont lui-même il donna l'exemple par son austérité. Durant ses études à Milan et à Pavie, il ne connut, comme autrefois saint Basile et saint Grégoire de Naziance à Athènes, que les deux rues qui conduisaient l'une à l'église, l'autre aux écoles publiques ; à douze ans il fut pourvu d'une des plus riches abbayes de l'Italie : c'était un fief de sa famille ; à quatorze, d'un prieuré que lui résigna le cardinal de Médicis, son oncle, en montant sur le saint-siége, sous le nom de Pie IV. Enfin à vingt-trois ans il était cardinal.

Ce fut alors que, pourvu des plus riches bénéfices de la Lombardie, revêtu de l'un des premiers rangs dans la hiérarchie ecclésiastique, entouré de ces séductions mondaines auxquelles cédaient à cette époque jusqu'aux souverains pontifes eux-mêmes, il fit trois parts de son bien, l'une pour les pauvres, la seconde pour l'église, et la troisième pour sa maison. Un si grand abandon, une vie si chrétienne, lui avaient déjà acquis l'amour de tous, lorsqu'un événement ajouta à ce sentiment celui du respect : un jour que le saint prélat faisait sa prière dans la chapelle archiépiscopale, un assassin entra dans l'église : c'était un moine de l'ordre des

Humiliés, ordre dont saint Charles avait attaqué les débordemens. Il s'approcha de l'officiant; et au moment où l'on chantait cette antienne : *Non turbetum cor vestrum neque formidet*, il lui tira à bout portant un coup d'arquebuse. Saint Charles, jeté sur ses mains par la commotion, se releva, et quoique se croyant blessé à mort, il ordonna de continuer l'office divin, s'offrant pour cette fois en sacrifice aux fidèles à la place du fils de Dieu. La prière finie, saint Charles se releva, et la balle, arrêtée dans ses ornemens épiscopaux, tomba à ses pieds : cet événement fut considéré comme un miracle.

Quelque temps après la peste éclata à Milan : saint Charles aussitôt, et malgré les représentations de son conseil, s'y transporta avec toute sa maison ; pendant six mois, il resta au centre de la contagion, portant au chevet de tous les mourans abandonnés, avec lui le secours de la parole : c'est alors qu'il vendit cette troisième part de biens qu'il s'était réservée pour lui-même, vaisselle d'or et d'argent, vêtemens et meubles, statues et tableaux ; — puis, lorsqu'il n'eut plus rien à donner aux pauvres et aux mourans, il pensa à s'offrir lui-même à Dieu comme une victime expiatoire : partout où le fléau était le plus cruel et le plus acharné, il alla pieds nus, la corde au cou, la bouche collée aux pieds d'un crucifix, priant le Seigneur avec des larmes de prendre sa vie en échange de celle de ce peuple qu'il frappait ainsi. Enfin, soit que le terme du fléau fût arrivé, soit que les prières du saint fussent entendues, la colère de Dieu remonta au ciel.

A peine sorti de cette longue épreuve, Charles reprit le cours de sa vie pastorale ; mais Dieu avait accepté le sacrifice offert ; ses forces étaient épuisées, une phthisie pulmonaire se déclara, et dans la nuit du 3 au 4 novembre 1584, le saint envoyé termina sa laborieuse carrière.

Cent ans après les habitans des rives du lac, réunis à la famille de saint Charles, lui votèrent une statue colossale, dont l'exécution fut confiée aux soins de Cerani : on tailla une esplanade dans le coteau voisin de la ville, on éleva un piédestal de trente-quatre pieds sur cette esplanade, et sur ce piédestal on dressa la statue du saint : cette statue est haute de quatre-vingt-seize pieds.

Le sacristain avait garde de ne point me conduire à cette merveille, et moi de mon côté je n'avais garde de passer sans la visiter. Nous nous mîmes en route, et de loin nous aperçûmes le saint évêque dominant le lac, portant un livre sous un bras et donnant de l'autre main la bénédiction épiscopale à la ville où il était né.

Les proportions de cette statue sont si bien en harmonie avec les montagnes gigantesques sur lesquelles elle se détache, qu'elle semble, au premier aspect et à une certaine distance, être de taille naturelle : ce n'est qu'en approchant qu'elle grandit démesurément, et que toutes ses parties prennent des proportions réelles et arrêtées. Pendant que j'étais occupé d'examiner le colosse, sur l'un des doigts duquel venait de se poser un corbeau, qui semblait à peine gros comme un moineau franc, le sacristain dressa une immense échelle contre le piédestal, et montant les trois ou quatre premiers échelons, il m'invita à le suivre.

Le lecteur sait mon peu de prédilection pour les ascensions aériennes ; il ne s'étonnera donc point qu'avant de me hasarder à sa suite, je lui aie demandé où il allait ; il allait dans la tête de saint Charles.

Quelque curieuse que me parût cette visite intérieure, j'éprouvais fort peu d'entrain à l'accomplir : cette échelle longue et pliante, qui devait me conduire d'abord sur un piédestal sans parapet, me paraissait un chemin assez hasardeux pour un voyageur aussi sujet aux vertiges que je le suis ; d'ailleurs, arrivé sur le piédestal, je n'étais qu'au quart de mon ascension, et je ne voyais nullement à l'aide de quelle machine je parviendrais au terme indiqué ; je fis l'observation à mon sacristain, qui me montra, sous un pli de la robe de la statue, une espèce de couloir qui conduisait à l'intérieur. Là, me dit-il, je trouverais un escalier parfaitement commode ; tout l'embarras était donc de gravir jusqu'à la plate-forme du piédestal ; je fis encore quelques observations sur les accidens du chemin ; mais mon guide, sentant que je faiblissais, insista avec une nouvelle force ; alors la honte me prit de reculer là où un sacristain marchait si ferme, je lui fis signe de continuer sa route, et je me mis à le suivre de si près que j'arrivai presque aussitôt que lui sur le piédestal. Il était temps : les montagnes, la ville et le lac commençaient à tourner d'une manière désordonnée ; si bien que je n'eus que le temps de fermer les yeux, de me cramponner à un pan de la robe du saint, et de m'asseoir sur le petit doigt de son pied gauche. Grâce à cette assiette plus tranquille, je sentis bientôt se calmer le bourdonnement de mes oreilles, j'acquis la conviction de l'immobilité de la base sur laquelle je reposais, et sentant que j'avais repris mon centre de gravité, je me hasardai à rouvrir les yeux : je retrouvais les montagnes, le lac et la ville à leur place ; il n'y avait que mon sacristain d'absent ; je tournai mes regards de tous côtés, il était complètement disparu ; je l'appelai, il ne me répondit pas : décidément cet homme avait été créé et mis au monde pour me faire damner.

Je me mis à sa recherche, présumant qu'il jouait à la cache-cache et que je le retrouverais dans quelque pli de ce bronze colossal ; je commençai en conséquence à faire le tour de la statue : c'était chose assez facile sur les côtés ; mais en tournant je trouvai sur mon chemin la queue de la robe du saint archevêque, et il fallut m'aventurer dans les flots de ce vêtement, qui pendaient au bord du piédestal ; enfin, tantôt en me cramponnant, tantôt marchant sur mes deux pieds, tantôt rampant à quatre pattes, je parvins à passer sans accident cette mer de bronze et à mettre le pied sur sa rive de granit. Je ne m'étais pas trompé, mon farceur m'attendait à moitié chemin d'une échelle de corde qui s'introduisait sous un pan de la robe du saint et conduisait dans l'intérieur de la statue ; il se mit à rire en m'apercevant, enchanté de l'espièglerie qu'il m'avait faite, et que je le soupçonne de renouveler chaque fois qu'un voyageur innocent à l'imprudence de le suivre. En effet, il aurait aussi bien pu placer tout de suite l'échelle de bois en face de l'échelle de corde ; mais il tenait, à ce qu'il paraît, à me faire dans les plus grands détails les honneurs de son archevêque ; je n'ai jamais vu d'homme d'église si frétillant et si peu préoccupé de la dignité de son costume.

Au reste, je ne fis pas mine de garder rancune de sa gentillesse ; je m'approchai de lui d'un air dégagé, et prenant mon temps, je l'empoignai par le bas de la jambe.

Alors commença notre seconde ascension, qui, quoique de huit ou dix pieds seulement, n'était pas la plus commode ; cependant je m'en tirai à mon honneur, grâce au point d'appui que je m'étais créé, et au bout de quelques instans je me trouvai dans l'intérieur du saint.

Mon premier soin fut de chercher de tous côtés, à la lueur de la lumière qui venait du haut, l'escalier promis ; mais ce fut là que je reconnus dans quel guet-apens j'ais été attiré : le seul et unique moyen d'ascension qui existât était une espèce d'échelle formée par une multitude de barres de fer, posées en travers comme les bâtons d'une cage, et destinées à soutenir cette masse énorme. Mon étonnement me fit lâcher prise : à peine eus-je commis cette imprudence, que mon sacristain sauta sur la première traverse et grimpa de barre en barre comme un écureuil aux branches d'un arbre. Alors une rage me prit d'avoir été joué ainsi par une espèce de rat d'église ; j'oubliai tournoiemens et vertiges, et je me mis à sa poursuite, ayant moins d'adresse, mais plus de force ; j'allais l'atteindre, lorsqu'il disparut une seconde fois dans une espèce de caverne, qui ouvrait sur notre route une gueule sombre de vingt pieds de hauteur sur cinq ou six de large. Comme je ne savais pas où elle conduisait, je m'arrêtai court, et me mis à cheval sur ma barre de fer pour en garder l'entrée, décidé à le rattraper à sa sortie et à ne plus le lâcher.

A force de regarder dans ce gouffre, mes yeux s'habituèrent à son obscurité. Alors j'aperçus mon guide, auquel je ne savais plus quel nom donner, et que j'étais parfois tenté de croire quelqu'un de ces êtres fantastiques comme en a connu Hoffmann, se promenant tranquillement dans une espèce de corridor en pente, et s'éventant voluptueusement avec son mouchoir. Dès qu'il vit que je l'avais découvert : — Eh bien !

me dit-il, ne venez-vous pas vous reposer un instant? nous sommes à moitié chemin.

Il m'offrait à la fois une bonne chose, et m'apprenait une excellente nouvelle : aussi je sentis ma colère s'évanouir pour faire place à la curiosité. Notre voyage, à part ses difficultés, qui commençaient à me paraître moins insurmontables, ne manquait pas d'une certaine originalité. Je pris donc le parti de le considérer sous son point de vue instructif et pittoresque; en conséquence, je m'accrochai à la barre de fer supérieure, je mis le pied gauche sur celle qui me servait de cheval, et je sautai du pied droit dans l'enfoncement où m'attendait mon compagnon de gymnastique.

— Où diable sommes-nous donc? lui dis-je après avoir cherché vainement à me rendre compte des localités.
— Où nous sommes?
— Oui.
— Nous sommes dans le livre de saint Charles.
— Tiens, tiens, tiens!

En effet, ce missel, qui d'en bas m'avait paru un in-folio ordinaire, avait vingt pieds de haut, dix pieds de long, et cinq pieds de large.

Je repris un instant haleine, appuyé contre sa reliure de bronze; puis, poussé par la curiosité, ce fut moi qui à mon tour demandai à mon guide de continuer le voyage.

Comme il l'a dit, je commençais à me faire aux difficultés de la route, aussi arrivai-je bientôt à l'ouverture pratiquée dans le dos du saint, et qui offre la dimension d'une fenêtre ordinaire. Elle s'ouvrait sur le chemin que j'avais parcouru le matin même en venant de Baveno : je ne m'arrêtai donc qu'un instant à considérer le paysage, puis je me remis en chemin. Quant à mon sacristain, il était arrivé depuis longtemps, et, comme il savait que je l'attendais aux cheminées, je l'entendais sans le voir chanter son cantique d'action de grâces; ce qui m'empêchait de le découvrir, c'était le rétrécissement de la route; il était produit par le cou de la statue; ce détroit franchi, je me trouvai au sortir du larynx dans une immense coupole éclairée par deux lucarnes; au milieu de ces deux lucarnes, qui sont les trous des oreilles, mon sacristain, les jambes pendantes, était irréligieusement assis dans le nez de saint Charles.

Au reste, je dois lui rendre cette justice, c'est qu'aussitôt que je parus il m'offrit sa place; mais, comme je suis plus respectueux des choses saintes que beaucoup de ceux qui en vivent, je refusai, sans lui dire la cause de mon refus qu'il n'aurait certes pas comprise.

Alors il me raconta je ne sais quel dîner de douze couverts qui avait été donné dans la tête de l'archevêque : les cuisiniers étaient dans le livre, et l'office dans le bras droit; cela ressemblait beaucoup à l'histoire de Gulliver dans le pays des géans.

Voyant que je refusais obstinément de m'asseoir dans le nez de saint Charles, il m'invita à regarder par son oreille gauche : c'était une autre affaire, et qui ne flairait aucunement le sacrilége; aussi ne fis-je aucune difficulté de passer ma tête par le *vas ist das*.

Mon sacristain avait raison, car de là on découvrait une vue magnifique : au premier plan, le lac bleu comme le ciel et uni comme un miroir; au second plan, les collines couvertes de vignes et le petit château crénelé d'Angera, puis au-delà, se prolongeant entre les Apennins et les Alpes, les riches plaines de la Lombardie, qui s'étendent jusqu'à Venise et vont mourir sur les sables du Lido. Je restai véritablement émerveillé et comme en extase.

Je redescendis au bout d'une heure, sans penser au danger du chemin; arrivé au bas du piédestal, le sacristain me demanda si je lui en voulais encore; je lui répondis en lui mettant une piastre dans la main.

Moyennant cette rétribution, il se chargea de me procurer un bateau, de sorte que le même soir j'arrivai à Sesto-Calende, qui est, je crois, le premier bourg du royaume Lombard-Vénitien.

Je trouvai toute l'auberge sens dessus dessous : il y avait huit jours qu'un voyageur français était arrivé en poste avec une jeune dame si souffrante, qu'elle n'avait pu aller jusqu'à Milan : force leur avait donc été de s'arrêter à Sesto. Aussitôt le jeune homme avait envoyé un courrier à Pavie, avec ordre de ramener, à quelque prix que ce fût, le docteur Scarpa; malheureusement le docteur Scarpa était mourant lui-même : en conséquence, il avait délégué un de ses confrères; le médecin était arrivé, mais avait trouvé la malade sans espoir. Deux jours après, elle était morte d'une affection chronique de l'estomac, et le matin même elle avait été enterrée; quant au jeune homme, après lui avoir rendu les derniers devoirs, il était reparti à l'instant même pour la France.

Une circonstance bizarre s'était présentée : en Italie, on enterre les cadavres dans les églises et dans une fosse commune, dont on descelle la pierre à chaque nouveau voyageur que la mort envoie à son hôtellerie : cette coutume avait répugné au mari, au frère ou à l'amant de la trépassée, car on ne savait pas à quel titre il lui appartenait. En conséquence, il avait acheté une maison et le jardin qui en dépendait; il avait fait bénir ce jardin et y avait enseveli, au milieu des fleurs et à l'ombre des orangers et des lauriers-roses, sa mystérieuse compagne; quant à son tombeau, c'était une simple pierre de marbre avec un nom dessus.

La soirée était charmante; je demandai si l'on ne pouvait pas me conduire à ce jardin; l'aubergiste me donna un guide; il marcha devant moi, et je le suivis.

La maison achetée par mon compatriote était située hors du village, sur une petite colline d'où l'on découvre une partie du lac; les anciens propriétaires, qui s'étaient réservé trois mois pour faire leur déménagement, m'introduisirent sans difficulté dans ce jardin qui était devenu un cimetière; je fis signe de la main que je désirais qu'on me laissât seul; je n'avais pas l'air d'un profanateur de tombes, on y consentit.

J'allai d'abord au hasard dans ce petit enclos tout embaumé; puis j'aperçus un massif de citronniers, et me dirigeai de son côté : à mesure que j'avançais, je voyais sous son ombre blanchir une pierre; bientôt je reconnus que la forme de cette pierre était celle d'une tombe : je m'en approchai, et m'inclinant vers elle, à la lueur d'un rayon de la lune qui glissait à travers le massif qui l'ombrageait, je lus ce seul mot : *Pauline* (1).

Le lendemain le garçon de l'hôtel, que j'avais envoyé à la poste avec mon passeport, me rapporta une lettre qui me força de partir à l'instant pour la France. Cinq jours après j'étais à Paris.

Comme je ne connaissais de l'Italie que ce que j'en avais vu par l'oreille de saint Charles Borromée, je fis en la quittant le vœu d'y retourner : c'est ce vœu que je viens d'accomplir.

Ceci soit dit en passant pour ceux de mes lecteurs qui auront le courage de me suivre dans un nouveau pèlerinage.

ÉPILOGUE.

Vers la fin de l'année 1833, mon domestique, qui probablement ne trouvait pas les mansardes de la rue Saint-Lazare à sa guise, me répéta si souvent que mon logement ne me convenait pas, que je lui dis un soir qu'il avait raison, et que je ne demandais pas mieux que de le quitter, s'il se chargeait de m'en trouver un et de faire mon déménagement sans que j'eusse à m'en occuper.

Le lendemain matin, j'entendis une grande discussion dans ma salle à manger; je passai ma robe de chambre, et j'allai

(1) Un jour je publierai probablement l'histoire de cette mystérieuse jeune fille, qui m'apparut ainsi trois fois en courant à cette tombe où elle devait enfin s'abîmer pour toujours; mais en ce moment, quelques convenances sociales s'y opposent encore.

voir ce que c'était. Joseph discutait avec un commissionnaire le prix du transport de mes tableaux et de quelques petits meubles. Aussitôt que ce dernier m'aperçut, il fit un appel à ma conscience en me demandant si c'était trop de vingt-cinq francs pour transporter mes tableaux, mes livres et mes curiosités, rue Bleu, n° 50.

— Il paraît, dis-je à Joseph, que je préfère la rue Bleu à la rue Saint-Lazare?

— Oui, monsieur, me répondit-il, et vous y avez loué ce matin un logement au premier, qui ne coûte que cent francs de plus que celui-ci, qui est au troisième.

— C'est bien; seulement vous vous informerez pourquoi on écrit la rue Bleu sans e.

— Oui, monsieur. — Je rentrai dans ma chambre et me remis au lit.

— Vous voyez, reprit François, que monsieur ne trouve pas que ce soit trop cher.

— C'est bien, tu auras tes vingt-cinq francs; mais tu te chargeras de savoir pourquoi on écrit la rue Bleu sans e.

— Et à qui faut-il que je demande cela?

— C'est ton affaire.

— Alors on verra à s'informer, dit François.

La fin de ce dialogue me confirma dans une idée qui m'était déjà venue il y avait longtemps: c'est que Joseph faisait cirer mes bottes par la concierge et faire ses courses par François, et que la seule peine que cette partie de mon service lui coûtait était d'ajouter à ma note mensuelle quinze francs de ports de lettres que je n'avais pas reçues.

C'est chose déplaisante d'être volé par son valet de chambre, d'autant plus qu'il vous prend pour un imbécile, ce qui l'entraîne tout naturellement à vous manquer de respect; mais c'est chose plus désagréable encore de changer une figure à laquelle on est habitué pour une figure à laquelle on ne s'habituera peut-être pas; il faut un an au moins pour lever le masque qui couvre un nouveau visage, et encore faut-il supposer qu'on n'ait guère que cela à faire.

Malheureusement pour ma bourse et heureusement pour Joseph, j'avais en ce moment autre chose à faire, *Angèle*, je crois. Je décidai donc que je continuerais à me laisser voler.

Je venais de prendre cette détermination, lorsqu'une nouvelle discussion s'éleva dans l'antichambre.

— Monsieur n'y est pas, dit Joseph.

— Oh! je sais bien, répondit une voix qui ne m'était pas inconnue; — on m'avait prévenu qu'à Paris on n'y était jamais.

— Monsieur est sorti.

— Sorti à huit heures, c'est bon dans nos montagnes, là; mais dans la grande ville, quand on est sorti de si bon matin, c'est qu'on n'est pas rentré.

— Monsieur ne découche jamais, dit sèchement Joseph, qui tenait à me conserver une réputation virginale.

— Je ne dis pas cela pour vous offenser; mais ça n'empêche pas que s'il savait que je suis là il me ferait joliment entrer.

— Si vous voulez laisser votre nom, continua Joseph, je le remettrai à monsieur quand il rentrera.

— Oh! que oui, que je le laisserai mon nom, et quand il saura que je suis à Paris, qu'il m'enverra chercher un peu vite encore!

— Et où demeurez-vous? dit Joseph, qui commençait à prendre peur.

— A la barrière de la Villette, vu que ça coûte moins cher que dans l'intérieur.

— Et comment vous appelez-vous? ajouta Joseph de plus en plus inquiet.

— Gabriel Payot.

— Gabriel Payot, de Chamouny? criai-je de mon lit.

— Hein! farceur, que je savais bien qu'il y était moi! — Oui, oui, de Chamouny, et qui vient vous voir encore, et qui vous apporte une lettre de Jacques Balmat, dit Mont-Blanc.

— Entrez, mon brave, entrez.

— Ah!... fit Payot.

Joseph ouvrit la porte, et annonça monsieur Gabriel Payot de Chamouny.

Payot le regarda de côté pour voir s'il ne se moquait pas de lui; mais, voyant que Joseph fermait la porte en gardant son sérieux, il chercha où j'étais, et m'aperçut dans mon lit.

— Oh! pardon, excuse, me dit-il.

— C'est bien, c'est bien, mon enfant. Et par quel hasard?

— Oh! je vais vous conter tout cela.

— Asseyez-vous d'abord.

— Je ne suis pas fatigué, merci.

— Asseyez-vous toujours, c'est l'habitude à Paris.

— Puisque vous le voulez absolument.

— Là, là; je lui montrai une chaise auprès de mon lit. Connaissez-vous cette montre-là Payot(1)?

— Si je la connais! je le crois bien; elle a donné plus de tourment à mon cousin Pierre qu'elle n'est grosse. Elle va toujours?

— Mais oui, quand je n'oublie pas de la remonter.

— Eh bien! j'en avais une aussi, moi, oh! mais qui en faisait quatre comme celle-là, une montre de Genève; un jour que j'étais en ribotte, je lui ai donné un tour de clef de trop, ça a décroché le grand ressort; je l'ai portée, sans rien dire à ma femme, au maréchal ferrant de Chamouny, qu'est adroit comme un singe, il fait des tournebroches; eh bien! c'est égal, elle n'a jamais été fameuse depuis.

— Et qu'est-ce qui vous amène à Paris, mon bon Payot?

— A Paris! ah! bah! je viens de Londres.

— De Londres! et que diable avez-vous été faire à Londres?

— Il faut d'abord vous dire qu'il est venu l'année dernière, derrière vous, un Anglais à Chamouny; il en vient un sort, vous savez; tant mieux pour le village, parce qu'ils paient bien. Ce n'est pas que les Français ne paient pas, oh! ils paient aussi: c'est le même prix pour tout le monde d'ailleurs; mais nous aimons mieux les Français, nous autres, ils parlent savoyard; si bien qu'il est venu et qu'il a fait la même tournée que vous, si ce n'est qu'il a été au jardin où vous n'avez pas voulu aller, vous, et vous avez eu tort, parce que quand on y a été on peut dire: J'y ai été. Si bien qu'il me dit: Quelle est la dernière personne que vous avez menée? — Ah! ma foi, je lui dis, c'est un bon garçon; je vous demande pardon, monsieur, vous n'étiez pas là; moi, j'ai dit ce que je pensais; d'ailleurs vous savez comme tout le monde vous aime chez nous. Voilà ses certificats; vous vous rappelez que vous m'en avez donné trois, un en anglais, un en italien et un en français.

— Oui, très bien.

— Oh! mais voilà la farce, vous allez voir; si bien qu'il me dit: Si tu veux me donner un de ces certificats-là pour vingt francs, je te l'achète.

— Est ce que vous voulez vous faire guide? que je lui dis; c'est un vilain métier, allez; vaut mieux être mylord. — Non, qu'il me répond; mais je fais une collection d'*orthographes*. — Oh! quant à l'orthographe, elle y est, c'est d'un auteur; si bien qu'il me tira les vingt francs de sa poche; je les prends moi; j'ai bien fait, n'est-ce pas? ça ne valait pas plus de vingt francs, ce chiffon de papier?

— Ça ne valait pas vingt sous.

— Je l'ai pensé; mais ils sont si bêtes, ces Anglais! si bien qu'arrivés au jardin, voilà qu'il nous part deux chamois; un hasard; mais c'est égal, l'Anglais était très content. — Pardieu! dit-il, voilà deux petites bêtes que je paierais bien mille francs la pièce, rendues à mon parc. — On peut vous en conduire deux à moins que ça. — Vraiment? dit il. — Parole d'honneur! — Eh bien! voilà mon adresse à Londres; si tu m'amènes deux chamois vivans, je ne me dédis pas.

— Tope! que je lui réponds. — Veux-tu que je te fasse un engagement? — Tapez dans la main, ça suffit. Effectivement, voilà tout ce qui a été dit; seulement, en me quittant au bout de trois jours, il me donna cent francs au lieu de

(1) Voir page 28 de ce volume.

vingt-sept. Vous savez, neuf francs par jour, c'est le prix pour un homme et un mulet ; à propos de mulet, vous vous rappelez Dur-au-trot ? il est ici.

— Bah ! je vous plains, si vous êtes venu dessus.

— Ah ! je le loue aux voyageurs ; mais je ne le monte jamais ; je ne m'en sers qu'à la voiture. Si bien qu'à ce printemps, je me suis souvenu de mon Anglais, et comme je connais à peu près tous les repaires, je n'ai pas été longtemps à mettre la main sur deux chamoisseaux superbes, un mâle et une femelle : ils étaient gros comme le poing ; ils ne voyaient pas clair, on leur a donné à téter avec un biberon, comme à des enfans ; c'est offenser Dieu, ma parole ! C'est ma fille qui les a nourris. A propos, vous savez bien ma fille, elle était grosse ; elle est accouchée ; on m'attend pour faire le baptême. Si bien que, quand mes chamois ont eu trois mois, j'avais toujours l'adresse de mon Anglais, je dis à ma femme : Faut que j'aille à Londres. Je vous demande un peu si elle était saisie ! — Qu'est-ce que tu vas faire à Londres ? — Livrer ma marchandise, ces deux bêtes-là, ça vaut deux mille francs ! — Tu es en ribotte, qu'elle me dit ; c'est son mot. Je la laisse dire ; je m'en vas dans la cour, j'arrange une vieille cage, je tire la charrette du hangar, j'entre dans l'écurie ; je dis à Dur-au-trot : En voilà un bout de chemin que nous allons faire ! Je mets mes chamois dans la cage, la cage dans la charrette, la charrette au derrière de Dur-au-trot ; je demande au maître d'école le chemin de Londres. Il me dit que, quand je serais à Sallanche, je n'ai qu'à tourner à droite ; quand je serais à Lyon, qu'à prendre à gauche, et qu'à Paris, le premier commissionnaire venu m'indiquera ma route. Effectivement, à Paris, on me dit ; Vous voyez bien la Seine ? Eh bien ! suivez-la toujours, et vous trouverez le Havre.

— Et vous êtes parti comme cela, sans autre convention avec votre Anglais ?

— Tout était convenu, il m'avait tapé dans la main ; mais voilà le plus beau de l'histoire. J'arrive au Havre, il faisait nuit fermée ; l'aubergiste me demande où je vas ; je lui dis que je vas à Londres. Le lendemain matin j'étais en train d'atteler, quand il entre dans la cour un jeune homme avec un chapeau ciré, une veste bleue et un pantalon blanc ; il vient à moi, je mettais ma roulière ; il me dit : C'est vous qui allez à Londres ? — Oui. — Eh bien ! voulez-vous que je vous passe ? — Quoi ? — La Manche. — Farceur !... Je boucle la sous-ventrière à Dur-au-trot, et en avant, marche. — La route de Londres, mon ami ? — Tout droit. — Le chapeau ciré me suivait par derrière. Au bout de cinq minutes, plus de chemin ; je demande où je suis, on me répond : Sur le port... — Et Londres donc ? — Eh bien, de l'autre côté de la mer. — Et pas de pont ! — Le chapeau ciré se met à rire. — Ah ! mais, je dis, nous ne sommes pas convenus de cela ; il m'avait pas dit qu'il y avait la mer, l'autre. Je ne suis pas marin, moi... J'étais vexé on ne peut pas plus ; enfin je dis à Dur-au-trot : Faut retourner, quoi ! ça ne nous connaît pas. Nous retournons ; le gredin d'aubergiste était sur sa porte. — Tiens ! il me dit, vous voilà ? — Oui, me voilà ; vous êtes gentil, vous ne me dites pas qu'il faut traverser la mer pour aller à Londres. — Il se met à rire. — Brigand ! — Dame ! dit-il, je vous ai vu partir avec un matelot du vapeur. — Le chapeau ciré ? — Oui, un paroissien bien aimable encore, comme vous. — Allons, venez boire un verre de cidre, dit l'aubergiste. Faut vous dire que dans ce pays-là on fait du vin avec des pommes.

— Oui, je sais. Enfin, comment êtes-vous parti ?

— Oh ! il m'a fallu en passer par où il ont voulu ; j'ai laissé Dur-au-trot et la charrette chez l'aubergiste, et le lendemain matin, au petit jour, je me suis embarqué avec mes bêtes. Croiriez-vous qu'ils ont eu l'infamie de me faire payer leurs places ? Quand je dis que je les ai payées, c'est un mylord qui les a payées, parce que mes chamois ont amusé sa fille. Imaginez-vous une pauvre jeune fille qui était poitrinaire... dix-huit ans ! mais belle, on disait comme ça sur le vapeur qu'elle était condamnée, elle venait du midi ; mais le mal du pays lui avait pris. Moi, ce n'était pas le mal du pays, c'était le mal de mer qui me tenait. Avez vous jamais eu le mal de mer, vous ?

— Oui.

— Eh, bien ! vous savez ce que c'est, alors. J'aimerais mieux, voyez-vous, que ma femme accouche, que de repasser par là ; d'ailleurs je n'étais pas le seul, ils étaient tous dans des états !... Je crois que c'est ce gredin de cidre qui me tournait sur le cœur. Le chapeau ciré me disait : Faut manger, faut manger. — Ah ! oui, manger ! au contraire. Au bout de six heures de route, nous étions tous sur le flanc. Il n'y avait que la jeune Anglaise qui n'éprouvait rien. Elle passait au milieu de nous tous, légère comme une ombre, pour venir jouer avec mes chamois. Elle aurait pu leur ouvrir la cage et les lâcher que je n'aurais pas couru après, je vous en réponds.

Vers le soir, le temps devint gros, comme ils disent. On entendit quelques coups de tonnerre, et la mer se mit à danser. Ce n'était pas le moyen de nous soulager. Aussi je donnais mon âme à Dieu et mon corps au diable. Avec cela il venait une gredine d'odeur de côtelettes, pouah !... c'était le chapeau ciré qui faisait cuire son souper. L'orage allait son train ; je disais : Bon ! si ça continue, il y a l'espoir que nous ferons naufrage, au moins. On donnerait sa vie pour deux sous quand on est comme cela. Tout tournait, voyez-vous, comme quand on est ivre. La nuit était venue, le pont avait l'air d'être vide, le paquebot semblait marcher à la grâce de Dieu : la jeune fille alla s'appuyer contre le mât et y resta debout. A chaque éclair, je la revoyais blanche et pâle comme une sainte, avec ses grands cheveux blonds qui flottaient au vent, et ses yeux que brûlaient la fièvre ; puis je l'entendais tousser, que ça me déchirait la poitrine. Pendant un éclair, je lui vis porter un mouchoir à sa bouche, elle le retira plein de sang. Alors elle se mit à sourire, mais d'un sourire si triste que c'était à fendre l'âme ; en ce moment il passa un éclair que le ciel sembla s'ouvrir, et la pauvre enfant fit un signe de la tête comme pour dire : Oui, j'y vais. Quant à moi, je fermai les yeux, tant mon cœur se retournait, et je ne sais plus ce qui se passa : je me rappelle qu'il fit du vent et qu'il tomba de la pluie, voilà tout. Puis j'entendis des voix, je crus voir la lueur de torches à travers mes paupières ; enfin on me prit par dessous les épaules : J'espérais que c'était pour me jeter à la mer.

Au bout d'une demi-heure à peu près, je me trouvai mieux, je sentis quelque chose de tiède et de doux qui me passait sur les mains ; j'ouvris les yeux et je regardai : c'étaient mes petites bêtes qui me léchaient. J'étais dans une chambre, couché sur un lit, avec un bon feu dans la cheminée : nous étions à Brighton.

J'en eus pour dix minutes au moins avant d'être bien sûr que nous étions sur la terre ferme ; il me semblait toujours sentir ce maudit roulis ; enfin, petit à petit, ça se passa, et mon estomac commença à me tirailler. C'était étonnant, je n'avais rien pris depuis la veille, au contraire ; et puis il venait de la cuisine une fine odeur de côtelettes ; je dis : — Bon ! on s'occupe du souper, à ce qu'il paraît. En ce moment, le garçon entra et me baragouina trois ou quatre paroles en anglais ; comme il avait une serviette devant lui, et qu'il me fit signe en portant sa main à sa bouche, je compris que cela voulait dire que le potage était servi. Je ne me fis pas dire deux fois, et je descendis.

Arrivé en bas, on me demande si j'étais des premières ou des secondes. — Des secondes, je dis ; car je ne suis pas fier, moi. La porte de la salle à manger des premières était ouverte, j'y jetai un coup d'œil en passant ; tout le monde était déjà en fonctions, excepté la jeune Anglaise et son père qui n'étaient pas à table. Je trouvai mon chenapan de chapeau ciré, qu'avait devant lui une pièce de bœuf... — Ah ! je lui dis, sans rancune, je vas me mettre en face de vous, hein ?...

— Faites, qu'il me répond. C'était un brave garçon, foncièrement... — Ah ! je lui dis, un verre de vin ; vite, ça me fera du bien. — Du vin ! qu'il me répond, êtes-vous assez en fonds pour en consommer ? ça coûte douze francs la bouteille, ici.

— Douze sous, vous voulez dire. — Douze francs ! — Excusez du peu ! Qu'est-ce que c'est donc ça que vous avez dans une cruche? — De l'ale. — De?... — De la bierre, si vous l'entendez mieux, l'aimez-vous? — Dame, ça n'est pas fameux; mais ça vaut toujours mieux que de l'eau; versez. — A votre santé! — A la vôtre pareillement! — A propos de santé, que j'ajoutai quand j'eus reposé mon verre, et notre jeune fille? — Laquelle? — Du vapeur. — Oh! ça va de travers. Elle se meurt. — Bah! elle n'était pas malade. — Non, de votre malade qui n'était rien; mais elle en avait une autre qui était quelque chose. C'est mauvais signe, voyez-vous, quand un chrétien n'éprouve pas ce qu'éprouvent les autres, et je me suis douté de ce qui arrive, la maladie a vaincu le mal : c'était la mort qui la soutenait. Quand vous étiez sur le vaisseau, n'est-ce pas? elle était seule debout; maintenant nous sommes sur la terre, elle est seule couchée, et elle ne se relèvera pas. — Ah! que je lui répondis, vous m'avez donné à souper, je ne mangerai plus. Pauvre vous!...

Le lendemain matin, au petit jour, comme j'allais partir dans une carriole de retour, toujours avec mes bêtes, je vis son père; il était assis dans la cour sur une borne, il avait l'air de ne songer à rien. Sans cœur! que je pensai; il ne bougeait pas plus qu'une statue. Ah! ces Anglais, que je disais, ça n'a pas d'âme; si j'avais une fille comme ça, moi, malade, mourante, je la casserais la tête contre les murs. Gros bouledogue, va!... Je tournais autour de lui pour lui donner un coup de poing, ma parole d'honneur! Il ne faisait pas plus attention à moi qu'à rien du tout, quand en passant devant sa figure!... Pauvre cher homme, il avait deux grosses larmes qui lui coulaient des yeux et qui lui roulaient sur les mains. — Pardon, que je lui dis, je vous demande pardon. — Elle est morte! me répondit-il, En effet, un vaisseau s'était brisé dans sa poitrine, et le sang l'avait étouffée pendant la nuit.

Je mis deux jours pour aller à Londres. C'est bien long deux jours, quand on est tout seul avec un farceur qui chante tout le long de la route, et qu'on a une pensée triste. Je voyais toujours cette pauvre fille sur le pont du bâtiment, et le gros Anglais sur la borne; enfin, n'en parlons plus.

Si bien que j'arrivai enfin. Je demande si on connaît mon adresse; on m'indique la maison. A la porte, je demande si l'on connaît mon homme; on me dit que c'est ici. J'entre avec mes bêtes; toute la maison était autour de la carriole. Un monsieur se met à la fenêtre et demande en anglais ce qu'il y a. Je reconnais mon voyageur : C'est Gabriel Payot de Chamouny, que je lui dis, que je vous amène vos chamois. — Ah! — Vous savez que vous m'avez dit... — Oui, oui. — Il m'avait reconnu. C'est comme vous. Ah! voilà un brave mylord. C'était une joie dans la maison!... On conduisit les chamois dans une chambre superbe. Bon! je dis, si on les loge comme ça, où me mettra-t-on, moi? dans un palais.

Je ne m'étais pas trompé : un grand laquais me dit de le suivre; je montai deux étages. On m'ouvrit un appartement où il y avait des tapis partout, des rideaux de soie, des chaises de velours, un luxe, quoi! Ma foi, je ne fis ni une ni deux; je laissai mes souliers à la porte, et j'entrai comme chez moi. Cinq minutes après, le domestique m'apporta des pantoufles, et me demanda si j'aimais mieux déjeuner avec mylord ou être servi dans ma chambre. Je répondis que c'était comme mylord voudrait. Alors il me demanda si j'avais l'habitude de me faire la barbe moi-même; je lui répondis qu'à Chamouny le maître d'école venait me raser dans ses momens perdus; mais que depuis que j'étais en route j'étais obligé de me faire la chose moi-même. — Oui, cela se voit, qu'il me dit. Effectivement, j'avais deux ou trois balafres, parce que j'ai la main lourde, moi, l'habitude de m'appuyer sur le bâton ferré, voyez-vous... — On enverra le valet de chambre de mylord. — Envoyez. Cinq minutes après, il entra un monsieur en habit bleu, en culotte blanche et en bas de soie. Devinez qui c'était?

— Le valet de chambre.

— Tiens!... eh bien! moi, je le pris pour le maître, je me levai et je lui fis un salut. Il dit qu'il venait pour me faire la barbe, je ne voulais pas le croire; il tira des rasoirs, une savonnette, enfin tout ce qu'il fallait; il m'avança un fauteuil, je me fis beaucoup prier pour m'asseoir, je voulais lui montrer que je savais vivre. Je lui disais : Non, non, je resterai tout droit, merci. Mais il me répondit que cela le gênerait : je m'assis, il me frotta le menton avec du savon qui sentait le musc, et puis alors il me passa sur la figure un rasoir, ce n'était pas un rasoir, c'était un velours; puis il me dit :

— C'est fait. Je ne l'avais senti. Maintenant, monsieur veut-il que l'habille?

— Merci, j'ai l'habitude de m'habiller tout seul.

— Monsieur veut-il du linge?

— Oh! j'ai mon affaire dans mon paquet; est-ce que vous croyez que je suis venu ici comme un sans-culotte? Faites-moi monter le porte-manteau; il est garni, allez!

— Et quand monsieur sera-t-il prêt?

— Dans dix minutes.

— C'est que mylord attend monsieur pour déjeuner.

— S'il est pressé, dites-lui de commencer toujours, je le rattraperai.

— Mylord attendra monsieur.

— Alors dépêchons-nous.

Je fis une toilette soignée, ce que j'avais de mieux, enfin. Mylord était dans la salle à manger avec sa femme et deux jolis petits enfans. Il me présenta à elle, et lui adressa quelques mots en anglais.

— Excusez, me dit-il, mais mylady ne parle pas français. (Un drôle de nom de baptême, n'est-ce pas, mylady?) — Il n'y a pas de mal, que je lui dis; on n'est pas déshonoré pour cela. Madame Mylady me fit signe de m'asseoir près d'elle. Mylord me versa à boire; je saluai la société, et je portai le verre à ma bouche. Voilà du crâne vin! que je dis à mylord.

— Oui, il n'est pas trop mauvais.

— Et ce farceur de chapeau ciré qui me disait que le vin coûtait douze francs la bouteille en Angleterre!

— Oui, le vin de Bordeaux ordinaire; mais celui-là est du Château-Margaux!

— Comment! meilleur il est, moins cher il coûte dans ce pays-ci? fameux pays!

— Vous ne m'avez pas compris : je dis que celui-là coûte, je crois, un louis.

Je pris la bouteille pour y verser ce qui restait dans mon verre.

— Que faites-vous? dit mylord en m'arrêtant le bras.

— Je ne bois pas de vin à un louis, moi, c'est offenser Dieu : gardez-le pour quand le roi viendra dîner chez vous, c'est bien.

— Est-ce que vous ne le trouvez pas bon?

— Je serais difficile!

— Eh bien! alors ne vous en faites pas faute, mon brave, je vous en donnerai une vingtaine de bouteilles pour faire la route.

Tant qu'il n'y eut qu'à boire du vin de Bordeaux et à manger des beefsteaks, ça alla bien; mais à la fin du déjeuner, voilà un grand escogriffe qui apporte un plateau avec des tasses, une cafetière d'argent et une fontaine de bronze dans laquelle il y avait de l'eau et du feu. On met tout cela devant la maîtresse de la maison; elle jette plein sa main de vulnéraire dans la cafetière, elle ouvre le robinet, l'eau coule dessus, au bout de cinq minutes on verse l'infusion dans les tasses. Mylord en prend une, mylady une autre; on m'en passe une troisième; je dis : — Non, merci, je ne me suis pas donné de coups à la tête, je ne crains pas de dépôt; buvez votre médecine, moi, je m'en prive. — Ce n'est pas pour les coups à la tête, dit mylord, c'est pour la digestion de l'estomac. Je n'ose pas refuser deux fois, je prends la tasse. — J'avale trois gorgées sans goûter; à la quatrième, impossible; c'était mauvais! je repose la tasse. — Eh bien! dit mylord. — Peuh! heu! — C'est de l'excellent thé qui vient directement de la Chine. — Est-ce bien loin, la Chine? que je lui dis. — Mais à cinq mille lieues de Londres, à peu près. — Eh bien! ce n'est pas pour dire, mais il ne m'irait pas en chercher là, s'il en manque ici. — Madame Mylady lui souffle deux mots en anglais : alors mylord se retourne de mon côté et me dit : — Est-ce que vous n'avez pas mis de sucre dans votre tasse? —

Non, je réponds, je ne savais pas, moi ! — Mais cela doit être exécrable. — Le fait est que ça n'est pas bon, avec ça que vous ne m'avez pas dit de prendre garde, je me suis brûlé la langue : voyez. — Pauvre homme ! — Et puis ce n'est pas le tout ; oh ! là, là ! il me semble que le mal de mer me reprend : c'est l'eau chaude, voyez-vous. Je ne peux pas sentir l'eau chaude, moi, la froide me fait déjà mal.—Qu'est-ce que vous voulez prendre, Payot ? il faudrait prendre quelque chose. — Voulez-vous me permettre de me traiter moi-même ? — Sans doute.—Eh bien ! faites-moi donner un verre d'eau-de-vie, de la vieille.

— Au fait, je me rappelle, dis-je à Payot, enchanté de trouver une occasion d'interrompre son récit, qui commençait à traîner en longueur, que vous ne détestez pas le cognac.— Joseph !...

Mon domestique entra.

— Apportez la cave.

— Oh ! il n'y a besoin de toute la cave, une bouteille suffira.

— Soyez tranquille. Ainsi donc vous avez été très bien reçu à Londres ? Combien de jours y êtes-vous resté ?

— Trois jours ; le premier, mylord me conduisait à la campagne. Nous avons lâché les chamois dans le parc, devant la femme et les enfans, ç'a été une fête. Le second, nous avons été au spectacle, tout ça dans la voiture de mylord. Le troisième, il m'a conduit chez un marchand d'habits, où il y en avait plus de cent cinquante tout faits ; et il m'a dit : Choisissez en un complet, complet. Alors je ne me suis pas embêté, vous comprenez ; j'ai pris un velours qui se tenait tout seul, je l'essayai, il m'allait comme un gant ; d'ailleurs c'est celui-là, voyez ! — Payot se leva et fit deux tours sur lui-même. — Maintenant, me dit mylord, il faut quelque chose dans les poches pour les empêcher de ballotter, voilà cent guinées.

— Qu'est-ce que ça fait cent guinées ?

— Deux mille sept cents francs à peu près.

— Mais vous ne me devez que deux mille francs.

— Pour les chamois, c'est vrai ; les sept cents francs seront pour le voyage.

— Enfin, que je lui dis, je ne sais pas comment vous remercier, moi.

— Ça n'en vaut pas la peine ; maintenant, tant que vous voudrez rester, vous me ferez plaisir.

— Merci ; mais, voyez-vous, il faut que je retourne au pays : ma fille est accouchée, et on m'attend pour le baptême ; ah ! sans ça, je resterais ici, j'y suis bien.

— Alors je vous ferai reconduire demain à Brighton ; le paquebot part après-demain pour le Havre, j'y ferai retenir votre place.

— Tenez, mylord, j'aimerais mieux m'en aller par un autre chemin et payer la voiture.

— Cela ne se peut pas, mon ami, l'Angleterre est une île comme le jardin où nous avons été, vous savez ? seulement, au lieu de glace, c'est de l'eau qu'il y a tout autour.

— Enfin, puisque c'est comme ça et que nous n'y pouvons rien faire, il ne faut pas nous désoler, je partirai demain.

Le lendemain, au moment de monter en voiture, madame Mylady me donna une petite boîte. — C'est un cadeau pour votre fille, me dit mylord. — Oh ! madame Mylady ! que je lui dis, vous êtes trop bonne.

— Vous pouvez appeler ma femme Mylady, tout court.

— Oh ! jamais.

— Je vous le permets.

Il n'y a pas eu moyen de refuser, je lui ai dit : Adieu, Mylady, comme j'aurais dit : Adieu, Charlotte, et me voilà.

— Soyez le bienvenu, Payot ; vous dînez avec moi, n'est-ce pas ?

— Merci, vous êtes trop bon.

— C'est bien ; à quelle heure dînez-vous ordinairement ?

— Mais je mange la soupe à midi.

— Cela me va parfaitement, c'est l'heure où je déjeune. C'est bien, je vous attends.

— Mais, dit Payot, retournant son chapeau entre ses doigts, c'est que moi je suis ici, voyez-vous, comme vous étiez à Cha-

mouny, et je ne me reconnais pas plus dans vos rues que vous ne vous reconnaissiez dans nos glaciers ; de sorte que j'ai pris un guide, un pays, un bon enfant ; et que je lui ai dit de venir dîner avec moi pour la peine.

— Eh bien ! amenez-le.

— Ça ne vous dérangera pas ?

— Pas le moins du monde ; nous serons trois au lieu de deux, voilà tout ; nous parlerons du mont Blanc.

— C'est dit.

— A propos du mont Blanc, vous avez pour moi une lettre de Balmat !

— Oh ! c'est vrai.

— Que fait-il ?

— Eh bien ! il cherche toujours sa mine d'or.

— Il est fou.

— Que voulez-vous ? c'est son idée ; il serait riche sans ça, il a gagné de l'argent gros comme lui ; mais tout ça s'en va dans les fourneaux. Ah ! il vous en parle dans sa lettre, j'en suis sûr.

— C'est bien ; je vais la lire ; à midi !

— A midi !

Payot sortit. J'appelai Joseph, et lui ordonnai d'aller commander à déjeuner pour trois personnes au Rocher de Cancale ; puis je décachetai la lettre de Balmat. La voici dans toute sa simplicité :

« Par l'occasion de Gabriel Payot qui va à Londres et qui passe par Paris, je vous dirai que deux messieurs, avocats à Chambéry, ont voulu faire l'ascension du mont Blanc, le 18 août dernier, mais qu'ils n'ont pu réussir à cause du mauvais temps, vu que ces messieurs m'avaient bien fait visite avant de partir, mais qu'ils n'avaient pas demandé mon conseil pour là sûreté du ciel ; alors ils ont été pris par un brouillard neigeux, et ensuite par une bourrasque de grêle épouvantable, de sorte qu'ils ont pu monter jusqu'au pré du Petit-Mulet ; mais ils ont été renversés sur la neige à cause du gros vent, et forcés de redescendre bien mal contens de n'avoir pas monté à la cime. Ce n'est pas ma faute, car en passant devant ma maison je leur avais prédit qu'ils auraient le brouillard ; mais les guides leur ont dit que j'étais un vieux radoteur. C'est eux qui sont trop jeunes ; ils sont avides de gagner de l'argent, et voilà tout ; ils ne connaissent pas assez les temps pour faire de pareilles courses. Aujourd'hui un jeune Anglais m'a fait une visite chez moi, et m'a dit que l'année prochaine il avait le projet de gravir le mont Blanc. J'aimerais pourtant bien à entendre que des Français y aient monté aussi, vu que les Anglais sont toujours les Vainqueurs et bavardent les Français.

» Je vous remercie infiniment de votre bon souvenir, et de m'avoir fait parvenir votre premier volume des *Impressions de Voyage*. Un parisien m'a dit que vous allez mettre le second volume à l'impression ; s'il ne coûtait pas trop cher, j'aimerais bien à l'avoir, ainsi que les deux volumes de la *Minéralogie de Beudant*, attendu qu'à force de chercher, je crois que j'ai trouvé un filon de mine d'or.

» En attendant de vos nouvelles, je vous salue bien et suis votre dévoué serviteur,

» JACQUES BALMAT, dit MONT-BLANC. »

« *P. S.* Je vous écris à la hâte, et ne sais trop si vous pourrez déchiffrer la lettre, l'écriture n'étant pas mon fort, attendu que je n'ai pris que dix-sept leçons à un sou la leçon, et que mon père m'a interrompu à la dix-huitième, en me disant que c'était trop cher. »

Je sortis pour aller chercher le deuxième volume des *Impressions de Voyage* et la *Minéralogie de Beudant*, admirant la force de volonté de cet homme. A vingt-cinq ans, une lettre de Saussure lui avait donné l'idée de gravir le mont Blanc ; et après cinq ou six tentatives infructueuses, dans lesquelles il avait risqué sa vie contre une mort inconnue et sans gloire, puisqu'il n'avait confié son secret à personne, il était parvenu à la cime de la montagne la plus élevée de l'Europe. Plus tard, en se penchant pour boire l'eau glacée des bords de l'Aveyron, il avait remarqué des parcelles d'or dans le sable de la rive ; dès ce moment, il avait pensé à chercher la mine d'où l'eau détachait ces parcelles, et voilà qu'il l'avait trouvée peut-être, après avoir employé trente ans à cette recherche. Qu'aurait donc fait cet homme au milieu de nos villes, s'il y avait reçu une éducation en harmonie avec cette force de caractère?

Midi sonna, Payot fut exact.

— Vous venez seul? lui dis-je.

— Le camarade n'a pas osé monter.

— Et pourquoi cela?

— Eh! parce qu'il dit qu'il n'est qu'un pauvre diable, et qu'il croit que vous ne voudrez pas dîner avec lui.

— Il est fou, allons le chercher... Au bas de l'escalier je rencontrai François. — Et le déménagement! lui dis-je.

— C'est fini, monsieur.

— C'est bien, alors montez; Joseph vous paiera.

— Oh! ce n'est pas pressé.

— Montez toujours. — François obéit. — Eh bien! dis-je à Payot, où est votre homme?

— Eh mais, c'est lui!

— Qui lui?

— François.

— François! il est de Chamouny, François?

— Né natif.

— Attendons-le alors... Cinq minutes après il redescendit, j'allai à lui. — François, lui dis-je, j'espère que vous ne refuserez pas de dîner avec moi et Payot, quand je vous inviterai moi-même.

— Comment, monsieur, vous voulez!...

— Je vous en prie.

— Oh! monsieur sait bien que je n'ai rien à lui refuser.

— Alors partons, mon cher Payot, je n'ai pas une voiture comme mylord, mais nous allons trouver un fiacre à la porte; je n'ai pas de Bordeaux chez moi, mais je sais où on en trouve, et de très-bon, soyez tranquille; quant au thé...

— Merci, si ça vous est égal, j'aime mieux autre chose.

— Eh bien! nous le remplacerons par le café.

— A la bonne heure, voilà une boisson de chrétien; mais l'autre, je ne m'en dédis pas, c'est une drogue.

Je tins parole à Payot; je lui fis boire le meilleur vin de Borel et prendre le meilleur café de Lamblin; puis, quand je le vis dans cette heureuse et douce disposition d'esprit qui suit un bon déjeuner, je lui proposai de le reconduire en un quart d'heure à Chamouny.

— Monsieur plaisante?

— Pas le moins du monde; dans un quart d'heure, si vous le voulez, nous serons à la porte de l'auberge.

— Chez Jean Terraz?

— Et nous verrons le mont Blanc comme je vous vois.

— Dame! ça se peut, dit Payot, je crois tout maintenant, j'en ai tant éprouvé de diverses.

— C'est décidé?

— Ma foi, oui.

— Allons.

Nous remontâmes en fiacre, le cocher s'arrêta à la porte du Diorama, nous entrâmes.

— Où sommes-nous? dit Payot.

— A la douane de la frontière, et je vais payer deux francs cinquante centimes pour chacun de nous. — Je lui remis sa carte d'entrée. — Voici votre feuille de route. — Nous fûmes bientôt dans une obscurité complète.

— Vous reconnaissez-vous, Payot?

— Non, ma foi.

— Nous sommes aux Échelles.

— A la grotte?

— Vous voyez bien qu'il ne fait pas clair.

— Alors nous approchons, dit Payot.

— Oh! mon Dieu, dans cinq minutes et même plus tôt, tenez. — En effet, nous arrivions au moment même où la forêt Noire disparaissait pour faire place à la vue du mont Blanc; dans le coin du tableau qui commençait à paraître on distinguait de la neige et des sapins. Je plaçai Payot de manière à ce que sa vue pût plonger dans l'ouverture à mesure qu'elle s'agrandissait; il regarda un instant, les yeux fixes, sans souffle, étendant les bras, selon que le tableau magique se déroulait; enfin il jeta un cri et voulut s'élancer, je le retins.

OEUV. COMPL. — VIII.

— Oh! s'écria-t-il, laissez-moi aller, laissez-moi aller! voilà le mont Blanc, voilà le glacier de Taconnay, voilà le village de la Côte, Chamouny est derrière nous!... Il se retourna. Laissez-moi aller embrasser ma femme et ma fille, je vous en prie, je reviendrai vous retrouver tout de suite.

Tous les spectateurs s'étaient retournés de notre côté, et je commençais à être assez embarrassé de ma contenance; je pensai qu'il était temps de finir cette comédie, et comme Payot insistait toujours, je lui dis que ce qu'il voyait n'était pas la nature, mais un tableau. Il tomba sur un banc.

— Oh! que vous m'avez fait de mal! me dit-il, et il se mit à pleurer.

Les spectateurs nous entouraient. — Quel est cet homme? et qu'a-t-il? me demanda-t-on.

— Cet homme, c'est un guide de Chamouny, il a cru revoir son pays, et il pleure; voilà tout.

— Je vous demande pardon, dit Payot en se relevant; mais cela a été plus fort que moi. Il tourna de nouveau les yeux vers le tableau. — Oh! que voilà bien ma vallée! dit-il; et il croisa les bras et regarda en silence, abîmé dans une contemplation muette et avide, cette toile qui lui rappelait tous les souvenirs de la jeunesse, tous les bonheurs de la famille, toutes les émotions de la patrie.

Je profitai de sa distraction pour sortir; j'avais peur qu'on ne me prît pour un compère.

Le lendemain, à sept heures du matin, Payot était chez moi, rue Bleu.

— Pourquoi donc vous êtes-vous en allé? me dit-il.

— Je croyais vous faire plaisir, et je vous avais fait peine, j'étais désolé.

— Oh! peine, au contraire, c'est toujours bon de revoir son pays, même en peinture. Vous autres Parisiens, vous n'avez pas de pays; vous avez une rue, et ce n'est pas votre faute si vous ne savez pas cela: il faut être né dans un village, voyez-vous, pour comprendre ce que c'est; à Chamouny, il n'y a pas une maison que je ne voie de loin comme de près; dans cette maison, pas un homme qui me soit étranger, et dans le cimetière, pas une tombe que je ne connaisse; je n'ai qu'à fermer les yeux, et je revois tout, tandis qu'à Paris la vie de dix hommes, mise à la suite l'une de l'autre, ne suffirait pas même à apprendre le nom des rues.

— Oui, c'est vrai, vous avez raison, mon ami; mais qu'êtes-vous devenu après mon départ?

— Eh bien! il y avait là un monsieur qui avait été à Chamouny, et même au jardin où vous n'avez pas voulu aller, vous; alors il m'a fallu expliquer la chose à tout le monde, comment on avait besoin de trois jours pour faire l'ascension; que la première nuit on couchait au sommet de la côte, enfin tout.

— Et alors ils ont été contens?

— Il paraît que oui, car ils se sont réunis, et m'ont donné cinquante francs pour boire à leur santé.

— Ah ça! Payot, si vous restiez seulement deux ans en France et en Angleterre, vous retourneriez à Chamouny millionnaire.

— Il y paraît; mais, dans tous les cas, je ne prendrai pas le temps de le devenir; je viens vous dire adieu, je pars.

— Aujourd'hui?

— A l'instant... Oh! voyez-vous, vous m'avez montré le pays, faut que j'y retourne. Je tendis la main à Payot.

— Est-ce que vous ne direz pas un petit bonjour à Dur-au-trot? il est en bas avec sa carriole.

— Si fait, et avec empressement; il m'a laissé des souvenirs que je n'oublierai pas.

— Eh bien! allons donc.

— Et la goutte?

— C'est juste.

Je passai un pantalon à pied et ma robe de chambre, et je reconduisis Payot. Dur-au-trot l'attendait effectivement à la porte, je le reconnus parfaitement.

Payot me demanda la permission de m'embrasser, je serrai son brave cœur contre le mien; il essuya deux larmes, sauta dans sa carriole, fouetta son mulet, et partit.

Il n'avait pas fait dix pas qu'il arrêta sa bête, se retourna, et voyant que je le suivais des yeux. — Vous pouvez dire, si vous revenez à Chamouny, que vous y serez le bienvenu, me dit-il. — Allons, en route !

Cinq minutes après, il tourna le coin du faubourg Poissonnière et disparut. Je remontai.

— Eh bien ! dis-je à Joseph, savez-vous pourquoi on écrit la rue Bleu sans e ?

— Personne n'a pu me le dire ; mais si monsieur veut s'adresser au fils de M. Bleu, qui a fait bâtir la rue, il demeure à quatre maisons d'ici.

— Merci, je sais ce que je voulais savoir.

J'avais gagné un pari sur le premier philologue de France, qui avait pris un nom propre pour une épithète.

Il y a quelques jours qu'en détachant les milliers de lettres qui m'avaient été adressées par ceux qui s'obstinaient à me croire fort confortablement à Montmorency, tandis que je mourais à peu près de faim à Syracuse, j'en vis une portant le timbre de Sallanche, je reconnus l'écriture de Balmat, et je l'ouvris. — Voici ce qu'elle contenait :

« Je profite de l'occasion d'un monsieur docteur de Paris qui vous connaît parfaitement, pour vous écrire cette lettre et pour vous remercier de votre volume d'*Impressions de Voyage* et de la *Minéralogie de Beudant*, que vous m'avez envoyée par Gabriel Payot. Ce dernier ouvrage me sera bien utile, vu que j'ai trouvé, comme je le disais, un filon d'or qui doit me conduire à une mine, et comme le temps est beau, je pars demain à sa recherche.

» J'ai l'honneur de vous saluer avec mille remercîments.

» JACQUES BALMAT, dit MONT-BLANC.

» P. S. A propos, j'oubliais de vous dire qu'en arrivant à Chamouny, Gabriel Payot, avait fait une chute, et s'était tué. »

La lettre me tomba des mains. Voilà donc pourquoi il était si pressé de retourner au pays, cet homme !... Je poussai du pied la corbeille où était toute ma correspondance, et je dis à un ami qui était là de continuer pour moi. Au bout de cinq minutes, il me donna une seconde lettre ; elle était comme la première, au timbre de Sallanche ; je l'ouvris et je lus.

« Monsieur,

» Je vous dirai avec bien du chagrin que c'est moi qui ai reçu la lettre que vous aviez écrite à mon père, attendu que le digne homme n'était plus de ce monde quand elle est arrivée à Chamouny ; comme je sais l'intérêt que vous lui portiez, je vous adresse tous les détails que nous avons pu recueillir.

» Le 14 septembre de l'année dernière, et le lendemain du jour où il vous avait écrit, il est parti avec un homme du pays pour aller faire une course aux environs de Chamouny, à la recherche d'une mine d'or, dans un endroit où il y a de grands précipices. Mon cher père était si passionné, comme vous le savez, pour les mines, que, malgré les défenses réitérées que nous lui avons faites, il a voulu partir. Mon père et son compagnon sont allés jusqu'au bord du précipice ; mais là, comme le chemin était étroit et glissant, ce dernier n'a pas voulu aller plus loin. Mon père, qui, vous le savez bien, était un intrépide, quoiqu'il eût soixante-dix-huit ans, a continué son chemin malgré les cris de son compagnon, qui a fait tout ce qu'il a pu pour l'arrêter. Mon père n'a voulu entendre à rien ; alors l'autre est revenu chez lui, sans oser me faire connaître que mon père était resté dans la montagne. Au premier moment où je sus son arrivée, j'allai chez lui, il y avait déjà trois jours qu'il était revenu ; pressé par mes questions, il me dit qu'il n'avait pas bonne idée de mon père. Sur ce mot, je courus chez moi prendre un bâton ferré, et je revins lui dire de me conduire où il l'avait quitté. Il me mena jusqu'au sentier où ils s'étaient séparés, et je pris la route qu'avait pris mon père, mais pendant deux jours et deux nuits je l'ai cherché et appelé en vain, et je n'ai aucune trace de lui, ni vivant ni mort. Sans doute il aura été entraîné par une avalanche, ou précipité dans un glacier... »

Je laissai tomber la seconde lettre auprès de la première, et je fis brûler les autres sans les décacheter.

FIN

NOTES.

NOTE I.

Quelques personnes ont pu croire, après avoir lu mon chapitre sur les Ours de Berne, que je m'étais livré, en véritable voyageur, non à un simple récit de faits, mais à un caprice d'imagination. Comme je ne voudrais pas qu'une idée aussi éloignée de la vérité restât dans l'esprit du spectateur, je reproduis ici textuellement une lettre qui me servira de certificat de véracité.

« MON CHER ALEXANDRE,

» Je viens de lire, dans la *Revue des deux mondes*, ton article
» intitulé : les Ours de Berne ; il est trop exact dans toutes ses
» parties pour que je ne t'adresse pas quelques détails relatifs à
» ces intéressans animaux, et que moi seul pouvais te donner, car
» c'est ici plus que jamais que le *quorum pars magna fui* est ap-
» plicable.

» Non seulement les Français, en entrant à Berne, en firent
» sortir le trésor, mais encore deux des quatre ours auxquels le
» trésor appartenait ; l'un de ces ours était le fameux Martin, qui
» fit depuis les délices de Paris, et dont la célébrité est arrivée
» jusqu'à toi. Quant au trésor, il était entièrement composé de
» monnaie française et se divisait en pièces de six, vingt-quatre
» et quarante-huit livres tournois aux deux écussons de Louis XIV.
» C'est avec ce trésor que se fit l'expédition d'Egypte et qu'on
» nous paya, au moment de la faire, nos trois mois d'avance. Ce
» fut le maréchal Suchet, alors chef de brigade à la suite du 18e,
» qui fut chargé de présenter au directoire les clefs de la ville,
» accompagnées de son trésor et de ses ours. Il fut fait, à cette
» occasion, général de brigade.

» Je puis t'affirmer la vérité de ces singuliers détails, puisque
» c'est moi qui ai présidé au départ de Leurs Excellences et qui
» leur ai fait prendre leur place à la queue du premier convoi
» dont une partie avait été leur propriété : j'étais alors, capitaine
» commandant un escadron de dragons du 3e régiment.

» Bonjour, mon cher Dumas : je serais enchanté que ces détails
» pussent t'être de quelque utilité, car tu sais combien je t'aime.

» Tout à toi,

» BARON DERMONCOURT.

» P. S. J'ai de plus été à même de me convaincre que le dé-
» part des ours fit sur la ville de Berne plus d'impression que ce-
» lui du trésor ; c'était en l'an général, et vingt fois j'ai en-
» tendu des dames me dire : — Que vous nous ayez pris notre
» trésor, très bien ; mais nous enlever nos bons ours, c'est af-
» freux. Du reste, ce furent surtout nos jeunes officiers qui souf-
» frirent de l'impression défavorable que cet événement laissa
» dans l'esprit des dames de Berne ; il y en eut peu, ce qui était
» chose rare, qui, en quittant la ville, eurent des motifs de re-
» gretter. »

NOTE II.

INTERLAKEN.

Nous avons dit que c'est de ce village qu'on part pour s'enfoncer dans les montagnes, c'est donc à ce village qu'il est nécessaire de faire ses préparatifs, préparatifs, au reste, dont on ne comprend bien l'importance qu'après avoir fait soi-même ce voyage à pied, et lorsqu'on s'est aperçu en chemin combien peuvent nuire au plaisir et à la sûreté de la route le plus petit oubli ou la plus légère imprudence. Nous allons donc indiquer, autant qu'il sera en notre pouvoir, quelles précautions doivent être prises par les amateurs.

On trouve à acheter, à l'auberge même d'Interlaken, le sac, les souliers, le bâton et la gourde de voyage ; il est donc inutile de se munir ailleurs de ces objets, qui ne seraient bons qu'à embarrasser jusque-là, puisque leur nécessité ne se fait sentir qu'au moment de se mettre en route à pied. Le sac ordinaire est assez grand pour contenir la garde-robe de voyage la mieux montée ; c'est-à-dire une redingote ou un habit, un pantalon, deux paires de guêtres, deux gilets, quatre chemises, quatre cravates et six paires de chaussettes. On trouvera de plus dans une de ses poches place pour un petit nécessaire, et dans l'autre pour une longue vue.

Le pantalon doit être de drap, parce qu'au fur et à mesure que l'on gravit, le froid augmente, et que, arrivé au sommet de la montagne, on sera enchanté de substituer au pantalon léger de la vallée une étoffe plus solide ; les guêtres doivent être de cuir, afin qu'elles garantissent les jambes du contact des rochers qui bordent la route et des troncs d'arbres qui la parsèment ; mais les chemises de couleur seront préférables aux chemises blanches, les foulards aux cravates empesées, et les chaussettes de laine aux chaussettes de fil.

Les souliers sont chose fort importante, et sur laquelle j'invite les voyageurs à ne point passer légèrement ; une chaussure trop étroite blesse bien plus vite dans les montagnes que dans la plaine ; une chaussure trop large empêche le pied d'être sûr dans les chemins difficiles, et surtout en descendant. Qu'un Parisien ne s'effraie pas surtout de l'épaisseur des semelles et de la grosseur des clous. L'épaisseur de ces semelles l'empêchera de sentir les cailloux sur lesquels il marchera, et qui, s'il gardait ses bottes fines, lui broieraient les pieds au bout d'une heure. La grosseur des clous lui sera utile dans les chemins escarpés et glissans ; il se trouvera, grâce à elle, le pied aussi ferme que s'il marchait avec des crampons ; d'ailleurs nos souliers de chasse, les plus solides, ne résisteraient pas à huit jours de marche dans la montagne.

Le bâton doit être à son tour l'objet d'une attention particulière ; il est à la fois une arme et un soutien ; il est garni par un bout d'une pointe de fer à l'aide de laquelle on trouve en lui un point d'appui solide, soit pour monter, soit pour descendre, et quelquefois aussi à l'autre bout d'une corne de chamois ; mais cet ornement est à la fois incommode et dangereux, incommode, en ce qu'il s'accroche à tout moment aux arbres ou aux vêtemens ; dangereux, en ce que l'on croit, en montant, pouvoir se fier à la solidité de son crochet, qui, ne pouvant que rarement supporter le poids du corps, se brise et vous expose à tomber à la renverse. On devra le choisir de six pieds de haut au moins, afin que, si l'on rencontre sur la route un torrent de dix ou douze pieds de large, on puisse le franchir par le saut qu'on appelle en gymnastique le saut de la lance.

Quant à la gourde, les précautions à prendre à son égard se réduisent à deux : bien souffler dedans pour s'assurer que le verre n'en est point cassé, accident qui entraînerait les suites les plus funestes ; puis, ce point vérifié, la faire remplir immédiatement d'excellent kirschenwaser, qu'on trouve, au reste, dans les plus mauvaises cabanes de Suisse ; c'est à la fois la liqueur la meilleure et la plus saine; j'ai vu de jeunes et jolies femmes, qui à Paris n'auraient pu en supporter l'odeur, en avaler, dans nos courses de montagne, des gorgées dont une seule aurait fait la réputation d'un *bouzingot*.

Toutes ces précautions prises, et en adoptant pour costume de départ le pantalon de coutil, la blouse de toile écrue, le chapeau de paille, le col rabattu, les guêtres de cuir et les souliers ferrés, on aura chance d'arriver au terme du voyage sans accident aucun. Il est inutile de dire que le guide se charge du sac, et que vous gardez pour vous la gourde et le bâton.

Qu'on me permette d'ajouter encore une recommandation à cette longue liste; et celle-là, je la garde pour la dernière, parce qu'elle n'est pas la moins importante; elle concerne la manière de traiter les guides.

Leur dévouement et leur probité sont passés en proverbe; ainsi sur ces deux points ils seront toujours les mêmes, quel que soit votre ton avec eux : s'il est hautain, il ne les empêchera pas de faire leur devoir envers vous; mais ils ne feront alors que leur devoir. Adieu à cette causerie familière dans laquelle l'homme de nos villes apprend tant de choses de l'homme de la montagne; adieu aux récits de chasse qui abrègent la route, aux traditions populaires qui la poétisent, aux mille petits soins qui la rendent facile! Puis, une fois arrivé à l'auberge, vous vous apercevez bientôt, au mémoire de l'hôte, qu'ayant parlé haut, on en a auguré que vous saviez payer cher.

Si, au contraire, vous avez fait votre camarade de votre guide (et soyez tranquille, car pour cela il ne croira ni que vous vous soyez abaissé jusqu'à lui, ni que vous l'ayez élevé jusqu'à vous), au sentiment de son devoir se joindra celui d'une reconnaissance qu'il vous prouvera bientôt par la confiance la plus entière et le dévouement le plus absolu; alors ni lui ni la contrée n'auront plus rien de caché pour vous; il vous confiera ses secrets de famille, quelque intimes qu'ils soient; il vous racontera les traditions de la contrée, quelque peu croyables qu'elles lui paraissent; et, dans ces secrets de famille, dans ces traditions de contrée, il y aura toujours, si vous voulez les approfondir, un mystère du cœur ou de la nature.

Puis il y a quelque chose de satisfaisant pour soi-même, ce me semble, à sentir qu'en quittant l'un de ces hommes, dont la vie appartient à tout le monde, vous lui laissez dans le souvenir quelque chose de plus que ce qu'y ont laissé et ce qu'y laisseront les autres, et que vous pourrez leur envoyer des amis qui se recommanderont de votre nom, et qui seront reçus le sourire de la cordialité sur les lèvres.

FIN DES NOTES.

TABLE DES MATIÈRES.

Exposition	1
Montereau	2
Jean sans Peur	4
Napoléon	6
Lyon	7
La Tour du Lac	11
Une Pêche de nuit	16
Les Salines de Bex	19
Le Beefsteak d'Ours	22
Le col de Balme	25
Jacques Balmat dit Mont-Blanc	27
La Mer de Glace	32
Marie Coutet	35
Retour à Martigny	37
Le Saint-Bernard	39
Les Eaux d'Aix	45
Aventicum	60
Charles le Téméraire	62
Fribourg	65
Les Ours de Berne	69
Première course dans l'Oberland	74
Deuxième course dans l'Oberland	76
Troisième course dans l'Oberland	79
Le Faulhorn	82
Rosenlauwi	85
Le mont Gemmi	89
Les bains de Louèche	93
Obergestelen	95
Le pont du Diable	98
Werner Stauffacher	101
Conrad de Baumgarten	104
Guillaume Tell	108
Guessler	110
L'empereur Albert	114
Pauline	115
Histoire d'un âne, d'un homme, d'un chien et d'une femme	118
Histoire de l'homme	120
Histoire du chien	123
Histoire de la femme	124
Une connaissance d'auberge	126
Les poulis de M. de Chateaubriand	128
Rigi	131
Alcide Jollivet	134
Ponce Pilate	137
Un mot pour un autre	140
Histoire de l'Anglais qui avait pris un mot pour un autre	143
Zurich	154
Les muets qui parlent et les aveugles qui lisent	157
Prosper Lehmann	159
Une chasse au chamois	162
Reichenau	165
Pauline	166
Un coup de tonnerre	167
Pourquoi je n'ai pas continué le dessin	170
Constance	172
Napoléon le Grand et Charles le Gros	173
Une ex-reine	175
Une promenade dans le parc d'Arenemberg	177
Reprise et dénouement de l'histoire de l'Anglais qui avait pris un mot pour un autre	178
Kœnigsfelden	183
L'île Saint-Pierre	185
Un renard et un lion	187
Prise du château de Granson	190
La bataille	192
Pourquoi l'Espagne n'aura jamais un bon gouvernement	194
Comment saint Eloi fut guéri de la vanité	196
Pauline	199
Les îles Borromées	201
Une dernière ascension	202
Épilogue	204

Imprimerie Lange Lévy, rue du Croissant, 16.

Impressions de Voyage.

MIDI DE LA FRANCE.

LA CARAVANE.

Nous partîmes de Paris le 15 octobre 1834, dans l'intention de visiter le midi de la France, la Corse, l'Italie, la Calabre et la Sicile.

Le voyage que nous entreprenions n'était ni une promenade de gens du monde, ni une expédition de savans, mais un pélerinage d'artistes. Nous ne comptions ni brûler les grands chemins dans notre chaise de poste, ni nous enterrer dans les bibliothèques, mais aller partout où un point de vue pittoresque, un souvenir historique ou une tradition populaire nous appelleraient. En conséquence, nous nous mîmes en route sans itinéraire arrêté, nous en remettant au hasard et à notre bonne fortune du soin de nous conduire partout où il y aurait quelque chose à prendre, nous inquiétant peu des récoltes déjà faites par nos devanciers, certains que les hommes ne peuvent rentrer dans leurs granges tous les épis que Dieu sème, et convaincus qu'il n'y a pas de terre si bien moissonnée, qu'il n'y reste pour l'histoire, la poésie ou l'imagination, une dernière gerbe à y glaner.

La caravane se composait de Godefroy Jadin, que ses deux dernières expositions venaient de placer au premier rang de nos paysagistes; d'Amaury Duval, que nous devions rejoindre à Florence, où il achevait, par l'étude des maîtres, la grande éducation raphaélesque qu'il avait commencée dans les ateliers de monsieur Ingres; de moi, qui dirigeais l'expédition, et de Mylord, qui la suivait.

Comme les trois premiers personnages que je viens de nommer dans cette série de voyageurs sont déjà, par leurs œuvres, plus ou moins connus du public, je ne m'étendrai pas davantage sur leurs qualités physiques et morales, mais je demanderai la permission de revenir sur le dernier, qui jouera dans le cours de cette narration un rôle trop important pour que nous négligions de le faire, dès ces premières pages, connaître à nos lecteurs, à qui je le soupçonne d'être totalement étranger.

Mylord est né à Londres, en 1828, dans une niche de l'hôtel de lord Arthur G...., situé dans Regent-Street. Son père était un terrier et sa mère une bull-dog, tous deux de pure et antique généalogie; de sorte que leur fils réunit en lui les qualités caractéristiques des deux races : c'est-à-dire, au physique, une tête grosse à elle seule comme le reste du corps, ornée de deux gros yeux qui deviennent sanglans à la moindre émotion, d'un nez à moitié fendu qui découvre une partie de la mâchoire supérieure d'une gueule qui s'ouvre jusqu'aux oreilles, pour se refermer comme un étau; et au moral, d'une ardeur de combat qui, lorsqu'on l'excite, s'exerce indifféremment sur toute espèce d'animal ou de chose, depuis le rat jusqu'au taureau, depuis la fusée volante qui s'échappe d'un feu d'artifice jusqu'à la lave qui jaillit d'un volcan.

Lord Arthur G.... était grand amateur de paris, et souvent le père et la mère de Mylord lui avaient fait gagner des sommes considérables, le premier en combattant contre des animaux de son espèce, ou en faisant des prises sur des tisons enflammés; la seconde, en étranglant dans un temps donné un nombre déterminé de chats et de rats. Le rêve de lord Arthur G.... avait longtemps été de réunir les qualités de ses deux chiens dans un seul, et il avait déjà tenté plusieurs essais infructueux, lorsque Mylord vint au monde; il fut en conséquence appelé *Hope*, mot qui, comme chacun sait, veut dire en anglais *espoir*. Plus tard nous dirons à quel concours de circonstances il dut son changement de nom.

Soit influence patronymique, soit dispositions naturelles, le jeune élève de lord Arthur G.... ne tarda point à tenir plus encore qu'il n'avait promis : à quatre mois, faute de champions étrangers, il faisait déjà des prises charmantes sur son père et sur sa mère, et à six mois il étranglait huit rats en trente secondes et trois chats en cinq minutes. Ces qualités naturelles et acquises ne firent, comme on le pense bien, que se développer avec l'âge; de sorte qu'à deux ans le jeune

Hope, quoique au commencement de sa carrière à peine, avait déjà une réputation qui allait de pair avec les plus grandes, les plus vieilles et les plus nobles nobles réputations de Londres ; il est inutile de dire que nous n'entendons parler ici que de l'aristocratie canine.

Hope était à l'apogée de sa gloire, lorsqu'en 1851 Adolphe B., le fils d'un de nos plus riches banquiers, alla passer quelque temps à Londres, muni de lettres de recommandations, dont l'une était adressée à lord Arthur G.... La révolution de juillet venait d'éclater : c'était l'objet des conjectures de toute l'Europe. Il n'était point encore de trop mauvais goût d'avouer qu'on y avait contribué ; de sorte qu'interrogé sur la journée du jeudi 29, Adolphe raconta quelques détails de la prise des Tuileries, à laquelle il avait assisté. Entre autres détails, il y en avait un assez curieux et dont nous garantissons l'authenticité.

Le peuple, en se répandant à travers le château, avait pénétré jusqu'à la salle des Maréchaux, ce magnifique musée de notre gloire militaire. Cependant au milieu de ces grands noms, il y en avait quelques-uns, il faut bien l'avouer, qui avaient cessé de jouir de la faveur publique, et qui, en échange, avaient acquis le privilége de porter au plus haut degré l'exaspération du moment. L'un de ces noms était celui du comte de Bourmont, à qui Alger n'avait pu faire pardonner Waterloo, et celui du duc Raguse, qui, par sa fidélité récente à Charles X, était loin d'avoir fait oublier son ingratitude envers Napoléon. Or, ces deux noms se trouvaient inscrits dans la salle des Maréchaux, le premier sur un cadre vide, dont on n'avait point encore eu le temps de le faire remplir autrement que par une tenture de moire rouge ; le second, au bas d'un magnifique portrait, en grand costume de général, peint par Gérard.

Le peuple, en passant devant le cadre vide et en lisant le nom du comte de Bourmont, se jeta sur cette moire rouge comme fait le taureau sur le manteau écarlate du matador, la mit en morceaux et la foula aux pieds. Il avait à peine fait sa justice de ce côté, que d'autres cris de rage se firent entendre, excités par le portrait du duc de Raguse. En même temps plusieurs coups de fusil partirent dirigés sur le tableau ; trois balles atteignirent la tête, deux la poitrine : c'était autant qu'en avait reçu le maréchal Ney. Une seconde décharge allait suivre la première, lorsqu'un homme s'élança sur le cadre, le fit lentement en le tirant à lui, coupa la toile avec son couteau, passa la pointe d'une pique à travers, et, la levant au-dessus de toutes les têtes, il en fit la bannière de cette troupe dont il paraissait être le chef.

Je rencontrai cet homme, et je lui offris ce que j'avais sur moi, cinquante ou soixante francs peut-être, pour ce lambeau de peinture à laquelle il ne devait pas attacher une grande importance d'art. Il me refusa. Adolphe, qui le rencontra après moi, fit mieux : il lui offrit son fusil : l'homme accepta. Adolphe, possesseur de ce bizarre trophée, courut le mettre en sûreté chez lui, et revint assister au reste de ce drame qui dura trois jours, donnant naissance à chaque instant à des épisodes d'une telle étrangeté, qu'on ne peut s'en faire une idée quand on ne les a pas vus.

Lord G.... était grand amateur non seulement de chiens et de chevaux, mais encore de curiosités de toute espèce. Il possédait la bible de Marie Stuart, les pistolets de Cromwell, le chapeau de Charles Ier, la pipe de Jean Bart, la canne de Voltaire, le sabre de Tippoo-Saheb et la plume de Napoléon. Il sentit qu'un souvenir de la révolution de juillet manquait à sa collection historique, et sur-le-champ il offrit à Adolphe B. de lui donner ce qu'il voudrait en échange de ce souvenir du 29 juillet 1830.

Adolphe avait fait voir ce portrait à tous ses amis et connaissances, et ne savait plus personne à qui le montrer. D'ailleurs on commençait à comprendre sourdement que de pareilles reliques pourraient compromettre un jour les fidèles qui les posséderaient. Enfin, et plus que tout cela encore, il avait cette peinture depuis un an, et c'est tout autant de possession qu'il en faut pour détacher le cœur d'un Français de choses bien autrement précieuses. Il connaissait, pour les avoir vues à l'œuvre, les brillantes qualités du chien de lord Arthur ; il promit d'envoyer le portrait en Angleterre si on lui permettait d'emmener Hope en France. Le troc fut accepté. Quinze jours après, la peinture était à Londres, et Hope faisait ses exercices à Paris sous le pseudonyme de Mylord, qu'Adolphe avait cru devoir lui donner, d'abord en l'honneur de son premier maître ; ensuite par un sentiment de convenance dont nos lecteurs ne nous demanderont point l'explication, pour peu qu'ils soient familiers avec un des noms les plus honorables de l'aristocratie financière de la capitale.

Mylord eut bientôt acquis dans sa patrie adoptive une réputation égale, si ce n'est supérieure, à celle qu'il laissait sur sa terre natale. La qualité que cultivait son nouveau maître était surtout son instinct d'extermination contre la race féline et sa haine implacable contre les rats. Si on l'avait laissé faire, Mylord aurait dépeuplé la banlieue en un mois et Montfaucon en six semaines.

De temps en temps aussi Adolphe le conduisait à la barrière du Combat, et ce jour-là c'était fête pour les gamins, qui, toujours appréciateurs du vrai mérite, n'avaient point tardé à estimer Mylord à sa juste valeur. C'est qu'en effet Mylord donnait, comme je l'ai dit, sur tout, depuis le rat jusqu'au taureau. Ce fut au point qu'un jour l'assemblée, pleine d'admiration pour ses exploits, et voyant que rien ne pouvait lui résister, appela *Carpolin*. On demanda à Adolphe s'il consentait à laisser battre son chien contre un ours. Adolphe répondit que son chien se battrait contre un rhinocéros, si par hasard l'établissement en possédait un. *Carpolin* parut, aux grandes acclamations de la multitude dont il était l'idole. Mais, avant qu'il ne pensât même à se mettre en défense, Mylord s'était élancé sur lui et l'avait coiffé. L'ours poussa un rugissement terrible et se dressa sur ses pattes de derrière, Mylord serra les dents de plus belle, se laissa enlever de terre, et resta pendu près d'un quart d'heure à l'oreille de son antagoniste. L'enthousiasme fut à son comble ; un boucher lui jeta une couronne.

Le lendemain de ce combat mémorable, le baron Alfred de R. se présenta chez Adolphe. Il avait assisté la veille au triomphe de Mylord. Sachant qu'Adolphe était grand amateur d'armes, il venait lui offrir de prendre dans son musée une pièce à son choix en échange de Mylord.

Il y avait déjà un an passé qu'Adolphe avait ramené Mylord d'Angleterre : une année était, comme nous l'avons dit, le terme de ses affections les plus vives. Il monta donc dans le tilbury du baron de R., examina avec soin toutes les pièces de son musée, et comme l'ouverture de la chasse approchait, il s'arrêta à un magnifique fusil à deux coups de Devisme, l'armurier artiste. C'était une arme merveilleuse, montée en acier ciselé, avec une crosse d'ébène et un canon damassé en relief. Adolphe fit jouer les batteries l'une après l'autre, essaya l'enjoue, mit le fusil sur son épaule et sortit, laissant le baron Alfred de R. en possession de Mylord.

Le baron Alfred de R. demeurait dans la maison de sa tante, dont il attendait toute sa fortune, et qui, pour lui faire prendre patience, lui payait une pension de vingt cinq mille francs par an. Ce jour-là même était le jour de la visite hebdomadaire à laquelle, en qualité de neveu respectueux et dévoué, il ne manquait jamais ; et comme il comptait aller, en sortant de chez elle, au Jockey-Club, il s'était fait accompagner de Mylord, qu'il voulait offrir sans retard à l'admiration anglomane de ses amis.

Il y avait trois choses que la tante du baron Alfred de R. aimait avant toutes les choses de ce monde : la première, c'était elle-même ; la seconde, c'était son chat ; la troisième, c'était son neveu : aussi Alfred avait-il grand soin, à chacune de ses visites, de se munir d'une boîte de pâte de Regnault pour sa tante Estelle, et d'un sac de gimblettes pour le *Docteur*. C'était le nom que, grâce à sa magnifique fourrure et à son air majestueux, la marraine de l'angora lui avait donné.

Alfred entra donc comme d'habitude, sautillant sur la pointe de ses bottes vernies, tenant d'une main sa bonbonnière, et de l'autre son sac, et s'avança vers sa tante, qui, assise dans son grand fauteuil doré, caressait le Docteur, mollement étendu sur ses genoux. La tante Estelle reçut son neveu le sourire à la bouche ; le Docteur, de son côté, reconnaissant le visiteur pour une de ses meilleures pratiques, sauta à terre, se raidit sur ses quatre pattes, redressa la queue en faisant le gros dos et en miaulant, puis commença à se frotter en faisant ron-ron autour des jambes de son bon ami. Tout allait à merveille, comme on le voit, jusque-là : malheureusement, en ce moment, un valet ouvrit la porte, et Mylord, qui était resté sur le paillasson, entra dans la chambre. Le Docteur, insolent et jaloux comme un favori, habitué d'ailleurs à mener à coups de griffes tous les lévriers et tous les king's Charles dog du faubourg Saint-Germain, voulut agir selon ses habitudes ; mais, cette fois, l'antagoniste était changé : le Docteur ne fit qu'un bond, et Mylord ne donna qu'un coup de dent. La tante Estelle jeta un cri, le baronnet s'élança sur son chien ; Mylord tenait le Docteur par la tête ; Alfred enleva Mylord par la queue et le lui mordit de toutes ses forces, ce qui est, comme chacun le sait, le seul moyen de faire lâcher prise à un boule-dogue. Mylord desserra les dents, et le Docteur tomba à terre comme un paquet, étendit convulsivement les pattes et expira. Le baronnet se retourna vers sa tante pour essayer de se disculper ; mais sa tante, debout et pâle comme un spectre, semblait avoir perdu la vie et la parole. Enfin elle ne retrouva la voix et le mouvement que pour étendre les bras vers son neveu et le maudire ; puis, ce dernier acte de vengeance accompli, elle retomba sur son fauteuil et s'évanouit : ce que voyant le baronnet, il prit Mylord par la peau du cou, et se sauva chez lui, laissant le cadavre du Docteur étendu sur le parquet.

Au bout de cinq minutes, la tante Estelle revint à elle, et demanda où était son scélérat de neveu ; le valet répondit qu'anéanti par la malédiction qu'elle avait appelée sur sa tête, le pauvre monsieur Alfred était sorti au désespoir. En ce moment on entendit un coup de pistolet : — Qu'est-ce que ce bruit ? demanda la tante Estelle. — Oh ! mon Dieu ! s'écria le domestique, ne serait-ce point notre jeune maître qui n'ayant pu supporter son malheur..... La tante Estelle n'en entendit pas davantage, elle jeta un second cri et s'évanouit une seconde fois.

Nous l'avons dit, ce que la tante Estelle aimait le mieux, c'était elle ; après elle, son chat ; après son chat, son neveu. Sa première pensée, en reprenant ses sens, fut que, si le Docteur était mort et son neveu tué, il ne lui resterait au monde ni bêtes ni gens qui l'aimassent, et que sa vieillesse serait abandonnée à des soins mercenaires et étrangers : elle se repentit alors d'avoir été si sensible à la perte du Docteur, et ordonna au domestique de monter à la chambre du baronnet, et de venir à l'instant même lui en donner des nouvelles. Le domestique obéit ; mais, à sa place, ce fut Alfred qui rentra. La tante Estelle, en revoyant celui qu'elle croyait trépassé, jeta un troisième cri, et s'évanouit une troisième fois.

A son retour à la vie, elle apprit que son neveu, ne voulant pas qu'un infâme meurtrier comme Mylord survécût à sa victime, avait résolu de faire justice sur l'heure, et que le coup de pistolet qu'on avait entendu avait eu pour résultat de purger la société de l'assassin du Docteur. La tante Estelle se radoucit en pensant que son chat était vengé ; elle pensa que ses mânes ne lui demandaient pas davantage.

En conséquence, elle tendit la main à son neveu, en signe de réconciliation : le baronnet la baisa respectueusement, et, pour qu'un spectacle de mort n'affligeât pas plus longtemps sa tante Estelle, il plaça le corps du défunt sur un coussin de velours et ordonna au domestique de le porter soigneusement dans sa chambre.

Huit jours après, le Docteur, empaillé par le naturaliste du roi, et couché sur son coussin, dormait du sommeil du juste, sous un magnifique globe de cristal ; et Mylord s'installait sur une peau de tigre dans l'atelier de Jadin, qui l'avait troqué contre un paysage que lui marchandait depuis longtemps le baron Alfred de R.

Ce fut là qu'il passa les deux années les plus triomphantes de sa vie, se battant journalièrement avec les premières réputations de la barrière, et pelotant dans ses momens perdus avec le singe de Flers, à qui il enleva la mâchoire gauche, et avec l'ours de Decamps, à qui il coupa l'oreille droite.

Mylord, arrivé au comble de sa réputation, couvert de cicatrices, et ayant déjà passé l'âge mûr, comptait sur une vieillesse aussi tranquille que sa jeunesse avait été agitée, lorsque, pour son malheur, l'idée me vint de faire le voyage que nous allons mettre sous les yeux de nos lecteurs, de m'associer pour ce voyage une société de deux peintres, dont Jadin, par ses vieilles relations d'amitié avec moi, et plus encore par son beau et large talent, était naturellement appelé à faire partie.

Il résulta de cette détermination que le 15 octobre 1834, à deux heures de l'après-midi, sans qu'on lui demandât la permission de l'emmener, et sans qu'on le prévînt où il allait, Mylord fut transporté dans la chaise de poste qui enlevait son maître et moi loin de la capitale.

Et maintenant que nos lecteurs connaissent à peu près toute la caravane, qu'ils nous permettent de revenir au voyage dont cette digression importante nous avait momentanément éloignés.

FONTAINEBLEAU.

On comprend qu'avec le plan d'exploration que nous avions formé, le voyage commençait pour nous à la barrière. En effet, il est assez curieux, lorsqu'on visite un pays, de le voir venir, en quelque sorte, au devant de soi ; de reconnaître où deux peuples commencent à se mélanger, arrivent à se fondre, et finissent par se séparer. Les Gaulois et les Romains ont franchi les Alpes chacun de leur côté, les uns pour aller prendre le Capitole, les autres pour venir fonder Lyon ; depuis, les Français et les Italiens ont suivi la route frayée par leurs ancêtres : les premiers sont venus avec les Médicis apporter leurs arts immortels ; les seconds sont allés avec Napoléon imposer à Rome leur royauté d'un jour ; si bien que chaque peuple a laissé aux deux versans des montagnes qui les séparent l'un de l'autre une trace qui va s'effaçant au fur et à mesure qu'elle s'enfonce au cœur du pays opposé, mais que des yeux exercés reconnaissent toujours et partout. On ne s'étonnera donc pas que, rencontrant à quinze lieues de Paris la civilisation de Léon X et de Jules II, nous y fassions notre première halte.

Au reste, Fontainebleau est si près de nous, qu'il n'y aurait rien d'étonnant que nous trouvassions à dire sur cette ville quelque chose que l'on ne sût pas encore. Il y a par an, à Paris, deux mille personnes, à peu près, qui font cinq cents lieues pour aller admirer les stanze de Raphaël et la chapelle Sixtine de Michel Ange ; il n'y en a pas cinquante qui se dérangent entre leur déjeuner et leur souper pour venir voir les seules fresques que nous possédions en France, quoiqu'elles soient cependant de Rosso et du Primatice.

D'ailleurs, Fontainebleau est aussi l'un de nos châteaux historiques : Louis-le-Jeune en fit consacrer la chapelle par Thomas Becket, et Philippe-Auguste, du pain qui y restait de sa table royale, nourrissait les pauvres de l'Hôtel-Dieu de Nemours ; saint Louis, qui l'appelait son désert, pensa y mourir, et Philippe-le-Bel y naquit ; Louis XI y commença une bibliothèque que Louis XII fit transporter à Blois ; François Ier y donna des fêtes à Charles-Quint, son ennemi, et Henri II des tournois à Diane de Poitiers, sa maîtresse ; Charles IX y signa la grâce de Condé, et Henri IV l'arrêt de Biron ; Louis XIII y reçut le baptême d'eau, et Henriette de France le baptême de sang ; Christine y fit assassiner Monaldeschi, et Louis XIV y révoqua l'édit de Nantes ; enfin Pie VII y déposa la tiare, et Napoléon la couronne.

Ce fut en 1539 que Charles-Quint traversa la France pour se rendre en Flandre, et s'arrêta à Fontainebleau. On a beaucoup vanté la magnanimité de François Ier, qui n'abusa point de la confiance de son rival, tandis qu'à notre avis c'est la grandeur de Charles-Quint qu'il faut admirer dans cette chose. En effet, de ces deux rois, dont l'un a laissé la réputation d'un chevalier, et l'autre celle d'un politique, ce fut toujours Charles-Quint le héros de courage et de loyauté; François Ier, au contraire, refusa le duel offert, et manqua au traité signé. Les trois épées que le chevalier brisa à Pavie ne firent point oublier que le roi provoqué n'avait pas tiré la sienne; et ceux de sa vieille noblesse qui croyaient à la religion du serment, fût-il fait à un ennemi, se souvinrent toujours, quoique Charles-Quint sortît de France sans y laisser une rançon, que le roi François Ier avait oublié d'envoyer la sienne en Espagne. Ce n'est pas ainsi qu'avait fait le roi Jean après la bataille de Poitiers : lorsqu'il vit que le traité de Brétigny serait par trop onéreux à la France, il retourna mourir en Angleterre.

C'est que déjà la monarchie était en décadence; c'est que de funestes influences commençaient à fausser la volonté suprême; c'est que le règne des favorites, qui perdit la royauté, commençait avec la duchesse d'Étampes, qu'on appelait la plus belle des savantes et la plus savante des belles, et à qui le roi avait sacrifié la comtesse de Châteaubriand. C'était alors le temps aussi des amours naissantes de Diane de Poitiers, qu'on appelait la grande sénéchale, et du jeune dauphin Henri II. La duchesse d'Étampes n'avait pu oublier à quel prix mademoiselle de Saint-Vallier avait, disait-on, sauvé la vie à son père, compromis dans la révolte du connétable de Bourbon, et après s'être emparée du cœur du roi, elle le poursuivit d'une véritable haine de rivale dans ses amours avec le dauphin. Haineuse, vénale et traître, elle fut le mauvais génie de la royauté, dont madame de Châteaubriand avait été l'ange : aussi lorsque Charles-Quint arriva à Fontainebleau, elle ne manqua point à sa mission infernale, et tandis qu'elle marchait, appuyée au bras de François Ier, au devant de son hôte impérial, elle se pencha à l'oreille de son amant, et, de la même voix qu'elle lui eût dit — je t'aime, — elle lui donna le conseil d'une infâme trahison. En ce moment les deux souverains se rencontrèrent.

— Mon frère, dit François Ier présentant la duchesse d'Étampes au noble voyageur, voici une belle dame qui me donne un conseil : c'est de vous retenir prisonnier dans ce château jusqu'à ce que vous ayez déchiré le traité de Madrid.

— Si le conseil est bon, il faut le suivre, répondit froidement le hautain Flamand; et il marcha à la droite de François Ier, avec autant de calme et d'assurance que si celui-ci lui avait fait un simple compliment de bienvenue.

Mais deux heures après, comme on allait se mettre à table, et que la duchesse d'Étampes présentait, à genoux, de l'eau à Charles-Quint dans une aiguière d'or, le maître du Mexique, en se lavant les mains, oublia, au fond du bassin, un diamant d'un demi-million. La duchesse s'en aperçut et le fit remarquer à l'empereur; mais celui-ci, jouant cette fois encore le rôle chevaleresque de son rival : — Je vois bien que cet anneau veut changer de maître, et il est en trop belles mains pour que je le reprenne. — Dès ce moment la duchesse changea aussi; et, loin d'exciter plus son amant à devenir traître envers son hôte, ce fut elle qui devint pour son hôte traître envers son amant; car, lorsqu'en 1544, c'est-à-dire cinq ans après la scène que nous venons de raconter, Charles-Quint et Henri VIII attaquèrent François Ier, la comtesse d'Étampes livra à l'empereur le plan des opérations de la campagne.

Depuis un siècle, le bruit de ces grandes querelles était éteint : roi et favorite étaient allés rendre compte à Dieu du sang répandu et des promesses faussées; six générations couronnées étaient passées entre François Ier vieilli et Louis XIV enfant, lorsque, le 5 octobre 1657, des équipages de voyage, venant par la route d'Italie, s'arrêtèrent dans la cour du palais de Fontainebleau. De la première voiture on vit descendre une petite femme de trente à trente-cinq ans, d'une figure irrégulière mais fortement caractérisée, vêtue d'un costume de fantaisie qui tenait de l'un et de l'autre sexe. Elle était accompagnée de deux Italiens, dont l'un, disait-on, était son amant; de trois Suédois, qui remplissaient différentes charges auprès d'elle, et de quelques soldats corses et allemands qui lui servaient de gardes. Elle parlait à chacun dans sa propre langue, comme si cette langue était sa langue maternelle. En ce moment, le prieur des Trinitaires ayant traversé la cour : elle lui adressa la parole en latin. Cette femme bizarre, c'était la fille de Gustave Adolphe, la reine Christine de Suède, qui, le 16 juin 1654, avait abdiqué la couronne paternelle dans le château d'Upsal, et qui, arrivant de Rome, où elle avait abjuré le protestantisme, venait de recevoir à la Charité-sur-Loire l'ordre de s'arrêter à Fontainebleau.

Lorsqu'en 1830 nous fîmes représenter à l'Odéon un drame dont cette reine était l'héroïne, les principaux reproches qu'on nous adressa furent la lâcheté de Monaldeschi et la cruauté de Christine. Aujourd'hui que la chose n'a plus l'air d'un plaidoyer mais d'un procès, nous mettons sous les yeux de nos lecteurs la relation textuelle que le père Lebel, supérieur des Trinitaires, a laissée de cet événement, afin que l'on juge, en supposant que l'on n'ait point encore tout à fait oublié notre drame, si nous n'avons rien exagéré.

« Le 6 novembre 1657, à neuf heures un quart du matin, la reine de Suède étant à Fontainebleau, logée en la conciergerie du château, m'envoya querir par un de ses valets de pied. Il me dit qu'il avait ordre de Sa Majesté de me mener parler à elle, en cas que je fusse le supérieur du couvent. Je lui répondis que je l'étais; et je lui dis que je m'en allais avec lui pour savoir la volonté de Sa Majesté suédoise. Ainsi, sans chercher de compagnon, de crainte de faire attendre cette reine, je suivis le valet de pied jusqu'à l'antichambre. On m'y fit attendre un moment; à la fin, ce valet de pied étant revenu, il me fit entrer dans la chambre de la reine de Suède. Je la trouvai seule, et lui ayant rendu mes respects et mes très-humbles soumissions, je lui demandai ce que sa majesté souhaitait de moi, son très-humble serviteur. Elle me dit que, pour parler avec plus de liberté, j'eusse à la suivre; et étant entrés dans la galerie des Cerfs, elle me demanda si elle n'avait jamais parlé à moi. Je lui répondis que j'avais eu l'honneur de faire la révérence à Sa Majesté, et l'assurer de mes humbles obéissances, et qu'elle avait eu la bonté de m'en remercier, et rien autre chose. Sur quoi, cette reine me dit que je portais un habit qui l'obligeait à se fier en moi, et me fit promettre, sous le sceau de la confession, de garder et de tenir le secret qu'elle me voulait découvrir. Je fis réponse à Sa Majesté qu'en matière de secret, j'étais naturellement aveugle et muet, et que l'étant à l'égard de toutes sortes de personnes, à plus forte raison je devais l'être pour une princesse comme elle; et j'ajoutai cette parole de l'Écriture dit : Qu'il est bon de tenir caché le secret d'un roi : *Sacramentum regis abscondere bonum est.*

» Après cette réponse, elle me chargea d'un paquet de papiers, cacheté en trois ou quatre endroits sans aucune inscription, et me commanda de le lui remettre en présence de qui elle me le demanderait; ce que je promis à Sa Majesté suédoise.

» Elle me commanda ensuite de bien observer le temps, le jour, l'heure et le lieu qu'elle me donnait ce paquet; et, sans autre entretien, je me retirai avec ce paquet et laissai cette reine dans la galerie.

» Le samedi, dixième jour du même mois de novembre, à une heure après midi, la reine de Suède m'envoya querir par un de ses valets de chambre, comme m'ayant dit que Sa Majesté me demandait, j'entrai dans un cabinet pour prendre le paquet dont elle m'avait chargé, dans la pensée que j'eus qu'elle m'envoyait querir pour le lui rendre. Je suivis ce valet de chambre, lequel, m'ayant mené à la porte du donjon, me fit entrer dans la galerie des Cerfs; et aussitôt que nous fûmes entrés, il ferma la porte avec tant d'empressement que j'en fus étonné. Ayant aperçu vers le milieu de la galerie la reine qui parlait à un de sa suite, qu'on nommait le marquis (j'ai su depuis que c'était le marquis de Monaldeschi), je m'approchai de cette princesse. Après m'avoir fait la révérence, elle me demanda d'un ton de voix assez haut, en la présence de ce marquis et de trois autres hommes qui y étaient, le paquet qu'elle m'avait confié. Deux des trois étaient éloignés de la reine de quatre pas, et le troisième assez près de Sa Majesté. Elle me parla en ces termes : — Mon père, rendez-moi le paquet que je vous ai donné. — Je m'approchai et je le lui présentai. Sa Majesté, l'ayant pris et considéré quelque temps, l'ouvrit et prit les lettres et les écrits qui étaient dedans ; elle les fit voir et lire à ce marquis d'une voix grave, et d'un port assuré, et demanda s'il les connaissait bien. Ce marquis le dénia, mais en pâlissant.

» — Ne voulez-vous pas reconnaître ces lettres et ces écrits ? lui dit-elle, n'étant à la vérité que des copies que cette reine elle-même avait transcrites... Sa Majesté suédoise, ayant laissé songer quelque temps ledit marquis, tira de dessous elle les originaux, et, les lui montrant, l'appela traître, et lui fit avouer son écriture et son signe. Elle l'interrogea plusieurs fois ; à quoi ce marquis, s'excusant, répondait du mieux qu'il pouvait, rejetant la faute sur diverses personnes. Enfin il se jeta aux pieds de cette reine, lui demandant pardon ; et en même temps les trois hommes qui étaient là présens tirèrent leurs épées hors du fourreau, et ne la remirent qu'après avoir exécuté le marquis.

» Il se releva et tira cette reine tantôt à un coin de la galerie, et tantôt à un autre, la suppliant toujours de l'entendre et de le recevoir dans ses excuses. Sa Majesté ne lui dénia jamais rien, mais l'écouta avec une grande patience, sans que jamais elle témoignât la moindre importunité ni aucun signe de colère. Aussitôt, se tournant vers moi, lorsque ce marquis la pressait le plus de l'écouter et de l'entendre : — Mon père, me dit-elle, voyez et soyez témoin — puis, s'approchant du marquis, appuyée sur un petit bâton d'ébène à poignée ronde — que je ne presse rien contre cet homme, et que je donne à ce traître et à ce perfide tout le temps qu'il veut et plus qu'il n'en saurait désirer d'une personne offensée pour se justifier s'il le peut.

» Le marquis, pressé par cette reine, lui donna des papiers et deux ou trois petites clefs liées ensemble qu'il tira de sa poche, de laquelle il tomba deux ou trois pièces d'argent ; et après une heure et plus de conférence, ce marquis ne contentant pas cette reine par ses réponses, Sa Majesté s'approcha un peu de moi, et me dit d'une voix assez élevée, mais grave et modérée : — Mon père, je me retire et vous laisse cet homme : disposez-le à mourir et ayez soin de son âme. — Quand cet arrêt eût été prononcé contre moi, je n'aurais pas eu plus de frayeur. Et à ces mots, ce marquis se jetant à ses pieds, et moi de même, en lui demandant pardon pour ce pauvre marquis, elle me dit qu'elle ne le pouvait pas, et que ce traître était plus coupable et criminel que ceux qui sont condamnés à la roue ; qu'il savait bien qu'elle lui avait communiqué, comme à un fidèle sujet, ses affaires les plus importantes et ses plus secrètes pensées ; outre qu'elle ne voulait lui point reprocher les biens qu'elle lui avait faits, qui excédaient ceux qu'elle eût pu faire à un frère, l'ayant toujours regardé comme tel, et que sa conscience seule lui devait servir de bourreau. Après ces mots, Sa Majesté, se retirant, me laissa avec ces trois qui avaient leurs épées nues dans le dessein d'achever cette exécution. Après que cette reine fut sortie, le marquis se jeta à mes pieds, et me conjura avec instances d'aller après Sa Majesté pour obtenir son pardon. Ces trois hommes le pressaient de se confesser, avec l'épée contre les reins, sans pourtant le toucher ; et moi, ayant la larme à l'œil, je l'exhortais de demander pardon à Dieu. Le chef des trois partit pour aller vers Sa Majesté, pour lui demander pardon et implorer sa miséricorde pour le pauvre marquis ; mais, revenant triste de ce que sa maîtresse lui avait commandé de se dépêcher, il lui dit en pleurant : « Marquis, songez à Dieu et à votre âme, il faut mourir. » A ces paroles, comme hors de lui, le marquis se jeta à mes pieds une seconde fois, en me conjurant de retourner encore une fois vers la reine pour tenter la voie du pardon et de la grâce ; ce que je fis. Ayant trouvé seule Sa Majesté dans sa chambre avec un visage serein, et sans aucune émotion, je m'approchai d'elle ; me laissant tomber à ses pieds, les larmes aux yeux et les sanglots au cœur, je la suppliai, par la douleur et les plaies de Jésus-Christ, de faire miséricorde et grâce à ce marquis. Cette reine témoigna être fâchée de ne pou-

voir accorder ma demande, après la perfidie et la cruauté que ce malheureux lui avait voulu faire endurer en sa présence, après quoi il ne devait jamais espérer de rémission ni de grâce, et me dit que l'on en avait envoyé plusieurs sur la roue qui ne l'avaient pas tant mérité que ce traître.

» Voyant que je ne pouvais rien gagner par mes prières sur l'esprit de cette reine, je pris la liberté de lui représenter qu'elle était dans la maison du roi de France, et qu'elle prît bien garde à ce qu'elle allait faire exécuter, et si le roi en trouverait bon : sur quoi Sa Majesté me fit réponse qu'elle avait fait cette justice en présence de l'autel, et qu'elle prenait Dieu à témoin si elle en voulait à la personne de ce marquis, et si elle n'avait pas déposé toute haine, ne s'en prenant qu'à son crime et à sa trahison, qui n'auraient jamais de pareille, et qui touchaient tout le monde ; outre que le roi de France ne la logeait pas dans sa maison comme une captive réfugiée, elle était maîtresse de ses volontés pour rendre et faire justice à ses domestiques en tout lieu et en tout temps, et qu'elle ne devait répondre de ses actions qu'à Dieu seul, ajoutant que ce qu'elle faisait n'était pas sans exemple ; et quoique la pratique de cette reine eût y avait quelque différence ; que si les rois avaient fait quelque chose de semblable, c'avait été chez eux et non ailleurs ; mais je ne pus plutôt dit ces paroles que je m'en repentis, craignant d'avoir trop pressé cette reine. Partant, je lui dis encore : — Madame, dans l'honneur et l'estime que vous vous êtes acquise en France, et dans l'espérance que tous les bons Français ont de votre négociation, je supplie très humblement Votre Majesté d'éviter que cette action, quoi qu'à l'égard de Votre Majesté, madame, elle soit de justice, ne passe néanmoins dans l'esprit des hommes pour violente et pour précipitée : faites encore plutôt un acte généreux et de miséricorde envers ce pauvre marquis, ou du moins mettez-le entre les mains de la justice du roi, et lui faites faire son procès dans les formes ; vous en aurez toute la satisfaction, et vous conserverez, madame, par ce moyen, le titre d'admirable que vous portez en toutes vos actions parmi tous les hommes. — Quoi ! mon père, me dit cette reine, moi, en qui doit résider la justice absolue et souveraine sur mes sujets, me voir réduite à solliciter contre un traître domestique, dont les preuves de son crime et de sa perfidie sont en ma puissance, écrites et signées de sa propre main ?— Il est vrai, lui dis-je, madame ; mais Votre Majesté est moitié intéressée.—Cette reine m'interrompit et me dit :—Non, non, mon père ; je le vais faire savoir au roi. Retournez, et ayez soin de son âme, je ne puis, en conscience, accorder ce que vous me demandez. — Et ainsi me renvoya. Mais je connus, à ce changement de voix en ces dernières paroles, que, si cette reine eût pu différer l'action et changer de lieu, elle l'aurait fait indubitablement ; mais l'affaire était trop avancée pour prendre une autre résolution sans se mettre en danger de laisser échapper le marquis et mettre sa propre vie au hasard.

» Dans ces extrémités, je ne savais que faire ni à quoi me résoudre : de sortir, je ne pouvais, et quand je l'aurais pu, je me voyais engagé par un devoir de charité et de conscience à secourir le marquis pour le disposer à bien mourir.

» Je rentrai donc dans la galerie, et embrassant ce pauvre malheureux qui se baignait en larmes, je l'exhortai, dans les meilleurs termes et les plus pressans qu'il me fût possible et qu'il plût à Dieu de m'inspirer, de se résoudre à la mort et songer à sa conscience, puisqu'il n'y avait plus dans ce monde d'espérance de vie pour lui, et qu'en offrant et souffrant sa mort pour la justice, il devait en Dieu seul jeter ses espérances pour l'éternité, où il trouverait ses consolations.

» A cette triste nouvelle, après avoir poussé deux ou trois grands cris, il se mit à genoux à mes pieds, m'étant assis sur un des bancs de la galerie, et commença sa confession ; mais l'ayant bien avancée, il se leva deux fois et s'écriait. Au même instant je lui fis faire des actes de foi, renonçant à toutes pensées contraires. Il acheva sa confession en latin, français et italien, ainsi qu'il se pouvait mieux expliquer, dans le trouble où il était. L'aumônier de cette reine arriva comme je l'interrogeais en l'éclaircissement d'un doute, et ce marquis l'ayant aperçu, sans attendre l'absolution, alla à lui, espérant grâce de sa faveur. Ils parlèrent bas assez longtemps ensemble, se tenant les mains et retirés en un coin, et, après leur conférence finie, l'aumônier sortit, et emmena avec lui le chef des trois commis pour cette exécution ; et peu après, l'aumônier étant demeuré dehors, l'autre revient seul et lui dit : — Marquis, demande pardon à Dieu, car, sans plus attendre, il faut mourir. Es-tu confessé ? — Et, lui disant ces paroles, le pressa contre la muraille du bout de la galerie, où est la peinture de Saint-Germain-en-Laye ; et je ne pus si bien me détourner que je ne visse qu'il lui porta un coup dans l'estomac du côté droit ; et ce marquis, le voulant parer, prit l'épée de la main droite, dont l'autre, en la retirant, lui coupa trois doigts, et l'épée demeura faussée. Et pour lors il dit à un qu'il était armé dessous, comme en effet il avait une cotte de mailles qui pesait neuf à dix livres ; et le même à l'instant redoubla le coup dans le visage, après lequel le marquis cria : « Mon père ! mon père ! » de m'approchai de lui, et les autres se retirèrent un peu à quartier ; et, un genou en terre, il demanda pardon à Dieu, et me dit encore quelque chose, où je lui donnai l'absolution, avec la pénitence de souffrir la mort pour ses péchés, pardonnant à tous ceux qui le faisaient mourir ; laquelle reçue, il se jeta sur le carreau ; et, en tombant, un autre lui donna un coup sur le haut de la tête qui lui emporta des os ; et, étant étendu sur le ventre, faisant signe qu'on lui coupât le col, le même lui donna deux ou trois coups sur le col sans lui faire grand mal, parce que la cotte de mailles, qui était montée avec le collet du pourpoint, para et empêcha l'excès du coup. Cependant je l'exhortais de se souvenir de Dieu et d'endurer avec patience, et autres choses semblables. En ce temps-là, le chef vint me demander s'il ne le ferait pas achever : je le rembarrai rudement, et lui dis que je n'avais pas de conseils à lui donner là-dessus ; que je demandais sa vie et non pas sa mort ; sur quoi il me demanda pardon, et confessa avoir eu tort de m'avoir fait une telle demande.

» Sur ce discours, le pauvre marquis, qui n'attendait qu'un dernier coup, entendit ouvrir la porte de la galerie. Reprenant courage, il se retourna, et, ayant vu que c'était l'aumônier qui entrait, se traîna du mieux qu'il put, s'appuyant contre le lambris de la galerie, demanda à parler à lui. L'aumônier passa la main gauche de ce marquis, moi étant à la droite ; et le marquis, se tournant vers l'aumônier et joignant les mains, lui dit quelque chose comme se confessant ; et après, l'aumônier lui dit de demander pardon à Dieu ; et, après m'avoir demandé permission, il lui donna l'absolution. Ensuite il se retira, me disant de demeurer près du marquis, et qu'il s'en allait voir la reine de Suède. En même temps, celui qui avait frappé sur le col dudit marquis, et qui était avec l'aumônier à sa gauche, lui perça la gorge d'une épée assez longue et étroite, duquel coup le marquis tomba sur le côté droit, et ne parla plus, mais demeura plus d'un quart d'heure à respirer, durant lequel je lui criais et l'exhortais du mieux qu'il m'était possible. Et ainsi le marquis perdit son sang, finit sa vie à trois heures trois quarts après midi. Je lui dis le *De profundis* avec l'oraison, et après, le chef des trois lui remua une jambe et un bras, déboutonna son haut-de-chausse et son caleçon, fouilla dans son gousset, et ne trouva rien, sinon en sa poche un petit livre d'Heures de la Vierge et un petit couteau. Ils s'en allèrent tous trois, et moi après, pour recevoir les ordres de Sa Majesté. Cette reine, assurée de la mort dudit marquis, témoigna du regret d'avoir été obligée de faire faire cette exécution en la personne de ce marquis ; mais qu'il était de la justice de le faire pour son crime et sa trahison, et qu'elle priait Dieu de lui pardonner. Elle me commanda d'avoir soin de le faire enlever de là, et de l'enterrer, et me dit qu'elle voulait faire dire plusieurs messes pour le repos de son âme. Je fis faire une bière et le fis mettre dans un tombereau à cause de la brume, de la pesanteur et des mauvais chemins, et le fis conduire à la paroisse d'Avon par mon vicaire et chapelain, assisté de trois hommes, avec ordre de l'enterrer dans l'église, près du bénitier ; ce qui fut fait et exécuté à cinq heures trois quarts du soir. »

Louis XIV apprit ce meurtre ; il trouva mauvais que quelque autre que lui prétendît être roi et justicier dans le royaume de France ; il fit donc signifier à Christine son mécontentement par le cardinal Mazarin, et voici la lettre que Christine lui répondit :

« Mons Mazarin, ceux qui vous ont appris le détail de Monaldeschi, mon écuyer, étaient très mal informés. Je trouve fort étrange que vous commettiez tant de gens pour vous éclaircir de la vérité du fait. Votre procédé ne devrait pourtant point m'étonner, tout fou qu'il est ; mais je n'aurais jamais cru que ce vieux, ni votre jeune maître orgueilleux, eussiez osé m'en témoigner le moindre ressentiment. Apprenez tous tant que vous êtes, valets et maîtres, petits et grands, qu'il m'a plu d'agir ainsi ; que je ne dois ni ne veux rendre compte de mes actions à qui que ce soit, surtout à des fanfarons de votre sorte. Vous jouez un singulier personnage, pour un personnage de votre rang ; mais, quelques raisons qui vous aient déterminé à m'écrire, j'en fais trop peu de cas pour m'en intriguer un seul instant. Je veux que vous sachiez et disiez à qui voudra l'entendre que Christine se soucie fort peu de votre cour, et encore moins de vous ; que, pour me venger, je n'ai pas besoin d'avoir recours à votre formidable puissance. Mon honneur l'a voulu ainsi ; ma volonté est une loi que vous devez respecter. Vous taire est votre devoir. Et bien des gens que je n'estime pas plus que vous feraient très bien d'apprendre ce qu'ils doivent à leurs égaux, avant que de faire plus de bruit qu'il ne convient.

» Sachez enfin, mons le cardinal, que Christine est reine partout où elle est, et qu'en quelque lieu qui lui plaise d'habiter, les hommes, quelque fourbes qu'ils soient, vaudront encore mieux que vous et vos affidés.

» Le prince de Condé avait bien raison de s'écrier lorsque vous le reteniez prisonnier inhumainement à Vincennes : Ce vieux renard ne cessera jamais d'outrager les bons serviteurs de l'État, à moins que le parlement ne congédie ou ne punisse sévèrement cet illustrissime faquin de Piscina.

» Croyez-moi donc, Jules, comportez-vous de manière à mériter ma bienveillance ; c'est à quoi vous ne sauriez trop vous étudier. Dieu vous préserve d'aventurer jamais le moindre propos indiscret sur ma personne ; quoique au bout du monde, je serai instruite de vos menées ; j'ai des amis et des courtisans à mon service, qui sont aussi adroits et aussi surveillans que les vôtres, quoique moins bien soudoyés. »

Quinze jours après cette lettre reçue, le roi de France, accompagné du cardinal Mazarin et de toute sa cour, vint rendre solennellement visite à l'ex-reine de Suède.

LE 20 AVRIL.

Ce n'était pas la seule exécution que Fontainebleau dût voir. En 1661, Louis XIV y décréta Fouquet d'arrestation, et, le 22 octobre 1685, il y révoqua l'édit de Nantes. C'est ce dernier événement qui faisait écrire à Christine, dont un des privilèges royaux qu'elle avait conservées, comme on a pu le voir par la lettre précédente, était le style épistolaire, c'est ce qui faisait, dis-je, écrire à Christine : « Je considère » aujourd'hui la France comme un malade à qui l'on coupe » bras et jambes pour le guérir d'un mal qu'un peu de pa» tience et un peu de douceur auraient entièrement guéri ; » mais je crains bien maintenant que le mal ne s'aigrisse et » ne devienne enfin incurable. » Christine se trompait, mais il en coûta à la France vingt ou vingt-cinq ans de guerres civiles.

Vers la fin de la vieillesse de Louis XIV, Fontainebleau fut abandonné pour Marly. Le 26 octobre 1728, Louis XV y prit la petite vérole, ce qui commença à faire baisser le crédit du château favori. Il fut bien encore, tant que dura son règne, à l'époque des voyages d'automne, marqué de quelques-unes de ces mesquines intrigues qui signalent la royauté de madame de Pompadour et de la Dubarry ; mais presque complétement abandonné sous Louis XVI, il ne s'y passa pendant tout l'intervalle qui sépare la vieillesse de Louis XIV de la jeunesse de Napoléon, rien qui mérite d'être rapporté.

Le nouvel empereur, qui, ne pouvant se rapprocher par la naissance des vieilles dynasties, voulait au moins s'en rapprocher par les habitudes, vint, vers 1804, faire un voyage à Fontainebleau ; et voyant dans quel délabrement était tombée cette ancienne résidence royale, il donna des ordres pour son entière restauration. Tout à coup ces travaux furent pressés avec une activité étrange : c'est que Fontainebleau était marqué pour le lieu de l'entrevue qui allait avoir lieu entre Napoléon et le pape Pie VII, qui quittait Rome pour le venir sacrer empereur.

Mais Napoléon était un de ces génies impatients qui ne savent point attendre. Aussi fit-il pour Pie VII, en 1804, ce qu'il fit pour Marie-Louise en 1810 : au lieu de demeurer à Fontainebleau jusqu'à ce que le pape eût fait son entrée, il monta en voiture et alla au-devant de lui : la rencontre eut lieu à la Croix de Saint-Hérem. C'est là que, douze ans plus tard, Louis XVIII, impatient à son tour comme Napoléon, devait venir à son tour recevoir Caroline de Naples, fiancée de son neveu le duc de Berry.

Pie VII monta dans la voiture de l'empereur, s'assit à sa droite, et le 25 novembre 1804, vers les deux heures de l'après-midi, ils rentrèrent ensemble à Fontainebleau, où ils passèrent le reste de la journée.

Un an après, Napoléon, après avoir posé sur sa tête une autre couronne, et lui avoir fait cette devise : « Dieu me l'a donnée, malheur à qui la touche ! » apprit à Gênes la nouvelle coalition qui s'organisait contre lui. Aussitôt il monte en voiture avec l'impératrice, et en cinquante heures il arrive à Fontainebleau ; là, tandis qu'on lui prépare à la hâte appartement et souper, il se fait ouvrir à la hâte la porte de son cabinet topographique, et, tout en mangeant quelques fruits qu'il se fait apporter, tout en faisant dire à l'impératrice de prendre du repos, il combine le plan de cette fameuse campagne qui commença par la prise d'Ulm et qui finit par la bataille d'Austerlitz.

Soit souvenir des jours de Louis XIV, soit reconnaissance pour cette nuit d'inspiration, Napoléon rétablit les voyages à Fontainebleau, et y donna des 1807 des fêtes magnifiques à l'occasion du mariage de son frère Jérôme, pour lequel il venait de tailler un royaume au cœur de l'Allemagne, avec la princesse Frédérique Catherine de Wurtemberg. Ce fut pendant le séjour d'un mois que fit alors la cour à Fontainebleau que fut décidé le blocus continental, et que le Portugal fut divisé en trois lots : la partie septentrionale fut donnée au roi d'Étrurie, pour le dédommager de la Toscane, qui faisait retour à la France ; la partie méridionale fut donnée à titre de principauté à Manuel Godoy, en récompense de ses bons et loyaux services, et les provinces du milieu furent laissées comme un en-cas.

Au mois de juin 1808, le roi Charles IV arriva à Fontainebleau. Il venait d'échanger son royaume d'Espagne et des Indes contre une prison royale en France.

En 1809, Napoléon revint à Fontainebleau. Le vainqueur de Wagram et de Friedland était alors à l'apogée de sa gloire ; une seule chose lui manquait pour consolider son trône victorieux, c'était un héritier. Pendant ce voyage, le divorce fut décidé et annoncé à l'impératrice d'une manière officielle ; il est vrai que déjà, depuis quatre ans, ce divorce était la crainte incessante et mortelle de la pauvre impératrice. En partant de Milan, et comme elle pleurait en embrassant Eugène : « Tu pleures, lui avait dit Napoléon ; tu pleures pour une séparation momentanée. Si le chagrin de quitter ses enfants est si puissant, c'est donc une bien grande jouissance d'en avoir ; juge donc alors ce que doivent souffrir ceux qui n'en ont pas. »

Ce n'était qu'un mot, mais Napoléon perdait si peu de paroles que chacun de ses mots avait une signification.

En 1810, Napoléon lança de Fontainebleau ce décret terrible qui ordonnait de brûler toutes les marchandises anglaises qui seraient saisies en France et dans les différents royaumes où il régnait par procuration.

Le 19 juin 1812, Pie VII rentra à Fontainebleau, mais sans que cette fois personne allât au-devant de lui ; c'est que cette fois il n'y revenait plus comme souverain pontife, mais comme prisonnier.

Vers le commencement de janvier 1813, Napoléon revient à Fontainebleau : 1812 venait de passer comme un spectre entre le conquérant et sa fortune. Son humeur altière s'était aigrie de ses revers ; l'invaincu comprenait qu'il n'était peut-être pas invincible. Celui-là qui s'était cru un instant un Dieu était forcé d'avouer qu'il n'était qu'un homme.

Il voulut avant de partir pour la Saxe terminer les affaires de l'Église. Il arriva à Fontainebleau et s'informa de son hôte sacré. On lui dit que, malgré la permission qui lui avait été accordée de se promener dans les jardins, et quoique chaque jour on fût venu mettre les voitures impériales à sa disposition, le pape n'avait point voulu mettre le pied hors de sa chambre : « Oui, oui, murmura Napoléon, il veut qu'on le croie prisonnier. » Et il se fit annoncer chez Pie VII.

L'entrevue fut longue et chaude, à ce qu'il paraît, et cependant elle n'amena aucun résultat. Pie VII voyait pencher Napoléon, comme ces statues des faux dieux que les premiers pontifes poussaient de leur doigt puissant ; il ne voulut rien céder ; Napoléon sortit de chez lui d'autant plus furieux, que, par respect pour son caractère et pour son âge, il avait été forcé de se contenir ; mais dans la galerie de Diane, rencontrant le cardinal Fesch, il lui raconta ce qui venait de se passer ; et comme le cardinal Fesch se taisait :

— Mais où donc, s'écria Napoléon, le vieillard obstiné veut-il que je l'envoie ?

— Au ciel, peut-être, répondit le cardinal ; et cette réponse calma à l'instant même l'empereur.

Pie VII resta à Fontainebleau jusqu'au 24 janvier 1814, et pendant toute sa captivité, c'est-à-dire pendant près de deux ans, fidèle à sa résolution première, il ne voulut pas franchir le seuil de sa chambre.

Cependant l'horizon septentrional s'assombrissait de plus en plus : l'orage s'avançait menaçant vers Paris, et, chaque jour plus rapproché de la capitale, on entendait gronder comme un tonnerre le canon de l'ennemi.

Le 30 mars 1814, à neuf heures du soir, une carriole, venant de Villeneuve-sur-Vannes, arrivait à Fontainebleau en brûlant le pavé ; un courrier la précédait de dix minutes, en criant : L'empereur ! l'empereur ! En une seconde les chevaux furent dételés et rattelés ; Napoléon n'eut que le temps d'échanger quelques paroles avec le maître de poste.

— Avez-vous entendu le canon dans la journée ?
— Oui, sire.
— Je ne m'étais donc pas trompé ! Dans quelle direction ?
— Dans la direction de Paris.
— C'est bien cela. A quelle heure a-t-il cessé ?
— A cinq heures.

Et la carriole reprend sa course, comme emportée par le vent.

A dix heures du soir, Napoléon n'est plus qu'à cinq lieues des barrières : il relaie à Fromenteau et repart avec la même rapidité. Parvenu aux fontaines de Juvisy, il croise un aide-de-camp, qui passe lui-même de toute la vitesse de son cheval. Il reconnaît l'uniforme, l'appelle, échange quelques paroles avec lui, descend de voiture sur la grande route, va s'asseoir sur un des bancs de pierre qui la bordent, cause longuement et vivement avec le messager, se fait apporter un verre d'eau puisé à la fontaine, remonte avec le même visage dans la voiture, et de la même voix dont il avait crié : Paris ! crie aux postillons : Fontainebleau !

Paris s'était rendu à cinq heures du soir, et l'ennemi devait y entrer au point du jour !

Cinq jours après, Napoléon écrivait sur un bout de papier

volant ces quelques lignes, les plus importantes peut-être qu'une plume humaine ait jamais tracées :

« Les puissances alliées ayant proclamé que l'empereur était le seul obstacle au rétablissement de la paix en Europe, l'empereur, fidèle à son serment, déclare qu'il renonce pour lui et ses enfans aux trônes de France et d'Italie, et qu'il n'est aucun sacrifice, même celui de la vie, qu'il ne soit prêt à faire aux intérêts de la France. »

On montre à Fontainebleau la table sur laquelle ces lignes furent écrites; mais nul ne sait ce qu'est devenu l'autographe impérial.

Dans la nuit du 12 au 13, le silence du palais est tout-à-coup troublé par des cris : on sort précipitamment, on se heurte dans les corridors, chacun demande ce qui se passe, et des voix confuses répondent : L'empereur s'est empoisonné.

A cette nouvelle, chacun se précipite vers la chambre qu'il occupe; mais la porte s'est refermée sur le grand maréchal Bertrand, sur le duc de Vicence, sur le duc de Bassano et sur le chirurgien Ivan; personne ne peut plus entrer. On s'arrête, on écoute, on entend des gémissemens, voilà tout.

Tout à coup la porte s'ouvre et se referme; le docteur Ivan sort, pâle comme un spectre. On veut l'interroger, mais il étend la main sans répondre, et on obéit à cet ordre en lui faisant place. Il descend rapidement les escaliers, entre dans la cour, trouve un cheval attaché aux grilles, monte dessus, s'éloigne au galop et disparaît dans l'obscurité.

Le lendemain 13 avril, Napoléon se lève et s'habille comme à l'ordinaire, seulement sa belle tête, toujours calme et pensive, est plus pâle qu'à l'ordinaire.

Maintenant voici ce qu'on raconte :

Napoléon avait entendu parler du poison de Condorcet. Au moment de la retraite de Russie, résolu à ne pas tomber vivant entre les mains de l'ennemi, il avait fait venir Cabanis, et lui avait demandé de lui faire préparer une composition semblable : Cabanis avait écrit l'ordonnance, et le docteur Ivan l'avait fait exécuter. Pendant toute la retraite, Napoléon avait porté cette composition dans un sachet suspendu à son cou, puis, une fois rentré en France, il l'avait déposée dans un secret de nécessaire du voyage qui ne le quittait jamais et qu'en mourant il légua à son fils.

Or, dans le silence de la nuit, pendant une de ces longues insomnies qui depuis deux ou trois mois étaient habituelles, voyant que tout l'abandonnait avec sa fortune, que les uns étaient ingrats et que les autres étaient traîtres, il avait pensé au poison qui dormait depuis deux ans dans le secret de son nécessaire. Le valet de chambre qui dormait dans la chambre à côté l'avait entendu se lever, l'avait, à travers les fentes de la porte, vu délayer une poudre dans un verre, puis boire et se recoucher. Pendant plus d'un quart d'heure il s'était fait un profond silence : c'était la lutte du courage et de la douleur; mais la douleur avait enfin vaincu. Au gémissement que Napoléon avait poussé le valet était accouru, avait interrogé, prié, supplié; puis, voyant qu'il ne pouvait obtenir aucune réponse, il s'était élancé hors de la chambre, et, courant chez les plus intimes de l'empereur, il avait fait entendre ces cris au bruit desquels tout le monde était accouru. Comme nous l'avons dit, le grand maréchal Bertrand, le duc de Bassano, le duc de Vicence et Ivan, étaient accourus; et, apercevant ce dernier, Napoléon s'était soulevé sur son lit, et s'était écrié en lui montrant le sachet vide :

— Tout le monde me trahit donc ici? même le poison!...

Alors Ivan avait perdu la tête; sans rien répondre, sans essayer de se disculper, il était sorti, était monté sur le premier cheval qu'il avait rencontré, et avait disparu.

Allez à Fontainebleau, et on vous montrera la chambre où se passa ce terrible drame.

Le 20 avril, à six heures du matin, Napoléon apprend deux dernières défections; son valet de chambre Constant et son mamelouk ont disparu pendant la nuit. A dix heures, on annonce que le dernier des commissaires alliés, le général autrichien Koller, vient d'arriver. A midi, les voitures de voyage entrent dans la cour du Cheval-Blanc, et se rangent au bas de l'escalier colossal qui forme le perron. A midi et demi, la garde impériale reçoit l'ordre de prendre les armes et de se former en haie. A une heure, la porte s'ouvre et Napoléon paraît. Sur les degrés de l'escalier sont : le duc de Bassano, le général Belliard, le colonel Bussy, le colonel Anatole de Montesquiou, le comte de Turenne, le général Fouler, le baron Mesgrigny, le colonel Gourgaud, le baron Fain, le lieutenant-colonel Athalin, le baron de La Place, le baron Leborgne d'Ideville, le chevalier Jouanne, le général Kosakowski et le colonel Vonsowieh.

Quelques-uns de ces noms sont inconnus, mais leur présence en un pareil moment suffira pour les faire connaître.

C'est tout ce qui reste à Napoléon de cette cour d'empereurs, de rois, de princes et de maréchaux qui l'entourait à Erfurt.

Le duc de Vicence et le général Flahaut sont en mission.

Napoléon s'arrête un instant sur le perron, embrasse d'un coup d'œil tout ce qui l'entoure, sourit tristement, puis descend vivement, trouve à chaque degré une main qu'il serre; puis, s'avançant au milieu de ses soldats, fait signe qu'il veut parler. — On écoute. Alors, de cette même voix vibrante dont il faisait ses proclamations de Marengo, d'Austerlitz et de la Moskowa :

« Soldats de ma vieille garde, dit-il, je vous fais mes
» adieux. Depuis vingt ans je vous ai trouvés constamment
» sur le chemin de l'honneur et de la gloire. Dans ces der-
» niers temps, comme dans ceux de notre prospérité, vous
» n'avez cessé d'être des modèles de bravoure et de fidélité.
» Avec des hommes tels que vous notre cause n'était point
» perdue : mais la guerre était interminable, c'était la guerre
» civile, et la France n'en serait devenue que plus malheu-
» reuse; j'ai donc sacrifié tous nos intérêts à ceux de la pa-
» trie. Je pars; vous, mes amis, continuez de servir la France;
» son bonheur était mon unique pensée, il sera toujours
» l'objet de mes vœux. Ne plaignez pas mon sort; si j'ai
» consenti à me survivre, c'est pour servir encore à votre
» gloire : je veux écrire les grandes choses que nous avons
» faites ensemble. Adieu, mes enfans, je voudrais vous pres-
» ser tous sur mon cœur. — Que j'embrasse encore votre dra-
» peau... »

Et ici la voix lui manque, et le drapeau qu'il prend dans ses bras cache et essuie ses larmes. — On n'entend que des sanglots. — Tous ces hommes pleurent comme des enfans qui vont perdre un père!

Mais la voix de l'empereur se fait entendre de nouveau.

— « Adieu encore une fois, dit-il, mes vieux compagnons. —
» Que ce baiser passe dans vos cœurs! » — Et il s'élance dans la voiture où l'attend le maréchal Bertrand. — La voiture part, et Napoléon disparaît aux regards de ses vieux frères d'armes.

Nous le retrouverons à l'île d'Elbe!

Ce fut M. Jamin, auteur d'une brochure à laquelle nous avons emprunté forces bonnes choses, qui nous fit les honneurs de Fontainebleau ancien et moderne, depuis la chambre où François Ier vint visiter Léonard de Vinci mourant jusqu'à celle où l'empereur signa son abdication (1). Puis il nous conduisit à l'église d'Avon, et nous montra cette tombe de Monaldeschi, que, la relation du père Lebel à la main, nous eussions retrouvée au pied de son bénitier, quand même une main plus pieuse que savante n'aurait point écrit sur la dalle funéraire cette courte épitaphe : *Cy gît Monaldeschi*.

C'est dans la même église, assure-t-on, qu'ont été enterrées les entrailles de Philippe-le-Bel. On montre la dalle qui les recouvre; mais de l'inscription, effacée par les pieds des curieux et par les genoux des fidèles, on ne peut lire que ces mots : *qui trépassa l'an de l'Incarnation 1243, le jour de Pasques*.

Aux deux côtés de la porte, scellées dans la muraille, sont les tombes de Vaubanton et de Bezout.

En sortant de l'église, nous prîmes congé de notre complaisant cicérone, et remontant en voiture nous nous remîmes en route.

(1) Par une coïncidence singulière, la fresque du plancher représente la Force imposant sa volonté à la Justice.

LE DOCTEUR M.

Le même soir, vers les neuf heures, nous arrivâmes à Cosne. J'avais dans les environs de cette ville un jeune homme de ma connaissance qui vivait avec sa femme et deux beaux enfans, dans sa terre, laquelle lui rapportait dix ou douze mille livres de rente, dont il mangeait patriarcalement la sixième partie en dix mois sur les lieux, et le reste en six semaines à Paris. Il m'avait souvent invité, si mes courses me conduisaient vers l'embouchure de la Norain, à faire une chasse chez lui, me promettant force gibier ; de sorte que, comme la chose devient de plus rare en plus rare, nous nous étions arrêtés à Cosne, avec l'intention de profiter le lendemain de l'invitation. Aussi, en arrivant à l'hôtel du Grand-Cerf, la première chose que je fis fut de m'informer de la terre de Marsilly, et de mon ami Ambroise R. La terre de Marsilly était à deux lieues, et mon ami Ambroise R. était, par fortune, logé le même soir dans l'hôtel. Il avait été appelé à Cosne pour déposer à l'instruction du procès du docteur M., lequel était accusé d'avoir empoisonné sa femme et sa fille.

Comme Ambroise était sorti pour le moment, nous demandâmes s'il n'y avait point de par la ville quelques curiosités à voir en attendant le souper, que notre hôte ne s'engageait à nous servir que dans une demi-heure. On nous répondit qu'il n'y avait que la manufacture d'ancres et de boulets, dont les forges devaient justement aller. En ce moment nous nous acheminâmes vers les forges.

J'ai peu de sympathie pour les manufactures ; l'emploi des machines à grandes forces mécaniques m'effraie toujours par son impassibilité. Il y en a surtout dont l'état est de laminer, et qui laminent éternellement. Quelque chose qu'elles accrochent de leurs dents de fer, une fois accrochée, la chose doit passer par le trou, plus ou moins grand, vers lequel elles poussent les matières fabricables ; de quelque volume que soit la chose qui entre, fût-elle grosse comme une solive, elle en sortira menue comme une aiguille à tricoter. Quant à la machine, elle tourne, c'est son droit, c'est son devoir ; peu lui importe la matière qu'elle broie et qu'elle allonge. Vous lui présentez une barre de fer, le monstre l'attire à lui et la dévore ; vous ne retirez pas assez vite la main, la machine vous pince le bout du doigt, tout est fini ; vous avez beau crier ; s'il n'y a pas là un ouvrier avec une hache pour vous couper le poignet, après le doigt vient la main, après la main le bras, après le bras la tête, après la tête le corps. Cris, juremens, prières, rien n'y fait ; le plus court, pour vos amis ou votre famille, est de vous attendre de l'autre côté de la machine. Vous y êtes entré homme, vous en sortez fil de laiton ; en cinq minutes vous avez grandi de deux cents pieds. C'est curieux, mais ce n'est pas agréable.

Aussi je regarde toujours fort respectueusement ce genre d'ustensile, comme en général toutes les choses auxquelles il est impossible de faire entendre raison : il en résulta que, peu familier avec les moyens mécaniques à l'aide desquels procédait M. Zéni, directeur de la manufacture de Cosne, je m'arrêtai tout d'abord sur le seuil pour prendre connaissance des localités.

J'ai rarement vu une chose plus sombrement poétique que cet immense bâtiment, dont il était impossible d'apercevoir les extrémités, et qui n'était éclairé que par la lueur de deux forges alors en exercice. Le feu changeant qui s'élevait des fourneaux colorait les cercles qu'il embrassait, et revêtait les hommes et les objets compris dans le cercle des teintes les plus fantastiques, depuis le rouge ardent jusqu'au bleu pâle. Puis de temps en temps les flammes s'en allaient mourant, on tirait du brasier pâli un fer ardent, on le posait à l'aide de pinces énormes sur quelque enclume colossale, et cinq ou six marteaux retombaient en cadence. A chaque coup qu'ils frappaient, des gerbes d'étincelles jaillissaient, illuminant comme un éclair les profondeurs les plus reculées de ces voûtes sans fin. Alors, et pour une seconde, on apercevait, fonctionnant dans l'ombre, des instrumens inouïs, gigantesques, pareils de forme à des poissons inconnus de quelque mer ignorée, dont, pendant les momens d'obscurité, on n'entendait que les grincemens. Il y en avait qui, semblables à des ciseaux de géant, ouvriraient tout seuls leurs mâchoires d'acier, et qui, à chaque fois qu'ils se refermaient, tranchaient, comme des fétus de paille, des barres de fer de la grosseur de la cuisse. Il y en avait d'autres qui, comme un éléphant, allongeaient une trompe de chaînes, et qui soulevaient des poids énormes ; il y en avait d'autres enfin dont il était impossible de distinguer ni la forme ni la destination, et qui opéraient à l'écart, mystérieusement, dans l'ombre, comme des malfaiteurs qui se cachent pour commettre quelque crime. M. Zéni nous invita à entrer pour regarder de plus près toute sa ménagerie métallique, et pour voir donner le dernier coup de marteau à la maîtresse ancre de la *Dryade*, qui l'attendait à Rochefort. Cette ancre pesait plus de neuf mille. Force me fut donc de m'aventurer dans cette caverne de Polyphème.

Nous errions dans ses profondeurs, lorsque M. Zeni nous appela : on allait effondrer un four plein de fonte. Nous vînmes nous ranger près d'une rigole en sable, dans laquelle devait rouler le liquide ardent. Les deux forges s'éteignirent l'une après l'autre, et les ouvriers accoururent aux deux côtés du moule. L'obscurité se fit plus profonde, et bientôt la manufacture ne fut plus éclairée que par l'orifice rougi du four. Le maître fondeur l'ayant attaqué avec une pince, au trois ou quatrième coup l'obstacle qui retenait la fonte fut brisé, et le métal, pareil à une lave, sortit à gros bouillons des flancs de la fournaise, et s'allongea comme un immense serpent de flamme sur une longueur de soixante à quatre-vingts pieds. Un ouvrier me raconta qu'un jour un de ses camarades, qui, distrait par son voisin, ne suivait pas l'opération, avait été surpris par le métal en fusion. Le malheureux jeta un cri et tomba comme un arbre qu'on pousse : il avait les deux pieds coupés au dessus de la cheville. Quant aux membres absens, on chercha à en retrouver quelque trace dans la lave : la lave les avait dévorés, et il n'en restait aucun vestige.

A la fin de ce récit, je fis remarquer à Jadin que la demi-heure que nous avait demandée notre hôte pour la préparation de notre souper était plus qu'écoulée, et nous prîmes congé de M. Zéni, en le chargeant de nos complimens pour toutes les machines.

En revenant nous vîmes force groupes ; Cosne paraissait dans une agitation tout à fait anormale. Toute ville de province de bonnes vie et mœurs doit se coucher à neuf heures du soir : il était près de dix, et toutes les boutiques de la ville étaient ouvertes, tous les habitans étaient dans les rues. Nous nous informâmes de ce qui causait un mouvement si extraordinaire, et nous apprîmes que le docteur M., le même qui était accusé d'empoisonnement sur la personne de sa femme et de son enfant, venait de se suicider dans sa prison en s'ouvrant l'artère crurale. Cette nouvelle réhabilita Cosne dans notre esprit. Il y avait effectivement dans un semblable événement de quoi tenir une ville de six mille âmes éveillée une demi-heure de plus que d'habitude.

En rentrant à l'hôtel, nous trouvâmes Ambroise R., qui, ayant appris notre arrivée, nous attendait. Nous lui offrîmes de partager notre souper ; mais il refusa : le cadavre du docteur M., dont il venait, appelé par les autorités, de constater l'identité, lui avait ôté l'appétit.

Nous lui demandâmes alors par quel hasard il se trouvait mêlé comme témoin dans cette horrible affaire, et il nous raconta une de ces histoires étranges desquelles ressortent toutes les bizarreries de la perversité et de la faiblesse humaines.

Le docteur M. habitait un village à deux ou trois lieues de la campagne d'Ambroise : ils étaient liés depuis long-temps, presque amis de collège, et se voyaient autant que la distance et leurs affaires réciproques le permettaient.

Le docteur avait épousé une jeune fille des environs, qui lui avait apporté en dot une centaine de mille francs, dont elle lui avait fait donation par son contrat de mariage, au cas où elle mourrait sans enfans. Au bout de dix mois, la jeune femme accoucha d'une fille, et l'époux et le père parurent aussi joyeux l'un que l'autre.

Trois ans s'écoulèrent. Tout à coup on entendit dire que madame M. venait de mourir subitement. On courut à la maison mortuaire, comme c'est l'habitude en province; on trouva le mari désolé; il tenait sa fille embrassée, et disait que sa fille seule pouvait lui faire supporter la vie.

Trois mois après, l'enfant tomba malade à son tour, et, quelques soins que lui prodiguât son père, elle mourut. Pendant trois mois, à dix lieues à la ronde, on ne parla que du malheur du pauvre docteur M. Il fut longtemps sans paraître même chez ses meilleurs amis, et lorsqu'on le revit, chacun le trouva horriblement changé. Au reste, l'intérêt que chacun lui portait fut profitable à sa fortune; en moins d'un an, sa clientèle doubla.

Il y avait dix-huit mois à peu près que le docteur M. avait perdu sa femme, lorsque celle d'Ambroise, qui depuis quelques jours n'attendait plus que le moment d'accoucher, se sentit prise de douleurs. Ambroise monta aussitôt à cheval, et courut à fond de train chercher le docteur M. Le docteur M. monta à cheval, et revint avec lui à Marsilly. C'était vers les deux heures de l'après-midi.

Le travail dura jusqu'à sept heures du soir; à sept heures du soir, la femme d'Ambroise accoucha d'une jolie petite fille. En voyant l'enfant, le docteur M. faillit se trouver mal. On pensa que cette vue avait rappelé au pauvre père la perte qu'il avait faite, et que la joie de son ami avait redoublé sa douleur.

Au dîner, le docteur mangea à peine. Vers les neuf heures, le domestique d'Ambroise, qui en avait reçu dans la journée l'ordre du docteur lui-même, lui sella son cheval, et vint lui annoncer que, s'il voulait retourner chez lui, sa monture était prête. Le docteur se leva, puis presque aussitôt se rassit en pâlissant. Ambroise vit le mouvement; il lui prit la main. Sa main était froide, et cependant, de grosses gouttes de sueur roulaient sur son front. Ambroise lui demanda ce qu'il avait; le docteur sourit, et répondit que ce n'était rien. Ambroise, qui avait entendu parler à son ami de la nécessité où il était de retourner chez lui le soir, lui fit en hésitant l'offre de passer la nuit à Marsilly. Le docteur, sans répondre, fit quelques pas vers la porte, mais, arrivé sur le seuil, il s'arrêta, puis, reculant tout à coup:

— Oui, dit-il, je resterai.

— Te sens-tu mal? demanda Ambroise.

— Non, mais j'ai peur, répondit le médecin.

A cette étrange réponse, Ambroise regarda son ami en face. Il y avait vingt ans qu'il le connaissait, et qu'il le connaissait pour un homme brave. Cent fois, dans l'année, sa clientèle l'appelait hors de chez lui à toutes les heures du jour et de la nuit, et jamais il n'avait donné le moindre signe de crainte ni de faiblesse; seulement, depuis la mort de sa femme, plusieurs de ses cliens s'étaient plaints de ce qu'ayant eu besoin de lui pendant la nuit, il avait, quoique la chose fût urgente, trouvé moyen, sous différens prétextes, de ne point aller chez ceux qui le demandaient. Ambroise se rappela ces plaintes, et, se souvenant encore qu'à un quart de lieue de Marsilly il y avait un bois à traverser, il offrit au docteur ou de le faire reconduire, ou de lui prêter ses pistolets, s'il craignait d'être arrêté. Mais le docteur secoua la tête en répétant deux fois:

— Ce n'est pas cela! ce n'est pas cela!

Ambroise, qui ne demandait pas mieux qu'il restât, pour le cas où sa femme aurait besoin de nouveaux soins, n'insista point davantage, et il ordonna à son domestique de couvrir un lit pour son hôte. Alors le docteur lui demanda s'il lui était égal que ce lit fût dressé dans sa propre chambre. Ambroise n'ayant aucun motif de s'y opposer, y consentit; seulement, il passa près de sa femme: elle dormait. Ambroise recommanda qu'on le réveillât s'il arrivait quelque chose de nouveau, puis laissa l'accouchée sous la surveillance de la femme qui devait la garder, et revint dans la chambre où il avait laissé le docteur.

Il le trouva se promenant à grands pas et d'un air agité; mais pour le moment il n'y fit pas autrement attention. Il prit une des bougies qui avaient déjà brûlé toute la soirée, invita le docteur à prendre l'autre, et passa avec lui dans sa chambre à coucher, qui, d'après la demande du docteur, était la chambre commune.

Ambroise se coucha et souffla sa bougie; le docteur se coucha de son côté, mais laissa brûler la sienne. Ambroise s'endormit.

Au milieu de la nuit des gémissemens le réveillèrent. A part un faible rayon de lune qui filtrait à travers les persiennes et qui venait éclairer d'une faible lueur une partie de son lit, toute la chambre était dans l'obscurité. Il crut d'abord qu'il avait pris quelque rêve pour la réalité; mais les gémissemens recommencèrent: ils venaient du lit du docteur.

— Est-ce toi qui te plains, Louis? demanda Ambroise. Un nouveau soupir répondit seul à cette demande. — Souffres-tu?... Cette demande amena une espèce de sanglot, mais voilà tout.

— Ah çà! rêves-tu, ou es-tu éveillé? demanda Ambroise avec une certaine impatience et en se soulevant sur son lit.

— Je veille, répondit le docteur; depuis dix-huit mois je ne dors plus.

— Que veux-tu dire? demanda Ambroise.

— Écoute, il y a trop longtemps que cela m'étouffe! il faut que je te dise tout, sinon j'en mourrais!

— Ah çà! es-tu fou? demanda Ambroise; qu'as-tu donc à dire?

— Attends, dit le docteur, cela veut être dit à voix basse.

Il y avait dans la voix de son camarade de chambrée un accent si profondément sombre, qu'Ambroise se sentit frissonner de tous ses membres; il chercha sur sa table de nuit un briquet phosphorique. Le docteur, ayant entendu le mouvement, devina l'intention et s'écria:

— Non, non, pas de lumière! je ne parlerais pas.

En même temps Ambroise l'entendit descendre de son lit, le vit aller à la fenêtre, et tirer le rideau de manière à intercepter le rayon de lune qui tombait sur son lit; puis il l'entendit s'approcher à tâtons de son chevet. Il étendit la main, et rencontra celle du docteur. La main du docteur était glacée comme une main de marbre, et cependant couverte de sueur. Ambroise voulut retirer la sienne, mais le docteur la retint avec force, y appuya ses lèvres, et en même temps tomba à genoux.

— Mais, au nom du ciel, qu'as-tu? s'écria Ambroise.

— Ne devines-tu rien? demanda le docteur.

— Que veux-tu que je devine?

— Ne devines-tu pas que celui qui te tient la main, qui est là, à genoux, près de ton lit, est un misérable!... un infâme!... un meurtrier!... plus que tout cela, un empoisonneur?...

Ambroise fit un mouvement si violent qu'il retira sa main, si ferme que la serrait le docteur.

— Malheureux! s'écria-t-il; et pourquoi venir me dire cela, à moi? qui te force à me dire cela?

— Ah! qui me force? le sais-je moi-même? Est-ce Dieu?... est-ce ma conscience?... est-ce ma femme?... est-ce ma fille?... et il prononça ces derniers mots d'une voix éteinte, Ambroise se recula jusque dans la ruelle.

— Oh oui, je te fais horreur, n'est-ce pas? mais n'importe, il faut que je te dise tout; cela m'étouffe: quand je l'aurai dit, je serai soulagé... Ambroise, j'ai empoisonné ma femme!... Ambroise, j'ai empoisonné ma fille!...

Ambroise leva ses deux mains vers le ciel, et ne put prononcer que ces paroles: — Oh! mon Dieu! mon Dieu!

— Nul ne le savait, nul n'avait de soupçon, nul n'en aurait eu jamais; mais voilà que j'ai trouvé mon propre dénonciateur en moi-même; à tout moment ce fatal secret est sur mes lèvres. C'est sans doute quelque grand coupable qui a institué le premier la confession; mais le fait est qu'il m'a semblé que, si j'avouais mon crime, je serais soulagé

Ce matin, quand tu m'as envoyé chercher, je songeais à toi ; cela m'a semblé un avertissement du ciel, et dès lors j'ai été décidé. Il est vrai qu'un moment j'ai faibli, et que j'ai été sur le point de partir. S'il eût fait grand jour, je serais parti ; mais il faisait nuit, et la nuit... — Le docteur étendit la main et saisit celle d'Ambroise. — Et la nuit, continua le docteur en lui serrant la main de sa main glacée, la nuit, j'ai peur !...

— Mais pourquoi viens-tu me dire toutes ces affreuses choses à moi ?... je ne suis pas un prêtre... je ne puis pas t'absoudre.

— Mais tu es mon ami, et tu peux me consoler.

— Eh bien alors ! écoute, dit Ambroise en se rapprochant de lui ; je vais alors te parler en ami, et non en prêtre, puisque c'est un conseil que tu es venu chercher, et non une rémission.

— Parle, parle.

— Un jour ou l'autre ton crime sera connu. — Le docteur frissonna. — C'est la prison, c'est l'échafaud ! c'est peut-être pis... le bagne !... Tu as un père et une sœur ; ton père sera déshonoré, ta sœur ne trouvera plus de mari. Prends mes pistolets, et va te brûler la cervelle au coin du bois de Marsilly ; je t'accompagnerai, et je rapporterai l'arme. Demain on dira que tu as été attaqué par des voleurs et assassiné.

— Et si, au moment, le courage me manque, si je me blesse, et si je ne me tue pas ?

— Alors, écris que c'est toi-même qui t'es tué, enferme le billet dans le tiroir de ta table de nuit, et si tu te manques... eh bien ! moi, je t'achèverai...

Le docteur poussa un gémissement, lâcha la main d'Ambroise et se renversa en arrière.

Puis, après un moment de silence :

— C'est bien, dit Ambroise, tu es un lâche ! Va te recoucher, et n'en parlons plus.

— Et... et jamais ce que je t'ai confié ne sortira de ta bouche...

— Misérable ! murmura Ambroise, est-ce que tu me prends pour une canaille comme toi ?

Le docteur se traîna sur ses genoux du côté de son lit ; Ambroise descendit du sien et passa dans la chambre de sa femme.

Le lendemain il demanda ce qu'était devenu le docteur ; on lui dit qu'il était parti au point du jour.

Il fut six mois sans le revoir. Au bout de six mois, il apprit que le docteur était arrêté, comme soupçonné de l'empoisonnement de sa femme et de sa fille. Le domestique du docteur, qui logeait au dessus de lui, étonné de l'entendre se promener, se coucher et se relever au lieu de dormir, était descendu une nuit, avait regardé par le trou de la serrure, avait vu son maître à genoux au milieu de la chambre, et l'avait entendu demander, pardon à sa femme et à sa fille. Ce domestique était un homme que lui avait donné son beau-père, et qui était très attaché à ses anciens maîtres. Il alla tout raconter au vieillard, que la mort de sa fille et de sa petite-fille laissait sans famille. Le vieillard avait eu quelques soupçons, mais ces soupçons s'étaient éteints faute de preuves ; il avait cessé de voir son gendre, et voilà tout. Il s'en allait mourant et isolé, comme un arbre qui sèche dans un coin, lorsque le récit de son ancien domestique vint lui rendre ses premiers doutes. Il demanda au domestique s'il pourrait lui faire voir et lui faire entendre à lui-même ce qu'il avait vu ; le domestique lui répondit que rien n'était plus facile, qu'il le cacherait dans sa chambre, et que, comme chaque nuit même chose recommençait, il n'avait qu'à regarder et à écouter, et qu'il verrait et entendrait à son tour ce qu'il avait vu et entendu.

La chose se fit ainsi qu'elle avait été dite. Le vieillard, plus convaincu encore par la pâleur du meurtrier que par ses paroles, se rendit la même nuit chez le procureur du roi et fit sa déposition.

Le lendemain le docteur fut arrêté.

A peine arrêté, il avoua tout, et raconta lui-même, la scène de Marsilly, disant au juge, comme il l'avait déjà dit à Ambroise, qu'il était arrivé un moment où il s'était senti un si grand besoin de parler, que, courbé sous une force supérieure, il avait tout dit.

Ambroise avait été alors assigné comme témoin et était venu à Cosne déposer à l'instruction.

Il devait être interrogé le lendemain, lorsque le soir, comme nous l'avons dit, le docteur s'ouvrit l'artère crurale.

Délié de l'obligation qu'il s'était imposée à lui-même, il pouvait dès lors raconter ce qui s'était passé. Nous étions les premiers, au reste, qui entendions cette étrange déposition. Ambroise, jusqu'alors, n'en avait pas soufflé le mot, même à sa femme.

On devine qu'il ne fut pas question de chasse pour le lendemain ; d'ailleurs Ambroise était forcé de rester à Cosne pour déposer.

Nous prîmes, en conséquence, congé de lui le même soir, et nous partîmes au point du jour pour La Charité, où nous devions faire une pose de deux heures.

CHINOISERIES.

Nous fîmes arrêter notre voiture en face de l'église, qui n'a jamais été achevée, et qui cependant est une ruine ; puis nous allâmes à pied jusque chez M. Grasset, pour lequel j'avais une lettre de recommandation.

M. Grasset est un de ces bons et aimables savans, qui, avec une patience sainte, emploient une partie de leur vie à réunir une de ces collections particulières qui feraient souvent honneur au musée d'une grande ville, et qui dépensent l'autre à en faire les honneurs à des importuns, qui lui arrivent avec quelque recommandation d'un inconnu qui n'avait pas le droit de la donner, et à laquelle cependant le courtois archéologue fait bon accueil comme si elle venait d'un ami. Il n'en était pas ainsi de nous, car nous arrivions à M. Grasset recommandés par Taylor. Aussi la première chose qu'il fit fut de nous forcer de déjeuner avec lui.

Après le déjeuner, comme le temps s'éclaircissait un instant, tout en nous laissant craindre cependant de la pluie pour le reste de la journée, M. Grasset nous fit les honneurs de sa ville, si célèbre du temps des routiers et pendant les guerres de la Ligue, et qui doit son nom aux charités que répandaient ses fondateurs. Du moyen âge elle n'a rien gardé qu'un château en ruines, un reste de rempart et son église. Nous avions visité tout cela en une demi-heure, lorsque M. Grasset, que nous pressions de questions avec l'opiniâtreté de curieux qui commencent un voyage, se rappela un bas-relief roman qu'il avait vu quelque six mois auparavant dans une maison particulière ; nous réclamâmes à grands cris le bas-relief roman, et M. Grasset, en nous précédant, alla frapper à la porte de la maison qui renfermait ce trésor du douzième siècle.

La maison était une pauvre bâtisse presque en ruine, et qui paraissait dater de la même époque que son bas-relief. Nous montâmes par un escalier sombre et tournant, et dans une espèce d'arceau roman, formant alcôve, et où l'on avait établi un mauvais lit, nous vîmes l'objet que nous venions chercher.

C'était effectivement un beau bas-relief du douzième siècle, représentant, dans toute la naïve raideur de l'art à cette époque, Dieu le père au milieu de ses saints. Les personnages, protégés par l'endroit même où ils se trouvaient, étaient bien conservés, à l'exception de la figure principale, dont la tête était brisée. M. Grasset crut se rappeler que, lorsqu'il avait vu la dernière fois cette sculpture, la mutilation que nous déplorions n'existait pas. En effet, il était facile de voir que le cou avait été détaché récemment. En conséquence, il demanda au maître de la maison d'où venait que ce bas-relief dont il lui avait recommandé la conservation se trouvait ainsi endommagé. Le brave homme alors nous raconta d'un ton piteux la cause de cet accident.

Le dernier régiment qui avait passé à La Charité-sur-Loire, changeant de garnison, ainsi que de temps en temps les régimens ont l'habitude de le faire en France, était un régiment de cuirassiers. Comme c'est encore l'habitude dans les villes de province, les soldats avaient logé chez les bourgeois, et celui chez lequel nous étions avait eu, sans doute à titre de faveur, un maréchal-des-logis. Pour faire à son hôte les honneurs de sa maison, le bonhomme lui avait cédé son meilleur lit, qui était le lit au bas-relief, et s'en était allé coucher je ne sais dans quel autre coin de son taudis. Mais, quoique ce lit fût le lit magistral, ou peut-être même à cause de cela, toutes les crevasses environnantes étaient fort recherchées des punaises, qui par milliers y avaient établi leur domicile. De sorte que le pauvre maréchal-des-logis eut à peine soufflé sa chandelle, qu'il se sentit assailli par des ennemis à qui il avait eu trop souvent affaire, dans ses pérégrinations, pour ne pas les reconnaître du premier coup. Cependant, quelque habitué qu'il fût à la visite de pareils hôtes, et quelque mépris qu'il en fît lorsqu'ils ne s'élevaient pas au-dessus d'un certain nombre, ils étaient cette fois tellement en force, que le pauvre diable passa la nuit à se tourner et à se retourner sans pouvoir dormir une minute; si bien que, lorsque la trompette lui annonça qu'il était temps de se lever, il n'avait point encore fermé les yeux.

Comme on le pense bien, le maréchal-des-logis sauta en bas de son lit de fort mauvaise humeur, et comme il commençait à faire jour, il voulut au moins ne point partir sans vengeance : il avait donc commencé par chasser dans toutes les règles, lorsqu'en poursuivant les fuyards de son lit sur le mur, il aperçut le bas-relief, et au milieu du bas-relief la tête de Dieu le père sortant des nuages.

Alors il lui parut qu'il ferait bien mieux de s'en prendre à la cause première que de poursuivre ainsi individuellement les résultats, et saisissant son sabre à deux mains : — Ah ! bon Dieu de bois, s'écria-t-il, c'est toi qui as ordonné à Noé de mettre une paire de punaises dans l'arche ! Attends, attends ! — Et à ces mots il s'escrima si bien, qu'il fit sauter la tête divine à l'autre bout de l'appartement. Quant aux saints et aux saintes, comme il n'avait aucune récrimination du même genre à faire contre eux, il les laissa parfaitement tranquilles, et se retira sans y toucher, satisfait de la justice de son exécution.

Avant cet étrange accident, le bas-relief était peut-être le plus complet qu'il y eût en France de cette époque.

Comme nous avions vu tout ce qu'il y avait à voir à La Charité, nous rentrâmes chez M. Grasset, poursuivis par les premières gouttes de cette pluie dont nous étions menacés depuis le matin; c'était un véritable temps fait pour les cabinets de curiosités. Nous montâmes donc immédiatement au musée de M. Grasset.

Je m'attendais, je l'avoue, à voir une de ces pauvres collections de province avec trois ou quatre poissons empaillés au plafond; mais je fus agréablement surpris en trouvant, dès la première salle, de magnifiques vases de Bernard de Palissy, et une collection complète des roches et des minéraux du mont Sinaï, collection qui n'existe probablement pas au Muséum d'Histoire Naturelle. Je n'étais malheureusement pas assez savant en minéralogie pour l'apprécier à sa juste valeur; aussi m'en allai-je droit à une multitude d'objets du moyen âge, et surtout de clefs et de serrures travaillées avec un goût et une finesse qui eussent fait honneur à Benvenuto Cellini.

Nous parcourûmes successivement ainsi quatre ou cinq chambres remplies de choses curieuses dont la plupart avaient été rapportées à M. Grasset par un de ses amis, savant et brave capitaine de vaisseau, qui avait fait je ne sais combien de fois le tour du monde, et qui depuis quinze jours ou trois semaines venait d'arriver de la Chine, rapportant un singulier exemple, non pas de l'esprit, mais de la patience des adorateurs du Grand-Dragon.

Parmi les différens pantalons que le capitaine avait fait faire avant que de quitter Paris, il y en avait un qui pouvait passer pour un chef-d'œuvre; c'était une de ces merveilles comme il en sort quelquefois des ateliers de Humann ou de Vaudeau, qui emboîtent la botte, indiquent le mollet, effacent le genou, dessinent la cuisse et dissimulent le ventre. Aussi, grâce à la prédilection que son maître avait pour lui, après avoir fait les beaux jours du bord, du cap de Bonne-Espérance, et de l'île Bourbon, le pauvre pantalon était-il arrivé à Canton à peu près usé. Néanmoins, grâce à cette coupe fashionable que rien ne remplace, pas même la fraîcheur, il faisait encore assez bonne figure, lorsque le matelot qui servait au capitaine de valet de chambre laissa tomber sur le beau milieu de la cuisse du pauvre pantalon la moitié de l'huile contenue dans une lampe qu'il était en train de nettoyer.

Si philosophe que fût le capitaine, le coup lui fut si rude, qu'il n'en était pas encore bien remis lorsqu'un de ses camarades, qui habitait Canton, vint, comme d'habitude, pour fumer sa pipe d'opium avec lui. Il le trouva si renfrogné, qu'il craignit qu'il ne lui fût arrivé quelque malheur; aussi s'informa-t-il avec instance de la cause qui avait altéré sa bonne humeur habituelle. Alors le capitaine lui montrant le malheureux pantalon jeté au rebut : — Tiens, lui dit-il, c'est le même dont tu me faisais compliment hier; regarde !

L'ami prit le pantalon, le tourna et le retourna avec une tranquillité agaçante ; puis, lorsqu'il se fut bien convaincu qu'il était immettable.

— Eh bien ! lui dit-il, il faut en faire faire un autre.

— Un autre ? répondit le capitaine; et par qui en faire faire un autre ? par tes Chinois ?

— Sans doute, par mes Chinois, reprit l'ami avec son imperturbable sang-froid.

— Pour qu'ils me fassent un sac dans le genre des leurs, répondit le capitaine en haussant les épaules et en montrant du doigt les figures de son paravent.

— Ils ne te feront pas un sac, et pourvu que tu leur donnes le modèle sur lequel tu veux qu'il soit taillé, ils te feront un pantalon que Vaudeau croira de lui.

— Vraiment ! s'écria le capitaine.

— Parole d'honneur, dit l'ami.

— En effet, j'ai entendu mille fois parler de leur aptitude pour l'imitation.

— Eh bien ! tout ce qu'on t'a dit est au-dessous de la vérité.

— Pardieu ! tu me donnes envie d'essayer.

— Essaie, d'autant plus que cela ne te coûtera pas cher. Combien as-tu payé ton pantalon ?

— Cinquante-cinq ou soixante francs, je ne me rappelle plus.

— Eh bien ! ici, pour quinze francs tu en verras le jeu.

— Et chez quel tailleur faut-il que j'aille ?

— Chez le premier venu, chez le mien si tu veux ; il demeure à la porte.

Le capitaine roule son pantalon sous son bras, suit son ami et arrive chez le tailleur.

— Maintenant, dit l'ami, explique-lui ton affaire, et je traduirai tes paroles.

Le capitaine ne se le fait pas dire à deux fois ; il étale son pantalon, en fait ressortir la coupe, et termine en disant qu'il en désire un tout pareil. L'ami traduit la commande, et appuie sur la recommandation.

— C'est bien, dit le tailleur ; dans trois jours monsieur aura ce qu'il demande.

— Que dit-il ? demanda le capitaine impatient.

— Il dit que dans trois jours tu auras ce que tu désires.

— Trois jours, c'est bien long, dit le capitaine.

L'ami traduit le désir du capitaine au Chinois, qui regarde de nouveau le pantalon, secoue la tête et répond quelques mots à l'interprète.

— Eh bien ! demanda le capitaine.

— Il dit qu'il y a beaucoup de besogne, et que trois jours ne sont pas trop pour avoir de l'ouvrage bien fait.

— Eh bien ! soit, dans trois jours ; mais qu'il ne me manque pas de parole.

— Oh ! quant à cela, il n'y a pas de danger, dans trois jours, heure pour heure, il sera chez toi.

Et les deux amis s'en allèrent en faisant une dernière recommandation à l'artiste.

Trois jours après, comme le capitaine et son ami fumaient leur pipe d'opium, le matelot ouvrit la porte et annonça le tailleur.

— Ah ! parbleu ! s'écria le capitaine, nous allons voir s'il est aussi adroit qu'exact. — Eh bien ! ce pantalon ?

— Le voilà, dit le tailleur.

— Essayons, essayons, dit le capitaine ; et il prit le pantalon des mains du tailleur, le passa, et, pour s'assurer qu'il allait bien, ordonna à son matelot de lever les jalousies : le matelot obéit.

— Eh bien ! mais il va à merveille, dit l'ami.

— Je crois bien, dit le capitaine, c'est le mien qu'il m'a donné. — Pas celui-là, imbécile, l'autre.

L'ami traduit la demande au tailleur, qui donne l'autre d'un air triomphant. Le capitaine change de culottes.

— Ah çà ! mais, est-ce que je suis fou ? dit le capitaine ; c'est celui-ci qui est le mien ; où est donc le neuf ?

L'ami exprime le désir du capitaine au tailleur, qui lui tend le pantalon que sa nouvelle pratique vient de quitter.

— Eh bien ! voilà le neuf, dit l'ami.

— Mais non ; tu vois bien que c'est le vieux, répond le capitaine ; parbleu ! voilà la tache d'huile.

— Il y en a une aussi à celui que tu as sur toi.

— Ah çà ! mais c'est une mauvaise plaisanterie.

L'ami se tourne vers le Chinois, l'interroge, et sur sa réponse éclate de rire.

— Eh bien ? dit le capitaine.

— Eh bien ! dit l'ami ; qu'est-ce que tu as demandé à ce brave homme ?

— Je lui ai demandé un pantalon.

— Pareil au tien ?

— Oui, pareil au mien.

— Eh bien ! il te l'a fait si pareil, que tu ne peux pas le reconnaître, voilà ; seulement, il dit que ce qui lui a donné le plus de peine, ç'a été de l'user et de le tacher aux mêmes places, et que c'est cinq francs de plus, parce qu'il en a perdu deux avant d'arriver à un résultat dont il fût satisfait ; mais aussi, maintenant, il te porte le défi de reconnaître le tien. Tu conviendras que cela vaut bien vingt francs.

— Ma foi, oui, dit le capitaine ; et il tira de sa poche un napoléon qu'il donna au Chinois.

Le Chinois remercia, et demanda au capitaine sa pratique pour le temps qu'il serait à Canton ; quoique, ajouta-t-il, s'il lui donnait toujours de la besogne aussi compliquée, il n'y aurait pas de l'eau à boire.

Depuis ce jour-là, le capitaine ne put jamais reconnaître un pantalon de l'autre, tant tous les deux étaient pareils ; mais il les avait rapportés en France comme un modèle de l'industrie chinoise, et avait promis à M. Grasset de lui en faire cadeau.

S'il lui a tenu parole, ce ne doit pas être le morceau le moins curieux de sa collection.

Vers midi, nous quittâmes monsieur Grasset, et trois heures après nous étions à Nevers. Nous ne nous y arrêtâmes que le temps de voir les trois plus grandes curiosités de la ville : la porte de Croux, par laquelle rentra le pauvre Gérard de Nevers ; le couvent des Visitandines, où est le tombeau de Vert-Vert, et Saint-Étienne, église romane du huitième ou neuvième siècle.

Il y en a une quatrième que nous découvrîmes par hasard, et qui vaut bien qu'on la signale, c'est un cadran solaire peint au milieu de la façade du palais des ducs, et au-dessous duquel le peintre a naïvement écrit les trois lignes suivantes :

« Ce cadran a été fait à Nevers, le soleil entrant dans le signe du Capricorne, par ordre de la Convention nationale. »

La nuit même, nous arrivâmes à Moulins.

Quelques heures de la matinée nous suffirent pour visiter la ville, qui, à part le bonnet en cor de chasse de ses paysannes, n'offre guère de remarquable qu'une magnifique Bible du treizième siècle, que l'on montre à la bibliothèque de la ville, et le tombeau de Henri de Montmorency, qui s'élève dans le chœur de l'église du collège ; c'est le sarcophage de ce même Henri de Montmorency qui fut décapité à Toulouse par ordre du cardinal de Richelieu.

Ce tombeau, surmonté par les figures couchées du duc et de la duchesse, et qui renferme leurs cœurs dans une urne de marbre noir, soutenue par deux amours funèbres, courut, à l'époque de la révolution, le danger d'être mis en morceaux par le peuple ; déjà un coup de hache, dont la trace est encore visible, en avait entamé le marbre, lorsqu'une voix conservatrice s'écria : — Qu'allez-vous faire, citoyens ? Montmorency était un brave sans-culotte qui fut guillotiné par ordre du tyran parce qu'il conspirait contre les calotins. — Vive Montmorency ! cria le peuple, et le tombeau fut respecté.

BOURBON-L'ARCHAMBAULT.

A deux heures de l'après-midi nous partîmes pour Sauvigny, dont on nous avait fort vanté l'église. A quatre heures nous arrivâmes à ce village, il nous restait juste assez de jour pour visiter ce monument. C'est une magnifique bâtisse, mi-partie du douzième, mi-partie du quinzième siècle, où le gothique est greffé sur le roman. Deux superbes tombeaux, l'un de 1450, l'autre de 1470, s'élèvent dans les chapelles latérales, qui laissent apercevoir le chœur à travers une dentelle de pierre, découpure merveilleuse sur les plis de laquelle on retrouve encore la trace des peintures qui les décoraient autrefois. L'un de ces tombeaux est celui de Charles de Bourbon et de madame Agnès de Bourgogne, fille de Charles le Téméraire ; l'autre renferme les ossemens du bon duc Louis II et de sa femme. Les statues, couchées sur les tables de marbre qui les couvrent, offrent cet aspect de grandeur naïve, cachet indélébile de la statuaire de cette époque. A l'extrémité opposée de l'église, près d'un bas-relief byzantin du neuvième ou du dixième siècle, est un escalier gigantesque qui conduit à un orgue magnifique.

Nous examinions ce monument avec cet intérêt d'archéologue que ne peuvent comprendre ceux qui ne le partagent pas, et auquel les architectes surtout nous ont toujours paru merveilleusement étrangers, lorsque le curé s'avança vers nous avec cette fraternité polie des gens du monde, qui n'ont besoin que d'échanger un coup d'œil pour se reconnaître de race. Il avait d'abord deviné à nos bagages que nous étions artistes. Notre calèche lui avait bien donné un instant quelques doutes à ce sujet ; mais en entrant dans l'église il avait trouvé Jadin un crayon à la main, et alors son esprit avait été fixé ; il venait nous inviter à toucher barre chez lui. L'offre était faite de si bonne grâce, il l'accompagna d'instances si naturelles à un pauvre Parisien exilé, nous sentîmes enfin tant de cordiale franchise dans ses paroles, que nous acceptâmes l'invitation, et que nous le suivîmes au presbytère.

Nous fûmes introduits dans un salon dont les meubles étaient couverts des œuvres de nos auteurs modernes, et d'albums enrichis des dessins de nos meilleurs peintres. Quelques portraits de contemporains étaient suspendus aux lambris. J'y reconnus le mien à côté de Lamartine et de Victor Hugo, et j'avoue qu'outre l'honneur du voisinage, je me trouvais heureux d'avoir été précédé par mon effigie dans l'ermitage que nous visitions. Ce fut alors que monsieur de Chambon, c'était le nom de notre hôte, crut me reconnaître. N'ayant aucun motif pour garder l'incognito, car je n'étais ni prince ni danseur, j'avouai tout bonnement mon identité. Dix minutes après, nous étions dans un salon du faubourg Saint-Germain.

Je ne sais pas de sensation plus agréable, en province, après avoir été longtemps à renfermer dans son cœur les souvenirs de la vie parisienne, ses amitiés de confrère, ses admirations d'artiste, faute non seulement d'esprits sympathiques qui vous comprennent, mais encore de mémoire qui ait retenu d'autres noms que ceux qui sont oubliés, de reconnaître à un mot électrique que vous avez enfin trouvé un homme, au milieu de la végétation animée qui vous entoure ; alors votre cœur se gonfle de joie, tous vos souvenirs demandent à s'échapper ; ils se pressent sur vos lèvres, puis enfin ils en sortent pêle-mêle et tumultueux comme ces pauvres enfans enfermés dans un collège toute la semaine, et à qui on ouvre le dimanche la porte de leur prison. Alors vous parlez sans suite et sans raison ; vous dites des noms, voilà tout ; vous citez des titres d'ouvrages, et pas autre chose : seulement, lorsque vous vous êtes bien assurés que vous êtes des créatures de la même espèce, percevant des sensations pareilles en face des mêmes objets, reproduisant ces sensations par des paroles semblables, formulant des opinions identiques, vous mettez de l'ordre dans la conversation, vous procédez avec des périodes, vous concluez avec des raisonnemens.

C'est ce qui nous arriva au bout de dix minutes. Monsieur de Chambon connaissait tous les auteurs modernes par leurs œuvres, aucun par leurs personnes ; nous passâmes une heure à lui faire des ressemblances entre les hommes et les productions. Toutes nos illustrations, qui certes ne s'en doutaient guère, vinrent poser à notre volonté, et chacune à son tour, dans ce petit coin de terre où nous évoquions leurs fantômes. Il y en eut à qui nous jetâmes un manteau de pourpre sur les épaules, d'autres que nous renvoyâmes tout à fait nus. Conclave improvisé, nous jouâmes avec des sceptres et des couronnes, nous déposâmes et élûmes des empereurs, et peut-être que ceux que nous élûmes seront sacrés un jour.

Nous fûmes interrompus par l'annonce, si agréable aux voyageurs, que le dîner était servi ; celui de notre hôte avait été improvisé avec cette merveilleuse facilité de ressources qu'offre la campagne. Le premier service, il faut l'avouer, coupa court à la conversation, qui reprit bien quelque consistance au deuxième, mais qui ne se retrouva dans tout son entrain qu'au dessert.

Alors, sans perdre son caractère artistique, elle avait pris une tendance religieuse. M. de Chambon appartenait à la jeune école catholique ; par conséquent, il y avait harmonie parfaite dans nos opinions sociales. Loin de se plaindre, comme beaucoup le font, que la foi s'éteignait et que la piété était mourante, il reconnaissait dans tous les esprits une merveilleuse disposition à se reprendre au côté intime des idées catholiques ; et cela lui donnait de l'espoir comme prêtre et comme artiste : car ce sont toujours les siècles de croyance qui ont enfanté les grandes œuvres et surtout les œuvres complètes. Pourquoi ces églises du quinzième siècle sont-elles si admirables ? c'est que dans leur ensemble et dans leurs détails elles étaient en harmonie avec le mystère qu'elles étaient destinées à voir s'accomplir. Ainsi, ces deux tours qui s'élevaient de chaque côté du fronton représentaient les deux bras que le chrétien priant lève au ciel ; ces douze chapelles qui s'étendaient à droite et à gauche étaient en nombre égal à celui des apôtres ; la croix latine, tracée par les colonnes qui soutenaient la voûte, était faite à l'image de celle du Golgotha ; le chœur s'inclinait un peu plus à droite qu'à gauche, parce que le Christ pencha la tête sur l'épaule droite en mourant ; enfin, trois croisées éclairaient le tabernacle, parce que Dieu est triple en son toute lumière vient de Dieu ; aussi, quel homme, si irréligieux qu'il soit, peut franchir le seuil de Notre-Dame, et continuer dans cette merveilleuse cathédrale la conversation frivole de la rue ? non, il se découvre et parle bas sans savoir pourquoi ; c'est que, par tous ses sens à la fois, vient de pénétrer jusqu'à son cœur le grand sentiment catholique qui a présidé à la construction de cet édifice.

Nous en étions là de notre conversation, lorsqu'un homme entra et parla à l'oreille de notre hôte, qui se leva aussitôt :—Messieurs, nous dit-il en souriant, allons achever cette conversation dans un lieu plus inspirateur ; vous avez vu mon église au jour, venez la voir à la nuit.

Nous le suivîmes aussitôt. Il faisait un clair de lune magnifique ; le ciel regardait la terre avec des yeux de flamme. Une tranquillité profonde était descendue avec l'obscurité : nul bruit ne troublait le sommeil juvénile de la nature.

Nous entrâmes dans l'église ; la porte se referma derrière nous, et nous crûmes d'abord que nos yeux ne pourraient rien distinguer dans les ténèbres, tant ils étaient pleins de cette douce et fluide lumière qui venait de nous inonder. Cependant, après avoir fait quelques pas, nous nous aperçûmes que le chœur était éclairé, sans que nous vissions cependant les torches qui jetaient la lueur sur laquelle se découpait la silhouette noire de l'autel, avec sa croix, son tabernacle et ses cierges éteints. Quant à la partie opposée où était l'escalier et le bas-relief byzantin, elle était tellement plongée dans l'obscurité, que les regards se perdaient dans l'ombre avant d'atteindre jusqu'aux murailles. De place en place, les grandes croisées ogives, à travers lesquelles passaient les rayons de la lune, se réfléchissaient, resplendissantes, sur les dalles grises avec leurs mosaïques de saints aux auréoles d'or et aux robes rouges et bleues. Parfois une de ces réverbérations frappait sur une colonne, et alors sa base et son chapiteau restaient sombres, et la partie éclairée était seule visible. En ce moment, à l'extrémité obscure, qui, comme je l'ai dit, était plongée dans l'ombre, un homme parut, portant une torche, qui, répandant un cercle de lumière, repoussa l'obscurité dans les profondeurs latérales, et commença de gravir l'escalier immense. A mesure qu'il montait, les ténèbres reprenaient leur domaine et marchaient à sa suite, comme la mort à la suite de la vie. Bientôt il disparut, et tournant à gauche, derrière un pilier, et peu à peu la lumière s'éteignit le long des murs, et tout rentra dans la nuit. Tout à coup, au milieu de ce silence et de cette obscurité, une grande voix s'éleva frémissante : c'était celle de l'orgue, dont les sons, se poussant l'un l'autre comme les flots d'une mer d'harmonie, passèrent sur nos têtes, et, se répandant jusqu'aux profondeurs les plus reculées de la cathédrale, allèrent se briser contre les murs. Au même instant, des paroles humaines se firent entendre, mariées à ces accens merveilleux, et le *Stabat Mater* de Pergolèse s'éleva douloureusement vers le ciel.

J'ignore quel effet produisit sur mes compagnons cette scène si profondément religieuse ; pour moi, je gagnai la chapelle du duc Louis II, qui était dans une obscurité complète. Je m'accoudai sur le monument où, selon le touchant usage de ces temps poétiques, qui faisaient de la tombe un second lit nuptial, il est couché près de son épouse, et je me laissai inonder de cette pénétrante harmonie. Alors je compris les extases, les ravissemens, les visions du cloître, et, comme Joad, je me sentis prêt à prophétiser une Jérusalem nouvelle.

Que ceux qui ne croient pas aillent écouter à minuit les gémissemens de l'orgue et les sanglots du *Stabat Mater*.

Les uns et les autres étaient éteints, que j'écoutais encore. Sans doute, on me cherchait depuis quelque temps sans me trouver, car tout à coup, au milieu de ce silence, j'entendis mon nom prononcé. Je tressaillis, tant il m'attendais peu à cette voix humaine qui me rappelait sur la terre. J'ouvris la bouche pour répondre, mais je n'osai pas ; il me sembla que ce serait un sacrilège que de parler haut. J'allai donc silencieusement rejoindre Jadin et M. de Chambon, que je trouvai éclairant de leurs torches une nervure ogivique représentant une femme d'une délicatesse de formes presque grecque, qui se roule et joue avec une chimère, symbole de l'intelligence de l'artiste aux prises avec son caprice.

Au reste, les habitans de Sauvigny, perdant de vue, dans les générations de leurs pères, la fondation de leur église, ignorant comment des mains d'hommes peuvent accomplir de semblables merveilles, attribuent aux fées la construction de ce monument. Une bergère, qui s'était endormie près de son troupeau, s'éveilla vers l'aube, et le vit surgir au milieu du brouillard du matin, avec ses clochetons aigus, ses galeries festonnées et son portail à jour, à la place où, la veille encore, s'élevaient de beaux arbres et coulait une fontaine. Frappée de stupeur, la pauvre femme resta immobile, et à sa place, on retrouva une statue de pierre qui est encore debout à l'angle d'une des tours.

Le 10 juillet 1850, madame la duchesse d'Angoulême, revenant des eaux de Vichy, visita le prieuré de Sauvigny. Elle se fit ouvrir le caveau où dorment ses ancêtres, et s'agenouilla et pria longtemps devant leurs tombeaux. En se relevant, ses yeux se fixèrent sur l'écusson de la maison de Bourbon, sur lequel on avait gratté les trois fleurs de lis d'azur et le mot *espérance* qui est la devise de l'ordre de l'écu d'or. Elle demanda qui avait fait cette mutilation ; on lui répondit que c'était le peuple ; — Qu'il ait effacé les fleurs de lis, dit-elle, je le comprends encore ; mais le mot *espérance*, où le retrouverons-nous désormais, si on le fait disparaître même des tombeaux ?

Vingt jours après, la fille de saint Louis repartait pour son troisième exil.

Je ne sais pas l'heure qu'il était quand nous partîmes ; je sais seulement qu'aux premiers rayons du jour, nous aperçûmes à un quart de lieue de nous, couronnant le sommet d'une montagne, les ruines déchirées du vieux château de Bourbon-l'Archambault, que dominaient leurs trois tours colossales.

La maison où nous descendîmes était justement celle où mourut madame de Montespan. Elle appartenait à un homme qui avait entrepris une noble et laborieuse tâche qu'il ne devait pas achever, à notre ami Achille Allier, auteur de l'Ancien Bourbonnais. C'est là qu'il suivait, dans le silence et la conviction, cette œuvre de bénédictin, lente et consciencieuse, que la mort est venue interrompre. Le monument qu'il élevait laborieusement pour l'avenir est resté inachevé, et le ciseau lui est tombé des mains avant qu'il ait eu le bonheur de graver son nom sur la dernière pierre. Pauvre Achille ! qu'il dut avoir de regret de mourir !

Il nous fit voir la chambre où rendit son dernier soupir cette favorite qui avait été puissante comme une reine. L'isolement de sa mort fut un contraste avec sa vie : nulle voix amie, que celle d'un prêtre, ne vint la soutenir et la fortifier dans ce moment suprême, et déjà avant d'expirer elle avait fermé les yeux afin de perdre de vue sans doute les visages étrangers et indifférens qui l'entouraient.

Deux heures après qu'elle eut rendu le dernier soupir, une chaise de poste s'arrêta devant la porte de la maison mortuaire ; un homme en descendit précipitamment, monta rapidement les escaliers, s'élança dans la chambre et se précipita vers le lit. Ne croyez pas que c'était pour verser des larmes sur le cadavre ; c'était pour détacher du cou de la trépassée une clef suspendue par un ruban noir ; puis, possesseur de cette clef, il ouvrit une cassette, emporta les papiers qu'elle renfermait, et repartit sans assister aux funérailles. Cet homme, c'était son fils.

Madame de Montespan avait légué son cœur au couvent de La Flèche, son corps à l'abbaye de Saint-Germain des Prés, et ses entrailles au prieuré de Saint-Menoux, distant de trois lieues seulement de Bourbon-l'Archambault. La Flèche et Saint-Germain reçurent les legs funéraires, et pour que les volontés de la défunte fussent accomplies en tout point, on chargea un paysan de porter à l'église voisine la part des restes mortels qui lui était destinée. Malheureusement, on oublia de lui dire de quel fardeau il était chargé. Au milieu de la route, l'envie lui ayant pris de savoir ce qu'il portait, il ouvrit le coffre, et, croyant être le jouet de quelque mauvais plaisant, il jeta ce qu'il renfermait sur le revers du fossé. Un troupeau de porcs passait en ce moment, et les plus immondes des animaux dévorèrent les entrailles de la plus hautaine des femmes.

En sortant de chez Achille, nous nous trouvâmes sur la place des Capucins, où sont le bassin des eaux thermales et les réservoirs de la source. Ces réservoirs forment trois grands puits, au fond desquels l'eau semble, au premier coup d'œil, en état continuel d'ébullition. Avec un peu d'attention, on reconnaît que ces bouillonnemens sont formés par un dégagement de gaz ; ce dégagement donne naissance à une vapeur qui, imperceptible dans les temps chauds et secs, devient apparente dès qu'il y a de l'humidité dans l'atmosphère,

et forme, à l'approche des orages ou pendant leur durée, un brouillard quelquefois assez épais pour empêcher de se distinguer d'un côté du bassin à l'autre. Ce phénomène tient à ce que plus l'air atmosphérique pèse sur ces eaux, moins le calorique se dilate, moins il y a dégagement de gaz et par conséquent de vapeurs, tandis qu'au contraire, moins ces eaux sont comprimées par l'air atmosphérique devenu plus léger dans les temps orageux, plus le calorique se dilate, plus par conséquent il y a dégagement de gaz et de vapeurs apparentes. Nous fûmes, au reste, témoins, à quatre heures d'intervalle, de cette différence d'aspect. La couleur de ces eaux est verdâtre, surtout dans les bassins où elle est plus exposée à l'air que dans les sources et dans les réservoirs ; elles sentent le gaz hydrogène sulfuré. Cette odeur est assez légère près des réservoirs ; elle se perd même tout à fait lorsque l'eau a séjourné quelque temps dans un vase, tandis qu'au contraire elle augmente avec la vapeur ; elle devient parfois si forte dans les cabinets des douches, qu'on y serait asphyxié, si l'on ne prenait la précaution d'ouvrir les ventilateurs. Quant à leur saveur, c'est celle des hydrosulfures alcalins : refroidies, elles perdent leur saveur lixivielle piquante, et en prennent une alcaline ; réchauffées, elles sont nauséabondes.

Du temps de César, Bourbon-l'Archambault était déjà célèbre pour ses eaux thermales. Les légions romaines, habituées au doux soleil, à l'air tiède et aux douces eaux de l'Italie, après s'être frayé, en les repoussant avec leurs boucliers, un chemin à travers les neiges de l'Auvergne, regardèrent comme un bienfait du ciel ces eaux fumantes qui jaillissaient sur leur route. Ils y fondèrent un établissement qui disparut avec leur civilisation, détruit par la conquête franque. Les barbares qui leur succédèrent n'avaient aucune idée de l'application médicinale des eaux minérales connues par Aristote, Hippocrate et Gallien. Avicenne est le premier qui en reparle, vers le neuvième siècle, et ce n'est qu'au seizième siècle que, grâce aux expériences de Genner, de Baccius, de Beautrin et de Fallope, elles commencèrent à reprendre faveur. Un siècle après, Gaston, frère de Louis XIII, rétablit sa santé à celles de Bourbon-l'Archambault, et commença à leur donner une célébrité et une vogue qu'augmentèrent ensuite les fréquens voyages qu'y fit madame de Montespan.

Allier nous fit observer que le temps se mettait à l'orage, et nous invita à ne pas tarder davantage à nous mettre en route. Nous commençâmes notre visite par la Quiquengrogue ; c'est une tour isolée, qui fut élevée, les uns disent par Archambault le Grand, les autres par Louis Ier, au mépris des droits des bourgeois de la ville. Jaloux de leurs prérogatives, ils les réclamèrent à main armée ; mais le constructeur monta avec des soldats sur les remparts qui l'avoisinent, et braquant ses machines de guerre sur les mécontens, il leur jeta du haut des murailles ces paroles menaçantes : — On la bâtira, qui qu'en grogne. — La colère du peuple baptisa l'œuvre de son seigneur, et son nom despotique lui est resté jusqu'à nous.

Cependant le squelette du château gigantesque nous appelait à lui ; nous nous acheminâmes de son côté, et nous trouvâmes ses vieilles ruines toutes peuplées de pauvres paysans qui ont été s'abriter, pareils à des passereaux et des hirondelles, dans tous les coins que le donjon féodal put offrir à leurs nids. Comme partout, les plus forts furent les mieux logés.

En levant la tête pour mesurer des yeux la hauteur des tours, j'aperçus au sommet de l'une d'elles un animal qui me parut singulièrement ressembler à un lapin. Je le fis remarquer à Jadin, qui, convaincu que ce n'était point là la place d'un quadrupède, soutint que c'était un chat. Une discussion s'étant engagée entre nous, pour la terminer je pris mon fusil et j'ajustai la bête : le coup partit, elle tomba à nos pieds comme aurait pu faire une grive : c'était un lapin.

De la discussion encore plus vive pour savoir comment il se faisait qu'à Bourbon-l'Archambault, cette race, que nous avions toujours vue creuser ses maisons dans la terre, avait été choisir, au contraire, le point le plus élevé du château pour y établir son domicile. Un paysan qui vint réclamer sa propriété nous tira d'incertitude. Il évalua le défunt à vingt sous; nous lui en donnâmes trente, et pour le surplus nous obtînmes l'explication suivante.

Quelques-uns des pauvres habitans de l'ancien manoir des ducs de Bourbon, voyant que le sommet de chaque tour présentait une surface solide de trente ou quarante pas de circonférence, pensèrent à utiliser cet espace que Dieu leur avait donné entre la terre et le ciel. Ils y transportèrent, en conséquence, dans des paniers, dans des corbeilles, dans des sacs, enfin dans tous les récipiens qu'ils purent se procurer, de la terre végétale qu'ils allèrent emprunter à la plaine; puis, lorsque les trois plate-formes furent couvertes de ce sol improvisé, ils firent les semailles; le soleil bénit leur moisson, et ils récoltèrent du blé pour le pain de toute l'année.

Mais comme les dimanches et les jours de fête il faut manger quelque chose avec son pain, et qu'une bonne idée en conduit ordinairement une multitude d'autres en laisse, ils avisèrent que des lapins pourraient vivre à merveille de l'ivraie dont ils avaient séparé le bon grain. Le champ suspendu devint garenne, et voilà comment l'hôte incongru de ces nouveaux jardins de Sémiramis avait, en se penchant sur les bords de son domaine aérien, donné naissance à une discussion qui avait fini pour lui d'une façon aussi tragique.

Ce point scientifique, qui, sans cette explication, pouvait faire naître de grands doutes en histoire naturelle, une fois éclairci, nous nous séparâmes, Jadin pour prendre une vue du château et de la ville, et moi pour jeter quelques notes sur mon album. Je me couchai donc à l'ombre que projetait un pan de muraille, et là, séparé du monde, écoutant le bruit du vent qui gémissait dans les ruines, isolé avec mes souvenirs historiques, je commençai de marcher à reculons dans le passé. Le plus grand souvenir que j'y trouvai, après celui de César, qui s'arrêta à Bourbon-l'Archambault pour jeter les fondemens, cinquante-un ans avant le Christ, et de Pepin-le-Bref, qui y passa pour le détruire en 762, fut celui du connétable qui fut forcé de l'abandonner en 1525.

Car ce fut un magnifique prince et un brave capitaine, que très haut et très puissant seigneur Charles duc de Bourbonnois et d'Auvergne, comte de Clermont en Beauvoisis, de Montpensier, de Forez, de la Marche et de Clermont en Auvergne, dauphin d'Auvergne, vicomte de Carlat, de Murat, seigneur de Beaujolais, de Combailles, de Mercœur, d'Annonay, de Roche en Regnier et de Bourbon-Lanceys, pair et chambrier de France, et lieutenant-général du roi aux pays de Bourgogne et de Languedoc. Il avait quatorze châteaux forts et sept maisons de plaisance qu'il possédait de famille ou de mariage, et dont les dépendances couvraient la septième partie du territoire de la France; il tenait la charge de connétable restée vacante depuis la mort du comte de Saint-Pol, et qui était le don de bienvenue de François Ier au trône. Cette charge lui donnait droit de justice basse et haute, non seulement dans ses propres domaines, mais encore dans le pays de Bourgogne et de Languedoc. Tous les sénéchaux, baillis, prévôts, maires, échevins, gardes, gouverneurs de bonnes villes, châteaux et forteresses, ponts, ports et passages, devaient lui obéir comme au roi, de sorte qu'il était si riche dans la paix, que, lorsqu'il accompagna François Ier, qui venait prendre sa couronne à Saint-Denis, il était vêtu d'une robe d'or de douze aunes, dont chaque aune coûtait deux cent quatre-vingts écus d'or au soleil, et portait à son bonnet pour trois cent mille livres de bagues et de pierreries. Il était si puissant dans la guerre, que, lorsqu'il accompagna, à l'âge de dix-sept ans, le roi Louis XII, qui allait par delà les monts reconquérir sa seigneurie de Gênes, qui s'était rebellée, il avait cent hommes d'armes et cent archers qu'il entretenait à ses frais, ne touchant rien du roi, si ce n'est deux mille livres, comme comte de Montpensier; et que, lorsqu'il y retourna, en 1509, pour reconquérir la comté de Crémone, que les Vénitiens avaient usurpée et détenaient au préjudice du duché de Milan, il menait à la bataille de Trévise, qui rendit au roi Crémone, Crême, Bergame et Brême, cent vingt gentilshommes et cent vingt archers de sa maison, et qu'enfin, lorsqu'une troisième fois il traversa les Alpes, comme l'avait fait Annibal, et comme devait le faire Napoléon, me-

nant avec lui six cents hommes d'armes et douze mille hommes de pied, pour venir gagner cette bataille de Marignan, à laquelle l'histoire a marqué sa place entre Trasimène et Marengo, il prêta dix mille écus au roi, qui lui devait déjà cent mille livres, et cela sans compter la vie de son frère et son propre sang, choses qui ne se prêtent pas, mais qui se donnent, et qu'il avait largement et loyalement données.

Or, il avait fait toutes ces entreprises à l'âge de vingt-cinq ans. C'était un jeune et magnifique chevalier, quoiqu'il eût quelque chose de triste et de grave dans la physionomie, et que lui donnait peut-être ses longs cheveux à la Louis XII, qu'il n'avait pas voulu couper, malgré l'ordonnance de François Ier. Il avait épousé madame Suzanne de Bourbon, fille de la duchesse Anne et du duc Pierre, et nièce du roi Charles; et, quoiqu'elle fût contrefaite, il lui garda une telle fidélité au milieu de cette cour dissolue, qu'il refusa l'amour de la plus grande dame de France, madame Loyse de Savoie, mère du roi, qui, cependant, n'avait alors que trente-trois ans; ce qui fit que cet amour méprisé s'aigrit et tourna en haine. Si bien que, lorsque le roi mena son armée en Picardie, il donna, à l'instigation de madame Loyse de Savoie, l'avant-garde, qui appartenait de droit au connétable, au duc d'Alençon, ce qui n'empêcha pas le connétable d'y prendre part pour son compte et de rendre au roi les villes de Hesdin et de Bouchain; et si bien encore que, lorsque madame Suzanne de Bourbon mourut sans postérité, madame Loyse de Savoie, ne se croyant pas vengée encore, se prétendit héritière des domaines du connétable, et gagna, en sa qualité de mère du roi, un procès qui dépouillait son ennemi de tous ses biens et de tous ses titres. Et c'était là la récompense de l'or et du sang, dont il avait à si grands flots arrosé les fleurs de lis qu'il en avaient poussé de nouveaux fleurons.

Ce fut alors et dans ces circonstances que l'empereur Charles-Quint et le roi Henri VIII lui firent offrir de lui rendre plus que François Ier ne lui avait enlevé; et cependant Charles hésita. François Ier apprit ces offres et cette hésitation; et il traita le connétable comme s'il eût déjà accepté, envoyant contre lui, pour le prendre, le Bâtard de Savoie, grand-maître de France, le maréchal de Chabannes, le duc d'Alençon et M. de Vendôme, avec chacun cent hommes d'armes: ce qui était encore un dernier honneur, puisqu'on levait une armée pour prendre un homme.

Ce qu'apprenant le connétable, il partit nuitamment de son château de Chantelle le 10 du mois de septembre, sans page et sans valet, avec un seul gentilhomme, qui était le seigneur de Pompéran, qui lui avait sauvé la vie. Il traversa, toujours poursuivi et toujours échappant à ses ennemis, l'Auvergne, le Dauphiné, la Savoie et les Alpes, et descendit, pour la quatrième fois, dans ces plaines du Piémont qui lui étaient si connues par ses victoires. Ce fut là que les messagers du roi François Ier le rejoignirent, et lui redemandèrent l'épée de connétable et l'ordre de France: — Allez dire à votre maître, leur répondit Bourbon, que, pour l'épée de connétable, il me l'a ôtée lui même le jour où il la donna au duc d'Alençon le commandement de l'avant-garde, qui m'appartenait, et que, quant à la plaque de l'ordre de France, je l'ai laissée à Chantelle, derrière le chevet de mon lit, où il peut la reprendre. Et cela était d'autant plus juste, sur ce dernier point surtout, « que la reine-mère avait déjà, dit Du Bellay, fait prendre tous les meubles de la maison de Bourbon, tant auxdits Chantelle, Moulins, qu'ailleurs, qui étaient les plus beaux qui fussent en maisons de prince de la chrétienté. »

Voilà comment et pourquoi le connétable de Bourbon quitta la France, qui était sa patrie, et devint traître, habitué qu'il était à citer cette réponse d'un officier gascon à Charles VII, qui lui demandait si quelque chose pourrait le détacher de son service : — « Non, sire, pas même l'offre de trois royaumes comme le vôtre; mais oui, sire, un seul affront. »

Et nous ne dirons pas adieu au connétable, même en quittant le vieux château qui rappelle sa mémoire; car Bourbon-l'Archambault n'est que le nid d'où l'aigle a pris son vol: nous le retrouverons planant sur la ville de Marseille, s'abattant dans les plaines de Pavie et sur les murs de Rome;

nous chercherons l'empreinte de son bec et de ses serres sur la couronne de François Ier, et sur la tiare de Clément VII; car, comme le dit la chanson castillane, la France lui donna le lait, l'Espagne la gloire et l'aventure, et l'Italie la tombe.

Cette tombe, que Brantôme a vue, était élevée à Gaëte; car les soldats du connétable n'osèrent point laisser son corps à Rome, de peur qu'après leur départ il ne fût profané. Au-dessus d'elle flottait l'étendard jaune, que Bourbon avait adopté en entrant au service de l'empereur, et qui représentait un cerf-volant avec des épées flamboyantes, et le mot *espérance* : ce qui voulait dire qu'il lui avait fallu la vitesse d'un cerf ailé pour quitter la France, mais qu'il avait la terrible espérance d'y rentrer avec le fer et avec le feu. Sur la face qui regardait la porte, on lisait cette épitaphe, mesure exagérée, mais curieuse, de la réputation que le Coriolan du moyen âge avait laissée en mourant.

> D'assez a fait beaucoup Charlemagne le preux;
> Alexandre le Grand de peu fit quelque chose :
> Mais de néant a plus fait que n'ont fait tous deux
> Charles duc de Bourbon, qui ci-dessous repose.

Les biens du connétable de Bourbon restèrent la propriété de madame Loyse de Savoie et de Henri II, jusqu'au moment où le roi François second en rendit, l'an mil cinq cent soixante-deux, quelques-uns à monseigneur Loys de Bourbon, duc de Montpensier; mais le château de Bourbon-l'Archambault ne fut pas de ceux-là, et il demeura entre les mains des Valois jusqu'au jour de l'assassinat de Henri III, à l'heure duquel, par une singulière coïncidence, la foudre, en tombant sur la Sainte Chapelle qui s'élevait au pied des tours qui sont encore debout, emporta le lambel de la maison de Bourbon, et, laissant les trois fleurs de lis intactes, en fit l'écusson de France. De nos jours aussi un orage populaire a éclaté sur les descendans des Bourbons, comme il éclatait alors sur la race des Valois; mais cette fois, en tombant sur les Tuileries, le tonnerre a brisé lambel et écusson.

Commencée par Jean II, continuée par Pierre II, et achevée seulement en 1508, époque à laquelle le gothique était dans sa plus grande efflorescence, cette Sainte Chapelle, sœur et rivale de celle de Paris, réunissait les merveilleux caprices de l'art du quinzième siècle à la perfection et au fini de la renaissance. Elle avait de riches vitraux semés de saintes légendes, des boiseries délicates taillées dans le chêne, des dentelles creusées dans la pierre, des châsses d'or incrustées de joyaux, des statues d'argent massif, et un reliquaire d'or tout parsemé de rubis, qui renfermait un morceau de la vraie croix, que saint Louis lui-même avait rapporté de la Terre Sainte et donné à son fils Robert de France de Clermont. Cette précieuse relique était gardée dans une chapelle souterraine appelée le Trésor. Montée en or pur, elle formait la croix d'un Calvaire, où, près des statues de la Vierge, de saint Jean et de la Madeleine pénitente, un de ces grands artistes inconnus qui vécurent dans le quatorzième siècle avait groupé les statues agenouillées de Jean, duc de Bourbon, et de Jeanne de France, sa femme; une couronne d'or surmontait la Croix et portait cette inscription :

> Louis de Bourbon, second du nom, fit garnir de pierreries et de dorures cette croix, l'an 1393.

Quatre siècles plus tard, année pour année, un pauvre prêtre de l'église paroissiale retrouva dans la poussière ce morceau de la vraie croix, arraché de son Golgotha d'argent et dépouillé de son or et de ses rubis. Il le mit dans un pauvre reliquaire qui ne pouvait tenter la cupidité de personne, et cette humble action fut sans doute aussi agréable à Dieu que la fastueuse offrande de Louis de Bourbon.

Cependant, dans cette Sainte Chapelle, veuve de son or et de ses diamans, il restait encore des trésors d'art et de poésie, moins riches par la matière, mais plus rares par le travail que celui que des mains profanes venaient d'en enlever : il y avait un Jésus-Christ et ses douze apôtres, qui étaient à la statuaire du moyen âge ce que la Niobé et ses fils sont à la sculpture antique. Il y avait une généalogie de la maison de Bourbon, exécutée en bas-relief avec tout le luxe d'ornement que le rêve de l'imagination peut inventer. Il y avait un Adam et une Eve, délicieux groupe de pierre; une figure de saint Louis en terre cuite, et deux statues équestres de marbre blanc, dont l'une représentait Pierre II la main posée sur le pommeau de sa large épée au fourreau fleurdelisé, et dont l'autre, image de sa femme, Anne de France, fille du roi Louis XI, tenait un faucon au poing, et de l'autre main caressait la crinière de son cheval.

Un jour, une armée de philosophes en guenilles partit de Moulins, tambour en tête, et traînant une pièce de canon pour prendre d'assaut cette Sainte Chapelle, et exterminer sa garnison de pierre. Trois siècles de vénération, qui étaient sa seule défense, n'arrêtèrent point les assiégeans; ils braquèrent le canon contre la nef, et d'un seul coup brisèrent tous ses vitraux, à la plus grande gloire de la république, une et indivisible. Les dieux, les saints et les aristocrates furent ensuite guillotinés, et toute cette troupe se retira, laissant la Sainte Chapelle noircie et foudroyée, mais debout du moins, et grande, riche et poétique encore, comme un squelette gigantesque, comme un spectre colossal.

Sous la restauration, qui aurait dû rééditier cette œuvre de famille, ce qui restait de la Sainte Chapelle fut mis aux enchères, un maçon l'acheta pour la démolir, et en vendre ou en employer les matériaux; car il ne se trouva pas dans tout le département, depuis le préfet jusqu'au conseiller municipal, un bonnête bourgeois à qui vînt l'idée d'en faire un cellier ou un grenier à foin. Elle fut démolie jusqu'en ses fondemens. L'industriel qui l'avait achetée, et qui voulait en tirer ses frais, poursuivit le vieux et saint monument jusque dans ses racines de pierre; et il eut raison, car, quatre pieds au-dessous du sol, il trouva de grandes dalles qui couvraient de grands tombeaux dans lesquels étaient de grands ossemens. Il vendit les dalles pour en faire des pierres de cuisine, et les tombes pour en faire des auges, quant aux ossemens, il les jeta à la boue et au vent; car ils n'avaient aucune valeur. C'étaient cependant les reliques des aïeux de la maison de Bourbon, qui règne aujourd'hui en France, à Naples et dans les Espagnes.

Ce fut ce pauvre Allier qui me raconta toutes ces choses en me montrant la végétation puissante du pays, qui commençait déjà à s'étendre sur cette grasse poussière. Heureusement il était encore enfant quand ce sacrilége s'accomplissait; car, me disait-il, il eût vendu jusqu'à la maison de son père pour sauver la maison de Dieu. Aussi, lorsqu'en 1832 on mit en vente le vieux château, comme on avait mis en vente la vieille chapelle, il écrivit au prince royal que, si lui, duc d'Orléans, n'achetait pas ces tours croulantes, lui, Allier, les achèterait. Le duc d'Orléans, artiste lui-même, comprit cette lettre d'un artiste : le château fut immédiatement acheté, et Bourbon-l'Archambault est certain du moins de garder des siècles encore ce symbole de la famille dont il fut le berceau, cette page d'histoire écrite en pierre, et sur laquelle on lit : — Grandeur et ruines!...

Si nous voulions! nous ferions un beau et bon livre, rien que de belles et bonnes choses qu'a déjà faites le duc d'Orléans (1).

Nous trouvâmes Jadin en grande discussion avec le secrétaire de la mairie. De ce point où il s'était placé pour faire son croquis, il découvrait la Quiquengrogne, et sur la Quiquengrogne une girouette : or cette girouette avait été pliée par un accident quelconque, et Jadin, en paysagiste de conscience, l'avait reproduite dans son inclinaison. Cette fidélité

---

(1) Il y a un an que, pour toute réponse à une lettre de Victor Hugo, il lui envoyait les quatre mille francs qui devaient, remis par lui, sauver du désespoir un vieillard et sa famille; et cela sans même demander le nom du vieillard au grand poëte qui s'était fait l'interprète de son malheur. Il y a huit jours que, sur une simple demande, il m'accordait la vie d'un jeune homme, chose bien plus précieuse à obtenir et bien plus difficile à accorder que de l'or; car la mort de ce jeune homme dont il me donnait la vie était attendue comme un exemple par toute l'armée.

historique avait blessé l'amour-propre du fonctionnaire qui le regardait opérer, et qui avait conçu tout naturellement la crainte que cette girouette dégingandée ne donnât une fausse opinion des monuments publics de son pays. Cela lui était d'autant plus pénible que, le jeudi précédent, le conseil municipal avait voté à l'unanimité une girouette neuve, et qu'elle devait être incessamment substituée à l'autre. Il fit cette observation à Jadin, qui n'en tint aucun compte, et continua son croquis sans redresser le moindrement la malheureuse girouette. Cette obstination avait mis le pauvre greffier au désespoir; et nous ne parvînmes à le calmer qu'en lui rappelant qu'il avait le droit de réclamer dans les journaux.

Nous partîmes le même soir de Bourbon-l'Archambault, un seul jour nous ayant suffi pour fouiller ses ruines et dérouler son histoire. Achille Allier voulut nous accompagner jusqu'à Moulins, que le lendemain même nous devions quitter; en conséquence, il prit place dans notre voiture et nous partîmes.

Le temps avait été lourd toute la journée, et promettait un de ces orages tardifs qui s'égarent dans l'automne. Les réservoirs d'eau thermale dégageaient une vapeur pareille à des trombes: la nuit était venue plus tôt et plus épaisse que de coutume; nous ne voyions pas à quatre pas autour de nous, excepté quand un éclair déchirait le ciel; alors tout le paysage s'illuminait d'une lueur bleuâtre, qui donnait à la plaine l'apparence d'un lac. Vu à cette clarté fantastique, le site le plus plat prend un caractère de poésie d'autant plus grand, que l'instant pendant lequel il apparaît passe plus vite: aussi avions-nous abaissé la couverture de notre calèche pour ne rien perdre de ce spectacle. C'est un pèlerinage délicieux que celui qu'on entreprend à la recherche des sensations: pour peu que trois ou quatre jeunes gens, au cœur artiste, voyagent ensemble, ils rencontrent le beau, là où l'esprit du vulgaire ne le soupçonne même pas; ainsi, au moment où sans aucun doute chacun se hâtait de rentrer pour éviter l'orage, nous recommandions à notre conducteur de ralentir sa course plutôt qu'en rien perdre un éclair.

Bientôt nous vîmes surgir, entre l'orage et nous, un corps opaque qui nous dérobait le point du ciel où il était amassé. A mesure que nous approchions, le corps, derrière lequel semblait d'instant en instant s'allumer un foyer lumineux, prenait la forme d'une église, puis rentrait dans l'obscurité aussitôt que la flamme électrique était éteinte. Nous en fûmes bientôt assez près pour distinguer la silhouette noire chaque fois qu'un éclair se portait derrière elle. Son toit était tout hérissé de clochetons, et, parmi eux, il y en avait un plus élancé, plus svelte, plus à jour que les autres, car on voyait la lumière à travers ses dentelles. Achille me le fit remarquer, car ce clocher avait une histoire.

Le prieuré de Saint-Menoux, devant lequel nous étions, est une église romane du dixième siècle, qui commençait à tomber en ruine vers la fin du quinzième. Quoique le saint sous l'invocation duquel elle était jouît d'une grande réputation dans les environs, surtout pour la guérison de la rage, et qu'elle fût la troisième fille de l'abbaye de Cluny, elle était si pauvre que dom Cholet, son prieur, ne savait comment faire face aux réparations que son délabrement nécessitait. Il était donc fort embarrassé, lorsqu'une illumination subite lui vint: c'était d'obtenir du Saint-Père, qui habitait encore Avignon, des indulgences plénières. Il obtint facilement cette faveur, qui ne coûtait qu'une signature. Quatre exemplaires, revêtus du cachet papal et du nom sacré du souverain pontife, furent remis aux quatre moines les plus vigoureux de la communauté. Ils partirent le même jour, à la même heure, du même endroit, marchant vers les quatre points cardinaux de la France. Un an après, le même jour, à la même heure, ils étaient de retour au même endroit, rapportant les indulgences effacées par les lèvres des fidèles, et quatre cent mille écus, en preuve de la sincérité de ces baisers.

Alors les bons religieux commencèrent l'œuvre de réédification: l'église gothique poussa comme une greffe sur l'église romane, et bientôt étendit sur la souche maternelle ses fioritures de pierre. Comme c'était l'habitude dans cette époque d'art instinctif et chrétien, chaque sculpteur se chargeait d'une niche, d'un pilier, d'une chapelle, et un jeune architecte nommé Diaire, le seul dont le nom se soit conservé, prit pour sa tâche le clocher, qui devait s'élever au milieu des dix clochetons dont, d'après le plan général, le toit de l'église allait être décoré.

Il avait commencé son œuvre avec la croyance d'un fidèle et l'ardeur d'un artiste, lorsqu'il fut désigné par le duc Gilbert de Montpensier, qui accompagnait le roi Charles VIII à la conquête de Naples, pour faire partie de la pédaille qu'il conduisait avec lui. Cela tombait mal, car autant notre architecte avait de vocation pour son état, autant il éprouvait d'antipathie pour le métier de la guerre: aussi, à la quatrième étape, il disparut de sa compagnie. Le capitaine fit son rapport au duc Gilbert, qui en écrivit dans ses domaines, donnant l'ordre, si l'on rattrapait le réfractaire, de le pendre sans miséricorde, quelque excuse qu'il pût donner de sa désertion: puis, cette recommandation faite, il continua sa route et s'en alla loyalement mourir à Pouzzoles, où il est enterré.

Cependant le déserteur était revenu dans sa famille et se tenait caché chez un de ses frères; pendant ce temps les architectes, ses confrères, avaient terminé leurs clochetons, à la plus grande gloire du saint, à la plus grande liesse des religieux, et à la plus grande admiration des fidèles. Le seul clocher de Diaire, qui cependant devait être le plus élevé et le plus beau de tous, montrait honteusement ses premières assises et ses sculptures à peine dégrossies. Cela déshonorait singulièrement l'église; aussi, après une délibération à ce sujet, fut-il décidé qu'on donnerait l'œuvre à finir à celui des six autres architectes qui présenterait le plan le mieux assorti à la partie qui en était déjà faite.

Le lendemain du jour où cet arrêté avait été connu, on s'aperçut avec étonnement que le clocher semblait avoir grandi pendant la nuit de toute une assise de pierres. Cependant on n'y fit pas grande attention; mais pendant les nuits suivantes le prodige se renouvela d'une manière si visible, qu'il n'y avait aucun doute à avoir. Une main invisible opérait le travail nocturne, et, à la hardiesse avec laquelle il commençait à s'élancer au-dessus des autres, à la finesse du travail sculptural qui s'étendait sur ses huit faces, on commença à croire que c'était un ouvrier surhumain qui se chargeait de l'ouvrage, et que les fées qui avaient bâti l'église de Sauvigny voulaient lui donner un pendant en achevant si miraculeusement celle de Saint-Menoux. Cette opinion prit une nouvelle créance de ce qu'on remarqua que c'était seulement pendant les nuits obscures que le mystérieux architecte s'adonnait à la besogne: tout le temps que durait le clair de lune, au contraire, l'œuvre s'arrêtait pour ne reprendre son cours que lorsque l'astre révélateur avait complètement disparu du ciel.

Cependant un des architectes, dont la foi était moins robuste que celle de ses confrères, résolut d'éclaircir le fait: il monta le soir dans son clocheton, s'y embusqua comme une sentinelle dans sa guérite, et ne tarda pas à distinguer, malgré l'obscurité, un être tout à fait matériel, qui montait, les unes après les autres, sur la plate-forme de l'église, des pierres taillées et sculptées à l'avance, qu'il rangeait ensuite dans leur ordre. Il épia ainsi le travail de cet homme jusqu'au moment où, le jour étant prêt à se lever, l'ouvrier nocturne disparut, laissant son clocher grandi d'un nouveau rang de pierres.

La nuit suivante, chaque clocheton renfermait un homme; de sorte qu'au moment où le travailleur mystérieux apparut sur la plate-forme, il fut entouré et saisi. On lui approcha un lanterne sourde du visage, et l'on reconnut le déserteur Diaire.

L'artiste n'avait pu prendre sur lui de s'éloigner de son clocher: rapproché de lui, il n'avait pas eu le courage de le laisser achever par un autre, et, au risque de sa vie, il avait continué son œuvre.

Diaire était condamné d'avance; son procès ne fut donc pas long: seulement il demanda un sursis d'un mois pour finir son clocher; on le lui accorda.

Le lendemain du jour où le clocher fut achevé, Diaire fut pendu.

L'art est une religion, qui autrefois aussi a eu ses martyrs.

Au moment où Achille Allier terminait cette légende, dont plusieurs descendans de ce malheureux ouvrier, et qui portent encore son nom peuvent constater l'authenticité, la pluie commença à tomber à si larges gouttes, que notre cocher, qui n'avait pas comme nous la ressource de se mettre à couvert, nous supplia de chercher un abri. L'église nous en offrait un. Allier courut frapper à la porte du sacristain. Il vint avec les clefs, une lanterne et deux torches, et nous employâmes le temps que nous étions forcés de perdre à visiter l'église de Saint-Menoux.

C'est, comme je l'ai dit, un vieux monument du dixième siècle, réparé et embelli dans le quinzième, mais dont le principal caractère est le roman. Il possède le tombeau du bienheureux qui lui a donné son nom ; c'est un monument fort simple, en forme de bière, qui renferme le cœur du saint, contenu dans une cassette de bois de cèdre. Un trou rond, pratiqué dans le tombeau même, sert aux fidèles à accomplir un acte de foi. Tout homme croyant qui a eu le malheur d'être mordu par un chien enragé peut venir dans l'église, introduire sa tête dans le trou, l'y laisser le temps de dire cinq *Pater* et cinq *Ave*, et le sacristain ne fait nul doute qu'il sera guéri.

Un couvent de religieuses nobles attenait autrefois à l'église de Saint-Menoux ; la règle d'admission n'en était pas trop sévère ; seulement toute demoiselle entrant dans l'ordre après avoir commis une faute, était peinte en homme, et son portrait placé dans une galerie destinée à entretenir, par la vue de ce singulier travestissement, l'humilité dans le cœur du coupable. Nous remarquâmes que l'une des plus jolies pécheresses, non seulement portait l'habit masculin, mais encore sur cet habit, une armure. Celle-là avait probablement commis quelque énorme crime. Il y avait dans la galerie de cent cinquante à cent soixante tableaux.

Pendant notre visite à ces nouvelles chevalières d'Éon, le temps s'était éclairci, nous pûmes nous remettre en route. En repassant à Sauvigny, Allier nous fit remarquer une tour située à l'angle de la place de l'église ; c'est tout ce qui reste de l'ancien château des ducs de Bourbon, qui, vers le quatorzième siècle, abandonnèrent la résidence de Sauvigny pour celle de Moulins.

Nous rentrâmes dans notre hôtel vers les onze heures du soir, et trois heures encore nous causâmes autour du feu de vieux souvenirs historiques, d'antiques légendes merveilleuses, d'anciens contes populaires, dont Allier faisait recueil pour son grand ouvrage du Bourbonnais, sur lequel il avait concentré toutes ses facultés et toutes ses espérances. Enfin il alla dans sa chambre, qui était contiguë à la nôtre. Longtemps encore nous échangeâmes quelques paroles à travers la cloison. Le lendemain il nous accompagna encore à un quart de lieue de la ville ; là nous nous embrassâmes sans nous douter que c'était pour la dernière fois.

ROME DANS LES GAULES.

Le lendemain nous arrivâmes à Lyon : rien ne nous avait arrêtés sur la route, que le vieux château presque abandonné de Jacques II de Chabannes, seigneur de la Palice. Il nous fut montré par un concierge sexagénaire, ruine vivante au milieu de ces ruines mortes, les descendans de la famille ayant cessé d'habiter la résidence de leurs ancêtres. Taylor m'avait recommandé de ne point passer dans le village que dominent ces murs gothiques sans entrer dans la cour du maître de poste, où le tombeau du vainqueur de Ravenne, chef-d'œuvre du seizième siècle et merveille de renaissance, servait d'auge à abreuver les chevaux. J'avais été, alors qu'il me la raconta dans son indignation toute nationale, frappé douloureusement de cette circonstance. Ce n'était pas assez d'avoir profané le nom, on avait encore profané les cendres. Aussi n'eus-je garde de manquer à sa recommandation. Mais le tombeau n'y était plus ; il avait été acheté et transporté dans le musée d'Avignon ; quant aux ossemens, on ne savait pas ce qu'ils étaient devenus.

Nous visitâmes ces débris, qui avaient été habités, au temps de leur splendeur, par un de ces hommes que Richelieu trouva de si haute taille qu'il trancha la tête à toute leur race. Jacques II de Chabannes était un géant parmi les géans. C'était un homme comme Bourbon, un homme comme Bayard, un homme comme Trivulce, qui étaient trois hommes plus grands que le roi. Il fit la conquête de Naples avec Charles VIII, et celle du Milanais avec Louis XII. Il fut juge de camp le jour où Sotomayor fut tué ; il fut général le jour où Ravenne fut prise ; il fut maréchal à Marignan, près de François Ier vainqueur ; il fut soldat à Pavie, près de François Ier vaincu. La tombé sous son cheval au milieu d'ennemis abattus par lui, son épée, qu'il tenait encore, fut disputée par Castaldo, qui était un capitaine italien, et par Busarto, qui était un capitaine espagnol ; et comme il ne voulait se rendre ni à l'un ni à l'autre, et qu'il voulait mourir, étant trop vieux pour être vaincu et prisonnier, Busarto appuya le bout de son arquebuse sur sa cuirasse, et lui brisa la poitrine à bout portant ; et il fallut cela, pour qu'il lâchât ce tronçon d'épée tant disputé par ses vainqueurs. Ce fut ainsi, dit Brantôme, qu'ayant eu bon commencement, il eut bonne fin.

Et maintenant soyez donc épée de trois rois, le témoin de Bayard, le vainqueur de Gonsalve, l'ami de Maximilien et le vengeur de Nemours ; teignez donc de votre sang les fossés de Barlette, les remparts de Rubos, les plaines d'Agnadel, et les champs de Guinegaste ; comptez donc au nombre des vainqueurs de Marignan et des invaincus de Pavie ; mourez donc pour ne pas rendre votre épée là où le roi de France rendait la sienne ; et tout cela pour qu'il reste de votre berceau une ruine, de votre nom un souvenir ridicule, et de votre tombe une auge dans laquelle se désaltèrent les chevaux ! La postérité est pour quelques-uns plus ingrate encore que les rois.

Les seuls descendans du maréchal de la Palice sont deux jeunes et braves officiers, qui ont déjà en chacun trois ou quatre duels parce qu'ils ont le malheur de porter un des plus beaux noms de France.

C'est à Lyon qu'on trouve les premières traces visibles de la domination romaine ; c'est donc en arrivant à Lyon que nous donnerons un court aperçu de la manière dont cette domination apparut et s'étendit dans les Gaules.

Avant cette époque, elles appartenaient presque entièrement à ce peuple qui ne craignait rien, disait-il, que la chute du ciel, et qui envoya un de ses hyènes pour brûler Rome et l'autre pour piller Delphes. Son sol était riche, non seulement en fleuves, en moissons et en forêts, mais encore en mines. Les Alpes, les Pyrénées et les Cévennes recélaient des filons d'or et d'argent qu'elles cachaient à peine sous une légère couche de terre. Les côtes de la Méditerranée fournissaient ce grenat si fin et si brillant, que ce pourrait bien être l'escarboucle fabuleuse des anciens que les modernes ont cherchée vainement. Enfin les Ligures pêchaient autour des îles d'Hières ce corail magnifique dont ils ornaient le cou de leurs femmes et le baudrier de leurs épées. Dans ce temps florissait la ville de Tyr, et ses matelots sillonnaient la Méditerranée et l'Océan de leurs mille galères. Parmi ses fils, elle comptait un dieu ; ce dieu c'était Hercule. Hercule né le jour même de la fondation de la ville ; Hercule, voyageur intrépide, reculant les bornes du monde et lui fixant de nouvelles limites ; Hercule, qui n'est autre chose que le génie tyrien, à la fois belliqueux et commercial, puissant par le fer et l'or, auquel rien ne peut résister, et qui représente aux yeux de quiconque a essayé de sonder les symboles antiques, non pas un homme, non pas un héros, non pas un Dieu, mais un peuple.

C'est à l'embouchure du Rhône qu'Hercule pose le pied : à peine a-t-il fait quelques lieues dans l'intérieur des terres, qu'il est attaqué par Ligur et Albion, enfans de Neptune. Il épuise ses flèches et va succomber, lorsque Jupiter vient à son secours en faisant tomber du ciel cette pluie de cailloux qui couvre encore aujourd'hui la plaine de la *Crau*. Hercule vainqueur fonda une ville qu'en mémoire de son fils il appelle Nemausos. Cette ville, c'est Nîmes, dont le nom moderne conserve quelque chose encore de son baptême antique.

Ici l'allégorie est transparente et le symbole visible; la civilisation, incomprise et méprisée par les barbares, a mis le pied sur la terre d'occident. La barbarie a été vaincue, et le trophée de la victoire remporté par la plaine sur la montagne est la fondation d'une ville. Alors la mission d'Hercule dans les Gaules est accomplie. Comme dernier monument de son passage, les dieux le virent, dit Silius Italicus.

Scindentem nubes, frangentemque ardua montis.

Et dès lors il y eut une voie qui conduisit des côtes gauloises aux plaines d'Italie en traversant le col de Tende. Ce fut la première que l'on connaisse; elle date de mille ans avant le Christ, et, quoique aujourd'hui elle compte vingt-huit siècles, elle porte encore le nom de *Chaussée tyrienne*.

Tyr, condamnée par le prophète Ezéchiel et assiégée par les armées de Nabuchodonosor, touchait à sa décadence; ses colonies languissantes agonisaient loin de la métropole comme des membres auxquels le cœur n'envoie plus de sang. La civilisation rhodienne avait vainement voulu raviver les établissemens de ceux auxquels elle succédait dans l'empire des mers; ces Hollandais de l'ancien monde disparurent bientôt à leur tour, après avoir en souvenir de leur pays, bâti Rhoda ou Rhodanousia, près des bouches lybiques du Rhône, et, en disparaissant, ils laissèrent s'éteindre presque entièrement ce commerce un instant si actif entre l'Orient et la Gaule.

Les naturels du pays profitèrent de ce moment de reflux pendant lequel la civilisation d'Orient abandonnait les côtes méridionales des Gaules pour les rivages septentrionaux de l'Afrique, où commençait à fleurir Carthage. Les Segobriges, tribu gallique libre parmi les Ligures, s'étendirent alors depuis le Var jusqu'au Rhône, et la barbarie occidentale commençait à effacer les traces de la civilisation d'Orient, lorsqu'un vaisseau phocéen jeta l'ancre à l'est du Rhône. Son capitaine était un jeune aventurier parti de l'Asie pour un voyage de découvertes; il mit pied à terre et vint demander l'hospitalité au chef barbare qui commandait sur ces côtes.

C'était par hasard jour de fête; le roi Nann mariait sa fille, qu'Aristote nomme Petta et que Justin appelle Gyptis. Tous les guerriers qui avaient des prétentions à sa main venaient de s'asseoir sur les bottes de foin et de paille autour d'une table très basse chargée de venaison et d'herbes cuites. A la fin du repas, la jeune fiancée, dont on ne connaissait pas encore l'époux, devait entrer portant à la main une coupe de vin tiré d'Italie, car la vigne n'était point encore naturalisée dans les Gaules, et présenter cette coupe à celui qu'elle choisissait pour époux. Ce fut en ce moment que se présenta Euxène. Nann se leva pour le recevoir, car l'étranger était bienvenu sous le palais comme sous la chaumière gauloise, et le faisant asseoir à sa droite, il l'invita à prendre part au festin.

Vers la fin du repas, la porte de la chambre s'ouvrit et la fille de Nann parut. C'était une belle Gauloise, à la taille élancée et flexible comme un roseau, aux cheveux blonds et aux yeux bleus. Elle s'arrêta un instant sur le seuil pour choisir dans cette assemblée guerrière celui dont elle allait faire un roi. Ce fut alors qu'au milieu de ces soldats sauvages et de haute stature, aux cheveux rougis par l'eau de chaux et aux moustaches rousses, à la saie rayée et attachée au-dessous du menton avec une agrafe de métal, elle aperçut un jeune homme d'une beauté inconnue au pays où elle était née. Il avait des yeux et des sourcils bruns, de longs cheveux noirs parfumés, une chlamyde blanche qui laissait voir ses bras nus et efféminés, un bonnet, une tunique et des sandales de pourpre. Soit fascination, soit caprice, son regard ne put se détacher de l'étranger; elle marcha droit à lui, et, au mépris des guerriers qui l'entouraient, elle lui présenta la coupe avec un doux sourire. A l'instant tous les convives se levèrent en murmurant. Mais, dit Aristote, Nann crut reconnaître dans cette action une impulsion supérieure et un ordre de ses dieux. Il tendit la main au Phocéen, l'appela son gendre, et donna pour dot à sa fille le golfe même où son époux avait pris terre. Euxène renvoya aussitôt sa galère à Phocée, avec le tiers de ses compagnons, chargés de recruter des colons dans la mère-patrie, et avec ceux qui lui restaient, il jeta sur le promontoire qui s'avançait dans la Méditerranée les fondemens d'une ville qu'il appela Massalia, et que plus tard et successivement, les Latins appelèrent Marsillia, les Provençaux Marsillo, et les Français Marseille.

Cependant les messagers d'Euxène, revenus à Phocée, racontèrent ce qu'ils avaient vu, et comment leur capitaine était devenu le gendre d'un roi, le fondateur d'une colonie, et demandait à la ruche maternelle un nouvel essaim pour peupler sa ville. Au récit de cette histoire merveilleuse, les aventuriers se présentèrent en foule, le trésor public leur fournit des vivres, des outils et des armes; ils se munirent de plants de vignes et d'oliviers, et au moment de lever l'ancre, ils transportèrent sur le vaisseau d'Euxène du feu pris au foyer sacré de Phocée, et qui devait brûler éternellement à celui de Massalia, qui recevait ainsi par cette flamme, emblème de la vie, la véritable existence de sa mère; puis aussitôt les longues galères phocéennes, dont Hérodote a compté les cinquante rames, se mirent en route pour Ephèse, où l'oracle avait ordonné aux émigrans d'aborder. Là ils trouvèrent une femme de famille noble, qui avait eu une révélation de la grande déesse éphésienne, par laquelle elle lui avait ordonné de prendre une de ses statues et de la transporter dans les Gaules. Les Phocéens accueillirent avec joie la prêtresse et la divinité, et après une heureuse traversée, ils abordèrent à Massalia, où Aristarqué établit le culte de Diane.

Massalia grandit ainsi au milieu des nations environnantes, qui d'abord tentèrent de s'opposer à sa prospérité, mais qui, bientôt occupées elles-mêmes des troubles intérieurs de la Gaule, la laissèrent bâtir sur son sol de sable ses maisons de bois couvertes de chaume : « Car elle réservait, dit Vitruve, pour les édifices publics ou sacrés le marbre qu'elle tirait du Dauphiné, et les tuiles qu'elle pétrissait d'une argile si légère que, plongées dans l'eau, elles surnageaient comme du bois. » Cependant le jour de la décadence, qui était venu pour Tyr et qui devait venir pour Carthage, se levait sur Phocée, la mère-patrie. Cyrus, qui avait conquis une partie de l'Asie-Mineure, la faisait assaillir par un de ses lieutenans. Après une résistance héroïque, les assiégeans, voyant qu'ils ne pouvaient tenir plus longtemps, pensèrent à leurs compatriotes, qui avaient trouvé l'hospitalité sur la terre d'Occident; et transportant sur leurs galères leurs meubles les plus précieux, leurs familles et leurs dieux, ils levèrent l'ancre, éteignant dans leurs temples le feu sacré qu'ils devaient retrouver dans les Gaules et en Corse, à Massalie et à Alalia.

Mais la Corse était inculte alors. D'ailleurs les Phocéens étaient des matelots et non des laboureurs; ils avaient soixante galères et pas une charrue. Ils se firent pirates, et interceptèrent le commerce entre les Carthaginois, les Siciliens, les Espagnols et les Etrusques. A compter de ce jour, Carthage et Massalie furent ennemies, en attendant qu'elles devinssent rivales; de sorte que, lorsque Annibal, pour accomplir le serment qu'enfant il avait fait à son père, conçut le projet gigantesque qui pensa faire de Carthage la reine du monde, il était à peine apparu au sommet des monts Pyrénéens, que, par les soins des Massaliotes, Rome était avertie du danger qui la menaçait, et savait qu'elle trouverait un port ami où envoyer ses vaisseaux, et une route alliée où faire marcher ses légions, qui devaient s'opposer au passage du Rhône et des Alpes.

Quand nous nous enfoncerons dans le Midi, nous tâcherons de retrouver les traces de ce merveilleux passage ; mais, pour le moment, c'est de la fortune de Massalia et non de Rome que nous nous occupons. Les résultats de la seconde guerre punique furent immenses pour elle: Massalia hérita du commerce de l'Afrique, de l'Espagne, de la grande Grèce et de la Sicile. L'aigle romaine, ne pouvant tout dévorer, abandonna ses restes au lion massaliote, et un instant le Phocée occidentale réunit dans son port le commerce du monde, dont avaient disparu Tyr, Rhodes et Carthage. Ce fut alors qu'elle pensa que sa puissance ne serait solidement établie que si elle devenait une puissance territoriale en même temps que maritime, et elle commença à faire des excursions sur la rive droite du Var. Ces excursions tirèrent de leur sommeil ses vieux ennemis ; les Ligures, les Oxibes et les Deccates. Ils se levèrent aussitôt, mal refroidis qu'ils étaient de leur ancienne haine, et investirent Antipolis et Nicée (1), deux des principales colonies de Massalia. La fille de Phocée, menacée à son tour dans ses possessions, envoya des ambassadeurs à Rome pour se plaindre de ses voisins. Rome délégua des arbitres chargés de prononcer sur les différends qui venaient de s'élever. La galère qui portait les trois messagers de conciliation aborda à OEgitna, qui appartenait aux Oxibes. Ceux-ci, exaspérés par la vue de ces étrangers, qui se posaient déjà en juges dans leurs différends, les attaquèrent au moment où ils débarquaient. Deux Romains tombèrent au premier choc ; Flaminius, qui voulut se défendre, fut grièvement blessé. Cependant il soutint la retraite de ses compagnons, et regagna son vaisseau, mais poursuivi de si près qu'il n'eût pas le temps de lever les ancres, et qu'il fut forcé d'en faire couper les câbles. C'était là plus qu'il n'en fallait à la politique guerrière de Rome, qui, l'Italie soumise et Carthage détruite, rêvait déjà l'empire du monde. Elle chargea le consul Quintus Opimius de tirer satisfaction de l'offense, et mit sous ses ordres quatre légions. Le consul les assembla à Placentia, les conduisit par les Apennins, traversa à leur tête le col de Tende, et descendit dans le pays des Oxibes par l'ancienne route tyrienne, qu'Hercule avait frayée au milieu des nuages.

Les Oxibes et leurs alliés les Deccates et les Ligures furent vaincus, leurs terres données en propriété aux Massaliotes, et Rome, pour s'assurer de l'exécution exacte du traité imposé par elle, laissa ses légions dans les positions militaires et dans les villes principales des ennemis qu'elle avait vaincus.

Deux consuls succédèrent à Q. Opimius : le premier fut M. Flavius Flaccus, qui, sur de nouvelles plaintes des Massaliotes, déclara la guerre aux Salytes et aux Voconces, et les vainquit comme son prédécesseur avait fait des Oxibes, des Deccates et des Ligures ; et le second fut C. Sextius Calvinus, qui, promenant ses légions sur tout le littoral, rejeta les Voconces au-delà de l'Isère, et repoussa dans les montagnes toute la population des plaines, lui défendant d'approcher à quinze cents pas des lieux du débarquement et à mille du reste de la côte.

Cependant l'hiver vint : Caïus Setxius interrompit les hostilités, et prit ses quartiers sur une petite colline située à quelques lieues de Massalia. Ce qui l'avait déterminé à choisir cet endroit, c'était la réunion presque miraculeuse d'une rivière, de fontaines d'eaux vives et de sources thermales. Aussi n'eut-il pas plutôt vu le parti qu'on pouvait tirer d'une si heureuse position, que l'ambition de fonder une colonie à Rome et de donner son nom à une ville lui fit échanger ses palissades pour des murailles et ses tentes pour des maisons. La cité naissante prit le nom d'Aquæ Sextiæ, et ce fut la première ville que les Romains possédèrent sur le territoire transalpin.

Cent ans après, Fabius, Domitius, P. Manlius Aurélius Cotta, Q. Marcius Rex, Marius Promptinus et César, avaient, malgré les défaites de Silanus, de Cassius, de Scaurus, de Capion et de Manlius, conquis le reste des Gaules, et Octave les avait divisées en dix-sept provinces romaines.

En descendant le Rhône depuis Lyon jusqu'à Marseille, nous retrouverons toute l'histoire de cette conquête par les monumens qu'elle a laissés.

Quant à Lyon, où nous sommes arrivés, la ville était si peu de chose du temps de la conquête des Gaules, que César passa sur elle sans la voir et sans la nommer ; seulement il fit une halte sur cette colline où est maintenant Fourvières, y assit ses légions et ceignit son camp momentané d'une ligne si profonde, que dix-neuf siècles écoulés n'ont pu combler entièrement de leur poussière les fossés qu'il creusa avec la pointe de son épée.

Quelque temps après la mort de ce conquérant, qui subjugua trois cents peuples, un de ses cliens, nommé Lucius, escorté de quelques soldats restés fidèles à la mémoire de leur général, et cherchant un lieu où fonder une colonie, furent arrêtés au confluent du Rhône et de la Saône par un assez grand nombre de Viennois, qui, refoulés par les populations allobroges descendues de leurs montagnes, avaient dressé leurs tentes sur cette langue de terre, que fortifiaient naturellement ces fossés immenses creusés par la main de Dieu, et dans lesquels coulaient à pleins bords un fleuve et une rivière. Les proscrits firent un traité d'alliance avec les vaincus, et, sous le nom de Lucii Dunum (1), on vit bientôt sortir de terre les fondations de la ville qui devait en peu de temps devenir la citadelle des Gaules et le centre de communication des quatre grandes voies tracées par Agrippa, et qui sillonnent encore la France moderne des Alpes au Rhin et de la Méditerranée à l'Océan.

Alors, soixante cités des Gaules reconnurent Lucii Dunum pour leur reine, et vinrent à frais communs élever un temple à Auguste, qu'elles reconnurent pour leur dieu.

Ce temple, sous Caligula, changea de destination, ou plutôt de culte : il devint le lieu de réunion des séances d'une académie dont un des réglemens peint tout entier le caractère du fou impérial qui l'avait fondée. Ce règlement porte que celui des concurrens académiques qui produira un mauvais ouvrage, et qui sera exclu au profit de celui qui aurait fait mieux, effacera cet ouvrage tout entier avec sa langue, ou, s'il l'aime mieux sera précipité dans le Rhône.

Lucii Dunum n'avait encore qu'un siècle, et la cité née d'hier le disputait déjà en magnificence à Massalia la grecque, et à Narbo la romaine, lorsqu'un incendie qu'on attribua au feu du ciel la réduisit en cendres, « et cela si rapidement, — dit Sénèque, historien concis de ce vaste embrasement, — qu'entre une ville immense et une ville anéantie, il n'y eut que l'espace d'une nuit. »

Trajan prit pitié d'elle : sous sa protection puissante, Lucii Dunum commença de sortir de ses ruines. Bientôt, sur la colline qui la dominait, s'éleva un magnifique édifice destiné aux marchés. À peine fut-il ouvert, que les Bretons s'empressèrent d'y apporter leurs boucliers peints de différentes couleurs, et les Ibères ces armes d'acier qu'eux seuls savaient tremper. En même temps, Corinthe et Athènes y envoyaient, par Marseille, leurs tableaux peints sur bois, leurs pierres gravées et leur statues de bronze ; l'Afrique, ses lions et ses tigres altérés du sang des amphithéâtres ; et la Perse, des chevaux si légers, qu'ils balançaient la réputation des coursiers numides, « dont les mères, dit Hérodote, étaient fécondées par le souffle du vent. »

Ce monument, qui s'écroula vers l'an 840 de notre ère, est appelé par les auteurs du neuvième siècle Forum-Vetus, et par ceux du quinzième Fort-Viel. C'est de ce mot composé que les modernes ont fait Fourvières, nom que porte encore de nos jours la colline sur laquelle il fut bâti.

Lyon suivit la destinée des autres colonies romaines. A l'époque de la décadence de la métropole, elle échappa à sa puissance, et, se réunissant en 532 au royaume des Francs, vint, à dater de cette époque, confondre son histoire avec la nôtre. Colonie romaine sous les Césars, seconde ville de France sous nos rois, le tribut de noms illustres qu'elle paya

---

(1) Antibes et Nice.

(1) Par abréviation Lucdunum et par corruption Lugdunum.

à Rome à titre d'alliée fut ceux de Germanicus, de Claude, Caracalla, de Marc-Aurèle, Sidoine Apollinaire et d'Amboise; ceux qu'elle donna à la France à titre de fille furent ceux de Philibert de Lorme, de Coustou, de Coisevox, de Suchet, de Duphot, de Camille Jordan, de Lemontey, de Lemot, de Dugas-Monthel et de Ballanche.

MESSIEURS DE CINQ-MARS ET DE THOU.

Trois monumens restent encore debout à Lyon, qui semblent des jalons plantés par des siècles à des distances à peu près égales, comme des types du progrès et de la décadence de l'art architectural : ce sont l'église d'Ainay, la cathédrale de Saint-Jean et l'Hôtel de ville. Le premier de ces monumens est contemporain de Karl le Grand, le second de saint Louis, et le troisième de Louis XIV.

L'église d'Ainay est bâtie sur l'emplacement même du temple que les soixante nations de la Gaule avaient élevé à Auguste. Les quatre piliers de granit qui soutiennent le dôme ont même été empruntés par la sœur chrétienne à son frère payen ; ils ne formaient d'abord que deux colonnes qui s'élançaient à une hauteur double de celle où elles s'élèvent aujourd'hui, et dont chacune était surmontée d'une victoire. L'architecte qui bâtit Ainay les fit scier par le milieu, afin qu'elles ne jurassent point avec le caractère roman du reste de l'édifice. Leur hauteur individuelle est aujourd'hui de douze pieds dix pouces, ce qui fait supposer que dans leur emploi primitif, lorsque les quatre n'en formaient que deux, chacune avait au moins vingt-six pieds de hauteur.

Au-dessus de la porte principale, on a incrusté un petit bas-relief antique, représentant trois femmes tenant des fruits à leurs mains. Au-dessous de ces figures on lit ces mots abrégés :

MAT. AUG. PH. E. MED.

On les explique ainsi :

Matronis Augustis, Phileaxus Egnaticus, medicus.

La cathédrale de Saint-Jean ne paraît pas avoir au premier abord l'âge que nous lui avons donné. Son portique et sa façade datent évidemment du quatorzième siècle, soit qu'ils aient été rebâtis ou seulement achevés à cette époque ; au reste, la date, preuve de sa naissance, se retrouvera, pour l'archéologue, dans l'architecture de la grande nef, dont les pierres portent la trace toute fraîche des souvenirs rapportés des croisades, et des progrès que l'art oriental venait d'introduire chez les peuples occidentaux.

L'une des chapelles qui forment les bas-côtés de l'église, et dont en général l'architecte portait le nombre à sept, en mémoire des sept mystères, ou à douze, en l'honneur des douze apôtres, est nommée la chapelle Bourbon. La devise du cardinal, qui se compose de ces trois mots : *Nespoir ne peur*, est reproduite en plusieurs endroits. Pierre de Bourbon, son frère, y ajouta un P et un A entrelacés, ces lettres étant les premières de son nom de baptême et de celui d'Anne de France, sa femme. Quant aux chardons qui l'ornent, ils indiquent que le roi lui a fait un *cher don* en lui accordant sa fille. Hâtons-nous de dire que la ciselure vaut mieux que le calembourg.

L'un des quatre clochers, qui, contrairement aux règles architecturales du temps, flanquent l'édifice à chacun de ses angles, sert de demeure à l'une des plus grosses cloches de France ; elle pèse trente-six mille.

L'hôtel de ville, situé sur la place des Terreaux, est probablement l'édifice que Lyon montre avec le plus de complaisance aux étrangers ; sa façade, élevée sur les dessins de Simon Maupin, présente tous les caractères du grandiose lourd et froid de l'architecture de Louis XIV. C'est en descendant ses marches que l'on se trouve en face de l'un des souvenirs historiques les plus terribles que l'histoire criminelle de la France garde dans ses archives : c'est sur le terrain qui s'étend aux pieds du voyageur que sont tombées les têtes de Cinq-Mars et de de Thou.

Grâce au beau roman d'Alfred de Vigny, cette catastrophe est de nos jours devenue populaire ; la scène qui le clôt est une des belles scènes qui aient été conçues et écrites, et nous croyons faire plaisir à nos lecteurs de mettre en face de l'invention sortie de la tête du poète le récit positif et nu conservé par la plume du greffier. On pourra voir aux prises ces deux grandes déesses qui président, l'une à la poésie, l'autre à l'histoire, l'imagination et la vérité.

« Le vendredi 12 septembre 1642, monsieur le chancelier entra dans le palais du présidial de Lyon, sur les sept heures du matin, accompagné de messieurs les commissaires députés par le roi pour le procès de messieurs de Cinq-Mars et de Thou.

» M. le procureur général du roi au parlement du Dauphiné faisant ici la charge de procureur du roi.

» Comme ils furent dans la chambre du conseil, le chevalier du guet fut envoyé par sa compagnie au château de Pierre-Cize, pour faire venir M. de Cinq-Mars, lequel fut amené au palais sur les huit heures dans un carrosse de louage. Entrant dans le palais, il demanda : Où sommes nous ? On lui dit qu'il était au palais ; de quoi il se contenta, et monta l'escalier avec beaucoup de résolution.

» Il fut appelé dans la chambre du conseil, devant les juges, où il demeura environ une heure et un quart.

» Environ vers neuf heures, M. le chancelier envoya le chevalier du guet quérir M. de Thou au même château de Pierre-Cize, et dans le même carrosse de louage.

» Une heure après, M. de Laubardemont, conseiller au parlement de Grenoble, et M. Robert de Saint-Germain, sortirent de la chambre pour disposer les prisonniers à la lecture de leur arrêt, et les résoudre à la mort, ce qu'ils firent, les exhortant à rappeler toutes les forces de leur esprit et de leur courage pour témoigner de la résolution dans une occasion qui étonne les plus constans. A cette nouvelle, ils affermirent leur esprit et témoignèrent une résolution extraordinaire, avouant eux-mêmes que véritablement ils étaient coupables et méritaient la mort, à laquelle ils étaient bien résolus. Ici M. de Thou dit à M. de Cinq-Mars en souriant : — Eh bien ! monsieur, humainement je pourrais me plaindre de vous ; vous m'avez accusé, vous me faites mourir ; mais Dieu sait combien je vous aime ! Mourons, monsieur, mourons courageusement et gagnons le paradis. — Ils s'embrassèrent l'un et l'autre d'une grande tendresse, s'entre-disant que puisqu'ils avaient été si bons amis durant leur vie, ce leur serait une grande consolation de mourir ensemble.

» Alors ils remercièrent ces messieurs les commissaires, lesquels ils embrassèrent, et les assurèrent qu'ils n'avaient aucun regret de mourir, et qu'ils espéraient que cette mort serait le commencement de leur bonheur. Ensuite on appela Pallerue, greffier criminel du présidial de Lyon, pour leur prononcer leur arrêt.

» Après la prononciation de l'arrêt, M. de Thou dit d'un grand sentiment : — Dieu soit béni ! Dieu soit loué ! — et dit ensuite plusieurs belles paroles d'une ferveur incroyable, qui lui dura jusqu'à la mort. M. de Cinq-Mars, après la lecture de l'arrêt qui le condamnait à la question, dit : — La mort ne m'étonne point ; mais il faut avouer que l'infamie de cette question choque puissamment mon esprit. Oui, messieurs, je trouve cette question tout à fait extraordinaire à un homme de ma condition et de mon âge. Je crois que les lois m'en dispensent, au moins je l'ai ouï dire. La mort ne me fait point peur ; mais, messieurs, j'avoue ma faiblesse : j'ai de la peine à digérer cette question.

» Ils demandèrent chacun leur confesseur, savoir : M. de Cinp-Mars, le père Malavette, jésuite, et M. de Thou, le père

Mambrun, aussi jésuite. Celui qui jusque alors avait eu la charge de les garder les remit, par l'ordre de M. le chancelier, entre les mains du sieur Thomé, prévôt général de maréchaux du Lyonnais, et prit congé d'eux.

» Le père Malavette venu, M. de Cinq-Mars l'alla embrasser et lui dit : — Mon père, on veut me donner la question : j'ai bien de la peine à m'y résoudre. — Le père le consola et fortifia son esprit autant qu'il put dans cette fâcheuse rencontre. Il se résolut enfin, et comme M. de Laubardemont et le greffier le vinrent prendre pour le mener dans la chambre de la gêne, il se rassura, et, passant près de M. de Thou, il lui dit froidement : — Monsieur, nous sommes tous deux condamnés à mourir, et comme M. de Laubardemont et le greffier le vinrent prendre pour le mener dans la chambre extraordinaire.

» On le mena en la chambre de la gêne, et, passant par une chambre des prisonniers, il dit : — Mon Dieu, où me menez-vous ? — Et puis : — Ah ! qu'il sent mauvais ici ! — Il fut ensuite une demi-heure dans la chambre de la gêne, puis on le ramena sans qu'il eût été tiré, d'autant que par le retentum de l'arrêt il avait été dit qu'il serait seulement présenté à la question. A son retour, son rapporteur lui dit adieu dans la salle d'audience, et les larmes aux yeux, après avoir parlé quelque temps ensemble.

» Après quoi, M. de Thou l'alla embrasser, l'exhortant de vouloir mourir constamment, et de ne point appréhender la mort : et lui repartit qu'il ne l'avait jamais appréhendée, et quelque mine qu'il eût faite depuis sa prise, il avait toujours cru qu'il n'en échapperait pas. Ils demeurèrent ensemble environ un petit quart d'heure, pendant lequel ils s'embrassèrent deux ou trois fois et se demandèrent pardon l'un et l'autre avec des démonstrations d'amitié très-parfaites.

» Leur conférence finit par ces mots de M. de Cinq-Mars : — Il est temps de mettre ordre à notre salut.

» Quittant M. de Thou, il demanda une chambre à part pour se confesser, qu'il eut peine d'obtenir ; il fit une confession générale de toute sa vie avec grande repentance de ses péchés et beaucoup de sentiment d'avoir offensé Dieu. Il pria son confesseur de témoigner au roi et à monseigneur le cardinal les regrets qu'il avait de sa faute, et comme il leur en demandait très-humblement pardon.

» Sa confession dura environ une heure, à la fin de laquelle il dit au père qu'il n'avait rien pris, il y avait vingt-quatre heures, ce qui obligea le père à faire apporter des œufs frais et du vin ; mais il ne prit qu'un morceau de pain et un peu de vin trempé d'eau, duquel il ne fit que se laver la bouche. Il témoigna à ce père que rien ne l'avait tant étonné que de se voir abandonné de tous ses amis, ce qu'il n'aurait jamais cru, et il lui dit que depuis qu'il avait eu les bonnes grâces du roi, il avait toujours tâché à se faire des amis, et qu'il s'était persuadé y avoir réussi ; mais qu'il connaissait enfin qu'il ne fallait pas s'y fier, et que toutes les amitiés de cœur n'étaient que dissimulation. Le père lui répondit que telle avait toujours été l'humeur du monde, qu'il ne s'en fallait point étonner ; ensuite il lui cita ce vieux distique d'Ovide.

Donec eris felix, multos numerabis amicos :
Tempora si fuerint nubila, solus eris.

» Il se le fit répéter deux ou trois fois, tant il le trouva à son gré, et, l'ayant appris par cœur, le répéta quelquefois.

» Il demanda du papier et de l'encre pour écrire, comme il le fit, à madame la maréchale, sa mère, qu'il priait, entre autre choses, de vouloir payer quelques dettes siennes, dont il lui envoya les mémoires, qu'il remit au père, pour faire voir à M. le chancelier. Le principal sujet de ses lettres fut la prière qu'il fit de faire dire quantité de messes pour le salut de son âme. Il finit ainsi : « Au reste, madame, autant de pas que je vais faire, sont autant de pas qui me portent à la mort. »

» Cependant M. de Thou était dans la salle de l'audience avec son confesseur, dans des transports divins difficiles à exprimer. D'abord qu'il vit son confesseur, il courut l'embrasser avec ces paroles : — Mon père, je suis hors de peine ; nous sommes condamnés à mort, et vous venez pour me mener dans le ciel. Ah ! qu'il y a peu de distance de la vie à la mort ! Que c'est un chemin bien court ! Allons, mon père, allons à la mort ; allons au ciel ; allons à la vraie gloire ! Hélas ! quel bien puis-je avoir fait dans ma vie qui m'ait pu obtenir la faveur que je reçois aujourd'hui de souffrir une mort ignominieuse pour arriver plus tôt à la vie éternellement glorieuse ?

» Je me servirai ici de la révélation naïve de ce bon père, qui nous fait part de ce qu'il a remarqué. Voici comme il parle :

» M. de Thou me voyant près de soi en la salle d'audience, il m'embrassa, et me dit qu'il était condamné à mort, et qu'il fallait bien employer le temps qu'il lui restait de vie, et me pria de ne le point quitter et de l'assister jusqu'à la fin. Il me dit encore : — Mon père, depuis qu'on a prononcé ma sentence, je suis plus content et plus tranquille qu'auparavant. L'attente de ce qu'on m'ordonnerait et de l'issue de cette affaire, me mettaient en perplexité et inquiétude. Maintenant je ne veux plus penser aux choses de ce monde, mais au paradis, et me disposer à la mort. Je n'ai aucune amertume ni malveillance contre personne. Mes juges m'ont jugé en gens de bien, équitablement et selon les lois. Dieu s'est voulu servir d'eux pour me mettre en son paradis, et m'a voulu prendre en ce temps, auquel, par sa bonté et sa miséricorde, je crois être bien disposé à la mort ; je ne peux rien de moi-même ; cette constance et ce peu de courage que j'ai prouvent sa grâce.

» Alors il se mit à faire des actes d'amour de Dieu, de contrition et repentance de ses péchés, et plusieurs oraisons jaculatoires. Il faut ici remarquer que, pendant les trois premiers mois de sa prison, il s'était disposé à la mort par la fréquentation des sacrements, par l'oraison, méditation et considération des mystères divins, par la communication avec ses pères spirituels, par lectures des livres de dévotion, particulièrement du livre de Bellarmin, sur les psaumes, et du livre De Arte bene moriendi, du même auteur. Il choisissait pendant ce temps certains versets de psaumes pour faire ses oraisons jaculatoires, et me disait qu'il entendait et pénétrait beaucoup mieux, et avec plus de sentiment en cette sienne affection, ces sentences de la sainte Écriture, qu'auparavant.

» Il saluait tous ceux qu'il voyait en cette salle où nous étions, se recommandait à leurs prières, leur témoignait qu'il mourait content, et que les juges l'avaient jugé équitablement et selon les formes de la loi. Voyant venir M. de Laubardemont, qui avait été le rapporteur du procès, il alla au-devant de lui, l'embrassa et le remercia de son jugement, lui disant : « Vous m'avez jugé en homme de bien ; » et ce, avec tant de tendresse et de cordialité, qu'il tira des larmes non seulement des yeux des assistants et de ses gardes, mais encore de son rapporteur, qui pleurait à chaudes larmes en l'embrassant.

» Un homme, envoyé de la part de madame de Pontac, sa sœur, lui vint dire ses derniers adieux. M. de Thou, croyant que c'était l'exécuteur de la haute justice, courut à lui et l'embrassa en lui disant : — C'est toi qui me dois aujourd'hui envoyer dans le ciel. — Mais ayant été averti que c'était un homme envoyé de la part de sa sœur, il lui dit : — Mon ami, je te demande pardon ; il y a si longtemps que je ne t'avais vu, que je te méconnaissais. Dis à ma sœur que je la prie de continuer en ses dévotions, comme elle a fait jusqu'à présent ; que je connais maintenant mieux que jamais que ce monde n'est que mensonge et que vanité, et que je meurs content et en bon chrétien, et qu'elle prie Dieu pour moi, et qu'elle ne me plaigne point, puisque j'espère de trouver mon salut en ma mort. Adieu. — Cet homme se retira sans pouvoir dire une seule parole : pour lui, il sentait un courage et une force si extraordinaires à souffrir cette mort, qu'il craignait qu'il n'y eût de la vanité ; et, se tournant vers moi, me dit : — Mon père, n'y a-t-il point de vanité en cela ? Mon Dieu, je proteste devant votre divine majesté que moi-même je ne puis rien, et que toute ma force vient tellement de votre bonté et miséricorde, que si vous me délaissiez, je tomberais à chaque pas.

» Il demandait parfois si l'heure de partir pour aller au supplice approchait, quand on le devait lier; il priait que l'on l'avertît quand l'exécuteur de la justice serait là, afin de l'embrasser; mais il ne le vit point que sur l'échafaud.

» Sur les trois heures après-midi, quatre compagnies de bourgeois de Lyon, faisant environ douze cents hommes, furent rangées au milieu de la place des Terreaux, en sorte qu'ils enfermaient un espace carré d'environ quatre-vingts pas de chaque côté, dans lequel on ne laissait entrer personne que ceux qui étaient nécessaires.

» Au milieu de cet espace fut dressé un échafaud de sept pieds de hauteur et environ de neuf pieds carrés, au milieu duquel, un peu plus sur le devant, s'élevait un poteau de la hauteur de trois pieds ou environ, devant lequel on coucha un bloc de la hauteur d'un demi-pied; si bien que la principale face ou le devant de l'échafaud regardait vers la boucherie des Terreaux du côté de la Saône, contre lequel échafaud on dressa une petite échelle de huit échelons, du côté des Dames de Saint-Pierre. Toutes les maisons de cette place, toutes les fenêtres, murailles, toits, échafauds dressés, et généralement toutes les éminences qui ont vue sur cette place, étaient chargées de personnes de toutes conditions, âges et sexes.

» Environ sur les cinq heures du soir, les officiers prièrent le compagnon du P. Malavette de le vouloir avertir qu'il était temps de partir. M. de Cinq-Mars, voyant ce frère qui parlait à l'oreille de son confesseur, jugea bien ce qu'il voulait.

» — On nous presse, dit-il; il s'en faut aller. — Pourtant un des officiers l'entretint encore quelque temps dans sa chambre, d'où sortant, le valet de chambre qui l'avait servi depuis Montpellier, se présentant à lui, lui demanda quelque récompense de ses services : — Je n'ai plus rien, lui dit-il, j'ai tout donné. — De là il vint vers M. de Thou, vers la salle de l'audience, disant : — Allons, monsieur, allons, il est temps ! — M. de Thou alors s'écria : *Lætatus sum in his quæ dicta sunt mihi, in domum Domini ibimus.* Là-dessus ils s'embrassèrent, puis sortirent.

» M. de Cinq-Mars marchait le premier, tenant le père Malavette par la main, jusque sur le perron, où il salua avec tant de bonne grâce et de douceur tout le peuple, qu'il tira des larmes des yeux d'un chacun : lui seul demeura ferme sans s'émouvoir, et garda cette fermeté d'esprit tout le long du chemin; jusque là que voyant son confesseur surpris d'un sentiment de tendresse à la vue des larmes de quelques personnes : — Qu'est-ce à dire ceci, mon père? lui dit-il; vous êtes plus sensible à mes intérêts que moi.

» M. Thomé, prévôt de Lyon, avec les archers de robe courte, et le chevalier du guet, avec sa compagnie, eurent ordre de le mener au supplice.

» Sur les degrés du palais, M. de Thou, voyant un carrosse qui les attendait, dit à M. de Cinq-Mars : — Quoi ! on nous mène en carrosse ! va-t-on comme cela en paradis ? Je m'attendais bien d'être lié et traîné sur un tombereau; ces messieurs nous traitent avec grande civilité, de ne nous point lier et de nous mener en carrosse. — Comme il y entrait, il dit à deux soldats du guet : — Voyez, mes amis, on nous mène au ciel en carrosse ! — M. de Cinq-Mars était vêtu d'un bel habit de drap de Hollande fort brun, couvert de dentelles d'or larges de deux doigts; un chapeau noir retroussé à la catalane; des bas de soie verts, et par-dessus un bas blanc avec de la dentelle, et un manteau d'écarlate.

» M. de Thou était vêtu d'un habit de deuil de drap d'Espagne, avec un manteau court. Ils se mirent tous deux au fond du carrosse sur le derrière, M. de Thou étant à droite de M. de Cinq-Mars, y ayant deux jésuites à chaque portière; savoir : deux confesseurs avec leurs frères; il n'y avait personne sur le devant du carrosse.

» L'exécuteur suivait à pied, qui était un portefaix (qu'ils appellent à Lyon gagne-denier), homme âgé, fort mal fait, vêtu comme un manœuvrier qui sert les maçons, qui jamais n'avait fait aucune exécution, sinon de donner la gêne; duquel il fallut se servir, parce qu'il n'y avait point d'autre exécuteur; celui de Lyon se trouvait avoir la jambe rompue.

» Dans le carrosse, ils récitèrent avec leurs confesseurs les litanies de Notre-Dame, le *Miserere* et autres prières et oraisons jaculatoires, firent plusieurs actes de contrition et d'amour de Dieu, tinrent plusieurs discours de l'éternité, de la constance des martyrs, et des tourments qu'ils avaient soufferts. Ils saluaient fort civilement de temps en temps le peuple qui remplissait les rues par où ils passaient.

» Quelque temps après, M. de Thou dit à M. de Cinq-Mars : — Monsieur, il me semble que vous devez avoir plus de regret que moi de mourir : vous étiez plus jeune et vous étiez plus grand dans le monde ; vous aviez de plus grandes espérances, vous étiez le favori d'un grand roi : mais je vous assure pourtant, monsieur, que vous ne devez point regretter tout cela, qui n'est que du vent; car, assurément, nous allions nous perdre; nous nous fussions damnés, et Dieu nous veut sauver. Je tiens notre mort pour une marque infaillible de notre prédestination, pour laquelle nous avons beaucoup plus d'obligation à Dieu que s'il nous avait donné tous les biens du monde: nous ne le saurions jamais assez remercier. — Ces paroles émurent M. de Cinq-Mars presque jusqu'aux larmes. Ils demandaient de temps en temps s'ils étaient encore bien loin de l'échafaud : sur quoi le père Malavette prit occasion de demander à M. de Cinq-Mars s'il ne craignait point la mort. — Point du tout, mon père, répondit-il ; et c'est ce qui me donne de l'appréhension de voir que je n'en ai point. Hélas ! je ne crains rien que mes péchés. — Cette crainte l'avait fortement touché depuis sa confession générale.

» Comme ils approchaient de la place des Terreaux, le père Mambrun avertit M. de Thou de se souvenir sur l'échafaud de gagner les indulgences, par le moyen d'une médaille qu'il lui avait donnée, disant trois fois *Jésus!* Lors M. de Cinq-Mars, entendant ceci, dit à M. de Thou : — Monsieur, puisque je dois mourir le premier, donnez-moi votre médaille pour la joindre aux miennes, afin que je m'en serve le premier ; et puis on vous les conservera. — Et ensuite ils contestaient à qui des deux mourrait le premier.

» M. de Cinq-Mars disait que c'était à lui, comme le plus coupable et le premier jugé, ajoutant que ce serait le faire mourir deux fois s'il mourait le dernier. M. de Thou demandant ce droit comme le plus âgé, le père Malavette prit la parole, et dit à M. de Thou : — Il est vrai, monsieur, que vous êtes le plus vieux, et vous êtes aussi le plus généreux. — Ce que M. de Cinq-Mars ayant confirmé : — Bien, monsieur! repartit M. de Thou ; vous voulez m'ouvrir le chemin de la gloire ! — Ah ! dit M. de Cinq-Mars, je vous en ai ouvert le précipice ; mais précipitons-nous dans la mort pour surgir à la vie éternelle. — Le père Malavette termina leur différend en faveur de M. de Cinq-Mars, jugeant qu'il était plus à propos qu'il mourût le premier.

» Étant proche de l'échafaud, on remarqua que M. de Thou, s'étant baissé et ayant vu l'échafaud, étendit les bras, et puis frappa les mains l'une contre l'autre, d'une action vive et d'un visage joyeux, comme s'il se fût réjoui à cette vue, et dit à M. de Cinq-Mars : — Mais, monsieur, c'est d'ici que nous devons aller en paradis ! — Et se tournant à son confesseur : — Mon père, est-il bien possible qu'une créature si chétive comme moi puisse prendre aujourd'hui possession d'une éternité bienheureuse ?

» Le carrosse s'arrêta au pied de l'échafaud. Le prévôt étant venu dire à M. de Cinq-Mars que c'était à lui de monter le premier, il dit adieu à M. de Thou, et se congédièrent d'une grande affection, disant qu'ils se reverraient bientôt en l'autre monde, où ils seraient éternellement unis avec Dieu. Ainsi M. de Cinq-Mars descendit du carrosse et parut la tête levée et d'un visage gai. Un archer du prévôt s'étant présenté pour lui prendre son manteau, disant qu'il lui appartenait, son confesseur l'en empêcha et demanda au sieur prévôt si les archers avaient droit; lui ayant dit que non, le père dit à M. de Cinq-Mars qu'il disposât de son manteau comme il lui plairait. Lors il le donna au jésuite qui accompagnait son confesseur, disant qu'il le donnait pour faire prier Dieu pour lui.

» Ici, après les trois sons de trompette ordinaire, Pallerue, greffier criminel de Lyon, étant à cheval assez près de l'échafaud, lut leur arrêt, que ni l'un ni l'autre n'écoutèrent. Pendant quoi on abattit le mantelet de la portière du carrosse qui regardait l'échafaud, afin d'en ôter la vue à M. de Thou, qui demeura dans le carrosse avec son confesseur et son compagnon.

» M. de Cinq-Mars, ayant salué ceux qui étaient près de l'échafaud, se couvrit et monta gaiement l'échelle. Au second échelon l'archer du prévôt s'avança à cheval, et lui ôta par derrière son chapeau de dessus la tête ; lors il s'arrêta tout court, et se tournant dit : — Laissez-moi mon chapeau ! Le prévôt, qui était près, se fâcha contre son archer, qui lui remit en même temps son chapeau sur la tête, que il accommoda comme mieux lui semblait, puis acheva de monter courageusement.

» Il fit un tour sur l'échafaud, comme s'il eût fait une démarche de bonne grâce sur un théâtre, puis il s'arrêta et salua tous ceux qui étaient à sa vue, d'un visage riant ; après s'être couvert, il se mit en une fort belle posture, ayant avancé un pied et mis la main au côté, il considéra toute cette grande assemblée d'un visage assuré, qui ne témoignait aucune peur, et fit encore deux ou trois belles démarches.

» Son confesseur étant monté, il le salua, jetant son chapeau devant lui sur l'échafaud ; il embrassa étroitement ce père, qui pendant cet embrassement l'exhorta d'une voix basse de produire quelques actes d'amour de Dieu, ce qu'il fit d'une grande ardeur.

» De là il se mit à genoux aux pieds de son confesseur qui lui donna la dernière absolution, laquelle ayant reçue avec humilité, il se leva, et s'alla mettre à genoux sur le bloc, et demanda : — Est-ce ici, mon père, où il me faudra mettre ? — Et comme il sut que c'était là, il essaya son cou, l'appliquant sur le poteau ; puis, s'étant relevé, il demanda s'il fallait ôter son pourpoint ; et comme on lui dit que oui, il se mit en devoir de se déshabiller, et dit : — Mon père, je vous prie, aidez-moi. — Lors le père et son compagnon lui aidèrent à le déboutonner et à lui ôter son pourpoint. Il garda toujours ses gants, que l'exécuteur lui ôta après sa mort.

» L'exécuteur s'approcha avec des ciseaux que M. de Cinq-Mars lui ôta des mains, ne voulant pas qu'il le touchât, et, les ayant baisés, les présenta au père, disant : — Mon père, je vous prie, rendez-moi ce dernier service, coupez-moi mes cheveux. — Le père les donna à son compagnon pour les lui couper, ce qu'il fit. Cependant il regardait doucement ceux qui étaient proche de l'échafaud, et dit au père : — Coupez-les-moi bien, je vous prie. — Puis, élevant les yeux vers le ciel, il dit : — Ah ! mon Dieu ! qu'est-ce que le monde ? — Après qu'ils furent coupés, il porta les deux mains à sa tête, comme pour raccommoder ceux qui restaient à côté ; le bourreau s'étant avancé presque à côté de lui, il lui fit signe de la main qu'il se retirât ; il fit de même deux ou trois fois ; il prit le crucifix et le baisa, puis l'ayant rendu, il s'agenouilla derechef sur le bloc, devant le poteau qu'il embrassa, et voyant en bas devant soi un homme qui était à M. le Grand-Maître, il le salua et lui dit : — Je vous prie d'assurer à M. de La Meilleraye que je suis son très-humble serviteur. — Puis s'arrêta un peu et continua : — Dites-lui que je le prie de faire prier Dieu pour moi. — Ce sont ses propres mots.

» De là l'exécuteur vient par derrière avec ses ciseaux pour découdre son collet, qui était attaché à sa chemise. Ce qu'ayant fait, il le lui ôta, le faisant passer par-dessus sa tête. Puis, lui-même ayant ouvert sa chemise pour mieux découvrir son cou, ayant les mains jointes dessus le poteau qui lui servait comme d'un accoudoir, il se met en prières.

» On lui présenta le crucifix, qu'il prit de la main droite ; tenant le poteau embrassé de la gauche, il le baisa, le rendit et demanda ses médailles au compagnon de son confesseur, lesquelles il baisa et dit trois fois Jésus ! après il les lui remit, et, se tournant hardiment vers l'exécuteur, qui était là debout, et n'avait pas encore tiré son couperet d'un méchant sac qu'il avait apporté sur l'échafaud, lui dit : — Que fais-tu là ? qu'attends-tu ? — Son confesseur s'étant retiré sur l'échelle, il le rappela et lui dit : — Mon père, venez-moi aider à prier Dieu. — Il se rapprocha et s'agenouilla auprès de lui, lequel récita d'une grande affection le *Salve regina* d'une voix intelligible, sans hésiter, pesant toutes ces belles paroles, et particulièrement étant arrivé à ces mots : *Et Jesum, benedictum, fructum ventris tui nobis, post hoc exsilium ostende,* et le reste, il se baissait et levait les yeux au ciel avec dévotion et d'une façon toute ravissante. Après, son confesseur pria de sa part ceux qui étaient présens de dire pour lui un *Pater noster* et un *Ave Maria*.

» Pendant quoi l'exécuteur tira de son sac un couperet (qui était comme celui des bouchers, mais plus gros et plus carré). Enfin, ayant pris une grande résolution les yeux au ciel, il dit : — Allons mourir ! mon Dieu, ayez pitié de moi ! — Puis, d'une constance incroyable, sans être bandé, posa fort proprement son cou sur le poteau, tenant le visage droit tourné vers le devant de l'échafaud. Embrassant fortement de ses deux bras le poteau, il ferma les yeux et la bouche, et attendit le coup que l'exécuteur lui vint donner assez lentement et pesamment, s'étant mis à sa gauche et tenant son couperet des deux mains. En recevant le coup il poussa d'une voix forte comme : Ah ! qui fut étouffé dans le sang ; il leva les genoux de dessus le bloc, comme pour se lever, et retomba en la même assiette qu'il était.

» La tête ne s'étant pas entièrement séparée du corps par ce coup, l'exécuteur passa à sa droite par derrière, et, prenant les cheveux de la main droite, de la gauche il scia avec son couperet une partie de la trachée-artère, et la peau du cou qui n'était pas coupée ; après quoi il jeta la tête sur l'échafaud, où l'on remarqua qu'elle fit encore un demi-tour et palpita assez longtemps. Elle avait le visage tourné vers les religieuses de Saint-Pierre, et le dessus de la tête vers l'échafaud, les yeux ouverts.

» Son corps demeura droit comme le poteau qu'il tenait toujours embrassé, tant que l'exécuteur le tira de là pour le dépouiller, ce qu'il fit ; puis il le couvrit d'un drap et mit son manteau par-dessus. La tête ayant été rendue sur l'échafaud, elle fut mise auprès du corps, sous le même drap.

» M. de Cinq-Mars étant mort, on leva la portière du carrosse, d'où M. de Thou sortit d'un visage riant, lequel, ayant fort civilement salué ceux qui étaient là auprès, monta assez vite et généreusement sur l'échafaud, tenant son manteau plié sur le bras droit, où, d'abord, jetant son manteau d'une façon allègre, courut les bras étendus vers son exécuteur, l'embrassa et baisa en disant ; — Ah ! mon frère, mon cher ami que je t'aime ! il faut que je t'embrasse puisque tu me dois causer aujourd'hui un bonheur éternel : tu dois me mettre dans le paradis. Puis, se tournant sur le devant de l'échafaud, il se découvrit et salua tout le monde, et jeta derrière soi son chapeau, qui tomba sur les pieds de M. de Cinq-Mars. De là, se retournant vers son confesseur, il dit d'une grande ardeur : — Mon père, *spectaculum facti sumus mundo, et angelis, et hominibus.*

» Le père lui ayant dit quelques paroles de dévotion qu'il écoutait attentivement, il lui dit qu'il avait encore quelque chose à dire touchant sa conscience, se mit à genoux, lui déclara ce que c'était, et reçut la dernière absolution, s'inclinant fort bas. Laquelle ayant reçue, il ôta son pourpoint et se mit à genoux et commença le psaume cent quinze, qu'il récita par cœur et paraphrasa en français, presque tout au long, d'une voix assez haute et d'une action vigoureuse, avec une ferveur indicible, mêlée d'une sainte joie. — Il est vrai que j'ai trop de passion pour cette mort, disait-il ; n'y a-t-il point de mal ? Mon père (dit-il plus bas en souriant, se tournant à côté vers le père), j'ai trop d'aise : n'y a-t-il point de vanité ? Pour moi, je n'en veux point.

» Tout cela fut accompagné d'une action si vive, si gaie et si forte, que plusieurs de ceux qui étaient éloignés pensaient qu'il fût dans des impatiences, et qu'il déclamait contre ceux qui étaient cause de sa mort.

» Après ce psaume, étant encore à genoux, il tourna sa vue à main droite, et voyant un homme qu'il avait embrassé dans le palais, parce qu'il le rencontra avec un huissier du conseil qu'il connaissait, il le salua de la tête et du corps, et lui dit gaiement : — Monsieur, je suis votre très humble serviteur.

» Il se leva, et l'exécuteur s'approchant pour lui couper les cheveux, le père lui ôta les ciseaux pour les donner à son compagnon ; ce que M. de Thou voyant, il les lui prit des mains disant : — Quoi ! mon père, croyez-vous que je le craigne ? n'avez-vous pas bien vu que je l'ai embrassé ? Je le baise, cet homme-là, je le baise. Tiens, mon ami, fais ton devoir : coupe-moi les cheveux. — Ce qu'il commença de faire. Mais, comme il était lourd et maladroit, le père lui ôta les ciseaux, et les fit couper par son compagnon, pendant quoi il regardait d'un visage assuré et riant à ceux qui étaient les plus proches, levant quelquefois amoureusement les yeux au ciel ; et s'étant levé quelque peu de temps, il prononça cette belle sentence de Saint-Paul :

» *Non contemplantibus nobis quæ videntur, sed quæ non videntur : quæ enim videntur, temporalia ; quæ autem non videntur, æterna.*

» Ses cheveux coupés, il se mit à genoux sur le bloc et fit une offrande de soi-même à Dieu, avec des paroles et des sentimens que je ne puis exprimer ; il demanda à tous un *Pater* et un *Ave Maria* avec des paroles qui perçaient le cœur, baisa le crucifix avec grand sentiment d'amour, demanda les médailles pour gagner l'indulgence, puis dit :

» Mon père, ne me veut-on point bander ? — Et comme le père lui répondit que cela dépendait de lui, il dit : — Oui, mon père, il me faut bander. — Et, regardant ceux qui étaient les plus proches, dit : — Messieurs, je l'avoue, je suis poltron, je crains de mourir. Quand je pense à la mort, je tremble, je frémis, mes cheveux se hérissent ; et si vous voyez quelque peu de constance en moi, attribuez cela à Notre-Seigneur, qui fait un miracle pour me sauver ; car effectivement pour bien mourir en l'état où je suis, il faut de la résolution ; je n'en ai point, mais Dieu m'en donne et me fortifie puissamment.

» Puis il mit ses mains dans ses pochettes pour y chercher son mouchoir, afin de se bander, et l'ayant tiré à moitié, il le resserra, et pria de fort bonne grâce ceux qui étaient en bas de lui jeter un mouchoir. Aussitôt on lui en jeta deux ou trois ; il en prit un, et fit grande civilité à ceux qui lui avaient jeté, promettant de prier Dieu pour eux au ciel, n'étant pas en son pouvoir de leur rendre ce service dans ce monde. L'exécuteur vint pour le bander de ce mouchoir ; mais comme il le faisait fort mal, mettant les coins de ce mouchoir en bas, qui couvraient sa bouche, il le retroussa et s'accommoda mieux.

» Après, il mit son cou sur le poteau (qu'un frère jésuite avait torché de son mouchoir, parce qu'il était moite de sang), et demanda à ce frère s'il était bien. Il lui dit qu'il fallait qu'il avançât un peu davantage sa tête sur le devant ; ce qu'il fit. En même temps l'exécuteur, s'apercevant que les cordons de la chemise n'étaient point déliés et qu'ils lui tenaient le cou serré, s'avança pour les délier ; ce qu'ayant senti, il demanda : — Qu'y a-t-il ? faut-il encore ôter la chemise ? — Et se disposait déjà à l'ôter. On lui dit que non, et qu'il fallait seulement ôter les cordons.

» Et ayant mis sa tête sur le poteau, il prononça ses dernières paroles, qui furent : *Maria, mater gratia, mater misericordiæ, tu nos ab hosti protege, et hora mortis suscipe ;* puis : *In manus tuas, Domine.* Et lors ses bras commencèrent à trembloter, en attendant le coup, qui fut donné tout en haut du cou, trop près de la tête ; duquel coup le cou, n'étant coupé qu'à demi, le corps tomba au côté gauche du poteau, à la renverse, le visage contre le ciel, remuant les jambes et les pieds, et haussant faiblement les mains. Le bourreau veut lut le renverser pour achever par où il avait commencé ; mais, effrayé des cris que l'on faisait contre lui, donna trois ou quatre coups sur la gorge, et ainsi lui coupa la tête, qui demeura sur l'échafaud.

» L'exécuteur, l'ayant dépouillé, porta son corps, couvert d'un drap, dans le carrosse qui les avait amenés ; puis il mit aussi M. de Cinq-Mars, et leurs têtes, qui avaient encore les yeux ouverts, particulièrement celle de M. de Thou, qui semblait être vivante. De là ils furent portés aux Feuillans, où M. de Cinq-Mars fut enterré devant le maître-autel. M. de Thou a été embaumé et mis dans un cercueil de plomb pour être transporté en sa sépulture.

» Telle fut la fin de ces deux personnes, qui certes devaient laisser à la postérité une autre mémoire que celle de leur mort. Je laisse à chacun d'en faire tel jugement qu'il lui plaira, et me contente de dire que ce nous est grande leçon de l'inconstance de la fortune. »

Je ne sais pas s'il est possible de trouver, quelque imagination que l'on ait, rien de pareil à ce récit, dont la vérité fait le seul mérite. L'imagination est une déesse, mais la vérité est une sainte.

———

LYON MODERNE.

Si l'on veut prendre une idée quelque peu honorable de Lyon, il faut y arriver par la Saône. Alors son aspect, triste, sale et monotone vu des autres routes, se présente avec quelque peu de grandiose et beaucoup de pittoresque. On est d'abord accueilli par l'île Barbe, jolie fabrique qui semble venir au-devant du voyageur pour lui faire les honneurs de la ville. Si l'on veut y descendre, on y trouvera quelques débris antiques, un puits que la tradition dit creusé par Charlemagne, et les ruines d'une église du douzième siècle ; puis, en continuant d'avancer on passera au pied du rocher de Pierre-Scise, qu'Agrippa fit couper lorsqu'il construisit ses quatre voies militaires, dont l'une, dirigée du côté du Vivarais et des Cévennes, conduisait vers les Pyrénées, l'autre vers le Rhin, la troisième vers l'océan Breton, et la quatrième dans la Gaule narbonnaise. Un château fortifié, qui servait de prison d'État, s'élevait autrefois à sa cime. Nous avons vu que ce fut de ses cachots que sortirent, pour aller faire leur pèlerinage de mort à la place des Terreaux, MM. de Thou et de Cinq-Mars.

A trois cents pas de Pierre-Scise s'élève un autre rocher, surmonté non pas d'une prison d'État, mais d'un homme sans tête, et qui tient une bourse à la main. Cette statue est celle d'un brave Allemand qui consacrait une partie de ses revenus à marier les filles de son quartier. Je ne sais si ce fut la reconnaissance des femmes ou la dévotion des filles qui lui éleva ce monument ; mais ce dont on est sûr, c'est que ce fut la rancune d'un mari qui l'a mis dans l'état déplorable où il est depuis plus de dix ans.

C'est lorsqu'on a dépassé seulement la roche de l'homme sans tête qu'on aperçoit Lyon dans toute sa longueur. Si l'on continue de suivre la rivière, on passera devant l'abside de l'église Saint-Jean, et c'est, je crois, le seul monument qu'on trouvera sur la route ; puis on arrivera au pont de la Mulatière, qui marque la jonction du Rhône et de la Saône. C'est à l'extrémité de ce pont que commence le chemin de fer qui va à Saint-Etienne. Le premier obstacle qu'on a eu à vaincre pour l'établir est un rocher qu'il a fallu percer pendant l'espace de deux cents pas à peu près, et qui forme une voûte où il est dangereux de s'engager, ainsi que le prouve cette inscription, que la prévoyance paternelle du maire de Lyon a fait placer sur un des côtés :

Il est défendu de passer sous cette voûte, sous peine d'être écrasé.

Cette recommandation, si concise qu'elle paraisse au premier abord, ne fut, à ce qu'il paraît, cependant pas suffisante ; car on fut obligé d'en mettre une autre plus sévère, conçue en ces termes et qui forme son pendant :

Il est défendu de passer sous cette voûte, sous peine de payer l'amende.

Si, après avoir pris, grâce aux deux inscriptions, une idée sommaire des habitants, on veut s'en faire une réelle de la ville, on suivra le chemin des Étroits, où Rousseau passa une si délicieuse nuit, et Mouton Duvernet une si terrible journée, et l'on montera à Notre-Dame de Fourvière, vierge de grande renommée et miraculeuse, comme une madone romaine. De là on verra s'étendre, au premier plan, un amas de maisons, que rendent plus grises et plus sales encore le reflet argenté du fleuve et de la rivière qui les entourent; au second plan, des plaines vertes et des paysages, que quelques montagnes commencent à accidenter; enfin, au troisième plan, l'immense chaîne des Alpes, dont les pics neigeux se confondent avec les nuages.

A quelques pas de l'église, on peut entrer dans la maison de l'abbé Caille, de la terrasse de laquelle le pape Pie VII, pendant son voyage forcé en France, a donné sa bénédiction à la ville, humblement couchée à ses pieds. Outre le souvenir religieux que rappelle cette terrasse, c'est de sa balustrade qu'on découvrira Lyon dans sa plus grande étendue.

Quoique la ville que l'on aura alors sous les yeux soit, comme nous l'avons dit, la patrie de Philibert Delorme, de Coustou, de Coisevox, de Louise Labbé, de Dugast-Montbel et de Ballanche; quoiqu'elle ait une académie, fille si bien élevée, disait Voltaire, qu'elle n'a jamais fait parler d'elle; quoiqu'elle se glorifie d'une école de peinture qui nous a donné Dubost et Bonnefond, son génie est tout mercantile. Point de jonction de quatorze grandes routes et de deux fleuves, qui apportent les commandes et emportent les produits, la divinité de la ville est le commerce; non point le commerce des ports de mer, rehaussé des dangers d'une navigation lointaine, où le négociant est capitaine et les ouvriers matelots; non point le commerce poétique de Tyr, de Venise et de Marseille, à qui le soleil d'orient fait une auréole, à qui les étoiles du midi font une couronne, les brouillards d'occident un voile, et les glaces du nord une ceinture; mais le commerce stationnaire et hâve, qui s'assied derrière un comptoir ou s'accoude sur un métier; qui énerve par le défaut d'air, et abrutit par l'absence d'horizon; qui enlève à la journée seize heures de travail, et ne donne en échange à la faim que la moitié du pain qu'elle demande. Oui, certes, Lyon est une ville animée et vivante, mais animée et vivante comme une mécanique, et le tic-tac des métiers est le seul battement de son cœur.

Aussi, lorsque les battemens de ce cœur s'arrêtent faute d'ouvrage, la ville n'est plus qu'un corps paralysé auquel on ne peut rendre le mouvement que par les commandes ministérielles et le galvanisme des fournitures royales; alors trente mille métiers s'arrêtent, soixante mille individus se trouvent sans pain, et la faim, mère de la révolte, commence à hurler dans les rues tortueuses de la seconde capitale de France.

Lorsque nous passâmes à Lyon, Lyon sortait d'une de ces crises sanglantes; ses rues étaient encore balafrées, ses maisons croulantes, ses pavés sanglans; et c'était la seconde fois, depuis trois ans, que se reproduisait cette terrible lutte, dont quelque jour le tocsin réveillera encore. C'est que malheureusement il n'en est point des révoltes commerciales comme des émeutes politiques : en politique, les hommes vieillissent, les esprits se calment, les prétentions se consolident; en commerce, les besoins sont toujours les mêmes, et se renouvellent chaque jour; car il ne s'agit point de faire triompher des utopies sociales, mais de satisfaire des besoins physiques. On attend après une loi; on meurt faute d'un morceau de pain.

Pour comble de malheur, le commerce de Lyon, qui jusqu'à présent l'a emporté par la supériorité de son dessin et par le moelleux de ses tissus sur l'Angleterre, la Belgique, la Saxe, la Moravie, la Bohême, la Prusse rhénane et l'Autriche; Lyon, dont les velours luttent avec ceux de Milan et les gros de Naples avec ceux d'Italie, vient de voir s'établir une concurrence terrible qu'il lui était difficile de prévoir, et qu'il lui sera impossible d'empêcher : l'Amérique, qui, sur les deux cent millions d'affaires que fait annuellement la cité laborieuse, ouvrait à elle seule un débouché de cin-

quante millions, menace de s'approvisionner désormais à une autre source. Depuis trois ou quatre ans, ce ne sont plus que des échantillons qu'elle achète; ces échantillons, elle les transporte à la Chine, où la douceur du climat permet au ver à soie de filer son cocon sur le mûrier même, et où le peu de besoins des habitans se satisfait pendant une année du salaire que l'ouvrier lyonnais trouverait à peine à trois mois. Il en résulte que le peuple chinois, dénué de goût, de variété et d'invention, mais doué du génie du calque et de l'imitation, arrive, dans son tissu et dans son dessin, au même degré de valeur que l'ouvrier lyonnais, mais, que, comme la matière première et la main-d'œuvre sont à vil prix, il y a économie d'un tiers, à peu près, pour le spéculateur américain qui va s'approvisionner à Canton.

Lyon offre donc l'aspect d'une immense manufacture qui absorbe à son profit toutes les facultés de ses enfans. Si l'un d'eux a une tête organisée pour la mécanique, il rêve la réputation de Jacquart, et applique toute son imagination à la découverte de quelque métier à tisser; si un autre naît peintre, au lieu de lui laisser jalouser la réputation de Raphaël ou de Rubens, on enchaîne son crayon dans les contours d'une broderie; on ne lui permet de reproduire de la nature que les fleurs aux formes gracieuses et aux couleurs vives; on applaudit à ses compositions qu'autant qu'elles tracent des bouquets, des guirlandes ou des semés d'une tournure nouvelle; et à cet art, qui devient un métier, il peut gagner jusqu'à 10,000 francs par an, c'est-à-dire plus que n'ont gagné pendant chacune de ces dix années, de leur vie artistique Ingres et Delacroix, qui cependant sont les deux plus grands génies de la peinture moderne.

On comprend que, quant aux malheureux, que leur vocation pousse vers la poésie, l'histoire ou le drame, il leur faut une vertu plus qu'humaine pour lutter non seulement contre l'indifférence, mais encore contre le mépris qui accueille leurs productions. L'aristocratie lyonnaise, toute composée de commerçans qui ont passé par l'échevinage, n'est pas moins insouciante que la bourgeoisie à tous les efforts que l'esprit humain peut tenter dans un autre but que celui de la perfection du tissage ou de la broderie des étoffes; si bien que deux libraires suffisent à approvisionner la seconde capitale du royaume, et qu'un seul grand théâtre est plus que suffisant à sa curiosité.

Au milieu de cette population préoccupée tout entière d'intérêts matériels, je savais cependant que je devais rencontrer, enchaînée à Lyon par ses devoirs de mère et de femme, une de ces organisations les plus poétiques de notre époque, madame Marceline Valmore, que je connaissais depuis longtemps par ses œuvres, et depuis un an ou deux personnellement. La pauvre prophétesse exilée de Paris, serait l'honneur de nos salons, était là aussi ignorée que si elle eût habité un village des Landes ou de la Bretagne, et elle se gardait bien de rompre son incognito, de peur qu'à la moindre révélation de son beau talent, le petit cercle d'amis au milieu duquel elle vit ne s'éloignât d'elle; aussi me reçut-elle comme un frère dans le même dieu, dieu inconnu à Lyon, et auquel elle n'osait adresser que dans la solitude et l'isolement ses sublimes prières. A force de la tourmenter, je parvins à lui faire ouvrir le tiroir d'un petit secrétaire fermant à secret, et dans lequel étaient cachées à tous les yeux les fleurs nées dans l'ombre, et dont elle me permit d'emporter une des plus fraîches et des plus humides.

Quelle humiliation pour la ville de Lyon si elle avait pu savoir qu'au tic-tac de ses métiers avaient pu éclore de pareils vers! Heureusement elle se serait consolée en pensant que madame Valmore n'était point du commerce.

VIENNE LA BELLE, VIENNE LA SAINTE, VIENNE LA PATRIOTE.

Si Lyon est, comme nous l'avons dit, le premier point où on rencontre, en venant de Paris par le Bourbonnais, des traces de la civilisation romaine, une fois sorti de cette ville, le voyageur qui se dirige vers le Midi, en suivant le cours du Rhône, ne cesse plus de marcher sur cette terre que la maîtresse du monde avait appelée sa fille bien-aimée, sa province chérie. Alors ce n'est plus que rarement que les édifices du moyen âge l'emportent en nombre et en valeur sur les monumens antiques. Presque tous les souvenirs qu'on rencontre vivent depuis deux mille ans, et les débris qui restent de cette époque s'élèvent si gigantesques, que, tout ruinés qu'ils sont, ils étouffent sous leur ombre tout ce qui a essayé d'y pousser depuis ; c'est que, de toutes les civilisations qui successivement ont envahi le monde dans leur marche, nulle n'a si profondément fouillé le sol avec ses racines de pierre, ne s'est si largement étendue au soleil et si fièrement élevée vers les cieux.

Aussi, à mesure qu'on pénètre vers le Midi, on commence à se faire une idée exacte de la grandeur de ce peuple, qui bâtissait des villes pour les haltes de ses armées, qui détournait des fleuves pour faire une cascade, et qui laissait des collines là où il avait scié les pierres de ses monumens. De temps en temps, cependant, une grande ombre ou un grand édifice gothique se projette ou s'élève sur cette terre de la colonie ; c'est Louis IX s'embarquant près des remparts d'Aigues-Mortes, le comte de Toulouse faisant amende honorable sur les marches de la basilique de Saint-Gilles, ou le baron des Adrets précipitant les catholiques du haut des remparts de Mornas. Mais tout cela s'efface, il faut l'avouer, devant l'arc de triomphe d'Orange et le passage d'Ahenobarbus, devant les arènes d'Arles et la mémoire de Constantin ; enfin, le Midi est déjà si beau, si grand et si romain, que Rome paraît moins grande et moins belle à qui a vu le Midi.

Lyon avait commencé à nous faire prendre langue avec l'antiquité ; car, à défaut de vestiges externes, nous avions retrouvé dans son musée la table de bronze sur laquelle était gravée la harangue que Claude prononça n'étant encore que censeur pour faire accorder à sa ville natale le titre de colonie romaine, et les quatre mosaïques, dont la première représente une course de chars, la seconde Orphée jouant de la lyre, et les deux autres une lutte de l'Amour avec Pan. Vienne allait nous montrer quelques restes encore debout ; enfin Orange, Nîmes et Arles devaient nous initier à tous leurs mystères. Nous résolûmes donc de nous arrêter un jour ou deux à Vienne, et, prenant terre en face de l'hôtel de la *Table-Ronde*, nous laissâmes notre bateau à vapeur continuer sa route rapide vers Marseille.

Que Vienne ait été, ainsi que le dit le dominicain Lavinius, bâtie par Allobrox, qui régnait sur les Celtes au temps où Ascalade régnait sur les Assyriens, et que par conséquent elle soit contemporaine de Babylone et de Thèbes ; qu'elle ait été fondée, comme le veut Jean Marquis, par un banni d'Afrique qui aborda dans les Gaules au moment où Amasias régnait à Jérusalem, et que, par conséquent, elle ait précédé Rome de cent huit ans ; qu'elle soit de fondation authoctone, ou qu'elle doive sa naissance à la migration d'une colonie, il est facile de voir au premier aspect que le sol de Vienne est un de ces emplacemens désignés par la nature aux hommes pour y bâtir leurs villes. Abritée par cinq montagnes, qui forment autour d'elle un demi-cercle et la garantissent du vent du nord et du soleil du midi ; coupée de l'est à l'ouest par la petite rivière de la Gère, qui fait tourner ses moulins ; limitée du nord au midi par le Rhône, qui s'avance large et splendide en portant ses produits à la mer, Vienne était déjà la capitale des Allobroges, lorsque Annibal descendit des Pyrénées, traversa le Rhône, et franchit les Alpes. De cette première et mystérieuse civilisation contemporaine du vainqueur de Trasimène et du vaincu de Zama, il ne reste rien qu'une de ces pierres si communes en Bretagne et si rares dans le midi. Ce *peulvan* est couché près des balmes viennoises, sur les limites de Vaulx en Velay, et de Decène, dans le canton de Meyrieux ; tous les autres furent renversés lors de la conquête des Romains, ou du moins pendant le séjour qu'ils firent dans cette capitale de l'Allobrogie.

C'est de cette époque seulement, c'est-à-dire à compter de soixante ans avant le Christ, que l'on peut reconstruire la ville et se faire une idée exacte de ce qu'elle devait être. L'enceinte romaine est encore aujourd'hui parfaitement reconnaissable, car les remparts sont restés debout sur plusieurs points, et partout où ils sont tombés, on retrouve et on peut suivre leurs fondations. Quant aux pierres qui manquent aux remparts, elles ont été employées à bâtir les églises, l'hôpital et le collége. Derrière les murs s'élèvent un palais impérial, un palais du sénat, un panthéon, un temple de Mars, un temple de la Victoire, un théâtre, un amphithéâtre et un forum ; et, pour garder sa conquête, que Rome, maîtresse jalouse, venait d'enfermer dans son arène de pierres, à la cime de chacune des montagnes qui dominent Vienne, elle bâtit une forteresse.

Mais bientôt ces remparts devinrent trop étroits, et sa population se débanda de deux côtés ; des maisons, des temples et des palais s'élevèrent au midi sur le terrain où est aujourd'hui la plaine de l'Aiguille, et au nord sur l'emplacement moderne de Sainte-Colombe et de Saint-Romain. Alors un pont s'étendit sur le Rhône, qui unissait le faubourg à la ville ; ses collines se couvrirent de riches villas qui lui donnèrent l'air d'un vaste amphithéâtre ; des miracles d'architecture surgirent de tous côtés ; les prairies vagabondes et capricieuses descendirent et remontèrent à leur fantaisie des rives du Rhône. C'est alors que Vienne fut appelée Vienne la Belle ; que César lui donna pour armes l'aigle maternelle, et qu'Auguste en fit la capitale de l'empire romain dans les Gaules.

De cette seconde civilisation, il reste encore debout une partie des remparts, un temple antique, la pyramide de Septime Sévère parfaitement conservée et la tour de Pilate qui s'écroule dans le Rhône.

Vers la fin du quatrième siècle, un homme entra dans cette ville toute païenne, seul et sans armes, mais porteur de la parole chrétienne, et plus puissant de cette parole que ne l'eût été un empereur avec son armée. Le Panthéon, qui mettait le nord de la ville sous la protection de tous les dieux, sembla aussitôt s'écrouler, comme si un tremblement de terre les avait arrachés de leur base, et sur la place où il avait été s'éleva une basilique sous l'invocation de saint Etienne, le premier martyr de l'Eglise. A compter de ce moment, Vienne prit une face nouvelle ; c'est qu'une ère nouvelle était venue ; la civilisation chrétienne, qui devait se résumer dans saint Louis, étendit ses premières racines dans les fentes des monumens païens. Alors les premiers rois de Bourgogne bâtissent leur château sur le palais impérial ; une tour carrée s'élève sur le forum ; l'église de Saint-Georges et la cathédrale de Saint-Maurice sortent de terre ; la ville descend des collines et se rapproche du Rhône. A l'aigle d'or et aux ailes déployées succède l'écusson à l'orme de sinople, chargé d'un calice d'or et surmonté de la sainte hostie d'argent, en souvenir de ce que les rois bourguignons rendaient la justice sous un arbre de cette essence, et en mémoire du concile de 1311, pendant lequel fut instituée la fête du saint corps de Jésus-Christ : Vienne la belle est devenue Vienne la sainte.

La ville privilégiée conserva ce nom jusqu'à la fin du dernier siècle ; mais, balafrée par le baron des Adrets, qui mutila la cathédrale, démantelée par le cardinal de Richelieu qui fit sauter son château de Labatie, sillonnée par les dragons de Louis XIV, oubliée par Louis XV et par Louis XVI, Vienne, qui avait gardé le souvenir des jours de sa prospérité, adopta avec ardeur la régénération populaire. A l'encontre de Lyon, qui avait accueilli le parti royaliste, Vienne se jeta dans l'opinion républicaine; confondant la religion avec la royauté, elle renia son blason sacré, coiffa sa pyramide d'un bonnet rouge, et Vienne la sainte disparut pour faire place à Vienne la patriote.

Aujourd'hui la métropole des Allobroges, la vice-reine de l'empire romain dans les Gaules, la capitale des deux royaumes de Bourgogne, n'est plus qu'une ville du second ordre, aux maisons mal bâties et aux rues tortueuses et sales. Nous cherchâmes longtemps de quel côté elle se présentait sous son aspect le plus pittoresque. Enfin, en gravissant la montagne au haut de laquelle s'élèvent les ruines du vieux château de Labatie, nous découvrîmes, par une échancrure de ses murailles, une grande partie de la ville, bâtie aux deux côtés de la Gère, torrent vert et écumeux qui serpente entre ses maisons, au milieu des toits desquels, comme Léviathan au-dessus des flots de la mer, nage pesamment la cathédrale de Saint-Maurice; puis unissant comme par un ruban Vienne à Sainte-Colombe, la fille et la mère, le pont de fil de fer, si léger qu'il semble une corde tendue d'un bord du fleuve à l'autre, tandis qu'au-dessous de lui un pilier brisé du vieux pont romain lève sa tête hors de l'eau et semble regarder avec étonnement son élégant successeur; enfin, à l'extrémité méridionale de la ville, la pyramide aiguë que les uns croient avoir été le point central de la ville antique et les autres le cénotaphe de Septime Sévère. Ce moment était heureusement choisi pour le paysage. Au premier plan, la ville était couverte de nuages de fumée noire et blanche; au second, le Rhône étincelait comme s'il eût roulé des flots d'argent fondu, et, à l'horizon, la cime des montagnes baignées par le soleil couchant se perdait dans un ton jaune et tiède qui annonçait que c'était de ce côté que le midi venait au-devant de nous. Au premier coup d'œil, nous vîmes que de nulle autre part nous n'embrasserions un ensemble aussi complet; en conséquence, nous nous mîmes aussitôt à la besogne, Jadin et moi, Jadin pour faire son dessin et moi pour prendre dans Chorier Schneider et Mermet les notes historiques que l'on vient de lire.

En descendant de notre belvédère, que les habitans de Vienne appellent la montagne de Salomon, par corruption des deux mots latins *salutis mons*, nous nous dirigeâmes vers le musée, qui allait se fermer. Heureusement nous y trouvâmes le conservateur, M. Delorme, qui, avec cette obligeante hospitalière qu'on ne rencontre qu'en province, non seulement nous permit de prolonger notre visite au-delà de l'heure fixée, mais encore voulut nous servir de cicérone et nous faire lui-même les honneurs de sa belle collection d'antiquités. Pourtant, si curieux que fussent les débris rassemblés dans cet ancien temple qui sert aujourd'hui de musée, la première chose qui attira mes yeux fut un portrait moderne représentant un jeune homme dont la figure m'était connue. Comme je ne pouvais cependant me rappeler son nom pour l'appliquer à cette figure, je le demandai à M. Delorme, qui me répondit que c'était Pichalt.

Je fis d'abord en arrière et par la pensée un bond de sept ou huit ans, et je me rappelai où j'avais vu cette figure: c'était le soir même de la représentation de Léonidas, où le mérite de l'ouvrage, le talent de Talma et la mise en scène merveilleuse, dirigée par Taylor, avaient fait un immense succès. Bien jeune alors, et n'espérant jamais arriver à ce but que Pichalt venait d'atteindre après onze ans de travail et d'attente, j'étais venu, comme un néophyte, étudier cette première œuvre trop vantée alors, trop oubliée aujourd'hui. En sortant après le cinquième acte, je le vis dans le corridor un jeune homme entouré, pressé, porté dans les bras de ses amis. Il avait une belle et puissante tête, qu'on sentait pleine d'avenir; la fièvre qui le brûla depuis jaillissait de ses yeux, et ses cheveux, rejetés en arrière, découvraient un front radieux de joie. Oh! qu'alors en le voyant passer ainsi, riant et pleurant, j'enviai le sort de cet homme! que j'aurais donné de choses pour être lui!.. car qui aurait pu penser alors que cet homme, si plein de bonheur qu'il se croyait un dieu, n'avait plus que quelques jours à vivre, et que, quelque temps après lui, son œuvre, à qui Talma avait donné une existence si riche, descendrait dans la tombe pour n'en plus sortir? car qui pense aujourd'hui à Pichalt et à Léonidas, si ce n'est moi qui écris ces lignes, et qui, en fermant les yeux, les vois encore passer l'un et l'autre dans mon souvenir comme dans la nuit on voit passer deux ombres?

Ces préoccupations toutes modernes, et qui se rattachaient à un autre ordre d'idées que celui qui m'était nécessaire pour visiter le musée de Vienne, nuisirent peut-être aux débris d'antiquités que j'avais sous les yeux, et dont plusieurs sont cependant assez remarquables pour être examinés avec soin. Il doit sa formation à un antiquaire dont nous avons déjà une ou deux fois prononcé le nom. A l'âge de vingt ans, ce jeune peintre quitte sa famille, part de Héringen en Thuringe, où il est né en 1732; entreprend le voyage d'Italie pour perfectionner son talent par l'étude des maîtres, passe à Lyon, arrive à Vienne, s'y arrête devant une ruine antique, suspend momentanément son voyage pour l'explorer; passe de celle-là à une autre; se prend d'amour pour la vieille capitale de l'Allobrogie, y fixe sa demeure pour un mois, y reste toute sa vie, et y meurt en 1813, après avoir rassemblé, pendant les cinquante ans qu'il y passe, la plus grande partie des morceaux précieux que par son testament il lègue à la ville.

Les plus remarquables de ces morceaux, dont on retrouvera l'énumération complète dans les additions de Chorier, sont: un groupe de deux enfans qui se disputent une colombe, groupe haut de vingt pouces, et trouvé dans une fouille exécutée près de la nouvelle halle. Les antiquaires, qui veulent toujours que les anciens aient procédé constamment par allégories, ont été voir, dans cette action bien simple cependant, l'un la lutte du génie du bien et du génie du mal, l'autre un petit drame qui n'offre pas une plus grande vraisemblance. Selon ce dernier, les deux enfans étaient occupés à dénicher des oiseaux, lorsque l'un d'eux a rencontré une vipère qui l'a mordu au bras; son jeune ami s'empresse de sucer la plaie, tandis qu'un lézard lui apporte le dictame. La probabilité est que le sujet est tout simplement une lutte d'enfans qui veulent s'arracher un oiseau, et les animaux un caprice d'artiste.

Vient ensuite une levrette en marbre de Paros caressant son petit, et qui a été retrouvée à une lieue de Vienne, près de la grange Marat. L'exécution de ce morceau est charmante; mais la tête et le museau ayant manqué d'abord, et n'ayant été retrouvés et rajustés qu'ensuite, un mauvais emmanchement du cou nuit au premier effet qu'elle produit. Le petit chien, enlevé par quelque coup violent, n'a pu être retrouvé. On voit au ventre de la mère la place où il adhérait. M. Denon avait offert à la ville de Vienne mille écus de ce marbre, tout mutilé qu'il est. La ville a refusé de le vendre.

Puis le torse d'une statue colossale de femme assise, aux mains mutilées, à laquelle manquent les cuisses et la tête. A la finesse de l'exécution, que l'on peut apprécier dans les détails de l'ajustement, à la souplesse et au goût des draperies, il est facile de reconnaître une œuvre d'un maître grec. Ce qui rend cette assertion encore plus probable, c'est qu'on retrouve un trou creusé à la pointe dans le col, et qui avait sans doute été fait dans le but de placer sur les épaules de cette Cybèle ou de cette Cérès grecque la tête d'une impératrice romaine.

Parmi les briques que l'on a retrouvées et qui sont empilées dans un coin du Musée, les unes portent le nom de Viviorum, et les autres de Glarianus. J'avais déjà trouvé la signature de cet industriel antique sur les matériaux de même essence avec lesquels sont bâtis les bains d'Aix, en Savoie. La découverte de la date des monumens de l'une des deux villes pourrait donc fixer celle de l'autre. Une de ces briques est curieuse par une seconde signature, c'est celle du chien de l'un des ouvriers, qui a posé sa patte sur l'argile fraîche encore. La brique a été mise au four sans qu'on crût nécessaire d'effacer la trace canine qu'elle avait reçue, de sorte qu'il l'a religieusement conservée comme un paraphe à la signature.

Parmi tous ces fragmens antiques est une relique sanglante du moyen âge; c'est la pierre carrée dans laquelle était renfermé le cœur du dauphin, fils de François Ier, donné à la ville de Vienne par Henri II. On sait que ce jeune prince mourut en faisant un voyage sur le Rhône. Déjà malade depuis Lyon, où il avait logé au couvent de Sainte-Claire, il fit en arrivant à Tournon une partie de paume, jeu qu'il aimait passionnément. Échauffé par cet exercice, et oubliant le malaise qu'il éprouvait depuis trois ou quatre jours, il demanda un verre d'eau fraîche. Sébastien de Montecuculli, qu'il ne faut pas confondre avec Raimond de Montecuculli, le vainqueur des Turcs et le rival de Turenne, lui présenta la boisson qu'il demandait dans un vase de terre rouge. Le dauphin en but avec avidité, tomba malade et mourut au bout de quatre jours. Montecuculli, accusé d'empoisonnement, fut conduit à Lyon, interrogé, mis à la torture, et n'ayant pas la force de la supporter, avoua tout ce qu'on voulut; en conséquence Montecuculli fut condamné à être traîné sur la claie, puis écartelé. L'arrêt fut exécuté le 7 octobre 1536, et le peuple, exaspéré, arracha le corps des mains de l'exécuteur, mit le cadavre en morceaux et en jeta les lambeaux dans le Rhône.

En 1547, le corps du jeune prince, qui était resté à Tournon, fut transporté à Saint-Denis par ordre de Henri II; mais le cœur fut laissé aux consuls de Vienne, avec une lettre du roi qui leur annonçait qu'en considération des bons sentimens que la ville avait manifestés pour son frère à l'époque de sa mort, il avait ordonné que son cœur serait enterré devant le grand autel de Saint-Maurice. Il y resta depuis cette année jusqu'en 95, époque à laquelle Vienne la patriote renia le legs fait à Vienne la sainte. La pierre qui renfermait le cœur du dauphin fut tirée de sa tombe, et la poussière qu'elle contenait jetée au vent. La pierre funéraire fut recueillie, portée au musée, et un cœur en mosaïque indiqua encore la place où était le cœur véritable.

Nous ne quittâmes M. Delorme que lorsque l'absence entière du jour ne nous permit plus de distinguer tous ces fragmens mutilés d'une autre civilisation. Un des sentimens les plus naturels de l'homme est de rattacher l'époque où il vit aux temps où d'autres hommes ont vécu : c'est que le souvenir nous a été donné pour étendre les limites de la vie en faisant notre âme, sinon notre corps, contemporaine de tous les siècles.

Le lendemain, nous consacrâmes notre matinée à visiter la cathédrale de Saint-Maurice, qui est le plus beau monument gothique de toute la période où Vienne s'est appelée la sainte. Elle a été commencée en 1052 par les anciens prélats de Vienne, qui étaient si riches que, tandis que, pour l'érection d'un pont qui devait remplacer le pont antique qui conduisait de Vienne à Sainte-Colombe et qui était tombé dans le Rhône, le commandeur de Saint-Antoine donnait quinze florins, et le seigneur de Montluel six, le précepteur Pierre de Saluce en donnait cent, et Laureton Baretonis, doyen de l'église, en donnait soixante. Elle était achevée en 1515, année où le baron des Adrets, qui devait la mutiler cinquante ans plus tard, naissait au château de la Frette. En effet, la première pensée de cet apôtre terrible du protestantisme fut de dépouiller l'église de ses ornemens, et de briser une partie des saints du portail. Vingt-quatre niches encore vides par suite de cette exécution, qui pensa s'étendre jusqu'à la ruine entière de l'église. En effet, on commença à scier les piliers, afin que leur chute entraînât celle de l'édifice; et pour que les ouvriers de destruction ne fussent pas écrasés par la voûte, on devait soutenir ces massives colonnes par des étançons de bois auxquels on aurait mis le feu. Le baron des Adrets suivait sans doute une tradition antique, car ce fut par cet ingénieux moyen que l'évêque Marcel renversa le temple de Jupiter, que tous les efforts des ouvriers et tout le zèle du gouvernement n'avaient pu parvenir à ébranler.

Telle qu'elle est restée, balafrée par l'épée de son ennemi, l'église de Saint-Maurice est encore une des mieux conservées de France. C'est un riche édifice, dont toute la façade appartient au gothique fleuri; les voûtes, terminées seulement, comme nous l'avons dit, au seizième siècle, sont peintes en azur avec des étoiles d'or. Quant à sa forme, c'est celle d'une basilique terminée par trois apsides.

Le parvis élevé au niveau de l'entrée de l'église fut, en 1505, témoin d'un combat entre deux gentilshommes, l'un florentin, l'autre milanais. Ils se blessèrent tous deux mortellement : le Milanais mourut le premier, ce qui fit qu'on le regarda comme vaincu. Je n'ai pu, quelque recherche que j'aie faite à ce sujet, découvrir la cause de ce duel, qu'avait autorisé et auquel assistait le duc de Nemours.

Ce pont antique, de la chute duquel nous avons parlé, avait duré mille cinq cent quatre-vingt-deux ans, disent les registres de la ville, car il avait été bâti cent soixante-quinze ans avant Jésus-Christ, et s'était enfoui dans le Rhône le 14 février 1407. C'était, s'il faut en croire Symphorien Champier, le plus ancien pont des Gaules; et ce fut Tibérius Gracchus qui, s'étant arrêté quelque temps à Vienne, comme il allait en Espagne, le fit bâtir l'an 4588 du monde. Ce fut de dix à onze heures du matin qu'arriva cet accident, qui, assure Chorier, fut précédé et accompagné de prodiges. On entendit courir sur ces pont des chevaux hennissans la nuit qui précéda le jour où il fut renversé. Toute la ville ouit à minuit des murmures, des voix et des gémissemens étranges. L'on vit un taureau d'une grosseur merveilleuse qui fit quelques tours sur la place de Sainte-Colombe et qui s'évanouit au premier coup d'une cloche qui tinta toute seule. Enfin, l'arche qui tomba la première étant celle sur laquelle était bâtie une chapelle, la croix de pierre qui surmonta cette chapelle suivit sa chute, mais demeura sur l'eau, qui refusa de l'engloutir, et l'emporta surnageante vers la mer, comme si elle eût été de bois. Une quête fut, comme nous l'avons dit, décidée pour le rétablir, et Pierre Berger, Jacques Isembard, Guillaume de Chamsaux et Jean de Bourbon furent nommés maîtres et recteurs de la fabrique du pont du Rhône.

Le commerce de Vienne est le même que ceux de Louviers et d'Elbeuf ; elle fournit de draps tout le Midi, comme ces deux villes fournissent tout le Nord. Seulement, ses produits sont d'une exécution moins fine et d'une valeur moins élevée. Les plus beaux draps que fabrique Vienne, ne dépassent pas la somme de quinze à dix-huit francs l'aune. Toutes les manufactures et les usines sont aux deux rives de la Gère, dont le cours, qui fait tourner toutes les roues, est de la force de huit chevaux.

Comme il ne nous restait plus rien à voir à Vienne, attendu que nous avions visité depuis ses remparts romains jusqu'à ses ruines modernes, et que le seul monument que nous n'eussions pas vu était le cénotaphe de Septime Sévère, qui se trouvait sur la route que nous devions suivre, nous nous remîmes en chemin, et au bout de la ville, à droite, à cinquante pas à peu près dans les terres, nous vîmes s'élever la pyramide qu'on désigne, sans aucune raison bien plausible, sous le nom que nous venons de lui donner.

Aucune inscription en creux ou en relief, aucun trou indiquant que des lettres de bronze y ont été scellées, ne vient en aide à l'archéologue qui cherche à donner une date et une destination précises à ce monument. C'est une pyramide à quatre faces, percée de quatre arcades, flanquées chacune de deux colonnes engagées, dont les chapiteaux ne sont pas terminés. Le plafond de la voûte est formé de cinq pierres plates, de grande dimension, réunies sans ciment, comme tout le reste de l'édifice, qui était probablement maintenu par des crampons de métal ; du moins, c'est au désir de voler cette matière qu'on attribue les trous pratiqués dans le monument. Il est, au reste, tout aussi simple de penser que les spoliateurs, croyant qu'il contenait des objets précieux, comme on en trouvait quelquefois dans les tombeaux antiques, ont fouillé celui-ci dans cette intention.

Ce fut M. Schneider qui donna à cette pyramide le nom qu'elle a conservé. Jusque-là, on l'avait crue un monument à la gloire d'Auguste ou une espèce de borne destinée à marquer le centre de la ville. Quoique le mode d'architecture adopté pour sa construction soit moins élégant que celui du grand siècle de Rome, sa ressemblance avec ça décadence de l'art, sous Septime Sévère, et ses chapiteaux non achevés, déterminèrent M. Schneider à lui fixer cette date ; car on sait que Maximius, son successeur, commença par approuver les honneurs rendus à la mémoire de Septime Sévère, mais ne tarda pas à manifester des sentimens opposés. L'influence de ces sentimens se serait fait ressentir jusque dans les Gaules, et le cénotaphe n'aurait point été terminé.

SAINT-PERAY.

Nous avions laissé notre chaise de poste à Lyon, parce qu'on nous avait prévenus que dans les chemins de traverse du midi il nous serait impossible de faire avec elle un pas sans la briser ; de sorte que nos tribulations de transport commencèrent à Vienne, où nous ne trouvâmes à louer qu'une grande brouette démantibulée qui avait été autrefois une diligence. On fut obligé d'atteler trois chevaux à cette effroyable machine, dont je regrette aujourd'hui de ne pas avoir fait prendre un dessin pour donner à nos lecteurs une idée de ce système de locomotive adopté à douze lieues de la seconde capitale de France, et, grâce à ce renfort d'attelage, nous parvînmes à faire en douze heures les quinze lieues qui séparent Vienne de Tain. Nous y arrivâmes moulus ; mais c'était au moins un résultat. Nous payâmes à l'instant même notre voiture, que nous avions retenue pour Valence, ordonnant à notre conducteur de prendre le lendemain les devans avec nos paquets et lui promettant bien que nous nous arrangerions pour ne pas le rejoindre avant qu'il ne fût arrivé.

Le lendemain, je me levai le premier pour prendre langue. En rentrant à l'hôtel, je conduisis Jadin à la fenêtre et l'invitai à saluer la colline qui domine la ville. Jadin ayant salué de confiance, je lui dis que c'était le coteau de l'Ermitage, et de lui-même aussitôt il le salua une seconde fois.

Comme presque toutes les découvertes importantes, celle des qualités merveilleuses du terrain où l'on récolte aujourd'hui un des meilleurs vins de France fut due au hasard. Au commencement du dix-septième siècle, un pauvre ermite avait établi son domicile au milieu des ruines des deux temples et de la tour que Fabius, au dire de Strabon, avait fait élever près du champ de bataille où il vainquit le roi des Arvernes. La grande réputation du saint homme attira bientôt près de lui les personnes dévotieuses ; mais, comme la montée est assez raide et que les fidèles arrivaient en nage, le bon ermite, qui n'avait à leur offrir que de l'eau fraîche et qui craignait pour eux le sort du dauphin à Tournon, planta quelques pieds de vigne, qui, l'année suivante, fournirent un vin dont les connaisseurs eurent bientôt apprécié le mérite. Cette nouvelle se répandit, et la foule des dévots s'augmenta au point que l'ermite fut obligé de planter toute la montagne. Aujourd'hui, ses successeurs de Saint-Peray n'exigent plus qu'on vienne boire leur vin à domicile, et ils font, avec grand succès, des envois à la France et à l'étranger.

Cependant le défrichement du terrain amena des fouilles, et ces fouilles produisirent l'exhumation d'un autel tauroboliques très curieux. Des Anglais furent les premiers qui apprécièrent la valeur de ce monument, et ils se le firent céder par le propriétaire comme par dessus d'une bonne commande de vin. Les ouvriers qui devaient le transporter dans le bateau avaient déjà commencé leur besogne, lorsque les officiers municipaux revendiquèrent cette pierre comme propriété publique. Les Anglais furent obligés de se contenter du vin, à l'exportation duquel le conseil de la ville ne porta aucune atteinte, et le taurobole fut encadré dans un mur sur le fleuve, entre le Rhône et la route, et là, surmonté d'une croix, il servit longtemps de symbole au triomphe de la religion chrétienne sur le paganisme. Enfin, après avoir été transporté de cette première station à la maison commune, il est définitivement passé de la maison commune sur la place publique de Tain, qui, de ce jour, a pris le nom de place du Taurobole.

Nous ne nous serions pas arrêté si longtemps sur cette pierre, dont la forme et la destination est celle des tauroboles ordinaires, si la première ligne tout entière et la moitié de la seconde ligne qu'elle offre n'avaient été effacées. Cette circonstance, qui, au premier abord, semble n'avoir aucune importance archéologique, a cependant servi à déterminer la date positive du vote de cet autel, qui avait exercé pendant un demi-siècle la plume de tous les savans de la Drôme. L'abbé Chalieu est le premier qui ait trouvé le mot véritable de l'énigme : ce taurobole, qui avait été élevé au salut de l'empereur Commode, surnommé le Pieux, dit Lampride, pour avoir élevé au consulat l'amant de sa mère, fut frappé de proscription comme tous les monumens publics où se trouvait le nom de ce *père de la patrie*.

Le lendemain de la nuit où Commode avait été empoisonné, et le matin du jour où, pour en finir avec lui, on l'étrangla, Publius Helvius Pertinax, son successeur, assembla le sénat, et lui déclara que Commode avait été l'ennemi du sénat, l'ennemi de la patrie, et l'ennemi des dieux : *Hostis senatus, hostis patriæ, hostis deorum*. Ce à quoi les mêmes hommes qui deux ans auparavant lui avaient décerné le titre de père de la patrie répondirent qu'il fallait traîner son corps avec des crocs et le jeter dans le Tibre : *Corpus ejus ut unco traheratur, atque in Tiberim mitteretur, senatus postulavit*. Malheureusement pour l'exemple, qui n'était pas mauvais à donner, le nouvel empereur avait déjà pris des dispositions à cet égard, en faisant prudemment, de peur qu'il ne revînt de la corde comme il était revenu du poison, enterrer le corps de Commode. Le sénat fut désolé de ne pouvoir donner cette preuve de dévouement à Pertinax ; mais alors Cingius Sévérus se leva, et, reportant sur les effigies la peine qu'il avait réclamée contre le cadavre, il demanda, comme sénateur et comme pontife, double qualité dans laquelle il avait eu le double avantage de décerner à Commode le titre de père de la patrie et celui de divin empereur, que les statues fussent abolies, et que son nom fût gratté des monumens publics et particuliers. — *Censeo... abolendas statuas, nomenque ex omnibus privatis publicisque monumentis eradendum*.

Pertinax, qui s'était opposé aux vengeances que l'on voulait exercer sur le cadavre, ne vit pas d'inconvénient à laisser abolir les statues ; un amendement fut même ajouté au projet de loi de Cingius Sévérus, et adopté : cet amendement portait que les statues seraient renversées et le nom effacé, *non-seulement à Rome, mais encore dans toutes les provinces*. Cet arrêt passa les Alpes et arriva à Tain en même temps que la nouvelle de la mort du dieu. Ceux qui étaient à genoux devant l'autel se relevèrent, grattèrent l'inscription ; et tout fut dit. Voilà pourquoi l'érasion s'arrête à la moitié de la seconde ligne, ne prenant pas plus de précaution pour cacher leur changement de religion que ne prirent, après le mois de juillet 1830, pour cacher leur apostasie, nos commerçans brevetés, qui se contentèrent d'effacer le mot *royal* de leurs enseignes, et continuèrent de vendre leur tabac et leur sel. La France se souvient d'avoir été province romaine.

Voici de quelle manière l'abbé Chalieu reconstruit l'inscription :

Matri deum magnæ Ideæ, pro salute imperatoris Cæsaris Marii Aurelii Lucii Commodi Antonini Pii, domusque divinæ, coloniæ, Copiæ Claudiæ Augustæ Lugdunensis, taurobolium fecit Quintus, Aqufus Antonianus, pontifex perpetuus, ex vaticinatione Pusonii Juliani Archigalli inchoatum, XII kalendarum maii consummatum, VIIII kalendarum maii, Lucio Eggio Marullo, Melo Papirio Œliano consulibus, præeunte Ælio, Melo Pacirio sacerdote, Tibicine Albio Verino (1).

(1) A la mère des dieux, à la grande déesse du mont Ida, pour le salut de Marius Aurélius Lucius Commodus Antonius, empereur César, Auguste pieux, pour celui de sa maison divine et pour celui de la colonie, Copia Claudia Augusta de Lyon, Quintus Aquius Antonianus, pontife perpétuel, a fait un taurobole, d'après la prédiction de Pusonius Julianus Archigalle : il a été commencé le

Le taurobole examiné, commenté et dessiné, nous nous décidâmes à faire une ascension à l'Ermitage. Comme l'anachorète n'était plus là pour nous faire les honneurs de sa montagne, nous y fîmes porter notre déjeuner, et, après une heure d'une montée pénible, nous arrivâmes au sommet, Paul Orose et Florus à la main.

Le point de vue qu'on découvre de cette hauteur est admirable : au nord s'étend tout l'ancien pays des Allobroges ; à l'est court la chaîne des Alpes, d'où descend l'Isère ; au midi, l'œil suit pendant douze ou quinze lieues le cours du Rhône, qui va s'amincissant toujours à mesure qu'il s'éloigne ; et à l'ouest l'horizon est borné par les montagnes du Vivarais, du Velai et de l'Auvergne. Quant au champ de bataille où se rencontrèrent les Romains et les Arvernes, Fabius et Bituit, il s'étend depuis le pied de la montagne même jusqu'à la jonction de l'Isère et du Rhône.

Nous avons raconté comment les Massaliotes avaient appelé les Romains dans les Gaules, et comment Caïus Sextius avait fondé une ville sur les bords du Cœnus. Le peuple qui avait le plus souffert dans cette lutte avait été celui dont Massalie ne se plaignait pas. Les Voconces se trouvant sous l'épée de Fabius, il les en frappa sans motifs, fit vendre à l'encan la population de leurs villes et força leur roi Teutomal de se réfugier chez les Allobroges.

Or, parmi les rois que Teutomal appelait ses frères, il y avait un guerrier puissant, que Tite-Live, Florus et Paul Orose, nomment Bituit, Strabon Bittos, et Valère-Maxime Betullus : c'était le plus riche des chefs gaulois ; son peuple était nombreux et brave ; il avait de grasses moissons dans ses plaines, et des mines d'or et d'argent dans ses montagnes. Il profita du moment où le nouveau consul Cn. Domitius arrivait au camp, et lui envoya une ambassade pour lui demander le rétablissement de Teutomal dans ses états.

Cette ambassade était bizarre, mais grandiose et magnifique : celui qui en était le chef commandait à une troupe de jeunes cavaliers tout couverts de pourpre, d'or et de corail. A son côté le barde du roi, la rotta à la main, chantait la gloire de Bituit, le courage des Arvernes et les exploits de l'ambassadeur ; enfin derrière lui venait la meute royale, formée d'énormes dogues tirés de la Belgique et de la Bretagne, dont chacun portait au cou un collier d'or massif incrusté de pierres précieuses.

C'était un mauvais moyen d'obtenir la paix de Domitius que de faire briller tant de richesses à ses yeux. Au lieu de rendre à Teutomal ses États, ainsi que le désirait le roi des Arvernes, Domitius demanda qu'on lui rendît Teutomal, menaçant, si on ne lui livrait pas le fugitif, de l'aller chercher, s'il le fallait, jusque dans les montagnes de son allié. L'ambassade retourna aussitôt vers Bituit et lui reporta ces paroles de guerre.

Or la guerre était une fête pour les anciens Gaulois, qui attaquaient la mer avec leurs javelots, croisaient leurs flèches avec l'éclair, et, comme nous l'avons dit, ne craignaient rien au monde, sinon que le ciel tombât sur leurs têtes. Les cimes des montagnes de l'Auvergne s'illuminèrent comme au temps où elles étaient des volcans, et, à cet appel de guerre, toutes les tribus auxquelles commandait Bituit, fils de Luern, tous les peuples qui étaient engagés par alliance avec lui prirent les armes et accoururent. Six mois furent employés à organiser les masses ; pendant six mois le chef magnifique fit fête à ses cent mille alliés, puis, vers le commencement du printemps, quelques jours après l'arrivée de Quintus Fabius Maximus au camp romain, Bituit partit de l'endroit où est maintenant Clermont en Auvergne, conduisant à sa suite près de deux cent mille hommes.

Cependant les Romains, qui croyaient n'avoir affaire qu'aux Allobroges qu'ils venaient de battre près d'Avignon, les poursuivirent en remontant la rive gauche du Rhône. Les Allobroges, toujours fuyant, traversèrent l'Isère ; les Romains la traversèrent derrière eux. Les Allobroges s'enfoncèrent dans leur pays ; les Romains les y suivirent, comptant arriver à Vienne en même temps qu'eux ; en effet, ils n'en étaient plus qu'à quatorze ou quinze lieues. Quintus Fabius et le proconsul Domitius s'arrêtèrent vers le soir à Tegna ; ils firent bivouaquer leurs quarante mille hommes à l'entour de la ville, et allumèrent des feux. La nuit se passa tranquillement ; mais le lendemain, aux premières lueurs du jour, les sentinelles donnèrent l'alarme. Pendant la nuit deux cent mille hommes étaient descendus des montagnes du Vivarais, et l'avant-garde de cette immense armée touchait déjà l'autre rive du Rhône.

Les Romains auraient encore pu repasser l'Isère et regagner la ville de Sextius ; mais ils avaient déjà dans les Gaules une réputation d'invincibles que cette retraite leur faisait perdre. Fabius se décida à tout risquer pour conserver le prestige attaché aux aigles : il ordonna à ses troupes de prendre position à mi-côte de la montagne, et, faisant porter les tentes consulaires sur sa cime, il regarda tranquillement de quelle manière allait s'effectuer le passage de cette multitude. Bituit fit construire un pont en pilotis, et quarante mille hommes à peu près passèrent le premier jour. Mais comme à ce compte il aurait fallu cinq jours pour que toute l'armée gagnât l'autre rive, il ordonna pendant la nuit d'assembler des bateaux avec des chaînes, les fit couvrir de charpentes, et le matin les Romains virent la moitié de l'armée gauloise répandue dans la plaine qui s'étendait entre eux et l'Isère. Domitius demanda alors à Fabius s'il n'était pas temps d'attaquer ; mais Fabius lui répondit : — « Laisse-les passer ; tous ceux que la terre pourra porter, elle les pourra couvrir. » — A onze heures du matin, les Romains avaient en face d'eux cent soixante mille hommes ; quarante mille s'entassaient encore sur l'autre rive et se pressaient pour passer. Fabius vit que le moment était venu ; il fit sonner les trompettes et lever les aigles.

Au même moment, les rangs des Gaulois s'ouvrirent. Bituit parut revêtu d'une armure magnifique, d'une saie aux couleurs splendides, monté sur un char d'argent et suivi de sa meute royale, composée d'une nuée de chiens de combat, conduits par les piqueurs, qui allèrent se placer à l'aile droite de l'armée. Alors il promena ses regards sur les quatre légions romaines, qui, serrées les unes contre les autres, couvraient à peine la base de la montagne ; puis, en voyant la faiblesse de Romains, le roi des Arvernes se prit à rire et ordonna de marcher à eux. — « Peut-être ferais-tu bien d'attendre que le reste de tes soldats soit passé, lui dit un chef. — Attendre ? et pourquoi faire ? répondit Bituit ; il y en a là à peine pour un déjeuner de mes chiens. »

Les Romains, immobiles comme des rochers, virent s'approcher d'eux cette mer houleuse ; mais à peine fut-elle à la portée du trait, que la cavalerie s'étendit sur les ailes, et que les légions, se divisant, ouvrirent une voie aux frondeurs et aux archers. Une grêle de flèches et de pierres accueillit l'armée gauloise ; mais c'était une trop faible résistance pour arrêter la marche d'une pareille masse. Les deux armées se joignirent, et la lutte commença, cavaliers contre cavaliers, fantassins contre fantassins : le choc fut terrible et la mêlée affreuse. Enfin, après une heure de combat pied à pied, le centre des Romains parut céder. Bituit s'élança dans cette brèche d'hommes qui s'ouvrait devant son char, ordonnant de lâcher les chiens qui devaient dévorer les vaincus ; mais, en réponse à cet ordre, Fabius ordonna à son centre de s'ouvrir, et Bituit et les siens se trouvèrent en face des éléphans. A l'ordre de leurs conducteurs, ces animaux se mirent en marche sur dix de front, pénétrèrent jusqu'au centre de l'armée gauloise, et là, se divisant en quatre troupes, ils s'avancèrent de quatre côtés différens, écrasant tout ce qu'ils rencontraient et foulant aux pieds les hommes comme des épis. Au même instant, par un instinct naturel aux animaux, qui les porte à attaquer les animaux plutôt que les hommes, les chiens se jetèrent sur les éléphans. Alors ceux-ci, excités par les morsures, se débandèrent, courant au hasard, saisissant et brisant également chevaux, hommes et chiens, et poussant des cris qui

---

12 des calendes de mai, et achevé le 9 des mêmes calendes, sous le consulat de Lucius Eggius Marullus et Meius Papirius Œlianus : Ælius étant le dendrophore, Meius Panirius le sacrificateur, Albius Verinus le joueur de flûte.

dominaient le bruit de la mêlée, comme le bruit de la foudre domine celui de l'Océan.

Les soldats de Bituit voyaient pour la première fois ces terribles animaux; cependant, ils les connaissaient par tradition: leurs grands-pères avaient vu Annibal en conduire quarante vers les Alpes, et ils en avaient parlé à leurs fils et à leurs petits-fils avec une terreur superstitieuse qui s'était conservée parmi eux; aussi n'osèrent-ils point les attendre, ignorant comment les combattre; d'ailleurs leurs chevaux, ne pouvant supporter ni leur vue ni leur odeur, se cabraient, tournaient court et les emportaient. Un moment, la plaine offrit l'aspect d'un vaste cirque, où, hommes, chevaux, chiens et éléphans s'exterminaient les uns les autres. Mais bientôt la déroute se mit dans les rangs gaulois: ils se précipitèrent vers les ponts, leur seule retraite; mais le pont de bateaux, construit peu solidement, brisa ses chaînes, le plancher s'affaissa: hommes et chevaux tombèrent dans les barques. Les barques surchargées s'engloutirent, le pont sans support se rompit, et la foule reflua vers l'autre pont. On rassembla les éléphans, on les fit marcher sur cette masse, et cent vingt mille hommes, selon Tite-Live, cent trente mille, selon Pline, et cent cinquante mille, selon Paul Orose, se couchèrent, pour ne plus se relever, sur cet espace à peine suffisant pour couvrir tant de morts, et qui s'étend depuis le pied de la montagne jusqu'à l'Isère. Quant à Bituit, il traversa le Rhône à la nage, et sans soldats, sans serviteurs, suivi de deux de ses chiens seulement, il regagna ses montagnes, laissant entre les mains de l'ennemi son char et son manteau.

Ce fut alors que Fabius et Domitius élevèrent au sommet de la montagne deux temples, l'un à Mars, l'autre à Hercule, et une colonne surmontée d'un trophée des armes enlevées aux Gaulois. « Chose inouïe, dit Florus, car jamais jusqu'alors le peuple romain n'avait reproché sa victoire aux ennemis vaincus: *Nec mos inusitatus nostris, nunquam enim populus romanus hostibus domitis victoriam suam exprobravit.* »

Notre déjeuner fini, et le champ de bataille reconnu, nous descendîmes de la montagne sainte; nous traversâmes le Rhône sur le premier pont de fil de fer qui ait été fait en France, et nous nous trouvâmes à Tournon, au pied du château du duc de Soubise.

En voyant ce vieux monument à moitié ruiné, je fis tout ce que je pus pour tirer des gardiens quelque légende guerrière ou quelque tradition poétique; mais, soit ignorance, soit oubli, soit absence réelle de faits, je trouvai les bouches des habitans aussi muettes que celles de la forteresse. Quant à Tournon, je fus forcé de m'en tenir à ce que dit Grégoire de Tours. C'est à savoir, qu'un énorme rocher, adossé à la montagne et appuyé sur une couche de glaise, ayant glissé sur sa base, descendit jusqu'au Rhône, et, barrant sa course, le força de faire un tour: de là *Tournon*. Je donne pour ce qu'il vaut à mes lecteurs ce calembour du sixième siècle.

Le château de Soubise est, du reste, bâti sur un noyau granitique, dont il est assez difficile d'expliquer la présence au bord d'un fleuve autrement que par la version de Grégoire de Tours.

Cependant, comme il commençait à se faire tard, nous laissâmes cette question géologique à expliquer à plus savans que nous, et nous nous mîmes en route pour Valence. Au bout de deux heures de marche, nous arrivâmes en face de la roche de Glun, qu'on essayait de tirer du Rhône, dont elle gêne la navigation. Cette roche est un débris du château de Glun, que Louis IX fit assaillir et prit par force, « *Pource que*, dit l'auteur des Annales de son règne, *li sire du chastel roboit et despouilloit et chargeoit de trop de mauvaises coutumes, tous ceus qui par le chastel ou pres du chastel passoient.* » C'était la seconde fois que nous trouvions sur notre route la trace du saint roi, que nous devions perdre à Aigues-Mortes.

Pendant que nous regardions ce débris historique, au-dessus duquel un faucon planait dans un orage, quelques gouttes d'eau commencèrent à tomber, et un coup de tonnerre se fit entendre; c'était un avertissement de nous remettre vitement en route; mais la diligence que nous fissions, la nuit et la pluie nous prirent, assez loin encore de Valence. La pluie seule était un inconvénient; car la route étant celle des voitures, il n'y avait aucune crainte de nous égarer: aussi primes-nous notre parti. Nous nous laissâmes bravement tremper, jusqu'à ce qu'apercevant un petit cabaret, nous nous y réfugiâmes.

Il était plein de buveurs qui, surpris comme nous par l'orage, le laissaient tranquillement passer en faisant fête à un petit vin blanc assez agréable à la vue. Tout en nous séchant sur toutes les coutures, et en fumant des pieds à la tête, nous nous regardâmes, Jadin et moi, nous interrogeant de l'œil pour savoir si nous devions faire comme eux. Le vin de l'Ermitage, que nous avions bu le matin sur le coteau même, nous préparait mal à la piquette du cabaret. Cependant, à mesure que l'humidité extérieure disparaissait, nous éprouvions le besoin d'une réaction intérieure. Nous nous décidâmes, en conséquence, à demander à notre hôtesse, moitié par nécessité, moitié pour le paiement de son hospitalité, le morceau de pain et de fromage de rigueur et la bouteille de vin du crû: ce qui nous fut servi à l'instant même.

Dans les circonstances épineuses du genre de celle où nous nous trouvions, c'était toujours Jadin qui se dévouait; il remplit donc son verre à moitié, le porta à la hauteur de la lumière, le tourna un instant pour l'examiner sur toutes ses faces, et, assez content de l'examen visuel, il le porta à sa bouche avec plus de confiance. Quant à moi, je suivais tous ses mouvemens avec l'anxiété d'un homme qui, sans se mettre en avant, doit cependant partager la bonne et la mauvaise fortune de son compagnon de route. Je vis Jadin déguster silencieusement une première gorgée, puis une seconde, puis une troisième, enfin, vider son verre et le remplir, le tout sans proférer une parole, et avec un étonnement progressif, qui avait quelque chose de religieux et de reconnaissant; ensuite il recommença l'essai avec les mêmes précautions, et parut l'achever avec la même jouissance.

— Eh bien! dis-je, attendant toujours.

— Le véritable bonheur est au sein de la vertu, me répondit gravement Jadin; nous sommes vertueux, et Dieu nous récompense: goûtez-moi ce vin-là.

— Je ne me le fis pas dire deux fois; je tendis mon verre, et j'avalai son contenu aussi consciencieusement que la circonstance l'exigeait.

— Qu'en dites-vous? continua Jadin avec la satisfaction d'un homme qui a découvert le premier une bonne chose, et qui en a fait jouir son camarade.

— Mais je dis que l'hôtesse s'est trompée de tas ou de tonneau, et qu'elle nous a donné du vin à cinq francs la bouteille pour manger avec du pain et du fromage, ce qui me paraît un luxe anormal et inopportun.

— Eh! la mère! dit Jadin appelant.

— Attendez, monsieur, reprit l'hôtesse: c'est que je suis occupée à tirer mon chat des dents de votre chien.

— Mylord! ah, brigand! s'écria Jadin en se levant: attends, attends! mais tu ne sais donc pas où tu es... gredin!... Tu vas nous faire chasser d'ici, misérable!

Mylord arriva en se pourléchant. Le chat était trépassé; la femme le suivait en tenant le défunt par la queue.

— Eh bien! ça été vite fait, dit-elle. Regarde-donc, notre homme, ce pauvre Mistigri! — Nous nous attendions à un orage affreux, et nous nous regardions avec anxiété.

— Bah! dit l'hôtelier sans seulement tourner la tête et en continuant de se chauffer les pieds et de pousser la fumée de sa pipe. — Jette-la à la porte, ta charogne de chat, qui mangeait toujours le fromage et jamais les souris. — Viens, mon chien, continua l'hôte en caressant Mylord; et si tu en trouves d'autres dans la maison, je te les donne.

— Ah çà, dis-je à Jadin, nous sommes sur la terre promise, mon cher ami; et si vous m'en croyez, nous ferons provision de vin et de chats dans ce pays-ci.

— Oui, dit Jadin; seulement, le tout est de savoir ce qu'on les paie.

— Ces messieurs me demandaient? dit l'hôtesse, revenant du convoi de son animal.

— Oui, ma bonne femme; nous voulons savoir ce que coûte votre vin et ce que vaut votre chat?

— Le vin, monsieur, c'est cinq sous la bouteille.

— Et le chat?

— Ah! le chat?... Vous donnerez ce que vous voudrez à la fille.

— Mais, où donc sommes-nous? m'écriai-je, que nous dressions des autels aux dieux!...

— Vous êtes à Saint-Péray, mes bons messieurs.

— A Saint-Péray! alors tâchez de nous trouver un rôti, une omelette, un souper quelconque, et apportez-nous deux autres bouteilles.

Nous fîmes pour trois francs, y compris le chat, un des meilleurs repas que nous eussions encore faits de notre vie. A Paris, Mistigri seul nous aurait coûté le double; il est vrai qu'on nous l'aurait probablement servi en gibelotte.

A dix heures, nous nous remîmes gaiement en route, et, après vingt minutes de marche, nous arrivâmes à Valence.

VALENCE.

Quoique Valence date, comme Vienne, de la plus haute antiquité, puisqu'au dire d'André Duchesne, Tourangeau, auteur des *Antiquités des villes, châteaux et places les plus remarquables de France*, elle aurait été fondée quinze cents ans avant Jésus-Christ, les traditions modernes ont prévalu sur les souvenirs antiques. Bonaparte sous-lieutenant y a fait oublier César général, le pape Pie VI qui y mourut et l'empereur Constance qui y fut pris.

Ce fut en 1788, je crois, que Bonaparte reçut à Ajaccio son brevet de sous-lieutenant au régiment d'artillerie de La Fère en garnison à Valence. Il partit, emmenant avec lui, pour soulager sa famille, son frère Louis, auquel il montrait les mathématiques. Arrivé à sa destination, il loua, Grande-Rue, n° 4, en face du magasin du libraire Marc-Aurèle, dans la maison de mademoiselle Bau, une chambre pour lui et une mansarde pour son jeune frère.

Bonaparte vivait alors fort retiré, passant une partie de ses journées dans le magasin de Marc-Aurèle, qui avait pris le jeune sous-lieutenant en amitié et qui avait mis toute sa librairie à sa disposition. Quant à ses soirées, elles étaient consacrées à deux ou trois amis: M. Josselin, ancien officier; M. de Montalivet, qui fut depuis pair de France, et M. de Tardiva, ex-abbé de Saint-Ruf.

Bonaparte avait rencontré chez M. de Tardiva une jeune personne dont il était devenu passionnément amoureux. Elle se nommait mademoiselle Grégoire du Colombier, et elle appartenait à une famille aisée, sinon riche. Bonaparte professait dès cette époque cette rigidité de principes qu'il conserva sur le trône; aussi, à peine eut-il l'assentiment de mademoiselle Grégoire, qu'il tenta une démarche d'une grande hardiesse dans sa position: il la demanda en mariage.

Malheureusement pour Bonaparte, il avait un rival préféré, sinon par mademoiselle Grégoire, du moins par sa famille; ce rival se nomme M. de Bressieux. Les parents de mademoiselle Grégoire n'hésitèrent point entre un gentilhomme dont la fortune était faite et un sous-lieutenant qui avait sa fortune à faire. Bonaparte fut évincé, et mademoiselle Grégoire devint madame de Bressieux.

Cela fut d'autant plus pénible au jeune Napoléon, que, s'il faut en croire ces anecdotes populaires qui poussent toujours dans le sillon des grandes fortunes, il avait des pressentimens de son avenir. Un jour, ayant fait, en compagnie de quelques-uns de ses jeunes camarades, l'aumône de trois francs à une pauvre femme, la prophétesse en haillons lui souhaita la couronne de France. Les officiers se mirent à rire à cette reconnaissance exagérée; Bonaparte seul resta sérieux; et comme cette gravité augmentait encore l'hilarité générale: « Messieurs, dit le futur souverain, je vaux mieux qu'un gardeur de pourceaux, et Sixte-Quint s'est devenu pape. »

Un autre jour que Bonaparte travaillait depuis cinq heures du matin, M. Parmentier, chirurgien du régiment, entra dans la petite chambre du sous-lieutenant pour parler à son frère Louis. Bonaparte prit son sabre et frappa au plafond avec le fourreau. Cinq minutes après, Louis descendit à moitié endormi: — Paresseux! lui dit Napoléon; n'as-tu pas honte de te lever à une pareille heure? — Ah! lui dit Louis, tu me grondes, et c'est moi qui devrais t'en vouloir, car tu m'as éveillé au milieu d'un bien beau rêve; je rêvais que j'étais roi. — Toi, roi! dit Bonaparte; j'étais donc empereur?

Bonaparte resta trois ans à Valence, et partit en laissant une dette de 5 francs 10 sous chez son pâtissier, nommé Coriol.

Malgré le changement qui se fit dans son nom et dans sa fortune, Napoléon n'oublia pas Valence; quoique devenu empereur, jamais il ne repassa dans cette ville. Toutes les dettes de cœur ou de bourse qu'il y avait contractées furent payées avec usure, même celle du pâtissier Coriol. Mademoiselle Grégoire, devenue madame de Bressieux, fut appelée comme lectrice près de madame mère; son mari fut nommé baron et administrateur des forêts, et son frère, préfet de Turin; quant à Marc-Aurèle, il eut un souvenir d'un autre genre.

Le 7 octobre 1808, pendant l'entrevue d'Erfurth, Napoléon étant à table avec l'empereur Alexandre, la reine de Westphalie, le roi de Bavière, le roi de Wurtemberg, le roi de Saxe, le grand-duc Constantin, le prince primat et le prince Guillaume de Prusse, la conversation tomba sur la bulle d'or, qui, jusqu'à l'établissement de la confédération du Rhin, avait servi de constitution et de règlement pour l'élection des empereurs; le prince primat, qui se trouvait sur son terrain, entra dans quelques détails sur cette bulle, dont il fit, dans une citation, remonter la date à l'an 1409.

— Je crois que vous vous trompez, monsieur le prince, dit Napoléon l'interrompant; cette bulle, si j'ai bonne mémoire, fut proclamée en 1356, sous le règne de l'empereur Charles IV.

— Votre Majesté a raison, dit le prince primat, rappelant ses souvenirs; mais comment se fait-il qu'elle ait conservé si religieusement la date d'une bulle? Si c'était celle d'une bataille, cela m'étonnerait moins.

— Voulez-vous que je vous dise le secret de cette mémoire qui vous étonne, monsieur le prince? répondit Napoléon.

— Votre Majesté nous fera grand plaisir.

— Eh bien! continua l'empereur, vous saurez donc que lorsque j'étais sous-lieutenant d'artillerie...

A ce début, il y eut un mouvement de surprise et de curiosité si marqué parmi les illustres convives, que Napoléon s'interrompit un instant; mais, voyant qu'aussitôt on faisait silence pour l'écouter, il reprit en souriant:

— Je dis donc que, lorsque j'avais l'honneur d'être sous-lieutenant d'artillerie, je restai trois ans en garnison à Valence; j'aimais peu le monde et vivais très retiré. Un heureux hasard m'avait logé en face d'un libraire instruit et des plus complaisans, qui avait mis son magasin à ma disposition. J'ai lu et relu deux ou trois fois sa bibliothèque pendant ma résidence dans la capitale de la Drôme; et de ce que j'ai lu à cette époque, je n'ai rien oublié, pas même la date de la bulle d'or.

Napoléon, qui, comme nous l'avons dit, n'était jamais revenu à Valence pendant son règne, y passa après sa déchéance, conduit à l'île d'Elbe par les commissaires des quatre puissances.

Le second souvenir qu'on rencontre à Valence est, comme nous l'avons dit, celui du pape Pie VI, qui mourut dans cette ville le 29 août 1799. Lui aussi, comme Napoléon, avait eu une carrière étrange, aux deux horizons perdus, l'un dans l'obscurité, l'autre dans l'esclavage.

En effet, Ange Braschi, né à Césène le 27 décembre 1717, partit de sa ville natale à dix-huit ans pour chercher fortune à Rome, confiant comme on l'est à cet âge, beau, plein d'instruction et léger d'argent. A peine arrivé, il alla porter une lettre de recommandation à un ami de son père. Celui-ci lui fit de ces offres banales de service qu'on fait à tout le monde; puis, la porte fermée, n'en pensa plus à lui.

Le lendemain, le cardinal Ruffo et le protecteur d'Ange Braschi se promenant au monte Pincio, un jeune homme les croise et les salue. — Qu'est-ce que ce jeune homme? dit le cardinal Ruffo. — Un pauvre diable, répond le protecteur, qui est venu à Rome, comptant sur la Providence, et qui, à l'heure qu'il est, n'a probablement pas, pour attendre le jour où il lui plaira de penser à lui, plus d'une piastre dans sa poche.

Le lendemain, même promenade, même rencontre, même salut. — Pardieu! dit Ruffo, je serais curieux de savoir de combien vous vous êtes trompé sur la fortune de ce brave jeune homme. — Votre Éminence veut-elle lui demander elle-même à voir le fond de sa bourse? dit le protecteur en riant. — Oui; appelez-le, répondit Ruffo.

— Braschi? dit le protecteur appelant. Le jeune homme s'approcha. — Braschi, voici monseigneur le cardinal Ruffo qui désire savoir combien vous aviez dans votre poche hier, lorsque nous vous avons rencontré, et combien il vous reste aujourd'hui?

— A toute personne qui ne serait pas dans les ordres, répondit Braschi, c'est un aveu que je refuserais de faire, car il ressemble beaucoup à une confession; mais à Votre Éminence, monseigneur, c'est autre chose. Hier, j'avais une piastre, aujourd'hui il me reste sept paoli.

— Et combien de jours irez-vous encore avec ces sept paoli? dit Ruffo.

— Deux jours à peu près, monseigneur, répondit gaiement Braschi, et deux jours, c'est une éternité.

— Mais enfin, cette éternité arrivée, que comptez-vous devenir?

— Je n'en sais rien; Dieu y pourvoira.

— Le croyez-vous fermement? reprit en riant Ruffo.

— Sur mon âme, je le crois, répondit Braschi.

— Et vous êtes sûr que vous ne mourrez pas de faim?

— J'en suis sûr.

— Vous avez tant de confiance, que je commence à partager votre conviction, dit Ruffo. Venez avec moi.

— A vos ordres, monseigneur.

Deux heures après, Ange Braschi était installé au Vatican en qualité de secrétaire du pape Benoît XIV, qui le nomma l'année suivante auditeur, puis bientôt trésorier de la chambre apostolique, place qui conduit infailliblement à la pourpre. En effet, Rezzonico étant mort, Braschi n'en reçut pas moins le chapeau de cardinal des mains de Clément XIV; et lorsque celui-ci mourut à son tour, ce fut le pauvre enfant de Césène, venu à Rome avec une piastre dans sa poche, qui lui succéda comme roi spirituel du monde chrétien, le 15 février 1775, sous le nom de Pie VI.

Pie VI arriva, comme on le voit, au pontificat dans un temps gros d'orages: tous les horizons étaient noirs de tempêtes. Les jésuites, dont on avait tenté de réformer l'institut, et qui avaient voulu être comme ils étaient, ou ne pas être, avaient été abolis par Ganganelli; l'Amérique s'affranchissait de l'Angleterre avec l'aide de la France; l'empereur Joseph II s'était déclaré le chef des philosophes; Naples se préparait à se soustraire à l'hommage-lige qu'elle prêtait à Rome: la terre était pleine de convulsions, et tous les trônes tremblaient.

Pendant ces heures de repos sombres qui précèdent les grands cataclysmes, Pie VI fit beaucoup: il fit du Vatican le magnifique *Museum* que visitent aujourd'hui les mandataires artistiques de toutes les nations; il débloqua le port d'Ancône et dirigea la construction du fanal qui l'éclaire; il ajouta à la basilique de Saint-Pierre une sacristie magnifique; il releva l'obélisque du Quirinal; enfin, il poursuivit cette grande entreprise que la république romaine avait léguée à ses empereurs et les empereurs aux papes, le dessèchement des marais Pontins. Grâce à ces travaux immenses, la voie Appia, ce chef-d'œuvre de l'industrie romaine, fut dégagée des encombremens sous lesquels elle avait disparu. Un canal fut creusé, qui conduisit les eaux stagnantes vers le lac Fogliano. Douze mille arpens de terre furent rendus à la culture des grains et à la nourriture des bestiaux. Une ville tout entière allait s'élever au milieu de cette conquête de la volonté humaine sur la nature, lorsque la révolution française éclata, conduisant derrière elle la constitution civile du clergé, qui détruisait tous les degrés de la hiérarchie spirituelle. Ce fut à cette constitution qu'on exigea que les prêtres prêtassent serment. Sur cent trente-huit évêques, quatre seulement s'y soumirent; et sur soixante-quatre mille prêtres, soixante-deux mille cinq cents le refusèrent. Cette résistance devait trouver et trouva naturellement un appui à Rome, et le bref doctrinal fut la chaîne électrique qui conduisit le tonnerre jusqu'au Vatican. Le 13 février 93, le consul français à Rome reçut l'ordre de placer sur sa porte et sur celle de l'Académie l'écusson de la liberté. Cet ordre lui était transmis par le major Flotte et par le commissaire Hugau de Bassville; il fut exécuté. Le peuple murmura. Hugau et Flotte montèrent en voiture, la cocarde tricolore au chapeau, prirent la file de la rue du Cours. A cette vue, le peuple, qui murmurait, gronde; les deux commissaires répondent par des paroles de mépris. Le tumulte s'augmente: des paroles de menace circulent; et à Rome l'effet suit immédiatement la menace. La voiture des deux commissaires est renversée. Flotte se sauve; Bassville veut se défendre; mais un barbier se glisse entre les jambes de ceux qui l'attaquent et lui ouvre le ventre avec son rasoir. La république a un assassinat à venger.

La vengeance fut lente: nos armées furent trois ans à faire la route de Rome; car il y avait sur la route Mantoue, Arcole et Lodi. Enfin Bonaparte, qui était parti, il y avait six ans, pour commencer la carrière, de cette ville où trois ans après Pie VI devait venir achever la sienne, Bonaparte vint camper devant Rome, comme l'avaient fait Brennus, Annibal, Alaric et le connétable de Bourbon. Le 19 février 1797, le traité qui frappe Rome d'une contribution de trente et un millions, qui la taxe à une fourniture de seize cents chevaux, et qui lui enlève une partie de la Romagne, est signé à Tolentino; et comme de nouvelles victoires appellent Bonaparte dans le Tyrol, le général Victor reste avec quinze mille hommes dans la marche d'Ancône pour faire exécuter le traité.

Ce fut alors qu'arriva l'assassinat de Duphot, assassinat qui appelait une seconde vengeance. Cette seconde vengeance fut plus prompte et plus terrible que la première. Berthier prit le commandement de l'armée, et, le 29 janvier 1798, vint à son tour camper sous les murs de Rome, où il entra, au bout de dix-sept jours, avec Masséna. Un mois après, Pie VI, prisonnier, en sortait par la porte Angélique; il avait alors quatre-vingts ans.

Incertain du pays où il devait déporter son captif, le directoire le fit d'abord conduire à Sienne; mais au tremblement de terre l'en chassa; puis à Florence. Mais au commencement de 99, les armées russes et autrichiennes menaçant l'Italie, on le transporta, malgré la paralysie dont il était atteint, à Parme, de Parme à Turin, de Turin à Briançon et de Briançon à Valence, où il mourut le 27 août. Il lui avait fallu, dans ce trajet, traverser le mont Genèvre, porté sur un brancard, au milieu des neiges, et le corps couvert de plaies. Ce fut le 14 juillet qu'il entra dans la ville, où aucun logement n'avait été préparé pour le recevoir. On le conduisit à l'hôtel du gouvernement, et pendant qu'on lui préparait une chambre, on le déposa sur la terrasse. C'est alors qu'il rouvrit les yeux qu'il tenait presque constamment fermés, et qu'émerveillé du magnifique paysage qui se déroulait sous ses yeux, il se souleva sur son brancard en s'écriant : *O che bella vista!*

Cependant la maladie du souverain pontife faisait des progrès rapides, et le martyr touchait à la fin de ses douleurs. Le 20 août, un vomissement violent annonça que la paralysie avait atteint les entrailles. Aussitôt Pie VI, sentant sa fin approcher, demanda à l'archevêque de Corinthe le viatique, qu'il reçut levé, placé dans un fauteuil, revêtu de ses ornemens pontificaux, l'une de ses mains appuyée sur sa poitrine et l'autre sur les saints Évangiles. Le lendemain 28, l'extrême-onction lui fut administrée par le même. Vers minuit, les palpitations devinrent si fréquentes qu'elles ne laissèrent plus de doute sur l'état de Sa Sainteté. L'archevêque de Corinthe, qui lui avait déjà donné le viatique et l'extrême-onction, lui donna l'absolution papale. Alors, faisant un dernier effort, Pie VI se souleva, et le mourant laissa tomber sa bénédiction souveraine sur le monde qu'il allait quitter. Quelques heures après, il expira.

Une heure après, un homme, vêtu d'un habit marron, portant une culotte de peau, des bottes à retroussis, et le corps ceint d'une écharpe tricolore, entra dans la chambre du défunt, alla à son lit, leva le drap qui couvrait le cadavre, regarda s'il était bien véritablement expiré, assembla les serviteurs qui avaient accompagné Pie VI, s'assit devant une table, tira de sa poche un encrier, du papier, une plume, et dressa le brouillon du procès-verbal suivant, qu'il alla ensuite transporter sur les registres de la mairie :

« Aujourd'hui 12 fructidor an VII de la république française, à l'heure de trois heures de l'après-midi, par-devant moi, Jean-Louis Chauveau, administrateur municipal de la commune de Valence, élu pour rédiger les actes destinés à constater les naissances, mariages et décès des citoyens, est comparu M. Joseph Spina, archevêque de Corinthe, lequel accompagné de M. Jean, prêtre, âgé de quarante ans, et de M. Jérôme Fontivy, aussi prêtre, et de M. Carachoto, dont le prénom est Innico, prêtre, âgé aussi d'environ quarante ans, et ledit Fontivy, âgé de soixante-quatre ans, tous les quatre demeurant à Valence, dans la maison dépendante de la citadelle, et attachés au décédé ci-après, m'a déclaré que Jean-Ange Braschi, Pie VI, pontife de Rome, est décédé cejourd'hui, à une heure vingt-cinq minutes au matin, dans ladite maison, âgé de quatre-vingt-un ans huit mois et cent jours. D'après cette déclaration, certifiée véritable par le déclarant et les témoins, je me suis de suite transporté en ladite maison d'habitation, accompagné des membres composant l'administration centrale, et commissaire du directoire exécutif près d'elle, ainsi que de deux membres de l'administration municipale ; y étant, nous dits officiers publics et administrateurs ci-dessus, avons fait appeler les citoyens Duvauve, officier de santé, et Vidal père, officier de santé en chef de l'hospice militaire de cette commune, lesquels, après avoir fait l'examen dudit Braschi, Pie VI, nous ont confirmé son décès ; de quoi j'ai rédigé acte légal en présence du commandant de la place et du juge de paix de ce canton, que j'ai signé avec eux. Les membres desdites autorités constituées, lesdits officiers de santé, en le déclarant et les témoins ; le citoyen Doux, secrétaire de ladite commune, écrivant : Valence, en la maison commune, les jours, mois et an que dessus. Suivent les signatures. »

Tel est l'acte mortuaire textuel du deux cent cinquante-quatrième successeur de saint Pierre. Il n'y a peut-être dans toutes les archives de notre histoire qu'une pièce qu'on puisse lui comparer : c'est le procès-verbal de mort de Louis XVII, successeur de saint Louis.

Ainsi, en même temps la France était appelée à donner en exemple aux nations ce double abaissement du pouvoir temporel et spirituel sur lequel avait reposé jusqu'alors l'édifice social d'une moitié du monde.

Ce fut M. Delacroix, archéologue instruit, et auteur d'une excellente statistique sur l'histoire et les antiquités du département de la Drôme, qui nous fit les honneurs de la ville de Valence (1). Adoptant, pour notre examen, l'ordre chronologique, il nous conduisit d'abord à la tour penchée, qu'une tradition populaire fait remonter au troisième siècle, et qui, toute neuve qu'elle était alors, s'inclina pour saluer

(1) Aujourd'hui M. Delacroix est un de nos députés les plus savans et les plus consciencieux.

les chrétiens saint Félix, Fortunat et Irénée, qui marchaient au supplice, et depuis lors resta miraculeusement penchée, en mémoire de leur martyre ; puis à la cathédrale, dédiée autrefois à saint Corneille et à saint Cyprien, aujourd'hui à saint Apollinaire, consacrée le 5 août 1095 par le pape Urbain II, qui se rendait au concile de Clermont, où fut résolue la première croisade, ainsi que le constate cette inscription latine :

Anno ab incarnatione Domini millesimo nonagesimo quinto, indictione secunda nonis Augusti, Urbanus papa secundus, cum duodecim episcopis, in honorem beatæ Mariæ virginis, et sanctorum martyrum Cornelii et Cypriani, hanc ecclesiam dedicavit.

C'est dans la cathédrale que fut élevé le monument du pape Pie VI. D'abord son cœur, déposé dans une urne, avait été renfermé dans la citadelle et son corps déposé dans un cimetière commun ; mais par une décision que fit, le 30 novembre 1799, prendre à ses deux collègues Bonaparte arrivé au consulat, il était arrêté « que les honneurs de la sé-
» pulture seraient rendus à ce vieillard respectable par ses
» malheurs, qui n'avait été un instant l'ennemi de la France
» que séduit par les conseils perfides qui environnaient sa
» vieillesse ; attendu qu'il était de la dignité de la nation
» française, et conforme à la sensibilité de son caractère, de
» donner des marques de considération à celui qui avait oc-
» cupé un des premiers rangs sur la terre, etc., etc. »

Le corps de Pie VI fut en conséquence exhumé, et, chose bizarre, cette exhumation fut faite par un protestant, qui fit élever autour du cercueil une petite voûte de maçonnerie dont la porte fut murée. Deux ans après, le concordat accordé par Pie VII à Bonaparte servit de prétexte à la dépouille mortelle de son prédécesseur, qui fut transportée, selon les intentions du pape mourant, dans la basilique de Saint-Pierre de Rome. Cependant l'urne qui contenait le cœur fut rendue à la ville de Valence, et un monument surmonté d'un buste de Pie VI, par Canova, fut exécuté pour le recevoir.

En sortant de l'église, nous allâmes visiter un charmant petit monument de la renaissance, élevé par les sculpteurs italiens vers l'an 1550, et qui est connu sous le nom du Pendentif de Valence. Longtemps les savans discutèrent sur sa destination ; il est maintenant certain que c'était le caveau funéraire de la famille de Mistral, dont les armes de sinoples au chevron d'or, chargées de trois trèfles, sont sculptées à la voûte.

Ce n'est pas le seul monument de la renaissance qu'ait laissé à Valence cette famille parlementaire aujourd'hui éteinte. L'hôtel qui sert aujourd'hui de magasin au fils du libraire Marc-Aurèle, duquel nous avons vu que Bonaparte avait conservé un si bon souvenir, est une merveille du seizième siècle, dont nulle part, ni en France ni en Italie, je n'ai encore vu le pendant. Il est, comme nous l'avons dit, situé juste en face de la maison qu'habita trois ans le sous-lieutenant d'Ajaccio.

Nous allions rentrer chez notre cicérone, lorsqu'il se souvint d'un dernier fragment qu'il avait oublié de nous faire voir ; et c'eût été péché, comme disent les Italiens ; car nous le recommandons aux artistes comme n'étant pas le moins curieux. Il est situé dans la cour de la maison Dupré, rue de la Pérollerie, n° 55, et nous a paru un chef-d'œuvre de cette naïveté de l'art, si précieuse en ce qu'elle nous a conservé les costumes des époques pendant lesquelles l'artiste exécutait son œuvre, au lieu de fausser ceux de l'époque où le fait qu'il représentait s'était passé.

Celui-ci est une porte donnant sur une cour et conduisant à un escalier ; le sujet que représente son entablement dans le premier compartiment de gauche est l'histoire d'Hélène, formant avec son frère Castor et sa mère Léda un groupe voilé, dont deux satyres venaient en dansant soulever les draperies. Nous sommes forcés d'avouer que ce n'est point dans ce premier compartiment qu'il faut chercher les traces des costumes du quinzième siècle ; l'artiste, au contraire, a dans tous les détails suivi religieusement les traditions antiques.

Le second compartiment représente le beau berger Pâris, habillé en jeune seigneur de la cour de François Ier, avec une toque et des plumes, un manteau de velours et un pantalon de soie; derrière lui est Jupiter, qui le choisit pour arbitre dans le différend survenu entre les déesses. Le maître des dieux, dont le sceptre indique la puissance, est revêtu d'une cuirasse florentine du meilleur goût, et qui semble sortir des ateliers de Benvenuto Cellini. Devant le juge, Vénus, Junon et Pallas, qui, pour tout costume, ont conservé leur bonnet, se disputent le prix de la beauté qu'a reçu Vénus. Enfin, à sa gauche, un beau cheval de bataille piaffe fièrement et semble impatient de reporter le beau berger à la cour du roi son père.

Le troisième compartiment représente l'enlèvement d'Hélène. Les deux amans ont été si pressés de fuir, que Pâris a eu le temps de mettre seulement son casque, et porte le reste de ses vêtemens au bout d'une lance. Il est vrai qu'il aurait eu quelque peine à les endosser, vu que l'Amour lui a prêté ses ailes pour rendre sa fuite plus prompte et plus sûre.

Toutes ces petites figurines sont d'un manière ravissant et d'un fini tout à fait gracieux; et je fus d'autant plus heureux d'avoir découvert ce bijou, qu'il est renfermé dans la cour d'une maison particulière et ignoré des trois quarts des habitans de Valence même.

Notre dernière visite fut au château du Gouvernement. On nous montra la chambre où mourut Pie VI: c'est aujourd'hui l'atelier de cordonnerie de la garnison, et la seule trace du séjour qu'y fit le souverain pontife sont les quatre crampons scellés au plafond qui soutenaient le baldaquin de son lit.

La pluie que nous avions reçue la veille et celle que le temps paraissait nous tenir en réserve pour le lendemain nous avait ôté toute sympathie pour les courses pédestres. En conséquence, nous nous mîmes en quête d'une voiture quelconque, et avec grand'peine nous parvînmes à réunir un cabriolet, un cheval et un gamin, trinité locomotive qui nous fut abandonnée par le carrossier moyennant la somme de dix francs par jour. Nous nous juchâmes tant bien que mal dans la machine; et le lendemain au point du jour nous quittâmes Valence, et, suivant l'ancienne voie aurélienne qui conduisait d'Arles à Reims, nous nous mîmes en route pour Montélimar.

Nous y arrivâmes à la nuit close. Nous frappâmes à la grande porte de l'auberge : un garçon d'écurie, le visage tout couvert de sang, vint nous ouvrir. Il avait reçu, il y avait une heure, un coup de pied de son cheval qui lui avait ouvert le front. Nous lui demandâmes comment, dans cet état, il n'était pas couché dans son lit, la tête emmaillotée : — Eh bien ! et ma besogne, nous répondit-il, qui est-ce qui la fera ? — Mais au moins, lui dis-je, faites-vous saigner, lavez la plaie, mettez un bandeau. — Bah ! bah ! reprit-il insoucieusement, ce n'est rien ; s'il faisait du vent, ce serait déjà séché..... Un Parisien à qui un semblable accident serait arrivé aurait gardé la chambre pendant un mois. Ce me fut une nouvelle preuve que la douleur n'était qu'une impression relative, une affaire de sensibilité nerveuse, et que les perceptions ne sont point pareilles sur deux organisations différentes, la blessure fût-elle la même.

C'est dans cette petite ville, l'ancienne Acunum des Romains, qui prit de son conquérant teuton, Adhémar, le nom de Montelium Adhemaris, dont les modernes habitans ont tiré celui de Montélimar, que nous commençâmes à nous apercevoir que nous avancions vers le Midi, et cela aux souvenirs de 1815, encore verts et arrosés de sang.

Un homme de trente à trente-cinq ans, au visage méridional, racontait dans son patois, à peu près inintelligible pour nous, une scène de massacre. Les noms de Simon le Grêlé, de Pointu de Roquefort et de Trestaillon, revenaient à tous momens à sa bouche. Ses auditeurs semblaient l'écouter avec une grande attention, et riaient de ces détails, moitié terribles, moitié bouffons. Autant que nous pûmes le comprendre, il s'agissait des terreurs d'un fédéré, nommé Caillé de Cadérousse, qui se trouvait avec le narrateur à Avignon pendant un de ces quelques jours où la ville, désolée et muette, était livrée au pouvoir des assassins. La scène se passait dans un cabaret, où le narrateur, Caillé Simon, et un troisième personnage, buvaient ensemble. Au moment où ce dernier entamait un verre de vin, il vit sur la place une vieille femme qui, lors du passage de l'empereur pour l'île d'Elbe, lui avait donné un bouillon. — Il posa son verre, prit sa carabine, ajusta la femme, qu'il manqua, et tua un homme qui passait de l'autre côté de la rue : — *Sacri maladré !* — dit il en déposant sa carabine et en vidant son verre. Ce fut toute l'oraison funèbre du défunt, qui resta sur la place jusqu'à la nuit, sans que personne osât le ramasser. Les dents du fédéré, disait le narrateur, claquaient comme des castagnettes ; l'homme à la carabine s'en aperçut : — *Allons, embrasse-moi, federra,* — dit-il ; et il l'embrassa. — Caillé, sensible à cet honneur, voulut payer ; mais l'autre se leva, et déclara que c'était à lui de régaler. — Caillé ne voulut pas insister, de peur de fâcher son interlocuteur, qui dit à l'aubergiste qu'il se chargeait de la dépense. Il en résulta que ce fut définitivement l'aubergiste qui paya.

Nous étions dans une grande salle obscure, Jadin et moi, assis dans un coin de la cheminée ; et à quelques pas de nous, heurtant à la lueur d'une mauvaise chandelle leurs verres les uns contre les autres, étaient ces quatre hommes, parlant d'assassinat, de mort et de sang, le rire sur les lèvres, et laissant voir en riant ces dents blanches et carnassières des méridionaux qui semblent arrachées aux mâchoires du jaguar. Nous mettions le pied sur cette terre chaude et altérée qui boit si vite le sang, dont le sol et les habitans nous étaient encore inconnus, et cette nature demi-espagnole, demi-sarrasine, qui a besoin d'être étudiée longtemps pour être comprise, se révélait à nous pour la première fois. L'effet fut bizarre. Certes, nous n'avions rien à craindre, et nous ne craignions rien ; mais, par un mouvement machinal, nous étendîmes la main, Jadin sur son fusil et moi sur ma carabine ; et lorsque nous nous retirâmes dans notre chambre, voisine de celles de nos quatre voyageurs, nous examinâmes si nos armes étaient en bon état et nous les plaçâmes près de notre lit.

Le lendemain nous retombâmes, Jadin et moi, dans les anecdotes napoléoniennes. Bonaparte, dans le moment de disgrâce qui suivit pour lui le siège de Toulon, passant à Montélimar avec son frère Joseph, s'y arrêta, retenu par le site. Son esprit était alors tout à fait tourné au repos. A ses élans de guerre avaient succédé des projets d'horticulture ; le soldat voulait se faire laboureur. Il demanda s'il n'y avait pas dans les environs quelque propriété à vendre. Il fut adressé à M. Grasson, qui le conduisit à une campagne nommée Beauserret, ce qui dans le patois du pays correspond à *Beauséjour*. C'était une ferme-château qui rapportait deux mille francs de revenus à peu près et qu'on voulait vendre quarante mille francs. Comme c'était évidemment un bon marché, Bonaparte saisit vivement l'occasion, et, se faisant conduire chez le notaire chargé de la vente, il en offrit de prime-abord trente-cinq mille francs.

— Ce n'est pas raisonnable de marchander ainsi, dit le notaire ; car c'est pour rien ; et sans une circonstance qui la fait baisser de prix, vous ne l'auriez pas à moins de soixante à soixante-dix mille francs.

— Et quelle est cette circonstance ? dit Bonaparte ; il faut que je la sache avant de traiter ; car enfin, elle pourrait être une cause rédhibitoire.

— Oh ! non, non, monsieur, dit le notaire ; il n'y a pas de danger ; à vous, qui n'êtes pas du pays, elle doit vous être bien indifférente.

— Mais enfin, peut-on la connaître ?

— Sans doute : elle a été le théâtre d'un assassinat.

— Et qui a commis cet assassinat ?

— Un nommé Barthélemy.

— Sur qui ?

— Sur son père.

— Un parricide! murmura Bonarparte en pâlissant; jamais, jamais! Partons, Joseph, partons. — Et, quelques instances que fit le notaire pour le retenir, les deux jeunes gens retournèrent à l'hôtel et le même soir se remirent en route pour Paris.

Que serait-il arrivé de la France et de l'Europe si Bonaparte avait acheté Beauserret?

ORANGE.

En sortant de Montélimar, nous marchons de nouveau sur l'histoire antique. Saint-Paul-les-Trois-Châteaux, l'ancienne capitale des Tricastins, s'élève à gauche de la route. Ce fut là que s'arrêta, pour rassembler son armée, le Gaulois Bellovèse, l'an 155 de Rome, et quatre cents ans après Annibal la traversa avec son armée. Auguste en fit une colonie, sous le nom d'Augusta Tricastinorum, et Pline la range au nombre des villes latines.

A partir de Montélimar, on commence, par l'aspect du sol, à s'apercevoir que l'on entre dans le Midi. Le ton des terrains est chaud, l'air plus limpide, les contours des objets plus arrêtés; cependant les oliviers, qui venaient autrefois jusqu'à cette ville, ne commencent plus réellement aujourd'hui qu'à Pont-Saint-Esprit. Le premier arbre de cette espèce, pauvre malheureux rabougri, sentinelle avancée, ou plutôt perdue, essaie de vivre aux environs de la Palud; mais il fait peine à voir, tant il est souffrant et échevelé de sa lutte éternelle avec le Nord.

Nous arrivâmes de jour encore au fameux pont qui appartient moitié à la Provence, moitié au Languedoc. La Provence vient jusqu'à l'angle. Un moine rêva, en 1263, qu'il voyait des langues de feu se poser sur le Rhône de distance en distance. Il alla le lendemain conter son rêve au supérieur, Jean de Thiange. Celui-ci, après avoir réfléchi un instant, interpréta le songe comme un ordre donné par Dieu à la communauté de bâtir un pont sur le Rhône. Il n'y avait qu'un empêchement à l'exécution de cet ordre céleste, c'est que la communauté n'avait pas le sou. Heureusement le prieur était homme de ressources : il envoya tout le couvent en quête, et chaque moine fit si bien sa ronde, que, deux ans après, Philippe-le-Bel régnant, Jean de Thiange en posa la première pierre en l'honneur de la sainte Trinité. Le pont Saint-Esprit, nommé ainsi des langues de feu auxquelles il doit son érection, fut donc commencé en 1265 et terminé en 1307. Chacune de ses arches fut baptisée et reçut un nom. Cette appellation avait un but: c'était, en cas de malheur, et les malheurs étaient fréquens, car le Rhône est furieux et rapide lorsqu'il se brise contre le pont, d'indiquer tout de suite vers quel point il fallait porter secours, et contre quelle arche s'était brisé le bateau qui était en perdition (1).

Nous dînâmes à la hâte, afin de visiter avant la nuit l'ermitage de Saint-Pancrace, situé au haut d'une montagne, à trois quarts de lieue de Pont-Saint-Esprit. La seule chose curieuse qu'il renferme est un puits dont l'eau se trouve au niveau du Rhône, de sorte qu'une pierre met trois minutes et demie à descendre et un seau une heure à monter. Nous nous bornâmes à la première expérience.

Le lendemain, nous retraversâmes le pont Saint-Esprit et repassâmes du Languedoc en Provence, comme la veille nous étions passés de Provence en Languedoc. Le pays devenait de plus en plus accidenté et pittoresque : les vieux châteaux de Montdragon et de Mornas ceignent la cime de leurs rochers d'une couronne de ruines. Nous nous arrêtâmes au dernier, qui rappelait un souvenir terrible.

Vers l'an 1565, dans les guerres de religion qui désolèrent le Midi, les catholiques s'étant introduits dans la ville de Mornas, prirent le château par surprise, égorgèrent la garnison, et comme c'était quelques jours avant la Fête-Dieu que la chose se passait, quelques-uns des vainqueurs, plus fervens que les autres, tendirent le devant de leurs maisons avec la peau des cadavres protestans. Le baron des Adrets apprit le fait, et, moins encore pour venger la mort de ses co-religionnaires que pour reconquérir une forteresse qui commandait la route de Marseille, il envoya Dupuy de Montbrun reprendre Mornas. On connaît ce partisan gigantesque, qui, converti par Théodore de Bèze, de catholique zélé qu'il était, voulant tuer sa sœur qui avait abjuré, devint huguenot si ardent qu'il succéda au baron des Adrets dans le commandement de l'armée protestante, lorsque celui-ci se fit catholique à son tour. Montbrun, après trois jours d'un siége terrible, reprit à son tour le château, et la garnison catholique se retrouva à la merci du vainqueur. Le lendemain, des Adrets arriva.

On sait qu'il avait des principes tout arrêtés sur la manière de traiter les vaincus. S'il prenait un château, il faisait sauter les assiégés du haut en bas des murailles; s'il remportait une victoire en rase campagne, il faisait pendre les prisonniers aux arbres les plus proches du champ de bataille. Ici les conditions étaient magnifiques : outre des murailles de trente pieds, il y avait encore un rocher à pic de deux cents : il ne fut donc pas un instant embarrassé pour le choix de l'exécution. Il rassembla la garnison sur la plateforme, et força les malheureux assiégés de se précipiter, depuis le premier jusqu'au dernier. Tous se brisèrent sur les rochers qui forment la base de la montagne : un seul eut l'adresse de se retenir à un figuier qui poussait dans une gerçure de la pierre. Des Adrets lui fit descendre une corde et lui donna la vie; puis ne pouvant garder le château et ne voulant point le laisser aux protestans, il en fit sauter plusieurs parties à l'aide de la mine.

Nous entrâmes à Mornas, cherchant par quel chemin nous pourrions arriver jusqu'aux restes de ce nid d'aigle que nous avions découvert au haut de son rocher. Les habitans nous indiquèrent le sentier qui partait de la ville, et nous nous mîmes à gravir un des flancs de la montagne sur laquelle le château est situé. Au tiers de la montée à peu près et à quelques pas de l'église, nous commençâmes à marcher sur les débris qui ont roulé tout le long de la pente et qui couvrent près d'un quart de lieue de terrain. Au milieu de ce chaos, les habitans ont déblayé de petits carrés, qu'ils ont plantés de vignes, et dont les pierres qui les couvraient forment naturellement les enclos. Enfin, après une demi-heure de fatigue épouvantable, causée par ce sol roulant, nous arrivâmes à la première cour, encore percée de meurtrières. Notre entrée dans ces ruines, qu'on visite rarement, fit une révolution parmi les habitans ailés qui s'en sont emparés; des éperviers et des tiercelets s'envolèrent de tous côtés avec des cris aigus. Je tirai l'un d'eux, mais je le manquai; mais au coup de fusil, un pauvre chat-huant qui dormait honnêtement sous les voûtes s'éveilla, et, tout ébloui par le jour, vint lentement et silencieusement heurter un pan de mur, et tomba près de nous. Heureusement pour lui, Mylord était occupé d'un autre côté; cette distraction lui sauva la vie.

Il était impossible de rêver une vue plus historique et plus vaste que celle qu'on découvrait à travers les déchirures de ces ruines : à l'orient, les cimes des Alpes maritimes; au nord, Valence, que nous avions quittée il y avait deux jours; au midi, Avignon, où nous comptions arriver le surlendemain; à l'occident, les plaines du Languedoc jusqu'au mont Lozère. Comprenez-vous une circonférence renfermant le camp où Bellovèse rassembla ses troupes pour envahir l'Italie, le champ de bataille où le consul Cœpion, tout chargé de l'or de Toulouse, et son collègue Cn. Manlius, laissèrent

---

(1) Ces arches sont au nombre de vingt. Leurs noms, qu'on retrouve à l'extrémité occidentale du pont dans la première maison à gauche, inscrits au-dessus d'un dessin assez curieux de ce pont, étaient : Laloure, Bagalenet, Lacroix, Bourdigalie, Sauset, Matinière, Latreille, Vignère, Grossepierre, Roubin, Malepile, Laroute, Saint-Nicolas, Frucke, Grenouillère, Pilède, Terre, Savignon, Pélicière et Traugé.

étendus sous le sabre et la hache des Ambions et des Kimris quatre-vingt mille soldats romains et quarante mille esclaves et valets ; Roquemaure, où Annibal traversa le Rhône pour aller gagner les batailles de Trébie, de Trasimène et de Cannes ; enfin, Orange, où Domitius Ahénobarbus entra en triomphateur, monté sur l'un de ces éléphants auxquels il devait la victoire ? Puis, après avoir laissé errer nos yeux sur cet horizon aux gigantesques souvenirs, n'était-il pas curieux de pouvoir les arrêter sur les restes d'une autre civilisation et d'une autre époque, assister à la lutte lente et continue des ans avec ces ruines désertes et inhabitées, et parfois, au milieu du silence de mort qui les entoure, entendre tomber une pierre, écho sourd et solennel qui proclame la victoire du temps ?

C'est à Mornas que l'on commence à bien sentir, au langage des habitants, le progrès qu'on fait vers le midi. Dès Valence, un léger accent colore déjà la langue ; à Montélimar, il l'altère ; à la Palud, il la change en un patois inintelligible. En redescendant au village, nous trouvâmes à l'auberge un Anglais qui parlait sept langues, et qui avait été obligé, pour se faire servir deux œufs frais, de s'accroupir dans un coin et de chanter comme une poule qui pond.

Comme nous ne comptions pas sous notre mimique pour entreprendre de nous faire servir un repas tel que notre estomac le réclamait, nous préférâmes prendre patience et remettre notre dîner à notre arrivée à Orange.

Quelque diligence que nous fissions, nous n'y pûmes arriver que de nuit, et cela à notre grand regret, car nous savions que c'était à Orange que nous retrouverions, debout encore, les premiers grands débris de la civilisation romaine dans les Gaules : un arc de triomphe parfaitement conservé, un théâtre dont il reste assez de fragments pour qu'on le restaure en imagination, enfin des ruines de cirque et d'amphithéâtre qui constatent qu'Orange était une colonie de premier ordre. Cet amour pour l'archéologie nous entraîna dans une grande imprudence ; ce fut de nous loger à l'hôtel le plus près de l'arc de triomphe, afin de l'avoir sous la main, le lendemain aussitôt notre réveil.

Nous n'avions point de lettres pour cette ville, nous n'y connaissions personne ; de sorte que nous demandâmes tout bonnement à notre hôte s'il n'y avait pas même de son cabinet, plein de médailles, de fragments antiques et d'urnes funéraires, retrouvées dans les tombeaux des anciens Romains, et contenant encore les cendres qu'elles étaient destinées à recueillir et à conserver. Nous restâmes ainsi chez lui jusqu'à dix heures du soir, et en le quittant j'emportai de la besogne pour une partie de la nuit.

Nous avons vu comment les Romains furent appelés dans les Gaules ; tout le monde sait comment César acheva leur conquête et commença leur colonisation. Tibère Néron, père de l'empereur Tibère, fut chargé par lui de conduire et d'installer des légions dans les villes principales. Ce fut ainsi qu'il peupla militairement Arles et Narbonne, et probablement Orange, s'il faut en croire une médaille citée par Goltzius et adoptée par le père Hardouin, qui indique que *Nero* conduisit à Orange la trente-troisième cohorte de la deuxième légion. Or, si ce Nero eût été le *Nero imperator*, non-seulement son nom, mais encore son effigie se fût retrouvée sous la médaille ; au contraire, le nom étant seul, il indique sans doute purement et simplement *Nero questor*. Ce serait donc quarante-cinq à peu près avant Jésus-Christ que la vieille ville gauloise, se latinisant, changea son nom celtique d'Araïnon contre le nom romain d'Arausio.

Les nouveaux colons ne tardèrent pas à reconnaître que la position de la ville, placée à l'extrémité de la frontière des Voconces, dont la fidélité, s'il faut en croire Cicéron dans son plaidoyer pour Fonteius, était mal assurée, et la force de son assiette sur une montagne dominant le Rhône en faisaient un point de défense militaire et de colonisation civile extrêmement précieux. Ce fut alors que, pour se faire pardonner leur domination, les vainqueurs élevèrent à Orange, selon la politique adoptée par la conquête, ces cirques, ces théâtres, ces arènes et ces aqueducs qui forçaient les nouveaux citoyens de Rome à l'admiration et à la reconnaissance pour leur mère adoptive. Quant à l'arc de triomphe, selon toutes les probabilités, César le trouva déjà bâti depuis près d'un siècle, en supposant qu'on adopte celui des trois systèmes qui paraît aujourd'hui le plus accrédité et qui fait remonter l'érection de ce monument à Domitius Ahénobarbus. Les deux autres l'attribuent, l'un à Marius, l'autre à César. Un ouvrage archéologique que nous avons sous les yeux, et qui est de M. Gasparin, ex-ministre de l'intérieur, nous permet d'examiner ici ces trois systèmes et de les reproduire avec les raisons qui militent pour ou contre chacun d'eux.

Les soutiens de l'opinion qui veulent que l'arc de triomphe remonte à Domitius sont Pontanus, dans son Itinéraire de la Gaule Narbonaise, pages 5 et 45 ; Mandajors, dans son Histoire critique, page 96 ; Spon, dans son Voyage en Dalmatie, tome premier, page 9 ; Guibes, dans le Journal de Trévoux du mois de décembre 1729 ; enfin M. Lapaillone de Serignan, dans un mémoire qu'il présenta au comte de Provence lors de son voyage dans le Midi.

Cependant, malgré les preuves accumulées par ces cinq archéologues, les partisans de Marius et d'Auguste continuaient de faire des objections qui laissaient la science dans le doute, lorsque M. Fortia d'Urban, en visitant les arcs de triomphe de Cavaillon et de Carpentras, reconnut qu'ils étaient tous trois d'un travail contemporain, que tous trois étaient situés sur la voie antique qui conduit de Valence à Marseille, et en augura que tous trois avaient dû être élevés pour le même triomphe. Or, au dire de Suétone, Domitius Ahénobarbus, jaloux de la victoire que son collègue Fabius Maximus avait, comme nous l'avons dit, remportée entre la montagne de l'Ermitage et les bords de l'Isère, voulut, ne pouvant triompher à Rome, attendu que sa victoire n'avait point terminé la guerre, triompher au moins dans les Gaules. En conséquence, il se rendit de Valence à Marseille, monté sur un éléphant, suivi de son armée et traînant après lui tous les trophées de sa victoire. De leur côté, les Massaliotes, alliés du peuple Romain, cause première des guerres que Rome, dont ils ne soupçonnaient point encore l'intention envahissante, avait embrassées pour leurs intérêts, firent ce qu'ils purent par eux-mêmes et auprès de leurs alliés pour donner à ce triomphe du proconsul la plus grande pompe possible. Ils y réussirent à ce point que les peuples, surpris des merveilles de cette marche triomphale, donnèrent à la route qu'il avait suivie le nom de Voie Domitienne. Or, une des merveilles de cette marche étaient les trois arcs de triomphe d'Orange, de Carpentras et de Cavaillon.

La seule objection que les ennemis de ce système puissent lui opposer est que la bataille gagnée par les deux consuls à l'Ermitage le fut par le secours des éléphants, et que l'on ne voit aucun de ces animaux reproduit sur l'arc de triomphe. Mais à ceci on répond que le premier combat, remporté par Domitius seul, le fut sans l'aide de ces animaux ; que ce ne fut que l'année suivante que Fabius les amena dans les Gaules, avec les deux légions de renfort qu'il conduisait avec lui ; enfin que, dans cette seconde bataille, c'était surtout Fabius qui avait agi, et que, par conséquent Domitius, qui avait sa victoire à lui, avait laissé son collègue maître de la sienne, qu'il n'attribuait, au reste, dans sa haine pour lui, qu'au concours de ses éléphants, et non à son courage ou à son génie. Comme on voit, la réponse est triomphante.

Quant aux partisans de Marius, la seule raison qu'ils allèguent en faveur de leur système, qui au reste est le plus populaire, est le mot *Mario*, écrit sur un des boucliers du trophée d'armes de la place méridionale ; mais ce nom s'y trouve au milieu de sept ou huit autres, et son seul avantage sur eux est d'être plus lisible et mieux conservé. Si l'arc de triomphe eût été élevé à Marius, son nom eût probablement été le seul qu'il l'eût décoré; ensuite ce nom eût été inscrit dans une des places les plus apparentes et non dans un coin; enfin on retrouverait parmi les drapeaux, tous surmontés d'un quadrupède, l'aigle que Marius introduisit comme unique enseigne des légions, l'année de son second consulat, à ce qu'affirme Pline, liv. 10, chap. 4. Or Marius défit les Cimbro-Teutons étant consul pour la quatrième fois.

Il est bien plus simple de penser que Marius, qui selon Valère-Maxime fut fait tribun du peuple cent vingt ans avant Jésus-Christ, combattait un an auparavant, sous Domitius, comme tribun des soldats, et que ce furent les services qu'il rendit dans cette campagne qui lui valurent ce titre l'année suivante. Alors son nom, comme celui des autres tribuns, se trouve tout naturellement inscrit sur un bouclier, et il n'est pas besoin de chercher à cette inscription une explication plus sérieuse. D'ailleurs par quel singulier concours de circonstances ignorées aurait-on été bâtir à Marius un arc de triomphe à vingt lieues du champ de bataille où il avait remporté la victoire? Cela n'est pas probable, surtout si l'on veut se rappeler que ce fut sur le champ de bataille même que les soldats de Marius élevèrent une pyramide qui existait encore au quinzième siècle, et sur laquelle le vainqueur était représenté debout, sur un bouclier, dans l'attitude d'un général *imperator*.

Quant au troisième système, émis et soutenu par Hetbert, abbé de Saint-Ruf, dans un ouvrage intitulé *Fleurs des Psaumes*, il attribue l'arc à César, vainqueur des Massaliotes; mais il suffit de jeter un coup d'œil sur la face orientale pour s'assurer que les captifs portent le costume de barbares. Or les Massaliotes, ces fils de l'Orient, étaient, à l'époque où César les vainquit, plus avancés en civilisation que les Romains.

Ces différentes opinions, qui ont si peu d'importance lorsqu'on les examine de Paris, en prennent une réelle lorsqu'on se trouve en face de l'objet qui les a fait naître; aussi, le lendemain, à peine le jour eut-il paru, que, réveillant tout le monde dans l'hôtel, nous nous en fîmes ouvrir la porte, Jadin et moi, et courûmes à l'arc de triomphe. Si matineux que nous fussions, nous trouvâmes cependant un amateur encore plus matinal que nous : c'était un vieillard de soixante à soixante-cinq ans, qui examinait les faces les unes après les autres avec une telle attention, qu'il était évident qu'il attachait un grand intérêt à la solution du problème de pierre qu'il avait devant les yeux. Au reste, il nous avait reconnus pour être artistes comme nous l'avions reconnu pour être antiquaire; de sorte qu'à la deuxième ou troisième fois que nous nous croisâmes, chacun de nous fit un temps d'arrêt, et nous nous trouvâmes, le chapeau à la main, en face l'un de l'autre. Quant à Jadin, il était déjà établi au meilleur point de vue, et croquait son monument sans s'inquiéter de quelle époque il datait.

— Que pensez-vous de cet arc de triomphe? me dit le vieillard.

— Mais, répondis-je, je pense que c'est un fort beau monument.

— Oui, sans doute, et ce n'est point cela précisément que je vous demande. Je vous demande à quelle époque vous croyez qu'il remonte?

— Ceci est autre chose; je suis encore trop ignorant sur cette matière pour me prononcer. J'aborde pour la première fois l'antiquité, et, du premier coup, il me semble que je me casse le nez contre un chef-d'œuvre.

— Oui, sans doute, vous n'en verrez pas de plus beau ni de mieux conservé en Italie; mais en Italie au moins on sait leur date : des inscriptions les ont conservées, des traditions les ont transmises; mais ici il n'y a rien, l'inscription de bronze en a été arrachée du temps où Raymond de Baux en avait fait une forteresse. La tradition populaire qui l'attribue à Marius est absurde; de sorte qu'il faut rester dans l'ignorance ou dans l'irrésolution.

— Ce qui est une terrible alternative pour un savant, n'est-ce pas? car je ne fais aucun doute, monsieur, que vous vous occupiez de sciences archéologiques.

— Oh! mon Dieu, oui, monsieur; il y a quarante ans que je vis au milieu des pierres, essayant de donner à chacune une date, et reconstruisant, comme Cuvier, tout le corps par un fragment. Eh bien! il n'y a que ce maudit arc sur lequel je ne puis rien dire de positif, et cependant, vous le voyez, il est presque intact. Mais je n'en aurai pas le démenti. J'ai loué la petite maison que vous voyez ici en face, et il y a déjà dix ans que j'y demeure; j'y demeurerai dix ans s'il le faut, mais j'amasserai tant de preuves, que je le forcerai bien à me dire son secret.

— Mais enfin, monsieur, à défaut de conviction, vous devez déjà avoir quelque probabilité?

— Oui; je crois, moi, qu'il remonte à Octave, et qu'il a été élevé par la cohorte en garnison à Orange.

— Ceci est un quatrième système.

— Pourquoi pas?

— Comment! mais vous êtes parfaitement libre; il y a bien quatre-vingt-onze passages du Rhône par Annibal... Enfin, sur quoi appuyez-vous votre opinion?

— Voyez, me dit mon archéologue en me conduisant vers la face orientale, voici d'abord un Phébus couronné de rayons : or chacun sait qu'Octave affectionnait particulièrement cette louange, qui le comparait au dieu du jour.

— A ceci, je pourrai vous répondre qu'il est bien plus simple de penser qu'on a simplement sculpté la face du soleil sur le côté devant lequel il se levait, afin que les premiers regards du dieu rencontrassent son image. Mais n'importe, passons à autre chose.

— Eh bien! passons vers la face septentrionale, et vous verrez parmi les trophées des attributs de Marius qui attestent que les fondateurs de l'arc ont voulu rendre hommage à la victoire d'Actium.

— Oui, sans doute, les voilà. Mais d'où vient l'absence des aigles, qui alors devaient non-seulement se trouver pour enseigne dans l'armée d'Octave, mais encore dans celle d'Antoine?

— Justement, justement, s'écria mon archéologue; comme il aurait fallu mettre les aigles romaines en même temps que les aigles victorieuses, le sculpteur s'est tiré de cette position embarrassante en ne mettant ni les unes ni les autres.

— Allons, allons, très bien; c'est un peu spirituel, un peu vaudeville; mais, n'importe, j'accepte.

— Ah! eh bien! maintenant, voyez le stylobate, toujours de ce côté : il représente une bataille. Puis, passons de l'autre côté : le stylobate de la face méridionale en représente une autre.

— Sans contredit.

— Eh bien! ce sont les deux grandes victoires que remporta Octave en Cantabrie et en Illyrie.

— Un instant, un instant; mais, autant que je puis me le rappeler, Florus dit quelque part que l'empereur combattit à pied à la tête des légions, et qu'il fut blessé dans ce combat. Or le fait était assez honorable pour Octave, dont on contestait le courage, pour que la flatterie ne l'oubliât pas sur un monument destiné à perpétuer le souvenir de son règne; et voyez des deux côtés, sur les deux stylobates, il y a de la cavalerie dans les deux armées.

— Oui, oui, me dit l'archéologue démonté, je sais bien cela; mais je croyais que vous ne le saviez pas, vous. Voilà la seule chose qui accroche mon système et qui l'empêche de triompher des autres.

— Dites-moi un peu, continuai-je, n'avez-vous pas vu Mérimée ici, l'inspecteur des monuments de France?

— Oui, il y est venu.

— Eh bien! que pense-t-il? C'est un homme excellent à consulter en pareille matière. Il a de l'esprit, de l'imagination et de la science; c'est une triple clef avec laquelle on ouvre toutes les portes.

— Il le croit du deuxième siècle et élevé en mémoire des conquêtes de Marc-Aurèle sur les Germains.

— Cinquième système, alors.

— Oui, mais celui-là ne peut pas être soutenu.

— Et pourquoi ? Les batailles s'appliquent mieux à Marc-Aurèle qu'à Octave, puisque aucune histoire ne dit que Marc-Aurèle combattit à pied. Les trophées maritimes deviendront des trophées fluviatiles et rappelleront les combats sur le Danube ; enfin, les barbares enchaînés seront des Germains au lieu d'être des Gaulois, voilà tout.

— Ainsi vous vous ralliez à ce système-là ?

— Dieu m'en garde ! je les adopte et vénère tous les cinq ; je les reproduirai fidèlement, et je laisserai à plus habile que moi la responsabilité de prononcer entre eux.

A ces mots je saluai mon archéologue, et comme Jadin avait fini son dessin, nous nous acheminâmes vers le théâtre.

Au reste, de quelque époque que date ce monument, il n'en est pas moins d'une admirable conservation, et cette conservation, il la doit à une singulière circonstance dont nous avons déjà dit un mot dans notre discussion archéologique au treizième siècle. Un prince d'Orange, nommé Raymond de Baux, dont le château, bâti sur la montagne, dominait la ville, fit de l'arc de triomphe une forteresse avancée, l'entoura de murailles, et pratiqua son logement dans l'intérieur même de l'édifice. Cette installation étrange ne se fit pas, il faut bien l'avouer, avec la religion d'un antiquaire. Le noble seigneur fit gratter toutes les sculptures de la porte orientale, qu'il avait convertie en salon, et dans l'intérieur et autour du bâtiment on voit encore la trace des planchers et des escaliers qu'il avait fait établir. Au reste, Lapise, dans son Histoire des Princes et de la Principauté d'Orange, a fait graver l'arc de triomphe surmonté d'une énorme tour de pierre et entouré des murailles en ruines de la forteresse féodale, qui, quoique plus jeune de douze cents ans, s'était couchée, brisée de lassitude et de vieillesse, autour du monument antique, toujours fort et debout.

En rentrant dans la ville, nous rencontrâmes M. Nogent, qui, ayant appris à notre hôtel que nous nous étions levés avec le soleil, s'était mis en quête de nous. Il venait, avec cette obligeance dont nous sommes si loin, nous autres Parisiens à la vie décousue et agitée, mettre toute sa journée à notre disposition. On devine que nous eûmes l'indiscrétion d'accepter ; cependant, avant de faire un pas de plus vers la ville, je lui demandai quel était l'antiquaire avec lequel je venais de dialoguer ; il me répondit que c'était M. Artaud. Au nom de ce savant archéologue, je me souvins avec remords d'avoir été envers lui un peu léger de paroles. Je retournai immédiatement lui faire mes excuses, et lui dire que décidément je me rangeais au système d'Auguste.

M. Nogent nous conduisit d'abord au théâtre, et en débouchant d'une rue étroite et tortueuse, nous nous trouvâmes tout à coup en présence de ce monument. Il est difficile de ne pas s'arrêter étonné devant un pareil spectacle. La façade, encore debout et parfaitement conservée, a cent sept pieds de haut sur trois cent seize de long. L'ornementation en est simple ; elle se borne, au rez-de-chaussée, à une grande porte carrée, soutenue par des colonnes corinthiennes, avec neuf arceaux cintrés de chaque côté, séparés entre eux par des pilastres doriques.

La seconde ligne se compose de vingt et un arceaux postiches, au milieu de chacun desquels bâille une ouverture circulaire, destinée à donner du jour au corridor intérieur.

Entre cette première et cette seconde ligne s'étend une rainure destinée à soutenir un avant-toit, pareil à celui que quelques uns de nos théâtres, l'Opéra, par exemple, ont fait bâtir pour la commodité des spectateurs qui désirent, dans les mauvais temps, descendre de voiture sans être mouillés par la pluie. On a beaucoup disputé archéologiquement sur ce portique, soutenu de chaque côté par des murs en retour : on y a vu l'emplacement d'un forum, et l'on a été chercher dans Strabon la preuve que le théâtre de Nyse avait deux faces, dont l'une servait aux jeux et l'autre à l'assemblée du sénat. Nous ne démentons pas cette assertion ; mais cependant nous mettions la nôtre en concurrence. Elle aura au moins pour elle le mérite de la simplicité.

Nous entrâmes dans l'intérieur du théâtre.

Quel peuple était ce donc que ce peuple romain, qui domptait la nature comme une nation, non-seulement pour ses besoins, mais encore pour ses plaisirs ? Une montagne était là où il lui était venu dans l'idée que devait être un théâtre : il bâtit sa façade au pied de la montagne, puis, échancrant sa puissante poitrine, il tailla dans ses larges flancs des gradins pour dix mille spectateurs.

J'ai vu depuis les théâtres d'Italie et de la Grande Grèce, ceux de Vérone, de Taormine, de Syracuse et de Ségeste ; aucun n'est conservé comme le théâtre d'Orange, à l'exception cependant de ceux de Pompeïa, préservés par leur propre désastre, et dont il semble que les spectateurs viennent de sortir.

M. Nogent fut notre cicérone pour cette scène déserte et ce parterre vide ; puis, lorsque nous les eûmes visités dans tous leurs détails, nous escaladâmes les gradins, dont la dernière marche nous conduisit à la cime de la montagne, où l'on distingue encore les fondemens ruinés du château de ces princes qui ont donné des rois à l'Angleterre et à la Hollande.

C'est de là qu'on découvre toute la ville, au milieu de laquelle on voit surgir, comme les ossemens d'un immense squelette mal enterré, non seulement les restes antiques que nous avons signalés, mais encore les ruines d'un cirque et d'un amphithéâtre. Quant aux époques féodales, la seule trace qu'elles aient laissée est une guérite en forme de tour sur le point le plus élevé de la façade du théâtre ; la tradition populaire la fait remonter à la conquête sarrasine. Quant aux modernes, ils ont aussi leur monument, c'est une chapelle expiatoire bâtie sur la place même où 93 avait élevé son échafaud.

C'était un vaste regard dans le passé que celui qui commençait à Tiberius Nero, passait par Abder-Amahn, Karl Martel, et s'arrêtait à Robespierre.

Le lendemain, après déjeuner, nous prîmes congé de M. Nogent, qui nous conduisit jusqu'aux portes de la ville, et nous quittâmes Orange, tout à fait enfoncés dans le vieux monde romain, dont chacun de nos pas allait désormais soulever la poussière ; puis, arrivés à une demi-lieue de la ville, nous descendîmes de notre cabriolet. Nous lui enjoignîmes de nous attendre à la première poste ; et prenant à gauche, à travers terre, nous tirâmes du côté du Rhône, sur les bords duquel il ne s'agissait de rien moins que de retrouver le fameux passage d'Annibal.

ROQUEMAURE.

C'était encore un pas de plus que nous allions faire dans l'antiquité : il est vrai que ce n'étaient plus des ruines visibles que nous allions chercher, c'était un simple souvenir social, dont il ne restait rien que les lieux eux-mêmes qui l'avaient conservé ; mais ce souvenir est d'une telle importance dans l'histoire du monde, qu'il se conserva plus pyramide, et grandissant de siècle en siècle dans la mémoire des peuples. C'est que Carthage et Rome représentaient non seulement deux villes, mais encore deux peuples ; non seulement deux peuples, mais encore deux civilisations : c'est qu'elles combattaient, sans s'en douter peut-être, non seulement pour l'empire du présent, mais encore pour celui de l'avenir : c'est qu'il s'agissait de décider enfin si le monde serait romain ou carthaginois, européen ou africain : c'est que Carthage, avec des matelots et des négocians ; Rome, avec ses soldats et ses laboureurs, s'étendant de l'orient à l'occident, aux deux bords de la Méditerranée, l'une depuis les autels des Philéniens, qui étaient le long de la grande Syrte, jusqu'à l'Ebre, où s'élevait Sagonte, l'autre depuis l'Illyrie, où Emilien venait de prendre Dimale, jusqu'à la Gaule cisalpine, où Lucius Manlius venait d'établir les colonies de Plaisance et de Crémone ; c'est que toutes deux, disons-nous, après s'être prises corps à corps en Sicile et en Sardaigne, et avoir lutté jusqu'à ce que Carthage, pliant sur ses genoux, eût signé les traités de Lutatius et d'Asdrubal, sentaient que l'une manquerait d'air et de soleil tant que l'autre existerait, et que cette guerre, où chaque peuple combattait non seulement pour ses autels et ses foyers, mais encore pour sa vie, ne pouvait se terminer que par l'anéantissement de Rome par Carthage ou de Carthage par Rome.

Quand de pareils événemens s'accomplissent, les peuples contemporains ne voient ni d'où ils viennent ni où ils vont : ils demandent aux petits intérêts humains les causes qui les ont amenés, et aux circonstances visibles les moyens qui ont résolus; mais rarement lèvent-ils les yeux au-dessus de la terre pour chercher la main qui tient les rênes du monde, ou le pied dont l'éperon pousse l'univers dans l'espace; et tout leur est invisible dans le présent, parce que rien de la période à laquelle ils appartiennent n'est encore accompli.

La postérité, au contraire, aveugle à son tour pour sa propre époque, monte sur les sommités de l'histoire, et de là découvre clairement le passé : elle voit quelles villes Dieu fit fleurir dans son amour ou détruisit dans sa colère; elle entend les sons de la lyre qui bâtit Thèbes, et le cri de la trompette qui fait tomber Jéricho; elle voit remonter l'ange qui vient prédire à Abraham que sa postérité sera nombreuse comme les grains de sable de la mer et les étoiles du ciel; elle voit s'abattre sur Sodome et Gomorrhe le nuage qui porte avec lui l'extermination de deux peuples. Alors tout lui devient intelligible et précis. Comme elle comprend que Dieu ne peut se servir que de moyens humains dans la direction providentielle qu'il imprime à la terre, elle reconnaîtra des ministres du ciel dans ceux-là que les contemporains avaient pris pour des fils de la terre, et qui, ignorant eux-mêmes leur mission divine, croient marcher à la lueur du soleil dans leur force et dans leur liberté, lorsqu'au contraire ils traversent la vie, comme Moïse le désert, tyranniquement guidés par la colonne de feu.

Il y eut cependant un de ces élus qui devina ce qu'il était venu faire sur la terre; mais celui-là, c'était le fils de Dieu.

Aussi ces hommes ne laissent-ils rien après eux que leur mémoire; leurs héritiers incrédules veulent continuer l'œuvre entreprise : l'œuvre devient rebelle, parce qu'elle est achevée. On s'étonne alors qu'une grande lueur se soit éteinte tout à coup, et l'on croit à chaque instant qu'elle va reparaître; on se trompe : l'astre était un météore et non un soleil. Voyez Sésostris, voyez Alexandre, voyez César, voyez Charlemagne, voyez Napoléon.

Certes, Annibal fut l'une de ces idées faites homme : ce fut le mauvais génie de Carthage, l'ange mortuaire de l'Afrique. Il reçut sa mission fatale le jour où Amilcar, faisant un sacrifice à Jupiter pour son entrée en Espagne, prit la main de son fils, le conduisit à l'autel, et lui fit jurer sur les victimes qu'il serait éternellement l'ennemi des Romains. De ce jour, l'enfant devint homme par la haine : cette haine s'augmenta de la mort d'Amilcar et d'Asdrubal; et lorsque, quinze ans après, il succéda à son père et à son beau-frère dans le commandement des troupes en Espagne, le premier acte du jeune général fut de brûler Sagonte pour chercher querelle à Rome.

Rome envoya des ambassadeurs à Carthage. Ils venaient demander qu'on leur livrât Annibal; le sénat refusa. Alors le plus vieux, s'avançant, prit son manteau par le bas, et le présentant aux sénateurs : « Je porte ici, leur dit-il, la paix ou la guerre : laquelle des deux voulez-vous que j'en fasse sortir ? — Celle qu'il vous plaira, » répondit dédaigneusement le roi. L'ambassadeur lâcha son manteau et secoua la guerre.

Alors tout se prépara pour la lutte mortelle. Les Romains rassemblèrent deux armées, l'une qu'ils envoyèrent en Espagne, sous les ordres de Publius Cornélius, et l'autre en Afrique, sous la conduite de Tiberius Sempronius. Quant à Annibal, il divisa la sienne, laissa à Asdrubal, son frère, cinquante vaisseaux à cinq rangs, deux à quatre, et cinq à trois, deux mille cinq cent cinquante hommes de cavalerie, composés de Liby-Phéniciens, d'Africains, de Numides, de Massiliens, de Lorgites et de Mauritaniens, et une infanterie de onze mille huit cent cinquante Africains, cinq cents Baléares, trois cents Liguriens ; et, quant à lui, il se mit en route, à la tête de quatre-vingt-deux mille hommes de pied et de douze mille chevaux, passa l'Ebre, vainquit les Ibergètes, les Bargusiens, les Erénésiens et les Audosiens, laissa une garnison sur leur territoire, franchit les Pyrénées, descendit dans les Gaules, traversa Nîmes, et arriva sur les bords du Rhône.

Le Rhône était alors ce qu'il est encore aujourd'hui, large, fantasque et torrentueux. S'il faut en croire Pétrarque, son nom moderne lui vient du vieux mot *Rhodar*, qui exprime l'impétuosité de son cours. Tibulle le nomme *celer* (1), Ausonius *præceps* (2), et Florus *impiger* (3); enfin saint Jérôme appelle saint Hilaire, aux paroles entraînantes duquel rien ne pouvait résister, le *Rhône* de l'éloquence latine : en effet, ce fleuve et les Alpes étaient pour Annibal les deux grands obstacles de sa course, et il ne considérait les armées romaines que comme le troisième et le moins dangereux.

Aussi, avait-il côtoyé le fleuve quelque temps avant de trouver un endroit favorable. Et, s'il faut en croire l'Arcadien Polybe, ce grand maître dans l'art de la guerre, qui l'avait appris de Philopœmen, pour l'enseigner aux Scipions, et qui, né quatorze ans à peine après cet évènement, *parle avec assurance, comme il le dit lui-même, de toutes ces choses, parce qu'il les a entendu raconter par des témoins oculaires, et qu'il a été de sa personne aux Alpes pour en prendre une exacte connaissance*, s'il faut en croire, dis-je, Polybe, ce fut environ à quatre journées de l'embouchure du Rhône que le général carthaginois s'arrêta, un peu au-dessus de Requemaure, si l'on adopte l'opinion de Mandajors, de Danville et de Fortia, et entreprit, en face de la petite ville d'Aria, devenue au moyen âge le château-fort de Lers, et, de nos jours, une simple grange du même nom, de traverser le Rhône, qui n'avait là que la simple largeur de son lit. Son premier soin fut en conséquence de se concilier l'amitié des peuples qui habitaient ses bords. Il acheta donc à ces sauvages matelots, entre les mains desquels était le commerce intérieur, autant de barques et de canots qu'ils voulurent lui en vendre; et leur payant encore des forêts tout entières, pour lesquelles ils n'auraient rien demandé, comme étant des biens du ciel que Dieu faisait croître pour tous, il fit construire en deux jours une quantité extraordinaire de radeaux grands et petits, chaque soldat cherchant à inventer pour lui-même un moyen de passer le fleuve.

Durant ces préparatifs, des peuples ennemis, alliés des Marseillais, qui étaient alliés des Romains, s'assemblaient sur la rive opposée, et s'apprêtaient à disputer le passage. Annibal crut alors entrevoir des signes d'intelligence échangés d'une rive à l'autre, et il comprit qu'il ne pouvait rester ainsi sans voir s'amasser, devant et derrière lui, une multitude qui finirait par l'envelopper comme un réseau de fer. Aussi, au commencement de la troisième nuit, appela-t-il à lui Hannon, fils de Bomilcar, et, lui donnant pour guide quelques Gaulois dont il était sûr, lui ordonna-t-il de remonter avec sa cavalerie numide la rive du fleuve, jusqu'à ce qu'il trouvât un passage; ce qui était plus facile à ce chef qu'à lui, à cause de sa lourde cavalerie et de ses éléphans. Hannon ne chercha point longtemps; arrivé à un endroit où une île, séparant le Rhône en deux branches, en diminuait la largeur, il se jeta le premier dans le fleuve, et ces enfans du désert, habitués à franchir les torrens pierreux de l'Atlas et les mers de sable de la Mauritanie, s'élancèrent

(1) *Testis Arar, Rhodanusque celer, magnusque Garumna.*
TIBULLE, liv. Ier.

(2) *Quâ rapitur præceps Rhodanus genitore Lemano.*
AUSONIUS.

(3) *Impigerque Rhodanus.*
FLOR. liv. III, chap. II.

après lui sur leurs chevaux sans frein, joignirent l'île, se reposèrent en la traversant; puis, se remettant à la nage, atteignirent l'autre bord, et, s'emparant sans obstacle d'un poste avantageux, y restèrent cachés toute la journée, selon l'ordre qu'en avait donné Annibal.

Le lendemain, au point du jour, Annibal disposa tout, à son tour, pour son passage. Les soldats pesamment armés montèrent sur les grands bateaux, et l'infanterie légère sur les petits; les plus grands prirent le dessus, et les plus petits le dessous, afin que ceux-là rompant par leur masse la violence de l'eau, ceux-ci eussent moins à en souffrir; puis, de peur que les Numides ne fissent faute à l'heure du débarquement, et pour avoir de la cavalerie en mettant le pied sur l'autre bord, Annibal ordonna qu'à l'arrière de chaque bateau un valet tînt par la bride trois ou quatre chevaux nageant, tandis que, les encourageant de leur voix, leurs maîtres, tout armés, passaient sur le même bateau, prêts à s'élancer en selle aussitôt qu'ils auraient touché la terre. Les premières embarcations avaient déjà atteint le tiers du fleuve à peu près, lorsque les Gaulois sortirent de leur retranchement, et se précipitèrent sans ordre pour s'opposer au débarquement. Les Carthaginois, étonnés, hésitèrent; mais Annibal donna l'ordre de continuer le passage, en recommandant à ceux qui montaient les grands bateaux de se raidir contre l'eau. Au même instant, une colonne de fumée parut à l'orient. Annibal, joyeux, frappa ses mains l'une contre l'autre. En effet, cinq minutes après, et comme les deux armées en étaient déjà à la portée du trait, Hannon parut avec sa cavalerie. Rapide et dévorant comme le simoun, il fut sur les Gaulois avant qu'ils n'eussent eu le temps de l'apercevoir, et, passant au milieu d'eux comme un tourbillon, il alla mettre le feu à leur camp. L'aspect inattendu de ces centaures au teint de bronze, les cris des soldats, qui commençaient à mettre pied à terre, les hurlemens de ceux qui traversaient encore le fleuve, les applaudissemens de l'arrière-garde, qui n'avait point encore quitté l'autre bord, tout, jusqu'au désordre qui se mit dans les bateaux, dont quelques-uns, perdant la ligne, descendirent rapidement le fleuve, porta l'épouvante chez les Gaulois; ils ne savaient plus s'ils devaient porter secours à leur camp ou continuer de défendre le passage. Pendant ce moment d'hésitation, quelques barques abordèrent; l'infanterie forma ses rangs; les cavaliers s'élancèrent sur leurs chevaux; les Numides se retournèrent et revinrent. Pris à leur tour entre deux armées, les barbares jetèrent leurs armes, et prirent la fuite. Pour leur ôter l'envie de revenir à la charge, Annibal lança sur eux Hannon et ses chevaux intelligents, qui, sans frein et dirigés par les genoux et la voix, se battaient comme des hommes, mordant et écrasant tout ce qu'ils rencontraient; puis, avec l'avant-garde, qui était hors de danger, il protégea le passage du corps d'armée, qui se rangea sur la rive à son tour; de sorte qu'il ne resta plus que l'arrière-garde et les éléphans.

Le passage de ceux-ci avait été réservé comme le dernier et le plus difficile. Tant qu'ils avaient marché sur la terre, ces terribles auxiliaires de l'armée carthaginoise avaient passivement obéi à leur conducteur; mais à la seule vue du fleuve, et comme par instinct, ils avaient commencé à s'inquiéter, levant leurs trompes en l'air, et donnant des signes de crainte, terribles comme leur colère. Alors Annibal inventa un nouveau moyen: il assujétit au bord du Rhône, avec des cordes et des chaînes, deux radeaux de cent pieds de longueur chacun, et à ceux-ci deux autres plus grands encore, que l'on attacha aux derniers, mais de manière à rompre, à un moment donné, les entraves qui les retenaient; puis à ceux-ci encore on attacha des chaînes correspondant à des bateaux placés à cinquante pas de l'autre bord. Enfin, on couvrit tout ce pont flottant de terre pareille à celle du rivage, afin que les éléphans ne s'aperçussent pas qu'ils quittaient le sol sur lequel leur instinct leur disait qu'ils pouvaient marcher sans danger. Alors, ces préparatifs faits, on mit à leur tête deux éléphans femelles, que les mâles suivirent sans hésiter jusqu'aux derniers radeaux. Arrivés là, et à un signal donné, des hommes coupèrent les câbles qui liaient les embarcations mobiles aux radeaux fixes, et les chaloupes aussitôt, faisant force de rames, remorquèrent et emportèrent les éléphans vers l'autre rive.

Il y eut un moment d'angoisse terrible : ce fut celui où le premier mouvement imprimé par les chaloupes sépara cette masse vivante du chemin couvert de terre qui l'avait trompée. Les éléphans, en sentant le sol se mouvoir sous leurs pieds, effrayés et inquiets, s'agitèrent en rugissant; puis, se portant tous du même côté, firent presque chavirer le radeau, de sorte que cinq ou six tombèrent dans le fleuve. Alors on crut tout perdu, et l'armée entière jeta un grand cri de détresse; mais au même instant le bateau, allégé, se redressa, et les éléphans submergés reparurent, élevant leurs trompes au dessus de l'eau et nageant puissamment vers le rivage. Dix minutes après, radeaux et éléphans abordèrent à l'autre rive, au milieu des applaudissemens de toute l'armée.

Et maintenant, laissons Annibal s'avancer vers l'Orient, comme s'il eût voulu entrer dans le centre des terres européennes et traverser les Alpes cottiennes à Briançon, avec le même bonheur ou plutôt le même génie qu'il avait traversé le Rhône à Roquemaure; nous le retrouverons plus tard à Trasimène et à Capone.

C'est une grande et terrible chose que l'histoire, car elle est toujours plus magnifique que l'imagination : ce sont ses souvenirs qui fixeront éternellement la poésie sur les terres antiques. Rien n'attire vers les peuples et les contrées qui n'ont point de passé; c'est ce qui fait que l'Italie, la Grèce, l'Asie et l'Egypte, ces vieilles ruines, toutes déchues, meurtries et épuisées qu'elles sont, l'emporteront toujours sur le nouveau monde, tout couronné qu'il est de ses forêts vierges et de ses fleuves immenses, et de montagnes pleines d'or et de diamans.

Après avoir visité sur les bords du Rhône le fameux passage d'Annibal, nous regagnâmes la route d'Avignon, notre Polybe à la main, et regardant vingt fois en arrière; car nous ne pouvions quitter cette rive, où il nous semblait d'un moment à l'autre que nous allions voir surgir Hannon et ses Numides, Annibal et ses éléphans. Cependant notre retour fut hâté par les premières bouffées de ce vent si redouté dans le Midi, que Strabon nommait le Borée noir, et que les modernes appellent le mistral. Il était évident, à la manière dont il commençait à siffler autour de nous, courbant les arbres comme des épis, que nous allions faire connaissance avec d'un des trois plus anciens fléaux de la Provence : on sait que les deux autres étaient la Durance et le Parlement.

LES BONS GENDARMES.

Nous rejoignîmes la route à un petit village nommé Châteauneuf, je crois, et nous y trouvâmes notre cabriolet qui nous attendait. Notre excursion nous avait pris plus de la moitié de la journée. L'attelage du cheval prit encore quelque temps; de sorte que nous ne pûmes nous remettre en chemin que vers les trois heures de l'après-midi, et il nous restait encore six lieues de pays à faire.

Vers la nuit, le mistral commença de souffler avec une violence effrayante. Je n'avais aucune idée d'une tempête sur terre, et je ne croyais pas que la chose pût exister. J'avais bien lu dans Strabon que le *melamboreus* (c'est le nom qu'il donne à ce vent) faisait tourbillonner les cailloux de la Crau comme une poussière, emportait, ainsi qu'aurait pu le faire une troupe d'aigles, les moutons qui paissent dans les plaines, et, jetant les soldats romains à bas de leurs chevaux, les dépouillait de leurs manteaux et de leurs casques; mais j'avais pris toutes ces choses pour des exagérations antiques, et pour cette poésie à la manière d'Homère et d'Hérodote, que chaque jour on reconnaît, au reste, être une réalité. Force m'était d'avouer que le maître de ces contrées, car le nom qu'il porte lui vient de *maestro*, n'avait rien perdu de sa puissance en vieillissant ; et ce qu'il y a d'étrange, c'est qu'il ne souffle pas constamment d'un point de l'horizon, et que, sans doute, selon les sinuosités des montagnes dans lesquelles il s'engouffre, il change de direction ; de sorte que nous l'avions tantôt en arrière de notre voiture, et alors il la poussait en avant comme aurait pu le faire le bras d'un géant, tantôt en face, et il arrêtait notre marche, malgré les efforts de notre cheval ; tantôt, enfin, en flanc, et alors il menaçait de faire chavirer notre équipage, comme il aurait fait d'une barque. Nous étions véritablement dans un étonnement qui tenait de la stupéfaction et qui était partagé par notre conducteur, qui, n'ayant jamais poussé ses voyages jusqu'à Avignon, n'avait aucune idée de ces tempêtes qui expirent à Orange, et ne s'étendent jamais jusqu'à Valence, où nous l'avions pris. Ce qui compliquait encore notre situation, c'est que l'haleine glacée du mistral porte avec elle une âcre froidure, inconnue aux gens du nord, et qui, au lieu de pénétrer de l'épiderme à l'intérieur, commence à vous prendre par la moelle des os et vous paralyse. Depuis longtemps déjà il faisait nuit, lorsque nous voulûmes nous arrêter à une auberge sur le chemin ; mais on nous dit qu'il n'y avait plus qu'une heure à souffrir pour atteindre Avignon, et nous nous remîmes en route.

Au bout d'une heure à peu près nous aperçûmes, en effet, une masse noire et compacte, mais, en arrivant près d'elle, notre conducteur prétendit que ce ne pouvait être la ville. D'ailleurs, il faisait si noir, qu'on ne voyait pas le chemin qui y conduisait. Il n'eut pas de peine à nous amener à son opinion ; car, à moitié glacés par le froid, nous n'avions ni la volonté ni la force de discuter. En conséquence, il continua triomphalement sa route, et le mistral, un instant intercepté par la masse noire que nous avions dépassée, se mit à faire rage autour de nous. Nous marchâmes encore une heure ainsi, avec un froid croissant, qui, pareil à un rhumatisme, nous prenait aux jointures : les genoux surtout nous faisaient souffrir à nous arracher des cris. Puis, après cette heure, une autre heure, et pas d'Avignon, et toujours le mistral. Notre guide commença à comprendre qu'il avait pu s'être trompé ; il avoua que la masse noire que nous avions dépassée était probablement Avignon. Enfin, comme dans tous les cas c'était une ville quelconque, nous lui ordonnâmes de tourner bride, mais alors il nous dit que si c'était Avignon, nous ne pourrions pas y entrer, attendu que l'heure de fermer les portes devait être passée. La nouvelle était triste. Demeurer le reste de la nuit à l'air, c'était risquer, au train dont marchait l'engourdissement, de ne pas nous réveiller le lendemain. Néanmoins, pendant la discussion, nous avancions toujours, lorsque tout à coup le mouvement de notre cabriolet cessa, et en même temps une voix nous commanda d'arrêter. Nous crûmes un instant que c'étaient des voleurs ; mais nous étions si impotens, Jadin et moi, que nous n'eûmes même la force de porter la main sur nos fusils, qui étaient derrière nous.

— Qu'est-ce ? dit le conducteur.
— Où allez-vous ? reprit la même voix.
— A Avignon.
— Vous voulez dire à Marseille.
— Non, parbleu ! repris-je ; nous allons bien à Avignon.
— Vous lui tournez le dos, et vous en êtes à deux heures de chemin — Il me prit une envie démesurée d'assommer notre conducteur, en pensant non seulement que depuis deux heures nous pourrions être dans nos lits, mais encore qu'il nous fallait deux nouvelles heures avant d'y être.
— Maintenant, qui êtes-vous ? continua une autre voix.
— Qui êtes-vous vous-même ? répondit Jadin.
— Nous sommes les gendarmes de la brigade d'Avignon.

— Et nous des voyageurs qui, comme vous le voyez, se sont trompés de route.
— Avez-vous vos passeports ?
— Sans doute.
— Donnez-les.
Jadin allait fouiller à sa poche, je lui arrêtai la main.
— Gardez-vous en bien, lui dis-je à demi-voix.
— Pourquoi cela ? me répondit-il sur le même ton.
— Parce que, avec nos passeports, les gendarmes nous laisseront sur la route, et que nous aurons beau frapper aux portes de la ville, on ne nous les ouvrira pas ; tandis que, sans passeports, on nous arrête, on nous reconduit à Avignon, nous y faisons notre entrée triomphale avec la gendarmerie, et une fois dans la ville, nous exhibons nos papiers et nous remercions ces messieurs de leur complaisance.
— Tiens, tiens, tiens !... dit Jadin.
— Eh bien ! ces passeports ? continua le gendarme, qui, nous entendant parler bas, crut que nous nous consultions sur les moyens de mettre en défaut sa surveillance.
— A quoi bon vous les donner ? repris-je, à moins que vous n'ayez des yeux de chat-huant pour les lire.
Ce furent alors les deux gendarmes qui se consultèrent à leur tour : il paraît, au reste, que leurs opinions s'accordèrent, car la même voix reprit d'un ton goguenard :
— Vous avez raison, monsieur ; mais, avec votre permission, nous allons vous conduire dans un endroit où il fera clair.
— Et où cela ? repris-je.
— A Avignon.
— Les portes sont fermées à cette heure.
— Pour les voyageurs, oui, mais pas pour les prisonniers. — Allons, tournons bride, mon enfant, dit-il au conducteur ; en route, et vivement, car il ne fait pas chaud ici.
— Alors il prit lui-même le mors de notre cheval, lui fit faire une tête à la queue, et se plaça, lui et son camarade, l'un à droite, l'autre à gauche de notre voiture, qui reprit la route que nous venions de faire si inutilement.
— Mais, m'écriai-je tremblant d'être lâché, c'est un abominable abus de pouvoir, et je m'en plaindrai en arrivant à Avignon.
— Vous êtes libre de le faire.
— Et quand y serons-nous, à Avignon ?
— Dans une heure, j'espère bien. Allons, conducteur, au trot, au trot ! ou je caresse la croupe de ton cheval avec la pointe de mon sabre. Allons donc ! continua le gendarme en joignant l'effet à la menace. — Notre voiture se mit à fendre l'air.
Excellent gendarme ! je lui aurais demandé la permission de l'embrasser si j'avais été sûr qu'il me la refusât.
Ce qu'il nous avait dit était vrai comme l'Evangile. Au bout d'une heure, nous aperçûmes de nouveau la masse noire dont nous avions mis deux heures à nous éloigner. Notre escorte s'engagea dans une allée d'arbres dont les branches obscurcissaient tellement la route, que nous étions passés près d'elle sans l'apercevoir, et quelques minutes après, comme minuit sonnait, nous frappions aux portes d'Avignon. Le concierge se leva en grommelant et en demandant qui frappait à cette heure. Les gendarmes se firent reconnaître. Aussitôt les gonds tournèrent pour donner passage à la force publique et aux vagabonds qu'elle ramenait avec elle ; puis nous entendîmes derrière nous le concierge refermer ses deux battans, tourner sa clef et pousser ses verrous. Nous respirâmes ; car il était à peu près certain qu'une fois dedans, on ne nous remettrait pas dehors.

— Maintenant, messieurs, nous dit l'excellent gendarme en mettant pied à terre et en s'approchant de notre voiture, j'espère que vous ne ferez pas plus longtemps difficulté de m'exhiber vos passeports.
— Non, sans doute, lui répondis-je en lui tendant le mien et celui de Jadin : vous pouvez vous assurer qu'ils sont en règle.
Le gendarme les prit, entra dans la loge du portier, les

examina scrupuleusement, et voyant qu'il n'y avait rien à redire, nous les rapporta.

— Voilà, messieurs, nous dit-il. Maintenant, mille pardons de vous avoir ramenés ainsi.

— Comment, mille pardons! lui dis-je; mais mille remercimens, mon brave hommes! sans vous nous couchions dans les champs, tandis que, grâce à vous, nous allons coucher dans l'auberge du Palais-Royal, si toutefois vous voulez bien nous l'indiquer.

— Nous allons de ce côté, messieurs, et si vous voulez bien que nous continuions à vous servir d'escorte, nous vous déposerons à la porte même de M. Moulins.

— Volontiers, à la condition que l'escorte acceptera dix francs pour boire à notre santé.

— Il nous est défendu de rien recevoir au-delà de la paie que nous accorde le gouvernement. Ainsi, si vous avez quelque chose à donner, donnez à ce brave homme que nous avons dérangé.

J'étais confondu de ce désintéressement, lorsque Jadin, qui est de l'école sceptique, me fit observer que le portier était en même temps marchand de vin, ce qui lui faisait croire que les dix francs, pour changer de main, ne changeraient pas de destination.

Je préviens, une fois pour toutes, mes lecteurs que Jadin est un athée qui ne croit à rien, pas même à la vertu des gendarmes.

Quoi qu'il en soit, les nôtres accomplirent fidèlement leurs promesses, et nous déposèrent à la porte de l'hôtel du Palais-Royal.

C'est ainsi que nous fîmes notre entrée dans Avignon, ville, au dire de François Nouguier, son historien, noble pour son antiquité, agréable pour son assiette, superbe pour ses murailles, riante pour la fertilité du solage, charmante pour la douceur de ses habitans, magnifique pour son palais, belle pour ses grandes rues, merveilleuse pour la structure de son pont, riche pour son commerce et connue par toute la terre.

LA CHAMBRE NUMÉRO TROIS.

Malgré l'heure avancée à laquelle nous arrivions, grâce à l'activité de notre hôte, nous eûmes bientôt un feu splendide et un souper convenable. Lorsque nous nous fûmes réchauffés à l'un et restaurés à l'autre, il appela un garçon, et lui ordonna de préparer pour moi la chambre nº 4.

— Vous serait-il égal, lui dis-je, de me donner la chambre nº 5?

— Celle que je vous propose, me répondit-il, est meilleure, et s'éclaire sur la rue.

— N'importe, repris-je, c'est le numéro 5 que je désire.

— Nous ne la donnons cependant d'habitude que lorsque les autres sont occupées.

— Mais lorsqu'on vous la demande?

— On ne nous la demande jamais sans motif, et à moins que vous n'en ayez un...

— Je suis le filleul du maréchal Brune.

— Alors je comprends, dit notre hôte; conduisez monsieur au nº 5.

En effet, il y avait longtemps que je me promettais le pèlerinage mortuaire que j'accomplissais en ce moment Le maréchal Brune était du petit nombre d'amis qui étaient restés fidèles à mon père lorsque après avoir adopté en Égypte le parti de Kléber, il tomba dans la disgrâce de Napoléon ; peu après la mort du proscrit, il était le seul qui eût osé demander, fort inutilement du reste, à l'empereur, mon entrée dans un collège militaire; et jusqu'en 1814, il nous avait donné, à ma mère et à moi, des preuves infructueuses, il est vrai, mais touchantes, de son souvenir. Dans le bouleversement de la double Restauration, nous l'avions perdu de vue, et nous ignorions où il était, lorsque tout à coup un cri retentit par la France que le maréchal Brune avait été assassiné!...

Tout enfant que j'étais, puisque je n'avais que onze ans à cette époque, cette nouvelle me fit une impression profonde. J'avais si souvent entendu dire à ma mère que le maréchal était mon seul appui pour l'avenir, que je crus perdre une seconde fois mon père. Plus le sceau du malheur s'appuie sur un cœur jeune, plus il y laisse une empreinte ineffaçable. De cet événement date la haine instinctive plutôt que raisonnée que j'éprouvais pour la Restauration, et le premier germe des opinions qui, chez moi, pourront se modifier peut-être en se nationalisant, mais qui probablement formeront toujours la base de ma religion politique.

Aussi, on comprendra facilement avec quelle émotion j'ouvris la porte de cette chambre où avait rendu son dernier soupir celui qui avait juré devant Dieu d'être mon second père, et qui, autant qu'il dépendit de lui, avait tenu sa parole. Il me semblait que cette chambre devait avoir conservé quelque chose de fatal et comme une odeur de sang. Je jetai un coup d'œil rapide autour d'elle, et m'étonnai de la voir simple et riante comme une chambre ordinaire. Un bon feu brillait dans la cheminée placée en face de la porte ; des rideaux blancs masquaient les fenêtres par lesquelles étaient entrés les assassins; un papier bleu étalait joyeusement ses grandes fleurs courantes. Deux lits jumeaux invitaient au sommeil, c'était enfin une chambre comme toutes les chambres. Cependant il y avait entre la cheminée et le lit, à trois pieds et demi de haut à peu près, un trou rond, d'un pouce de profondeur : c'était celui d'une balle, la seule trace qui restât de l'assassinat.

Je savais que ce trou existait, et, conduit par la direction de la porte, j'allai droit à lui et le retrouvai à l'instant. Il me serait impossible d'exprimer l'effet que produisit sur moi ce vestige de mort. C'est là que la balle chaude et fumante avait été s'amortir après avoir traversé la noble poitrine sur laquelle je me rappelais que le vainqueur d'Alkmaert, de Berghen et de Stralsund m'avait serré tant de fois. Ce souvenir était si présent et si réel, qu'il me semblait sentir encore les bras du maréchal me pressant contre lui. Je passai ainsi, respirant à peine, les yeux fixés sur ce trou, et ayant oublié le monde entier pour une seule pensée, un de ces instans de tristesse et de poésie que les paroles humaines ne peuvent rendre ; puis je tombai sur une chaise, étonné de me trouver enfin dans cette chambre que j'avais si souvent désiré voir, et regardant les uns après les autres avec une vague anxiété tous ces meubles qui avaient été témoins d'une si terrible catastrophe.

Ainsi s'écoula une partie de la nuit, et, malgré ma fatigue, ce ne fut que vers les trois heures du matin que je pus prendre sur moi d'essayer de dormir ; mais à peine ma lumière-fut-elle éteinte, que je pensai que j'étais peut-être couché dans celui des deux lits sur lequel on avait déposé le cadavre. Cette idée me fit dresser les cheveux et couler la sueur du front : mon cœur bondissait si violemment que j'en entendais les battemens. Je fermai les yeux, mais je ne pus dormir : tous les détails de cette scène sanglante se représentaient devant moi. La chambre me semblait pleine de fantômes et de rumeurs. Je ne sais combien de temps je restai ainsi ; mais enfin toutes ces images funèbres se confondirent les unes avec les autres et cessèrent d'avoir des formes distinctes ; le bruit et les plaintes s'éloignèrent, et je m'endormis moi-même d'un sommeil pareil à celui de la mort.

Lorsque je me réveillai, il était grand jour : j'étais brisé et trempé de sueur comme un fiévreux. Je fus quelque temps sans me rappeler où j'étais, me souvenant d'avoir fait des rêves terribles, et voilà tout. Je portai mon regard tout autour de la chambre, cherchant à débrouiller mes idées encore lourdes de sommeil. Enfin mes yeux retrouvèrent ce trou de balle qui la veille m'avait si fort impressionné ; ce fut comme un rideau tiré de devant ma vue, et je retrouvai à l'instant tous mes souvenirs. Je sautai à bas de mon lit, m'habillai rapidement et descendis; j'avais besoin de respirer un autre air.

Monsieur Nogent m'avait donné plusieurs lettres pour Avignon. L'une d'elles était adressée à monsieur R..., professeur d'histoire. C'était là une de ces recommandations sympathiques comme il m'en fallait dans un voyage du genre de celui que j'entreprenais. En conséquence, je ne voulus pas tarder d'un instant à la lui remettre; je me fis indiquer du mieux qu'il me fut possible la rue qu'il habitait, et je commençai ma course par la ville.

Avignon est bâti contre le vent et contre le soleil : ses rues sont étroites et tortueuses, et descendent ou montent continuellement, non seulement par des ruelles, mais encore par des escaliers. A peine eus-je fait cinquante pas dans ce labyrinthe, que je perdis mon orientation; mais, au lieu de demander mon chemin, je continuai à tout hasard ma route. Une chose me plaît surtout dans les villes qui me sont inconnues et dans lesquelles je sais devoir rencontrer des monumens curieux : c'est de m'en remettre au hasard du soin de les offrir à ma vue; de cette manière, la surprise est complète et l'impression vierge. Un cicérone bavard n'a pas défloré pendant la route le point de vue, le monument ou la ruine qui m'attire. L'effet produit sur moi par la chose est alors l'effet que la chose doit produire, puisque aucune suggestion étrangère n'est venue diminuer ou augmenter mon respect pour elle.

J'allais donc ainsi vaguement et devant moi, quand tout à coup, au détour d'une petite rue montante, mon regard alla heurter une arche colossale de pierre, jetée en arc-boutant au-dessus de cette ruelle. Je levai les yeux; j'étais au pied du château des papes.

Le château des papes, c'est le moyen âge tout entier aussi visiblement écrit sur la pierre des murailles et des tours que l'histoire de Rhamsès sur le granit des Pyramides; c'est le quatorzième siècle avec ses révoltes religieuses, ses argumentations armées, son église militante. On dirait la citadelle d'Ali Pacha, plutôt que la demeure de Jean XXII. Art, luxe, agrément, tout est sacrifié à sa défense; c'est enfin le seul modèle complet qui reste de l'architecture militaire de cette époque. Devant lui on ne voit que lui, et derrière lui la ville entière disparaît.

Puis, si vous entrez dans la cour, vous trouvez l'intérieur du palais aussi intérieurement cuirassé que l'extérieur. Là tout est prévu pour une surprise qui livrerait les portes. De tous côtés, des tours dominent le préau, et des meurtrières le menacent; c'est pour l'assaillant qui est parvenu là et qui se croit vainqueur tout un siège à recommencer ; puis, ce second siége achevé avec autant de bonheur que le premier, reste une dernière tour sombre, isolée, gigantesque, où le pape que l'on assiége et poursuit a choisi sa dernière retraite. Cette tour forcée comme les autres, l'escalier qui conduit aux appartemens pontificaux s'enfonce et se perd tout-à-coup dans une muraille; et tandis que les derniers défenseurs de la forteresse écrasent les assiégeans d'un palier supérieur, le souverain pontife gagne un souterrain dont les portes de fer s'ouvrent devant lui et se referment derrière lui ; ce souterrain conduit à une poterne masquée qui donne sur le Rhône, où une barque qui attend le fugitif l'emporte avec la rapidité d'une flèche.

Malgré l'anomalie que présente la garnison moderne avec la citadelle qu'elle habite, il est impossible de ne pas se laisser prendre à la poésie historique d'une pareille demeure. A peine a-t-on erré une heure dans ces corridors, sur ces courtines, au milieu de ces prisons, parmi ces salles de tortures, que l'on se sent emporter, en voyant tout si passionnément construit pour la vengeance et pour l'impunité, aux passions instinctives que la civilisation moderne a sinon éteintes, du moins comprimées dans notre poitrine. On comprend parfaitement que dans une époque où il n'y avait ni espérance pour les haines faibles, ni répression pour les haines puissantes, tout fût de fer, depuis le sceptre jusqu'à la crosse, depuis la crosse jusqu'au poignard.

Cependant, au milieu de toutes ces impressions sombres, on retrouve quelques reflets d'art, comme sur une armure brunie des ornemens d'or : ce sont des peintures qui appartiennent à la manière raide et naïve qui forme le passage entre Cimabué et Raphaël. On les croit de Giotto ou de Giottino, et, ce qu'il y a de certain, c'est que, si elles ne sont pas de ces maîtres, elles sont au moins de leur époque et de leur école. Ces peintures ornent une tour réservée probablement pour la demeure habituelle des papes et une chapelle qui servait de tribunal à l'inquisition.

Comme en sortant du château des papes je demandais la demeure de monsieur R..., on me la montra lui-même traversant la place. J'allai à lui, et lui remis ma lettre. Il me tendit la main, et je compris dès ce moment que je pouvais disposer de son temps et de sa science comme si nous nous connaissions depuis dix ans. Il y a dans les organisations artistiques une espèce d'électricité qui se communique à l'instant par le regard, par la parole et par le toucher.

Nous passâmes la journée ensemble : nous visitâmes les églises, les marchés et les ports. Nous vîmes dans sa prière, dans son commerce et dans ses rixes, cette population au teint arabe et au sang espagnol, espèce de fusée vivante, dont il suffit d'approcher une opinion politique pour qu'elle s'allume et s'élance. Alors je compris qu'il en était des villes comme des individus, qu'elles avaient des tempéramens différens les uns des autres et des organisations physiques opposées. Que de même qu'il était impossible de soumettre un Africain aux lois allemandes ou russes, il fallait juger les villes selon leurs latitudes, faire la part du ciel sombre et du ciel ardent, de la glace et du soleil.

Et quand le soir je rentrai dans la chambre n° 5, que je retrouvai au pied de mon lit le trou de cette balle qui la veille m'avait si cruellement fait rêver, la mort du maréchal me parut tout aussi terrible que la veille; mais elle me parut en même temps aussi simple que le serait celle d'un homme tombée par imprudence dans une caverne de tigres.

Essayons de faire comprendre notre pensée à nos lecteurs, et montrons-leur le passé, afin qu'ils jugent le présent comme Dieu le jugera.

L'époque des dissensions religieuses qui ont amené les haines politiques remonte pour Avignon au douzième siècle. Pierre Valdo, bourgeois de Lyon, se déclara chef d'une secte de réformistes qui voulait ramener le christianisme à la simplicité évangélique. Cet aïeul des Luther, des Calvin et des Wicleff trouva de nombreux partisans parmi le peuple lyonnais, qui fut toujours éminemment porté aux idées mystiques, et qui, dans notre époque d'athéisme ou du moins de doute, nous a donné Edgar Quinet, Saint-Martin, Ballanche et peu s'en faut Lamartine, dont on peut contester la religion, mais non pas la religiosité.

Cependant les évêques, seigneurs de Lyon, qui possédaient non-seulement le pouvoir spirituel, mais encore le pouvoir temporel, forcèrent les sectateurs de Valdo, que l'on appelait Valdez, à quitter la ville ; ils en sortirent conduits par leur chef et menant à leur suite leurs femmes, leurs enfans et leurs serviteurs. Cette troupe fugitive s'arrêta un instant dans le Dauphiné ; mais là, rencontrant de nouvelles persécutions, ce moderne Moïse reprit la direction de la fuite des modernes Hébreux, traversa la Durance entre Embrun et Sisteron, et vint chercher un asile dans le comtat Venaissin, qui relevait de l'empire, sous la suzeraineté immédiate des comtes de Toulouse. Bientôt les Comtadins sympathisèrent eux-mêmes avec les doctrines religieuses de leurs hôtes, dont une partie se fixa dans la vallée de Sault, derrière le mont Ventoux, et l'autre partie se répandit dans le Languedoc, où, par corruption du mot de Valdez, qui était leur premier nom, on les appela Vaudois, puis enfin Albigeois, quand par leur agglomération ils eurent formé la majeure partie des habitans de la ville d'Albi et du comté dont elle est la capitale.

Mais bientôt, au milieu de ce Languedoc voluptueux et poétique, leur simplicité première s'altéra ; ils adoptèrent le langage satirique des ancêtres des troubadours ; ils poursuivirent de leurs pamphlets rimés les cérémonies et les prêtres catholiques. Des nobles, des princes, des rois même, aux croyances chancelantes, abandonnèrent le giron de l'Eglise pour se jeter dans cette hérésie, et déjà elle menaçait de s'étendre des Pyrénées à la Garonne, lorsqu'un seul homme résolut de l'arrêter. Cet homme, c'était Dominique, sous-prieur d'Orma et électeur de l'église de Saint-Jean-de-Latran de Rome ; il prêcha une croisade. Sa parole éveilla non seulement les haines religieuses, mais encore les antipathies territoriales. Les hommes du nord avaient toujours détesté les hommes du midi, à qui ils ne pouvaient pardonner les richesses, le bonheur, les libertés municipales qu'ils tenaient des romains, ni les arts, les monuments et la civilisation qu'ils avaient reçus des Arabes. Ils se rappelaient que Clovis, Charles Martel et Charlemagne n'avaient fait que passer sur cette terre bénie du soleil et n'avaient pu y prendre racine. La voix de Dominique eut donc plus de retentissement qu'il ne l'espérait lui-même ; et, malgré la lutte héroïque du vicomte de Béziers (1) et du roi Pierre d'Aragon, Simon de Montfort emporta, les unes après les autres, toutes les places fortes défendues par les Albigeois, et Raymond de Toulouse, que nous verrons en passant à Saint-Gilles faire amende honorable sur les marches de l'église, leur porta le dernier coup en abjurant son hérésie.

Cette abjuration, toute publique et éclatante qu'elle était, ne put désarmer les vainqueurs du comte de Toulouse. Ils donnèrent, à titre de séquestre, au pape qui avait autorisé la croisade, le comtat Venaissin et sept châteaux-forts que Raymond possédait, tant dans le Languedoc que dans la Provence. Mais Avignon, puissante république à cette époque, gouvernée par des podestats librement élus, fit cause commune avec Raymond, et refusa de se soumettre ; aussi, en 1228, Louis VIII, à la tête d'une armée, se présenta-t-il à ses portes, demandant à passer par la ville pour traverser le Rhône sur le pont de Saint-Bénezet, dont il reste aujourd'hui encore quelques arches. Les Avignonais ne se laissèrent point tromper à cette ruse : ils comprirent qu'ouvrir leur porte au roi de France, c'était les ouvrir en même temps à l'esclavage. Ils proposèrent donc d'établir une chaussée qui conduirait au pont et y communiquerait par le moyen d'une estrade, de sorte que l'armée française pût traverser le Rhône sans passer par la ville. Mais cela n'était point l'affaire de Louis VIII : il réitéra sa sommation, demanda d'entrer la lance en arrêt, le casque en tête, les bannières déployées et les trompettes de guerre sonnant.

Les bourgeois s'indignèrent, offrirent, comme dernière concession, l'entrée pacifique, tête nue, lance haute et bannière royale seule déployée. Louis VIII commença le blocus, prouvant ainsi qu'en demandant le passage il demandait la ville. Le siége dura trois mois, pendant lesquels, dit un chroniqueur, les bourgeois d'Avignon rendirent aux soldats français flèche pour flèche, blessure pour blessure, mort pour mort.

Enfin la ville capitula ; le cardinal légat, Romain de Saint-Ange, ordonna aux Avignonais de démolir leurs remparts, de combler leurs fossés, de démolir trois cents tours qui s'élevaient dans la ville ; exigea qu'ils livrassent leurs navires, leurs engins et leurs machines de guerre ; les taxa à une contribution considérable ; les força d'abjurer solennellement l'hérésie vaudoise : leur fit faire serment d'entretenir en Palestine trente hommes d'armes parfaitement armés et équipés, pour y coopérer à la délivrance du tombeau du Christ ; et, pour veiller à l'accomplissement de ces conditions dont la bulle existe encore dans les archives de la ville, il fonda la confrérie des pénitens gris, qui, traversant plus de huit siècles, s'est perpétuée jusqu'à nos jours. De ce moment, les haines religieuses devinrent en même temps des haines politiques.

Moins d'un siècle après, c'est-à-dire en 1309, Bertrand de Got, devenu pape sous le nom de Clément V, venait, sous prétexte des troubles d'Italie, et pour se placer aux portes du comtat Venaissin, qui était domaine papal depuis le séquestre de Simon de Monfort, demander l'hospitalité à Avignon : ainsi le schisme allait prendre racine sur la terre de l'hérésie.

Ce fut une grande et profonde pensée que celle qui vint à Philippe-le-Bel lorsqu'il eut l'idée de transporter la papauté en France, afin d'éteindre à la fois de ses bras de fer la puissance temporelle et la puissance spirituelle. Le pontificat, soufleté par Nogaret et par Colonna dans la personne de Boniface VIII, abdiquait l'empire du monde dans celle de Clément V, qui, dans son ambitieux désir d'être élu, fit par serment au roi, qui à son tour le sacra dans la forêt des Andelys, ces promesses terribles dont une seule est connue : la destruction de l'ordre des Templiers. Il est vrai que celle-là suffit pour donner une idée de ce qu'étaient les autres.

Cependant bientôt l'esprit de domination, abdiqué un moment, revint aux chefs de l'Eglise. Clément VI profita des crimes et des malheurs de Jeanne de Naples, prisonnière des barons provençaux, pour lui acheter, au prix de 80,000 florins d'or, la propriété de la ville et de l'état d'Avignon qu'elle tenait des marquis de Forcalquier et de Provence dont elle descendait. Ce fut avec cette somme qu'après avoir plaidé sa cause elle-même en latin dans la grande chapelle du palais, en face du tableau du jugement dernier, peint par Giottino (1), et qu'après avoir été acquittée par les cardinaux de l'accusation sur l'assassinat d'André, son mari, elle équipa une flotte et opéra la restauration de son royaume.

A peine les papes se sentirent-ils sur leurs terres qu'ils jetèrent les fondemens du château-fort dont nous avons tout-à-l'heure essayé de faire la description, mais dont la gravure seule peut donner une idée exacte. C'était le Capitole du pontificat, et du haut de ses remparts ils espéraient reconquérir l'empire du monde. Vers la fin de ce quatorzième siècle, ils avaient si bien réussi, qu'ils portaient ombrage à cette même race royale qui avait cru donner à Clément V et à ses successeurs des gardes, une prison et un asile, et non une cour, un palais et un royaume.

Car c'était une cour, un palais et un royaume : Avignon était devenue la reine du luxe, de la mollesse et de la débauche. Elle avait une nouvelle ceinture de tours et de murailles qui lui avait nouée autour du corps Hernandez de Hérédia, grand-maître de l'ordre de Saint-Jean de Jérusalem. Elle avait des prêtres dissolus, qui touchaient le corps du Christ avec des mains brûlantes de luxure ; elle avait de belles courtisanes qui arrachaient les diamans de la tiare pour s'en faire des bracelets et des colliers ; enfin elle avait les échos de Vaucluse qui la berçaient au bruit des molles et voluptueuses chansons de Pétrarque.

Le roi Charles V, qui était un religieux, un sage et un puissant roi, ne put souffrir tant de scandale dans l'église : il envoya le maréchal Boucicaut pour chasser d'Avignon l'anti-pape Benoît XIII. La ville lui ouvrit ses portes ; mais Pierre de Luna se renferma dans son château, et s'y défendit pendant plusieurs mois, pointant lui-même, du haut de ses murailles, sur la ville, ses machines de guerre, avec lesquelles il ruina plus de cent maisons, et tua quatre mille Avignonais. Enfin le château fut emporté de vive force ; les ouvrages intérieurs furent pris d'assaut ; mais Pierre de Luna se réfugia dans la tour, et au moment où les troupes françaises en enfonçant les portes et se précipitaient sur l'escalier trompeur dont nous avons parlé, Benoît XIII fuyait par le souterrain, sortait de la ville par la poterne, gagnait l'Espagne, où le roi d'Aragon lui offrait un asile, et là, tous les matins, du haut d'une tour, assisté de deux prêtres dont il avait fait son sacré collége, il bénissait le monde et excommuniait ses ennemis. Enfin, au moment de mourir, craignant que le schisme s'éteignit avec lui, il nomma ses deux vicaires cardinaux, à la condition que l'un des deux serait pape. En effet, Pierre de Luna trépassé, les deux cardinaux se réunirent en conclave, et l'un des deux proclama l'autre. Le nouveau pape poursuivit quelque temps le schisme, soutenu par son cardinal, qui formait à lui seul toute la cour pontificale ; mais enfin Rome ouvrit des pourparlers avec eux, et tous deux rentrèrent dans le giron de l'Eglise, l'un avec le

(1) Notre ami et confrère Frédéric Soulié a fait sur ce sujet un des meilleurs romans historiques qui aient été publiés en France.

(1) Tommaso di Stefano.

titre d'archevêque de Séville et l'autre avec celui d'archevêque de Tolède. C'est ainsi que finit la domination immédiate des papes français dans le comtat Venaissin, qui, après leur retour à Rome, fut gouverné par des légats et des vice-légats jusqu'en 1791, époque de la réunion du comtat à la France.

Par un hasard étrange, Avignon, où sept papes résidèrent pendant sept dizaines d'années, avait sept hôpitaux, sept confréries de pénitens, sept couvens d'hommes, sept couvens de femmes, sept paroisses et sept cimetières.

Parmi ces confréries, celle des pénitens gris, établie, comme nous l'avons vu, par Louis VIII et Romain de Saint-Ange, était la plus ancienne. Après eux venaient les pénitens noirs, fondés à l'instar de ceux de Raymond de Toulouse, puis enfin les pénitens blancs, dont l'ordre était en opposition avec ces derniers.

De ces trois confréries qui existent encore dans la ville, la première se tint tranquille et n'adopta aucune opinion politique; mais les deux autres, qui, comme nous l'avons dit, devaient leur naissance à des partis opposés, conservèrent éternellement la couleur de ces partis. En effet, les pénitens noirs, fondés à l'instar de ceux qu'avait institués Raymond de Toulouse, gardèrent toujours leurs idées d'opposition aux deux pouvoirs; les pénitens blancs, au contraire, fidèles aux opinions qui avaient présidé à leur fondation, demeurèrent toujours papistes et monarchiques. Cette haine était si invétérée et si constante, que chaque fois que dans une solennité publique les deux confréries avaient le malheur de se rencontrer, un combat s'engageait aussitôt à coups de croix et à coups de bannières, et ne se terminait que lorsque l'une des deux avait battu en retraite et abandonnait la place à son ennemie, qui alors reprenait sa gravité monastique, continuait sa route triomphale, mêlant ses chants de victoire à ses hymnes religieuses.

Les opinions des deux confréries accueillirent les événemens politiques que les siècles amenaient, chacun selon son parti; et peu à peu la ville se sépara en deux camps, et se rangea sous chaque bannière. Ainsi, il y a des quartiers tout entiers qui sont pénitens blancs, tels que ceux de Fusterie, de Limas et des environs de la porte de Loulle; il y en a d'autres qui sont pénitens noirs, tels que ceux qui environnent la porte de Ligne. Il en résulta que, lorsque la réforme de Calvin commença à se répandre dans le Midi, où elle trouva trouva le vieux levain de l'hérésie vaudoise, la religion nouvelle, protégée par Marguerite d'Alençon, sœur de François Ier, se recruta de tous ceux qui s'étaient rangés du parti de l'opposition, c'est-à-dire qui s'étaient faits pénitens noirs, tandis qu'au contraire les pénitens blancs s'affermirent encore dans la religion apostolique et romaine La religion de 89 réveilla les vieilles haines religieuses, et les convertit en haines politiques. Les deux partis se retrouvèrent en face l'un de l'autre, toujours fidèles à leur bannière: les pénitens noirs, schismatiques républicains, et les pénitens blancs, papistes royalistes.

Alors le sang coula dans les rues d'Avignon comme dans un cirque. Les pénitens noirs triomphèrent avec les montagnards; les pénitens blancs prirent leur revanche avec les thermidoriens. Toutes les vieilles haines des ancêtres furent léguées aux fils, corroborées de haines nouvelles, jusqu'à ce que la main de fer de Napoléon étouffât tout, pénitens noirs et pénitens blancs, royalistes et républicains. Pendant ses dix années de règne, le volcan ne renferma flamme et lave; mais lorsqu'en 1814 le géant fut obligé de desserrer la main et de lâcher tout ce qu'il tenait jusqu'à son épée, le Vésuve politique s'alluma instantanément, et les haines royalistes en sortirent de nouveau, dévorantes et mortelles. Arrêtées un instant par les cent jours, Waterloo leur rendit la force en leur promettant l'impunité.

Cependant le commerce de l'empire, florissant à l'intérieur par la difficulté de l'exportation, avait créé une population nouvelle et flottante de cinq cents portefaix environ. Cette population adopta, lors de la restauration, les partis des différens quartiers où les attirait leur ouvrage: ceux qui desservaient le haut Rhône, depuis la porte de la Ligne jusqu'au milieu du port, se firent pénitens noirs: ceux qui desservent le bas Rhône, depuis le milieu du port jusqu'au pont de bois se firent pénitens blancs. Chacun d'eux régna à son tour sur le fleuve, selon que les idées démocratiques ou monarchiques eurent le dessus ou le dessous. Enfin la réaction de 1815 donna définitivement la victoire aux royalistes, et le parti aristocratique, qui avait de vieilles et sombres vengeances à exercer, vit dans les portefaix qui appartenaient comme eux à la secte des pénitens blancs des instrumens d'autant plus mortels qu'ils étaient aveugles; et s'emparant, invisible, de ces instrumens, il pressa dans l'ombre les ressorts dorés qui les firent travailler au soleil.

Alors tout le Midi s'enflamma d'un seul coup, comme si une traînée de poudre eût communiqué l'incendie de ville en ville. Marseille donna l'exemple; Avignon, Nîmes, Uzès et Toulouse le suivirent; chacune de ces villes eut ses célébrités sanglantes.

De tous ces meurtriers, il faut le dire, Pointu, l'assassin avignonais, était le plus remarquable; c'était un de ces hommes dont la destinée est gagnée d'avance sur le coup de dé de leur naissance. Né dans le peuple, il fut un assassin; jeté dans une autre sphère, et doué comme il l'était, c'eût été un grand homme.

Pointu était le type parfait de l'homme du Midi: tein olivâtre, œil d'aigle, nez recourbé, dents d'émail. Quoiqu'il fût d'une taille à peine au-dessus de la moyenne, qu'il eût le dos voûté par l'habitude de porter des fardeaux, et les jambes arquées en dehors par l'effet de la pression des masses énormes qu'il transportait journellement, il était d'une force et d'une adresse extraordinaires. Il jetait par-dessus la porte de Loulle un boulet de quarante-huit; il lançait une pierre d'une rive à l'autre du Rhône, c'est-à-dire à plus de deux cents pas; enfin il lançait, en fuyant, son couteau d'une manière si vigoureuse et si juste, que cette nouvelle flèche de Parthe allait en sifflant clouer à quinze pas une pièce de cinq francs dans un arbre. Ajoutez à cela une adresse égale au fusil, au pistolet, à l'épée et au bâton; un esprit naturel, vif et rapide; une haine profonde qu'il avait vouée aux républicains au pied de l'échafaud de son père et de sa mère, et vous aurez une idée de ce qu'était ce terrible chef des assassins d'Avignon, qui avait sous ses ordres, comme premiers agens, le taffetassier Farges, le portefaix Roquefort, le boulanger Nadaud, et le brocanteur Magnan.

A l'époque où se passe le terrible drame que nous allons raconter, Avignon était entièrement livrée à ces quelques hommes, dont les autorités civiles et militaires ne voulaient, n'osaient ou ne pouvaient point réprimer les désordres. On y apprit alors que le maréchal Brune, qui était au Luc avec six mille hommes de troupes, était rappelé à Paris, pour rendre compte de sa conduite au gouvernement.

LE MARÉCHAL BRUNE.

Le maréchal, connaissant l'état du Midi, et sachant les dangers qui l'y attendaient, avait demandé la permission de revenir par mer; elle lui avait été formellement refusée. Monsieur le duc de Rivière, gouverneur de Marseille, lui avait donné un sauf-conduit. Les assassins rugirent de joie en apprenant qu'un républicain de 89, un maréchal d'empire allait traverser Avignon. Des bruits sinistres coururent: on disait, et c'était une calomnie infâme, déjà cent fois démentie, que Brune, qui n'était arrivé à Paris que le 5 septembre 1792, avait, le 2, porté au bout d'une pique la tête de la princesse de Lamballe.

Bientôt la nouvelle se répandit à Avignon que le maréchal avait manqué d'être assassiné à Aix: elle se confirma. Le maréchal n'avait dû son salut qu'à la vitesse de ses chevaux. Pointu, Farges et Roquefort jurèrent qu'il n'en serait pas de même d'Avignon.

En suivant la route qu'il avait prise, le maréchal n'avait que deux débouchés pour arriver à Lyon : il fallait passer par Avignon, ou éviter la ville en quittant, deux lieues en avant, la route au Pointet, et en s'engageant dans un chemin de traverse. Les assassins prévirent ce cas, et le 2 août, jour où l'on attendait le maréchal, Pointu, Magnan et Nadaud, accompagnés de quatre de leurs gens, montèrent à six heures du matin en carriole, et, partant du port du Rhône, allèrent s'embusquer sur la route du Pointet.

Arrivé au point de jonction, le maréchal, prévenu des dispositions hostiles d'Avignon, voulut prendre le chemin de traverse qui s'offrait à lui et sur lequel l'attendait Pointu et ses hommes, mais le postillon refusa obstinément de marcher, disant que sa poste était à Avignon et non au Pointet ni à Sorgues. Un des aides de camp du maréchal voulut le forcer de marcher, le pistolet au poing ; mais le maréchal s'opposa à ce qu'on fit aucune violence à cet homme, et donna l'ordre de continuer la route par Avignon.

A neuf heures du matin le maréchal entrait à Avignon, et s'arrêtait à l'hôtel du Palais-Royal, qui était alors celui de la poste. Pendant que l'on changeait de chevaux et que l'on visait les passeports et les sauf-conduits à la porte de Loulle, le maréchal descendit pour prendre un bouillon. Il n'était pas dans l'hôtel depuis cinq minutes, que déjà un rassemblement considérable s'était amassé à la porte. Monsieur Moulin, le maître de l'hôtel, reconnaissant ces figures sombres et sinistres, monta aussitôt chez le maréchal, l'invita à ne point attendre la remise de ses papiers, lui donna le conseil de partir à l'instant même, et lui promit de faire courir après lui un homme à cheval qui lui reporterait, à deux ou trois lieues de la ville, les passeports de ses aides de camp et son sauf-conduit. Le maréchal descendit ; les chevaux étaient prêts ; il monta en voiture au milieu des murmures de la populace, parmi laquelle commençait à circuler le terrible *zaou*, ce cri d'excitation qui renferme toutes les menaces dans la manière dont il est prononcé, et qui veut dire dans une seule syllabe : Mordez! déchirez! tuez ! assassinez!

Le maréchal partit au galop, franchit sans obstacle la porte de Loulle, poursuivi, menacé, mais non point arrêté encore, par les hurlemens de la populace. Il croyait déjà être hors de l'atteinte de ses ennemis, lorsqu'en arrivant à la porte du Rhône, il trouva un groupe d'hommes armés de fusils et commandés par Farges et Roquefort. Ce groupe le mit en joue et ordonna au postillon de rebrousser chemin. Force fut d'obéir : au bout de cinquante pas, la voiture se retrouva en face de ceux qui la poursuivaient depuis l'hôtel du Palais-Royal. Le postillon s'arrêta ; en un moment les traits des chevaux furent coupés. Le maréchal ouvrit alors la portière, descendit, suivi de son valet de chambre, rentra par la porte de Loulle, suivi par la seconde voiture où étaient ses aides de camp, et revint frapper à l'hôtel du Palais-Royal, qui s'ouvrit pour le recevoir, lui et sa suite, et se referma aussitôt derrière eux.

Le maréchal demanda une chambre. Monsieur Moulin lui donna le n° 1, sur le devant. Au bout de dix minutes, trois mille personnes encombraient la place ; la population sortait de dessous les pavés. En ce moment la voiture abandonnée par le maréchal arriva, conduite par le postillon, qui avait rattaché les traits : on ouvrit la grande porte de la cour. La foule voulut se précipiter ; mais le portefaix Vernet et monsieur Moulin, qui sont deux hommes d'une force colossale, repoussèrent chacun un battant, parvinrent à les rassembler, et barricadèrent la porte. Les aides de camp, qui étaient restés jusque-là dans leur voiture, descendirent alors et voulurent se rendre auprès du maréchal ; mais monsieur Moulin donna ordre au portefaix Vernet de les faire cacher dans une remise. Vernet en prit un de chaque main, les entraîna malgré eux, les jeta derrière les tonneaux vides, étendit sur eux une vieille tapisserie, et leur dit avec cette voix solennelle

du prophète : Si vous faites un mouvement, vous êtes morts ! Les aides de camp restèrent immobiles et silencieux.

En ce même moment, monsieur de Saint-Chamans, préfet d'Avignon, arrivé dans cette ville depuis une heure à peine, s'élança dans la cour. On brisait les fenêtres et la petite porte de la rue ; la place était encombrée, et on entendait mille cris de mort que dominait le terrible *zaou*. Monsieur Moulin vit que tout était perdu si l'on ne tenait pas jusqu'au moment où arriveraient les troupes du major Lambot. Il dit à Vernet de se charger de ceux qui enfonçaient la porte ; qu'il se chargeait, lui, de ceux qui avaient passé par la fenêtre, et ces deux hommes, seuls contre toute une population rugissante, entreprirent de lui disputer le sang dont elle avait soif.

Tous deux s'élancèrent, l'un dans l'allée, l'autre dans la salle à manger. Porte et fenêtre étaient déjà enfoncées ; plusieurs hommes étaient entrés. A la vue de Vernet, dont ils connaissaient la force, ils reculèrent. Vernet profita de ce mouvement et referma la porte. Quant à monsieur Moulin, il saisit son fusil à deux coups, qui était accroché à la cheminée, mit en joue les cinq hommes qui se trouvaient dans la salle à manger, les menaça de faire feu sur eux s'ils ne se retiraient à l'instant. Quatre obéirent ; un seul resta. Monsieur Moulin, se voyant homme à homme, posa son fusil, prit son adversaire aux flancs, l'enleva comme il eût fait d'un enfant, et le jeta par la fenêtre. Trois semaines après, cet homme mourut, non de la chute, mais de l'étreinte. Monsieur Moulin s'élança alors à la fenêtre pour la fermer.

Au moment où il en poussait les battans, il sentit qu'on lui prenait la tête et qu'on la lui penchait violemment sur l'épaule gauche. Au même instant, un carreau vola en éclats, et le fer d'une hache glissa sur son épaule. Monsieur de Saint-Chamans avait vu descendre l'arme, et c'était lui qui avait détourné, non pas le fer, mais le but qu'il cherchait à frapper. Monsieur Moulin prit la hache par le manche et l'arracha des mains de celui qui venait de lui porter un coup qu'il avait si heureusement évité ; puis il referma la fenêtre, la barricada avec les volets intérieurs, et monta chez le maréchal.

Il le trouva se promenant à grands pas dans la chambre. Sa belle et noble figure était calme, comme si tous ces hommes, toutes ces voix, tous ces cris, ne demandaient pas sa mort. Monsieur Moulin le fit passer de la chambre n° 1 dans la chambre n° 5, qui, placée sur le derrière et donnant dans la cour, offrait quelque chance de salut que l'autre n'avait point. Le maréchal demanda du papier à lettre, une plume et de l'encre. Monsieur Moulin les lui donna ; le maréchal s'assit devant une petite table et se mit à écrire.

En ce moment de nouveaux cris se firent entendre. Monsieur de Saint-Chamans était sorti et avait ordonné à cette multitude de se retirer. Mille voix lui avaient aussitôt demandé qui il était pour donner ainsi des ordres ; alors il avait décliné sa qualité. — Nous ne connaissons le préfet qu'à son habit, — lui avait-on dit de toute part. Malheureusement les malles de monsieur de Saint-Chamans venaient par la diligence et n'étaient point encore arrivées. Il était vêtu d'un habit vert, d'un pantalon de nankin et d'un gilet de piqué, costume peu imposant dans une pareille circonstance. Il monta sur un banc pour haranguer la populace ; mais une voix se mit à crier : — A bas l'habit vert ! nous avons assez de charlatans comme cela. — Il fut obligé de descendre. Vernet lui rouvrit la porte. Quelques hommes voulurent profiter de cette circonstance pour rentrer en même temps que lui ; mais Vernet laissa retomber trois fois son poing, et trois hommes roulèrent à ses pieds comme des taureaux abattus par la masse du boucher. Les autres se retirèrent. Douze défenseurs comme Vernet eussent sauvé le maréchal ; et cependant cet homme était royaliste aussi ; il professait les opinions de ceux qu'il combattait, et pour lui comme pour eux le maréchal était un ennemi mortel ; mais il avait un noble cœur ; il voulait un jugement et non un assassinat.

Cependant un homme avait entendu ce qu'on avait dit à monsieur de Saint-Chamans à propos de son costume, et il était allé revêtir le sien. Cet homme, c'était monsieur de Puy, beau et digne vieillard à cheveux blancs, à la figure douce, à la voix conciliante. Il revint avec son habit de maire, son écharpe et sa double croix de Saint-Louis et de la Légion d'honneur ; mais ni son âge ni son titre n'imposèrent à ces hommes : ils ne le laissèrent pas même arriver jusqu'à la porte. Il fut renversé, foulé aux pieds ; son habit et son écharpe furent déchirés, ses cheveux blancs souillés de poussière et de sang. L'exaspération était à son comble. Alors parut la garnison d'Avignon ; elle se composait de quatre cents volontaires, formant un bataillon qu'on appelait le Royal Angoulême. Elle était commandée par un homme qui s'intitulait lieutenant-général de l'armée libératrice de Vaucluse. Cette troupe vint se ranger sous les fenêtres mêmes de l'hôtel du Palais-Royal ; elle était presque entièrement composée de Provençaux parlant le même patois que les portefaix et les gens du peuple. Ceux-ci demandèrent aux soldats ce qu'ils venaient faire, pourquoi ils ne les laissaient pas tranquillement faire leur justice, et s'ils comptaient les en empêcher. — Bien au contraire, répondit l'un des soldats ; jetez-le par la fenêtre, nous le recevrons sur nos baïonnettes. — Des cris de joie atroce accueillirent cette réponse, à laquelle succéda un silence de quelques instans. Il était facile de voir que ce peuple était dans l'attente, et que ce calme n'était qu'apparent. En effet, bientôt de nouvelles vociférations se firent entendre, mais cette fois dans l'intérieur de l'hôtel. Une troupe s'était détachée du rassemblement. Conduite par Farges et Roquefort, elle avait, à l'aide d'échelles, escaladé les murailles, et, se laissant glisser le long du toit, elle était retombée sur le balcon qui longeait les fenêtres de la chambre du maréchal, qu'ils aperçurent assis et écrivant.

Les uns se précipitèrent à travers ces fenêtres sans les ouvrir, tandis que d'autres s'élançaient par la porte Le maréchal, surpris et environné ainsi tout à coup, se leva, et ne voulant point que la lettre qu'il écrivait au commandant autrichien pour réclamer sa protection tombât entre les mains de ces misérables, il la déchira. Un homme qui appartenait à une classe plus élevée que les autres, et qui porte encore aujourd'hui la croix qu'il reçut pour la conduite qu'il avait sans doute tenue en cette occasion, s'avança vers le maréchal, l'épée à la main, et lui dit que s'il avait quelques dispositions à faire, il les fît promptement, parce qu'il n'avait plus que dix minutes à vivre.

— Qu'est-ce que vous dites donc, dix minutes ? — s'écria Farges en dirigeant le canon d'un pistolet sur la poitrine du maréchal. Le maréchal leva le bout du canon avec la main ; le coup partit, et la balle alla se perdre dans la corniche.

— Maladroit, dit le maréchal en haussant les épaules, qui ne sait pas tuer un homme à bout portant !

— C'ié vrai, répondit en patois Roquefort ; vas veire à qui se fa (1). — En même temps il ajusta le maréchal avec une carabine ; le coup partit, et le maréchal tomba raide mort. La balle lui avait traversé la poitrine et était allée s'enfoncer dans le mur.

Ces deux coups de feu avaient été entendus de la rue et ils avaient fait bondir la populace. Elle y répondit par de véritables hurlemens. Un misérable, nommé Cadillan, courut alors au balcon qui donnait sur la place, et, tenant de chaque main un pistolet qu'il n'avait pas même osé décharger sur le cadavre, il battit un entrechat, et, montrant les armes innocentes qui le calomniaient : — Va, dit-il, qui a fa lou coup (2).

— Et il mentait, le fanfaron, car il se vantait d'un crime commis par de plus hardis assassins.

Derrière lui venait le *général de l'armée libératrice de Vaucluse* ; il salua gracieusement le peuple. — Le maréchal s'est fait justice, dit-il ; vive le roi !

Dès cris dans lesquels il y avait à la fois de la joie, de la vengeance et de la haine, s'élevèrent à l'instant de cette foule ; et le procureur du roi et le juge d'instruction se mirent incontinent à rédiger le procès-verbal de suicide (3).

---

(1) C'est vrai ; tu vas voir comment l'on s'y prend.
(2) Voilà qui a fait le coup.
(3) Nous avons entre les mains une copie de ce procès-verbal.

Tout étant fini, monsieur Moulin voulut du moins sauver les effets précieux que contenait la voiture du maréchal. Il trouva dans le coffre quarante mille francs ; dans la poche, une tabatière enrichie de diamans ; dans les sacoches, une paire de pistolets et deux sabres, dont l'un, à poignée garnie de pierres précieuses, était un don du malheureux sultan Sélim. Comme monsieur Moulin traversait la cour avec ces objets, le damas lui fut arraché des mains par le commandant des Volontaires, qui le garda cinq ans comme un trophée. Ce ne fut qu'en 1820 qu'il fut forcé de le remettre au mandataire de la maréchale Brune. Cet officier conserva son grade sous la Restauration, et ne fut destitué qu'en 1830.

Ces objets mis en sûreté, monsieur Moulin écrivit à monsieur de Puy de faire transporter le cadavre du maréchal à la chapelle, afin que la foule se dissipât, et qu'on pût sauver les aides de camp. Le maire envoya un commissaire de police avec le brancard mortuaire et quatre porteurs. Comme on déshabillait le maréchal pour constater le décès, monsieur Moulin aperçut une ceinture qu'il portait autour du corps ; il la détacha et la mit en sûreté : elle contenait quatre mille francs. Tous ces objets ont été fidèlement remis à la maréchale.

Le corps du maréchal Brune fut posé sur la civière et descendu sans opposition ; mais à peine les porteurs eurent-ils fait vingt pas sur la place, que les cris : « Au Rhône ! au Rhône ! » retentirent de tous côtés. Le commissaire de police ayant voulu résister, fut renversé. Les porteurs reçurent l'ordre de changer de route : ils obéirent. La foule les entraîna vers le pont de bois. Arrivée à la quatrième arche, la civière fut arrachée de leurs mains, le corps précipité, et au cri : « Les honneurs militaires !... » les fusils furent déchargés sur le cadavre, qui reçut deux nouvelles balles.

On écrivit en lettres rouges sur l'arche du pont : *Tombeau du maréchal Brune.*

Cependant le Rhône ne voulut pas être complice de ces hommes : il emporta le cadavre que ses assassins croyaient englouti ; le lendemain il était arrêté sur les grèves de Tarascon ; mais déjà le bruit de l'assassinat y était arrivé. Le corps ayant été reconnu à ses blessures, on le repoussa dans le Rhône, et le fleuve continua de l'emporter vers la mer.

Trois lieues plus loin, il s'arrêta une seconde fois dans des herbes Un homme d'une quarantaine d'années et un jeune homme de dix-huit ans l'aperçurent et le reconnurent aussi ; mais, au lieu de le rejeter au Rhône, ils le tirèrent sur la rive, l'emportèrent dans la propriété de l'un d'eux, et l'y enterrèrent religieusement. Le plus âgé de ces deux hommes était monsieur de Chartrouse, et le plus jeune Amédée Pichot.

Le corps fut exhumé par ordre de la maréchale Brune, transporté en son château de Saint-Just en Champagne, embaumé, placé dans un appartement près de sa chambre à coucher, et y resta couvert d'un voile jusqu'à ce qu'un jugement public et solennel eût lavé sa mémoire de l'accusation de suicide ; alors, et seulement alors, il fut enterré avec l'arrêt de la cour de Riom.

Les assassins qui s'étaient soustraits à la vengeance des hommes n'échappèrent point à la justice de Dieu : presque tous eurent une fin misérable. Roquefort et Farges furent atteints de maladies étranges et inconnues, pareilles à ces anciennes plaies qu'envoyait la main de Dieu aux peuples qu'il voulait punir. Chez Farges ce fut un rétrécissement de la peau, et des douleurs tellement enflammées et dévorantes, que tout vivant on l'enterrait jusqu'au cou pour le rafraîchir. Chez Roquefort ce fut une gangrène qui attaquait la moelle, et qui, décomposant les os, leur ôtait toute résistance et toute solidité, de sorte que ses jambes cessèrent de le porter, et qu'il allait se traînant comme un reptile. Tous deux moururent au milieu d'atroces douleurs et regrettant l'échafaud qui leur eût épargné cette effroyable agonie.

Pointu, condamné à mort par la cour d'assises de la Drôme pour avoir assassiné cinq personnes, fut abandonné par son parti. Pendant quelque temps on vit à Avignon sa femme, infirme et difforme, aller de maison en maison demandant l'aumône pour celui qui fut pendant deux mois le roi de la guerre civile et de l'assassinat; puis un jour on la vit ne demandant plus rien, et coiffée d'un haillon noir: Pointu était mort, on ne savait pas où, dans un coin, au creux de quelque rocher, au fond de quelque bois, comme un vieux tigre auquel on a scié les griffes et arraché les dents.

Nadaud et Magnan furent condamnés chacun à dix ans de galères: Nadaud y mourut; Magnan en sortit, et, fidèle à sa vocation de mort, valet de voirie, il empoisonne aujourd'hui les chiens.

Puis il y en a d'autres qui vivent encore, qui ont des places, des croix et des épaulettes, qui se réjouissent dans leur impunité, et qui croient sans doute avoir échappé au regard de Dieu.

Attendons!

LA FONTAINE DE VAUCLUSE

Quand on a vu à Avignon le palais des papes, que nous avons essayé de décrire; l'église des Doms, qui est une transition du roman au gothique, dont le porche date du dixième siècle, et renfermant le tombeau de Jean XXII, qui est du gothique fleuri, d'un travail, d'une élégance et d'une légèreté admirables; quand on a visité le Musée, légué par monsieur Calvet à la ville, et qui renferme une galerie de tableaux, quelques morceaux antiques, parmi lesquels une charge de Caracalla, représenté en marchand de petits pâtés, et plusieurs fragmens du moyen âge, dont fait partie le tombeau de Jacques II de Chabannes, que nous avions cherché inutilement dans la cour du maître de poste de La Palisse; enfin lorsqu'on s'est enfermé une heure dans la chambre numéro 3, où se passa l'effroyable événement que nous avons raconté à nos lecteurs dans le chapitre précédent, on a tout vu d'Avignon, et pour reposer ses souvenirs des massacres de la Glacière et des noyades du Rhône, il faut prendre une voiture chez Boyer, demander pour la conduire son fils, jeune homme gai, infatigable et intelligent, et partir par une belle matinée pour aller visiter la fontaine de Vaucluse, encore tout animée de la mémoire de Pétrarque et de Laure.

Nous n'entrerons dans aucune discussion sur l'existence ou la non existence de cette vision céleste, à laquelle le poète a donné une forme matérielle: des volumes ont été écrits pour ou contre; peu nous importe, car pour nous non-seulement Laure a existé, mais elle existe encore. Telle est la puissance du génie, il crée comme Dieu, et de plus que Dieu qui compte nos jours, le génie donne à l'œuvre de son imagination une vie éternelle: Béatrix, Ophélie et Marguerite n'ont probablement jamais existé que dans les rêves de Dante, de Shakespeare et de Goethe, mais, nous le demandons, la main du Seigneur a-t-elle de notre argile humaine jamais rien pétri de plus parfait!

La route qui conduit d'Avignon à Vaucluse est charmante, et ressemble beaucoup à celle qui mène de Rome à Frascati: le fond de montagne est le même, la même limpidité d'air colore des mêmes teintes un même horizon. Avignon, comme sa reine, fut ville papale, et si elle manque de Capitole, elle eut du moins son Vatican.

Quelque temps avant d'arriver aux montagnes, on rencontre le petit village de l'Ile, situé pittoresquement, ainsi que l'indique son nom, sur une langue de terre entourée d'eau; cette eau est celle de la fontaine de Vaucluse, qui, profonde, bouillonnante et rapide, à une demi-lieue de sa source, se divise en sept branches qui toutes portent bateau, et abandonne son nom poétique, qu'elle ne veut pas compromettre en faisant tourner des moulins et mouvoir des machines de manufactures, pour prendre celui de la Sorgue. C'est ordinairement dans ce village qu'on laisse sa voiture pour prendre un sentier qui s'enfonce bientôt dans la montagne.

A quelques pas du but du voyage, nous trouvâmes une auberge tenue par un ancien cuisinier du duc d'Otrante, plein de l'importance de ses fonctions. Nous lui demandâmes s'il pouvait nous faire à dîner. — Non, messieurs, nous répondit-il, je ne vous donnerai pas à dîner; je vous ferai manger, voilà tout: quand on veut dîner chez moi, il faut me prévenir trois jours d'avance.

Comme nous étions venus dans un autre but que celui de faire un festin, nous lui répondîmes que nous nous contenterions pour ce jour-là de manger, et nous remîmes en route, en lui indiquant l'heure à laquelle nous comptions nous livrer à cet exercice.

La fontaine de Vaucluse, qui a inspiré à Pétrarque quelques-uns de ses plus jolis vers, forme un bassin de soixante pas de circuit à peu près, mais dont on ne peut déterminer la profondeur. Lorsque nous la vîmes, elle venait de croître en trois jours de cent trente pieds à peu près. Lorsqu'elle diminue, ce qui lui arrive sans cause apparente, l'eau s'enfonce, et son récipient présente l'aspect d'un vaste entonnoir dans lequel, à l'aide des pierres et des rochers, on peut descendre assez facilement. Alors on voit, dans le rocher à pic qui domine la fontaine de la hauteur de huit cents pieds à peu près, la voûte de la grotte souterraine par laquelle arrive l'eau, qui alors cesse de couler au dehors, mais ne se tarit cependant jamais assez complétement pour qu'on aperçoive le fond du lit. Tout à l'entour est un chaos, et l'on dirait que le sol vient d'être à un quart de lieue à la ronde bouleversé par une commotion volcanique. A droite, sur la pointe d'un rocher, croulent des ruines qu'on appelle la maison de Pétrarque, sans que rien vienne à l'appui de ce nom, que leur a tout naturellement donné l'ignorance des guides.

Nous restâmes quatre heures près de cette fontaine, Jadin faisant un croquis, et moi lisant des vers de Pétrarque: puis nous la quittâmes à regret, voyant s'avancer l'heure à laquelle nous devions manger. Nous revînmes chez notre hôte, qui, ayant appris que nous étions des Parisiens, s'était surpassé lui-même: mais, quelque compliment que nous lui fissions, il ne voulut jamais considérer que comme une collation improvisée les cinq ou six plats excellens qu'il nous avait servis. La carte à payer, du reste, il faut le dire, était en harmonie avec la modestie de l'artiste.

Après avoir jeté un dernier regard et dit un dernier adieu à la fontaine au nom poétique, nous reprîmes la route d'Avignon, où nous attendait, chez monsieur Moulin, le portefaix Vernet, que nous avions voulu connaître. C'est un beau vieillard, digne, simple et encore vigoureux, qui ne comprit rien à nos éloges, et qui refusa notre argent. Nous fîmes venir du punch, dont à peine il prit un verre. Pendant qu'il causait avec moi et sans qu'il s'en doutât, Jadin fit un portrait de lui fort ressemblant; puis, lorsqu'il fut fini, il le lui donna. Le pauvre Vernet ne revenait pas de sa surprise; longtemps il crut que nous voulions nous moquer de lui; enfin, sans vouloir reconnaître qu'il méritait nos complimens, il finit par se convaincre qu'ils étaient sincères.

Vers la fin de la soirée, notre digne hôte, qui, comme on l'a vu, tint une conduite si honorable et si courageuse dans la malheureuse journée du 2 août, vint nous faire compagnie. J'avais remarqué déjà plusieurs fois l'attention avec laquelle il me regardait. Intrigué de cette persévérance, je lui en demandai la cause.

— Vous vous nommez monsieur Alexandre Dumas? me dit-il.

— Oui.

— Pardon de mon indiscrétion; mais seriez-vous le fils du général Alexandre Dumas?

— Justement.

— Je m'en doutais à votre ressemblance. Eh bien! j'ai connu votre père.

— Ah! ah!

— C'est-à-dire connu, comme un brigadier connaît son général.

— Vous avez servi sous lui.

— J'ai fait toutes les guerres d'Italie et du Tyrol. Vous parliez de force, dites donc, continua-t-il, eh bien ! mais c'était votre père qui avait un poignet !

— J'espère, mon cher monsieur Moulin, qu'il ne vous en a jamais donné de preuves ?

— C'est ce qui vous trompe, et une rude encore !

— Bah !

— Mais je ne lui en veux pas : c'était pour mon bien.

— Racontez-moi cela, alors.

— Imaginez-vous que nous étions en garnison à Plaisance. Comme tous les jours les habitans de la ville assassinaient quelques-uns de nous, le général avait fait un ordre du jour pour défendre aux soldats et aux officiers de sortir sans leurs armes. Ma foi ! moi, j'étais jeune à cette époque, je n'avais peur de rien, je connaissais ma force, et je n'étais pas embarrassé de rosser trois hommes ; de sorte que je sortis un jour, comme un bon bourgeois, les mains dans mes poches, sans sabretache ni bancal. J'étais en train de faire le beau sur la place, quand votre père arrive à cheval ; je le vois qui vient à moi, et il me dit : — Bon ! j'ai mon compte. — Effectivement, il ne me manque pas. — Pourquoi n'as-tu pas de sabre ? me dit-il. — Mon général... — Mais, brigand, tu veux donc te faire assassiner ! Attends, attends ! — En disant cela, il m'empoigne par le collet, met son cheval au galop, me fait raser pendant dix minutes la terre comme une hirondelle, puis, sans s'arrêter, il me jette dans le corps de garde, en disant : — Vingt-quatre heures de salle de police à ce gaillard-là ! — Je les fis ! mais dans le moment ce n'est pas cela qui m'humilia le plus : ce fut d'avoir traversé Plaisance emporté comme un simple mannequin.

— Eh bien, brigadier ? me dit-il à la première revue.

— Eh bien ! général, lui répondis-je, jusqu'aujourd'hui je me croyais d'une certaine force, mais auprès de vous je ne suis que de la Saint-Jean.

— Allons, allons, voilà un louis : va boire à ma santé avec tes camarades ; mais, une autre fois, ne sors plus sans ton sabre. — La seconde recommandation était inutile : je n'avais garde d'oublier la première.

Je tendis la main au vieux soldat qui avait touché la main de mon père, et qui s'était si bien souvenu de son premier métier, lorsqu'il avait fallu défendre cet autre, qui, sans être mon père, m'appelait aussi son fils.

LE PONT DU GARD.

Le lendemain, à sept heures du matin, nous fûmes réveillés par notre aimable cicérone. Il venait nous chercher pour aller visiter ensemble Villeneuve-lez-Avignon. Nous dîmes à Boyer d'aller nous attendre sur la route de Nismes, et nous traversâmes le pont de bois, l'île du Rhône, le second pont de bateaux, et nous nous trouvâmes à Villeneuve.

En cherchant un point dont nous pussions prendre une vue de la ville, nous aperçûmes un jeune homme qui avait trouvé le sien : nous nous approchâmes, et nous reconnûmes un excellent ami, Paul Huet, le peintre poétique, l'homme aux grèves tristes, aux landes sauvages, aux grands horizons. C'était une merveille de se retrouver ainsi à deux cents lieues de Paris sans s'être donné rendez-vous et avec un dessin tout fait. Nous attendîmes qu'il lui eût donné les dernières touches de vigueur, puis il passa immédiatement de son carton dans les nôtres, et nous nous mîmes à visiter Villeneuve.

Les monumens gothiques de Villeneuve sont d'abord une très belle tour du quatorzième siècle, taillée à pointes de diamant qui, se liant par d'autres ouvrages aux ruines d'un château-fort, était probablement destinée à commander le pont de Saint-Bénezet, en face duquel elle est placée.

Ensuite une église de la même époque à peu près, qui appartient comme architecture au gothique de la fin du treizième siècle : elle renferme une Descente de croix d'un maître italien, du Giottino peut-être, qui en venant peindre la chapelle du palais aura en même temps laissé ce tableau d'une couleur magnifique, mais placé de manière à ce qu'il faut avoir un grand instinct d'artiste pour l'aller chercher là. Ce n'est pas, au reste, la seule peinture remarquable qui soit enterrée dans ce trou : l'hôpital possède une page du quinzième siècle qui ne le cède en rien aux fresques du Campo-Santo de Pise. C'est une imitation d'Orcagna et de Simon Memmi : elle représente le Jugement dernier. La Trinité occupe le haut du tableau ; la Vierge est assise au-dessous du Saint-Esprit, entre le Père et le Fils, enveloppée à moitié dans les draperies des deux célestes personnages. Autour d'eux sont des anges aux ailes vertes et rouges, et qui rappellent la manière byzantine, et sous leurs pieds les damnés et les démons. Une tradition populaire attribue ce tableau au roi René lui-même, à qui pardonnerais alors d'avoir été un si pauvre roi, sans doute parce qu'il était un si grand peintre. On montre parmi les anges les portraits de plusieurs seigneurs de la cour provençale qui restèrent fidèles au roi dans sa mauvaise fortune, et parmi les damnés les portraits de ceux qui, comme Judas, le trahirent à deniers comptans.

Enfin, dans un coin de la Chartreuse, vendue en différens lots à l'époque de la Révolution, sous un hangar appartenant à un pauvre vigneron, magnifique débris entouré de débris, gît le tombeau d'Innocent VI, merveille du quatorzième siècle, comparable à celui de Jean XXII pour le travail de ses clochetons, de ses colonnettes et de ses feuillages. Malheureusement les figures qui ornaient le soubassement ont été détachées les unes après les autres et vendues, et la statue du pape a le visage et les mains mutilés. Enfin, après un demi-siècle, Avignon s'est aperçu qu'il possédait dans sa banlieue un chef-d'œuvre de statuaire, et a voulu le transporter dans son musée. De leur côté, les habitans de Villeneuve, éclairés par cette démarche, se sont alors avisés de faire les amateurs en s'opposant à la translation du tombeau ; de sorte qu'en attendant, le trésor disputé reste exposé aux injures des enfans, si destructeurs, surtout lorsque leurs coups peuvent atteindre un simulacre humain. Comme on vit que nous déplorions cette barbarie, on nous rassura en nous affirmant que des mesures venaient d'être prises pour que le tombeau fût transporté dans une des chapelles de l'hôpital.

Une curiosité plus moderne et non moins remarquable de Villeneuve-lez-Avignon est la beauté de ses femmes ; nous n'en rencontrâmes pas une qui ne fût remarquablement jolie. Nous demandâmes au paysan qui nous accompagnait s'il savait une raison à cela.

— Mon Dieu, messieurs, nous dit-il, c'est la chose du monde la plus simple : nous avons eu ici, jusqu'à la révolution, un couvent de Chartreux et de Bénédictins qui étaient tous des hommes magnifiques.

Nous interrompîmes notre naïf chroniqueur, nous savions tout ce que nous voulions savoir.

Le moment était venu de rejoindre notre cabriolet. Nous quittâmes notre nouvel ami R..., en souhaitant que ses travaux le conduisissent à Paris. Quant à Huet, n'ayant rien de mieux à faire, il nous accompagna jusqu'au pont du Gard. Au bout de deux heures de marche à peu près, nous arrivâmes à Remoulins : c'est là qu'on rencontre pour la première fois le Gard, qui prend sa source près de Saint-Germain de Calberte : on le traverse sur un pont de fil de fer, véritable escarpolette suspendue à quatre colonnes cannelées, fines et aériennes comme lui. L'effet produit par ce modèle de légèreté est si grand, qu'un amateur de danse a écrit sur ces colonnes : *Pont Taglioni*. Le nom lui en est resté.

Malheureusement pour ce bijou de l'industrie moderne, il a un voisin qui, comme la montagne d'aimant des Mille et une Nuits, attire si rapidement le voyageur à lui, qu'on a à peine le temps de lui jeter un coup d'œil. Nous mîmes pied à terre, afin de laisser à notre cheval, qui devait nous conduire le même soir à Nîmes, le temps de se reposer, et nous nous engageâmes, avec un guide du pays, dans un sentier de traverse, qui abrége le chemin d'un quart d'heure à peu près. Nous longions depuis quarante minutes la base d'une montagne, demandant toujours, dans notre impatience, si nous approchions, lorsque tout à coup nous aperçûmes au-dessus du feuillage sombre des chênes verts et des oliviers, se détachant sur un ciel bleu, deux ou trois arcades, à teinte chaude et jaunâtre : c'était la tête du géant romain. Nous continuâmes d'avancer, et au premier coude que fit la montagne, nous l'embrassâmes dans tout son ensemble, à cent pas à peu près de nous.

Il est impossible de se faire une idée de l'effet produit par cette chaîne granitique qui réunit deux montagnes, par cet arc-en-ciel de pierre qui remplit tout l'horizon, par ces trois étages de portiques qu'ont splendidement dorés dix-huit siècles de soleil. J'ai vu quelques-unes des merveilles de ce monde : Westminster, fière des tombeaux de ses rois ; la cathédrale de Reims, aux pierres transparentes comme une dentelle ; ce magasin de palais qu'on appelle Gênes ; Pise et sa tour penchée ; Florence et son Dôme ; Terni et sa cascade ; Venise et sa place Saint-Marc ; Rome et son Colisée ; Naples et son port ; Catane et son volcan : j'ai descendu le Rhin, emporté comme une flèche, et j'ai vu passer devant moi Strasbourg et son merveilleux clocher, que l'on croirait bâti par les fées : j'ai vu le soleil se lever sur le Righi et se coucher derrière le Mont-Blanc : eh bien ! je n'ai rien vu (j'en excepte cependant le temple de Ségeste, perdu aussi dans un désert) qui m'ait paru aussi beau, aussi grand, aussi virgilien, que cette magnifique épopée de granit qu'on appelle le pont du Gard.

Ce fut alors que me revint le souvenir du pont de Remoulins, que l'on a construit pour épargner au voyageur la peine de passer sur le pont du Gard. En effet, grâce à cette industrieuse combinaison, celui qui fait cinq cents lieues pour aller voir le Campo Santo, la colonne Trajane et Pompéia, fait deux lieues de moins, et passe sans s'en douter près d'une merveille qu'il ne retrouvera nulle part.

Au reste, ces deux ponts sont bien l'emblème des deux sociétés qui leur ont donné naissance, et ils offrent le contraste parfait du génie ancien et moderne. L'un, plein de foi en lui-même, reposant sur sa base colossale, croyant à son avenir séculaire, bâti pour l'éternité ; l'autre, sceptique, inconstant, frivole, et comprenant le progrès journalier, construit des monuments provisoires pour la génération qui passe ; l'un s'appelle le pont Agrippa, l'autre le pont Seguin.

En effet, ce fut dit-on, le gendre d'Auguste, le *curator perpetuus aquarum*, qui vint renouveler dans les Gaules quelques-unes des hydrauliques constructions dont il avait doté Rome. Nismes, la rivale d'Arles, manquait d'eau, mais il y avait à Uzès, à sept lieues de là, une fontaine abondante, saine et limpide. Agrippa donna l'ordre à son peuple de soldats de conduire cette source vers le point où sa volonté l'appelait, et un aqueduc s'éleva sous les mains d'une armée, gravissant des collines, creusant des rocs, longeant des coteaux, unissant des montagnes, traversant des étangs, passant sous des villages, et enfin débouchant à Nismes, où il apporta cette eau laborieuse qui avait tour à tour passé au milieu des nuages et traversé les profondeurs de la terre. Certes, la civilisation moderne a amené pour l'industrie et le commerce de magnifiques découvertes, mais si Agrippa eût connu les puits artésiens, nous n'aurions probablement pas le pont du Gard.

Après nous être arrêtés ainsi étonnés devant l'ensemble, nous examinâmes les détails. Le pont est composé, comme nous l'avons dit, de trois rangs d'arcades : au pied de la première passe le Gard, aux flancs de la seconde des voyageurs, et au-dessus de la troisième l'eau qui prenait sa source à Uzès. Les arcades inférieures sont au nombre de six, les arcades intermédiaires au nombre de onze, et les arcades supérieures au nombre de trente-cinq.

Je montai jusques au-dessus de ces dernières, et j'entrai dans l'aqueduc. Il est assez élevé pour qu'un homme le parcoure sans trop se courber. Sa couverture est formée de pierres d'un seul morceau de huit pieds de long sur deux et demi de large, et posées à côté les unes des autres, sans crampons ni ciment.

Du sommet aérien de ce monument, qui domine toute la vallée du Gard, je vis Jadin et Huet se débattre au milieu d'une troupe de bohémiens, qui étaient sortis d'une grotte qui leur sert d'habitation lorsqu'il leur prend envie de descendre des Pyrénées. C'était un spectacle trop nouveau à mes yeux pour que je ne me hâtasse point d'aller leur porter mon aumône. Ils ne parlaient pas français, mais à l'aide de l'italien nous parvînmes à nous entendre. Ils voyageaient en France pour leur plaisir, sans autre but que d'y vivre, sans autre espoir que la charité publique, et probablement sans autre industrie que le vol. Heureusement nous étions quatre, et Jadin et moi avions nos fusils en bandoulière. J'avoue que, seul et sans armes, j'aurais trouvé la rencontre moins pittoresque et plus dangereuse.

Ce furent les invasions barbares qui mirent hors de service l'aqueduc romain : on dit même que les Visigoths, en traversant le Languedoc pour aller entrer en Espagne, tentèrent de le détruire ; mais, prêts à mettre la main à l'œuvre de destruction, ils eurent des vertiges en le voyant si grand et eux si petits, et, comme les brigands de l'Arioste, ils se prosternèrent devant le géant.

En 1564, Charles IX fit un voyage dans le midi de la France, et visita le pont du Gard. Il y fut reçu par M. le duc de Crussol, qui lui donna une fête au bord de la rivière. Au moment où le roi passait devant la grotte où nous rencontrâmes les bohémiens, il en sortit douze jeunes filles habillées en nymphes, qui lui présentèrent des pâtisseries et des confitures.

Le pont resta vierge et tel qu'il était sorti des mains de ses ouvriers antiques jusqu'en 1747, époque à laquelle on lui adossa une chaussée destinée au passage des chevaux et des voitures. Les autorités de Nismes furent si fières de cette merveilleuse idée qui gâtait un chef-d'œuvre, qu'elles firent frapper une médaille avec cette légende : *Nunc utilius*. Il était réservé au dix-huitième siècle de déshonorer le monument que les barbares du cinquième n'avaient point osé abattre.

Nous étions tellement émerveillés de notre pont, que nous ne le quittâmes qu'à la nuit close, et ce fut encore une belle chose que de voir descendre l'ombre dans cette vallée, et de suivre sur ces pierres dorées la dégradation de la lumière. Malheureusement il n'y avait pas de lune, autrement nous serions restés, je crois, pour le voir aux rayons nocturnes, comme nous l'avions vu aux clartés du soleil. Il résulta de cette admiration exclusive que nous ne pûmes rien distinguer du paysage de Remoulins à Nismes. Lorsqu'on a vu le pont du Gard, il faut fermer les yeux, et ne les rouvrir que devant les Arènes ou la Maison carrée.

REBOUL.

Cependant il y avait à Nîmes une chose plus curieuse encore pour moi que ses monuments ; c'était son poète. J'avais une lettre de Taylor pour lui, et elle portait cette singulière suscription : « À Monsieur Reboul, poète et boulanger. » J'avais lu quelques-uns de ses vers, qui m'avaient paru fort beaux ; mais il n'en était pas moins demeuré dans mon esprit prévenu quelque chose de pareil à maître Adam et à Lantara.

Ma première visite, en me réveillant dans la capitale du

Gard, fut donc à Reboul. Un jeune homme que je rencontrai en sortant de l'hôtel, et à qui je demandai son adresse, non-seulement me l'indiqua, mais, charmé sans doute de cette curiosité d'un étranger, s'offrit à me conduire; j'acceptai.

Avant d'arriver à notre but, nous passâmes devant les Arènes. Je tournai la tête d'un autre côté, afin que le colosse romain, qui devait avoir son tour, ne vînt point distraire en ce moment ni mes yeux ni mes pensées.

— Nous passons devant les Arènes, me dit mon conducteur. — Merci, je ne les vois pas, répondis-je.

Cinquante pas plus loin, il s'arrêta à l'angle d'une petite rue. — Voici la maison où demeure Reboul. — Mille grâces. Savez-vous si je le trouverai à cette heure? — Mon guide allongea la tête, afin que son regard pût plonger de biais par la porte entr'ouverte. — Il est dans sa boutique, me répondit-il, et s'éloigna.

Je restai un moment pensif et ma lettre à la main. Qui allait l'emporter, dans la réception que me préparait cet homme, ou de sa nature ou de son état? Me parlerait-il poésie ou farine, académie ou agriculture, publication ou récolte? Je savais déjà que je le trouverais grand; mais je ne savais pas si je le trouverais simple. — J'entrai.

— C'est à monsieur Reboul que j'ai l'honneur de parler?
— À lui-même.
— Une lettre de Taylor.
— Ah! que fait-il?
— Il poursuit la mission d'art qu'il a entreprise. Vous le savez, c'est une de ces existences dévouées à la recherche du beau, qui passent leur vie à rêver une gloire plus grande pour leur patrie et leurs amis, sans penser qu'ils usent pour les autres leur santé et leur fortune.

— C'est bien cela; je vois que vous le connaissez. — Et il commença de lire la lettre que je lui avais remise.

Je l'examinai pendant ce temps : c'était un homme de trente-trois à trente-cinq ans, d'une taille au-dessus de la moyenne, avec un teint d'un brun presque arabe, des cheveux noirs et luisants, des dents d'émail. Arrivé à mon nom, il reporta son regard de la lettre à moi, et je m'aperçus seulement alors qu'il avait des yeux magnifiques, de ces yeux indiens, veloutés et puissants, faits pour exprimer l'amour et la colère.

— Monsieur, me dit-il, je n'ai vraiment que des obligations au baron Taylor, et je ne sais comment je m'acquitterai jamais envers lui. — Ce fut moi qui m'inclinai à mon tour. Mais, continua-t-il, voulez-vous me permettre d'agir franchement et librement avec vous?
— Je vous en supplie.
— Vous venez voir le poète, et non le boulanger, n'est-ce pas? Or je suis boulanger depuis cinq heures du matin jusqu'à quatre heures du soir; de quatre heures du soir à minuit je suis poète. Voulez-vous des petits pains? restez, j'en ai d'excellens. Voulez-vous des vers? revenez à cinq heures; je vous en donnerai de mauvais.
— Je reviendrai à cinq heures.
— Marie! (En ce moment deux ou trois pratiques entrèrent.) Vous voyez, me dit-il, nous n'aurions pas un instant. — Et il les servit. Presque en même temps, la porte du fournil s'ouvrit, et un garçon parut.
— Le four est chauffé, maître.
— Envoyez Marie à la boutique; je l'ai déjà appelée, mais elle n'a pas entendu : j'enfournerai moi-même. — Une femme d'un certain âge vint prendre sa place au comptoir. — À cinq heures, me dit-il. — Oh! certes! — Et il rentra pour cuire son pain.

Je sortis, singulièrement préoccupé de ce mélange de simplicité et de poésie. Tout cela était-il de la manière ou de la nature? Cet homme jouait-il une comédie ou suivait-il naïvement le double mécanisme de son organisation? C'était ce que la suite devait m'apprendre.

Je marchai au hasard pendant les trois heures qui devaient séparer cette première entrevue de la seconde; je ne sais trop ce que je vis : j'étais plongé dans les abstractions sociales. Ce peuple, duquel tout est sorti depuis cinquante ans, après avoir donné à la France des soldats, des tribuns et des maréchaux, allait donc lui fournir des poètes. Le regard de Dieu avait pénétré au plus profond de notre France : ce peuple avait son Lamartine.

Je revins à l'heure dite ; Reboul m'attendait à une petite porte d'allée. Sa boutique, toujours ouverte, était confiée, pour les simples détails de la vente, à cette femme de confiance qui l'avait déjà remplacé le matin. Il fit quelques pas au devant de moi. Il avait changé de costume : celui qu'il portait était très simple, mais très propre, et tenait un milieu sévère entre le peuple et la bourgeoisie.

Nous montâmes un petit escalier tournant, et nous nous trouvâmes au seuil d'un grenier sur le plancher duquel était amoncelé, en tas séparés, du froment de qualités différentes. Nous nous engageâmes dans une des petites vallées que ces montagnes nourricières formaient entre elles, et au bout de dix pas nous nous trouvâmes à la porte d'une chambre.

— Nous voilà, me dit Reboul en la refermant derrière nous, séparés du monde matériel, à nous maintenant le monde des illusions. Ceci est le sanctuaire : la prière, l'inspiration et la poésie ont seuls le droit d'y entrer. C'est dans cette chambre bien simple, vous le voyez, que j'ai passé les plus douces heures que j'ai vécu : celles du travail et de la rêverie.

En effet, cette chambre était d'une simplicité presque monastique : des rideaux blancs au lit, à la croisée, quelques chaises de paille, un bureau de noyer, formaient tout l'ameublement; quant à la bibliothèque, elle se composait de deux volumes : la Bible et Corneille.

— Je commence, lui dis-je, à comprendre votre double vie, qui jusqu'à présent me paraissait inconciliable.

— Rien n'est plus simple cependant, me répondit Reboul, et l'une sert l'autre : quand les bras travaillent, la tête se repose, et quand les bras se reposent, la tête travaille.

— Mais pardon de mes questions.
— Faites.
— Étiez-vous d'une famille élevée?
— Je suis fils d'ouvrier.
— Vous avez reçu quelque éducation, au moins?
— Aucune.
— Qui vous a fait poète?
— Le malheur.

Je regardai autour de moi ; tout semblait si calme, si doux, si heureux dans cette petite chambre, que le malheur prononcé ne paraissait pas devoir y trouver d'écho.

— Vous cherchez une explication à ce que je viens de vous dire, n'est-ce pas? continua Reboul.
— Et je ne la trouve point, je l'avoue.
— N'êtes-vous jamais passé sur une tombe sans vous en douter?
— Si fait, mais j'y voyais l'herbe plus verte et les fleurs plus fraîches.
— Eh bien! c'est cela; j'avais épousé une femme que j'aimais; ma femme est morte.

Je lui tendis la main. — Alors, comprenez-vous? continua-t-il. Je ressentis une grande douleur, que je cherchai vainement à épancher. Ceux qui m'avaient entouré jusqu'alors étaient des hommes de ma classe, aux âmes douces et compatissantes, mais communes, au lieu de me dire : Pleurez, et nous pleurerons avec vous, ils tentèrent de me consoler. Mes larmes, qui ne demandaient qu'à se répandre, refluèrent vers mon cœur et l'inondèrent. Je cherchai la solitude, et, à défaut d'âmes qui pussent me comprendre, je me plaignis à Dieu. Ces plaintes solitaires et religieuses prirent un caractère poétique et élevé que je n'avais jamais remarqué dans mes paroles; mes pensées se formulèrent dans une idiome presque inconnu à moi-même, et, comme elles montaient au ciel, à défaut de sympathies sur la terre, le Seigneur leur donna des ailes, et elles montèrent vers lui.

— Oui, c'est cela, lui dis-je, comme s'il m'avait expliqué la chose du monde la plus simple, et je comprends maintenant : ce sont les vrais poètes, qui le deviennent ainsi. Combien d'hommes à talent à qui il ne manque qu'un grand malheur pour devenir hommes de génie! Vous m'avez dit d'un seul mot le secret de toute votre vie; je la connais maintenant comme vous-même.

— Puis, ajoutez aux douleurs privées les douleurs publiques : songez au poète qui voit tomber autour de lui, comme les feuilles au mois d'octobre, toutes les croyances religieuses, toutes les convictions politiques, et qui reste comme un arbre dépouillé à attendre un printemps qui ne viendra peut-être plus. Vous n'êtes pas royaliste, je le sais; aussi je ne vous parlerai point de notre vieille monarchie, cette reine qui s'en va comme une servante qu'on chasse; mais vous êtes religieux. Figurez-vous donc ce que c'est que de voir les images saintes auxquelles, enfant, votre mère vous a conduit pour faire votre prière, abattues, foulées aux pieds des chevaux, traînées dans la boue ; figurez-vous ce que c'est que de voir de pareilles choses à Nîmes, dans cette vieille cité de discordes civiles, où presque tous les souvenirs sont de haine, où le sang coule si vite et si longtemps ! Oh ! si je n'avais pas eu la poésie pour me plaindre et la religion pour me consoler, mon Dieu ! que serais-je devenu ?

— Nous avons tous vu de pareilles choses, croyez-moi ; c'est ce qui fait qu'à cette heure chaque poète sera au besoin un homme social. Le domaine de la poésie s'est agrandi du champ de la politique ; les révolutions l'ont labouré avec l'épée; nos pères l'ont engraissé avec le sang: semons-y la parole, et les croyances y repousseront.

— Vous avez un royaume tout entier, vous, le théâtre : moi, je n'ai qu'un jardin ; n'importe, j'y cultiverai des fleurs, et j'en ferai des couronnes que je vous jetterai.

— Vous ne m'avez pas donné rendez-vous pour me faire des compliments, mais pour me dire des vers.

— Le désirez-vous sincèrement, ou n'est-ce qu'une affaire de curiosité ou de politesse ?

— Je croyais que nous nous connaissions assez pour nous épargner l'un à l'autre de pareilles questions.

— C'est juste, je suis à vous ; quand je vous ennuierai, vous m'arrêterez, et tout sera dit.

Il commença. Dès les premiers vers, je remarquai dans sa voix cette intonation qui appartient essentiellement à l'école moderne, cette manière de dire qui m'avait si souvent frappé chez de Vigny, chez Lamartine et chez Hugo; et cependant Reboul ne connaissait à cette époque aucun de ces hommes. Cela me prouvait une chose dont je me doutais depuis longtemps, c'est qu'il y a dans les vers modernes une mélodie entièrement absente des vers de l'ancienne école. Pendant qu'il parlait, j'examinais cet homme : sa physionomie avait pris un caractère nouveau, celui de la foi. Une grande conviction intérieure se manifestait au dehors à mesure qu'il lisait et selon ce qu'il lisait.

Nous passâmes ainsi quatre heures, lui me versant de la poésie à flots, et moi disant toujours : Encore. Je ne lui fis pas grâce d'un tiroir de son bureau : tout en sortit, manuscrits, cahiers, feuilles volantes ; enfin je lui indiquai du doigt un dernier brouillon. — Quand à celui-ci, me dit-il, vous le lirez vous-même plus tard, demain. — Pourquoi ? — Parce que ce sont des vers que je vous ai adressés. Je les ai griffonnés en vous attendant. Mais, à cette heure, allons voir les Arènes ; et, soyez tranquille, nous n'aurons fait que changer de poésie ; seulement, je vous ai réservé la meilleure pour la dernière.

La maison de Reboul était, comme je l'ai dit, voisine des Arènes ; au bout de la même rue nous primes, nous nous trouvâmes donc en face d'elles. C'était, après l'arc de triomphe et le théâtre d'Orange, le premier grand monument romain que je voyais. Nous en fîmes le tour au pas ordinaire de deux hommes qui marchent en causant, et cette promenade nous prit près d'un quart d'heure, après lequel nous nous retrouvâmes à la porte. Reboul se fit reconnaître du concierge; et quoique l'heure de la visite fût passée, Reboul, en sa qualité de compatriote et de voisin, en obtint l'ouverture. Cinq francs que je glissai dans la main du moderne janitor me placèrent immédiatement assez haut dans son esprit pour qu'il m'accordât sans difficulté la demande que je lui fis de rester, même après que Reboul, à qui je ne pouvais décemment faire passer la nuit en plein air, serait parti. Cependant il voulut m'accompagner dans ma première visite intérieure ; en conséquence, nous commençâmes, en dedans et sous la galerie inférieure, la même promenade circulaire que nous venions de faire en dehors ; puis nous passâmes à la galerie supérieure, et de là, par un vomitoire, nous entrâmes dans le cirque.

Il est impossible de se faire une idée de l'effet que produit, vue au clair de lune, cette ruine gigantesque. Certes, l'Italie offre de plus grands vestiges, et le cirque de Titus est bâti sur des proportions plus colossales encore que celui d'Antonin (1) ; mais on y parvient par des gradations qui vous ont conduit au spectacle qui vous attend. On a traversé pour y arriver le panthéon d'Agrippa, les restes du Capitole et l'arc de Titus ; enfin on est à Rome, la ville des grands hommes et des grandes choses. Mais à Nîmes, au milieu de notre France moderne, sur une terre où aucun jalon ne prépare la pensée à la vue de ces restes étranges d'une civilisation oubliée, le squelette du géant dépasse toutes les prévisions de l'esprit, toutes les limites de l'imagination, toutes les proportions de la pensée.

Reboul s'aperçut facilement de l'effet que cet aspect produisait sur moi. — Vous n'avez plus besoin de personne, me dit-il ; tout ce que je pourrais vous dire ne vaudrait pas ce que vous diront ces ruines. Je vous laisse avec le spectre d'un monde ; interrogez-le.

Je lui tendis la main avec un signe de tête. Il rentra par un des vomitoires. J'entendis ses pas résonner quelque temps encore dans les profondeurs de l'amphithéâtre, puis s'éloigner, puis s'éteindre, et je restai seul avec le silence.

La nuit était belle, quoiqu'un peu nuageuse ; la lune, qui avait atteint sa plus grande circonférence, perçait cette atmosphère transparente du Midi de rayons pâles et froids, mais suffisans à éclairer ; on eût dit un crépuscule du nord. De temps en temps le mistral soufflait par brises, s'engouffrait dans les galeries, battait des ailes comme un aigle, et sortait par les ouvertures dont la main des hommes ou le pied du temps ont troué l'antique édifice. Ce bruit avait quelque chose d'indistinct qui glaçait l'âme et faisait frissonner le corps ; tantôt on eût dit les rugissemens des bêtes, et tantôt les gémissemens des gladiateurs ; parfois aussi un grand nuage passait entre la lune et la terre. Alors une ombre était jetée sur les Arènes, comme un crêpe sur un cercueil : on cessait un instant de distinguer les détails perdus dans l'obscurité ; puis peu à peu, comme si la main de Dieu eût tiré un bout du suaire, le cadavre commençait à reparaître, étendu et mutilé.

Je restai deux heures ainsi, reconstruisant dans ma pensée le monument en ruines et la société éteinte : toutes les places qu'avait occupées cette grande génération romaine étaient encore visibles, et pouvaient être repeuplées. Les quatre premiers gradins, à compter du sol, étaient réservés aux principaux personnages de la colonie ; les places en étaient séparées, et chaque famille noble avait la sienne marquée à son nom. A la porte du nord s'élevait encore l'estrade consulaire, et à la porte du midi, la loge des prêtresses. Au-dessus d'elles, deux cintres noirs indiquaient les voûtes où se retiraient, en cas de pluie, les privilégiés de César et de Dieu. Les dix gradins suivans, séparés des quatre premiers par un mur, étaient réservés aux chevaliers, qui y entraient ou en sortaient par quarante-quatre issues. Dix autres gradins encore étaient réservés au peuple, qui y arrivait par trente vomitoires ; enfin la populace et les esclaves couronnant cette grande spirale renversée se tenaient entassés et debout contre l'attique, dans laquelle on plantait les mâts qui tendaient le velarium.

Les jours de fête, c'est-à-dire les jours où le sang devait couler, trente mille spectateurs couvraient les gradins, encombraient les vomitoires, et se cramponnaient aux poutres. Mais il arrivait parfois qu'au moment où la bête et l'homme

(1) Quelques-uns attribuent les constructions des Arènes à Antonin ; d'autres, et ceux-là s'appuient sur une inscription retrouvée, leur donnent pour fondateur un des membres de la famille Florienne.

commençaient à lutter l'un contre l'autre, quelque orage venait à passer, et se fondait en pluie et en éclairs sur l'amphithéâtre. Alors on faisait rentrer le gladiateur dans sa prison et le lion dans sa fosse; les trente mille spectateurs se levaient spontanément et passaient de l'enceinte dans les galeries. La pluie ne trouvait plus à mouiller que la pierre, et l'on eût cru le monument vide, si l'on n'eût entendu, comme des abeilles dans leur ruche, bourdonner le peuple sous ses arceaux. Pendant ce temps, l'animal léchait ses blessures, et l'homme étanchait son sang; mais dès qu'un rayon de soleil reparaissait, séchant ces gradins disposés en pente de manière à laisser écouler l'eau, aussitôt que le sable avait bu la pluie, du moment que le consul reparaissait à sa place, les trente mille spectateurs rentraient par les cent vomitoires, se répandaient de nouveau sur les gradins, reprenaient leurs places un instant vides, et les grilles de l'arène rouvertes donnaient de nouveau passage au lion et au gladiateur.

L'endroit où j'étais assis se trouvait être un des mieux conservés de l'amphithéâtre : à mes pieds, douze ou quinze gradins conduisaient sans interruption jusqu'au sol. Je descendis cet escalier gigantesque, dont les marches supérieures ont jusqu'à quinze cents pieds de circonférence, et je me trouvai sur le sol même de l'arène. Aux deux flancs de l'enceinte, et en face l'une de l'autre, on voit encore les portes qui donnaient entrée aux combattans.

Lors de l'invasion des barbares, les Visigoths trouvèrent l'amphithéâtre, qui n'avait encore que trois siècles d'existence, parfaitement conservé, et le convertirent en citadelle, et, en conséquence de sa nouvelle destination, flanquèrent la porte orientale de deux tours, qui restèrent debout jusqu'en 1809. Les Sarrasins, battus à Poitiers par Charles Martel, se réfugièrent à leur tour derrière ses murailles. Le vainqueur les y poursuivit, et toute la partie extérieure du colosse garde encore la trace des flammes qu'allumèrent les assiégeans. Les barbares expulsés, une garnison s'établit dans la forteresse antique et donna naissance à l'association des Arènes, composée de chevaliers liés entre eux par serment de les défendre jusqu'à la mort. Ces chevaliers furent à leur tour chassés par le mouvement des communes, et le peuple qui succède à tout, fonda, dans l'enceinte de l'amphithéâtre une colonie qui subsistait encore en 1810, et qui se composait de trois cents maisons habitées par deux mille habitans.

Je ne sais quand je serais sorti de ces magnifiques ruines, si trois heures du matin n'avaient sonné. Je pensai qu'il était temps enfin de les quitter. Je réveillai le concierge, et avec grand'peine je rentrai à l'hôtel.

AIGUES-MORTES.

Le lendemain, pendant que nous déjeunions, notre hôte monta:
— Ces messieurs, nous dit-il, sont sans doute venus à Nîmes pour la Ferrade?
— Qu'est-ce que cela? répondis-je.
— Ah! monsieur, c'est une grande fête.
— Et que se passe-t-il dans cette fête?
— On marque les taureaux de la Camargue.
— Où cela?
— Dans le Cirque.
— Et quand?
— Dimanche prochain.

Nous nous regardâmes, Jadin et moi; nous avions grande envie de voir une ferrade, mais malheureusement notre temps était compté : nous n'étions encore qu'au mercredi, et nous ne pouvions décemment rester à Nîmes jusqu'au dimanche. Nous fîmes cette objection à notre hôte.

— Mais, nous dit-il, si ces messieurs avaient l'intention de faire une excursion dans les environs de Nîmes?
— Nous comptions aller à Aigues-Mortes et à Saint-Gilles.
— A merveille! Ces messieurs peuvent partir aujourd'hui, aller coucher à Aigues-Mortes, y rester demain et après-demain, et revenir par Saint-Gilles.
— Que dites-vous de cela, Jadin?
— Je dis que notre hôte est un grand stratégiste.
— Eh bien! alors, le cheval au cabriolet, et partons.

Je courus à l'instant chez Reboul, qui devait nous venir chercher pour nous faire les honneurs de Nîmes. Je lui fis part de notre nouvelle combinaison, qu'il approuva, tout en se désolant de ne pouvoir nous accompagner. Aigues-Mortes était sa ville de prédilection; Aigues-Mortes était la source où il allait puiser de la poésie quand sa verve était tarie; Aigues-Mortes enfin lui avait inspiré quelques-uns de ses plus beaux vers; de sorte qu'il aimait cette ville comme on aime une maîtresse poitrinaire, que l'on voit mourir sous ses yeux. Enfin, si je n'avais pas depuis longtemps désiré voir la cité de Saint-Louis, cet enthousiasme de Reboul pour la Damiette française m'aurait inspiré le désir d'y faire un pèlerinage.

Une demi-heure après, nous roulions au grand trot sur la route de Montpellier.

Notre cabriolet ne put nous mener que jusqu'à Lunel, une route de traverse conduisait seule à la pauvre ville perdue, où aucun commerce n'attire; il faut être historien, peintre ou poète pour la visiter. A mesure que nous avancions, le terrain, en se nivelant, annonçait les approches de la mer. Bientôt nous nous trouvâmes engagés au milieu d'immenses marais, coupés par de grandes flaques d'eau, au milieu desquelles s'élevaient des îles couvertes de roseaux et de tamaris. A l'horizon, nous apercevions, vers notre gauche, une grande et belle forêt de pins d'Italie, le roi des arbres méridionaux; à leurs pieds et en face de nous, une ligne d'azur, qui était la mer; enfin, à notre droite, un massif d'arbres, ombrageant une métairie, derrière lequel se cachait la ville où nous allions chercher. Plus nous avancions, plus le paysage prenait un caractère triste et silencieux : aucun être vivant, si ce n'est quelque héron effrayé par nous, qui s'enlevait en jetant un cri aigu, ou quelque mouette blanche, se balançant insoucieusement sur l'eau, n'animait cette solitude. Enfin nous nous trouvâmes sur une chaussée jetée au milieu de deux étangs grands comme des lacs. Au milieu de cette chaussée s'élevait une tour (1), contemporaine de saint Louis, ouverte à qui veut passer, sans garde pour la défendre, et colorée de cette merveilleuse teinte feuille-morte que le soleil du Midi donne aux monuments qu'il éclaire. Cependant, comme nous nous en approchions, nous vîmes se lever une espèce de douanier, concierge fiévreux de cette marécageuse poterne; mais, voyant à notre costume et à notre bagage que nous n'étions pas des contrebandiers, il alla se rasseoir, tout en tremblotant, sur une chaise placée au soleil et contre un mur. Un chien couché près de lui semblait subir comme lui l'influence méphitique de ce triste séjour; c'était un groupe d'une tristesse profonde, et qui semblait singulièrement en harmonie avec le paysage. Nous nous approchâmes de cet homme, et, pour lier conversation avec lui, nous lui demandâmes s'il y avait encore loin de l'endroit où nous étions à Aigues-Mortes. Il nous répondit que dans dix minutes nous apercevrions la ville, et que dans trois quarts d'heure nous y serions arrivés. Nous nous informâmes alors s'il y avait longtemps qu'il habitait ce poste. Il nous répondit qu'il y avait quatre ans. Il y était venu fort et bien portant; quatre étés avaient suffi pour le réduire en l'état où il était. Le malheureux mourait aux frais du gouvernement; il est vrai qu'il ne lui coûtait pas cher, on lui donnait cent écus par an pour cela. Nous nous étonnâmes que, connaissant l'influence de la localité, il eût accepté cette place. —

(1) La tour Charbonnière.

Que voulez vous? — nous répondit-il, — il faut bien vivre !

Nous continuâmes notre route, admirant à quel degré peut être portée la résignation humaine, et, comme nous l'avait dit notre moribond, au bout de dix minutes, nous aperçûmes Aigues-Mortes, ou plutôt ses murailles ; car pas une maison ne dépasse les remparts, et la cité gothique semble un bijou soigneusement enfermé dans un écrin de pierre.

Quelque envie que les Aigues-Mortains aient de faire remonter la fondation de leur ville à Marius, qui, au dire de Claude Ptolémée, ayant assis son camp sur le Rhône, profita du loisir que lui laissaient les Teutons pour faire creuser, depuis la partie navigable du fleuve jusqu'à la mer, un large canal, par lequel pussent remonter les bateliers qui fournissaient des provisions de bouche à son armée, la seule époque qui ait laissé des traces réelles est le huitième siècle, pendant lequel on bâtit la tour de Matafère, qui, s'il faut en croire l'histoire générale du Languedoc, s'élevait sur l'emplacement actuel de la ville. Vers le même temps, une abbaye de Bénédictins s'établit à une demi-lieue d'Aigues-Mortes, près de la route qui conduit à Nîmes ; on la nommait Psalmodi, à cause de ce chant perpétuel que ses moines faisaient entendre, et qui, comme le dit Grégoire de Tours, qui l'appelle *Psalterium perpetuum*, était alors en usage dans quelques couvens. Cette abbaye, détruite en 725 par les Sarrasins, fut rebâtie en 788 par Charlemagne, qui lui donna la tour de Matafère. Dès ce moment, les paysans des environs, trouvant sur un même point protection temporelle et spirituelle, bâtirent leurs maisons à l'entour de la forteresse, qui ne tarda pas à échanger son nom contre celui des eaux dormantes qui l'environnaient.

Au douzième siècle, la ville d'Aigues-Mortes, protégée par le couvent de Psalmodi, et par les seigneurs de Toulouse, était devenue une cité maritime. S'il faut en croire Bernard de Trévise, chanoine de Maguelonne, auteur du roman de *Pierre de Provence*, et qui vivait vers 1160, elle recevait dans son port des navires de Gênes, de Constantinople et d'Alexandrie. Il est vrai qu'Astruc, dans ses mémoires sur l'histoire de Languedoc, a prétendu que ce passage avait été intercalé par Pétrarque. La chose est possible ; mais il n'en fallait pas moins qu'Aigues-Mortes eût une certaine importance, puisque saint Louis la choisit, vers la moitié du treizième siècle, pour y rassembler la flotte qu'il devait commander.

A cette époque, la France était loin d'avoir l'étendue qu'elle a aujourd'hui ; elle ne possédait que l'Orléanais, l'Ile-de-France et la Picardie, domaine originaire de la couronne ; le Berry, acheté par Philippe Ier; la Normandie et la Touraine, confisquées sur le roi Jean par Philippe-Auguste, et ce ne fut que vingt-cinq ans plus tard que Philippe-le-Hardi hérita du Languedoc ; de sorte qu'elle ne pouvait disposer d'aucun port sur la Méditerranée.

Louis IX commença donc par s'assurer de celui de Marseille, qui lui fut offert par sa belle-sœur Béatrix, comtesse de Provence. Mais comme il ne lui suffisait pas ; que Montpellier et ses dépendances relevaient du roi d'Aragon ; que l'ancien port d'Agde et le nouveau port de Saint-Gilles appartenaient au comte de Toulouse, vassal remuant et infidèle, il proposa à l'abbé de Psalmodi de lui faire la cession du port d'Aigues-Mortes contre une vaste étendue de terrains qu'il possédait auprès de Sommières, sur les bords du Vidourle. L'échange fut accepté, et l'acte de cession passé au mois d'août 1248. Ce fut alors que, pour encourager de nouveaux colons à venir se fixer dans la ville qu'il venait d'acquérir, Louis IX, par lettres-patentes données dès 1246, affranchit les habitans d'Aigues-Mortes de toutes tailles et de tout impôt, de tout emprunt volontaire ou forcé, et de tout péage sur leurs denrées dans l'étendue des domaines du roi ; les exempta de fournir des hommes pour le service militaire, hors des diocèses de Nîmes, d'Uzès et de Maguelonne ; leur donna la jouissance commune des pêcheries et pâturages qui les environnent, ainsi que le droit de chasse sur leur territoire ; enfin, il leur reconnut la faculté d'élire tous les ans, parmi eux, quatre consuls, investis de l'autorité municipale, le roi se réservant seulement la nomination du juge, qu'il s'imposa l'obligation de ne point choisir parmi les habitans de la ville, et du capitaine viguier ou châtelain. Ces concessions, immenses pour cette époque, eurent les résultats qu'en attendait Louis IX ; les habitans affluèrent dans la ville affranchie. Le port, entièrement restauré aux dépens de plusieurs monumens des environs, et même, s'il faut en croire Gariel, des vieux tombeaux de l'église de Maguelonne, reçut, vers le milieu de l'année 1248, une flotte nombreuse, que joignit au mois d'août Louis IX lui-même, précédé de l'oriflamme, et portant la panetière et le bourdon, insignes de son pèlerinage. Enfin, le 25 août, les mille vaisseaux du roi, montés par trente-six mille soldats, sortirent de la rade, faisant voile pour l'île de Chypre, où ils devaient faire jonction avec le reste de la flotte qui était partie de Marseille. C'est l'un des huit cents vaisseaux sortis du port de cette dernière cité que montait, ainsi qu'il nous l'apprend lui-même, le sire de Joinville, naïf et poétique historien de cette première croisade.

Chacun sait comment cette entreprise échoua, malgré la prise de Damiette ; comment, dans le séjour qu'ils firent dans cette cité en attendant la crue du Nil et les secours que le comte de Poitiers devait amener de France, les soldats du Seigneur se corrompirent au point qu'il y avait, dit Joinville, des lieux de prostitution tenus par les gens du roi jusqu'à l'entour du pavillon royal, et comment enfin, après la victoire de Mansourah, où fut tué le comte d'Artois, la disette, la maladie et le feu grégeois faisaient de tels ravages dans l'armée chrétienne, que, ne pouvant plus marcher sur le Caire, il fallut que Louis IX songeât à la retraite (1). Ce fut dans cette retraite, ou plutôt dans cette déroute, que le roi fut atteint, enveloppé et fait prisonnier à Munieh, puis conduit à Mansourah, où le sultan offrit de lui rendre la liberté pour huit mille besans. « Un roi de France, répondit Louis IX, ne se rachète pas pour de l'argent, il s'échange contre un empereur ou contre une ville ; prenez Damiette pour ma rançon et les huit mille besans d'or pour celle de mon armée. » Malgré la mort du sultan, qui arriva sur ces entrefaites, le traité fut conclu à ces conditions entre les Mamelucks et *le plus fier chrétien qu'on ait jamais vu en Orient.*

Le roi s'embarqua aussitôt à Alexandrie ; mais au lieu de revenir en France, il fit voile pour la Terre-Sainte, où il resta trois mois, attendant toujours d'Europe les secours d'hommes et d'argent qui n'arrivèrent point. Ce fut là qu'en 1252 il apprit la mort de sa mère : cette nouvelle le détermina à revenir en France. Il s'embarqua au port de Saint-Jean-d'Acre, et le 17 juillet 1254 il aborda aux îles d'Hyères.

Cependant Louis IX, qui, dans l'espérance d'une seconde croisade, continuait de porter la croix sur ses habits, était parvenu à rétablir la paix dans le royaume. A peine vit-il qu'il pouvait quitter la France sans danger, qu'il convoqua le parlement de Paris, s'y présenta, portant entre ses mains la couronne d'épines de Notre-Seigneur, et ordonna une seconde prise d'armes. Ce fut alors qu'il conçut le dessein d'entourer de remparts la ville d'Aigues-Mortes ; et, comme le souverain pontife était né à Saint-Gilles et était parvenu au trône papal après avoir été successivement soldat, avocat au parlement de Paris, et secrétaire du roi, il s'en ouvrit à lui.

Ce fut pendant que le roi tenait sa cour à Saint-Gilles, en attendant les vaisseaux génois, au milieu des fêtes données aux ambassadeurs de Michel Paléologue, que la ligne où devait s'élever les fortifications fut tracée autour d'Aigues-Mortes. Le roi voulut qu'elles eussent le contour, l'élévation et la forme de celles de Damiette, afin qu'elles rappelassent éternellement la victoire qui avait ouvert la première croisade. Mais au moment où on allait en poser les premières pierres, les vaisseaux attendus arrivèrent, conduits par le comte Alphonse, et déterminèrent le départ du roi.

Le premier juillet 1270, saint Louis quittait les côtes de France, et, le 25 août suivant, il expirait sur la cendre, à

(1) Voir le Voyage au Sinaï.

l'endroit même où l'envoyé de Rome trouva Marius assis sur les ruines de Carthage.

Et ainsi, dit Joinville, *comme Dieu est mort pour son peuple, aussi semblablement a mis le saint roi Louis son corps en danger et aventure de mort pour le peuple de son royaume.*

Fidèle héritier, comme il avait été brave soldat, et fils pieux, Philippe-le-Hardi ne fut pas plutôt sur le trône, qu'il se souvint des intentions de son père à l'égard d'Aigues-Mortes. A son ordre, la ceinture de remparts qui l'enveloppe encore aujourd'hui s'éleva sur le plan arrêté, de sorte que nous pouvons encore aujourd'hui, à l'aspect de ces murailles, sur lesquelles ont passé près de huit siècles, rebâtir la ville orientale que nous irions aujourd'hui chercher vainement à l'embouchure du Nil.

On peut facilement se faire une idée de la curiosité avec laquelle nous approchions de ces remparts historiques, qui, outre leurs souvenirs merveilleux, sont le modèle le plus intact que nous ait laissé de ses fortifications cette civilisation religieuse et militaire du treizième siècle. Aigues-Mortes avait bien encore d'autres souvenirs plus récens que ceux dont nous venons de raconter quelque chose, une trahison de Louis de Malapue, qui livra, momentanément, ces murailles saintes aux Bourguignons; une entrevue politique de Charles-Quint et de François Ier; une forêt brûlée par Barberousse; l'empoisonnement des calvinistes dans la tour de Constance; enfin, la construction d'un canal ordonnée par Louis XV. Mais qu'étaient pour nous toutes ces anecdotes locales auprès des magnifiques pages écrites par Louis IX et Philippe le Hardi sur le livre de pierre qui s'ouvrait à nos yeux?

Nous entrâmes à Aigues-Mortes par la porte du château; et ce fut alors que la vérité de la description de Reboul me revint à l'esprit:

> Et puis nous irons voir, car décadence et deuil
> Viennent toujours après la puissance et l'orgueil,
> Nous irons nous auprès de l'eau stationnaire
> Aigues-Mortes aux vingt tours, la cité poitrinaire,
> Qui meurt comme un hibou dans le creux de son nid,
> Comme dans son armure un chevalier jauni,
> Comme au soleil d'été qu'il doit être propice
> Un mendiant fiévreux dans la cour d'un hospice.

Et en effet, Aigues-Mortes, qui renferma dans ses remparts jusqu'à dix mille habitans, en est réduite à une population de deux mille six cents âmes; de sorte que, comme la ceinture de pierre ne peut se rétrécir à mesure que la ville maigrit, un quart des maisons est fermé, l'autre tombe en ruines, le troisième a été rendu à l'agriculture, et fait place à des jardins, et à des champs labourés, tandis que le quatrième contient les restes de ces malheureux, décimés par la fièvre, qui achèvent de mourir dans ces maisons basses qu'on est forcé de recrépir chaque année, tant l'air est humide et pénétrant.

Quant aux habitans, leurs anciens privilèges, la situation de leur ville au milieu des marais, l'air méphitique qu'ils respirent, ont eu sur eux un effet moral, aussi visible et aussi grand que l'effet physique. Ne demandez pas aux Aiguesmortais l'ardente vivacité des méridionaux, cette turgescence vitale qui se répand dans les paroles et les gestes des Languedociens et des Provençaux; non, ils vous répondront, avec l'accent triste et indolent des hommes du Nord, qu'ils ne peuvent pas dépenser leur énergie inutilement, n'ayant pas trop de toutes leurs forces pour vivre.

Nous eûmes grand'peine à trouver une auberge; car Aigues-Mortes, n'ayant ni industrie ni commerce, ne pêchant et ne chassant, comme les tribus sauvages, que pour vivre elle-même, est à peine visitée une fois l'an par un artiste ou par un poète aux souvenirs religieux, qui viennent, la plume ou le crayon à la main, chercher les traces du pèlerin royal dont le souvenir est resté si vivant dans cette ville morte. Heureusement nous nous souvînmes d'une lettre que Reboul nous avait donnée pour le maire d'Aigues-Mortes, M. Jean Vigné, et l'idée nous prit d'interrompre nos préparatifs dînatoires pour la porter à son adresse. Cent fois soit béni notre grand poète! car jamais lettre de recommandation ne fut mieux reçue. M. Vigné l'eut à peine lue, qu'il déclara que nous n'aurions pas d'autre hôte que lui, et qu'il mit sa table et sa maison à notre disposition.

Si nos lecteurs ont voyagé, ils savent ce que c'est que d'arriver, fatigué et mourant de faim, dans une ville inconnue, où souvent on ne trouve ni lit, ni dîner, ni cicerone. Alors on erre, ignorant et de mauvaise humeur, passant, sans s'y arrêter, sur les endroits les plus intéressans, pareil à ces ombres désolées à qui on aurait oublié de mettre un sou dans la main pour traverser l'Achéron; puis, après un jour d'ennui, on quitte la ville sans en emporter un seul souvenir, si ce n'est celui des heures maussades qu'on y a passées. Qu'au contraire, si harassé et endolori que l'on soit de la route, on rencontre bonne table, bon lit, hôte au visage joyeux, à l'aspect investigateur, à la mémoire riche et savante; tout autour de vous prend une bouche pour sourire et pour raconter, les traditions s'entassent sur votre chemin, vos heures sont trop courtes pour tout ce que vous avez de lieux saints à visiter et de traditions pittoresques à entendre. Les jours passent rapides et animés au milieu de cette famille nouvelle, créée par l'hospitalité, et vous quittez la ville qui vous a donné comme vous quitteriez une seconde ville natale qui vous était inconnue à vous-même, et où vous avez retrouvé des amis oubliés, emportant pour la vie la mémoire d'une amitié de quelques heures.

Voilà ce qui nous arriva à Aigues-Mortes, et, il faut le dire, dans une partie des villes que nous visitâmes pendant tout le cours de notre voyage: il n'y a qu'à Paris que l'hospitalité est une vertu tout à fait inconnue: c'est qu'à Paris, il faut l'avouer, on n'a véritablement de temps, de place et d'argent que pour soi.

Notre hôte avait tout cela à notre service, lui. Nous n'acceptâmes, il est vrai, que son temps, ses chambres et ses dîners; mais nous en usâmes sans façon et largement. Il allait se mettre à table comme nous arrivions; on ajouta deux couverts, et nous entrâmes incontinent en possession de nos droits de voyageurs recommandés.

Nous vîmes avec plaisir que notre hôte, tout maire d'Aigues-Mortes qu'il était, ne paraissait nullement soumis à l'influence de l'air qui attaquait ses administrés. Nous lui en fîmes nos complimens bien sincères. Il nous expliqua alors que ces fièvres si redoutées n'atteignaient que les malheureux qui, après un long et pénible travail, ne trouvaient dans leurs maisons ni la nourriture saine, ni l'abri salubre qui dans tous les pays sont les premières conditions d'une bonne santé. Toutes les personnes possédant quelque fortune et pouvant prendre les précautions d'hygiène et de température les plus simples, échappaient, nous assura-t-il, comme lui, au fléau canicullaire. Il y avait quarante ans qu'il habitait impunément Aigues-Mortes, et il espérait l'habiter quarante ans encore, sans avoir rien à démêler avec aucune maladie. C'est ce que nous lui souhaitâmes de tout notre cœur, en nous retirant dans les chambres qu'il nous avait fait préparer avec l'ingénieuse recherche de la plus comfortable hospitalité (1).

Aussi dormions-nous à poings fermés dans les meilleurs lits que nous eussions eus depuis notre départ de Paris, lorsque, le lendemain matin, à huit heures, notre hôte entra dans notre chambre.

— Pardieu! nous dit-il, il faut convenir que vous jouez de bonheur!

— Nous nous en sommes déjà aperçus, lui répondis-je en lui tendant la main, encore à moitié endormi.

— Ah! oui, il s'agit bien de cela! savez-vous ce qu'on vient m'annoncer?

— Non, ma foi.

— Qu'on vient de mettre à découvert, en enlevant des terres derrière la chaussée du Vidourle, la carcasse d'une galère de saint Louis.

— Ah bah! qu'est-ce que vous dites donc là?

---

(1) J'étais bien loin de me douter, lorsque j'écrivais ces lignes, que quatre ans après, Vigné, comme Allier, aurait cessé de vivre.

— Ma foi, ce qu'on m'annonce à l'instant. Voulez-vous voir l'homme qui m'apporte cette nouvelle?

— Oui, sans doute ! Jadin, arrivez donc, paresseux !

— J'entends bien, répondit Jadin ; mais c'est que je m'habille.

— François ! — Un homme entra. — Voyons, mon ami, continua notre hôte, qu'est-ce que tu viens me dire ?

— Je viens vous dire qu'en tirant de la terre d'un côté pour le reporter de l'autre, nous avons mis à découvert un grand bateau qui est long dix fois comme cette chambre ; de sorte que M. René de Bernis, notre maître, m'a dit : Va-t-en donc annoncer à M. le maire d'Aigues-Mortes que nous avons retrouvé auprès du vieux canal une nef du roi saint Louis. Alors je suis venu, et voilà.

— Et c'est bien loin d'ici l'endroit où cette galère a été retrouvée ?

— Oh ! un quart de lieue tout au plus.

— Alors, nous allons y aller, hein ? dis-je en sautant à bas de mon lit.

— Vous prendrez bien le temps de déjeuner, quand le diable y serait ?

— Oui, pourvu que le déjeuner ne soit pas dans le genre du dîner d'hier.

— Soyez tranquille ; une côtelette, un verre de vin de Bordeaux et une tasse de café, voilà tout ; cela sera prêt quand vous descendrez.

— C'est que, quoique arrivé d'hier seulement, voyez-vous, je connais déjà votre table comme si j'en faisais la carte.

— Et vous n'en êtes pas content ?

— Au contraire, j'en suis trop content.

— Eh bien ! soyez tranquille ; aujourd'hui, je vous ferai faire un dîner de marin.

— Vraiment ! et où cela ?

— Au Grau du Roi.

— Parole d'honneur ! vous êtes un homme adorable, et si nous avons déjeuné dans une demi-heure, nous vous tresserons une couronne de chêne.

Chacun fit diligence de son côté, et lorsque nous descendîmes, tout était prêt ; dix minutes après nous étions en route.

Nous étions si pressés d'arriver à la fameuse galère, que nous remîmes à un autre moment de faire le tour des remparts. Nous sortîmes par la porte opposée à celle par laquelle nous étions entrés, et à peine eûmes-nous franchie, que nous aperçûmes la Méditerranée à trois quarts de lieue de nous.

— Voilà donc, dis-je à M. Vigne, la distance qu'a parcourue la mer en se retirant ?

— Ah ! ah ! me répondit-il, il paraît que vous partagez l'erreur générale, et que vous croyez que, du temps de saint Louis, la mer venait baigner nos remparts.

— Mais il me semble que Voltaire et Buffon le disent, l'un dans son Essai sur les mœurs et l'esprit des nations, l'autre dans sa Théorie sur de la terre.

— Eh bien ! tous deux se trompent. Si vous le voulez bien, continua notre conducteur en s'interrompant, nous allons descendre dans cette barque ; le plus court est de traverser l'étang de la Marette.

— Très-bien. Vous disiez donc que Buffon et Voltaire se trompaient ?

— Oui, sans doute. Il fut un temps où la Méditerranée couvrait l'emplacement même où nous sommes, et devait s'étendre une lieue au moins au-delà d'Aigues-Mortes ; ces étangs et ces marais en sont la preuve ; mais ce temps est antérieur à saint Louis et même à Marius. Au treizième siècle, au contraire, tout prouve que la mer était déjà resserrée dans ses limites actuelles, et que la ville se trouvait, comme aujourd'hui, située à une lieue environ du rivage. Une des preuves les plus irrécusables de ce que j'avance, et je vous en citerai plusieurs, c'est que nous conservons dans nos archives une information faite sous le roi Jean, en 1365, c'est-à-dire quatre-vingt treize ans après la mort de saint Louis, pour constater l'état du port, et les réparations qu'il était urgent d'y faire. Il y est reconnu par la déposition des vieillards, dont quelques uns étaient contemporains de Philippe-le-Hardi, et dont les pères avaient assisté à l'embarquement du roi, *qu'ils ont vu l'ancien canal qui allait d'Aigues-Mortes à la mer en si bon état, que les vaisseaux et grandes barques pouvaient facilement et sans danger arriver jusqu'auprès de la ville, et que, depuis qu'il est comblé, les navigateurs n'ont plus abordé à son embouchure, au lieu que l'on appelle Bouranet, de peur d'y être pillés.* L'ancien canal, continua M. Vigne, c'est celui où nous allons nous engager en sortant de l'étang de la Marette, sur lequel nous sommes en ce moment ; et il est si bien reconnu par la tradition populaire que c'est le même qu'ont suivi les galères des croisés, que de temps immémorial son embouchure porte le nom de Grau Louis (1).

— Mais, interrompis-je, que signifient aux murailles de la ville ces anneaux de fer que nous y avons vus en passant ? et à quoi étaient-ils bons, si ce n'est à amarrer les bâtimens ?

— Voilà justement d'où est venue l'erreur, reprit notre savant cicérone. Aigues-Mortes avait un port sous ses murailles, mais un port intérieur, si je puis le dire. Ce port était l'étang de la ville, qui, à cette heure encore, n'en est distant que de quelques pas, et qui, à cette époque, et grâce aux travaux qu'y avait fait exécuter le roi, était assez profond pour y recevoir des navires de guerre. Ces navires entraient par le Grau (2) Louis dans le vieux canal, suivaient ce canal jusqu'à sa jonction avec la Grande-Roubine, et de là, par une ouverture que je vous ferai voir, entraient dans l'étang de la ville.

— En effet, voilà qui explique tout.

— Maintenant, un dernier éclaircissement encore sur la manière non pas dont la mer a abandonné la terre, mais dont la terre a repoussé la mer, et dont vous avez facilement la preuve par l'inspection des lieux. Un des bras du Rhône, qui, comme vous le savez se bifurque à Arles et fait de la Camargue une île, vient se jeter dans la mer près d'Aigues-Mortes : eh bien ! ce petit Rhône, comme on l'appelle, entraîne avec lui des sables, des graviers, des sédimens, qui, repoussés à la côte par le courant d'est, ajoutent incessamment au rivage, et forment des bancs de sable, dont les interstices, d'abord couverts d'eau, finissent à la longue par se dessécher, et forment ces dunes mouvantes que nous visiterons en revenant ; mais, pour le moment, nous avons autre chose à voir, car nous voilà arrivés.

En effet, nous mîmes pied à terre sur la rive droite du vieux canal ; nous en suivîmes la rive quelque temps encore, puis, franchissant un court espace de marais, nous arrivâmes au bords du Vidourle, et nous vîmes, à un pied au-dessous de l'eau limpide de la rivière, l'avant d'un bâtiment, ou plutôt d'une grande barque, dont l'arrière était encore caché sous les sables ; le déblaiement n'ayant point été poussé plus loin. La longueur visible du bâtiment était de soixante-trois pieds, sa plus grande largeur de neuf, et sa hauteur du fond de sa quille aux plats-bords de trois. Quant à la partie cachée, à en juger par le rétrécissement de la carène, il devait être tout au plus de sept ou huit pieds ; ce qui donnait au bâtiment une longueur totale de soixante-douze à soixante-quatorze pieds. Ce premier examen suffit pour me convaincre que ce que nous avions sous les yeux était une barque et non une nef ; les nefs de cette époque, dont il nous reste des modèles dans les manuscrits du treizième et du quatorzième siècle, ayant une forme beaucoup plus cintrée et plus matérielle, et un avant et un arrière élevés en forme de tillac.

Maintenant, qu'est-ce que cette barque ? est-ce tout simplement un bateau construit pour transporter des soldats d'Aigues-Mortes au Grau Louis ? Ce serait probable si sa forme allongée ne sentait l'art primitif et ne se rapprochait complètement de ces longues pirogues des mers du Sud. Or, à cette époque, Gênes, à qui saint Louis empruntait ses bâtimens de transport, était assez avancée en navigation pour que les formes primitives fussent déjà altérées. Il en

(1) Nous prions nos lecteurs de se reporter, pour l'intelligence de ces détails, à la carte d'Aigues-Mortes et de ses environs.
(2) De *gradus*, passage.

résulterait donc que ce serait tout simplement une barque construite par les pêcheurs de la côte eux-mêmes, dont le roi pèlerin dut chercher à utiliser l'industrie et les connaissances. Enfin, quelle qu'elle fût, cette barque n'en était pas moins un monument curieux de la civilisation commerciale de nos pères.

Nous restâmes deux ou trois heures à prendre nos mesures de hauteur, de longueur et de largeur; puis nous nous remîmes en route vers l'embouchure du vieux canal, toute comblée, à cette heure, de sables. Bientôt nous arrivâmes au lieu appelé les Tombes, et la terre commença de retentir sous nos pieds. C'est là, s'il faut en croire les traditions populaires, que furent enterrés les croisés morts pendant les deux séjours du roi à Aigues-Mortes. Enfin, après dix minutes de marche, nous arrivâmes au bord de la Méditerranée.

Déjà familier avec la mer extérieure, comme l'appelaient les anciens, ayant parcouru toutes les côtes septentrionales et occidentales de France, depuis le Havre jusqu'au golfe de Gascogne, c'était la première fois que je voyais la Méditerranée. Je reconnus la fille azurée de l'Océan et de Doris, la blonde Amphitrite, la fantasque déesse, dont la colère est rapide et inattendue comme le caprice d'une coquette, en même temps qu'elle est terrible comme la vengeance d'une reine.

Ces tombes que nous venions de fouler aux pieds, et le nom du roi donné à ce canal perdu aujourd'hui dans les sables, sont les deux seuls monumens qui restent, l'un pour les yeux, l'autre pour la pensée, du poétique passage du roi pèlerin, les murailles d'Aigues-Mortes ayant été, comme nous l'avons dit, bâties par Philippe-le-Hardi.

Nous trouvâmes une barque qui nous attendait: c'était une galanterie de notre hôte pour nous épargner un chemin inutile. Nous y montâmes tous trois. Aussitôt nos mariniers déployèrent leur voile triangulaire, et, côtoyant le rivage de la mer à la distance de cinq cents pas à peu près, nous doublâmes le phare et entrâmes triomphalement dans le Grau du Roi.

Ce fut Louis XV qui donna l'ordre d'entreprendre ce nouveau canal, qui conduit aujourd'hui d'Aigues-Mortes à la mer, et qui est devenu son véritable port. La pauvre ville, qui n'avait pour la protéger que le souvenir de son roi, avait été complétement perdue de vue par le gouvernement sous les règnes de Louis XIII et de Louis XIV. Henri IV avait bien ordonné quelques travaux lorsque la publication de l'édit de Nantes, promulgué en 1598, eut rendu quelque tranquillité à l'État; mais les États du Languedoc avaient conçu vers ce même temps le projet d'un port au cap de Cette. Ce projet, soutenu par le prévôt général de Provence, l'emporta sur la bonne volonté royale, et Aigues-Mortes, succombant dans cette lutte avec sa jeune rivale, se trouva de nouveau en proie aux exhalaisons mortelles qui s'échappaient de tous ces étangs et de tous ces marais qui ne pouvaient plus, faute de débouchés, envoyer leurs eaux à la mer. Alors les habitans aisés désertèrent leur ville; les pauvres, découragés, dévorés par la misère et la contagion, continuèrent à mourir avant le temps fixé à la fin de la vie humaine. Enfin, le gouvernement, qui ne s'était aucunement inquiété de cette effroyable dépopulation, s'aperçut qu'elle avait atteint à ses intérêts; les bras manquaient pour exploiter les salines de Peccais; de sorte que les fermiers du roi, qui n'osaient plus, au reste, approcher d'Aigues-Mortes, furent forcés d'approvisionner ailleurs leurs greniers. L'État ne s'inquiéta pas de la ville déserte et moribonde, mais il s'inquiéta de cette branche de ses revenus qu'elle brisait dans son agonie.

Alors un arrêt de Louis XV, en date du 14 août 1725, ordonna la construction d'un canal, et affecta aux dépenses le produit d'une augmentation de cinq sous par minot sur l'impôt du sel; les travaux commencèrent immédiatement, et furent achevés vingt ans après.

Deux môles en maçonnerie, distans d'environ deux toises, et se prolongeant parallèlement à la distance de cent cinquante pas dans la mer, protégèrent l'écoulement des eaux, auxquelles le Vistre et le Vidourle, qui viennent s'y jeter, impriment un cours qui non seulement les entraîne vers la mer; mais encore repousse les amas de sable qui, sans cette force de répulsion, se formeraient nécessairement à son embouchure.

Nous descendîmes près du phare au moment où un douanier, qui pêchait à la ligne, était au plus fort d'une lutte avec un énorme loup de mer qui venait, non pas de mordre à son hameçon, mais de l'avaler. Le pauvre homme n'osait tirer l'animal de l'eau, eu égard à la faiblesse de l'instrument au bout duquel il se débattait: En conséquence, il avait pour le prisonnier, qui menaçait de rompre sa chaîne, tous les égards imaginables; il lui rendait de la ligne, lui en reprenait, lui en rendait encore, l'amenait jusqu'à la surface de l'eau, puis lui permettait de replonger dans ses profondeurs; le pêcheur en suait à grosses gouttes. Nous profitâmes de la circonstance pour faire avec lui un marché à forfait. Nous lui proposâmes un écu du poisson, pêché ou non pêché, à nos risques et périls. Le marché fut accepté: il reçut d'une main les trois francs, et nous remit de l'autre le manche de la ligne. Nous continuâmes la même manœuvre, l'attirant doucement, comme l'avait fait le douanier, jusqu'à la surface de l'eau. Seulement, au moment où il apparut, Jadin, qui l'attendait avec ma carabine, lui envoya au travers du corps une balle qui termina la contestation. Le blessé se débattit un instant encore; mais c'étaient les dernières convulsions de l'agonie, et bientôt il revint de lui-même et le ventre en l'air flotter sur l'eau. Cependant, comme on n'osait pas se fier à la force du crin auquel il était suspendu pour lui faire traverser l'espace de dix ou douze pieds qui se trouve entre le haut de la chaussée et le niveau du canal, on mit une barque à la mer, et on alla le repêcher le mort, qui pesait de six à sept livres, et qui fut immédiatement destiné à faire le fond d'une bouillabaisse.

La bouillabaisse est aux Languedociens et aux Provençaux ce que la polenta est aux Milanais, et le macaroni aux Napolitains; seulement la polenta et le macaroni tiennent de la simplicité primordiale et antédiluvienne; tandis que la bouillabaisse est le résultat de la civilisation culinaire la plus avancée. La bouillabaisse est à elle seule toute une épopée remplie d'épisodes inattendus et d'accidens extraordinaires; et il n'y a peut-être que Méry, dans la capitale, qui puisse dire combien d'espèces diverses de poissons, de polypes et de coquillages doivent participer à sa confection, et juste à quel bouillon la casserole qui la contient doit être enlevée du feu pour qu'elle mérite consciencieusement son nom significatif de *bouillabaisse*.

Notre hôte ne voulut confier à personne autre qu'à ses matelots la confection d'un mets national dont il désirait que nous emportassions un souvenir digne de sa réputation; encore se réserva-t-il la surveillance suprême de la manœuvre. Il en résulta que Jadin et moi nous nous trouvâmes abandonnés pour deux heures à nous-mêmes; de sorte qu'il alla, au milieu des montagnes de sables mouvans qui bordent la mer et s'adossent aux quelques maisons du Grau du Roi, chercher un point dont il pût faire une vue de la ville, tandis que moi je montais au plus haut du phare pour embrasser d'un coup d'œil toute la côte.

Arrivé au-dessus de la lanterne qui sert de fanal, je dominai tout le plat pays environnant. A mes pieds j'avais les dix ou douze maisons qui forment le petit port du Grau du Roi; au premier plan, les montagnes de sables, au milieu desquelles j'apercevais Jadin assis et travaillant, tandis qu'autour de lui passaient au galop, soulevant la poussière sous leurs pieds, des bandes de taureaux noirs de la Camargue poursuivis par leurs gardiens, armés d'une lance et montés sur ces petits chevaux blancs qu'on prétend d'une race arabe, laissée par les Sarrasins pendant leur séjour dans le Midi. Au second plan s'étendaient les étangs du Reposset, de la Commune du roi, de la Ville et de la Marette, dont les eaux immobiles et d'une couleur de bleu foncé, entrecoupées de langues de terres et plantées de roseaux et de tamaris, semblaient avoir la solidité d'une nappe d'acier bruni. Au troisième plan s'élevaient les murailles de la ville, derrière lesquelles disparaissaient les maisons, qui n'ont toutes, comme nous l'avons dit, qu'un étage au-dessus du rez-de-chaussée, et vers lesquelles guidait la vue le grand canal qui lui sert de communication avec la mer, tout chargé de barques vides amarrées à ses rives, et qui flottent comme d'énormes poissons morts; enfin, à l'horizon, le mont Ventoux, au sommet couvert de neige, blanche sentinelle avancée de la grande chaîne des Alpes.

Je restai au haut de mon phare, contemplant cet étrange paysage, dont rien ne peut rendre la solitude et la tristesse, jusqu'au moment où le signal du dîner, qui était un coup de fusil, nous fut donné par notre ponctuel Amphitryon. Je vis Jadin, sensible à l'appel, plier son bagage et s'acheminer vers le lieu du rendez-vous; quant à moi, je n'eus qu'à descendre, attendu que c'était dans les bâtimens même du phare que la table était dressée.

La bouillabaisse était homérique.

Aussitôt après le dîner, nous remontâmes tous trois à notre belvéder, afin d'assister au coucher du soleil. L'air était d'une pureté si merveilleuse, qu'on apercevait à l'occident toute la côte qui s'étend depuis Montpellier jusqu'à Perpignan; puis, au delà de cette côte, comme un nuage, comme une ombre, comme une vapeur, les Pyrénées; à l'orient tout le delta de la Camargue; au midi, la mer immense en feu; au nord, la ville orientale, toute resplendissante des derniers rayons du soleil.

Il y eut demi-heure à peu près pendant laquelle tout cet horizon garda sa couche dorée et la mer sa teinte de feu. Mais bientôt le soleil descendit à l'occident; en même temps l'ombre sembla monter de la terre. Peu à peu la mer reprit sa couleur glauque, la ville son voile grisâtre; le mont Ventoux seul resta encore éclairé dans ses hautes régions; bientôt il n'y eut plus que sa cime qui étincela comme un volcan. Enfin cette dernière flamme, image de la vie, s'éteignit à son tour, et tout le paysage, déjà envahi par l'ombre, appartint enfin à la nuit.

Nous regagnâmes la ville en suivant les bords du canal. Arrivés à l'extrémité de l'étang du Repposset, M. Vigne nous fit faire quelques pas à droite, et nous montra les restes d'un ancien mur qui devait remonter au douzième ou au treizième siècle. Ces ruines, nommées la Peyrade, sont une nouvelle preuve que du temps de la croisade la mer ne s'avançait pas jusqu'à Aigues-Mortes.

Il y a peu de chemins aussi mélancoliques que celui qui conduit du Grau du Roi à la ville: l'heure crépusculaire le rendait, au reste, encore plus triste. Nous n'aperçûmes pas une seule personne pendant les trois quarts de lieue, quoique de temps en temps nous vissions à notre droite de misérables cabanes trempant leurs pieds pourris dans l'eau dormante des étangs, et de temps en temps à notre gauche un jet de feu suivi de la détonation d'une arme. C'était celle de quelque chasseur à l'affût, guettant les canards et les macreuses qui vont capricieusement, par bande de deux ou trois cents, d'un de ces étangs à l'autre, et qui, en passant au-dessus des îles couvertes de tamaris, se livrent ainsi d'eux-mêmes au fusil des paysans; car tous les Aigues-Mortains, affranchis par saint Louis, ont conservé le droit de chasse et de pêche, et chacun a dans sa maison ou dans sa cabane son filet et sa canardière.

Il était huit heures à peine lorsque nous rentrâmes à Aigues-Mortes, et cependant toutes les fenêtres étaient closes, toutes les portes fermées; pas une lumière ne dénonçait un reste de vie dans ce cadavre. Nous traversâmes plusieurs rues aussi solitaires que celles d'Herculanum ou de Pompéïa; enfin nous rentrâmes dans la maison de notre hôte, et il ne nous fallut rien moins que les lumières joyeuses qui nous y attendaient et la figure amicale de son frère, qui venait passer la soirée avec nous, pour nous enlever de la poitrine cette montagne de tristesse qui l'oppressait.

Nous consacrâmes la matinée du lendemain à faire le tour des murailles et à visiter la ville. Le premier soin nous tint quarante minutes à peu près, et le second deux heures. Les murailles, comme nous l'avons dit, sont merveilleuses de conservation; quant à la ville, elle n'offre rien de remarquable, et ses églises des Pénitens-Gris et des Pénitens-Blancs ne méritent ni le nom de monument ni la peine d'être vues.

A trois heures de l'après-midi, nous prîmes congé de notre cicérone, qui, hospitalier jusqu'au bout, ne voulut nous abandonner que dans le coche de Beaucaire, qui devait nous jeter, en passant, à Saint-Gilles.

UNE FERRADE.

Le canal de Beaucaire longe le petit Rhône, et par conséquent côtoie la Camargue. Malheureusement, comme il est encaissé entre deux chaussées de douze ou quinze pieds chacune, il est impossible de découvrir autre chose que les deux chevaux qui tirent le coche et le paysan qui les fouette. Quand nous eûmes épuisé toutes les tentatives que nous suggéra notre imagination pour dominer le paysage, et quand nous fûmes convaincus que décidément la chose était impossible, nous prîmes notre parti. Jadin et moi nous nous établîmes chacun sur une table, lui blairotant son croquis d'Aigues-Mortes, et moi mettant en ordre les notes que j'avais recueillies pendant les deux jours que nous venions d'y passer. Les voyages par le coche ont cela de commode, que, le mouvement étant insensible, on peut écrire ou dessiner tout en marchant. Il est vrai que la société que l'on y rencontre est généralement peu disposée à la méditation; mais cette fois nous étions presque seuls, de sorte que tout en écrivant et dessinant nous arrivâmes à Saint-Gilles sans nous en douter.

L'ancien nom de Saint-Gilles était Rhode, et Rhode était l'une des deux villes bâties par les Rhodiens, qui, si nos lecteurs se le rappellent, avaient tenté de poursuivre dans les Gaules la civilisation phénicienne. Un de ses évêques, qui portait le nom latin d'Egidius, que nous avons francisé en faisant Gilles, fut le parrain de la ville chrétienne, dans laquelle on ne retrouve, au reste, aucun monument antique, si ce n'est quelques inscriptions tumulaires, quelques fûts de colonnes de marbre, et deux ou trois chapiteaux de porphyre. En échange, l'église de Saint-Gilles est le monument le plus complet que l'art byzantin ait conservé debout, non seulement en France, mais peut-être en Europe.

Outre le mérite de l'art, l'église de Saint-Gilles a encore celui des souvenirs: ce fut devant son porche que Raymond VI, dit le Vieux, neveu du roi Louis-le Jeune, et beau-frère de Richard Cœur de Lion, fit, la corde au cou, pieds nus et en chemise, abjuration de l'hérésie vaudoise et amende honorable de la mort de Pierre de Castelnau, légat du pape Innocent II, qui avait été assassiné sinon par ordre du comte, du moins sans qu'il s'opposât au meurtre ou qu'il se mit en peine de punir les meurtriers.

Sous la basilique est une église souterraine non moins curieuse que l'église supérieure. Elle renferme deux souvenirs sanglans des haines religieuses: l'un est le tombeau de Pierre de Castelnau, assassiné par les Vaudois; l'autre est le puits où les protestans jetèrent les enfans de chœur de l'église, qui y tombèrent en criant *Hosanna! Christe, fili Dei, miserere nobis!*

La visite de l'église et l'examen de tous ses détails nous prirent toute la matinée du samedi, de sorte que ce ne fut que sur les deux heures que nous pûmes partir pédestrement pour Nismes, la village de Saint-Gilles n'ayant à nous offrir ni un cabriolet ni un cheval de louage.

Heureusement qu'une course de quatre lieues de pays n'était pas de nature à nous effrayer; nous acceptions, au contraire, avec grand plaisir ces occasions de voir le terrain pied à pied; et n'eût été l'impossibilité de transporter avec nous le bagage nécessaire à un voyage d'un an, je crois même que nous n'eussions jamais adopté d'autre mode de locomotion. En effet, j'en appelle à tous ceux qui ont voyagé l'album du poëte sous le bras et le carton du dessinateur

OEUV. COMP. — VIII. 35

sur l'épaule : y a-t-il bonheur comparable à celui de cette vie vagabonde, libre d'elle-même, qui se tourne indifféremment vers le point de l'horizon qui lui plaît, s'arrête où elle trouve moisson, s'éloigne au premier ennui sans regret de la veille, emportant sa richesse du jour, et sans crainte du lendemain, certaine qu'elle est que chaque aurore amènera sa rosée, chaque midi son soleil, et chaque soir son crépuscule et sa fraîcheur? Je n'ai jamais compris que ce soit ceux qui pourraient voyager toujours qui ne voyagent presque jamais.

Quant à moi, je l'avoue, les meilleurs et les plus doux souvenirs de ma vie sont ceux de ces courses faites en Suisse, en Allemagne, en France, en Corse, en Italie, en Sicile et en Calabre, soit de moitié avec un ami, soit seul avec ma pensée. Les objets qui, sous votre regard, n'ont souvent pris qu'une couleur vulgaire, prennent, du moment qu'on les revoit avec le souvenir, une teinte poétique dont vous n'auriez jamais cru que la mémoire pût les revêtir. Aussi ne faut-il pas revoir les lieux qu'on a vus, si l'on veut conserver la virginité du premier aspect. Il en est des paysages comme des hommes, il ne faut pas en explorer les détails si l'on veut en admirer l'ensemble.

Ce trajet de Saint-Gilles à Nismes n'offre rien de remarquable, et cependant je m'en souviens avec grand plaisir; non que j'aie conservé mémoire des accidents de terrain que nous avons rencontrés sur notre route, pas un seul n'est présent à mon souvenir; mais ce que je me rappelle, c'est un magnifique jour de l'automne méridional, le son des cloches traversant un air limpide et facile à respirer, enfin un air de fête répandu dans toute cette campagne, et qui lui venait des groupes de paysans qui se rendaient à Nismes, endimanchés dès le samedi pour la Ferrade du lendemain.

En approchant de Nismes, à notre retour d'Aigues-Mortes, nous fûmes frappés d'un étrange spectacle : la ville semblait une immense ruche, autour des portes de laquelle se pressaient des milliers d'abeilles; c'étaient des cris, des rumeurs et des bourdonnemens, comme on en entend dans les émeutes populaires. Au milieu de tout ce fracas on distinguait les roulemens du tambour et les éclats des fusées. Nous doublâmes le pas, pour ne rien perdre de ces préparatifs, et franchissant la porte nous tombâmes, du premier bond, au milieu de la procession qui faisait l'annonce. Elle se composait de tambours et de hautbois, derrière lesquels marchait un gamin de douze ou quinze ans, sans souliers, vêtu d'une chemise, d'un simple pantalon de cotonnade soutenu par une seule bretelle, et portant une espèce de perche au bout de laquelle on lisait sur une planche clouée en travers : GRANDE FERRADE. — Derrière cette espèce de porte-enseigne, venait, bras dessus bras dessous, la moitié des ouvriers et des grisettes de la ville; l'autre moitié était aux fenêtres. Nous nous mîmes à la suite de cette procession, et nous arrivâmes à l'hôtel.

J'y trouvai une lettre de Reboul. Forcé de tenir la promesse qu'il avait faite à un ami d'aller passer le dimanche à la campagne, il s'excusait auprès de nous de ne pouvoir nous faire les honneurs de la fête; mais il se mettait à notre disposition pour toute la journée du lundi.

La Ferrade était pour le lendemain trois heures : notre hôte nous promit d'envoyer un de ses marmitons à la queue pour nous retenir deux places. Nous nous couchâmes donc parfaitement tranquilles.

Vers une heure du matin, je fus réveillé par un grand bruit qui venait du dehors. Je courus à la fenêtre, et j'aperçus au bout de la rue une masse informe qui venait rapidement au milieu de rumeurs confuses composées de voix d'hommes, de hennissemens de chevaux et de mugissemens terribles ; c'étaient les taureaux sauvages de la Camargue qui devaient servir au spectacle du lendemain. Ils entraient à Nismes poursuivis par leurs conducteurs à cheval, qui, pour les empêcher de s'écarter, couraient de la queue aux flancs, comme font les chiens de berger à l'entour du troupeau. J'appelai aussitôt Jadin, pour qu'il vit cette course étrange; mais pendant le temps qu'il mit à se lever, cette troupe d'hommes et d'animaux, auxquels les ténèbres prêtaient une apparence fantastique, était passée comme une vision du sabbat, emportant avec elle ses clameurs et sa poussière; de sorte que, lorsqu'il vint, il ne trouva plus que la rue vide et silencieuse, à l'exception, dans le lointain, d'une ombre et d'un bruit pareils à ceux d'un escadron de cavalerie qui disparaît.

Lorsque je me réveillai le lendemain, je crus avoir fait un rêve. Je parlai à notre hôte de cette apparition nocturne comme d'une chose que je n'osais pas affirmer avoir vue. Alors il m'expliqua que les taureaux entraient ainsi de nuit, parce que, de jour, ils fouleraient aux pieds tout ce qu'ils rencontreraient devant eux. Ils se rendaient ainsi droit au cirque, où on les enfermait sous la voûte de l'amphithéâtre qui servait autrefois de loge aux lutteurs. Pendant qu'il me donnait cette explication, nous entendîmes de nouveau le tambour de la veille, et la procession de la Ferrade passa, accompagnée d'une multitude encore plus grande que celle qui la suivait la veille.

Comme le spectacle ne commençait qu'à trois heures, et comme nous avions toute notre matinée à nous, nous l'employâmes à faire une visite à la tour Magne, que nous avions aperçue la veille en revenant de Saint-Gilles. Ce monument, dont on ignore complétement la destination primitive, sert aujourd'hui de télégraphe; c'est, comme l'indique son nom, une grande tour d'une centaine de pieds de haut, et qui, vers la fin du douzième siècle, servait de forteresse aux comtes de Toulouse. Vers le commencement du dix-septième l'opinion que c'était un ancien ærarium (1) romain prévalut, et prit une telle consistance, qu'un bourgeois de Nismes, nommé François Traucat, demanda et obtint de Henri IV l'autorisation de faire des fouilles dans l'intérieur de cet édifice. Cette autorisation fut accordée le 22 mai 1601, « à la charge par le dict Traucat, de fère l'advance des fraix qu'il conviendra pour cet effaict; et tout ce qu'y se trouvera audit trésor, soit or, argent, mestail ou autres choses, le tiers en demeurera audit Traucat, nous réservons les autres deux tiers pour employer en nos urgentes affaires.

» Donné à Fontainebleau le 22 may, l'an de grâce 1601, de notre règne le douzième. »

Les fouilles furent faites aux frais dudit Traucat ; mais le bourgeois de Nismes y perdit son temps et son argent.

Comme nous achevions notre inspection, nous entendîmes de nouveau les tambours et les hautbois de la Ferrade qui passaient sur la place de la Fontaine et se rendaient aux Arènes. En effet, il était trois heures moins un quart; les cercles, les cabarets, les cafés se dégorgeaient dans les rues. Le boulevard qui descend de la salle de spectacle à la porte Saint-Antoine, et celui qui va des casernes à l'esplanade, se remplissaient d'une foule immense. C'était à croire que, si vastes que soient les Arènes, elles ne pouvaient contenir leurs spectateurs. Aussi doublâmes-nous le pas et arrivâmes-nous assez à temps pour nous mettre à la queue de cinq ou six mille personnes. Nous fûmes donc rassurés en voyant que nous étions des premiers.

En effet, à peine la grille fut-elle ouverte que, attendu qu'il n'y avait pas de billets à prendre au bureau, la foule s'engouffra dans le monument avec une rapidité incroyable. Comme, grâce à notre haute taille, nos deux têtes dominaient toutes les autres, nous voyions cette grande porte béante qui dévorait ainsi tout une population, et, poussés nous-mêmes par dix mille personnes amassées derrière nous, nous nous sentions invinciblement attirés vers la gueule du monstre, qui nous engloutit à notre tour; mais à peine étions-nous avalés par lui, que, comme Jonas, nous nous trouvâmes parfaitement à l'aise dans le ventre de notre baleine. Les six mille personnes qui nous avaient précédés étaient éparpillées sur les gradins sans produire plus d'effet ni paraître plus nombreux que dans nos salles de spectacle les quelques claqueurs que l'on fait entrer avant le public. Nous n'eûmes pas à nous inquiéter de retrouver le marmiton chargé de garder nos places; nous l'en laissâmes profiter pour lui-même, et nous allâmes nous établir sur l'estrade des vestales.

En ce moment Mylord, qui nous avait perdus dans la

(1) Trésor public.

presse, parut dans l'arène, poursuivi par les gardiens, qui, comme les factionnaires des Tuileries, ont ordre de ne pas laisser entrer les chiens sans maîtres. Nous prîmes pitié de la pénible situation de notre compagnon de voyage, qui, tout en fuyant, faisait flamboyer ses gros yeux qu'il roulait circulairement autour du cirque, nous cherchant au milieu des six ou huit mille spectateurs déjà placés. Jadin fit entendre un sifflement particulier. Mylord s'arrêta tout court, nous aperçut, s'élança vers nous de gradins en gradins, bondissant de toute la vigueur de ses courtes et fortes jambes ; mais au troisième bond il disparut tout à coup comme s'il se fût abîmé. Un trou creusé par le temps s'était trouvé de l'autre côté du gradin qu'il franchissait, et il avait disparu dans les profondeurs de l'amphithéâtre comme Décius dans son gouffre.

Nous courûmes aussitôt à l'orifice extérieur, plongeant nos regards dans les cavités du monument ; mais nous n'apercevions au fond que les débris et les pierres sur lesquels Mylord avait dû s'aplatir, et, comme nous l'aimions beaucoup, malgré les querelles que son antipathie pour les chats nous faisaient tous les jours avec les aubergistes et les paysans, nous descendîmes rapidement par le plus proche vomitoire, afin de lui porter secours. Mais ce fut vainement que nous cherchâmes trace de lui à l'endroit où il était tombé, et que nous reconnaissions à la forme de son ouverture ; ce fut en vain que nous le sifflâmes dans les tons que nous savions lui être les plus agréables, que nous l'appelâmes par son prénom de Hope et par son nom de Mylord ; rien ne répondit. Nous crûmes en conséquence que, satisfait de ce qu'il avait vu du spectacle, il était retourné à l'hôtel, et nous nous mîmes en devoir de regagner notre estrade, lorsqu'en remettant le pied dans le cirque, nous aperçûmes notre ami Mylord défendant nos chapeaux contre deux personnes qui voulaient les ôter de leur place pour y mettre leurs personnes. Nous allâmes en aide à notre gardien, qui nous reçut en tortillant les reins et en remuant la queue d'une manière tout à fait joyeuse. Nous l'examinâmes avec attention ; il n'avait aucune trace de la chute qu'il avait faite, et paraissait tout aussi tranquille que s'il ne lui était absolument rien arrivé ; en conséquence, nous lui fîmes signe de se coucher à nos pieds, ce qu'il fit immédiatement.

Pendant ce temps le cirque s'était à peu près rempli ; tous les gradins praticables étaient couverts ; on ne voyait d'inoccupés que les endroits ruinés, de sorte que les spectateurs les plus rapprochés n'étaient séparés de l'arène que par le mur de six pieds qui règne tout autour, et les plus élevés se tenaient debout sur l'attique de l'amphithéâtre ; quelques-uns même étaient montés comme des singes à l'extrémité des grands piquets bleus plantés dans les trous des poutres destinées à soutenir le velarium, et de nos jours à recevoir un pavillon tricolore dans les grandes circonstances, telles que le passage du duc d'Orléans, la fête du roi, ou l'anniversaire des 27, 28 et 29 juillet.

Enfin, quand les dernières pierres eurent disparu sous ce flot d'hommes, comme un reste de terre sous un déluge, quand il n'y eut plus personne aux grilles extérieures, quand on fut bien convaincu que toute la ville était réunie dans les Arènes, on ferma les portes. Le trompette de la ville, héraut de la fête, s'avança dans l'aire du cirque, et fit entendre une fanfare. Sur ses dernières notes, deux paysans, montés sur leurs petits chevaux blancs de la Camargue, entrèrent, tenant chacun un trident à la main, et firent le tour de l'amphithéâtre, en chassant les promeneurs attardés, qui allèrent prendre, comme ils purent, place dans l'immense entonnoir, et laissèrent le cirque aux combattans.

Ce fut alors qu'en examinant le peu de hauteur du mur qui protégeait les spectateurs, je me demandai comment les gradins antiques étaient défendus contre la rage des animaux que les populations venaient voir égorger par milliers. Un rempart de six pieds peut-être suffisait pour arrêter les animaux pesans ; encore je crois que dans les courses espagnoles il arrive souvent que les taureaux, et surtout les taureaux navarrais, qui sont les plus légers, franchissent la première palissade, qui est de cinq pieds, et se trouvent dans un corridor dont l'étroitesse seule les empêche de s'élancer par dessus la seconde barrière, qui est plus élevée cependant de quinze ou dix-huit pouces ; mais dans les jeux antiques, où les animaux combattans étaient des tigres, des panthères et des lions, où César fit descendre un serpent de cinquante coudées, qui n'avait qu'à dérouler quelques-uns de ses anneaux et à dresser la tête pour atteindre au quatrième ou au cinquième rang des gradins, et Agrippa vingt éléphans, dont les trompes devaient toucher l'estrade des vestales et de l'empereur, quelles barrières protégeaient donc les spectateurs, qu'on n'en retrouve nulle trace, et que cependant pas un auteur contemporain ne signale un seul accident de la nature de ceux qui, sans un rempart ou une grille, auraient dû cependant être si communs (1).

J'en étais là de mes réflexions, que je communiquais à Jadin, lorsqu'un grand cri de joie retentit ; nous jetâmes les yeux sur l'arène, et, au-dessous de nous, contre la porte qui s'était refermée derrière lui, nous aperçûmes le premier taureau, qui, épouvanté de ces rumeurs, essayait vainement de rentrer à reculons dans la voûte d'où il venait de sortir. Habitué qu'il était aux vastes solitudes de la Crau, aux plaines sablonneuses d'Aigues-Mortes, ou aux marais de la Camargue, il semblait stupéfait, et roulait sur ce cercle de spectateurs, dans lequel il se trouvait enfermé, un regard stupide, sombre et féroce. Alors, ne voyant aucune issue, et se sentant entouré d'un cercle de granit, il baissa la tête, fit entendre un long mugissement, et se mit à creuser la terre de ses pieds de devant. Ces démonstrations hostiles furent accueillies par des cris de joie ; mais celui de tous les spectateurs sur lequel elles produisirent le plus d'effet fut, sans contredit, Mylord, qui, de couché qu'il était, se leva convulsivement, hérissa son poil, et, se rappelant ses anciennes luttes de la barrière du Combat, se serait élancé à l'instant même dans l'aire, si son maître ne l'eût retenu par son collier.

Pendant ce temps, l'un des deux cavaliers avait fait quelques pas dans la direction du taureau, qui, tout à coup, voyant que c'était décidément à lui qu'il avait à combattre, se précipita sur lui, tête baissée, avec une telle rapidité, que tout l'amphithéâtre poussa une clameur, composée de trente mille voix qui criaient à la fois : *Prends garde !* Mais le léger étalon de la Camargue fit un bond de côté, si adroit et si précis, qu'on eût cru que les deux adversaires ne s'étaient pas touchés, si le taureau, pliant sur ses jarrets de derrière, n'eût levé la tête en mugissant, et, secouant ses naseaux percés par le trident du cavalier, n'eût moucheté le sable de l'arène de larges gouttes de sang. Des applaudissemens d'homme et des injures pour l'animal partirent à l'instant même de tous les points du cirque, et les animèrent tous deux, l'un à continuer ses avantages, et l'autre à venger son échec. En effet, le taureau, sans être distrait par la vue du second cavalier, qui venait le provoquer à son tour, tourna son regard en rond pour chercher celui qui l'avait blessé, et, l'apercevant à l'autre bout de l'amphithéâtre, il se retourna de son côté, toujours immobile, mais prêt à s'élancer. Alors le paysan mit son cheval au galop et tourna tout à l'entour du cirque, comme font dans leurs exercices les écuyers de Franconi. Le taureau le suivit des yeux, tournant lui-même sur ses pieds de derrière, puis tout à coup il s'élança, calculant avec une merveilleuse sagacité l'endroit où il devait rencontrer cheval et cavalier et les clouer contre le mur. Mais ses ennemis avaient deviné cette manœuvre ; le cheval, lancé au galop, s'arrêta en se cabrant, et le taureau, emporté par sa course, vint, comme un bélier antique, heurter du front la muraille, à trois pieds à peu près devant lui. La violence du choc fut telle, qu'il tomba sur le coup et se coucha étourdi et tremblant, comme si la masse d'un boucher s'était abaissée sur sa tête. Le paysan

(1) Mérimée, dans son excellent ouvrage sur les monumens historiques du midi de la France, se livre à quelques recherches sur le même sujet ; mais il ne trouve, dans les découvertes des archéologues, et dans les fouilles faites jusque aujourd'hui, rien qui éclaircisse la question.

piqua son cheval, qui sauta légèrement par dessus le taureau couché. Aussitôt un homme vêtu d'écarlate, et à peu près pareil aux anciens diables de l'Opéra, sortit d'une des voûtes tenant un fer rouge à la main, et vint l'appliquer sur la cuisse de l'animal, qui, ne songeant plus à se défendre, se contenta de soulever la tête en poussant un gémissement plaintif, se laissa passer une corde autour du cou, et se relevant sans aucune résistance, suivit, aux grands applaudissemens de la multitude, l'homme écarlate, sous la voûte opposée à celle d'où il était sorti. A peine l'animal vaincu avait-il disparu derrière cette grille, que celle d'en face s'ouvrit, et qu'un second taureau s'avança dans l'arène.

Mais, il faut l'avouer à la honte de la race bovine de la Camargue, celui-ci n'avait aucune des qualités belliqueuses du premier, tant il est vrai que chez les animaux d'une même contrée, comme chez les hommes d'une même patrie, les caractères sont non-seulement différens, mais encore opposés. En effet, l'impression que produisit au nouveau venu le passage des ténèbres au jour, et la comparaison de la vue des roseaux et des tamaris solitaires de la Camargue avec ces trente mille spectateurs étagés sur leurs gradins, fut visiblement un sentiment de terreur. Il se retourna pour rentrer par la porte fermée, et, voyant que la retraite était impossible, il fit autour du cirque quelques pas inégaux et égarés. Alors les deux cavaliers, voyant à quel antagoniste ils avaient affaire, se rapprochèrent de chaque côté de lui avec les mêmes précautions que prennent deux chiens qui veulent coiffer un sanglier, et, lui prenant les naseaux entre les deux tridens, ils le conduisirent ainsi jusqu'au milieu de l'arène. Là une espèce de boucher bâti en Hercule les attendait, et, prenant le taureau par les deux cornes, pesant d'une main et levant de l'autre, il le renversa sur le flanc. Aussitôt le même homme rouge sortit de nouveau de sa voûte, vint marquer sur la cuisse le patient animal, et, le chassant devant lui avec des pierres, lui fit prendre le chemin de l'arcade où il devait retrouver son camarade, à qui sa belle défense avait valu autant d'applaudissemens que sa lâcheté, à lui, lui valait d'injures et de huées. Aussi, il n'était pas encore sorti de l'arène, que tous les spectateurs criaient d'une seule voix : Un autre ! un autre !... Ils furent aussitôt obéis, et le nouvel adversaire se présenta si rapidement, qu'il fut au milieu du cirque avant qu'on eût eu le temps de le voir sortir. Celui des deux hommes qui n'avait pas encore combattu s'apprêta aussitôt. Au reste, les apprêts ne furent pas longs : ils consistèrent à mettre son trident en arrêt à peu près comme nos anciens chevaliers leurs lances. Puis, ayant, en faisant adroitement reculer son cheval, pris autant de champ que lui permettait la grandeur du cirque, ce fut lui qui s'élança sur le taureau immobile, qui, le voyant venir à lui, leva la tête si rapidement, que son antagoniste n'eut point le temps de relever le trident qui devait seulement lui percer les naseaux, et qui, au lieu de cela, alla s'enfoncer de toute la longueur de sa triple pointe, c'est-à-dire de deux ou trois pouces, au milieu de sa poitrine. Le cavalier, craignant de tuer l'animal, qu'il ne voulait qu'exciter, lâcha la lance, dont le manche tomba à terre et dont le fer resta enfoncé au dessous de sa gorge.

Cette maladresse ne fut point du goût de l'amphithéâtre, qui hurla comme si c'eût été lui qui eût reçu la coup. Quant au taureau, à peine se sentit-il blessé, que, par un sentiment naturel aux animaux, il se raidit contre l'arme qui était restée dans sa plaie, marchant, si on peut le dire ainsi, contre sa blessure et contre sa douleur. Mais, au bout de deux ou trois pas, le manche du trident, creusant la terre, trouva un point d'appui assez fort pour résister. Le taureau fit un effort terrible, qui lui eût enfoncé le trident de plusieurs pieds dans le corps, s'il n'eût été arrêté par la barre transversale qui formait la base des pointes. Le manche de l'arme plia comme un arc, puis se rompit tout à coup, et l'animal, emporté par sa force même, alla tomber sur les genoux, laissant un des tronçons derrière lui et gardant l'autre dans sa poitrine.

Ce fut alors que le cavalier qui l'avait blessé, prenant le trident de son compagnon, revint au taureau pour réparer, par une plus loyale attaque, la faute qu'il avait commise, et, avant qu'il ne fût relevé, lui enfonça le fer de sa lance dans les naseaux. L'animal, rendu à la vie par la douleur, se redressa aussitôt ; et alors commença un véritable combat. Le taureau mugit et se précipita sur le cavalier, qui bondit de côté en lui faisant une nouvelle blessure. Le taureau, frappé, leva en mugissant sa tête ensanglantée, cherchant des yeux son ennemi, qui déjà l'attendait. A peine l'eut-il vu, qu'il revint à la charge, et reçut un nouveau coup. Changeant aussitôt de haine, il tenta de s'attaquer au cheval ; mais celui-ci, fait à de pareilles manœuvres, multiplia ses bonds intelligens de manière à présenter toujours à son ennemi la pointe du trident de son cavalier. Alors tout le cirque applaudit avec rage, mais comme on applaudissait dans les anciens cirques, avec des trépignemens de fureur, et il s'éleva de cette cuve de granit, chauffée par un soleil de vingt-quatre à vingt-cinq degrés, un bruit sans nom, des clameurs inouïes, un rugissement comme celui des vagues de l'Océan pendant une tempête. Mais tout à coup cette rumeur immense cessa comme par enchantement : le taureau, désespérant d'atteindre son ennemi, avait marqué une autre victime : c'était le second cavalier, qui avait eu l'imprudence de rester sans armes dans l'arène. Un cri l'avertit du danger qu'il courait, et il put éviter la première atteinte ; mais abandonnant complètement le cavalier armé, le taureau se mit à sa poursuite. C'est alors qu'on put juger de la supériorité de la course du taureau sur celle du cheval ; car à peine ce dernier avait-il fait trente pas en fuyant, qu'il fut atteint au flanc par son ennemi : cheval et cavalier roulèrent chacun de son côté. Le taureau hésita un instant entre ses deux ennemis, et presque aussitôt, mettant sa tête entre ses jambes, il se précipita sur l'homme ; mais avant qu'il eût fait quatre pas, un nouvel adversaire se trouva sur son chemin : cet adversaire, c'était Mylord, qui du premier bond s'était élancé de l'estrade dans le cirque, et du second au nez du taureau, où il avait fait une prise. L'animal, surpris, s'arrêta tout à coup, releva la tête, et montra aux spectateurs le terrible boule-dogue pendu à ses naseaux par ses dents de fer. Pendant ce temps, le paysan renversé, se relevant, courut s'abriter sous la voûte où était l'homme rouge. Quant au cheval, il se redressa sur ses genoux, essayant de suivre son maître ; mais il retomba presque aussitôt : la corne avait pénétré de toute sa longueur dans le flanc gauche. Pour le second cavalier, ne sachant plus comment attaquer le taureau, il l'attendit.

Le résultat de la lutte ne fut pas long : l'animal, blessé à la poitrine, harassé de ses charges réitérées et inutiles, tenta d'abord d'écraser Mylord sous ses pieds ; mais Mylord savait son métier aussi bien qu'aucun taureau de la Camargue. Chaque fois que le taureau baissait la tête, comme Antée Mylord touchait la terre et reprenait de nouvelles forces. Le taureau alors relevait le front et secouait convulsivement son ennemi. Mylord se laissait secouer, mais la mâchoire infernale ne se desserrait pas d'une ligne. Cela dura cinq minutes à peu près, le taureau courant comme un fou, tantôt la tête haute, tantôt la tête basse ; enfin, il s'arrêta, tremblant sur ses quatre jambes. En ce moment le boucher sortit de la voûte et vint à lui ; le taureau, en le voyant s'avancer, retrouva un reste de forces, et s'élança à sa rencontre ; mais son dernier adversaire le saisit par les cornes, et, exécutant la même manœuvre qu'il avait déjà opérée, le renversa sur le côté. Aussitôt Mylord, voyant son ennemi abattu, lâcha sa prise, et revint, joyeux et modeste, ne se doutant pas qu'il faisait l'admiration de trente mille personnes, se coucher tout sanglant à nos pieds.

Quant à nous, craignant que l'enthousiasme n'allât jusqu'à nous décerner les honneurs de l'ovation, nous profitâmes du moment où la foule, toute prête à se retourner de notre côté, prêtait un reste d'attention à l'opération de la marque, pour nous échapper par un vomitoire qui s'ouvrait derrière nous. Notre retraite triomphale se fit sans empêchement, et Mylord, nous suivant sans regret, emporta pour tout fruit de sa victoire le compliment du portier, qui, en nous ouvrant la grille avec respect, nous dit en secouant la tête: — C'est égal, vous pouvez vous vanter d'avoir là un fier chien !...

Je rentrai à l'hôtel, la tête pleine encore de ces clameurs qui font comprendre ce que doit être dans sa colère ce peuple si terrible dans sa joie. Pourtant, dans la semaine Nîmes est silencieuse et solitaire; à peine, en avançant la tête à la fenêtre, voit-on trois ou quatre personnes dans toute l'étendue de la rue. C'est que la population ouvrière, composée presque entièrement de tisseurs de soie et de coton, vit dans ses ateliers ou dans ses caves, et ne sort de sa demeure souterraine, où la consume son travail ténébreux, que les jours d'émeute ou de fête. Aussi, hommes et femmes sont-ils vite étiolés dans cette atmosphère méphitique et poussièreuse, où les passions politiques s'exaltent, où les haines religieuses se perpétuent. Aussi, le langage nîmois est-il à la fois mélancolique et coloré, menaçant et poétique. Un mois avant notre arrivée, quelques rassemblemens avaient eu lieu : les ouvriers demandaient une augmentation que refusaient les fabricans. Le temps s'usait en pourparlers inutiles entre ces malheureux qui demandaient quelques sous de plus pour vivre et les riches qui refusaient de les leur accorder. Alors, on entendit un de ces hommes du peuple s'écrier avec un sombre désespoir : « O mon Dieu ! mon Dieu ! faites donc tomber un jour de poudre et une heure de feu, et que tout soit dit ! »

En faisant l'histoire des massacres d'Avignon, j'ai fait celle des assassinats de Nîmes. Ce furent les mêmes causes qui produisirent les mêmes effets, les mêmes haines qui aiguisèrent les mêmes poignards, et le même or qui paya le sang. Mais, à Nîmes comme à Avignon, il ne faut pas rendre la ville responsable du crime de quelques-uns. La mémoire de Trestaillon est aussi exécrée par les royalistes eux-mêmes que le sont celles de Farges, de Roquefort et de Pointu. La maison qui appartenait à ce misérable est déserte et inhabitée comme un endroit maudit, et on la montre au voyageur, tombant en ruines au milieu de son jardin inculte et infécond.

Au reste, depuis la révolution de juillet ces haines se sont bien adoucies. A ce qu'on assure, un instant le gouvernement manqua de tout compromettre en ordonnant la destruction des croix. Mais les protestans, que le nouveau mouvement politique faisait vainqueurs, au lieu d'applaudir à cette exécution, se renfermèrent chez eux et laissèrent aux gendarmes toute la responsabilité de leur sacrilège besogne. Ils s'en acquittèrent avec la conscience qu'ils mettent à tous les exercices de ce genre. Les croix furent abattues, et quelques vieilles femmes foulées aux pieds des chevaux. Pendant un jour ou deux il y eut de nouveau dans les rues de Nîmes des pleurs et du sang ; mais le soleil ardent du Midi eut bien vite séché tout cela. Aujourd'hui l'on dit les souvenirs de 1815 et 1830 oubliés. Dieu le veuille !

Il y a à Nîmes quinze mille protestans et trente mille catholiques.

Au milieu de toutes nos opérations de la journée, nous n'avions pas encore eu le temps de visiter la Maison Carrée, que l'on regarde généralement comme le chef-d'œuvre de l'architecture antique à Nîmes, et que le cardinal Alberoni disait qu'il fallait enfermer dans un étui d'or. C'était sans doute aussi l'avis de Louis XIV et de Napoléon, qui pensèrent sérieusement à faire transporter à Paris cette merveille de l'art au deuxième siècle ; mais les racines de pierre qui l'avaient soutenue debout depuis dix siècles étaient trop profondément enfoncées dans la terre ; il y fallut renoncer. Louis XIV oublia ce projet en dansant sur le théâtre de l'Opéra, et Napoléon en gagnant la bataille d'Eylau. Quelque hâte que nous eussions de voir un bijou qui avait fait envie à un roi et à un empereur qu'on appela tous les deux grands, la journée était si avancée, que nous remîmes notre visite au lendemain matin.

Comme il nous l'avait promis, Reboul fut chez nous à huit heures. Nous donnâmes l'ordre à notre hôte et à notre conducteur de tenir l'un son déjeuner et l'autre son équipage prêts pour notre retour, et nous nous mîmes en route pour voir la merveille romaine.

Je ne sais si nous débouchâmes par une rue percée à son désavantage, mais le premier aspect de ce monument ne répondit pas à l'idée que je m'en étais faite ; je le trouvai petit, comparé aux Arènes, et je compris très bien qu'en le voyant Napoléon eût eu l'idée de l'emporter, comme ces architectes du moyen âge qu'on représente leur cathédrale dans la main. Les colonnes, engagées dans le mur, paraissent étouffées et font peu d'effet ; leurs chapiteaux sont trop courts pour les fûts qui les supportent ; enfin la corniche est écrasée par l'ornementation. Il n'y a vraiment que le portique qui soit sans reproche et d'un aspect tout à fait grandiose et magnifique.

La Maison Carrée est le musée de Nîmes ; mais comme la cella est de peu d'étendue, une partie des morceaux d'architecture trouvés dans les fouilles est rangée autour du temple ; l'intérieur renferme ceux qu'on a jugés les plus précieux, et parmi lesquels sont les fameux aigles soutenant une guirlande.

En levant les yeux, je m'aperçus que les caissons du plafond étaient en carton pâte. Je manifestai mon indignation d'une manière si énergique, que Reboul se crut obligé de me calmer en me racontant les dégradations successives qu'avait subies la Maison Carrée.

La Maison Carrée, bâtie, selon toutes les probabilités, sous le règne d'Antonin, qui était de Nîmes, avait un pendant auquel elle était liée par un portique. Pendant et portique disparurent sans que la destruction l'atteignît. Peut-être fut-elle sauvée par les premiers chrétiens, qui en firent une église qu'ils placèrent sous l'invocation de saint Étienne, martyr. Au onzième siècle, on en fit un hôtel de ville. Sa hauteur fut divisée en deux étages, et des fenêtres s'ouvrirent dans les parois de la cella. Trois ou quatre siècles plus tard elle fut abandonnée à un nommé Pierre Boys, créancier de la ville, en paiement de sa créance. A peine en fut-il propriétaire, qu'il adossa une maison au côté méridional de l'édifice, dégradant et creusant le mur pour y faire entrer les charpentes et les poutres destinées à soutenir la toiture de la nouvelle construction. Des mains de Pierre Boys, la Maison Carrée passa en celles du seigneur de Saint-Chaptes, qui en fit une écurie, et, pour lui donner plus d'étendue, réunit les colonnes du péristyle par une muraille de briques, divisa l'intérieur en greniers, en crèches et en mangeoires ; enfin tailla les colonnes du péristyle pour y sceller un auvent destiné, les jours de marchés et de foire, à abriter les bestiaux, dont il paraît que le seigneur de Saint-Chaptes faisait commerce. En 1670, ses héritiers la vendirent aux religieux Augustins, qui en refirent une église, y construisirent une nef, un chœur, des chapelles et des tribunes, et qui manquèrent de tout faire écrouler en creusant des tombes dans le massif qui supporte le péristyle. Enfin, en 1789, la Maison Carrée, considérée comme bien du clergé, fut enlevée aux moines et devint l'hôtel de l'administration centrale du département. Depuis cette époque, loin de courir de nouveaux dangers, on s'occupa non-seulement de la restaurer, mais encore de l'embellir. On lui incrusta une belle plaque de marbre noir sur laquelle on écrivit en lettres d'or le mot *Musée* ; enfin, on fit un plafond en carton pâte. Espérons qu'un matin le conseil municipal se réveillera avec l'idée de la badigeonner, et alors l'embellissement sera complet.

Reboul revint déjeuner avec nous : ce fut dans ces deux dernières heures passées ensemble que nous le tourmentâmes pour le décider à faire imprimer ses vers. Il y consentit enfin, après nous avoir opposé mille mauvaises raisons, que nous battîmes en brèche, et je partis pour Beaucaire, chargé de ses pleins pouvoirs pour Gosselin. A mon retour à Paris, Lamartine se joignit à moi, et la négociation eut pour résultat la publication d'un volume de poésie, dont l'immense succès non-seulement répondit à notre attente, mais encore la surpassa.

LA TARASQUE.

Nous fîmes en trois heures à peu près la route de Nîmes à Beaucaire. Comme cette ville n'est séparée de Tarascon, où nous comptions coucher, que par le Rhône, nous nous arrêtâmes au pied du château, et nous envoyâmes notre cabriolet nous annoncer à l'hôtel.

Beaucaire, comme ces serpens gigantesques de l'Amérique méridionale qui mangent tout un jour et qui digèrent pendant six mois, vit toute l'année de sa foire, dont la réputation est européenne. La plupart des maisons, qui sont des magasins fermés trois cent cinquante-huit jours par an, s'ouvrent à l'approche du 22 juillet, époque où les quais déserts de la ville réveillée se changent en bazars. Alors les routes de Nîmes, de Paris et d'Orgon s'encombrent de voitures ; les canots de Toulouse, les ports de Cette et d'Aigues Mortes se couvrent de bateaux et de navires, et le Rhône, cette grande artère du midi, semble rouler des flots de vie : c'est que le commerce de l'Europe tout entière est convié à cette fête de l'industrie. Mulhausen envoie ses impressions et ses calicots blancs, Rouen ses tissus, Nîmes ses toiles et ses alcools, Perpignan ses anchois et ses sardines, Saint-Etienne ses fusils et ses rubans, Grasse ses eaux de fleur d'oranger et ses huiles, Avignon ses cuirs et ses florences, Marseille ses bois de Campêche et ses denrées coloniales, Tarare ses mousselines et ses broderies, Saint-Quentin ses basins et ses percales, Lyon ses chapeaux et sa soie, Sauve ses bas et ses bonnets de coton, Montpellier ses drogueries, Salins ses cristaux, Vervins ses chanvres, Saint-Claude ses tabatières, Châtellerault sa coutellerie, Vienne ses draps, Amiens ses velours, Paris sa quincaillerie, ses bijoux et ses châles, enfin Gênes ses pâtes, la Catalogne ses lièges, et la Prusse ses chevaux. Cette foire, commencée, comme nous l'avons dit, le 22 juillet, finit le 28 du même mois. Pendant ses six jours, il s'est fait pour plusieurs millions d'affaires : ce qui est venu en marchandise s'en retourne en or ; ce qui est venu en or s'en retourne en marchandise.

Ce cœur, qui a battu un moment, a suffi pour donner de la vie pendant une année, non-seulement à une ville, mais à quarante, tant chacune de ses pulsations a attiré de sang à lui et en a renvoyé aux extrémités. Le 28, la foire est terminée ; le 29, chacun charge et reprend sa route ; les magasins se vident ; les maisons se ferment ; quelques jours encore les gitanos, descendus de l'Espagne pour vivre des restes de la fête, errent sur le quai, mangeant dans les rues ce qu'ils y ont ramassé ; enfin les dernières bribes du festin s'épuisent, ils disparaissent à leur tour, et Beaucaire est rendue pour un an à son sommeil, à son silence, et à sa solitude.

Le vieux château qui domine Beaucaire, et qui a fait grand bruit au douzième siècle avec ses machines de guerre et au seizième avec ses canons, est bâti sur des substructions romaines, ses différens ouvrages de guerre sont du onzième, du treizième et du quatorzième siècle. Du haut de ses remparts, on aperçoit un magnifique paysage, dont le premier plan est Tarascon et Beaucaire, séparés par le Rhône et liés par un pont, et le dernier Arles, la ville romaine, Arles, l'Herculanum de la France, engloutie et recouverte par la lave de la barbarie.

Nous descendîmes de notre vieux château, dans lequel il ne reste de complet qu'une charmante cheminée du temps de Louis XIII ; nous traversâmes le pont suspendu, qui est long de cinq cent cinquante pas, c'est-à-dire d'environ quinze cents pieds ; nous passâmes au pied de la forteresse, bâtie par le roi René, et nous entrâmes dans l'église, édifiée au douzième siècle, restaurée au quatorzième.

Cette église est sous l'invocation de sainte Marthe, l'hôtesse du Christ. Toute une pieuse et sainte histoire se rattache à son érection : la science la nie, mais la foi la consacre, et dans cette lutte de l'âme qui croit et de l'esprit qui doute, c'est la science qui a été vaincue.

Marthe naquit à Jérusalem. Son père Syrus et sa mère Eucharie étaient de sang royal. Elle avait un frère aîné qui s'appelait Lazare ; elle avait une sœur cadette qui s'appelait Madeleine.

Lazare était un beau cavalier, moitié asiatique, moitié romain, qui ne pouvant employer son temps à la guerre, puisque Octave avait fait la paix au monde, le passait en chasse et en plaisirs. Il avait de jeunes esclaves achetés en Grèce ; il avait de beaux chevaux amenés d'Arabie, et plus d'une fois, dans un char à quatre roues orné d'ivoire et d'airain, précédé par un coureur à robe retroussée, il avait croisé le fils de Dieu marchant pieds nus au milieu de son cortège de pauvres.

Madeleine était une belle courtisane, à la manière de Julie, la fille de l'empereur ; elle avait de longs cheveux blonds, qu'une esclave de Lesbos assemblait tous les matins sur sa tête en les nouant avec une chaîne de perles ; elle portait le manteau ouvert par devant, qui laissait voir une gorge merveilleuse, soutenue par un réseau d'or, et que les Latins appelaient *cæsicium*, à cause des blessures qu'il faisait au cœur des hommes. Elle avait des tuniques parsemées de grandes fleurs d'or et de pourpre, qu'on nommait à Rome *patagiata*, du nom d'une maladie nommée *patagus*, qui laissait des taches sur tout le corps ; et comme ses pieds délicats et parfumés, tout couverts de bagues et de pierreries, n'étaient point faits pour marcher, on lui amenait des litières avec des rideaux d'étoffes asiatiques, où elle se faisait porter comme une matrone romaine par des esclaves vêtus de *panulæ*, tandis qu'une suivante, l'accompagnant à pied, étendait entre elle et le soleil un grand éventail recouvert de plumes de paon ; et les coureurs africains, qui marchaient devant elle pour ouvrir le chemin, firent plus d'une fois ranger devant l'équipage de la riche courtisane cette pauvre Marie qui était la mère du Sauveur.

Marthe voyait toutes ces choses avec peine, et souvent elle tenta de réformer l'existence dissipée de son frère et la vie dissolue de sa sœur ; car des premières elle avait écouté et recueilli la parole du Christ ; mais toujours tous deux avaient ri à ses discours. Enfin, elle leur proposa de venir recueillir la manne sainte que le Sauveur laissait tomber de ses lèvres. Madeleine et Lazare y consentirent ; ils y allèrent joyeux, railleurs et incrédules ; ils écoutèrent la parabole du trésor, de la perle et du filet ; ils entendirent la prédiction du dernier jugement ; ils virent Jésus marcher sur les eaux, et ils s'en revinrent pensifs (1).

Et le soir même, Lazare dit à Marthe : Ma sœur, vendez mes biens et distribuez-les aux pauvres.

Et le lendemain, tandis que le fils de Dieu dînait chez Simon le pharisien, Madeleine entra, portant un vase d'albâtre plein d'huile de parfum.

Et se tenant derrière le Sauveur, elle s'agenouilla à ses pieds, et commença à les arroser de ses larmes, et elle les essuyait avec ses cheveux, les baisait et y répandait ce parfum.

Ce que voyant le pharisien qui l'avait invité, il dit en lui-même : Si cet homme était prophète, il saurait qui est celle qui le touche, et que c'est une femme de mauvaise vie.

Alors Jésus, prenant la parole, lui dit : Simon, j'ai quelque chose à vous dire. — Il répondit : Maître, dites.

Un créancier avait deux débiteurs : l'un lui devait cinq cents deniers, et l'autre cinquante.

Mais comme ils n'avaient pas de quoi les lui rendre, il leur remit à tous deux leur dette. Lequel des deux l'aimera donc davantage ?

Simon répondit : Je crois que ce sera celui auquel il a le plus remis. — Jésus lui dit : Vous avez fort bien jugé.

Et se retournant vers la femme, il dit à Simon : Je suis entré dans votre maison, vous ne m'avez point donné d'eau pour me laver les pieds ; et elle, au contraire, a arrosé mes pieds de ses larmes et les a essuyés avec ses cheveux.

(1) Histoire de sainte Marthe.

Vous ne m'avez point donné de baiser ; mais elle, au contraire, depuis qu'elle est entrée, n'a cessé de baiser mes genoux.

Vous n'avez point répandu d'huile sur ma tête ; et elle a répandu ses parfums sur mes pieds.

C'est pourquoi je vous déclare que beaucoup de péchés lui seront remis, parce qu'elle a beaucoup aimé. Mais celui à qui on remet moins aime moins.

Alors il dit à cette femme : Vos péchés vous sont remis.

Et ceux qui étaient à table avec lui commencèrent à dire : Qui est celui qui remet même les péchés?

Et Jésus dit encore à cette femme : Votre foi vous a sauvée ; allez en paix (1).

Et quelque temps après, Jésus, étant en chemin avec ses disciples, entra dans un bourg, et une femme nommée Marthe le reçut dans sa maison.

Elle avait une sœur nommée Marie-Madeleine, qui, se tenant assise aux pieds du Seigneur, écoutait sa parole.

Mais Marthe était fort occupée à préparer tout ce qu'il fallait ; et s'arrêtant devant Jésus, elle lui dit : Seigneur, ne considérez-vous point que ma sœur me laisse servir toute seule? Dites-lui donc qu'elle m'aide.

Mais le Seigneur lui dit : Marthe, Marthe, vous vous empressez et vous vous troublez dans le soin de beaucoup de choses.

Cependant une seule est nécessaire ; Marie a choisi la meilleure part, qui ne lui sera point ôtée (2).

Or, vers le temps où Jésus, déclarant qu'il était la porte du bercail et le bon pasteur, prouvait sa mission et sa divinité par ses œuvres, un homme tomba malade, nommé Lazare, qui était du bourg de Béthanie, où demeuraient Marie et Marthe sa sœur.

Cette Marie était celle qui répandit sur le Seigneur une huile de parfums, et qui lui essuya les pieds avec ses cheveux, et Lazare, qui était alors malade, était son frère.

Ses sœurs envoyèrent donc dire à Jésus : Seigneur, celui que vous aimez est malade.

Ce que Jésus ayant entendu, il dit : Cette maladie ne va point à la mort, mais elle n'est que pour la gloire de Dieu et afin que le fils de Dieu en soit glorifié.

Or, Jésus aimait Marthe, et Marie sa sœur, et Lazare.

Ayant donc entendu qu'il était malade, il demeura encore deux jours au lieu où il était.

Et il dit ensuite à ses disciples : Retournez en Judée ; notre ami Lazare dort, et je m'en vais le réveiller.

Ses disciples lui répondirent : Seigneur, s'il dort il sera guéri.

Jésus leur dit alors clairement : Lazare est mort.

Jésus étant arrivé trouva qu'il y avait déjà quatre jours que Lazare était dans le tombeau.

Et comme Béthanie n'était éloignée de Jérusalem que d'environ quinze stades, il y avait quantité de Juifs qui étaient venus voir Marthe et Marie pour les consoler de la mort de leur frère.

Marthe ayant donc appris que Jésus venait, alla au-devant de lui, et Marie demeura dans la maison.

Alors Marthe dit à Jésus : Seigneur, si vous eussiez été ici, mon frère ne serait pas mort.

Mais je sais que présentement même Dieu vous accordera tout ce que vous lui demanderez.

Jésus lui répondit : Votre frère ressuscitera.

Marthe lui répondit : Je sais qu'il ressuscitera en la résurrection qui se fera au dernier jour.

Jésus lui répondit : Je suis la résurrection et la vie ; celui qui croit en moi, quand il serait mort, vivra.

Et quiconque vit et croit en moi ne mourra point à jamais, croyez-vous cela?

Elle lui répondit : Oui, Seigneur, je crois que vous êtes le Christ, le fils du Dieu vivant, qui êtes venu dans ce monde.

Lorsqu'elle eut parlé ainsi, elle s'en alla et appela secrètement Marie, ma sœur, en lui disant : Le maître est venu, et il vous demande.

Ce qu'elle n'eut pas plus tôt entendu, qu'elle se leva et vint le trouver.

Car Jésus n'était pas encore entré dans le bourg, mais il était au même lieu où Marthe l'avait rencontré.

Cependant les Juifs qui étaient avec Marie dans la maison et qui la consolaient, ayant vu qu'elle s'était levée si promptement et qu'elle était sortie, la suivirent en disant : Elle s'en va au sépulcre pour y pleurer.

Lorsque Marie fut venue au lieu où était Jésus, l'ayant vu, elle se jeta à ses pieds et lui dit : Seigneur, si vous eussiez été ici, mon frère ne serait point mort.

Jésus, voyant qu'elle pleurait et que les Juifs qui étaient venus avec elle pleuraient aussi, frémit en son esprit et se troubla lui-même.

Et il leur dit : Où l'avez-vous mis ? — Ils lui répondirent : Seigneur, venez et voyez.

Alors Jésus pleura.

Et les Juifs dirent entre eux : Voyez comme il l'aimait.

Mais il y en eut aussi quelques-uns qui dirent : Ne pouvait-il pas empêcher qu'il ne mourût, lui qui a ouvert les yeux à un aveugle-né?

Jésus, frémissant donc de nouveau en lui-même, vint au sépulcre : c'était une grotte, et on avait mis une pierre par dessus.

Jésus dit : Otez la pierre. — Marthe, qui était la sœur du mort, lui dit : Seigneur, il sent déjà mauvais ; car il y a quatre jours qu'il est là.

Jésus lui répondit : Ne vous ai-je pas dit que si vous croyez, vous verrez la gloire de Dieu?

Ils ôtèrent donc la pierre, et Jésus, levant les yeux en haut, dit ces paroles : Mon père, je vous rends grâce de ce que vous m'avez exaucé.

Pour moi, je savais que vous m'exaucez toujours ; mais je dis ceci pour ce peuple qui m'environne, afin qu'il croie enfin que c'est vous qui m'avez envoyé.

Ayant dit ces mots, il cria d'une voix forte : Lazare, sortez dehors.

Et à l'heure même le mort sortit, ayant les pieds et les mains liés de bandes et le visage enveloppé d'un linge. Alors Jésus leur dit : Déliez-le et le laissez aller.

Plusieurs donc d'entre les Juifs qui étaient venus voir Marthe et Marie, et qui avaient vu ce que Jésus avait fait, crurent en lui (1).

Or, la même année, six jours avant la Pâque, Jésus vint à Béthanie, où était mort Lazare, qu'il avait ressuscité.

On lui apprêta là à souper ; Marthe servait, et Lazare était de ceux qui étaient à table avec lui.

Mais Marie ayant pris une livre d'huile de parfum de vrai nare, qui était de grand prix, le répandit sur les pieds de Jésus, et, comme la première fois, elle les essuya avec ses cheveux, et toute la maison fut remplie de l'odeur de ce parfum.

Alors un de ses disciples, savoir Judas Iscariote, qui devait le trahir, dit :

Pourquoi n'a-t-on pas vendu ce parfum trois cents deniers, qu'on aurait donnés aux pauvres?

Mais Jésus lui dit : Laissez-la faire, parce qu'elle a gardé ce parfum pour le jour de ma sépulture.

Car vous aurez toujours des pauvres parmi vous, et moi vous ne m'aurez pas toujours.

Quelque temps après, accomplissant sa prophétie, Jésus mourait, léguant sa mère à saint Jean, et le monde à saint Pierre.

Le premier jour de la semaine, Marie-Madeleine vint dès le matin au sépulcre, lorsqu'il faisait encore obscur, et elle vit que la pierre avait été ôtée du sépulcre.

Et comme elle pleurait, s'étant baissée pour regarder dans le sépulcre,

Elle vit deux anges vêtus de blanc assis au lieu où avait été le corps de Jésus, l'un à la tête et à l'autre aux pieds.

---

(1) Évangile selon saint Luc.
(2) Évangile selon saint Luc.

(1) Évangile selon saint Jean.

Ils lui dirent : Femme, pourquoi pleurez-vous ? — Elle leur répondit : C'est qu'ils ont enlevé mon Seigneur, et je ne sais où ils l'ont mis.

Ayant dit cela, elle se retourna, et vit Jésus debout, sans savoir néanmoins que ce fût Jésus.

Alors Jésus lui dit : Femme, pourquoi pleurez-vous ? qui cherchez-vous ? — Elle, pensant que c'était le jardinier, lui dit : Seigneur, si c'est vous qui l'avez enlevé, dites-moi où vous l'avez mis, et je l'emporterai.

Jésus lui dit : *Marie !* — Aussitôt elle se retourna et lui dit : Rabboni, — c'est-à-dire : Mon maître.

Jésus lui répondit : Ne me touchez point, car je ne suis pas encore monté vers mon père ; mais allez trouver mes frères, et dites-leur de ma part. « Je monte vers mon père et votre père, vers mon Dieu et votre Dieu (1). »

Ici s'arrête l'histoire écrite par les saints Apôtres eux-mêmes, et commence la tradition.

Les Juifs, pour punir Marthe, Madeleine, Lazare, Maximin et Marcelle, d'être restés fidèles au Christ au delà du tombeau, les forcèrent d'entrer dans une barque, et, un jour d'orage, lancèrent la barque à la mer. La barque était sans voile, sans gouvernail et sans aviron ; mais elle avait la foi pour pilote : aussi à peine les condamnés eurent-ils commencé de chanter les hymnes de grâce au Sauveur, que le vent s'abaissa, que les flots se calmèrent, que le ciel devint pur, et qu'un rayon de soleil vint entourer la barque d'une auréole de flamme. Tandis qu'une partie de ceux qui voyaient ce miracle blasphémaient le Dieu qui l'avait fait, l'autre tombait à genoux pour l'adorer ; et cependant la barque, glissant comme poussée par une main divine, aborda aux côtes de Marseille, et les ouvriers de Dieu, les envoyés de sa parole, les apôtres de sa religion, se dispersèrent dans la province pour distribuer à ceux qui avaient faim la sainte nourriture qu'ils apportaient de la Judée.

Tandis que Marthe était à Aix avec Madeleine et Maximin, qui fut le premier évêque de cette ville, les députés d'une ville voisine, attirés par le bruit de ses miracles, accoururent à elle : ils venaient la supplier de les délivrer d'un monstre qui ravageait leur pays. Marthe prit congé de Madeleine et de Maximin, et suivit ces hommes.

En arrivant aux portes de la ville, elle y trouva tout le peuple qui était venu au devant d'elle. A son approche il s'agenouilla, lui disant qu'il n'avait d'espoir qu'en elle, et elle répondit en demandant où était le monstre. Alors on lui montra un bois près de la ville, et elle s'achemina aussitôt seule et sans défense vers ce bois.

A peine y était-elle entrée, qu'on entendit de longs rugissemens, et chacun trembla, car tous pensèrent que c'en était fait de la pauvre femme, qui avait entrepris une chose que nul n'osait entreprendre, et qui était allée sans armes où aucun homme armé n'osait aller : mais bientôt les rugissemens cessèrent, et Marthe reparut, tenant une petite croix de bois d'une main, et de l'autre le monstre, attaché au bout d'un ruban qui nouait la taille de sa robe.

Elle s'avança ainsi au milieu de la ville, glorifiant le nom du Sauveur, et amenant au peuple, pour lui servir de jouet, le dragon, encore tout sanglant de la dernière proie qu'il avait dévorée.

Voilà sur quelle légende repose la vénération qu'ont vouée à sainte Marthe les habitans de Tarascon. Une fête annuelle perpétue le souvenir de la victoire de la sainte sur la Tarasque, car le monstre a pris le nom de la cité qu'il désolait. La veille de ce jour solennel le maire de la ville fait publier à son de trompe que s'il arrive quelque accident le lendemain, personne n'en sera responsable ; qu'il prévient les blessés qu'ils n'auront aucun droit de se plaindre, *et que qui aura le mal le gardera.* Grâce à ce formidable avis qui devrait cloîtrer chacun chez soi, dès le point du jour toute la ville est dans la rue ; quant à la Tarasque, elle attend sous son hangard.

C'est un animal d'un aspect tout à fait rébarbatif, et dont l'intention visible est de rappeler l'antique dragon qu'il représente. Il peut avoir vingt pieds de long, une grosse tête ronde, une gueule immense, qui s'ouvre et se ferme à volonté ; des yeux remplis de poudre apprêtée en artifice ; un cou qui rentre et s'allonge ; un corps gigantesque, destiné à renfermer les personnes qui le font mouvoir ; enfin, une queue longue et raide comme une solive, vissée à l'échine d'une manière assez triomphante pour casser bras et jambes à ceux qu'elle atteint.

Le second jour de la fête de la Pentecôte, à six heures du matin, trente chevaliers de la Tarasque, vêtus de tuniques et de manteaux, et institués par le roi René, viennent chercher l'animal sous son hangard ; douze portefaix lui entrent dans le ventre. Une jeune fille vêtue en sainte Marthe lui attache un ruban bleu autour du cou ; et le monstre se met en marche aux grands applaudissemens de la multitude. Si quelque curieux passe trop près de sa tête, la Tarasque allonge le cou et le happe par le fond de sa culotte, qui lui reste ordinairement dans la gueule. Si quelque imprudent s'aventure derrière elle, la Tarasque prend sa belle, et d'un coup de queue elle le renverse. Enfin, si elle se sent trop pressée de tous côtés, la Tarasque allume ses artifices, ses yeux jettent des flammes ; elle bondit, fait un tour sur elle-même, et tout ce qui se trouve à sa portée, dans une circonférence de soixante-quinze pieds, est impitoyablement brûlé ou culbuté. Au contraire, si quelque personnage considérable de la ville se trouve sur son passage, elle va à lui, faisant mille gentillesses, caracolant en preuve de joie, ouvrant la gueule en signe de faim ; et l'individu, qui sait ce que cela veut dire, lui jette dans la gueule une bourse que'elle digère incontinent au profit des portefaix qu'elle a dans le ventre.

En 93, les Arlésiens et les Tarasconais étant en guerre, les Tarasconnais furent vaincus, et Tarascon fut prise. Alors les Arlésiens ne trouvèrent rien de mieux pour humilier leurs ennemis que de brûler la Tarasque sur la place publique. C'était un monstre de la plus grande magnificence, d'un mécanisme aussi compliqué qu'ingénieux, et qui avait coûté vingt mille francs à confectionner.

Depuis cette époque, les Tarasconnais n'ont jamais pu dignement remplacer l'ancienne Tarasque, qui est encore l'objet des regrets les plus vifs. On en a fait faire une, mais mesquine et pauvre en comparaison de son aînée ; c'est celle-là que nous visitâmes, et qui nous parut, malgré les lamentations de notre guide, d'un aspect encore très confortable.

Maintenant, comme dans toute tradition il y a un côté qui tourne à l'histoire, et dans tout miracle un point qui peut s'expliquer, il est probable qu'un crocodile venu d'Egypte, comme celui qui fut tué dans le Rhône, et dont la peau fut conservée jusqu'à la révolution dans l'hôtel de ville de Lyon, avait établi son domicile dans les environs de Tarascon, et que Marthe, qui avait appris au bord du Nil comment on attaquait cet animal, parvint à délivrer de ce monstre le pays où son souvenir est en si grand honneur.

L'église où nous avons introduit nos lecteurs au commencement de cette légende n'offre rien de remarquable comme architecture, mais elle contient quelques tableaux assez curieux : sept sont de Vien, et représentent la Visite du Christ à sainte Marthe ; — la Résurrection de Lazare ; — l'Embarquement de sainte Marthe, de Marie-Madeleine, de Lazare et de Maximin ; — le Débarquement de sainte Marthe à Marseille ; — Sainte Marthe prêchant l'Évangile à Tarascon ; — la Mort de sainte Marthe ; — enfin l'Ensevelissement de sainte Marthe.

Outre ces sept tableaux, remarquables par tous les défauts et toutes les beautés des maîtres de cette époque et de cette école, il y a une Sainte Cunégonde refusant d'épouser un prince grec, et se vouant au service de Dieu ; — un Christ ; — une Annonciation ; — une Adoration des Mages ; — une Sainte Catherine ; — un Saint Thomas d'Aquin, et une Vierge du Parrocel ; une Assomption de la Vierge, et une Sainte Marthe relevant Notre-Seigneur, par Mignard ; — et enfin un Saint François d'Assises mourant, par Vanloo.

L'église de Sainte-Marthe possédait encore plusieurs autres tableaux de prix ; mais, lors de la révolution, ayant été trans-

(1) Evangile selon saint Jean.

portés dans le grenier de l'hospice des indigens, les pauvres en firent passer la plus grande partie à la lessive pour se faire des pantalons avec la toile.

Mais la plus grande perte qu'ait faite à cette époque la paroisse fut celle d'un buste de sainte Marthe en or massif, donné à la ville par Louis XI, qui avait fondé un chapitre avec quinze bénéfices. Ce buste, autour duquel toute la vie de sainte Marthe était représentée en émail, pesait, non compris la statue du roi, qui priait à genoux devant lui, vingt-deux mille ducats d'or. Au moment de la disette il fut transporté à Gênes, et échangé contre du blé; la république de Gênes le prit pour son poids, c'est-à-dire pour cent mille francs.

Une autre relique non moins précieuse était un bras de vermeil renfermant un os de sainte Marthe, et aux doigts duquel il y avait quatre-vingt-dix bagues, dont quelques-unes valaient jusqu'à dix mille francs. Vers la même époque où ce buste partait pour Gênes, le bras se mettait en route de son côté. On n'a jamais su à quelle destination il était arrivé.

Une chose curieuse à voir dans cette église de Tarascon est le tombeau de sainte Marthe, moins remarquable pour le mérite de son exécution que pour la vénération qu'il inspire. Au reste, la sainte, qui est de marbre blanc sur un lit de marbre noir, est belle, et, vue à la clarté tremblante de la lampe qui éclaire cette chapelle souterraine, elle est d'un aspect tout à fait religieux et imposant.

Comme Tarascon ne nous offrait rien d'autrement curieux à voir, nous déterminâmes notre ami Boyer à remettre, vers les cinq heures du soir, son cheval au cabriolet, et nous partîmes pour Arles, où nous arrivâmes à neuf heures.

ARLES.

Arles est la Mecque des archéologues français: c'est la cité antique par excellence. Des monuments romains forment e sol, et autour d'eux, à leurs pieds, à leur ombre, dans leurs crevasses, a poussé, l'on ne sait comment, par la force végétative de la civilisation religieuse de saint Louis, une seconde ville gothique, qui à son tour a donné naissance à des maisons qui, tant bien que mal, ont formé la ville moderne. Au premier aspect, ce sont ces deux dernières que l'on aperçoit; mais l'œil interroge-t-il les fondations, fouille-t-il les ruelles, réunit-il les débris, c'est la ville romaine qui reparait, avec son théâtre, son cirque, son prétoire, ses thermes, son forum, le palais de ses empereurs, son autel de la Bonne-Déesse et son temple de Jupiter Olympien. Le squelette du géant a été mal enseveli, et de tous côtés ses ossemens percent la terre.

C'est qu'Arles, s'il faut en croire Ausone, était la reine des Gaules: » Le lieu où elle était bâtie, écrivaient Honorius et Théodose à Agricola, préfet des Gaules, était si heureusement choisi, elle avait une si grande foule de commerçans, tant de voyageurs affluaient dans son port, que tout ce qui naissait ailleurs venait à elle: si bien que, devenue l'entrepôt du monde, on eût dit, à la quantité des objets qu'étalaient ses marchés, que ces richesses exotiques étaient le produit de son propre sol. En effet, tout ce que le riche Orient, l'odorante Arabie, la fertile Afrique, la molle Assyrie, la belle Espagne et la Gaule féconde recueillaient dans leurs campagnes, elle le prodiguait, au besoin, au désir ou au caprice du sybarite le plus raffiné, et tout ce qui était produit venait à elle par terre, par mer et par fleuve, dans des barques, dans des navires et dans des chariots (1).

(1) Vita imp. Honor. et Theod. lib. II, § 3.

OEUV. COMPL. — VIII.

Aussi la ville d'Arles fut-elle chère à Constantin. Elle balança Byzance dans son esprit; car un temps il l'avait habitée; il y avait été heureux, et sa femme, Fausta, y avait mis au jour son fils aîné, qui porta le même nom que lui. Quelle fut la cause qui empêcha Arles de devenir la seconde capitale du monde? on ne sait. Constantin s'en dégoûta t-il comme un amant d'une maîtresse, et lui fut-il infidèle en voyant les eaux bleues du Pont-Euxin et les rivages fleuris du Bosphore? Son dégoût lui vint-il du danger qu'il courut dans son palais sur le Rhône, la nuit où, prévenu par sa femme, il vit, caché derrière une tapisserie, son beau-père Maximin Hercule s'avancer vers le lit impérial, son épée à la main, et poignarder un eunuque qu'il avait fait coucher à sa place? Ou bien encore le terrible mistral, fléau de ces contrées, parut-il un ennemi trop obstiné, un adversaire trop violent, à un homme qui avait respiré le vent frais d'Ostie et la brise parfumée de Naples?

Ce fut d'Arles que partit Constantin pour aller combattre Maxence; ce fut pendant le voyage des Gaules à Rome qu'une croix lumineuse lui apparut, avec l'inscription *in hoc signo vinces*; et ce fut en double souvenir de sa ville chérie et de sa victoire sainte qu'il fit frapper des médailles d'or, d'argent et de bronze, portant d'un côté une main qui sort d'un nuage tenant une croix, et de l'autre côté une légende composée de ces deux mots: *Arelas civitas*.

Maxence noyé dans le Tibre, et tous les prisonniers élargis, l'empereur, solennellement baptisé par le pape Silvestre, revint à Arles, où il y assembla un concile, en 546 fit célébrer les jeux décennaux, et en 524 nomma trois césars: Crispus, qu'il avait eu de Minervine sa première femme; Constantin, qui, ainsi que nous l'avons dit, était né à Arles de Fausta, fille de Maximin Hercule, et Licinius, son neveu. Puis, voulant consoler la ville qu'il allait quitter de son abandon, ainsi qu'on donne à la femme qu'on répudie un riche douaire, il lui fit venir des bords du Nil un obélisque de granit; il enrichit son palais de magnifiques statues et desplendides colonnades, et fit construire à grands frais un aqueduc au moyen duquel les eaux des montagnes voisines furent conduites dans les réservoirs publics; puis enfin il y établit le siège du prétoire des Gaules, ce qui la faisait presque grande et auguste à l'égal de Rome et de Constantinople.

Aussi fut ce à Arles que saint Aignan, évêque d'Orléans, voyant sa ville assiégée par Attila, vint demander secours à Aétius, préfet des Gaules, qui avec le secours de Mere-Wig vainquit le roi des Huns près de Châlons.

La puissance romaine s'éteignit à Arles avec Jules Valère Majorien. Il traversa les Alpes en 458, s'empara de Lyon, et, trouvant, comme Constantin, Arles merveilleusement située, il résolut d'y établir sa cour impériale.

Ce fut pendant son séjour en cette ville et dans le palais de Constantin qu'il invita Sidoine Apollinaire à s'asseoir à sa table; et c'est à cette circonstance que nous devons la lettre du poète à Montius son ami, lettre dans laquelle il consigne les détails de ce grand festin, où sept grands seigneurs avaient assisté, et où il fait la description du palais, orné, dit-il, de magnifiques statues placées entre des colonnes de marbre.

Majorien, assassiné à Tortone, perdit avec la vie l'empire d'Occident, et c'est à Arles, qui était restée seule colonie romaine, passa en 465 sous la domination des Goths; elle resta sous leur domination jusqu'en 537, époque à laquelle Vittegis céda au roi des Francs Childebert la ville d'Arles et tout ce qu'il possédait dans les Gaules.

Le nouveau maître d'Arles y fit un voyage, y donna des jeux et des combats à l'instar des jeux et des combats romains. Un jour qu'il chassait dans les environs de la ville, il trouva au milieu d'une forêt et sur une petite montagne plusieurs pieux anachorètes. Touché de leur piété, il fonda le monastère de Montmajour.

En 732, les Sarrasins d'Espagne, ayant été battus entre Tours et Poitiers par Karl Martel, refluèrent sur les provinces méridionales, et, furieux de leur défaite, ils pillèrent la ville d'Arles, renversèrent ses monuments, et ensevelirent

36

sous leurs débris les trésors d'art amassés par cinq siècles de civilisation romaine. Chassés par Karl Martel en 736, ils reparurent en Provence en 797, où Karl le Grand les vainquit deux ans après, et leur tua vingt mille hommes près de la montagne de la Corde.

Ce fut en honneur de cette victoire, dit monsieur de Noble de La Hauzière dans son histoire d'Arles, que Karl le Grand fit construire au bas de la montagne du Montmajour une petite chapelle qu'il dédia à la sainte Croix. Une inscription latine en lettres onciales, dégradée et presque illisible, constate cette érection (1).

Malheureusement pour l'authenticité de cette dédicace, les nouvelles études historiques ne reconnaissent ni l'inscription, ni la victoire qu'elle consacre. Il est donc probable que les moines de Sainte-Croix, ne voulant pas prier pour Charles Martel, qui avait fortement rançonné toutes les communautés religieuses au secours desquelles il était venu, auront fait honneur de sa victoire à son petit-fils. D'ailleurs la véritable date de la conservation de l'église de Sainte-Croix, constatée par une charte, est postérieure à Karl-le-Grand de deux cent vingt ans. Élevée par l'abbé Rambert, supérieur du monastère de Montmajour, elle fut dédiée en 1019 par Pons de Marignan, archevêque d'Arles.

Le démembrement de l'empire de Karl le Grand arriva. La Provence, la Bourgogne et l'Empire échurent à Lod-Her. En 855, dégoûté du monde, il prit l'habit religieux, laissant son fils Louis II empereur, son fils Lod-Her II, roi de Lorraine, et son fils Karl, roi d'Arles et de Provence.

Enfin, l'empereur Karl le Chauve démembra de nouveaux états, érigea la ville d'Arles en royaume, et lui donna pour roi Bozon, qui était déjà gouverneur de Provence et d'Italie. Le nouveau royaume dont Arles était la capitale se composait de la Provence, du Dauphiné, du comtat Venaissin, de la principauté d'Orange, d'une partie du Lyonnais et de la Bourgogne, de la Franche-Comté, et du Piémont et de la Savoie jusqu'à Genève.

Le royaume d'Arles subsista pendant deux cent cinquante-cinq ans, et fut gouverné par onze rois (2); puis il passa sous l'autorité des consuls. Quatre-vingt-neuf ans s'écoulèrent dans des alternatives continuelles de royauté et de république ; puis enfin, en 1220, le podestat fut établi.

Ce fut pendant cette période et au milieu de ses troubles civils qu'Arles vit s'élever sa splendide basilique de Saint-Trophime, et la première partie de son cloître ; elle possédait déjà Montmajour. Ce fut donc du onzième au douzième siècle que la civilisation religieuse porta ses fruits, et que l'art chrétien prit racine sur le sol païen.

Pendant cent quarante-quatre ans, la ville, tantôt république, tantôt commune, et tantôt royaume, passa des mains des podestats dans celles des confrères, des mains des confrères dans celles des consuls, des mains des consuls dans celles des sénéchaux, et des mains des sénéchaux en celles de l'empereur Charles IV, qui abdiqua en faveur de Char-

---

(1) Sachent tous que le sérénissime prince Charles le Grand, roi de France, ayant fait le siège de la ville qui était au pouvoir des infidèles, et s'en étant rendu maître par la force de ses armes, les Sarrasins qui restaient dans ces contrées étant venus en grand nombre pour s'emparer de cette ville et s'y fortifier, le prince s'avança avec son armée pour les combattre, e emporta sur eux une victoire complète pour laquelle voulant laisser un témoignage de sa reconnaissance envers Dieu, il fit dédier le temple en l'honneur de la sainte Croix; il prit soin aussi de relever sur ses ruines le présent monastère de Montmajour, dédié à saint Pierre. Ce bâtiment avait été entièrement détruit par ces infidèles et rendu inhabitable; il le rétablit dans son ancienne splendeur, y appela un nombre de religieux pour y faire le service divin, le dota pour l'avenir et lui fit de magnifiques présens. On y voit encore cette épitaphe :

Plusieurs des Français qui ont péri dans ce combat reposent dans la chapelle de ce monastère.

FRÈRES, PRIEZ POUR EUX.

(2) Bozon I, Louis Bozon II, Hugues I, Conrad I, Rodolphe III, dit le Fainéant, Gérard , dit l'Usurpateur, Conrad II, dit le Salique, Henry III, dit le Noir, Henry IV, Henry V et Conrad III.

les V. Cette abdication eut lieu à Villeneuve-lès-Avignon, et de ce jour le titre de roi d'Arles s'éteignit pour les empereurs, et la ville retomba sous la domination des comtes de Provence, rois de Naples, de Sicile et de Jérusalem, titre que portait encore en 1480 le bon roi René, l'artiste couronné, qui se consolait avec son pinceau et sa viole de la perte de son sceptre et de ses trois royaumes.

Deux ans après, Louis XI, en sa qualité d'héritier de Charles III, prenait à son tour le titre de comte de Provence, que portèrent ses successeurs, et réunissait Arles à la France.

Nous demandons pardon à nos lecteurs de cette longue introduction historico-archéologique ; mais elle ne sera pas perdue pour le voyageur qui, comme nous, arrivera le soir à Arles, et qui voudra prendre d'avance une idée de la ville qu'il parcourra le lendemain.

Nous restâmes trois jours à Arles, et il ne faut pas moins que ce temps bien employé pour tout voir et bien voir. Notre première visite fut pour la place des Bons-hommes. Dans un rayon de cinquante pas elle nous offrit les restes de trois civilisations distantes l'une de l'autre de mille ans. Le premier est l'obélisque de granit égyptien, le seul que l'on ait retrouvé en France, et qui est, comme nous l'avons dit, un don de Constantin à la ville qu'il quittait ; une portion de la façade d'un grand monument qu'on croit appartenir au Capitole, et dont il ne reste qu'une partie de la frise et les deux colonnes qui la soutiennent ; enfin la basilique de Saint-Trophime, merveilleux pendant à celle de Saint-Gilles : ces deux basiliques étant d'autant plus curieuses qu'elles sont, nous le croyons du moins, les deux monuments complets de l'art byzantin en France. Au reste, une chose digne de remarque, c'est qu'on reconnaît dans l'ornementation de la façade de Saint-Trophime l'influence que la vue des modèles antiques qu'il avait sous les yeux a exercée sur l'architecte, qui a surmonté sa porte principale d'un fronton triangulaire, pareil à celui que les restes du Capitole lui offraient encore, et qui a orné sa corniche de palmettes rampantes, filles naturelles peut-être, mais à coup sûr filles reconnues de l'architecture romaine.

Près de l'église de Saint-Trophime s'élève son cloître, moitié roman, moitié gothique, et l'un des plus curieux de France peut-être. A la quantité d'ornemens qui ouvrent les draperies des personnages sculptés dans les chapiteaux des piliers romans, il est facile de reconnaître le style byzantin du douzième siècle. Constantinople essayait de dédommager Arles de lui avoir enlevé l'empire du monde.

L'amphithéâtre est plus grand mais aussi plus dégradé que celui de Nîmes. A l'époque où les Sarrasins désolèrent le Midi, une partie de la population se réfugia dans les Arènes, et, murant ses arceaux, se fit du monument romain une forteresse imprenable. Bientôt des tours grandirent au-dessus des portes, des maisons s'établirent sous ordre, une ville enfin s'éleva au milieu de la ville, isolée, mais complète, ayant son faubourg, ses remparts, ses rues, sa place publique et son église. De cette ville étrange, il ne reste plus aujourd'hui qu'une seule maison.

Les autres ont été démolies quand le gouvernement s'est enfin aperçu qu'il possédait à Nîmes et à Arles des merveilles à rendre Rome jalouse.

Après les Arènes, le monument le plus important est le théâtre, dont l'érection précède la conquête romaine et remonte à la colonisation grecque. Arles avait reçu, si l'on en croit les vers de Festus Avienus, de ses voisins de Marseille le surnom de Theline (1), à cause de la fécondité de son sol. Les descendans d'Euxène lui avaient déjà donné leurs dieux, ainsi que le prouvent les fragmens retrouvés du temple de Diane d'Éphèse. Ils voulurent encore lui faire connaître leurs poètes, et lui firent don d'un théâtre. Il n'était point encore fini lorsque les Romains leur succédèrent. De là la différence de travail qui existe entre les deux colonnes de marbre africain, debout encore, qui supportent un morceau d'architecture avec la frise au dessus, et la partie opposée,

---

(1) Thili, mamelle.

dite aujourd'hui la tour de Roland, et qui est d'un goût tout à fait barbare.

Puis vient la promenade d'Eliscamp, ainsi appelée des deux mots latins *Elisei campi*. Autrefois ce fut un vaste cimetière où païens et chrétiens vinrent avec une foi différente, mais avec un même espoir, se coucher à côté l'un de l'autre. Leurs tombes sont confondues et entremêlées; mais on reconnaît les uns au D et à l'M qui les recommandaient aux dieux mânes, et les autres à la croix qui les mettait sous la protection du Sauveur. Presque tous ces tombeaux ont été fouillés: une partie a été emportée par les habitans de la Crau pour faire des auges et des dalles; l'autre, dont les seuls couvercles ont été utilisés, sont béans et vides; et quelques-uns de ceux-ci montrent encore la séparation de pierre qui empêchait le mari et la femme, quoique couchés dans le même tombeau, de confondre jamais leurs ossemens.

Enfin, de distance en distance, le sol, retentissant sous les pieds qui le foulent, prouvent qu'à côté de ces tombeaux profanés il en reste de vierges et intacts, que n'ont fouillés encore ni la curiosité ni l'avarice.

Le musée d'Arles, à qui celui de Paris a enlevé son chef-d'œuvre, la Vénus au miroir, s'est enrichi des dépouilles des autres monumens; tous lui ont fourni leur contingent de débris; mais la plus riche récolte qu'il a faite lui vient du Champ de la Mort. Là est une collection de tombeaux du Bas-Empire, riche comme je n'en sais aucune autre, et dont les bas-reliefs peuvent servir à l'histoire de la décadence de l'art. Les plus anciens, au reste, ne m'ont paru remonter qu'au commencement du quatrième siècle.

Le gouvernement accorde 700,000 fr. par an pour les fouilles d'Arles; il ferait mieux d'y envoyer un préfet artiste, et de mettre à sa disposition un bataillon de pionniers. Nous avons une armée de quatre cent mille hommes, sur lesquels trois cent cinquante mille se reposent. Ne pourrait-on pas sans inconvénient grave en distraire cinq cents, qu'on emploierait à déblayer la nouvelle Pompéïa.

Il est curieux, au reste, de se promener autour des remparts d'Arles; l'enceinte des murailles est presqu'un second musée. De vingt pas en vingt pas, on rencontre, incrusté dans le mur, un fragment de colonne, un débris de chapiteau. Partout où les Romains avaient élevé des monumens, on a de ces monumens bâti des villes avec leurs églises et leurs remparts, et cependant à peine s'aperçoit-on qu'il manque quelques pierres à ces gigantesques constructions.

L'un des trois jours que nous passâmes à Arles était un jour de fête, ou plutôt de marché; il y avait une foire de moutons. Cent vingt-cinq ou cent trente mille brebis, descendues des plaines de la Crau, étaient parquées au pied des remparts du midi. Cette circonstance, assez indifférente en elle-même, eut pour ma curiosité de voyageur un excellent résultat: ce fut celui de faire sortir de leurs maisons, et dans leurs costumes de fêtes, les Arlésiennes, que je n'avais encore vues qu'allant à la fontaine ou filant sur le seuil de leurs portes. Vers les trois ou quatre heures de l'après-midi, abandonnant le boulevard extérieur aux élégans et aux dandys de la ville, elles se répandirent dans les rues, circulant bras dessus, bras dessous, par rangées de sept ou huit jeunes filles, s'arrêtant de porte en porte, pour commérer, en formant des groupes bruyans et moqueurs. Leur réputation de beauté est tout à fait méritée, et non-seulement elles sont belles, mais encore gracieuses et distinguées. Leurs traits sont d'une délicatesse extrême, et appartiennent surtout au type grec; elles ont généralement les cheveux bruns, et des yeux noirs veloutés, comme je n'en ai vu qu'aux Indiens et aux Arabes. De temps en temps, au milieu d'un groupe ionien, passe rapidement une jeune fille, marquée au type sarrasin, avec ses yeux longs et relevés aux coins, son teint olivâtre, son corsage flexible et son pied d'enfant; ou une grande femme, au sang gaulois, aux cheveux blonds et aux yeux bleus, à la démarche grave et tranquille, comme celle d'une antique druidesse. Presque toutes sont fraîches et épanouies comme des Hollandaises; car l'humidité du climat, qui à trente ans flétrira leur beauté d'un jour, leur donne ce teint blanc et rose qu'ont les fleurs qui bordent les fleuves ou qui poussent dans les marais.

Malheureusement pour le peintre et le poète, qui va cherchant le beau et le pittoresque, ces gracieuses filles de Bellovèse, d'Euxène, de Constantin et d'Abdérame, ont perdu une partie de leur charme le jour où elles ont renoncé au costume national, qui, résumant pour elles tout le passé, se composait de la tunique courte des jeunes filles spartiates, du corsage et de la mantille noire des Espagnoles, du soulier à boucle des Romaines, de la coiffe étroite d'Anubis et du large bracelet gaulois. De tous ces vêtemens pittoresques, les Arlésiennes n'ont gardé que leur antique et originale coiffure, qui, toute dépareillée qu'elle semble avec la taille longue et la manche à gigot, ne laisse pas que de conserver à leur aspect une physionomie toute particulière, que leurs amans sont loin d'avoir. Les Arlésiens n'ont rien de remarquable; aussi dit-on généralement les hommes de Tarascon et les femmes d'Arles, comme on dit les Romaines et les Napolitains.

N'est-il pas remarquable que, du costume national, la dernière chose que l'on abandonne soit la coiffure? Dans tous les ports de mer du Midi, on rencontre par les rues une foule de Turcs et de Grecs qui ont adopté les habits et le pantalon, et conservent obstinément le turban. Les ambassadeurs de la Sublime-Porte eux-mêmes nous offrent tous les jours cette singulière anomalie en se présentant dans nos salons et dans nos spectacles avec le costume français et la tête cachetée de leur calotte grecque comme des bouteilles de vin de Bordeaux.

Lorsque la ville aux vieux débris cesse d'être galvanisée par quelque fête ou par quelque marché, elle se recouche et se rendort dans sa poussière romaine. Bien plutôt pareille à une tente militaire, placée au bord d'un fleuve par une colonie errante et lassée, qu'à une cité vivace, Arles fut une villa impériale et non pas une ville souveraine. Embellie et décorée par fantaisie, puis abandonnée par caprice, cette maîtresse royale n'a plus, depuis cinq siècles, une raison suffisante de vitalité. Sa position sur le Rhône, source de richesse pour elle quand ses murs renfermaient un empereur magnifique ou un roi guerrier, n'a plus aucune valeur maintenant qu'elle n'est qu'une ville de troisième ordre. Sous la république et l'empire, Arles reprit une vie factice et momentanée; car le commerce, repoussé des mers, reflua dans les fleuves, et, d'exportatif qu'il était, devint intérieur; aussi, comme à Avignon, tout ce qui est marin, portefaix, employé des ports, est-il républicain, tandis qu'au contraire les gentilshommes, les boutiquiers et les paysans sont généralement carlistes. Ces deux opinions se partagent la cité. Comme partout, la ville haute, qui a commencé par être une aire féodale, est aristocrate, tandis que la ville basse, dont les chaumières primitives sont venues se grouper autour du château, et peu à peu s'y sont changées en maisons, se souvenant de son origine populaire, est presque entièrement démocratique.

Arles, qui de rétrograde était devenue stationnaire, commence cependant aujourd'hui à marcher, mais lentement encore, mais d'un pas embarrassé, et plutôt avec la débilité de la vieillesse qu'avec l'hésitation de l'enfance. Quoique peuplée de dix-huit mille habitans, elle n'a qu'une marchande de modes, qui ne peut pas vivre de son commerce, et, depuis cinq ans seulement, un libraire, qui ne se soutient qu'avec l'aide des maisons d'Aix et de Marseille. Auparavant, les seuls livres qui s'y vendissent étaient des livres de prières, colportés par des marchands forains.

Aussi Arles, à notre avis, ne doit-elle pas être considérée comme une ville vivante, mais comme une ville morte; tout ce qu'on pourrait faire pour ranimer son commerce ou son industrie serait chose inutile et perdue; c'est un pèlerinage d'artiste et de poète, et non pas une station de commerçant ou de voyageur. Jamais les rois de Naples n'ont tenté de repeupler Herculanum et Pompéïa, et ils ont bien fait: un tombeau n'est poétique qu'autant qu'il est muet, et sa plus grande solennité lui vient de son silence et de sa solitude.

Or, Arles est une tombe, mais la tombe d'un peuple et

d'une civilisation, une tombe pareille à celle de ces guerriers barbares avec lesquels on enterrait leur or, leurs armes et leurs dieux ; la ville moderne est campée sur un sépulcre, et la terre sur laquelle est dressée sa tente renferme autant de richesses dans son sein qu'elle offre de pauvreté et de misère à sa surface.

LES BAUX.

Cependant, à quelques lieues d'Arles, s'élève une ville encore plus triste, encore plus solitaire, encore plus morte que sa métropole. Le traducteur de Byron, l'auteur de Charles Édouard, qui est la seule célébrité littéraire qu'Arles ait produite, m'avait fort recommandé de ne point passer dans sa ville natale sans aller faire une excursion à cette ancienne cour d'amour de la Provence, qui donna des podestats à Arles, des princes à Orange, des stathouders à La Haye, et des rois à Amsterdam et à Londres. En conséquence, aussitôt que nous eûmes visité tout ce qu'Arles a de plus remarquable, nous nous acheminâmes vers les Baux.

La route est en harmonie avec le lieu où elle conduit : longeant d'abord le petit et le grand étang de Peluque, elle accompagne quelque temps un aqueduc romain qui prend sa source dans une montagne près d'Orgon, traverse la route d'Aix un peu au-dessus d'Elsemat, passe à côté de Saint-Remy, et vient se perdre dans un environs d'Arles. Nous nous enfonçâmes avec elle, dans une espèce de désert de joncs et de roseaux, dont le sol marécageux semblait le lit d'un ancien étang. Nous abandonnâmes l'aqueduc d'Arles pour suivre celui de Barbegal. Puis nous nous engageâmes dans des montagnes aussi tristes que les plaines désolées que nous venions de quitter. Enfin, à Maussane, on nous invita à prendre quelque chose, attendu que nous ne trouverions absolument rien à manger ni à Manville ni à Baux.

A une demi-lieue de Maussane, au détour d'une montagne, nous commençâmes à apercevoir au haut d'un rocher, au milieu d'un paysage nu et rougeâtre, la ville que nous venions visiter. Nous nous engageâmes dans un sentier escarpé qui monte en tournoyant, et nous nous avançâmes sans rien voir de ce qui annonce le voisinage d'un lieu destiné aux hommes, sans entendre aucun souffle de cette respiration immense qui dénonce l'existence d'une ville : c'est qu'en effet les hommes ont disparu, et que la pauvre ville est morte, entièrement morte : morte d'abandon, morte d'épuisement, morte de faim, parce qu'une route qui conduisait d'Orgon à Arles, et qui était l'artère qui menait le sang à son cœur, s'est éloignée d'elle ou perdue elle-même quand a commencé de s'éteindre la splendeur de la Provence ; et qu'alors tout lui a manqué pour vivre, comme à une jeune fille qui vivait par l'amour et dont l'amour s'est retiré.

Alors, peu à peu une partie des habitans, lassée de sa solitude, s'est éloignée pour aller habiter Orgon, Tarascon ou Arles ; l'autre, fidèle et religieuse au toit paternel, s'y est éteinte dans l'isolement. Nul n'est venu ni remplacer les exilés ni succéder aux morts, et la cité sans habitans a fini par rester seule debout, ouverte, abandonnée, triste et toute en deuil sur sa route, et pareille à une mendiante qui pleure et demande l'aumône au bord d'un chemin.

A la moitié de la montée, sentinelle avancée du tombeau, nous rencontrâmes une croix. La destruction s'était étendue sur ce symbole de la rédemption éternelle, comme sur tous les objets mortels qui l'entouraient ; les deux jambes du Christ avaient été brisées, et il pendait par un de ses bras d'ivoire à un des bras de fer de la croix.

Quelques pas plus loin, nous tournâmes un nouvel angle, et nous nous trouvâmes en face de la porte basse et reculée de la ville ; les battans de bois en avaient été ôtés pour les brûler sans doute, et les attaches de fer arrachées par quelque bohémien qui comptait les vendre. Nous entrâmes dans la rue ; portes et fenêtres étaient ouvertes. Nous vîmes des maisons dont le portail, soutenu par des colonnes de la renaissance, était décoré d'un écusson baronial ; nous vîmes des hôpitaux où il n'y avait plus ni gardiens ni malades, ni gémissemens ni derniers soupirs. Nous vîmes un ancien château taillé dans le roc, sans doute en mémoire de ces paroles évangéliques : « Heureux l'homme qui a bâti sa maison sur le rocher ! » Mais le rocher, arrondi en tours, taillé en appartemens, creusé en poternes, avait manqué par sa base, et le château monolithe était tombé tout d'une pièce, comme si la main d'un géant l'eût renversé.

La seule chose qui se fût conservée à peu près intacte, c'était le cimetière. Près du château, sur une esplanade qui domine toute la vallée, on a creusé dans la pierre calcaire des centaines de tombes de grandeurs différentes, et destinées à tous les âges. Il y en a pour le fils et pour la mère, pour le vieillard et pour l'enfant. Ces tombes ont-elles servi, et une main sacrilége en a-t-elle soulevé le couvercle et dispersé les ossemens, ou bien sont-elles vierges encore ? et le fossoyeur, plus prodigue que la mort n'était avare, lui a-t-il donné tous ces cercueils juste au moment où elle ne devait plus trouver de cadavres à y coucher ?

Je m'assis au milieu de cet étrange cimetière, les pieds pendans dans une tombe, et je restai les yeux fixés sur cette ville extraordinaire, habitable et qui n'est point habitée, morte et conservant les apparences de la vie, enfin pareille à un trépassé revêtu de ses habits, debout et fardé. Alors il me vint une de ces tristesses profondes et infinies, plus mélancoliques que celles qui ont des larmes, plus éloquentes que celles qui ont des paroles, plus déchirantes que celles qui ont des sanglots.

J'en fus tout à coup tiré par le son d'une cloche. Je me levai comme un homme qui ouvre les yeux, demandant l'explication de ce songe qui continuait après le réveil ; mais mon guide ne put me la donner, et il me fallut en aller chercher l'éclaircissement à sa source. Je m'acheminai donc vers l'église ; la porte en était ouverte comme toutes les autres portes. Je montai une dizaine de marches qui conduisent à son péristyle. J'entrai. Après avoir vainement tenté de tremper mes doigts dans son bénitier séché, et comme si Dieu eût voulu m'inonder en un seul jour de toutes les poésies de la mort, le spectacle le plus triste qui se puisse voir s'offrit tout à coup à mes yeux.

Au pied de l'autel, dans une bière découverte, le front ceint d'une couronne blanche, les mains croisées sur la poitrine, était couchée une petite fille de neuf ou dix ans ; aux deux côtés du cercueil se tenaient à genoux ses deux sœurs ; dans un coin pleurait sa mère, et le frère tintait lui-même la cloche pour appeler Dieu à cette cérémonie funèbre, où manquait le prêtre. Une douzaine de mendians, qui forment toute la population des Baux, était dispersée dans le reste de l'église.

Il n'y eut pas de messe pour le salut de l'âme de cette pauvre enfant, il n'y eut que des prières basses, des soupirs et des sanglots ; puis quatre pauvres, qui avaient mis leurs plus beaux habits pour cette solennité funèbre, portèrent le cercueil à bras, et, accompagnés du reste du cortège, sortirent de l'église, s'acheminèrent vers la haute ville, entrèrent dans l'hôpital, et s'approchant d'une tombe creusée, posèrent la bière à côté d'elle. Aussitôt la mère s'approcha, embrassa encore une fois sa fille, les deux jeunes sœurs en firent autant ; et puis le frère, qui, étant le dernier, recouvrit le visage de la morte. Un homme prit alors, derrière une pierre, un marteau, des clous et une planche, et cloua le couvercle du cercueil, puis on le descendit dans la fosse. La terre roula dessus avec ce bruit dont l'écho profond est dans l'éternité ; et lorsque la dernière pelletée de terre l'eut recouvert, les jeunes filles s'approchèrent et jetèrent sur la tombe des bouquets de fleurs blanches qu'elles avaient cueillies aux environs. Je n'avais pas de bouquets ; je jetai ma bourse. Un des mendians la prit et la présenta à la mère, qui ne me remercia point, mais qui pleura plus fort.

Je sortis de l'hôpital. Devant sa façade, qui date de la renaissance, et dont l'entablement croule malgré les neuf colonnes qui le soutiennent, s'étend une plate-forme de laquelle on embrasse un immense paysage; au sud, la mer bleue et immense, tachetée de voiles blanches; au levant, la plaine où Marius battit les Cimbro-Teutons, dominée par le mont Victoire, sur lequel il éleva les trophées ramassés sur le champ de bataille; au nord et à l'occident, l'hôpital et la ville.

C'était, comme on le voit, un beau et vaste paysage au milieu duquel se dressait un immense souvenir. Le génie de Rome avait eu là une de ses plus belles fêtes. Deux cent mille Barbares, couchés dans cette vallée, lui avaient fait une hécatombe, et leurs cadavres laissés sans sépulture, lavés par la pluie, brûlés par le soleil, se décomposèrent lentement sur cette terre, qui dut à la corruption de leurs fétides lambeaux son nom antique de *Campi putridi*, et son nom moderne de Pourrière. Mais bientôt la nature répara tous ces désastres, le sol poussa, là où il avait été si largement engraissé, de plus puissantes herbes et de plus riches épis; et lorsque la moisson fut faite, il ne resta plus sur ce champ funèbre, qui avait été le cimetière d'un peuple, que d'immenses ossemens blanchis, dont les paysans firent de pâles clôtures pour leurs vignes.

Un autre jour, dans un autre moment peut-être, je serais descendu de mon rocher dans cette plaine. J'aurais marché jusqu'à ce que je trouvasse les rives du Canus; puis, j'eusse cherché sur la sainte montagne, que le matelot provençal, debout sur le pont de son navire, montre de loin aux voyageurs, les restes de cette pyramide où d'énergiques bas-reliefs représentaient Marius debout sur des boucliers portés par ses soldats, et proclamé *imperator*. Je me serais fait raconter par quelque paysan, comme un événement de la veille, cette bataille qui date de deux mille ans. Il m'eût dit alors, tant les traditions de cette grande défaite sont présens encore aux lieux qui la virent s'accomplir, comment le général romain conduisait avec lui une prophétesse syrienne, nommée Martha, en l'honneur de laquelle il donna son nom au village de Martigues, et qui, la veille de la bataille, avait parcouru dans une litière dorée les rangs de l'armée, à qui elle avait promis la victoire. Il m'eût indiqué l'endroit où Marius, à ses soldats mourant de soif et qui lui demandaient à boire, dit montrant le fleuve devant lequel étaient rangés les ennemis : « Vous êtes hommes, et voilà de l'eau; » et où les soldats burent avidement, le même soir, cette eau rougie et ensanglantée. Enfin, il m'eût raconté cette fête qui se perpétua dans le pays, en souvenir de cette victoire; de sorte que lorsque le mois de mai revenait, chaque année on voyait accourir au temple bâti par Marius les populations voisines, et entrer dans la maison païenne une procession de chrétiens et de chrétiennes portant des bannières ornées de croix, et couronnés, les hommes de branches d'arbres en signe de triomphe, les femmes de guirlandes de fleurs en signe de fête; puis sur quelques murs croulans du bourg de Pourrière, il m'eût fait voir les armes de la commune, qui jusqu'à la révolution furent un général romain porté sur le bouclier de deux soldats.

Mais à cette heure j'avais une autre pensée; ce n'était point de la mort d'une armée et de la tombe d'un peuple que mon esprit était occupé, je ne voyais que la mère d'une mendiante et la tombe d'un enfant; si bien qu'il me prit envie, non pas d'aller chercher de la poésie et de l'histoire sur ce même champ de bataille, mais le recueillement et la religion dans cette petite église. Je m'acheminai donc vers elle, et la retrouvai vide et silencieuse. Je cherchai son coin le plus obscur, et, m'appuyant contre une colonne, je tombai dans une de ces rêveries saintes, qui, lorsque les paroles manquent aux lèvres, deviennent la prière du cœur.

Je ne sais le temps que je restai ainsi, pris de ce vertige religieux auquel je suis si accessible, que, dans la chartreuse de Grenoble et chez les capucins de Syracuse, il m'arriva de quitter précipitamment ces hauteurs saintes, tant je me sentais prêt à me précipiter dans le cloître; mais ce temps dut être long, car je ne me réveillai de cette espèce d'extase que lorsque mon guide vint me dire que la nuit arrivait, et que par conséquent il était temps de retourner à Arles.

Au moment de quitter cette église, je fus pris du désir d'en emporter quelque chose. Il en est ainsi de toutes les émotions profondes que nous éprouvons; au moment où elles nous possèdent et nous étreignent, nous désirons les perpétuer, et nous comprenons que le seul moyen d'arriver à ce but est de les raviver par la vue d'un objet qui nous les rappelle, tant nous sentons notre pauvre cœur faible pour conserver à lui seul un souvenir; mais en même temps je songeai que ce vol religieux fait à une église, tout qu'il devait être aux yeux de Dieu, qui savait dans quelle intention intime et pieuse je le commettais, n'en était pas moins un vol fait dans la maison du Seigneur, et par conséquent un sacrilége. Alors il me vint une pensée qui conciliait mon envie avec mon remords; c'était de laisser à la place de la chose prise une valeur quadruple dont profiterait le premier pauvre qui viendrait prier. Je portai alors une main sur un petit saint de bois tout vermoulu; mais, en fouillant de l'autre à ma poche et ne la trouvant vide, je me rappelai que j'avais donné ma bourse à la mère de la petite mendiante que j'avais vu enterrer. J'allais reposer mon saint sur l'autel, lorsque l'aspect de mon guide me tira de ma perplexité. Je lui demandai s'il avait de l'argent sur lui. Il me donna dix francs; c'était tout ce qu'il possédait. Je les mis à la place de la statuette, et, quelque peu rassuré par cet échange, je l'emportai avec moins de crainte.

Maintenant, dois-je passer du récit à la confession? dois je, au risque d'éveiller sur les lèvres de quelques-uns de mes lecteurs le sourire dédaigneux et méprisant de la philosophie voltairienne, raconter à tous ce que je ne devrais dire qu'à un prêtre peut-être? Oui, car quelques esprits poétiques et religieux me comprendront; d'ailleurs, toute autopsie est curieuse, et surtout celle que l'on fait sur un corps vivant.

J'ai dit que, grâce aux dix francs que j'avais laissés à sa place, j'avais emporté le saint avec moins de crainte. Cependant cette espèce d'achat était loin de me rassurer, soit que cette suite d'objets qui s'étaient, depuis le matin, déroulés devant mes yeux, soit que cette cérémonie simple, mais profondément triste, qui était arrivée jusqu'à mon cœur, eût exalté mon esprit, et que mon esprit se fût affaibli de son exaltation même. Je quittai l'église témoin de mon action,—je ne sais comment qualifier la chose, ne la pensant pas coupable, mais cependant ne la croyant pas innocente, — avec une grande terreur dans l'âme. La nuit, qui approchait rapidement, contribuait encore à augmenter cette impression inqualifiable. Je descendis avec mon conducteur la route qui mène à Maussane, et j'arrivai dans ce village sans avoir échangé un mot avec lui.

Notre voiture nous attendait. Boyer attela le cheval. Pendant ce temps, j'aperçus mon fusil que j'avais laissé le matin dans la cheminée, et, craignant un accident que je n'eusse pas craint dans toute autre circonstance, je ne voulus pas l'emporter chargé, de peur que les cahots du cabriolet ne le fissent partir. Je sortis en conséquence dans le jardin pour le tirer en l'air; mais, au moment où j'épaulais, l'idée me vint, pour la première fois peut-être, à moi, chasseur depuis mon enfance, que les canons pouvaient crever et m'emporter une main. Je ris de cette idée. Je rapprochai mon fusil de mon épaule une seconde fois et j'appuyai mon doigt sur la gâchette; mais le coup ne partit pas; le chien n'était pas armé. Je crus cette circonstance un avertissement : je fis jouer la bascule de mon fusil, tirai mes deux cartouches du canon, les mis dans ma carnassière, et rentrai dans la cuisine.

J'y trouvai Boyer, qui avait fini son opération. Le cheval et le cabriolet attendaient à la porte. Je sortis pour monter en voiture; mais, au moment de mettre le pied sur le marchepied, mes craintes superstitieuses me revinrent. Je pensai au chemin bordé de précipices que nous allions parcourir ; je pensai, comme je l'avais pensé à propos de mon fusil, que si l'action que j'avais commise était mauvaise, Dieu pouvait mettre à sa suite une punition au lieu de l'autre; et, ne voulant pas le tenter, je fis signe au cabriolet de marcher devant, et je le suivis par derrière. De temps en temps Boyer, qui ne comprenait rien à cette manie de marcher seul quand je pouvais paresseusement être voituré près de lui, s'arrêtait, et me demandait si je ne voulais pas monter. Constamment je lui répondis que non ; et cependant j'étais fatigué, plus encore par l'émotion que par le voyage, aussi moralement que physiquement.

Nous nous trompâmes de route à Saint-Martin ou à Fonvielle, je ne sais ; de sorte qu'au lieu de revenir par le grand Barbegal, nous revînmes par le Castelet. Nous nous engageâmes dans une espèce de petite forêt, où j'eus à peine fait un quart de lieue, qu'en montant sur une éminence je me trouvai près d'une ruine. Boyer me dit que c'était celle de l'abbaye de Montmajour, dont nous avons parlé dans notre précis historique sur Arles. Vu de nuit, ce monument était magnifique, et la clarté de la lune était assez grande pour qu'on en pût distinguer les détails. Je m'avançai alors pour m'engager sous ces voûtes croulantes ; mais la même pensée à laquelle j'étais en proie me revint à l'esprit et m'arrêta sur le seuil ; une pierre pouvait se détacher du haut de ces voûtes et me briser le front.

En arrivant à Arles, je m'enfermai dans ma chambre. Je tirai le saint de ma carnassière, je le mis sur la commode, je m'agenouillai devant lui, et je fis une prière, ce qui ne m'était pas, je dois l'avouer, arrivé depuis longtemps. Le lendemain, Boyer emporta mon saint, afin de le joindre à différens objets glanés sur ma route, et qui devaient d'Avignon retourner directement à Paris. Si je l'eusse conservé parmi mes bagages, je n'aurais probablement pas osé continuer mon chemin.

Maintenant, j'avoue qu'il y a peut-être une grande fatuité de courage à moi d'avoir raconté cette histoire ; mais je la devais aux lecteurs ; car, comme anatomie du cœur humain, elle est peut-être, sinon la plus intéressante, du moins la plus curieuse de tout mon voyage.

Nous consacrâmes le reste de la journée à prendre des vues de la ville et des croquis de monumens, et le lendemain, avant le jour, nous nous mîmes en route pour Marseille.

RAU ET CAMARGUE.

Deux moyens sont offerts au voyageur pour aller d'Arles à Marseille, la route de mer et la route de terre. La route de mer, par le bateau à vapeur et le golfe de Lion ; la route de terre, par le coche et le canal de Bouc. Peut-être trouvera-t-on que le nom donné à cette dernière route ne se justifie pas très exactement ; mais elle s'appelle comme cela : les voies du Seigneur sont profondes.

Un jour j'allai voir chez madame Saqui une pantomime appelée le *Bœuf enragé* : c'était un fort joli ouvrage, d'un grand goût littéraire, remarquable par son haut style et par ses belles pensées, et qui m'avait été fort recommandé par le *Journal des Débats* ; mais, de la première à la dernière scène, j'attendis vainement l'intéressant animal qui avait donné son nom à l'ouvrage.

La toile tombée, je sortis, et en sortant je demandai à l'ouvreuse :

— Voudriez-vous me dire, ma bonne femme, pourquoi la pièce que je viens de voir s'appelle le *Bœuf enragé* ?

— Parce que c'est son titre, me répondit l'ouvreuse.

Je rentrai chez moi très satisfait de l'explication.

Comme on nous donna un fort mauvais déjeuner à bord du coche, nous demandâmes où nous pourrions dîner : on nous répondit que nous pourrions dîner à la ville de Bouc. Nous ignorions tout ce qu'il y avait de fantastique dans la ville de Bouc ; nous montâmes donc sur le toit de notre coche, fort satisfaits de savoir que nous dînerions.

Le but de notre ascension était de voir le paysage ; car la terre du canal, ayant été rejetée à droite et à gauche, forme un talus qui fait que, tant qu'on reste sur le pont, on croit voyager dans une ornière.

Le paysage, au reste, sans être varié, est curieux ; car on a à droite la Camargue, où, d'après le proverbe, *les chasseurs ne trouvent pas une pierre à jeter à leurs chiens*, et à gauche la Crau, qui est littéralement pavée de cailloux.

La *Camargue*, ou Camp de Marius : *Caii Marii Ager* (l'étymologie en vaut bien une autre), la Camargue est le Delta du Rhône ; cela veut dire que les géographes lui ont trouvé la forme d'un D grec, et cela avec aussi juste raison que Polybe avait trouvé à l'Italie la forme d'un triangle, Pline celle d'une feuille de chêne, et M. Piquet celle d'une botte. C'est une immense plaine marécageuse, que la mer a visitée il y a quelque deux mille ans, et qu'elle semble avoir abandonnée d'hier. D'innombrables troupeaux de chevaux blancs et de taureaux noirs, plus sauvages et plus ébouriffés les uns que les autres, y enfoncent jusqu'au jarret dans un sol tout bourgeonné de plantes épaisses, d'un vert foncé, et qui, de place en place, se panache de grandes fleurs jaunes et rouges, de roseaux tranchans élevés et de tamarisk tortueux. De temps en temps, au milieu de ces marais Pontins de la France, s'élève une pauvre maison, où le chasseur perdu dans ces solitudes est sûr de trouver l'hospitalité du désert. Le paysan n'a qu'un peu de pain et un peu d'eau ; mais de ce pain et de cette eau la moitié est à celui qui a faim et qui a soif.

La Camargue, toute inhabitée et inhabitable qu'elle est, a cependant ses traditions religieuses et ses souvenirs historiques : les unes se rattachent au village des Saintes-Maries, que par abréviation on appelle le village des Saintes, et les autres aux chevaliers de Saint-Jean de Jérusalem.

Le village des Saintes-Maries, que l'on nommait autrefois Notre-Dame-de-la-Mer, doit son nouveau nom au roi René. Le roi René, en sa qualité de poète, connaissait la vieille légende provençale qui dit qu'après la mort du Christ, les Juifs mirent dans une barque Marie-Madeleine, les deux Marie, Marthe, Marcelle, leurs servantes, Lazare et Maximin, et, profitant d'un orage, poussèrent cette barque à la mer pour les faire périr tous ensemble. Mais Dieu n'abandonne point ses serviteurs. La mer se calma, un doux vent poussa l'embarcation loin du rivage. Pendant tout le temps de la traversée, qui dura un mois, deux fois par jour le Seigneur fit pleuvoir sa manne. Enfin, un beau soir, les saints hommes et les saintes femmes abordèrent à la pointe la plus avancée de la Camargue, dans un pauvre village habité par quelques pêcheurs. Marie-Madeleine se dirigea vers la Sainte-Beaume, Marthe, vers Tarascon, où nous avons vu son tombeau en passant ; saint Maximin prit le chemin d'Arles, et saint Lazare celui de Marseille. Quant aux deux Marie et à Marcelle, elles restèrent au village de Notre-Dame-de-la-Mer, où elles moururent après en avoir converti les habitans à la foi chrétienne.

Le roi René non-seulement connaissait cette légende, mais il l'avait mise en vers, il l'avait mise en musique, il l'avait mise en tableau, lorsqu'une nuit, voulant lui donner une preuve non équivoque de leur reconnaissance, les saintes femmes de Notre-Dame-de-la-Mer lui apparurent, et lui ordonnèrent de se mettre en quête de leurs reliques, dont elles lui donnèrent l'adresse exacte, de les tirer de terre, et de leur faire bâtir un tombeau digne d'elles. Comme on le pense bien, le bon roi René ne se le fit pas dire deux fois. Au point du jour, il monta à cheval, suspendit à son côté cette bourse qu'il emportait toujours pleine et qu'il rapportait toujours vide, prit son album pour croquer, chemin faisant, quelque joli visage de paysanne, et s'achemina vers Notre-Dame-de-la-Mer.

Il va sans dire que le roi René trouva les reliques à l'endroit indiqué. Ce fut à cette occasion que le bon roi changea le nom de Notre-Dame-de-la-Mer en celui des Saintes-Maries, plus approprié désormais au trésor qu'il possédait.

La nouvelle de la découverte que l'on venait de faire se répandit par toute la France, par toute l'Italie et par toute l'Espagne, si bien que de tous côtés les pèlerins abondèrent, que chaque maison se changea en auberge, et que chaque aubergiste devint millionnaire. La fortune ascendante du village saint dura jusqu'à la moitié du seizième siècle ; mais à cette époque la réforme arriva : le doute suivit la réforme, l'indifférence suivit le doute. Les habitants, lorsqu'éclata la révolution française, comptaient sur la persécution : la persécution les oublia. De ce jour, ils furent véritablement ruinés.

Et en effet, malgré l'exposition annuelle des reliques saintes, qui autrefois faisait d'un seul jour de fête la fortune de toute l'année, le pauvre village s'en va mourant, faute de pèlerins, si bien qu'il en est revenu à ses premiers moyens d'existence, c'est-à-dire que les aubergistes se sont refaits pêcheurs ; et encore, depuis l'établissement des bateaux à vapeur, la mer est-elle devenue tellement avare de poissons, qu'elle ne fournit plus à ces malheureux que d'insuffisantes ressources. Ils y restent hâves et affamés, parce que le toit qu'ils habitent est le toit de leurs pères, parce qu'ils y sont nés et qu'ils doivent y mourir. Mais lorsqu'une maison tombe, on ne la relève pas : la famille qui l'habitait se disperse et s'en va mendiant ; si bien que peu à peu le village s'efface, que dans cinquante ans il ne restera plus que l'église, et dans trois ou quatre siècles que la légende.

Pendant que nous étions à Arles, il s'était passé au village des Saintes-Maries un fait assez curieux, et qui donnera une idée assez exacte de l'esprit des bonnes gens qui l'habitent.

L'église des Saintes, près de laquelle est un puits miraculeux, creusé par elles, et qui donne d'excellente eau, quoique à cent pas à peine de la mer, a pour curé un bon vieillard, dont le frère a servi autrefois en qualité de timonier sur les bâtiments de l'Etat : son temps fini, le brave marin revint, buvant sec, fumant fort, et n'ayant pour faire face à ces habitudes assez dispendieuses qu'une petite pension de deux cent cinquante francs. Quoique le curé, de son côté, eût à peine de quoi vivre, il prit son frère chez lui, à la seule condition qu'il ne jurerait plus. Le timonier promit à son frère tout ce qu'il voulut ; mais comme l'habitude est une seconde nature, le marin s'en jura que plus fort. Les premières fois, le curé le reprit ; puis il se contenta de faire des signes de croix ; puis il ne fit plus rien du tout, s'en remettant religieusement à l'indulgence de Dieu, qui ne punit que l'intention. Or, son frère était un cœur d'or, qui n'avait jamais eu une mauvaise intention de sa vie.

Les choses allèrent ainsi cinq ou six ans : au bout de six ans, le bedeau mourut. Or, comme le défunt cumulait les fonctions de bedeau, de chantre et de sacristain, la place qu'il laissait vacante était une fort bonne place, qui rapportait cent francs de fixe, sans compter les baptêmes, les mariages et les enterremens.

Le curé réfléchit que cent cinquante ou deux cents francs de plus amèneraient force douceurs dans son petit intérieur, et offrit la place à son frère. Le frère accepta, à la condition que le curé lui commanderait le service en termes maritimes, toujours en usage à cet axiome qu'une habitude est bien plus facile à prendre qu'à perdre. Le curé ne vit rien là qui dût fâcher Dieu, et grâce à cette concession, dès le dimanche suivant, le timonier, revêtu de la chape et la crosse à la main, se promena gravement de l'avant à l'arrière, et quand vint le moment de chanter l'épître, passa fort adroitement l'Evangile de bâbord à tribord. Cela gêna bien pendant quelque temps le bon curé d'entendre appeler la sacristie la chambre du capitaine, et le tabernacle la soute au pain ; mais il s'y habitua, comme il s'était habitué à tant d'autres choses. Quant à Dieu, la preuve qu'il trouva tout cela bon, c'est qu'il bénit le ménage fraternel en envoyant aux habitans du presbytère une excellente santé.

Les deux frères vivaient ainsi depuis quinze ans à peu près, lorsqu'un matin une affaire appela le bon curé à Arles ; il s'informa si aucun enfant n'était sur le point de venir au monde, et si aucune jeune fille n'était au moment de se marier. La réponse fut négative, de sorte que le bon curé vit qu'il pouvait s'absenter sans inconvénient. Il y avait bien un malade, mais le médecin lui promit de le faire durer jusqu'à son retour. Le curé partit donc parfaitement tranquille.

Le même soir, le malade mourut.

Grand embarras, comme on le comprend, dans le village des Saintes. Le trépassé, qui n'avait pas voulu attendre le curé pour mourir, ne pouvait pas l'attendre pour être enterré, car le curé ne devait revenir que dans trois ou quatre jours. L'envoyer chercher était à peu près impossible ; le village des Saintes ne communique par l'entremise d'Arles avec le reste de la terre qu'au moyen d'un messager qui va dans la ville de Constantin une fois la semaine. Or, le curé avait justement attendu le jour de cette communication, afin de profiter du cheval du messager, et il était parti en croupe derrière lui.

Les parens du mort allèrent donc trouver le frère du curé, pour lui exposer leur pénible situation. L'ex-timonier les laissa aller jusqu'au bout, puis lorsqu'ils eurent fini :

— N'est-ce que cela ? leur dit-il.

— Dame ! nous trouvons que c'est bien assez, répondirent les parens.

— Le défunt n'était pas camisard ? demanda le bedeau.

— Il était catholique comme vous et moi.

— Eh bien ! alors, envoyez-moi quelqu'un pour me sonner la messe et dire les répons. Je l'enterrerai, et aussi bien que mon frère, je vous en réponds.

— Tiens, au fait ! dirent les parens, nous n'y avions pas pensé ; c'est juste.

Et ils s'en allèrent chercher le mort, tandis que le digne marin revêtait les habits sacrés dans la chambre du capitaine. La messe fut dite, le mort fut enterré ; le village tout entier assista à la cérémonie et pria religieusement sur la tombe, et pas un des assistans ne s'en formalisa, ni pour lui même, ni pour le mort.

Quand le curé revint, il demanda des nouvelles du malade.

— Le malade, répondit le timonier, il est à fond de cale.

Tout fut dit : le bon curé ne se montra pas plus susceptible que les autres, et parut, au contraire, enchanté, en cas d'absence ou de maladie, d'avoir quelqu'un qui pût le suppléer dans ses fonctions.

Sautons quatorze siècles et passons des Saintes-Maries au chevalier Dieudonné de Gozon.

Les chevaliers de Saint-Jean de Jérusalem, qui, comme on le sait, avaient été fondés par Gérard Tenque, gentilhomme provençal, dont nous retrouverons plus tard le berceau aux Martigues, habitaient au quatorzième siècle l'île de Rhodes, dont ils portaient aussi le nom. Or, Rhodes vient du mot phénicien *Rod*, qui veut dire serpent. Ce nom, comme on le pense bien, avait une cause, et cette cause, c'était la quantité innombrable de reptiles que de temps immémorial la patrie du colosse renfermait.

Il est juste de dire cependant que les serpens avaient fort diminué depuis deux cents ans que les moines guerriers s'étaient établis dans l'île, attendu que, dans leurs momens perdus, et pour s'entretenir la main, les chevaliers leur faisaient une rude chasse. Il résulta de cette activité que la commanderie se croyait à peu près délivrée de ses ennemis, lorsqu'un jour un dragon apparut, d'une grandeur si gigantesque et d'une forme si monstrueuse, que près de lui le fameux serpent de Régulus n'était qu'une couleuvre.

Les chevaliers furent fidèles à leurs traditions, si dangereux qu'il fût de les suivre. Plusieurs se présentèrent pour combattre le monstre, et sortirent tour à tour de Rhodes pour l'aller relancer dans la vallée où il avait sa caverne. Mais de tous ceux qui sortirent, pas un ne revint ; et en ce cas comme toujours, la perte tomba sur les plus vaillans. Le grand-maître, Hélion de Villeneuve, fut si désespéré du résultat des premières tentatives, qu'il défendit, sous peine de dégradation, qu'aucun des chevaliers qui étaient sous ses ordres combattît le serpent, disant qu'un pareil fléau ne pouvait être suscité que par Dieu, et que par conséquent c'était avec les armes spirituelles, et non avec les armes temporelles, qu'il le fallait combattre. Les chevaliers cessèrent donc leurs entreprises, au grand désappointement du monstre, qui commençait à s'habituer à la chair humaine, et qui fut forcé d'en revenir tout bonnement à celle des bœufs et des moutons.

Sur ces entrefaites arriva à Rhodes un chevalier de la Camargue, nommé Dieudonné de Bozon : c'était à la fois un chevalier d'une grande bravoure et d'une grande prudence, mais qui ne s'était jamais battu qu'en Occident ; de sorte qu'il résolut, à l'endroit du serpent, de donner à ses compagnons un échantillon de ce qu'il savait faire ; mais comme, ainsi que nous l'avons dit, c'était un homme aussi sage que brave, il résolut de ne pas risquer imprudemment sa vie, comme avaient fait de la leur ceux qui avaient entrepris l'aventure avant lui ; et, avant de combattre, il voulut bien savoir à quel ennemi il avait à faire.

En conséquence, Dieudonné de Gozon prit sur le monstre les renseignemens les plus exacts qu'il put se procurer, et il apprit qu'il habitait un marais à deux lieues de la ville. Vers les onze heures du matin, c'est-à-dire au moment le plus chaud de la journée, il sortait de sa caverne et venait dérouler au soleil ses immenses anneaux, restait jusqu'à quatre heures à l'affût de sa proie, puis, cette heure arrivée, rentrait dans sa caverne pour n'en sortir que le lendemain.

Ce n'était point assez, Gozon voulut voir le serpent de ses propres yeux. En conséquence, il sortit un matin de Rhodes, et s'achemina vers le marais, muni, au lieu d'armes, d'un crayon et d'une feuille de papier. Arrivé à un millier de pas de la caverne, il chercha un lieu sûr, d'où il pût tout voir sans être vu, et l'ayant trouvé, il attendit, son crayon et son papier à la main, qu'il plût au serpent de venir prendre l'air. Le serpent était très exact dans ses habitudes ; à son heure ordinaire, il sortit, se jeta sur un bœuf qui s'était aventuré dans ses domaines, l'engloutit tout entier dans son vaste estomac, et, satisfait de sa journée, s'en vint digérer au soleil, à cinq cents pas de l'endroit où Gozon était caché.

Gozon eut donc tout le temps de faire son portrait : le serpent posait comme un modèle ; aussi reproduisit-il avec une fidélité scrupuleuse les moindres détails de sa personne, puis, le dessin terminé, le chevalier se retira avec la même précaution et s'en revint à Rhodes.

Ses camarades lui demandèrent s'il avait vu le serpent. Gozon leur montra son dessin, et ceux qui n'avaient fait même que l'entrevoir reconnurent qu'il était de la plus grande exactitude.

Le lendemain, Gozon sortit de nouveau de Rhodes, et retourna à sa cachette. Le soir, il revint à la même heure que la veille. Les autres chevaliers lui demandèrent ce qu'il avait fait, et il répondit qu'il avait fait quelques corrections à son dessin de la veille. Les chevaliers se mirent à rire.

Le surlendemain, mêmes sorties, mêmes précautions, et au retour même réponse. Les chevaliers crurent leur camarade fou, et ne s'en occupèrent plus.

Ce manége dura trois semaines : au bout de trois semaines, le jeune chevalier savait son serpent par cœur. Alors il demanda au grand-maître un congé de six mois, et l'ayant obtenu, il s'en revint en son château de Gozon, qui était situé en Petit-Rhône, en Camargue.

A son retour, chacun lui fit grande fête, et surtout deux magnifiques dogues qu'il avait : c'étaient des chiens de la plus grande race, habitués à tenir les taureaux en arrêt, tandis que l'intendant de Gozon les marquait avec un fer rouge. Gozon, de son côté, leur fit grande fête, car il avait ses vues sur eux, et comme il craignait qu'ils n'eussent dégénéré en son absence, il les lança sur deux ou trois taureaux qu'ils coiffèrent à la minute.

Le même jour, Gozon, sûr d'avoir en eux deux auxiliaires comme il les lui fallait, se mit à l'œuvre.

Grâce au dessin qu'il avait pris sur les lieux, et enluminé d'après nature, Gozon fit un serpent si parfaitement exact, que c'était la même taille, les mêmes couleurs, le même aspect ; alors, à l'aide d'un mécanisme intérieur, il lui donna les mêmes mouvemens ; puis, son automate achevé, il commença l'éducation de son cheval et de ses chiens.

La première fois qu'ils virent le monstre, tout artificiel qu'il était, le cheval se cabra et les chiens s'enfuirent. Le lendemain, chevaux et chiens furent moins effrayés ; mais cependant ni les uns ni les autres ne voulurent approcher de l'animal. Le surlendemain, le cheval vint à la distance de cinquante pas du monstre, et les chiens lui montrèrent les dents. Huit jours après, le cheval foulait le serpent sous ses pieds, et les deux dogues donnaient dessus comme sur le taureau.

Cependant Gozon les exerça deux mois encore, habituant ses chiens à faire leurs prises sous le ventre, car il avait remarqué que sous le ventre le serpent n'avait pas d'écailles. A cet effet, il mettait de la chair fraîche dans l'estomac de son automate, et les chiens, qui savaient que leur déjeuner les attendait là, allaient le chercher jusqu'au fond de ses entrailles. Au bout de deux mois, il n'avait plus rien à leur apprendre ; d'ailleurs, si bien raccommodé qu'il fût tous les jours, le monstre commençait à s'en aller en morceaux.

Le chevalier partit pour Rhodes, où, après une traversée d'un mois, il aborda heureusement. Il y avait un peu moins de six mois qu'il en était parti.

En mettant le pied dans le port, il demanda des nouvelles du monstre. Le monstre se portait à merveille ; seulement, comme de jour en jour les troupeaux et le gibier devenaient plus rares, il étendait maintenant ses excursions jusque sous les murs de la ville. Le grand-maître Hélion de Villeneuve avait ordonné des prières de quarante heures. Mais les prières de quarante heures n'y faisaient pas plus que si elles eussent été de simples *Ave Maria* ; de sorte que l'île de Rhodes était dans la désolation la plus profonde.

Le chevalier, monté sur son cheval et suivi de ses deux dogues, s'en alla droit à l'église, où il fit ses dévotions, et où il resta en prières depuis sept heures du matin jusqu'à midi, laissant ses chiens sans manger, et donnant au contraire force avoine à son cheval ; puis à midi, c'est-à-dire à l'heure où le monstre avait l'habitude de faire sa sieste, il sortit de la ville et se dirigea vers le marais suivi de ses chiens, qui hurlaient lamentablement, tant ils enrageaient de faim.

Mais, comme je l'ai dit, le monstre s'était fort rapproché de la ville ; de sorte que le chevalier eut à peine fait un mille hors des portes qu'il le vit bâillant au soleil et attendant une proie quelconque. Aussi, à peine de son côté le monstre eut-il vu le chevalier, qu'il releva la tête en sifflant, battit des ailes sans manger, et s'avança rapidement contre lui.

Mais la proie sur laquelle il comptait était de difficile digestion, car à peine les deux dogues l'eurent-ils vu, qu'ils crurent que c'était leur serpent de carton, et que, se souvenant qu'il avait leur déjeuner dans le ventre, au lieu de fuir, ils se jetèrent sur lui et l'attaquèrent avec acharnement. De leur côté, le cheval et le chevalier faisaient de leur mieux, l'un ruant des quatre pieds, l'autre frappant des deux mains; de sorte que le malheureux serpent, qui ne s'était jamais trouvé à pareille fête, voulut fuir vers sa caverne ; mais il était condamné ; un coup d'estoc du chevalier le jeta sur le flanc, en même temps qu'un coup de pied du cheval lui brisait l'aile, et que les deux dogues lui fouillaient l'un l'estomac pour lui manger le cœur, et l'autre les entrailles pour lui manger le foie. En même temps, les habitans de la ville, qui étaient montés sur les remparts, et qui, d'où ils étaient, voyaient le combat, battirent des mains à l'agonie du monstre. Les applaudissemens encouragèrent le chevalier, qui sauta à terre, coupa la tête du serpent, et l'ayant attachée en signe de trophée à l'arçon de son cheval, rentra dans la ville de Rhodes, triomphant comme le jeune David, et fut reconduit au palais des chevaliers, accompagné de toute la population. Ses deux chiens le suivaient en se léchant le museau.

Mais arrivé à la commanderie, il trouva le grand-maître Hélion de Villeneuve qui l'attendait, et qui, au lieu de le féliciter sur son courage, lui rappela l'ordonnance qu'il avait rendue, et qui défendait à aucun chevalier de Saint-Jean de se mesurer contre le monstre ; puis, en vertu de cette ordonnance à laquelle le chevalier avait si heureusement contrevenu, il l'envoya en prison en disant que mieux valait que tous les troupeaux et la moitié des habitans de l'île soient mangés qu'un seul chevalier de l'ordre manquât à la discipline. En conséquence de cet axiome, dont les Rhodiens contestaient la vérité, mais dont le chevalier fut obligé de subir l'application, le grand-maître envoya Gozon au cachot, assembla le conseil, qui, séance tenante, condamna le vainqueur à la dégradation; mais, comme on le comprend bien, à peine le jugement fut-il rendu, que la grâce ne se fit point attendre. Gozon fut réhabilité, réintégré dans son titre et comblé d'honneur; puis quelque mois après, Hélion de Villeneuve étant mort, il fut élu grand-maître à sa place. Ce fut à compter de ce moment que Gozon prit pour armes un dragon, armes qui furent conservées par sa famille jusqu'au commencement du dix-septième siècle, époque à laquelle cette famille s'éteignit.

Quant au cheval et aux deux dogues, ils furent nourris tout le temps de leur vie aux frais de la commune de Rhodes et empaillés après leur mort.

Voilà pour la Camargue; maintenant passons à la Crau.

La Crau est la plaine où eut lieu la lutte d'Hercule avec les peuples qu'il voulait civiliser, lutte dans laquelle le vainqueur de l'hydre était tout près de succomber, lorsque Jupiter vint à son secours en faisant pleuvoir sur les assaillans une telle grêle de pierres, qu'aujourd'hui encore, c'est-à-dire quatre mille ans après le combat, la plaine provençale s'appelle la Crau, du mot celtique *craïg*, qui signifie caillou, ou, disent d'autres savans, car les savans disent toujours deux choses, du verbes *kradro*, qui veut dire je crie, et qui imite le grincement d'un pas ferré, glissant sur les pierres dures. Quoi qu'il en soit, il est de fait que le sol est entièrement couvert de ces cailloux si rares en Camargue; mais aussi faut-il dire qu'entre les cailloux, pousse, excitée par les sels marins que le vent lui apporte, une herbe si fine et si savoureuse que les pâturages peuvent la disputer aux prés salés de la Normandie: aussi les pâturages, dont au premier coup d'œil un métayer de la Beauce ou de la Champagne ne voudrait pas pour la pièce 50 francs l'arpent, sont-ils des propriétés d'un revenu d'autant plus sûr, qu'il n'y a pas d'avances à faire, que le gazon de la Crau ne craint ni grêle ni gelée. Comme dans le paradis terrestre, l'herbe y pousse toute seule; il n'y a qu'à la laisser pousser.

Au reste, c'est quelque chose d'étrange à la vue que cette vaste plaine qui a ses mirages et ses ouragans comme le désert: c'est là que ce bon mistral, avec lequel nous avions fait connaissance à Avignon, a établi sa résidence. Comme rien ne s'oppose à ses rafales, il s'y déploie dans toute sa majesté; aussi, à ses premières haleines, troupeaux, chiens et bergers, qui connaissent leur ennemi, se hâtent-ils de se rapprocher, de se serrer les uns contre les autres, et d'opposer une masse compacte à toutes ses attaques. Alors le mistral gémit, siffle, rugit, éclate; tantôt il parcourt la Crau sous la forme d'un tourbillon, et alors les pierres s'élèvent en tournoyant comme une trombe; tantôt il s'élance en rafales étroites, et alors il chasse les pierres devant lui comme des feuilles; tantôt enfin il rase la terre comme une vaste herse de bronze, et alors, s'il se trouve isolés moutons, bergers ou cabane, il les emporte, les roule, les meurtrit, les brise, les anéantit: on dirait que dans sa course il les dévore, car on ne retrouve pas même, lorsqu'il est rentré dans ses montagnes, les débris des choses que sa colère a enveloppées en passant dans les plis de son terrible manteau.

Aussi, chez les anciens, le mistral passait-il pour un Dieu, et Sénèque, qui en énumère les salutaires influences, raconte-t-il qu'Auguste lui éleva un temple.

Au reste, il était pour le moment sans doute retiré dans ses cavernes du mont Ventoux, car nous traversâmes toute la Crau sans en entendre parler. Vers les deux heures de l'après-midi, notre coche s'arrêta; nous descendîmes à terre, et comme nous demandions dans quel but on nous avait déposés là, notre patron nous répondit que nous étions arrivés à la ville de Bouc.

Nous regardâmes autour de nous, et nous vîmes trois maisons; deux étaient fermées et une ouverte. Nous nous acheminâmes vers celle qui était ouverte, et nous la trouvâmes habitée par un aubergiste qui jouait tout seul au billard; sa main droite avait fait défi à sa main gauche et était en train de la peloter, quoiqu'elle lui rendît six points.

Nous demandâmes à ce brave homme s'il y aurait moyen d'avoir à dîner: il nous répondit que rien n'était plus facile, pourvu que nous eussions la complaisance d'attendre une heure. Nous lui demandâmes ce que nous pourrions faire pendant ce temps-là. Il nous répondit que nous pourrions visiter la ville.

— Quelle ville? demandai-je.
— La ville de Bouc, répondit l'aubergiste.

Je crus que j'avais passé près d'elle sans la voir; je retournai sur le seuil de la porte, je regardai tout autour de moi: il n'y avait que les deux maisons fermées, et aussi loin que la vue pouvait s'étendre, pas le plus petit monticule derrière lequel pût se cacher, non pas une ville, mais un plan en relief. Je rentrai, et trouvai Jadin qui lisait un papier imprimé collé contre le mur.

— Il faut, lui dis-je, que Bouc soit quelque ville souterraine, comme Herculanum, ou cachée dans la cendre, comme Pompeïa, car je n'en ai pas aperçu de vestige.
— Eh bien! je l'ai découverte, moi, me dit Jadin.
— Et où est-elle?
— Le voilà, me dit-il; et il me montra du doigt l'imprimé. Je m'approchai et je lus:

« Napoléon, par la grâce de Dieu, empereur des Fran-
» çais, roi d'Italie, etc., etc.;
» Avons ordonné et ordonnons ce qui suit:
» Il sera élevé une ville et creusé un port entre la ville
» d'Arles et le village des Martigues. Cette ville et le port
» s'appelleront la ville et le port de Bouc.
» Notre ministre des travaux publics est chargé de l'exé-
» cution de la présente ordonnance.
» Donné en notre château des Tuileries, le 24 juillet 1811.

» Signé : NAPOLÉON. »

Au-dessous de l'ordonnance était le plan.
— Voilà, me dit Jadin.

Et, en effet, dans un de ces rares momens de repos que lui donnait la paix, Napoléon avait reporté ses yeux de la carte d'Europe sur la carte de France, et posant le doigt sur les bords de la Méditerranée entre la Crau et la Camargue, à six lieues d'Arles et à dix lieues de Marseille, il avait dit: » Il faudrait là une ville et un port. »

Aussitôt sa pensée, recueillie au vol, avait pris un corps, et s'était représentée à lui le lendemain sous la forme d'une ordonnance au bas de laquelle il avait mis son nom.

Alors on avait fait un plan et envoyé des ingénieurs. Puis la campagne de Russie était venue, suivie des désastres de Moscou, et comme on manquait d'hommes, attendu la grande consommation qu'en avait fait l'hiver, les ingénieurs furent rappelés: ils avaient eu le temps de creuser un canal et de tracer le plan de la ville; puis un spéculateur précoce avait bâti trois maisons, dont deux étaient fermées faute de locataires, et dont la troisième, transformée en auberge, était habitée par notre hôte.

C'était cette ville qui n'existait pas qu'il nous avait offert de visiter.

J'eus un instant de terreur; l'idée m'était venue que le dîner pourrait bien être aussi fantastique que la ville. Je ne fis qu'un saut de la chambre à la cuisine: la broche tournait et les casseroles étaient sur le fourneau. Je m'approchai de l'un et de l'autre, pour m'assurer si ce n'était pas le fantôme d'un gigot et l'ombre d'une perdrix que j'avais devant les yeux: cette fois c'était bien une réalité.

— Ah! ah! c'est vous, me dit l'hôte en remontant le tourne-broche; patience, patience. Faites un tour dans la grande rue, je vous rejoins en face du théâtre.

Je crus qu'il était fou; mais comme j'ai autant de respect pour les insensés que de mépris pour les imbéciles, je pris Jadin par le bras et nous sortîmes cherchant la grande rue. Nous ne fûmes pas longtemps à la trouver. A quelques pas de la maison, il y avait une perche, au bout de cette perche un écriteau, et sur cet écriteau : *Grande-Rue ou rue du Port;* nous y étions.

Nous nous y engageâmes. Au bout de cent pas nous trouvâmes un autre écriteau sur lequel il y avait : *Théâtre de Sa Majesté l'impératrice Marie-Louise.* Nous nous arrêtâmes ; c'était là, selon toutes les probabilités, que nous avait donné rendez-vous notre aubergiste.

En effet, cinq minutes après nous le vîmes paraître.

Le brave homme fut d'une complaisance merveilleuse : je n'ai jamais vu cicérone plus érudit. Pendant deux heures, il nous promena dans les quatre coins de la ville, et nous fit tout voir, depuis les abattoirs jusqu'au jardin des plantes, nous indiquant chaque bâtiment dans ses moindres détails et ne nous faisant pas grâce d'une fontaine. Heureusement j'avais pris mon fusil, si bien que, tout en parcourant la ville, je tuai un couple de cailles à la Bourse et un lièvre à la Douane.

C'est une ville magnifique que Bouc, seulement elle a le malheur contraire à celui du cheval de Roland : le cheval de Roland n'avait qu'un seul vice, celui d'être mort ; la ville de Bouc n'a qu'un seul défaut, celui de ne pas être née. A cela près, il n'y a pas un reproche à lui faire ; je dirai même plus, c'est qu'on y dîne mieux que dans beaucoup d'autres villes qui, pour la désolation des voyageurs, ont le malheur d'exister.

LE MARTIGAO.

A mon premier coup de fusil, notre cicérone m'avait fait observer qu'il y avait un règlement de police qui défendait de chasser dans l'intérieur des villes ; mais comme, nonobstant l'avis, cinq minutes après j'avais redoublé, il n'avait pas cru devoir insister davantage ; seulement, d'après les résultats, il avait remarqué que j'étais assez bon tireur, et s'était promis de faire tourner à son profit la preuve d'adresse que j'avais eu l'imprudence de lui donner.

Aussi, quand nous demandâmes notre compte, après avoir dévoré le dîner, à l'exception d'un certain plat dans lequel nous n'avions pas pu mordre, et que nous avions passé à Mylord, lequel, à son tour, après quelques efforts impuissants, y avait renoncé :

— Ces messieurs sont chasseurs ? dit notre hôte.
— Mais, comme vous avez pu le voir, répondis-je.
— Si ces messieurs voulaient me faire l'honneur de coucher chez moi, je leur offrirais pour demain matin une chasse comme ils n'en ont jamais vu.
— Diable ! fis-je.
— Farceur ! dit Jadin.
— Non, messieurs, c'est comme j'ai l'honneur de vous le dire.
— Quelle est cette chasse ? demandai-je.
— Une chasse aux macreuses, sur les étangs de Berre.
— Et la macreuse elle-même, qu'est-ce que c'est que cela ?
— C'est l'oiseau que je vous ai servi en salmis.
— Et dont Mylord n'a pas voulu manger ; c'est un joli animal que la macreuse !
— Ces messieurs savent qu'on ne chasse pas pour le gibier lui-même, mais pour le plaisir de le tuer.
— C'est juste, répondis-je ; eh bien ! après ?
— Eh bien ! demain il y a grande chasse aux Martigues. En partant d'ici à six heures du matin, ces messieurs arriveront à temps pour s'embarquer. Je leur donnerai une lettre pour mon cousin, qui est adjoint de la ville de Berre.
— Un autre floueur comme toi, dit Jadin.
— Plaît-il ? demanda l'aubergiste, qui avait entendu, mais qui n'avait pas compris.

— Rien, repris-je. Et vous dites donc ?
— Eh bien ! monsieur, je dis que quand vous repasserez par la ville de Bouc, vous me donnerez des nouvelles de votre chasse.
— Il tient à sa ville, dit Jadin.
— Mais que ferons-nous d'ici à ce soir ?
— Monsieur n'est-il pas artiste ? demanda l'aubergiste en saluant agréablement Jadin.
— Pour vous servir, mon brave homme.
— Eh bien ! monsieur, d'ici à ce soir, pourra faire une vue du port.
— Tiens ! au fait, dis-je à Jadin, voilà notre besogne toute tracée. Moi, je mettrai mes notes au courant, et comme il faut que nous partions demain à cinq heures, nous nous coucherons de bonne heure.
— Comme vous voudrez, dit Jadin ; mais je vous préviens que nous sommes dans un coupe-gorge.
— Eh bien ! c'est dit, nous restons, dis-je à l'aubergiste. Allez faire votre lettre et couvrez nos lits.

Malgré la prédiction de Jadin, la nuit se passa sans accident. A cinq heures du matin notre hôte nous réveilla.

— Eh bien ! notre lettre ? lui demandai-je.
— Ma foi ! monsieur, dit l'aubergiste, j'ai réfléchi que ce n'était pas aujourd'hui jour de coche, et que par conséquent il ne passerait probablement pas de voyageurs dans la ville de Bouc. J'ai fait mettre le cheval à la voiture, j'ai décroché mon fusil, et si ces messieurs ne me jugent pas indigne de leur société et veulent permettre que je les conduise, je leur offrirai deux places dans la voiture : ils arriveront aux Martigues plus frais et plus dispos que s'ils avaient fait la route à pied.
— Eh ! eh ! fis-je.
— Mon brave homme, dit Jadin en s'approchant de l'aubergiste, je vous dois une réparation pour vous avoir mal jugé. Donnez-moi une prise.
— Et faites tirer une bouteille de vin de Cahors, ajoutai-je.

L'hôte offrit une prise à Jadin et s'en alla tirer la bouteille demandée.

— Eh bien ! que dites-vous de notre hôte ? demandai-je à Jadin.
— Mais je le porte dans mon cœur, lui et sa ville.

Dix minutes après, nous roulions sur la route des Martigues, où nous arrivâmes au point du jour.

Je n'ai jamais vu d'aspect plus original que celui de cette petite ville, placée entre l'étang de Berre et le canal de Bouc, et bâtie non pas au bord de la mer, mais dans la mer. Martigues est à Venise ce qu'est une charmante paysanne à une grande dame ; mais il n'eût fallu qu'un caprice de roi pour faire de la villageoise une reine.

Martigues fut, assure-t-on, bâti par Marius. Le général romain, en l'honneur de la prophétesse Martha, qui le suivait, comme chacun sait, lui donna le nom qu'elle porte encore aujourd'hui. L'étymologie peut n'être point fort exacte ; mais, comme on le sait, l'étymologie est de toutes les serres chaudes celle qui fait éclore les plus étranges fleurs.

Ce qui frappe d'abord dans Martigues, c'est sa physionomie joyeuse ; ce sont ses rues, toutes coupées de canaux et jonchées de cyatis et d'algues aux senteurs marines ; ce sont ses carrefours, où il y a des barques comme partout il y a des charrettes. Puis, de pas en pas, des squelettes de navire surgissent ; le goudron bout, les filets sèchent. C'est un vaste bateau qui tout le monde pêche, les hommes au filet, les femmes à la ligne, les enfans à la main ; on pêche dans les rues, on pêche de dessus les ponts, on pêche par les fenêtres, et le poisson, toujours renouvelé et toujours stupide, se laisse prendre ainsi au même endroit et par les mêmes moyens depuis deux mille ans.

Et cependant ce qui est bien humiliant pour les poissons, c'est que la simplicité des habitans de Martigues est telle, que, dans le patois provençal, leur nom *lé Martigao* est proverbial. *Lé Martigao* sont les Champenois de la Provence ; et comme malheureusement il ne leur est pas né le moindre

La Fontaine, ils ont conservé leur réputation première dans toute sa pureté.

C'est un Martigao, ce paysan qui, voulant couper une branche d'arbre, prend sa serpe, monte à l'arbre, s'assied sur la branche, et la coupe entre lui et le tronc.

C'est un Martigao qui, entrant dans une maison de Marseille, voit pour la première fois un perroquet, s'approche et lui parle familièrement comme on parle en général à un volatile.

— S.... cochon, répond le perroquet avec sa grosse voix de mousquetaire aviné.

— Mille pardons, monsieur, dit le Martigao en ôtant son bonnet ; je vous avais pris pour un oiseau.

Ce sont trois martigaos qui, envoyés à Aix pour présenter une requête au parlement, se font indiquer aussitôt leur arrivée la demeure du premier président et sont introduits dans l'hôtel. Conduits par un huissier, ils traversent quelques pièces dont le luxe les émerveille ; l'huissier les laisse dans le cabinet qui précède la salle d'audience, et étendant la main vers la porte, il leur dit : — Entrez ; et se retire. Mais la porte que leur avait montrée l'huissier était fermée hermétiquement par une lourde tapisserie, ainsi que c'était la coutume de l'époque ; de sorte que les pauvres députés, ne voyant, entre les larges plis de la portière, ni clef, ni bouton, ni issue, s'arrêtèrent très embarrassés et ne sachant comment faire pour passer outre. Ils tinrent alors conseil, et au bout d'un instant le plus avisé des trois dit :

— Attendons que quelqu'un entre ou sorte, et nous ferons comme il fera. L'avis parut bon, fut adopté, et les députés attendirent.

Le premier qui vint fut le chien du président, qui passa sans façon par dessous le rideau.

Les trois députés se mirent aussitôt à quatre pattes, passèrent à l'instar du chien, comme leur requête leur fut accordée, leurs concitoyens ne doutèrent pas un instant que ce ne fût à la manière convenable dont ils l'avaient présentée, plus encore qu'à la justice de la demande, qu'ils devaient leur prompt et entier succès.

Il y a encore une foule d'autres histoires non moins intéressantes que les précédentes ; par exemple, celle d'un Martigao, qui, après avoir longtemps étudié le mécanisme d'une paire de mouchettes, afin de se rendre compte de l'utilité de ce petit ustensile, mouche la chandelle avec ses doigts et dépose proprement la mouchure sur le récipient ; mais je craindrais que quelques-unes de ces charmantes anecdotes ne perdissent beaucoup de leur valeur par l'exportation.

Tant il y a que sur des lieux elles ont une vogue charmante, et que depuis l'époque de sa fondation, qui remonte, comme nous l'avons dit, à Marius, Martigues défraye d'histoires et de coqs-à-l'âne toutes les villes, libéralité dont, à ce que m'assurait notre aubergiste, elle commence tant soit peu à se lasser.

Martigues a pourtant fourni un saint au calendrier ; ce saint est le bienheureux Gérard Tenque, de son vivant épicier, dans la ville de Marius. Étant allé pour son commerce à Jérusalem, il fut indigné des mauvais traitements que les pèlerins éprouvaient dans les saints lieux ; dès lors il résolut de se dévouer au soulagement de ces pieux voyageurs, après avoir fait à la chrétienté le sacrifice de sa boutique, qui, comme on le voit par le voyage que Gérard avait entrepris, devait avoir une certaine importance. En conséquence il céda son fonds, réalisa son bien, puis, faisant de l'argent que lui rapporta cette double vente une masse première, il se mit immédiatement en mesure de doubler et de tripler cette masse en allant quêter pour les pauvres, le bourdon à la main, auprès des négociants d'Alexandrie, du Caire, de Jaffa, de Beyrouth et de Damas, avec lesquels il était en relations d'affaires. Dieu bénit son intention et permit qu'elle eût le saint résultat que Gérard s'était proposé. En effet, sa quête ayant été plus abondante qu'il ne l'espérait lui-même, Gérard Tenque fit construire un hospice destiné à recueillir et à héberger tous les chrétiens que leur dévotion pour les saints lieux attirerait en Judée. La première croisade le surprit au milieu de cette pieuse fondation, à laquelle la conquête de Godefroi de Bouillon donna bientôt une immense importance, et dont les privilèges et les statuts, confirmés par lettres de Rome, devinrent ceux des chevaliers de Saint-Jean de Jérusalem. Ainsi cet ordre magnifique, qui n'admettait dans ses rangs que des chevaliers de la plus haute noblesse et du plus grand courage, avait eu pour fondateur un pauvre épicier.

Dans le partage des reliques qui s'était fait entre les chrétiens après la prise de Jérusalem, Gérard Tenque avait obtenu pour sa part la chemise que portait la sainte Vierge le jour où l'ange Gabriel vint la saluer comme mère du Christ. La relique était d'autant plus précieuse, que, comme preuve d'authenticité, la chemise était marquée d'une M, d'un T et d'une L, ce qui voulait inconstestablement dire : *Marie de la tribu de Lévy*.

Après sa mort, Gérard Tenque fut canonisé ; aussi, lorsque l'île de Rhodes fut reprise par les infidèles, les chevaliers, qui ne voulaient pas laisser les saints ossements de leur fondateur entre les mains des infidèles, exhumèrent son cercueil et le transférèrent au château de Manosque, dont la seigneurie appartenait à l'ordre de Malte. Là le commandeur, qui, pour l'incrédulité, était une espèce de saint Thomas, sachant que la chemise de la Vierge avait été enterrée avec le défunt, fit ouvrir le cercueil, afin de s'assurer de l'identité des reliques qu'on lui donnait en garde : le corps était parfaitement conservé et la chemise était à sa place.

Alors le commandeur jugea avec beaucoup de sagacité que, puisque le bienheureux Gérard était canonisé, il n'avait pas besoin d'une aussi importante relique que celle qu'il avait accaparée, et qui, après avoir efficacement, sans doute, contribué à son salut, pouvait, non moins efficacement encore, contribuer au salut des autres. Or, comme charité bien ordonnée est de commencer par soi-même, le bon commandeur s'appropria la chemise, qu'il fit mettre dans une très belle châsse, et qu'il transporta en son château de Calissane en Provence, où elle fit force miracles. Au moment de mourir, à son tour, le commandeur, qui naturellement mourait sans postérité, ne voulut pas exposer une si sainte relique à tomber entre les mains de collatéraux, et la légua à la principale église de la ville murée, la plus proche de son château, attendu qu'un si précieux dépôt ne pouvait pas être confié à une ville ouverte.

On comprend que, lorsque la teneur du testament fut connue, il fit grand bruit dans les cités avoisinantes ; chaque ville envoya ses géomètres, qui mesurèrent, la toise à la main, à quelle distance elle était du château de Calissane. La ville de Berre fut reconnue être celle qui avait les droits les plus incontestables à la sainte relique, et la chemise miraculeuse lui fut adjugée par l'archevêque d'Arles, au grand désespoir de Martigues, qui avait perdu d'une demi-toise.

A partir de ce moment, c'est-à-dire de la moitié du quinzième siècle à peu près, la bienheureuse chemise fut exposée tous les ans, le jour de Sainte Marie ; mais à l'époque de la révolution elle disparut sans qu'on ait jamais pu savoir ce qu'elle était devenue.

Notre hôte achevait justement cette histoire édifiante comme nous arrivions au bord de l'étang de Berre : nous y trouvâmes, non pas une troupe de chasseurs, non pas une réunion de barques, mais une armée et une flotte.

Notre hôte connaissait une partie des chasseurs ; il n'eut donc pas besoin de se mettre en quête de son cousin, qui du reste, au milieu de cette multitude, n'aurait pas été facile à retrouver. Chacun lui fit fête et l'invita à venir dans sa barque ; et, comme nous étions avec lui, nous eûmes notre part des invitations : nous suivîmes sa fortune, et dans le bateau où il entra nous entrâmes.

C'était, comme je l'ai dit, une véritable flotte. Je comptai quatre-vingts embarcations ; quant aux équipages, je ne pus les énumérer qu'approximativement. Notre canot, qui était un des moins chargés, était monté de six hommes. Au milieu du cercle se distinguait par son pavillon la barque amirale, laquelle, au moyen de signaux, correspondait avec les deux barques qui formaient les deux extrémités du croissant ;

une ligne de chasseurs se prolongeait en outre sur le rivage, et des gamins avec des pistolets se tenaient dans l'étang, ayant de l'eau jusqu'au ventre.

Il était d'avance convenu, pour éviter les rixes par lesquelles se terminent presque toujours les parties de plaisir de ce genre, que le gibier serait exactement distribué par chaque bateau. L'amiral, qui était un ancien marin, avait remis une copie de cette décision à chacun des maires assistant à la chasse, et chaque maire l'avait lue à haute voix à ses administrés : tout le monde avait promis de s'y conformer, puis chacun avait pris sa place avec l'intention de n'en rien faire.

Au premier coup d'œil, je compris parfaitement le plan de bataille : la tactique consistant tout bonnement à embrasser l'étang dans toute sa largeur, et à pousser devant soi les macreuses, qui, n'osant passer entre les bateaux, nagent tant qu'elles peuvent nager ; mais à la fin elles se trouvent acculées au rivage, et comme les barques continuent d'avancer, force est aux pauvres bêtes de s'enlever et de passer par dessus la tête des chasseurs. C'est dans ce moment qu'elles essuient le feu, après lequel elles vont s'abattre à l'autre extrémité de l'étang ; alors la même manœuvre recommence jusqu'à ce qu'elle amène le même résultat ; et cela dure ainsi tant qu'il reste du jour au ciel, de la force aux rameurs, ou des macreuses sur l'étang.

Au reste, si les pauvres oiseaux trop tourmentés prennent un grand parti, s'enlèvent et disparaissent, ce qui n'arrive jamais qu'après qu'ils ont fait cinq ou six vols d'un bout à l'autre du lac, cette disposition n'a rien d'inquiétant ; on est sûr de les retrouver le lendemain sur l'étang de Fos ou de Marignane. En sa qualité d'oiseau aquatique, la macreuse a beaucoup de la stupidité du poisson.

À peine chacun eut-il pris sa place, que l'amiral, à l'aide d'un porte-voix, donna le signal du départ : au même instant toutes les barques se mirent en mouvement et s'avancèrent avec une régularité parfaite. Cependant, comme, si nombreux que nous fussions, nous ne pouvions pas barrer l'étang dans toute sa largeur, attendu qu'à près de trois lieues, tout à coup l'amiral cria : Halte! Un gros de macreuses s'écartait du cercle et menaçait de nous échapper. Une vingtaine de barques se détachèrent, et, à l'aide d'une manœuvre habile, gagnèrent sur les fuyardes, qu'elles forcèrent de rentrer dans la ligne.

Pendant cette évolution, nous étions restés immobiles, et notre hôte, qui, comme on a pu le voir, était fort lettré, avait profité de notre immobilité pour nous faire remarquer, sur la langue de terre derrière laquelle menaçaient de passer les macreuses, trois rochers d'inégale grosseur qu'on appelle les Trois-Frères ; ce nom leur venait, nous dit-il, de l'anecdote suivante : « Trois fils de fermier, dont le premier était aveugle, le second borgne, et le troisième fort clairvoyant, avaient hérité de leur père toute la récolte qu'on venait de recueillir. Celui des trois frères qui avait ses deux yeux fit trois parts du blé que le défunt avait laissé en héritage ; une grosse part pour lui, une part moyenne pour le borgne, et une toute petite part pour l'aveugle. Mais un tel partage était trop injuste pour que le ciel le permît : en conséquence, il changea en pierre les tas de blé, et ce sont les trois roches que l'on voit, et auxquelles, en commémoration de cet évènement miraculeux, on a donné le nom de Trois-Frères. » Nous demandâmes à notre hôte qu'elle était la moralité de l'apologue, et il allait nous l'expliquer, lorsque, malheureusement pour l'édification de nos lecteurs, le porte-voix de l'amiral se fit entendre, nous ordonnant de continuer notre marche. L'escadre avait rallié ; la manœuvre avait été magnifique. Cela me rappela que Claude Forbin était de Gardanne, et le Bailly de Suffren de Saint-Cannat. Selon les probabilités, ils avaient fait tous deux leur premier apprentissage de marin à la chasse de macreuses.

Nous continuâmes donc d'avancer, selon que l'ordre en avait été donné, et à mesure que nous avancions, nous voyions devant nous s'épaissir les rangs des malheureuses bêtes, si bien qu'il semblait qu'on eût étendu sur la surface de l'étang un immense tapis. Jamais, depuis la fameuse destruction du gibier du Raincy, où l'on tua entre autres choses onze mille lapins, je n'avais vu grouiller dans un si petit espace une si grande quantité d'animaux. Bientôt l'étang ne leur offrit plus qu'une surface trop étroite, et la moitié des macreuses se mit à courir sur le dos des autres ; enfin une d'elles se décida à s'envoler, quelques autres la suivirent, puis un grand nombre, puis la masse tout entière, qui s'avança vers nous avec un bruit effrayant, et qui, au bout d'un instant, passa comme un nuage au-dessus de notre tête.

Alors deux mille coups de fusil partirent presque en même temps, et une pluie de macreuses littéralement tomba du ciel.

Jamais je n'avais vu un spectacle pareil : cela me rappela le fameux passage des pigeons de Bas-de-Cuir. L'étang était jonché de morts et de mourans que chacun tirait à soi. Comme on avait dit que le gibier devait être partagé en portions égales, chacun en fourrait dans ses poches, dans son pantalon, dans ses manches. Notre hôte avait l'air d'un sac de noix.

À quatre pas de nous, un bateau chavira. Cet accident avait été causé par une lutte : la lutte continua dans l'eau. Je m'aperçus alors que cette chasse était excellente non pas pour les plus adroits, mais pour les plus alertes, et que le gibier appartenait non pas à ceux qui en tuent davantage, mais à ceux qui en ramassent le plus.

À l'extrémité de la ligne, deux bateaux se fusillaient : quelques grains de plomb perdus vinrent jusqu'à notre barque ; les autres avaient été interceptés par ceux qui se trouvaient entre nous et les combattans. Les uns se frottaient le derrière, les autres secouaient les doigts, tous juraient comme des damnés : les macreuses étaient vengées.

Les maires mirent leurs écharpes tricolores ; les gendarmes, échelonnés sur les deux bords de l'étang, tirèrent leurs sabres ; l'amiral cria : — Bas les armes ! — avec son plus gros porte-voix ; mais tant qu'il resta un seul cadavre de macreuse sur la surface de l'étang, il n'y eut pas moyen d'arrêter le désordre. Quant à moi, j'avais ostensiblement coulé deux balles dans mon fusil, et déclaré que je rendrais en gros ce qu'on m'enverrait en détail.

Enfin il en fut pour nous à peu près comme il en avait été pour le Cid : le combat finit, non pas faute de combattans, mais faute de morts. Sans compter celles qu'on ne voyait pas, chaque bateau pouvait contenir, l'un dans l'autre, vingt à vingt-cinq macreuses.

Alors on reprit son rang, on fit volte-face, et on s'avança avec un acharnement que la chaleur du combat avait redoublé, vers les fugitives qui étaient allées se remettre à l'autre bout de l'étang. Mais cette fois, malgré tous les efforts de la barque amirale, chacun rama pour son compte, et, malgré les cris des retardataires, les plus robustes arrivèrent les premiers : la boucherie recommença aussitôt, et, pour être moins en règle que la précédente, elle ne fut pas moins meurtrière.

Cela dura ainsi depuis sept heures du matin jusqu'à trois heures de l'après-midi. Nous avions des macreuses jusqu'aux genoux ; Mylord avait disparu sous une couche de volatiles, comme Tarpéïa sous les boucliers des Sabins.

Nous débarquâmes horriblement fatigués de notre expédition navale. Nos compagnons de bateau nous offrirent alors, on ne peut plus courtoisement, de prendre notre part de la masse commune, à laquelle nous avions, au reste, honorablement contribué ; mais l'essai que nous avions fait la veille nous avait dégoûtés à tout jamais de la macreuse. Nous fîmes donc généreusement l'abandon de notre part à notre hôte, en plaignant les malheureux voyageurs qui s'arrêteraient pendant la semaine dans la ville de Bouc. Cependant, comme nos compagnons insistaient, et que nous craignions qu'ils ne tinssent notre refus à mépris, Jadin choisit parmi les cadavres un de ceux qui avaient le moins souffert pour en faire une de ces natures mortes qu'il peint si admirablement.

Puis, comme en ce moment la voiture de Marseille passait, nous montâmes, Jadin, Mylord, la macreuse, et moi, dans le coupé, qui heureusement était vide.

A neuf heures du soir, notre voiture nous descendit à l'hôtel des Ambassadeurs.

MARSEILLE ANTIQUE.

En arrivant, mon premier soin avait été d'écrire à Méry; aussi le lendemain, à sept heures du matin, fus-je éveillé par lui.

Mes lecteurs connaissent Méry, ou par ses ouvrages ou par lui. Ceux qui ne le connaissent que littérairement l'aiment pour ses ouvrages, ceux qui le connaissent personnellement l'aiment pour ses ouvrages et pour lui.

C'est que Méry est une de ces créatures à part que Dieu a faites en souriant, et dans laquelle il a mis tout ce qu'il y a de bon, d'élevé et de spirituel dans les autres hommes. Méry, c'est un cœur d'ange, c'est une tête de poète, c'est un esprit de démon.

Il y a vingt ans que Méry a pris une plume pour la première fois. Que quelqu'un se lève et dise : J'ai à me plaindre de cette plume.

Aussi Méry, avec autant de talent que qui que ce soit, avec plus d'esprit que quiconque je connaisse, n'a pas un ennemi dans le monde, même parmi les sots. C'est miraculeux.

C'est qu'avec le droit de prendre une si grande place, il se contente d'une si petite ! Un coin au soleil de Provence, la tête à l'ombre d'un pin, les pieds au bord de la mer, un manteau sur les épaules, hiver comme été, c'est tout ce qu'il lui faut.

Aussi, quelle quiétude d'âme, quelle sérénité d'esprit, quelle bienveillance de cœur ! c'est le philosophe antique avec la foi du chrétien.

D'ailleurs, pourquoi Méry ne croirait-il pas et n'espérerait-il pas ? Y a-t-il quelqu'un qui ait cru en lui, qui ait espéré en lui, et qui ait été trompé ?

Avec quelle joie nous nous revîmes ! car si je l'aime beaucoup, je crois que de son côté il m'aime un peu.

Cependant mon pauvre Méry était tant soit peu embarrassé ; il n'ignorait pas que je faisais un voyage pittoresque, et il ne savait que me montrer à Marseille.

En effet, Marseille, ville ionienne, contemporaine de Tyr et de Sidon, toute parfumée des fêtes de Diane, toute émue des récits de Pythéas; Marseille, cité romaine, amie de Pompée, ennemie de César, toute fiévreuse de la guerre civile et toute fière de la place que lui a donnée Lucain ; Marseille, commune gothique, avec ses saints, ses évêques, avec les fronts rasés de ses moines et les fronts chaperonnés de ses consuls; Marseille, fille des Phocéens, émule d'Athènes, sœur de Rome, comme elle le dit elle-même dans l'inscription dont elle se ceint la tête; Marseille n'a rien ou presque rien gardé de ses différens âges.

Elle avait un ancien souvenir à peu près presque pour elle une chose sainte ; c'était, rue des Grands-Carmes, n° 54, une maison qu'avait habitée Milon, l'assassin de Clodius, exilé à Marseille malgré la défense de Cicéron. Cette maison conservait, en commémoration de cet événement, au-dessus de la porte, un buste que le peuple dans son ignorance appelait *le saint de pierre*, et qui est relégué aujourd'hui dans le coin de je ne sais quel grenier. Voici l'histoire de celui que représentait ce buste.

L'an 700 de la fondation de Rome, Clodius demandait la préture.

Clodius était le même qui, quelques années auparavant, s'était introduit dans la maison de César, tandis que Pompéia sa femme célébrait les mystères de la Bonne Déesse, et qui, reconnu sous les habits féminins dont il s'était couvert, avait été dénoncé par Aurélie.

C'était une accusation qui entraînait tout bonnement la peine de mort : mais Clodius était riche ; il venait d'acheter une maison 4,800,000 sesterces, et il n'y a pas de peine de mort pour un homme qui peut payer une maison 3,027,853 francs.

Clodius acheta des témoins. Un chevalier, nommé Cassinius Schola, déposa qu'il était avec lui à Interamne, tandis qu'Aurélie prétendait l'avoir vu à Rome.

Clodius acheta les juges : mais comme les juges pouvaient prendre l'argent et condamner tout de même, ce qui s'était vu, il leur fit remettre des tablettes de cire de différentes couleurs, afin qu'il sût bien ceux qui avaient mis l'*absolvo* et ceux qui avaient mis le *condemno*.

Clodius fut renvoyé de la plainte : ce qui n'empêcha point César de répudier sa femme, en disant que la femme de César ne devait pas même être soupçonnée. Pauvre César !

Donc Clodius demandait la préture. On voit qu'il avait des antécédens qui plaidaient pour lui.

En même temps, Annius Milon demandait le consulat; et comme, fort riche aussi de son côté, il avait des chances pour l'obtenir, cela gênait fort Clodius, qui sentait très-bien que sa préture serait nulle si Milon était consul. J'ai oublié de dire qu'il y avait une vieille haine entre Clodius et Milon: Clodius avait fait exiler Cicéron, Milon l'avait fait revenir de l'exil. Aussi Clodius poussait-il au consulat Plautius Hypsæus et Métellus Scipion. Des deux côtés, l'argent avait été semé à pleines mains ; mais comme Milon avait pour lui les honnêtes gens et que Clodius avait pour lui la canaille, toutes les chances, comme on le voit, étaient pour Plautius Hypsæus et Métellus Scipion.

Sur ces entrefaites, Milon se décida à se rendre à la ville de Lanuvium, où il avait à élire un flamine. Le 15 des calendes de février, vers les deux heures de l'après-midi, il se dirigea donc vers la porte Appienne ; car Lanuvium était située à la droite de la route de Naples, près de la colline de Mars ; et comme pour quiconque avait un concurrent les routes n'étaient pas sûres aux environs de Rome, il se fit accompagner d'une centaine d'esclaves, qu'il mit encore, pour plus grande sûreté, sous les ordres d'Eudamus et de Birria, qui étaient deux fameux gladiateurs. Or, les gladiateurs, c'étaient les sbires de ce temps-là. Quant à Milon, il était dans son char avec sa femme Fausta et son ami Marcus Fufius.

On marchait depuis une heure et demie à peu près sans que rien fût arrivé encore, lorsqu'en approchant d'Albano on aperçut une autre troupe d'une trentaine de personnes qui se tenait sur un des côtés de la route, tandis qu'un homme à cheval, qui paraissait être le maître, était descendu de la voie Appia, et causait près d'un petit temple de la Bonne Déesse avec les décurions des Ariciens ; trois hommes qui paraissaient de sa suite formaient un groupe séparé. L'homme à cheval était Clodius, qui revenait d'Aricie, où il avait grand nombre de cliens. Les trois hommes formant un groupe séparé étaient ce même Cassinius Schola qui avait déposé pour lui dans l'affaire de Pompéia, et Pomponius et Clodius son neveu, deux plébéiens, deux hommes nouveaux, quelque chose comme nos agens de change; les autres étaient des esclaves.

Les deux troupes se croisèrent ; Milon et Clodius échangèrent un regard de haine. Cependant tous deux se continrent, et Milon était déjà à cinquante pas en avant à peu près, lorsque Birria, qui marchait le dernier, tout en causant avec Eudamus et en jouant du bâton à deux bouts avec son javelot, atteignit du bois de son arme un esclave de Clodius qui n'avait pas jugé à propos de lui faire place. L'esclave tira son épée, en appelant ses camarades à son secours. Eudamus et Birria, de leur côté, crièrent aux armes; Clodius s'avança insolemment pour châtier celui qui avait osé frapper un homme qui lui appartenait. Mais au moment où il tirait son épée, Birria le prévint en lui traversant l'épaule d'un coup de javelot. Clodius tomba, et on l'emporta dans une taverne qui était près de la route.

Au bruit qu'il avait entendu derrière lui, Milon avait arrêté son char, et se retournait pour demander ce qui était arrivé, lorsqu'il vit arriver tout effaré Fusténus, le chef de ses esclaves.

— Qu'y a-t-il? demanda Milon.

— Il y a, répondit Fusténus, que je crois que Birria vient de tuer Clodius.

— Par Jupiter! dit Milon, ce sont de ces choses dont il faut être sûr. Retourne t'assurer de ce qu'il en est, et reviens me dire qu'il est mort.

Fusténus repartit tout courant. — Le maître ordonne qu'on l'achève, dit-il à Eudamus et à Birria. Comme on le voit, Fusténus était un homme précieux, et comprenait à demi-mot. Eudamus et Birria, de leur côté, ne se le firent pas dire deux fois; ils s'élancèrent avec toute la troupe qu'ils commandaient vers la taverne où l'on avait porté Clodius. Ses esclaves voulurent le défendre; mais ils étaient trop inférieurs en nombre: onze se firent tuer; il est vrai que c'était pour eux une manière d'être libres; les autres se sauvèrent.

Clodius fut arraché du lit où il était couché, et reçut deux autres blessures, toutes deux mortelles; puis on le traîna mourant sur la grande route, où on l'acheva; puis Fusténus lui arracha son anneau, qu'il apporta à Milon, en lui disant:

— Cette fois-ci, maître, il est bien mort.

Et, satisfait de cette assurance, Milon continua sa route sans s'inquiéter autrement du cadavre.

Le sénateur Lentius Tédius, qui revenait de Rome, le trouva, le reconnut, le fit mettre dans sa litière, et revint à la ville à pied; puis il le fit porter à sa belle maison du mont Palatin, la même que, quelque temps auparavant, comme nous l'avons dit, Clodius avait achetée près de cinq millions de sesterces. En un instant, la nouvelle de son assassinat se répandit, et le peuple, guidé par les cris de Fulvie, sa femme, qui, penchée sur le corps tout sanglant, s'arrachait d'une main les cheveux, et de l'autre montrait les blessures de son mari à la foule, accourut de tous les coins de Rome au mont Palatin.

La nuit se passa ainsi, la foule augmentait sans cesse, et vers le matin, elle devint si considérable, que plusieurs personnes furent étouffées. En ce moment, deux tribuns du peuple arrivèrent; c'étaient Munitius Plancus et Pomponius Rufus; à leur vue, les vociférations contre le meurtrier redoublèrent; car on les savait des amis de Clodius. Aussi, au lieu de calmer tous ces furieux, donnèrent-ils l'exemple, et faisant emporter le cadavre tel qu'il était, ils le portèrent sur les Rostres, afin qu'il fût mieux vu de la multitude, puis de là ils le descendirent dans la curie Hostilie, où le peuple lui ayant fait à la hâte un bûcher avec les tables et les chaises des tribunaux, et avec les livres d'un libraire dont la boutique se trouvait près du lieu de cette scène, ils y mirent le feu.

Or, comme il faisait un grand vent, la flamme se communiqua à la curie, et de la curie à la basilique Porcia, qui toutes deux furent incendiées. Puis, pour faire jusqu'au bout à Clodius des funérailles dignes de lui, le peuple s'en alla piller la maison de Milon, et celle de Lépidus, l'inter-roi. Il va sans dire qu'Hypsæus et Scipion, ces candidats qui étaient opposés à Milon, étaient bien pour quelque chose dans tout cela.

Cependant, si odieux que fût l'assassinat de Clodius, la façon dont il était vengé parut plus odieuse encore aux bons citoyens. Milon, voyant que ses ennemis avaient eu l'imprudence de faire oublier son crime par leurs excès, revint à Rome, et y annonça sa présence en faisant publier qu'il continuerait de poursuivre le consulat, et en faisant distribuer dans les tribus mille as par tête à l'appui de sa prétention: mille as faisaient à peu près cinquante à cinquante-cinq francs; près d'un million y passa.

La distribution fut trouvée médiocre: aussi Milon, au lieu d'être nommé consul, fut-il ajourné à comparaître, le six des ides d'avril, devant le quésiteur Domitius, comme accusé de violence et de brigue.

L'accusateur et l'accusé avaient chacun dix jours pour préparer, l'un son accusation, l'autre sa défense.

Les débats durèrent trois jours; ils eurent lieu, comme d'habitude, sur le Forum. Pendant trois jours, Rome fut pleine de telles rumeurs, et les juges furent poursuivis de telles menaces, que, le jour où le jugement devait être rendu, le grand Pompée, qu'on avait nommé consul provisoire, fut obligé de prendre lui-même le commandement de la force armée, et après avoir fait garder toutes les issues du Forum, de venir se placer de sa personne, avec une troupe de soldats d'élite, au temple de Saturne.

Milon avait naturellement choisi Cicéron pour défenseur, et comptait sur son éloquence; mais comme il comptait beaucoup moins sur son courage, il l'avait fait conduire au Forum dans une litière fermée, de peur que la vue de tout ce peuple et de tous ces soldats ne le troublât et ne lui ôtât de ses moyens. Ce ne fut bien pis quand Cicéron sortit de sa cage, et que, sans préparation aucune, il se trouva au milieu de toute cette foule qui lui criait que c'était Milon qui avait tué Clodius, mais que, c'était lui, Cicéron, qui avait conseillé le meurtre. Peu s'en fallut qu'il ne perdit la tête; et la chose serait probablement arrivée, si Pompée, pour laisser toute latitude à la défense, n'avait ordonné de chasser du Forum à coups de plat d'épée ceux qui avaient insulté l'orateur.

Mais le mal était fait: une fois troublé, Cicéron se remettait difficilement. D'ailleurs, son grand moyen à lui, c'était l'ironie: il avait sauvé un plus grand nombre d'accusés par le ridicule qu'il avait su répandre sur ses adversaires que par l'intérêt qu'il avait répandu sur ses cliens. Or, pour trouver de ces bons mots qui percent de part en part un homme, il faut avoir l'esprit libre, et telle n'était pas, il s'en faut, la situation où se trouvait Cicéron; aussi son discours fut-il embarrassé, froid et languissant. Tout le monde l'attendait à la péroraison; la péroraison fut plus faible que le discours. Il en résulta que Milon fut condamné à la majorité de trente-huit voix sur treize.

Il est vrai que les amis de Clodius avaient été plus généreux que Milon; car ils avaient distribué, pendant les quatre jours qu'avait duré le procès, près de trois millions.

Les votes recueillis, le quésiteur Domitius se leva d'un air triste et solennel, dépouilla sa toge en signe de deuil; puis au milieu du plus profond silence:

— Il paraît, dit-il, que Milon a mérité l'exil, et que ses biens doivent être vendus: il nous plaît, en conséquence, de lui interdire l'eau et le feu.

Des battements de mains insensés, des cris d'une joie furieuse, accueillirent ce jugement, tandis que, d'un autre côté, les amis de Milon conspuaient les juges: il y en eut même un qui s'approcha du quésiteur, et qui, faisant allusion aux trois millions répandus par les partisans de Clodius, lui en lui montrant les soldats:

— Vous avez demandé des gardes, n'est-ce pas, pour qu'on ne vous volât point l'argent que vous venez de gagner?

Quant à Milon, il fut reconduit chez lui par une nombreuse escorte que lui donna Pompée, fit à la hâte tous ses préparatifs de départ, et partit le jour même pour Marseille.

On devine que l'illustre exilé fut bien reçu dans la ville grecque; mais rien ne console de l'exil. Aussi, lorsque quelque temps après son arrivée Milon reçut le discours corrigé que lui envoya Cicéron, ne put-il s'empêcher, en voyant la différence qui existait entre la harangue écrite et celle que l'orateur avait prononcée, de lui répondre avec une certaine amertume ces seules paroles : — *Cicero, si sic egisses, barbatos pisces Milo non ederet.*

Ce qui voulait dire : — Cicéron, mon ami, si tu avais parlé comme tu as écrit, Milon serait consul à Rome au lieu de manger à Marseille des poissons barbus.

Milon ne mourut point à Marseille : il fut tué en Calabre, dans la guerre entre César et Pompée. La tradition veut pourtant que cette petite maison de la rue des Grands-Carmes soit la sienne et que ce buste soit le sien. Quelques archéologues avaient bien cru reconnaître, dans ce buste une effigie de saint Victor; mais leurs antagonistes leur avaient répondu victorieusement en leur demandant ce qu'avait à faire avec saint Victor la louve romaine, que l'on voyait sculptée au-dessous de la niche, et ces délicates feuilles d'acanthe, si élégamment travaillées, que le ciseau qui les avait sculptées portait dans son travail même la date du siècle d'Auguste. Enfin le peuple, qui en sait plus que tous les antiquaires venus et à venir, a consacré cette tradition, qui n'a pu sauver la maison de la rue des Grands Carmes de ce charmant badigeon jaune en si grande faveur près des conseils municipaux.

Une des ruines qui datent de la même époque est la porte Joliette, qui n'a point été démolie parce qu'elle sert à l'octroi. Les étymologistes veulent à toute force que ce nom de porte Joliette lui vienne de *porta Julii*, attendu, disent-ils, que ce fut par cette porte que César entra dans la ville après que Tréhonius l'eut mise à la raison. Il y avait sur cette porte des bas-reliefs et des inscriptions qui eussent pu raconter ce grand événement; mais ils ont été rongés par cet âpre vent de la mer qui réduit toute pierre en poudre, et il ne reste plus que l'anneau corrodé d'où pendait la herse qui se leva devant César.

Ajoutez à ces deux souvenirs quelques arceaux de l'ancien palais des Thermes, qui forment aujourd'hui, sur la place de Lenche, la boutique d'un tonnelier, et vous aurez énuméré tout ce que Marseille comptait de ruines romaines.

C'est peu de chose, comme on le voit, lorsqu'on s'est appelé Massilia, et qu'on est si près du pont du Gard, de la Maison Carrée et de l'arc de triomphe d'Orange.

MARSEILLE GOTHIQUE.

Marseille n'est guère plus riche en monuments du moyen âge qu'en ruines antiques. Quand on a vu le clocher des Accouls, l'abbaye de Saint-Victor, les ruines de la tour Sainte-Paule, l'hôtel de ville et le fort Saint-Nicolas, on a vu tout ce qui reste debout à Marseille du quatrième siècle au dix-septième.

Le clocher des Accouls est tout ce qui reste de l'église de Notre-Dame de les Accouls, détruite à l'époque de la révolution. C'est une flèche romane lourde et massive, qui ne rappelle aucune tradition remarquable, et devant laquelle on passe sans même s'y arrêter.

Il n'en est point ainsi de la vieille abbaye de Saint-Victor, qui est à la fois un monument curieux et vénéré; elle est bâtie à l'endroit même où Cassien, qui arrivait des déserts de la Thébaïde, retrouva dans un caveau le cadavre de saint Victor. Ce caveau était au milieu d'un vaste cimetière. Cassien fonda l'église que nous voyons aujourd'hui, et que le treizième siècle crénela; quant à sa fondation première, elle remonte à l'an 410.

C'est dans les caveaux de Saint-Victor qu'est la bonne Vierge-Noire, la plus vénérée des madones marseillaises, dont les fonctions principales sont de faire tomber la pluie dans les grandes sécheresses. Une fois par an, le jour de la Chandeleur, on la transporte dans l'église, on la revêt de sa plus belle robe, on lui met sur la tête sa couronne d'argent, et on l'expose à la vénération des fidèles. En général on attribue cette image à saint Luc; c'est une fort sainte origine, mais qu'il ne faut point accepter comme parole d'Évangile. Ceux qui ferment les yeux de la foi pour ne regarder que la bonne Mère-Noire, comme l'appellent familièrement le peuple marseillais, lui assignent pour date la fin du treizième ou le commencement du quatorzième siècle.

Quant à la tour Sainte-Paule, elle aussi était crénelée, comme l'abbaye de Saint-Victor, car elle aussi était de vieille date. Il y a vingt ans qu'elle était encore haute et fière, comme au temps du connétable de Bourbon; un souvenir patriotique aurait dû la protéger. C'était sur sa plateforme que l'on braquait cette fameuse couleuvrine qui contribua à faire lever le siège aux Espagnols, et fournit au joyeux marquis de Pescaire l'occasion de dire un de ses plus jolis mots. Mais les conseils municipaux sont féroces à l'endroit des jolis mots et des vieux murs: ils ne comprennent ni les uns ni les autres, et il leur semble que tout ce qu'ils ne comprennent pas les insulte. La vieille tour, quoiqu'elle comptât à peu près mille ans d'existence, était lente à mourir. Le temps, qui s'était usé dessus, la respectait forcément. Le conseil municipal sonna les trompettes, et la tour féodale tomba pour se relever manufacture de savon.

C'était pourtant un beau souvenir à conserver que celui de cette tour devant laquelle recula ce fameux connétable de Bourbon, qui devait prendre Rome: Sa vengeance avait tenu parole; il rentrait en France avec ce fameux étendard emblématique qui représentait un cerf ailé et des épées flamboyantes. Il rentrait en France, réuni aux Génois, aux Florentins, aux Milanais, aux Vénitiens, au roi d'Angleterre Henri VIII, au pape Adrien VI et à l'empereur Charles-Quint; et, après avoir chassé les Français de la Lombardie, il avait pris, au lieu de tous ses autres titres que lui avait enlevés François Ier, le titre de comte de Provence, et il marchait sur Marseille en réclamant son comté.

De leur côté, une foule de gentilshommes français étaient venus se jeter dans Marseille; mais surpris à l'improviste, n'ayant point eu le temps de réunir d'armée, ils n'apportaient que le secours individuel de leur courage. C'était le maréchal de Chabannes, qui devait mourir à Pavie plutôt que de se rendre; c'était Philippe de Brion, comte de Chabot; c'était l'ingénieur Miradel.

Marseille, réduite à ses propres forces, résolut au moins de les employer toutes, et se rappelant qu'elle avait résisté à César, elle ne désespéra point de vaincre le connétable. En conséquence, elle organisa une milice bourgeoise qui s'éleva à plus de neuf mille hommes; elle rasa tous les faubourgs, sans épargner ni les églises ni les couvents; le fort et les remparts furent réparés, et l'enthousiasme était tel que les femmes aidèrent aux travailleurs.

On en était là, lorsque du côté de la mer on entendit le grondement du canon. C'était La Fayette à la tête de l'escadre française, qui en venait aux mains avec Hugues de Moncade, commandant l'escadre espagnole, et qui lui coulait trois galères. Cet avantage était de bon augure; aussi les Marseillais en reprirent-ils un nouveau courage.

Au commencement de juillet 1525, on entendit dire que Charles de Bourbon avait culbuté les troupes de Ludovic de Grasse, seigneur du Mas, et avait passé le Var. Quelques jours après, on entendit dire qu'Honoré de Puget, seigneur de Prat, premier consul de la ville d'Aix, avait apporté les clefs de la ville à Charles de Bourbon, qui l'avait nommé viguier; enfin, le 15 août, on aperçut à la tête d'une petite troupe Charles de Bourbon lui-même; il venait reconnaître Marseille.

— Peste! lui dit Pescaire, son lieutenant, en voyant les dispositions prises, il paraît que nous n'aurons pas si bon marché de Marseille que d'Aix.

— Bah! répondit Bourbon avec un geste de mépris, au premier coup de canon vous verrez les bourgeois nous apporter les clefs de la ville.

— Nous verrons, dit Pescaire. Pescaire était le saint Thomas de l'expédition; seulement, au lieu de se convertir, il devenait de jour en jour plus incrédule.

Le 19, le connétable conduisit devant Marseille toute son armée: elle se composait de sept mille lansquenets, de six mille fantassins espagnols, de deux mille italiens, et de six cents chevau-légers. Le marquis de Pescaire se logea avec les siens à l'hôpital Saint-Lazare; le connétable et les lansquenets se logèrent à Porte-Galle, et les Espagnols au chemin d'Aubagne. Il fut décidé que la tranchée s'ouvrirait le 25. Le connétable, en conséquence, invita, pour le 25, Pescaire à venir entendre la messe sous sa tente, et à déjeuner avec lui.

Pescaire, qui était à la fois dévot et gourmand, fut exact au rendez-vous. On commença par la messe, que l'aumônier du connétable célébra devant un petit autel improvisé; les deux chefs des assiégeans l'écoutaient agenouillés de chaque côté de l'autel. Tout à coup on entendit un coup de canon, et le prêtre, qui, en ce moment, levait l'hostie, tomba tout sanglant sur l'autel, sans avoir même le temps de pousser un cri.

— Qu'est-ce que cela? demanda Bourbon.

— Rien, monseigneur, répondit Pescaire; ce sont les bourgeois de Marseille qui vous apportent les clefs de leur ville.

On ramassa le prêtre, il était mort. La messe était finie; les deux chefs allèrent déjeuner.

Au reste, Bourbon ne devait pas faire plus de façon pour lui que pour les autres. Lorsqu'il fut frappé à son tour de la balle qui le tua, il se coucha dans le fossé, se fit jeter sur le corps son manteau blanc, et, montrant la brèche à ses soldats, il leur dit : — Allez toujours.

Le même jour, la tranchée fut ouverte, et on commença à canonner la ville. De son côté, l'artillerie marseillaise fit merveille, et surtout la fameuse couleuvrine, qui partait plus haut et qui portait plus loin qu'aucune autre; aussi, lorsqu'on eut reconnu la supériorité de cette pièce, lui donna-t-on les pointeurs les plus habiles, de sorte qu'elle fit force ravages dans les rangs ennemis.

Quelques jours se passèrent à faire le plus de bruit possible en dessus, et le moins de bruit possible en dessous; c'est-à-dire qu'en même temps qu'ils ouvraient la tranchée, les Espagnols minaient comme des taupes. Mais de leur côté les Marseillais réparaient les murailles et contreminaient de leur mieux; et dans cette double défense ils furent si bien secondés par les femmes de la ville, que cette partie des murailles conserva le nom de *Tranchée des Dames*.

Enfin le 25 septembre la brèche fut praticable. Aussi Bourbon, contre l'avis de Pescaire, résolut-il de donner l'assaut. Ce qui détermina le connétable, c'est qu'il était urgent d'en finir par un coup d'éclat. Il était convenu avec les alliés que pendant qu'il envahirait le midi de la France, les Espagnols feraient irruption par la Guienne, l'Angleterre par la Picardie, et l'Allemagne par la Bourgogne. Mais Henri VIII et Charles-Quint avaient manqué de parole, et, conduit par sa haine, Charles de Bourbon s'était trouvé seul au rendez-vous. D'une autre part, il avait appris que les maréchaux de Chabannes et de Montmorency venaient de combiner leurs opérations avec le comte de Carces, et qu'ils se préparaient à venir au secours de Marseille avec de nombreuses troupes et une formidable artillerie. De plus, on avait toujours manqué de vivres et on commençait à manquer de munitions. Pendant la journée du 25, Bourbon fit donc toutes ses dispositions pour donner l'assaut, et Marseille pour le recevoir; de chaque côté le coup était décisif.

Au moment du coucher du soleil, les Espagnols, conduits par Bourbon, s'avancèrent vers la brèche. Quant à Pescaire, comme il avait désapprouvé cette tentative, il regarda donner l'assaut en se croisant les bras.

La lutte fut horrible : trois fois Bourbon, au milieu des boulets, de la flamme, de la fumée, des pierres, des poutres et de la poix bouillante, ramena les Espagnols à la brèche, trois fois ils furent repoussés. Bourbon voulut tenter un quatrième assaut; mais il était nuit close, et il lui fut impossible de les rallier.

Dans la nuit, il apprit que l'avant-garde de l'armée française était à Salon; il ne fallait plus songer qu'à se retirer. A trois heures du matin, le connétable donna l'ordre de la retraite.

Au jour, les Marseillais virent fuir leurs ennemis. Alors la ville tout entière accourut sur les remparts, battant des mains et poursuivant les Espagnols de ses huées. De son côté, la couleuvrine faisait de son mieux, et elle tira tant que les ennemis furent à sa portée.

Ainsi, ce bal sanglant se fermait au son de la même musique qui l'avait ouvert, et c'est cependant cette tour vénérable, sur laquelle on avait placé la pièce principale de l'orchestre, que le conseil municipal a abattue. Dieu lui fasse paix dans ce monde et dans l'autre!

A l'hôtel de ville au moins on n'a que gratté; là il y avait l'écusson de France, fait par Puget. Ce pauvre Puget n'avait pas pu prévoir quel sort nos révolutions réservaient à son œuvre, et il avait mis sur l'écusson ces trois fleurs de lis qui avaient été les armoiries de saint Louis, de François Ier et de Louis XIV. Il avait cru que les victoires de Mansourah, de Marignan et de Denain, les avaient arrosées d'un assez glorieux sang pour qu'elles eussent pris à tout jamais racine sur la terre de France. Puget s'était trompé, et son écusson, gratté par la main du peuple, attend sur son champ, sans couleur et sans armoiries, les couleurs et les armoiries nouvelles qu'il plaira à la France de se choisir. *Deus dedit, Deus dabit.*

La première chose que l'on aperçoit en montant l'escalier de l'hôtel de ville de Marseille, c'est la statue de l'assassin Libertat, que son nom, dans lequel l'ignorance du peuple vit un symbole, protégea contre toutes les attaques.

C'était vers la fin de l'année 1595, il y avait par conséquent un an que Henri IV était entré à Paris : toutes les capitaines de la Ligue s'étaient ralliés à lui, toutes les villes de France avaient reconnu son pouvoir, et il ne restait de rebelles, parmi les capitaines, que d'Épernon, Casaulx et un lieutenant inconnu nommé Laplace; et parmi les villes, que Grasse, Brignoles et Marseille.

Henri IV avait vaincu Mayenne au combat de Fontaine-Française, et s'était réconcilié avec le pape Clément VIII. Ces deux nouvelles répandues en même temps, l'une par Charles de Lorraine, duc de Guise, fils du Balafré, qu'il avait nommé gouverneur en Provence, et l'autre par monseigneur Aquaviva, vice-légat à Avignon, avait fait grand bien à la cause du Béarnais; aussi Aix, Arles, Moustiers, Riez, Aups, Castellane, Ollioules, le Bausset, Gemenos, Cegreste et Marignane avaient-elles ouvert leurs portes aux cris de : Vive le roi! Restaient, comme nous l'avons dit, d'Épernon, qui tenait Brignoles, Laplace, qui tenait Grasse, et Marseille, que tenait Casaulx.

Un matin, un capitaine nommé Granier entra dans la chambre de Laplace comme celui-ci déjeunait. — Compagnon, lui dit-il, il faut mourir. — Et, joignant en même temps l'action à l'exhortation, il lui planta un poignard dans la poitrine. Il n'y avait rien à répondre à cela. Laplace ouvrit les bras, poussa un soupir, et mourut. Les consuls, ayant appris cet événement, parcoururent aussitôt la ville en criant: Vive le roi! puis, comme ils aperçurent le duc de Guise qui s'avançait à la tête de son avant-garde, ils coururent au-devant de lui, et lui ouvrirent les portes au milieu des plus ardentes acclamations.

Il ne restait donc plus que Brignoles et Marseille.

D'Épernon s'était vu abandonné successivement par tous ses capitaines et par une partie de ses soldats : de dix mille hommes qu'il avait amenés avec lui, à peine lui en restait-il quinze cents; mais comme l'entêtement faisait le fond de son caractère, il avait résolu de tenir jusqu'au bout; ce qui faisait le désespoir de Brignoles et de ses environs. Un paysan du Val, nommé Bergne, résolut de délivrer le pays de ce ligueur enragé.

D'Épernon avait pris son logis chez un nommé Roger. La communauté du Val devait deux charges de blé à ce même Roger, qui, attendu que les provisions de bouche n'abondaient pas, réclama le blé au jour dit. C'était justement ce qu'attendait Bergne. Il porta les deux charges de blé chez Roger, et leur substitua deux charges pareilles de poudre, lia les deux sacs de la même façon qu'on avait l'habitude de lier les sacs de blé; seulement, dans la ligature, il prépara un artifice qui devait, au moment où l'on dénouerait la corde, mettre le feu à cette espèce de machine infernale; puis il chargea tranquillement son double sac sur un mulet, et s'en alla le déposer, à l'heure du dîner du duc, dans le vestibule, placé précisément au-dessous de la salle où d'Épernon prenait son repas. On offrit à Bergne d'attendre que messire Roger, qui était absent, rentrât pour lui donner son reçu; mais Bergne, qui voyait un domestique s'approcher du sac, et qui était pressé de s'en aller, dit qu'il viendrait le chercher un autre jour, gagna la porte, et dès qu'il en eut franchi le seuil, s'enfuit à toutes jambes.

Il était à peine au bout de la rue, qu'une explosion effroyable se fit entendre.

La maison tout entière s'écroula. D'Épernon, resté à cheval sur une poutre, en fut quitte pour quelques meurtrissures.

Cependant, comme la chose pouvait se renouveler, et qu'il devait s'attendre à ne pas être toujours si heureux, comme d'ailleurs il était enfin dégoûté de cette guerre inutile, toute semée de trahisons ouvertes et de périls cachés, d'Épernon abandonna à son tour la Provence.

Restèrent donc seulement, pour faire face à la puissance croissante de Henri IV, Marseille et Casaulx.

Comme tous les hommes qui, apparus tout à coup, ont joué pendant un instant un grand rôle politique, puis sont rentrés dans le néant sans avoir eu le temps de dire leur dernier mot, Casaulx fut jugé fort sévèrement, non seulement par la postérité, mais encore par ses contemporains. Les uns disaient qu'exploitant les anciens souvenirs de la ville municipale, Casaulx voulait briser les liens qui retenaient Marseille au royaume, et en faire une cité libre, une république commerçante comme Gênes et Florence; ce que permettait de réaliser la position topographique de la ville. Quant à lui, dans ce cas, ses espérances auraient été ou le bonnet du doge, ou la bannière du gonfalonier.

D'autres disaient, au contraire, et à l'appui de l'opinion de ceux-ci le président de Thou a joint l'autorité de la sienne, d'autres disaient que Casaulx n'était qu'un ligueur obstiné qui sacrifiait la ville à son ambition, ambition mesquine qui se bornait au titre de grand d'Espagne et à la possession de quelque marquisat en Calabre; et il faut bien l'avouer, le président de Thou pourrait bien avoir raison.

Quoi qu'il en soit, Casaulx était maître absolu de Marseille. Il avait des gardes du corps, il levait des contributions, il confisquait les biens des royalistes, il établissait des octrois; enfin sa marine (car il avait une marine), ayant pris un bâtiment parti de Livourne, qui portait, de la part du jeune duc de Toscane, des meubles, de l'argenterie et des bijoux au roi de France, Casaulx garda le tout pour lui, sans en rendre compte à la commune. Il est vrai que le tout était évalué à 180,000 francs, ce qui n'est peut-être pas une excuse, mais ce qui est au moins une raison.

Casaulx tenait donc Marseille en état de guerre ouverte quand le reste de la Provence était pacifié. Cela convenait fort au doge de Gênes et au roi d'Espagne; aussi Jean-André Doria lui envoya-t-il quatre galères qui lui amenaient chacune cent soldats; et Charles II, qu'à grand tort, dans les arbres généalogiques, on appelle le dernier mâle de la maison d'Autriche, s'engagea-t-il à ne laisser jamais Marseille manquer d'hommes et d'argent, si Casaulx voulait s'engager à ne jamais reconnaître pour roi Henri de Bourbon, à n'ouvrir les portes qu'aux soldats espagnols, et à ne former aucune alliance sans l'autorisation de la cour de Madrid.

Casaulx promit tout ce qu'on voulut, et pour preuve qu'il était prêt à tenir tout ce qu'il avait promis, il fit en grande pompe brûler sur la place de la Bourse l'effigie de Henri IV.

Cependant tout le monde, à Marseille, n'était point de l'avis de Casaulx, et parfois les opinions contraires s'exprimaient de façon à ne laisser aucun doute sur leur énergie. Un soir que Casaulx se promenait sur la place Neuve, quatre coups de feu partirent des fenêtres d'une maison, et tuèrent Jean Altovêtis, son cousin. Comme il commençait à fair nuit, les assassins purent se sauver.

Un autre conspirateur nommé d'Atria eut moins de chances, et paya de sa vie une tentative du même genre. Celui-là, qui était un moine, eut l'idée de faire sauter le consul. A cet effet, il s'associa à un autre moine nommé Brancoli, et tous deux résolurent de profiter d'une des fêtes de Noël, et de choisir le moment où Casaulx viendrait adorer le saint sacrement dans l'église des Prêcheurs. Un pétard devait être placé sous le banc où il avait l'habitude de s'agenouiller.

Malheureusement Brancoli confia le complot à son beau-frère Béquet. Béquet courut chez Casaulx, et avoua tout, à la condition qu'il ne serait rien fait à Brancoli. Casaulx tint parole; il pardonna à Brancoli, mais fit pendre d'Atria, ordonna que son corps fût jeté dans un bûcher, puis, lorsque son corps fut consumé, il en dispersa les cendres au vent.

Ces deux tentatives étaient peu rassurantes pour ceux qui pouvaient avoir quelque envie de s'engager dans une nouvelle conspiration; cependant il y eut un homme nommé Libertat qui ne désespéra point d'arriver à un résultat plus satisfaisant.

Comme Casaulx, Libertat a été jugé de deux façons différentes: les uns ont voulu en faire un véritable ami de l'indépendance marseillaise, qui, à l'exemple de Lorenzino de Médicis, aurait feint toute sorte de complaisances et d'amitiés pour le consul, afin de prendre son temps, et par conséquent d'être plus certain de réussir; les autres n'ont vu dans Libertat qu'un assassin gagé qui avait fait ses conditions d'avance, et qui ne s'était engagé à commettre le crime que décidé par l'espoir d'une belle récompense. Il faut encore avouer, à la honte de l'humanité, que les derniers pourraient bien avoir raison. En effet, les conditions de cet assassinat étaient que Libertat recevrait la charge de viguier, le commandement de la porte Réale, celui du fort de Notre-Dame de la Garde, celui de deux galères, soixante mille écus comptant, une terre de deux mille écus de rente, une abbaye de quinze cents écus, et les droits d'entrée sur l'épicerie et sur la droguerie. A côté de la part du lion, il y avait d'autres parts faites pour les assassins subalternes. Quant à Marseille, elle conserverait ses immunités; une chambre souveraine de justice y serait établie, et une amnistie générale y serait proclamée.

Le duc de Guise, avec lequel on avait arrêté ces différentes conditions, fut informé que tout était prêt et qu'on n'attendait qu'une occasion favorable.

Enfin, le 17 janvier 1596 fut choisi pour le jour de l'exécution, et le duc de Guise en reçut avis, pour qu'il pût se tenir prêt à entrer dans la ville.

Le 16, les conjurés communièrent dans l'église des religieuses de Sion, et prièrent longtemps devant le saint sacrement, ayant avant fait tirer du chanoine, *afin*, dit le chroniqueur, *de recommander leur affaire à Dieu*.

Le duc de Guise fut exact au rendez-vous. Il arriva jusque sous les remparts dans la nuit du 16 au 17; mais il y était à peine, qu'un religieux minime, ayant aperçu des fenêtres de son couvent une grosse troupe de soldats dont les armes brillaient dans l'obscurité, accourut tout essoufflé près de Casaulx, et le prévint que les ennemis rôdaient autour des murailles et allaient sans doute tenter quelque surprise.

Casaulx, qui était un peu souffrant, et qui d'ailleurs peut-être n'ajoutait pas une foi entière au discours du moine, envoya Louis d'Aix pour reconnaître cette troupe. Louis d'Aix sortit par la porte Réale, dont la garde était confiée à Libertat. À peine fut-il sorti, que Libertat abattit le trébuchet derrière lui, de telle manière qu'il ne pût rentrer.

Louis d'Aix ne poussa pas loin son exploration nocturne; il ne tarda pas, en effet, à se heurter contre une troupe de soldats royalistes qui étaient sous le commandement du seigneur d'Alamannon. Aux premiers coups de feu qui furent échangés, les canons du rempart se mêlèrent à la partie. Le duc de Guise crut que tout était perdu; mais Libertat trouva le moyen de lui faire dire qu'il tînt bon et que tout ce vacarme ne signifiait rien. Le duc de Guise suivit à la lettre l'avis. Louis d'Aix, repoussé avec sa troupe, voulut rentrer dans la ville, dont il trouva la porte fermée. Il allait être pris, lorsqu'un pêcheur lui jeta une corde. Louis d'Aix, qui était poursuivi de près, s'y cramponna de toutes ses forces. Le pêcheur tira la corde à lui, et après de grands efforts, finit par amener le viguier sur la muraille.

Le jour parut; Libertat regarda autour de lui, et vit que, selon son ordre, tous les conjurés à peu près l'avaient rejoint. C'étaient ses deux frères, ses deux cousins, Jean Laurens, Jacques Martin, Jean Viguier, et deux autres. Alors, dit le chroniqueur, Pierre Libertat, qui avait besoin de Casaulx, le fit prier de se rendre sans retard à la porte Réale, attendu que, l'ennemi se montrant sur tous les points, il croyait sa présence nécessaire pour entretenir le courage du soldat.

Casaulx, qui n'avait conçu aucun soupçon, appela ses gardes du corps, et leur ayant ordonné de s'armer, s'achemina avec eux vers la porte Royale, sans même prendre la précaution de s'armer lui-même. Alors un soldat, le voyant venir de loin, dit à Libertat, qui regardait d'un autre côté :

— Capitaine, voici M. le consul Casaulx.

Libertat se retourna vers le consul, et le vit effectivement venir à lui : il marchait entre deux pelotons d'une vingtaine d'hommes chacun, et venait d'un grand pas. Mais Libertat était si impatient, qu'il ne put attendre que Casaulx l'eût joint ; il marcha droit à lui, et arrivé en face du premier peloton de mousquetaires, il mit l'épée à la main. Cette action parut étrange au brigadier qui les conduisait ; aussi voulut-il arrêter Libertat en lui présentant la pointe de sa hallebarde ; mais Libertat saisit la hallebarde par le bois, et lui fendit la tête d'un coup de son épée. Au même instant, cinq ou six mousquetades éclatèrent ; mais, quoique tirées presque à bout portant, aucune d'elles ne le blessa. Alors, appelant à lui ses amis, il se jeta aussitôt dans les rangs des gardes du corps, qui, se rompant devant lui, lui ouvrirent un passage jusqu'au consul. Celui-ci, tout ébloui de ce feu et de ce bruit, tira à moitié son épée en reculant devant Libertat, et en lui disant :

— Que voulez-vous de moi, capitaine ?

— Je veux vous faire crier *vive le roi !* dit Libertat. Et en même temps il le frappa à la poitrine d'un tel coup, que l'épée lui traversa tout le corps et sortit sanglante entre les deux épaules.

Si effroyable que fût cette blessure, Casaulx ne fut pas tué raide ; car, étant tombé d'abord la face contre terre, il se releva sur un genou. En ce moment, Barthélemy Libertat, frère de Pierre, lui donna un coup de pique derrière le cou ; cette fois Casaulx tomba pour ne plus se relever.

Le même jour, le duc de Guise prit possession de la ville de Marseille au nom du roi Henri IV, après avoir juré le maintien des priviléges de la commune, *ainsi que tous les gouverneurs avaient accoutumé de faire.*

De son côté, Libertat reçut ce qui lui avait été promis, grades, honneurs, argent, terres et abbaye. On fit même plus, on lui tailla une statue de marbre : c'est cette statue en face de laquelle on se trouve en entrant dans l'hôtel de ville de Marseille. Mais ce qu'il y a de plus curieux dans cette statue, c'est qu'aujourd'hui encore elle tient à la main l'épée avec laquelle Pierre Libertat a tué Casaulx.

Comme l'hôtel de ville ne renferme d'ailleurs rien de remarquable, on peut se dispenser de monter plus haut que les dix premières marches.

Après la ligue vint la fronde ; Marseille se divisa en deux partis, les *canivets* ou *mazarinistes*, c'est-à-dire partisans du roi, et les *sabreurs*, ou partisans des princes. De 1651 à 1657, on se sabra et on s'arquebusa dans les rues de Marseille. Enfin on souffla à Louis XIV que tout le mal venait de ce que les Marseillais nommaient leurs consuls eux-mêmes, ces consuls étaient naturellement portés à l'indulgence envers leurs compatriotes : or l'indulgence, comme on sait, est un pauvre remède en fait de guerre civile.

C'étaient là de ces avis comme il faisait bon d'en donner au Louis XIV. Aussi fut-il parfaitement de l'opinion de Louis de Vento, qui lui conseillait de casser les consuls élus par le peuple et d'en nommer d'autres lui-même. Le roi demanda une liste. Louis de Vento présenta Lazare de Vento Labane, Boniface Pascal et Joseph Fabre pour consuls, et Jean Descamps pour assesseur. Louis XIV signa de confiance, et chargea Louis de Vendôme, duc de Mercœur, pair de France, son gouverneur en Provence, de veiller à l'exécution de l'ordonnance qu'il venait de rendre.

La précaution n'était point inutile. Les nouveaux consuls s'étant rendus à l'hôtel de ville pour prendre la place de leurs prédécesseurs, furent hués par toutes les rues où ils passèrent ; mais, se sentant fortement soutenus, ils ne se découragèrent point, et comme des corsaires avaient été vus le long des côtes, ils saisirent ce prétexte pour faire prier le chevalier de Vendôme, fils du duc de Mercœur, d'entrer dans le port avec sa galère. C'était un moyen d'introduire des soldats dans la ville, au mépris de ses priviléges.

La ville indignée se souleva toute entière. Il en est ainsi de toutes les têtes provençales pleines de mistral et de soleil, une étincelle y met le feu, et en Provence tout feu est un incendie.

Gaspard de Nioselle prit la direction de la révolte : c'était un homme de cœur et qui jouissait d'une grande popularité. Aussi dix ou douze de ces beaux noms marseillais, si sonores à la langue et si retentissans dans l'histoire, accoururent à son premier appel et se réunirent à lui. Le 15 juillet 1658, pendant que les consuls sont en séance, on veut forcer l'hôtel de ville ; des coups de fusil sont échangés ; Nioselle reçoit une légère blessure qui exaspère ses partisans. L'hôtel de ville allait être pris, lorsque les consuls envoient un médiateur aux insurgés. Ce médiateur était Fortia de Piles. Il s'engage, au nom des consuls, à ce que la galère sera renvoyée. Tout est calme, et chacun rentre chez soi.

Le 19, on apprend à la Bourse qu'au lieu de renvoyer la galère, les consuls ont fait demander de nouveaux renforts ; en même temps le bruit se répand que Nioselle vient d'être arrêté. A ces deux nouvelles, l'émeute à peine éteinte reprend feu. La présence de Nioselle, au lieu de calmer les esprits, les exaspère. Il se met à la tête des révoltés avec son frère le commandeur de Cugex. Les portes se ferment, les bourgeois se rassemblent en armes, les femmes se mettent aux fenêtres et les excitent ; les soldats que les consuls appellent à leur aide sont repoussés. Fortia de Piles, qui veut une seconde fois se présenter comme parlementaire, a son valet tué à ses côtés. On marche sur l'hôtel de ville ; l'hôtel de ville est enveloppé de la fumée des mousquets et sillonné par les balles. L'un des consuls se déguise en abbé et se sauve ; les deux autres attachent des serviettes au bout de leurs cannes, en signe qu'ils se rendent à discrétion. Les soldats sont chassés de la ville dans la galère, la galère à son tour est chassée du port ; elle double la Tête du More, et gagne la haute mer aux applaudissemens de toute la ville.

Nioselle était tout puissant à Marseille ; il se servit de cette autorité pour mettre la ville sur le pied de défense le plus respectable qu'il put. Mais, de son côté, le duc de Mercœur avait fait bonne diligence : un corps de troupes royales s'étaient avancé jusqu'à Vitroles, un autre aux Pennes, un troisième à Aubagne ; et le chevalier Paul de Vendôme vint bloquer le port avec six vaisseaux. Marseille était cernée par terre et par mer.

Cependant cette fois encore les choses s'arrangèrent : le duc de Mercœur était de l'avis d'Alexandre VI, qui ne voulait pas la mort du pêcheur, mais qu'il vécût et qu'il payât. Mazarin, en outre, comme on sait, lui permettait encore de chanter ; il fallait que le pêcheur fût bien endurci pour se plaindre.

Non-seulement le pêcheur se plaignit, mais à peine le duc de Mercœur eut-il cessé de peser sur sa présence, qu'il se révolta de nouveau. A la place des consuls nommés par le roi, on nomma François de Bausset, Vacer et Lagrange ; l'avocat de Loule eut le chaperon d'assesseur. Comme on le voit, il n'y avait rien de fait, et tout était à recommencer.

Le 16 octobre 1659, la Gouvernelle, lieutenant des gardes du duc de Mercœur, arriva à Marseille ; il était porteur d'un décret de prise de corps du parlement d'Aix contre Gaspard de Nioselle. Il venait de lire ce décret aux consuls, lorsque les partisans de Nioselle s'élancèrent dans la chambre des séances, déchirèrent le décret du parlement d'Aix, et arrachèrent les moustaches de la Gouvernelle. Cette fois, c'était trop fort : Louis XIV décida qu'il viendrait lui-même mettre tous ces mutins à la raison.

En effet, le 12 du mois de janvier 1660, le roi passa le Rhône à Tarascon, et le 17, accompagné de la reine-mère, du duc d'Anjou, de Mademoiselle, du cardinal Mazarin, du prince de Conti, du comte de Soissons et de la comtesse Palatine de Nevers, il faisait son entrée à Aix par la porte des Augustins.

Marseille savait qu'avec Louis XIV il n'y avait point à plaisanter. Son entrée au parlement, tout botté et tout éperonné, avait eu un grand retentissement par toute la France, et encore à cette heure c'était non pas le fouet, mais l'épée à la main que Sa Majesté se présentait.

Comme Nioselle était le plus coupable, on le força de se cacher : il trouva, avec deux de ses amis, un refuge dans le souterrain des Capucines ; puis on envoya au roi, afin de le désarmer, Etienne de Puget, évêque de Marseille.

Etienne de Puget parut très flatté du choix que ses compatriotes avaient fait de lui ; mais comme il avait, à l'endroit de la révolte même pour laquelle il allait demander grâce, quelques peccadilles à se reprocher, il résolut d'intéresser le roi en ajoutant une vingtaine d'années à son âge. Il y réussit en se couvrant la tête d'une immense calotte, et imprimant à ses jambes un tremblement continuel, et en condamnant sa figure à une certaine grimace qu'il avait étudiée devant le miroir, et qui avait l'avantage d'en faire ressortir toutes les rides. Ces précautions prises, il se présenta devant le roi.

Le jeu fut si bien joué, que Louis XIV en fut dupe ; il s'approcha tout près de l'évêque, baissa la tête pour l'entendre ; car le pauvre prélat était si courbé et avait la voix si faible, que ses paroles ne pouvaient monter jusqu'à l'oreille du roi. Aussi le roi attendri ordonna-t-il qu'on présentât un fauteuil à l'ambassadeur. L'ambassadeur fit quelques façons pour la forme ; mais enchanté, au fond, de son succès, il finit par s'asseoir sur son siége, où, une fois établi, un si violent accès de toux prit le pauvre vieillard, que la cour crut qu'il allait passer dans une quinte, et que plusieurs abbés de la suite de Mazarin, voyant une belle occasion d'obtenir de l'avancement, s'approchèrent du cardinal et lui demandèrent la survivance de l'évêque. Au premier, Mazarin ne dit rien ; au second, il se contint encore ; mais au troisième, il appela son capitaine des gardes, et lui montrant l'évêque qui, plié en deux dans son fauteuil, continuait de jouer son rôle avec le plus grand succès :

— Monsou de Bézemaux, lui dit-il avec cet accent italien qui donnait un si plaisant relief à ses facéties habituelles, faites-moi le plaisir de touer monsou du Poujet.

Chacun resta frappé de stupeur ; Bézemaux fit un geste instinctif de refus. L'évêque bondit de son fauteuil sur ses pieds. Louis XIV seul, qui s'attendait à quelque plaisanterie, se mit à sourire ; les solliciteurs eux-mêmes eurent l'air de trouver que cette façon de faire vaquer la prélature était bien expéditive.

— Messiou, dit alors Mazarin, eh ! qué voulez-vous qué ze fasse ? il faut bien qué ze commande de le touer, puisque vous n'avez pas la patience d'attendre qu'il soit mort.

Malgré la bonne humeur de Mazarin, qui lui avait fait une si belle peur, l'évêque ne put rien obtenir de positif. Louis XIV dit qu'il verrait sur les lieux mêmes ce qu'il y avait à faire ; et il envoya, pour l'annoncer à Marseille, le duc de Mercœur avec sept mille hommes.

La manière dont le duc de Mercœur accomplit sa mission n'était point rassurante. Les consuls étaient venus au devant de lui jusqu'à Avenc, et il leur avait donné l'ordre d'aller l'attendre à l'hôtel de ville. En entrant à Marseille, le duc de Mercœur avait marqué certaines places, et à ces places à l'instant même on avait dressé des potences ; puis s'était rendu à la maison commune, était entré dans la salle des délibérations municipales au milieu de ses gardes, et voyant les consuls qui l'attendaient debout et la tête découverte, il leur avait dit :

— Messieurs, je vous crois plus malheureux que coupables ; mais vous êtes tombés dans la disgrâce du roi. Sa Majesté ne veut plus que vous soyez consuls, ni qu'à l'avenir il y ait de magistrats de ce nom ; elle a résolu de changer la forme du gouvernement de la ville, m'ayant ordonné de vous déposer et de remettre votre autorité aux mains de M. de Piles, pour commander aux habitants et aux gens de guerre qui y sont et y seront en garnison jusqu'à ce que Sa Majesté ait réglé la forme du gouvernement politique.

Lorsqu'il eut fini ce discours, le duc de Mercœur fit un signe au capitaine de ses gardes, qui s'approcha des consuls et leur prit des mains les chaperons de velours cramoisi liserés de blanc, signe de leurs charges. Ainsi dépouillés, les consuls se retirèrent, et comme ils se retiraient, le duc leur dit encore que toutes les autres charges municipales, même celles de capitaine de quartier, étaient maintenues, et que les soldats paieraient ce qu'ils prendraient. Le même jour, en signe que les ordres du roi étaient exécutés, il envoya les quatre chaperons à Mazarin. Puis les soldats campèrent dans les rues. On scia par le milieu tous les canons de bronze, et même cette vieille coulevrine de glorieuse mémoire devant laquelle avait reculé Bourbon. Enfin, on pratiqua une brèche dans la muraille, le roi ayant déclaré qu'il voulait entrer dans Marseille comme dans une ville prise d'assaut.

En effet, le roi, après avoir visité la sainte Baume, après s'être montré resplendissant comme le soleil, qui était sa devise, à Toulon, à Hyères, à Soliès, à Brignoles et à Notre-Dame-de-Grâce, se voila le front du nuage de sa colère, et le 2 mars 1660, à quatre heures de l'après-midi, se présenta à cheval devant la brèche.

Arrivé là, il jeta les yeux sur la porte, toute honteuse du dédain royal dont elle venait d'être l'objet, et voyant au-dessus d'elle une grande plaque de marbre noir, sur laquelle était écrit en lettres d'or : *Sub cujus imperio summa libertas* (1), il demanda ce que c'était que cette inscription.

On lui répondit que c'était la devise de Marseille.

— Sous mes prédécesseurs, c'est possible, répondit Louis XIV, mais pas sous moi.

A ces mots, il fit un geste, et la plaque fut arrachée.

Le roi s'arrêta jusqu'à ce que son ordre fût exécuté, puis il se remit en chemin. Sur la brèche, il trouva de Piles à genoux ; le nouveau gouverneur venait lui présenter sur un plat d'argent les clefs d'or de la ville. Le roi fit le geste de les prendre ; puis, les reposant aussitôt sur le bassin : — Gardez-les, de Piles, lui dit-il ; vous les gardez fort bien ; je vous les donne.

Derrière le roi, marchait un capitaine provençal nommé Waltrick, à la tête de deux compagnies ; mais celui-ci se fit ouvrir la porte ; et comme on lui faisait l'observation que la brèche avait été faite pour qu'il y passât : — Ce serait insulter ma patrie, répondit-il ; cette brèche peut être bonne pour un roi, mais nous autres capitaines et gens d'armes, nous ne passons que par des brèches faites à coups de canon.

Le roi alla loger dans l'hôtel de Riquetti de Mirabeau ; c'était l'aïeul du Mirabeau qui devait, un siècle après, ébranler si violemment cette monarchie que Louis XIV croyait éternelle. Quant à l'hôtel, c'était le même qui existe encore sur la place de Lenche, et qui sert aujourd'hui d'hospice aux *enfans de la Providence.*

Sur toute la route, le roi n'avait rencontré que des hommes ; pas un visage féminin ne s'était montré. Le jeune roi et ceux qui l'accompagnaient, sans excepter le cardinal, avaient si bonne réputation, qu'il en était ainsi à toutes les entrées royales. Les femmes et les filles en étaient aussi désespérées que le roi et ses courtisans ; mais à cette époque les pères et les maris n'entendaient point encore raison là-dessus.

Nioselle fut condamné à avoir la tête tranchée ; l'arrêt portait en outre que lui et sa postérité seraient dégradés de la noblesse ; que le bourreau briserait ses armes ; que l'on raserait sa maison, et que sur l'emplacement de cette maison une pyramide infamante serait élevée.

Cet arrêt fut fidèlement exécuté, à l'exception cependant de la partie la plus importante : quoiqu'on eût mis la tête de Nioselle à prix à la somme de six mille livres, nul ne se souilla d'une délation, et Nioselle parvint à gagner Barcelonne, où il resta exilé cinquante-cinq ans.

Au bout de cinquante cinq ans, Louis XIV, vieux et tout près de mourir, lui pardonna. Nioselle rentra dans sa patrie, vit raser la pyramide qui déshonorait son nom, fut réintégré

(1) Sous quelque empire que ce soit, liberté entière.

dans sa noblesse, et mourut dans la même année, comme s'il n'eût attendu que sa réhabilitation pour mourir.

Quant à Louis XIV, un jour qu'il se promenait à Marseille, et qu'il voyait toutes les charmantes maisons qui entourent la ville, riant au soleil et étalant leurs murs blancs, leurs toits roses et leurs contrevents verts, sous les quelques pins qui les couvrent, il demanda comment dans le langage du pays on nommait ces jolies demeures.

— On les nomme des bastides, répondit Fortia de Piles.

— C'est bien, dit Louis XIV. Eh bien! moi aussi, je veux avoir une bastide à Marseille. Duc de Mercœur, cherchez-moi un emplacement; je me charge de vous envoyer un architecte.

L'emplacement fut choisi en face de la tour Saint-Jean, bâtie par le roi Réné. L'architecte fut Vauban : la bastide s'appela le fort Saint-Nicolas.

Sur la première pierre, qui fut posée en grande pompe, on grava l'inscription suivante, que nous traduisons du latin en français, pour la plus grande commodité de nos lecteurs :

De peur que la fidèle Marseille, trop souvent en proie aux criminelles agitations de quelques-uns, ne perdît enfin la ville et le royaume, ou par la fougue des plus hardis, ou par une trop grande passion de la liberté, Louis XIV, roi des Français, a pourvu à la sûreté des grands et du peuple en construisant cette citadelle. Le roi l'a ordonné; Jules Mazarin, cardinal, après la paix signée aux Pyrénées, l'a conseillé; Louis de Vendôme l'a exécuté.
1660.

Le fort Saint-Nicolas fut démoli en 1789 : c'était l'année fatale aux bastides (1).

LE PRADO.

Il y avait bien encore quelques souvenirs sanglans et terribles, pareils à celui que nous venons d'évoquer, et qui datent de 1815, à mettre sous les yeux de nos lecteurs ; mais ces souvenirs-là sont trop près de nous. Nous sauterons donc à pieds joints par-dessus eux pour arriver plus vite à la Marseille d'aujourd'hui.

Autrefois, la première chose que l'on disait à l'étranger qui arrivait à Marseille, et qui voulait manger des *clovis* et de la *bouillabesse*, les deux mets nationaux des Phocéens, c'étaient ces mots sacramentels: « Connaissez-vous Policar?» et l'étranger répondait : « Oui, je connais Policar; » car Policar était connu du monde entier.

Qui a fait descendre Policar du haut de sa grandeur, qui a renversé la statue du piédestal ? c'est ce que j'ignore ; mais ce que je sais, c'est que, lors de mon dernier voyage, quand j'ai parlé de Policar, tout le monde m'a ri au nez: j'ai voulu insister, car je me rappelais Policar avec reconnaissance. Alors quelqu'un m'a demandé si je revenais d'Astracan.

Sous peine d'être berné comme Sancho, il fallait en rester là : cependant au bout d'un instant, comme je tenais à manger des clovis et de la bouillabesse, je me hasardai à dire:

— Eh mais! alors, où irons-nous?

(1) Tous ces détails sont empruntés à la belle Histoire de Provence de M. Louis Méry le poëte. Maintenant nous allons faire mieux que lui emprunter des détails, nous allons lui prendre une chronique tout entière.

Outre son Histoire de Provence en quatre volumes, œuvre d'archéologue et d'érudit, M. Louis Méry a encore publié deux volumes de chroniques, œuvre de poëte et de romancier. Nous renvoyons nos lecteurs à ces deux ouvrages, que, par patriotisme sans doute, M. Louis Méry a voulu publier dans sa ville natale, et qui, par cette raison, ne sont point aussi connus à Paris qu'ils mériteraient de l'être.

— Au Prado, pardieu!

Je compris que c'était le Prado qui avait remplacé Policar.

En attendant l'heure de nous rendre au lieu indiqué, nous allâmes faire un tour sur le port.

Le port de Marseille est le plus curieux que j'aie vu, non pas à cause de son panorama, qui s'étend de Notre-Dame de la Garde à la tour Saint-Jean, non pas à cause de ses colibris, de ses perroquets et de ses singes, qui, sous ce beau ciel méridional, se croient encore dans leur patrie, et font du chant, de la voix et du geste, mille gentillesses à ceux qui passent, mais parce que le port de Marseille est le rendez-vous du monde entier : on n'y rencontre pas deux personnes vêtues de la même manière, on n'y rencontre pas deux hommes parlant la même langue.

L'eau du port est bien sale, c'est vrai ; mais au-dessus de cette eau, qui n'en est que meilleure, à ce qu'assurent les Marseillais, pour la conservation des navires, il y a un ciel si bleu, semé de si beaux goëlands le jour, et de si belles étoiles la nuit, que l'on peut bien prendre sur soi de ne pas regarder à ses pieds quand on a une si belle chose à voir au-dessus de sa tête.

C'est dans ce port qu'on a jeté les cadavres des mamelucks en 1815 : ces pauvres mamelucks ! savez-vous ce qu'ils avaient fait?

Napoléon les avait ramenés de cette vieille terre d'Égypte, où ils avaient servi sous Ibrahim et sous Mourad-Bey ; puis, en dédommagement de la patrie qu'ils avaient perdue, il leur avait donné un beau soleil, frère de leur soleil, et une petite pension qui leur assurait une vie douce et une mort tranquille. Aussi ces vieux enfans d'Ismaël aimaient fort Napoléon.

Lorsqu'il tomba en 1814, ils versèrent de grosses larmes: on les vit pleurer, et on leur fit un crime de leur reconnaissance. Ces pauvres gens ne pouvaient plus sortir sans être assaillis d'injures et de pierres ; ils s'étaient pourtant aux trois quarts francisés ; ils portaient des redingotes et des pantalons ; ils n'avaient gardé que leurs turbans : la coiffure est toujours la dernière à rompre avec la nationalité.

Les mamelucks ôtèrent enfin leurs turbans et mirent des chapeaux. Certes, on aurait dû leur tenir compte de ce sacrifice : point. On les reconnut à leurs vieilles moustaches blanches, et l'on continua de leur jeter des pierres.

Il auraient pu couper leurs moustaches, mais ce fut au-dessus de leurs forces : ils préférèrent s'enfermer chez eux. Pendant quelque temps on alla crier: Vive le roi! à leurs portes et casser leurs carreaux : mais enfin les esprits se calmèrent et on les laissa à peu près tranquilles.

Un beau jour on apprit que Napoléon était débarqué au golfe Juan : les mamelucks regardèrent par le trou de leurs serrures. Huit jours après, on apprit qu'il était à Lyon : les mamelucks mirent le nez à leurs fenêtres. Trois semaines après, on apprit qu'il était entré à Paris : les mamelucks revêtirent leur vieux caftan de bataille, ces vieux caftans qui avaient vu Embabeh, Aboukir et Héliopolis, et se promenèrent dans les rues de Marseille, où depuis un an ils n'osaient plus se montrer.

Puis, lorsqu'ils rencontraient quelqu'un de ceux qui les avaient insultés, ils s'arrêtaient devant eux ou devant elles, car les femmes s'en étaient mêlées ; ils frisaient leurs vieilles moustaches blanches, puis ils disaient en secouant la tête et avec un sourire goguenard :

« Napoléoné, il é piou fort qué tout. »

Voilà ce qu'ils avaient fait, ces pauvres mamelucks : ils furent tous assassinés pour ce crime ; mais aussi, pourquoi diable étaient-ils reconnaissans? Pareille catastrophe n'est arrivée ni au prince de Talleyrand ni au duc de Raguse.

Le grand avantage du port de Marseille c'est d'offrir en tout temps une promenade constamment sèche, pavée de briques posées sur champ ; ce qui est inappréciable, surtout lorsqu'on arrive de Lyon ; et, de plus, de l'ombre l'été et du soleil l'hiver ; ce qui est inappréciable partout et toujours, de quelque pays qu'on arrive, ou vers quelque pays que l'on retourne.

Quel dommage que l'eau de ce port soit si sale, et qu'on y ait jeté les cadavres des mameloucks !

Du port nous allâmes au Musée.

Sous ce nom de *Musée*, dont le titre solennel se lit sur une porte qui fait face au marché des Capucins, sont comprises l'Académie de Marseille, sœur honnête de l'Académie de Lyon; la Bibliothèque, dont Méry est le gardien ; le Cabinet d'Histoire naturelle, le Cabinet des Médailles, l'Ecole de Dessin, l'Ecole d'Architecture, et enfin la Galerie de tableaux.

Le tout est enfermé dans le vieux couvent des Bernardins.

La Bibliothèque contient cinquante mille volumes et huit à dix mille manuscrits. La collection des livres s'était arrêtée à la fin du dix-huitième siècle : l'Académie de Marseille avait probablement jugé que rien ne s'était écrit depuis cette époque qui méritât d'être lu. Méry s'occupe à la remettre au courant au grand scandale des académiciens provençaux. Il y perdra sa place probablement : tant mieux ! cela lui fera peut-être refaire quelque Villéliade.

En échange, le Cabinet d'Histoire naturelle s'enrichit tous les jours. Il n'y a pas de vaisseau arrivant du pôle Arctique ou du pôle Antarctique, de Calcutta ou de Buénos-Ayres, de la Nouvelle-Hollande ou du Groënland, qui ne lui apporte son tribut. Il en résulte que les différens règnes y sont fort à l'étroit, et qu'on a recommandé aux capitaines de ne plus rapporter, autant que possible, que des ouistitis, des sardines et des colibris.

Quant à l'Ecole de Dessin, elle porte le nez au vent et le poing sur la hanche : cela tient à ce qu'elle a produit Paulin Guérin, Beaume et Tanneur.

En échange, sa sœur, l'Ecole d'Architecture, a l'oreille basse : la pauvre vieille n'a produit que Puget, et elle attend toujours quelque chose de mieux.

La Galerie de tableaux est magnifique, peu de villes de Provence possèdent une collection aussi riche que Marseille : est vrai que Marseille, depuis la prise d'Alger, est devenue une capitale.

Le local où les tableaux sont placés rappelle fort à la première vue la chapelle Sixtine : même défaut dans la manière dont la lumière leur arrive à travers d'avares fenêtres, mais aussi même silence et même recueillement; si bien que je crois qu'au fond les tableaux y gagnent : en regardant bien on y voit toujours.

Il y a dans le musée de Marseille douze ou quinze tableaux de premier ordre, un paysage d'Annibal Carrache, une grande Assomption d'Augustin Carrache, un tableau de Pérugin, comme il n'y en a ni à Paris ni à Florence ; deux toiles immenses de Vien, un superbe portrait attribué à Van-Dick, deux tableaux de Puget, qui, après avoir fait trembler le marbre, essayait parfois de faire vivre la toile ; un Salvator Rosa, un Michel-Ange Caravage, une Pêche miraculeuse de Jordaens, un Guerchin d'une couleur magnifique ; — enfin le chef-d'œuvre du musée, — la célèbre chasse de Rubens.

Quand on aura vu tout cela, on jettera un coup d'œil sur un Mercure, qu'il faudra aller chercher dans un coin de la salle du fond. Ce n'est qu'une copie, il est vrai, mais une copie de Raphaël par M. Ingres.

En sortant du Musée nous revînmes prendre une voiture place Royale. Cette course me permit de voir la fameuse fontaine qui fait l'ornement de la place. Comme le fameux lac dont parle Hérodote, il ne lui manque qu'une chose, c'est de l'eau: Méry l'appelle la fontaine Hydrophobe. Le nom pourra bien lui rester. Je demandai à en voir d'autres : celle-là m'avait fait de la peine.

Méry ordonna au cocher de nous conduire d'abord à la rue d'Aubagne ; là j'eus ce que je demandais, c'est-à-dire une fontaine coulant à plein bord ; celle-là est dédiée au *poeta Sovranno*, comme l'appelle Dante, on y lit cette simple inscription : *Les descendans des Phocéens à Homère*. Un magnifique plateau s'étend au-dessus de la fontaine, qui coule dans un lavoir troyen. On se croirait aux portes Scées, sur les bords du Simoïs ; c'est un chapitre de l'Odyssée en action.

Je m'aperçois que je viens de copier, ou à peu près, quatre lignes dans l'album des étrangers. Ces diables de Marseillais ont tant d'esprit et de poésie, qu'ils en fourrent partout, même dans les guides, ce qui ne s'est jamais vu nulle part. Un peu plus de froideur dans ces têtes-là, disait David en parlant des Provençaux, et ils seraient presque tous des hommes de génie.

Nous passâmes auprès de la pyramide de la place Castellane: Je ne présume pas qu'elle soit élevée dans un autre but que de faire un pendant quelconque à l'arc de triomphe de la porte d'Aix. L'une vaut à peu près l'autre; seulement, l'arc de triomphe a sur la pyramide le désavantage d'être couvert de sculpture, ce qui gâte un peu la pierre, quand cela ne l'embellit pas beaucoup.

A cent pas de la place Castellane, on se trouve hors de Marseille sur un beau boulevard où il y aura de l'ombre dans vingt ans si les arbres poussent; en attendant il y a force poussière. La poussière est le fléau de Marseille ; on a de la poussière dans les yeux, dans la bouche, dans les poches. On en prend son parti quand on est philosophe ; mais on ne s'y habitue pas, fût-on optimiste.

C'est que toutes ces montagnes qui environnent Marseille sont véritablement calcinées par le soleil. Je ne sais pas où diable Lucain avait vu la fameuse forêt sacrée dans laquelle César fit faire ses machines de guerre, ni Guillaume de Tyr ces bois magnifiques où les croisés coupèrent les mâts de leurs vaisseaux. Peut-être aussi est-ce à la grande consommation qu'ils en ont faite autrefois qu'est due leur pénurie actuelle; mais je sais qu'aujourd'hui on trouverait difficilement à y tailler une botte d'allumettes.

En revanche, il y a de magniques vallées de sable, dans le genre de celles qui conduisent au lac Natroûn.

Quand la girafe aborda à Marseille, elle était souffreteuse : les savans déclarèrent qu'elle avait le mal de mer; mais son conducteur secoua la tête, et expliqua tout bonnement en éthiopien que ce qu'on prenait pour le mal de mer était le mal du pays. Comme les savans n'avaient pas entendu un mot de ce qu'avait répondu le cornac, ils firent une grimace, inclinèrent la tête, réfléchirent un instant, et répondirent qu'il pourrait bien avoir raison. L'Ethiopien, voyant qu'on était de son avis, prit son animal par sa corde, et à midi sonnant, sous un soleil de trente-cinq degrés, il longea le bord de mer, et alla s'enfoncer dans les gorges du mont Redon.

A peine la girafe se trouva-t-elle au milieu de ces rocs nus et pelés, qu'elle releva la tête, ouvrit ses naseaux, frappa le sol du pied, et voyant jaillir autour d'elle un sable aussi brûlant que le sable natal, elle se crut revenue dans le Darfour ou le Kordofan, et bondit si folle et si joyeuse, qu'elle tira sa corde des mains de son conducteur, lui sauta par-dessus la tête, et disparut derrière un rocher.

Le pauvre Ethiopien accourut tout penaud à Marseille. Cette fois, les savans, le voyant tout seul, comprirent qu'il revenait sans la girafe. De là à la probabilité qu'il l'avait perdue il n'y avait qu'un pas : la science le fit avec toute sa certitude ordinaire.

On demanda au commandant de la garnison deux régimens ; les deux régimens cernèrent le mont Redon, et retrouvèrent la girafe couchée tout de son long dans ce beau sable africain qui lui avait rendu la vie. La girafe se trouvait trop bien là pour se laisser rattraper sans essayer de fuir ; mais elle avait affaire à un habile stratégiste. Le colonel commandant l'expédition était de Gemenos; il connaissait en conséquence tous les défilés du mont Redon. Après avoir fait des prodiges de légèreté, la pauvre bête, retrouvant partout le pantalon garance, fut forcée de se laisser reprendre ; elle se rendit donc de bonne grâce à son Ethiopien, qui la ramena en triomphe à Marseille.

Jamais elle ne s'était portée mieux : un jour passé dans les sables du mont Redon avait suffi pour lui rendre la santé.

En tournant l'angle d'un mur, nous nous trouvâmes en face de la mer ; dès lors nous ne vîmes plus rien qu'elle. C'est que de la plage du Prado surtout elle est magnifique.

Quant à moi, je n'y pus résister ; je laissai Méry commander les clovis et la bouillabesse à *la Muette de Portici*, et je me jetai dans un bateau.

Ce bateau était à un pêcheur qui allait justement retirer ses filets ; outre la promenade, j'avais la pêche.

Tout en allant à nos bouées, le pêcheur me dit les noms de tous ces caps et de tous ces promontoires, noms sonores, empruntés presque tous à la langue ionienne, et qui, à défaut de chronique, attesteraient l'origine des anciens possesseurs de cette terre.

Au fond de l'horizon, se levait sur son rocher, au milieu de la mer, le phare de Planier. Mon pêcheur, tout en ramant, me raconta que ce phare venait d'être, il y a quelques mois, témoin d'un accident horrible. Un bâtiment chargé de sucre avait été jeté contre le rocher qui en fait la base, s'était ouvert et avait coulé à fond ; l'équipage s'était sauvé, mais toute la cargaison avait fondu.

— Diable ! répondis-je touché de la perte qu'avaient faite les armateurs et le capitaine, c'était un grand malheur.

— Oh ! oui, c'était un grand malheur, me répondit mon homme. Imaginez-vous, monsieur, que, pendant plus de six semaines, à trois lieues à la ronde, on ne voyait plus un merlan. Il paraît que ces *béteils*-là, ça ne peut pas sentir l'eau sucrée.

Pour ce brave homme, la perte du sucre n'était quelque chose que parce qu'elle avait, pendant six semaines, éloigné les merlans.

Heureusement, le premier filet que nous tirâmes nous donna la preuve que les merlans étaient revenus : il en contenait trois, dont un gros comme la cuisse.

Les autres renfermaient des loups, des rougets, des surmulets, des sépillons et des dorades ; il y avait de tout, jusqu'à une langouste, qui était venue, pour manger très probablement les prisonniers, et qui se trouvait fort exposée, par un revirement de fortune, à être mangée avec eux.

Nous revînmes avec notre pêche, qui passa immédiatement de la barque dans la casserole et dans la poêle ; puis Méry me présenta à Courty, le propriétaire de l'établissement somptueusement appelé *la Muette de Portici*.

Courty paraissait fort troublé ; on lui avait parlé de moi comme d'un fin gastronome, ce qui m'avait donné dans son esprit un bien autre relief que je lui avais présenté tout bonnement comme l'auteur d'*Antony* et de *Mademoiselle de Belle-Isle*.

Or Courty est un cuisinier artiste, digne d'être placé dans un pays plus appréciateur de la science approfondie par Brillat-Savarin que ne l'est Marseille. A Marseille, sauf quelques exceptions, on n'éprouve pas le besoin de dîner : pourvu que l'on mange, cela suffit.

Courty est donc perdu dans un monde où il reste incompris ; ce qui ne l'empêche pas de chercher de temps en temps quelque plat inconnu. Sous ce rapport, il est de l'avis de M. Henrion de Pansey, qui disait que la découverte d'un nouveau plat était plus utile à l'humanité que la découverte d'une nouvelle étoile. — Car des étoiles, dit dédaigneusement Courty, il y en aura toujours assez pour qu'on en faisons. — Cela est d'autant plus vrai qu'il y a beaucoup plus d'étoiles encore à Marseille qu'à Paris.

Courty se surpassa. Je regrettai de n'être pas à la hauteur de la réputation qu'on m'avait faite auprès de lui. Mes éloges lui ouvrirent le cœur ; il me conta ses peines. *La Muette de Portici* a près d'elle une malheureuse guinguette ouverte à tout venant, à cause de la modicité de son prix, et tout le monde y va, même ceux-là qui ne devraient pas y aller.

Cela tient peut-être aussi à ce que chez Courty il y a de l'ombre et des fleurs, choses dont les Marseillais n'ont pas l'habitude.

Pendant que nous dînions, un ami de Méry vint s'asseoir à côté de nous, et nous offrir pour le soir une *pêche au feu*. C'était une trop bonne fortune pour que nous la refusassions. En attendant, Méry lui demanda pour moi la permission d'aller visiter sa maison, bâtie sur un modèle si antique et surtout si étranger, qu'on est convaincu à Marseille

que, comme celle de Notre-Dame de Lorette, elle a traversé la mer. Aussi l'appelle-t-on *la maison phénicienne*.

C'était en effet une maison toute orientale, comme on en trouve aussi quelques-unes à Florence, avec deux étages pleins et des colonnes qui soutiennent un toit qui fait double terrasse : sous le toit, terrasse pour le jour ; sur le toit, terrasse pour la nuit. La petite maison de Marseille a de plus, de sa base à la moitié de sa hauteur, une treille toute courante qui lui sert de cuirasse, verte au printemps, rouge à l'automne, et la moitié de l'année chargée de raisins magnifiques.

Après nous avoir fait voir sa maison, M. Morel nous présenta à sa famille, qui se composait de trois ou quatre filles, toutes plus belles les unes que les autres, de presque autant de gendres et du double de petits-enfans.

Tous demeurent ensemble dans cette petite maison phénicienne, qui me paraît une des plus heureuses maisons de Marseille.

Et cependant M. Morel allait abattre cette jolie petite maison pour faire bâtir une bastide comme toutes les bastides ; c'est-à-dire quelque chose de carré, avec des trous percés régulièrement, qu'on tient ouverts le jour et fermés la nuit, tandis qu'à mon avis on devrait faire tout le contraire. M. Morel, au grand désespoir de Méry, allait mettre le marteau dans la pauvre maison phénicienne, lorsque, dans un vieux coffre qu'on n'avait pas ouvert depuis deux cents ans, une fille de M. Morel trouva un vieux manuscrit écrit sur du vieux parchemin, d'une toute petite écriture d'une forme si biscornue, que, M. Morel ni ses gendres n'y comprenant rien, il fallut envoyer chercher Méry pour la lire.

M. Morel espérait que c'était quelque titre de propriété qui allait doubler son revenu territorial : c'était tout bonnement une chronique du temps du connétable, et relative à la maison phénicienne.

La maison phénicienne avait joué son rôle pendant le siège de Marseille. Or, du moment où la maison phénicienne devenait une maison historique, il n'y avait plus, comme on le comprend bien, moyen de la démolir : aussi resta-t-elle debout, à la grande joie de Méry.

Je demandai à M. Morel la faveur de lire cette chronique ; mais comme il est encore pêcheur plus passionné qu'ardent archéologue, il me dit qu'il me la donnerait après l'expédition. En effet, la nuit était venue avec cette rapidité toute particulière aux climats méridionaux, et à peine le temps nécessaire nous restait-il pour nos préparatifs.

Chacun se mit à l'œuvre, hommes et femmes, moi comme les autres. Mon habit pincé me gênait, on m'apporta une veste de M. Morel. J'aurais pu y loger Méry avec moi ; mais Méry était déjà logé dans son manteau, et quand Méry est logé dans son manteau, il est indélogeable.

Vers les neuf heures du soir, tout fut prêt. Un des gendres de M. Morel se chargea d'alimenter le feu qui brûlait à la proue dans un réchaud de fer ; deux autres prirent des tridens pour harponner le poisson, et se placèrent à bâbord et à tribord. M. Morel et moi, nous en fîmes autant, car, malgré mes réclamations, on m'avait placé dans la partie active. Méry se plaça à la poupe, au milieu des dames, qui ajoutèrent à son manteau leurs châles et leurs bournous. Jadin, le crayon à la main, s'assit sur une des banquettes, avec Mylord entre ses jambes. L'homme aux merlans se plaça sur l'autre banquette, un aviron de chaque main. Courty, qui devait rester sur le rivage, poussa la barque, et tout l'équipage se trouva à flot.

En ce moment, Jadin eut une scène affreuse avec Mylord, qui voulait absolument aller manger le feu. Il en résulta des aboiemens éclatans, qui n'étant pas dans le programme de la pêche, pendant laquelle, au contraire, on doit garder le plus profond silence, se terminèrent par des gémissemens sourds, lesquels prouvaient que Jadin avait employé à l'endroit de Mylord les grands moyens, c'est-à-dire le talon de la botte.

Néanmoins, comme cet épisode n'avait point attiré le poisson, nous doutâmes pendant quelque temps du succès de notre pêche. Aucun poisson ne se montrait, et pourtant on apercevait, à travers trois ou quatre pieds d'eau, le fond de la mer, comme s'il n'eût été séparé de nous que par une simple gaze. Tout à coup un des gendres de M. Morel piqua son harpon, et le retira avec une espèce de serpent qui se tortillait au bout : c'était un congre de trois ou quatre pieds de long. Je trouvai l'animal fort laid, et me promis bien de n'en point prendre de pareils.

Cela prouvait, au reste, que nous entrions dans les domaines habités.

Le fond de la mer, vu ainsi de nuit à la lueur tremblante d'un feu de sapin, est une des choses les plus curieuses qui se puissent imaginer : il a, comme la terre, ses endroits couverts et ses sables arides, ses longues algues sombres, où les poissons se détachent comme s'ils étaient d'or ou d'argent, et ses plaines découvertes, où voyagent, pesamment chargés de leur énorme bagage, les nautiles, les Bernard-l'ermite et les oursins, laissant derrière eux la trace du chemin qu'ils ont parcouru. Puis, si quelque rocher se présente, au milieu des moules et des huîtres qui y ont établi leur domicile sédentaire, on est sûr de voir quelques polypes au gros ventre, aux yeux à fleur de tête et aux longs bras tremblans, dont chaque extrémité va cherchant la proie que sa gueule béante s'apprête à engloutir. Tout cela suivait, selon ses instincts, sa vie mystérieuse et sous-marine, à laquelle nous venions apporter un si grand trouble avec le feu et le fer.

Cependant le bateau se remplissait : M. Morel et ses gendres piquaient à qui mieux mieux, et m'excitaient à en faire autant ; mais j'attendais, en faisant signe de la tête que je me tenais prêt. Quant au bateau, il continuait, poussé par le doux mouvement des rames, à voguer dans un cercle de lumière où de temps en temps entraient de gros papillons de nuit, qui venaient étourdiment donner la tête contre nous. Tout à coup je vis passer directement au bout de mon harpon quelque chose qui ressemblait à une poêle à frire : je donnai de toute ma force un coup en plein corps de l'animal, et je tirai de l'eau une raie de la plus belle espèce.

Je fus proclamé le roi de la pêche.

Comme à part moi j'attribuais bien plus au hasard qu'à l'adresse le coup magnifique que j'avais fait, je déclarai que je m'en tiendrai là : je passai mon sceptre à celui des gendres de M. Morel qui avait jusques alors pris soin du feu, et je me remis à mes études de mœurs conchyliologiques.

Il ne fallut rien moins pour les interrompre qu'une décision de ces dames, qui, sur les gémissemens que poussait Méry, déclarèrent que le vent de la mer commençait à leur paraître un peu frais ; en conséquence, on décida qu'on allait continuer la promenade sur l'Huveaume.

L'Huveaume est un ruisseau qui se jette dans la mer, et abuse de sa position topographique pour prendre le nom de fleuve : mais il y a noblesse et noblesse, disait Saint-Simon, ce n'est pas une raison parce qu'on fait résolument comme le Rhône ou le Danube pour qu'on se croie leur égal.

Au reste, l'Huveaume n'a pas, je crois, ces hautes prétentions ; il est impossible d'offrir une embouchure plus modeste, et de se perdre plus silencieusement qu'il ne le fait dans la Méditerranée : c'est tout à fait un fleuve de Géorgiques, un fleuve à la Théocrite et à la Virgile, un fleuve non pas pour porter des bateaux, mais pour baigner les pieds des nymphes.

Nous remontâmes donc, sous une voûte de tamaris aux troncs fantastiques et aux bras tordus, notre *Fiumicello*, dont nous touchions les deux bords avec le bout de nos rames. Là je reconnus tout le tort que j'avais eu de me moquer de l'Huveaume sans le connaître. En effet, ce ruisseau coule avec une tranquillité et une quiétude qui font plaisir à voir, et je le crois au fond beaucoup plus heureux que la Méditerranée.

Après une demi-heure d'exploration, l'Huveaume cessa de nous porter, sous prétexte qu'il n'était plus navigable. Force nous fut donc de redescendre vers la mer ; mais nous n'allâmes point jusqu'à elle. Au bruit qu'elle faisait en se brisant contre son rivage, nous comprîmes qu'elle se mettait tout doucement à la tempête. Quant à notre fleuve, il était au-dessus de toutes ces vicissitudes humaines. Aussi nous laissa-t-il accoster tranquillement une de ses rives, et descendre au milieu d'un joli verger, à travers lequel nous regagnâmes la maison phénicienne.

Comme il me l'avait promis, monsieur Morel me remit le manuscrit trouvé par sa fille dans le vieux coffre que vous savez. Il m'accorda de plus la permission de le copier, ce qui fait que je suis assez heureux pour l'offrir à mes lecteurs.

Peut-être, quand j'aurai été refusé cinq ou six fois à mon tour à l'Académie Française, lui devrai-je la faveur d'être reçu à l'Académie des Inscriptions et Belles-Lettres.

LA MAISON PHÉNICIENNE.

Nous sommes au 12 septembre 1524 : Marseille se bat avec le connétable de Bourbon, cet illustre fou, qui s'en allait ravageant l'Europe pour guérir son ennui. C'est le vingt-deuxième jour de tranchée ouverte : les nobles seigneurs d'Aix et les nobles roturiers de Marseille, réunis sous les mêmes bastions, ont juré de s'ensevelir sous leurs ruines. Le connétable pousse aux murailles ses Italiens, ses Espagnols, ses lansquenets. La tour Saint-Jean, la butte des Moulins, la tour Sainte-Paule embrasent leurs batteries, et jettent des pluies de boulets, par-dessus les remparts, sur les collines du Lazaret, sur le chemin du Cannet, où flotte la bannière du connétable, et jusqu'au pied de l'abbaye de Saint-Victor, où le marquis de Pescaire a établi son camp. Un violent orage de septembre éclate à la tombée du jour ; la nuit descend avec les plus profondes ténèbres ; c'est un temps comme il en faut pour les entreprises d'amour et de guerre.

Aussi le capitaine Charles de Monteoux, à la tête de mille citoyens résolus, vient-il de se faire ouvrir la porte Royale, au bout de la rue des Fabres ; car il veut risquer une sortie dans les jardins et les plaines de chanvre de la Cannebière. Deux héroïques amazones le suivent : l'une est la femme, et l'autre la nièce de Charles de Laval ; elles ont dans leurs fontes des pistolets richement damasquinés, et tiennent chacune à leur blanche main une épée si bien travaillée, qu'elle a plutôt l'air d'un bijou que d'une arme.

L'ennemi fuyait en désordre dans la direction de la route d'Aubagne, lorsque la cavalerie espagnole, qui gardait cette avenue, tomba sur les Marseillais, et les força de rentrer dans la ville. Pour beaucoup des nôtres (1), la retraite fut malheureusement coupée ; ils arrivèrent trop tard devant la porte Royale : elle était déjà fermée, et le pont-levis laissait à découvert un fossé large et rempli d'eau. Là quelques Marseillais furent pris ; d'autres, profitant de l'obscurité, gagnèrent la campagne. De ce nombre étaient le jeune Victor Vivaux, fils du maître de l'artillerie, et les deux jeunes femmes dont nous avons déjà parlé, Gabrielle et Claire de Laval. Tous les genres de périls menaçaient les deux amazones dans cette nuit, et à travers cette armée impie, qui tuait, ravageait, déshonorait pour gagner l'enfer, et qui, trois ans plus tard, devait violer Rome au milieu de l'incendie et sur un fleuve de sang.

Gabrielle, la femme de Charles de Laval, avait trente-deux ans. Surprise à l'improviste par la proposition d'une sortie qu'avait faite le capitaine Charles de Monteoux, et qu'elle avait acceptée, elle et sa nièce, avec l'aventureuse témérité dont les femmes donnèrent tant de preuves à cette époque, elle n'avait pas voulu faire attendre le chef de l'expédition, et elle était partie vêtue comme elle était, c'est-à-

(1) Ce pronom possessif annonce que l'auteur inconnu de la chronique est un Marseillais.

dire avec une ample robe de soie à taille longue, gaufrée sur tous les plis, avec un corset de velours bien carrément dessiné sur les épaules, et se terminant en pointe au-dessous du sein. En outre, sur la lisière supérieure du corset, montait un encadrement de hautes et raides dentelles, qui laissaient à découvert un cou de cygne. La figure qui donnait la vie au beau corps et à ces étoffes avait un type merveilleux de distinction : c'était un front pur et blanc, découpé en lignes admirables ; c'était un regard doux qui jaillissait de grands yeux d'un noir limpide ; c'était une bouche adorable, où le sourire s'épanouissait comme dans une rose ; c'était un ensemble divin qui avait été légué à Marseille par les sculpteurs de Mitylène et de Délos. Cette noble tête portait une couronne ondoyante de cheveux d'ébène, qui, sous certains jeux de lumière, semblaient receler des reflets ardens, comme la vague de la mer, par une nuit sombre, roule des teintes de feu dans ses plis noirs et mobiles.

Quant à la jeune fille qui l'accompagnait, Claire de Laval, sa nièce, elle n'avait que vingt ans. Il paraîtrait incroyable qu'à cet âge une jeune femme osât affronter les périls de la guerre, si l'on ne savait combien, à ces époques de troubles, où la vie des hommes et l'honneur des femmes étaient perpétuellement en jeu, celles-ci montraient de bonne heure un caractère d'énergique résolution. Au reste, l'histoire de Marseille est là pour l'attester, à l'éternel bonheur du beau sexe, qui fut aussi le sexe héroïque. Claire de Laval, à peu près vêtue comme sa tante, aurait pu être prise pour la sœur de Gabrielle. Elle avait des cheveux blonds, richement prodigués sur les tempes et sur les épaules ; de beaux yeux druidiques, couleur de mer orageuse ; un teint admirablement fondu dans le lis et la rose ; un charme de figure saisissante et magnétique ; enfin une grâce souveraine dans toutes les ondulations de son corps, quand elle marchait avec une étourderie charmante sur la pointe de ses brodequins dorés comme les sandales d'une odalisque : assise et rêveuse, elle avait cette exquise nonchalance des femmes blondes, cette tranquillité radieuse qui, presque toujours, est un volcan en repos.

Leur seul compagnon, Victor Vivaux, était un grand et leste jeune homme de vingt-quatre ans, renommé pour sa galanterie entre les plus aimables donneurs de sérénades de la place de Lenche ; un franc Marseillais du moyen âge, fortement bruni sur les deux joues par le soleil des dernières messes à l'esplanade de la Major.

Les deux amazones et le jeune officier qui leur servait de guide suivirent quelque temps au grand galop la direction qu'ils avaient prise à travers terre ; mais bientôt le sol se trouva tellement coupé de haies et de fossés, que leurs chevaux leur devinrent non seulement une inutilité, mais un embarras : d'ailleurs, soit en hennissant, soit en piaffant, ils pouvaient les trahir. Les trois fugitifs mirent donc pied à terre, abandonnèrent leurs montures dans un carré de chanvre, et continuèrent leur route sans prononcer une seule parole ; car de tout côté autour d'eux des fracas soldatesques annonçaient la présence de l'ennemi. Enfin les deux femmes, suivant toujours aveuglément leur guide par des sentiers non frayés, atteignirent les hauteurs qui dominent le vallon d'Auriol : là ils tournèrent le dos à la ville, et de sinuosités en abîmes, ils arrivèrent sur cette plage sablonneuse qui se courbe en arc du Rocher Blanc au mont Redon.

Tout le monde sait que ce rivage ressemble, à s'y méprendre, aux atterages d'une île déserte ; car, préoccupé sans cesse des chances de la guerre, le Marseillais ne songe à cultiver d'autres jardins que ceux qui s'étendent à l'ombre de ses remparts. L'Huveaume, à son embouchure, forme un delta de marécages au milieu desquels il coule à la mer ; quelques cabanes de pêcheurs s'élèvent seules, à de longs intervalles, sur les cailloux de la rive. Seulement, au milieu des eaux stagnantes du petit fleuve, et à l'extrémité d'une chaussée naturelle de roches souvent couvertes par les vagues, apparaît une maison de construction isolée, qui semble protester contre la solitude, et rappeler aux marins voguant vers Planier les temps anciens, où cette plage fut visitée par les galères de Tyr et de Sidon (1).

Lorsque les fugitifs atteignirent ce rivage, la mer était assez calme malgré l'orage. Victor Vivaux s'élança le premier sur la chaussée naturelle, en s'aidant des branches d'un tamaris échevelé ; et prêtant l'oreille aux bruits nocturnes, il n'entendit plus que le râlement de la tempête agonisante, le frôlement des saules et des roseaux, et vers le nord un grondement sourd parti sans doute de la couleuvrine de Sainte-Paule, qui chantait un duo avec la foudre du ciel.

Il se baissa alors, et tendit la main à Gabrielle, qui en un instant, aidée par son secours, se trouva près de lui sur la chaussée ; puis à Claire, pour laquelle, pendant cette fuite, on avait pu remarquer chez le jeune homme une partialité de soins toute particulière : puis voyant les deux femmes près de lui, et jetant d'un côté les yeux sur la mer et de l'autre sur les marécages :

— Maintenant, mesdames, leur dit-il en respirant plus librement, je vous permets de parler ; nous sommes en lieu sûr : il n'y a plus ni soldats ni maraudeurs autour de nous.

— Pour moi, dit Gabrielle avec un éclat de rire, je ne pardonnerai jamais à monsieur le connétable de m'avoir fermé la bouche pendant deux mortelles heures : si bien que je n'ai pas même adressé le moindre compliment à l'orage, qui, cependant, autant que j'ai pu m'occuper de lui, m'a paru fort beau.

— Sainte vierge des Carmes ! s'écria Claire, dans quel pays sommes-nous tombés ? sommes-nous sur terre ou sur mer ?

— Rassurez-vous, mademoiselle, dit Victor, je connais les localités.

— Vous connaissez ce désert sauvage, monsieur de Vivaux ?

— Sans doute, et vous allez vous orienter comme moi ; car voilà la lune qui écarte ses nuages pour vous voir passer. Tenez, mesdames, regardez là-bas dans les tamaris, il y a une maison que je connais comme la mienne de l'évêché. Nous y sommes venus cent fois avec monsieur de Beauregard, le capitaine de la tour Saint-Jean.

— Et que veniez-vous faire ici, messieurs ? dit Gabrielle, accompagnant cette interrogation d'un ton à demi goguenard, pendant que Claire regardait le jeune homme avec une certaine inquiétude.

Le jeune homme comprit ce regard, et répondit en souriant aux deux femmes, quoiqu'une seule l'eût interrogé :

— Nous venions faire une chose toute simple, mesdames ; nous venions inspecter au *fustié* (2). Cette petite maison appartient à monsieur de Beauregard ; il ne se doute guère qu'elle va nous servir d'asile cette nuit.

— Et si la porte est fermée ? demanda Gabrielle.

— Nous l'enfoncerons, répondit Victor.

— Oh ! murmura Claire, à qui cette manière de s'impatroniser paraissait, malgré le danger, un peu sans façon.

— Que la Vierge de Bon-Secours nous garde, dit Gabrielle ! il me semble que je vois luire quelque chose de sinistre là haut.

Et de la pointe de son épée, qu'elle n'avait point encore remise au fourreau, elle désignait la colline du nord.

Les regards s'attachèrent sur cette direction, et il se fit un moment de silence.

— Chut ! dit Claire en tressaillant.

— Qu'y a-t-il ? demanda Victor en se plaçant instinctivement devant la jeune fille.

— J'entends du bruit, reprit Claire.

— Où ? demanda Victor, baissant la voix à chaque interrogation.

---

(1) Tout le terrain que décrit le chroniqueur avec une affectation sensible d'actualité est le même qui est occupé aujourd'hui par la belle promenade du Prado et par l'établissement de la Muette de Portici. Mais nous ne sommes pas dupe de cet artifice du narrateur qui met au présent ce qu'il aurait dû mettre au passé.

(2) Au feu. C'était la même pêche que nous venions de faire.

— Là, là, tout près de nous, dans ces algues noires, répondit Claire si bas, que pour l'entendre Victor fut obligé d'approcher sa joue près des lèvres de la jeune fille, et qu'il sentit son haleine.

— C'est la mer ou le vent, dit le jeune homme, restant un instant incliné. Le danger n'est pas là. Il est là, ajouta-t-il à voix basse à son tour en montrant l'Huveaume.

— En effet, en effet, dit Claire en saisissant le bras du jeune homme. Tenez, là, devant nous.

Victor se retourna du côté indiqué, et en effet il aperçut une grande figure noire qui se levait d'entre les saules de l'Huveaume et s'avançait vers la chaussée.

— Silence ! dit Victor.

Et il laissa l'apparition s'engager sur la digue étroite ; puis, lorsqu'elle ne fut plus qu'à quelques pas de lui, il s'élança à sa rencontre l'épée à la main, tandis que les deux femmes s'apprêtaient, si besoin était, à prêter secours à leur défenseur.

— Qui es-tu ? que veux-tu ? demanda le jeune homme en appuyant son épée sur la poitrine du nouvel arrivant, qui, au lieu de se défendre, tomba humblement à genoux.

— Oh ! monsieur le Marseillais ! répondit le bonhomme, qui, à l'accent de Victor, avait reconnu son compatriote.

— Ah ! ah ! dit Victor, qui semblait faire la même découverte, il paraît que nous n'avons pas affaire à un ennemi ; mais n'importe ; quand par ce temps-ci on se rencontre dans un lieu semblable, et à pareille heure, il faut se connaître. Je répéterai donc ma question. Qui es-tu ? que veux-tu ?

— Je suis le patron Bousquié, le pêcheur de M. Beauregard, et je vais tirer les thys.

— Eh ! pardieu ! c'est vrai, dit Victor. Mesdames, ajouta-t-il en se retournant, ne craignez rien, nous sommes en pays de connaissance.

— Tiens ! c'est monsieur Victor ! dit le pêcheur avec un gros sourire. — Et moi qui ne l'avais pas reconnu ! — Bonsoir, monsieur Victor.

— Bonsoir, mon ami.

— Ah bien ! en voilà une merveille de vous voir, quand je vous croyais derrière les forts de la ville ! Est-ce que ce serait encore une partie comme...

— Chut ! dit Victor.

— Ah ! mais c'est que le temps serait drôlement choisi !

— Tu dis donc que tu allais pêcher ? interrompit brusquement le jeune homme, à qui le ton qu'avait pris la conversation paraissait évidemment désagréable, et qui désirait le changer.

— Hélas ! oui, je vais pêcher, répondit patron Bousquié avec un gros soupir.

— Eh bien ! qu'as-tu donc ? demanda Victor : j'ai vu le temps où cette occupation était pour toi une fête.

— Oh ! oui, quand je pêchais pour M. Beauregard, ou bien pour vous, quand vous veniez avec cette petite...

— Et pour qui pêches-tu donc maintenant ?

— Pour qui je pêche ? sainte Vierge noire ! je pêche pour ces gueux d'Italiens, qui viennent manger mon poisson, et qui me le paient en grands coups de manche de hallebarde.

— Comment ! des Italiens viennent ici ! s'écria Victor.

— S'ils viennent ?... mais ils n'y manquent pas une nuit de venir ; dans une heure ils y seront... Tenez, ne m'en parlez pas, monsieur Victor, ce sont de vrais Turcs, des corsaires, des Sarrazins, qui cherchent gratis des femmes et des bouillabesses : des maudits de Dieu, quoi ! Ils ont avec eux deux Allemands, habillés comme des valets de carreau. Ceux-là n'ont pas inventé la poudre, mais ils ne valent pas mieux, allez !

— C'est bon ; assez parlé, dit Victor. Bon patron Bousquié, voilà des dames qui ont bien besoin de repos... elles ont laissé la semelle de leurs bottines sur les roches, et leurs jolis pieds tout meurtris. As-tu dans ta cabane un bon lit d'algues sèches pour ces deux dames ?

— Oh ! dans ma cabane, répondit patron Bousquié, ces dames y seraient trop mal ; ce serait bon tout au plus pour les petites demoiselles que...

— Eh bien ! mais alors, interrompit Victor, où ces dames vont-elles passer la nuit ?

— Si la mer n'était pas si terrible, je vous dirais qu'où elles seraient le mieux c'est chez elles. Nous monterons dans ma barque, et comme la mer est libre depuis que la flotte de La Fayette a chassé ce damné Moncade, je me ferais fort de vous remettre dans une heure à la chaîne du port.

— Eh bien ! dit Gabrielle, ceci me paraît un moyen excellent. Montons dans la barque ; nous sommes braves, et nous n'aurons pas peur.

— Oh ! non, madame, non, dit patron Bousquié en hochant la tête ; non, ce serait tenter Dieu.

— Mais la mer n'est cependant pas trop grosse, murmura Claire.

— Non, pas ici, sans doute ; mais la mer, ma petite demoiselle, sans comparaison, c'est comme les femmes, il ne faut pas en juger par ce qu'elles nous montrent. Ici elle est assez tranquille, assez bonace, mais là-bas, voyez-vous, au delà de ce rocher où rien ne l'abrite, elle fait le diable. Non, non, monsieur Victor : croyez-moi, mieux vaut attendre.

— Mais où attendre, puisque tu dis que chez toi nous ne serions point en sûreté ?

— Suivez-moi, dit patron Bousquié ; je vais vous ouvrir la maison de M. Beauregard : vous y serez mieux que chez moi. Si les Italiens viennent, montez à mesure qu'ils monteront dans le grenier ; vous y trouverez une échelle et une trappe. Vous monterez sur le toit, vous tirerez l'échelle ; et s'ils vous poursuivent jusque là, vous aurez toujours une dernière chance, c'est de vous jeter du haut en bas de la maison, si vous ne voulez pas être pris.

Les deux femmes se serrèrent la main.

— Viens, alors, dit Victor Vivaux.

Le pêcheur prit la tête de la colonne, et les trois fugitifs le suivirent en silence ; puis, au bout d'un instant, ils passèrent devant une treille de feuilles marines, montèrent l'escalier d'un perron ; patron Bousquié poussa une porte, et la porte s'ouvrit.

— Diable ! dit Victor, si la porte ne ferme pas mieux que cela, tu aurais bien dû nous conduire autre part.

— Nous la barricaderons en dedans, dit Gabrielle.

— Gardez-vous-en bien, ma belle dame, répondit le pêcheur ; ce serait vous dénoncer au premier coup. Non, non ; ils ont l'habitude de trouver la porte ouverte, laissez-la ouverte ; ils n'y verront pas de changement, et peut-être qu'ils ne se douteront de rien. Croyez-moi, faites ce que je vous dis.

— Vous croyez donc qu'ils viendront ? demanda timidement Claire.

— Peut-être qu'ils viendront, peut-être qu'ils ne viendront pas. Ces diables d'Italiens, c'est fantasque comme des marsouins ; on ne peut rien dire. Dans tous les cas, je tâcherai de leur faire assez bonne cuisine pour les tenir à la maison.

— Et voilà pour te défrayer du souper que tu leur donneras, dit Victor en glissant deux pièces d'or dans la main de patron Bousquié.

— Ah ! il n'y avait pas besoin de cela, monsieur Victor ; ça m'ôte le plaisir de vous obliger pour l'amour du bon Dieu. Cependant je ne veux pas vous refuser, car ce ne serait pas honnête.

— Eh bien donc ! mets cela dans ta poche, et fais-nous bonne garde.

— Oui, oui ; mais surtout ne fermez pas la porte, entendez-vous ?

— C'est chose dite ; sois tranquille.

— Alors, bonne chance. A propos, mesdames, reprit le patron en revenant sur ses pas, si vous savez quelque petite prière bien efficace... Je ne veux pas me permettre de vous donner un conseil ; mais vous comprenez, il n'y aurait pas de mal à la dire.

Puis, comme effrayé de sa hardiesse, patron Bousquié fit un dernier signe de la tête et de la main, et sortit vivement.

Restés seuls, Victor et ses deux compagnes s'orientèrent de la main, car, pour les yeux, dans cette salle basse, il n'y fallait pas compter : allumer une lumière quelconque, c'était se dénoncer. Force était donc de se reconnaître à tâtons. Tout en cherchant, Victor entendait dans le silence battre le cœur de ses deux compagnes, et il lui semblait qu'il reconnaissait les battements de celui de Claire.

Enfin il trouva l'escalier.

— Par ici, dit-il. — Les deux femmes se rallièrent à sa voix; Victor étendit la main et saisit une main tremblante. Par terreur, sans doute, cette main serra la sienne. Victor n'eut pas même besoin de demander à qui elle appartenait.

— Suivez-nous, madame, dit-il en se retournant du côté où il présumait que pouvait se trouver Gabrielle; nous sommes au pied de l'escalier.

— Montez, alors, dit madame de Laval; je tiens la robe de Claire.

— Que cherchez-vous, ma tante? demanda la jeune fille.

— Rien, mon mouchoir que j'ai laissé tomber.

— Je redescendrai tout-à-l'heure, et je le ramasserai, dit Victor.

Tous trois alors montèrent l'escalier étroit et sombre qui conduisait aux étages supérieurs; puis elles cherchèrent à tâtons la porte d'une chambre, et entrèrent dans la première venue, avec l'intention d'y attendre que la mer fût calmée. Elles ne purent remarquer si l'ameublement était digne d'elles, car l'obscurité couvrait les quatre murailles; mais elles furent ravies de trouver sous leur main quelque chose de souple et de ouaté qui ressemblait à l'édredon d'un matelas.

— Victor, dit Gabrielle, si vous voulez descendre, nous allons essayer de nous reposer un instant.

— Vous veillerez sur nous, n'est-ce pas? dit Claire.

— Oh! comptez sur moi, mademoiselle, répondit Victor. Jamais sentinelle, je vous en réponds, n'aura été plus fidèle à son poste que je ne le serai.

— Et tâchez de retrouver mon mouchoir, qui pourrait nous trahir.

— J'y vais, répondit Victor. Et on l'entendit descendre l'escalier.

Le jeune homme chercha pendant un quart d'heure, mais il ne trouva rien.

Pendant ce temps les deux femmes mettaient bas leurs robes, avec lesquelles il leur était impossible de se coucher.

— Comprenez-vous, ma tante, dit Claire, dans quelle inquiétude M. de Laval doit être à cette heure?

— Bah! répondit Gabrielle, ce sont là les accidents de la guerre. M. de Laval nous croit mortes; mais comme il est de garde à la tour Sainte-Paule, il n'a pas le temps de nous pleurer. Je voudrais bien avoir un miroir.

— Un miroir, ma tante! et pourquoi faire?

— Pour rajuster mes cheveux, qui doivent être dans un état abominable.

— Mais quand vous auriez un miroir, ma tante, il me semble que, dans l'obscurité où nous sommes, il ne vous servirait pas à grand'chose.

— Bah! en ouvrant cette fenêtre, notre lune est si belle, que nous y verrions comme en plein jour. Pousse donc un peu le contrevent, Claire.

— Oh! ma tante, c'est bien imprudent.

— Non, non! pour voir seulement si tout est tranquille.

Claire obéit, et un rayon de clarté nocturne illumina la chambre, éclairant la charmante tête de la jeune fille debout à la fenêtre : on aurait dit voir Amphitrite, la blonde reine de la mer, qui jetait un regard d'amour sur la beauté sauvage de ses domaines.

Pendant ce temps Gabrielle avait trouvé le meuble qu'elle désirait, et, placée un peu en arrière de Claire, mais dans le même rayon, elle rajustait ses cheveux.

— Voilà qui est fait, dit-elle après un instant; maintenant jetons-nous sur le lit. Nous réciterons les litanies de la Vierge et le *sub tuum* avant de nous endormir. Je dirai les versets, et tu répondras les *ora pro nobis*. Viens-tu?

— Oui, ma tante, oui, dit Claire en se reculant un peu, sans cependant quitter la fenêtre; mais c'est qu'il me semble...

— Il te semble quoi? demanda Gabrielle.

— Voir des hommes qui s'approchent, suivant la même route que nous avons suivie. Je les entends, ma tante, je les entends.

— Bah! dit Gabrielle, c'est le vent qui souffle dans les tamaris.

— Non, ma tante; les voilà, je les vois; ils sont cinq... six... sept...

Gabrielle ne fit qu'un bond du lit où elle allait se reposer jusqu'à la fenêtre, et, appuyant ses mains sur les épaules de Claire, elle se haussa sur la pointe des pieds, et regarda par dessus sa tête.

— Voyez-vous? dit Claire en retenant sa respiration.

— Oui, je les vois...

Les hommes échangèrent quelques paroles entre eux.

— Ce sont des Italiens, dit Gabrielle.

— O mon Dieu! mon Dieu! nous sommes perdues! murmura Claire en joignant les mains.

Trois petits coups frappés à la porte de la chambre firent en ce moment tressaillir les deux femmes; puis elles entendirent une voix qui disait : — C'est moi, n'ayez pas peur; c'est Victor Vivaux.

Gabrielle courut à la porte et l'entrouvrit.

— Eh bien? demanda-t-elle.

— Eh bien! on vient de notre côté.

— L'ennemi?

— J'en ai peur.

— Que faire?

— Suivez le conseil de patron Bousquié, montez plus haut. Cherchez une bonne cache, et ne vous inquiétez pas de moi. Si loin que je paraisse être de vous, je ne vous perdrai pas de vue.

Et, sans attendre la réponse des deux femmes, il se replongea dans l'obscurité de l'escalier.

— Claire? dit Gabrielle.

— Me voilà, ma tante.

— Viens, et...

A ces mots, elle lui prit la main et l'entraîna hors de la chambre.

Et elles gagnèrent l'étage supérieur, où elles restèrent aux aguets, le cou tendu sur la rampe de plâtre qui tourne avec l'escalier.

Au dehors, entre la treille et le perron, deux hommes qui paraissaient les chefs d'une bande de maraudeurs parlaient haut, sans gêne aucune, de manière à se faire entendre de partout dans le silence de la nuit.

— Je te dis, Taddéo, disait l'un, que je les ai vues passer comme des ombres, que j'ai mesuré leurs pieds sur le sable. Ce moment leurs pieds pas plus longs que mon doigt et minces comme ma langue. Et puis qu'est-ce que tu dis de cette frange de brodequins que nous avons trouvée sur la colline? Taddéo, l'on sent la chair fraîche ici.

— Je commence à croire que tu as raison, répondit l'autre.

— Per Bacco! je le crois bien que j'ai raison : vois-tu, nous avons perdu leur piste à vingt pas d'ici, là-bas où les cailloux commencent. Si les déesses ne prennent pas un bain dans ce marais, elles dorment là derrière cette porte... Bien! où est mon lansquenet? Eh! Cornélius, avance! Mais avance donc! Que diable fais-tu, drôle? tu bâilles aux étoiles. Écoute, passe sous cet arceau, mon petit Tedesque, et garde la maison de l'autre côté pour couper la retraite; et, par saint Pierre! mes belles dames, vous ne nous échapperez pas.

— Qu'est-ce que cela? dit Taddéo en ramassant le mouchoir que Gabrielle croyait avoir laissé tomber dans le vestibule, et qu'elle avait laissé tomber au pied du perron.

— Vive Dieu! camarade, répondit Géronimo en le prenant des mains de son compagnon, c'est un *fazzoletto* tout brodé et tout parfumé d'essence de rose, lequel ne m'a pas l'air de sortir de la poche d'un pêcheur : on ne prend pas du poisson avec ce filet-là.

— Montons, Géronimo, montons. — Et vous, camarades, zsit! zsit!... — Le reste de la troupe s'approcha. — Venez ici, et restez là. — Bien. — Maintenant, soyez sages, et vous aurez les femmes de chambre, s'il y en a.

— Eh non! non! montons tous; pas d'aristocratie ici, nous sommes tous égaux; d'ailleurs, plus nous serons, plus la visite sera complète. Seulement, l'autre Allemand... Eh! mon lansquenet,— Forster, Forster... ici! Assieds-toi sur le perron, à cheval et le poignard au poing : ces déesses ont un cavalier avec elles, car nous avons vu ses pieds sur le sable. Tous les égards du monde pour les femmes; une balle de plomb au cavalier; entends-tu, mon petit Allemand? voilà la consigne.

— Ja men heer, répondit le lansquenet en se mettant à cheval sur le perron, à l'endroit même que lui avait indiqué son commandant. Alors Géronimo ouvrit la porte : selon la recommandation de patron Bousquié, elle n'était point fermée.

— On ne voit pas plus clair ici que dans un four, dit un des Italiens. N'as-tu donc pas ton briquet, Taddéo?

— Est-ce que jamais je marche sans lui? répondit le soldat.

Au même instant on vit jaillir les étincelles du caillou : l'amadou fut allumé, la lueur légère d'une allumette lui succéda; mais elle suffit à Géronimo pour découvrir une lanterne posée dans un coin du vestibule.

— Voilà notre affaire, dit-il; il y a un bon Dieu pour les honnêtes gens. Allume, allume.

Taddéo ne se le fit pas dire à deux fois. Les Italiens levèrent la lanterne, qui éclaira tout le vestibule; mais les maraudeurs n'aperçurent que des filets de tout espèce, amoncelés contre les murailles.

— Ce sont les filets de notre père nourricier, dit Taddéo; il faut les respecter : nous en vivons.

— Voyez donc la calomnie! répondit Géronimo. Il y a cependant des gens qui disent que nous ne respectons rien : ce sont les langues de vipères. Amis, ne touchez à rien; vous savez que Bourbon ne plaisante pas sur le bien du prochain.

— Les femmes en sont-elles? demanda Taddéo.

— L'ordonnance ne porte que sur les moissons, les meubles et les bestiaux; vous voyez que cela ne regarde pas les femmes.

— Alors, montons au premier étage, dit Taddéo; tu vois bien qu'il n'y a rien à faire ici.

La bande suivit le conseil, et envahit la chambre que les deux femmes venaient de quitter.

— Oh! oh! s'écria Géronimo, la coque est restée, mais les papillons sont partis. Deux robes de princesse, diable! Si j'étais cardinal, je voudrais une dalmatique de ces étoffes-là. Mon cher, regarde-moi ce velours, et dis-moi ce qu'il devait y avoir là-dessous. Oh! rien qu'à le toucher, le sang me monte à la gorge.

— Prenons toujours, dit Taddéo; la chose a une valeur.

— Et attention, voici deux escarcelles... De l'or!... Ceci est à nous comme Marseille est au connétable. Demain nous partagerons.

Géronimo, le lit n'est pas même défait : nos déesses n'ont fait que changer de robes, et elles se sont esquivées. Touche le lit, il est uni et froid comme du marbre.

— En chasse, en chasse! cria Géronimo; nous les trouverons, quand même le diable s'en mêlerait. — A ces mots, ils s'élancèrent sur l'escalier.

Gabrielle et Claire n'avaient pas perdu un seul mot de cette horrible scène. En entendant ces dernières paroles, elles ressentirent un effroi mutuel, et leurs cheveux frissonnèrent à leurs racines. Mais il n'y avait pas de temps à perdre : elles s'élancèrent vers l'angle où était la petite échelle de bois qui conduisait à la trappe du toit, montèrent l'échelle, soulevèrent la trappe, s'élancèrent sur la plate-forme, tirèrent l'échelle derrière elles, et laissèrent retomber la trappe. Le toit était entouré d'un petit parapet, à l'exception de la façade du midi, par laquelle, grâce à une légère inclinaison des tuiles, se déversaient les eaux pluviales : les deux femmes se serrèrent dans un angle.

Peu d'instants après, un grand fracas de voix qui éclata sous leurs pieds leur apprit que la bande était parvenue dans la chambre de l'échelle, et que leur destinée se décidait en ce moment. Les deux nobles femmes se comprirent sans se parler, leurs lèvres se rapprochèrent dans un baiser radieux, et, les bras entrelacés, les yeux au ciel, elles s'avancèrent rapidement jusqu'au bord des tuiles saillantes qui se détachaient du toit. Les yeux fixés sur la trappe, elles s'attendaient à la voir se soulever à chaque instant, et dans ce cas extrême leur résolution était prise, elles se précipitaient du toit sur les dalles du perron. Cette agonie fut longue. Les tuiles craquaient sous leurs pieds, et plus d'une fois, par l'effet d'une convulsion nerveuse, les deux femmes se sentaient poussées vers le précipice par une invisible main. Ainsi suspendues, immobiles sur leur tombe, elles ressemblaient aux statues de la Pudeur et du Désespoir élevées sur les ruines d'une ville prise d'assaut.

Cependant peu à peu le bruit des voix inférieures s'éteignit, l'escalier fut ébranlé sous des pas lourds; un rayon d'espoir passa sur le visage des deux femmes, dont les yeux se levèrent au ciel avec une expression de gratitude infinie; puis Gabrielle souleva la trappe avec précaution, et elle entendit distinctement les lamentations de la bande; elles furent suivies du cri de la porte qui se refermait. Bientôt après, un pas léger froissa l'escalier, et l'on entendit une voix timide et pure, avec un accent de désespoir croissant, appelait à travers toutes les cloisons. C'était la voix de Victor Vivaux.

La trappe se rouvrit, l'échelle fut replacée; Victor jeta un cri de joie et posa son pied sur le premier échelon.

— Nous sommes ici, Victor, dit tout bas Gabrielle.

— Alors, venez, venez vite, répondit Victor. Une minute de retard, c'est la mort.

Les deux femmes descendirent l'escalier avec une agilité merveilleuse; mais, arrivées dans le vestibule, elles entendirent les soldats, que l'on croyait déjà loin, qui causaient arrêtés sur le perron. Victor poussa les deux femmes sous les masses profondes des filets qui pendaient contre les murs, et s'y ensevelit avec elles, prêtant une oreille attentive à tout ce qui se passait, car un bruit mal interprété pouvait être la mort de tous trois.

— Eh bien! capitaine, disait Forster, la visite a donc été inutile?

— Hélas! oui, répondit Géronimo.

— Vous avez cependant bien cherché partout?

— Nous n'avons pas laissé une pierre sans la flairer. Et toi, tu n'as rien vu.

— Rien.

— Descends : je te relève de garde.

— Merci, dit Forster en sautant lourdement à terre; je n'en suis pas fâché, car le poste n'était pas bon.

— Que dis-tu là?

— Je dis, capitaine, que quand vous vous amuserez à vous promener sur les toits, je vous prie de me mettre de garde autre part que sous la gouttière.

— Et pourquoi cela?

— Parce que quand il pleut des tuiles et qu'on n'a pas de parapluie, c'est malsain.

— Comment! il t'est tombé une tuile sur la tête, dis-tu?

— Une? il m'en est tombé dix; mais j'étais là, fidèle au poste; le toit tout entier serait tombé que je n'aurais pas bougé.

— Mes amis, s'écria Géronimo, elles sont sur le toit. Lansquenet, mon amour, si tu as dit vrai, il y a dix pièces d'or pour toi.

— Au toit! au toit! crièrent tous les soldats.

— Allons, camarades, vous savez le chemin, s'écria Géronimo; qui m'aime me suive!... Cornélius, Forster, venez, venez aussi, et flairez comme de bons chiens que vous êtes...

Et la bande, pleine d'un nouvel espoir, rentra dans le vestibule et s'élança dans l'escalier. On entendit s'éloigner alors jusqu'aux pas lourds des deux Allemands qui fermaient la marche.

— Et maintenant, dit Victor Vivaux, il n'y a pas une minute à perdre; de la présence d'esprit, du courage, et nous sommes sauvés.

En même temps il sortit le premier de dessous les filets,

et, prenant les deux femmes par la main, il s'élança avec elles hors de la maison. Toute la bande était sur le toit.

— Capitaine ! capitaine ! cria Forster, les voilà qui se sauvent ; tenez, tenez, là, là... prenez garde... der Teufel !...

Un grand cri, un cri terrible, un de ces cris de mort qui traversent l'espace quand une âme sent qu'elle va sortir violemment du corps, suivit ce juron. Les trois fugitifs s'arrêtèrent comme cloués à leur place ; ils virent une main qui passait dans le vide, et ils entendirent le bruit d'un corps qui s'écrasait sur le pavé.

— C'est le capitaine, dit Vivaux d'une voix toute frissonnante d'horreur ; il se sera approché trop près du bord, et le toit aura manqué sous ses pieds.

— Capitaine !... capitaine !... crièrent plusieurs voix. Mais rien ne répondit, pas même un cri... pas même une plainte...

— Il est mort, dit Vivaux ; Dieu ait son âme ! Songeons à nous. — Et ayant repris les deux femmes chacune par une main, il courut avec elles vers le bord de la mer.

Une barque était sur le rivage, les fugitifs s'en approchèrent ; quoique le temps fût redevenu sombre, la mer était plus calme.

— Poussons cette barque à la mer, dit Victor. Dieu ne nous a pas sauvés si miraculeusement pour nous abandonner au dernier moment.

— Est-ce vous, monsieur Victor ? dit une voix qui sortait du bateau, tandis qu'une tête inquiète se soulevait et dépassait à peine le bordage de la barque.

— Nous sommes sauvés, dit Victor, c'est patron Bousquié.

— Et la mer ? demanda Gabrielle.

— Douce comme du lait, dit patron Bousquié ; juste de vent ce qu'il en faut pour ne pas faire de bruit avec les rames. Montez, montez.

— Montez, mesdames, montez, dit Victor.

Les deux femmes sautèrent dans le canot. Patron Bousquié le poussa à la mer et se lança derrière les fugitifs. Victor tenait déjà les rames.

— Pas de rames ! pas de rames ! dit patron Bousquié. Les rames font du bruit. La voile au vent, et Dieu nous garde ! Où faut-il aller, monsieur Victor ?

— Droit sur la chaîne du port, droit sur la tour Saint-Jean.

— Bien, bien, dit patron Bousquié. Tenez-vous au gouvernail. Quand je dirai tribord, vous appuierez à gauche ; quand je dirai bâbord, vous appuierez à droite. Entendez-vous ?

— Oui.

— Alors, en route.

Et comme si elle n'eût attendu que la permission de son maître, la chaloupe glissa doucement sur la mer. Patron Bousquié avait dit vrai ; la brise les favorisait comme si elle les eût connus. La petite voile, noire comme les vagues et invisible dans les ténèbres, se gonflait à ravir. Au bout d'une demi-heure, la barque touchait le piton de la chaîne, et Victor se faisait reconnaître par le gardien de la batterie à fleur d'eau. En ce moment un silence solennel planait sur la ville assiégée : les sentinelles seules veillaient sur le rempart, et devant les tentes les deux armées prenaient du repos, afin de réparer les fatigues de la veille, et puiser dans le sommeil de nouvelles forces pour la bataille du lendemain.

Le trente-neuvième jour du siége, Marseille était la ville des angoisses, car une large brèche était béante depuis la base de la tour Sainte Paule jusqu'au premier arceau de l'aqueduc de la porte d'Aix. Le connétable disposait le dernier et le plus formidable de ses assauts. Il fallait un miracle pour sauver Marseille ; car ses défenseurs, brisés par une résistance trop longue, cherchaient en eux un effort suprême qui pouvait leur être refusé par des bras affaiblis. Ce fut alors qu'au milieu des bastions enflammés et croulans, apparut une nouvelle armée au secours de la ville, une armée de femmes ! Gabrielle de Laval commandait ces nouvelles Amazones du nouveau Thermodon, et Claire, sa nièce, portait la bannière de la cité grecque. A cette vue, les assiégés poussèrent un cri de résurrection qui épouvanta les Espagnols et les lansquenets sur les hauteurs du Lazaret et de Saint-Victor ; puis, quand l'assaut fut donné, le connétable trouva toute la ville sur la brèche ; jeunes gens, femmes et vieillards, un rempart vivant couvrit les ruines des bastions, et Marseille cria victorieusement à son ennemi comme Dieu à la mer : « Tu n'iras pas plus loin. »

Quinze jours après, on célébrait à la maison phénicienne le mariage de Victor Vivaux et de Claire de Laval. Patron Bousquié ne demanda d'autre récompense qu'une invitation à la noce. Quant à monsieur de Beauregard, il jura de ne jamais toucher à une seule pierre de la maison antique, et de la léguer à ses enfans, avec son vernis séculaire, son double toit, son perron, sa treille de feuilles, telle enfin qu'elle se leva du milieu des roseaux, comme une hôtellerie miraculeuse pour sauver deux héroïques femmes dans la plus terrible des nuits.

Au reste, on aurait pu croire que tout ce qui s'était passé n'était qu'un songe, s'il n'était resté au milieu de l'avant-toit une légère échancrure à la place où les tuiles avaient cédé sous les pieds du capitaine Géronimo.

Maintenant, si l'on veut savoir notre avis sur cette chronique, qui a sauvé la maison phénicienne de la démolition dont elle était menacée, nous avouons que nous soupçonnons fortement notre ami Méry d'en être l'auteur, et de l'avoir introduite furtivement, par une pieuse ruse, dans le vieux bahut de Mornier Morel.

LA CHASSE AU CHASTRE.

Il y a à Marseille une tradition antique et solennelle ; — cette tradition, qui se perd dans la nuit des temps, est qu'il passe des pigeons sauvages.

Or, tout Marseillais, qui, de ses anciennes franchises municipales, n'a conservé, comme les Aiguemortains, que le droit de porter un fusil, tout Marseillais est chasseur.

Dans le Nord, pays d'activité, le chasseur court après le gibier, et pourvu qu'il arrive à le rejoindre, il ne croit pas que la peine qu'il s'est donnée lui fasse rien perdre de sa considération dans l'esprit de ses compatriotes.

Dans le Midi, pays d'indolence, le chasseur attend le gibier ; dans le Midi, le gibier doit venir trouver l'homme ; l'homme n'est-il pas le roi de la création ?

De là cette tradition fabuleuse d'un passage de pigeons.

Tout chasseur marseillais un peu ficelé, — j'en demande pardon à mes lecteurs, mais c'est le terme consacré, — tout chasseur, dis-je, a donc un *poste à feu*.

Expliquons ce que c'est qu'un *poste à feu*.

Le poste à feu est une étroite hutte creusée dans le sol, couverte d'un amas de feuillages flétris et de branches coupées. Aux deux côtés de cette hutte sont deux ou trois pins, au sommet desquels de longues bigues de bois étalent leurs squelettes dépouillés ; généralement deux sont placées horizontalement ; la troisième est verticale. On appelle ces bigues des cimeaux.

Tous les dimanches matin, le chasseur marseillais vient se placer avant le jour dans son terrier, en arrangeant ses branches d'arbre de manière à ce que la tête seule sorte de terre ; la tête est en général recouverte d'une casquette d'un vert fané, qui se marie à merveille avec la couleur des branches flétries. Le chasseur marseillais est donc invisible à tous les yeux, excepté à l'œil du Seigneur.

Si le chasseur est un sybarite, il a au fond de son trou un tabouret pour s'asseoir ; si c'est un chasseur rustique, un crâne chasseur, il se met tout bonnement à genoux.

Il est patient parce qu'il est éternel, — *patiens quia æternus*.

Le chasseur marseillais attend donc avec patience.

Mais, me dira-t-on, qu'est-ce qu'il attend?

En temps ordinaire, le chasseur marseillais attend la grive, le merle, l'ortolan, le bec-figue, le rouge-gorge ou tout autre volatile, car son ambition ne s'est jamais élevée jusqu'à la caille. Quant à la perdrix, c'est pour lui le phénix ; il croit, parce qu'il l'a entendu dire, qu'il y en a une dans le monde qui renaît de ses cendres, qu'on aperçoit de temps en temps, avant ou après les grandes catastrophes, pour annoncer la colère ou la clémence de Dieu. Voilà tout. — Nous ne parlons pas du lièvre ; il est reconnu à Marseille que le lièvre est un animal fabuleux, dans le genre de la licorne.

Mais comme la grive, le merle, l'ortolan, le bec-figue ou le rouge-gorge, n'auraient aucun motif pour venir se poser de leur propre mouvement sur les pins où ils sont attendus, le chasseur marseillais se fait en général suivre par un gamin qui porte plusieurs cages dans chacune desquelles est enfermé un oiseau du genre de ceux que nous avons nommés; ces oiseaux, innocemment achetés sur le port, sont indifféremment de l'un ou de l'autre sexe, les mâles étant destinés à appeler les femelles, et les femelles à appeler les mâles.

Les cages sont suspendues dans les branches basses des pins ; les oiseaux prisonniers pipent les oiseaux libres. Les malheureux volatiles, trompés par l'appel de leurs camarades, viennent alors se poser sur les cimeaux placés horizontalement. — Il faut dire, cependant, que la chose est rare.

C'est là que les attend le chasseur. — S'il est adroit, il les tue ; s'il est maladroit, il les manque.

En général, le chasseur marseillais est maladroit. — L'adresse est une affaire d'habitude.

Voilà le calcul fait par Méry :

Le chasseur marseillais vient à son poste tous les huit jours.

Un jour sur huit, un oiseau vient se percher sur les cimeaux.

Sur huit oiseaux, il y a un oiseau de tué.

Il en résulte que, compris achat de terrain, achat de fusil, achat d'oiseaux et entretien du poste, chaque oiseau revient à cinq ou six cents francs.

Mais aussi, le jour où un chasseur marseillais a tué un oiseau, il est grand devant sa famille comme Nemrod devant Dieu.

En temps extraordinaire, c'est-à-dire lors du passage des pigeons sauvages, le chasseur marseillais vient tout bonnement à son poste avec un pigeon privé. Ce pigeon privé est attaché par une ficelle au cimeau perpendiculaire, de sorte qu'il est toujours obligé de voler, la pointe de la bigue finissant en paratonnerre, et la ficelle qui le retient étant trop courte pour que le malheureux captif puisse se reposer sur les bigues horizontales. — Ce vol éternel est destiné, comme l'aimant, à attirer à lui les vols plus ou moins considérables qui devraient passer, se rendant de l'Afrique dans le Kamtchatka.

S'il passait des pigeons, les pigeons seraient probablement au fait de ce stratagème ; mais, de mémoire de Phocéen, le chasseur marseillais avoue ingénument qu'il n'a pas vu un pigeon.

Cela ne l'empêche pas d'affirmer qu'il en passe.

Au bout de quatre dimanches, le pigeon privé meurt étique.

Or, comme le passage des pigeons sauvages dure trois mois, c'est-à-dire du 1er octobre à la fin de décembre, c'est encore trois pigeons de plus qu'il en coûte à l'amateur.

Il est vrai de dire que pendant tout ce temps le chasseur ne tue pas un seul autre oiseau, le pigeon privé leur faisant une peur épouvantable.

Le chasseur marseillais reste ainsi dans sa hutte six ou huit heures, c'est-à-dire de quatre heures du matin jusqu'à midi ; il y a même des enragés qui emportent leur déjeuner et leur dîner, et qui ne rentrent que le soir dans leur bastide, juste pour faire leur partie de loto. — Le loto termine merveilleusement une journée commencée par la chasse au poste.

Je demandai à Méry s'il ne pourrait pas me faire faire connaissance d'un de ces chasseurs : cela me paraissait une espèce à part, curieuse à observer. Méry me promit de saisir la première occasion qui se présenterait.

Toutes ces explications m'étaient données en montant à Notre-Dame de la Garde. De ses hauteurs on découvre Marseille et ses environs sur l'espace d'une lieue carrée : je comptai à peu près cent cinquante postes à feu.

Pendant une heure que je mis à monter à Notre-Dame de la Garde, trois quarts d'heure que je mis à en descendre, cinq quarts d'heure que j'y restai, en tout trois heures, j'entendis deux coups de fusil. — Cela revenait bien au calcul de Méry.

Je ne fus donc pas distrait de mes investigations religieuses et archéologiques.

Notre-Dame de la Garde est à la fois un fort et une église.

Le fort est en grand mépris parmi les ingénieurs.

L'église est en grande vénération parmi les marins.

C'est de ce fort que Chapelle et Bachaumont ont dit :

> Gouvernement commode et beau,
> Auquel suffit pour toute garde
> Un Suisse avec sa hallebarde,
> Peint sur la porte du château.

Ce qui prouve que tout temps le fort de Notre-Dame de la Garde s'est à peu près gardé tout seul, à moins que ce quatrain épigrammatique n'ait été fait encore plus contre le gouverneur que contre le château, attendu qu'à cette époque le gouverneur était monsieur de Scudéri, frère de la dixième muse ; — car de tout temps, comme le fait très judicieusement observer ce guide marseillais, que je dénonce à ses confrères comme ayant plus d'esprit à lui seul qu'eux tous ensemble, — de tout temps il y a eu en France une dixième muse.

Il résulte de ce discrédit où est tombé le fort, et de cette vénération dans laquelle est demeurée l'église, qu'il n'a plus aujourd'hui que des madones pour ouvrages avancés, et des pénitens pour garnison. Il est vrai que, si l'on s'en rapporte à la quantité d'*ex-voto* suspendus dans sa chapelle, il y a peu de vierges aussi miraculeuses que Notre-Dame de la Garde ; aussi est-ce à elle que tous les mariniers provençaux ont recours dans l'orage ; et, le beau temps arrivé, selon que la tempête a été plus ou moins terrible, ou que le votant a eu plus ou moins peur, le pèlerin lui apporte, pieds nus, ou marchant sur ses genoux, l'ex-voto qu'il lui a promis. Une fois le vœu fait, il est au reste religieusement accompli ; il n'y a peut-être pas d'exemple qu'un marin, si pauvre qu'il soit, ait manqué à sa promesse. La seule chose qu'il se permette peut-être, c'est, quand il n'a pas désigné positivement la matière, de donner de l'étain pour de l'argent et du cuivre pour de l'or.

Une vigie placée au plus haut du fort signale tous les navires qui arrivent à Marseille.

Du haut de la montagne de Notre-Dame de la Garde, on découvre, comme nous l'avons dit, Marseille et ses environs ; c'est de là qu'on voit, dans leur incalculable multiplicité, ces milliers de bastides qui font une ville clairsemée tout autour de la ville compacte.

C'est que chaque habitant de Marseille possède sa bastide : beaucoup n'ont pas une maison de ville qui ont une maison des champs. Or, comme généralement chacun fait la course à pied, il choisit pour sa bastide le point le plus rapproché de la porte par laquelle il sort ; il en résulte que, pour que toutes les maisons soient ainsi à la portée de leurs propriétaires, il faut bien qu'elles se serrent un peu : aussi c'est ce qu'elles font. Rien n'est moins exigeant qu'une bastide : une bastide n'exige ni cour ni jardin. Il y a des bastides qui ont un arbre pour quatre, et celles-là, ce ne sont pas les plus malheureuses.

Nous descendîmes de Notre-Dame de la Garde au port des Catalans. Le port des Catalans est une des choses curieuses de Marseille.

Un jour, une colonie mystérieuse vint s'établir sur une langue de terre inhabitée, à l'entour d'une petite crique ;

elle demanda à la commune de Marseille de faire de cette crique son port, et de ce promontoire sa ville : la commune accorda leur demande à ces bohémiens de la mer.

Depuis ce temps ils sont là, habitant des maisons étrangement construites, parlant une langue inconnue, se mariant entre eux, et tirant chaque soir leurs petits bâtimens sur le sable, comme des matelots du temps de Virgile.

Cependant, depuis un siècle ou deux, la petite colonie va diminuant chaque année. Un demi-siècle encore, peut-être, elle aura disparu, comme disparaît tout ce qui est étrange ou pittoresque. Que la chose soit au dessus ou au dessous d'elle, notre bienheureuse civilisation a horreur de tout ce qui n'est pas à son niveau. C'est la civilisation qui tue les pauvres Catalans.

Nous nous séparâmes en nous donnant rendez-vous pour le soir au théâtre ; après, le théâtre nous devions aller souper chez Sybillot. Méry me quittait pour commander le souper et me chercher un chasseur au poste.

J'arrivai au théâtre d'heure convenue, et je trouvai Jadin et Méry qui m'attendaient avec trois ou quatre autres convives. Mon premier mot fut pour demander à Méry s'il m'avait trouvé le chasseur promis.

— Oh oui ! me répondit-il, et un fameux !
— Vous êtes sûr qu'il ne nous échappera pas ?
— Oh ! il n'a garde ; je lui ai dit que vous aviez chassé le lion à Alger et le tigre dans les Pampas.
— Et où est-il ?
— Tenez, là ! voyez-vous à l'orchestre ?
— La troisième basse ?
— Non, la quatrième, là, tenez, là !
— Parfaitement.
— Eh bien ! c'est lui.
— Tiens, c'est étonnant !
— Il n'a pas l'air d'un chasseur, n'est-ce pas ?
— Ma foi non !
— Eh bien ! vous m'en direz des nouvelles.

Rassuré par cette promesse, je revins au spectacle.

Le théâtre de Marseille n'est ni meilleur ni plus mauvais que les autres : on y joue la comédie un peu mieux qu'à Tours, l'opéra un peu plus mal qu'à Lyon, le mélodrame à peu près comme aux Folies-Dramatiques, et le vaudeville comme partout.

Il y avait par hasard ce soir-là chambrée complète ; une petite troupe italienne qui se trouvait à Nice avait un beau matin passé le Var, et était venue chanter du Rossini à Marseille, où elle avait le plus grand succès, parce qu'ils parlent provençal, les Marseillais se figurent qu'ils aiment la musique italienne.

Comme je ne suis pas un mélomane frénétique, et que la crainte de perdre quelques notes n'était point assez puissante pour me distraire de mes éternelles investigations, je levai les yeux au dessus du lustre pour y chercher le fameux plafond de Réatu, dont j'avais tant entendu parler. Il représente Apollon et les Muses jetant des fleurs sur le Temps. Malgré la vieillerie du sujet, il mérite véritablement la réputation qu'il a, et c'est une des choses qu'il faut voir à Marseille.

Seulement je ne donnerai pas à mes amis le conseil d'aller le voir les jours d'opéra.

La *Semiramide* finie, on jouait, pardieu ! bien, la *Semiramide*. — Méry fit un geste d'intelligence à la quatrième basse, qui y répondit par un signe correspondant. Le geste de Méry voulait dire : Nous vous attendons chez Sybillot. — Le signe de la quatrième basse signifiait : Je reporte mon instrument chez moi, et je vous rejoins dans cinq minutes. Deux sourds et muets n'auraient pas dit plus de choses en moins de temps.

En effet, à peine étions-nous chez Sybillot, que notre chasseur arriva. Méry nous présenta l'un à l'autre, puis nous nous mîmes à table.

Pendant tout le souper, on pelota pour se reconnaître. Chacun raconta force charges ; seul, monsieur Louët ne raconta rien. Il paraît que rien ne donne de l'appétit comme de faire aller une main horizontalement et l'autre perpendiculairement ; mais il écouta tout, ne perdit ni un coup de dent ni une parole, approuvant seulement de la tête les beaux coups que nous avions faits, et accompagnant son approbation d'une espèce de petit grognement nazal, quand l'anecdote lui paraissait très intéressante. Nous nous plaignions des yeux à Méry de ce silence ; mais Méry nous faisait signe qu'il fallait laisser le temps à l'appétit de se satisfaire, que chaque chose aurait son temps, et que nous ne perdrions rien pour attendre. — En effet, au dessert, monsieur Louët poussa une espèce d'exclamation qui voulait dire à peu près : Ma foi ! j'ai bien soupé. — Méry vit que le moment était venu : il demanda un bol de punch et des cigares. A deux cents lieues de Paris, le punch est encore l'accompagnement obligé du dessert d'un souper de garçons.

Monsieur Louët se renversa sur sa chaise, nous regarda tous les uns après les autres, comme s'il nous apercevait pour la première fois, accompagnant cette inspection d'un sourire bienveillant ; puis avec ce doux soupir de satisfaction du gourmet rassasié : — Ah ! ma foi ! j'ai bien soupé, dit-il.

— Monsieur Louët, un cigare, dit Méry. C'est excellent pour la digestion.

— Merci, mon illustre poète, répondit monsieur Louët, jamais je ne fume ; je prendrai seulement un verre de punch, avec la permission de ces messieurs.

— Comment donc, monsieur Louët ! mais il est venu à votre intention.

— Vous êtes trop honnêtes, messieurs.

— Puisque vous ne fumez pas, monsieur Louët...

— Non, je ne fume jamais ! De mon temps on ne fumait pas encore, messieurs. Ce sont les Cosaques qui vous ont apporté cela avec les bottes. Moi, je n'ai jamais quitté les souliers, et je suis toujours resté fidèle à la tabatière. Eh ! eh ! je suis national, moi !

Et à ces mots, monsieur Louët tira de sa poche une tabatière à miniature, et l'étendit vers nous. Nous refusâmes, à l'exception de Méry, qui, voulant flatter monsieur Louët, le prenait par son faible.

— Il est excellent votre tabac ! monsieur Louët ; il n'est pas possible que ce soit du tabac de régie.

— Eh ! mon Dieu ! si, monsieur, seulement je l'arrange. C'est un secret que m'a donné un cardinal, pendant que j'étais à Rome.

— Ah ! vous avez été à Rome ? demandai-je à monsieur Louët.

— Oui, monsieur, j'y suis resté quelque dix-neuf ou vingt ans.

— Monsieur Louët, reprit Méry, je disais donc que, puisque vous ne fumez pas, vous devriez bien raconter à ces messieurs votre chasse au chastre.

— Qu'est-ce qu'un chastre ? demandai-je.

— Un chastre ! me dit Méry. Vous ne connaissez pas le chastre ! Dites donc, monsieur Louët ! il ne connaît pas le chastre, et il se vante d'être chasseur ! Le chastre, mon ami, c'est un oiseau augural ; c'est le *rara avis* du satirique latin.

— Une espèce de merle, continua monsieur Louët, mais excellent à la broche.

— Alors, monsieur Louët, racontez-lui donc votre chasse au chastre !

— Je ne demande pas mieux que de me rendre agréable à la société, dit gracieusement monsieur Louët.

— Ecoutez, messieurs, écoutez ! dit Méry. Vous allez entendre une des chasses les plus extraordinaires qui aient été faites depuis Nemrod jusqu'à nous. Je l'ai entendu raconter vingt fois, moi, et je refais toujours connaissance avec elle avec un nouveau plaisir. Un second verre de punch à monsieur Louët ! La, bien ! Commencez, monsieur Louët, on vous écoute.

— Vous savez, messieurs, dit monsieur Louët, que tout Marseillais est né chasseur !

— Eh ! mon Dieu ! oui, interrompit Méry en poussant la fumée de son cigare ; c'est un phénomène physiologique que je n'ai jamais pu m'expliquer ; mais il n'en est pas moins vrai que c'est comme cela. Les desseins de Dieu sont impénétrables.

— Malheureusement, ou heureusement peut-être, car il

est incontestable que leur présence est rangée parmi les fléaux de l'humanité; malheureusement, ou heureusement, donc, continua monsieur Louët, nous n'avons sur le territoire de Marseille, ni lions ni tigres; mais nous avons le passage des pigeons.

— Heinh! fit Méry. Quand je vous l'avais dit, mon cher... Ils y tiennent.

— Mais certainement, reprit monsieur Louët visiblement piqué, certainement. Quoi que vous en disiez, le passage des pigeons a lieu. D'ailleurs, ne m'avez-vous pas prêté, l'autre jour, un livre de monsieur Cooper où ce passage est constaté: *les Pionniers?*

— Ah! oui, constaté en Amérique.

— Eh bien! s'ils passent en Amérique, pourquoi ne passeraient-ils pas à Marseille? Les bâtiments qui vont d'Alexandrie et de Constantinople en Amérique y passent bien. Ah!

— Ceci est juste, répondit Méry étourdi du coup. — Je n'ai plus rien à dire. — Comment n'avais-je point pensé à cela? — Monsieur Louët, donnez-moi la main. Jamais je ne vous contredirai plus sur ce sujet.

— Monsieur, la discussion est libre.

— C'est vrai; mais je la ferme. — Continuez, monsieur Louët.

— Je disais donc, monsieur, qu'à défaut de lions et de tigres, nous avons la passée des pigeons. Monsieur Louët s'arrêta un instant pour voir si Méry le contredirait.

Méry fit un signe de tête approbatif et dit:

— C'est vrai. — Ils ont la passée des pigeons.

Monsieur Louët, satisfait de cet aveu, continua:

— Vous comprenez qu'un chasseur ne laisse point passer une époque comme celle-là sans aller se mettre chaque matin à son poste: Je dis chaque matin, car, n'étant occupé au théâtre que le soir, j'ai heureusement mes matinées libres. Or, c'était en 1810 ou 1844, j'avais trente-cinq ans, messieurs, ce qui veut dire que j'étais un peu plus leste que je ne le suis maintenant, quoique Dieu merci! comme vous le voyez, messieurs, je me porte assez bien. — Nous fîmes un signe d'approbation. — J'étais donc un matin à mon poste, avant le jour, comme d'habitude. J'avais attaché au cimeau mon pigeon privé, qui se débattait comme diable, lorsqu'il me sembla voir à la lueur des étoiles quelque chose qui se reposait sur mon pin. Malheureusement, il ne faisait pas encore assez jour pour que je distinguasse si c'était une chauve-souris ou un oiseau. Je me tins coi, l'animal en fit autant, et j'attendis, préparé à tout événement, que le soleil se levât.

A ses premiers rayons, je reconnus que c'était un oiseau. Je sortis doucement le canon de mon fusil de la hutte. J'épaulai d'aplomb, et quand je le tins bien là!... j'appuyai le doigt sur la gâchette.

Monsieur, j'avais eu l'imprudence de ne pas décharger mon fusil; chargé de la veille, mon fusil fit long feu.

N'importe, je vis bien à la manière dont l'oiseau s'était envolé qu'il en tenait. Je le suivis du regard jusqu'à la remise. Puis je reportai les yeux vers mon poste: Messieurs, une chose étonnante, j'avais coupé la ficelle de mon pigeon, et mon pigeon était parti. Je compris bien que ce jour-là, n'ayant pas d'appeleur, je perdrais mon temps au poste: Je me décidai donc à me mettre à la poursuite de mon chastre; car j'ai oublié de vous dire, messieurs, que cet oiseau c'était un chastre.

Malheureusement je n'avais pas de chien. A la chasse au poste, le chien devient un animal non-seulement inutile, mais insupportable. Donc, n'ayant pas de chien, je ne pouvais pas compter sur l'arrêt de mon chien; il me fallut battre les buissons moi-même. Le chastre avait couru à pied; il partit derrière moi quand je le croyais devant. Je me retournai au bruit de ses ailes, je lui envoyai mon coup de fusil au vol. — Un coup de fusil perdu, comme vous comprenez bien. — Cependant je vis voler des plumes.

— Vous vîtes voler des plumes? dit Méry.

— Oui, monsieur, j'en retrouvai même une que je mis à ma boutonnière.

— Alors, si vous vîtes voler des plumes, reprit Méry, c'est que le chastre était touché.

— Ce fût mon opinion aussi. Je ne l'avais pas perdu de vue, je m'élançai à sa poursuite. L'animal était sur pied, il partit hors de portée. Je lui envoyai tout de même mon coup de fusil. — Un grain de plomb. — Qui sait? — Oh! je sais pas où cela va; un grain de plomb!

— Un grain de plomb ne suffit pas pour un chastre, dit Méry en secouant la tête; le chastre a la vie diablement dure.

— Ceci est une vérité, monsieur, car le mien était déjà touché de mes deux premiers coups, j'en suis certain, et cependant il fit un troisième vol, de près d'un kilomètre. Mais c'est égal, du moment où il était posé, j'avais juré de le rejoindre: je me mis à sa poursuite. — Oh! le gredin! — Il savait bien à qui il avait affaire, allez! Il partait à cinquante pas, à des soixante pas; n'importe, monsieur, je tirais toujours. J'étais comme un tigre. Si je l'avais tenu, je l'aurais dévoré tout vivant. Avec cela, je commençais à avoir très faim; heureusement que, comme je comptais rester au poste toute la journée, j'avais pris mon déjeuner et mon dîner dans ma carnassière... Je mangeai tout en courant.

— Pardon! dit Méry interrompant monsieur Louët; une simple observation de localités. Voici, mon cher Dumas, la différence entre les chasseurs du Nord et les chasseurs du Midi; elle ressort, comme vous avez pu le voir, des propres paroles de monsieur Louët. — Le chasseur du Nord emporte sa carnassière vide, et la rapporte pleine; le chasseur du Midi emporte sa carnassière pleine, et la rapporte vide.

— Maintenant, reprenez votre narration, mon cher monsieur Louët. — j'ai dit. — Et Méry se mit à presser amoureusement des lèvres le trognon de son cigare.

— Où en étais-je? demanda monsieur Louët, à qui l'interlocution de Méry avait fait perdre le fil de son discours.

— Vous franchissiez plaines et montagnes à la poursuite de votre chastre.

— C'est la vérité, monsieur, ce n'était plus du sang que j'avais dans les veines, c'était du vitriol! — Nous autres, têtes de feu, l'irritation nous rend féroces, et j'étais on ne peut plus irrité. Mais le maudit chastre, monsieur, il était ensorcelé, on eût dit l'oiseau du prince Caramalzaman! — Je laissai à droite Cassis et la Ciotat, j'entrai dans la grande plaine, qui s'étend de Ligne à Saint-Cyr. Il y avait quinze heures que je marchais sans arrêter, tantôt à droite, tantôt à gauche; car si c'eût été en ligne droite, j'eusse dépassé Toulon; les jambes me rentraient dans le ventre. Quant au diable de chastre, il n'y paraissait pas. Enfin, je vis venir la nuit; à peine me restait-il une demi-heure de jour pour rejoindre mon infernal oiseau. — Je fis vœu à Notre-Dame de la Garde de lui accrocher dans sa chapelle un chastre d'argent, si j'arrivais à rejoindre le mien. — Pécaïre! sous prétexte que je n'étais pas marin, elle ne fit pas semblant de m'entendre... La nuit venait de plus en plus. J'envoyai à mon chastre un dernier coup de fusil du désespoir. — Il aura entendu siffler le plomb, monsieur, car, à cette fois-là, il fit un tel vol, que, j'eus beau le suivre des yeux, je le vis se fondre et se perdre dans le crépuscule: c'était dans la direction du village de Saint-Cyr; il n'y avait pas à penser de revenir à Marseille. Je me décidai à aller coucher à Saint-Cyr: heureusement, ce soir-là, il n'y avait pas théâtre.

J'arrivai à l'hôtel de l'Aigle-Noire, mourant de faim. Je dis à l'hôte, vieille connaissance à moi, de me préparer à souper et de me faire couvrir un lit; puis je lui racontai mon aventure. Il me fit bien expliquer où j'avais perdu mon chastre de vue. Je lui indiquai du mieux que je pus. Il réfléchit un instant; — puis:

— Votre chastre ne peut être que dans les bruyères, à droite du chemin, me dit-il.

— Justement! m'écriai-je; c'est là que je l'ai perdu... S'il y avait de la lune, je vous y conduirais.

— Oui, oui! c'est une remise à chastre; c'est bien connu, cela.

— Vraiment!

— Demain, au point du jour, si vous voulez, je prendrai mon chien, et nous irons le faire lever?

— Pardieu! je veux bien!... Il ne sera pas dit qu'un mi-

sérable volatile m'aura fait aller! Et vous croyez que nous le retrouverons?
— Sûr!
— Eh bien! voilà qui va me faire passer une bonne nuit. N'y allez pas sans moi, au moins.
— Ah! par exemple!

Comme je ne voulais pas que même chose m'arrivât que le matin, je débourrai mon fusil et je le lavai. — Il était sale, monsieur, que vous ne pouvez vous en faire une idée; le fait est que j'avais bien tiré cinquante coups dans la journée, et que si le plomb poussait, il y en aurait eu une belle traînée de Marseille à Saint-Cyr. — Puis, cette précaution prise, je mis le canon dans la cheminée pour qu'il séchât pendant la nuit; je soupai, je me couchai et je dormis, les poings fermés, jusqu'à cinq heures du matin. A cinq heures du matin, mon hôte me réveilla.

Comme je comptais retourner à Marseille par le même chemin que j'étais venu, j'avais pris, dès la veille, la précaution de garnir ma carnassière des restes de mon souper. — C'est mon droit, monsieur, je l'avais payé. — Je mis donc ma carnassière sur mon dos; je descendis, je remontai mon fusil, et tirai ma poire à poudre pour le recharger; ma poire à poudre était vide!

Mon hôte, heureusement, avait des munitions. Entre chasseurs, vous savez, monsieur, la poudre et le plomb, cela s'offre et cela s'accepte; mon hôte m'offrit sa poudre, je l'acceptai. Je flambai mon fusil, puis je le chargeai. J'aurais dû voir au grain de cette maudite poudre qu'il y avait quelque chose; je n'y fis pas attention. Nous partîmes, mon hôte, moi et Soliman : son chien s'appelait Soliman.

— Et le vôtre, monsieur Jadin, comment s'appelle-t-il?
— Il s'appelle Mylord, répondit Jadin.
— C'est un joli nom, poursuivit monsieur Louët en s'inclinant; mais le chien de mon hôte ne s'appelait pas Mylord, il s'appelait Soliman. C'était un crâne chien tout de même; car à peine étions-nous dans les bruyères, qu'il tomba en arrêt ferme comme un pieu.
— Voilà votre chastre, me dit mon hôte.

En effet, je m'approchai, je regardai devant son nez, et je vis mon chastre, monsieur, à trois pas de moi. Je le mis en joue. — Qu'est ce que vous allez donc faire? me cria mon hôte; mais vous allez le mettre en cannelle... c'est un assassinat; sans compter encore que vous pourriez bien envoyer du plomb à mon chien. — C'est juste, répondis-je. Et je me reculai à dix pas, une belle portée. Soliman était fiché en terre, monsieur, on aurait dit le chien de Céphale. Le chien de Céphale fut changé en pierre, comme monsieur sait.

— Non, je ne savais pas, répondis-je en souriant.
— Ah!... eh bien! cet animal eut ce malheur.
— Pauvre bête! dit Méry.
— Soliman tenait l'arrêt que c'était une merveille. Il y serait encore, monsieur, si son maître ne lui avait pas crié pille, pille! A ce mot... il s'élance, le chastre s'envole. Je l'encadre, monsieur, comme jamais chastre n'a été encadré. Je le tenais là... au bout de mon fusil. Hein!... Le coup part. Poudre éventée, monsieur, poudre éventée! Rien!...
— Ah bien! voisin, me dit mon hôte, si vous ne lui faites pas plus de mal que cela, il pourra bien vous conduire à Rome.
— A Rome! dis-je. Eh bien! quand je devrais le suivre jusqu'à Rome, je le suivrai. J'ai toujours eu envie d'aller à Rome, moi! j'ai toujours eu envie de voir le pape!...
— Qui peut m'empêcher de voir le pape? — Est-ce vous?... J'étais furieux! vous comprenez? — S'il m'avait répondu la moindre chose, je crois que je lui aurais donné mon second coup de fusil dans le ventre. Mais, au lieu de cela : — Ah! me dit-il, vous êtes bien libre d'aller où vous voudrez! bon voyage... Voulez-vous que je vous laisse mon chien? vous me le rendrez en repassant. — Ce n'était pas de refus, vous comprenez? un chien qui tient l'arrêt comme lui, ferme!
— Mais oui, je veux bien! dis-je. — Alors, appelez-le... Soliman! Soliman! allez, suivez, monsieur... — Tout le monde sait qu'un chien de chasse suit le premier chasseur venu : aussi Soliman me suivit. Nous partîmes : cet animal était l'instinct en personne. Figurez-vous : Il avait vu se remettre le chastre, il alla droit dessus; mais j'eus beau lui regarder sous le nez, je ne vis rien. Cette fois, quand j'aurais dû le pulvériser, je ne lui aurais pas fait grâce! Point du tout? Voilà que pendant que je le cherchais, courbé comme cela, mon diable de chastre s'envole!... Je lui envoie mes deux coups, monsieur!... Pan! pan! Poudre éventée, monsieur! poudre éventée!... Soliman me regarde d'un air qui veut dire : — Qu'est-ce que c'est que cela?... — Le regard de ce chien m'humilia. Je lui répondis comme s'il avait pu m'entendre : — Ce n'est rien; ce n'est rien; tu vas voir...
— Monsieur, on eût dit qu'il me comprenait! Il se remit en quête, cet animal. Au bout de dix minutes, il s'arrête... Un bloc! monsieur, un véritable bloc! C'était toujours mon chastre... J'allais devant le nez du chien, piétinant comme si j'étais sur la tôle rouge. Dans les jambes! monsieur; il me passa littéralement dans les jambes! Je ne me possédai pas assez; je le tirai au premier coup trop près, et du second coup trop loin. Le premier coup fit balle, et passa à côté du chastre; le second coup écarta trop, et le chastre passa dedans. C'est alors qu'il m'arriva une de ces choses... une de ces choses que je ne devrais pas répéter, si je n'étais pas si véridique... Ce chien, qui, du reste, était plein d'intelligence, ce chien me regarda un instant d'un air très goguenard. Puis, s'en étant venu tout près de moi, tandis que je rechargeais mon fusil, il leva la patte, monsieur, me fit de l'eau sur ma guêtre, et reprit le chemin par lequel il était venu! Vous comprenez, monsieur, que si c'eût été un homme qui m'eût fait une pareille insulte, il aurait eu ma vie, ou j'aurais eu la sienne. Mais que voulez-vous que l'on dise à un animal que Dieu n'a pas doué de raison?...

— Monsieur, dit Jadin, je vous prie de croire que Mylord est incapable de commettre une pareille incongruité.
— Je le crois, monsieur, je le crois, répondit monsieur Louët; mais Soliman me la fit, monsieur, cette incongruité, car vous avez dit le mot. Je ne l'avais pas trouvé, moi. — Cela, comme vous comprenez bien, ne fit qu'augmenter ma rage. Je me promis, quand j'aurais vu tout mon chastre, de le lui faire passer devant le nez. De ce moment, vous comprenez que le chemin de Marseille fut oublié. De remise en remise, monsieur, j'arrivai. Devinez où j'arrivai, monsieur?
— J'arrivai à Hyères. Je n'avais jamais vu Hyères; je la reconnus à ses orangers. J'adore les oranges, je résolus d'en manger tout à mon aise; d'ailleurs j'avais besoin de me rafraîchir : vous comprenez qu'une course pareille échauffe. J'étais à quatorze lieues de pays de Marseille; c'était deux jours pleins pour y retourner. Mais il y avait longtemps que j'avais envie de venir à Hyères et de manger des oranges sur l'arbre. Je donnai donc le chastre à tous les diables, monsieur, car je commençais à croire que ce misérable oiseau était enchanté. Je l'avais vu passer par dessus les murs de la ville et s'abattre dans un jardin. Allez donc me retrouver un chastre dans un jardin, et cela sans chien encore! c'était, comme on dit, une aiguille dans une botte de foin. J'entrai donc en soupirant dans un hôtel : je demandai à souper, et la permission d'aller manger des oranges en attendant dans le jardin; bien entendu qu'on me les mettrait sur ma carte, je ne comptais pas les manger pour rien, ces oranges. La permission me fut accordée.

J'étais moins fatigué que la veille, monsieur, ce qui prouve que l'on s'habitue à la marche; aussi je descendis tout de suite au jardin. C'était au mois d'octobre, la véritable époque pour les oranges. Figurez-vous deux cents orangers en pleine terre, le jardin des Hespérides, moins le dragon. Je n'eus qu'à étendre la main, des oranges plus grosses que la tête. Je mordais dedans, je mordais à même, comme un Normand dans une pomme, quand tout à coup j'entends : Pi, pi, pi, piiiii, pi!

— C'est le chant du chastre, comme si vous l'entendiez, dit Méry, en prenant un autre cigare dans l'assiette.

— Je m'accroupis, monsieur, je fixe mes yeux dans le rayon de lumière qui venait de la Grande-Ourse, et entre moi et la Grande-Ourse, au sommet d'un laurier, j'aperçois mon

chastre, posé, monsieur, posé à quinze pas... Je tendis la main pour chercher mon fusil ; le malheureux fusil, il était dans la cheminée de la cuisine. Je le voyais d'où j'étais, là,
— dans son coin, le fainéant ; — je mettais le chastre en joue avec mes deux doigts, et je disais : Ah! gredin! ah !... tu es bien heureux... Oui... chante... chante... si j'avais mon fusil, je te ferais chanter, moi.

— Mais pourquoi ne l'alliez-vous pas chercher? lui demandai-je.

— Oui, pour qu'il se sauvât pendant ce temps, pour qu'il prît son vol vers des régions inconnues. Non, non; j'avais fait un autre plan que cela. Je me disais, — suivez bien mon raisonnement : — J'ai commandé le souper, plus tôt ou plus tard il sera prêt ; alors l'aubergiste viendra me chercher. Il sait que je suis dans son jardin, cet homme ; et je lui dirai : Mon ami, faites-moi le plaisir d'aller me chercher mon fusil. Comprenez-vous?

— Hum! dit Méry, comme c'était profondément pensé !

— Je restai donc accroupi les yeux sur mon chastre. Il chantait, il se pluchait, il faisait sa toilette. Tout à coup j'entends des pas derrière moi; je fais signe de la main pour recommander le silence. — Ah! pardon, je vous gêne? dit l'aubergiste. — Non pas, non pas, lui répondis-je; venez ici seulement. — Il s'approcha. — Regardez là, là, tenez, dans cette direction.

— Eh bien! c'est un chastre, me dit-il.
— Chut! allez me chercher mon fusil.
— Pourquoi faire ?
— Allez me chercher mon fusil.
— Vous voulez le tuer, cet oiseau?
— C'est mon ennemi personnel.
— Ah! ça ne se peut pas.
— Comment, cela ne se peut pas ?
— Non, non, il est trop tard.
— Pourquoi trop tard?
— Oh! il y a une amende de trois francs douze sous et deux jours de prison quand on tire dans l'intérieur de la ville un coup de fusil passé l'Angelus.
— J'irai en prison et je paierai les trois francs douze sous d'amende; allez me chercher mon fusil.
— Oui, pour qu'on me déclare complice. Non, non, demain il fera jour.
— Mais demain, malheureux! m'écriai-je plus haut que la prudence ne le permettait, demain, je ne le retrouverai plus.
— Eh bien! vous en retrouverez d'autres.
— C'est celui-là que je veux! je n'en veux pas d'autres! Mais vous ne savez donc pas que je le poursuis depuis Marseille, ce gueux-là! que je veux l'avoir, mort ou vif, pour le plumer, pour le manger, pour... Allez me chercher mon fusil!
— Non, je vous l'ai dit; merci, je n'ai pas envie d'aller en prison pour vous.
— Eh bien! je vais l'aller chercher moi-même.
— Allez! mais je vous réponds bien que vous ne le retrouverez plus, le chastre.
— Vous serez capable de le faire envoler ? dis-je à l'aubergiste en le saisissant au collet.
— Prrrrrouuu! fit l'aubergiste.

Je lui mis la main sur la bouche.

— Eh bien! non! lui dis-je. Non! allez me chercher mon fusil : je vous donne ma parole d'honneur que je ne tirerai pas avant l'Angelus. Parole d'honneur! foi d'honnête homme! Là, êtes-vous content? Allez me chercher mon fusil; je passerai la nuit là; puis demain, au dernier coup de l'Angelus, pan! je le tue.

— Peuh! — Parole de chasseur. Faisons mieux que cela.
— Faisons quoi? — Oh! mais regardez le donc; mais il nous insulte. — Voyons, dites vite, — faisons quoi?
— Restez là, puisque c'est votre plaisir : on vous y apportera à souper; vous ne manquerez de rien; puis, après souper, si vous voulez dormir, vous avez le gazon.
— Dormir! ah! oui, vous me connaissez bien! je ne fermerai pas l'œil de la nuit! pour qu'il s'en aille pendant que je dormirai.

— Et demain...
— Et demain?
— Et demain, à l'Angelus sonnant, je vous apporte votre fusil.
— Aubergiste, vous abusez de ma position.
— Que voulez-vous ? c'est à prendre ou à laisser.
— Vous ne voulez pas m'aller chercher mon fusil, n'est-ce pas? une fois, deux fois, trois fois ?
— Non.
— Eh bien! allez me chercher mon souper alors, et faites le moins de bruit possible en me l'apportant.
— Oh! il n'y a pas de danger; du moment où il n'est point parti avec le sabbat que nous avons fait, il ne partira pas. Eh! tenez, le voilà qui se couche.

En effet, monsieur, cet animal mettait la tête sous son aile; car monsieur n'ignore pas que c'est la manière de dormir de presque tous les volatiles.

— Oui, je sais cela.

— Il avait la tête sous l'aile, c'est à dire qu'il ne pouvait pas me voir ; si bien que si, au lieu d'être à quinze pieds de hauteur, il eût été à ma portée, je pouvais m'approcher de lui, monsieur, et le prendre comme je prends ce verre de punch. Malheureusement il était trop haut ; en conséquence je m'assis et j'attendis mon hôte. Il me tint parole ; car, il faut que je le dise, cet homme était honnête. Son vin était bon, pas si bon que celui que vous nous avez donné ce soir, messieurs, et son souper comfortable. Il n'y a pas de comparaison avec le nôtre, mais le nôtre était un souper de Balthazar, et le sien était tout bonnement un souper d'auberge.

Nous nous inclinâmes en signe de remerciment.

— Mais que l'homme est une créature faible, monsieur! A peine eus-je soupé, que je sentis le sommeil qui venait ; mes yeux se fermèrent malgré moi. Je les rouvris, je les frottai, je me pinçai les cuisses, je me mordis le petit doigt. Inutile, monsieur, j'étais abruti : autant valait dormir, et je m'endormis.

Je rêvai que l'arbre sur lequel était mon chastre rentrait en terre, comme les arbres du théâtre de Marseille. Avez-vous été sur le théâtre de Marseille, monsieur? il est parfaitement machiné. L'autre jour, imaginez-vous qu'on jouait le *Monstre* : c'était monsieur Aniel de la Porte-Saint-Martin qui jouait le *Monstre*. Vous avez dû le connaître, monsieur Aniel ?

Je lui fis signe que j'avais eu cet avantage.

— J'avais à lui parler. Aussitôt la toile baissée je m'élance sur le théâtre. Monsieur, je ne fais pas attention à la trappe par laquelle il s'est enfoncé : — vlan! je m'enfonce par la même trappe. Je me crus pulvérisé ; heureusement le matelas y était encore. Le machiniste venait pour l'ôter, justement ; il me voit les quatre fers en l'air : — N'est-ce pas monsieur Aniel que vous cherchez ? me dit-il. Il vient de passer à l'instant par ici, et il doit être maintenant à sa loge. — Je lui dis : Merci, mon ami, — et je monte à sa loge; il y était effectivement.

C'est pour vous dire seulement comme le théâtre de Marseille est bien machiné.

Je rêvais donc que l'arbre sur lequel était mon chastre rentrait en terre, de sorte que je prenais ce misérable oiseau à la main. Cela me fit un tel effet, que je me réveillai.

L'oiseau était toujours à sa même place.

Cette fois je ne me rendormis plus ; j'entendis sonner deux heures, trois heures, quatre heures.

L'aurore parut. Le chastre se réveille ; j'étais sur les épines. Enfin j'entendis tinter les premiers coups de l'Angelus ; je ne respirais pas, monsieur.

Mon hôte me tint parole ; à la moitié de l'Angelus, il parut avec mon fusil. Je tendis le bras sans perdre des yeux mon oiseau, et en faisant de la main signe à l'aubergiste de se dépêcher ; mais ce ne fut qu'au dernier coup de l'Angelus qu'il me donna le fusil.

Au moment où il me donnait le fusil, monsieur, le chastre jeta un petit cri et s'envola.

Je me cramponnai au mur, je montai dessus : j'aurais monté sur le clocher des Accoules. Il se remit dans un champ de chènevis. Cet animal n'avait pas déjeuné, monsieur, et la nature lui parlait.

Je sautai de l'autre côté du mur, en jetant à l'aubergiste un petit écu pour son souper, et je me mis en course vers le champ de chènevis. J'étais si préoccupé de mon chastre, que je ne vis pas le garde champêtre, qui me suivait; de sorte qu'au moment où j'étais au milieu du champ, où j'allais le faire lever, monsieur, je sentis qu'on me prenait au collet. Je me retournai: c'était le garde champêtre!

— Au nom de la loi, me dit-il, vous allez me suivre chez le maire.

En ce moment le chastre partit.

J'aurais eu autour de moi un régiment de grenadiers, que je l'aurais traversé au pas de charge pour suivre mon chastre. Je renversai le garde champêtre, comme un capucin de carte, et je m'élançai hors de ce territoire inhospitalier.

Heureusement l'oiseau avait fait un grand vol, de sorte que je me trouvai loin de mon antagoniste. Quand je fus arrivé à l'endroit où il s'était remis, j'étais tellement essoufflé d'avoir couru, monsieur, que je ne pus jamais le trouver au bout de mon fusil. Mais je lui dis: — Ce qui est différé n'est point perdu, — et je me remis à sa poursuite.

Monsieur, je marchai toute la journée. Cette fois, je n'avais rien dans ma carnassière. Je mangeais des fruits sauvages, je buvais l'eau des torrens. La sueur me ruisselait du front; je devais être hideux à voir.

J'arrivai sur les bords d'un fleuve sans eau.

— C'était le Var, dit Méry.

— Justement, monsieur, c'était le Var. Je le traversai sans me douter que je foulais un sol étranger. Mais n'importe: je voyais mon chastre sautiller à deux cents pas devant moi, sur un sol où il n'y avait pas une touffe où il pût se cacher. Je m'approchai à pas de loup, le mettant en joue de dix pas en dix pas. Il était à trois portées de fusil, monsieur, quand, tout à coup, un épervier, un coquin d'épervier, qui tournait en rond au dessus de ma tête, se laisse tomber comme une pierre, empoigne mon chastre, et disparaît avec lui.

Je restai anéanti, messieurs. C'est alors que je sentis toutes mes douleurs. J'avais le corps couvert de plaies que je m'étais faites aux ronces du chemin. Mes entrailles étaient bouleversées de la nourriture avec laquelle j'avais cru leur donner le change. Je tombai sur le bord de la route.

Un paysan passa.

— Mon ami, lui dis-je, y a-t-il une ville quelconque, un village, une cabane dans les environs?

— Gnor-si, me répondit-il, cè la citta di Nizza un miglia avanti.

J'étais en Italie, monsieur, et je ne savais pas un mot d'italien : tout cela pour un maudit chastre!

Il n'y avait pas deux partis à prendre. Je me relevai comme je pus, je m'appuyai sur mon fusil, comme sur un bâton. Je mis une heure et demie à faire ce mille. Je n'étais soutenu que par l'espérance, monsieur; l'espérance m'avait abandonné, et je sentais toute ma faiblesse.

Enfin j'entrai dans la ville : je demandai au premier passant venu l'adresse d'une bonne auberge; car, comme vous comprenez, j'avais besoin de me refaire. Heureusement celui auquel je m'adressai parlait le français le plus pur ; il m'indiqua l'hôtel d'York. C'était le meilleur hôtel.

Je demandai une chambre pour un et un souper pour quatre.

— Monsieur attend trois de ses amis? me demanda le garçon.

— Faites toujours, répondis-je. Le garçon sortit.

Je mis alors la main à la poche pour voir de quelle somme je pouvais disposer à mon souper, car je croyais que je ne serais jamais rassasié. Monsieur, je retirai ma main avec une sueur froide; je crus que j'allais m'évanouir.

Ma poche était trouée, monsieur! Comme c'était, au commencement du mois, et que je venais de toucher mes appointemens, j'avais pris quelques pièces de cent sous sur mon mois; leur poids avait troué la toile de mon gousset, et je les avais semées avec mon plomb sur la route d'Hyères à

Nice. Je fouillai dans toutes mes poches, messieurs : pas une obole! je n'aurais pas eu de quoi passer le Styx.

Mon souper commandé pour quatre personnes me revint à l'esprit, et je sentis mes cheveux se dresser sur ma tête.

Je courus à la sonnette et je me pendis après.

Le garçon crut qu'on m'égorgeait! Il accourut.

— Garçon! dis-je, garçon! avez-vous commandé le souper?

— Oui, monsieur.

— Décommandez-le, alors. Décommandez-le à l'instant même.

— Et les amis de monsieur?

— Ils viennent de me crier par la fenêtre qu'ils n'avaient pas faim.

— Mais cela n'empêche pas monsieur de souper?

— Vous comprenez, lui dis-je avec impatience, que si mes amis n'ont pas faim, je n'ai pas faim non plus, moi.

— Monsieur a donc dîné bien tard?

— Très tard.

— Et monsieur n'a besoin de rien?

Je lui dis ce peu de paroles d'un ton qui l'altéra. Aussi sortit-il aussitôt, et je l'entendis répondre à un de ses camarades qui lui demandait qui j'étais :

— Je n'en sais rien; mais il faut que ce soit quelque milord, car il est bien insolent!

— Moi un milord! messieurs, vous qui connaissez quelle était ma position !... ce garçon, comme vous le voyez, n'était pas physionomiste.

La position n'était point agréable. Mes habits étaient en lambeaux et ne présentaient plus aucune valeur; il n'y avait que mon fusil qui me restât. Mais savais-je ce que l'on me donnerait de mon fusil? Fort peu de chose, peut-être. J'avais bien aussi au doigt un solitaire; mais c'était un sentiment, messieurs; il me venait d'une personne aimée, et j'aurais préféré mourir de faim que de m'en dessaisir. Je me rappelai donc le proverbe : **QUI DORT DÎNE**, je présumai que cela pouvait s'appliquer aussi bien à un repas qu'à un autre. Je m'enfonçai dans mon lit, et, ma foi! messieurs, chose incroyable! j'étais si fatigué, que, malgré ma faim et mes inquiétudes, je m'endormis.

Je me réveillai avec une faim canine. — Comme vous le savez, messieurs, cela se dit non-seulement des animaux, mais encore de l'homme, lorsque la faim est poussée chez lui à la dernière période.

Je m'assis sur mon lit pour délibérer sur ce qu'il me restait à faire, tournant mon pouce droit autour de mon pouce gauche avec une inquiétude croissante, quand, tout à coup, j'aperçus dans un coin de ma chambre un violoncelle; je poussai un cri de joie.

— Vous me direz, messieurs, qu'a de commun un violoncelle avec un homme qui n'a ni dîné ni soupé, — si ce n'est qu'ils ont tous deux l'estomac vide?

Il y avait de commun, messieurs, que c'était un visage que je reconnaissais en pays étranger; c'était presqu'un ami, messieurs; car on peut dire sans fatuité que, lorsqu'on a tenu un instrument entre ses bras depuis dix ans, on doit être lié avec lui. Et puis j'ai toujours remarqué que rien ne me fait venir les idées à moi comme le son de la basse. — Vous êtes musicien, monsieur?

— Hélas! non, monsieur.

— Mais vous aimez la musique?

— C'est, en général, le bruit qui m'importe le plus.

— Cependant, lorsque vous entendez chanter un rossignol?

— Je lui crie, le plus haut que je puis : Veux-tu te taire, vilaine bête!

Méry haussa les épaules avec un signe de profond mépris, et en me lançant un regard exterminateur.

— Défaut d'organisation! s'écria monsieur Louët, qui craignait de voir cesser la bonne harmonie qui régnait entre nous. — Monsieur est bien plutôt à plaindre qu'à blâmer. C'est un cinquième sens qui lui manque. — Je vous plains, monsieur.

— Eh bien! monsieur Louët, dit Méry, je suis sûr qu'à

peine eûtes-vous votre basse entre les jambes, les idées vous vinrent par cinquante, par mille. Vous en aviez trop d'idées, n'est-ce pas?

— Non, monsieur, non, ce ne furent pas précisément les idées qui vinrent, ce furent les domestiques de l'hôtel qui accoururent. Ma situation avait passé dans l'âme de cette basse, j'en tirais des sons déchirans; il y avait dans ces sons tous les regrets du pays natal, tous les tiraillemens de l'estomac à jeun; c'était de la musique expressive au premier degré. Or, comme vous le savez, les naturels du pays où je me trouvais ne sont pas comme monsieur, ils adorent la musique. J'entendis le corridor qui s'emplissait; de temps en temps un murmure approbateur arrivait jusqu'à moi, il y eut des battemens de mains, monsieur. Enfin la porte de ma chambre s'ouvrit, et je vis paraître le maître d'hôtel. Je donnai un dernier coup d'archet, ce coup du génie, vous savez, et je me retournai vers lui. Du moment où j'avais un instrument entre les mains, je comprenais ma supériorité sur cet homme.

— Je demande pardon à monsieur d'être entré ainsi dans sa chambre; mais qu'il ne s'en prenne qu'à lui.

— Comment donc! répondis-je, vous êtes le maître. N'êtes-vous pas chez vous? — Il faut vous dire que j'avais le costume d'Orphée : une simple tunique.

— Monsieur me paraît un instrumentiste distingué.

— J'ai refusé la place de première basse à l'Opéra de Paris. — Ce n'était pas précisément vrai, messieurs, je dois l'avouer; mais j'étais en pays étranger, et je ne voulais pas abaisser la France.

— Cependant, monsieur, c'était une bonne place, continua l'aubergiste.

— Dix mille francs d'appointemens et la nourriture. Tous les jours à déjeuner des côtelettes et du vin de Bordeaux. — Messieurs, ces deux objets me vinrent à la bouche malgré moi. — Et tout cela, messieurs, continuai-je, par amour de l'art, pour voyager en Italie, dans la patrie du sublime Paësiello et du divin Cimarosa. — Je le flattais, cet homme.

— Et monsieur ne s'arrête pas dans notre ville?

— Pourquoi faire?

— Mais pour donner une soirée.

Monsieur, ce fût pour moi un trait de lumière.

— Une soirée... fis-je dédaigneusement; est-ce que vous croyez qu'une ville comme Nice me couvrirait mes frais?

— Comment, monsieur! mais dans ce moment-ci nous regorgeons d'Anglais poitrinaires qui viennent passer l'hiver à Nice. Dans le seul hôtel d'Yorck, j'en ai quinze. On dit surtout que la table y est excellente.

— Il est vrai, monsieur, repris-je continuant de flatter cet homme, que c'est le meilleur hôtel de Nice.

— J'espère que monsieur en jugera avant de partir?

— Mais je ne sais encore.

— Je n'ai pas de conseil à donner à monsieur; mais je suis sûr qu'une soirée qu'il nous consacrerait ne serait point perdue.

— Et que croyez-vous, demandai-je négligemment, que cette soirée pourrait rapporter?

— Si monsieur veut me laisser faire les annonces et distribuer les billets, je la lui garantis à cent écus.

— Cent écus! m'écriai-je.

— Ce n'est pas grand'chose, monsieur, je le sais; mais Nice, ce n'est ni Paris ni Rome.

— C'est une charmante ville, monsieur. — Je continuais de le flatter, cela m'avait réussi. — Et en considération de la ville... oui, si j'étais bien sûr, sans avoir à m'occuper de rien que de prendre ma basse et de charmer l'auditoire, d'avoir cent écus de recette.

— Je vous les garantis une seconde fois, monsieur.

— Et nourri, et nourri comme à l'Opéra de Paris?

— Et nourri.

— Eh bien! monsieur, annoncez-moi, affichez-moi!

— Votre nom, s'il vous plaît?

— M. Louët, venu de Marseille à Nice, — à la poursuite d'un chastre.

— Ceci est-il bien utile à mettre sur l'affiche?

— C'est indispensable, monsieur, attendu que je suis en veste de chasse, et que le respectable public niçois pourrait croire que je lui manque quand il n'en serait rien, monsieur ma parole d'honneur, incapable!

— Je ferai ce que vous voudrez, monsieur. Et que jouerez-vous?

— N'annoncez rien, monsieur; faites apporter toutes les partitions du théâtre, je les connais toutes; je jouerai huit morceaux de première importance, au choix de l'auditoire : cela flattera l'orgueil des Anglais. Comme vous le savez, monsieur, ces insulaires sont pleins d'amour-propre.

— Eh bien! c'est dit, reprit le maître de l'hôtel; je vous garantis cent écus et je vous nourris. A l'instant même on va vous monter votre déjeuner.

— Songez, monsieur, que c'est d'après ce prospectus que je me ferai une idée de votre manière de tenir vos engagemens.

— Soyez tranquille.

Et en sortant, je l'entendis qui criait à ses affidés : — Un déjeuner de première classe au numéro 4.

Monsieur, je regardai le numéro de ma porte : c'était moi le numéro 4.

Je ne me tins pas de joie; je pris ma basse dans mes bras, et j'exécutai une sarabande.

Comme je reconduisais ma danseuse à sa place, les garçons entrèrent avec un déjeuner.

C'était véritablement un déjeuner de première classe.

— Monsieur, quand vous irez à Nice, vous allez à Nice, je crois; logez à l'hôtel d'York. Et si c'est toujours le même, ce qui est possible, car c'était un homme à peu près de mon âge, vous m'en direz des nouvelles.

Je vous avoue que je me mis à table avec une certaine volupté : il y avait juste vingt-huit heures que je n'avais mangé.

Je prenais ma tasse de café lorsque le maître de l'hôtel rentra.

— Monsieur est-il content? me demanda-t-il.

— Enchanté!

— De mon côté, tout est fini, il n'y a plus à s'en dédire. A cette heure, monsieur est affiché.

— Je ferai honneur à l'affiche, monsieur, j'y ferai honneur. Maintenant, pourriez-vous me dire par quelle voie je puis m'en retourner à Marseille? Je voudrais partir demain.

— Il y a justement dans le port un charmant brick qui fait voile demain matin pour Toulon. Le capitaine est justement un de mes amis, un vrai loup de mer.

— Tiens! tiens! je ne connais point Toulon, et je serais bien aise de le connaître.

— Eh bien! profitez de l'occasion.

— Mais c'est que... je crains la mer. — C'est vrai, monsieur, je la crains; je suis comme monsieur Méry sous ce rapport.

— Bah! dans ce moment-ci, la mer est comme de l'huile.

— Combien de temps peut durer la traversée?

— Six heures, au plus.

— Bagatelle, monsieur! Je m'en irai par votre brick.

Le concert eut lieu à l'heure annoncée : c'est tout ce que ma modestie me permet d'en dire. Je touchai exactement les cent écus, et le lendemain, après avoir donné aux garçons un air de basse pour boire, je m'embarquai sur le brick *la Vierge des Sept-Douleurs*, capitaine Garnier.

Monsieur, ce que j'avais prévu arriva : à peine avais-je mis le pied sur le pont, que je m'aperçus que si je ne descendais pas dans ma cabine, c'en était fini de moi.

Au bout de deux heures, et au moment où je commençais justement à aller un peu mieux, j'entendis un grand remue-ménage sur le pont; puis le tambour retentit : je crus que c'était le signal du déjeuner.

— Mon ami, dis-je à un marin qui portait une brassée de sabres, qu'annonce ce tambour, s'il vous plaît?

— Il annonce les Anglais, mon brave homme, me répondit ce marin avec la franchise ordinaire aux gens qui exercent cette profession.

— Les Anglais! les Anglais! ce sont de bons enfans, répondis-je ; ce sont eux qui m'ont fait hier les trois quarts de ma recette !

— Eh bien ! en ce cas, ils pourront bien vous la reprendre tout entière aujourd'hui. — Et il continua sa route vers l'escalier de l'écoutille.

Derrière ce premier marin, il en vint un autre qui portait une brassée de piques.

Puis un autre qui portait une brassée de haches.

Je commençai à me douter qu'il se passait quelque chose d'étrange.

Le bruit allait s'augmentant, ce qui ne calmait pas mon inquiétude, quand j'entendis par l'écoutille une voix qui disait :

— Antoine, apporte-moi ma pipe.

— Oui, capitaine, dit une autre voix.

Un instant après, je vis venir un mousse tenant à la main l'objet demandé. Je l'arrêtai au collet, le jeune âge de cet enfant me permettait cette familiarité.

— Mon petit ami, lui dis-je, que se passe-t-il donc là-haut ? est-ce que l'on déjeune ?

— Ah ! oui, drôlement ! dit le mousse ; il y en aura quelques-uns qui auront une indigestion de plomb et d'acier de ce déjeuner-là. Mais, pardon, le capitaine attend sa pipe.

— Alors, s'il attend sa pipe, c'est que le danger n'est pas grand.

— Au contraire, c'est que quand il la demande, ça chauffe.

— Mais enfin qu'est-ce qui chauffe ?

— La grande marmite donc, celle où il y a du bouillon pour tout le monde. Montez sur le pont, et vous verrez.

Je compris que ce que j'avais de mieux à faire était de suivre le conseil judicieux que me donnait cet enfant ; mais la chose n'était point commode à exécuter, vu le roulis du bâtiment. Enfin, je me cramponnai si bien aux parois intérieures, que je parvins jusqu'à l'escalier : là je fus plus à mon aise, je tenais la rampe.

Je sortis la tête de l'écoutille avec toutes les précautions que la situation exigeait. J'aperçus, à quatre pas de moi, le capitaine, qui fumait tranquillement assis sur une caisse renversée.

— Bonjour, capitaine, lui dis-je avec le sourire le plus aimable que je puis trouver. Il paraît qu'il y a quelque chose de nouveau à bord.

— Ah ! c'est vous, monsieur Louët. — Il savait mon nom, ce brave capitaine !

— Moi-même. J'ai été un peu malade, comme vous voyez ; mais cela va mieux.

— Monsieur Louët, avez-vous jamais vu un combat naval ? me demanda le capitaine.

— Jamais, monsieur.

— Avez-vous envie d'en voir un ?

— Mais, monsieur... j'avoue que j'aimerais mieux autre chose.

— J'en suis fâché ; car si vous aviez eu envie d'en voir un, mais un beau ! vous auriez été servi à la minute.

— Comment, monsieur ! dis-je en pâlissant malgré moi. On sait que ce phénomène est indépendant de la volonté de l'homme. Comment ! dis-je, nous allons avoir un combat naval ! Eh ! vous plaisantez, capitaine... Farceur de capitaine !

— Ah ! je plaisante !... Montez encore deux échelons, et regardez... Y êtes-vous ?

— Oui, capitaine.

— Eh bien ! que voyez-vous ?

— Je vois trois fort beaux bâtimens.

— Comptez bien !

— Je vois quatre...

— Cherchez encore !

— Cinq ! six !!

— Allons donc !

— Oui, ma foi ! il y en a six !...

— Vous connaissez-vous en pavillons ?

— Très-peu.

— N'importe ; regardez celui que porte le plus grand...

là, à la corne... où est notre pavillon tricolore, à nous... Qu'y a-t-il sur ce pavillon ?

— Je me connais très peu en figures héraldiques ; cependant je crois distinguer une harpe.

— Eh bien ! c'est la harpe d'Irlande ; d'ici à cinq minutes, ils vont nous en jouer un air.

— Mais, capitaine, lui dis-je, capitaine, il me semble qu'ils sont encore loin de nous, et qu'en déployant toute cette toile qui ne fait rien là, et les vergues et de vos mâts, vous pourriez vous sauver. Moi, je sais qu'à votre place je me sauverais. Pardon, c'est mon opinion comme quatrième basse du théâtre de Marseille : je serais heureux de vous la faire partager. Si j'avais l'honneur d'être marin, peut être en aurais je une autre.

— Si, au lieu d'être une basse, c'était un homme qui m'eût dit ce que vous venez de me dire, monsieur, reprit le capitaine, cela se passerait mal. Apprenez que le capitaine Garnier ne se sauve pas : il se bat jusqu'à ce que son vaisseau soit criblé ; puis il attend l'abordage, et quand son pont est couvert d'Anglais, il descend vers la sainte-barbe avec sa pipe : il l'approche d'un tonneau de poudre, et il envoie les Anglais voir si le Père éternel est là-haut.

— Mais les Français ?

— Les Français aussi.

— Mais les passagers ?

— Les passagers tout de même.

— Allons, capitaine, pas de mauvaise plaisanterie.

— Je ne plaisante jamais, monsieur Louët, quand le branle-bas est battu.

— Capitaine !... capitaine, au nom du droit des gens ! descendez-moi à terre ; j'aime mieux m'en aller à pied. Je suis bien venu, je m'en irai bien.

— Voulez-vous que je vous donne un conseil, monsieur Louët ? dit le capitaine en posant sa pipe près de lui.

— Donnez, monsieur ; un conseil est toujours le bien venu par un homme raisonnable. — J'étais fort aise de lui offrir d'une manière indirecte cette petite leçon.

— Eh bien ! monsieur Louët, c'est d'aller vous coucher ; vous en venez, n'est-ce pas ? eh bien ! retournez-y.

— Une dernière demande, capitaine.

— Faites, monsieur.

— Avons-nous quelque chance de salut ? — C'est un homme marié, ayant femme et enfans, qui vous fait cette question. Je lui disais cela pour l'intéresser : le fait est que je suis garçon.

Le capitaine parut s'adoucir. — Je m'applaudis de ma ruse.

— Écoutez, monsieur Louët, me dit-il ; je comprends tout ce que la position a de désagréable pour un homme qui n'est pas du métier. Oui, il y a une chance.

— Laquelle, capitaine ? m'écriai-je, laquelle ? Et si je puis vous être bon à quelque chose, disposez de moi.

— Voyez-vous ce nuage noir, là, au sud-sud-ouest ?

— Je le vois comme je vous vois, monsieur.

— Il ne nous promet encore qu'un grain.

— Qu'un grain de quoi, capitaine ?

— Qu'un grain de vent ! Priez Dieu qu'il se change en tempête.

— Comment ! en tempête, capitaine ! Mais on fait naufrage par les tempêtes ?

— Eh bien ! c'est encore ce qui nous peut arriver de plus heureux !

Le capitaine reprit sa pipe ; mais je vis avec plaisir qu'elle était éteinte.

— Antoine ! cria le capitaine ; Antoine ! Mais où es-tu donc, sardine de malheur ?

— Me voilà, capitaine ! dit le mousse en passant la tête par l'écoutille.

— Va me rallumer ma pipe ; car, ou je me trompe fort, ou le bal va commencer !

En ce moment, un petit nuage blanc parut aux flancs du navire le plus rapproché de nous ; puis on entendit un bruit sourd, comme lorsqu'on frappe, au théâtre, sur la grosse caisse. Je vis voler en éclats le haut de la muraille du brick, et un artilleur, qui était monté sur l'affût de sa pièce pour regarder, vint me tomber sur l'épaule.

— Allons donc, mon ami, lui dis-je, ce n'est pas drôle du tout ce que vous faites là. — Et comme il ne voulait pas s'en aller, je le repoussai; il tomba à terre. Ce fut alors que je le regardai avec plus d'attention : le malheureux n'avait plus de tête.

Cette vue me prit sur les nerfs de telle façon, monsieur, que cinq minutes après, sans savoir comment, je me trouvais à fond de cale.

Je ne sais combien de temps j'y restai, seulement j'entendis un tapage d'instrumens de cuivre comme jamais je n'en avais entendu au théâtre de Marseille; puis, à ce sabbat succéda un accompagnement de basse, à croire que le bon Dieu jouait l'ouverture de la fin du monde. Je n'étais pas à mon aise, monsieur, je dois le dire.

Enfin, au bout d'un temps indéterminé, je sentis que le vaisseau se calmait; je n'en restai pas moins encore une bonne heure coi et couvert. Enfin, m'apercevant que tout mouvement avait cessé, je repris l'échelle. Je me trouvai dans l'entrepont. L'entrepont était fort calme, à part quelques blessés qui geignaient. Je pris courage et je montai sur le pont. Monsieur, nous étions dans un port.

— Eh bien! dit le capitaine Garnier en me frappant sur l'épaule, nous voilà arrivés, monsieur Louët.

— Mais, en effet, dis-je au capitaine; il me semble que nous sommes en lieu sûr.

— Grâce à la tempête que j'avais prévue, les Anglais ont eu tant à faire pour eux qu'ils n'ont pas eu le temps de s'occuper de nous. Si bien que nous avons leur passé entre les jambes, littéralement.

— Oh! oh! comme au colosse de Rhodes.... vous savez, monsieur, que les vaisseaux, disent les historiens, avaient la bassesse de passer entre les jambes de ce colosse, si bien, continuai-je, que, que voilà probablement les îles Sainte-Marguerite.

— Que dites-vous là?

— Je dis, repris-je en montrant une île que j'apercevais à l'horizon, que voilà probablement l'île Sainte-Marguerite, où fut enfermé le Masque de fer.

— Ça? dit le capitaine.

— Mais oui, ça!

— Ça, c'est l'île d'Elbe.

— Comment, dis-je, l'île d'Elbe? Ou mes connaissances en géographie me trompent, ou je ne pensais pas l'île d'Elbe si proche de Toulon.

— Où prenez-vous Toulon?

— Cette ville, n'est-ce point Toulon? Le port où nous sommes, n'est-ce point le port de Toulon? Enfin, capitaine, en partant, ne m'avez-vous pas dit que vous partiez pour Toulon?

— Mon cher monsieur Louët, vous savez le proverbe: L'homme propose et...

— Et Dieu dispose; oui, monsieur, je le sais, c'est un proverbe très philosophique.

— Et surtout très véridique. Dieu a disposé.

— De quoi?

— De nous, donc.

— Et où sommes-nous donc, monsieur?

— Nous sommes à Piombino.

— A Piombino, monsieur! m'écriai-je; qu'est-ce que vous me dites là? Mais si cela continue, je retournerai à Marseille par les îles Sandwich, où fut tué le capitaine Cook.

— Le fait est que vous n'en prenez pas le chemin.

— Mais voilà que je suis fort loin de ma patrie, moi!

— Et moi donc, qui suis de la Bretagne.

— Mais comment y retourner?

— En Bretagne?

— Non, à Marseille.

— Mon cher monsieur, il y a la voie de mer par mon bâtiment.

— Merci, je sors d'en prendre.

— Et la voie de terre par le vetturino.

— Je préfère la voie de terre, monsieur, de beaucoup même.

— Eh bien! mon cher monsieur Louët, je vais vous faire remettre sur le port.

— Vous m'obligerez, monsieur.

Le capitaine Garnier héla une embarcation.

Mon bagage n'était point considérable, comme vous savez : mon fusil et ma carnassière, c'était tout. Je pris donc congé du capitaine en lui souhaitant un bon retour, et je m'apprêtai à descendre l'échelle.

— Monsieur Louët! me fit le capitaine.

J'allai à lui. — Plaît-il, monsieur? lui demandai-je.

— Mon cher monsieur Louët, vous savez, me dit le capitaine d'un air tout embarrassé, vous savez qu'entre compatriotes on ne fait pas de façons.

— Oui, monsieur, je sais cela.

— Eh bien! vous m'entendez?

— Oui, monsieur, je vous entends; mais... je ne vous comprends pas! Cela veut dire... s'il vous plaît?

— Cela veut dire..., répéta le capitaine.

— Cela veut dire... repris-je une troisième fois.

— Eh bien! cela veut dire... mille tonnerres! que si vous n'avez pas d'argent, ma bourse est à votre disposition, quoi! Voilà le mot lâché.

— Monsieur!... — Cette manière de m'offrir ses services me fit venir les larmes aux yeux.

— Merci, capitaine! lui dis-je en lui tendant la main; mais je suis riche!

— Dame! c'est qu'un artiste...

— J'ai cent écus dans ce mouchoir, capitaine.

— Oh! bien alors, si vous avez cent écus, avec cela on va au bout du monde.

— Je désire ne pas aller si loin, capitaine; et si je puis, je m'arrêterai à Marseille.

— Eh bien! alors, bon voyage! et ne m'oubliez pas dans vos prières.

— Je vivrais cent ans, capitaine, que pendant cent ans je me souviendrais de vous.

— Adieu, monsieur Louët.

— Adieu, capitaine Garnier.

Je descendis dans l'embarcation. Le capitaine passa de bâbord à tribord, pour me suivre des yeux.

— Au Hussard Français, me cria-t-il; à l'*Ussero Francese*, c'est la meilleure auberge.

Ce furent les dernières paroles qu'il me dit, monsieur. Je le vois encore, ce pauvre capitaine, appuyé comme cela sur le bastingage, fumant un cigare, car la pipe n'était que pour les grandes occasions, pauvre capitaine!

Monsieur Louët essuya une larme.

— Eh bien! que lui est-il donc arrivé?

— Il lui est arrivé, monsieur, que trois mois après il fut coupé en deux par un boulet de trente-six.

Nous respectâmes la douleur de monsieur Louët, et, pour la calmer autant qu'il était en lui, Méry lui versa un troisième verre de punch.

— Messieurs, dit-il en levant le bras à la hauteur de l'œil, je vous proposerai un toast qui, j'oserai le dire, n'a rien de séditieux : A la mémoire du capitaine Garnier.

Nous fîmes raison à monsieur Louët, et il reprit sa narration.

J'allai tout droit à l'auberge du Hussard Français, que je n'eus pas grand'peine à trouver, monsieur, attendu que cette auberge est sur le port. Je demandai un dîner, car j'avais grand'faim ; en effet, vous devez vous apercevoir que je ne mangeais plus que toutes les vingt-quatre heures.

Après le dîner, je fis venir un vetturino. Il était évident qu'on ne devait pas savoir au théâtre de Marseille ce que j'étais devenu, et que certainement on était fort inquiet de moi ; de sorte que, vous comprenez, j'étais pressé d'y revenir. De compte fait, monsieur, il y avait déjà sept jours que j'en étais parti ; pendant ces sept jours je n'avais pas perdu mon temps, c'est vrai, mais j'avais fait autre chose que ce que comptais faire.

J'appelai successivement trois de ces hommes sans parvenir à m'entendre avec aucun d'eux, attendu qu'ils ne parlaient point mon idiome maternel. Enfin il en vint un quatrième, qui prétendait parler toutes les langues, et qui n'en parlait réellement aucune. Cependant, grâce à son baragouin mêlé de français, d'anglais et d'italien, nous parvînmes à échanger nos pensées. Sa pensée à lui était que je devais lui donner pour ma part trente francs jusqu'à Florence. A Florence, me dit-il, je trouverais mille occasions de revenir à Marseille. J'avais grande envie, monsieur, de voir Florence, de sorte que je passai par les trente francs. Avant de me quitter, il me prévint que deux de ses voyageurs, dont l'un était un compatriote à moi, avaient exigé qu'il prît par la route de Grossetto à Sienne, désirant passer par la montagne. Je lui répondis que je n'avais rien contre la montagne, mais que si c'était la mer, ce serait autre chose. Il me répondit alors que, pendant tout le temps du voyage, je tournerais le dos à la mer, et cela me suffit.

Nous devions partir le même soir pour aller coucher à Scarlino. A deux heures, le vetturino s'arrêta devant la porte de l'auberge, ses quatre autres voyageurs étaient déjà à leurs places, et le conducteur venait me chercher, ainsi que mon compatriote, qui logeait dans le même hôtel que moi. Je me tenais prêt sur le seuil de la porte, car, ainsi que vous le savez, mes préparatifs de départ n'étaient point longs à faire : ma carnassière et mon fusil, toujours le même bagage. On appela monsieur Ernest. Cela me fit plaisir d'entendre un nom français.

Monsieur Ernest descendit ; c'était un bel officier de hussards de vingt-six à vingt-huit ans, qui avait absolument l'air de l'enseigne de notre auberge, plus le grade. Il coula une paire de pistolets dans les poches de la voiture, et prit sa place à côté de moi.

Je ne fus pas longtemps à m'apercevoir que monsieur Ernest avait quelque chagrin. Je ne le connaissais pas assez pour lui en demander la cause, mais je voulus du moins le distraire par ma conversation.

— Monsieur est Français ? lui demandai-je.
— Oui, monsieur, me répondit-il.
— Monsieur est militaire, peut-être ?

Il haussa les épaules. La demande n'était cependant point indiscrète, puisqu'il était revêtu de son uniforme. Je vis à ce signe qu'il ne se souciait point de parler, et je me tus. Quant aux autres voyageurs, ils parlaient italien. J'ai déjà eu l'honneur de vous dire que je ne comprenais pas cette langue ; vous ne vous étonnerez point que je ne me mêlasse pas à la conversation.

Nous arrivâmes ainsi sans mot dire à Scarlino, dans une fort mauvaise auberge, ma foi ! Nous y passâmes une nuit détestable, messieurs, tout dévorés d'insectes, sauf votre respect. Vers les trois heures du matin, comme je commençais à m'endormir, notre conducteur entra dans ma chambre et me fit lever. Il paraît, monsieur, que dans ce pays étranger, c'est l'habitude.

Je pris mon fusil et ma carnassière, et je m'apprêtais à reprendre ma place de la veille ; mais au moment où j'allais monter en voiture le conducteur m'arrêta.

— Scuza, excellence ; ma il fusil il ne pas carriqué, n'est-ce pas ?
— Comment ! le fousil il n'est pas carriqué ! Qu'entendez-vous par ce verbe carriqué ?
— Il demande si votre fusil est chargé, me dit monsieur Ernest.
— Ah ! monsieur, votre très humble, lui dis-je. Comment avez-vous dormi ?
— Très bien.
— Vous n'êtes point difficile alors. Moi j'ai été dévoré, littéralement dévoré, monsieur, livré aux bêtes.
— Andiamo ! andiamo ! dirent les voyageurs.
— Le fousil il ne point carriqué ? demanda une seconde fois le conducteur.
— Si, monsieur, il est carriqué, lui répondis-je, un peu impatienté de son indiscrétion.
— Alors il besogne le décarriquer.

— Monsieur, dis-je au jeune officier, ayez la bonté de me servir d'interprète et de me dire ce que désire cet homme.
— Il désire que vous déchargiez votre fusil, monsieur, de peur d'accident, sans doute.
— Ah ! ah ! c'est trop juste, répondis-je.
— Non, non, n'en faites rien, laissez-le comme il est. Si nous étions arrêtés par des voleurs, avec mes pistolets et votre fusil nous courrions au moins nous défendre.
— Par des voleurs, monsieur ! demandai-je. Est-ce qu'il y aurait des voleurs sur cette route, par hasard ?
— Eh ! monsieur ! en Italie il y en a partout.
— Conducteur ! m'écriai-je ; conducteur !
— Voilà ! moi.
— C'est très bien, voilà vous. Mais dites-moi, mon ami, vous ne m'avez pas prévenu qu'il y avait des voleurs sur cette route.
— Avanti ! avanti ! crièrent les voyageurs de la voiture.
— Allons, allons ! grimpez, me dit monsieur Ernest ; vous voyez bien que nos compagnons de voyage s'impatientent, nous ne serons pas à Sienne avant minuit.
— Attendez, monsieur, que je décharge mon arme.
— Besogna décarriquer le fusil, répéta le conducteur.
— Mais non, mais au contraire, dit l'officier ; montez donc.
— Pardon, monsieur, pardon, lui répondis-je ; mais je suis de l'avis du conducteur. Si nous rencontrions des voleurs, par hasard ! je ne voudrais pas que ces braves gens pussent soupçonner que mon intention est de leur faire le moindre mal.
— Ah ! vous avez peur, à ce qu'il paraît ?
— Je ne le dissimule pas, monsieur ; moi, je ne suis pas militaire, je suis quatrième basse au théâtre de Marseille ; monsieur Louët, quatrième basse, pour vous servir, repris-je en m'inclinant.
— Ah ! vous êtes quatrième basse au théâtre de Marseille ! alors vous avez dû connaître une charmante danseuse qui y était ! y a trois ou quatre ans.
— J'ai beaucoup connu de charmantes danseuses, car ma place à l'orchestre est une excellente place pour faire connaissance avec elles. Comment se nommait-elle, sans indiscrétion, monsieur ?
— Mademoiselle Zéphirine.
— Oui, monsieur, je l'ai bien connue ; elle a quitté notre ville pour l'Italie. C'était une jeune personne fort légère.
— Hein ! fit monsieur Ernest.
— Ceci s'applique au physique seulement ; et pour une danseuse, c'est une louange, ou... — je pris un air des plus aimables, — ou je ne m'y connais pas.
— A la bonne heure !
— Dunque che facciamo, non si parte oggi ? — cria-t-on de la voiture.
— Un instant, messieurs ! Je m'éloigne pour décharger mon arme, de peur d'effrayer les chevaux par une double explosion.
— Donnez le fusil, dit le conducteur en me le prenant des mains. Je le mettrai dans le cabriolet.
— Tiens, encore ! dis-je ; je n'y avais point pensé. Voilà mon fusil, mon brave homme. Ayez-en bien soin, car c'est une excellente arme.
— Ah çà ! monterez-vous ? me dit monsieur Ernest.
— Me voilà, monsieur, me voilà. Je montai dans la voiture, le conducteur ferma la portière derrière moi, monta dans son cabriolet et partit.
— Vous dites donc, repris-je, enchanté d'avoir trouvé un sujet de conversation qui paraissait plaire au jeune officier, vous dites donc que mademoiselle Zéphirine...
— Vous vous trompez, me répondit monsieur Ernest, je ne dis rien.

Je m'aperçus que son envie de causer était passée, et je me tus.

J'ai rarement fait un voyage plus ennuyeux, monsieur, et par de plus horribles chemins. Notre conducteur semblait prendre à tâche de s'éloigner des villes et des villages. On aurait cru que nous voyagions dans un pays sauvage. Nous

nous arrêtâmes pour dîner dans une horrible cabane, où l'on nous servit une omelette de poulets, qui n'étaient point encore nés, et où notre conducteur s'entretint avec des gens de fort mauvaise mine, ce qui me donna des soupçons. J'avais grande envie de les communiquer à mes compagnons de voyage, mais je crois vous avoir dit que je ne parlais pas la langue italienne. Et, quant à monsieur Ernest, la façon dont il avait répondu à mes prévenances ne m'engageait point à les renouveler.

Nous repartîmes, monsieur; mais le chemin, au lieu de s'embellir, devint de plus en plus inqualifiable. Je ne dirais pas trop en vous affirmant que nous traversâmes de véritables déserts. Enfin nous nous engageâmes dans une espèce de défilé, avec des montagnes d'un côté, et un torrent de l'autre. C'était d'autant moins rassurant, que la nuit venait à grands pas. Personne ne parlait plus, pas même les Italiens: de temps en temps seulement le conducteur jurait après ses bêtes. Je demandai si nous étions bien loin de Sienne, nous en étions à peu près à moitié chemin.

Je réfléchis que si je pouvais m'endormir, cela me ferait paraître la route incomparablement moins longue. Je m'accommodai donc du mieux que je pus, dans mon coin, et je fermai les yeux pour inviter le sommeil. — J'essayai même de ronfler, mais je m'aperçus que cela me réveillait, et je cessai d'employer ce moyen, comme inefficace.

On dit qu'il ne s'agit que de vouloir pour pouvoir. Monsieur, je fus une preuve vivante de cet axiome. Au bout d'une heure d'une volonté ferme, je tombai dans cette espèce de somnolence où l'on a encore la perception des choses, mais où l'on a déjà perdu l'usage de ses facultés. Je ne sais depuis combien de temps j'étais dans cet état normal lorsqu'il me sembla sentir que la voiture s'arrêtait. Puis il se fit un grand remue-ménage autour de moi. J'essayai de me réveiller, monsieur, impossible. Je m'étais magnétisé moi-même. Tout à coup j'entendis deux coups de pistolet. Cette fois, c'était trop fort, d'autant plus que la flamme m'avait presque brûlé le visage. J'ouvris les yeux. Qu'est-ce que j'aperçois sur ma poitrine, monsieur! le canon de mon propre fusil. Je le reconnus, monsieur, et je me repentis fort de ne pas l'avoir déchargé. Nous étions arrêtés par une bande de voleurs qui criaient à tue-tête, *Faccia in terra! faccia in terra!* Je devinai que cela voulait dire ventre à terre. Je me précipitai en bas de la voiture, mais un peu encore assez vite, sans doute, car l'un d'eux m'appliqua un coup de crosse derrière la nuque, monsieur, le coup du lapin. Heureusement il ne m'atteignit point le cervelet. Je n'en tombai pas moins, le nez contre terre. Là, je vis tous mes compagnons de voyage qui étaient couchés comme moi, à l'exception de monsieur Ernest, qui se débattait comme un diable; mais, à la fin, force lui fut de se rendre.

On me fouilla partout, monsieur, jusque dans mon gilet de flanelle; pardon du détail, mais j'en porte. On me prit mes cent écus. J'espérais sauver mon solitaire, et j'avais tourné en dedans; malheureusement il n'avait pas la vertu de l'anneau de Gygès. Vous savez que l'anneau de Gygès, quand on en tournait le chaton en dedans, rendait invisible. On vit mon pauvre solitaire, et on le me prit.

Cela dura une heure à peu près, à nous fouiller et refouiller de la manière la plus inconvenante; puis au bout d'une heure,

— Maintenant, dit celui qui paraissait le chef de la troupe, y a-t-il parmi ces messieurs un musicien?

La demande me parut étrange, et je crus que le moment n'était pas opportun pour décliner ma qualité.

— Eh bien! répéta le même, ne m'a-t-on pas entendu? Je demande si parmi ces messieurs il n'y en a pas un qui joue de quelque instrument?

— Eh pardieu! dit une voix que je reconnus pour celle du jeune officier, il y a monsieur, qui joue de la basse, monsieur Louët.

J'aurais voulu être à cent pieds sous terre; je restai comme si j'étais mort.

— Lequel, demanda la même voix, est monsieur Louët? est-ce celui-ci?

On s'approcha de moi, et je sentis qu'on me prenait par le collet de ma veste de chasse; en un instant on me redressa et je fus sur pied.

— Que voulez-vous de moi, messieurs? demandai-je; au nom du ciel, que voulez-vous de moi?

— Eh! mon Dieu! me dit le même bandit, rien que de très flatteur. Il y a huit jours que nous cherchons de tous côtés un artiste, sans en pouvoir trouver, ce qui mettait le capitaine d'une humeur atroce; maintenant il va être enchanté.

— Comment! m'écriai-je, c'est pour me conduire au capitaine que vous me demandez si je joue de quelque instrument?

— Sans doute.

— Vous allez me séparer de mes compagnons?

— Qu'est-ce que vous voulez que nous en fassions? ils ne sont pas musiciens, eux.

— Messieurs! m'écriai-je, à mon secours! à mon aide! vous ne me laisserez pas enlever ainsi.

— Ces messieurs vont avoir la bonté de rester le nez en terre, comme ils sont, sans bouger pendant un quart d'heure; dans un quart d'heure, ils pourront se remettre en route. Quant au jeune officier, ajouta le bandit en s'adressant aux quatre hommes qui le tenaient, liez-le à un arbre; dans un quart d'heure, le conducteur le déliera. — Entends-tu, conducteur? si tu le délies avant un quart d'heure, tu auras affaire à moi, au Picard!

Le conducteur poussa un espèce de gémissement sourd, qui pouvait passer pour un acquiescement à l'injonction qu'il venait de recevoir. Quant à moi, j'étais sans force aucune; un enfant m'aurait mené noyer; à plus forte raison, deux gaillards comme ceux qui me tenaient au collet.

— Allons, en route! dit le bandit; et les plus grands égards pour le musicien, s'il résiste, ne le poussez que par où vous voudrez.

Je fus curieux de savoir par où l'on devait me pousser en cas de résistance: je résistai donc. — Monsieur, je reçus un coup de pied qui me fit voir trente-six chandelles. J'étais fixé.

Les bandits se dirigèrent vers la montagne, dont on distinguait les crêtes noires qui se découpaient sur le ciel. Au bout de cinq cents pas à peu près, nous franchîmes un torrent; puis nous entrâmes dans une forêt de pins que nous traversâmes; enfin, arrivés de l'autre côté, nous aperçûmes une lumière.

Nous nous dirigeâmes vers cette lumière; elle venait d'une petite auberge placée sur une route de traverse. À cinquante pas de la maison, nous nous arrêtâmes. Un seul bandit se détacha et alla reconnaître la place. Un signal qu'il donna en frappant trois fois dans ses mains indiqua sans doute au Picard que nous pouvions venir, car les bandits se remirent en marche en chantant, ce qu'ils n'avaient pas fait depuis que nous avions quitté la grande route.

— Monsieur, je crus, en mettant le pied sur le seuil de cette auberge, que nous étions dans la nuit du samedi au dimanche, et que Satan y faisait son sabbat.

— *Ove sta il capitano?* demanda le Picard en entrant.

— *Al primo piano,* répondit l'aubergiste.

— Tiens, me dis-je, il paraît qu'il y a déjà un premier piano. Mais cet homme a donc la rage de la musique?

Tous les bandits montèrent l'escalier, à l'exception de deux, qui me firent asseoir dans le coin de la cheminée, et me gardèrent à vue. L'un des deux s'était adjugé mon fusil, et l'autre ma carnassière. Quant à mon solitaire et à mes cent écus, ils étaient devenus parfaitement invisibles.

Quelques instants après, on cria du haut de l'escalier à mes gardiens quelque chose que je ne compris pas; seulement, comme ils me remirent la main au collet et me poussèrent vers les degrés, je devinai que j'étais demandé au premier étage.

Je ne me trompais pas, monsieur. En entrant, je vis le capitaine, assis devant une table parfaitement servie, ayant une foule de bouteilles de différentes formes devant lui, et sur ses genoux, monsieur, une fort jolie fille, ma foi!

Le capitaine était un homme de trente-cinq à quarante ans, ce qu'on peut appeler vraiment un bel homme. Il était vêtu absolument comme un voleur d'opéra comique, tout en velours bleu, avec une ceinture rouge et des boucles d'argent; de sorte que, monsieur, je me crus à la répétition; si bien que, si cet homme avait compté m'intimider, il manqua complétement son effet.

Quant à la jeune personne qu'il avait sur ses genoux, elle était vêtue à la façon des paysannes romaines, monsieur: j'en ai vu depuis de pareilles dans les tableaux d'un certain Robert, c'est-à-dire avec un justaucorps brodé d'or, un jupon court tout bariolé, et des bas rouges; quant aux pieds, ce n'était pas la peine d'en parler, elle n'en avait presque pas. — J'avais si bien l'esprit à moi, monsieur, que je m'aperçus que cette ladronesse avait au doigt mon solitaire; ce qui, à part la société où elle avait le malheur de se trouver, me donna, comme vous le pensez bien, une médiocre idée de la moralité de cette jeune fille.

A la porte, les deux bandits me lâchèrent; mais ils restèrent sur la dernière marche de l'escalier. Je fis quelques pas en avant, et ayant salué d'abord la dame, ensuite le capitaine, ensuite tout le reste de la société, j'attendis.

— Voici le musicien demandé, dit le Picard.
Je m'inclinai une seconde fois.
— De quel pays es-tu? demanda le chef avec un fort accent italien.
— Je suis Français, excellence.
— Ah! j'en suis bien aise, dit la jeune fille.
Je vis avec plaisir que, plus ou moins, tout le monde parlait français.
— Tu es musicien?
— Je suis quatrième basse du théâtre de Marseille.
— Tiens!... dit la jeune fille.
— Picard! faites apporter l'instrument de monsieur. Puis, se retournant vers sa maîtresse: J'espère, ma petite Rina, lui dit-il, que maintenant tu ne feras plus de difficulté pour danser.
— Je n'en ai jamais fait, répondit Rina; mais vous comprenez bien que je ne pouvais pas danser sans musique.
— Ce que dit mademoiselle est de la plus grande justesse, excellence; mademoiselle ne pouvait pas danser sans musique.
— *Non c'è instrumento, non ho trovato l'instrumento,* dit un des bandits en reparaissant sur la porte.
— Comment! il n'y a pas d'instrument? cria le capitaine d'une voix de tonnerre.
— Capitaine, dit Picard, je vous jure que je n'ai pas vu le moindre violoncelle.
— *Bestia!* cria le capitaine.
— Capitaine, dit alors, il ne faut pas gronder ce brave homme; ces messieurs ont cherché partout, jusque dans mon gilet de flanelle, et si j'avais eu ma basse, ils l'eussent certainement trouvée; mais je n'avais pas ma basse.
— Comment n'avais-tu pas ta basse?
— Je prie votre excellence d'être convaincue que si j'avais pu deviner sa prédilection pour cet instrument, j'en aurais plutôt pris deux qu'une.
— C'est bien, dit le capitaine: Cinq hommes partiront à l'instant même pour Sienne, pour Volterra, pour Grossetto, pour où ils voudront; mais demain soir, il me faut une basse, et quand la basse sera venue, tu danseras, n'est-ce pas, ma petite Rina?
— Si je suis bien disposée et si vous êtes bien aimable.
— Méchante! dit le capitaine en lui appliquant un baiser, tu sais bien que tu fais de moi tout ce que tu veux.
— Eh bien! devant le monde, dit Rina, c'est joli!
Ce mouvement, inspiré par un reste de pudeur, me donna une meilleure idée de cette jeune fille. D'ailleurs, monsieur, chose étrange! plus je la regardais, moins sa figure me paraissait inconnue. Cependant, j'avais beau colliger mes souvenirs, je ne me rappelais pas avoir jamais vu si mauvaise société.
— Mais, mon ami, dit alors la jeune fille, tu n'as pas même demandé à ce brave homme s'il a faim.

Je fus touché de cette attention.
— Au fait, dit le capitaine, as-tu faim?
— Ma foi, capitaine, répondis-je, puisque vous avez la bonté de me faire cette question, je vous avouerai franchement que je n'ai fait qu'un fort mauvais dîner à Scarlino; de sorte que je mangerais bien un morceau sous le pouce.
— Mets-toi à table, alors.
— Capitaine!
— Allons, mettez-vous donc à table, dit Rina avec une petite mine charmante. — Irez-vous faire des façons avec Tonino, un ami, et avec moi, une compatriote?
— Ah! monsieur le capitaine s'appelle Tonino. — Un joli nom, bien musical.
— Il s'appelle Antonio, dit la jeune fille en riant; mais moi je l'appelle Tonino, un petit nom d'amitié. — Elle le regarda dans le blanc des yeux avec un regard qui aurait fait damner son patron. — Et je l'appelle ainsi parce que je l'aime, voilà!
— Incantatrice!... murmura le capitaine.
Pendant ce temps, monsieur, on m'avait mis un couvert et approché une chaise, avec tous les égards possibles. Je vis qu'au bout du compte ma position chez monsieur Tonino serait plus supportable que je ne l'avais cru d'abord, et que je serais traité avec la distinction due à un artiste.

Mon couvert avait été mis à la même table où avait soupé le capitaine, de sorte que mademoiselle Rina elle-même avait la bonté de me passer les plats et de me verser à boire, ce qui me permit de parfaitement reconnaître que c'était mon solitaire qui brillait à son doigt. De temps en temps, je levais les yeux sur son visage; car, plus je le regardais, plus j'étais convaincu, monsieur, que ce visage ne m'était point étranger. Quant au bandit, il jouait avec ses cheveux, ce qui, de temps en temps, lui attirait un bonne tape sur la main; puis il lui disait: N'est-ce pas que tu danseras, ma petite Rina? — Et elle répondait: Peut-être!

Lorsque j'eus soupé, mademoiselle Rina fit très judicieusement observer que j'aurais peut-être besoin de prendre quelque repos. Je tombais de sommeil, monsieur, et quoiqu'il ne soit pas poli de bâiller, je ne dis pas cela pour vous, monsieur Jadin, je bâillais à me démonter la mâchoire. Aussi je ne me le fis pas dire à deux fois; je demandai ma chambre et j'allai me coucher.

Je dormis quinze heures de suite, monsieur. On attendait mon réveil avec impatience, car on avait eu la politesse de ne point me réveiller. Cela me parut un procédé fort délicat de la part d'un capitaine de bandits. Mais à peine eus-je éternué, j'ai l'habitude d'éternuer en me réveillant, monsieur, que l'on entra dans ma chambre avec cinq basses. Chaque envoyé en avait rapporté une; si bien que je dis: Il y aura dans les environs une hausse de basses.

Ce mot fit sourire le capitaine.
Je choisis la meilleure, et l'on fit du feu avec les quatre autres.

Lorsque j'eus fait mon choix, on me dit de prendre mon instrument et de m'en aller chez le capitaine, qui m'attendait à dîner; vous comprenez que je ne me fis pas attendre. Il y avait grand couvert, c'est-à-dire une table pour le capitaine, pour mademoiselle Rina, le Picard et moi, puis sept ou huit tables plus petites pour le reste des bandits. Au fond de la chambre, il y avait bien trois cents bougies allumées, si bien que cela faisait une illumination charmante; je devinai que nous aurions bal.

Le dîner fut très gai, monsieur; les bandits étaient véritablement de braves gens; le capitaine surtout était d'une humeur charmante; cela tenait sans doute à ce que mademoiselle Rina lui faisait toutes sortes de gentillesses.

Lorsque le dîner fut fini:
— Tu sais ce que tu m'as promis, ma petite Rina, dit le capitaine.
— Eh bien! mais est-ce que je refuse? répondit cette jeune fille avec un sourire... elle avait vraiment un charmant sourire.
— Eh bien! alors, va te préparer, mais ne sois pas longtemps.

— Mettez votre montre sur la table.
— La voilà.
— Je demande un quart d'heure, est-ce trop?
— Oh! non, répondis-je, certainement non.
— Va pour un quart d'heure, dit le capitaine.

Mademoiselle Rina sortit, légère comme une biche, par la porte du fond, celle qui était placée au milieu des trois cents bougies.

— Et toi, monsieur le musico, dit le capitaine, j'espère bien que tu vas te distinguer.
— Je ferai de mon mieux, capitaine.
— A la bonne heure, et si je suis content de toi, je te ferai rendre tes cent écus.
— Et mon solitaire, capitaine?
— Oh! quant à ton solitaire, il faut en faire ton deuil. D'ailleurs, tu l'as vu, c'est Rina qui l'a, et tu es trop galant pour le lui reprendre.

Je fis une grimace de consentement qui parut lui suffire.

— Ah çà, vous autres, dit le capitaine en s'adressant à ses bandits, je vais vous donner un plaisir de cardinaux. J'espère que vous serez contens.
— *Viva il capitano!* — répondirent tous les bandits.

En ce moment, mademoiselle Rina parut sur la porte, et d'un seul bond elle fut au milieu de la chambre.

Monsieur, elle était en bayadère avec un corset d'argent, un grand châle de cachemire qui lui servait de ceinture, un petit jupon de gaze qui lui venait au-dessus du genou, et un maillot de soie qui lui montait jusqu'au dessous de la taille. Elle était vraiment charmante dans ce costume.

Je saisis ma basse à pleine main. Je me croyais au théâtre de Marseille.

— Sur quel air voulez-vous danser, mademoiselle? lui demandai-je.
— Connaissez-vous le pas de châle du ballet de Clary?
— Certainement! c'est mon pas favori.
— Eh bien! allez! je vous attends.

Je commençai la ritournelle : les bandits firent cercle.

Aux premières mesures, elle s'enleva comme un sylphe, faisant des entrechats, des jetés, des pirouettes, c'était merveille. Les bandits criaient comme des enragés. — Et moi, je me disais : C'est étonnant! voilà une paire de jambes que je connais... elles m'avaient encore plus frappé que la figure, monsieur! Une fois que j'ai vu une physionomie, moi, c'est pour toujours.

Elle ne se fatiguait pas, monsieur. Il est vrai que les applaudissemens devaient lui donner des forces. Elle montait, elle redescendait, elle bondissait, elle pirouettait, et tout cela avec les gestes les plus charmans, ma parole d'honneur! Le capitaine était comme un fou. Moi, j'étais comme un enragé, car il me semblait que ces jambes me faisaient une foule de signes, et qu'elles me reconnaissaient aussi. Je suis sûr que si elles avaient pu parler, elles m'auraient dit : — Bonjour, monsieur Louët...

Au milieu du pas de châle, l'aubergiste entra tout effaré, et dit quelques mots à l'oreille du capitaine.

— *Ove sono?* demanda tranquillement le capitaine.
— A San-Dalmazio, répondit l'aubergiste.
— Achève ton pas, nous avons le temps.
— Qu'y a-t-il? demanda mademoiselle Rina en cambrant les reins et en arrondissant les bras.
— Rien, rien, répondit celui-ci; il paraît que ces canailles de voyageurs que nous avons arrêtés ont donné l'alarme à Sienne et à Florence, et que nous avons les hussards de la grande-duchesse Elisa à nos trousses.
— Cela tombe bien, dit Rina en riant, j'ai fini mon pas.
— Encore une pirouette, ma petite Rina, dit le capitaine.
— Je n'ai rien à vous refuser. Monsieur, les huit dernières mesures, s'il vous plaît. Eh bien!...
— Je cherche mon archet, mademoiselle. Imaginez-vous qu'à cette nouvelle l'archet m'était tombé des mains. Quant à mademoiselle Rina, il semblait au contraire que cette nouvelle lui avait donné des jambes. Ce fut alors que je crus la reconnaître. Mais où les avais-je vues? où les avais-je vues?..

Je crois que jamais mademoiselle Rina n'avait eu un pareil triomphe.

Elle bondit jusque sur le seuil de la petite porte où elle s'était habillée, et, se retournant comme si elle rentrait dans la coulisse, elle fit une révérence, en envoyant un baiser au capitaine.

— Maintenant, aux armes! dit celui-ci. Préparez un cheval pour Rina et un cheval pour le musicien. Nous irons à pied, nous; et route de Romagne! vous entendez? Ceux qui s'égareraient rejoindront à Chianciano, entre Chiusia et Pianza.

— Comment, monsieur! demandai-je au capitaine, vous m'emmenez avec vous?
— Eh! sans doute. Comment veux-tu que Rina danse si elle n'a plus de musique? et comment veux-tu que je me passe de la voir danser?
— Mais, capitaine, vous allez m'exposer à mille dangers.
— Pas plus que nous, pas moins que nous.
— Mais c'est votre état, à vous, capitaine, et ce n'est pas le mien.
— Combien avais-tu à ta baraque de théâtre?

Monsieur, voilà comme il parlait du théâtre de Marseille!

— J'avais huit cents francs, capitaine.
— Eh bien! je te donne mille écus, moi. Va donc me chercher un entrepreneur de théâtre qui t'en donne autant.

Il n'y avait rien à répondre. Je fis contre fortune bon cœur.

— Tout est prêt, dit le Picard en rentrant.
— Me voilà, dit mademoiselle Rina en accourant avec son costume romain.
— Alors, en route, dit le capitaine.
— *Usserri! usserri!* cria l'aubergiste.

Chacun se précipita vers l'escalier.

— Mille tonnerres! dit le capitaine en se retournant, tu oublies ta basse, je crois.
— Je pris la basse, monsieur; j'aurais voulu me cacher dedans.

En arrivant à la porte, nous trouvâmes nos montures toutes sellées.

— Eh bien! monsieur le musicien, dit Rina, vous ne m'aidez pas à monter à cheval? vous êtes galant!

Je tendis machinalement le bras pour la soutenir, et je sentis qu'elle me mettait un petit papier dans la main.

Une sueur froide me passa sur le front. Que pouvait-elle me dire de ce papier? Etait-ce une déclaration d'amour? mon physique avait-il séduit cette ballerine, et étais-je le rival du capitaine? J'eus envie de jeter loin de moi ce papier; mais la curiosité l'emporta, et je le mis dans ma poche.

— *Usserri! usserri!!!* cria de nouveau l'aubergiste.

En effet, on entendait sur la grande route un bruit sourd, comme celui d'une troupe qui s'avance au galop.

— A cheval donc, cahotin, me dit le Picard en me prenant par le fond de la culotte et en m'aidant à me mettre en selle.
— Bien. — Maintenant attachez-lui sa basse sur le dos. — Là !

Je sentis qu'on me ficelait à mon instrument. Deux bandits prirent la bride du cheval de mademoiselle Rina; deux autres bandits prirent la bride du mien. Le capitaine, la carabine sur l'épaule, se mit à courir près de sa maîtresse; le Picard courait près de moi. Toute la troupe, qui se composait au moins de quinze ou dix-huit hommes, nous suivait par derrière.

Cinq ou six coups de fusil partirent à trois cents pas derrière nous, et nous entendîmes siffler les balles.

— A gauche, dit le capitaine, à gauche!

Cet ordre était à peine donné, que nous quittâmes le chemin et que nous nous jetâmes dans une espèce de vallée au fond de laquelle coulait un torrent. C'était la première fois que je montais à cheval. Je me tenais d'une main au cou et de l'autre à la queue. C'est bien heureux, monsieur, qu'un cheval ait tant de crins.

Lorsque nous fûmes arrivés, le capitaine commanda de faire halte; puis nous écoutâmes.

Nous entendîmes les hussards qui passaient ventre à terre sur la grande route.

— Bon! dit le Picard, s'ils vont toujours ce train-là, ils seront de bonne heure à Grossetto.

— Laisse-les aller, dit le capitaine, et suivons le lit du torrent; notre bruit se perdra dans celui de l'eau.

Nous marchâmes ainsi pendant une heure et demie à peu près; puis nous nous trouvâmes à la jonction d'un autre petit torrent qui venait dans le nôtre.

— N'est-ce point l'Orcia? demanda à demi-voix le capitaine.

— Non, non, répondit le Picard; ce n'est que l'Orbia; l'Orcia est au moins quatre milles plus bas.

Nous nous remîmes en route, et une heure après nous trouvâmes effectivement un second torrent qui venait se jeter dans le nôtre, car c'était dans un fleuve que nous marchions ainsi. Vous voyez bien, monsieur Méry, qu'il n'y a pas que le Var qui pleure pour avoir de l'eau.

— Ah! cette fois, dit le capitaine, je me reconnais. A gauche! à gauche!

La manœuvre commandée s'exécuta à l'instant même.

A quatre heures du matin nous traversâmes une grande route.

— Allons, allons, courage! dit le Picard, qui m'entendait pousser des gémissements, nous voilà sur la grande route de Sienne; dans une heure et demie nous serons à Chianciano.

Comme vous le pensez bien, nous ne fîmes que traverser cette grande route; nous cherchions peu les endroits fréquentés. A quelques mille pas de là, nous nous engageâmes dans la montagne, et, comme l'avait dit le Picard, au bout d'une heure et demie, c'est-à-dire au point du jour, nous entrions à Chianciano. L'aubergiste nous reçut comme s'il nous attendait. Il paraît que nous étions de ses pratiques.

Monsieur, nous avions marché douze heures; résultant que je pus supputer les distances, je calculai que nous avions bien fait vingt lieues.

On nous descendit de cheval, ma basse et moi.—Monsieur, j'étais aussi raide qu'elle.

Les bandits demandèrent à déjeuner; moi, je demandai un lit.

On me conduisit dans un petit cabinet qui n'avait qu'une fenêtre grillée, et dont la porte donnait dans la chambre où les bandits allaient prendre leur repas: il n'y avait pas moyen de penser même à se sauver; d'ailleurs, quand je l'aurais voulu, monsieur, impossible; j'étais moulu comme poivre.

En ôtant ma culotte, — on portait encore des culottes à cette époque; d'ailleurs, moi, j'en ai porté jusqu'à 1830, — en ôtant ma culotte, dis-je, je pensai au papier que m'avait remis mademoiselle Rina et que j'avais oublié pendant tout notre voyage nocturne. Quand j'y aurais pensé, monsieur, vous sentez bien que dans l'obscurité il m'était impossible de le lire.

C'était un petit billet écrit au crayon et conçu en ces termes:

« Mon cher monsieur Louët. »

Quel que fût mon désir de connaître la suite, je m'arrêtai.

— Tiens! tiens! me dis-je, il paraît que mademoiselle Rina me connaît. — Cette réflexion faite, je continuai.

« Vous comprenez que la société où je me trouve ne me plaît pas plus qu'à vous; mais pour la quitter sans accident, il nous faut de la prudence, plus encore que de la résolution. J'espère que, le moment venu, vous ne manquerez ni de l'une ni de l'autre; d'ailleurs, je vous donnerai l'exemple. En attendant, faites semblant de ne me point connaître.

» J'aurais voulu vous rendre votre solitaire, que je vous ai vu regarder plusieurs fois avec inquiétude; mais, comme j'en ai besoin pour notre délivrance commune, je le garde.

» Adieu, mon cher monsieur Louët. Nous nous retrouverons un jour, tous deux, je l'espère, vous à l'orchestre, et moi sur le théâtre de Marseille.

ZÉPHIRINE.

» P. S. Avalez mon billet. »

Tout m'était expliqué par la signature, monsieur. C'était la petite Zéphirine, qui avait eu un tel succès que pendant trois ans de suite elle avait été réengagée au théâtre de Marseille. Vous ne pouvez pas vous la rappeler, monsieur Méry, vous étiez trop jeune. Voyez donc comme on se retrouve!—

Je relus cette lettre une seconde fois, et c'est alors que le post-scriptum me frappa! — Avalez mon billet. — C'était prudent; mais ce n'était pas agréable. Néanmoins je pris sur moi de faire ce que me recommandait mademoiselle Zéphirine, et je m'endormis plus tranquille de savoir que j'avais une amie dans la troupe.

J'étais au plus fort de mon sommeil, lorsque je sentis qu'on me secouait par le bras. J'ouvris les yeux en éternuant. Je crois vous avoir avoué que c'était ma manière de me réveiller. C'était le lieutenant qui se permettait cette familiarité avec moi.

— Alerte! alerte! me dit-il; les hussards sont à Montepulciano; dans un quart d'heure nous partons.

Je ne fis qu'un bond de mon lit à mes vêtements; ces maudites balles me sifflaient encore aux oreilles.

La première personne que j'aperçus en sortant de mon cabinet fut mademoiselle Zéphirine; elle paraissait gaie comme un pinson. J'admirai la force d'âme de cette jeune fille, et je résolus de l'imiter. En attendant, pour la rassurer, je lui fis signe avec le doigt que j'avais avalé le billet. Sans doute, elle pensa que, si je n'avais pris que cela, ce n'était pas assez pour me soutenir, car se tournant en riant vers le capitaine:— Tonino, lui dit-elle, notre orchestre vous fait signe qu'il le ventre creux comme sa basse; est-ce qu'il n'aurait pas le temps de manger un morceau?

— Bah! bah! dit le capitaine, il mangera à Sorano.

— Est-ce que nous sommes prêts? demanda Zéphirine.

— Attends, je vais voir dit le capitaine; et il sortit sur le carré. — Siamo pronti? cria-t-il.

Zéphirine courut aussitôt à la fenêtre, tira mon solitaire de son doigt, et écrivit rapidement quelque chose sur une vitre. — Le capitaine, en rentrant, la retrouva à la même place où il l'avait quittée.

— Allons, allons, dit-il, nous nous reposerons à Sorano. Il faut, murmura-t-il entre ses dents, que nous soyons trahis, ou que ces hussards soient sorciers. — Puis, me faisant signe de passer devant, il donna le bras à Zéphirine et descendit avec elle.

Nos chevaux nous attendaient comme la veille. Les mêmes dispositions furent prises, et nous nous remîmes en route de la même façon. Seulement, comme nous étions partis de jour, nous arrivâmes moins avant dans la nuit.

Il n'en est pas moins vrai que nous ne trouvâmes presque rien à manger dans la misérable auberge où le capitaine nous avait conduits, et que, sans l'attention que mademoiselle Zéphirine eut de me donner la moitié de son souper, je me serais couché à jeun.

Je n'étais pas couché depuis dix minutes, que j'entendis un sabbat infernal. Je sautai à bas de mon lit, je pris mes vêtements à mes mains, et j'ouvris la porte en demandant: Qu'y a-t-il? — La chambre était pleine de bandits armés.

— Il y a que nous sommes cernés par ces damnés hussards, cria le lieutenant, et qu'il faut qu'il y ait quelque traître parmi nous. Mille tonnerres! si je croyais que c'est toi...

— Di quà! di quà! dit l'aubergiste en ouvrant une porte qui donnait sur un escalier dérobé.

Le capitaine s'élança le premier, entraînant mademoiselle Zéphirine par la main. Le Picard me poussa derrière eux; le reste de la bande nous suivit.

Au bas de l'escalier, l'aubergiste entra dans un petit bûcher, leva une trappe qui était dans un coin. Le capitaine comprit, sans qu'il y eût une parole d'échangée; il descendit le premier par l'échelle de la trappe, soutenant mademoiselle Zéphirine. Nous le suivîmes tous. L'aubergiste referma la trappe sur nous, et je l'entendis qui la recouvrait de fagots. De son côté, le Picard retira l'échelle, de sorte qu'il nous fallait sauter à un, et d'une hauteur de quinze pieds à peu près, pour descendre dans le souterrain où nous nous trouvions.

Je n'ai pas besoin de vous dire, monsieur, que je profitai du premier moment de répit que j'eus pour passer mes vêtemens. Au bout d'un instant, nous entendîmes frapper à la porte comme si on allait la mettre dedans.

— *I schioppi sono caricati?* demanda le capitaine.

Comme c'était la même question que m'avait faite le conducteur, je compris parfaitement; d'ailleurs, au même instant j'entendis dans les canons le bruit des baguettes de ceux qui n'étaient point en état.

— Messieurs! m'écriai-je alors, messieurs! j'espère bien...

— Silence! si tu tiens à vivre, dit le Picard.

— Comment! si j'y tiens! Certainement que...

— Silence! ou je te bâillonne.

Je me tus; seulement je cherchai un coin où je pusse être à l'abri des balles. Il n'y avait pas le moindre angle rentrant dans cette maudite cave, monsieur; un véritable cachot pénitentiaire.

Nous entendîmes qu'on ouvrait la porte; en même temps, au retentissement des talons de bottes et des crosses de fusil, nous comprîmes qu'une troupe de soldats venait d'entrer dans l'auberge. Comme on le voit, nous avions été suivis de près.

Nous étions vingt dans cette cave, monsieur, et cependant il s'y faisait un silence que l'on aurait entendu une mouche voler.

Mais il n'en était pas ainsi au-dessus de nous. On aurait dit qu'on mettait la maison au pillage. C'étaient des cris et des jurons à faire évanouir la Madone. Deux ou trois fois nous entendîmes les soldats entrer jusque dans le petit bûcher où était cachée l'entrée de notre trappe; et alors notre silence était interrompu par le bruit de carabines que l'on armait. Monsieur, ce petit bruit, c'était peu de chose; eh bien! il m'allait au cœur.

Enfin, au bout de trois ou quatre heures, tout ce vacarme cessa enfin peu à peu. Un silence absolu lui succéda, puis nous entendîmes qu'on enlevait les fagots et qu'on ouvrait la trappe. C'était notre hôte qui venait nous dire que, lassés de nous chercher inutilement, les Français étaient partis, et que nous pouvions sortir.

Pendant que les bandits s'étaient rapprochés de l'entrée pour dialoguer avec l'aubergiste, mademoiselle Zéphirine, qui était restée seule avec votre serviteur au fond de la cave, s'approcha vivement de moi en me prenant la main.

— Nous sommes sauvés, me dit-elle.

— Comment cela, s'il vous plaît, lui demandai-je.

— Ernest est sur nos traces.

— Qu'est-ce qu'Ernest?

— Un jeune officier de hussards, mon amant.

— Mais je le connais, M. Ernest.

— Bah! un beau garçon, vingt-cinq ou vingt-six ans, de votre taille à peu près, mais bien mieux pris.

— C'est cela même. J'ai voyagé avec lui de Piombino à... Mais attendez donc, oui, oui, oui, il m'a parlé de vous.

— Il vous a parlé de moi! ce cher Ernest!

— Mais il est donc sorcier, pour suivre ainsi notre piste?

— Non, mon cher monsieur, il n'est pas sorcier; mais dans toutes les auberges où nous passons, j'écris sur une vitre mon nom et celui du village où nous allons.

— Ah! je comprends; voilà pourquoi vous aviez besoin de mon solitaire. Mille pardons, mademoiselle, des soupçons exagérés que j'avais conçus. Au reste, il doit bien marquer, car c'est un vrai diamant.

— Chut! on parle de choses importantes.

Elle écouta un instant; mais comme les bandits parlaient italien, je ne compris rien.

— Bon! bon! dit mademoiselle Zéphirine; Caprarola, Caprarola; retenez bien ce nom-là, si je l'oubliais; c'est à Caprarola que nous allons.

— Comment! m'écriai-je effrayé, nous allons encore...

— Hein! dit le Picard en se retournant.

— Rien, mon lieutenant, rien; j'étais inquiet de ma basse, voilà tout.

Zéphirine s'éloigna vivement de moi et se glissa parmi les bandits; de sorte que lorsque le capitaine la chercha des yeux, il la trouva à ses côtés.

— Eh bien! ma petite Rina, ils sont partis ces démons de Français!

— Ah! je respire, dit Rina. Sait-on de quel côté ils sont allés?

— Notre hôte croit avoir compris que la compagnie, qui est des hussards de la grande-duchesse, n'a pas le droit de venir plus loin; mais un jeune officier qui était avec elle a une commission pour nous poursuivre et pour requérir des troupes partout où il en trouvera.

— Eh bien! qu'allons-nous faire?

— Nous allons nous remettre en route.

— En plein jour!

— Oh! sois tranquille, nous avons des chemins à nous.

— C'est que je suis vraiment bien fatiguée.

— Courage, ma petite Rina! la course n'est pas longue; trente-cinq milles tout au plus.

— Arriverons-nous bientôt, au moins?

— Demain, dans la nuit, nous serons en sûreté.

— Alors, partons!

— En route! dit le capitaine.

— Et ma basse? demandai-je au Picard.

— Sois tranquille, elle a été respectée, me répondit-il.

— Elle a été respectée! Vous comprenez, ma basse, c'était ma sauvegarde.

Nous nous remîmes donc en route. L'aubergiste lui-même voulut nous servir de guide, et il ne nous quitta que lorsque nous fûmes dans ce que le capitaine appelait un chemin à lui. C'était bien le chemin du diable, monsieur!

Vers midi nous entrâmes dans une grande forêt: c'était bien la une forêt de bandits, par exemple; aussi je suis bien sûr que si nous n'avions pas été en si bonne société, nous aurions fait quelque mauvaise rencontre. A quatre heures nous arrivions à Caprarola.

Là, au moins, monsieur, nous eûmes une journée et une nuit tranquilles; car, grâce à monsieur Ernest, nous ne mangions et nous ne dormions plus. Mais, pour le moment, il paraît qu'il avait perdu notre trace, ou qu'il n'avait point de forces suffisantes pour nous poursuivre. L'auberge était assez mal approvisionnée; mais l'on courut jusqu'à la ville la plus proche, que j'entendis nommer Ronciglione, je crois, et l'on en apporta de quoi faire un dîner assez confortable.

A trois heures du matin on nous réveilla; mais comme je m'étais couché vers les six heures du soir, cela me faisait toujours mes huit à neuf heures de sommeil. C'est mon compte, monsieur: quand je ne dors pas mes huit heures, je suis tout ronchonneur.

Cette fois la journée fut courte. Vers les onze heures du matin, nous passâmes un fleuve sur un bac, puis on s'arrêta pour déjeuner dans une auberge que j'entendis appeler l'auberge Barberini.

— Ici, dit le capitaine, nous sommes chez nous.

— Comment, dit Zéphirine, nous sommes chez nous dans cette infâme auberge! Et où est donc ce fameux château dont vous m'aviez parlé?

— Je veux dire que nous sommes sur nos terres, Carinesna, et qu'à partir d'ici vous pouvez commander comme une véritable reine.

— Alors j'ordonne qu'on me laisse seule dans une chambre, car je ne veux pas me montrer à mes sujets de... Comment s'appelle notre château?

— Anticoli.

— A mes sujets d'Anticoli dans cet équipage; je leur ferais peur.

— Civetta! dit en souriant le capitaine.

— Allez, allez, dans un quart d'heure je suis prête.

Zéphirine nous mit dehors et s'enferma.

— Ainsi, capitaine, vous avez un château? lui demandai-je.

— Un peu, me répondit-il.

— A vous?

— Oh! non, pas à moi, tu comprends bien que le gouvernement s'en inquiéterait; mais à un seigneur romain qui me le prête, et à qui je paie une petite rente. Le brave homme est retenu à la ville par sa charge; il faut bien qu'il utilise sa maison de campagne.

— Alors nous serons là comme des coqs en pâte.

— Je ne comprends pas, répondit le capitaine.

— C'est juste : coq en pâte est un gallicisme un peu fort pour un Italien ; je veux dire que nous y serons à merveille.

— A merveille, c'est le mot : il faudra peut-être bien de temps en temps faire le coup de fusil ; mais ce sont les agrémens du métier.

— Je rappellerai au capitaine que je ne suis engagé à son service que pour jouer de la basse.

— Mais qu'est-ce que c'est donc que ce fusil et cette carnassière que tu réclamais comme à toi ?

— C'était à moi, effectivement. A propos, avez-vous une belle chasse dans vos domaines ?

— Magnifique !

— Quelle sorte de gibier ?

— Toutes sortes.

— Avez-vous des chastres ?

— Des chastres ? par volées !

— Bagatelle, capitaine ! je me charge des rôtis.

— Oui, oui, je te donnerai trois ou quatre de mes gens pour te servir de rabatteurs, et tu chasseras tant que tu voudras.

— Le capitaine m'avait encore promis...

— Quoi ?

— Mes cent écus.

— C'est juste, Picard, tu feras rendre ses cent écus à ce brave homme.

— Vraiment, capitaine, lui dis-je, je ne sais pas pourquoi on vous en veut ; vous êtes le plus honnête bandit que je connaisse.

— Ecco mi, dit la Zéphirine en rentrant.

— Déjà ! dit le capitaine.

— Bah ! je vais vite en besogne ; j'ai eu le temps de faire tout ce que j'avais à faire.

— Bravo ! en ce cas, nous repartons.

— Je suis prête, dit Zéphirine.

Le capitaine ouvrit la fenêtre.

— En route ! cria-t-il.

Là, Zéphirine eut le temps d'échanger un regard avec moi et de me montrer le solitaire : je compris alors ce qu'elle avait eu à faire dans cette chambre.

Nous partîmes les deux heures : à quatre heures nous arrivâmes au bord d'un petit fleuve. Le capitaine appela le passeur par son nom. Celui-ci accourut avec un empressement qui annonçait qu'il avait reconnu la voix qui l'appelait.

Pendant que nous passions, le capitaine et le batelier causèrent à voix basse.

— Eh bien ! demanda mademoiselle Zéphirine avec une inquiétude parfaitement jouée, est-ce que notre château n'est plus à sa place ?

— Au contraire, dit le capitaine, et dans un quart d'heure, je l'espère, nous y serons installés.

— Dieu soit loué ! répondit Rina, car il y a assez longtemps que nous courons les champs.

Nous entrâmes dans une allée de peupliers, au bout de laquelle était la grille d'une magnifique villa. Le capitaine sonna. Le concierge vint ouvrir.

A peine eut-il reconnu le capitaine, qu'il frappa sur la cloche d'une certaine façon, et cinq ou six domestiques accoururent.

Il paraît que le capitaine était fort désiré, car ce fût une grande joie parmi toute cette valetaille, lorsque son arrivée fut connue. Le capitaine reçut toutes ces démonstrations comme des hommages qui lui étaient dus et auxquels il était habitué.

— C'est bien, c'est bien, dit le capitaine ; marchez devant et éclairez-nous.

Les domestiques obéirent. L'un d'eux voulut prendre ma basse, dans une bonne intention sans doute ; mais comme c'était un excellent instrument, je ne voulus pas le lui confier. Il en résulta une petite altercation qui se termina par un grand coup de poing que lui donna le Picard. Je restai donc maître de ma basse, que j'étais bien résolu de rapporter avec moi en France, si j'avais jamais le bonheur d'y revenir.

On nous conduisit chacun à nos chambres respectives.

C'était un palais, monsieur, un véritable palais, comme l'avait dit le capitaine. J'avais pour mon compte une chambre avec des fresques magnifiques. Il est vrai que la porte donnait sur la grande salle, et que je ne pouvais pas y entrer ni en sortir sans passer devant cinq ou six domestiques qui, du premier coup, monsieur, m'eurent bien l'air de véritables brigands déguisés en valets.

Vous devez comprendre, monsieur, dans quel état j'étais ; aussi comme j'allais sonner pour demander si l'on ne pourrait pas me prêter quelques vêtemens, un domestique entra avec du linge, des bas, des souliers, cinq ou six culottes, une foule d'habits et une multitude de redingotes, en m'invitant à choisir là-dedans tout ce qui serait à ma taille, ou à ma convenance. Je frissonnai, monsieur, en pensant que sans doute toute cette friperie était le bien du prochain. Aussi je me contentai d'une redingote, d'un habit, de deux paires de culottes et de six chemises. On ne pouvait pas être plus discret. Avant de sortir, le domestique m'ouvrit un cabinet dans lequel était une baignoire, et m'annonça que l'on dînerait alle vinti due. Après une foule d'éclaircissemens, j'appris que cela voulait dire que l'on dînerait de six à sept heures. Je n'ai jamais pu comprendre ce que le chiffre 22 avait à faire là-dedans.

J'avais tout juste le temps, comme on le voit, de faire ma toilette. Heureusement que je trouvai sur une table disposée à cet effet tout ce qui m'était nécessaire, et, entre autres choses, d'excellens rasoirs anglais, que j'ai bien regrettés depuis, monsieur, car jamais je n'en ai retrouvé de si bons.

Comme je venais de m'ajuster, la cloche sonna l'heure du dîner. Je donnai donc un dernier coup à ma chevelure, et je sortis de ma chambre, en mettant la clef dans ma poche, de peur que l'on ne touchât à ma basse. A la porte, je trouvai un domestique qui m'attendait pour me conduire au salon.

Au salon, il y avait déjà un jeune seigneur, une jeune dame et un officier français. Je crus m'être trompé, et je voulus me retirer, mais au moment où, en m'en allant, à reculons, je marchais sur les pieds du domestique, la jeune dame me dit : — Eh bien ! mon cher monsieur Louët, que faites-vous donc ? est-ce que vous ne dînez pas avec moi ?

— Pardon ! lui dis-je... Je ne vous avais pas reconnue, mademoiselle...

— Si vous le préférez, mon cher monsieur Louët, dit le jeune seigneur, on vous servira dans votre chambre.

— Comment ! c'est vous, capitaine ? Monsieur, je n'en revenais pas.

— Ah ! monsieur Louët ne voudrait pas nous faire cette injure de nous priver de sa compagnie, dit l'officier en s'inclinant en façon de salut.

Je me retournai vers lui pour répondre à sa politesse. Monsieur, c'était le lieutenant. Il y avait eu changement à vue comme dans Cendrillon.

— Al suo commodo, dit un laquais en ouvrant à deux battans la porte de la salle à manger.

— Qu'est ce que cela veut dire, sans indiscrétion, monsieur ? demandai-je au lieutenant.

— Cela veut dire, mon cher monsieur Louët, répondit celui-ci, que la soupe est servie.

Le capitaine donna la main à mademoiselle Zéphirine, et le lieutenant et moi les suivîmes par derrière.

Nous entrâmes dans une salle à manger parfaitement éclairée, où se trouvait un dîner admirablement servi.

— Je ne sais si vous serez content de mon cuisinier, mon cher monsieur Louët, me dit le capitaine en prenant sa place et en m'indiquant la mienne. C'est un cuisinier français que l'on dit assez bon ; je lui ai commandé deux ou trois plats provençaux à votre intention.

— Des plats à l'ail ? — Oh ! fi donc ! dit l'officier français en prenant une prise de tabac parfumé dans une tabatière d'or.

Monsieur, je croyais faire un rêve.

On me passa mon potage.

— Tiens! m'écriai-je, c'est une bouillabesse. — Monsieur, c'en était une, et parfaitement faite, encore.

— Vous avez jeté un coup d'œil sur le parc, monsieur Louët? me dit le capitaine.

— Oui, excellence, répondis-je, par la fenêtre de ma chambre.

— On le dit fort giboyeux; il faudra voir cela demain, monsieur Louët. Vous avez promis de vous charger du rôti.

— Et je renouvelle ma promesse, capitaine; seulement je vous prierai de me faire rendre mon fusil. — J'ai l'habitude, que voulez-vous? je ne tire bien qu'avec celui-là.

— C'est convenu, dit le capitaine.

— Ah ça! vous savez que nous dînons de bonne heure demain, Tonino? Vous avez promis de me conduire au théâtre della Valle; je serais curieuse de voir cette mauvaise petite danseuse qui m'a remplacée.

— Mais, ma chère amie, dit le capitaine, ce n'est pas demain théâtre, ce n'est qu'après-demain; d'ailleurs je ne sais pas si le coupé est en bon état. Je vais me faire rendre compte de tout cela; soyez tranquille. Demain, en attendant, si vous voulez aller à cheval à Tivoli ou à Subiaco...

— Serez-vous des nôtres, mon cher monsieur Louët? dit mademoiselle Zéphirine.

— Non, merci, répondis-je; je n'ai point l'habitude du cheval, de sorte que ça n'est pas un plaisir pour moi que d'y monter, parole d'honneur. D'ailleurs, puisque le capitaine me l'a offert, moi je chasserai. Je suis chasseur avant tout.

— À votre guise, mon cher monsieur Louët, toute liberté dit le capitaine.

— Moi, je tiendrai compagnie à monsieur Louët, et je chasserai avec lui, dit le lieutenant.

— C'est beaucoup d'honneur pour moi, monsieur, répondis-je en m'inclinant.

Il fut donc convenu que, le lendemain, le capitaine et mademoiselle Zéphirine iraient à cheval à Subiaco, et que le lieutenant et moi resterions au château pour y faire une partie de chasse.

Après le dîner, le capitaine nous donna, au lieutenant et à moi, liberté entière. Nous en profitâmes, monsieur, car moi surtout, vous le comprenez bien, depuis quinze ou dix-huit jours, je menais une vie très agitée et tout à fait fatigante.

Je rentrai donc dans ma chambre. Monsieur, il ne faut pas demander si je fus étonné quand je trouvai mon fusil dans un coin, ma carnassière dans l'autre, et mes cent écus sur ma cheminée. Cela me convainquit qu'au château de monsieur le capitaine Tonino il n'y avait pas besoin de clefs pour ouvrir les portes.

Pendant que je me déshabillais, le cuisinier, à qui j'avais fait faire mes complimens sur sa bouillabesse, vint me demander si je désirais déjeuner à la provençale, à la française ou à l'italienne, le comte de Villaforte ayant ordonné, vu la partie de chasse projetée, que l'on me servirait dans ma chambre. Il paraît que le capitaine Tonino, ayant changé d'habit, avait aussi jugé à propos de changer de nom. Je renouvelai à cet homme mes complimens, et je lui dis de me faire un poulet frit à l'huile, autrement dit poulet à la provençale; c'est mon plat favori, monsieur. La nuit fut bonne, si bonne, que je ne fus réveillé que par mon déjeuner, qui frappait à ma porte.

Monsieur, je déjeunai comme un roi.

J'achevais une tasse de chocolat, lorsqu'on me frappa sur l'épaule. Je me retournai : c'était le lieutenant dans un équipage de chasse des plus galans.

— Eh bien! me dit-il, voilà comme nous sommes prêts?

Je lui demandai mille pardons; mais je lui fis observer que je ne pourrais chasser en culotte courte. Il me montra alors du doigt un costume de chasse pareil au sien, qui m'attendait sur un sofa.

J'étais comme Aladin, monsieur; je n'avais qu'à souhaiter pour voir mes souhaits accomplis.

En un tour de main je fus prêt; alors nous descendîmes.

À la porte, des domestiques tenaient en main quatre chevaux de selle : un pour le capitaine et un pour mademoiselle Zéphirine, et les deux autres pour deux laquais.

Le capitaine descendait en même temps que nous : il mit une paire de pistolets à deux coups dans ses fontes, les deux autres domestiques qui devaient l'accompagner en firent autant. Maître et domestiques étaient vêtus en outre d'une espèce de costume de fantaisie qui leur permettait de porter un couteau de chasse. Le capitaine vit que je remarquais toutes ces précautions.

— Que voulez-vous, mon cher monsieur Louët, me dit-il, la police est si mal faite dans ce pays-ci que l'on peut faire de mauvaises rencontres; il est bon d'être armé, vous comprenez.

Je ne comprenais pas du tout, au contraire. Ou j'avais rêvé, ou je rêvais. Lequel, du capitaine ou du Villaforte, était l'illusion? Lequel était la réalité? Voilà ce que je ne pouvais éclaircir. — Je résolus de laisser aller les choses.

Quant à mademoiselle Zéphirine, elle était ravissante dans son costume d'amazone.

— Bien du plaisir, mon cher monsieur Louët, me dit le capitaine en montant à cheval. Nous serons de retour à quatre heures, j'espère qu'à quatre heures votre chasse sera finie.

— Je l'espère aussi, monsieur le comte, répondis-je; quoiqu'en fait de chasse je n'affirme plus rien; on ne sait pas où cela mène, une chasse.

— En tous cas, dit le capitaine en piquant son cheval et en lui faisant faire deux ou trois courbettes, en tous cas, Beaumanoir, je te recommande monsieur Louët.

— Soyez tranquille, comte, répondit le lieutenant.

Et nous ayant salué une dernière fois de la main, ainsi que mademoiselle Zéphirine, tous deux partirent au galop, suivis des domestiques.

— Pardon, monsieur, dis-je en m'approchant du lieutenant : c'est vous, je crois, que le comte appelle Beaumanoir?

— C'est moi-même.

— Je croyais que la famille Beaumanoir était une famille éteinte.

— Eh bien! je la rallume, voilà tout.

— Vous en êtes bien le maître, monsieur, lui dis-je. Mille pardons si j'ai été indiscret.

— Oh! il n'y a pas de quoi, mon cher Louët. Voulez-vous un chien, ou n'en voulez-vous point?

— J'aime mieux chasser sans chien; le dernier que j'ai eu m'a insulté d'une façon trop cruelle, et j'aurais peur que même chose ne se renouvelât.

— Comme vous voudrez. — Gaëtan, lâchez Roméo.

Nous nous mîmes en chasse. Monsieur, de mes six premiers coups je tuai quatre chastres, ce qui prouvait bien que celui de Marseille était ensorcelé. Cela fit beaucoup rire Beaumanoir. Comment me dit-il, vous vous amusez à tirer de pareil gibier?

— Monsieur, lui dis-je, à Marseille, le chastre est un animal fort rare. Je n'en ai vu qu'un dans toute ma vie, et c'est à lui que je dois l'avantage de me trouver dans votre société.

— Bah! réservez-vous pour les faisans, les lièvres et les chevreuils.

— Comment! monsieur, m'écriai-je, nous verrons de pareils animaux?

— Eh! tenez, en voilà un qui vous part dans les jambes. En effet, monsieur, un chevreuil venait de me partir à dix pas.

De place en place je rencontrais des jardiniers qu'il me semblait avoir vus quelque part, des garde-chasses dont la figure ne m'était pas inconnue. Tout cela me saluait, monsieur; il me semblait que c'étaient mes bandits qui avaient changé de costumes; mais j'avais vu tant de choses étonnantes, que j'avais pris le parti de ne plus me préoccuper de rien.

Nous faisions un feu, monsieur; le parc était immense, fermé de murs, avec des grilles placées de temps en temps pour ménager de magnifiques échappées de vue. Comme j'étais en face d'une de ces grilles, monsieur de Beaumanoir tira un faisan.

— *Signore*, me dit un paysan qui était de l'autre côté de la grille, *questo castello e il castello d'Anticoli?*

— Pardon, villageois, lui répondis-je en m'approchant de lui, je n'entends aucunement l'italien. Parlez-moi français, et je me ferai un plaisir de vous répondre.

— Tiens ! c'est vous, monsieur Louët ? me dit ce paysan.

— Oui, c'est moi ; mais comment savez-vous que c'est moi ?

— Vous ne me reconnaissez pas ?

— Je n'ai pas cet honneur.

— Ernest, l'officier de hussards, votre compagnon de voyage.

— Ah ! monsieur Ernest, comment ! c'est vous ? mademoiselle Zéphirine sera bien contente.

— Zéphirine est donc véritablement ici ?

— Sans doute, monsieur Ernest, sans doute ! elle est prisonnière comme moi.

— Ainsi le capitaine Tonino ?...

— N'est autre que le comte de Villaforte.

— Et ce château !

— Une caverne de brigands, monsieur...

— C'est tout ce que je voulais savoir. Adieu, mon cher Louët ; si l'on nous voyait causer ensemble, on pourrait avoir des soupçons. Dites à Zéphirine que demain elle aura de mes nouvelles. — Et il s'élança dans la forêt.

— Apporte, Roméo ! apporte ! cria monsieur de Beaumanoir.

Je courus à lui.

— Eh bien ! il paraît qu'il y est, le faisan. Ah ! un beau coq, monsieur ! un beau coq !

— Oui, oui, il y est ! A qui parliez-vous donc, monsieur Louët ?

— A un paysan qui me faisait une question en italien, et à qui je répondais que j'avais le malheur de ne point comprendre cet idiome.

— Ah ! fit d'un air de doute, et en me regardant de côté monsieur de Beaumanoir. Puis, ayant rechargé son fusil :

— Mon cher monsieur Louët, me dit-il, mieux vaut, je crois, moi qui parle italien, que je longe le mur ; il pourrait y avoir encore des paysans qui auraient des questions à vous faire, et, dans ce cas, je me chargerais de leur répondre.

— Comme vous voudrez, monsieur de Beaumanoir, répondis-je ; vous êtes bien le maître.

J'opérai aussitôt la manœuvre commandée. Mais il eut beau regarder, monsieur, il ne vit personne.

Nous fîmes une chasse superbe. Je dois dire, il est vrai, que monsieur de Beaumanoir était excellent tireur. A quatre heures, nous rentrâmes. Le comte de Villaforte et mademoiselle Zéphirine n'étaient point encore de retour.

Je montai à ma chambre pour me préparer à dîner. Mais comme il ne me fallait pas deux heures pour ma toilette, je pris ma basse et j'en tirai quelques accords. C'était un instrument excellent, et je résolus, plus que jamais, de ne me point en séparer.

A cinq heures et demie, je descendis au salon. J'étais le premier. Un instant après, le comte de Villaforte et mademoiselle Zéphirine parurent.

— Eh bien ! mon cher Louët, me dit mademoiselle Zéphirine, vous êtes-vous bien amusé ?

— Ma foi ! mademoiselle, répondis-je, je serais difficile : et vous ?

— Oh ! ma foi ! de tout mon cœur ; les environs d'Anticoli sont charmants.

— Capitaine ! dit le lieutenant en ouvrant la porte.

— Qui m'appelle capitaine ? Ici je ne suis pas capitaine, mon cher Beaumanoir, je suis le comte de Villaforte.

— Capitaine, reprit le lieutenant, c'est pour affaire sérieuse ; venez un instant, je vous prie.

— Pardon, ma chère amie ; pardon, monsieur Louët ; mais, vous savez, les affaires avant tout.

— Faites, monsieur le comte, faites.

Le capitaine sortit. Je le suivis des yeux jusqu'à ce que la porte fût refermée ; puis quand je fus sûr qu'il ne pouvait plus m'entendre :

— J'ai vu monsieur Ernest, dis-je à mademoiselle Zéphirine.

— Quand cela ?

— Aujourd'hui.

— Ah ! ce cher Ernest, il nous aura suivis d'auberge en auberge.

— C'est probable, ou bien il faudrait qu'il fût sorcier.

— Il ne vous a rien dit pour moi ?

— Il m'a dit que demain vous auriez de ses nouvelles.

— Oh ! quel bonheur, monsieur Louët ! il va nous délivrer.

— Mais, mademoiselle, lui dis-je, comment vous trouvez-vous dans cette société, si vous la méprisez tant ?

— Comme vous vous y trouvez vous-même.

— Mais, moi, j'y ai été conduit de force.

— Et moi, croyez-vous que je sois venue de bonne volonté !

— Alors, ce brigand de capitaine...

— M'a vue danser au théâtre de Bologne, est devenu amoureux de moi et m'a enlevée.

— Mais c'est donc un athée que cet homme, qui ne respecte ni les danseuses ni les contre-basses !

— Ce qui me fait le plus de peine dans tout cela, c'est que le pauvre Ernest aura cru que j'étais partie avec un cardinal, parce qu'il y avait à ce moment-là un cardinal qui me faisait la cour.

— Oh !...

— Silence ! voilà Tonino qui rentre.

— Eh bien ! dit Zéphirine en courant à lui, eh bien ! qu'avons-nous ? Oh ! quelle mine ! ces nouvelles sont donc bien mauvaises ?

— Mais elles ne sont pas bonnes du moins.

— Viennent-elles de bonne source ? demanda Zéphirine avec une inquiétude qui, cette fois, n'était pas jouée.

— On ne peut de meilleure source ; elles viennent d'un de nos amis qui est à la police.

— Eh ! qu'annoncent-elles, bon Dieu !

— Rien de positif ; seulement il se trame quelque chose contre nous ; nous avons été suivis de Chianciano jusqu'à Osteria Barberini. On ne nous a perdus que derrière le Monte-Gennaro. Ma chère enfant, je crois qu'il faudra renoncer pour demain à aller au théâtre *della Valle*.

— Mais cela ne nous empêchera point de dîner, capitaine, je l'espère ?

— Tenez, voilà la réponse, me dit le capitaine.

— Son Excellence est servie, dit un laquais en ouvrant la porte.

En entrant dans la salle à manger, je m'aperçus que le capitaine et le lieutenant avaient chacun une paire de pistolets près de leur assiette ; en outre, chaque fois qu'on ouvrait la porte de l'office, nous apercevions dans l'antichambre deux bandits avec leur carabine au bras.

Le repas fut silencieux, comme on le pense bien ; cependant il se passa sans accident. Je sentais instinctivement que nous approchions de la catastrophe, et je ne la voyais pas arriver sans inquiétude.

Après le souper, le capitaine plaça des sentinelles partout.

— Ma petite Rina, dit-il, je te demande pardon de ne pas te tenir compagnie ; mais, il faut que je veille à notre sûreté. Si tu faisais bien, tu te jetterais sur ton lit toute habillée, car nous pourrions bien être réveillés pendant la nuit, et alors je voudrais te trouver toute prête, afin qu'on pût te conduire dans un endroit sûr.

— Je ferai tout ce que tu voudras, répondit mademoiselle Zéphirine.

— Et vous, monsieur Louët, je vous serais obligé de prendre les mêmes précautions.

— Monsieur le comte, je suis à vos ordres.

— Maintenant, ma petite Zéphirine, si tu veux, nous laisserons monsieur de chaussée, nous avons quelques petites dispositions à y prendre qui ne s'accordent pas avec la présence d'une femme.

— Je remonte à ma chambre, répondit mademoiselle Zéphirine.

— Et moi aussi, m'écriai-je.

Le capitaine s'approcha d'une sonnette.

— Cela va bien, monsieur Louët, me dit mademoiselle Zéphirine en se frottant les mains.

— Cela va mal, mademoiselle Zéphirine, répondis-je en secouant la tête.

— Conduisez monsieur et mademoiselle chacun à sa chambre, dit en italien le capitaine. Puis il ajouta à voix basse quelques mots que nous ne pûmes entendre.

— J'espère que tout cela n'est encore qu'une fausse alerte, dit mademoiselle Zéphirine.

— Hum ! je ne sais pourquoi, dit le capitaine, j'ai un mauvais pressentiment... Si j'ai un instant, Zéphirine, j'irai te voir. Bonne nuit, monsieur Louët.

— Bonne nuit, capitaine, dis-je en sortant.

Mademoiselle Zéphirine était restée un peu en arrière. Cependant comme j'avais monté les dix premiers degrés, je la vis paraître. Je m'arrêtai pour l'attendre, mais le bandit qui me conduisait me poussa par les épaules.

Je rentrai dans ma chambre ; le bandit me laissa la lampe, et sortit. En s'en allant, il ferma la porte à double tour.

— Hum ! hum ! dis-je, il paraît que je suis prisonnier.

Je n'avais rien de mieux à faire que de me jeter sur mon lit, et c'est ce que je fis.

Monsieur, je passais plusieurs heures dans des réflexions fort tristes ; peu à peu cependant mes idées s'embrouillèrent. De temps en temps seulement je tressaillais et j'ouvrais les yeux tout grands ; enfin, monsieur, à force de les ouvrir, je les fermai une bonne fois et je m'endormis.

Je ne sais pas depuis combien de temps je dormais, lorsque j'entendis qu'on entrait dans ma chambre, et que je sentis qu'on me secouait par les épaules.

— Subito, subito ! me dit une voix.

— Monsieur, qu'y a-t-il ? demandai-je en m'asseyant sur mon lit.

— Non ce niente ma bisogna, seguir mi.

Je compris à peu près que cet homme m'ordonnait de le suivre.

— Et où faut-il seguir vous ? demandai-je.

— Non capisco, avanti, avanti.

— Me voilà, monsieur, me voilà ; que diable ! le feu n'est point à la maison, peut-être.

— Avanti, avanti.

— Pardon, pardon, je ne laisse pas ma basse ici ; je ne me soucie pas qu'il arrive malheur à mon instrument. J'espère qu'il ne m'est pas défendu de prendre ma basse.

Le bandit me fit signe que non, mais qu'il fallait me dépêcher.

Je mis ma basse sur mon dos, et je lui dis que j'étais prêt à le suivre.

Alors il marcha devant moi, me fit traverser plusieurs corridors, puis descendre un petit escalier, après quoi il ouvrit une porte et nous nous trouvâmes dans le parc : le jour commençait à poindre.

Je ne puis vous dire, monsieur, les tours et les détours que nous fîmes, enfin, nous entrâmes dans un massif d'arbres, et, dans l'endroit le plus sombre, nous aperçûmes l'ouverture d'une grotte.

Je vis que c'était là mon appartement provisoire. Je commençais, tout à tâtonnant, à en reconnaître les localités, quand tout à coup je sentis qu'on me prenait par la main. Je fus sur le point de jeter un cri ; mais la main qui me prenait était fort douce, de sorte que je reconnus bien vite que ce n'étais pas celle d'un brigand.

— Chut ! me dit une petite voix.

— Je ne souffle pas le mot, mademoiselle.

— Posez là votre basse ?

J'obéis.

— Eh bien ! qu'y a-t-il ?

— Il y a qu'ils sont cernés par un régiment, et qu'Ernest est à la tête de ce régiment.

— Oh ! ce brave M. Ernest !

— Comprenez-vous comme il m'aime ? Il nous a suivis depuis Sienne jusqu'ici. Quel bonheur, mon cher monsieur Louët, que vous ayez été fait prisonnier !

— Oui, c'est un grand bonheur, répondis-je.

— C'est pourtant moi qui ai eu cette idée là.

— Comment, vous ?

— Certainement. J'ai dit que je ne pouvais pas danser sans musicien, et l'on a tant cherché qu'on a fini par vous trouver.

— Comment ! c'est à vous que je dois...

— A moi, mon cher monsieur, à moi seule ; sans compter que, grâce à votre solitaire, j'ai pu laisser partout à Ernest l'itinéraire de notre voyage.

— Mais comment se fait-il que nous soyons réunis dans cette grotte ?

— Parce que c'est l'endroit le plus retiré du parc, et par conséquent le dernier où l'on viendra nous chercher. De plus, il y a une porte qui donne probablement dans quelque souterrain, lequel doit avoir son ouverture dans la campagne.

— Eh bien ! mais, si nous filions par cette porte, mademoiselle, il me semble que cela serait prudent.

— Ah ! oui, c'est juste. — Mais il n'y a qu'un malheur, c'est que la porte est fermée.

On entendit un coup de fusil.

— Écoutez, mademoiselle, m'écriai-je.

— Bon ! cela commence, dit Zéphirine.

— O mon Dieu ! où nous cacher ?

— Mais il me semble que nous ne pouvons guère être mieux cachés que nous ne le sommes.

— Mademoiselle Zéphirine, lui dis-je, j'espère que vous ne m'abandonnerez pas ?

— Moi, abandonner un ami, jamais ! — C'est à une condition, cependant. Entendez-vous ? entendez-vous ?

La fusillade redoublait, qu'on aurait dit des feux de peloton.

— Quelle est cette condition, mademoiselle ? tout ce que vous voudrez.

— C'est que si M. Ernest vous interroge sur mes relations avec le monstre, vous lui direz qu'elles ont toujours été honnêtes, et que je ne lui ai jamais cédé.

— Mais il ne le croira pas.

— Vous êtes un niais, monsieur Louët ; il croira tout ce que je voudrai : il m'aime.

— Mademoiselle, m'écriai-je en lui prenant la main, il me semble que cela redouble.

— Tant mieux ! tant mieux ! répondit mademoiselle Zéphirine.

C'était une lionne que cette jeune fille.

Je voulus m'approcher de l'ouverture de la grotte.

— Dietro ! dietro ! crièrent les deux sentinelles. Je compris encore plus par le geste que par le mot que cela voulait dire en arrière, et je m'empressai de reculer.

De minute en minute la chose s'échauffait. J'étais destiné à assister à des combats, monsieur ; sur mer comme sur terre les combats me poursuivaient.

— Il me semble que les coups de fusil se rapprochent, dit mademoiselle Zéphirine.

— J'en ai peur, mademoiselle, répondis-je.

— Mais, au contraire, vous devez être enchanté ; c'est qu'ils fuient.

— Je suis enchanté, mademoiselle ; mais je voudrais bien qu'ils ne fuyassent point de notre côté.

Monsieur, on entendait des cris comme si on s'égorgeait ; et c'était bien permis, car on s'égorgeait effectivement, comme nous pûmes le voir depuis. Tout cela était mêlé de coups de fusil, de sons de trompette, de roulemens de tambour. L'odeur de la poudre arrivait jusqu'à nous. Les détonations se rapprochaient de plus en plus en plus : je suis sûr que les combattans n'étaient pas à cent pas de la grotte.

Tout-à-coup, nous entendîmes un soupir, puis le bruit d'un corps qui tombait, et l'une de nos deux sentinelles vint rouler en se débattant dans la grotte. Cet homme avait reçu une balle perdue ; et comme il était tombé dans le rayon de lumière qui se projetait dans le souterrain, nous ne perdîmes pas une des angoisses de son agonie. Je dois le dire, cependant, à cette vue, mademoiselle Zéphirine me prit les mains, et je sentis qu'elle tremblait :

— O monsieur Louët, me dit-elle, que c'est horrible de voir mourir un homme!

— En ce moment, nous entendîmes une voix qui criait : Arrête! misérable! arrête! attends-moi!

— Ernest! s'écria mademoiselle Zéphirine, la voix d'Ernest! et elle s'élança vers l'ouverture de la grotte. Au même instant le capitaine s'y précipita tout sanglant.

— Zéphirine, c'est-il, Zéphirine, où es-tu?

Mais comme il venait du grand jour et que ses yeux n'étaient point encore habitués à l'obscurité, il ne put nous apercevoir.

Mademoiselle Zéphirine me fit signe de garder le silence. Le capitaine resta un instant comme ébloui, puis ses yeux plongèrent dans toutes les profondeurs de la grotte; alors il nous vit.

Il ne fit qu'un bond jusqu'à nous, un bond de tigre.

— Zéphirine, pourquoi ne me réponds-tu pas quand je t'appelle? Viens, viens.

Il la prit par le bras et voulut l'entraîner vers la porte du fond.

— Où voulez-vous me mener? où voulez-vous me conduire? s'écria la pauvre enfant.

— Viens avec moi, viens!

— Mais je ne veux pas aller avec vous, moi, dit-elle en se débattant.

— Comment! tu ne veux pas venir avec moi?

— Mais non, moi, pourquoi vous suivrais-je? Je ne vous aime pas, moi. Vous m'avez enlevée de force, je ne vous suivrai pas. Ernest! Ernest! par ici!

— Ernest, Ernest! murmura le bandit. Ah! c'est donc toi qui nous trahissais!

— Monsieur Louët, si vous êtes un homme, s'écria Zéphirine, à moi! à mon secours!

Je vis briller la lame d'un poignard, monsieur. Je n'avais point d'armes; je saisis le manche de la contrebasse, je la levai comme une massue, et j'en appliquai un si rude coup sur le crâne du capitaine, que l'instrument se défonça et qu'il se trouva la tête prise dans son intérieur.

Soit violence du coup, soit surprise de se voir la tête contrebassée, le capitaine ouvrit les bras, et poussa un tel mugissement que toute la grotte en trembla!

— Zéphirine! Zéphirine! cria une voix au dehors.

— Ernest! Ernest! s'écria la jeune fille en s'élançant vers l'ouverture de la grotte.

— Mademoiselle Zéphirine! m'écriai-je à mon tour en la suivant, épouvanté moi-même du coup que je venais de faire.

Monsieur, je vous ai dit que cette jeune fille était légère comme une biche; elle était déjà dans les bras de son officier. J'allai me cacher derrière eux.

— Là, là! cria le jeune lieutenant en montrant l'entrée de la grotte à une douzaine de soldats qui venaient de le rejoindre, et qui se précipitèrent dans l'intérieur. — Là, il est là! amenez-le mort ou vif.

— Au bout de cinq minutes, monsieur, ils reparurent; ils n'avaient rien trouvé que la contrebasse, où il y avait le trou de sa tête. Le capitaine s'était sauvé par la seconde porte.

— Tiens, Ernest, dit Zéphirine, voilà mon sauveur. Le poignard était là, vois-tu, quand il est venu à mon secours. Elle montrait sa poitrine. Car je n'avais jamais voulu lui céder, vois-tu, à ce monstre de capitaine, et il aimait mieux me tuer que de me voir appartenir à un autre.

— Bien vrai? dit Ernest.

— Ah! mon ami, comment peux-tu me soupçonner? Demande plutôt à M. Louët.

Je vis que le moment était venu, et je m'approchai.

— Monsieur, lui dis-je, je vous jure...

— C'est bien, me dit M. Ernest, pas de serment. Pensez-vous que je ne la croie pas sur parole?

— Je crois, dis-je, sauf meilleur avis, monsieur Ernest, que, puisque le capitaine nous est échappé, ce que nous avons de mieux à faire, c'est de mettre mademoiselle Zéphirine en sûreté.

— Vous avez raison, monsieur Louët. Viens, Zéphirine.

Nous reprîmes le chemin du château; mais avant d'y arriver, il nous fallut traverser le champ de bataille. Monsieur, nous vîmes bien dix ou douze morts. Au pied du perron, un cadavre barrait les marches.

— Enlevez donc de là cette charogne, dit un vieux brigadier qui marchait devant nous à deux soldats.

Les deux soldats retournèrent le cadavre qui était tourné le nez contre terre, et je reconnus le dernier des Beaumanoirs.

Nous ne fîmes que passer au château. M. Ernest y laissa garnison, puis nous montâmes dans une voiture avec mademoiselle Zéphirine, et M. Ernest, à la tête de douze hommes bien armés, nous servit d'escorte. Il va sans dire, monsieur, comme vous comprenez bien, que j'avais repris mes cent écus, mon fusil et ma carnassière.

Il n'y avait que ma pauvre basse que je regrettais. Quant à mademoiselle Zéphirine, il paraît qu'elle ne regrettait rien, car elle était comme folle de joie.

Au bout d'une heure de route à peu près, je vis à l'horizon une grande ville avec un dôme énorme.

— Sans indiscrétion, monsieur Ernest, dis-je en sortant ma tête par la portière, puis-je vous demander quelle est cette ville?

— Cette ville?

— Oui.

— Là, devant nous?

— Là, devant nous, monsieur.

— Eh mais! c'est Rome.

— Comment! c'est Rome? Bien vrai?

— Sans doute.

— Eh bien! monsieur, lui dis-je, je suis enchanté, parole d'honneur, enchanté, c'est le mot. J'ai toujours eu une très-grande envie de voir Rome.

Deux heures après, nous fîmes notre entrée dans Rome. Monsieur, c'était bien Rome.

— Et vîtes-vous le pape? demandai-je, car je me rappelle, monsieur Louët, que c'était un de vos désirs.

— Vous n'êtes pas sans savoir, me répondit M. Louët, que ce respectable vieillard était pour lors à Fontainebleau; mais je le vis à son retour, monsieur, lui et ses successeurs; car M. Ernest m'ayant fait entrer comme quatrième basse au théâtre della Valle, j'y restai jusqu'à 1830. Si bien que lorsqu'en 1830 je revins à Marseille, monsieur, comme il y avait vingt ans que j'en étais parti, on ne voulait plus me rendre ma place à l'orchestre; on me prenait pour un faux Martin-guerre.

— Et mademoiselle Zéphirine?

— Monsieur, j'ai entendu dire qu'elle avait épousé M. Ernest, dont je n'ai jamais su l'autre nom, et qu'elle était devenue une fort grande et fort honnête dame.

— Et le capitaine, vous n'en avez jamais entendu reparler?

— Si fait, monsieur; trois ans après il se laissa arrêter au théâtre de la Valle, et j'eus la douleur de le voir pendre. Voici comment, monsieur, pour avoir oublié de décharger mon fusil, qui fit long feu sur un chastre, je me trouvai avoir vu l'Italie et être resté vingt ans à Rome.

— Savez-vous l'heure qu'il est? demanda Méry en tirant sa montre : quatre heures du matin! Une belle heure pour aller se coucher.

— Heureusement, dit M. Louët en nous montrant Jadin et nos deux autres convives qui ronflaient, heureusement que ces messieurs ont pris un à-compte.

FIN DU MIDI DE LA FRANCE.

Paris. — Imprimerie Lange Lévy et Cⁱᵉ, rue du Croissant, 16.

Impressions de Voyage

UNE ANNÉE A FLORENCE.

LE LAC DE CUGES ET LA FONTAINE DE ROUGIEZ.

J'étais à Marseille depuis huit jours, et j'y attendais avec d'autant plus de patience le moment de mon départ, que j'avais l'hôtel d'Orient pour caravensérail et Méry pour cicerone.

Un matin Méry entra plus tôt que d'habitude.

— Mon cher, me dit-il, félicitez-nous, nous avons un lac.

— Comment, lui demandai-je en me frottant les yeux, vous avez un lac?

— La Provence avait des montagnes, la Provence avait des fleuves, la Provence avait des ports de mer, des arcs de triomphe anciens et modernes, la bouillabesse, les clovis et l'ayoli ; mais que voulez-vous, elle n'avait pas de lac : Dieu a voulu que la Provence fût complète, il lui a envoyé un lac.

— Et comment cela?

— Il lui est tombé du ciel.

— Y a-t-il longtemps?

— Avec les dernières pluies ; j'en ai appris la nouvelle ce matin.

— Mais, nouvelle officielle?

— Tout ce qu'il y a de plus officiel.

— Et où est-il, ce lac?

— A Cuges, vous le verrez en allant à Toulon ; c'est sur votre route.

— Et les Cugeois sont-ils contens?

— Je crois bien qu'ils sont contens, pardieu ! ils seraient bien difficiles.

— Alors Cuges désirait un lac?

— Cuges? Cuges aurait fait des bassesses pour avoir une citerne ; Cuges était comme Rougiez ; c'est de Cuges et de Rougiez que nous viennent tous les chiens enragés. Vous connaissez Rougiez?

— Non, ma foi !

— Ah ! vous ne connaissez pas Rougiez. Rougiez, mon cher, c'est un village qui, depuis la création, cherche de l'eau. Au déluge il s'est désaltéré ; depuis ce jour-là bonsoir. En soixante ans, il a changé trois fois de place ; il cherche une source. Jamais Rougiez n'élit un maire sans lui faire jurer qu'il en trouvera une. J'en ai connu trois qui sont morts à la peine, et deux qui ont donné leur démission.

— Mais pourquoi Rougiez ne fait-il pas creuser un puits artésien?

— Rougiez est sur granit de première formation ; Rougiez frappe le rocher pour avoir de l'eau, il en sort du feu. Ah ! vous croyez que cela se fait ainsi. Je voudrais vous y voir, vous qui parlez. En 1810, oui, c'était en 1810, Rougiez prit l'énergique résolution de se donner une fontaine. Un nouveau maire venait d'être nommé, son serment était tout frais, il voulait absolument le tenir. Il assembla les notables, les notables firent venir un architecte :

— Monsieur l'architecte, dirent les notables, nous voulons une fontaine.

— Une fontaine, dit l'architecte, rien de plus facile.

— Vraiment? dit le maire.

— Vous allez avoir cela dans une demi-heure.

L'architecte prit un compas, une règle, un crayon et du papier, puis il demanda de l'eau pour délayer de l'encre de la Chine dans un petit godet de porcelaine.

— De l'eau? dit le maire.

— Eh bien ! oui, de l'eau.

— Nous n'en avons pas d'eau, répondit le maire ; si nous avions de l'eau, nous ne vous demanderions pas une fontaine.

— C'est juste, dit l'architecte. Et il cracha dans son godet et délaya l'encre de la Chine avec un peu de salive.

Puis il se mit à tracer sur le papier une fontaine superbe, surmontée d'une urne percée de quatre trous à mascarons, avec quatre gerbes d'une eau magnifique.

— Ah! ah! dirent le maire et les notables en tirant la langue, ah! voilà bien ce qu'il nous faudrait.
— Vous l'aurez, dit l'architecte.
— Combien cela nous coûtera-t-il?

L'architecte prit son crayon, mit une foule de chiffres les uns sous les autres, puis il additionna.

— Cela vous coûtera vingt-cinq mille francs, dit l'architecte.
— Et nous aurons une fontaine comme celle-là?
— Plus belle.
— Avec quatre gerbes d'eau semblables?
— Plus grosses.
— Vous en répondez?
— Tiens, pardieu! Vous savez, mon cher, continua Méry, les architectes répondent toujours de tout.
— Eh bien! dirent les notables, commencez la besogne.

En attendant, on afficha le plan de l'architecte à la mairie; tout le village alla le voir, et n'en revint que plus altéré.

On se mit à tailler les pierres du bassin, et dix ans après, c'est-à-dire le 1ᵉʳ mai 1820, Rougiez eut la satisfaction de voir ce travail terminé : il avait coûté 15,000 francs. La confection de l'urne hydraulique fut poussée plus vivement, cinq petites années suffirent pour la sculpter et la mettre en place. On était alors en 1825. On promit à l'architecte une gratification de mille écus s'il parvenait, la même année, à mettre la fontaine en transpiration. L'eau en vint à la bouche de l'architecte, et il commença à faire creuser, car il avait eu la même idée que vous, un puits artésien. A cinq pieds sous le sol, il trouva le granit. Comme un architecte ne peut pas avoir tort, il dit qu'un forçat évadé avait jeté son boulet dans le conduit, et qu'il allait aviser à un autre moyen.

En attendant, pour faire prendre patience aux notables, l'architecte planta autour du bassin une belle promenade de platanes, arbres friands d'humidité, et qui la boivent avec délices par les racines. Les platanes se laissèrent planter, mais ils promirent bien de ne pas pousser une feuille tant qu'on ne leur donnerait pas d'eau; le maire, sa femme et ses trois filles, allèrent tous les soirs, pour les encourager, se promener à l'ombre de leurs jeunes troncs.

Cependant, Rougiez, après avoir fait ses quatre repas, était obligé d'aller boire à une source abondante qui coulait à trois lieues au midi; c'est dur quand on a payé vingt-cinq mille francs pour avoir de l'eau.

L'architecte redemanda cinq autre mille francs, mais la bourse de la commune était à sec comme son bassin.

La révolution de juillet arriva; les habitants de Rougiez reprirent espoir, mais rien ne vint. Alors le maire, qui était un homme lettré, se rappela le procédé des Romains, qui allaient chercher l'eau où elle était et qui l'amenaient où ils voulaient qu'elle fût : témoin le pont du Gard. Il s'agissait donc tout bonnement de trouver une source un peu moins éloignée que celle où Rougiez allait se désaltérer; on se mit en quête.

Au bout d'un an de recherches on trouva une source qui n'était qu'à une lieue et demie de Rougiez, c'était déjà moitié chemin d'épargné.

Alors on délibéra pour savoir s'il ne vaudrait pas mieux aller chercher le village, sa fontaine et ses platanes, et les amener à la source, que de conduire la source au village. Malheureusement le maire avait une belle vue de ses fenêtres, et il craignait de la perdre; il tint en conséquence à ce que ce fût la source qui vînt le trouver.

On eut de nouveau recours à l'architecte, avec lequel on était en froid. Il demanda vingt mille francs pour creuser un canal.

Rougiez n'avait pas le premier mille des vingt mille francs. Réduit à cette extrémité, Rougiez se souvint qu'il existait une chambre. Le maire, qui avait fait un voyage à Paris, assura même que chaque fois qu'un orateur montait à la tribune, on lui apportait un verre d'eau sucrée. Il pensa donc que des gens qui vivaient dans une telle abondance ne laisseraient pas leurs compatriotes mourir de la pépie. Les notables adressèrent une pétition à la Chambre. Malheureusement la pétition tomba au milieu des émeutes du mois de juin; il fallut bien attendre que la tranquillité fût rétablie.

Cependant le mal avait un peu diminué. Comme nous l'avons dit, l'eau s'était rapprochée d'une lieue et demie : c'était bien quelque chose; aussi Rougiez aurait-il pris sa soif en patience, sans les épigrammes de Nans.

— Mais, interrompit Méry, usant du même artifice que l'Arioste, cela nous éloigne beaucoup de Cuges.

— Mon cher, lui répondis-je, je voyage pour m'instruire, les excursions sont donc de mon domaine. Nous reviendrons à Cuges par Nans. Qu'est-ce que Nans?

— Nans, mon ami, c'est un village qui est fier de ses eaux et de ses arbres. A Nans, les fontaines coulent de source, et les platanes poussent tout seuls. Nans s'abreuve aux cascades de Giniès, qui coulent sous des trembles, des sycomores, et des chênes blancs et verts. Nans fraternise avec cette longue chaîne de montagnes qui porte comme un aqueduc naturel les eaux de Saint-Cassien aux vallées thessaliennes de Gémenos. Dieu a versé l'eau et l'ombre sur Nans, en secouant la poussière sur Rougiez. Respectons les secrets de la Providence.

Or, chaque fois qu'un charretier de Nans passait avec son mulet devant le bassin de Rougiez, il défaisait le licou et la bride de son animal, et le conduisait à la vasque de pierre, l'invitait à boire l'eau absente et attendue depuis 1810. Le mulet allongeait la tête, ouvrait la narine, humait la chaleur de la pierre, — il fait un soleil d'Afrique à Rougiez, — et jetait à son maître un oblique regard, comme pour lui reprocher sa mystification. Or, ce regard, qui faisait rire à gorge déployée les Nansais, faisait grincer des dents aux Rougiessains. On résolut donc de trouver de l'argent à tout prix, dût-on vendre les vignes de Rougiez pour boire de l'eau; d'ailleurs les Rougiessains avaient remarqué que rien n'altère comme le vin.

Le maire de Rougiez, qui a cent écus de rente, donna l'exemple du dévoûment; ses trois gendres l'imitèrent. Il avait marié ses trois filles dans l'intervalle; quant à sa pauvre femme, elle était morte sans avoir eu la consolation de voir couler la fontaine. Tous les administrés, entraînés par un élan national, contribuèrent au prorata de leurs moyens; on atteignit un chiffre assez élevé pour oser dire à l'architecte : Commencez le canal.

Enfin, mon cher, continua Méry, après vingt-six ans d'espérances conçues et détruites, les travaux ont été terminés la semaine dernière; l'architecte répondit du résultat. L'inauguration de la fontaine fut fixée au dimanche suivant, et le maire de Rougiez invita, par des affiches et des circulaires, les populations des communes voisines à assister à la grande fête de l'eau sur la place de Rougiez.

Le programme était court, ce qui ne l'aurait rendu que meilleur, s'il eût été tenu.

Le voici :

« Art. 1ᵉʳ et unique. M. le maire, ouvrira le bal sur la place de la Fontaine, et aux premiers sons du tambourin, la fontaine coulera. »

Vous comprenez, mon cher, ce qu'une pareille annonce attira de curieux. Il y eut d'énormes paris de faits, les uns parièrent que la fontaine coulerait, les autres parièrent que la fontaine ne coulerait pas.

On vint à la fête de tous les villages circonvoisins, de Trelz, qui s'enorgueillit de ses redoutes romaines; du Plan-d'Aups, illustré par l'abbé Garnier; de Pépin, fier de ses mines de houilles; de Saint-Maximin, qui conserve la tête de sainte Madelaine, grâce à laquelle le village obtient de la pluie à volonté; de Tourves, qui a vu les amours de Valbelle et de mademoiselle Clairon; de Besse, qui donna naissance au fameux Gaspard, le plus galant des voleurs [1], et enfin du vallon de Ligmore qui s'étend aux limites de l'anti-

---

(1) Gaspard de Besse, voyant un de ses hommes qui voulait couper le doigt d'une femme parce qu'il n'en pouvait pas tirer une bague précieuse, mit un genou en terre devant elle, et tira la bague avec ses dents.

que Gargarias ; vous-même, mon cher, si vous étiez venu deux jours plus tôt, vous auriez pu y aller.

Nans arriva enfin avec tous ses mulets sans licous et sans bride, déclarant qu'elle ne croirait à l'eau que quand ses mulets auraient bu.

C'était à cinq heures que devait s'ouvrir le bal. On avait attendu que la grande chaleur fût passée, de peur que les danseurs ne desséchassent la fontaine. Cinq heures sonnèrent.

Il y eut un moment de silence solennel.

Le maire alla inviter sa danseuse et vint se mettre en place avec elle, le visage tourné vers la fontaine. Les personnes indiquées pour compléter le quadrille suivirent son exemple. Aussitôt les mulets de Nans s'approchent du bassin. Les violons donnent le *la*. Les flageolets préludent en notes claires et sonores comme le chant de l'alouette.

Le signal est donné, la ritournelle commence. Monsieur le maire est à la gauche de sa danseuse, le pied droit en avant ; tous les yeux sont fixés sur le respectable magistrat qui, comprenant l'importance de sa situation, redouble de dignité. L'architecte, la baguette à la main, se tient prêt, comme Moïse, à frapper.

— En avant deux ! crie l'orchestre. En avant deux pour la trénis.

Le maire et sa danseuse s'élancent vers la fontaine pour saluer l'eau naissante ; toutes les bouches s'entr'ouvrent pour aspirer ces premières gouttes attendues depuis 1810 ; les mulets hennissent d'espérance, l'architecte lève sa baguette : Nans est abattue, Rougiez triomphe.

Tout à coup les violons s'arrêtent, les flageolets font un canard, les baguettes restent suspendues.

L'architecte a frappé la fontaine de sa verge, mais la fontaine n'a pas coulé. Le maire pâlit, jette sur l'architecte un regard foudroyant. L'architecte frappe la fontaine d'un second coup. L'eau ne paraît pas.

Nans rit, Tretz s'indigne, Pépin boudit, Besse jure, Saint-Maximin s'irrite ; tous les villages invités à la fête menacent Rougiez d'une sédition. Le maire tire son écharpe de sa poche, la roule autour de son abdomen, et déclare que force restera à la loi.

— Croyez ça et buvez de l'eau, répond Nans.

— Monsieur l'architecte ! cria le maire, monsieur l'architecte, vous m'avez répondu de la fontaine ; d'où vient que la fontaine ne coule pas ?

L'architecte prit son crayon, tira des lignes, superposa des chiffres, et après un quart d'heure de calculs, déclara que les deux carrés construits sur les petites lignes de l'hypothénuse étant égaux au troisième, la fontaine était obligée de couler.

— Et pourtant, dit Nans en huant Rougiez, elle ne coule pas : — c'était la même chose que le *Pero gira* de Galilée, excepté que c'était tout le contraire.

Saint-Zacharie s'interposa et prêcha la modération. C'était bien facile à Saint-Zacharie. Saint-Zacharie donne naissance à cette belle rivière de l'Huveaume, qui roule tant de poussière dans son lit.

En même temps, une vieille femme s'avança avec les centuries de Nostradamus, réclama le silence, et lut la centurie suivante :

> Sous bois bénict de saincte pénitente,
> Avec pépie et gehenne au gesier,
> Rougiez bevra bonne eau en l'an quarante,
> En grand soulas et liesse en février.

— Cette prophétie est claire comme de l'eau de roche, dit le maire.

— Et elle sera accomplie, dit l'architecte, c'est moi qui me suis trompé.

— Ah ! s'écria Rougiez triomphant, ce n'est point la faute de la fontaine.

— C'est la mienne, dit l'architecte ; le canal devait être creusé en ligne convexe, il a été creusé en ligne concave. C'est une affaire de quatre ou cinq ans encore, et d'une dizaine de mille francs au plus, puis la fontaine coulera.

C'était juste ce que prédisait Nostradamus.

Rougiez, séance tenante et dans le premier mouvement d'enthousiasme, s'imposa une nouvelle contribution.

Puis tous les villages, violons en tête et mulets en queue, se rendirent aux fontaines de Saint-Geniès, où le bal recommença, et où les danseurs se livrèrent à une orgie hydraulique digne de l'âge d'or.

En attendant, Rougiez, tranquillisé par la prophétie de Nostradamus, compte sur l'an 40. Maintenant vous comprenez, mon cher, combien Rougiez doit être furieux du bonheur qui arrive à Cuges.

— Peste ! je crois bien ! Mais est-ce bien vrai que Cuges ait un lac ?

— Parbleu !

— Mais un vrai lac ?

— Un vrai lac ! pas si grand que le lac Ontario, ni que le lac Léman, pardieu ! mais un lac comme le lac d'Enghien.

— Mais comment cela s'est-il fait ?

— Voilà. Cuges est situé dans un entonnoir. Il est tombé beaucoup de neige cet hiver, et beaucoup d'eau cet été. La neige et l'eau réunies ont fait un lac. Ce lac, à ce qu'il paraît, s'est mis en communication avec des sources qui ont promis de l'alimenter. Des canards sauvages qui passaient l'ont pris au sérieux, et se sont abattus dessus. Du moment où il y a eu des canards sur le lac, on a construit des bateaux pour leur donner la chasse. De sorte qu'on chasse déjà sur le lac de Cuges, mon cher. On n'y pêche pas encore, c'est vrai ; mais la pêche est déjà louée pour l'année prochaine. Quand vous y passerez, faites-y attention ; soir et matin, il a une vapeur. C'est un vrai lac.

— Vous entendez, dis-je à Jadin qui entrait, il nous faut un dessin de Cuges et de son lac.

— On vous le fera, répondit Jadin ; mais le déjeuner ?

— C'est vrai, dis-je à Méry ; et le déjeuner ?

— C'est juste, reprit Méry, ce maudit lac de Cuges m'avait fait perdre la tête. Le déjeuner vous attend au château d'If.

— Et comment allons-nous au château d'If ?

— Je ne vous l'ai pas dit ?

— Mais non.

— Diable de lac de Cuges ! c'est encore sa faute : c'est que c'est un lac, mon cher ; parole d'honneur, un vrai lac. Eh bien ! mais vous allez au château d'If dans un charmant bateau qu'un de nos amis vous prête ; un bateau ponté avec lequel on irait aux Indes.

— Et où est-il le bateau ?

— Il vous attend sur le port.

— Eh bien ! allons.

— Non pas ; allez.

— Comment, vous ne venez pas avec nous ?

— Moi, aller en mer, dit Méry ; je n'irais pas sur le lac de Cuges.

— Méry, l'hospitalité exige que vous nous accompagniez.

— Je sais bien que je suis dans mon tort ; mais que voulez-vous ?

— Je veux un dédommagement.

— Lequel ?

— Cent vers sur Marseille pendant que nous irons au château d'If.

— Deux cents si vous voulez.

— C'est convenu.

— Arrêté.

— Songez-y, nous serons de retour dans deux heures.

— Dans deux heures vos cent vers seront faits.

Cette convention conclue, nous nous rendîmes sur le port. A chaque personne que Méry rencontrait :

— Vous savez, disait-il, que Cuges a un lac.

— Pardieu ! répondaient les passans, un lac superbe ; on ne peut pas en trouver le fond.

— Voyez-vous ? répétait Méry.

Sur le quai d'Orléans nous trouvâmes un charmant bateau qui nous attendait.

— Voilà votre embarcation, nous dit Méry.

— Et j'aurai mes vers ?

— Ils seront faits.

Nous descendîmes dans le bateau, les bateliers appuyèrent leurs rames contre le quai, et nous quittâmes le bord.

— Bon voyage! nous cria Méry.

Et il s'en alla en disant :

— Ce diable de Cuges qui a un lac !...

IMPROVISATION.

Le premier monument qu'on aperçoit à sa droite, quand on va du quai d'Orléans à la mer, c'est la Consigne.

La Consigne est un monument de fraîche et moderne tournure, avec de nombreuses fenêtres garnies de triples grilles, donnant sur le bassin du port.

Au dessous de ces fenêtres sont force gens qui échangent des paroles avec les habitans de cette charmante maison.

On croirait être à Madrid, et on prendrait volontiers tous ces gens pour des amans qui se cachent d'un tuteur.

Point; ce sont des cousins, des frères et des sœurs qui ont peur de la peste.

La Consigne est le parloir de la quarantaine.

Un peu plus loin, en face du fort Saint-Nicolas, bâti par Louis XIV, est la tour Saint-Jean, bâtie par le roi René; c'est par la fenêtre carrée, située au second étage, qu'essaya de se sauver en 95 ce pauvre duc de Montpensier, qui a laissé de si charmans mémoires sur sa captivité avec le prince de Conti.

On sait que la corde grâce à laquelle il espérait gagner la terre étant trop courte, le pauvre prisonnier se laissa tomber au hasard et se brisa la cuisse en tombant; au point du jour, les pêcheurs le trouvèrent évanoui et le portèrent chez un perruquier où il obtint de rester jusqu'à son entière guérison.

Le perruquier avait une fille, une de ces jolies grisettes de Marseille qui ont des bas jaunes et un pied d'Andalouse.

Je ne serai pas plus indiscret que le prince, mais cela me coûte. Il y avait une jolie histoire à raconter sur cette jeune fille et le pauvre blessé.

Nous laissâmes à notre droite le rocher de l'Esteou : nous étions juste sur la Marseille de César que la mer a recouverte. Quand il fait beau temps, dit-on, quand la mer est calme, on voit encore des ruines au fond de l'eau. J'ai bien peur qu'il n'en soit de la Marseille de César comme du passage des pigeons.

Au pied d'un rocher, près du Château-Vert, nous aperçûmes Méry; il nous montra qu'il avait à la main un papier et un crayon. Je commençai à croire qu'il avait aussi bien fait de ne pas venir ; nous avions vent debout, un diable de mistral qui ne voulait pas nous laisser sortir du port, mais qui promettait de bien nous secouer une fois que nous en serions sortis.

En face de la sortie du port, l'horizon semble fermé par les îles de Ratonneau et de Pommègues. Ces deux îles, réunies par une jetée, forment le port de Frioul, — Fretum Julii, — détroit de César. Pardon, l'étymologie n'est pas de moi : cette jetée est un ouvrage moderne; quant au Frioul, c'est le port du typhus, du choléra, de la peste et de la fièvre jaune, la douane des fléaux, le lazaret enfin.

Aussi a-t-il toujours dans le port du Frioul bon nombre de vaisseaux qui ont un air ennuyé des plus pénibles à voir.

Malheureusement, ou heureusement plutôt, Marseille n'a point encore oublié la fameuse peste de 1720, que lui avait apportée le capitaine Chataud.

La troisième île des environs de Marseille, la plus célèbre des trois, est l'île d'If; cependant l'île d'If n'est qu'un écueil; mais sur cet écueil est une forteresse, et dans cette forteresse est le cachot de Mirabeau.

Il en résulte que l'île d'If est devenue une espèce de pèlerinage politique, comme la Sainte-Beaume est un pèlerinage religieux.

Le château d'If était la prison où l'on enfermait autrefois les fils de famille mauvais sujets; c'était une chose héréditairement convenue : le fils pouvait demander la chambre du père.

Mirabeau y fut envoyé à ce titre.

Il avait un père fou et surtout ridicule; il l'exaspéra par les déréglemens inouïs d'une jeunesse où débordait la sève des passions; tous ses pas jusqu'alors avaient été marqués par des scandales qui avaient soulevé l'opinion publique. Mirabeau, resté libre, était perdu de réputation. Mirabeau prisonnier fut sauvé par la pitié qui s'attacha à lui.

Puis cette réclusion cruelle était peut-être une des voies dont se servait la Providence pour forcer le jeune homme à étudier sur lui-même la tyrannie dans tous ses détails ; il en résulta que, lorsque la révolution s'approcha, Mirabeau put mettre au service de cette grande catastrophe sociale, ses passions arrêtées dans leur course et ses colères amassées pendant une longue prison.

La société ancienne l'avait condamné à mort : il lui renvoya sa condamnation, et le 21 janvier 1793 l'arrêt fut exécuté.

La chambre qu'habita Mirabeau, la première et souvent la seule qu'on demande à voir, tant le colosse républicain a empli cette vieille forteresse de son nom, est la dernière à droite dans la cour, à l'angle sud-ouest du château; c'est un cachot qui ne se distingue des autres que parce qu'il est plus sombre peut-être. Une espèce d'alcôve taillée dans le roc indique la place où était son lit; deux crampons qui soutenaient une planche aujourd'hui absente, la place où il mettait ses livres ; enfin quelques restes de peintures à bandes longitudinales bleues et jaunes, font foi des améliorations que la philanthropie de l'ami des hommes avait permis au prisonnier d'introduire dans sa prison.

Je ne suis pas de l'avis de ceux qui prétendent que Mirabeau captif pressentait son avenir ; il aurait fallu pour cela qu'il devînt la révolution. Est-ce que le matelot, quand le ciel est pur, quand la mer est belle, devine la tempête qui le jettera sur quelque île sauvage, dont sa supériorité le fera le roi?

En sortant de la chambre de Mirabeau, l'invalide qui sert de cicerone au voyageur lui fait voir quelques vieilles planches qui pourrissent sous un hangard :

C'est le cercueil qui ramena le corps de Kléber en France.

A notre retour nous trouvâmes Méry qui nous attendait en fumant son cigare sur le quai d'Orléans.

— Et mes vers? lui criai-je du plus loin que je l'aperçus.

— Vos vers?

— Eh bien! oui, mes vers?

— Ils sont faits, vos vers, il y a une heure.

Je sautai sur le quai.

— Où sont-ils? demandai-je en prenant Méry au collet.

— Pardieu, les voilà, j'ai eu le temps de les recopier; êtes-vous content?

— C'est miraculeux! mon cher.

En effet, en moins d'une heure, Méry avait fait cent vingt-huit vers : l'un dans l'autre, c'était plus de deux vers par minute.

Je les cite, non point parce qu'ils me sont adressés, mais à cause du tour de force.

Les voici :

MARSEILLE.

—

A Alexandre Dumas.

Tantôt j'étais assis près de la rive aimée,
La mer aux pieds, couvert de l'humide fumée
Qui s'élève des rocs lorsque les flots mouvans
S'abandonnent lascifs aux caresses des vents.

L'air était froid : décembre étendait sur ma tête
Son crêpe nébuleux, drapeau de la tempête ;
Les alcyons au vol gagnaient l'abri du port ;
Le Midi s'effaçait sous les teintes du Nord.
La Méditerranée, orageuse et grondante,
Comme un lac échappé du sombre enfer de Dante,
N'avait plus son parfum, plus son riant sommeil,
Plus ses paillettes d'or qu'elle emprunte au soleil.
Il le fallait ainsi : la mer intelligente
Qui roule de Marseille au golfe d'Agrigente,
Notre classique mer, avait su revêtir
Le plaid d'Écosse au lieu de la pourpre de Tyr ;
C'est ainsi, voyageur, qu'elle te faisait fête,
A toi, l'enfant du Nord, dramatique poëte,
Le jour où, couronné d'un cortége d'amis,
La voile au vent, debout sur le canot promis,
Loin du port, où la vague expire, où le vent gronde,
Loin de la citadelle, où surgit la tour ronde,
Vers l'archipel voisin tu voguais si joyeux,
Et pour tout voir n'ayant pas assez de tes yeux.

Moi, l'amant de la mer, et que la mer tourmente,
Moi, qui redoute un peu mon orageuse amante,
Sur la brume des eaux je te suivais de l'œil ;
Je conjurais de loin la tempête et l'écueil,
En répétant tout bas à ta chaloupe agile
Les vers qu'Horace chante au vaisseau de Virgile ;
Et puis, en te perdant sur les flots écumeux,
Mes souvenirs venaient, noirs et tristes comme eux !...

Combien de fois, depuis mes courses enfantines,
J'ai contemplé la mer et ses voiles latines ;
L'île de Mirabeau, rocailleuse prison ;
Les Monts-Bleus dont le cap s'effile à l'horizon ;
Et les golfes secrets, où le flot de Provence
Chante de volupté sous le pin qui s'avance.
Alors, à cet aspect, je ne songeais à rien,
C'était un tableau calme, un rêve aérien,
Un paysage d'or. La vague, douce et lente,
Endormait dans l'oubli ma pensée indolente.
Aujourd'hui, toi voguant au voisin archipel,
La brise obéissant à ton joyeux appel,
Je ne sais trop pourquoi de tristes rêveries
Fanent aux mêmes bords mes visions fleuries.
Je ne songe qu'aux jours où le deuil en passant
A coloré ces flots d'une teinte de sang,
Où la peste, vingt fois de l'Orient venue,
A frappé cette ville agonisante et nue ;
Où les temples sacrés du rivage voisin,
Meurtris du fer de Rome ou du fer sarrasin,
Se sont évanouis comme la vapeur grise
Que ma bouche aspirante abandonne à la brise.

Pèlerin, sur la mer, en détournant les yeux,
Ici, tu ne peux voir ce qu'ont vu mes aïeux :
Cette île de maisons, près de la tour placée,
Oh ! non, non, ce n'est point la fille de Phocée ;
Elle est bien morte, et l'algue a tissé son linceul.
Son cadavre est visible aux regards de Dieu seul.
Peut-être sous les flots elle dort tout entière,
Et ce golfe riant lui sert de cimetière.
Hélas ! sur nos remparts trois mille ans ont pesé,
Le roc des Phocéens lui-même s'est usé ;
Et chaque jour encor la vague déracine
Cette église qui fut le temple de Lucine,
Cette haute esplanade où tant de travaux lents
Avaient amoncelé les péristyles blancs.
Divine architecture, en naissant expirée,
Comme sa sœur qui dort dans les flots du Pyrée,
Et qui au moins en Grèce, aux murs du Parthénon,
En s'éteignant laissa les lettres de son nom !...

Il ne nous reste rien, à nous ; rien ne surnage
De notre vie antique, et rien du moyen-âge.

Une tour, qu'épargnait notre peuple rongeur,
Aurait pu l'arrêter un instant, voyageur !
Moi je l'ai vue enfant : noble tour ! elle seule
A chaque Marseillais rappelait son aïeule.
Un jour d'assaut, un jour d'héroïque vertu,
Nos mères, à son ombre, avaient bien combattu !
Elle avait des créneaux où la conque marine
Sifflait l'air belliqueux, lorsque la couleuvrine,
S'allongeant, envoyait, d'un homicide vol,
Le boulet de Marseille au dévot Espagnol.
Sur cette haute tour, la tour de Sainte-Paule,
Flottait notre drapeau ! Là, le coq de la Gaule !
Et sur l'écu d'argent, si redouté des rois,
L'azur de notre ciel dessinait une croix !...
Elle s'est éboulée ! ô voyageur, approche,
Il te faut aujourd'hui visiter une roche ;
C'est un fort monument qui résiste à la mer,
Se rit du feu grégeois et méprise le fer.

Nous n'avons ni palais, ni temples, ni portiques,
Les seuls monts d'alentour sont nos trésors antiques,
Et même, tant Marseille a subi de malheurs,
Ils n'ont plus ni leurs bois, ni leurs vallons de fleurs.
Tourne ta proue, oh ! viens, la ville grecque est morte,
Oui, mais Marseille vit ; elle t'ouvre sa porte !
La splendide cité, reine de ces climats,
Cache l'eau de son port sous l'ombre de ses mâts.
Elle est riche : elle peut, à défaut de ruines,
Couvrir de monumens sa plaine et ses collines.
Son nom, que sur le globe elle fait retentir,
Est plus grand que les noms de Sidon et de Tyr.
Elle envoie aujourd'hui les enfans de son môle
Aux feux de la Torride, aux glacières du pôle :
Partout, son pavillon, à l'heure où je t'écris,
L'univers commerçant le salue à grands cris.
Les trésors échangés de sa rive féconde
Illustrent les bazars de Delhy, de Golconde,
De Lahore, d'Alep, de Bagdad, d'Ispahan,
Que la terre couronne et que ceint l'Océan.
Notre voisine sœur, l'Orientale Asie,
Couvre ce port heureux de tant de poésie ;
Les longs quais de ce port, congrès de l'univers,
Sont broyés nuit et jour par tant d'hommes divers,
Qu'un voyageur mêlé dans la foule mouvante,
Marbre aux mille couleurs, mosaïque vivante,
Croit vivre en Orient, ou, dans les jours premiers,
Sous Didon de Carthage, au pays des palmiers.
Ainsi donc le commerce est chez nous poétique.
Poëte, viens t'asseoir sous quelque frais portique ;
Si je ne puis offrir à ton brûlant regard
Ni les temples nîmois, ni l'aqueduc du Gard ;
Ni la vieille Phocée à sa gloire ravie ;
A défaut de la mort, viens contempler la vie ;
Le cœur se réjouit à cet éclat si beau,
L'opulente maison vaut mieux que le tombeau.

— Maintenant, me dit Méry après que j'eus lu ses vers, ce n'est pas le tout. Pendant le temps que j'ai perdu à vous attendre, je vous ai retrouvé une chronique qui vous ma que pour compléter votre tableau de Marseille.
— Laquelle ?
— C'est Marseille en 93.
— Vite la chronique.
— Allons d'abord place du Petit-Mazeau ; mon frère nous y attend avec ses manuscrits.
Nous nous rendîmes à la rue désignée ; Louis Méry me montra une petite maison, basse et de chétive apparence, et que cependant on avait récrépie et mise à neuf autant que la chose était possible.
— Regardez bien cette maison, me dit Louis Méry.
— C'est fait. Eh bien ! qu'est-ce que c'est que cette maison ?
— Rentrez à votre hôtel, lisez ce manuscrit et vous le saurez.

J'obéis ponctuellement; je lus le manuscrit de la première à la dernière ligne.

Voici ce que c'était que cette maison.

MARSEILLE EN 93.

COQUELIN (1).

Vers le mois de mars 1793, un homme arriva de Paris à Marseille, se rendit immédiatement au palais, mit sur sa tête un chapeau orné de plumes tricolores, et déploya un papier signé par les membres du comité de salut public, lequel papier l'instituait président du tribunal révolutionnaire. On le laissa faire sans s'opposer en rien à son installation; seulement on lui demanda comment il s'appelait : il répondit qu'il s'appelait le citoyen Brutus. C'était un nom fort à la mode à cette époque; aussi personne ne s'étonna du choix qu'on avait fait à Paris du citoyen président du tribunal révolutionnaire de Marseille.

Pendant toute l'année 92 et tout le commencement de l'année 93, la guillotine avait un peu langui à Marseille, on en avait porté plainte au comité de salut public, et le comité de salut public avait envoyé, comme nous l'avons dit, le citoyen Brutus pour rendre un peu d'activité à la machine patriotique. A la première vue on put s'apercevoir que le choix était bon : le citoyen Brutus s'entendait à merveille à déverser sur les planches de la guillotine le trop-plein des prisons.

On lui remettait chaque matin des listes de suspects. Pour ne pas perdre son temps, Brutus emportait ces listes au tribunal révolutionnaire, condamnait à mort sans que la moindre émotion de plaisir ou de peine apparût sur sa longue et sèche figure. Puis, pendant que le greffier lisait l'arrêt, il indiquait, sur les listes des suspects qu'on lui avait remises le matin, le nom de ceux qui devaient remplir dans la prison les vides qu'il y faisait le soir.

Cette besogne achevée, il rentrait dans son obscur troisième étage, qui, par une de ces traverses comme on en trouve fréquemment dans les vieilles villes, mettait en communication la Grande-Rue et la rue de la Coutellerie. Là, il restait seul et invisible, même pour les Saron et les Mouraille, qui étaient les Carrier et les Fouquier Tainville de cet autre Robespierre.

Quant parfois Brutus sortait pour se promener par la ville, il se coiffait d'une casquette en peau de renard et attachait à son cou un grand sabre qui traînait en faisant jaillir des étincelles des pavés. Le reste de son accoutrement se composait d'une carmagnole et d'une paire de pantalons de couleur sombre. Quand on le rencontrait ainsi, faisant sa tournée, chacun s'empressait de lui ôter son chapeau, de peur qu'il ne lui ôtât la tête.

Grâce à son beau soleil, à ses joyeuses maisons peintes de vives couleurs, et à cette mer d'azur qui rit à ses pieds, Marseille, quoique profondément atteinte par cette fièvre révolutionnaire qui lui tirait le plus pur de son sang, avait conservé pendant quelque temps encore cet aspect de bonheur et de gaîté qui fait le caractère principal de sa physionomie. Cependant, peu à peu, un voile de deuil s'était étendu sur elle, ses rues bruyantes étaient devenues silencieuses, ses fenêtres, qui, pareilles au tourne-sol, s'ouvrent tour à tour pour aspirer les premiers rayons du soleil et les pre-

---

(1) C'est la chronique de Louis Méry, que nous avions promise dans la note page 300 des *Impressions de voyage dans le midi de la France*.

mières brises du soir, demeuraient fermées; enfin, dernier symptôme de douleur, encore plus terrible dans une ville commerciale que dans toute autre, les boutiques s'étaient closes, à l'exception d'une seule.

Sans doute c'était à cause de l'innocent commerce de celui qui l'habitait, car au-dessus de la porte de cette boutique il y avait une enseigne qui disait :

Coquelin, faiseur de joujoux en carton.

Du reste, probablement pour appeler la protection de la république sur son établissement, le propriétaire avait fait peindre un bonnet rouge au-dessus de cette enseigne, dont l'inscription se trouvait en outre encadrée entre une hache et un croissant.

La boutique de Coquelin s'ouvrait sur la place du Petit-Mazeau. C'était une espèce de voûte, petite et obscure. Celui qui en passant y jetait un coup d'œil apercevait, à peu de distance du seuil de la porte, une table et une chaise, et devant cette table, et sur cette chaise, un homme à l'œil éteint, aux joues pendantes, occupé à promener les deux branches de ses ciseaux à travers une feuille de carton, à achever une boîte, une brouette, une maison, un puits, un arbre, ou bien encore à faire rouler un carrosse attelé de ses chevaux, à faire danser un pantin en le tirant par le fil qui pendait entre ses jambes, ou à habiller et déshabiller une poupée. Au reste, quelle que fût la chose dont il s'occupât, ses mouvements étaient doux et modérés; il dirigeait lentement sa main vers le compas ou le pot à colle, prenait, en remuant méthodiquement la tête, le pinceau ou le canif, et sa figure restait constamment animée d'une bienveillante somnolence parfaitement d'accord avec ses juvéniles occupations.

De temps en temps il se levait, entrait dans son arrière-boutique, et il disparaissait aux regards des passans. On entendait alors le bruit d'une roue, des sons clairs et rapides pareils à ceux dont le remouleur modère ou augmente l'activité, selon qu'en se courbant sur sa pierre, il presse ou ralentit le mouvement de son pied. Quelquefois un éclair brillait dans la nuit permanente de cette arrière-boutique. Cet éclair la traversait pour s'éteindre dans une obscurité soudainement interrompue. On aurait cru voir le jet de ce rayon, qu'un enfant, à l'aide d'un verre, dirige sur le nez de son professeur. — Puis l'homme à la figure bonace rouvrait et refermait la porte de son arrière-boutique, revenait s'asseoir sur la chaise, et continuait le cheval de carton interrompu.

Cet homme, c'était Coquelin.

Depuis quelques semaines, une jeune femme s'arrêtait devant la boutique de Coquelin : non pas qu'elle se plût beaucoup à examiner les petits ouvrages que cet homme confectionnait; mais par déférence pour les désirs de sa fille, jolie enfant de six ans, à la tête de chérubin, qui, chaque fois qu'elle passait devant la boutique, tirait sa mère par la main, afin qu'elle s'arrêtât, et fixait ses grands yeux bleus sur les chefs-d'œuvre du bonhomme. Quant à sa mère, qu'à son teint pâle et à ses longs cheveux blonds on pouvait reconnaître pour une fleur étrangère à la chaude atmosphère provençale, elle trouvait son enfant si heureuse à la vue de la table de Coquelin, que le bonheur de sa fille était presque un adoucissement au chagrin profond qui paraissait la dominer, et qu'elle ne s'arrachait qu'après une pause, d'une demi-heure quelquefois, à la contemplation journalière des cartonnages du *faiseur de jouets d'enfans*.

Coquelin avait l'esprit et l'œil fort peu curieux, mais il avait pourtant fini par remarquer cette femme et cet enfant auxquels, malgré son manque absolu d'éducation, il faisait un signe de tête assez amical, qui rassurait la mère et enhardissait la fille.

Un jour, la jeune femme demanda à Coquelin le prix d'une jolie maisonnette en carton dont le toit simulait parfaitement les tuiles, et qui avait des contrevens peints en vert. L'enfant sautait de joie en frappant les mains l'une contre l'autre à l'idée que sa mère allait lui acheter cette jolie maison. Coquelin examina le travail de l'objet demandé, et après avoir réfléchi un instant, il prononça ces paroles : Trois francs. C'étaient les seules que la jeune femme lui avait jamais entendu dire. Elle pesa le prix de l'estimation sur la table, car Coquelin n'avait point tendu la main vers elle pour recevoir l'argent, et la petite fille, toute radieuse de joie et d'orgueil, emporta le superbe joujou.

Le lendemain, soit que l'enfant, satisfaite de son acquisition de la veille, n'eût conservé aucun désir pour les autres jouets que renfermait la boutique de Coquelin, soit que la jeune femme fût retenue loin de la rue du Petit-Mazeau par cette affaire qui la rendait si triste, ni la mère ni la fille ne parurent.

Jusqu'à l'heure où elles avaient l'habitude de s'arrêter devant sa boutique, Coquelin demeura fort tranquille, se livrant assidûment à ses occupations habituelles. Lorsque cette heure fut venue, il se retourna plusieurs fois vers la porte avec un certain air d'impatience, et comme si quelqu'un qu'il attendait ne fût pas venu au rendez-vous ; mais quand l'heure fut passée, Coquelin passa de l'impatience à l'inquiétude, quitta fréquemment sa chaise pour aller regarder aux deux extrémités de la rue, revenant, chaque fois qu'il voyait son espérance trompée, d'un air chagrin de la porte à sa chaise. Ce jour-là il découpa mal, il ne put achever une boîte ; ses morceaux ne s'ajustaient pas ; la colle était trop brûlée ; ses ciseaux se montraient revêches ; bien plus, chose étonnante ! il n'y eut point, ce jour-là, d'éclairs vifs et rapides, ni de bruits grinçans dans l'arrière-boutique.

Mais le lendemain, les joues pendantes et ridées de Coquelin passèrent du vert au rouge quand la jeune femme et son enfant s'approchèrent de sa boutique. Pourtant il ne témoigna sa joie que par le plat sourire qui effleura ses grosses lèvres et s'en alla mourir stupidement dans un coin de ses yeux éteints ; la petite fille, enhardie par le sourire, entra résolument dans la boutique et vint poser sa petite main sur l'épaule de Coquelin, tandis que de l'autre elle faisait tourner une girouette placée sur un château de carton ; Coquelin se tourna vers la charmante enfant et lui fit une grimace d'amitié ; la petite fille se familiarisa tout à fait avec la figure lourde et sale du faiseur de joujoux, et finit par agir sans façons, de sorte que, tandis que sa mère, avait les yeux fixés sur les murs du palais où le tribunal tenait ses séances, la petite fille s'installa dans la boutique de Coquelin, trempant ses petits doigts dans le pot de colle, faisant danser les pantins, roulant les carrosses, ouvrant les fenêtres des maisons de carton, bouleversant la table de Coquelin, qui ne proférait pas la moindre plainte, et dont les yeux se reportaient successivement de l'enfant à la mère.

Pendant un moment où il regardait la mère, l'enfant se glissa dans l'arrière-boutique, et presque aussitôt, jetant un cri, reparut sur le seuil de la porte intérieure avec un doigt tout en sang.

A ce cri, la mère se retourna vivement et se précipita dans la boutique.

— Oh ! mon Dieu ! mon Dieu ! lui dit-elle, qu'as-tu fait, ma pauvre enfant ? tu t'es coupée ?

— Oh ! maman, maman, répondit l'enfant en secouant sa petite main et en faisant tout ce qu'elle pouvait pour retenir ses larmes, ne me gronde pas ; c'est un gros vilain couperet qui m'a mordue.

— Un couperet ! s'écria la mère.

La figure de Coquelin devint livide de pâleur. Et, fermant avec soin la porte de l'arrière-boutique, dont il mit la clef dans sa poche :

— Ce n'est rien, ce n'est rien, dit-il d'une voix tremblante. Voici du taffetas d'Angleterre ; pansez-la vous-même ; moi, j'ai la main trop lourde.

Et avec un empressement extraordinaire, Coquelin présenta à la jeune femme une tasse pleine d'eau, et se tint à genoux devant l'enfant, tandis que sa mère lui lavait le doigt et appliquait sur la coupure un morceau de taffetas d'Angleterre.

— Elle aura mis la main imprudemment sur quelque couteau de cuisine, dit la jeune femme un peu rassurée. Ces malheureux enfans fourrent la main partout.

— Oh ! citoyenne, répondit Coquelin, j'en suis bien fâché, car j'aurais dû y veiller ; c'est ma faute. Mais mademoiselle Louise est légère comme une biche.

— Et étourdie comme un hanneton, dit la jeune femme avec un triste et doux sourire.

Ce sourire, si passager qu'il eût été, rendit Coquelin expansif. Il regretta de n'avoir pas une chaise, pas un tabouret à présenter à la citoyenne et à sa fille. Sa conversation était celle d'un homme qui a peu d'idées, et une certaine ténacité de caractère, ce qui va presque toujours ensemble. D'ailleurs, sa phrase était courte, saccadée, inattendue, et il la débitait avec un accent montagnard. De son côté, la jeune femme commençait à s'habituer à cet homme, qui avait commencé par lui inspirer une répugnance dont elle ne se rendait pas compte. Aussi lui fit-elle, à son tour, quelques questions.

— Et ce que vous faites-là suffit à vos besoins ? lui demanda-t-elle.

— Oh ! j'ai du travail en ville, répondit Coquelin.

— Mais ce travail vous rend-il beaucoup ?

— Oui, oui ! on me paie bien.

— Et jamais il ne manque ?

— C'est-à-dire, répondit l'ouvrier, qui s'était remis à sa besogne, se renversant en arrière et relevant ses manches, c'est à dire qu'il y a des temps.

— Et vous êtes dans un bon moment, à ce qu'il paraît ? demanda la jeune femme, car vous me semblez content.

— Mais oui ! mais oui ! Depuis deux mois à peu près, les commandes ne vont pas mal, et s'augmentent tous les jours, grâce au citoyen Brutus.

— Vous connaissez le citoyen Brutus ? s'écria la jeune femme, sans réfléchir à cette étrange influence que pouvait avoir le citoyen Brutus sur le commerce d'un faiseur de jouets d'enfans.

— Si je connais le citoyen Brutus, répondit Coquelin ; parbleu ! si je le connais. C'est un chaud qui ne plaisante pas.

— Vous le connaissez ! oh ! mon Dieu ! c'est peut-être la Providence qui m'a conduite ici. — Et le voyez-vous souvent ?

— Oui, comme cela, de temps en temps. Quand j'ai fini mon travail du jour, je vais demander ses ordres pour le lendemain. Nous prenons un petit verre ensemble et nous trinquons à la santé de la république, une et indivisible. — Oh ! il n'est pas fier, le citoyen Brutus.

— Citoyen Coquelin, vous me paraissez un brave homme.

— Un brave homme... moi ?... ô citoyenne !

— Vous me rendriez volontiers un service, n'est-ce pas ?

— Si je le pouvais, citoyenne. Certainement je ne demanderais pas mieux.

— Tenez, citoyen Coquelin, je veux tout vous dire. J'ai mon mari en prison, voilà pourquoi je passe tous les jours dans cette rue ; il est innocent, je vous le jure, mais il a des ennemis parce qu'il est riche. Si vous pouviez implorer pour lui la justice du citoyen Brutus ?... Il se nomme Robert, mon mari ; retenez bien son nom, et puisque vous connaissez le président Brutus, puisque vous allez le voir à la fin de votre travail, eh bien ! dites-lui, la première fois que vous irez, dites-lui qu'une pauvre femme bien malheureuse le supplie au nom du ciel de lui conserver son mari... Dites-lui bien qu'il n'a rien fait, mon pauvre Charles, le père de ma petite Louise ; dites-lui qu'il n'a jamais conspiré, que c'est un bon patriote qui aime la république. Si vous saviez comme il m'aime !... si vous saviez comme il aime son enfant.... Il faut que je vous dise que tous les jours je le vois ; à cinq heures, il passe devant une petite fenêtre grillée et me fait un signe ; aussi, tous les jours à cinq heures, nous allons attendre ce signe devant la fenêtre. J'ai fait tout ce que j'ai pu pour voir le citoyen Brutus, mais on ne m'a pas laissé arriver jusqu'à lui. Cependant je l'aurais tant prié, tant supplié, qu'il m'aurait donné la vie de mon mari, j'en suis sûre. Mais c'est le bon Dieu qui m'a conduite ici, et puisque vous connaissez le citoyen Brutus, on ne tuera pas mon Charles. Louise ! mon enfant ! s'écria la pauvre mère toute éperdue, on veut tuer ton père, prie avec moi le citoyen Coquelin pour qu'on ne le tue pas !

Louise se mit à pleurer en criant :

— Je ne veux pas que papa meure, monsieur Coquelin ; ne tuez pas papa.

La figure de Coquelin devint livide de pâleur.

— N'écoutez pas ce que dit cette enfant, s'écria la mère : elle ne sait ce qu'elle dit, mon bon monsieur Coquelin.

Et elle voulut prendre les mains rugueuses du faiseur de joujoux, qui les retira vivement.

— Citoyenne, ne touchez pas à mes mains, lui dit-il avec une sorte d'effroi.

La pauvre femme se recula, elle ne comprenait pas le mouvement de Coquelin. Il y eut un instant de silence.

— Vous dites donc, reprit Coquelin, que la vie de votre mari dépend du citoyen Brutus ?

— De lui seul ! s'écria la jeune femme.

— C'est qu'il est bien dur, le citoyen Brutus ! continua Coquelin en secouant la tête. Bien dur, bien dur, — et il poussa un soupir.

— Me refusez-vous votre protection ? demanda avec timidité la jeune femme en joignant les mains.

— Moi, dit Coquelin, moi vous refuser quelque chose de ce qu'il m'est possible de faire ? ah ! vous ne me connaissez pas, citoyenne. D'ailleurs, est-ce que vous ne m'avez pas acheté une maison en carton ? est-ce que vous ne venez pas tous les jours dans ma boutique où il vient si peu de monde ? Est-ce que vous ne parlez pas, avec votre bonne petite voix si douce, à vos pauvre homme à qui personne ne parle ! Et cependant rendez-moi justice, est-ce que je n'ai pas la boutique la mieux fournie de Marseille ? Est-ce qu'il y en a un pour manier les ciseaux comme moi ? Oh ! allez, j'ai de l'adresse, j'ai du goût, moi. — Tenez, voyez ce petit pantin, c'est cela qui est drôle ; je n'ai qu'à tirer la ficelle, et les bras, les jambes, la tête, tout cela s'agite, tout cela remue ; voyez ! voyez !

La jeune femme, par complaisance, regarda, à travers les larmes qui s'étaient répandues dans ses yeux, le grotesque pantin, dont Coquelin, la figure ébahie avec une satisfaction orgueilleuse d'artiste, faisait bondir les jambes et les bras.

De son côté, la petite Louise, passant de la douleur à la joie, comme une enfant qu'elle était, sautait sur la pointe de ses pieds en riant comme une folle.

La scène avait pris un caractère touchant et presque patriarcal. Renversé sur sa chaise, Coquelin tenait d'une main, à la hauteur de son nez, le petit bonhomme de carton suspendu par la tête, et de l'autre main il communiquait, au moyen de la ficelle, un mouvement rapide aux bras et aux jambes de ce pantin. Plus le bonhomme se démenait, plus les rires de Louise devenaient joyeux. Coquelin savourait son succès de mécanicien ; sa figure s'épanouissait. Et il disait, tout en tirant la ficelle et en accordant sa voix avec les gestes du pantin :

— Vous dites donc, citoyenne, que votre mari est accusé ? Eh bien, je verrai le citoyen Brutus ; je lui parlerai ; il est dur, le citoyen Brutus ! Mais, qui sait ?... En tout cas, je ferai tout ce que je pourrai pour votre mari ; soyez tranquille, citoyenne... Malheureusement, je ne peux pas grand chose... mais tout ce que je peux, je le ferai... tout !

— Oh ! mon bon monsieur Coquelin !

— Oh ! j'ai de la mémoire, moi, citoyenne. J'en ai... je n'oublierai jamais que, depuis deux semaines, vous venez me voir travailler une demi-heure tous les jours, et que pendant cette demi-heure, je ne sais pourquoi, mais je suis heureux. C'est qu'à Marseille, voyez-vous, on n'aime pas les artistes... j'étais forcé de m'admirer tout seul... Voyez donc comme il danse, mon pantin, ma petite citoyenne. Elle aime bien son papa, n'est-ce pas ?

— De tout mon cœur, répondit l'enfant.

— C'est bien. Elle n'a pas cassé sa maison ?

— Oh non ! monsieur Coquelin, je l'ai mise sur la table du salon.

— Vous devez être bien heureuse, citoyenne, d'avoir une aussi jolie enfant ?

— Oui, dit la jeune femme, et comme elle est bien sage, je vais encore lui acheter ce pantin.

Louise poussa un cri de joie. Coquelin se leva dans toute la fierté de sa taille, et remit le pantin à la pauvre mère, qui le paya quatre francs, recommanda une dernière fois son mari aux bons offices de Coquelin et sortit.

— A propos ! votre adresse, citoyenne ? lui demanda-t-il.

— Rue des Thionvillois, île 4, n° 6.

— Merci, dit Coquelin. Et il rentra dans son magasin, écrivit sur un morceau de papier l'adresse que venait de lui donner la jeune femme, mit le morceau de papier dans la poche grasse de son gilet à ramages, poussa un soupir, et passa dans l'arrière-boutique.

Un instant après, les éclairs jaillirent, et le bruit grinçant se fit entendre.

Le lendemain, vers les onze heures du matin, la jeune femme apprit que son mari avait paru devant Brutus, et que Brutus l'avait condamné à mort.

La jeune femme resta d'abord toute étourdie de ce coup. Mais elle vit son enfant qui jouait avec la jolie maison ; elle pensa à Coquelin, dit à la petite Louise d'être sage et de s'amuser avec ses joujoux, ferma la porte à clef, et courut, comme une folle, rue du Petit-Mazeau.

La boutique du faiseur de jouets d'enfans était fermée.

C'était un dernier espoir qui lui échappait ; aussi se mit-elle à frapper du poing contre cette porte comme une insensée, renversant de temps en temps la tête en arrière et poussant des sanglots.

Personne ne répondit, mais une vieille femme voisine de Coquelin ouvrit sa fenêtre, et, voyant cette jeune femme qui frappait sans relâche, elle lui demanda ce qu'elle voulait :

— Je veux parler au citoyen Coquelin ! s'écria la jeune femme.

— Le citoyen Coquelin est parti avec son tombereau, répondit la vieille ; il doit être à cette heure-ci sur la Cannebière. Et la vieille referma la fenêtre.

La jeune femme se mit à courir du côté indiqué ; mais à mesure qu'elle approchait, la foule était si considérable, qu'elle fut obligée de s'arrêter dans une des rues voisines. Des gens à face patibulaire disaient :

— Quel malheur de ne pas pouvoir aller plus loin ! On en mène douze aujourd'hui. Ceux qui ont les premières places en verront pour leur argent.

La pauvre femme s'évanouit.

On la porta dans une maison, on fouilla dans ses poches ; on y trouva une lettre à son adresse, et on la reporta rue des Thionvillois.

Quand elle revint à elle, la petite Louise était à genoux, et une vieille femme, qui l'avait suivie de Paris, lui jetait de l'eau sur la figure.

Elle voulut se lever, mais elle était si faible qu'elle fut forcée de se rasseoir.

Elle resta deux heures, les mains appuyées sur les bras de son fauteuil, l'œil fixe, sans prononcer une seule parole.

Au bout de deux heures, on sonna violemment à la porte.

— Allez voir ce que c'est, dit-elle à la vieille servante.

La bonne femme descendit. Un instant après, elle rentra toute tremblante et tenant un billet à la main.

Un homme, coiffé d'un bonnet rouge, avait jeté ce billet dans l'escalier, en criant : — Pour la citoyenne veuve Robert.

La jeune femme prit le papier. Voici ce qui y était écrit :

« Citoyenne, ils étaient douze, votre mari était le douzième, je l'ai fait passer le premier ; vous voyez que j'ai tenu ma promesse, j'ai fait tout ce que j'ai pu.

» COQUELIN,
» Exécuteur des hautes-œuvres. »

En ce moment, Louise dit à sa mère :

— Maman, vois comme il saute, mon pantin !

La pauvre femme se leva, mit en pièces le pantin et la maison de carton, et prenant sa fille dans ses bras, elle retomba évanouie une seconde fois en disant :

— Les monstres ! ils ont tué ton père !

TOULON.

Attendu, dit le proverbe, qu'il n'y a si bonne compagnie qu'il ne faille quitter, après trois jours de fêtes et de plaisirs, force me fut de quitter cette bonne et spirituelle compagnie marseillaise, au milieu de laquelle une semaine s'était envolée avec la rapidité d'une heure.

En me conduisant à la voiture, Méry recommanda à Jadin de ne point oublier de lui faire faire en passant un dessin du lac de Cuges, puis nous nous embrassâmes; je partis pour Toulon, et Méry rentra dans Marseille.

La route que l'on prend pour sortir de la capitale de la Provence est aussi brûlée et aussi poussiéreuse que celle que l'on suit pour y arriver; rien de plus uniforme et de plus triste que ces oliviers entremêlés de vignes, dans les interstices desquels, comme dit le président des Brosses, on élève par curiosité des plantes de froment.

Au bout d'une heure ou deux, nous nous engageâmes dans des montagnes pelées et nues, auxquelles le soleil et les pluies n'ont laissé que leur ossature de granit. Nous suivîmes le fond d'une vallée aussi sèche que le reste du chemin; enfin, vers la nuit, au détour d'une roche gigantesque qui force la route de décrire une courbe, nous nous trouvâmes en face d'une grande nappe d'eau : c'était le lac de Cuges.

Comme le voiturier était à nos ordres, nous fîmes halte. Jadin, ainsi qu'il l'avait promis, dessina une vue pour Méry. Le lac était au premier plan, Cuges et son église au second; le troisième était fermé par les montagnes. Pendant ce temps, je pris mon fusil, et je suivis ses bords pour voir si je ne rencontrerais pas quelque canard ; malheureusement les roseaux n'avaient point encore eu le temps de pousser, et les canards se tenaient au large.

Je revins près de Jadin, qui avait fini son croquis, et nous nous apprêtâmes à passer le lac.

Ce n'était pas une petite affaire, les Cugeois n'avaient point encore eu le temps de bâtir un pont ; puis avant de le bâtir, ils voulaient sans doute être sûrs que leur lac leur resterait. En attendant, l'eau avait recouvert la grande route ; on voyait bien le chemin entrer d'un côté et sortir de l'autre ; mais pendant l'espace d'un quart de lieue, on n'avait d'autre guide pour le suivre que quelques jalons plantés à droite et à gauche. Or, comme ce chemin formait chaussée, pour peu que nous nous écartassions d'un côté ou de l'autre, nous tombions dans des profondeurs que nous pouvions mesurer par des cîmes d'arbres qui apparaissaient comme des broussailles à fleur d'eau. Je commençai à trouver que la Providence avait été bien prodigue envers Cuges, de lui donner un pareil lac, quand les Cugeois se seraient fort bien contentés d'une fontaine.

Cependant, comme il n'y avait ni pont, ni bac, force nous fut de prendre notre parti ; nous montâmes sur l'impériale, afin d'être tout prêts à nous sauver à la nage, et notre berlingo entra bravement dans le lac, dont il atteignit sans accident l'autre bord.

Nous trouvâmes Cuges en révolution ; le gouvernement avait eu avis de son lac et avait mis la main dessus. Les lacs sont de droit la propriété des gouvernemens, seulement un cas litigieux s'élevait pour celui-ci. C'était un lac de nouvelle date, et qui ne remontait pas, comme les autres, à la création du monde ou tout au moins au déluge. C'est par le déluge, comme on sait, que les lacs font leur preuve de noblesse. Le déluge est le 1399 des lacs. Or, celui de Cuges s'était étendu sans façon sur des propriétés qui appartenaient à des citoyens des villages environnans. Les citoyens propriétaires voulaient bien laisser le lac au gouvernement, mais ils voulaient être indemnisés des terres qu'ils perdaient par cette concession. Les Eaux et Forêts leur riaient au nez, ils montraient les dents aux Eaux et Forêts ; bref, il y avait déjà eu du papier marqué d'échangé, et les Cugeois, comme le pauvre savetier devenu riche, étaient quasi prêts à rendre leur lac, si on voulait leur rendre leur tranquillité.

Nous nous arrêtâmes à Cuges, d'où nous repartîmes le lendemain à six heures du matin.

La seule chose curieuse que nous offrit la route jusqu'à Toulon, c'était les gorges d'Ollioules ; les gorges d'Ollioules sont les Thermopyles de la Provence. Que l'on se figure des rochers à pic de deux à trois mille pieds de haut, du sommet desquels quelques villages perdus, où l'on monte on ne sait par où, se penchent curieusement pour vous regarder passer. Quelques-unes de ces montagnes ont de plus la prétention d'être des volcans éteints : je ne m'y oppose pas.

A peine est-on sorti des gorges d'Ollioules, que le contraste est grand : au lieu de ces deux parois de granit, si nues et si rapprochées qu'elles vous étouffent, on se trouve tout à coup dans une plaine délicieuse, encaissée à gauche par les montagnes qui s'arrondissent en demi-cercle, et à droite par la mer. Cette plaine, c'est la serre chaude de la Provence; c'est là que poussent en pleine terre, et à l'envi l'un de l'autre, le palmier de Syrie, l'oranger de Mayorque, le néflier du Japon, le goyavier des Antilles, le yucca d'Amérique, le lentisque de Crète, et l'accacia de Constantinople ; c'est là le pied à terre des plantes qui viennent de l'orient et du midi, pour s'en aller mourir dans nos jardins botaniques du nord. Heureuses celles qui s'y arrêtent, car elles peuvent se croire encore dans leur pays natal.

C'est à gauche, sur le revers du chemin qui conduit des gorges d'Ollioules à Toulon, qu'eut lieu, le 18 juin 1815, le jour même de la bataille de Waterloo, l'entrevue du maréchal Brune et de Murat. Murat était vêtu en mendiant, avait une redingote grise, une résille espagnole, un grand feutre catalan, et *des lunettes d'or*. Ce que demandait le mendiant royal, c'était de reprendre sa place comme simple soldat dans les armées de celui qu'il avait perdu deux fois, la première en se déclarant contre lui, la seconde en se déclarant pour lui. On sait quel fut le résultat de cette entrevue. Murat, repoussé de France, passa en Corse, et de la Corse s'embarqua pour la Calabre. On peut retrouver son cadavre dans l'église du Pizzo.

En entrant à Toulon, nous passâmes devant le fameux balcon du Puget, qui fit dire au chevalier Bernin, lorsqu'il arriva en France, que ce n'était pas la peine d'envoyer chercher des artistes en Italie quand on avait chez soi des gens capables de faire de pareilles choses.

Les trois têtes qui soutiennent ce balcon sont les charges des trois consuls de Toulon, dont Puget était mécontent ; aussi la ville les garde-t-elle précieusement comme des portraits de famille.

J'avais des lettres pour M. Lauvergne, jeune médecin du plus grand mérite, qui avait accompagné le duc de Joinville dans son excursion de Corse, d'Italie et de Sicile, et frère de Lauvergne, le peintre de marine, qui a fait deux ou trois fois le tour du monde. Comme nous comptions nous arrêter à Toulon, il nous offrit, au lieu de notre sombre appartement en ville, une petite bastide pleine d'air et de soleil qu'il avait au fort Lamalgue. L'offre était faite avec tant de franchise que nous acceptâmes à l'instant. Le soir même nous étions installés, de sorte que le lendemain, en nous éveillant et en ouvrant nos fenêtres, nous avions devant nous cette mer infinie qu'on a besoin de revoir de temps en temps une fois qu'on l'a vue, et dont on ne se lasse pas tant qu'on la voit.

Toulon a peu de souvenirs. A part le siège qu'en fit le duc de Savoie, et la trahison qui le mit aux mains des Anglais et des Espagnols, en 1793, son nom se trouve rarement cité dans l'histoire : mais à cette dernière fois elle s'y trouve inscrite d'une manière ineffaçable : c'est de Toulon que date réellement la carrière militaire de Bonaparte.

Comme curiosités, Toulon que n'a que son bagne et son port. Malgré le peu de sympathie qui m'attirait vers le premier de ces établissemens, je ne lui en fis pas moins ma visite le second jour après mon arrivée. Malheureusement, le bagne de Toulon n'avait pour le moment aucune notabilité; il venait, il y avait deux ou trois mois, d'envoyer ce qu'il possédait de mieux à Brest et à Rochefort.

Les trois premiers objets qui frappent la vue en entrant au bagne sont; d'abord un Cupidon appuyé sur une ancre, puis un crucifix, puis deux pièces de canon chargées à mitraille.

Le premier forçat que nous rencontrâmes vint droit à moi, et m'appela par mon nom en me demandant si je n'achetais pas quelque chose à sa petite boutique. Quelque désir que j'eusse de lui rendre sa politesse, je cherchais vainement à me rappeler la figure de cet homme ; il s'aperçut de mon embarras et se mit à rire.

— Monsieur cherche à me reconnaître ? me dit-il.
— Oui, je l'avoue, mais sans aucun succès.
— J'ai pourtant eu l'honneur de voir Monsieur bien souvent.

La chose devenait de plus en plus flatteuse ; seulement je ne me rappelais pas avoir jamais fréquenté si bonne compagnie ; enfin il prit pitié de mon embarras.

— Je vois bien qu'il faut que je dise à Monsieur où je l'ai vu, car Monsieur ne se le rappellerait pas. J'ai vu Monsieur chez mademoiselle Mars.

— Et que faisiez-vous chez mademoiselle Mars ?
— Je servais, Monsieur, j'étais valet de chambre : c'est moi qui ai volé ses diamans.

— Ah! ah ! vous êtes Mulon, alors ?
Il me présenta une carte.
— Mulon, artiste forçat, pour vous servir.
— Mais, dites-moi, il me semble que vous êtes à merveille ici.

— Oui, monsieur, grâce à Dieu ! je ne suis pas mal ; il est toujours bon de s'adresser aux personnes comme il faut. Quand on a su que c'était moi qui avais volé mademoiselle Mars, cela m'a valu une certaine distinction. Alors, monsieur, comme je me suis toujours bien conduit, on m'a dispensé des travaux durs ; d'ailleurs on a bien vu que je n'étais pas un voleur ordinaire ; j'ai été tenté : voilà tout. Monsieur sait le proverbe : l'occasion fait le larron.

— Pour combien de temps en avez-vous encore ?
— Pour deux ans, monsieur.
— Et que comptez-vous faire en sortant d'ici ?
— Je compte me mettre dans le commerce, monsieur ; j'ai fait ici un très bon apprentissage, et comme je sortirai, Dieu merci ! avec d'excellens certificats et une certaine somme provenant de mes économies, j'achèterai un petit fonds. En attendant, si monsieur veut voir ma petite boutique.

— Volontiers.

Mulon marcha devant moi et me conduisit à une espèce de baraque en pierre, pleine de toutes sortes d'ouvrages en cocos, en corail, en ivoire et en ambre, qui faisait réellement de cet étalage un assortiment assez curieux de l'industrie du bagne.

— Mais, lui dis-je, ce n'est pas vous qui pouvez confectionner tout cela vous-même ?

— Oh! non, monsieur, me répondit Mulon, je fais travailler. Comme ces malheureux savent que j'exploite en grand, ils m'apportent tout ce qu'ils font ; si ce n'est pas bien, je leur donne des avis, des conseils ; je dirige leur goût ; puis je revends aux étrangers.

— Et vous gagnez cent pour cent sur eux, bien entendu ?
— Que voulez-vous, monsieur, je suis à la mode, il faut bien que j'en profite ; monsieur sait bien que n'a pas la vogue qui veut. Oh ! si je pouvais rester ici dix ans de plus seulement, je ne serais pas inquiet de ma fortune, je me retirerais avec de quoi vivre pour le reste de mes jours. Malheureusement, monsieur, je n'en ai eu que pour dix ans en tout, et dans deux ans il faudra que je sorte. Oh ! si j'avais su!...

J'achetai quelques babioles à ce forçat optimiste, et continuai ma route, tout stupéfait de voir qu'il y avait des gens qui pouvaient regretter le bagne.

Je trouvai Jadin en marché avec un autre industriel qui vendait des cordons d'Alger : c'était un Arabe, qui nous raconta toute sa vie. Il était là pour avoir un peu tué deux juifs. Mais depuis ce temps, nous dit-il, la grâce de Dieu l'avait touché, et il s'était fait chrétien. — Parbleu, lui répondit Jadin, voilà un beau triomphe pour notre religion !

Nous avions commencé par les exceptions, mais nous en revînmes bientôt aux généralités.

Les forçats sont divisés en quatre classes : les indociles, les récidives, les intermédiaires, et les éprouvés.

Les indociles, comme l'indique leur nom, sont ceux dont il n'y a rien à faire ; ceux-là ont le bonnet vert, la casaque rouge et les deux manches brunes.

Ensuite viennent les récidives, qui ont le bonnet vert, une manche rouge et une manche brune.

Puis les intermédiaires, qui ont le bonnet et la casaque rouge.

Et enfin les éprouvés, qui ont la casaque rouge et le bonnet violet.

Les individus des trois premières classes sont enchaînés deux à deux ; ceux de la dernière n'ont que l'anneau autour de la jambe et pas de chaîne ; de plus, on leur distribue une demi-livre de viande les dimanches et les jours de fêtes, tandis que les autres ne sont nourris que de soupe et de pain.

Des chantiers et du port, nous passâmes dans les dortoirs : la couche des forçats consiste en un immense lit de camp en bois, dont les deux extrémités sont en pierres. A l'extrémité inférieure qui forme rebord, sont scellés des anneaux ; c'est à ces anneaux que, chaque soir, on cadenasse la chaîne que les forçats traînent à la jambe ; la maladie ne la fait pas tomber, et le condamné à perpétuité vit, dort et meurt avec les fers.

A chaque issue du bagne, deux pièces de canon chargées à mitraille sont braquées jour et nuit.

Comme j'avais des lettres de recommandation pour le commissaire de marine, il me fit, lorsqu'il eut appris que je demeurais à une demi-lieue de Toulon, la gracieuseté de m'offrir, pour mon service particulier, pendant tout le temps que je resterais à Toulon, un canot de l'Etat et douze éprouvés. Comme nous comptions visiter les différens points du golfe qui attirent les curieux, soit par leur site, soit par leurs souvenirs, nous acceptâmes avec reconnaissance ; en conséquence le canot fut mis à notre disposition à l'instant même, et nous en profitâmes pour retourner à notre bastide.

En nous quittant, le garde chiourme nous demanda nos ordres comme aurait pu faire un cocher de bonne maison. Nous lui dîmes de se trouver le lendemain à neuf heures du matin à notre porte. Rien n'était plus facile que d'obéir littéralement à cet ordre, notre bastide baignant ses pieds dans la mer.

Du reste, il serait difficile d'exiger de ces malheureux forçats un sentiment plus profond de leur abaissement qu'ils ne l'expriment eux-mêmes. Si vous êtes assis dans le canot, ils s'éloignent le plus qu'ils peuvent de vous ; si vous marchez, ils rangent longtemps à l'avance leurs jambes, pour que vous ne les rencontriez pas. Enfin, lorsque vous mettez pied à terre, et que le canot vacillant vous force de chercher un appui, c'est le coude qu'ils vous présentent, tant ils sentent que leur main n'est pas digne de toucher votre main. En effet, les malheureux comprennent que leur contact est immonde, et par leur humilité ils désarment presque votre répugnance.

Le lendemain, à l'heure dite, le canot était sous nos fenêtres : il n'y a pas de serviteurs plus exacts que les forçats ; le bâton répond de leur ponctualité, et n'était la livrée, je désirerais fort n'avoir jamais d'autres domestiques. Pendant que nous achevions de nous habiller, nous leur fîmes boire deux bouteilles de vin, qui leur furent distribuées par le garde chiourme. Ce brave homme fit les parts avec une justesse de coup d'œil qui prouvait une pratique fort exercée du droit individuel. Il poussa même l'impartialité jusqu'à boire le dernier verre, qu'il ne pouvait diviser en douze portions, plutôt que de favoriser les uns aux dépens des autres.

Nous allions d'abord à Saint-Mandrier. Saint-Mandrier est un hôpital non-seulement bâti par les forçats, mais en quelque sorte créé entièrement par eux. En effet, ils ont tiré la pierre de la carrière, ils ont écarri les charpentes, ils ont taillé les briques, forgé la serrurerie, cuit les tuiles, et laminé les plombs; il n'y a que la verrerie qui leur est arrivée toute faite.

Au-dessus de Saint-Mandrier, au-dessus de la deuxième colline, s'élève la tour des signaux qui sert en même temps de tombeau à l'amiral de Latouche-Tréville.

En quittant Saint-Mandrier, nous traversâmes toute la rade et nous allâmes descendre au petit Gibraltar. C'est ce fort, comme on le sait, qui fut emporté par Bonaparte en personne, et dont la prise amena presqu'immédiatement la reddition de Toulon. Le vainqueur, en montant à l'assaut, y fut grièvement blessé d'un coup de baïonnette à la cuisse.

En revenant du petit Gibraltar, nous traversâmes toute la flotte du contre-amiral Massieu de Clairval; elle se composait de six magnifiques vaisseaux : le *Suffren*, la *Didon*, le *Nestor*, le *Duquesne*, la *Bellone* et le *Triton*. Nous accostâmes ce dernier, car j'avais une visite à y rendre à un ami déjà célèbre alors, mais dont la célébrité s'est accrue depuis, grâce à un des plus beaux faits d'armes qui s'honore notre marine; cet ami était le vice-amiral Baudin. Quant au fait d'armes, on a déjà nommé la prise de Saint-Jean-d'Ulloa.

Le vice-amiral n'était alors que capitaine, et commandait le *Triton*. C'était une de ces existences brisées par la restauration de 1815, et qui venaient de se reprendre à la révolution de 1830. Pendant ces quinze ans, le capitaine Baudin s'était réfugié dans la marine marchande; et dans cette partie de sa carrière, je pourrais, si je le voulais, à défaut de belles actions, citer de bonnes actions.

Le capitaine Baudin nous fit les honneurs de son bâtiment avec cette grâce parfaite qui n'appartient qu'aux officiers de marine; puis, en s'invitant à déjeuner le lendemain dans notre petite bastide, il mit à néant toutes les mauvaises raisons que nous lui donnions pour ne pas rester à dîner avec lui à bord; il en résulta que nous quittâmes le *Triton* à huit heures du soir.

Je voudrais bien savoir ce qui empêcha les forçats, qui étaient douze, de nous prendre quelque vingt-cinq louis que nous avions dans nos poches, de nous jeter à la mer, Jadin, moi et le garde chiourme, et de s'en aller où bon leur aurait semblé avec le canot du gouvernement.

Lorsque nous fûmes rentrés à notre bastide, et tous deux couchés, nos portes bien fermées dans la même chambre, je fis part de ma réflexion à Jadin.

Jadin m'avoua que, tout le long de la route, il n'avait pas pensé à autre chose.

Le lendemain, à l'heure convenue, nous vîmes arriver notre convive dans sa yole élégante, dont les douze rames fendaient l'eau d'un mouvement si rapide et si uniforme, qu'on aurait crues mises en jeu par l'impassible volonté d'une machine. Le capitaine laissa dans le petit débarcadère et monta chez nous. L'hospitalité était moins élégante que celle du *Triton*; une petite guinguette des environs en avait fait tous les frais. Heureusement une des qualités de l'air de la mer est de donner un éternel et insatiable appétit.

A deux heures, le capitaine nous quitta; je le reconduisis jusqu'à sa yole. La yole se balançait seule et vide sur la mer. Les matelots, qui avaient probablement compté que notre déjeuner dégénérerait en dîner, étaient allés faire leurs dévotions au cabaret du fort Lamalgue.

C'était, à ce qu'il paraît, une faute énorme contre les règles de la discipline, car ayant voulu les appeler, le capitaine me pria de n'en rien faire, et me dit qu'il s'en irait sans eux, afin que les coupables comprissent bien la grandeur de leur péché. Comme le capitaine était seul, et, comme on le sait, il avait eu le bras droit emporté par un boulet de canon, j'offris alors de lui servir d'équipage, ce qu'il accepta à la condition que à mon tour je resterais à dîner avec lui. Ce n'était point une condition pareille qui pouvait empêcher mon enrôlement dans l'équipage du *Triton*. Je répondis donc que je suivrais le capitaine au bout du monde, et aux conditions qu'il lui plairait de m'imposer.

En conséquence de l'accord, nous rangeâmes les avirons au fond du canot, nous dressâmes le petit mât, nous déployâmes la voile, et nous partîmes.

Quoique nous fussions séparés de deux milles à peine du *Triton*, la navigation n'était pas sans un certain danger; il y avait mistral, ce qui suffisait pour mettre la mer en gaîté; or, tout le monde sait ce que c'est que les gaîtés de la mer.

Certes, si le capitaine avait eu son équipage, ou seulement ses deux bras, notre traversée n'eût été qu'une plaisanterie; mais n'ayant que son bras gauche et moi seul pour compagnon, la position n'était pas commode. Le capitaine oubliait toujours mon ignorance en marine, de sorte qu'il me commandait la manœuvre comme il aurait pu faire au contre-maître le plus exercé, ce à quoi je répondais en prenant bâbord pour tribord, et en amarrant quand il aurait fallu larguer; il en résultait des quiproquos qui, avec des vagues de douze à quinze pieds de haut, et avec un vent aussi capricieux que le mistral, ne laissaient pas d'offrir quelque danger. Deux ou trois fois je crus l'embarcation sur le point de chavirer, et j'ôtai mon habit sous le prétexte d'être plus apte à la manœuvre, mais de fait, pour être moins empêché, s'il me fallait par hasard continuer ma route à la nage.

De temps en temps, au milieu de mes perplexités, je jetais les yeux sur le *Triton*, et j'apercevais tout l'équipage qui, amassé sur le pont, nous regardait manœuvrer sans nous perdre un seul instant de vue. Je ne comprenais pas une pareille inaction, jointe à une curiosité si soutenue; il était évident que l'on savait qui nous étions. Alors, puisqu'on voyait notre position, comment ne m'envoyait-on pas à notre aide? Je comprenais bien tout ce qu'il y avait d'originalité à se noyer en compagnie du meilleur capitaine peut-être de toute la marine française, mais j'avoue que, dans ce moment, je n'envisageais point cet honneur sous son véritable point de vue.

Nous mîmes à peu près une heure et demie à gagner le bâtiment; car, comme nous avions le vent debout, ce ne fut qu'à l'aide de manœuvres très compliquées et très savantes, qui firent l'admiration de l'équipage, que nous atteignîmes notre majestueux *Triton*, lequel, comme s'il était étranger à tous ces petits caprices du vent et de la mer, se balançait à peine sur ses ancres. A peine fûmes-nous à portée, que cinq ou six matelots se précipitèrent dans la yole : alors le capitaine, avec la gravité et le sang-froid qui ne l'avaient pas quitté un seul instant, monta l'échelle le premier; on sait que c'est d'étiquette, le capitaine est roi à bord. Il expliqua en deux mots comment nous revenions seuls, et donna quelques ordres relatifs à la réception à faire aux matelots lorsqu'ils reviendraient à leur tour. Quant à moi, qui l'avais suivi le plus promptement possible, je reçus force complimens sur la façon distinguée dont j'avais accompli les manœuvres qui m'avaient été commandées. Je m'inclinai d'un air modeste, en répondant que j'étais à si bonne école qu'il n'y avait rien d'étonnant à ce j'eusse fait de pareils progrès.

Le dîner fut gai et fort spirituel, notre expédition fit en partie les frais de la conversation. Là, je m'informai des raisons pour lesquelles le lieutenant qui, grâce à sa lunette, ne nous avait pas perdus de vue un instant, s'était abstenu d'envoyer un canot au devant de nous. Il nous répondit que, sans un signe du capitaine qui indiquât que nous étions en détresse, il ne se serait jamais permis une telle inconvenance.

— Mais, lui demandai-je, si nous avions chaviré, cependant.

— Oh! dans ce cas, c'était autre chose, me répondit-il; nous avions une embarcation toute prête.

— Qui serait arrivée quand nous aurions été noyés! merci.

Le lieutenant me répondit par un geste de la bouche et des épaules, qui signifiait :

— Que voulez-vous, c'est la règle.

J'avoue qu'à part moi, je trouvai cette règle fort sévère, surtout quand on l'applique de compte à demi à des gens qui n'ont pas l'honneur d'appartenir au corps royal de la marine.

En m'en allant, j'eus la satisfaction de voir les douze matelots de la yole qui prenaient le frais dans les haubans ; ils en avaient pour jusqu'au quart du matin à compter les étoiles et à flairer de quel côté venait le vent.

FRÈRE JEAN-BAPTISTE.

Nous ne pouvions pas être venus si près de la ville d'Hyères sans visiter le paradis de la Provence ; seulement nous hésitâmes un instant si nous irions par terre ou par mer. Notre irrésolution fut fixée par le commissaire de la marine, qui nous dit qu'il ne pouvait pas nous prêter les forçats pour une si longue course, attendu qu'il ne leur était pas permis de découcher.

Nous envoyâmes donc tout bonnement retenir nos places à la voiture de Toulon à Hyères, qui tous les jours passait vers les cinq heures du soir, à quelque cent pas de notre bastide.

Rien de délicieux comme la route de Toulon à Hyères. Ce ne sont point des plaines, des vallées, des montagnes que l'on franchit, c'est un immense jardin que l'on parcourt. Aux deux côtés de la route s'élèvent des haies de grenadiers, au dessus desquelles on voit de temps en temps flotter, comme un panache, la cime de quelque palmier, ou surgir, comme une lance, la fleur de l'aloès ; puis au delà de cette mer de verdure, la mer azurée, toute peuplée, le long de ses côtes, de barques aux voiles latines, tandis qu'à son horizon passe gravement le trois mâts avec sa pyramide de voiles, où file avec rapidité le bateau à vapeur, laissant derrière lui une longue traînée de fumée, lente à se perdre dans le ciel.

En arrivant à l'hôtel, nous n'y pûmes pas tenir, et notre premier mot fut pour demander à notre hôte s'il possédait un jardin, et si dans ce jardin il y avait des orangers. Sur sa réponse affirmative, nous nous y précipitâmes ; mais si la gourmandise est un péché mortel, nous ne tardâmes point à en être punis.

Dieu garde tout chrétien, ne possédant pas un double râtelier de Désirabode, de mordre à pleines dents comme nous le fîmes, dans les oranges d'Hyères.

En revenant vers notre bastide, nous aperçûmes de loin, debout sur le seuil de la porte, un beau moine carmélite à figure austère, à longue barbe grisonnante, couvert d'un manteau lévantin, et le corps entouré d'une ceinture arabe. Je doublai le pas, curieux de savoir ce qui me valait cette étrange visite. Le moine alors vint au devant de moi, et me saluant dans le plus pur romain, me présenta un livre sur lequel étaient inscrits les noms de Châteaubriand et de Lamartine. Ce livre était l'album du mont Carmel.

Voici l'histoire de ce moine ; il y en a peu d'aussi simples et d'aussi édifiantes.

En 1819, frère Jean-Baptiste (1), qui habitait Rome, reçut mission du pape Pie VII de partir pour la Terre-Sainte, et de voir, en sa qualité d'architecte, quel moyen il y aurait à employer pour rebâtir le couvent du Carmel.

Le Carmel, comme on le sait, est une des montagnes saintes ; ainsi que l'Horeb et le Sinaï, il a été visité par le Seigneur. Situé entre Tyr et Césarée, séparé seulement de Saint-Jean-d'Acre par un golfe, à cinq heures de distance de Nazareth, et à deux journées de Jérusalem : lors de la division des tribus, il échut en partage à Azer, qui s'établit à son septentrion, à Zabulon, qui s'empara de son orient, et

---

(1) Son nom laïque était Cassini : c'était un cousin issu de germain du célèbre géographe.

à Issachar qui posa ses tentes au midi. Du côté de l'occident, la mer vient baigner sa base qui s'avance, fait une pointe entre les flots, et se présente de loin au pèlerin qui vient d'Europe, comme le point le plus avancé de la Terre-Sainte, sur lequel il puisse poser ses deux genoux.

Ce fut sur le sommet du Carmel qu'Élie donna rendez-vous aux huit cent cinquante faux prophètes envoyés par Achab, afin qu'un miracle décidât, aux yeux de tous, quel était le véritable Dieu, de Baal ou de Jéhovah. Deux autels alors furent élevés sur le plateau de la montagne, et des victimes amenées à chacun d'un. Les faux prophètes crièrent à leurs idoles qui restèrent sourdes. Élie invoqua Dieu, et à peine s'était-il agenouillé, qu'une flamme descendit du ciel et dévora tout à la fois, non seulement le bois et la victime, mais encore la pierre du sacrifice. Les faux prophètes, vaincus, furent égorgés par le peuple, et le nom du vrai Dieu glorifié : cela arriva 900 ans avant le Christ.

Depuis ce jour, le Carmel est resté dans la possession des fidèles. Élie laissa à Élisée non seulement son manteau, mais encore sa grotte. A Élisée succédèrent les fils des prophètes, qui sont les ancêtres de saint Jean. Lors de la mort du Christ, les religieux qui l'habitaient passèrent de la loi écrite à la loi de grâce. Trois cents ans après, saint Bazile et ses successeurs donnèrent à ces pieux cénobites des règles particulières. A l'époque des croisades, les moines abandonnèrent le rit grec pour le rit romain, et de saint Louis à Bonaparte, le couvent bâti sur l'emplacement même où le prophète dressa son autel, fut ouvert aux voyageurs de toute religion et de tout pays, et cela gratuitement, à la glorification de Dieu et du prophète Élie, lequel est en égale vénération aux rabbins, qui le croient occupé à écrire les événemens de tous les âges du monde, aux Mages de Perse, qui disent que leur maître Zoroastre a été disciple de ce grand prophète ; et enfin aux Musulmans qui pensent qu'il habite une oasis délicieuse dans laquelle se trouve l'arbre et la fontaine de la vie qui entretiennent son immortalité.

La montagne sainte avait donc été vouée au culte du Seigneur pendant deux mille six cents ans, lorsque Bonaparte vint mettre le siège devant Saint-Jean-d'Acre ; alors le Carmel ouvrit, comme toujours, ses portes hospitalières, non plus aux pèlerins, non plus aux voyageurs, mais aux mourans et aux blessés. A huit cents ans d'intervalle, il avait vu venir à lui Titus, Louis IX et Napoléon.

Ces trois réactions de l'Occident contre l'Orient furent fatales au Carmel. Après la prise de Jérusalem par Titus, les soldats romains le dévastèrent ; après l'abandon de la Terre-Sainte par les Chrétiens, les Sarrasins égorgèrent ses habitans ; enfin, après l'échec de Bonaparte devant Saint-Jean-d'Acre, les Turcs s'en emparèrent, massacrèrent les blessés français, dispersèrent les moines, brisèrent portes et fenêtres, et laissèrent le saint asile inhabitable.

Il ne restait donc du couvent que ses murs ébranlés, et de la communauté qu'un seul moine qui s'était retiré à Kaïffa, lorsque frère Jean-Baptiste, désigné par son général au pape, reçut de Sa Sainteté l'ordre de se rendre au Carmel, et de voir dans quel état les infidèles avaient mis la sainte hôtellerie de Dieu, et quels étaient les moyens de la rééditifier.

Le moment était mal choisi. Abdallah-Pacha commandait pour la Porte, et le ministre du sultan portait une haine profonde aux Chrétiens ; cette haine s'augmenta encore par la révolte des Grecs. Abdallah écrivit au sublime empereur, que le couvent du Carmel pourrait servir de forteresse à ses ennemis, et demanda la permission de le détruire ; elle lui fut facilement accordée. Abdallah fit miner le monastère, et l'envoyé de Rome vit sauter les derniers débris de l'édifice qu'il était appelé à reconstruire. Cela se passait en 1821. Il n'y avait plus rien à faire au Carmel, le frère Jean-Baptiste revint à Rome.

Cependant il n'avait point renoncé à son projet. En 1826, il partit pour Constantinople, et grâce au crédit de la France et aux instances de l'ambassadeur, il obtint de Mahmoud un firman qui autorisait la reconstruction du monastère. Il revint alors à Kaïffa et trouva le dernier moine mort.

Alors il gravit tout seul la montagne sainte, s'assit sur un débris de colonne Byzantine, et là, son crayon à la main, architecte élu pour la maison du Seigneur, il fit le plan d'un nouveau couvent plus magnifique qu'aucun de ceux qui avaient jamais existé, et après ce plan le devis. Le devis montait à 250,000 fr.; puis enfin, le devis arrêté, l'architecte miraculeux, qui bâtissait ainsi avec la pensée sans s'occuper de l'exécution, alla à la première maison venue demander un morceau de pain pour son repas du soir.

Le lendemain, il commença à s'occuper de trouver les 250,000 fr. nécessaires à l'accomplissement de son œuvre sainte.

La première chose à laquelle il pensa fut de créer un revenu à la communauté qui n'existait point encore. Il avait remarqué, à cinq heures de distance du Carmel et à trois heures de Nazareth, deux moulins à eau abandonnés, soit par les suites de la guerre, soit parce que l'eau qui les faisait mouvoir s'était détournée. Il chercha si bien qu'à une lieue de là il trouva une source que, par le moyen d'un aqueduc, il pouvait conduire jusqu'à ses usines. Cette trouvaille faite, et certain qu'il pouvait mettre ses moulins en mouvement, le frère Jean-Baptiste s'occupa d'acquérir les moulins. Ils appartenaient à une famille de Druses : c'était une tribu qui descendait de ces israélites qui adorèrent le Veau d'Or; ils avaient conservé l'idolâtrie de leurs pères. Les femmes, aujourd'hui encore, portent pour coiffure la corne d'une vache. Cette corne, qui n'est relevée d'aucun ornement chez les femmes pauvres, est argentée ou dorée chez les femmes riches. La famille druse, qui se composait d'une vingtaine de personnes, ne voulut pas se défaire du terrain légué par ses ancêtres, quoique ce terrain ne rapportât rien; elle aurait cru faire une impiété. Le frère Jean-Baptiste lui offrit de louer ce terrain qu'elle ne voulait pas vendre. Le chef consentit à cette dernière condition. Le revenu des moulins devait être divisé en tiers : un tiers aux propriétaires, et les deux autres tiers aux bailleurs.

En effet, les bailleurs devaient être deux : l'un apportait son industrie, et celui-là, c'était frère Jean-Baptiste; mais il fallait qu'un autre apportât l'argent nécessaire aux frais de réparation des moulins et de construction de l'aqueduc. Le frère Jean-Baptiste alla trouver un Turc de ses amis qu'il avait connu dans son premier voyage, et lui demanda neuf mille francs pour mettre à exécution sa laborieuse entreprise. Le Turc le conduisit à son trésor, car les Turcs, qui n'ont ni rentes, ni industrie, ont encore à cette heure, comme dans les *Mille et une Nuits*, des tonnes d'or et d'argent. Le frère Jean-Baptiste y prit la somme dont il avait besoin, affecta au remboursement de cette somme le tiers de la vente des moulins; et grâce à cette somme mise de fonds faite par un musulman, l'architecte put jeter les fondemens de son hôtellerie chrétienne. D'intérêts, il n'en fut pas question, et cependant il fallait au moins douze ans pour que sa part dans la rente couvrît le bon mahométan de l'avance qu'il venait de faire; quant au contrat, ce fut chose toute simple, les conditions en furent arrêtées de vive voix, et les deux contractans jurèrent par leur barbe, l'un au nom de Mahomet, l'autre au nom du Christ, de les observer religieusement.

Savez-vous rien de plus simplement grand que ce chrétien qui s'en va demander de l'argent à un Turc pour rebâtir la maison de Dieu, et rien de plus grandement simple que ce Turc qui lui prête sans autre garantie que le serment du chrétien?

C'est que la réédification du Carmel était non seulement une question de religion, mais encore d'humanité; c'est que le Carmel est une hôtellerie sainte, où sont reçus, sans payer, les pèlerins de toutes les croyances, de toutes les nations, de tous les pays, et où celui qui arrive n'a qu'à dire pour trouver un lit et un repas : — Frère, je suis fatigué et j'ai faim.

Bientôt le frère Jean-Baptiste partit pour sa première course, laissant le soin de l'exécution de son aqueduc et la réparation de ses moulins à un néophite intelligent. En partant, il écrivit que ceux qui voulaient se réunir au supérieur des Carmelets d'Orient n'avaient qu'à venir, et que, dans quelque temps, un monastère s'élèverait pour les recevoir. Alors il parcourut les côtes de l'Asie mineure, de l'Archipel, et les rues de Constantinople, demandant partout l'aumône au nom du Seigneur, et, six mois après, il revint, rapportant une somme de vingt mille francs, suffisante aux premières dépenses de son édifice. Enfin, le jour de la Fête-Dieu, sept ans heure pour heure après qu'Abdallah-Pacha avait fait sauter les murs de l'ancien couvent, frère Jean-Baptiste posa la première pierre du nouveau.

Mais, avant la fin de l'année, cette somme fut épuisée; alors le père Jean-Baptiste repartit pour la Grèce et pour l'Italie; et porteur d'une somme considérable, il revint une seconde fois, ramenant la vie au monument qui continua de grandir, et qui déjà à cette époque était assez avancé pour donner l'hospitalité aux voyageurs. Lamartine, Taylor, l'abbé Desmazures, Champmartin et Dauzatz, y furent logés pendant leurs voyages en Palestine.

Et c'est ainsi que, sans se lasser de la fatigue, sans se rebuter des refus, offrant à Dieu ses dangers et ses humiliations, le frère Jean-Baptiste, quoique âgé aujourd'hui de 65 ans, poursuivit son œuvre. Il partit onze fois du Carmel et y retourna onze fois. Pendant dix ans que durèrent ses courses, il visita tout un hémisphère : il alla à Jérusalem, à Damas, à Jaffa, à Alexandrie, au Caire, à Rama, à Tripoli de Syrie, à Smyrne, à Malte, à Athènes, à Constantinople, à Tunis, à Tripoli d'Afrique, à Syracuse, à Palerme, à Alger, à Gibraltar. Il pénétra jusqu'à Fez et jusqu'à Maroc, il parcourut toute l'Italie, toute la Corse, toute la Sardaigne, toute l'Espagne, et une partie de l'Angleterre, d'où il revint par l'Irlande et le Portugal, si bien qu'à la dixième fois il était retourné au Carmel avec le complément d'une somme de 250,000 francs. Mais son devis, comme tout devis doit être, se trouvait d'une centaine de mille francs au dessous de la réalité, de sorte qu'il arrivait, parti pour la douzième fois du Carmel, afin de faire une dernière quête en France, ayant gardé le royaume très chrétien pour sa suprême ressource.

Et ce qu'il y avait d'admirable dans cet homme, c'est que, pendant dix ans qu'il avait fait la quête du Seigneur, pas une obole de ces 250 000 francs qu'il avait recueillis ne s'était détournée de la masse commune au profit de ses besoins personnels. S'il avait eu à franchir les mers, il avait reçu son passage gratis sur quelque pauvre bâtiment, qui avait espéré, par cette bonne œuvre, obtenir une mer calme et un vent favorable. S'il avait eu des royaumes à traverser, il les avait traversés, soit à pied, soit dans la voiture de pauvres rouliers qui lui avaient demandé pour toute récompense de prier pour eux; s'il avait eu faim, il avait demandé du pain à la chaumière, et s'il avait eu soif, de l'eau à la fontaine : chaque presbytère lui avait prêté un lit pour son repos de quelques heures. Et ainsi parti du même lieu que le Juif errant, avec une bénédiction au lieu d'un anathème, il venait, après avoir vu presqu'autant de pays que lui, terminer ses courses par la France.

J'offris mon offrande au frère Jean-Baptiste, honteux de la lui faire si faible; mais je lui donnai des lettres pour des amis plus riches que moi.

Aujourd'hui, frère Jean-Baptiste est retourné demander une tombe à cette montagne qu'il a dotée d'un palais.

Et maintenant, Dieu garde le couvent du Mont-Carmel d'Ibrahim, d'Abdul-Medjid, et surtout du commodore Napier.

LE GOLFE JUAN

Nous quittâmes Toulon après un séjour de six semaines. Comme il n'y avait rien à voir de Toulon à Fréjus, si ce n'est le pays que nous pouvions parfaitement voir par les portières, nous prîmes la voiture publique. D'ailleurs, pour un observateur, la voiture publique a un avantage qui balance tous ses désagrémens, c'est que l'on peut y étudier sous un jour assez curieux la classe moyenne des pays que l'on parcourt.

L'intérieur de notre diligence était complété par un jeune homme de vingt ou vingt-deux ans, et par un homme de cinquante à cinquante-cinq.

Le jeune homme avait la figure naïve, les yeux étonnés, les jambes embarrassantes, un chapeau à long poil, un habit bleu barbeau, un pantalon gris sans sous-pieds, des bas noirs, des souliers lacés, et une montre avec des fruits d'Amérique.

L'homme de cinquante-cinq ans avait les cheveux gris et raides, des favoris formant demi-cercle, et se terminant en pointe à la hauteur des narines, les yeux gris clair, un nez en bec de faucon, les dents écartées, et la bouche gourmande; sa toilette se composait d'un col de chemise qui lui guillotinait les oreilles, d'une cravate rouge, d'une veste grise, d'un pantalon bleu, et de souliers de peau de daim. De temps en temps il sortait la tête par la portière et dialoguait avec le conducteur, qui ne manquait jamais, en lui répondant, de l'appeler capitaine.

Nous n'avions pas encore achevé la première poste, que nous savions déjà que le capitaine portait ce titre parce qu'en 1815 il avait reçu du maréchal Brune l'ordre de charger et de transporter des vivres de Fréjus et d'Antibes à Toulon. Pour cette expédition on lui avait donné une chaloupe et six matelots qui avaient commencé par l'appeler patron, et qui avaient fini par l'appeler capitaine; ce titre lui avait paru faire bien en tête de son nom, et il l'avait gardé. Depuis ce temps, en conséquence, on l'appelait le capitaine Langlet.

A la seconde poste, nous connaissions les opinions politiques et religieuses du capitaine : en politique il était bonapartiste, en religion il était voltairien.

La conversation tomba sur le frère Jean-Baptiste; le capitaine en profita pour nous exprimer tout son mépris pour les *calotins*; il nous cita à ce sujet deux articles excellens du *Constitutionnel* contre le prêtre.

Nous descendîmes pour dîner à Cornouilles. Comme c'était un vendredi, l'hôte nous demanda si nous voulions faire maigre. — Est-ce que vous me prenez pour un jésuite? lui répondit d'un ton foudroyant le capitaine; faites-moi de bonnes grillades, et une omelette au lard.

Quant à nous, nous répondîmes que s'il y avait du poisson frais, nous mangerions du poisson. Le jeune homme, interrogé à son tour, répondit d'un ton très-doux et en rougissant jusqu'aux oreilles : — Je ferai comme ces messieurs.

Le capitaine Langlet nous regarda avec un mépris encyclopédique, et quand on lui apporta son omelette, il se plaignit qu'il n'y avait pas assez de lard.

Nous remontâmes en voiture, et comme nous devions coucher le soir à Fréjus, la conversation tomba sur le débarquement de Napoléon. Le capitaine Langlet y avait assisté de son navire.

— Alors, lui dit Jadin, il n'y a pas besoin de vous demander, avec les opinions que je vous connais, si vous vous réunîtes au grand homme.

— Peste! monsieur, répondit le capitaine Langlet, je n'eus garde d'abord; à cette époque, monsieur, je lui en voulais encore un peu à ce sublime empereur, d'avoir rétabli les églises au lieu d'en faire d'excellens magasins à fourrages. Non point, monsieur, au contraire, je fis voile pour Antibes, et j'annonçai la grande nouvelle au commandant de place, le général Cossin; je lui dis même que je croyais de mon œil une petite troupe d'une vingtaine d'hommes s'avançait vers notre ville avec un drapeau tricolore. Alors il fit ses dispositions, ce bon général : et lorsque la petite troupe arriva, on la laissa entrer, puis on ferma la porte derrière elle. De sorte que, grâce à moi, ils furent tous pris, monsieur, à l'exception de Casabianca, un farceur de Corse qui les commandait, qui sauta du haut en bas des remparts, et qui alla le rejoindre, ce grand empereur.

— Et que fit-on des prisonniers? demandai-je.

— Monsieur, on voulait les mettre dans la maison d'arrêt de la ville, mais elle était pleine, et je dis, moi : Mettez-les dans l'église, pardieu! Et on les mit dans l'église.

— Et combien de temps y restèrent-ils? demanda Jadin.

— Oh! ils y restèrent depuis le 1er de mars jusqu'au 22, que l'on apprit que le grand Napoléon avait fait son entrée dans la capitale.

— Pauvres gens! dit le jeune homme.

— Comment, pauvres gens! reprit le capitaine. Comment, pauvres gens! voilà pardieu! des gaillards bien à plaindre; ils avaient de bon pain, de bon vin, de bon riz et de bonnes fèves; je vous demande un peu qu'est ce qu'il faut de plus pour faire le bonheur!

— Mais, dis-je à mon tour, j'espère, capitaine, qu'au retour des Bourbons, vous avez eu au moins la croix d'honneur?

— La croix d'honneur! ah ben oui! je l'ai demandée, la croix d'honneur! Savez-vous ce qu'il m'a envoyé, ce vieux calotin de Louis XVIII? Il m'a envoyé sa fleur de lis. Oh! que je dis en la recevant, tu pouvais bien la garder, ta punaise!

— Peste! repris-je, capitaine, comme vous les traitez, ces pauvres fleurs de lis! Faites donc attention que saint Louis, François 1er et Henri IV étaient moins difficiles que vous, et que ces fleurs de lis, que vous méprisez, étaient leurs armes.

— Les armes de Henri IV! mais non, Henri IV, il était protestant, pardieu! C'est parce qu'il était protestant que les jésuites l'ont tué; car ce sont les jésuites, monsieur, qui l'ont tué, ce grand roi. Vous avez lu la *Henriade*, monsieur?

— Qu'est-ce que c'est que la *Henriade*? demanda Jadin avec le plus grand sang-froid.

— Vous ne connaissez pas la *Henriade*? Il faut lire la *Henriade*, monsieur, c'est un beau poème : c'est de M. de Voltaire, qui n'aimait pas les calotins, celui-là; aussi les calotins l'ont empoisonné... ils l'ont empoisonné! On a dit le contraire, mais ils l'ont empoisonné, monsieur, aussi vrai que je m'appelle le capitaine Langlet. Ce pauvre M. de Voltaire! Si j'avais vécu de son temps, j'aurais donné dix ans de ma vie pour conserver la sienne. M. de Voltaire!!! ah! en voilà un qui n'aurait jamais fait maigre le vendredi!

Nous comprîmes à qui l'épigramme s'adressait, et nous courbâmes la tête. Pendant quelque temps le capitaine Langlet nous comprima sous son regard victorieux; puis, voyant que nous nous rendions, il se mit à fredonner une chanson bonapartiste.

Nous arrivâmes à Fréjus sans nous être relevés du coup. Là, nous prîmes congé du capitaine Langlet, qui donna de nouveau à Jadin le conseil de lire la *Henriade*, et qui, se penchant à mon oreille, me dit tout bas :

— On voit bien que vous êtes royaliste, jeune homme, avec votre poisson et vos fleurs de lis; mais, trouon de l'air! ne dites pas ainsi tout haut votre opinion; nous n'entendons pas plaisanterie sur Napoléon, nous autres Fréjusains et Antibois; vous vous feriez égorger comme un poulet, dame! Ainsi, de la prudence.

Je promis au capitaine Langlet d'être plus circonspect à l'avenir, et nous prîmes congé l'un de l'autre, lui continuant sa route pour Antibes, et nous restant à Fréjus pour visiter le lendemain à notre aise le golfe Juan.

Au moment où nous allions prendre place pour souper, à l'extrémité d'une de ces longues tables d'auberges où dîne ordinairement toute une diligence, notre hôte vint nous demander si nous voulions bien permettre que le jeune homme qui était venu avec nous de Toulon se fît servir son repas à l'autre bout de la table. Comme ce jeune voyageur nous avait paru fort convenable tout le long de la route, nous répondîmes que non seulement il était parfaitement libre de se faire servir où cela lui convenait, mais que si, mieux encore, il voulait souper avec nous, il nous ferait plaisir. L'aubergiste s'empressa donc de lui porter notre réponse qu'il attendait dans l'autre chambre. Nous avions déjà fait toutes nos dispositions pour intercaler au milieu de nous notre nouveau convive, lorsque notre hôte vint nous dire que le jeune homme était bien reconnaissant, mais qu'il ne voulait pas nous être importun, et désirait seulement se tenir assez près de nous, pour jouir du charme de notre conversation. Je me retournai vers Jadin en lui tirant mon chapeau, car le compliment était évidemment pour lui. Pendant toute la route il avait fait poser le capitaine Langlet de manière à satisfaire les amateurs les plus difficiles, et tout naïf que paraissait notre compagnon de route, il avait on ne peut plus apprécié ce genre d'amabilité si nouveau pour lui.

Le maréchal Gérard disait un jour à propos de courage, et en parlant du général Jacqueminot: « Quand on ne le regarde pas, il n'est qu'étonnant, mais si on le regarde, il devient fabuleux. » Même chose peut se dire de Jadin à propos de l'esprit. Ce soir-là il était regardé, il fut splendide. Le jeune homme alla se coucher bien content; il avait passé une heureuse soirée.

Le lendemain, nous fîmes un tour dans Fréjus, juste ce qu'il en fallait pour qu'une ville qui date de 2,600 ans n'eût pas à se plaindre de nos procédés. Nous mîmes en conséquence des cartes à l'amphithéâtre, à l'aqueduc et à la porte dorée, et nous revînmes déjeuner à notre hôtel, où nous attendait la voiture qui devait nous conduire à Nice. En déjeunant, nous demandâmes des nouvelles de notre jeune homme; mais, comme il n'avait pas osé nous proposer de lui céder une place dans notre voiture, et qu'il n'était pas assez grand seigneur, avait-il dit, pour louer une voiture à lui seul, il avait pris les devants en prévenant qu'il aurait l'honneur de nous souhaiter le bonjour au golfe Juan. On ne pouvait pas être à la fois plus discret et plus poli.

Nous quittâmes Fréjus vers les dix heures du matin.

La route que nous prîmes remontait dans les terres; mais, au bout de six à sept lieues, nous nous rapprochâmes de la mer, moitié de notre part, moitié au moyen d'une grande échancrure qui semblait venir au devant de nous. Cette grande échancrure était le golfe Juan. Nous nous arrêtâmes juste où le prince de Monaco s'était arrêté.

On sait l'histoire du prince de Monaco.

Madame de D. avait suivi M. le prince de Talleyrand au congrès de Vienne.

— Mon cher prince, lui dit-elle un jour, est-ce que vous ne ferez rien pour ce pauvre Monaco, qui, depuis quinze ans, comme vous savez, a tout perdu, et qui avait été obligé d'accepter je ne sais quelle pauvre petite charge à la cour de l'usurpateur?

— Ah! si fait, répondit le prince, avec le plus grand plaisir. Ce pauvre Monaco! vous avez bien fait de m'y faire penser, chère amie! je l'avais oublié.

Et le prince prit l'acte du congrès qui était sur sa table, et dans lequel on retaillait à petits coups de plume le bloc européen que Napoléon avait dégrossi à grands coups d'épée; puis de sa plus minime écriture, après je ne sais quel protocole qui regardait l'empereur de Russie ou le roi de Prusse, il ajouta:

— Et le prince de Monaco rentrera dans ses États.

Cette disposition était bien peu de chose: elle ne faisait pas matériellement la moitié d'une ligne; aussi passa-t-elle inaperçue, ou si elle fut aperçue, personne ne jugea que ce fût la peine de rien dire contre.

L'article supplémentaire passa donc sans aucune contestation.

Et madame de D. écrivit au prince de Monaco qu'il était rentré dans ses États.

Le 25 février 1815, trois jours après avoir reçu cette nouvelle, le prince de Monaco fit venir des chevaux de poste, et prit la route de sa principauté.

En arrivant au golfe Juan, il trouva le chemin barré par deux pièces de canon.

Comme il approchait de ses États, le prince de Monaco fit grand bruit de cet embarras qui le retardait, et ordonna au postillon de faire déranger les pièces et de passer outre.

Le postillon répondit au prince que les artilleurs dételaient ses chevaux.

Le prince de Monaco sauta à bas de sa voiture pour donner des coups de canne aux artilleurs, jurant entre ses dents que, si les drôles passaient jamais par sa principauté, il les ferait pendre.

Derrière les artilleurs, il y avait un homme en costume de général.

— Tiens! c'est vous, Monaco? dit en voyant le prince l'homme en costume de général. Laissez passer le prince, ajouta-t-il aux artilleurs qui lui barraient le passage, c'est un ami.

Le prince de Monaco se frotta les yeux.

— Comment, c'est vous, Drouot? lui dit-il.

— Moi-même, mon cher prince.

— Mais je vous croyais à l'île d'Elbe avec l'empereur.

— Eh! mon Dieu! oui, nous y étions en effet, mais nous sommes venus faire un petit tour en France; n'est-ce pas, maréchal?

— Tiens! c'est vous, Monaco? dit le nouveau venu; et comment vous portez-vous, mon cher prince?

Le prince de Monaco se frotta les yeux une seconde fois.

— Et vous aussi, maréchal, lui dit-il, mais vous avez donc tous quitté l'île d'Elbe?

— Eh! mon Dieu! oui, mon cher prince, répondit Bertrand, l'air en était mauvais pour notre santé, et nous sommes venus respirer celui de France.

— Qu'y a-t-il donc, messieurs? dit une voix claire et impérative, devant laquelle le groupe qui entourait le prince s'ouvrit.

— Ah! ah! c'est vous, Monaco? dit la même voix.

Le prince de Monaco se frotta les yeux une troisième fois. Il croyait faire un rêve.

— Oui, sire! Oui, dit-il; oui, c'est moi, mais d'où vient Votre Majesté? où va-t-elle?

— Je viens de l'île d'Elbe, et je vais à Paris. Voulez-vous venir avec moi, Monaco? Vous savez que vous avez votre appartement aux Tuileries.

— Sire! dit le prince de Monaco qui commençait à comprendre, je n'ai point oublié les bontés de Votre Majesté pour moi, et j'en garderai une éternelle reconnaissance. Mais il y a huit jours à peine que les Bourbons m'ont rendu ma principauté, et il n'y aurait vraiment pas assez de temps entre le bienfait et l'ingratitude. Si Votre Majesté le permet, je continuerai donc ma route vers ma principauté, où j'attendrai ses ordres.

— Vous avez raison, Monaco, lui dit l'empereur, allez, allez! seulement vous savez que votre ancienne place vous attend, je n'en disposerai pas.

— Je remercie mille fois Votre Majesté, répondit le prince.

L'empereur fit un signe, et l'on rendit au postillon ses chevaux qui avaient déjà mis en position une pièce de quatre.

Le postillon rattela ses chevaux. Mais tant que le prince fut à la portée de la vue de l'empereur, il ne voulut point remonter en voiture et marcha à pied.

Quant à Napoléon, il alla s'asseoir tout pensif sur un banc de bois à la porte d'une petite auberge, d'où il présida le débarquement.

Puis, quand le débarquement fut fini, comme il commençait à se faire tard, il décida qu'on n'irait pas plus loin ce jour-là, et qu'il passerait la nuit au bivouac.

En conséquence, il s'engagea dans une petite ruelle, et alla s'asseoir sous le troisième olivier à partir de la grande route. Ce fut là qu'il passa la première nuit de son retour en France.

Maintenant, si on veut le suivre dans sa marche victorieuse jusqu'à Paris, on n'a qu'à consulter le *Moniteur*. Pour guider nos lecteurs dans cette recherche historique, nous allons en donner un extrait assez curieux. On y trouvera la marche graduée de Napoléon vers Paris, avec la modification que son approche produisait dans les opinions du journal.

— L'anthropophage est sorti de son repaire.
— L'ogre de Corse vient de débarquer au golfe Juan.
— Le tigre est arrivé à Gap.
— Le monstre a couché à Grenoble.
— Le tyran a traversé Lyon.
— L'usurpateur a été vu à soixante lieues de la capitale.
— Bonaparte s'avance à grands pas, mais il n'entrera jamais dans Paris.
— Napoléon sera demain sous nos remparts.
— L'empereur est arrivé à Fontainebleau.
— Sa Majesté Impériale et Royale a fait hier son entrée en son château des Tuileries au milieu de ses fidèles sujets!...

C'est l'*exegi monumentum* du journalisme; il n'aurait rien dû faire depuis, car il ne fera rien de mieux.

Quant à Napoléon, il voulut qu'une pyramide constatât le grand événement dont le prince de Monaco avait été un des premiers témoins. Cette pyramide fut élevée sur le bord de la route, entre deux mûriers et en face de l'olivier où il avait passé la première nuit. Malheureusement Napoléon voulut que cette pyramide renfermât un échantillon de toutes nos monnaies d'or et d'argent frappées au millésime de 1815.

Il en résulta qu'après Waterloo, les gens de Valory abattirent la pyramide pour voler ce qu'elle renfermait.

Notre jeune homme nous attendait à la porte de la petite auberge, assis sur le même banc où s'était assis Napoléon. Cette petite auberge, qui, depuis ce temps, s'est mise de son autorité privée sous la protection de ce grand souvenir, se recommande aux voyageurs par l'inscription suivante:

« Au débarquement de Napoléon, empereur des français, venant de l'île d'Elbe, débarqué au golfe *Join*, le 1er mars 1815; on vend à boire et à manger en son honneur, à la minute.

» C'est lui qui subjugua presque tout l'Univers,
» Affronta les périls, la bombe et la mitraille,
» Brava partout la mort et sillonna les mers,
» Combattit à Wagram et gagna la bataille. »

Nous demandâmes à l'aubergiste si c'était son cuisinier qui avait fait les vers de son enseigne, et, sur sa réponse négative, nous lui commandâmes à dîner.

En attendant le dîner, nous nous préparâmes à prendre un bain de mer. A peine eut-il à nos dispositions pénétré notre projet, que notre jeune homme demanda à Jadin si nous voulions bien lui accorder l'honneur de se baigner en même temps que nous.

Nous nous regardâmes en riant, et nous lui répondîmes qu'il était parfaitement libre; que, s'il croyait au reste avoir besoin de notre permission pour cela, nous la lui accordions de tout cœur.

Le jeune homme nous remercia comme si nous lui avions fait une grande grâce; puis, pour ne pas choquer notre pudeur, il se fit un caleçon de sa cravate, entra dans la mer jusqu'aux aisselles, et s'arrêta là pour regarder nos évolutions. En face de nous, à l'horizon, étaient les îles Sainte-Marguerite.

Les îles Sainte-Marguerite, comme on le sait, servirent, pendant neuf ans, de prison au Masque de fer.

Nos lecteurs peuvent sauter par dessus le chapitre suivant, que j'intercale par conscience, et pour satisfaire la curiosité de ceux qui, comme moi, se baigneraient dans le golfe Juan. Ils n'y perdront qu'une dissertation historique médiocrement amusante.

L'HOMME AU MASQUE DE FER.

Tout calcul fait, il y a neuf systèmes sur l'homme au masque de fer. Nous laissons au lecteur le soin de choisir celui qui lui paraîtra le plus vraisemblable ou qui lui sera le plus sympathique.

PREMIER SYSTÈME.

L'auteur du premier système est anonyme. Le système est venu tout fait de la Hollande, sans doute sous le patronage du roi Guillaume. Tel qu'il est, le voici : Le cardinal de Richelieu, tout fier de voir sa nièce Parisiatis aimée de Gaston, duc d'Orléans, frère du roi, proposa à ce prince de devenir sérieusement son neveu. Mais le fils de Henri IV, qui voulait bien de mademoiselle Parisiatis pour maîtresse, trouva si impertinent que le premier ministre osât la lui proposer pour femme, qu'il répondit à cette proposition par un soufflet. Le cardinal était rancunier; mais, comme il n'y avait pas moyen de traiter le frère du roi en Bouteville ou en Montmorency, il s'entendit avec sa nièce et le père Joseph pour tirer de Gaston une autre vengeance. Ne pouvant lui faire tomber la tête de dessus les épaules, il résolut de lui faire choir la couronne de dessus la tête.

La perte de cette couronne devait être d'autant plus sensible à Gaston que Gaston croyait déjà la tenir. Il y avait quelque vingt-deux ou vingt-trois ans que son frère aîné était marié, et la France attendait encore un dauphin.

Voici ce qu'imagina Richelieu, toujours dans le système de l'anonyme hollandais.

Un jeune homme, nommé le C. D. R., était amoureux, depuis plusieurs années, de la femme de son roi. Cet amour, auquel la reine n'avait pas paru insensible, n'avait point échappé aux regards jaloux de Richelieu, qui, amoureux lui-même d'Anne d'Autriche, s'en était inquiété jusqu'au moment où il jugea à propos d'en tirer parti.

Un soir, le C. D. R. reçut un billet d'une main inconnue, dans lequel on lui disait que, s'il voulait se rendre à un endroit indiqué, et se laisser bander les yeux, on le conduirait dans un lieu où il désirait être présenté depuis longtemps. Le jeune homme était aventureux et brave : il se trouva au rendez-vous, se laissa bander les yeux; et lorsque le bandeau lui tomba du front, il était dans l'appartement d'Anne d'Autriche qu'il aimait.

Le lendemain elle alla trouver le cardinal et lui dit: « Vous avez enfin gagné votre méchante cause; mais prenez-y garde, monsieur le prélat, et faites en sorte que je trouve cette miséricorde et cette bonté céleste dont vous m'avez flattée par vos pieux sophismes. Ayez soin de mon âme! »

L'auteur anonyme attribue à cette aventure la naissance de Louis XIV, fils de Louis XIII, par voie de transsubstantiation. La brochure, qui se terminait là, annonçait une suite qui n'a point été publiée. Mais comme l'anonyme hollandais ajoutait que cette suite serait la *fatale catastrophe du C. D. R.*, on prétendit que la catastrophe fut la découverte que fit Louis XIII des amours de la reine, et que le prix dont le C. D. R. les paya fut une prison perpétuelle avec application d'un masque de fer.

Le C. D. R. était ou le comte de Rivière ou le comte de Rochefort.

Ce système, à notre avis, sent trop le pamphlet pour avoir besoin d'être réfuté.

DEUXIÈME SYSTÈME.

Celui-ci est de Sainte-Foix, et, s'il n'a pas le mérite de la vraisemblance, il a au moins celui de l'originalité. Sainte-Foix, comme on le sait, était un homme de beaucoup d'imagination, qui n'aimait pas les *bavaroises*, et qui trouvait mauvais que les autres les aimassent. Il en résultait qu'il déjeunait ordinairement avec des côtelettes et du vin de Champagne, et qu'il avait le tort d'écrire l'histoire après avoir déjeuné.

Un jour Sainte-Foix lut dans l'histoire de Hume, que le duc de Montmouth n'avait point été exécuté comme on l'avait dit, mais qu'un de ses partisans qui lui ressemblait fort, ce qui cependant n'était pas facile à rencontrer, avait consenti à mourir à sa place, tandis que le fils naturel de Charles II, chez lequel on avait respecté le sang royal, tout illégitime qu'il fût, avait été transféré secrètement en France pour y subir une prison perpétuelle.

A ce passage, Sainte-Foix, toujours en quête du romanesque, ouvrit de grands yeux et découvrit un petit volume anonyme et apocryphe intitulé : *Amours de Charles II et de Jacques II, rois d'Angleterre*. Dans ce petit volume il était dit : « La nuit d'après la prétendue exécution du duc de Montmouth, le roi, accompagné de trois hommes, vint lui-même le tirer de la tour. On lui couvrit la tête d'une espèce de capuchon, et le roi et les trois hommes entrèrent avec lui dans le carrosse. »

Un autre témoignage, bien plus important que celui du colonel Helton, dans la bouche duquel l'auteur du petit volume met ce récit, était encore invoqué par Sainte-Foix. Ce témoignage était celui du père Saunders, confesseur de Jacques II. En effet, le père Tournemine étant allé, avec le père Saunders, rendre visite à la duchesse de Montmouth, après la mort de cet ex-roi, il échappa à la duchesse de dire : » Quant à moi, je ne pardonnerai jamais au roi Jacques d'avoir laissé exécuter le duc de Montmouth, au mépris du serment qu'il avait fait sur l'hostie, près du lit de mort de Charles II, qui lui avait recommandé de ne jamais ôter la vie à son frère naturel, même en cas de révolte. » Mais à ces mots, le père Saunders interrompit la duchesse en lui disant : « Madame la duchesse, le roi Jacques a tenu son serment. »

Selon Sainte-Foix, l'homme au masque de fer ne serait donc autre que le duc de Montmouth, sauvé de l'échafaud par Jacques II, à qui Louis XIV aurait prêté presqu'en même temps les îles Sainte-Marguerite pour son frère, et Saint-Germain pour lui.

TROISIÈME SYSTÈME.

Le système de Sainte-Foix avait été établi pour battre en brèche le système de Lagrange-Chancel, qui prétendait, sur le dire de M. de Lamothe-Guérin, gouverneur des îles Sainte-Marguerite, en 1718, c'est-à-dire à l'époque où lui-même y était détenu, que l'homme au masque de fer était le fameux duc de Beaufort, disparu en 1669 au siège de Candie. Voici la version de Lagrange-Chancel :

Dès l'année 1664, M. de Beaufort était déjà, par son insubordination et sa légèreté, tombé dans la disgrâce, sinon apparente, du moins réelle, de Louis XIV, qui pardonnait avec une égale difficulté le bonheur qu'on avait eu de lui plaire, ou le malheur qu'on avait eu de lui déplaire. Or, M. de Beaufort ne lui avait jamais plu, le grand roi ne voulant pas de rivaux, fût-ce aux halles.

Vers le commencement de 1669, M. de Beaufort reçut de Colbert l'ordre de soutenir Candie, assiégée par les Turcs. Sept jours après son arrivée, c'est-à-dire le 26 juin, le duc de Beaufort fit une sortie ; mais, emporté par son courage ou par son cheval, il ne reparut pas. A cette occasion, Navailles, son collègue dans le commandement de l'escadre française, se contente de dire, page 243, livre IV de ses Mémoires : « Le duc de Beaufort rencontra sur son chemin un gros de Turcs qui pressait quelques-unes de nos troupes. Il se mit à leur tête et combattit avec beaucoup de valeur ; mais il fut abandonné, et l'on n'a jamais pu savoir depuis ce qu'il était devenu. »

Selon Lagrange-Chancel, le duc de Beaufort aurait été enlevé, non par les soldats du sublime empereur, mais par les agents du roi très-chrétien, et au lieu d'avoir eu la tête coupée, il l'aurait eue, ce qui ne valait guère mieux, enfermée à perpétuité dans un masque de fer.

QUATRIÈME SYSTÈME.

Ce quatrième système, qui n'était pas loin non plus d'être celui de Voltaire, avait été répandu avec un prodigieux succès par l'auteur anonyme des *Mémoires pour servir à l'histoire de Perse*. Comme l'*Histoire amoureuse des Gaules*, les *Mémoires pour servir à l'histoire de Perse* racontent des anecdotes de la cour de France. Le roi y est appelé *Cha-Abbas*, le dauphin *Sephi-Mirza*, le comte de Vermandois *Giafer*, et le duc d'Orléans *Ali-Homajou*. Quant à la Bastille, elle était désignée sous le nom de *la forteresse d'Ispahan*, et les îles Sainte-Marguerite sous le nom de *la citadelle d'Ormus*.

Voici maintenant l'anecdote réduite à ses vrais noms :

Louis de Bourbon, comte de Vermandois, était, comme on le sait, fils naturel de Louis XIV et de mademoiselle de Lavallière. Comme à tous ses bâtards, Louis XIV lui portait une grande amitié, si bien que cette amitié ayant changé l'orgueil qui était propre au jeune prince en insolence, il s'oublia, dans une discussion avec le dauphin, jusqu'à lui donner un soufflet. C'était là un de ces outrages à la majesté royale que Louis XIV ne pouvait pardonner, même à un de ses bâtards. Aussi, toujours selon les *Mémoires pour servir à l'histoire de Perse*, Giafer, ou le comte de Vermandois, fut-il envoyé en Flandres, où pour lors on faisait la guerre. Or, à peine fut-il au camp, où il lui fut bien prêché par sa mère, qu'on croyait, dit mademoiselle de Montpensier, qu'il se fût fait un honnête homme, que le 12 du mois de novembre au soir il se trouva mal, et mourut le 19. Ce malheur, dit mademoiselle de Montpensier, arriva à la suite d'une orgie où il avait trop bu d'eau-de-vie. Les autres Mémoires parlèrent de fièvre maligne ou de peste. Mais l'auteur du 4e système prétendit que ces bruits n'avaient été répandus que pour éloigner les curieux de la tente du jeune prince, qui était, non pas mort, mais seulement endormi à l'aide d'un narcotique, et qui ne se réveilla qu'un masque de fer sur le visage.

Selon le même auteur, Ali-Homajou, c'est-à-dire Philippe II, régent de France, était allé faire une visite au comte de Vermandois, à la Bastille, vers le commencement de 1725 ; il était résulté de cette visite la résolution de rendre la liberté au prisonnier, lorsque la même année, le régent mourut d'une apoplexie foudroyante. Il en résulta que le pauvre Giafer resta dans la forteresse d'Ispahan, dont ce n'était guère d'ailleurs la peine de sortir, attendu qu'à cette époque il devait avoir à peu près soixante-cinq ans.

CINQUIÈME SYSTÈME.

Celui-ci appartient au baron d'Heiss, ancien capitaine au régiment d'Alsace. Il était développé dans une lettre écrite de Phalsbourg, et datée du 28 juin 1770. Cette lettre fut publiée dans l'*Histoire abrégée de l'Europe*. Voici l'analyse de cette lettre :

Selon le baron d'Heiss, le duc de Mantoue avait dessein de vendre sa capitale au roi de France, lorsqu'il en fut détourné par son secrétaire Matthioli, lequel lui persuada, au contraire, de s'unir à la ligue qui, dans ce moment, se formait contre Louis XIV. Le roi, qui croyait déjà tenir Mantoue, vit donc cette ville lui échapper ; et, ayant su par quel conseil, il résolut de se venger du conseiller. En conséquence, sur l'ordre du roi, le malheureux Matthioli aurait été invité par le marquis d'Arcy, ambassadeur de France, à une grande chasse à deux ou trois lieues de Turin, et là, tandis qu'il suivait l'ambassadeur dans un sentier perdu, douze cavaliers l'auraient enlevé, *masqué*, et conduit à Pignerol. Mais, comme cette forteresse était trop voisine de l'Italie, il serait passé de là successivement à Exilles, aux îles Sainte-Marguerite, et enfin à la Bastille, où il serait mort.

Ce système, qui n'était pas plus déraisonnable que les autres, n'obtint cependant jamais grande faveur. Cette idée que l'homme au masque de fer était un étranger et un subalterne, n'ayant pas suffi pour éveiller une grande curiosité.

SIXIÈME SYSTÈME.

Celui-ci n'a point de parrain. C'est un de ces bruits vagues comme il en court par le monde, sans qu'on sache d'où ils viennent, ni où ils vont. Aussi ne le citons-nous que pour mémoire.

Selon ce système, l'homme au masque de fer ne serait autre que le second fils du protecteur, c'est-à-dire Henri Cromwel, qui disparut de la scène du monde sans que jamais personne sût par quelle coulisse, ou par quelle trappe. Mais pourquoi eût-on masqué et emprisonné Henri, lorsque Richard, son frère aîné, vivait publiquement et tranquillement en France?

SEPTIÈME SYSTÈME.

Le septième système est tiré d'un ouvrage in-8°, publié en 1789 par M. Dufey de l'Yonne, et intitulé *la Bastille* ou *Mémoires pour servir à l'histoire du Gouvernement français depuis le* XIVe *siècle jusqu'à la fin du* XVIIIe. Tout l'échafaudage de ce système, qui, du reste, a tout l'intérêt du romanesque et de la poésie, s'appuie sur ce passage des Mémoires de madame de Motteville : « La reine, dans cet instant, surprise de se voir seule, et apparemment importunée par quelque sentiment trop passionné du duc de Buckingham, s'écria et appela son écuyer, et le blâma de l'avoir quittée. »

Selon M. Dufey, ce cri d'appel poussé par Anne d'Autriche, fut le dernier. Le duc de Buckingham, de plus en plus amoureux, fut de plus en plus apprécié, comme le prouve l'histoire des ferrets de diamans; si bien que Louis XIII eut un fils qu'il ne connut jamais, mais que Louis XIV découvrit, et auquel, pour l'honneur de sa mère, il donna un masque.

D'après M. Dufey de l'Yonne, la mort sanglante de Buckingham aurait bien pu être une expiation de son bonheur, et il n'est pas loin de croire que le couteau de Felton était non seulement de manufacture française, mais encore de fabrique royale.

HUITIÈME SYSTÈME.

Celui-ci, mis sous le patronage du maréchal de Richelieu, appartient, très-probablement, en toute propriété, à Soulavie, son secrétaire. Il serait, dit ce dernier, emprunté à un manuscrit retrouvé dans les cartons du duc après sa mort, et intitulé : *Relation de la naissance et de l'éducation du prince infortuné, soustrait par les cardinaux Richelieu et Mazarin à la société, et renfermé par ordre de Louis XIV, composée par le gouverneur de ce prince, à son lit de mort*.

Ce gouverneur anonyme racontait que ce prince, qu'il avait élevé et gardé jusqu'à la fin de ses jours, était un frère jumeau de Louis XIV, né le 5 septembre 1638, à huit heures et demie du soir, pendant le souper du roi, et au moment où on, était loin de s'attendre, après la naissance de Louis XIV qui avait eu lieu à midi, à un second accouchement. Cependant ce second accouchement avait été prédit par des pâtres, qui avaient dit que la ville que, si la reine accouchait de deux dauphins, ce serait un grand signe de calamité pour la France. Ces bruits, de si bas qu'ils fussent partis, n'en étaient pas moins venus aux oreilles du superstitieux Louis XIII, qui alors avait fait venir Richelieu et, l'avait consulté sur cette prophétie, à laquelle, sans y croire cependant, Richelieu avait répondu que, ce cas échéant, il fallait soigneusement cacher le second venu des deux enfans, parce qu'il pourrait vouloir être roi. Louis XIII avait à peu près oublié cette prédiction, lorsque la sage-femme vint lui annoncer, à sept heures du soir, selon toutes les probabilités, la reine allait mettre au jour un second enfant. Louis XIII, qui avait senti la justesse du conseil du cardinal, avait aussitôt fait venir l'évêque de Meaux, le chancelier, le sieur Honorat et la sage-femme, et leur dit, avec cet accent qui annonce qu'on est disposé à tenir ce que l'on promet, que le premier qui révélerait le mystère de son second accouchement paierait la révélation de sa tête. Les assistans jurèrent tout ce que le roi voulut, et à peine le serment était il fait, que la reine, accomplissant la prophétie des bergers, accoucha d'un second dauphin, lequel fut remis à la sage-femme et élevé en secret, destiné qu'il était, à remplacer le dauphin, si le dauphin venait à mourir, tandis que, au contraire, il était condamné d'avance à l'obscurité, si le dauphin continuait de vivre.

La sage-femme éleva le second dauphin comme son fils, le faisant passer aux yeux de ses voisines pour le bâtard d'un grand seigneur dont on lui payait grassement la pension. Mais à l'époque où l'enfant eut atteint sa sixième année, un gouverneur arriva chez dame Perronnette, c'était le nom de la sage-femme, et la somma de lui remettre l'enfant, qu'il devait continuer d'élever en secret, *comme un fils de roi*. L'enfant et le gouverneur partirent pour la Bourgogne.

Là, l'enfant grandit inconnu, mais cependant portant sur son visage une telle ressemblance avec Louis XIV, qu'à chaque instant le gouverneur tremblait qu'il ne fût reconnu. Le jeune homme atteignit ainsi l'âge de dix-neuf ans, effrayant son vieux mentor par les idées étranges qui lui passait parfois à travers la tête comme des éclairs. Lorsqu'un beau jour, au fond d'une cassette mal fermée et qu'on avait eu l'imprudence de laisser à sa portée, il trouva une lettre de la reine Anne d'Autriche, qui lui révélait sa véritable naissance. Quoique possesseur de cette lettre, le jeune homme résolut de se procurer une nouvelle preuve. Sa mère parlait de cette ressemblance miraculeuse avec Louis XIV, qui effrayait tant le pauvre gouverneur. Le jeune homme résolut de se procurer un portrait du roi son frère, afin de juger lui-même de cette ressemblance. Une servante d'auberge se chargea d'en acheter un dans la ville voisine; ce portrait confirma tout ce qu'avait dit la lettre. Le prince le reconnut, ne fit qu'un bond de sa chambre à celle du gouverneur, et lui montrant le portrait de Louis XIV : « Voilà mon frère! lui dit-il. » Et ramenant les yeux sur lui-même : « Et voilà qui je suis! »

Le gouverneur ne perdit pas de temps et écrivit à Louis XIV, qui, de son côté, fit bonne diligence, et courrier par courrier l'ordre arriva d'enfermer dans la même prison le gouverneur et l'élève. Puis, comme, même à travers les grilles d'une prison, on pouvait reconnaître la contre-épreuve du grand roi, le grand roi ordonna que le visage de son frère fût, à compter de cette heure, couvert d'un masque de fer, assez habilement travaillé pour que, sans le quitter jamais, il pût voir, respirer et manger. Cette recommandation, toute fraternelle, aurait, d'après Soulavie, été exécutée de point en pointe.

C'est cette donnée qu'ont adoptée, pour faire leur beau drame du *Masque de fer*, MM. Fournier et Arnoult, ce qui n'a pas peu contribué, avec le talent de Lockroy, à lui donner, de nos jours, une parfaite popularité.

NEUVIÈME SYSTÈME.

Celui-ci est notre contemporain et daté de 1857. Il a été émis par notre confrère le Bibliophile P.-L. Jacob. Selon lui, l'homme au masque de fer ne serait autre que le malheureux Fouquet, qui, profitant des adoucissemens donnés à sa prison pour exécuter une tentative d'évasion, aurait été puni de cette tentative par la nouvelle de sa mort officiellement répandue, et par l'application de cette ingénieuse machine, dont l'invention, dans ce cas encore, appartiendrait au grand roi.

Comme le livre dans lequel notre ami a développé ce nouveau système est dans les mains de tout le monde; nous y renvoyons pour plus amples détails.

Il y a encore deux autres petits *systèmes* : l'un ferait du masque de fer le patriarche Arwedicks, enlevé, selon le manuscrit de monsieur de Bonac, pendant l'ambassade de monsieur de Féréol à Constantinople; l'autre serait un malheureux écolier puni par les jésuites d'un distique latin fait contre leur ordre, et auquel, sur la recommandation de ces bons pères, Louis XIV aurait bien voulu servir de geôlier et de bourreau.

Ajoutons, pour dernier *système*, celui qui consiste à ne croire à rien et à dire que le masque de fer n'a jamais existé.

Maintenant, après les conjectures, voici les certitudes :

Ce fut, dans l'intervalle du 2 mars 1680 au 1er septembre 1681, que l'homme au masque de fer parut à Pignerol, d'où il fut transporté à Exilles, lorsque monsieur de Saint-Mars passa de cette première forteresse à la seconde. Il y resta six ans; et monsieur de Saint-Mars, ayant eu en 1687 le gouvernement des îles Sainte-Marguerite, s'y fit suivre par son prisonnier, dont il était condamné lui-même à rester l'ombre.

En arrivant dans ces îles, Saint-Mars écrivit à monsieur de Louvois, le 20 janvier 1687 : « Je donnerai si bien mes ordres pour la garde de mon prisonnier, que je puis vous en répondre pour son entière sûreté. »

En effet, ce bon monsieur de Saint-Mars avait fait exécuter tout exprès pour lui une prison modèle. Cette prison, selon Piganiol de la Force, n'était éclairée que par une seule fenêtre regardant la mer, et ouverte à quinze pieds au-dessus du chemin de ronde. Cette fenêtre, outre les premiers barreaux, était défendue par trois grilles de fer placées entre les soldats de garde et le prisonnier.

Aux îles Sainte-Marguerite, monsieur de Saint-Mars entrait rarement dans la chambre de son prisonnier, de peur que quelque indiscret écoutât leur conversation. En conséquence, il se tenait ordinairement sur la porte ouverte, et de cette façon pouvait, tout en causant, voir des deux côtés du corridor si personne ne venait. Un jour qu'il causait ainsi, le fils d'un de ses amis, qui était venu passer quelques jours dans l'île, cherchant monsieur de Saint-Mars pour lui demander l'autorisation de prendre un bateau qui le conduisit à terre, l'aperçut de loin sur le seuil d'une chambre. Sans doute en ce moment la conversation entre le prisonnier et monsieur de Saint-Mars était des plus animées, car ce dernier n'entendit les pas du jeune homme que lorsqu'il fut près de lui. Il se rejeta en arrière, referma la porte vivement, et demanda tout pâlissant au jeune homme s'il n'avait rien vu ni entendu. Le jeune homme, pour toute réponse, lui démontra que de la place où il était la chose était presque impossible. Alors seulement monsieur de Saint-Mars se remit ; mais il n'en fit pas moins le même jour partir le jeune homme, en écrivant à son père pour lui raconter la cause du renvoi, et ajoutant : « Peu s'en est fallu que cette aventure n'ait coûté cher à votre fils, et je vous le renvoie de peur de quelque nouvelle imprudence. »

Un autre jour, il arriva que le masque de fer, qui était servi en argenterie, écrivit quelques lignes sur un plat, au moyen d'un clou qu'il s'était procuré, et jeta ce plat à travers sa fenêtre et les triples grilles. Un pêcheur trouva ce plat au bord de la mer, et pensant qu'il ne pouvait provenir que de l'argenterie du château, le rapporta au gouverneur.

— Avez-vous lu ce qui est écrit sur ce plat ? demanda monsieur de Saint-Mars.

— Je ne sais pas lire, répondit le pêcheur.

— Quelqu'un l'a-t-il vu entre vos mains ?

— Je l'ai trouvé à l'instant même, et je l'ai apporté à Votre Excellence en le cachant sous ma veste, de peur qu'on ne me prît pour un voleur.

Monsieur de Saint-Mars réfléchit un instant ; puis, faisant signe au pêcheur de se retirer :

— Allez, lui dit-il ; vous êtes bien heureux de ne pas savoir lire !

L'année suivante, un garçon de chirurgie, qui fit une trouvaille à peu près semblable, fut moins heureux que le pêcheur. Il vit flotter sur l'eau quelque chose de blanc et le ramassa : c'était une chemise très fine, sur laquelle, à défaut de papier et à l'aide d'un mélange de suie et d'eau et d'un os de poulet taillé en manière de plume, le prisonnier avait écrit toute son histoire. Monsieur de Saint-Mars lui fit alors la même question qu'au pêcheur. Le garçon de chirurgie répondit qu'il savait lire, il est vrai, mais que pensant que les lignes tracées sur cette chemise pouvaient renfermer quelque secret d'État, il s'était bien gardé de les lire. Monsieur de Saint-Mars le renvoya d'un air pensif, et le lendemain on trouva le pauvre garçon mort dans son lit.

Vers le même temps, le domestique qui servait l'homme au masque de fer étant trépassé, une pauvre femme se présenta pour le remplacer ; mais monsieur de Saint-Mars lui ayant dit qu'il fallait qu'elle partageât éternellement la prison du maître au service de qui elle allait entrer, et qu'à partir de ce jour elle cessât de voir son mari et ses enfants, elle refusa de souscrire à de pareilles conditions et se retira.

En 1698, l'ordre arriva à monsieur de Saint-Mars de transférer son prisonnier à la Bastille. On comprend que pour un voyage aussi long les précautions redoublèrent.

L'homme au masque de fer fut placé dans une litière qui précédait la voiture de monsieur de Saint-Mars. Cette litière était entourée de plusieurs hommes à cheval qui avaient l'ordre de tirer sur le prisonnier à la moindre tentative qu'il ferait, ou pour parler, ou pour fuir. En passant à sa terre de Palteau, monsieur de Saint-Mars s'arrêta un jour et une nuit. Le dîner eut lieu dans une salle basse dont les fenêtres donnaient sur la cour. A travers ces fenêtres, on pouvait voir le geôlier et le captif prendre leurs repas. L'homme au masque de fer tournait le dos aux fenêtres. Il était de grande taille, vêtu de brun, et mangeait avec son masque, duquel s'échappaient par derrière quelques mèches de cheveux blancs. Monsieur de Saint-Mars était assis en face de lui, et avait un pistolet de chaque côté de son assiette ; un seul valet les servait et fermait la porte à double tour chaque fois qu'il entrait ou qu'il sortait.

Le soir, monsieur de Saint-Mars se fit dresser un lit de camp et coucha en travers de la porte, dans la même chambre que son prisonnier.

Le lendemain on repartit, et les mêmes précautions furent prises. Les voyageurs arrivèrent à la Bastille le jeudi 18 septembre 1698, à trois heures de l'après-midi. L'homme au masque de fer fut mis dans la tour de la Bazinière en attendant la nuit ; puis, la nuit venue, monsieur Dujonca le conduisit lui-même dans la troisième chambre de la tour de la Bertaudière, laquelle chambre, dit le journal de monsieur Dujonca, avait été meublée de toutes choses. Le sieur Rosarges, qui venait des îles Sainte-Marguerite à la suite de monsieur de Saint-Mars, était, ajoute le même journal, chargé de servir et de soigner ledit prisonnier, qui était nourri par le gouverneur.

Néanmoins, en souvenir de la chemise trouvée sur le bord de la mer, c'était le gouverneur qui le servait à table, et qui, après le repas, lui enlevait son linge ; en outre, il avait reçu la défense expresse de parler à personne ni de montrer sa figure à qui que ce fût dans les courts instants de répit que lui donnait le gouverneur, en ouvrant lui-même la serrure qui fermait son masque. Dans le cas où il eût osé contrevenir à l'une ou l'autre de ces défenses, les sentinelles avaient ordre de tirer sur lui.

Ce fut ainsi que le malheureux prisonnier resta à la Bastille depuis le 18 septembre 1698 jusqu'au 19 novembre 1703. A la date de ce jour, on trouve cette note dans le même journal : « Le prisonnier inconnu, *toujours masqué d'un masque de velours noir* (1), s'étant trouvé hier un peu plus mal en sortant de la messe, est mort aujourd'hui sur les dix heures du soir, sans avoir eu une grande maladie. Monsieur Giraut, notre aumônier, le confessa hier. Surpris par la mort, il n'a pu recevoir les sacrements, et notre aumônier l'a exhorté le moment avant que de mourir. Il a été enterré, le mardi 20 novembre, à quatre heures du soir, dans le cimetière de Saint-Paul. Son enterrement a coûté quarante livres. »

Maintenant, voici ce que l'on a retrouvé sur les registres de sépulture de l'église Saint-Paul :

« L'an 1703, le 19 novembre, Marchialy, âgé de quarante-cinq ans ou environ, est décédé dans la Bastille, duquel le
» corps a été inhumé dans le cimetière de Saint-Paul, sa
» paroisse, le 20 dudit mois, en présence de monsieur Rosarges, major de la Bastille, et de monsieur Reih, chirurgien de la Bastille, qui ont signé. »

Mais ce que ne disent ni le registre de la prison ni le registre de la Bastille, c'est que les précautions prises pendant sa vie poursuivirent ce malheureux après sa mort. Son visage fut défiguré avec du vitriol, afin qu'en cas d'exhumation on ne pût le reconnaître ; puis on brûla tous ses meubles, on dépava sa chambre, on effondra les plafonds, on fouilla tous les coins et recoins, on regratta et blanchit les murailles ; enfin, on leva les uns après les autres tous les carreaux, de peur qu'il eût caché quelque billet ou quelque marque qui pût faire connaître son nom.

(1) La couleur et l'amour du terrible auront sans doute fait prendre ce masque pour un masque de fer.

Du 19 novembre 1703 au 14 juillet 1789, tout continua de rester dans l'obscurité, tant les murs de la Bastille étaient épais, tant ses portes de fer étaient bien fermées. Puis, un jour, il arriva que ces murs furent renversés à coups de canon, ces portes enfoncées à coups de hache, et que les cris de liberté retentirent jusqu'au plus profond de ces cachots où tout semblait mort, jusqu'à l'écho qui dut hésiter à les répéter.

Les premiers soins du peuple vainqueur furent pour les vivans. Huit prisonniers seulement furent retrouvés dans la sombre et sinistre forteresse. Le bruit courut alors que, quelques jours auparavant, plus de soixante autres avaient été transportés dans les bastilles de l'État.

Puis, après la préoccupation envers les vivans, vint la curiosité pour les morts. Parmi les grandes ombres qui apparaissaient au milieu des ruines de la Bastille, se dressait, plus gigantesque et plus sombre que les autres, le fantôme voilé du masque de fer. Aussi courut-on à la cour de la Bertaudière qu'on savait avoir été habitée cinq ans par ce malheureux; mais on eut beau chercher sur les murailles, sur les vitres, sur les carreaux, on eut beau déchiffrer tout ce que l'oisiveté, la résignation ou le désespoir avaient pu tracer de sentences, de prières ou de malédictions sur ces mystérieuses archives que les condamnés se léguaient en mourant les uns aux autres, toute recherche fut inutile, et le secret du masque de fer continua de demeurer entre lui et ses bourreaux.

Tout à coup cependant de grands cris retentirent dans la cour. L'un des vainqueurs avait découvert le grand registre de la Bastille sur lequel était mentionnée la date de l'entrée et de la sortie des prisonniers, et qui avait été inventé et établi par le major Chevalier. Le registre fut porté à l'Hôtel-de-Ville, où l'assemblée municipale voulut chercher elle-même ce secret de la royauté si longtemps caché. On l'ouvrit à l'année 1698. Le folio 420, correspondant au jeudi 18 septembre, avait été déchiré. Le feuillet de l'entrée manquant, on se reporta à la date de sortie. Le feuillet correspondant au 19 novembre 1703 manquait comme celui du 18 septembre, et cette double lacération bien constatée, tout espoir fut à jamais perdu de découvrir le secret de l'homme au masque de fer.

LE CAPITAINE LANGLET.

Quand notre dîner fut prêt, notre aubergiste nous fit signe de revenir; son avis eut le plus grand succès. L'eau et l'air de la mer nous avaient donné une faim rouge; nous pensâmes que ces deux causes réunies avaient dû produire le même effet sur notre compagnon de voyage, qui, entré en même temps que nous venait de sortir en même temps que nous, et se rhabillait. En nous rhabillant, nous lui demandâmes donc s'il ne voulait pas partager notre dîner. Il nous répondit que ce serait avec grand plaisir, si nous lui permettions d'en payer sa part. Nous lui répondîmes qu'il en était de cela comme du bain, et qu'il était parfaitement libre, ou de se considérer comme notre invité, ou de changer notre repas en pique-nique, attendu que, là-dessus, nous ne voulions en rien blesser sa délicatesse. Il insista pour le pique-nique, et nous nous mîmes à table.

Le pique-nique fut splendide; on nous servit comme des empereurs. Nous en eûmes chacun pour trente sous.

Pendant le dîner nous fîmes plus ample connaissance avec notre jeune homme, et, profitant du progrès que nous paraissions avoir fait dans sa confiance, nous lui demandâmes où il allait. Il se mit à sourire avec une simplicité qui n'était pas dénuée de charme.

— Ce que je vais vous répondre, nous dit-il, est bien bête. Vous me demandez où je vais, n'est-ce pas?

— S'il n'y a pas d'indiscrétion, jeune homme, lui dit Jadin en trinquant avec lui.

— Eh bien! je n'en sais rien, nous répondit-il.

— Comment cela? dit Jadin. Vous vaguez purement et simplement. Permettez-moi de vous le dire: ceci n'est point une position dans la société.

— Mon Dieu! reprit le jeune homme en rougissant, si je n'avais pas peur que vous ne me trouvassiez indiscret, je vous raconterais mon histoire.

— Est-elle longue? demanda Jadin.

— En deux minutes, monsieur, elle sera finie.

— Alors versez-moi encore un verre de ce petit vin; il n'est pas mauvais ce petit vin, et dites.

En effet, l'histoire était courte, mais n'en était pas moins incroyable.

Notre compagnon de route s'appelait Onésime Chay. Il avait douze cents livres de rente que lui avaient laissées ses parens; il était cinquième clerc de notaire à Saint-Denis, et il était venu à Toulon pour recueillir une petite succession de quinze cents francs qu'une tante lui avait laissée.

Le hasard avait fait que nous nous étions trouvés à Toulon en même temps que lui. Dans sa curiosité juvénile, il avait tout fait pour nous voir, Jadin et moi, sans avoir pu y réussir; enfin, il avait appris que nous partions par la voiture de Toulon à Fréjus; et, cédant à cette curiosité, il y avait retenu sa place jusqu'au Luc, comptant repartir du Luc pour Aix et Avignon; mais au Luc, le charme de notre société l'avait tellement *fasciné*, qu'il avait poussé jusqu'à Fréjus; à Fréjus, il nous avait fait demander, comme nous l'avons dit, la permission de dîner au bout de notre table. La façon gracieuse dont nous lui avions accordé cette demande l'avait séduit de plus en plus. Nous entendant parler du golfe Juan, il s'était décidé à le visiter en même temps que nous; et maintenant, puisqu'il était en route, son intention, si nous le lui permettions, était de nous accompagner jusqu'à Nice. Mais, ajouta-t-il, à la condition, bien entendu, qu'il paierait sa place dans notre voiture.

Si notre convive avait été moins naïf, nous aurions cru qu'il se moquait de nous; mais il n'y avait pas à se tromper à son air: c'était la bonhomie en personne.

Nous lui dîmes en conséquence que, s'il tenait absolument à payer sa part de notre voiture, il n'avait qu'à faire le calcul lui-même, en défalquant les huit ou dix lieues que nous avions faites sans lui, et qu'il n'était pas juste qu'il payât. Il prit un crayon, fit sa soustraction, la vérifia par une preuve; et nous remit 19 francs 75 centimes, en nous remerciant, les larmes aux yeux, de la faveur que nous lui accordions.

Nous montâmes dans la voiture; mais quelques instances que nous fîmes à notre compagnon de voyage, il ne voulut jamais aller qu'à reculons.

En arrivant à Antibes, Jadin l'appelait Onésime tout court. A la fin du souper, il le tutoyait. Le lendemain, il lui donnait de grands coups de poing dans le dos.

Quant à Onésime, il ne parla jamais à Jadin qu'avec le plus profond respect; il continua toujours de l'appeler monsieur Jadin, et jamais ne leva la main, même sur Milord.

A Nice, l'amitié d'Onésime pour Jadin était devenue si forte, qu'il ne put pas se décider à le quitter, et qu'il partit avec nous de Nice pour Florence.

Onésime ne voulut pas être venu à Florence sans voir Rome, et il partit avec nous de Florence pour Rome.

Bref, Onésime fit avec nous presque le tour de l'Italie. Les 1,500 francs de sa tante y passèrent jusqu'au dernier sou.

Après quoi, il s'en revint joyeusement à Saint-Denis, emportant, nous dit-il, des souvenirs pour tout le reste de son existence.

Et alors?... alors ce fut Jadin qui eut toutes les peines du monde à se passer de lui.

J'ai anticipé sur les événemens, pour faire connaître tout de suite quelle bonne créature c'était que notre compagnon de voyage.

Jadin et lui couchèrent dans la même chambre, et, comme nous n'étions séparés que par une cloison, j'entendis, pendant une partie de la nuit, Jadin qui lui donnait des conseils sur la manière de se conduire dans le monde.

Je fus réveillé à six heures du matin par des chants d'église. En même temps Jadin ouvrit ma porte en me criant de regarder par ma fenêtre.

Un convoi passait, escorté par une vingtaine de pénitents, couverts de longues robes bleues, dont le capuchon leur couvrait le visage. Ces pénitents chantaient à tue-tête.

C'était la première fois que nous voyions un spectacle de ce genre; aussi, Jadin et moi sautâmes-nous sur nos habits. En un tour de main nous fûmes vêtus. Nous descendîmes l'escalier quatre à quatre, et nous nous mîmes à la suite du convoi. Onésime, qui était resté derrière par ordre de Jadin, pour demander des explications à notre hôte, nous apprit, en nous rejoignant, que le mort était un jeune manœuvre en maçonnerie qui avait été écrasé par accident, la veille, et que la confrérie qui l'accompagnait appartenait à l'église du Saint-Esprit et Sainte-Claire, la même, où avaient été renfermés, en 1815, les vingt Français de Casabianca.

Cela nous rappela ce bon capitaine Langlet.

Cependant la confrérie se rendait, au pas de course et tout en chantant, au cimetière. Voulant voir comment la cérémonie se terminerait, nous y entrâmes avec elle.

Tout le long de la route j'avais marché près d'un pénitent que mon voisinage, à mon grand étonnement, avait paru fort inquiéter. Dix fois il s'était retourné rapidement de mon côté sans interrompre son chant, m'avait jeté un regard inquiet, et à chaque fois avait tiré sa cagoule de plus en plus sur ses yeux; si bien qu'à la fin à peine y voyait-il pour se conduire. Quant à son office, quoiqu'il tînt son livre ouvert pour la forme, il n'y jetait pas même les yeux; il le savait par cœur. En entrant dans le cimetière, il s'écarta le plus qu'il put de moi, mais il s'en alla tomber dans Jadin, à qui je fis signe de ne point le perdre de vue: il commençait à me venir un singulier soupçon.

On déposa près de la fosse le cercueil, que quatre ouvriers maçons portaient découvert sur leurs épaules. Puis, après que chacun à son tour eut jeté de l'eau bénite sur le cadavre, on cloua le couvercle, comme je l'avais déjà vu faire au cimetière des Baux, et l'on descendit la bière dans la tombe.

En ce moment les pénitents entonnèrent le *Libera*.

J'allai près de Jadin, lequel était resté près du pénitent sur lequel ma présence avait paru produire une si étrange impression. Il chantait à tue-tête.

— Est-ce que vous ne connaissez pas cette voix-là? demandai-je à Jadin.

— Attendez donc, me dit-il en rappelant ses souvenirs, il me semble que si.

— Venez par ici, maintenant. Je le conduisis en face du chanteur.

— Est-ce que vous ne connaissez pas cette bouche-là? lui demandai-je.

— Attendez donc, attendez donc. Oh! pas possible!...

— Mon cher, ou il y en a deux pareilles, ce qui n'est pas probable, ou c'est celle...

— Du capitaine Langlet, n'est-ce pas?

— C'est vous qui l'avez dit.

Le pénitent, qui voyait que nous le regardions, se démantibulait le visage et faisait tout ce qu'il pouvait pour se défigurer.

— Ah! le vieux singe! dit Jadin.

— Chut! fis-je en l'entraînant.

— Non pas, non pas, reprit Jadin, je veux lui demander des nouvelles de monsieur de Voltaire.

— Attendons-le dehors, et là vous lui demanderez tout ce que vous voudrez.

— Vous avez raison.

Nous sortîmes et nous attendîmes à la porte. Notre pénitent sortit un des derniers, sa cagoule plus rabattue que jamais.

— Eh! bonjour, capitaine, lui dit Jadin en lui frappant sur le ventre.

Le capitaine, se voyant reconnu, fit contre fortune bon cœur; et, relevant sa cagoule, il nous découvrit une figure qui n'avait rien de l'austérité monacale.

— Eh bien! oui, c'est moi, nous dit-il avec son triple accent provençal. Que voulez-vous; il faut bien hurler avec les loups; ils connaissent ici mes opinions napoléoniennes et ma vénération pour ce grand monsieur de Voltaire; je n'ai pas envie de me faire mettre en cannelle comme ce bon maréchal Brune. D'ailleurs, qu'est-ce que cela me fait, à moi, l'enveloppe? Le cœur, il est toujours dessous, n'est-ce pas? Eh bien! je le répète, ce cœur, il est napoléonien dans l'âme. Quant à ce livre de messe, est-ce que vous croyez que je sais ce qu'il y a dedans? Je ne connais pas le latin, moi.

— Mais, capitaine, lui répondis-je, vous vous défendez là de choses fort honorables, ce me semble.

— Non, c'est que vous pourriez penser que je crois à tou tes ces bêtises, moi, à toutes ces momeries qui sont bonnes pour les femmes et pour les enfans.

— Soyez tranquille, capitaine, dit Jadin; nous pensons que vous êtes un farceur, voilà tout.

— Eh! allons donc!... Eh bien! oui, je suis un farceur, un bon diable, un bon vivant. Avez-vous déjeuné?

— Non, capitaine.

— Voulez-vous venir déjeuner avec moi?

— Merci, capitaine, nous n'avons pas le temps.

— Eh! vous avez tort. Je vous aurais conté de bonnes histoires de calotin, et chanté des chansons bien hardies sur l'empereur.

— Nous sommes on ne peut plus reconnaissans, capitaine; mais il faut que nous soyons aujourd'hui de bonne heure à Nice.

— Vous ne voulez donc pas?

— Impossible.

— Eh bien! alors, bon voyage, dit le capitaine en nous tendant la main.

Nous vîmes que nous le tirerions d'embarras en le laissant aller de son côté et en allant du nôtre. En conséquence, nous ne voulûmes pas le tourmenter plus longtemps, et nous lui donnâmes la main chacun à notre tour, en lui souhaitant toutes sortes de prospérités.

Nous rentrâmes à l'auberge, où nous trouvâmes notre déjeuner qui nous attendait. Nous ordonnâmes d'atteler, afin de pouvoir partir en nous levant de table.

— Mais, nous dit notre hôte d'un air assez embarrassé, ces messieurs vont à Nice, n'est-ce pas?

— Sans doute, pourquoi cela?

— C'est qu'il faudrait alors que les passeports de ces messieurs fussent signés par le consul de Sa Majesté Charles-Albert.

— Mais ils sont visés par l'ambassade de Paris, dit Jadin.

— N'importe, dit l'hôte, ces messieurs ne pourraient pas entrer en Sardaigne s'il n'y avait pas un visa daté d'Antibes.

— Donnez donc votre passeport, dis-je à Jadin; il faut bien que tout le monde vive, même les rois.

Nous grossîmes de chacun trente sous la liste civile du roi Charles-Albert, après quoi nous fûmes libres d'entrer sur son territoire.

Nous profitâmes de cette liberté pour monter en voiture. Deux heures après nous étions sur les bords du Var.

La tête du pont était gardée par la douane. Comme nous sortions de France, nous n'avions rien à faire avec elle. Nous passâmes donc fièrement.

Derrière la douane étaient deux factionnaires avec lesquels nous n'eûmes encore rien à démêler.

Derrière les deux factionnaires était un commissaire de police.

Avec celui-ci ce fut autre chose. Après avoir bien comparé mon signalement à mon visage et en avoir fait autant pour Jadin et pour Onésime, il lui vint dans l'idée que l'une des deux dames qui étaient dans notre voiture était sans doute la duchesse de Berry. En conséquence, il lui chercha une querelle sur son âge, prétendant qu'elle ne paraissait pas les 26 ans qui étaient portés sur son passeport. La chose était on ne peut plus flatteuse pour la dame, mais, comme elle était fort ennuyeuse pour nous, je voulus faire quelques observations au commissaire.

Le commissaire me dit qu'il savait ce qu'il avait à faire, et que, si je ne me taisais pas, il allait me faire prendre par deux gendarmes et me faire reconduire à Antibes.

Je lui fis alors observer que mon passeport était parfaitement en règle.

— Eh! qu'est-ce que cela me fait, me dit le commissaire, que votre passeport soit en règle ou non? Je ne m'en moque pas mal de votre passeport. Et il rentra dans sa baraque.

Je vis que le commissaire était un insolent ou un imbécile, deux espèces qu'il faut ménager quand elles ont le pouvoir en main.

En conséquence, je me tus, me contentant de souhaiter tout bas qu'on donnât de l'avancement à monsieur le commissaire en le mettant auprès d'un fleuve où il y eût de l'eau.

Au bout d'une demi-heure d'attente, monsieur le commissaire sortit de sa baraque et nous annonça avec une morgue pleine de bienveillance qu'il ne s'opposait pas à ce que nous continuassions notre chemin.

En conséquence, nous nous engageâmes sur le pont.

A moitié chemin du pont se trouve un poteau.

Sur ce poteau, est écrit d'un côté le mot France, et de l'autre est peinte une croix, ce qui veut dire Sardaigne.

Nous nous retournâmes pour saluer d'un dernier adieu le pays natal.

Puis, avec cette émotion que j'ai éprouvée toutes les fois que j'ai quitté la patrie, je fis un pas.

Un pas avait suffi pour franchir la limite qui sépare les deux royaumes. Nous foulions la terre italique, nous étions dans les États de Sa Majesté le roi Charles-Albert.

LA PRINCIPAUTÉ DE MONACO.

Il y a parmi les choses que le roi de Sardaigne ne peut pas sentir, cinq choses qui lui sont particulièrement désagréables:

Le tabac qu'il ne fabrique pas lui même;
Les étoffes neuves et non taillées en vêtements;
Les journaux libéraux;
Les livres philosophiques,
Et ceux qui font les livres philosophiques ou autres.

Je n'avais pas de tabac, tous mes habits avaient été portés, les seuls journaux que je possédasse étaient trois numéros du Constitutionnel qui enveloppaient mes bottes, mes seuls livres étaient un Guide en Italie et une Cuisinière bourgeoise, et mon nom avait l'honneur d'être parfaitement inconnu au chef de la douane: il en résulta que j'entrai beaucoup plus facilement en Sardaigne que je n'étais sorti de France.

Il y avait bien au fond de ma caisse à fusils deux ou trois cents cartouches pour lesquelles je tremblais de tout mon corps; mais Sa Majesté le roi Charles-Albert avait fait, à ce qu'il paraît, étant prince de Carignan, une connaissance trop intime avec la poudre pour en avoir peur. Ses douaniers ne firent pas même attention à mes cartouches.

Au reste, je ne sais pas trop pourquoi le roi Charles-Albert en veut tant aux révolutions, il est peut-être le prince qui ait le moins à s'en plaindre. Il y a quelques centaines d'années que ses aïeux, les ducs de Savoie, étaient de braves petits ducs sans importance, qu'on appelait tout bonnement Messieurs de Savoie; lorsque, lassée des révolutions qui suivirent la mort de la reine Jeanne, Nice se donna corps et biens à Amé VII surnommé le Rouge: en 1815, il en fut de Gênes comme il en avait été de Nice en 1388, avec cette exception que Nice s'était donnée et que Gênes fut prise; mais aujourd'hui il n'en est ni plus ni moins, ces embouchées que les anciens ducs et les nouveaux rois ont mordues à droite et à gauche arrondissent assez comfortablement la souveraineté sarde, et en font une petite puissance européenne qui, grâce à l'esprit et au cœur belliqueux de son roi, ne laisse pas d'avoir bon air sur la carte militaire de l'Europe.

Cependant, les princes de Savoie ne jouirent pas toujours seuls de cette belle maîtresse provençale qui s'était donnée à eux: en 1543, les armées combinées des Turcs et des Français assiégèrent Nice; Barberousse et le duc d'Enghien sommèrent le gouverneur André Odinet de se rendre; mais André Odinet répondit: — Je me nomme Montfort, mes armes sont des pals, et ma devise: Il faut tenir. Quoiqu'il fit en brave soldat pour ne pas mentir à cette réponse toute héraldique, André Odinet fut forcé de se retirer dans le château, et Nice capitula.

En 1601, Catinat assiégea Nice et la prit à son tour, grâce à une bombe qui fit sauter le donjon du château où était le magasin à poudre. En 1706, le duc de Berwick prit le château à son tour, comme Catinat l'avait pris, et pour épargner à ses successeurs la peine que cette forteresse avait donnée à ses prédécesseurs, il la démolit tout à fait. Aussi en 98 Nice fut conquise sans résistance, et devint jusqu'en 1814 le chef-lieu du département des Alpes-Maritimes.

En 1814, Nice retourna, pour la quatrième fois, à ses amans éternels les ducs de Savoie et les rois de Sardaigne.

Nice est représentée sous l'emblème d'une femme armée, portant le casque en tête, ayant la poitrine ouverte, et la croix d'argent de Savoie empreinte sur le cœur; sa main droite porte une épée nue, sa main gauche un bouclier d'argent avec une aigle de gueules aux ailes éployées; ses pieds s'appuient sur un écueil de sinople que baignent les vagues de la mer. Enfin, à ses pieds, on voit un chien, symbole de la fidélité, avec ces mots: *Nicæa fidelis*.

Quelque flatteur que soit cet emblème pour la ville de Nice, elle serait mieux représentée, à notre avis, sous les traits d'une belle courtisane, mollement couchée au bord de son miroir d'azur, à l'ombre des orangers en fleurs, avec ses longs cheveux abandonnés aux brises de la mer, et dont les flots viendraient mouiller ses pieds nus, car Nice c'est la ville de la douce paresse et des plaisirs faciles. Nice est plus italienne que Turin et que Milan, et presque aussi grecque assurément que Sybaris.

Aussi rien de plus charmant que Nice par une belle soirée d'automne, quand sa mer, à peine ridée par le vent qui vient de Barcelonne ou de Palma, murmure doucement, et quand ses lucioles, comme des étoiles filantes, semblent pleuvoir du ciel. Il y a alors à Nice une promenade qu'on appelle la Terrasse, et qui n'a pas peut-être sa pareille au monde, où se presse une population de femmes pâles et frêles qui n'auraient pas la force de vivre ailleurs, et qui viennent chaque hiver mourir à Nice; c'est ce que l'aristocratie de Paris, de Londres et de Vienne, a de mieux et de plus souffrant. En échange, les hommes en général s'y portent à merveille, et ils semblent venus là, conduits par un sublime dévouement, pour céder leur part de leur force et de leur santé à toutes ces belles mourantes, que lorgnent en passant de charmans petits abbés, si coquets et si galans, que l'on comprend à la première vue qu'ils ont des absolutions toutes prêtes pour elles, quelques péchés qu'elles aient commis.

Car à Nice commencent les abbés; non pas de gros vilains abbés comme à Naples ou à Florence, mais de jolis petits abbés, comme on en rencontre parfois au Monte Pincio à Rome, ou sur la promenade de la marine à Messine; de vrais abbés de ruelle, comme il y en avait au petit lever de madame de Pompadour, et au petit coucher de mademoiselle Lange; de délicieux abbés, enfin, nourris de bonbons et de confitures, à la chevelure propre et parfumée, à la jambe rondelette, au chapeau coquettement incliné sur l'oreille, et au petit pied mignardement chaussé d'un soulier verni à boucle d'or.

Je vous demande un peu si, tout cela donne à Nice l'air d'une Minerve armée de pied en cap, et si son épithète de *filelis* doit se prendre au pied de la lettre.

Il y a deux villes à Nice, la vieille ville et la ville neuve, l'*antica Nizza*, et la *Nice new*; la Nice italienne et la Nice anglaise. La Nice italienne, adossée à ses collines, avec ses maisons sculptées ou peintes, ses madones au coin des rues, et sa population, au costume pittoresque, qui parle, comme dit Dante, la langue — *del bel paese là dove il sì suona*.

La Nice anglaise, ou le faubourg de marbre avec ses rues tirées au cordeau, ses maisons blanchies à la chaux, aux fenêtres et aux portes régulièrement percées, et sa population à ombrelles, à voiles et à brodequins verts, qui dit : — *Jes*.

Car, pour les habitans de Nice, tout voyageur est Anglais. Chaque étranger, sans distinction de cheveux, de barbe, d'habits, d'âge et de sexe, arrive d'une ville fantastique perdue au milieu des brouillards, où quelquefois par tradition on entend parler du soleil, où l'on ne connaît les oranges et les ananas que de nom, où il n'y a de fruits mûrs que les pommes cuites, et que par conséquent on appelle *Londons*.

Pendant que j'étais à l'hôtel d'York, une chaise de poste arriva. Un instant après, l'aubergiste entra dans ma chambre.
— Qu'est-ce que vos nouveaux venus? lui demandai-je.
— *Sono certi Inglese*, me répondit-il, *ma non sapraï dire si sono Francesi o Tedeschi*.
— Ce qui veut dire. — Ce sont de certains Anglais, mais je ne saurais dire s'ils sont Français ou Allemands.

Il est inutile d'ajouter que tout le monde paie en conséquence de ce que chacun est appelé milord.

Nous restâmes deux jours à Nice; c'est un jour de plus que ne restent ordinairement les étrangers qui ne viennent point pour y passer six mois. Nice est la porte de l'Italie, et le moyen de s'arrêter sur le seuil quand on sent à l'horizon Florence, Rome et Naples.

Nous fîmes prix avec un voiturin, qui se chargea de nous conduire à Gènes en trois jours par la route de la Corniche : je connaissais le mont Cenis, le Saint-Bernard, le Simplon, le col de Tende, les Bernardins et le Saint-Gothard. C'était donc la seule route, je crois, qui me restât à parcourir.

La première ville qu'on rencontre sur le chemin est Villa-Franca, dont le port, ouvrage des Génois, et creusé par le conseil de Frédéric Barberousse, n'est séparé de celui de Nice que par la roche de Montalbano, à une demi lieue au delà de Villa-Franca, on entre dans la principauté de Monaco, qui s'annonce formidablement au voyageur par une ligne de douanes. Le prince de Monaco, Honoré V, actuellement régnant, est le même qui, en revenant en 1815 dans ses Etats, rencontra Napoléon au golfe Juan. La douane du prince perçoit deux et demi pour cent sur les marchandises, et seize sous sur les passeports. Or, comme Monaco est sur la route la plus fréquentée d'Italie, cette double contribution forme la partie la plus claire de son revenu.

Au reste, le prince de Monaco est né pour la spéculation, quoique toutes les spéculations ne lui réussissent pas, témoin la monnaie qu'il a fait battre en 1837 et qui s'use tout doucement dans sa principauté, attendu que les rois ses voisins ont refusé de la recevoir. Les autres industriels se font ordinairement payer ce qu'ils font; le prince de Monaco se fait payer ce qu'il ne fait pas, voici la chose.

Parmi les choses que le roi Charles-Albert a en antipathie, nous avons mis au premier rang le tabac à fumer et le tabac en poudre, autrement dit en terme de régie, le *Scaferlati* et le *Macouba*.

Or, puisque moi qui demeure à trois cents lieues du roi de Sardaigne, je connais son antipathie, il n'est point étonnant que le prince Honoré V, dont les états sont enclavés dans les siens, en ait été informé. Le prince réfléchit un instant, et trouvant cette haine injuste, il résolut d'en tirer parti. En conséquence, il fit planter force tabac, et annonça pour l'année suivante des cigares à un sou, qui, vu l'heureuse position du terrain, vaudraient ceux de la Havane.

Cette annonce mit en émoi toutes les contributions indirectes sardes. Le roi Charles-Albert vit ses états inondés de cigares; il avait bien une douane ou deux comme son voisin Honoré V, mais ces douanes sont sur les routes, et non point tout autour de la principauté; d'ailleurs, eût-il dans toute sa circonférence une ligne aussi épaisse et aussi vigilante qu'un cordon sanitaire, cinq cents cigares sont bientôt passés; un carlin cousu dans la peau d'un caniche en passe à lui seul trois ou quatre mille, et la principauté de Monaco est peut-être la seule où il reste encore des carlins.

Il n'y avait qu'un parti à prendre, c'était d'abaisser le prix de ses cigares au prix des cigares d'Honoré V, ou de traiter avec lui de puissance à puissance. Le roi Charles-Albert préféra traiter : baisser le prix de ses cigares, vu la répugnance que les peuples ont en général pour l'administration des droits réunis, lui eût semblé une concession politique.

Il fut donc établi un congrès entre les deux souverains pour régler cette importante question de commerce; mais comme les prétentions du prince de Monaco paraissaient exagérées au roi de Sardaigne, à l'instar du congrès de Rastadt, le congrès de Monaco traîna en longueur, si bien que le temps de la récolte arriva.

Le prince de Monaco donna une livre de tabac de gratification à chacun de ses cinquante carabiniers, et les envoya fumer sur les frontières du roi Charles-Albert.

Les soldats sardes flairèrent la fumée des pipes de leurs voisins les Monacois; c'était, comme l'avait dit le prince dans son prospectus, une véritable fumée havanaise, sans aucun mélange de ces herbes inouies que les souverains ont l'habitude de vendre pour du tabac : les Sardes étaient connaisseurs, ils accoururent sur les frontières d'Honoré V, et demandèrent aux carabiniers la place où ils achetaient leur tabac. Les carabiniers répondirent que c'étaient des plants que leur souverain bien aimé avait fait venir de Cuba et de Latakié, et dont, outre leur solde qui était égale à celle des soldats sardes, ils recevaient une livre par semaine.

Le même jour, vingt soldats du roi Charles-Albert désertèrent et vinrent demander du service à Honoré V, lui offrant, s'il les acceptait, de faire déserter aux mêmes conditions tout le régiment.

Le danger devenait pressant, le régiment pouvait suivre les vingt hommes, et l'armée suivre le régiment; or, comme la monarchie du roi Charles-Albert est une monarchie toute militaire, qui n'a pas encore eu le temps de se creuser des racines bien profondes dans le peuple, il vit d'un seul coup d'œil que si l'armée désertait ainsi en masse, ce serait Honoré V qui serait roi de Sardaigne; quant à lui, il serait bien heureux si on le laissait même prince de Monaco. En conséquence, il passa par toutes les conditions qu'exigea son voisin, et le traité fut conclu moyennant une rente annuelle de 50,000 francs que le roi Charles-Albert paie à Honoré V, et une garnison de 500 hommes qu'il lui prête gratis pour étouffer les petites révoltes qui ont lieu de temps en temps dans ses petits états. Quant à la récolte, elle fut achetée sur pied moyennant une autre somme de 50,000 francs, et mêlée aux feuilles de noyer que l'on fume généralement de Nice à Gênes et de Chambéry à Turin; si bien qu'il en résulta chez les Piémontais, qui n'étaient pas habitués à cette douceur, une grande recrudescence de popularité pour le roi Charles-Albert.

La principauté de Monaco a subi de grandes vicissitudes; elle a été tour à tour sous la protection de l'Espagne et de la France, puis république fédérative, puis incorporée à l'empire français, puis rendue, comme nous l'avons vu, à son légitime propriétaire en 1814 avec le protectorat de la France, puis remise en 1815 sous le protectorat de la Sardaigne. Nous allons la suivre dans ces différentes révolutions, dont quelques-unes ne manquent pas d'une certaine originalité.

Monaco fut, vers le Xe siècle, érigée en seigneurie héréditaire par la famille Grimaldi, puissante maison génoise qui avait des possessions considérables dans le Milanais et dans le royaume de Naples. Vers 1550, au moment de la formation des grandes puissances européennes, le seigneur de Monaco, craignant d'être dévoré d'une seule bouchée par les ducs de Savoie ou par les rois de France, se mit sous la protection de l'Espagne. Mais en 1641, cette protection lui étant devenue plus onéreuse que profitable, Honoré II résolut de changer de protecteur, et introduisit garnison française à Monaco. L'Espagne, qui avait dans Monaco un port et une forteresse presque imprenables, entra dans une de ces belles colères flamandes comme il en prenait de temps en temps à Charles-Quint et à Philippe II, et confisqua à son ancien protégé ses possessions milanaises et napolitaines. Il résulta de cette confiscation que le pauvre seigneur se trouva réduit à son petit Etat. Alors Louis XIV, pour l'indemniser, lui donna en échange le duché de Valentinois dans le Dauphiné, le comté de Carlades dans le Lyonnais, le marquisat des Baux et la seigneurie de Buis en Provence; puis il maria le fils d'Honoré II avec la fille de M. Le Grand. Ce mariage eut lieu en 1688, et valut à M. de Monaco et à ses enfans le titre de princes étrangers. Ce fut depuis ce temps-là que les Grimaldi changèrent leur titre de seigneur contre celui de prince.

Le mariage ne fut pas heureux; la nouvelle épousée, qui était celle belle et galante duchesse de Valentinois si fort connue dans la chronique amoureuse du siècle de Louis XIV, se trouva un beau matin d'une enjambée hors des états de son époux, et se réfugia à Paris, tenant sur le pauvre prince les plus singuliers propos. Ce ne fut pas tout: la duchesse de Valentinois ne borna pas son opposition conjugale aux paroles, et le prince apprit bientôt qu'il était aussi malheureux qu'un mari peut l'être.

A cette époque on ne faisait guère que rire d'un pareil malheur; mais le prince de Monaco était un homme fort bizarre, comme l'avait dit la duchesse, de sorte qu'il se fâcha. Il se fit instruire successivement du nom des différens amans que prenait sa femme, et les fit pendre en effigie dans la cour de son château. Bientôt la cour fut pleine et déborda sur le grand chemin, mais le prince ne se lassa point et continua de faire pendre. Le bruit de ces exécutions se répandit jusqu'à Versailles, Louis XIV se fâcha à son tour, et fit dire à monsieur de Monaco d'être plus clément; monsieur de Monaco répondit qu'il était prince souverain, qu'en conséquence il avait droit de justice basse et haute dans ses Etats, et qu'on devait lui savoir gré de ce qu'il se contentait de faire pendre des hommes de paille.

La chose fit un si grand scandale qu'on jugea à propos de ramener la duchesse à son mari. Celui-ci, pour rendre la punition entière, voulait la faire passer devant les effigies de ses amans; mais la princesse, douairière de Monaco insista si bien que son fils se départit de cette vengeance, et qu'il fut fait un grand feu de joie de toutes les mannequins.

« Ce fut, dit madame de Sévigné, le flambeau de ce second hyménée. »

On vit bientôt cependant qu'un grand malheur menaçait les princes de Monaco. Le prince Antoine n'avait qu'une fille et perdait de jour en jour l'espoir de lui donner un frère. En conséquence, le prince Antoine maria, le 20 octobre 1715, la princesse Louise Hippolyte à Jacques-François-Léonor de Goyon-Matignon, auquel il céda le duché de Valentinois, en attendant qu'il lui laissât la principauté de Monaco, ce qu'il lui fit à son grand regret le 26 février 1731. Jacques-François-Léonor de Goyon-Matignon, Valentinois par mariage, et Grimaldi par succession, est donc la souche de la maison régnante actuelle, qui va s'éteindre à son tour dans la personne d'Honoré V et dans celle de son frère, tous deux sans postérité masculine et sans espérance d'en obtenir.

Honoré IV régnait tranquillement, lorsque arriva la révolution de 89. Les Monacois en suivirent toutes les phases avec une attention toute particulière, puis lorsque la république fut proclamée en France, ils profitèrent d'un moment où le prince était je ne sais où, s'armèrent de tout ce qu'ils purent trouver sous leurs mains, et marchèrent sur le palais qu'ils prirent d'assaut, et dont ils commencèrent par piller les caves, qui pouvaient contenir douze à quinze mille bouteilles de vin. Deux heures après, les huit mille sujets du prince de Monaco étaient ivres.

Or, ce premier essai de liberté, ils trouvèrent que la liberté était une bonne chose, et résolurent à leur tour de se constituer en république. Seulement, comme Monaco était un trop grand Etat pour donner naissance à une république une et indivisible comme était la république française, il fut résolu entre les fortes têtes du pays qui s'étaient constituées en assemblée nationale, que la république de Monaco serait, à l'instar de la république américaine, une république fédérative. Les bases de la nouvelle constitution furent donc débattues et arrêtées entre Monaco et Mantone, qui s'allièrent ensemble à la vie et à la mort: il restait un troisième village appelé Roque-Brune. Il fut décidé qu'il appartiendrait par moitié à l'une et à l'autre des deux villes. Roque-Brune murmura; il aurait voulu être indépendant et entrer dans la fédération, mais Monaco et Mantone ne firent que rire d'une prétention aussi exagérée: Roque-Brune n'étant pas le plus fort, il lui fallut donc se taire: seulement, à partir de ce moment, Roque-Brune fut signalé aux deux conventions nationales comme un foyer de révolution. Malgré cette opposition, la république fut proclamée sous le nom de république de Monaco.

Mais ce n'était pas le tout pour les Monacois que d'être constitués en république: il fallait se faire dans les Etats qui avaient adopté la même forme de gouvernement des alliés qui les pussent soutenir. Ils pensèrent naturellement aux Américains et aux Français; quant à la république de Saint-Marin, la république fédérative de Monaco la méprisait si fort qu'il n'en fut pas même question.

Toutefois, parmi ces deux gouvernemens, un seul était à portée, par sa position topographique, d'être utile à la république française: c'était la république française. La république de Monaco résolut donc de ne s'adresser qu'à elle; elle envoya trois députés à la convention nationale pour lui demander son alliance et lui offrir la sienne. La convention nationale était dans un moment de bonne humeur; elle reçut parfaitement les envoyés de la république de Monaco, et les invita à repasser le lendemain pour prendre le traité.

Le traité fut dressé le jour même. Il est vrai qu'il n'était pas long; il se composait de deux articles:

« Art. 1er. Il y aura paix et alliance entre la république française et la république de Monaco.

» Art. 2. La république française est enchantée d'avoir fait la connaissance de la république de Monaco. »

Ce traité, comme il avait été dit, fut remis aux ambassadeurs qui repartirent fort contens.

Trois mois après, la république française avait emporté la république de Monaco dans sa peau de lion.

On n'a pas oublié sans doute comment, grâce à madame de D., le traité de Paris rendit, en 1814, au prince Honoré V, ses Etats qu'il a heureusement conservés depuis.

Au reste, le prince Honoré V, toute plaisanterie à part, est fort aimé de ses sujets, qui voient avec une grande inquiétude l'heure où ils changeront de maître. En effet, malgré le mépris qu'en fait Saint-Simon (1), ils habitent un délicieux pays, dans lequel il n'y a pas de recrutement, et presque pas de contributions, la liste civile du prince étant presque entièrement défrayée par les deux et demi pour cent qu'il perçoit sur les marchandises, et par les seize sous qu'il prélève sur les passeports. Quant à son armée, qui se compose de cinquante carabiniers, elle se recrute par les enrôlemens volontaires.

Malheureusement nous ne pûmes jouir, comme nous l'aurions voulu, de cette charmante orangerie qu'on appelle la principauté de Monaco, une pluie atroce nous ayant pris à la frontière, et nous ayant accompagnés avec acharnement

(1) C'est au demeurant la souveraineté d'une roche du milieu de laquelle on peut pour ainsi dire cracher hors de ses étroites limites.

(*Mémoires du duc de Saint-Simon.*)

pendant les trois quarts d'heure que nous mîmes à traverser le pays. Il en résulta que nous n'aperçûmes la capitale et sa forteresse, dans laquelle tiendrait la population de toute la principauté, qu'à travers une espèce de voile : il en fut ainsi du port, où nous distinguâmes cependant une felouque, laquelle, avec une autre qui pour le moment était en course, forme toute la marine du prince.

En traversant Mantone, une enseigne nous donna une idée du degré de civilisation où en était venue l'ex-république fédérative, l'an de grâce 1835. Au-dessus d'une porte on lisait en grosses lettres : *Mariane Casanove vend pain et modes.*

A un quart de lieue de la ville, nous retombâmes dans une seconde ligne de douanes et dans un second visa de passeport; le passeport n'était rien, mais la visite fut cruelle, et nous pûmes nous convaincre que, dans les États du prince de Monaco, l'exportation était aussi sévèrement défendue que l'importation. Nous voulûmes employer le moyen usité en pareil cas, mais nous avions affaire à des douaniers incorruptibles qui ne nous firent pas grâce d'une brosse à dents, de sorte qu'il nous fallut, nous et nos effets, recevoir une espèce de contre-épreuve du déluge, attendu que, sous le prétexte de la beauté du climat, il n'y a pas même de hangard. Je profitai de ce contre-temps pour approfondir un point de science chorégraphique que je m'étais toujours proposé de tirer au clair à la première occasion ; il s'agissait de la Monaco, où, comme chacun sait, l'on pêche et l'on déchasse. Je fis en conséquence, pour la troisième fois depuis que j'avais quitté la frontière, toutes les questions possibles sur cette contredanse si populaire par toute l'Europe ; mais là, comme ailleurs, je n'obtins que des réponses évasives qui redoublèrent ma curiosité, car elles me confirmèrent dans ma première opinion, à savoir que quelque grand secret, où l'honneur du prince ou de la principauté se trouvait compromis, se rattachait à cette respectable gigue. Il me fallut donc sortir des États du prince aussi ignorant sur ce point que j'y étais entré, et perdant à jamais l'espoir de découvrir un mystère que je n'avais pu éclaircir sur les lieux.

Quant à Jadin, il était absorbé dans une idée non moins importante que la mienne :

Il cherchait à comprendre comment il pouvait tomber une si grande pluie dans une si petite principauté.

LA RIVIÈRE DE GÊNES.

La première ville que nous rencontrâmes sur notre chemin, après avoir dépassé les États de Monaco, est Vintimiglia, l'*Albentimilium* des Romains, dont Cicéron parle dans ses lettres familières, livre VIII, ép. XV, et à laquelle Tacite s'arrête un instant pour enregistrer un fait historique digne d'une Spartiate : une mère ligurienne, interrogée par les soldats d'Othon pour qu'elle indiquât la retraite où était caché son fils qui avait pris les armes contre cet empereur, avec cette sublime impudence antique dont Agrippine avait déjà donné un si magnifique exemple (1), montra son ventre en disant : Il est là ! et mourut dans les tortures sans pousser d'autre cri que ce cri de maternité.

Une lettre d'Ugo Foscolo, la plus éloquente peut-être de toutes celles qu'il a écrites, complète l'illustration de Vintimiglia.

Nous dînâmes dans cette petite ville ; on nous servit des lapins de l'île de Galinara. Au dessert, nous eûmes un instant d'inquiétude en voyant qu'on nous portait pour la somme de vingt sous un chat sur la carte. Explication demandée e reçue, nous apprîmes que c'était le dîner de Mylord.

Cette carte éclaircissait un point qui avait été souvent débattu d'avance entre Jadin et moi : c'était le prix que pourrait nous coûter un chat en Italie. Mylord, selon les habitudes qu'il avait transportées de Londres à Paris, et qu'il exportait maintenant de Paris à l'étranger, ne pouvait pas apercevoir un chat qu'en un tour de main le malheureux animal ne fût mis à mort. En France, cela avait encore été assez bien, en général les chats étant peu protégés par les aubergistes qui trouvent que, presque toujours, ils mangent plus de fromage que de souris. Mais en Italie, le changement de mœurs, et par conséquent de goûts, pouvait sur ce point nous amener mille difficultés, sans compter l'un surcroît de dépense à laquelle nous n'avions point songé en établissant notre budget. Nous étions donc enchantés qu'à peine le pied posé en Sardaigne une occasion se fût présentée de fixer un tarif. Nous fîmes en conséquence venir l'aubergiste, et nous lui demandâmes s'il croyait que le prix qu'il nous faisait payer son chat était le prix-courant des chats en Italie. Celui-ci crut que nous voulions marchander, et nous énuméra aussitôt toutes les qualités du défunt. Nous l'arrêtâmes au milieu de son apologie pour lui dire qu'il se méprenait à nos intentions, et que nous ne discutions pas la valeur de son animal, seulement que nous voulions savoir si cette valeur ne haussait pas ou ne baissait pas selon certaines localités. L'aubergiste secoua la tête, et nous assura que moyennant deux paules en Toscane, et deux carlins à Naples, il croyait que Mylord pouvait étrangler ce qu'il y avait de mieux dans la race féline, à l'exception cependant des chats angoras ou des chats savans, qui avaient dans tous les pays du monde une valeur de convention, et qu'il y aurait même de petits villages, loin de toute industrie et privés de tout commerce, où nous pourrions, pour ce prix, exiger la peau : c'était tout ce que nous désirions savoir. En conséquence, nous payâmes la carte, mais nous nous fîmes donner un reçu détaillé du chat ; ce reçu était important puisqu'il devait faire planche. Après une mûre délibération, nous le rédigeâmes donc en ces termes :

« Reçu de deux messieurs français qui voyageaient avec un boule-dogue, vingt sous de Sardaigne ou un franc de France, qui font environ deux paules de Toscane ou deux carlins de Naples, en paiement d'un chat de première qualité mis à mort par ledit boule-dogue.

» Vintimiglia, ce 20 mai 1835.

» FRANCESCO BIAGIOLI,
» padrone della locanda della Croce d'oro. »

Au bout de huit jours, nous avions trois reçus en règle, et parfaitement détaillés, où les chats étaient estimés au même prix, ce qui était pour nous une grande tranquillité pour le reste du voyage, attendu que lorsqu'on nous demandait davantage, ce qui arrivait souvent, nous tirions notre registre, en disant : Voyez, c'est le prix que nous les payons partout. Le propriétaire du mort jetait alors les yeux dessus, et convaincu par les témoignages respectables que nous lui présentions, il finissait toujours par dire : — *Duuque, va bene per due paoli.* — Et les deux paules empochés par lui, nous nous remettions en route avec sa bénédiction, qu'il nous donnait par dessus le marché, en regrettant au fond du cœur qu'au lieu d'un chat Mylord n'en eut pas étranglé deux.

Nous continuions donc notre route enchantés de l'invention, lorsqu'en sortant de Borduguerra, nous fûmes distraits de ces idées par l'aspect du charmant petit village de San-Remo avec son ermitage de Saint-Romulus tout entouré de palmiers. Nous nous arrêtâmes un instant pour reposer nos yeux, fatigués de ces éternels oliviers grisâtres et rabougris, sur cette belle végétation orientale. En ce moment un paysan s'approcha de nous, et, voyant avec quelle satisfaction nous nous étions arrêtés dans cette petite oasis, il nous dit que le moment était mauvais pour regarder les palmiers de San-Remo, et qu'à cette heure nous les voyions à leur désavantage. En effet, ils venaient d'être dépouillés de leurs plus belles palmes, qui avaient été envoyées à Rome pour la fête de Pâques. Je lui demandai alors à quel titre ces palmes

(1) *Feri ventrem.*

OEUV. COMPL. — VIII.

étaient envoyées à Rome, et si les habitans tiraient de cet envoi quelque profit temporel ou spirituel ; et alors j'appris que c'était un droit de la famille Bresca, qui lui avait été conféré par Sixte-Quint, et qu'elle avait maintenu depuis. Voici à quelle occasion.

En 1586, il y avait encore à l'endroit où Pie VI a fait bâtir la sacristie de Saint-Pierre, un magnifique obélisque, élevé autrefois par Nuncoré, roi d'Égypte, dans la ville d'Héliopolis, transporté par Caligula à Rome, et placé ensuite dans le cirque de Néron au Vatican, sur l'emplacement duquel Constantin fit élever sa basilique. Or, jusqu'en 1586, c'est-à-dire jusqu'à la seconde année du pontificat de Sixte-Quint, cet obélisque était resté debout au milieu des constructions successives qu'avaient fait faire Nicolas V, Jules II, Léon X, et Sixte V, lorsque ce grand pontife, qui fit plus en cinq ans que cinq autres papes n'en ont jamais fait en un siècle, résolut de faire transporter le gigantesque monolithe (1) sur cette belle place, que, soixante-dix ans plus tard, Bernin devait étreindre de sa magnifique colonnade.

Ce fut l'architecte Fontana, le plus habile mécanicien de son temps, qui fut chargé de cette grande opération : il disposa ses machines en homme qui comprend que les yeux de toute une ville se fixent sur lui. Le pape lui dit de ne rien épargner pour réussir. Fontana opéra en conséquence : le transport seul, quoiqu'il fût de cent cinquante pas à peine, coûta 200,000 francs.

Enfin tous les préparatifs achevés, Fontana indiqua le jour où il comptait dresser l'obélisque sur son piédestal, et ce jour fut publié à son de trompe par toute la ville. Chacun pouvait assister à l'opération, mais à la condition du plus rigoureux silence : c'était un point qu'avait réclamé Fontana, afin que sa voix à lui, la seul qui eût le droit de donner des ordres dans ce grand jour, pût être entendue des travailleurs. Or, comme Sixte-Quint ne faisait pas les choses à demi, la proclamation portait que la moindre parole, le moindre cri, la moindre exclamation serait punie de mort, quels que fussent le rang et la condition de celui qui l'aurait proférée.

Fontana commença son travail au milieu d'une foule immense ; d'un côté était le pape et toute sa cour sur un échafaudage élevé exprès ; de l'autre, était le bourreau et la potence ; au milieu, dans un espace resserré et qui faisait respecter un cercle de soldats, étaient Fontana et ses ouvriers.

La base de l'obélisque avait été amenée jusqu'à son piédestal ; ce qui restait à faire, c'était donc de le dresser. Des cordes attachées à son extrémité devaient, par un mécanisme ingénieux, lui faire perdre sa position horizontale pour l'amener doucement à une position perpendiculaire. La longueur des cordes avait été mesurée à cet effet ; arrivées à leur point d'arrêt, l'obélisque devait être debout.

L'opération commença au milieu du plus profond silence ; l'obélisque lentement soulevé obéissait comme par magie à la force attractive qui le mettait en mouvement. Le pape, muet comme les autres, encourageait la manœuvre par des signes de tête ; la voix de l'architecte donnant des ordres retentissait seule au milieu de ce silence solennel. L'obélisque montait toujours, un ou deux tours de roues encore, et il était établi sur sa base. Tout à coup, Fontana s'aperçoit que le mécanisme ne tourne plus ; la mesure des cordes avait été exactement prise, mais les cordes avaient été distendues par la masse, et elles se trouvaient maintenant de quelques pieds trop longues ; nulle force humaine ne pouvait suppléer à la force qui manquait. C'était une opération manquée, une réputation perdue ; Fontana pressait les ordres, multipliait les commandemens. Du moment où les cordes n'attireraient plus l'obélisque, l'obélisque pesait d'un double poids sur les cordes. Fontana porta les mains à son front, ne voyait aucun moyen de remédier à l'extrémité où il se trouvait, il sentait qu'il devenait fou. En ce moment un des câbles se brisa.

(1) Il a soixante-seize pieds de haut et la croix qui le surmonte vingt-six.

Tout à coup, un homme s'écrie dans la foule : *Aqua alle corde*, — de l'eau aux cordes, — et, traversant l'espace, va se remettre aux mains du bourreau.

Le conseil est un trait de lumière pour Fontana. Sur toute la longueur des câbles il fait aussitôt verser des seaux d'eau. Les cordes se resserrent naturellement, sans effort, et comme par la main de Dieu : l'obélisque se remet en mouvement et s'assied sur sa base, au milieu des applaudissemens de la multitude.

Alors Fontana court à son sauveur, qu'il trouve la corde au cou et entre les mains du bourreau ; il le prend dans ses bras, l'embrasse, l'entraîne, l'emporte aux pieds de Sixte-Quint, et demande pour lui une grâce déjà accordée. Mais ce n'était pas le tout d'accorder la grâce, il fallait une récompense. Le pape demande à l'étranger de fixer lui-même celle qu'il désire. L'étranger répond qu'il est de la famille Bresca, qui est riche, et qui par conséquent n'a point de faveurs pécuniaires à demander ; mais qu'il habite San-Remo, village fameux par ses palmiers, et qu'il demande le privilége d'envoyer tous les ans gratis les palmes nécessaires pour la fête de Pâques à Rome. Sixte-Quint accorda ce privilége, et y ajouta une pension de six mille écus romains affectée à l'entretien des palmiers.

Depuis ce temps, la famille Bresca, qui existe toujours, a usé du privilége d'envoyer tous les ans à Rome un vaisseau chargé de palmes ; et depuis 245 ans que ce privilége a été accordé, elle en a joui sous la protection visible du ciel ; car jamais le moindre accident n'est arrivé à aucun des 245 vaisseaux qui ont héréditairement et annuellement transporté la sainte cargaison.

Nous arrivâmes à Oneille à neuf heures du soir, car notre *vetturino* nous ayant promis de nous déposer à Gênes, le troisième jour à deux heures, à la porte des Quatre-Nations, faisait ses journées en conséquence. Il en résulta que nous repartîmes d'Oneille le lendemain au point du jour. Nous n'en dirons pas grand'chose, si ce n'est que c'est la patrie du grand André Doria, ce qui n'empêche pas, à en juger par celle où nous couchâmes, que ses auberges n'en soient détestables.

Au point du jour, nous nous remîmes en route. Nous commencions à nous réveiller, lorsque nous traversâmes Alessio, où nous vîmes pour la première fois les femmes coiffées de *mezzaro* génois, voile blanc, qui, sans le cacher, encadre leur visage. Quant aux hommes, c'étaient autrefois de hardis marins, qui prirent part avec Pizarre à la conquête du Pérou, et avec don Juan d'Autriche à la victoire de Lépante.

Nous nous arrêtâmes pour déjeuner à Albenga, ville au doux nom, mais à laquelle ses remparts croulans et ses tours en ruines donnent un aspect des plus sombres. C'est à Albenga, s'il faut en croire madame de Genlis, que la duchesse de Cerifalco fut enfermée pendant neuf ans dans un souterrain par son mari.

Un autre point historique plus sérieusement arrêté, c'est que ce fut à Albenga que naquit ce Proculus qui disputa l'empire à Probus, et Decius Pertinax, qu'il ne faut pas confondre avec Pertinax qui devint empereur.

Albenga possède deux monumens antiques, son baptistère, qui remonte, assure-t-on, à Proculus et son *ponte longo* qui fut bâti par le général romain Constance. Une chose remarquable au reste, c'est que les habitans d'Albenga, l'ancienne *Albingaunum*, s'étant alliés avec Magon, frère d'Annibal, furent compris dans le traité de paix qu'il fit avec le consul romain Publius Ælius ; et depuis ce temps, jusqu'au XIIe siècle, en vertu de ce traité, se gouvernèrent par leurs propres lois, frappant monnaie comme un État indépendant. Au XIIe siècle, les Pisans en guerre avec les Génois prirent Albenga et la saccagèrent. Rebâtie par les Génois, elle resta depuis ce temps en leur pouvoir, sans être brûlée, c'est vrai, mais aussi sans être rebâtie, ce qui fait qu'Albenga aurait grand besoin d'être brûlée une seconde fois.

La route continuait au reste à être délicieuse et pleine d'accidens plus pittoresques les uns que les autres ; avec la mer à notre droite, calme comme un lac et resplendissante comme un miroir ; et à notre gauche, tantôt des roches à pic, tantôt de charmans vallons avec des haies de grenadiers et de grosses touffes de lauriers roses; tantôt de grandes échappées de vue, avec quelque village pittoresque, se détachant sur des fonds bleuâtres, comme on n'en voit que dans le pays des montagnes. Il en résulta que, sans fatigue aucune, nous arrivâmes à Savone où nous devions coucher.

Savone est une espèce de ville à qui il reste une espèce de port que les Génois ont laissé se combler peu à peu malgré les réclamations des habitans, afin que le commerce de Savone ne nuisit point au commerce de Gênes. Il en résulte que Savone est à peu près ruinée. Comme toutes les puissances tombées et forcées de renoncer à leur avenir, la ville est toute orgueilleuse de son passé. En effet, Savone a donné naissance à l'empereur Pertinax, à Grégoire VII, à Sixte IV, à Jules II, et à Chiabrera, qui passe pour le plus grand poète lyrique que l'Italie moderne ait jamais eu. De toutes ces grandeurs, il reste à Savone la façade du palais de Jules II, attribué à l'architecte San Gallo, et le bas-relief de la Visite de la Vierge à sainte Élisabeth, l'un des meilleurs du Bernin. Le sacristain montre en outre au voyageur un tableau de la Présentation de la Vierge au temple, comme étant du Dominicain. Défiez-vous du sacristain de Savone, payez comme s'il vous avait montré un Vasari ou un Gaëtano, et vous serez encore volé.

A trois ou quatre lieues de Savone, nous trouvâmes Cogoletto, petit village qui prétend mieux savoir que Colomb lui-même où Colomb est né, et qui réclame le grand navigateur comme un de ses enfans, quoiqu'il ait dit dans son testament : *Que siendo yo nacido en Genova, como natural d'alla porque de ella sali y en ella naci.* L'argument eût peut-être été concluant pour tout autre que Cogoletto, mais Cogoletto est entêté, et il répondit à Colomb en écrivant sur la porte d'une espèce de cabane qu'il prétend être la maison du grand magistrat :

Provincia di Savona,
Communa di Cogoletto,
Patria di Colombo,
Scropitor del nuovo mondo.

Puis, à tout hasard, et comme ne pouvant pas faire de mal, il ajouta ce vers latin de Gagluiffi :

Unus erat mundus: duo sint, ait iste: fuere (1).

Enfin, pour accumuler les preuves, on déterra un vieux portrait qui représentait le visage vénérable de quelque bailli de Cogoletto, et on l'installa en grande pompe à la maison communale comme étant le portrait de Colomb.

Ceux qui passeront à Cogoletto sont priés de faire au cicerone qui leur montrera ce portrait l'aumône de quelques coups de canne, en mémoire du pauvre Colomb, si cruellement persécuté pendant sa vie, et si traîtreusement calomnié après sa mort.

GÊNES LA SUPERBE.

A partir de Cogoletto, Gênes vient pour ainsi dire au devant du voyageur. Pegli, avec ses trois magnifiques villas, n'est qu'une espèce de faubourg qui passe par Cestri di Ponente, et se prolonge jusqu'à Saint-Pierre d'Arena, digne entrée de la ville qui s'est donnée à elle-même le surnom de la Superbe, et que depuis six ou sept lieues déjà on aperçoit

(1) Il n'y avait qu'un monde : Qu'il y en ait deux, dit Colomb ; et ils furent.

à l'horizon, couchée au fond de son golfe avec la nonchalante majesté d'une reine. Un seul mot explique, au reste, ce luxe presque inexplicable de palais, que le voyageur trouve éparpillés sur sa route avec la même profusion que les bastides des environs de Marseille. Les lois somptuaires de la république, qui défendaient de donner des fêtes, de s'habiller de velours, et de brocard, et de porter des diamans, ne s'étendaient point au delà des murailles de la capitale : c'était donc à la campagne que s'était réfugié le luxe de ces turbulens et orgueilleux républicains.

La première chose que nous aperçumes en arrivant à Gênes, et en traversant, pour nous rendre à notre hôtel, la Porta di Vacca, qui est située près de la Darse, c'est un fragment des chaînes du port de Pise, rompues par les Génois en 1290. Depuis 600 ans, ce témoignage de la haine des deux peuples, haine que leur chute commune n'a pu éteindre, est étalé à la vue de tous. Ce fut Conrad Doria, sorti de Gênes avec 40 galères, « qui, secondé de ceux de Lucques, dit l'historien Accinelli, attaqua Porto Pisano, le pilla, et se tournant ensuite contre Livourne, en détruisit les fortifications et la ville, à l'exception de l'église Saint-Jean. »

Ce n'est pas la seule preuve de haine que les Génois aient donnée aux autres peuples de la péninsule. En 1262, l'empereur grec ayant abandonné aux Génois un château qui appartenait aux Vénitiens, les Génois, en haine de ceux-ci, dont ils avaient reçu je ne sais quelle insulte, démolirent le château, en transportèrent les pierres sur leurs navires, ramenèrent ces pierres à Gênes, et en bâtirent l'édifice connu autrefois sous le nom de Banque de Saint-George, et aujourd'hui sous celui de la Douane. Ce monument de vengeance renferme un monument d'orgueil, c'est le griffon Génois, étouffant dans ses serres l'aigle impériale et le renard Pisan, avec cette inscription :

Griphus ut has angit,
Sic hostes Genua frangit.

Si l'on monte à la Douane, on y trouvera les anciennes bouches de dénonciation qui, dans les dernières révolutions, à ce qu'on assure, n'étaient, ne sont pas toujours restées vides.

Notre hôtel était tout près de la Darse ; tandis qu'on nous préparait à dîner, j'eus donc le temps d'aller, Schiller à la main, faire ma visite au tombeau de Fiesque.

Par la même occasion, je parcourus l'arsenal de mer. Dans la première enceinte, Gênes, encore aujourd'hui, arme, désarme ou répare ses vaisseaux. A cette enceinte a succédé une seconde, desséchée, et qui n'est à cette heure autre que le vaste chantier maritime où la république construisait ces fameuses galères, longues de 58 mètres, larges de 4, qui coûtaient chacune sept milles livres génoises, et qui, montées par 250 hommes, parcouraient en maîtresses toute la Méditerranée. Cette seconde enceinte sert aujourd'hui d'atelier à 7 ou 800 galériens, qui traînent leurs boulets sous les belles voûtes bâties au XIIIe siècle d'après les dessins de Boccanegra.

Dans un coin de l'arsenal est un ex-voto sarde avec cette inscription :

« *Brigantino Sardo la Fenica, commandato da capitan' Felice Peire, notte dai 15 ai 14 febbrajo 1835, essendosi aperta un entestatura di tavola Calo a Picco a l'isola di Laire.* »

Un tableau représente l'événement : le navire sombre, la chaloupe s'abandonne à la mer, et la Vierge qu'elle invoque, et qui apparaît dans un coin de la toile, calme la tempête d'un signe.

En allant de l'arsenal de mer au vieux palais Doria, on trouve sur son chemin la porte Saint-Thomas : une petite porte s'ouvre dans la grande ; c'est en franchissant le seuil de cette petite porte que Gianettino, neveu du doge, fut tué.

Avant d'arriver à cette porte, on traverse la place d'Aqua Verde. C'est en ce lieu que Masséna, après avoir tenu soixante jours, avoir épuisé toutes ses ressources et avoir mangé jusqu'aux selles des chevaux, mangés eux-mêmes depuis longtemps, ayant signé au pont de Conegliano, avec l'amiral Keith et le baron d'Ott, sa belle capitulation qu'il intitula convention, rassembla le reste de sa garnison, 12,000 hommes à peu près, qui, pendant trois jours, y chantèrent, entourés d'Autrichiens, tous les chants patriotiques de la France.

Le palais Doria est le roi du golfe; il semble, à le voir, que c'est pour le plaisir des yeux de ceux qui l'ont habité que Gênes a été bâtie ainsi en amphithéâtre. Nous montâmes les larges escaliers que le vieux doge balayait à quatre-vingts ans de sa robe ducale, après, comme le dit l'inscription de son palais, avoir été amiral du pape, de Charles-Quint, de François Ier, et de Gênes. En montant cet escalier, on n'a qu'à lever les yeux pour voir au-dessus de sa tête de charmantes fresques imitées des loges du Vatican, et peintes par Perino del Vaga, un des meilleurs élèves de Raphaël, que le sac de Rome par les soldats du connétable de Bourbon fit fuir de la ville sainte. A cette époque il y avait toujours des palais ouverts pour le poète ou l'artiste qui fuyait, le pinceau ou la plume à la main. Perino del Vaga trouva le palais de Doria sur sa route; il y fut reçu par le vieux doge comme eût été reçu l'ambassadeur d'un roi, et il paya son hospitalité en couvrant de chefs-d'œuvre les murs qui lui offrirent un abri.

Le palais Doria est entre deux jardins; l'un d'eux est situé de l'autre côté de la rue et s'élève avec la montagne : on y arrive par une galerie ; l'autre est attenant au palais lui-même et conduit à une terrasse de marbre qui commande le golfe. C'est sur cette terrasse qu'André Doria donnait aux ambassadeurs ces fameux repas servis en vaisselle d'argent renouvelée trois fois, et qu'après chaque service on jetait à la mer. Peut-être bien y avait-il quelques filets cachés sous l'eau, à l'aide desquels on repêchait le lendemain plats et aiguières; mais c'est le secret de l'orgueil ducal, et il n'a jamais été révélé.

Près de la statue colossale de Jupiter s'élève le monument funéraire du fameux chien Radan, donné par Charles-Quint à André Doria, et qui étant trépassé en l'absence de Doria, fut enterré au pied de cette statue, afin, dit son épitaphe, que tout mort qu'il fût, il ne cessât point de garder un dieu. Doria revint de son expédition, trouva l'épitaphe toute simple, et la laissa comme elle était.

Quant à André Doria lui-même, il est enterré dans l'église de San-Mattei.

Ma religion pour l'historique m'avait d'abord conduit où m'appelaient mes souvenirs; mes dettes avec Doria, avec Fiesque et avec Masséna acquittées, je jetai un regard sur la lanterne bâtie par Charles VIII, et, en longeant pendant dix minutes le rempart, je me trouvai à la porte de l'arsenal, où était le fameux rostrum antique qui fut retrouvé dans le port de Gênes, et qu'on suppose avoir appartenu à un vaisseau coulé à fond dans le combat naval qui eut lieu entre les Génois et Magon, frère d'Annibal. Près de ce rostrum, qui date de l'an 524 de Rome, est un canon de cuir cerclé de fer, pris sur les Vénitiens au siége de Chiozza, en 1379, et qui, par conséquent, est un des premiers qui aient été faits après l'invention de la poudre. Quant aux trente-une cuirasses de femmes portées en 1301 par les croisées génoises, et dont la forme a fait élever au président Desbrosses un doute si injurieux sur ces nobles amazones (1), elles ont été, en 1815, vendues dans les rues au prix de la vieille ferraille, par les Anglais qui tenaient Gênes. Une seule a échappé à cette spéculation de laquais, encore ne m'a-t-elle point paru bien authentique.

De l'Arsenal, il n'y a qu'un pas au bout de la rue Balbi, l'une des trois seules rues qui existent à Gênes, les autres méritant à peine le nom de ruelles. Il est vrai aussi que ces trois rues, que madame de Staël prétendait être bâties pour un congrès de rois, et qu'Alfieri appelait un magasin de palais, n'ont peut-être pas leurs pareilles au monde.

Sur tous ces palais le temps a passé une couche de tristesse incroyable. Quelques-uns se fendent, les autres s'écaillent; les débris qui en tombent sont poussés dans les ruelles qui les séparent, où ils s'amassent avec d'autres immondices. C'est un mélange douloureux de plâtre et de marbre, de grandeur et de misère, et l'on sent qu'au dixième du prix qu'ils ont coûté, on aurait palais, meubles, tableaux, et, s'il faut en croire le proverbe génois, la duchesse par dessus.

Le proverbe n'est point comme l'investigation scientifique du président Desbrosses, et peut se citer. En conséquence, le voici tel qu'il a couru de tout temps :

Mare senza pesce, monti senza legno, uomini senza fede, donne senza vergogna.

Ce qui signifie : mer sans poisson, montagnes sans bois, hommes sans foi, femmes sans vergogne.

C'est ce proverbe qui faisait sans doute dire à Louis XI :
« Les Génois se donnent à moi, et moi je les donne au diable. »

Il n'y a qu'une petite observation à faire, c'est que je crois le proverbe pisan et non génois. Bridoison dit avec beaucoup de justesse qu'on ne se dit pas de ces choses-là à soi-même; et jamais un Génois n'a passé pour être plus bête que Bridoison.

La *strada Balbi* nous mena à la *strada Nuovissima*, et la *strada Nuovissima* à la *strada Nuova*. C'est dans cette dernière rue, terminée par la place des *Fontaines amoureuses*, toute encadrée dans ses maisons à fresques extérieures, que se trouvent les plus beaux palais. Parmi ceux-ci, nous en visitâmes deux; le palais Doria Tursi, et le palais Rouge, l'un propriété publique appartenant à l'État, l'autre propriété privée appartenant à M. de Brignole, ambassadeur du roi Charles-Albert à Paris.

Le palais Tursi, dont on attribue à tort l'architecture à Michel-Ange, fut commencé par le Lombard Roch Lugaro, ornementé à la porte et aux fenêtres par Thaddei Carloni, et achevé par Randoni : les peintures sont du chevalier Michel Canzio. Au reste, l'un des plus riches au dehors, il est l'un des moins beaux en dedans.

Il n'en est point ainsi du palais Rouge, son extérieur est peu élégant, quoiqu'il ne manque pas d'un certain grandiose, mais il renferme la plus belle galerie de Gênes peut-être, sans en excepter la galerie royale. On y trouve des Titien, des Véronèse, des Palma-Vecchio, dé Albert Durer, des Louis Carrache, des Michel-Ange de Carravage, des Carlo Dolci, des Guerchin, des Guide, et surtout des Van-Dyck.

Il est inutile de dire que le palais Brignole n'est point de ceux qui sont à vendre.

Après avoir visité la tombe de Fiesque, il me restait à voir la place où était bâti son palais. Je m'y fis conduire : cette place, toujours vide, est située près de l'église de Santa-Maria-in-Via-Lata. Cette inscription, sans nommer le conspirateur, indique à quelle époque le terrain est devenu une propriété de l'État.

Hæc janua intus et extra
Publicam proprietatem
Indicabat ex decreto P. P.
Communis diei 18 july
1774.

Dans tout autre pays, cet emplacement, qui a à peine 50 pieds carrés, donnerait une pauvre idée de la richesse et de la puissance de son propriétaire. Mais à Gênes, il ne faut pas prendre les palais en largeur, mais en hauteur; les plus riches, à l'exception de celui d'André Doria et de deux ou trois autres peut-être, n'ont de jardins que sur leurs terrasses et sur leurs fenêtres.

Un autre souvenir du même genre se trouve à quelques minutes de chemin du premier, près de la petite église romane de San-Donato, où l'on vient de découvrir, sous le badigeon qui les recouvrait comme le reste de l'édifice, quatre charmantes colonnes de granit oriental, les plus belles et les mieux conservées peut-être qu'il y ait dans toute la ville de Gênes, qui est cependant la ville des colonnes.

Ce souvenir, qui date de 1560, se rattache à la conspira-

(1) Au moment de citer l'opinion du spirituel président, je n'ose le faire, et me contente de renvoyer à l'ouvrage lui-même. Voir en conséquence, tome I, page 71, édition de 1836.

tion Raggio ; le palais a été rasé comme celui de Fiesque ; mais l'inscription a été enlevée par un descendant du conspirateur, ministre de la police, et portant le même nom.

Cette conspiration, moins connue que celle de Fiesque, parce qu'il ne s'est point trouvé de Schiller qui en fit un chef-d'œuvre tragique, ne faillit pas moins être aussi fatale que l'autre à la république, et fut découverte par un hasard non moins remarquable que celui qui fit échouer les projets de Fiesque.

Le marquis de Raggio était le chef de cette conspiration ; il faisait creuser de son château au palais ducal une galerie souterraine, de laquelle devaient sortir, à une heure convenue, trente conjurés parfaitement armés et résolus, lorsqu'un tambour qui était de garde au palais, ayant par hasard posé sa caisse à terre, remarqua qu'elle frémissait comme il arrive lorsqu'on creuse quelque mine : il appela aussitôt son officier qui prévint le doge. On contremina, et l'on trouva les travailleurs. La galerie souterraine conduisait droit à la maison du marquis Raggio ; il n'y avait donc point à nier. D'ailleurs le coupable était trop fier pour en avoir même l'idée : il avoua tout et fut condamné à mort.

Au moment où il marchait au supplice, et comme il était arrivé à moitié chemin du castellaccio où il devait être exécuté, il demanda comme grâce suprême de mourir en tenant à la main un crucifix rapporté, dit-il, par un de ses ancêtres de la Terre-Sainte, et dans lequel il avait une grande foi.

A cette époque de croyance, on trouva la demande toute simple, et on se hâta de l'accorder au condamné ; un prêtre fut en conséquence dépêché au palais Raggio, et le cortège funèbre fit halte pour l'attendre. Au bout d'un quart d'heure le prêtre revint apportant le crucifix.

Le marquis baisa avec amour les pieds du Christ, puis, tirant la partie supérieure du crucifix, qui n'était autre chose que la garde d'un poignard dont la lame rentrait dans la gaîne, il se l'enfonça tout entière dans la poitrine, et mourut du coup.

De San-Donato nous allâmes visiter le pont Carignan ; c'est une curieuse bâtisse destinée, non pas à conduire d'un bord à l'autre d'une rivière, mais à joindre deux montagnes ; il se compose de sept arches, dont les trois du milieu ont, je crois, quatre-vingts pieds de hauteur ; ce qu'il y a de certain, c'est qu'il passe au-dessus de plusieurs maisons à six étages. C'est une promenade fort fréquentée dans les chaudes soirées d'été, attendu qu'à cette hauteur on est toujours à peu près sûr de trouver de l'air.

Le pont de Carignan conduit à l'église du même nom ; bijou du seizième siècle, bâti par le marquis de Sauli, sur les dessins de Galeas Alessio. Voici à quel événement cette église, l'une des plus belles de Gênes, doit son existence.

Le marquis de Sauli, l'un des hommes les plus riches et des plus probes de Gênes, avait plusieurs palais dans la ville, et un entre autres qu'il habitait de préférence et qui était situé sur l'emplacement même où s'élève aujourd'hui l'église de Carignan. Comme il n'avait point de chapelle à lui, il avait l'habitude d'aller entendre la messe dans celle de *Santa-Maria-in-Via-Lata*, qui appartenait à la famille Fiesque. Un jour, Fiesque fit hâter l'heure de l'office, de sorte que le marquis de Sauli arriva quand il était fini. La première fois qu'il rencontra son élégant voisin, il s'en plaignit à lui en riant.

— Mon cher marquis, lui dit Fiesque, quand on veut aller à la messe, on a une chapelle à soi.

Le marquis de Sauli fit jeter bas son palais, et fit élever à la place l'église de Sainte-Marie-de-Carignan.

Une partie de ces beaux palais qui feraient honneur à des princes, et de ces belles églises qui sont dignes de servir de demeure à Dieu, a été bâtie par de simples particuliers. Le secret de ces fondations, dans lesquelles des millions ont été enfouis, est toujours dans ces lois somptuaires du moyen-âge qui défendaient le jeu, les fêtes, les diamans, les étoffes de velours et de brocard. Alors tous les aventuriers commerçans qui, pendant vingt ans, avaient sillonné la mer en tous sens, et qui avaient amassé chez eux ces richesses des trois mondes, se trouvaient en face de monceaux d'or, dont il fallait bien faire quelque chose. Ils en faisaient des églises et des palais.

L'église Saint-Laurent est la première en date sur le catalogue des curiosités de Gênes. Néanmoins, comme nous marchions devant nous sans suivre aucun ordre ni chronologique, ni aristocratique, nous la visitâmes une des dernières. C'est une belle fabrique du onzième siècle, toute revêtue de marbre blanc et noir, comme le sont la plupart des églises d'Italie, mais qui a sur beaucoup d'autres l'avantage d'être achevée. Entre autres choses curieuses, l'église de Saint-Laurent renferme le fameux plat d'émeraude sur lequel Jésus-Christ fit, dit-on, la Cène, et qui avait été donné à Salomon par la reine de Saba. Il était gardé à Jérusalem dans le trésor du temple, et il est connu sous le nom de *Sacro-Cattino*. Que l'on discute ou non l'antiquité de l'origine, la sainteté de l'usage et la richesse de la matière, la manière dont il tomba entre les mains des Génois n'en est pas moins merveilleuse, et rien que la façon dont ils l'acquirent suffirait pour expliquer les précautions dont la république l'avait entouré, dans la crainte qu'il ne lui arrivât malheur.

Ce fut en 1101 que les croisés génois et pisans entreprirent ensemble le siège de Césarée. Arrivés devant la ville, ils tinrent un conseil de guerre pour savoir comment ils l'attaqueraient. Plusieurs avis avaient déjà été émis et combattus, lorsqu'un des soldats pisans, nommé Daimbert, qui passait pour prophète, se leva et dit :

— Nous combattons pour la cause de Dieu, ayons donc confiance en Dieu : il n'est besoin, ni de tours, ni d'ouvrages, ni de machines de guerre. Ayons la foi seulement, communions tous demain, et quand le Seigneur sera avec nous, prenons d'une main notre épée, de l'autre les échelles de nos galères, et marchons aux murailles.

Le consul génois Caput-Malio appuya l'avis ; tout le camp y répondit par des cris d'enthousiasme. Les croisés passèrent la nuit en prières, et le lendemain au point du jour, ayant communié, et sans autres armes que leurs épées, sans autres machines que les échelles de leurs galères, sans autres exhortations que le cri de *Dieu le veut*, guidés par le consul et le prophète, Génois et Pisans, se pressant à l'envi, prirent Césarée du premier assaut.

Puis, la ville prise, les Génois abandonnèrent aux Pisans toutes les richesses, à la condition que ceux-ci leur laisseraient le *Sacro-Cattino*.

Le *Sacro-Cattino* fut en conséquence rapporté de Césarée à Gênes, où dès lors il fut en grande vénération, tant par les souvenirs religieux que par les souvenirs guerriers qui se rattachaient à lui. On créa douze chevaliers *Clavigeri*, qui devaient, chacun à son tour et pendant un mois, garder la clef du tabernacle où il était renfermé, et d'où on ne le tirait qu'une fois l'an, pour l'exposer à la vénération de la foule ; alors un prélat le tenait par un cordon, tandis que tout autour de la relique étaient rangés ses douze défenseurs. Enfin, en 1476, parut une loi qui condamnait à la peine de mort quiconque toucherait le *Sacro-Cattino* avec de l'or, de l'argent, des pierres, du corail, ou toute autre matière, « afin, disait cette loi, d'empêcher les curieux et les incrédules de faire un examen pendant lequel le *Cattino* pourrait souffrir quelque atteinte ou même être cassé, ce qui serait une perte irréparable pour la république. » Malgré cette loi, monsieur de la Condamine, qui avait cru remarquer dans le *Sacro-Cattino* des bulles pareilles à celles qui se trouvent dans le verre fondu, cacha un diamant sous la manche de son habit, afin d'éprouver sa dureté : le diamant devant mordre dessus s'il était de verre, et demeurer impuissant s'il était d'émeraude. Heureusement pour monsieur de la Condamine, qui, peut-être, au reste, ignorait cette loi, le prêtre s'aperçut à temps de son intention et releva le *Sacro-Cattino*, au moment même où l'indiscret visiteur tirait son diamant. Le moine en fut quitte pour la peur, et monsieur de la Condamine resta dans le doute.

Les juifs de Gênes étaient moins incrédules que le savant français, car ils prêtèrent pendant le siège quatre millions sur ce gage. Les quatre millions furent probablement remboursés, car le *Sacro-Cattino* fut transporté à Paris en 1809, et y resta jusqu'en 1815, époque à laquelle il fut rendu à la ville, avec les différens objets d'art que nous lui avions empruntés en même temps que lui. Le voyage fut fatal à la sainte relique, car elle fut brisée entre Gênes et Turin, et un morceau même en fut perdu ; de sorte qu'aujourd'hui le Sacro-Cattino est non-seulement privé de ses honneurs, de ses gardes et de son mystère, mais encore il est ébréché, comme une simple assiette de porcelaine.

Jadin demanda la permission d'en faire un dessin, permission qui lui fut accordée sans aucune difficulté.

Il résulte de tout cela que Gênes ne croit plus que le Sacro-Cattino soit une émeraude.

— Gênes ne croit plus que cette émeraude ait été donnée par la reine de Saba à Salomon ; — Gênes ne croit plus que dans cette émeraude Jésus-Christ ait mangé l'agneau pascal. Si aujourd'hui Gênes reprenait Césarée, Gênes demanderait sa part du butin, et laisserait aux Pisans le Sacro-Cattino, qui n'est que de verre.

Mais aussi Gênes n'est plus libre, Gênes a une citadelle toute hérissée de canons dont les bouches verdâtres s'ouvrent sur chacune de ses rues. — Gênes n'est plus marquise, Gênes n'a plus de doge, Gênes n'a plus de griffon qui étouffe dans ses serres l'aigle impériale et le renard pisan. — Gênes a un roi ; elle est tout bonnement la seconde ville du royaume.

La force n'est bien souvent autre chose que la foi : Peut-être Gênes serait-elle encore libre, si elle croyait toujours que le Sacro-Cattino est une émeraude.

Nous revînmes à notre hôtel par le Port-Franc, espèce de ville à part dans la ville, avec ses institutions, ses lois, et sa population à elle. Cette population, toute bergamasque, fut fondée en 1540 par la banque de Saint-Georges, qui, sous le nom arabe de *Caravane*, fit venir douze portefaix de la vallée de Brembana. Ces douze portefaix avaient leurs femmes qui venaient accoucher au Port-Franc, ou qui retournaient accoucher aux villages de Piazza et de Zugno, pour donner à leurs enfans le privilége de succéder à leurs pères. La compagnie s'est ainsi perpétuée depuis cinq cents ans, s'élevant jusqu'au nombre de deux cents membres, et se laissant de père en fils de telles traditions de probité, que jamais, de mémoire de police, une seule plainte n'a été portée contre un portefaix bergamasque. Les *Caravanas* sans enfans peuvent vendre leurs charges à leurs compatriotes ; il y a de ces charges qui valent jusqu'à dix et douze mille francs.

Pendant toute notre course et à chaque coin de rue nous avions trouvé des affiches annonçant en grande pompe la représentation, au théâtre Diurne, de *la Mort de Marie-Stuart*, avec costumes nouveaux. Nous n'eûmes garde, comme on le comprend bien, de manquer une si belle occasion : nous nous donnâmes un coup de brosse, et nous nous rendîmes au bureau, qui s'ouvrait à sept heures et demie.

Le théâtre Diurne est une tradition des cirques antiques : comme les spectateurs grecs ou romains, les spectateurs modernes sont assis sur des gradins circulaires, à peu près comme chez Franconi. La seule différence, c'est que l'édifice n'a d'autre voûte que la coupole du ciel : il en résulte que, comme il est bâti dans un quartier assez fréquenté, au milieu de charmantes villas, et ombragé par des peupliers et des platanes, il y a autant de spectateurs sur les arbres et aux fenêtres qu'il y en a dans le théâtre, ce qui ne doit pas laisser que de faire un certain tort à la recette. Comme on le comprend bien, nous ne tentâmes aucune économie sur les douze sous que coûtait le billet d'entrée, et nous nous exécutâmes bravement, Jadin et moi, de nos soixante centimes par tête.

Au fait, le spectacle valait bien cela. Comme l'annonçait le programme, les costumes étaient nouveaux ; un peu trop nouveaux même, pour l'an 1585 où se passe l'action, car les costumes remontaient tout bonnement à 1842.

Hélas ! c'était la défroque tout entière de quelque pauvre petite cour impériale en Italie, peut-être celle de cette gracieuse et spirituelle grande-duchesse Élisa. Il y avait les robes de velours vert brochées d'or, avec leurs tailles sous les épaules, et leurs longues queues traînantes ; il y avait les costumes des princes et de pairs avec leurs chapeaux à plume à la Henri IV et leurs manteaux à la Louis XIII ; seulement les culottes avaient manqué, à ce qu'il paraît, et les acteurs intelligens y avaient suppléé par des pantalons de soie rose et bleue, auxquels ils avaient, pour leur donner l'air étranger, fait des ligatures au dessous des genoux et au-dessus des chevilles. Quant à Leicester, au lieu d'une jarretière, il en avait deux, façon ingénieuse d'indiquer sans doute le crédit dont il jouissait près de la reine.

La représentation se passa sans accident, et à la vive satisfaction des spectateurs ; seulement au moment où la reine allait signer l'arrêt de sa rivale, un coup de vent emporta la sentence des mains d'Élisabeth. Élisabeth qui, comme on le sait, aimait assez à faire ses affaires elle-même, au lieu de sonner quelque page ou quelque huissier, se mit à courir après, mais un second coup de vent envoya la sentence dans le parterre. Nous fûmes au moment, Jadin et moi, de crier grâce, en voyant que le ciel se déclarait aussi ouvertement pour la pauvre Marie, mais en ce moment un spectateur ramassa le papier et le présenta à la reine, qui lui fit une révérence en signe de remercîment, alla se rasseoir à la table, et le signa aussi gravement que s'il n'était rien arrivé. Marie Stuart, définitivement condamnée, fut exécutée sans miséricorde à l'acte suivant.

Nous rentrâmes à l'hôtel où nous attendait notre dîner, que nous mangeâmes tout en philosophant sur les misères humaines. Au dessert on m'annonça qu'un homme de la police désirait me parler. Comme je ne croyais pas qu'il y eût de secrets entre moi et la police sarde, je fis prier l'émissaire du *buon governo* de se donner la peine d'entrer. L'émissaire me salua avec une grande politesse, me présenta mon passeport visé pour Livourne, et me dit que le roi Charles-Albert ayant appris mon arrivée de la veille dans la ville de Gênes, m'invitait à en sortir le lendemain. Je priai l'émissaire du *buon governo* de remercier de ma part le roi Charles-Albert de ce qu'il voulait bien m'accorder vingt-quatre heures, ce qu'il ne faisait pas pour tout le monde, et je lui exprimai combien j'étais flatté d'être connu de son roi, que je connaissais bien pour un roi guerrier, mais non pas pour un roi littéraire. L'émissaire du *buon governo* me demanda s'il n'y avait rien pour boire. Je lui donnai quarante sous, tant j'étais flatté que ma réputation fût parvenue au pied du trône de S. M. sarde, et l'émissaire du *buon governo* se retira en me baisant les mains.

Quand Alberto Nota est venu en France, nous lui avons donné une médaille d'or.

Quoique je connaisse bien la devise littéraire du roi Charles-Albert, qui est : *poco di Dio, niente del re*, c'est-à-dire parlez peu de Dieu, et pas du tout du roi ; et peut-être même parce que je connaissais bien cette devise, je ne comprenais rien à la fantaisie qu'il avait de s'occuper ainsi de moi. J'ai peu écrit sur Dieu dans ma vie, mais ce peu n'a peut-être pas été inutile à la religion. J'ai parlé du roi Charles-Albert, c'est vrai, mais c'était pour faire l'éloge de son courage comme prince de Carignan, et il n'y avait point là de quoi me faire chasser de ses États. Je lui avais bien, trois ans auparavant, brûlé, moi septième, une forêt, mais nous l'avions payée, il n'y avait donc rien à dire ; et comme les bons comptes font les bons amis, et que le compte avait été bon, je me croyais, à juste titre, un des bons amis du roi Charles-Albert.

J'eus grand peur que cet événement n'enflât fort le prix de la carte payante, vu l'impression qu'il avait dû procurer sur l'esprit de l'hôte des *Quatre Nations*, qui nécessairement devait me prendre pour quelque prince constitutionnel déguisé. Heureusement j'avais affaire à un brave homme, qui n'abusa point de ma position, et qui me fit payer à peu près comme paie tout le monde.

Le lendemain matin l'émissaire du *buon governo* eut la bonté de venir en personne me prévenir que le bateau français le *Sully*, partant à quatre heures, le roi Charles-Albert verrait avec plaisir que je choisisse la voie de mer au lieu de la voie de terre. Cela s'accordait à merveille avec mes intentions, attendu que par la voie de terre je rencontrais les États du duc de Modène, que je ne me souciais pas de rencontrer; aussi je fis remercier Sa Majesté de cette nouvelle prévenance, et je donnai à son représentant ma parole qu'à quatre heures moins un quart je serais à bord du *Sully*. L'émissaire du *buon governo* me demanda s'il n'y avait rien pour la bonne-main; je lui donnai vingt sous, et il s'en alla en m'appelant *excellence*.

Nous allâmes faire un dernier tour dans la *strada Balbi*, la *strada Nuovissima*, et la *strada Nuova*; Jadin prit une vue de la place des Fontaines amoureuses, puis nous tirâmes notre montre : il n'était que midi. Nous visitâmes alors les palais Balbi et Durazzo, que nous avions oubliés dans notre première tournée, et cela nous fit encore passer deux heures. Puis je me rappelai qu'il y avait, à l'ancien palais des Pères du Commun, une certaine table de bronze antique, contenant une sentence rendue, l'an 695 de la fondation de Rome, par deux jurisconsultes romains, à propos de quelques différends survenus entre les gens de Gênes et de Langasco, et trouvée par un paysan qui piochait la terre dans la *Poluvera* ; et nous nous rendîmes à l'ancien palais des Pères du Commun : cela nous prit encore une demi-heure. Je copiai le jugement, non pas, Dieu merci! pour l'offrir à mes lecteurs, mais pour faire quelque chose, car le temps que m'avait accordé le roi Charles-Albert commençait à me paraître long, et cela nous fit gagner encore un quart-d'heure. Enfin, comme il ne nous restait plus qu'une heure un quart pour faire nos paquets et nous rendre au bateau, nous regagnâmes l'hôtel; nous réglâmes nos comptes, et nous montâmes dans une barque, partageant parfaitement l'avis de ce bon et spirituel président Desbrosses, qui prétend que, parmi les plaisirs que Gênes peut procurer, les voyageurs oublient ordinairement de mentionner le plus grand, qui est celui d'en être dehors.

La première personne que j'aperçus en montant à bord du *Sully*, fut mon émissaire du *buon governo* qui venait s'assurer, par ses propres yeux, si je quittais bien réellement Gênes. Nous nous saluâmes comme de vieux amis, et j'eus l'avantage d'être honoré de sa conversation jusqu'au moment où la cloche du paquebot sonna. Alors il m'exprima tout son regret de se séparer de moi, et me tendit la main. J'y déposai généreusement une pièce de dix sous. L'émissaire du *buon governo* m'appela monseigneur et descendit dans sa chaloupe, en m'envoyant toutes sortes de bénédictions.

Gênes est vraiment magnifique, vue du port. À l'aspect de ces splendides maisons bâties en amphithéâtre, avec leurs jardins suspendus comme ceux de Sémiramis, on ne peut s'imaginer quelles ruelles infectes rampent à leurs pieds de marbre. Si au lieu de me faire sortir de Gênes, Charles-Albert m'avait empêché d'y entrer, je ne m'en serais jamais consolé.

Je m'éloignais donc avec un sentiment profond de reconnaissance pour Sa Majesté sarde, lorsque je sentis que malgré la conversation attachante de mon voisin, monsieur le marquis de R..., qui me racontait la première de ses trois émigrations en 92, un autre sentiment moins pur venait s'y mêler. La mer était grosse, et le vent contraire, de sorte que le bâtiment, outre cette odieuse odeur d'huile chaude, que tout paquebot se croit le droit d'exhaler, avait encore un roulis dont chaque mouvement me remuait le cœur. Je regardai autour de moi, et vis que quoique nous fussions partis depuis deux heures à peine et qu'il fit encore grand jour, le pont était presque vide. Je cherchai des yeux Jadin, et je l'aperçus fumant sa quatrième pipe et marchant à grands pas suivi de Milord, qui ne comprenait rien à cette agitation inaccoutumée de son maître. Je crus remarquer que, malgré la fermeté de la démarche, son teint devenait pâle, son œil vitreux. Je compris cependant que le mouvement devait être une réaction bienfaisante contre l'engourdissement qui commençait à s'emparer de moi, et je demandai à monsieur le marquis de R... s'il ne pouvait pas continuer son récit en marchant. Il paraît que peu importait au narrateur pourvu qu'il narrât, car, sans s'interrompre, il se mit aussitôt sur ses jambes. Je voulus en faire autant, mais je sentis que la tête me tournait : je retombai sur le banc en demandant d'une voix plaintive un citron. Cette demande fut répétée avec une basse-taille magnifique par le marquis de R.., qui se rassit auprès de moi, et passa de sa première à sa seconde émigration.

On m'apporta le citron ; je voulus mordre dedans, mais pour mordre il faut ouvrir la bouche : ce fut ce qui me perdit.

Celui qui n'a jamais souffert du mal de mer ne sait pas ce que c'est que de souffrir.

Quant à moi, j'avais la tête complètement étourdie, j'entendais mon émigré qui, dans tous les intervalles de mieux que j'éprouvais, continuait son récit. J'aurais voulu le battre, j'aurais même donné bien des choses pour cela, mais je n'avais pas la force de lever le petit doigt. Cependant je fis un effort violent et je me retournai. J'aperçus alors Jadin, dans une position non équivoque, et Milord le regardant avec de gros yeux hébétés. Tout cela m'apparaissait comme à travers une vapeur, quand un corps opaque vint se placer entre moi et Jadin. C'était mon diable de marquis, qui ne voulait pas perdre le récit de sa troisième émigration, et qui, voyant que je m'étais retourné, venait de nouveau se mettre à ma portée.

La réunion de ces deux supplices me sauva, l'un me donna de la force contre l'autre. Un matelot passant à ma portée en ce moment, je le saisis au bras en demandant ma chambre. Le matelot entendit l'habitude de ces sortes de demandes; il me prit je ne sais par où, m'emporta je ne sais comment, et je me trouvai couché. J'entendis qu'il me disait que du thé me ferait du bien, et je répétai machinalement :

— Oui, du thé.

— Combien ? me demanda-t-il.

— Beaucoup, répondis-je.

Puis je ne me souviens plus de rien, si ce n'est que de cinq minutes en cinq minutes j'avalai force liquide, et que cette inglutition dura quatre ou cinq heures; enfin, moulu, brisé, rompu, je m'endormis à peu près de la même façon dont on doit mourir.

Quand je me réveillai le lendemain, nous étions dans le port de Livourne ; j'avais dévoré trois citrons, bu pour 28 francs de thé, et entendu raconter les trois émigrations au marquis de R...

Je montai sur le pont pour chercher Jadin, et je le trouvai dans un coin, insensible aux caresses de Milord et aux consolations d'Onésime, tant il était humilié d'avoir rendu les nations étrangères témoins de sa faiblesse.

Quant à moi, je ne pus toucher un citron de six semaines, je ne pus boire du thé de six mois, et je ne pourrai revoir le marquis de R... de ma vie.

LIVOURNE.

J'ai visité bien des ports, j'ai parcouru bien des villes, j'ai eu affaire aux portefaix d'Avignon, aux *facchini* de Malte, et aux aubergistes de Messine, mais je ne connais pas de coupe-gorge comme Livourne.

Dans tous les autres pays du monde, il y a moyen de défendre son bagage, de faire un prix pour le transporter à l'hôtel, et, si l'on ne tombe pas d'accord, on est libre de le charger sur ses épaules, et de faire sa besogne soi-même. A Livourne, rien de tout cela.

La barque qui vous amène n'a pas encore touché terre qu'elle est envahie; les commissionnaires pleuvent, vous ne savez pas d'où : ils sautent de la jetée, ils s'élancent des barques voisines, ils se laissent glisser des cordages des bâtimens. Comme vous voyez que votre canot va chavirer sous le poids, vous pensez à votre propre sûreté, vous vous cramponnez au môle, comme Robinson à son rocher; puis, après bien des efforts, votre chapeau perdu, vos genoux en sang et vos ongles retournés, vous arrivez sur la jetée. Bien, voilà pour vous ; quant à votre bagage, il est déjà divisé en autant de lots qu'il y a de pièces : vous avez un portefaix pour votre malle, un portefaix pour votre nécessaire, un portefaix pour votre carton à chapeau, un portefaix pour votre parapluie, et un portefaix pour votre canne; si vous êtes deux, cela vous fait dix portefaix ; si vous êtes trois, cela en fait quinze. Comme nous étions quatre, nous en eûmes vingt ; un vingt-unième voulut prendre Milord. Milord, qui n'entend pas raillerie, lui prit le mollet : il fallut lui mordre la queue pour qu'il desserrât les dents. Le portefaix nous suivit en criant que notre chien l'avait estropié, et qu'il nous ferait condamner à une amende. Le peuple s'ameuta, et nous arrivâmes à la pension suisse avec vingt portefaix devant nous et deux cents personnes par derrière.

Il nous en coûta quarante francs pour quatre malles, trois ou quatre cartons à chapeau, deux ou trois nécessaires, un ou deux parapluies et une canne; plus, dix francs pour le portefaix mordu, c'est-à-dire cinquante francs pour faire cinquante pas à peu près, juste autant (thé à part) qu'il nous en avait coûté pour venir de Gênes.

Je suis retourné trois fois à Livourne ; les deux dernières, j'étais prévenu, j'avais pris des précautions, je me tenais sur mes gardes ; chaque fois, j'ai payé plus cher. En arrivant à Livourne, il faut faire, comme en traversant les marais Pontins, la part des voleurs. La différence est qu'en traversant les marais Pontins, on en réchappe quelquefois, souvent même ; à Livourne, jamais.

Ce ne serait encore rien si, en arrivant à Livourne, au lieu de descendre dans une de ces infâmes tavernes qui usurpent le nom respectable d'auberge, on faisait venir un voiturin, on montait dedans, et, n'importe à quel prix, on partait pour Pise ou pour Florence; mais non : puisqu'on est à Livourne, on veut voir Livourne. Or, ce n'est guère la peine, car il n'y a que trois choses à voir dans cette ville : les galériens, la statue de Ferdinand Ier, et la madone de Montenero.

Les galériens sont mêlés à la population, et s'occupent de toutes sortes de travaux : ils balaient, ils écarrissent des planches, ils traînent des brouettes; ils sont vêtus d'un pantalon jaune, d'un bonnet rouge et d'une veste brune dont il serait difficile de spécifier la couleur primitive. Sur le dos de cette veste est inscrit le crime pour lequel le premier propriétaire de l'habit a été condamné; mais, comme il arrive souvent que le bagne use le criminel avant que le criminel use l'habit, la veste passe avec son étiquette sur le dos de celui qui lui succède. Il en résulte que, pour les galériens toscans, la veste est une grande affaire; c'est une demi-grâce ou une double condamnation. Comme les galériens sont les seuls à Livourne qui demandent et ne prennent pas, la question pour l'industriel est d'avoir une veste qui éveille la commisération publique. Or, il y a des crimes que tout le monde méprise, tandis qu'il y en a d'autres que tout le monde plaint : personne ne fait l'aumône à un voleur ou à un faussaire ; chacun donne à un assassin par amour. Aussi celui à qui tombe une pareille veste n'a plus à s'occuper de rien que de la brosser; chacun l'arrête pour lui faire raconter son aventure. Nous en vîmes un qui faisait pleurer à chaudes larmes deux Anglaises, et peut-être nous allions pleurer comme elles, lorsque son camarade, à qui il avait refusé probablement un intérêt dans sa recette, nous le dénonça comme un voleur avec effraction. Le véritable *assasino per amore* était mort il y avait huit ans, et sa veste avait déjà fait la fortune de trois de ses successeurs. Je donnai un demi-paul à ce brave homme, qui portait écrit en grosses lettres sur le dos le mot voleur, hasard qui l'avait ruiné, car il avait beau dire qu'il était incendiaire, personne ne voulait le croire ; aussi, dans sa reconnaissance d'une aubaine aussi inattendue et aussi rare, promit-il bien de prier Dieu pour moi. Je revins sur mes pas pour l'engager à n'en rien faire ; présumant que mieux valait pour moi arriver au ciel sans recommandation qu'avec la sienne.

C'est sur la place de la Darse que s'élève la statue de Ferdinand Ier. Comme je n'ai pas grand'chose à dire sur Livourne, j'en profiterai pour raconter l'histoire de ce second successeur du Tibère toscan, ainsi que celle de François Ier son frère, et de Bianca Capello sa belle-sœur. Il y a plus d'un roman moins étrange et moins curieux que cette histoire.

Sur la fin du règne de Cosme le Grand, c'est-à-dire vers le commencement de l'an 1563, un jeune homme nommé Pierre Bonaventuri, issu d'honnête mais pauvre famille, était venu chercher fortune à Venise. Un de ses oncles, qui portait le même nom que lui, et qui habitait la ville sérénissime depuis une vingtaine d'années, le recommanda à la maison de banque des Salviati, dont il était lui-même un des gérans. Le jeune homme était de haute mine, possédait une belle écriture, chiffrait comme un astrologue : il fut reçu sans discussion comme troisième ou quatrième commis, avec promesse que, s'il se conduisait bien, il pourrait, outre sa nourriture, dans trois ou quatre ans, arriver à gagner 150 ou 200 ducats. Une pareille promesse dépassait tout ce que le pauvre Bonaventuri avait jamais pu rêver dans ses songes les plus ambitieux. Il baisa les mains de son oncle et promit aux Salviati de se conduire de manière à être le modèle de toute la maison. Le pauvre Pietro avait bonne envie de tenir parole ; mais le diable se mêla de ses affaires et vint se jeter au travers de toutes ses bonnes intentions.

En face de la banque de Salviati logeait un riche seigneur vénitien, chef de la maison Capello, lequel avait un fils et une fille. Le fils était un beau jeune homme, à la barbe pointue, à la moustache retroussée, à la parole leste et insolente ; ce qui faisait que trois ou quatre fois par mois il tirait l'épée à propos de jeu ou de femmes, car de la politique il ne s'en mêlait aucunement, trouvant la chose trop sérieuse pour être discutée par d'autres que par des barbes grises : si bien qu'on avait déjà rapporté deux fois à la maison paternelle Giovannino perforé de part en part ; mais, attendu sans doute que le diable aurait trop perdu à sa mort, Giovannino en était revenu. Cependant, comme le père était un homme de sens, et qu'il avait pensé qu'il n'aurait peut-être pas toujours le même bonheur, il avait renoncé à l'idée qu'il avait eue d'abord de faire sa fille religieuse afin de doubler la fortune de son fils : il craignait qu'en passant une belle nuit de par le monde à l'autre, Giovannino ne le laissât à la fois sans fils et sans fille.

Quant à Bianca, c'était une charmante enfant de quinze à seize ans, au teint blanc et mat, sur lequel, à toute émotion, le sang passait comme un nuage rosé ; aux cheveux de ce blond puissant dont Raphaël venait de faire une beauté, aux yeux noirs et pleins de flamme, à la taille souple et flexible, mais de cette souplesse et de cette flexibilité qu'on sent pleine de force, toute prête à l'amour comme Juliette, et qui n'attendait que le moment où quelque beau Roméo se trouverait sur son chemin pour dire comme la jeune fille de Vérone : Je serai à toi ou à la tombe.

Elle vit Pietro Bonaventuri ; la fenêtre de la chambre du jeune homme s'ouvrait sur la chambre de la jeune fille. Ils échangèrent d'abord des regards, puis des signes, puis des promesses d'amour. Arrivés là, la distance seule les empêchait d'y ajouter les preuves : cette distance, Bianca la franchit.

Chaque nuit, quand tout le monde était couché chez le noble Capello, quand la nourrice qui avait élevé Bianca était retirée dans la chambre voisine, quand la jeune fille, debout contre la cloison, s'était assurée que ce dernier argus s'était endormi, elle passait une robe brune afin de n'être point vue dans la rue, descendait à tâtons et légère comme une ombre les escaliers de marbre du palais paternel, entr'ouvrait la porte en dedans et traversait la rue ; sur le seuil de la porte opposée, elle trouvait son amant. Tous deux alors, avec de douces étreintes, montaient l'escalier qui conduisait à la petite chambre de Pietro. Puis, lorsque le jour fut sur le point de paraître, Bianca redescendait et rentrait dans sa chambre, où sa nourrice, le matin, la trouvait endormie de ce sommeil de la volupté qui ressemble tant à celui de l'innocence.

Une nuit que Bianca était chez son amant, un garçon boulanger qui venait de chauffer un four dans les environs trouva une porte entr'ouverte et crut bien faire de la fermer; dix minutes après, Bianca descendit et vit qu'il lui était impossible de rentrer chez son père.

Bianca était une de ces âmes fortes dont les résolutions se prennent en un instant, et une fois prises sont inébranlables : elle vit tout son avenir changé par un accident, et elle accepta sans hésiter la vie nouvelle que cet accident lui faisait.

Bianca remonta chez son amant, lui raconta ce qui venait d'arriver, lui demanda s'il était prêt de tout sacrifier pour elle comme elle tout pour lui, et lui proposa de profiter des deux heures de nuit qui leur restaient pour quitter Venise et se mettre à l'abri des poursuites de ses parens. Pietro Bonaventuri accepta. Les deux jeunes gens sautèrent dans une gondole et se rendirent chez le gardien du port. Là, Pietro Bonaventuri se fit reconnaître, et dit qu'une affaire importante pour la banque des Salviati le forçait à partir à l'instant même de Venise pour Rimini. Le gardien donna l'ordre de laisser tomber la chaîne, et les fugitifs passèrent; seulement, au lieu de prendre la route de Rimini, ils prirent en toute hâte celle de Ferrare.

On devine l'effet que produisit dans le noble palais Capello la fuite de Bianca. Pendant un jour tout entier on attendit sans faire aucune recherche; on espérait toujours que la jeune fille allait revenir; mais la journée s'écoula sans apporter de nouvelles de la fugitive. Il fallut donc s'informer; on apprit la fuite de Pietro Bonaventuri. On rapprocha mille faits qui avaient passé sans être aperçus, et qui maintenant se représentaient dans toute leur importance. Le résultat de ce rapprochement fut la conviction que les deux jeunes gens étaient partis ensemble.

La femme de Capello, belle-mère de Bianca, était sœur du patriarche d'Aquilée; elle intéressa son frère à sa vengeance. Le patriarche était tout puissant; il se présenta au conseil des Dix avec son beau-frère, déclara la noblesse tout entière insultée en leurs noms, et demanda que Pietro Bonaventuri fût mis au ban de la république, comme coupable de rapt. Cette première demande accordée, il exigea que Jean Baptiste Bonaventuri, oncle de Pierre, qu'il soupçonnait d'avoir prêté les mains à cette évasion, fût arrêté. Cette seconde demande lui fut accordée comme la première. Le pauvre Jean-Baptiste, appréhendé au corps par les sbires de la sérénissime république, fut jeté dans un cachot, où on l'oublia attendu la grande quantité de personnages bien autrement considérables dont avait à s'occuper le conseil des Dix, et où il mourut, au bout de trois mois, de froid et de misère.

Quant à Giovannino, il fouilla pendant huit jours tous les coins et tous les recoins de Venise, disant que, s'il trouvait Pietro et Bianca, tous les deux ne mourraient que de sa main.

Le lecteur se demande peut-être ce qu'ont de commun ces jeunes amans fuyant la nuit de Venise, et poursuivis par toute une famille outragée, avec Ferdinand, second fils de Cosme le Grand, cardinal à Rome. Il le saura bientôt.

Cependant les fugitifs étaient arrivés à Florence sans accident, mais, comme on le pense bien, avec grande fatigue, et s'étaient réfugiés chez le père de Bonaventuri, qui habitait un petit appartement au second sur la place Saint-Marc : c'est chez les pauvres parens que les enfans sont surtout les bien venus. Bonaventuri et sa femme reçurent leur fils et leur fille à bras ouverts. On renvoya la servante, pour économiser une bouche inutile, et à charge ou à craindre désormais, soit qu'elle s'ouvrît pour manger, soit qu'elle s'ouvrît pour parler. La mère se chargea des soins du ménage; Bianca, dont les blanches mains ne pouvaient descendre à ces soins vulgaires, commença à broder de véritables tapisseries de fée. Le père de Pietro, qui vivait de copies qu'il faisait pour les officiers publics, annonça qu'il avait pris un commis, et se chargea de double besogne. Dieu bénit le travail de tous, et la petite famille vécut.

Il va sans dire que communication de la sentence rendue par le tribunal des Dix avait été faite au gouvernement florentin, lequel avait autorisé Capello et le patriarche d'Aquilée à faire les recherches nécessaires, non seulement à Florence, mais encore dans toute la Toscane; ces recherches avaient été inutiles. Chacun avait trop d'intérêt à garder son propre secret.

Trois mois se passèrent ainsi, sans que la pauvre Bianca, habituée à toutes les caresses du luxe, laissât échapper une seule plainte sur sa misère. Sa seule distraction était de regarder dans la rue en soulevant doucement sa jalousie; mais on ne lui entendait pas même envier, à elle, pauvre prisonnière, la liberté de ceux qui passaient ainsi, joyeux ou attristés.

Parmi ceux qui passaient, était le jeune grand-duc, qui, de deux jours l'un allait voir son père à son château de la Petraja. C'était ordinairement à cheval que Francesco faisait ce petit voyage; puis, comme il était jeune, galant et beau cavalier, chaque fois qu'il passait sur quelque place où il pensait pouvoir être vu par de beaux yeux, il faisait fort caracoler sa monture. Mais ce n'était ni sa jeunesse, ni sa beauté, ni son élégance, qui préoccupaient Bianca lorsqu'elle le voyait passer : c'était l'idée que ce gentil prince, aussi puissant qu'il était gracieux, n'avait qu'à dire un mot pour que le ban fût levé et pour que Bonaventuri fût libre et heureux. A cette idée, les yeux de la jeune vénitienne lançaient une flamme qui en doublait l'éclat. Tous les deux jours, à l'heure où elle savait que devait passer le prince, elle ne manquait donc point de se mettre à sa fenêtre et de soulever sa jalousie. Un jour, le prince leva les yeux par hasard et vit briller, dans l'ombre projetée par la jalousie, les yeux ardens de la jeune fille. Bianca se retira vivement, si vivement qu'elle laissa tomber un bouquet qu'elle tenait à la main. Le prince descendit de cheval, ramassa le bouquet, s'arrêta un instant pour voir si la belle vision n'apparaîtrait pas de nouveau; puis, voyant que la jalousie restait baissée, il mit le bouquet dans son pourpoint, et continua sa route au pas, en tournant la tête deux ou trois fois avant de disparaître.

Le surlendemain, il repassa à la même heure; mais, quoique Bianca fût toute tremblante derrière la jalousie, la jalousie resta fermée, et pas la plus petite fleur ne se glissa à travers ses barreaux.

Deux jours après, le prince passa encore; mais la jalousie fut inexorable, quelque prière intérieure que le prince lui adressât.

Alors il pensa qu'il devait prendre un autre moyen. Il rentra chez lui, fit venir un gentilhomme espagnol nommé Mondragone, qui avait été placé près de lui par son père, et dont il avait fait son complaisant; il lui posa la main sur l'épaule, le regarda en face, et lui dit :

— Mondragone, il y a sur la place Saint-Marc, au second, dans la maison qui fait le coin entre la place de Santa Croce et la *via Larga*, une jeune fille que je n'ai pas reconnue pour être de Florence : elle est belle, elle me plaît; d'ici à huit jours il me faut une entrevue avec elle.

Mondragone savait qu'il y a certaines circonstances où la première qualité d'un courtisan est d'être laconique.

— Vous l'aurez, monseigneur, répondit-il.

Et il alla trouver sa femme, et lui raconta tout joyeux l'honneur que venait de lui faire le prince en le choisissant pour son confident. La Mondragone était savante en ces sortes d'intrigues; elle dit à son mari de continuer son service auprès du prince, et qu'elle se chargeait de tout. Le même jour, elle alla aux informations, et apprit que l'étage qu'elle désignait était habité par deux ménages, l'un jeune, l'autre vieux; que la vieille femme sortait tous les matins pour aller à la provision; que les deux hommes sortaient tous les soirs pour aller reporter les copies qu'ils avaient faites dans la journée, mais que, quant à la jeune femme, elle ne sortait jamais.

La Mondragone résolut d'aller chercher la jeune fille jusque dans la maison, puisqu'on lui disait qu'il était impossible de l'attirer dehors.

Le lendemain, la Mondragone s'embusqua dans sa voiture, à vingt cinq ou trente pas de la porte, puis, quand la vieille sortit comme d'habitude, elle ordonna à son cocher de partir au galop et de s'arranger de manière, au tournant de la rue, à accrocher cette femme tout en lui faisant le moins de mal possible. Ce n'était peut-être pas le moyen le moins dangereux, mais c'était le plus court. Il faut bien que les petits risquent quelque chose quand ils ont l'honneur d'avoir affaire aux grands.

Le cocher était un homme fort adroit ; il culbuta la bonne femme sans lui faire autre chose que deux ou trois contusions. La bonne femme jeta les hauts cris, mais la Mondragone sauta à bas de sa voiture, calma la populace, en disant que son cocher recevrait, en rentrant, vingt-cinq coups de bâton, prit la blessée dans ses bras, la fit mettre dans sa voiture par ses gens, et déclara qu'elle la voulait reconduire chez elle et ne la quitterait que lorsque le médecin lui aurait donné la certitude que cet accident n'aurait aucune suite. Peu s'en fallut que la Mondragone ne fût portée en triomphe par le peuple.

On arriva chez les Bonaventuri. Du premier coup d'œil, la Mondragone vit qu'elle avait affaire à de pauvres gens, et, comme d'habitude, elle estima la vertu de la jeune femme à la valeur de l'appartement qu'elle habitait.

Bianca lui fut présentée. A sa vue, la Mondragone, tout habile qu'elle fût, ne sut plus trop que penser : c'est qu'il y avait dans Bianca, de quelque habit qu'elle fût revêtue, toute la hauteur du regard des Capello. D'ailleurs, ses termes étaient élégans et choisis. La grande dame se révélait de tous les côtés sous l'extérieur de la pauvre fille. La Mondragone se retira sans comprendre autre chose à tout ceci, qu'il y avait l'étoffe d'une maîtresse de prince, et sa fortune, à elle, si elle réussissait.

Elle revint le lendemain prendre des nouvelles de la bonne femme ; elle allait tout à fait bien, et ne voulait plus reconnaissante de ce qu'une aussi grande dame daignât s'occuper d'elle. La Mondragone avait compris son monde : elle éait trop adroite pour offrir de l'argent, mais elle laissa voir quelle position son mari tenait à la cour, et lui offrit ses services. La mère et la fille échangèrent un coup d'œil : ce fut assez pour la Mondragone sût que les services offerts seraient acceptés.

Le surlendemain, elle revint une troisième fois, et cette fois elle fut plus gracieuse que les deux autres. Elle avait dès la veille laissé voir à Bianca qu'elle n'était pas dupe de l'incognito dont elle cherchait à s'envelopper, et qu'elle la reconnaissait pour être de race. Elle fit un appel à sa confiance. La jeune femme n'avait aucun motif pour se défier d'elle : elle lui raconta tout. La Mondragone écouta la confidence avec une bienveillance charmante ; mais la confidence achevée, elle dit à Bianca que, toutefois, la situation était plus grave qu'elle ne l'avait pensé d'abord, c'était un mari qu'il fallait raconter tout cela ; que, du reste, la chose s'arrangerait certainement, Mondragone ayant toute la confiance du prince, et possédant sur lui la double influence d'un gouverneur et d'un ami. En conséquence, elle lui offrit de la venir prendre le lendemain avec sa belle-mère, et de la conduire chez son mari. Bianca, effrayée de sortir ainsi pour la première fois depuis trois ou quatre mois qu'elle habitait Florence, et menacée comme elle était par l'arrêt du conseil des Dix, essaya de s'excuser sur la simplicité de sa mise, qui ne lui permettait pas de se présenter devant un grand seigneur comme le comte de Mondragone. C'était là que l'attendait la tentatrice : elle s'approcha de Bianca, reconnut qu'elles étaient à peu près toutes deux de la même taille, et ajouta que, s'il n'y avait d'autre obstacle à l'entrevue que la simplicité de la mise de Bianca, l'obstacle était facile à lever ; car elle apporterait le lendemain un costume complet qu'on lui avait envoyé de la ville, costume qui, elle en était certaine, irait à Bianca comme s'il avait été fait pour elle.

Bianca consentit à tout : c'était le seul moyen d'obtenir le sauf-conduit ; peut-être aussi le serpent de l'orgueil s'était-il déjà introduit dans le paradis de son amour.

Cependant Bianca raconta tout à son mari, excepté le bouquet tombé par la fenêtre et ramassé par le grand-duc Francesco. D'ailleurs quel rapport ce bouquet avait-il avec le comte et la comtesse Mondragone? La situation pesait autant à Pietro qu'à Bianca, il consentit à tout ; d'ailleurs, lui aussi avait son secret : depuis deux ou trois jours une belle dame voilée avait passé entre lui et sa femme. Quoique de basse condition, Bonaventuri avait tous les goûts d'un gentilhomme, et la fidélité, on le sait du reste, n'était point à cette époque la vertu dont la noblesse se piquait le plus.

La Mondragone arriva à l'heure dite et avec le costume promis. C'était un charmant habit de satin broché d'or, taillé à l'espagnole, et qui allait à Bianca comme s'il eût été fait pour elle. La jeune fille frémit de joie au toucher de ces étoffes aristocratiques dont avait été drapé son berceau. Il faut des robes de brocard et de velours pour balayer les escaliers de marbre des palais. Or, Bianca avait été élevée dans un palais. Un coup de vent funeste et inattendu l'avait poussée dans la mauvaise fortune ; mais elle était jeune et belle, et le mal produit par le hasard, le hasard pourrait le réparer. La jeunesse a des horizons immenses et inconnus dans lesquels elle distingue des choses que l'enfance ne voit pas encore et que la vieillesse ne voit plus.

Quant à la mère de Bonaventuri, elle admirait sa fille à mains jointes, comme si elle s'était trouvée devant une madone.

Toutes trois montèrent en voiture et se rendirent au palais Mondragone, qui était situé *via dei Carneschi*, près de Santa Maria-Novella. Mondragone venait de faire bâtir ce palais sur les dessins de l'Ammanato, et depuis un an à peine il l'habitait.

Comme la chose avait été convenue, la Mondragone présenta les deux femmes à son mari, et raconta en peu de mots les aventures de Bianca. Mondragone promit sa protection, et comme il se rendait à l'instant même chez le duc, qui l'avait envoyé quérir, il s'engagea à lui parler le jour même en faveur des deux jeunes gens.

Bianca ne pouvait cacher sa joie, elle se retrouvait dans un monde qui était le sien, ses mains touchaient de nouveau du marbre, ses pieds foulaient enfin des tapis ; la toile et la serge avaient cessé pour un instant d'attrister ses yeux ; elle retrouvait dans le velours et dans la soie. Il lui semblait n'avoir jamais quitté le palais de son père, et que tout ce qu'elle voyait était à elle.

Aussitôt Mondragone sorti, la belle-mère de Bianca voulut se retirer, mais la comtesse dit qu'elle ne laisserait pas partir sa protégée sans lui faire voir son palais en détail, attendu qu'elle voulait savoir d'elle s'il approchait de ces magnifiques fabriques vénitiennes qu'elle avait tant entendu vanter. Elle pria donc la bonne femme, qu'une pareille visite eût fatiguée, de se reposer en les attendant, puis la comtesse et Bianca, s'étant prises sous le bras, comme deux anciennes amies, sortirent de la chambre et traversèrent deux ou trois appartemens, dans chacun desquels la comtesse fit remarquer à Bianca quelque meuble merveilleusement incrusté, ou quelque tableau précieux de ces grands maîtres qui venaient de mourir. Enfin elles arrivèrent dans un délicieux petit boudoir dont les fenêtres donnaient sur un jardin ; là elle força la jeune fille à s'asseoir, et tirant d'un *stipo* tout marqueté d'ivoire une parure complète de diamans, elle lui montra toutes ces richesses féminines qui, du temps de Cornélie déjà, avaient perdu tant de cœurs de femmes ; puis, les lui mettant sur les genoux, et poussant sa chaise devant une des plus grandes glaces qui eussent été faites à Venise : Essayez tout cela, lui dit-elle, moi je vais vous chercher un costume que je viens de faire faire à la mode de votre pays, et sur lequel je désire avoir votre opinion. — Et à ces mots, sans attendre la réponse de Bianca, elle sortit vivement.

Une femme n'est jamais seule quand elle est avec des bijoux, et la Mondragone laissait Bianca en tête à tête avec les plus beaux diamans qu'elle eût jamais vus. Le serpent connaissait son métier, et savait quelle pomme il fallait offrir à cette fille d'Eve pour qu'elle y mordît.

Aussi à peine la comtesse fut-elle sortie, que Bianca se

mit à l'œuvre. Bracelets, pendans d'oreilles, diadèmes, tout trouva sa place ; elle achevait d'agrafer un superbe collier à son cou, lorsqu'elle vit derrière elle une autre tête réfléchie dans la glace ; elle se leva vivement et se trouva en face du grand-duc Francesco, qui venait d'entrer par une porte dérobée.

Alors, avec cette rapidité d'esprit qui la caractérisait, elle comprit tout : rougissant de honte, elle porta les mains à son front, et se laissant tomber sur ses deux genoux :

— Monseigneur ! lui dit-elle, je suis une pauvre femme qui n'ai pour tout bien que mon honneur, qui n'est même plus à moi, mais à mon mari : au nom du ciel, ayez pitié de moi !

— Madame, dit le duc en la relevant, qui vous a donné de moi cette cruelle idée ? Rassurez-vous, je ne suis point venu pour porter atteinte à votre honneur, mais pour vous consoler et vous aider dans votre infortune. Mondragone m'a dit quelque chose de vos aventures ; racontez-les-moi tout entières, et je vous promets de vous écouter avec autant d'intérêt que de respect.

Bianca était prise : reculer, c'était paraître craindre, et paraître craindre, c'était avouer qu'on pouvait céder : d'ailleurs cette occasion qu'elle avait tant désirée, de faire lever le ban de son mari, venait se présenter d'elle-même ; c'eût donc été mériter sa proscription que de ne pas en profiter.

Bianca voulait rester debout devant le prince, mais ce fut lui qui la fit asseoir et qui demeura appuyé sur son fauteuil, la regardant et l'écoutant. La jeune femme n'eut besoin que de laisser parler ses souvenirs pour être intéressante : elle lui raconta tout, depuis ses jeunes et fraîches amours jusqu'à son arrivée à Florence. Là elle s'arrêta ; en allant plus loin, elle eût été forcée de parler au prince de lui-même, et il y avait certaine histoire d'un bouquet tombé par la fenêtre qui, tout innocente qu'elle était, n'aurait pas laissé de lui causer quelque embarras.

Le prince était trop heureux pour ne pas tout promettre. Le sauf-conduit tant désiré fut accordé à l'instant même, mais à la condition cependant que Bianca viendrait le prendre elle-même. C'eût été perdre une grande faveur pour une bien petite formalité. Bianca promit à son tour ce que demandait le prince.

Francesco connaissait trop bien les femmes pour avoir parlé le premier jour d'autre chose que de l'intérêt qu'il éprouvait pour Bianca. Ses yeux avaient bien quelque peu démenti sa bouche, mais le moyen d'en vouloir à des yeux qui vous regardent parce qu'ils vous trouvent belle !

A peine le prince fut-il sorti que la comtesse rentra. Bianca, en l'apercevant, courut à elle et se jeta à son cou. La Mondragone n'eut pas besoin d'autre explication pour comprendre que sa petite trahison lui était pardonnée.

Le lecteur voit que nous nous approchons du cardinal Ferdinand, puisque nous en sommes déjà à son frère.

La belle-mère ne sut rien de ce qui s'était passé, et Bonaventuri sut seulement qu'il aurait le sauf-conduit. Cette nouvelle parut lui causer une si grande joie, que, certes, si Bianca eût su le rendre heureux à ce point, elle n'eût pas trouvé que c'était l'acheter trop cher que d'être forcée de le recevoir elle-même des mains d'un jeune et beau prince. Elle attendit donc avec impatience le moment où elle reverrait le grand-duc, tant elle se fit une fête de rapporter de cette entrevue le bienheureux papier que Pietro estimait à si haut prix. Hélas ! ce papier n'était si fort désiré par Pietro que parce qu'il lui donnait la liberté de suivre le jour la dame voilée qu'il n'avait encore pu suivre que la nuit.

Il arriva ce qui devait arriver. Pietro fut l'amant de la dame voilée, et Bianca fut la maîtresse du duc. Cependant, attendu que Cosme Ier négociait à cette époque le mariage du grand-duc François avec l'archiduchesse Jeanne d'Autriche, il fut convenu entre les deux amans que l'intrigue resterait secrète ; en attendant on donna à Pietro Bonaventuri un emploi qui suffisait pour répandre le bien-être dans toute sa pauvre famille.

Le mariage désiré se fit : le jeune grand-duc donna une année aux convenances, ne visitant Bianca que la nuit, et

sortant toujours de son palais seul et déguisé ; mais au bout d'un an, ayant reçu du grand-duc son père une lettre qui lui disait que de pareilles promenades étaient dangereuses pour un prince, il donna à Pietro un emploi dans le palais Pitti, et acheta pour Bianca la charmante maison qui se voit encore aujourd'hui via *Maggio*, surmontée des armes des Médicis. Ainsi, Bianca se trouva tellement rapprochée de Francesco, qu'il n'avait besoin, pour ainsi dire, que de traverser la place Pitti, et qu'il se trouvait chez elle.

On sait les dispositions qu'avait Pietro à la dissipation et à l'insolence. Sa nouvelle position leur donna une nouvelle force. Il se jeta à plein corps dans les orgies, dans le jeu et dans les aventures galantes, si bien force ennemis des buveurs vaincus, des joueurs à sec et des maris trompés ; si bien qu'un beau matin on le trouva percé de cinq ou six coups de poignard, dans une impasse, à l'extrémité du pont Vieux.

Il y avait trois ans que les deux amans étaient partis de Venise en jurant de s'aimer toujours, et il y avait deux ans que chacun de son côté avait oublié sa promesse. Il en résulta que Pietro fut peu regretté, même de sa femme, pour laquelle depuis longtemps il n'était qu'un étranger. Il n'y n'y eut que la bonne vieille mère qui mourut de chagrin de voir ainsi mourir son fils.

La pauvre Jeanne d'Autriche, de son côté, n'était pas heureuse : elle était grande-duchesse de nom, mais Bianca Capello l'était de fait. Pour les emplois, pour les grâces, pour les faveurs, c'était à la Vénitienne qu'on s'adressait. La Vénitienne était toute puissante ; elle avait des pages, une cour, des flatteurs : les pauvres seuls allaient à la grande-duchesse Jeanne. Or, Jeanne était une femme pieuse et sévère comme le sont ordinairement les princesses de la maison d'Autriche ; elle offrit religieusement ses chagrins à Dieu. Dieu abaissa les yeux vers elle, vit ce qu'elle souffrait, et la retira de ce monde.

On attribua cette mort à ce que, le frère de la Bianca étant venu à Florence, Francesco lui fit si grande fête qu'il n'eût pas fait davantage pour un roi régnant, ce qui, selon le peuple, causa tant de peine à la malheureuse Jeanne, que sa grossesse tourna à mal ; si bien qu'au lieu d'un second fils que Florence comptait accompagner joyeusement au baptistère, il n'y eut que deux cadavres qu'elle conduisit tristement au tombeau.

Le grand-duc Francesco n'était point méchant ; il était faible, voilà tout. Cette sourde et lente douleur qui minait sa femme lui causait de temps en temps des tristesses qui ressemblaient à des remords. Au moment de mourir, Jeanne essaya de tirer parti de ce sentiment ; elle fit venir à son chevet le grand-duc, qui, depuis qu'elle était tombée malade, s'était montré excellent pour elle. Sans lui faire de reproches sur ses amours passés, elle le supplia de vivre plus religieusement à l'avenir. Francesco, tout en baignant ses mains de larmes, lui promit de ne point revoir Bianca. Jeanne sourit tristement, secoua la tête d'un air de doute, murmura une prière dans laquelle le grand-duc entendit plusieurs fois revenir son nom, et mourut.

Elle laissait de son mariage trois filles et un fils.

Pendant quatre mois Francesco tint parole ; pendant quatre mois Bianca fut non pas exilée, mais du moins éloignée de Florence. Mais Bianca connaissait sa puissance ; elle laissa le temps passer sur la douleur, sur les remords et sur le serment du grand-duc ; puis, un jour, elle se plaça sur son chemin : douleurs, remords, serment, tout fut alors oublié.

Elle avait pour confesseur un capucin adroit et intrigant comme un jésuite : elle le donna au prince. Le prince lui confia ses remords ; le capucin lui dit que le seul moyen de les calmer était d'épouser Bianca. Le grand-duc y avait déjà pensé. Son père, Cosme-le-Grand, lui avait donné le même exemple, en épousant dans sa vieillesse Camilla Martelli. On avait fort crié quand ce mariage avait eu lieu, mais enfin on avait fini par se taire. Francesco pensa qu'il en serait pour lui comme il en avait été pour Cosme ; et, toujours poussé par le capucin, il se décida enfin à mettre d'accord sa conscience et ses désirs.

Depuis longtemps les courtisans, qui avaient vu que le vent soufflait de ce côté, avaient parlé devant le grand-duc de ces sortes d'unions comme des choses les plus simples, et avaient cité tous les exemples que leur mémoire avait pu leur fournir de princes choisissant leur femme dans une famille non princière. Une dernière flatterie décida Francesco : Venise, qui, dans ce moment, avait besoin de Florence, déclara Bianca Capello fille de la république; si bien que, tandis que le cardinal Ferdinand, qui se doutait des résolutions de son frère, lui cherchait une femme dans toutes les cours de l'Europe, celui-ci épousait secrètement la Bianca dans la chapelle du palais Pitti.

Il avait été arrêté que le mariage resterait secret, mais ce n'était point l'affaire de la grande-duchesse; elle n'était pas arrivée si haut pour s'arrêter en chemin, et six mois ne s'étaient pas passés, qu'en public comme en secret, sur le trône comme dans le lit, elle avait repris la place de la pauvre Jeanne d'Autriche.

Ce fut vers cette époque que Montaigne, dissuadé par un Allemand qui avait été volé à Spolette de se rendre à Rome par la marche d'Ancône, prit la route de Florence et fut admis à la table de Bianca.

« Cette duchesse, dit-il, est belle à l'opinion italienne, un visage agréable et impérieux, le corsage droit et les tétins à souhait; elle me sembla bien avoir la suffisance d'avoir enjôlé ce prince et de le tenir à sa dévotion depuis longtemps. Le grand-duc mettait assez d'eau dans son vin, mais elle quasi point. »

Qu'on mette ce portrait à côté de celui du Bronzino, et l'on verra que tous deux se ressemblent; seulement il y a dans le tableau du sombre peintre toscan un caractère de fatalité qui ne se trouve pas sous la plume du naïf moraliste français.

Trois ans après le mariage de Francesco et de Bianca, c'est-à-dire au commencement de l'année 1585, le jeune archiduc mourut, laissant le trône de Toscane sans héritier direct; or, à défaut d'héritier direct, le cardinal Ferdinand devenait grand-duc à la mort de son frère.

En 1576, le grand-duc Francesco avait eu un fils de Bianca; mais ce fils étant adultérin ne pouvait succéder à son père; d'ailleurs on racontait de singulières choses sur sa naissance. On racontait que la Bianca, voyant qu'elle n'aurait jamais probablement d'autre enfant qu'une petite fille qu'elle avait eue de son mari, et qui s'appelait Pellegrina, avait résolu d'en supposer un. En conséquence, elle s'était entendue avec une gouvernante bolonaise dans laquelle elle avait toute confiance; et voilà, disait-on, ce qui était arrivé.

Bianca avait feint toutes les indispositions, symptômes ordinaires d'une grossesse; bientôt à ces indispositions s'étaient joints des signes extérieurs, si bien que le grand-duc, n'ayant plus aucun doute, avait annoncé lui-même à ses plus intimes que Bianca allait le rendre père. Dès lors le crédit de la favorite avait doublé, on avait été au devant de tous ses désirs, et tous les courtisans, plus empressés que jamais autour d'elle, lui avaient prédit un fils.

La nuit du 29 au 30 août 1576 fut choisie pour être celle de l'accouchement; vers les onze heures du soir, Bianca annonça donc à son mari qu'elle commençait à éprouver les premières douleurs. Francesco, tremblant et joyeux à la fois, déclara qu'il ne la quitterait point qu'elle ne fût délivrée. Ce n'était point l'affaire de Bianca; aussi, vers les trois heures, les douleurs commencèrent à s'apaiser, et la sage-femme déclara qu'elle croyait que la patiente n'accoucherait pas dans trois ou quatre heures. Alors Bianca insista pour que Francesco, fatigué de la veille, allât prendre quelque repos; Francesco céda à la condition qu'on le réveillerait aussitôt que sa bien-aimée Bianca recommencerait à souffrir. Bianca le lui promit, et sur cette promesse, le grand-duc se retira.

Deux heures après, on alla le réveiller en effet, mais pour lui annoncer qu'il était père d'un garçon. Il courut à la chambre de Bianca qui, du plus loin qu'elle l'aperçut, lui présenta son enfant. Le grand-duc pensa devenir fou de joie, et l'enfant fut baptisé sous le nom de don Antoine, Bianca avant déclaré que c'était aux prières de ce saint qu'elle devait la première conception qui les rendait tous si heureux à cette heure.

Dix-huit mois après l'accouchement de Bianca, on renvoya dans sa patrie la Bolonaise qui avait conduit toute cette intrigue. La gouvernante partit sans défiance et comblée de présens ; mais, en traversant les montagnes, sa voiture fut attaquée par des hommes masqués qui tirèrent sur elle et la laissèrent pour morte, blessée de trois coups d'arquebuse. Néanmoins, contre toute attente, elle reprit ses sens, et, comme le juge du village où elle avait été transportée l'interrogeait, elle déclara que, le masque d'un de ces hommes étant tombé, elle avait reconnu un sbire au service de la Bianca; qu'au reste, elle avait mérité cette punition (quoiqu'elle ne s'attendît point à la recevoir d'une semblable main), puisqu'elle avait aidé à tromper le grand-duc François en donnant à sa maîtresse le conseil de se faire passer pour enceinte, et, le projet adopté, en apportant elle-même dans un luth l'enfant dont une pauvre femme était accouchée la veille. Or, cet enfant n'était autre que celui qui était élevé sous le titre du jeune prince, et sous le nom de don Antonio. Cette confession faite, la femme expira. Aussitôt le procès-verbal en fut envoyé à Rome au cardinal Ferdinand de Médicis, qui en fit faire une copie qu'il adressa à son frère; mais il fut facile à Bianca de faire croire à son amant que tout cela n'était qu'une intrigue ourdie contre elle, et l'amour du grand-duc ne fit que s'augmenter de ce qu'il regardait comme une persécution dirigée contre sa maîtresse.

Cependant, l'affaire, on le comprend bien, avait fait trop de bruit pour que don Antonio pût prétendre à l'héritage de son père. Le trône revenait donc au cardinal, si la grande-duchesse n'avait pas d'autre enfant, et Francesco lui-même commençait à désespérer d'un tel bonheur, lorsque Bianca annonça une seconde grossesse.

Cette fois, le cardinal se promit bien de surveiller lui-même les couches de sa belle-sœur, afin de n'être plus dupe de quelque nouvel escamotage. En conséquence, il commença par se raccommoder avec son beau-frère François, en lui disant que cette nouvelle preuve de fécondité qu'allait donner la grande-duchesse, lui prouvait bien qu'il avait été trompé une première fois par un faux rapport. François, heureux de voir son beau-frère désabusé, revint à lui avec toute la franchise de son cœur. Le cardinal profita de ce rapprochement pour venir s'installer au palais Pitti.

L'arrivée du cardinal fut médiocrement agréable à Bianca, qui ne se méprenait pas à la véritable cause de cette recrudescence d'amour fraternel. Bianca sentait qu'elle avait dans le cardinal un espion de tous les instans ; aussi, de son côté, fit-elle si bien qu'il fut impossible de la prendre un seul instant en défaut. Le cardinal lui-même doutait. Si cette grossesse n'était pas une réalité, la comédie était habilement jouée; mais tant d'adresse le piqua au jeu, et il résolut de ne pas demeurer en reste d'habileté.

Le jour de l'accouchement arriva; le cardinal ne pouvait rester dans la chambre de Bianca, mais il se plaça dans la chambre voisine, par laquelle il fallait nécessairement passer pour arriver jusqu'à elle. Là il se mit à dire son bréviaire en marchant à grands pas. Au bout d'une heure de promenade, on vint le prier, de la part de la malade, de passer dans une autre chambre, attendu qu'il l'incommodait. — Qu'elle fasse son affaire, je fais la mienne, répondit le cardinal. — Et, sans vouloir rien entendre, il se remit à marcher et à prier.

Un instant après, le confesseur de la grande-duchesse entra. C'était un capucin à longue robe. Le cardinal alla à lui et le prit dans ses bras pour lui recommander sa sœur avec une affection toute particulière. Tout en embrassant le bon moine, le cardinal sentit ou crut sentir quelque chose d'étrange dans sa grande manche ; il y fourra la main, et en tira un gros garçon.

— Mon frère, dit le cardinal, me voici plus tranquille, et

je suis sûr du moins que ma belle-sœur ne mourra point en couches.

Le moine comprit que le mieux était d'éviter le scandale ; il demanda au cardinal ce qu'il devait faire. Le cardinal lui dit d'entrer dans la chambre de la grande-duchesse, et de lui dire, tout en la confessant, ce qui venait d'arriver : selon qu'elle ferait, le cardinal devait faire. Le silence amènerait le silence, et le bruit amènerait le bruit.

La grande-duchesse vit que, pour cette fois, il lui fallait renoncer à donner un héritier à la couronne, et elle prit le parti de faire une fausse couche. Le cardinal, de son côté, tint parole, et ne révéla rien de cette tentative avortée.

Il en résulta que rien ne troubla la bonne harmonie qui régnait entre les deux frères. L'automne suivant, le cardinal fut même invité par François à venir passer les deux mois de *villegiatura* à *Poggia à Cajano*. Il accepta, car il était grand amateur de chasse, et le château de *Poggio à Cajano* était une des réserves les plus giboyeuses du grand-duc François.

Le jour même de l'arrivée du cardinal, Bianca, qui savait que le cardinal aimait les tourtes confectionnées d'une certaine façon, voulut en préparer une elle-même. Le cardinal apprit par le grand-duc Francesco cette attention de sa belle-sœur, et comme il n'avait pas une confiance bien profonde dans sa réconciliation avec elle, cette gracieuseté de sa part ne laissa pas de l'inquiéter. Heusement le cardinal possédait une opale qui lui avait été donnée par le pape Sixte-Quint, et dont la propriété était de se ternir quand on l'approchait d'une substance empoisonnée. Le cardinal ne manqua point d'en faire l'épreuve sur la tourte préparée par Bianca. Ce qu'il avait prévu arriva. En approchant de la tourte, l'opale se ternit, et le cardinal déclara que toute réflexion faite, il ne mangerait pas de tourte. Le duc insista un instant. Voyant que ses instances étaient inutiles : —Eh bien ! dit-il en se retournant vers sa femme, puisque mon frère ne mange pas de son plat favori, j'en mangerai, moi, afin qu'il ne soit pas dit qu'une grande-duchesse se sera faite pâtissière inutilement ; —et il se servit un morceau de la tourte.

Bianca fit un mouvement pour l'en empêcher, mais elle s'arrêta. La position était horrible : il fallait ou qu'elle avouât son crime, ou qu'elle laissât son mari mourir empoisonné. Elle jeta un coup d'œil rapide sur sa vie passée, elle vit qu'elle avait épuisé toutes les joies de la terre, et atteint toutes les grandeurs de ce monde. Sa décision fut rapide, comme elle l'avait été le jour où elle avait fui de Venise avec Pietro : elle coupa un morceau de tourte pareil à celui qu'avait pris le grand-duc, lui tendit une main, et mangea de l'autre en souriant le morceau empoisonné.

Le lendemain, Francesco et Bianca étaient morts. Un médecin ouvrit leurs corps par ordre de Ferdinand, et déclara qu'ils avaient succombé à une fièvre maligne. Trois jours après, le cardinal jeta la barette aux orties et monta sur le trône.

Voici l'histoire de celui dont la statue s'élève sur la place de la *Darsena* à Livourne. La carrière du cardinal fut encore marquée par beaucoup d'autres actes, témoin les quatre esclaves enchaînés qui ornent le piédestal de sa statue ; mais nous croyons avoir raconté la partie de sa vie la plus curieuse et la plus intéressante, et pour le reste nous renverrons nos lecteurs à Galuzzi.

Comme sur la place, outre la statue, il y a force fiacres, nous montâmes dans l'une de ces voitures, et nous nous fîmes conduire à l'église de Montenero.

Cette église renferme une des madones les plus miraculeuses qui existent. Une tradition populaire veut que cette sainte image, native du mont Eubée dans le Négrepont, se soit lassée un jour de sa patrie. Cédant à un désir de locomotion bien flatteur pour l'Occident, elle apparut à un prêtre et lui ordonna de la transporter au Montenero. Le prêtre s'informa de la partie du monde où se trouvait cette montagne, et apprit que c'était aux environs de Livourne. Aussitôt il se mit en marche, portant la sainte image avec lui, et, après un voyage de deux mois, arriva à sa destination, qui lui fut indiquée par un miracle des plus concluans : la madone s'alourdit tout à coup, au point qu'il fut impossible au prêtre de faire un pas de plus. Le prêtre comprit qu'il était arrivé à sa destination ; il s'arrêta donc, et, avec les aumônes des fidèles, il fonda l'oratoire de Montenero.

Un an après, le capitaine d'un vaisseau livournais ayant fait un voyage au mont Eubée, déclara avoir pris, dans la montagne même qu'avait habitée la madone pendant deux ou trois siècles, la mesure de la place qu'elle occupait ; cette mesure s'accordait ligne pour ligne avec sa largeur et avec sa hauteur.

Dès lors il n'y eut plus de doute sur la réalité du miracle, que pour les artistes, qui reconnurent la madone pour être une peinture de Margaritone, un des contemporains de Cimabué, le même Margaritone qui crut avoir récompensé dignement Farinata des Uberti en lui envoyant lorsqu'il eut sauvé Florence, après la bataille de Monte Aperto, un crucifix peint de sa main. Dieu punit son orgueil : le pauvre vieillard mourut de chagrin en voyant les progrès que Cimabué avait fait faire à l'art.

Nous recommandons aux artistes la madone de Montenero comme un curieux monument de la peinture grecque au XIIIe siècle.

Le soir, en rentrant, nous fîmes prix avec un voiturin, et le lendemain matin à neuf heures nous partîmes pour Florence.

RÉPUBLIQUES ITALIENNES.

Un mot d'histoire sur cette Italie que nous allons parcourir ; en faisant d'abord le tour du tronc, nous verrons mieux ensuite dans quelle direction s'étendent tous les rameaux.

Dieu mit six jours à sa genèse ; l'Italie six siècles à la sienne.

Ce furent surtout les villes des côtes, qui, les premières, se trouvèrent mûres pour la liberté. Déjà, du temps de Solon, on avait remarqué que les marins étaient les plus indépendans des hommes. Ainsi que les déserts, la mer est un refuge contre la tyrannie ; l'homme qui se trouve sans cesse entre le ciel et l'eau, riche et puissant de l'espace qu'il a devant lui, a bien de la peine à reconnaître d'autre maître que Dieu.

Il en résultait que Gênes et Pise relevaient bien de l'empire comme les villes de l'intérieur, mais, plus que celles-ci cependant, elles s'étaient peu à peu soustraites à sa domination. Dans les expéditions qu'elles faisaient pour leur propre compte dans les îles de Corse et de Sardaigne, elles traitaient depuis longtemps de la paix et de la guerre, des rançons et des tributs, et cela selon leur bon plaisir et sans en rendre compte à personne. Grâce à cet acheminement vers l'indépendance, ces deux villes étaient déjà, sur la fin du Xe siècle, dans un si grand état de prospérité, qu'en 982, Othon envoya sept de ses barons pour obtenir de la marine pisane un renfort de galères qui le secondât dans son expédition de Calabre. Pendant qu'ils étaient à Pise, Othon mourut. Cette mort rendait leur voyage inutile ; mais ce n'était pas sans envier le sort des Toscans qu'ils avaient vu la fertilité de leur plaines et la richesse de leurs cités. Séduits par les promesses d'avenir que le ciel avaient fait à ce beau pays, ils obtinrent de la municipalité le titre de citoyens, et de l'évêque l'inféodation de quelques châteaux. Ce fut la tige des sept familles pisanes qui demeurèrent trois siècles à la tête de la faction guelfe ou gibeline. Ils se nommaient Visconti, Godimari, Orlandi, Vecchionesi, Gualandi, Sismondi, Lanfranchi.

De son côté, Gênes, couchée aux pieds de ses montagnes arides, qui la séparent comme une muraille de la Lombardie, tière de l'un des plus beaux ports de l'Europe, déjà peuplé de vaisseaux au Xe siècle, tirant de sa situation le bénéfice d'être isolée du siége de l'empire, se livrait dans toute l'ardeur de sa jeune existence au commerce et à la marine. Pillée en 936 par les Sarrasins, moins d'un siècle après, c'était elle qui se liguait avec les Pisans pour aller reporter en Sardaigne le fer et le feu qu'ils étaient venus apporter en Ligurie; et Caffaro, auteur de sa première chronique commencée en 1101 et achevée en 1164, nous apprend qu'à cette époque Gênes avait déjà des magistrats suprêmes, que ces magistrats portaient le titre de consuls, qu'ils siégeaient alternativement au nombre de quatre ou de six, et qu'ils restaient en place trois ou quatre ans.

Quant aux villes du centre de l'Italie, elles étaient demeurées en retard. L'esprit de liberté qui avait soufflé sur les côtes avait bien passé sur Milan, sur Florence, sur Pérouse et sur Arezzo; mais n'ayant point la mer pour y lancer leurs vaisseaux, ces villes avaient continué d'obéir aux empereurs; lorsque le moine Hildebrand fut appelé, en 1075, au pontificat, sous le nom de Grégoire VII; Henri IV régnait alors.

Trois ans à peine s'étaient écoulés depuis l'exaltation du nouveau pape, dans lequel devait se personnifier la démocratie du moyen-âge, qu'en jetant les yeux sur l'Europe, et en voyant le peuple poindre partout comme les blés en avril, il avait compris que c'était à lui, successeur de Saint-Pierre, de recueillir cette moisson de liberté qu'avait semée la parole du Christ. Dès 1076, il publia donc une décrétale qui défendait à ses successeurs de soumettre leur nomination à la puissance temporelle: de ce jour la chaire pontificale fut placée au même étage que le trône de l'empereur, et le peuple eut son César.

Cependant Henri IV n'était pas plus de caractère à renoncer à ses droits, que Grégoire VII n'était d'esprit à s'y soumettre; il répondit à la décrétale par un rescrit. Son ambassadeur vint en son nom à Rome ordonner au souverain pontife de déposer la thiare, et aux cardinaux de se rendre à sa cour, afin de désigner un autre pape. La lance avait rencontré le bouclier, le fer avait repoussé le fer.

Grégoire VII répondit en excommuniant l'empereur.

A la nouvelle de cette mesure, les princes allemands se rassemblèrent à Terbourg, et comme l'empereur dans sa colère avait dépassé ses droits, qui s'étendaient à l'investiture et non à la nomination, ils menaçaient de le déposer en vertu du même droit qui l'avait élu, si, dans le terme d'une année, il ne s'était pas réconcilié avec le saint-siége.

Henri fut forcé d'obéir: il apparut en suppliant au sommet de ces Alpes qu'il avait menacé de franchir en vainqueur; et par un hiver rigoureux, il traversa l'Italie pour aller, à genoux et pieds nus, demander au pape l'absolution de sa faute. Asti, Milan, Pavie, Crémone et Lodi le virent ainsi passer; et, fortes de sa faiblesse, elles saisirent le prétexte de son excommunication pour se délier de leur serment. De son côté, Henri IV, craignant d'irriter encore le pape, ne tenta point même de les faire rentrer sous son obéissance et ratifia leur liberté: ratification dont elles auraient à la rigueur pu se passer, comme le pape de l'investiture. Ce fut de cette division entre le saint-siége et l'empereur, entre le peuple et la féodalité, que se formèrent les factions guelfe et gibeline.

Pendant ce temps, et comme pour préparer la liberté de Florence, Godefroy de Lorraine, marquis de Toscane, et Béatrix sa femme mouraient l'un en 1070 et l'autre en 1076, laissant la comtesse Mathilde héritière et souveraine du plus grand fief qui ait jamais existé en Italie. Mariée deux fois, la première avec Godefroy le Jeune, la seconde avec Guelfe de Bavière, elle se sépara successivement de ses deux époux et mourut sans héritier, léguant ses biens à la chaire de saint Pierre.

Cette mort laissa Florence à peu près libre d'imiter les autres villes d'Italie. Elle s'érigea donc en république, donnant à son tour l'exemple qu'elle avait reçu, à Sienne, à Pistoia et à Arezzo.

Cependant la noblesse florentine, sans rester indifférente à la grande querelle qui divisait l'Italie, n'y était point entrée avec la même ardeur que celle des autres villes; elle restait divisée, il est vrai, en deux partis, mais non en deux camps. Chacun de ces partis s'observait avec plus de défiance que de haine, et si ce n'était déjà plus la paix, ce n'était du moins pas encore la guerre.

Parmi les familles guelfes, une des plus nobles, des plus puissantes et des plus riches, était celle des Buondelmonti. L'aîné de cette maison était fiancé avec une jeune fille de la famille des Amadei, alliée aux Uberti, et connue pour ses opinions gibelines Buondelmonte des Buondelmonti était seigneur de Monte-Buono, dans le val d'Arno supérieur, et habitait un superbe palais situé sur la place de la Trinité.

Un jour que, selon son habitude, il traversait, à cheval et magnifiquement vêtu, les rues de Florence, une fenêtre s'ouvrit sur son passage, et il s'entendit appeler par son nom. Buondelmonte se retourna; mais, voyant que celle qui l'appelait était voilée, il continua son chemin. La dame l'appela une seconde fois, et leva son voile. Alors Buondelmonte la reconnut pour être de la maison des Donati, et arrêtant son cheval, il lui demanda avec courtoisie ce qu'elle avait à lui dire.

— Je n'ai qu'à te féliciter sur ton prochain mariage, Buondelmonte, reprit la dame d'un ton railleur; je ne veux qu'admirer ton dévouement, qui te fait allier à une maison si fort au-dessous de la tienne. Sans doute un ancêtre des Amadei aura rendu quelque grand service à un des tiens, et tu acquittes une dette de famille.

— Vous vous trompez, noble dame, répondit Buondelmonte; si quelque distance existe entre nos deux maisons, ce n'est point la reconnaissance qui l'efface, mais bien l'amour. J'aime Lucrezia Amadei, ma fiancée, et je l'épouse parce que je l'aime.

— Pardon, seigneur Buondelmonte, continua la Gualdrada; mais il me semblait que le plus noble devait épouser la plus riche, la plus riche le plus noble, et le plus beau la plus belle.

— Mais jusqu'à présent, répondit Buondelmonte, il n'y a que le miroir que je lui ai fait venir de Venise qui m'ait montré une figure comparable à celle de Lucrezia.

— Vous avez mal cherché, monseigneur, ou vous vous êtes lassé trop vite. Florence perdrait bientôt son nom de ville des fleurs, si elle ne comptait point dans son parterre de plus belle rose que celle que vous allez cueillir.

— Florence a peu de jardins que je n'aie visités, peu de fleurs dont je n'aie admiré les couleurs ou respiré le parfum; et il n'y a guère que les marguerites et les violettes qui aient pu échapper à mes yeux en se cachant sous l'herbe.

— Il y a encore le lis qui pousse au bord des fontaines et grandit à l'ombre des saules, qui baigne ses pieds dans le ruisseau pour conserver sa fraîcheur, et qui cache sa beauté dans la solitude pour garder sa pureté.

— La signora Gualdrada aurait-elle dans le jardin de son palais quelque chose de pareil à me faire voir?

— Peut-être, si le seigneur Buondelmonte daignait me faire l'honneur de le visiter.

Buondelmonte jeta la bride de son cheval aux mains de son page et s'élança dans le palais Donati.

La Gualdrada l'attendait au haut de l'escalier; elle le guida par les corridors obscurs jusqu'à une chambre retirée. Elle ouvrit la porte, souleva la tapisserie, et Buondelmonte aperçut une jeune fille endormie.

Buondelmonte demeura saisi d'admiration: rien d'aussi beau, d'aussi frais et d'aussi pur ne s'était encore offert à sa vue. C'était une de ces têtes blondes si rares en Italie que Raphaël en a fait le type de ses vierges; c'était un teint si blanc qu'on aurait dit qu'il s'était épanoui au pâle soleil du nord; c'était une taille si aérienne que Buondelmonte craignait de respirer, de peur que cet ange, en se réveillant, ne remontât au ciel!

La Gualdrada laissa retomber le rideau. Buondelmonte fit un mouvement pour la retenir, elle lui arrêta la main.

— Voici la fiancée que je t'avais gardée, solitaire et pure, lui dit-elle; mais tu t'es hâté, Buondelmonte, tu as offert ton cœur à une autre. Va!.c'est bien! va, et sois heureux.

Buondelmonte interdit, gardait le silence.

— Eh bien! continua la Gualdrada, oublies-tu que la belle Lucrezia t'attend?

— Écoute, lui dit Buondelmonte en lui prenant la main, si je renonçais à cette alliance, si je rompais les engagemens pris, si j'offrais d'épouser ta fille, me la donnerais-tu?...

— Et quelle serait la mère assez vaine ou assez insensée pour refuser l'alliance du seigneur de Monte-Buono!

Alors Buondelmonte leva la portière, s'agenouilla près du lit de la jeune fille, dont il prit la main, et comme la dormeuse entr'ouvrait les yeux : « Réveillez-vous, ma belle fiancée, lui dit-il. » Puis se retournant vers la Gualdrada : « Envoyez chercher le prêtre, ma mère ; et si votre fille m'accepte pour époux, conduisez-nous à l'autel ! »

Le même jour, Buondelmonte épousa Lucia Gualdrada, de la maison des Donati.

Le lendemain, le bruit de ce mariage se répandit. Les Amadei doutèrent quelque temps de l'outrage qui leur avait été fait, mais un moment vint où ils n'en purent plus douter. Alors ils convoquèrent leurs parens, les Uberti, les Fifanti, les Lamberti et les Gualdalanti ; et lorsqu'ils furent rassemblés, leur exposèrent la cause de cette réunion. Dans ces temps d'honneur irascible et de prompte vengeance, un pareil affront ne pouvait se laver que dans le sang. Mosca proposa la mort de Buondelmonte, et sa mort fut résolue à l'unanimité.

Le matin de Pâques, Buondelmonte venait de traverser le vieux pont, et descendait Longo-l'Arno, lorsque plusieurs hommes à cheval, comme lui, débouchèrent de la rue de la Trinité, et marchèrent à sa rencontre. Arrivés à une certaine distance, ils se séparèrent en deux troupes, afin de l'attaquer de deux côtés. Buondelmonte reconnut ceux qui venaient à lui pour des ennemis ; mais soit confiance dans leur loyauté ou dans son courage, il continua son chemin sans donner aucune marque de défiance ; loin de là, en arrivant près d'eux, il les salua avec courtoisie. Alors Schazeto des Uberti sortit de dessous son manteau son bras armé d'une masse, et d'un seul coup il renversa Buondelmonte de cheval. Au même moment, Addo Arrighi mettant pied à terre, de peur qu'il ne fût qu'étourdi, lui ouvrit les veines avec son couteau. Buondelmonte se traîna jusqu'au pied de Mars, protecteur païen de Florence, dont la statue était encore debout, et expira. Le bruit de ce meurtre ne tarda point à retentir dans la ville. Tous les parens de Buondelmonte se rassemblèrent dans la maison mortuaire, firent atteler un char, et y placèrent dans une bière découverte le corps de la victime. La jeune veuve s'assit sur le bord du cercueil, appuya la tête fracassée de son époux sur sa poitrine; les plus proches parens l'entourèrent, et le cortège se mit en marche par les rues de Florence, précédé du vieux père de Buondelmonte, qui, vêtu de deuil, et monté sur un cheval caparaçonné de noir, criait de temps en temps d'une voix sourde : Vengeance! vengeance! vengeance !

A la vue de ce cadavre ensanglanté, à la vue de cette belle veuve pleurante et les cheveux épars, à la vue de ce père qui précédait le cercueil de l'enfant qui aurait dû suivre le sien, les esprits s'exaltèrent et chaque maison noble prit parti selon son opinion, son alliance ou sa parenté. Quarante-deux familles du premier rang se firent Guelfes, c'est-à-dire Papistes, et prirent le parti de Buondelmonte ; vingt-quatre se déclarèrent Gibelins, c'est-à-dire Impérialistes, et reconnurent les Uberti pour leurs chefs. Chacun rassembla ses serviteurs, fortifia ses palais, éleva ses tours, et pendant trente-trois ans la guerre civile, se renfermant dans les murs de Florence, courut échevelée par ses rues et par ses places publiques.

Cependant les Gibelins qui, comme on l'a vu, étaient numériquement les plus faibles de près de moitié, désespérant de vaincre s'ils étaient réduits à leurs propres forces, s'adressèrent à l'empereur, qui leur envoya seize cents cavaliers allemands. Cette troupe s'introduisit furtivement dans la ville par une des portes appartenant aux Gibelins, et la nuit de la Chandeleur 1248, le parti guelfe vaincu fut forcé d'abandonner Florence.

Alors les vainqueurs, maîtres de la ville, se livrèrent à ces excès qui éternisent les guerres civiles. Trente-six palais furent démolis et leurs tours abattues ; celle des Toringhi, qui dominait la place du vieux Marché, et qui s'élevait, toute couverte de marbre, à la hauteur de cent vingt brassées, minée par sa base, croula comme un géant foudroyée. Le parti de l'empereur triompha donc en Toscane, et les Guelfes restèrent exilés jusqu'en 1251, époque de la mort de Frédéric II.

Cette mort produisit une réaction ; les Guelfes furent rappelés, et le peuple reprit une partie de l'influence qu'il avait perdue. Un de ses premiers réglemens fut l'ordre de détruire les forteresses derrière lesquelles les gentilshommes bravaient les lois. Un rescrit enjoignit aux nobles d'abaisser les tours de leurs palais à la hauteur de cinquante brasses, et les matériaux résultant de cette démolition servirent à élever des remparts à la ville, qui n'était point fortifiée du côté de l'Arno. Enfin, en 1252, le peuple, pour consacrer le retour de la liberté à Florence, frappa avec l'or le plus pur cette monnaie qu'on appela florin, du nom de la ville qui lui donna naissance, et qui depuis 700 ans est restée à la même effigie, au même poids et au même titre, sans qu'aucune des révolutions qui suivirent celle à laquelle le florin devait sa naissance ait osé changer son empreinte populaire, ou altérer son or républicain.

Cependant les Guelfes, plus généreux ou plus confians que leurs ennemis, avaient permis aux Gibelins de rester dans la ville : ceux-ci profitèrent de cette liberté pour ourdir une conspiration qui fut découverte. Les magistrats leur firent alors porter l'ordre de venir justifier leur conduite ; mais ils repoussèrent les archers du podestat à coups de pierres et de flèches. Tout le peuple se souleva aussitôt, on vint attaquer les ennemis dans leurs maisons, on fit le siège des palais et des forteresses ; en deux jours tout fut fini. Schazetto des Uberti, le même qui avait assommé Buondelmonte, mourut les armes à la main. Un autre Uberti et un Infangati eurent la tête tranchée sur la place du vieux Marché, et ceux qui échappèrent au massacre ou à la justice, guidés par Farinata des Uberti, sortirent de la ville et allèrent demander à Sienne un asile qu'elle leur accorda.

Farinata des Uberti était un de ces hommes de la famille du baron des Adrets, du connétable Bourbon, et de Lesdiguières, qui naissent avec un bras de fer et un cœur de bronze, dont les yeux s'ouvrent dans une ville assiégée et se ferment sur le champ de bataille : plantes arrosées de sang et qui portent des fleurs et des fruits sanglans.

La mort de l'empereur lui ôtait la ressource ordinaire aux Gibelins, qui était de s'adresser à l'empereur. Il envoya alors des députés à Manfred, roi de Sicile. Les députés demandaient une armée. Manfred offrit cent hommes. Les ambassadeurs étaient sur le point de refuser cette offre qu'ils regardaient comme dérisoire; mais Farinata leur écrivit : « Acceptez toujours, l'important est d'avoir la bannière de Manfred parmi les nôtres, et quand nous l'aurons, j'irai la planter dans un tel lieu qu'il faudra bien qu'il nous envoie un renfort pour l'aller reprendre. »

Cependant l'armée guelfe poursuivit les Gibelins, et vint établir son camp devant la porte de Camoglia, dont la poussière était si douce à Alfieri (1). Après quelques escarmouches sans conséquence, Farinata, ayant reçu les cent hommes d'armes que lui envoyait Manfred, ordonna une sortie, et leur fit distribuer les meilleurs vins de la Toscane, puis lorsqu'il vit le combat engagé entre les Guelfes et les Gibelins, sous prétexte de dégager les siens, il se mit à la tête de ses auxiliaires allemands, et leur fit faire une charge tellement profonde, que lui et ses cent hommes d'armes se trouvèrent enveloppés par les ennemis. Les Allemands se battirent en désespérés, mais la partie était trop inégale pour que le courage y pût quelque chose. Tous tombèrent. Farinata, seul et par miracle, s'ouvrit un chemin et regagna les siens,

(1) A Camoglia mi godo il pulverone. *Sonnet* CXII.

couvert du sang de ses ennemis, las de tuer, mais sans blessure.

Son but était atteint, les cadavres des soldats de Manfred criaient vengeance par toutes leurs plaies; l'étendard royal, envoyé à Florence, avait été traîné dans la boue et mis en pièces par la populace. Il y avait affront à la maison de Souabe, et tache à l'écusson impérial. Une victoire pouvait seule venger l'une et effacer l'autre. Farinata des Uberti écrivit au roi de Sicile en lui racontant la bataille : Manfred lui répondit en lui envoyant deux mille hommes.

Alors le lion se fit renard pour attirer les Florentins dans une mauvaise position. Farinata feignit d'avoir à se plaindre des Gibelins. Il écrivit aux Anziani pour leur indiquer un rendez-vous à un quart de lieue de la ville. Douze hommes s'y attendirent; lui s'y rendit seul. Il leur offrit, s'ils voulaient faire marcher une puissante armée contre Sienne, de leur livrer la porte de San-Vito dont ils avaient la garde. Les chefs guelfes ne pouvaient rien décider sans l'avis du peuple, ils retournèrent vers lui et assemblèrent le conseil. Farinata rentra dans la ville.

L'assemblée fut tumultueuse; la masse était d'avis d'accepter, mais quelques-uns plus clairvoyants craignaient une trahison. Les Anziani, qui avaient entamé la négociation et qui devaient en tirer honneur, l'appuyaient de tout leur pouvoir, et le peuple appuyait les Anziani. Le comte Guido Guerra et Tegghiaio Aldobrandini essayèrent en vain de s'opposer à la majorité; le peuple ne voulut pas les écouter. Alors Luc des Guerardini, connu par sa sagesse et son dévouement à la patrie, se leva et essaya de se faire entendre; mais les Anziani lui ordonnèrent de se taire. Il n'en continua pas moins son discours, et les magistrats le condamnèrent à cent florins d'amende. Guerardini consentit à les payer, si à ce prix il obtenait la parole. L'amende fut doublée, Guerardini accepta cette nouvelle punition en disant qu'on ne pouvait acheter trop cher le bonheur de donner un bon avis à la république. Enfin, on porta l'amende jusqu'à la somme de quatre cents florins sans qu'on pût lui imposer silence. Ce dévouement, qu'on prit pour de l'obstination, exalta les esprits, la peine de mort fut proposée et adoptée contre celui qui osait s'opposer ainsi à la volonté du peuple. La sentence fut aussitôt signifiée à Guerardini, il l'écouta tranquillement, puis se levant une dernière fois : « Faites dresser l'échafaud, dit-il, mais laissez-moi parler pendant qu'on le dressera. » Au lieu de tomber aux pieds de cet homme, comme il était à peu près le seul opposant, et que d'ailleurs aucun n'était de cœur à suivre un pareil exemple, une fois Guerardini hors de l'assemblée, la proposition passa. Florence envoya demander aussitôt du secours à ses alliées. Lucques, Bologne, Pistoie, Le Prato, San Miniato et Volterra répondirent à son appel. Au bout de deux mois, les Guelfes avaient rassemblé trois mille cavaliers et trente mille fantassins.

Le lundi 3 septembre 1260, cette armée sortit nuitamment des murs de Florence, et marcha vers Sienne. Au milieu d'une garde choisie parmi les plus braves, roulait pesamment le Carroccio. C'était un char doré attelé de huit bœufs couverts de caparaçons rouges, et au milieu duquel s'élevait une antenne surmontée d'un globe doré; au-dessous de ce globe flottait l'étendard de Florence, qui, au moment du combat, était confié à celui qu'on estimait le plus brave. Au-dessous, un Christ en croix semblait bénir l'armée de ses bras étendus. Une cloche, suspendue près de lui, rappelait vers un centre commun ceux que la mêlée dispersait; et le pesant attelage, ôtant au Carroccio tout moyen de fuir, forçait l'armée, soit à l'abandonner avec honte, soit à le défendre avec acharnement. C'était une invention d'Éribert, archevêque de Milan, qui, voulant relever l'importance de l'infanterie des communes, afin de s'opposer à la cavalerie des gentilshommes, en avait fait usage pour la première fois dans la guerre contre Conrad-le-Salique. Aussi était-ce au milieu de l'infanterie, dont le pas se réglait sur celui des bœufs, que roulait cette lourde machine. Celui qui la conduisait était un vieillard de soixante-dix ans, nommé Jean

Tornaquinci; et sur la plate-forme du Carroccio, réservée aux plus vaillans, étaient ses sept fils, auxquels il avait fait jurer de mourir tous avant qu'un seul ennemi touchât cette arche d'honneur du moyen-âge. Quant à la cloche, elle avait été bénie, disait-on, par le pape Martin, et en l'honneur de son parrain elle s'appelait Martinella.

Le 4 septembre, au point du jour, l'armée se trouva sur le monte Aperto, colline située à cinq milles de Sienne, vers la partie orientale de la ville : elle découvrit alors dans toute son étendue la cité qu'elle espérait surprendre. Aussitôt un évêque presque aveugle monta sur la plate-forme du Carroccio, et dit la messe, que toute l'armée écouta solennellement à genoux et la tête découverte; puis le saint sacrifice achevé, il détacha l'étendard de Florence, le remit aux mains de Jacopo del Vacca de la famille des Pazzi, et revêtant lui-même une armure, il alla se placer dans les rangs de la cavalerie; il y était à peine que la porte de San-Vito s'ouvrit suivant la promesse faite. La cavalerie allemande en sortit la première, derrière elle venait celle des émigrés florentins, commandée par Farinata; ensuite parurent les citoyens de Sienne avec leurs vassaux formant l'infanterie, en tout 13,000 hommes. Les Florentins virent qu'ils étaient trahis; mais ils comparèrent aussitôt leur armée à celle qui se développait sous leurs yeux, et songeant qu'ils étaient trois contre un, ils poussèrent de grands cris d'insulte et de provocation, et firent face à l'ennemi.

En ce moment, l'évêque qui avait dit la messe et qui, comme tous les hommes privés d'un sens avait exercé les autres à le remplacer, entendit du bruit derrière lui, il se retourna, et ses yeux, tout affaiblis qu'ils étaient, crurent apercevoir entre lui et l'horizon une ligne qui, un instant auparavant, n'existait pas. Il frappa sur l'épaule de son voisin et lui demanda si ce qu'il voyait était une muraille ou un brouillard. « Ce n'est ni l'un ni l'autre, dit le soldat, ce sont les boucliers des ennemis. » En effet, un corps de cavalerie allemande avait tourné le Monte Aperto, passé Arbia à gué, et attaquait les derrières de l'armée florentine, tandis que le reste des Siennois lui présentait le combat de face.

Alors Jacopo del Vacca, pensant que l'heure était venue d'engager la bataille, éleva au-dessus de toutes les têtes l'étendard de Florence qui représentait un lion, et cria : — En avant ! Mais au même instant Bocca degli Abati, qui était Gibelin dans l'âme, tira son épée du fourreau et abattit d'un seul coup la main et l'étendard; puis s'écriant : A moi les Gibelins! il se sépara avec trois cents nobles du même parti de l'armée guelfe pour aller rejoindre la cavalerie allemande.

Cependant la confusion était grande parmi les Florentins : Jacopo del Vacca élevait son poignet mutilé et sanglant, en criant : — Trahison ! Nul ne pensait à ramasser l'étendard foulé aux pieds des chevaux, et chacun, en se voyant chargé par celui qu'un instant auparavant il croyait son frère, au lieu de s'appuyer sur son voisin, s'éloignait de lui, craignant plus encore l'épée qui le devait défendre que celle qui le devait attaquer. Alors le cri de trahison proféré par Jacopo del Vacca passa de bouche en bouche, et chaque cavalier, oubliant le salut de la patrie pour ne penser qu'au sien, tira du côté qui lui semblait le moins dangereux, confiant sa vie à la vitesse de son cheval, et laissant son honneur expirer à sa place sur le champ de bataille, si bien que de ces 3,000 hommes, qui étaient tous de la noblesse, trente-cinq vaillans restèrent seuls, qui ne voulurent pas fuir et qui moururent.

L'infanterie, qui était composée du peuple de Florence et de gens venus des villes alliées, fit meilleure contenance et se serra autour du Carroccio : ce fut donc sur ce point que se concentra le combat et le grand carnage qui, au dire de Dante, teignit l'Arbia en rouge (1).

Mais, privés de leur cavalerie, les Guelfes ne pouvaient tenir, puisque les seuls qui fussent restés sur le champ de

---

(1) ... La strazio e'l grande scempio
    Che fece l'Arbia colorata in rosso.
                              Inferno. x.

bataille étaient, comme nous l'avons dit, des gens du peuple qui, armés au hasard de fourches et de hallebardes, n'avaient à opposer à la longue lance et à l'épée à deux mains des cavaliers que des boucliers de bois, des cuirasses de buffle ou des justaucorps matelassés ; les hommes et les chevaux bardés de fer entraient donc facilement dans ces masses et y faisaient des trouées profondes ; et cependant, animées par le bruit de Martinella, qui ne cessait de sonner, trois fois ces masses se refermèrent repoussant de leur sein la cavalerie allemande, qui en ressortit trois fois sanglante et ébréchée comme un fer d'une blessure.

Enfin, à l'aide de la diversion que fit Farinata à la tête des émigrés florentins et du peuple de Sienne, les cavaliers parvinrent jusqu'au Carroccio. Alors se passa à la vue des deux armées une action merveilleuse : ce fut celle de ce vieillard à la garde duquel nous avons dit que le Carroccio était confié, et qui avait fait jurer à ses sept fils de mourir au poste où il les avait placés.

Pendant tout le temps qu'avait déjà duré le combat, les sept jeunes gens étaient restés sur la plate-forme du Carroccio, d'où ils dominaient l'armée, et trois fois ils avaient tourné les yeux impatiemment vers leur père ; mais d'un signe le vieillard les avait retenus ; enfin, l'heure était arrivée où il fallait mourir ; le vieillard cria à ses fils : Allons !

Les jeunes gens sautèrent à bas du Carroccio, à l'exception d'un seul, que son père retint par le bras : c'était le plus jeune et par conséquent le plus aimé ; il avait dix-sept ans à peine et s'appelait Arnolfo.

Les six frères étaient armés comme des chevaliers, c'est-à-dire de jacques de fer, aussi reçurent-ils vigoureusement le choc des Gibelins. Pendant ce temps le père, de la main qui ne tenait pas Arnolfo, sonnait la cloche de ralliement. Les Guelfes reprirent courage, et les cavaliers allemands furent une quatrième fois repoussés. Le vieillard vit revenir à lui quatre de ses fils ; deux s'étaient couchés déjà pour ne plus se relever.

Au même instant, du côté opposé, on entendit pousser de grands cris et on vit la foule s'ouvrir : c'était Farinata des Uberti à la tête des émigrés florentins ; il avait poursuivi la cavalerie guelfe jusqu'à ce qu'il se fût assuré qu'elle ne reviendrait plus au combat, comme fait un loup qui écarte les chiens avant de se jeter sur les moutons.

Le vieillard, qui dominait la mêlée, le reconnut à son panache, à ses armes, et encore plus à ses coups. L'homme et le cheval paraissaient ne faire qu'un, un monstre couvert des mêmes écailles. Ce qui tombait sous les coups de l'un était foulé à l'instant sous les pieds de l'autre ; tout s'ouvrait devant eux. Le vieillard fit signe à ses quatre fils, et Farinata vint se heurter contre une muraille de fer ! Aussitôt ces masses se serrèrent autour d'eux et le combat se rétablit.

Farinata seul parmi les gens de pied qu'il dominait de toute la hauteur de son cheval, car il avait laissé les autres cavaliers gibelins et allemands bien loin derrière lui. Le vieillard pouvait suivre des yeux son épée flamboyante qui se levait et s'abaissait avec la régularité d'un marteau de forgeron ; il pouvait entendre le cri de mort qui suivait chaque coup porté ; deux fois il crut reconnaître la voix de ses fils, cependant il ne cessa point de sonner la cloche, seulement de l'autre main il serrait avec plus de force le bras d'Arnolfo.

Farinata recula enfin, mais comme recule un lion, déchirant et rugissant ; il dirigea sa retraite vers les cavaliers florentins qui chargeaient pour le secourir. Pendant le moment qui s'écoula avant qu'il les rejoignît, le vieillard vit revenir deux de ses fils. Pas une larme ne coula de ses yeux, pas une plainte ne s'échappa de son cœur, seulement il serra Arnolfo contre sa poitrine.

Mais Farinata, les émigrés florentins et les cavaliers allemands s'étaient réunis, et tandis que toute l'armée siennoise chargeait de son côté infanterie contre infanterie, ils se préparèrent à charger du leur.

La dernière attaque fut terrible : trois mille hommes à cheval et couverts de fer s'enfoncèrent au milieu de dix ou douze mille fantassins qui restaient encore autour du Carroccio : ils entrèrent dans cette masse, la sillonnant tel qu'un immense serpent, dont l'épée de Farinata était le dard. Le vieillard vit le monstre s'avancer en roulant ses anneaux gigantesques ; il fit signe à ses deux fils. Ils s'élancèrent au-devant de l'ennemi avec toute la réserve. Arnolfo pleurait de honte de ne pas suivre ses frères.

Le vieillard les vit tomber l'un après l'autre ; alors il remit la corde de la cloche aux mains d'Arnolfo, et sauta au bas de la plate-forme. Le pauvre père n'avait pas eu le courage de voir mourir son septième enfant.

Farinata passa sur le corps du père comme il avait passé sur le corps des fils. Le Carroccio fut pris, et comme Arnolfo continuait de sonner Martinella, malgré les injonctions contraires qu'il recevait, Della Presa monta sur la plate-forme, et lui brisa la tête d'un coup de masse d'armes.

Du moment où les Florentins n'entendirent plus la voix de Martinella, ils n'essayèrent même plus de se rallier. Chacun s'enfuit de son côté ; quelques-uns se réfugièrent dans le château de Monte Aperto, où ils furent pris le lendemain. Dix mille hommes restèrent, dit-on, sur la place du combat.

La perte de la bataille de Monte Aperto est restée pour Florence un de ces grands désastres dont le souvenir se perpétue à travers les âges. Après cinq siècles et demi, le Florentin montre encore avec tristesse aux voyageurs le lieu du combat, et cherche dans les eaux de l'Arbia cette teinte rougeâtre que leur avait donnée le sang de ses ancêtres. De leur côté les Siennois s'enorgueillissent encore aujourd'hui de leur victoire. Les antennes du Caroccio qui vit tomber tant d'hommes autour de lui dans cette fatale journée, sont précieusement conservées dans la Basilique, comme Gênes conserve à ses portes les chaînes du port de Pise, comme Pérouse garde, à la fenêtre du palais municipal, le lion de Florence ; pauvres villes, auxquelles il ne reste de leur antique liberté que les trophées qu'elles se sont enlevés les unes aux autres ! pauvres esclaves, à qui leurs maîtres, par dérision sans doute, ont cloué au front leurs couronnes de reine !

Le 27 septembre, l'armée gibeline se présenta devant Florence dont elle trouva toutes les femmes en deuil ; car, dit Villani, il n'en était pas une seule qui n'eût perdu un fils, un frère ou un mari. Les portes en étaient ouvertes, et nulle opposition ne fut faite. Dès le lendemain toutes les lois guelfes furent abolies, et le peuple, cessant d'avoir part au conseil, rentra sous la domination de la noblesse.

Alors une diète des cités gibelines de la Toscane fut convoquée à Empoli ; les ambassadeurs de Pise et de Sienne déclarèrent qu'ils ne voyaient d'autres moyens d'éteindre la guerre civile qu'en détruisant complètement Florence, véritable ville des Guelfes, et qui ne cesserait jamais de favoriser ce parti. Les comtes Guidi et Alberti, les Santafior et les Ubaldini, appuyèrent cette proposition. Chacun y applaudit, soit par ambition, soit par haine, soit par crainte. La motion allait passer, lorsque Farinata des Uberti se leva.

Ce fut un discours sublime que celui que prononça ce Florentin pour Florence, ce fils plaidant en faveur de sa mère, ce victorieux demandant grâce pour les vaincus, offrant de mourir pour que la patrie vécût, commençant comme Coriolan et finissant comme Camille.

La parole de Farinata l'emporta au conseil, comme son épée à la bataille. Florence fut sauvée : les Gibelins y établirent le siège de leur gouvernement, et le comte Guido Novello, capitaine des gendarmes de Manfred, fut nommé gouverneur de la ville.

Ce fut la cinquième année de cette réaction impériale que naquit, à Florence, un enfant qui reçut de ses parens le nom d'Alighieri, et du ciel celui de Dante.

Les choses durèrent ainsi depuis 1260 jusqu'en 1266.

Mais, un matin, on apprit à Florence que Manfred, ce grand protecteur du parti gibelin, avait été tué à la bataille de Grandella, et que celui-là qui avait fait trembler l'Italie n'avait plus d'autre tombeau que la pierre qu'en passant avait jetée sur son cadavre chaque soldat de l'armé française; encore sut-on bientôt que l'archevêque de Cosence, lui ayant envié cette sépulture improvisée par la piété de ses ennemis, avait fait enlever son corps et l'avait fait jeter sur les frontières du royaume, aux bords de la rivière Verde.

On comprend le changement que cette nouvelle apporta dans la contenance du parti guelfe. Le peuple manifesta sa joie par des cris et des illuminations; les exilés se rapprochèrent de la ville, n'attendant plus que le moment d'y rentrer, et Guido Novello et ses quinze cents gendarmes, c'est tout ce qui lui en était resté après la bataille de Monte Aperto, se trouva comme un naufragé sur une roche, et qui voit, à chaque instant, la marée qui monte.

Au lieu de faire bravement face au danger, et de maintenir Florence par la terreur, ce qui lui était possible encore avec ses quinze cents hommes, Guido crut qu'il apaiserait les esprits en faisant aux partis de ces concessions qui leur donnent la mesure de leur force. Il fit venir de Bologne, pour être ensemble podestats de Florence, car les podestats, on le sait, devaient toujours être étrangers, deux chevaliers d'un ordre nouveau qui venait de s'élever, et qui, dispensé des vœux de chasteté et de pauvreté, faisait seulement serment de défendre les veuves et les orphelins. De ces deux chevaliers, l'un était Gibelin, l'autre était Guelfe. On leur composa un conseil de trente-six prud'hommes, divisés politiquement de la même façon; on autorisa les citoyens à se réunir en corporations, on forma douze corps d'arts et métiers (1); on accorda aux sept arts majeurs des enseignes, sous lesquelles devaient se ranger les autres en cas d'alarme, et l'on espéra que du contact naîtrait une fusion.

Il en résulta tout le contraire. Du contact naquit une émeute, à la suite de laquelle Guido et ses quinze cents hommes d'armes furent forcés de quitter Florence et de se retirer à Prato.

Cette retraite fut le signal de la réaction guelfe. Les Gibelins, se sentant incapables de lutter, quittèrent la partie et abandonnèrent la ville, et le gouvernement, d'aristocratique qu'il était, redevint, du jour au lendemain, populaire.

Où était Farinata des Uberti dans cette grande circonstance? son nom n'est point prononcé dans cette nouvelle catastrophe. Le géant disparaît comme un fantôme, et on ne le retrouve que quelques ans après, dans l'enfer de Dante, où plongé jusqu'à la ceinture dans un tombeau rougi par les flammes, il se plaint, non pas de la douleur qu'il éprouve, mais de l'acharnement avec lequel les Florentins poursuivent son nom et sa famille (2).

En effet, les Florentins, qui n'avaient point oublié la défaite de Monte Aperto, avaient porté une loi qui ordonnait que le palais de Farinata des Uberti serait rasé, que la charrue passerait sur ses fondemens, et que jamais aucun édifice public ni particulier ne s'élèverait sur le terrain où avait été conçu, dans un jour de colère céleste, le moderne Coriolan.

La même loi portait que les Uberti seraient à jamais exceptés de toutes les amnisties que l'on pourrait accorder dans l'avenir aux Gibelins.

Nous nous sommes étendus sur Florence plus que sur

(1) De là la dénomination d'arts majeurs et d'arts inférieurs qu'on retrouve si souvent dans l'histoire de Florence. Les arts majeurs étaient :

1º Les jurisconsultes; 2º les marchands de drap étranger; 3º les banquiers; 4º les fabricans de laine; 5º les médecins; 6º les fabricans de soie et merciers; 7º les pelletiers.

Les arts mineurs étaient :

1º Les détailleurs; 2º les bouchers; 3º les cordonniers; 4º les maçons et les charpentiers; 5º les ferriers et les serruriers.

(2) Dis-moi cependant, dis-moi, et puisses-tu retourner dans le monde de la lumière, dis-moi pourquoi ce peuple est si cruel envers les miens, qu'il les poursuit encore dans chacune de ses lois.

— Et moi je lui répondis : ce grand carnage qui teignit les eaux de l'Arbia en rouge, leur conseille ces tristes résolutions. — Et lui, en secouant la tête : Je n'étais pas seul à la bataille, dit-il, et ce serait justice, ce me semble, de me traiter comme les autres. Mais j'étais seul à l'assemblée où l'on décida que Florence serait détruite, et seul je la défendis à visage découvert.

aucune autre ville, parce que c'est Florence que nous allons visiter d'abord, et nous nous sommes arrêtés à cette année 1266, parce que c'est de cette époque à peu près que datent les plus vieux monumens que nous ferons visiter à nos lecteurs. Quant au reste de son histoire, nous la trouverons écrite sur ses palais, sur ses statues et sur ses tombeaux, et nous la heurterons à chaque pas que nous ferons par ses rues et ses places publiques.

ROUTE DE LIVOURNE A FLORENCE.

Nous avions pris un voiturin pour nous conduire de Livourne à Florence : c'est à peu près le seul mode de communication qui existe entre les deux villes. Il y a bien une voiture publique qui dit qu'elle marche; mais, moins heureuse que le philosophe grec, elle ne peut pas en donner la preuve.

Cette inaction de la diligence tient à un reste de cet esprit populaire si répandu en Toscane, que les différens gouvernemens qui s'y sont succédé n'ont jamais pu effacer cette vieille teinte guelfe répandue partout. Encore aujourd'hui, non-seulement les individus, mais encore les palais et les murailles ont une opinion, les créneaux pleins sont guelfes, les créneaux évidés sont gibelins.

Or, les voiturins étant l'expression du commerce populaire, et les diligences le résultat de l'industrie aristocratique, les voiturins l'ont emporté tout naturellement sur les diligences auxquelles le gouvernement, toujours guidé par cet esprit démocratique qui veut le bien-être du plus grand nombre, impose des conditions telles qu'au bout d'un certain temps l'entreprise s'aperçoit qu'elle ne peut plus tenir.

D'ailleurs les diligences partent à heure fixe et attendent les voyageurs; les voiturins partent à toute heure et courent après les pratiques. Ce sont nos cochers de Sceaux et de Saint-Denis. A peine a-t-on mis le pied hors de la barque qui vous conduit du bateau à vapeur au port, que l'on est assailli, enveloppé, tiré, assourdi par vingt cochers qui vous regardent comme leur marchandise, vous traitent en conséquence, et finiraient par vous emporter sur leurs épaules si on les laissait faire; des familles ont été séparées ainsi sur le port de Livourne, et n'ont pu se réunir qu'à Florence.

On a beau monter dans un fiacre, ils sautent devant, dessus, derrière, et à la porte de l'hôtel on se retrouve, comme sur le port, au milieu de huit ou dix drôles qui n'en crient que plus fort pour avoir attendu.

Il est bon de dire alors qu'on vient à Livourne pour affaire de commerce, que l'on compte y passer huit jours. Il faut en conséquence demander au gardien de l'hôtel, devant les honorables industriels dont vous voulez vous débarrasser, s'il y a un appartement libre pour une semaine; alors quelquefois ils vous croient, abandonnent la proie qu'ils comptent rattraper plus tard, et retournent à toutes jambes au port pour happer d'autres voyageurs, et vous êtes libre.

Cela n'empêche point qu'en sortant une heure après, on trouve une ou deux sentinelles à la porte. Ceux-là sont les familiers de l'hôtel; ils ont été prévenus par le garçon, auquel ils ont fait une remise à cet effet, que ce n'est point dans huit jours que vous partez, mais le jour même ou le lendemain.

Il faut se hâter de rentrer avec ceux-là. Si on avait l'imprudence de sortir, cinquante de leurs confrères accourraient à leurs cris, et la scène du port recommencerait.

Ils demanderont dix piastres par voiture; soixante francs pour faire seize lieues! Il faut leur en offrir cinq, et encore à la condition qu'on changera trois fois de chevaux et qu'on ne changera pas de voiture. Ils jetteront les hauts cris ; on les mettra à la porte. Au bout de dix minutes, il en rentrera un par la fenêtre, et on fera prix avec lui pour trente francs.

Ce prix fait, vous êtes sacré pour tout le monde ; en cinq minutes, le bruit se répand que vous êtes *accordé*. Vous pouvez dès lors aller partout où bon vous semblera, chacun vous salue et vous souhaite un bon voyage ; vous vous croiriez au milieu du peuple le plus désintéressé de la terre.

A l'heure dite, le *legno* est à la porte. En Italie, le mot *legno* s'applique à tout ce qui transporte ; c'est aussi bien une barque qu'un carrosse à six chevaux, un cabriolet qu'un bateau à vapeur : *legno* est le mâle de *robba*, *legno* et *robba* sont le fond de la langue. Le *legno* est une infâme brouette ; il ne faut point y faire attention : il n'y en a pas d'autres dans les écuries du *padrone*. D'ailleurs on n'y sera pas plus mal que dans une diligence. La seule question dont il reste à s'occuper, est celle de la *buona mano*, c'est-à-dire du pourboire.

C'est là une grande affaire, et elle demande à être conduite sagement. Du *pourboire* dépend le temps qu'on restera en voyage ; ce temps varie au gré du cocher, de six à douze heures. Un prince russe de nos amis, qui avait oublié de se faire donner des renseignemens à ce sujet, est même resté vingt-quatre heures en route, et a passé une fort mauvaise nuit.

Voici l'histoire ; nous reviendrons ensuite à la *buona mano*.

Le prince C... était arrivé avec sa mère et un domestique allemand à Livourne. Comme tout voyageur qui arrive à Livourne, il avait cherché aussitôt les moyens de partir le plus vite possible. Or, ainsi que nous l'avons dit, les moyens viennent au devant de vous, il ne s'agit que de savoir en faire usage.

Les *vetturini* avaient su des *facchini* qui avaient porté les malles qu'ils avaient affaire à un prince. En conséquence, ils lui avaient demandé douze piastres au lieu de dix ; et de son côté, au lieu de leur en offrir cinq, le prince leur avait répondu : — C'est bon, je vous donnerai douze piastres ; mais je ne veux pas être ennuyé à chaque relai par les cochers, et vous vous chargerez de la *buona mano*. — *Va bene*, avait répondu le vetturino. En conséquence, le prince C... avait donné ses douze piastres, et le legno était parti au galop, l'emportant, lui et toute sa robba. Il était neuf heures du matin ; selon son calcul, le prince devait être à Florence vers trois ou quatre heures de l'après-midi.

A un quart de lieue de Livourne, les chevaux s'étaient ralenti tout naturellement et avaient pris le pas. Quant au cocher, il s'était mis à chanter sur son siége, ne s'interrompant que pour causer avec ses connaissances ; mais bientôt, comme on cause mal en marchant, il s'arrêta toutes les fois qu'il trouva l'occasion de causer.

Le prince supporta ce manége pendant une demi-heure ou trois quarts d'heure ; mais, au bout de ce temps, calculant qu'il avait fait à peu près un mille, il mit la tête à la portière, en criant dans le plus pur toscan : *Avanti! avanti! tirate via*.

— Combien donnerez-vous de bonne main ? demanda le cocher dans le même idiome.

— Que venez-vous me parler de bonne main ? dit le prince. J'ai donné douze piastres à votre maître, à condition qu'il se chargerait de tout.

— La bonne main ne regarde pas les maîtres, répondit le cocher. Combien donnerez-vous de bonne main ?

— Pas un sou, j'ai payé.

— Alors, s'il plaît à Votre Excellence, nous irons au pas.

— Comment, nous irons au pas ; mais votre maître s'est engagé à me conduire en six heures à Florence.

— Où est le papier ? demanda le cocher.

— Le papier ? Est-ce qu'il y avait besoin de faire un papier pour cela ?

— Vous voyez bien que, si vous n'avez pas de papier, vous ne pouvez pas me forcer.

— Ah ! je ne puis pas le forcer, dit le prince.

— Non, Votre Excellence.

— Eh bien ! c'est ce que nous allons voir.

— C'est ce que nous allons voir, répéta tranquillement le cocher ; et il remit son attelage au pas.

— Frantz, dit en saxon le prince à son domestique, descendez et donnez une volée à ce drôle.

Frantz descendit de la voiture sans faire la moindre observation, enleva le cocher de son siége, le rossa avec une gravité toute allemande, le remit sur son siége ; puis, lui montrant le chemin : *Vor waests*, lui dit-il, et il se rassit près de lui.

Le cocher se remit en route ; seulement il marcha un peu plus doucement qu'auparavant.

On se lasse de tout, même de battre un cocher. Le prince, convaincu que d'une façon ou de l'autre il finirait toujours par arriver, invita sa mère à s'endormir, et s'enfonçant dans son coin, il lui donna l'exemple.

Le cocher mit six heures pour aller de Livourne à Pontedera ; c'était quatre heures de plus qu'il ne fallait ; puis, arrivé à Pontedera, il invita le prince à descendre, en lui annonçant qu'il fallait changer de voiture.

— Mais, dit le prince, j'ai donné douze piastres à votre maître, à la condition expresse qu'on ne changerait pas de voiture.

— Où est le papier ? demanda le cocher.

— Mais vous savez bien, drôle, que je n'en ai pas.

— Eh bien ! si vous n'avez pas de papier, on changera de voiture.

Le prince avait grande envie de rosser cette fois le cocher lui-même ; mais il vit aux mines de ceux qui entouraient la voiture que ce ne serait pas prudent. En conséquence, il descendit du legno ; on jeta sa robba sur le pavé, et au bout d'une heure d'attente à peu près, on lui amena une mauvaise charrette disloquée, et deux chevaux qui n'avaient que le souffle.

En toute autre circonstance, le prince, qui est généreux à la fois comme un grand seigneur russe et comme un artiste français, aurait donné un louis de guides ; mais il était tellement dans son droit que céder lui eût paru un mauvais exemple, et qu'il résolut de s'entêter. Il monta donc dans sa charrette, et comme le nouveau cocher était prévenu qu'il n'y avait pas de bonne main, il repartit au pas, au milieu des rires et presque des huées de tous les assistans.

Cette fois, les chevaux étaient si misérables que c'eût été conscience d'exiger qu'ils allassent autrement qu'au pas. Le prince mit donc six autres heures à aller de Pontedera à Empoli.

En entrant à Empoli, le cocher arrêta sa voiture et s'en vint à la portière.

— Son Excellence couche ici ? dit-il au prince.

— Comment, je couche ici, est-ce que nous sommes à Florence?

— Non, Excellence ; nous sommes à Empoli, une charmante petite ville.

— J'ai payé douze piastres à ton maître pour aller coucher à Florence et non à Empoli. J'irai coucher à Florence.

— Où est le papier, Excellence ?

— Va-t'en au diable avec ton papier.

— Votre Excellence n'a pas de papier ?

— Non.

— Bien, dit le cocher en remontant sur son siége.

— Que dis-tu ? cria le prince.

— Je dis très bien, répondit le cocher en fouettant ses haridelles.

Et pour la première fois depuis Livourne, le prince se sentit emporté au petit trot.

L'allure lui parut de bon présage : il mit la tête à la portière. Les rues étaient pleines de monde et les fenêtres illuminées ; c'était la fête de la madone d'Empoli, qui passe pour fort miraculeuse. En passant sur la grande place, il vit qu'on dansait.

Le prince était occupé à regarder ce monde, ces illuminations et ces danses, quand tout à coup il s'aperçut qu'il entrait sous une espèce de voûte ; aussitôt la voiture s'arrêta.

— Où sommes-nous ? demanda le prince.

— Sous la remise de l'auberge, Excellence.
— Pourquoi sous la remise?
— Parce que ce sera plus commode pour changer de chevaux.
— Allons! allons! dépêchons, dit le prince.
— *Subito*, répondit le cocher.

Le prince savait déjà qu'il y a certains mots dont il faut se défier en Italie, attendu qu'ils veulent toujours dire le contraire de ce qu'ils promettent. Cependant, voyant qu'on détachait les chevaux, il referma la glace de la voiture et attendit.

Au bout d'une demi-heure d'attente, il baissa la glace, et, se penchant hors de la voiture :
— Eh bien? dit-il. Personne ne lui répondit.
— Frantz! cria le prince, Frantz!
— Monseigneur, répondit Frantz en se réveillant en sursaut.
— Mais où diable sommes-nous donc?
— Je n'en sais rien, monseigneur.
— Comment, tu n'en sais rien?
— Non; je me suis endormi, et je me réveille.
— Oh! mon Dieu! s'écria la princesse, nous sommes dans quelque caverne de voleurs.
— Non, dit Frantz, nous sommes sous une remise.
— Eh bien! ouvre la porte et appelle quelqu'un, dit le prince.
— La porte est fermée, répondit Frantz.
— Comment, fermée? s'écria à son tour le prince en sautant en bas de la voiture.
— Voyez plutôt, monseigneur.

Le prince secoua la porte de toutes ses forces, elle était parfaitement fermée. Le prince appela à tue-tête; personne ne répondit. Le prince chercha un pavé pour enfoncer la porte, il n'y avait pas de pavé.

Or, comme le prince était avant tout un homme d'un sens exquis, après s'être assuré qu'on ne pouvait pas ou qu'on ne voulait pas l'entendre, il résolut de tirer le meilleur parti possible de sa position, remonta dans la voiture, ferma les glaces, s'assura à tout hasard que ses pistolets étaient à sa portée, souhaita le bonsoir à sa mère, étendit ses jambes sur la banquette de devant et s'endormit. Frantz en fit autant sur son siége; il n'y eut que la princesse qui resta les yeux tout grands ouverts, ne doutant pas qu'elle ne fût tombée dans quelque guet-à-pens.

La nuit se passa sans alarmes. A sept heures du matin, on ouvrit la porte de la remise, et un voiturin parut à la porte avec deux chevaux :
— Eh! n'y a-t-il pas ici des voyageurs pour Florence? demanda le voiturin avec un ton de bonhomie parfaite, et comme s'il faisait là une question toute naturelle.

Le prince ouvrit la portière et sauta hors de la voiture dans l'intention d'étrangler celui qui lui faisait cette question; mais, voyant que ce n'était point son conducteur de la veille, il pensa qu'il pourrait bien châtier, sinon le bon pour le mauvais, du moins l'innocent pour le coupable; il se contint donc.
— Où est le cocher qui nous a amenés ici? demanda-t-il tout pâle de colère, mais avec le plus grand sang-froid apparent, et répondant à une question par une autre question.
— Peppino, que Votre Excellence veut dire?
— Le cocher de Pontedera.
— Eh bien! c'est Peppino.
— Alors où est Peppino?
— Il est en route pour retourner chez lui.
— Comment? en route pour retourner chez lui?
— Oui, oui. Comme c'était fête à Empoli, nous avons bu et dansé ensemble toute la nuit, et ce matin, il y a une heure, il m'a dit : Gaëtano, tu vas prendre les chevaux, et tu iras chercher deux voyageurs et un domestique qui sont sous la remise de la Croix-d'Or; tout est payé excepté la bonne main. Alors je lui ai demandé, moi, comment il se faisait qu'il y avait des voyageurs sous une remise, au lieu d'être dans une chambre. Ah bien! ce sont des Anglais qu'il m'a dit, ils ont eu peur qu'on ne leur donne pas de draps blancs,

et ils ont mieux aimé coucher dans leur voiture. Comme je sais que les Anglais sont tous des originaux, j'ai dit : C'est bon. Alors j'ai vidé encore un *fiasco*, j'ai été chercher mes chevaux, et me voilà. Est-il de trop bonne heure? Je reviendrai.
— Non, sacredieu! dit le prince, attelez et ne perdons pas une minute; il y a une piastre de bonne main si nous sommes dans trois heures à Florence.
— Dans trois heures, mon prince, dit le voiturin; oh! il ne faut pas tant que cela. Du moment qu'il y a une piastre de bonne main, j'espère bien que dans deux heures nous y serons.
— Dieu vous entende, mon brave homme! dit la princesse.

Le cocher tint parole : le prince sortit à sept heures sonnant d'Empoli, à neuf heures il descendait place de la Trinité.

Il avait mis juste vingt-quatre heures pour aller de Livourne à Florence.

Le premier soin du prince, après avoir déjeuné, car ni lui ni la princesse n'avaient mangé depuis la veille au matin, fut d'aller déposer sa plainte.
— Avez-vous un papier? demanda le chef du *buon governo*.
— Non, dit le prince.
— Eh bien! je vous conseille de laisser la chose tomber à l'eau; seulement, la prochaine fois, ne donnez que cinq piastres au maître, et donnez une piastre et demie aux conducteurs; vous aurez cinq piastres et demie d'économie, et vous arriverez dix-huit heures plus tôt.

Depuis ce temps, le prince n'a pas manqué, chaque fois que l'occasion s'en est présentée, de suivre le conseil du président du *buon governo*, et il s'en est toujours bien trouvé.

La morale de ceci est, qu'en sortant de Livourne, il faut tirer sa montre, la mettre devant les yeux du cocher, et lui dire :
— Il y a cinq paoli de bonne main si nous sommes dans deux heures à Pontedera.

On y sera en deux heures.

On usera du même procédé en sortant de Pontedera et d'Empoli; et, en six heures et demie au plus tard, on sera à Florence; on mettrait deux heures de plus en prenant la poste.

A moitié chemin de Livourne à Florence, s'élève comme une borne gigantesque la tour de San-Miniato-al-Tedesco.

San-Miniato-al-Tedesco est le berceau de la famille Bonaparte. C'est de cette aire qu'est partie cette volée d'aigles qui s'est abattue sur le monde; et, chose étrange! c'est à Florence, c'est-à-dire au pied de San-Miniato, que les Napoléon, grâce à l'hospitalité fraternelle du grand duc Léopold II, reviennent tous mourir.

Le dernier membre de la famille Bonaparte qui habita San-Miniato fut un vieux chanoine qui y mourut, je crois, en 1828; c'était un cousin de Napoléon. Napoléon fit tout ce qu'il put pour le décider à quitter son canonicat et accepter un évêché, mais il refusa constamment. En échange, il tourmenta toute sa vie l'empereur pour le décider à canoniser un de ses ancêtres; mais Bonaparte répondit à chaque fois que cette demande se renouvela, qu'il y avait déjà un saint Bonaparte, et que c'était assez d'un saint dans une famille.

Il ne se doutait pas à cette époque, et en faisant cette réponse, qu'il y aurait un jour un saint et un martyr du même nom.

Nous arrivâmes dans la capitale de la Toscane vers les dix heures du soir. Nous descendîmes dans le bel hôtel crénelé de madame Hombert; et, comme nous comptions nous arrêter quelque temps à Florence, le lendemain nous nous mîmes en quête d'un logement en ville.

Le même jour nous en trouvâmes un dans une maison particulière, située *Porta alla Croce*.

Moyennant deux cents francs par mois, nous eûmes un palais, un jardin, avec des madones de Luca della Robbia, des grottes en coquillages, des berceaux de lauriers roses, une allée de citronniers, et un jardinier qui s'appelait Démétrius.

Sans compter que de notre balcon nous découvrions, sous son côté le plus pittoresque, cette charmante petite basilique de San-Miniato-al Monte, les amours de Michel-Ange.

Comme on le voit, ce n'était pas cher.

FLORENCE.

Pendant l'été Florence est vide. Encaissée entre ses hautes montagnes, bâtie sur un fleuve qui pendant neuf mois ne roule que de la poussière, exposée sans que rien l'en garantisse à un soleil ardent que reflètent les dalles grisâtres de ses rues et les murailles blanchies de ses palais, Florence, moins *l'aria cattiva*, devient comme Rome une vaste étuve du mois d'avril au mois d'octobre; aussi y a-t-il deux prix pour tout : prix d'été et prix d'hiver. Il va sans dire que le prix d'hiver est le double du prix d'été; cela tient à ce qu'à la fin de l'automne une nuée d'Anglais de tout rang, de tout sexe, de tout âge, et surtout de toutes couleurs, s'abat sur la capitale de la Toscane.

Nous étions arrivés dans le commencement du mois de juin, et l'on préparait tout pour les fêtes de la Saint-Jean.

A part cette circonstance, où il est tout simple que la ville tienne à faire honneur à son patron, les fêtes sont la grande affaire de Florence. C'est toujours fête, demi-fête ou quart de fête; dans le mois de juin, par exemple, grâce à l'heureux accouchement de la grande-duchesse, qui eut lieu le 10 ou le 12, et qui par conséquent se trouva placé entre les fêtes de la Pentecôte et de la Saint-Jean, il n'y eut que cinq jours ouvrables. Nous étions donc arrivés au bon moment pour voir les habitants, mais au mauvais pour visiter les édifices, attendu que, les jours de fête, tout se ferme à midi.

Le premier besoin de Florence, c'est le repos. Le plaisir même, je crois, ne vient qu'après, et il faut que le Florentin se fasse une certaine violence pour s'amuser. Il semble que, lassée de ses longues convulsions politiques, la ville des Médicis n'aspire plus qu'au sommeil fabuleux de la Belle au bois dormant. Il n'y a que les sonneurs de cloches qui n'ont de repos ni jour ni nuit. Je ne comprends point comment les pauvres diables ne meurent pas à la peine; c'est un véritable métier de pendu.

Il y a à Florence non-seulement un homme politique très-fort, mais encore un homme du monde de beaucoup d'esprit, et que Napoléon appelait un géant dans un entresol: c'est M. le comte de Fossombroni, ministre des affaires étrangères et secrétaire d'État. Chaque fois qu'on le presse d'adopter quelque innovation industrielle, ou de faire quelque changement politique, il se contente de sourire et répond tranquillement: *Il mondo va da se*; c'est-à-dire : Le monde va de lui-même.

Et il a bien raison pour son monde à lui, car son monde à lui, c'est la Toscane, la Toscane où le seul homme de progrès est le grand-duc. Aussi l'opposition que fait le peuple est-elle une opposition étrange par le temps qui court. Il trouve son souverain trop libéral pour lui, et il réagit toujours contre les innovations que dans sa philanthropie héréditaire il songe sans cesse à établir.

A Florence, en effet, toutes les améliorations sociales viennent du trône. Le desséchement des maremmes, l'opération du cadastre, le nouveau système hypothécaire, les congrès scientifiques, et la réforme judiciaire, sont des idées qui émanent de lui, et que l'apathie populaire, et la routine démocratique, lui ont donné grand peine à exécuter. Dernièrement encore, il avait voulu régler les études universitaires sur le mode français, qu'il avait reconnu comme fort supérieur au mode usité en Toscane.

Les écoliers refusèrent de suivre les cours des nouveaux maîtres, et ils tirèrent si bien à eux, que l'enseignement retomba dans son ornière.

Florence est l'Eldorado de la liberté individuelle. Dans tous les pays du monde, même dans la république des États-Unis, même dans la république helvétique, même dans la république de Saint-Marin, les horloges sont soumises à une espèce de tyrannie qui les force de battre à peu près en même temps. A Florence, il n'en est pas ainsi; elles sonnent la même heure pendant vingt minutes. Un étranger s'en plaignit à un Florentin : Eh! lui répondit l'impassible Toscan, que diable avez-vous besoin de savoir l'heure qu'il est?

Il résulte de cette apathie, ou plutôt de cette facilité de vivre, toute particulière à Florence, qu'excepté la fabrication des chapeaux de paille, que les jeunes filles tissent tout en marchant par les rues ou tout en voyageant par les grandes routes, l'industrie et le commerce sont à peu près nuls. Et ici ce n'est point encore la faute du grand-duc; tout essai est encouragé par lui, soit de son argent, soit de sa faveur. A défaut de Toscans aventureux, il appelle des étrangers, et les récompense de leurs efforts industriels sans exception aucune de nationalité. M. Larderel a été nommé comte de Monte-Cerboli pour avoir établi une exploitation de produits boraciques; M. Demidoff a été fait prince de San-Donato pour avoir fondé une manufacture de soieries. Et que l'on ne s'y trompe point, cela ne s'appelle pas vendre un titre, cela s'appelle le donner, et le donner noblement, pour le bien d'un pays tout entier.

On comprend qu'avec cette absence de fabriques indigènes, on ne trouve à peu près rien de ce dont on a besoin chez les marchands toscans; les quelques magasins un peu confortablement organisés de Florence sont des magasins français qui tirent tout de Paris; encore les élégans Florentins s'habillent-ils chez Blin, Humann ou Vaudeau, et les lionnes Florentines se coiffent-elles chez mademoiselle Baudran.

Aussi à Florence faut-il tout aller chercher, rien ne vient au devant de vous; chacun reste chez soi, toute chose demeure à sa place. Un étranger qui ne resterait qu'un mois dans la capitale de la Toscane en emporterait une très-fausse idée. Au premier abord, il semble impossible de se rien procurer des choses les plus indispensables, ou celles qu'on se procure sont mauvaises; ce n'est qu'à la longue qu'on apprend, non pas des habitants du pays, mais d'autres étrangers qui sont depuis plus longtemps que vous dans la ville, où toute chose se trouve. Au bout de six mois, on fait encore chaque jour de ces sortes de découvertes; si bien que l'on quitte ordinairement la Toscane au moment où l'on allait s'y trouver à peu près bien. Il en résulte que chaque fois qu'on y revient on s'y trouve mieux, et qu'au bout de trois ou quatre voyages, on finit par aimer Florence comme une seconde patrie et souvent que y demeurer tout à fait.

La première chose qui frappe, quand on visite cette ancienne reine du commerce, est l'absence de cet esprit commercial qui a fait d'elle une des républiques les plus riches et les plus puissantes de la terre. On cherche, sans le pouvoir trouver, cette classe intermédiaire et industrielle qui peuple les rez-de-chaussées et les trottoirs des rues de Paris et de Londres. A Florence, il n'y a que trois classes visibles : l'aristocratie, les étrangers et le peuple. Or, au premier coup d'œil, il est presque impossible de deviner comment et de quoi vit ce peuple. En effet, à part deux ou trois maisons princières, l'aristocratie dépense peu et le peuple ne travaille pas : c'est qu'à Florence l'hiver défraie l'été. A l'automne, vers l'époque où apparaissent les oiseaux de passage, des volées d'étrangers, Anglais, Russes et Français s'abattent sur Florence. Florence connaît cette époque; elle ouvre les portes de ses hôtels et de ses maisons garnies, y fait entrer pêle-mêle, Français, Russes et Anglais, et jusqu'au printemps elle les plume.

Ce que je dis est à la lettre, et le calcul est facile à faire. Du mois de novembre au mois de mars, Florence compte un surcroît de population de dix mille personnes; or, que chacune de ces dix mille personnes dépense, toutes les 24 heures, trois piastres seulement, je cote au plus bas, trente mille piastres s'écoulent quotidiennement par la ville. Cela fait quelque chose comme cent quatre-vingt mille francs par jour; soixante mille personnes vivent là dessus.

Aussi, c'est encore en ceci qu'éclate l'extrême sollicitude du grand-duc pour son peuple. Il a compris que l'étranger était une source de fortune pour Florence, et tout étranger est le bien venu à Florence: l'Anglais avec sa morgue, le Français avec son indiscrétion, le Russe avec sa réserve. Le premier janvier arrivé, le palais Pitti, ouvert tous les jours aux étrangers, à la curiosité desquels il offre sa magnifique galerie, s'ouvre encore une fois par semaine, le soir, pour leur donner des bals splendides. Là, tout homme que son ambassadeur juge digne de l'hospitalité souveraine est présenté, et noble ou commerçant, industriel ou artiste, est reçu avec ce bienveillant sourire qui forme le caractère particulier de la physionomie pensive du grand-duc. Une fois présenté, l'étranger est invité pour toujours, et dès lors il vient seul à ces soirées princières, et cela avec plus de liberté qu'il n'irait à un bal de la Chaussée-d'Antin; car, comme il est d'étiquette de point adresser la parole au grand-duc qu'il ne prenne l'initiative, et que, malgré son attentive affabilité, le grand-duc ne peut causer avec tout le monde, l'invité vient, boit, mange, et s'en va, sans être forcé de parler à personne; c'est-à-dire, moins la carte, comme il ferait dans une magnifique hôtellerie.

Florence a donc deux aspects: son aspect d'été, son aspect d'hiver. Il faut en conséquence être resté un an à Florence, ou y être passé à deux époques opposées, pour connaître la ville des fleurs sous sa double face.

L'été, Florence est triste et à peu près solitaire: de huit heures du matin à quatre heures du soir, le vingtième de sa population à peine circule sous un soleil de plomb, dans ses rues aux portes et aux fenêtres fermées; on dirait une ville morte, et visitée par des curieux seulement, comme Herculanum et Pompeïa. A quatre heures, le soleil tourne un peu, l'ombre descend sur les dalles ardentes et le long des murailles rougies, quelques fenêtres s'entre-bâillent timidement pour recueillir quelques souffles de brise. Les grandes portes s'ouvrent, les calèches découvertes en sortent toutes peuplées de femmes et d'enfans, et s'acheminent vers les *Cachines*. Les hommes, en général, s'y rendent à part, en tilbury, à cheval ou à pied.

Les *Cachines* (j'écris le mot comme il se prononce), c'est le bois de Boulogne de Florence, moins la poussière, et plus la fraîcheur. On s'y rend par la porte du Prato, en suivant une grande allée d'une demi-lieue à peu près, toute plantée de beaux arbres. Au bout de cette allée, se trouve un casino appartenant au grand-duc. Devant ce casino, une place qu'on appelle le Piazzonne; quatre allées aboutissent à cette place, et offrent aux voitures des dégagemens parfaitement ménagés.

Les Cachines forment deux promenades: la promenade d'été, la promenade d'hiver. L'été, on se promène à l'ombre; l'hiver au soleil; l'été au Pré, l'hiver à Longo-l'Arno.

L'une et l'autre de ces promenades sont essentiellement aristocratiques; le peuple n'y paraît même pas. Une des choses particulières encore aux Toscans, est cette distinction des rangs que les classes inférieures maintiennent avec soin, loin de chercher, comme en France, à les effacer éternellement.

La promenade d'été est un grand pré, d'un tiers de lieue de long à peu près et de cent pas de large, tout bordé, sur un côté, d'un rideau de grands arbres qui intercepte entièrement les rayons du soleil. Ces arbres, qui se composent de chênes verts, de pins, de hêtres garnis d'énormes lierres, sont des plus beaux que j'aie jamais vus, même dans les forêts de France et d'Allemagne; c'est la remise d'une multitude de lièvres et de faisans qui se promènent pêle-mêle avec les promeneurs; parmi ceux-ci on reconnaît les chasseurs: ils mettent le gibier en joue avec leurs cannes.

Au milieu de tout ce monde, et coudoyé par ceux qui ne le connaissent pas, vêtu avec une simplicité extrême, se promène le grand-duc accompagné de sa femme, de ses deux filles, de sa sœur, et de la grande-duchesse douairière. Deux ou trois autres beaux enfans qui composent le reste de sa famille bondissent joyeusement à part sous la surveillance de leurs gouvernantes.

Le grand-duc est un homme de quarante à quarante-deux ans, aux cheveux déjà blanchis par le travail; car le grand-duc, Toscan par le cœur, mais Allemand par l'esprit, travaille huit à dix heures par jour. Il porte habituellement, un peu inclinée, sur sa poitrine, sa tête que de dix pas en dix pas il relève pour saluer ceux qui passent. A chaque salut, sa figure calme et pensive s'éclaire d'un sourire plein d'intelligente bienveillance: ce sourire lui est particulier, et je ne l'ai vu qu'à lui.

La grande-duchesse lui donne ordinairement le bras: sa mise est simple, mais toujours parfaitement élégante. C'est une princesse de Naples, gracieuse comme sont en général les princesses de la maison de Bourbon, et qui serait belle partout, car sa beauté n'a point de type particulier; c'est quelque chose à la fois de bon et de distingué: ses épaules et ses bras surtout pourraient servir de modèle à un statuaire.

Les deux jeunes princesses viennent derrière, causant presque toujours avec la grande-duchesse douairière qui a fait leur éducation, ou avec leur tante. Elles sont filles d'un premier mariage, ce qui se voit facilement, la grande-duchesse ayant l'air de leur sœur aînée. Elles sont belles toutes deux de cette beauté allemande dont le caractère principal est la douceur. Seulement, la taille frêle de l'aînée donne quelques craintes, dit-on, à la sollicitude paternelle. Mais Florence est une bonne et douce mère, Florence la bercera si bien à son beau soleil qu'elle la guérira.

Il y a quelque chose de touchant et de patriarcal à voir une famille souveraine mêlée ainsi à son peuple, s'arrêtant de vingt pas en vingt pas, pour causer avec les pères et pour embrasser les enfans. Cette vue me reportait en souvenir à notre pauvre famille royale, enfermée dans son château des Tuileries comme dans une prison, et tremblante, chaque fois que le roi sort, à l'idée que ses six chevaux, si rapide que soit leur galop, pourraient ne ramener qu'un cadavre.

Pendant qu'on se promène, les voitures attendent dans les allées adjacentes. Vers les six heures, chacun remonte dans la sienne, et les cochers reprennent d'eux-mêmes, et sans qu'on le leur dise, le chemin du Piazzonne; là ils s'arrêtent sans qu'on ait besoin de leur faire signe.

C'est que le Piazzonne de Florence offre ce que n'offre peut-être aucune autre ville: une espèce de cercle en plein air, où chacun reçoit et rend ses visites; il va sans dire que les visiteurs sont les hommes. Les femmes restent dans les voitures, les hommes vont de l'une à l'autre, causent à la portière, ceux-ci à pied, ceux-là à cheval, quelques-uns plus familiers montés sur le marchepied.

C'est là que la vie se règle, que les coups d'œil s'échangent, que les rendez-vous se donnent.

Au milieu de toutes ces voitures passent des fleuristes vous jetant des bouquets de roses et de violettes, dont elles iront le lendemain matin, au café, demander le prix aux hommes en leur présentant son œillet. Au reste, le lendemain venu, paie qui veut, les fleurs ne sont pas cher à Florence. Florence est le pays des fleurs; demandez plutôt à Benvenuto Cellini.

On reste là jusqu'à huit heures. A huit heures, un léger brouillard s'élève au fond du pré. Ce brouillard, c'est la source de tout mal; il renferme la goutte, les rhumatismes, la cécité; sans ce brouillard, les Florentins seraient immortels. C'est ainsi qu'ils ont été punis, eux, du péché de notre premier père: aussi, à la vue de ce brouillard, chaque groupe se disperse, chaque colloque s'interrompt, chaque voiture détale, il ne reste que les trois ou quatre calèches d'étrangers, qui, n'étant pas du pays, ne connaissent pas ce formidable brouillard, ou qui le connaissant n'en ont pas peur.

A neuf heures, les retardataires quittent le *Piazzonne* et reviennent à leur tour vers la ville. A la porte del Prato, ils trouvent un second cercle: le brouillard ne vient pas jusque là. De la porte del Prato on le brave, on le nargue; la chaleur que le soleil a communiquée aux pierres des remparts, et qu'elle conserve une partie de la nuit, le repousse. On reste là jusqu'à dix heures et demie ; seulement à dix heures les gens économes quittent la partie : à dix heures, la herse se baisse, et il faut donner dix sous pour la faire lever.

A onze heures, presque toujours les Florentins sont rentrés chez eux, à moins qu'il n'y ait fête chez la comtesse Nencini. Les étrangers seuls restent à courir la ville au clair de lune, jusqu'à deux heures du matin.

Mais s'il y a fête chez la comtesse Nencini, tout le monde s'y porte.

La comtesse Nencini a été une des plus belles femmes de Florence, et en est restée une des plus spirituelles : c'est une Pandolfini, c'est-à-dire une des plus grandes dames de la Toscane. Le pape Jules II a fait don à un de ses aïeux d'un charmant palais bâti par Raphaël. C'est dans ce palais qu'elle habite, et dans le jardin attenant qu'elle donne ses fêtes ; elles ont lieu les quatre dimanches de juillet. Chacun sait cela, chacun les attend, chacun s'y prépare ; si bien que, bon gré mal gré, elle est forcée de les donner ; il y aurait émeute si elle ne les donnait pas.

C'est qu'aussi ces quatre fêtes de nuit sont bien les plus charmantes fêtes qui se puissent voir. Qu'on se figure un délicieux palais, ni trop grand ni trop petit, comme chacun voudrait en avoir un, qu'on soit prince ou artiste, meublé avec un goût parfait, des plus beaux meubles de caprice qu'il y ait dans tout Florence, illuminé *a giorno*, comme on dit en Italie, et s'ouvrant par toutes ses portes et par toutes ses fenêtres sur un jardin anglais, dont chaque arbre porte, au lieu de fruits, des centaines de lanternes de couleur. Sous tous les berceaux de ce jardin, des groupes de chanteurs ou d'instrumentistes, et dans les allées cinq cents personnes qui se promènent, et qui vont tour à tour alimenter un bal, qu'on voit bondir joyeusement de loin dans une serre pleine d'orangers et de camélias.

A part, quelques concerts à la Philharmonique, quelques soirées improvisées par un anniversaire de naissance ou une fête patronale, quelques représentations extraordinaires d'opéra à la Pergola, ou de prose au Cocomero, voilà Florence l'été quant à l'aristocratie. Quant au peuple, il a les églises, les processions, les promenades au Parterre, et ses causeries dans les rues et à la porte des cafés qui ne se ferment ni jour ni nuit ; s'accrochant au reste à tout ce qui a l'apparence d'une fête, avec un laisser-aller plein de paresse et de bonhomie ; saisissant chaque plaisir qui passe sans s'inquiéter de le fixer, et le quittant comme il l'a pris pour en attendre un autre. Un soir, nous entendîmes un grand bruit ; deux ou trois musiciens de la Pergola, en sortant du théâtre, avaient eu l'idée de s'en aller chez eux en jouant un air ; la population éparse par les rues s'était mis à les suivre en valsant. Les hommes qui n'avaient point trouvé de danseuses valsaient entre eux. Cinq ou six cents personnes prirent ainsi le plaisir du bal depuis la place du Dôme jusqu'à la porte du Prato où demeurait le dernier musicien ; le dernier musicien rentré chez lui, les valseurs revinrent bras dessus, bras dessous, en chantant l'air sur lequel ils avaient valsé.

LA PERGOLA.

L'hiver, Florence prend un aspect tout particulier ; c'est une ville de bains, moins les eaux. La température se divise en deux phases bien distinctes et presque toujours parfaitement tranchées : ou il fait un soleil magnifique, ou il pleut à torrens. Ce temps couvert, brumeux et humide, qui fait le fond de notre atmosphère trois ou quatre mois de l'année, y est à peu près inconnu.

S'il fait beau, à une heure, toutes les voitures sortent, moins les voitures florentines, dont les maîtres craignent fort les variations hivernales, et se dirigent vers les Cachines. On ne s'aperçoit pas de l'absence des Florentins, car les voitures étrangères suffisent pour défrayer le Longchamps quotidien ; seulement, au lieu de descendre au Pré et à l'ombre, on laisse aux lièvres et aux faisans cette promenade trop froide et trop humide, et l'on descend *Longo-l'Arno*.

Longo-l'Arno est, comme l'indique son nom, une promenade le long de l'Arno. A gauche, on a le fleuve ; à droite, le rideau de chênes verts, de pins et de lierre, qui sépare cette promenade.

C'est là qu'on vient boire, au lieu d'une eau thermale infecte, ce doux soleil d'Italie, toujours tiède et souriant. Comme le chemin est très étroit, on se coudoie comme dans le passage de l'Opéra ou de la rue de Choiseul ; seulement, la population y est étrangement variée : chaque groupe qui vous croise ou que l'on dépasse parle une langue différente. Là cependant, contre leur habitude, les Anglais ne sont pas en majorité, les Russes l'emportent ; ce qui est une grande consolation pour les Français, qui peuvent se croire encore, en oubliant ce beau soleil et ce magnifique horizon de montagnes tout parsemé de villas, au milieu de la meilleure et de la plus élégante société des Tuileries.

Parmi ces nombreux promeneurs, mais seulement plus pressé, plus coudoyé, plus *saluant* que les autres, passe le grand-duc et sa famille ; toute sa garde consiste en deux ou trois valets qui le suivent d'assez loin pour ne pas entendre la conversation.

De Longo-l'Arno, on revient faire la station obligée au Piazzonne. Là seulement on retrouve encore ce qu'ils appellent les rigueurs de la saison, quelques Florentins francisés, trop amoureux pour craindre le froid, ou trop jeunes pour craindre les rhumatismes. Quant aux Florentines, il est rare d'en apercevoir plus de deux ou trois dans les plus beaux jours, encore ne font-elles qu'une station d'un instant, et juste ce qu'il faut pour prendre quelques petits arrangemens indispensables pour le soir, pour la nuit ou pour le lendemain.

C'est à la Pergola qu'on se retrouve. La Pergola, ce sont les Bouffes de Florence. Tout ce qu'il y a de Florentins ou d'étrangers dans la capitale de la Toscane, du mois d'octobre au mois de mars, loge à la Pergola ; c'est une chose dont on ne peut pas se dispenser. Dînez à table d'hôte, ou au restaurant de la Lune, mangez chez vous du macaroni et du *baccala*, personne ne s'en occupe, c'est votre affaire ; mais ayez une loge à l'un des trois rangs nobles, c'est l'affaire de tout le monde. Une loge et une voiture sont *les indispensabilités* de Florence. Qui a loge et voiture est un grand seigneur, qui n'a ni loge ni voiture, s'appelât-il Rohan ou Corsini, Poniatowski ou Noailles, n'est qu'un croquant. Réglez-vous là-dessus ; et, si vous venez à Florence, faites la bourse de la loge et de la voiture, comme en allant de Rome à Naples on fait la bourse des voleurs.

Au reste, voitures et loges ne sont pas cher, à Florence ; on a une voiture au mois pour deux cent cinquante francs, et une loge à la saison pour cent piastres. Ajoutez à cela que la loge à la Pergola vaut quatre fois son prix, non point pour le spectacle, personne ne s'occupe du spectacle à Florence ; mais pour la salle, j'entends par salle les spectateurs.

En effet, c'est à la Pergola que se croisent tous les feux de la coquetterie féminine. Là, comme à la promenade, les Florentines sont en minorité. La majorité se compose d'étrangères qui arrivent de Paris, de Londres et de Saint-Pétersbourg, espérant écraser leurs rivales sous le poids de tout ce qu'il y a de plus nouveau dans les trois capitales. Les Françaises, avec leur élégance simple ; les Anglaises, avec leurs plumes sans fin et leurs robes aux couleurs voyantes et criardes ; les Russes, avec leurs rivières de diamans et leurs fleuves de turquoises. Mais les Florentines ont de quoi faire face à tout ; elles tirent des vieilles armoires sculptées de leurs ancêtres, des flots de guipures, de point et d'Angleterre, des poignées de diamans princiers ou pontificaux transmis de pères en fils, de ces riches étoffes de brocard comme Véronèse en met à ses rois mages ; elles écrivent à mademoiselle Baudran de leur envoyer tout ce qu'elle chiffonnera pendant l'hiver, et elles attendent tranquillement le résultat de la campagne. Il en résulte qu'il y a peu de grandes capitales où l'on rencontre un luxe de toilette pareil à celui de Florence.

On comprend ce que devient le pauvre Opéra, au milieu de si graves intérêts : les lorgnettes vont d'une loge à l'autre ; vers la scène jamais. A moins qu'on ne joue quelque opéra nouveau et inconnu, on cause à peu près pendant tout le temps qu'il dure. Je ne connais que *Robert-le-Diable* qui soit venu mettre, pendant trente ou quarante représentations de suite, une trêve de Dieu entre les combattans.

En échange, on écoute religieusement le ballet ; il se compose de sixièmes ou septièmes danseuses parisiennes, mais ces demoiselles remédient à la faiblesse de leur talent par le peu de longueur de leurs robes. Elles dansent comme cela se trouve, tantôt sur la plante du pied, tantôt sur le talon, rarement sur la pointe, estropiant les pas, manquant les équilibres, mais raccommodant tout avec une pirouette. Une pirouette, c'est le fond de la danse, comme *legno* et *roba* sont le fond de la langue : plus elle dure, plus elle est applaudie. Aussi y a-t-il peu de toupies et de tontons qui puissent rivaliser avec les danseuses florentines. Elles lasseraient un faquir.

Malheureusement le danseur est encore fort à la mode dans les ballets de la Pergola, et il ne le cède aux femmes, ni en mines gracieuses ni en pirouettes prolongées ; c'est peut-être très beau comme art, mais c'est certainement fort laid comme réalité.

Une autre singularité de la Pergola, c'est le privilège qu'ont les tanneurs, les corroyeurs, et en général tous les manipuleurs de cuir, de venir se casser le cou pour le plus grand plaisir des spectateurs. A quelle époque remonte ce privilège ? quelle circonstance y a donné lieu ? quelle belle action est-il chargé de récompenser ? C'est ce que j'ignore, mais le privilège existe, voilà le fait. En conséquence, pourvu qu'ils s'habillent à leur compte, ces étranges comparses peuvent venir figurer gratis, chose à laquelle ils ne manquent pas, tandis qu'on a toutes les peines du monde à avoir d'autres figurans payés. En vertu du même privilège, ils ne se mêlent point avec le vulgaire, ils entrent à part, restent entre eux, s'emparent d'un intermède tout entier et exécutent des groupes, des combats et des cabrioles pareils à ceux des alcides, moins la force, et à ceux des bédouins moins la légèreté. Ces groupes, ces combats et ces cabrioles, au reste, sont toujours fort applaudis, et l'honorable corporation des tanneurs et corroyeurs emporte sa bonne part des applaudissemens de la soirée.

Parfois, au milieu d'une cavatine ou d'un pas de deux, une cloche au son aigu et déchirant se fait entendre : c'est la cloche de la Miséricorde. Écoutez bien : si elle sonne un coup, c'est pour un accident ordinaire ; si elle sonne deux coups, c'est pour un accident grave ; si elle sonne trois coups, c'est pour un cas de mort. Alors vous voyez les loges s'éclaircir, et il arrive souvent que celui avec qui vous causiez, s'il est Florentin, s'excuse de vous laisser au milieu de la conversation, prend son chapeau et sort. Vous vous informez de ce que veut dire cette cloche et d'où vient l'effet qu'elle produit. Alors on vous répond que c'est la cloche de la Miséricorde, et que celui avec qui vous causiez étant frère de cet ordre, il se rend à son pieux devoir.

La confrérie de la Miséricorde est une des plus belles institutions qui existent au monde. Fondée en 1244, à propos des fréquentes pestes qui désolèrent le dix-huitième siècle, elle s'est perpétuée jusqu'à nos jours sans altération aucune, sinon dans ses détails, du moins dans son esprit. Elle se compose de soixante-douze frères, dits chefs de garde, lesquels sont de service tous les quatre mois. Ces soixante-douze frères sont divisés ainsi : dix prélats ou prêtres gradués, vingt prélats ou prêtres non gradués, quatorze gentilshommes et vingt-huit artistes. A ce noyau primitif, représentant les classes aristocratiques et les arts libéraux, sont adjoints cent cinq journaliers pour représenter le peuple.

Le siége de la confrérie de la Miséricorde est place du Dôme. Chaque frère y a, marquée à son nom, une cassette renfermant une robe noire pareille à celle des pénitens, avec des ouvertures seulement aux yeux et à la bouche, afin que sa bonne action ait encore le mérite de l'incognito. Aussitôt que la nouvelle d'un accident quelconque parvient au frère qui est de garde, la cloche d'alarme sonne selon la gravité du cas, un, deux ou trois coups, et, au son de cette cloche, tout frère, quelque part qu'il se trouve, doit se retirer à l'instant même et courir au rendez-vous. Là il apprend quel est le malheur qui l'appelle où la souffrance qui le réclame, revêt sa robe, se coiffe d'un grand chapeau, prend un cierge à la main et va partout où une voix gémit. Si c'est un blessé, on le porte à l'hôpital ; si c'est un mort, on le porte à la chapelle ; grand seigneur et homme du peuple alors, vêtus de la même robe, s'attèlent à la même litière, et le chaînon qui réunit ces deux extrémités sociales est un pauvre malade qui, ne les connaissant ni l'un ni l'autre, prie également pour tous deux.

Puis quand les frères de la Miséricorde ont quitté la maison, les enfans dont ils viennent d'emporter le père, la femme dont ils viennent d'emporter le mari, n'ont qu'à regarder autour d'eux, et toujours sur quelque meuble vermoulu, ils trouveront une pieuse aumône déposée par une main inconnue.

Le grand-duc fait partie de l'association des frères de la Miséricorde, et l'on assure que plus d'une fois, à l'appel de la cloche fatale, il lui est arrivé de revêtir cet uniforme de l'humanité, et pénétrer inconnu, côte à côte d'un ouvrier, jusqu'au chevet de quelque pauvre mourant, chez lequel, après son départ, sa présence n'était trahie que par le secours qu'il avait laissé.

Les frères de la Miséricorde doivent encore accompagner les condamnés à l'échafaud ; mais comme depuis l'avénement au trône du grand-duc Ferdinand, père du souverain actuellement sur le trône, la peine de mort est à peu près abolie, ils sont délivrés de cette pénible partie de leurs fonctions.

Son devoir rempli, chaque frère revient place du Dôme, dépose dans la maison miséricordieuse robe, cierge, chapeau, et retourne à ses affaires ou à ses plaisirs, presque toujours allégé de quelque *francesconi*.

Revenons à la Pergola, dont nous a, pour un instant, écarté la cloche de la Miséricorde.

Le ballet fini, on chante le second acte, car en Italie, pour donner aux chanteurs le temps de se reposer, le ballet s'exécute entre les deux actes. Comme en général on s'occupe très peu de l'opéra, personne ne se plaint de cette solution de continuité, les étrangers seuls s'en étonnent d'accord, mais bientôt ils s'y accoutument ; d'ailleurs on n'habite pas trois mois Florence qu'on est déjà aux trois quarts toscanisé.

Florence était en tout temps ce qu'était Venise au temps de Candide, le rendez-vous des rois détrônés. A la première représentation des *Vêpres Siciliennes*, j'ai vu à la fois dans la salle : le comte de Laint-Leu, ex-roi de Hollande, le prince de Montfort, ex-roi de Westphalie, le duc de Lucques, ex-roi d'Étrurie, madame Christophe, ex-reine de Haïti, le prince de Syracuse, ex-vice-roi de Sicile, et peu s'en était fallu encore que cette illustre société de têtes décoronnées ne fût complétée par Christine, l'ex-régente d'Espagne.

Il est vrai que l'opéra qu'on représentait était du prince Poniatowski, dont l'ancêtre était roi de Pologne.

Comme on le voit, la Toscane a enlevé à la France le privilège d'être l'asile des rois malheureux.

Après la Pergola, il y a toujours quelque soirée russe, anglaise ou florentine, où l'on va continuer sa nuit et achever une conversation commencée aux Cachines ou à la Pergola.

Voilà ce qu'est à Florence l'hiver pour l'aristocratie.

Quant au peuple toscan, plus heureux que le peuple parisien, l'hiver n'est pas pour lui une saison où il a froid et où il a faim ; c'est, comme pour la noblesse au contraire, une époque de plaisir. Comme les grands seigneurs, il a deux théâtres d'opéra, auxquels il va moyennant cinq sous, et où il entend du Mozart, du Rossini et du Meyerbeer, et de plus que les grands seigneurs, il a son Stentarello qu'il va applaudir pour deux *crazi*.

Stentarello est à Florence ce que Jocrisse est à Paris, ce que Cassandre est à Rome, ce que Polichinelle est à Naples et ce que Girolamo est à Milan, c'est-à-dire le comique national, éternel et inamovible, qui depuis trois cents ans a le privilége de faire rire les ancêtres, et qui trois cents ans encore, selon toute probabilité, aura l'honneur de faire rire les descendans. Stentarello enfin est de cette illustre famille des queues rouges, qui, à mon grand regret, a disparu en France au milieu de nos commotions politiques et de nos révolutions littéraires. Aussi va-t-on quelquefois en débauche à Stentarello comme on va à Paris aux Funambules.

Ce qui frappe encore à Florence, comme une coutume toute particulière à la ville, c'est l'absence du mari. Ne cherchez pas le mari dans la voiture ou dans la loge de sa femme, c'est inutile, il n'y est pas. Où est-il ? Je n'en sais rien ; dans quelque autre loge ou dans quelque autre voiture. A Florence, le mari possède l'anneau de Gygès, il est invisible. Il y a telle femme de la société que je rencontrais trois fois par jours pendant six mois, et qu'au bout de ce temps je croyais veuve, lorsque de hasard, dans la conversation, j'appris qu'elle avait un mari, que ce mari existait bien réellement et demeurait dans la même maison qu'elle. Alors je cherchai le mari, je le demandai à tout le monde, je m'entêtai à le voir. Peine perdue, il fallut partir de Florence sans avoir eu l'honneur de faire sa connaissance, espérant être plus heureux à un autre voyage.

Il n'en est point ainsi, au reste, pour les jeunes ménages : tout une génération s'avance qui s'écarte, sous ce point de vue, des traditions paternelles, et l'on cite, comme remontant à vingt-deux ans, le dernier contrat de mariage où fut inscrite par les parens de la mariée cette étrange réserve qu'ils faisaient à leur fille du droit de choisir un *cavalier servant*.

Puisque voilà le mot lâché, il faut bien parler un peu du cavalier servant ; d'ailleurs, si je n'en disais rien, on croirait peut-être qu'il y a trop à en dire.

Dans les grandes familles où les alliances, au lieu d'être des mariages d'amour, sont presque toujours des unions de convenances, il arrive, après un temps plus ou moins long, un moment de lassitude et d'ennui où le besoin d'un tiers se fait sentir : le mari est maussade et brutal, la femme est revêche et boudeuse ; les deux époux ne se parlent plus que pour échanger des récriminations mutuelles ; ils sont sur le point de se détester.

C'est alors qu'un ami se présente. La femme lui narre ses douleurs ; le mari lui conte ses ennuis ; chacun rejette sur lui une part de ses chagrins, et se sent soulagé de cette part dont il vient de charger un tiers ; il y a déjà amélioration dans l'état des parties.

Bientôt le mari s'aperçoit que son grand grief contre sa femme était l'obligation contractée tacitement par lui de la mener partout avec lui ; la femme, de son côté, commence à s'apercevoir que la société où la conduit son mari ne lui est insupportable que parce qu'elle est forcée d'y aller avec lui. Quand on en est là de chaque côté, on est bien près de se comprendre.

C'est alors que le rôle de l'ami se dessine : il se sacrifie pour tous deux ; le dévoûment est sa vertu. Grâce à son dévoûment, le mari peut aller où il veut sans sa femme. Grâce à son dévoûment, la femme reste chez elle sans trop d'ennui ; le mari revient en souriant et trouve sa femme souriante. A qui l'un et l'autre doivent-ils ce changement d'humeur ? à l'ami ; mais l'ami réduit à ce rôle pourrait bien s'en lasser, et on retomberait dans la position première, position reconnue parfaitement intolérable. Le mari a de vieux droits dont il ne se soucie plus et dont il ne sait que faire ; il ne veut pas les donner, mais un à un il se les laisse prendre. A mesure que l'ami se substitue à lui, il se sent plus à son aise dans sa maison ; l'ami devient cavalier servant en titre,

et le triangle équilatéral s'établit ainsi tout doucement à la satisfaction de chacun.

Ceci n'est point l'histoire de l'Italie particulièrement, c'est l'histoire de tous les pays du monde ; seulement dans tous les pays du monde on le cache par hypocrisie ou par orgueil; en Italie, on le laisse voir par habitude et par insouciance.

Mais ce qui n'arrive qu'en Italie, par exemple, c'est que cette liaison devient le véritable mariage, et que presque toujours la fidélité trahie envers le premier est gardée au second. En effet, une fois la dame et son cavalier liés ainsi l'un à l'autre, plus cet arrangement a été public, plus il devient nécessairement durable. Maintenant, ne vaut-il pas mieux prendre publiquement un amant et le garder toute sa vie, que d'en changer clandestinement tous les huit jours, tous les mois, ou même tous les ans, comme c'est l'habitude dans un autre pays que je connais et que je ne nomme pas.

Mais les maris italiens, quels figures font-ils ?

A ceci je répondrai par un petit dialogue :

— M. de ***, disait l'empereur à l'un de ses courtisans, on m'assure que vous êtes cocu ; pourquoi ne me l'avez-vous pas dit ?

— Sire, répondit M. de ***, parce que j'ai cru que cela n'intéressait ni mon honneur ni celui de Votre Majesté.

Les maris italiens sont de l'avis de M. de ***.

Malheureusement, ce petit arrangement intérieur, que je trouve pour mon compte, du moment que cela convient aux trois intéressés, tout simple, tout naturel, et je dirai presque tout moral, ne s'exécute qu'aux dépens de l'hospitalité. En effet, on comprend combien doit être gênant, plongeant du salon à l'alcôve, le coup d'œil investigateur d'un étranger, et surtout d'un Français, qui, avec sa légèreté et son indiscrétion habituelles, s'en ira, Florence à peine quittée, remercier de la publicité de leur vie privée les familles qui, sur la recommandation d'un ami, l'auront accueilli comme un ami. Lui, inconnu, n'aura cependant passé chez ceux qui l'ont reçu ainsi, que pour laisser le trouble en remerciement des gracieuses et attentives politesses qu'il en a réclamées. Il en résulte, oui, cela est vrai, que l'étranger, admirablement accueilli d'abord, ou sur la foi de son nom seul, ou sur la lettre qui lui sert d'introduction, après les invitations ordinaires aux dîners et aux bals, sent l'intimité se fermer devant lui, et demeurât-il un an à Florence, reste presque toujours un étranger pour les Florentins. De là, absence complète de ces bonnes et longues causeries auprès du feu, où, après toute une soirée passée à bavarder, on s'en va ignorant parfaitement ce qu'on a pu dire, mais sachant, par l'envie même qu'on a de les renouveler le lendemain, qu'on ne s'y est point ennuyé un instant.

Mais, encore une fois, si cela est ainsi, la faute n'en est certes pas aux Florentins, mais à l'indiscrétion, et je dirai presque à l'ingratitude française.

SAINTE-MARIE-DES-FLEURS.

Notre premier soin, en arrivant à Florence, avait été de déposer aux palais Corsini, Poniatowski et Martellini, les lettres de recommandation que nous avions pour leurs illustres maîtres. Le même jour des cartes nous étaient envoyées, avec des invitations ou de soirées, ou de bals ou de dîners. Le prince Corsini, entre autres, nous faisait inviter à venir voir du balcon de son casino la course des *Barberi*, et des salons de son palais l'illumination et les concerts sur l'Arno.

En effet, les fêtes de la Saint-Jean arrivaient, et l'on sentait sous le calme florentin poindre cette agitation joyeuse qui précède les grandes solennités. Néanmoins, comme il nous restait deux ou trois jours d'intervalle entre celui où nous nous trouvions et celui où les fêtes devaient commencer, nous résolûmes de les employer à visiter les principaux monumens de Florence.

Mes deux premières visites, en arrivant dans une ville, sont ordinairement pour la cathédrale et pour l'hôtel-de-ville. En effet, toute l'histoire religieuse et politique d'un peuple est ordinairement groupée autour de ces monumens. Muni de mon guide de Florence, de mon Vasari et de mes *Républiques italiennes* de Simonde de Sismondi, je donnai donc l'ordre à mon cocher de me conduire au Dôme. J'intervertissais tant soit peu l'ordre chronologique, la fondation du Dôme étant postérieure d'une douzaine d'années à celle du Palais-Vieux; mais à tout seigneur tout honneur, et il est bien juste que le seigneur du ciel passe avant les seigneurs de la terre.

Vers l'an 1294, la république de Florence se trouvait, grâce à sa nouvelle constitution, jouir d'une tranquillité profonde. En même temps qu'elle faisait entourer la ville d'une nouvelle enceinte, revêtir de marbre le baptistère de Saint-Jean, bâtir son Palais-Vieux et élever la tour du Grenier Saint-Michel, elle résolut de faire réédifier avec une magnificence digne d'elle, et par conséquent sur de plus larges proportions, l'ancienne cathédrale dédiée d'abord au saint Sauveur, puis à sainte Reparata. En conséquence, la commune se rassembla et rendit ce décret :

« Attendu que la haute prudence d'un peuple de grande origine doit être de procéder dans ses affaires, de façon que l'on reconnaisse, d'après ce qu'il fait, qu'il est puissant et sage, nous ordonnons à Arnolfo, maître en chef de notre commune, de faire le modèle et le dessin de la reconstruction de Sainte-Reparata, avec la plus haute et la plus somptueuse magnificence qu'il pourra y mettre, afin que cette église soit aussi grande et aussi belle que le pouvoir et l'industrie des hommes la peuvent édifier; car il a été dit et conseillé par les plus sages de la ville en assemblée publique et privée, de ne point entreprendre des choses de la commune, si l'on n'est point d'accord de les porter au plus haut degré de grandeur, ainsi qu'il convient de faire pour le résultat des délibérations d'une réunion d'hommes libres, mus par une seule et même volonté, la grandeur et la gloire de la patrie. »

Arnolfo di Lapo avait à lutter contre un terrible prédécesseur, qui avait parcouru l'Italie, laissant partout des monumens puissans ou splendides. C'était Buono, sculpteur et architecte, l'un des premiers dont le nom soit prononcé dans l'histoire de l'art. En effet Buono, dès la moitié du douzième siècle, avait bâti à Ravenne force palais et églises, lesquels lui avaient fait une si grande et si noble réputation, qu'il avait été tour à tour appelé à Naples pour y élever le château Capouan et le château de l'OEuf; à Venise, pour y fonder la campanile de Saint-Marc; à Pistoïe, pour y bâtir l'église de Saint-André; à Arezzo, pour y construire le palais de la commune; et à Pise, pour y fonder, de compte à demi avec Bonnanno, cette fameuse tour penchée qui fait encore aujourd'hui la terreur et l'étonnement des voyageurs.

Arnolfo ne s'effraya point du parallèle, et malgré cette envie naturelle à l'humanité qui grandit toujours la réputation des morts pour abaisser celle des vivans, encouragé par le succès que lui avait valu l'exécution de l'église de Sainte-Croix qu'il venait d'achever, il se mit hardiment à l'œuvre, et fit un modèle qui réunit si unanimement les suffrages, qu'il fut décidé qu'on le mettrait immédiatement à exécution. En effet, après des travaux préparatoires pour détourner des fondations des sources d'eaux vives auxquelles on attribuait les tremblemens de terre qui avaient secoué plusieurs fois l'ancienne basilique, la première pierre posée, en 1298, par le cardinal Valeriano, envoyé exprès par le pape Boniface VIII, ce pape qui, entré au pontificat comme un renard, devait, dit son biographe, s'y maintenir comme un lion et y mourir comme un chien.

La nouvelle cathédrale commença donc de s'élever, sous la gracieuse invocation de Sainte-Marie-des-Fleurs, nom qu'elle reçut, disent les uns, en souvenir du champ de roses sur lequel Florence fut bâtie, et, disent les autres, en honneur de la fleur de lis dont elle a fait ses armes. Alors on assure que, voyant sortir majestueusement son œuvre du sol, et prévoyant sa future grandeur, Arnolfo s'écria :

— Je t'ai préservée des tremblemens de terre, Dieu te préserve de la foudre !

L'architecte avait tout calculé pour l'exécution du dôme, excepté la brièveté de la vie. Deux ans après la première pierre posée, Arnolfo mourut, laissant sa bâtisse à peine commencée aux mains de Giotto, qui, au dessin primitif, ajouta le campanile. Puis les années s'écoulèrent encore; Thaddeo Gaddi succéda à Giotto, André Orgagna à Gaddi, et Philippe à André Orgagna, sans qu'aucun de ces grands entasseurs de marbres eût osé commencer l'exécution de la coupole. Le monument avait donc déjà usé cinq architectes, et restait encore inachevé, lorsqu'en 1417 Philippe Brunelleschi entreprit cette œuvre gigantesque qui n'avait de modèle dans le passé que Sainte-Sophie de Constantinople, et qui ne devait avoir de rivale dans l'avenir que Saint-Pierre de Rome ; et l'œuvre réussit si bien aux mains du sublime ouvrier, que, cent ans après, Michel-Ange, appelé à Rome par le pape Jules II pour succéder à Bramante, dit en jetant un dernier coup d'œil sur cette coupole, en face de laquelle il avait retenu son tombeau, pour la voir même après sa mort :

— Adieu, je vais essayer de faire ta sœur, mais je n'espère pas faire ta pareille.

Le dôme ne fut jamais terminé. Baccio d'Agnolo était en train d'exécuter sa galerie extérieure, lorsqu'une raillerie de Michel-Ange lui fit abandonner ; enfin, au moment de plaquer de marbre la façade, on s'aperçut que l'argent manquait au trésor. Dix-huit millions avaient déjà passé à l'érection du monument. Les travaux s'interrompirent et ne furent jamais repris depuis lors. Seulement, à l'occasion du mariage de Ferdinand de Médicis avec Violente de Bavière, quelques peintres de Bologne couvrirent de peintures à fresques la façade blanche et nue. Ce sont ces peintures dont on voit aujourd'hui les restes presque entièrement effacés.

Tel qu'il est et tout inachevé que l'ont laissé les vicissitudes qui s'attachent aux monumens comme aux hommes, le dôme, tout incrusté de marbre blanc et noir, avec ses fenêtres ornées de colonnes en spirales, de pyramides et de statuettes, ses portes surmontées de sculptures de Jean de Pise ou de mosaïques de Guirlandajo, n'en est pas moins un chef-d'œuvre, qu'à la prière de son premier architecte les tremblemens de terre et la foudre ont respecté. Son premier aspect est magnifique, imposant, splendide, et rien n'est beau comme de faire, au clair de la lune, le tour du colosse accroupi au milieu de sa vaste place comme un lion gigantesque.

L'intérieur du dôme ne répond point à l'extérieur ; mais ici, les souvenirs historiques viennent dorer la pauvreté de ses murailles et la nudité de sa voûte.

A droite et à gauche en entrant, à une hauteur de vingt pieds à peu près, sont deux monumens : l'un peint sur la muraille par Paolo Uccello, l'autre exécuté en relief par Jacques Orgagna, et représentant les deux plus grands capitaines qui ait eus à son service la république Florentine. La fresque est consacrée à Jean Aucud, célèbre condottiere anglais, qui passa du service de Pise à celui de Florence. Le bas-relief représente Pierre Farnèse, le célèbre général florentin, qui, élu le 27 mars 1565, gagna la même année, sur les Pisans, la célèbre bataille de San-Piero. Le moment choisi par le statuaire est celui où Pierre Farnèse, ayant eu son cheval tué sous lui, remonte sur un mulet, l'épée à la main, à la tête de ses cuirassiers, charge porté par cette étrange monture.

Quant à Jean Aucud, comme prononcent les Italiens, ou plutôt à Jean Hawkwood, comme l'écrivent les Anglais, c'était, ainsi que nous l'avons dit, un célèbre condottiere à la solde du pape. Son engagement avec le saint-père honorablement fini. Aucud ayant trouvé son avantage à passer à la solde de la magnifique république, devint, en 1577, le plus ferme appui de ceux qu'il avait combattus jusque là, et qu'il servit jusqu'au 15 mars 1594, c'est-à-dire près de vingt ans. Pendant cette période, il avait si bien travaillé pour l'honneur et la prospérité de Florence, que, quoiqu'il fût mort de maladie dans une terre qu'il avait achetée près de Cortone, la seigneurie le fit ensevelir dans la cathédrale.

Comme on le pense bien, ce n'était point par des œuvres de sainteté que Jean Hawkwood avait mérité un pareil monument. Jean Hawkwood était au contraire assez peu respectueux envers les gens de sa religion, et d'avance sentait son hérétique d'une lieue. Un jour, deux frères convers étant allés lui faire une visite dans son château de Montecchio :

— Dieu vous donne la paix! lui dit un des deux moines.
— Le diable t'enlève ton aumône! lui répondit Hawkwood.
— Pourquoi nous faites-vous un si cruel souhait? demanda alors le pauvre frère tout ébouriffé d'une pareille réflexion.
— Eh! pardieu! répondit Hawkwood, ne savez-vous donc pas que je vis de la guerre? et que la paix que vous me souhaitez me ferait mourir de faim.

Un autre jour, ayant abandonné le sac de Faenza à ses gens, il entra dans un couvent au moment où deux de ses plus braves officiers, se disputant une pauvre religieuse agenouillée au pied d'un crucifix, venaient de mettre l'épée à la main pour savoir celui des deux auquel elle appartiendrait. Hawkwood n'essaya point de leur faire entendre raison ; il savait bien que c'était chose inutile avec les gens à qui il avait affaire. Il alla droit à la religieuse et la poignarda. Le moyen fut efficace, et à l'aspect du cadavre, les deux capitaines remirent leur épée au fourreau.

Aussi Paul Uccello, à qui la peinture qui devait surmonter la tombe avait été confiée, se garda bien de mettre le simulacre de l'illustre mort dans la posture du repentir ou de la prière ; il le planta bravement sur son cheval de bataille, à qui, au grand désappointement des savans, il fit lever à la fois le pied droit de devant et le pied droit de derrière. Pendant trois siècles et demi en effet, les savans discutèrent sur l'impossibilité de cette allure, qui, dirent-ils, dans tout le genre animal n'appartient qu'à l'ours. Ce ne fut qu'il y a quelques années, qu'un membre du Jockey-Club s'écria en apercevant la fresque de Paolo :

— Tiens ! il marche l'amble !

Cette exclamation mit les savans d'accord.

A quelques pas en avant de Hawkwood est un portrait de Dante ; c'est l'unique monument que la république ait jamais consacré à l'Homère du moyen-âge.

Un mot sur lui. Nous aurons si souvent l'occasion de le citer, comme poète, comme historien ou comme savant, que notre lecteur nous permettra, je l'espère, de le prendre par la main et de lui faire faire le tour du colosse.

Dante naquit, comme nous l'avons dit, en 1265, la cinquième année de la réaction gibeline. C'était le rejeton d'une noble famille dont il a pris soin lui-même de nous tracer la généalogie dans le quinzième chant de son Paradis. La racine de cet arbre dont il fut le rameau d'or était Caccia Guida Hisci, qui, ayant pris pour femme une jeune fille de Ferrare, de la maison des Alighieri, ajouta à son nom et à ses armes le nom et les armes de sa femme, puis s'en alla mourir en terre sainte, chevalier dans la milice de l'empereur Conrad.

Jeune encore, il perdit son père. Elevé par sa mère que l'on appelait Bella, son éducation fut celle d'un chrétien et d'un gentilhomme. Brunetto Latini lui apprit les lettres latines ; quant aux lettres grecques, ce n'était fort heureusement point encore la mode, sans quoi, au lieu de sa divine comédie, Dante eût sans doute fait quelque poëme comme l'Enéide ; quant au nom de son maître de chevalerie, il s'est perdu, quoique la bataille de Campoldino ait prouvé qu'il en avait reçu de nobles leçons.

Adolescent, il étudia la philosophie à Florence, Bologne et Padoue. Homme, il vint à Paris et y apprit la théologie, puis il s'en retourna dans sa belle Florence, où déjà la peinture et la statuaire étaient nées, et où la poésie l'attendait pour naître.

Florence était alors en proie aux guerres civiles ; l'alliance de Dante avec une femme de la famille des Donati le jeta dans le parti guelfe. Dante était un de ces hommes qui se donnent corps et âme lorsqu'ils se donnent ; aussi le voyons-nous à la bataille de Campoldino, charger à cheval les Gibelins d'Arezzo, et dans la guerre contre les Pisans, monter le premier à l'escalade du château de Caprona.

Après cette victoire, il obtint les premières dignités de la république. Nommé quatorze fois ambassadeur, quatorze fois il mena à bien la mission qui lui était confiée. Ce fut au moment de partir pour l'une de ces ambassades, que, mesurant du regard les événemens et les hommes, et se trouvant les uns gigantesques et les autres petits, il laissa tomber ces paroles dédaigneuses :

— Si je reste, qui ira ? Si je vais, qui restera ?

Une terre labourée par les discordes civiles est prompte à faire germer une pareille semence : sa plante est l'envie et son fruit l'exil.

Accusé de concussion, Dante fut condamné, le 27 janvier 1502, par sentence du comte Gabriel Gubbio, podestat de Florence, à huit mille livres d'amende, à deux ans de proscription, et dans le cas de non paiement de cette amende, à la confiscation et dévastation de ses biens et à un exil éternel.

Dante ne voulut pas reconnaître le crime, en reconnaissant l'arrêt ; il abandonna ses emplois, ses maisons, ses terres, et sortit de Florence, emportant pour toute richesse l'épée avec laquelle il avait combattu à Campoldino, et la plume qui avait déjà écrit les sept premiers chants de l'Enfer. Peut-être est-ce ce moment que choisit le peintre, car on voit derrière l'exilé Florence, et près du poète une représentation des trois parties de sa Divine Comédie.

Alors ses biens furent confisqués et vendus au profit de l'État ; on passa la charrue à la place où avait été sa maison, et l'on y sema du sel ; enfin, condamné à mort par contumace, il fut brûlé en effigie sur la même place où, deux siècles plus tard, Savonarola devait l'être en réalité.

L'amour de la patrie, le courage dans le combat, l'ardeur de la gloire, avaient fait de Dante un brave guerrier ; l'habileté dans l'intrigue, la persévérance dans la politique, avaient fait de Dante un grand homme d'État. Le dédain, le malheur et la vengeance firent de lui un poète sublime. Privé de cette activité mondaine dont il avait besoin, son âme se jeta dans la contemplation des choses divines ; et, tandis que son corps demeurait enchaîné sur la terre, son esprit visitait le triple royaume des morts et peuplait l'enfer de ses haines et le paradis de ses amours. La Divine Comédie est l'œuvre de la vengeance. Dante tailla sa plume avec son épée.

Le premier asile qui s'offrit au fugitif fut le château de ce grand gibelin Cane della Scala. Aussi, dès les premiers chants de l'Enfer, le poète s'empressa d'acquitter la dette de sa reconnaissance (1) qu'il exprimera encore dans le XVIIIe chant du Paradis (2).

Il trouva à la cour de cet Auguste du moyen-âge peuplée de proscrits : l'un d'eux, Sagacius Mutius Ganata, historien de Reggio, nous a laissé des détails précieux sur la manière dont le seigneur de la Scala exerçait l'hospitalité envers ceux qui venaient demander un asile à son château féodal. « Ils avaient, dit-il, différens appartemens, selon leurs diverses conditions, et à chacun le magnifique seigneur avait donné des valets et une table splendide; les diverses chambres

(1) . . . . Infin che'l veltro
Verrà, che la farà morir di doglia,
Questi non ciberà terra nè peltro;
Ma sapienza, e amore, e virtuti,
E sua nazion sara tra feltro e feltro.
Inf. Cant. 1°.

(2) Lo primo tuo rifugio e'l primo ostello
Sarà la cortesia del grand Lombardo
Che su la Scala porta il santo Ucullo.
Par. Cant. XVII.

étaient indiquées par des devises et des symboles divins : la Victoire pour les guerriers, l'Espérance pour les proscrits, les Muses pour les poëtes, Mercure pour la peinture, le Paradis pour les gens d'église, et pendant les repas, des bouffons, des musiciens et des joueurs de gobelets parcouraient les appartemens. Les salles étaient peintes par Giotto, et les sujets qu'il avait traités avaient rapport aux vicissitudes de la fortune humaine. De temps en temps le seigneur châtelain appelait à sa propre table quelqu'un de ses hôtes, et surtout Guido de Castello de Reggio, qu'à cause de sa franchise on appelait le simple Lombard, et Dante Alighieri, homme très-illustre alors, et qu'il vénérait à cause de son génie. »

Mais tout honoré qu'il était, le proscrit ne pouvait plier sa fierté à cette vie, et des plaintes profondes sortent à plusieurs reprises de sa poitrine. Tantôt c'est Farinata des Uberti qui, de sa voix altière, lui dit : « La reine de ces lieux n'aura pas rallumé cinquante fois son visage nocturne, que tu apprendras par toi-même combien est difficile l'art de rentrer dans sa patrie. » Tantôt c'est son aïeul Caccia Guida qui, compatissant aux peines de son descendant, s'écrie : « Ainsi qu'Hippolyte sortit d'Athènes, chassé par une marâtre perfide et impie, ainsi il te faudra quitter les choses les plus chères, et ce sera la première flèche qui partira de l'arc de l'exil ; alors tu comprendras ce que renferme d'amertume le pain de l'étranger, et combien l'escalier d'autrui est dur à monter et à descendre. Mais le poids le plus lourd à tes épaules sera cette société mauvaise et divisée, en compagnie de laquelle tu tomberas dans l'abime. »

Ces vers, on le voit, sont écrits avec les larmes des yeux, et le sang du cœur.

Cependant, quelque douleur amère qu'il souffrit, le poëte refusa de rentrer dans sa patrie, parce qu'il n'y rentrait point par le chemin de l'honneur. En 1315, une loi rappela les proscrits à la condition qu'ils paieraient une certaine amende. Dante, dont les biens avaient été vendus et la maison démolie, ne put réaliser la somme nécessaire. On lui offrit de l'en exempter, mais à la condition qu'il se constituerait prisonnier, et qu'il irait recevoir son pardon à la porte de la cathédrale, les pieds nus, vêtu de la robe de pénitent, et les reins ceints d'une corde. Cette proposition lui fut transmise par un religieux de ses amis. Voici la réponse de Dante:

« J'ai reçu avec honneur et avec plaisir votre lettre, et, après en avoir pesé chaque parole, j'ai compris avec reconnaissance combien vous désirez du fond du cœur mon retour dans la patrie. Cette preuve de votre souvenir me lie d'autant plus étroitement à vous, qu'il est plus rare aux exilés de trouver des amis. Donc, si ma réponse n'était point telle que la souhaiteraient la pusillanimité de quelques-uns, je la remets affectueusement à l'examen de votre prudence. Voilà ce que j'ai appris par une lettre de votre neveu, qui est le mien, et de quelques-uns de mes amis : D'après une loi récemment publiée à Florence sur le rappel des bannis, il paraît que, si je veux donner une somme d'argent, ou faire amende honorable, je pourrai être absous et retourner à Florence. Dans cette loi, ô mon père, il faut l'avouer, il y a deux choses ridicules et mal conseillées, je dis mal conseillées par ceux qui ont fait la loi, car votre lettre, plus sagement conçue, ne contenait rien de ces choses.

« Voilà donc la glorieuse manière dont Dante Alighieri doit rentrer dans sa patrie après un exil de quinze ans! Voilà la réparation accordée à une innocence manifeste à tout le le monde! Mes larges sueurs, mes longues fatigues m'auront rapporté ce salaire! Loin d'un philosophe cette bassesse digne d'un cœur de boue! Merci du spectacle où je serais offert au peuple comme le serait quelque misérable demi savant, sans cœur et sans renommée. Que, moi... exilé d'honneur, j'aille me faire tributaire de ceux qui m'offensent, comme s'ils avaient bien mérité de moi! Ce n'est point là le chemin de la patrie, ô père! mais s'il en est quelque autre qui me soit ouvert et qui n'ôte point la renommée à Dante, je l'accepte. Indiquez-le moi, et alors, soyez en certain, chaque pas sera rapide qui devra me rapprocher de Florence ; mais dès qu'on ne rentre pas à Florence par la rue de l'honneur, mieux vaut n'y pas rentrer. Le soleil et les étoiles se voient par toute la terrre, et par toute la terre on peut méditer les vérités du ciel. »

Dante, proscrit par les Guelfes, s'était fait Gibelin, et devint aussi ardent dans sa nouvelle religion qu'il avait été loyal dans l'ancienne. Sans doute il croyait que l'unité impériale était le seul moyen de grandeur pour l'Italie, et cependant Pise avait bâti sous ses yeux son Campo-Santo, son Dôme et sa Tour penchée. Arnolfo di Lapo avait jeté sur la place du Dôme les fondemens de Sainte-Marie-des-Fleurs ; Sienne avait élevé sa cathédrale au clocher rouge et noir, et y avait renfermé, comme un bijou dans un écrin, la chaire sculptée par Nicolas de Pise. Puis peut-être aussi le caractère aventureux des chevaliers et des seigneurs allemands lui semblait-il plus poétique que l'habileté commerçante de l'aristocratie génoise et vénitienne, et la fin de l'empereur Albert lui plaisait-elle davantage que la mort de Boniface XIII.

Lassé de la vie qu'il menait chez Cane della Scala, où l'amitié du maître ne le protégeait pas toujours contre l'insolence de ses courtisans et les facéties de ses bouffons, le poëte reprit sa vie errante. Il avait achevé son poëme de l'*Enfer* à Vérone, il écrivit le *Purgatoire* à Gagagnano, et termina son œuvre au château de Tolmino, en Frioul, par le *Paradis*. De là il vint à Padoue, où il passa quelque temps chez Giotto, son ami, à qui, par reconnaissance, il donna la couronne de Cimabué, enfin, il alla à Ravenne. C'est dans cette ville qu'il publia son poëme tout entier. Deux mille copies en furent faites à la plume, et envoyées par toute l'Italie. Chacun leva des yeux étonnés vers ce nouvel astre qui venait de s'allumer au ciel. On douta qu'un homme vivant encore pût écrire de telles choses, et plus d'une fois il arriva, lorsque Dante se promenait lent et sévère, dans les rues de Ravennes et de Rimini, avec sa longue robe rouge et sa couronne de laurier sur sa tête, que la mère, saintement effrayée, le montra du doigt à son enfant, en lui disant : « Vois-tu cet homme, il est descendu dans l'enfer !... »

En effet, Dante devait paraître un homme étrange et presque surnaturel. Et pour bien comprendre sous quel jour il devait apparaître à ses contemporains, il faut jeter un moment les yeux sur l'Europe du XIIIe siècle, et voir, depuis cent ans, quels événemens s'y accomplissaient. On sentira alors que l'on touche à cette époque où la féodalité, préparée par une guerre de huit siècles, commençait le laborieux enfantement de la civilisation. Le monde païen et impérial d'Auguste s'était écroulé avec Charlemagne, en Occident, et avec Alexis Lange, en Orient ; le monde chrétien et féodal de Hugues-Capet lui avait succédé de la mer de Bretagne à la mer Noire, et le moyen-âge religieux et politique, déjà personnifié dans Grégoire VII et dans Louis IX, n'attendait plus, pour compléter cette magnifique trinité, que son représentant littéraire.

Il y a de ces momens où des idées vagues cherchent un corps pour se faire homme, et flottent au dessus des sociétés comme un brouillard à la surface de la terre. Tant que le vent le pousse sur le miroir des lacs ou sur le tapis des prairies, ce n'est qu'une vapeur sans forme, sans consistance et sans couleur. Mais s'il rencontre un grand mont, il s'attache à sa cime, la vapeur devient nuée, la nuée orage, et tandis que le front de la montagne ceint son auréole d'éclairs, l'eau qui filtre mystérieusement s'amasse dans ses cavités profondes, et sort à ses pieds, source de quelque fleuve immense, qui traverse, en s'élargissant toujours, la terre ou la société, et qui s'appelle le Nil, ou l'Iliade, le Danube, ou la Divine Comédie.

Dante, comme Homère, eut le bonheur d'arriver à une de ces époques où une société vierge cherche un génie qui formule ses premières pensées. Il apparut au seuil du monde au moment où saint Louis frappait à la porte du ciel. Derrière lui, tout était ruine ; devant lui, tout était avenir. Mais le présent n'avait encore que des espérances.

L'Angleterre, envahie depuis deux siècles par les Normands, opérait sa transformation politique. Depuis longtemps il n'y avait plus de combats réels entre les vainqueurs et les vaincus; mais il y avait toujours lutte sourde entre les intérêts du peuple conquis et ceux du peuple conquérant. Dans cette période de deux siècles, tout ce que l'Angleterre avait eu de grands hommes était né une épée à la main, et si quelque vieux barde portait encore une harpe pendue à son épaule, ce n'était qu'à l'abri des châteaux saxons, dans un langage inconnu aux vainqueurs, et presque oublié des vaincus, qu'il osait célébrer les bienfaits du bon roi Alfred, ou les exploits de Harold, fils de Godwin. C'est que, des relations forcées qui s'étaient établies entre les indigènes et les étrangers, il commençait à naître une langue nouvelle, qui n'était encore ni le normand ni le saxon, mais un composé informe et bâtard de tous deux, que cent quatre-vingts ans plus tard seulement, Thomas Morus, Steel et Spenser devaient régulariser pour Shakespeare.

L'Espagne, fille de la Phénicie, sœur de Carthage, esclave de Rome, conquise par les Goths, livrée aux Arabes par le comte Julien, annexée au trône de Damas par Tarik, puis séparée du kalifat d'Orient par Abdalrahman, de la tribu des Omniades, l'Espagne, mahométane du détroit de Gibraltar aux Pyrénées, avait hérité de la civilisation transportée par Constantin de Rome à Bysance. Le phare, éteint d'un côté de la Méditerranée, s'était rallumé de l'autre; et tandis que s'écroulait sur la rive gauche le Parthénon et le Colysée, on voyait s'élever sur la rive droite Cordoue, avec ses six mille mosquées, ses neuf cents bains publics, ses deux cent mille maisons, et son palais de Zehra, dont les murs et les escaliers, incrustés d'acier et d'or, étaient soutenus par mille colonnes des plus beaux marbres de Grèce, d'Afrique et d'Italie.

Cependant, tandis que tant de sang infidèle et étranger s'injectait dans ses veines, l'Espagne n'avait point cessé de sentir battre, dans les Asturies, son cœur national et chrétien. Pélage, qui n'eut d'abord pour empire qu'une montagne, pour palais qu'une caverne, pour sceptre qu'une épée, avait jeté au milieu du kalifat d'Abdalrahman les fondemens du royaume de Charles-Quint. La lutte, commencée en 717, s'était continuée pendant cinq cents ans. Et lorsqu'au commencement du XIIIᵉ siècle, Ferdinand réunit sur sa tête les deux couronnes de Léon et de Castille, c'étaient les Musulmans à leur tour qui ne possédaient plus en Espagne que le royaume de Grenade, une partie de l'Andalousie, et les provinces de Valence et de Murcie.

Ce fut en 1256 que Ferdinand fit son entrée à Cordoue, et qu'après avoir purifié la principale mosquée, le roi de Castille et de Léon alla se reposer de ses victoires dans le magnifique palais qu'Abdarahman III avait fait bâtir pour sa favorite. Entre autres merveilles, il trouva dans la capitale du kalifat une bibliothèque qui contenait six cent mille volumes. Ce que devint ce trésor de l'esprit humain, nul ne le sait. Origine, religion, mœurs, tout était différent entre les vainqueurs et les vaincus; ils ne parlaient la même langue ni aux hommes ni à Dieu. Les Musulmans emportèrent avec eux la clef qui ouvrait la porte des palais enchantés; et l'arbre de la poésie arabe, arraché de la terre de l'Andalousie, ne fleurit plus que dans les jardins du Généralif et de l'Alhambra.

Quant à la poésie nationale, dont le premier chant devait être la louange du Cid, elle n'était pas encore née.

La France, toute germanique sous ses deux premières races, s'était nationalisée sous la troisième. Le système féodal de Hugues-Capet avait succédé à l'empire unitaire de Charlemagne. La langue que devait écrire Corneille et parler Bossuet, mélange de celtique, de teuton, de latin et d'arabe, s'était définitivement séparée en deux idiomes, et fixée aux deux côtés de la Loire. Mais, comme les productions du sol, elle avait éprouvé l'influence bienfaisante et active du soleil méridional. Si bien que la langue des Troubadours était déjà arrivée à sa perfection, lorsque celle des Trouvères, en retard comme les fruits de leur terre du nord, avait encore besoin de cinq siècles pour parvenir à sa maturité. Aussi la poésie jouait-elle un grand rôle au sud de la Loire. Pas une haine, pas un amour, pas une paix, pas une guerre, pas une soumission, pas une révolte, qui ne fût chantée en vers. Bourgeois ou soldat, vilain ou baron, noble ou roi, tout le monde parlait ou écrivait cette douce langue; et l'un de ceux qui lui prêtaient ses plus tendres et ses plus mâles accens, était ce Bertrand de Born, le donneur de mauvais conseils, que Dante rencontra dans les fosses maudites, portant sa tête à la main, et qui lui parla avec cette tête (1).

La poésie provençale était donc arrivée à son apogée, lorsque Charles d'Anjou, à son retour d'Égypte, où il avait accompagné son frère Louis IX, s'empara, avec l'aide d'Alphonse, comte de Toulouse et de Poitiers, d'Avignon, d'Arles et de Marseille. Cette conquête réunit au royaume de France toutes les provinces de l'ancienne Gaule situées à la droite et à la gauche du Rhône. La vieille civilisation romaine, ravivée au IXᵉ siècle par la conquête des Arabes, fut frappée au cœur, car elle se trouvait réunie à la barbarie septentrionale qui devait l'étouffer dans ses bras de fer. Cent furent, que, dans leur orgueil, les Provençaux avaient l'habitude d'appeler le roi de Paris, à son tour, dans son mépris, les nomma ses sujets de la langue d'*Oc*, pour les distinguer des anciens Français d'outre-Loire, qui parlaient la langue d'*Oui*. Dès lors, l'idiome poétique du midi s'éteignit en Languedoc, en Poitou, en Limousin, en Auvergne et en Provence, et la dernière tentative qui fut faite pour lui rendre la vie est l'institution des Jeux Floraux, établie à Toulouse en 1323.

Avec elles périrent toutes les œuvres produites depuis le Xᵉ jusqu'au XIIIᵉ siècle, et le champ qu'avaient moissonné Arnault et Bertrand de Born resta en friche jusqu'au moment où Clément Marot et Ronsard y répandirent à pleines mains la semence de la poésie moderne.

L'Allemagne, dont l'influence politique s'étendait sur l'Europe, presqu'à l'égal de l'influence religieuse de Rome, toute préoccupée de ces grands débats, laissait sa littérature se modeler insoucieusement sur celle des peuples environnans. Chez elle, toute la vitalité artistique s'était réfugiée dans ces cathédrales merveilleuses qui datent du XIᵉ et du XIIᵉ siècle. Le monastère de Bonn, l'église d'Andernach, et la cathédrale de Cologne s'élevaient en même temps que le Dôme de Sienne, le Campo-Santo de Pise, et le Dôme de Sainte-Marie-des-Fleurs. Le commencement du XIIIᵉ siècle avait bien vu naître les Niebelungen, et mourir Albert-le-Grand. Mais les poèmes de chevalerie les plus à la mode étaient imités du provençal ou du français, et les Minnesingers étaient les élèves plutôt que les rivaux des Trouvères et des Troubadours. Frédéric lui-même, ce poète impérial, renonçant quoique fils de l'Allemagne à formuler sa pensée dans sa langue maternelle, avait adopté la langue italienne, comme plus douce et plus pure, et prenait rang avec Pierre d'Alle Vigne, son secrétaire, au nombre des poètes les plus gracieux du XIIIᵉ siècle.

Quant à l'Italie, nous avons assisté plus haut à sa genèse politique; nous avons vu ses villes se détacher les unes après les autres de l'empire; nous savons à quelle occasion les deux partis Guelfes et Gibelins avaient tiré l'épée dans les rues de Florence. Enfin, nous avons dit comment, Guelfe par naissance, Dante devint Gibelin par proscription et poète par vengeance.

Aussi, lorsqu'il eut arrêté dans son esprit l'œuvre de sa haine, son premier soin fut-il, en regardant autour de lui, de chercher dans quel idiome il la formulerait pour la rendre éternelle. Il comprit que le latin était une langue morte comme la société qui lui avait donné naissance; le provençal, une langue mourante qui ne survivrait pas à la nationalité du midi; et le français, une langue naissante et bégayée à peine, qui avait besoin de plusieurs siècles encore pour arriver à sa maturité; tandis que l'italien, bâtard, vivace et populaire, né de la civilisation et allaité de la barbarie, n'avait besoin que d'être reconnu par un roi pour porter un jour la couronne. Dès lors son choix fut arrêté,

---

(1) Sappi ch'i son Bertram dal Bornio, quelli
Che diedi al re giovani i ma conforti.
Inf. Cant. XXVIII.

et, s'éloignant des traces de son maître Brunetto Latini, qui avait écrit son Trésor en latin, il se mit, architecte sublime, à tailler lui-même les pierres dont il voulait bâtir le monument gigantesque auquel il força le ciel et la terre de mettre la main (1).

C'est qu'effectivement la Divine Comédie embrasse tout ; c'est le résumé des sciences découvertes et le rêve des choses inconnues. Lorsque la terre manque aux pieds de l'homme, les ailes du poète l'enlèvent au ciel ; et l'on ne sait, en lisant ce merveilleux poème, qu'admirer le plus, ou de ce que l'esprit sait ou de ce que l'imagination devine.

Dante est le moyen-âge fait poète, comme Grégoire VII était le moyen-âge fait pape, comme saint Louis était le moyen-âge fait roi. Tout est en lui : croyances superstitieuses, poésie théologique, républicanisme féodal. On ne peut comprendre l'Italie littéraire du xiiie siècle sans Dante, comme on ne peut comprendre la France du xixe sans Napoléon. La Divine Comédie est, comme la Colonne, l'œuvre nécessaire de son époque.

Dante mourut à Ravenne, le 14 septembre 1321, à l'âge de 56 ans. Guido de Potela, qui lui avait offert un asile, le fit ensevelir dans l'église des Frères-Mineurs, en grande pompe et en habit de poète. Ses ossemens y restèrent jusqu'en 1481, époque à laquelle Bernard Bembo, podestat de Ravenne pour la république de Venise, lui fit élever un mausolée d'après les dessins de Pierre Lombardo. A la voûte de la coupole sont quatre médaillons, représentant Virgile son guide, Brunetto Latini son maître, Cangrande son protecteur, et Guido Cavalcante son ami.

Dante était de moyenne stature et bien pris dans ses membres ; il avait le visage long, les yeux larges et perçans, le nez aquilin, les mâchoires fortes, la lèvre inférieure avancée et plus grosse que l'autre, la peau brune, et la barbe et les cheveux crépus ; il marchait ordinairement grave et doux, vêtu d'habits simples, parlant rarement, et attendant presque toujours qu'on l'interrogeât pour répondre. Alors sa réponse était juste et concise, car il prenait le temps de la peser avec sagesse. Sans avoir une élocution facile, il devenait éloquent dans les grandes circonstances. A mesure qu'il vieillissait, il se félicitait d'être solitaire et éloigné du monde. L'habitude de la contemplation lui fit contracter un maintien austère, quoiqu'il fût toujours homme de premier mouvement et d'excellent cœur. Il en donna la preuve lorsque, pour sauver un enfant qui était tombé dans un de ces petits puits où l'on plongeait les nouveaux-nés, il brisa le baptistère de Saint-Jean, se souciant peu qu'on l'accusât d'impiété.

Dante avait eu, à l'âge de neuf ans, un de ces amours qui étendent leur enchantement sur toute la vie. Beatrix de Folto Portinari, en qui, chaque fois qu'il la revoyait, il trouvait une beauté nouvelle (2), passa un soir devant cet enfant au cœur de poète, qui conserva son image et qui l'immortalisa lorsqu'il fut devenu homme. A l'âge de 26 ans, cette ange prêtée à la terre reprit au ciel ses ailes et son auréole, et Dante la retrouva à la porte du paradis, où ne pouvait l'accompagner Virgile.

Florence, injuste pour le vivant, fut pieuse envers le mort, et tenta de ravoir les restes de celui qu'elle avait proscrit. Dès 1396, elle lui décrète un monument public. En 1429, elle renouvelle ses instances près des magistrats de Ravenne ; enfin, en 1519, elle adresse une demande à Léon X, et parmi les signatures des pétitionnaires, on lit cette apostille :

« Moi, Michel-Ange, sculpteur, je supplie Votre Sainteté, pour la même cause, m'offrant de faire au divin poète une sculpture convenable et dans un lieu honorable de cette ville. »

Léon X refusa ; c'eût cependant été une belle chose que le tombeau de l'auteur de la *Divine Comédie*, par le peintre du *Jugement dernier*.

Le seul monument que posséda Florence jusqu'au moment où le décret, rendu en 1596, fut exécuté de nos jours dans l'église de Sainte-Croix, aux frais d'une société, par le statuaire Etienne Ricci, fut donc le portrait de Dante, devant lequel nous venons de repasser toute la vie du grand poète, et « qui fut, dit un manuscrit de Bartolomeo Ceffoni, exécuté à fresque par un auteur inconnu, sur la demande d'un certain maître Antoine, frère de Saint-François, lequel expliquait la Divine Comédie dans cette église, afin que cette effigie de l'illustre exilé rappelât sans cesse à ses concitoyens que les ossemens de l'auteur de la Divine Comédie reposaient sur une terre étrangère.

Il existe encore à Florence des descendans de Dante. Quelques jours après la visite que j'avais fait au portrait de leur ancêtre, on me présenta à eux : je les trouvai bien descendus.

A côté de ce grand souvenir littéraire, le Dôme conserve un terrible souvenir politique. Ce fut dans le chœur, à l'endroit même qui est entouré d'une balustrade de marbre, que s'accomplit la conspiration des Pazzi, et que Julien de Médicis fut assassiné.

Jetons un regard en arrière, afin de faire connaître à nos lecteurs les causes de la haine que les Pazzi avaient vouée aux Médicis ; ils verront ainsi, après le soin que nous avons eu de leur faire connaître l'état politique de Florence, ce qu'il y avait d'égoïstique ou de désintéressé dans cette grande machination.

En 1291, le peuple, lassé des dissensions obstinées de la noblesse, de son refus éternel de se soumettre aux tribunaux démocratiques, et des violences journalières par lesquelles elle entravait le gouvernement populaire, avait rendu une ordonnance sous le nom d'*Ordinamenti della Giustizia*. Cette ordonnance excluait du priorat trente-sept familles des plus nobles et des plus considérables de Florence, et cela sans qu'il leur fût jamais permis, disait l'ordonnance, de reconquérir les droits de cité, soit en se faisant enregistrer dans un corps de métier, soit même en exerçant réellement une profession. De plus, la seigneurie fut autorisée à ajouter de nouveaux noms à ces trente-sept noms, chaque fois qu'elle croirait s'apercevoir que quelque nouvelle famille, disait encore l'ordonnance, en marchant sur les traces de la noblesse, mériterait d'être punie comme elle. Les membres des trente-sept familles, proscrites furent désignés sous le nom de magnats, titre qui, d'honorable qu'il avait été jusqu'alors, devint un titre infamant.

Cette proscription avait duré 143 années, lorsque Cosme l'Ancien, dont nous trouverons à son tour l'histoire écrite sur les murs du palais Riccardi, de proscrit étant devenu proscripteur, et ayant à son tour, en 1434, chassé de Florence Renaud des Albizzi et la noblesse populaire qui gouvernait avec lui, résolut de renforcer son parti de quelques-unes des familles exclues du gouvernement, en permettant à plusieurs d'entre elles de rentrer dans le droit commun, et de prendre, comme l'avaient fait autrefois leurs aïeux, une part active aux affaires publiques. Plusieurs familles acceptèrent ce rappel en revenant les bras ouverts à la patrie, sans songer quel motif personnel les y ramenait : la famille des Pazzi fut de ce nombre. Elle fit plus : oubliant qu'elle était de noblesse d'épée, elle adopta franchement sa position nouvelle, et ouvrit dans le beau palais qui aujourd'hui porte encore son nom, une maison de banque qui devint bientôt une des plus considérables et des plus considérées de l'Italie ; si bien que les Pazzi, déjà supérieurs aux Médicis comme gentilshommes, devinrent encore leurs rivaux comme marchands. Il résulta de cette position reconquise que, cinq ans après, André de Pazzi, chef de la maison, siégea au milieu de la seigneurie, dont ses ancêtres avaient été exclus pendant un siècle et demi.

André eut trois fils : un de ces trois fils épousa la petite-

---

(1) Nous ne voulons pas dire cependant que Dante soit le premier auteur qui ait écrit en italien. Dix volumes de rimes antiques (*rime antiche*) seraient là pour nous démentir si nous commettions une telle erreur. Mais presque toutes ces *canzone* sont érotiques, beaucoup de mots d'art, de politique, de science et de guerre manquaient à la poésie italienne : ce sont ces mots que Dante trouva, façonna au rhythme et assouplit à la rime.

(2)   Io non la vidi tante votte ancora
        Ch'u non trovassi in lei nuova bellezza.

fille du vieux Cosme, et devint le beau-frère de Laurent et de Julien. Tant que le sage vieillard avait vécu, il avait maintenu l'égalité entre ses enfans, traitant son gendre comme s'il eût été son fils ; car, voyant combien promptement cette famille des Pazzi était devenue puissante et riche, il avait voulu non-seulement s'en faire une alliée, mais encore une amie. En effet, la famille s'était accrue en hommes aussi bien qu'en richesses ; car les deux frères qui s'étaient mariés avaient eu, l'un cinq fils et l'autre trois. Elle grandissait donc de toutes façons, lorsque, contrairement à la politique de son père, Laurent de Médicis pensa qu'il était de son intérêt de s'opposer à un plus grand accroissement de richesse et de puissance. Or, une occasion de suivre cette nouvelle politique se présenta bientôt. Jean de Pazzi ayant épousé une des plus riches héritières de Florence, fille de Jean Borroméa, Laurent, à la mort de celui-ci, fit rendre une loi par laquelle les neveux mâles étaient préférés même aux filles, et cette loi, non-seulement contre toutes les habitudes, mais encore contre toute justice, ayant été appliquée rétroactivement à la femme de Jean de Pazzi, elle perdit l'héritage de son père qui passa ainsi à des cousins éloignés.

Ce ne fut pas la seule exclusion dont Laurent de Médicis, pour signaler son naissant pouvoir, rendit les Pazzi victimes. Ils étaient dans la famille neuf hommes, ayant l'âge et les qualités requises pour exercer la magistrature, et cependant, à l'exception de Jacob, celui des fils d'André qui ne s'était jamais marié, et qui avait été gonfalonnier en 1469, c'est-à-dire du temps de Pierre le Goutteux, et de Jean, beau-frère de Laurent et de Julien, qui avait, en 1472, siégé parmi les prieurs, tous les autres avaient été écartés de la seigneurie. Un tel abus de pouvoir de la part d'hommes que la république n'avait nullement reconnus pour maîtres, blessa tellement François de Pazzi qu'il s'expatria volontairement, et s'en alla prendre à Rome la direction d'un de ses principaux comptoirs. Là, il devint banquier du pape Sixte IV et de Jérôme Riario, que les uns appelaient son neveu, et les autres son fils. Or, Sixte IV et Jérôme Riario étaient les deux plus grands ennemis que les Médicis eussent par toute l'Italie. Le résultat de ces trois haines réunies fut une conjuration dans le genre de celle sous laquelle, deux ans auparavant, c'est-à-dire en 1476, avait succombé Galéas Sforza dans le Dôme de Milan.

Une fois décidé à tout trancher par le fer, François Pazzi et Jérôme Riario se mirent à l'affût des complices qu'ils pourraient recruter. Un des premiers fut François Salviati, archevêque de Pise, auquel, par inimitié pour sa famille, les Médicis n'avaient pas voulu laisser prendre possession de son archevêché. Vint ensuite Charles de Montone, fils du fameux condottiere Braccio, qui avait été sur le point de s'emparer de Sienne, lorsque les Médicis l'en empêchèrent ; Jean-Baptiste de Montesecco, chef des sbires au service du pape ; le vieux Jacob de Pazzi, le même qui avait été autrefois gonfalonnier ; deux autres Salviati, l'un cousin, et l'autre frère de l'archevêque ; Napoléon Francesi et Bernard Bandini, amis et compagnons de plaisir des jeunes Pazzi ; enfin Étienne Bagnoni, prêtre et maître de langue latine, professeur d'une fille naturelle de Jacob Pazzi ; et enfin Antoine Maffei, prêtre de Volterra et scribe apostolique. Un seul Pazzi, René, neveu de Jacob et fils de Pierre, refusa obstinément d'entrer dans le complot, et se retira à la campagne afin qu'on ne pût pas même l'accuser de complicité.

Tout était donc arrêté, et la seule difficulté qui s'opposât à la réussite de la conjuration était de réunir, isolés de leurs amis, et dans un endroit public, Laurent et Julien. Le pape espéra faire naître cette occasion, en nommant cardinal Raphaël Riario, neveu du comte Jérôme, lequel était âgé de 18 ans à peine et étudiait à Pise.

En effet, une pareille nomination devait être l'occasion de fêtes extraordinaires, attendu qu'ennemis au fond du cœur de Sixte IV, les Médicis gardaient ostensiblement envers lui toutes les apparences d'une bonne et respectueuse amitié. Jacob des Pazzi invita donc le nouveau cardinal à venir dîner chez lui à Florence, et il porta sur la liste de ses convives Laurent et Julien. L'assassinat devait avoir lieu à la fin du dîner, et sur un signe de Jacob ; mais Laurent vint seul. Julien, retenu par une intrigue d'amour, chargea son frère de l'excuser : il fallut donc remettre à un autre jour l'exécution du complot. Ce jour, on le crut bientôt arrivé ; car Laurent, ne voulant pas demeurer en reste de magnificence avec Jacob, invita à son tour le cardinal à venir à Fiesole, et avec lui tous ceux qui avaient assisté au repas donné par Jacob. Mais cette fois encore Julien manqua, il souffrait d'un mal de jambe ; force fut donc de remettre encore l'exécution du complot à un autre jour.

Ce jour fut enfin fixé au 26 avril 1478 selon Machiavel. Pendant la matinée de ce jour, qui était jour de fête, le cardinal Riario devait entendre la messe dans le Dôme de Sainte-Marie-des-Fleurs, et comme il avait fait prévenir Laurent et Julien de cette solennité, il était probable que ceux-ci ne pourraient pas se dispenser d'y assister. On prévint tous les conjurés de cette nouvelle disposition, et l'on assigna à chacun le rôle qu'il devait jouer dans cette sanglante tragédie.

François Pazzi et Bernard Bandini étaient les plus acharnés contre les Médicis, et comme ils étaient en même temps les plus forts et les plus adroits, ils réclamèrent pour eux Julien, attendu que le bruit courait que, timide de cœur et faible de corps, Julien portait habituellement une cuirasse sous son habit, ce qui rendait plus difficile et par conséquent plus dangereux un assassinat sur lui que sur un autre. D'un autre côté, le chef des sbires pontificaux, Jean-Baptiste de Montesecco, avait déjà reçu et accepté la commission de tuer Laurent dans les deux repas auxquels il avait assisté, et en l'absence de son frère l'avait sauvé. On ne doutait point, comme c'était un homme de résolution, qu'il ne se montrât cette fois d'aussi bonne volonté que les autres ; mais, au grand étonnement de tous, lorsqu'il eut appris que l'assassinat devait s'accomplir dans une église, il refusa, disant qu'il était prêt à un meurtre, mais non à un sacrilége, et que, pour rien au monde, il ne commettrait ce sacrilége si on ne lui montrait d'avance un bref d'absolution signé du pape. Malheureusement on avait négligé de se munir de cette pièce importante, que Sixte IV n'était certainement pas homme à refuser. On n'avait pas le temps de la faire venir, de sorte que, quelques instances que l'on fît à Montesecco, on ne put vaincre ses scrupules. Alors on remit le soin de frapper Laurent à Antoine de Volterra et Étienne Bagnoni, qui, *en leur qualité de prêtres*, dit Antonio Galli, l'un des dix ou douze historiens de cet événement, *avaient un respect moins grand pour les lieux sacrés*. Le moment où ils devaient frapper était celui où l'officiant élèverait l'hostie.

Mais ce n'était pas le tout que de frapper les deux frères, il fallait encore s'emparer de la seigneurie, et forcer les magistrats d'approuver le meurtre aussitôt que le meurtre serait exécuté. Ce soin fut remis à l'archevêque Salviati : il se rendit au palais avec Jacques Bracciotti et une trentaine de conjurés inférieurs, en n'en laissa vingt à la première entrée, lesquels, mêlés au peuple qui allait et venait, devaient rester là inaperçus jusqu'au moment où, à un signal donné, ils s'empareraient de l'entrée ; lui, familier du palais, en conduisit dix autres à la chancellerie, en leur recommandant de tirer la porte derrière eux, et de ne sortir que lorsqu'ils entendraient ou le bruit des armes ou un cri convenu, après quoi il revint trouver la première troupe, se réservant, le moment venu, d'arrêter lui-même le gonfalonier César Petrucci.

Cependant l'office divin était déjà commencé, et cette fois comme les autres, la vengeance paraissait sur le point d'échapper encore aux conjurés, car Laurent seul était venu. Alors François de Pazzi et Bernard Bandini se décidèrent à aller chercher Julien, puisque Julien ne venait pas.

Ils se rendirent en conséquence chez lui, et le trouvèrent avec sa maîtresse. Il prétexta la souffrance que lui causait sa jambe ; mais les deux envoyés lui dirent qu'il était impossible qu'il n'assistât point à la messe, lui assurant que son refus serait tenu à offense par le cardinal. Julien, malgré les regards suppliants de la femme qui se trouvait chez lui, se décida donc à suivre les deux jeunes gens ; mais pris au dépourvu, soit confiance, soit qu'il ne voulût point les faire attendre, il n'endossa point sa cuirasse, se contentant de ceindre une espèce de couteau de chasse qu'il avait l'habitude de porter; encore, au bout de quelques pas, comme le bout du fourreau battait sur sa jambe malade, il le remit à un de ses domestiques, qui le reporta à la maison. François de Pazzi lui passa alors le bras autour du corps, en riant et comme on fait parfois entre amis, et il s'aperçut que Julien n'avait plus sa cuirasse. Ainsi le pauvre jeune homme se livrait à ses assassins sans armes offensives ni défensives.

Les trois jeunes gens entrèrent dans l'église par la porte qui s'ouvre sur la rue Dei Servi, au moment où le prêtre disait l'évangile. Julien alla s'agenouiller près de son frère. Antoine de Volterra et Etienne Bagnoni étaient déjà à leur poste ; François et Bernard se mirent au leur. Un seul coup d'œil échangé entre les assassins leur indiqua qu'ils étaient prêts.

La messe continua : la foule qui remplissait l'église donnait un prétexte aux meurtriers pour serrer de plus près Laurent et Julien. D'ailleurs ceux-ci étaient sans défiance, et se croyaient en sûreté, au moins, au pied de l'autel, qu'ils l'étaient dans leur villa de Careggi.

Le prêtre leva l'hostie.

En même temps on entendit un cri terrible : Julien, frappé d'un coup de poignard à la poitrine par Bernard Bandini, se redressait sous la douleur et allait tomber tout sanglant à quelques pas, au milieu de la foule épouvantée, poursuivi par ses deux assassins, dont l'un, François Pazzi, se jeta sur lui avec tant de fureur et le frappa de coups si redoublés, qu'il se blessa lui-même, et s'enfonça son propre poignard dans la cuisse. Mais cet accident, qu'au premier mot sans doute il ne crut pas si grave qu'il était, ne fit que redoubler sa colère, et il frappait encore que déjà depuis longtemps Julien n'était plus qu'un cadavre.

Quant à Laurent, il avait été plus heureux que son frère : au moment de l'élévation, sentant qu'on lui appuyait une main sur l'épaule, il s'était retourné et avait vu briller la lame d'un poignard dans la main d'Antoine de Volterra. Par un mouvement instinctif, il s'était alors jeté de côté, de sorte que le fer qui devait lui traverser la gorge ne fit que lui effleurer le cou. Il se releva aussitôt, et, d'un seul mouvement, tirant son épée de la main droite, et enveloppant son bras gauche de son manteau, il se mit en défense, en appelant à son secours ses deux écuyers. A la voix de leur maître, André et Laurent Cavalcanti s'élancèrent l'épée à la main, et les deux prêtres, voyant que l'affaire devenait plus sérieuse, et qu'il s'agissait maintenant non plus d'assassiner, mais de combattre, jetèrent leurs armes et se mirent à fuir.

Au bruit que faisait Laurent en se défendant, Bernard Bandini, qui était occupé à Julien, leva la tête et vit qu'une de ses victimes allait lui échapper : il quitta donc le mort pour le vivant, et s'élança vers l'autel. Mais il rencontra sur sa route François Nori, qui lui barrait le chemin. Une courte lutte s'engagea, et François Nori tomba blessé à mort. Mais si vite renversé qu'eût été l'obstacle, il avait suffi, comme nous l'avons vu, à Laurent, pour se débarrasser de ses deux ennemis. Bernard se trouva donc seul contre trois. Il appela François, François accourut ; mais aux premiers pas qu'il fit, il s'aperçut à sa faiblesse qu'il était plus grièvement blessé qu'il ne le croyait, et en arrivant au chœur, se sentant prêt à tomber il s'appuya contre la balustrade. Politien, qui accompagnait Laurent, profita de ce moment pour le faire entrer avec quelques amis qui se tenaient ralliés autour de lui, dans la sacristie, et tandis que les deux Cavalcanti, secondés par les diacres qui frappaient avec leurs crosses d'argent comme avec des masses, tenaient écartés Bernard et trois ou quatre conjurés qui s'étaient accourus à sa voix, il repoussa les portes de bronze, et les ferma sur Laurent et sur lui. Aussitôt Antonio Ridolfi, l'un des jeunes gens les plus attachés à Laurent, suçait la blessure qu'il avait reçue au cou, de peur que le fer du prêtre n'eût été empoisonné, et y mettait le premier appareil. Un instant encore Bernard Bandini essaya d'enfoncer les portes ; mais, voyant que ses efforts étaient inutiles il comprit que tout était perdu, prit François Pazzi par dessous le bras, et l'emmena aussi rapidement que celui-ci put marcher.

Il y avait eu dans l'église un moment de tumulte facile à comprendre ; l'officiant s'était enfui, en voilant de son étole le Dieu qu'on faisait témoin et presque complice de pareils crimes. Tous les assistans s'étaient précipités sur la place du Dôme, par les différentes portes de la cathédrale. Chacun fuyait donc, à l'exception de huit ou dix partisans de Laurent, qui s'étaient réunis dans un coin, et qui, l'épée à la main, accouraient bientôt à la porte de la sacristie, appelaient à grands cris Laurent, lui disant qu'ils répondaient de tout, et que, s'il voulait sortir, ils s'engageaient sur leur tête à le reconduire sain et sauf à la maison.

Mais Laurent n'avait point hâte de se rendre à cette invitation, il craignait que ce ne fût une ruse de ses ennemis pour le faire retomber dans le piège auquel il était échappé. Alors Sismondi della Stuffa monta par l'escalier de l'orgue jusqu'à une fenêtre de laquelle, en plongeant, dans l'église, il vit le Dôme vide, à l'exception de la troupe d'amis qui attendait Laurent à la porte de la sacristie, et du corps de Julien, sur lequel était étendue une femme si pâle et si immobile que n'eussent été ses sanglots on eût pu la prendre pour un second cadavre.

Sismondi della Stuffa descendit et dit à Laurent ce qu'il avait vu ; alors celui-ci reprit courage et sortit. Ses amis l'entourèrent aussitôt, et, comme ils le lui avaient promis, le reconduisirent sain et sauf à son palais de Via Larga.

Cependant, au moment du lever Dieu, les cloches avaient sonné comme d'habitude : c'était le signal attendu par ceux qui s'étaient chargés du palais. En conséquence, au premier tintement du bronze, l'archevêque Salviati entra dans la salle où était le gonfalonnier, donnant pour prétexte qu'il avait quelque chose à communiquer de la part du pape.

Ce gonfalonnier, comme nous l'avons dit, était César Petrucci, c'est-à-dire le même qui, huit ans auparavant, étant podestat de Piato, avait été enveloppé dans une conspiration pareille, par André Nardi. Cette première catastrophe, dont il avait failli être victime, avait laissé dans sa mémoire des traces si profondes que, depuis ce temps, il était sans cesse sur ses gardes. Aussi, quoique aucun bruit de la conjuration n'eût transpiré encore, et quoique aucune nouvelle n'en fût parvenue jusqu'à lui, à peine eut-il aperçu Salviati qui venait à lui avec une émotion visible, qu'au lieu de l'attendre, il s'élança vers la porte où il trouva Jacques Bracciolini qui voulait lui barrer le passage ; mais César Petrucci était, malgré sa prudence, plein de courage et de force. Il saisit Bracciolini aux cheveux, le renversa, et, lui mettant le genou sur la poitrine, il appela les sergens qui accoururent. Cinq ou six conjurés qui accompagnaient Bracciolini voulurent le secourir ; mais les sergens étaient en force, trois des conjurés furent tués, deux furent jetés par les fenêtres, un seul se sauva en appelant au secours.

Alors ceux qui étaient dans la chancellerie comprirent que le moment était arrivé, et voulurent courir à l'aide de leurs camarades ; mais la porte, qu'ils avaient tirée sur eux, avait un secret qui, une fois fermé, l'empêchait de se rouvrir. Ils se trouvèrent prisonniers, et, par conséquent, dans l'impossibilité de secourir l'archevêque. Pendant ce temps, César Petrucci avait couru à la salle où les prieurs tenaient leur audience, et là, sans savoir précisément encore de quoi il s'agissait, il avait donné l'alarme. Les prieurs aussitôt s'étaient réunis à lui : César les encouragea. On résolut de se défendre, chacun s'arma de ce qu'il put ; le vaillant gonfalonnier, en traversant la cuisine, prit une broche, et, ayant fait entrer la seigneurie dans la tour, il se plaça devant la porte, qu'il défendit si bien que personne n'y pénétra.

Cependant l'archevêque, grâce à son costume ecclésiastique, avait traversé la salle où, près des cadavres de ses camarades, Bracciolini était prisonnier, et, d'un geste, il avait fait comprendre à son complice qu'il allait venir à son secours. En effet, à peine eut-il paru à la porte de la rue que le reste des conjurés se rallia à lui ; mais, au moment où ils allaient remonter, ils virent déboucher, par la rue qui conduit au Dôme, une troupe de partisans des Médicis qui s'approchait en poussant le cri ordinaire de cette maison, qui était *palle, palle*. Salviati comprit qu'il ne s'agissait plus d'aller secourir Bracciolini, mais de se défendre soi-même.

En effet, la fortune avait changé de face, et le danger s'était retourné contre ceux qui l'avaient éveillé. Les deux prêtres avaient été poursuivis et mis en pièces par les Médicis. Bernard Bandini, après avoir vu Politien fermer entre Laurent et lui les portes de bronze de la sacristie, avait, comme nous l'avons dit, emmené François Pazzi hors de l'église; mais arrivé devant son palais, celui-ci s'était senti si faible qu'il n'avait pu aller plus loin, et que, tandis que Bernard gagnait au large, il s'était jeté sur son lit, et attendait les événemens avec autant de résignation qu'il avait montré de courage. Alors Jacob, malgré son grand âge, avait tenté de remplacer son neveu ; il était monté à cheval, et, à la tête d'une centaine d'hommes qu'il avait réunis dans sa maison, il parcourait les rues de la ville en criant : Liberté ! liberté ! Mais c'était un cri que déjà Florence ne comprenait plus. Une partie des citoyens, qui ignorait encore ce qui s'était passé, sortaient sur leurs portes; et le regardaient en silence et avec étonnement ; ceux qui connaissaient le crime grondaient sourdement en le menaçant du geste, et en cherchant une arme pour joindre l'effet à la menace. Jacob vit ce que les conjurés voient toujours trop tard ; c'est que les maîtres ne viennent que lorsque les peuples veulent être esclaves. Il comprit alors qu'il n'avait pas une minute à perdre pour pourvoir à sa sûreté, et fit volte-face avec sa troupe, gagna une des portes de la ville, et prit la route de la Romagne.

Laurent se retira chez lui, et, sous le prétexte qu'il pleurait son frère, il laissa faire ses amis.

Laurent avait raison ; il était dépopularisé pour le reste de sa vie, s'il ne s'était vengé comme on le vengeait.

Le jeune cardinal Riavio, qui ignorait, non pas le complot, mais la manière dont il devait s'accomplir, s'était mis à l'instant même sous la garde des prêtres qui l'emmenèrent dans une sacristie voisine de celle où s'était réfugié Laurent. L'archevêque Salviati, son frère, son cousin, et Jacques Bracciolini, arrêtés par César Petrucci dans le palais même de la seigneurie, furent pendus, les uns à la Ringhiera, les autres aux balcons des fenêtres. François Pazzi, retrouvé sur son lit tout épuisé du sang qu'il avait perdu, fut traîné au Palais-Vieux au milieu des malédictions et des coups du populace qu'il regardait en haussant les épaules, le sourire du mépris sur les lèvres, et pendu à la même fenêtre que Salviati, sans que les menaces, les coups ni le supplice aient pu lui arracher une seule plainte. Jean-Baptiste de Montesecco, qui avait refusé de frapper Laurent dans une église, et qui probablement lui avait sauvé la vie en l'abandonnant aux poignards des deux prêtres, eut la tête tranchée. René des Pazzi, qui s'était retiré à la campagne pour ne point être confondu avec les conjurés, ne put, par cette précaution, éviter son sort ; il fut pris et pendu comme ses parens. Le vieux Jacob des Pazzi, qui s'était sauvé avec sa troupe, avait été arrêté par les montagnards des Apennins qui, malgré une somme assez forte qu'il leur offrit, ne point pour le laisser libre, mais pour le tuer, l'amenèrent vivant à Florence, où il fut pendu à la même fenêtre que René. Enfin, comme deux ans s'étaient écoulés depuis cette catastrophe, on vit, un matin, un cadavre accroché aux fenêtres du bargello; c'était celui de Bernard Bandini qui s'était réfugié à Constantinople, et que le sultan Mahomet II avait envoyé prisonnier à Laurent en signe de son désir de conserver la paix avec la Magnifique république.

Le chœur qui enferme l'espace où tut joué ce grand drame fut exécuté depuis par ordre de Cosme Ier ; il est orné de quatre-vingt-huit figures en bas relief, de Baccio Bandinelli et de son élève Jean dell'Opera. Le grand autel est du même maître, à l'exception du crucifix et d'un vase sculpté, qui est de Benoît de Majano, et d'une pièce en marbre représentant Joseph d'Arimathie soutenant le Christ, et qui est le dernier morceau de marbre qu'ait touché le ciseau de Michel-Ange. Michel-Ange le destinait au tombeau qu'il voulait se préparer à Sainte-Marie-Majeure ; mais les chanoines du Dôme eurent, si on peut le dire, la piété sacrilége de détourner ce bloc inachevé de sa destination tumulaire, et s'en emparèrent pour leur cathédrale.

Au-dessus du chœur s'élève, à une hauteur de 275 pieds, la fameuse coupole de Brunelleschi ; elle resta nue et sans ornement, belle de sa beauté, et grande de sa seule grandeur, jusqu'en 1572, époque où Vasari obtint de Cosme Ier l'autorisation de la couvrir de peinture. Le jour anniversaire de la naissance du grand-duc, il monta sur son échafaud, et donna le premier coup de pinceau à cet immense et médiocre ouvrage, qu'il laissa inachevé en mourant; l'œuvre fut continué par Frédéric Zuccheri.

Deux gloires artistiques font en outre pendant aux deux gloires militaires de Jean Hawkwood et de Pierre Farnèse : ce sont les tombeaux de Brunelleschi et du Giotto. L'épitaphe du premier est de Mazzuppini, et celle du second de Politien. La meilleure des deux, au reste, est fort médiocre, en comparaison d'une statue de l'un ou d'un tableau de l'autre.

En sortant de Sainte-Marie-des-Fleurs par la grande porte du milieu, on se trouve juste en face d'une autre porte: c'est celle du baptistère de Saint-Jean ; c'est la fameuse porte de bronze de Ghiberti. Michel-Ange avait toujours peur que Dieu enlevât ce chef-d'œuvre à Florence, pour en faire la porte du ciel.

Le baptistère de Saint-Jean, église primitive de la ville, dont Dante parle si souvent et avec tant d'amour, est une bâtisse du sixième siècle, et qui ne remonte à rien moins qu'à cette belle reine Théodolinde, qui commandait alors à toute cette riche contrée qui s'étendait du pied des Alpes au duché de Rome. C'était le temps où les ruines éparses du monde qui venait de finir offraient de splendides matériaux au monde qui commençait. Les architectes lombards prirent à pleines mains colonnes, chapiteaux, bas-reliefs, et jusqu'à une pierre portant une inscription romaine en l'honneur d'Aurélius Vérus, puis ils en firent un temple qu'ils consacrèrent au baptême du Christ.

Le baptistère demeura ainsi rude et fruste, et dans toute sa nudité barbare, jusqu'au onzième siècle ; c'était la grande époque des mosaïstes. Partis de Constantinople, ils parcouraient le monde, appliquant leurs longues et maigres figures du Christ, de la Vierge et des saints sur des fonds d'or. Apollonius fut appelé à Florence, et on lui livra la voûte. Les peintures commencées par lui furent continuées par André Tafi, son élève, et achevées par Jacques da Turrita, Taddeo Gaddi, Alexis Baldovinotti et Dominique Guirlandajo. Bientôt, lorsqu'on vit l'intérieur si beau et si resplendissant, on pensa à l'extérieur, et on chargea Arnolfo di Lapo de le revêtir de marbre. Ces améliorations avaient porté leurs fruits : les offrandes devenaient dignes du temple. On pensa qu'il fallait des portes de bronze pour enfermer tant de richesses, et en 1550, on chargea André de Pise d'exécuter celle du midi, qui regarde le *Bigallo*. L'œuvre fut achevée en 1539, et produisit une telle sensation, que la seigneurie de Florence sortit solennellement de son palais pour aller la visiter, accompagnée des ambassadeurs de Naples et de Sicile. L'artiste, qui était de Pise, ainsi que l'indique son nom, reçut en outre les honneurs de la *cittadinanza*.

Restaient deux autres portes à exécuter ; le travail merveilleux du premier ouvrier rendait difficile le choix du second ; on résolut de les mettre au concours. Chaque concurrent adopté par la commission devait recevoir de la Magnifique république une somme suffisante pour vivre un an, et, au bout de cette année, présenter son esquisse. Brunelleschi, Donatello, Lorenzo de Bartoluccio, Jacopo della Quercia de Sienne, Nicolas d'Arezzo, son élève, François de Valdambrine et Simon de Colle, appelé Simon des Bronzes, à cause de son habileté à mouler cette matière, se présentèrent et furent reçus sans difficulté.

Il y avait alors à Rimini un jeune homme qui faisait son tour d'Italie, comme on fait chez nous son tour de France ;

il allait de Venise à Rome, mais il avait été arrêté au passage par le seigneur Malatesta. C'était un de ces tyrans artistes du moyen âge qui prenaient tant à cœur l'intérêt de l'art : aussi, comme je l'ai dit, avait-il arrêté ce jeune homme, et lui faisait-il faire force belles fresques. Dans les intervalles de son travail, le jeune homme, qui était en outre orfévre et sculpteur, s'amusait, pour se distraire, à mouler des petites figures en glaise et en cire, que le seigneur Malatesta donnait à ses beaux enfans, qui devaient être un jour des tyrans comme lui.

Un matin, il trouva son commensal tout préoccupé ; Malatesta lui demanda ce qu'il avait. Le jeune homme lui répondit qu'il venait de recevoir une lettre de son beau-père qui lui annonçait que la porte principale du baptistère de Pise était mise au concours, et qui l'invitait à venir concourir, honneur si grand, qu'au fond du cœur il s'en trouvait fort indigne. Malatesta encouragea fort le jeune homme à partir pour Florence ; puis, comme il comprit que le pauvre artiste était à sec d'argent, il lui donna une bourse pleine d'or pour l'aider à faire son voyage. C'était, comme on le voit, un excellent homme que cet exécrable tyran Malatesta.

Le jeune homme se mit en route pour Florence, à la fois plein d'espérances et de crainte. Le cœur lui battit fort, lorsque de loin il aperçut les tours et les clochers de sa ville natale ; enfin, il fit un effort sur lui-même, et, avant même d'embrasser ni sa femme ni son père, il s'en alla frapper à la porte de ce fameux conseil dont toute sa vie allait dépendre.

Les juges lui demandèrent son nom et ce qu'il avait fait. Le jeune homme répondit qu'il se nommait Lorenzo Ghiberti ; quant à la seconde question, il était moins facile d'y répondre, car il n'avait guère fait encore que les charmantes figures de cire et de glaise avec lesquelles jouaient les jolis enfans du tyran Malatesta.

Aussi le pauvre Ghiberti eut-il grande peine de désarmer la sévérité de ses juges, et déjà il était près de retourner à Rimini, lorsque, sur la demande de Brunelleschi, ami de son beau-père, et de Donatello, son ami à lui, il fut reçu, mais plutôt à titre d'encouragement qu'à titre de concurrence sérieuse. N'importe, il était reçu, c'était tout ce qu'il lui fallait ; il empocha la somme, prit son programme et se mit à la besogne.

L'année s'écoula, chacun travaillant de son mieux ; puis, au jour dit, chacun présenta son esquisse. Il y avait trente-quatre juges, tous peintres, sculpteurs ou orfévres du premier rang.

Le prix se partagea de prime-abord entre trois des concurrens. Ces trois lauréats étaient Brunelleschi, Lorenzo de Bartoluccio et Donatello. On avait bien trouvé l'esquisse de Ghiberti fort belle ; mais il était si jeune que, soit crainte de blesser les maîtres qui avaient concouru avec lui, soit toute autre raison, on n'avait pas osé lui donner le prix. Mais alors il arriva une chose merveilleuse : c'est que Brunelleschi, Bartoluccio et Donatello, s'étant retirés dans un coin pour délibérer, revinrent, après un instant de délibération, et dirent aux consuls qu'il leur semblait qu'on avait fait une chose contre la justice en leur décernant le prix, et qu'ils croyaient, en leur âme et conscience, que celui qui l'avait véritablement gagné était Lorenzo Ghiberti.

On conçoit qu'une pareille démarche rangea facilement les juges de son côté ; et, une fois par hasard, le prix fut accordé à celui qui l'avait mérité. Il est vrai que le concours, fidèle à la mission originelle de tout concours, l'avait donné d'abord à celui qui ne le méritait pas.

L'ouvrage dura quarante ans, dit Vasari, c'est-à-dire un an de moins que n'avait vécu Masaccio, un an de plus que ne devait vivre Raphaël. Lorenzo, qui l'avait commencé plein de jeunesse et de force, l'acheva vieux et courbé. Son portrait est celui de ce vieillard chauve qui, lorsque la porte est fermée, se trouve dans l'ornement du milieu ; toute une vie d'artiste s'était écoulée en sueurs, et était tombée goutte à goutte sur ce bronze !...

Quant à l'autre porte, qui fut donnée à Ghiberti en récompense de la première, ce ne fut plus qu'un jeu pour lui, car il n'avait qu'à imiter André de Pise, qu'on avait regardé jusqu'alors comme inimitable.

C'est en sortant du Baptistère par cette porte du milieu, où sont attachées les chaînes du port de Pise, — malheureuses chaînes que se sont partagées tour à tour les Génois et les Florentins, — que l'on découvre, dans toute sa majestueuse hardiesse, le Campanile de Giotto. Ce merveilleux monument, solide comme une tour et découpé comme une dentelle, si léger, si beau, si brillant, que Politien l'a chanté en vers latins, que Charles V disait qu'on le devrait mettre sous verre pour ne le montrer que les jours de grande fête, et qu'on dit encore aujourd'hui à Florence : Beau comme le Campanile, pour indiquer toute chose si splendide qu'il lui manque un terme de comparaison.

Giotto avait ménagé des niches qui furent remplies par Donatello. Six statues sont de ce maître ; l'une d'elles, celle qui représente le frère Barduccio Cherichini, plus connu sous le nom de dello Zuccone, à cause de sa calvitie, est un chef-d'œuvre de naturel et de modelé. Du point où on l'examine, c'est la perfection grecque réunie au sentiment chrétien ; aussi l'on raconte que lorsque Donatello accompagna sa statue bien-aimée de son atelier au Campanile, confiant dans son génie, et croyant que le Dieu des chrétiens lui devait le même miracle que Jupiter avait fait pour Pygmalion, il ne cessa, tout le long de la route, de lui répéter à demi-voix : — *Favella ! favella !* — Parle, mais parle donc !

La statue resta muette, mais l'admiration des peuples et la voix de la postérité ont parlé pour elle.

LE PALAIS RICCARDI.

Nous allions quitter cette magnifique place du Dôme pour nous faire conduire à celle du Grand-Duc, lorsqu'en jetant un regard dans la Via Martelli, nous aperçûmes, à l'extrémité de cette rue, l'angle d'un si beau palais, que nous nous écartâmes un moment de notre plan chronologique, pour nous acheminer droit à cet édifice. A mesure que nous avancions, nous le voyions se développer à la fois dans toute son élégance et dans toute sa majesté. C'était le magnifique palais Riccardi, qui fait le coin de la Via Larga et de la Via dei Calderei.

Le palais Riccardi fut bâti par Cosme l'Ancien, celui-là que la patrie commença par chasser deux fois, et finit enfin par appeler son père.

Cosme vint à une de ces époques heureuses où tout dans une nation tend à s'épanouir à la fois, et où l'homme de génie a toute facilité pour être grand. En effet, l'ère brillante de la république était venue avec lui ; les arts apparaissaient de tout côtés. Brunelleschi bâtissait ses églises, Donatello taillait ses statues, Orcagna découpait ses portiques, Mazaccio couvrait les murs de ses fresques ; enfin, la prospérité publique, marchant d'un pas égal avec le progrès des arts, faisait de la Toscane, placée entre la Lombardie, les Etats de l'Eglise, et la république vénitienne, le pays non-seulement le plus puissant, mais aussi le plus heureux de l'Italie.

Cosme était né avec des richesses immenses qu'il avait presque doublées, et, sans être plus qu'un citoyen, il avait acquis une influence étrange. Placé en dehors du gouvernement, il l'attaquait point, mais aussi ne le flattait pas. Le gouvernement suivait-il une bonne voie, il était de sa louange ; s'écartait-il du droit chemin, il n'échappait point à son blâme ; et cette louange ou ce blâme de Cosme l'Ancien étaient d'une importance suprême, car sa gravité, ses richesses et ses cliens donnaient à Cosme le rang d'un homme public. Ce n'était point encore le chef du gouvernement, mais c'était déjà plus que cela peut-être : c'était son censeur.

Aussi l'on comprend quel orage devait secrètement s'amasser contre un pareil homme. Cosme le voyait poindre et l'entendait gronder ; mais, tout entier aux grands travaux qui cachaient ses grands projets, il ne tournait pas même la tête du côté de cet orage naissant, et faisait achever la chapelle Saint-Laurent, bâtir l'église du couvent des dominicains de Saint-Marc, élever le monastère de San-Frediano, et jeter enfin les fondemens de ce beau palais de Via Larga, appelé aujourd'hui palais Riccardi. Seulement, lorsque ses ennemis le menaçaient trop ouvertement, comme le temps de la lutte n'était pas encore venu pour lui, il quittait Florence pour s'en aller dans le Bugello, berceau de sa race, bâtir les couvens del Bosco et de Saint-François, rentrait sous le prétexte de donner un coup d'œil à sa chapelle du noviciat des pères de Saint-Croix et du Couvent-des-Anges des Camaldules, puis il sortait de nouveau pour aller presser les travaux de ses villas de Carreggi, de Caffaggio, de Fiesole et de Tribbio, ou fondait à Jérusalem un hôpital pour les pauvres pèlerins. Cela fait, il revenait voir où en étaient les affaires de la république, et son palais de Via Larga.

Et toutes ces constructions immenses sortaient à la fois de terre, occupant tout un monde de manœuvres, d'ouvriers et d'architectes : et cinq cent mille écus y passaient, c'est-à-dire sept ou huit millions de notre monnaie actuelle, sans que le fastueux citoyen parût le moins du monde appauvri de cette éternelle et royale dépense.

C'est qu'en effet Cosme était si riche que bien des rois de l'époque, son père Giovanni lui ayant laissé à peu près quatre millions en argent et huit ou dix en papier, et lui, par le change, ayant plus que quintuplé cette somme. Il avait dans les différentes places de l'Europe, tant en son propre nom qu'au nom de ses agens, seize maisons de banque en activité. A Florence, tout le monde lui devait, car sa bourse était ouverte à tout le monde, et cette générosité était si bien, aux yeux de quelques-uns, l'effet d'un calcul, qu'on assurait qu'il avait l'habitude de conseiller la guerre, pour forcer les citoyens ruinés de recourir à lui. Aussi avait-il fait, pour amener la guerre de Lucques, de tels efforts, que Varchi dit de lui, qu'avec ses vertus visibles et ses vices secrets, il arriva à se faire chef et presque prince d'une république déjà plus esclave que libre.

Mais la lutte fut longue ; Cosme, chassé de Florence, en sortit en proscrit, et y rentra en triomphateur.

Cosme adopta dès lors cette politique que nous avons vu Laurent, son petit-fils, suivre plus tard ; il se remit à son commerce, à ses agios et à ses monumens, laissant à ses partisans, alors au pouvoir, le soin de sa vengeance. Les proscriptions furent si longues, les supplices furent si nombreux, qu'un de ses plus intimes et de ses plus fidèles crut devoir aller le trouver pour lui dire qu'il dépeuplait la ville. Cosme leva les yeux d'un calcul de change qu'il faisait, posa la main sur l'épaule du messager de clémence, le regarda fixement, et avec un imperceptible sourire : — J'aime mieux la dépeupler que la perdre, lui dit-il. Et l'inflexible arithméticien se remit à ses chiffres.

Ce fut ainsi qu'il vieillit, riche, puissant, honoré, mais frappé dans l'intérieur de sa famille par la main de Dieu. Il avait eu de sa femme plusieurs enfans, dont un seul lui survécut. Aussi, cassé et impotent, se faisant porter dans les immenses salles de son immense palais, afin d'inspecter sculptures, dorures et fresques, il secouait tristement la tête et disait : — Hélas ! hélas ! voilà une bien grande maison pour une si petite famille !

En effet, il laissa pour tout héritier de son nom, de ses biens et de sa puissance, Pierre de Médicis, qui, placé entre Cosme le Père de la patrie et Laurent le Magnifique, obtint pour tout surnom celui de Pierre le Goutteux.

Refuge des savans grecs chassés de Constantinople, berceau de la renaissance des arts pendant le XIVe et XVe siècle, siège aujourd'hui des séances de l'académie de la Crusca, le palais Riccardi fut successivement habité par Pierre le Goutteux et par Laurent le Magnifique, qui s'y retira après la conspiration des Pazzi, comme son aïeul s'y était retiré après son exil. Laurent légua le palais, avec son immense collection de pierres précieuses, de camées antiques, d'armes splendides et de manuscrits originaux, à son fils Pierre, qui mérita, non pas le titre de Pierre le Goutteux, mais le titre de Pierre l'Insensé.

Ce fut celui-là qui ouvrit les portes de Florence à Charles VIII, qui lui livra les clefs de Sarzane, de Pietra-Santa, de Pise, de Libra-Fatta et de Livourne, et qui s'engagea à lui faire payer par la république, à titre de subside, la somme de deux cent mille florins.

Il lui offrit en outre, en son palais de Via Larga, une hospitalité que le roi de France était tout disposé à prendre, quand bien même on ne la lui aurait pas offerte.

En effet, comme chacun sait, Charles VIII entra à Florence en vainqueur et non en allié, monté sur son cheval de bataille, la lance au poing et la visière baissée : il traversa ainsi toute la ville, depuis la porte San-Friano jusqu'au palais de Pierre, que la seigneurie avait dès la veille chassé de Florence, lui et les siens.

Ce fut au palais Riccardi qu'eut lieu la discussion du traité passé entre Charles VIII et Pierre, au nom de la république, traité que la république ne voulait pas reconnaître. Les choses allèrent loin, et l'on fut sur le point de recourir aux armes, car les députés ayant été introduits dans la grande salle en présence de Charles VIII, qui les reçut assis et couvert, le secrétaire royal, qui était debout auprès du trône, commença de lire article par article les conditions de ce traité, et comme chaque article nouveau amenait une discussion nouvelle, Charles VIII impatienté s'écria : — Il en sera cependant ainsi, ou je ferai sonner mes trompettes. — Eh bien ! répondit Pierre Capponi, secrétaire de la république, en arrachant le papier des mains du lecteur, et en le mettant en pièces ; eh bien ! sire, faites sonner vos trompettes, nous ferons sonner nos cloches.

Cette réponse sauva Florence. Le roi de France crut que la république était aussi forte qu'elle était fière ; Pierre Capponi s'était déjà élancé hors de l'appartement, Charles le fit appeler, et présenta des conditions nouvelles qui furent acceptées.

Onze jours après, le roi quitta Florence pour marcher sur Naples, laissant dévaster par ses soldats trésor, galeries, collections et bibliothèques.

Le palais Riccardi resta vide pendant dix-huit ans que dura l'exil des Médicis ; enfin, au bout de ce temps, ils rentrèrent ramenés par les Espagnols, et, malgré ce puissant secours, ils rentrèrent, dit la capitulation, non pas comme princes, mais comme simples citoyens.

Mais enfin le tronc gigantesque avait poussé de si puissans rameaux que sa sève commençait à tarir, et que l'arbre dépérissait de plus en plus. En effet, Laurent II, mort et enseveli dans son tombeau sculpté par Michel-Ange, il ne restait plus du sang de Cosme l'Ancien que trois bâtards ; Hippolyte, bâtard de Jules II, qui fut cardinal ; Jules, bâtard de Julien l'Ancien, assassiné par les Pazzi, et qui fut pape sous le nom de Clément VII ; enfin Alexandre, bâtard de Julien II ou de Clément VII, on ne sait pas bien, et qui fut duc de Toscane. Comme ils demeurèrent tous trois un instant à Florence, logeant sur la même place, on appela par raillerie cette place des Trois-Mulets.

Autant, au reste, la race des Médicis de la branche aînée avait d'abord été en honneur à Florence à son commencement, autant elle était venue en exécration et tombée en mépris vers cette époque. Aussi les Florentins n'attendaient-ils qu'une occasion pour chasser Alexandre et Hippolyte de Florence ; mais leur oncle Clément VII, placé sur le trône pontifical, leur offrait un appui trop puissant pour que les derniers débris du parti républicain osassent rien entreprendre contre eux.

Le sac de Rome par les soldats du connétable de Bourbon, et l'emprisonnement du pape au château Saint-Ange, vinrent offrir aux Florentins l'occasion qu'ils attendaient. Ils la saisirent à l'instant même, et pour la troisième fois les Médicis reprirent la route de l'exil. Clément VII, qui était homme de ressources, se tira d'affaire en vendant sept chapeaux de cardinaux, avec lesquels il paya une partie de sa rançon, et en en mettant cinq autres en gage pour répondre du reste. Alors comme, moyennant ces garanties, on lui laissait un peu plus de liberté, il en profita pour se sauver de Rome, sous l'habit d'un valet, et gagna Orviette. Les Florentins se croyaient donc bien tranquilles sur l'avenir en voyant Charles-Quint vainqueur et le pape fugitif.

Malheureusement, Charles-Quint avait été élu empereur en 1519, et il avait besoin d'être couronné. Or, l'intérêt rapprocha ceux que l'intérêt avait séparés. Clément VII s'engagea à couronner Charles-Quint, et Charles-Quint s'engagea à prendre Florence et à en faire la dot de sa fille naturelle, Marguerite d'Autriche, que l'on fiança à Alexandre.

Les deux promesses furent religieusement tenues : Charles-Quint fut couronné à Bologne, car, dans la tendresse toute nouvelle qu'il portait au pape, il ne voulait pas voir les ravages que ses troupes avaient faits dans la cité sainte ; et après un siège terrible, où Florence fut défendue par Michel-Ange et livrée par Malatesta, le 31 juillet 1531, Alexandre fit son entrée solennelle dans la future capitale de son duché.

Alexandre avait à peu près tous les vices de son époque, et très-peu des vertus de sa race. Fils d'une Mauresque, il en avait hérité les passions ardentes. Constant dans sa haine, inconstant dans son amour, lui essaya de faire assassiner Pierre Strozzi, et fit empoisonner le cardinal Hippolyte son cousin, « qui, au dire de Varchi, était un beau et agréable jeune homme, doué d'un esprit heureux, affable du cœur, généreux de la main, libéral et grand comme Léon X, et qui donna d'une seule fois quatre mille ducats de rente à François-Marie Molza, noble Modénois, versé dans l'étude de la grande et bonne littérature, et dans celle des trois belles langues, qui étaient, à cette époque, le grec, le latin et le toscan. »

Aussi y eut-il, pendant ses six ans de règne, force conspirations contre lui.

Philippe Strozzi déposa une somme immense entre les mains d'un frère dominicain de Naples, qui avait, disait-on, une grande influence sur Charles-Quint, pour qu'il obtînt de Charles-Quint qu'il rendît la liberté à sa patrie. Jean-Baptiste Cibo, archevêque de Marseille, essaya de profiter de ses amours avec la sœur de son frère, qui, séparée de son mari, habitait le palais des Pazzi, pour le faire tuer un jour qu'il viendrait la voir dans ce palais ; et comme il savait qu'Alexandre portait ordinairement sous son habit un jaque de mailles, si merveilleusement fait qu'il était à l'épreuve de l'épée et du poignard, il avait fait remplir de poudre un coffre sur lequel le duc avait l'habitude de s'asseoir lorsqu'il venait voir la marquise, et il devait y faire mettre le feu. Mais cette conspiration et toutes les autres qui la suivirent furent découvertes, à l'exception d'une seule. C'est qu'aussi dans celle-là il n'y avait qu'un conjuré, qui, à lui seul, devait tout accomplir. Ce conjuré était Laurent de Médicis, l'aîné de cette branche cadette, qui s'écarta du tronc paternel avec Laurent, frère puîné de Cosme le Père de la patrie, et qui, dans sa marche ascendante, s'était, tout en côtoyant la branche aînée, séparée elle-même en deux rameaux.

Laurent était né à Florence, l'an 1514, le 23 mars, de Pierre-François de Médicis, deux fois neveu de Laurent, frère de Cosme et de Marie Soderini, femme d'une sagesse exemplaire, et d'une prudence reconnue.

Laurent perdit son père de bonne heure, et comme il avait neuf ans à peine, sa première éducation se fit alors sous l'inspection de sa mère. Mais l'enfant ayant une grande facilité à apprendre, cette éducation fut faite très-rapidement, et il sortit de cette tutelle féminine pour entrer sous celle de Philippe Strozzi : là son caractère étrange se développa. C'était un mélange de raillerie, d'inquiétude, de désir, de doute, d'impiété, d'humilité et de hauteur, qui faisait que tant qu'il n'eut pas de motifs de dissimuler, ses véritables amis ne le virent jamais deux fois de suite sous la même face. Caressant tout le monde, n'estimant personne,

aimant tout ce qui était beau, sans distinction de sexe, c'était une de ces créatures hermaphrodites, comme la nature capricieuse en produit dans ses époques de dissolution. De temps en temps, de ce composé d'élémens hétérogènes jaillissait un vœu ardent de gloire et d'immortalité, d'autant plus inattendu qu'il partait d'un corps si frêle et si féminin qu'on ne l'appelait que Lorenzino. Ses meilleurs amis ne l'avaient jamais vu ni rire ni pleurer, mais toujours railler et maudire. Alors son visage, plutôt gracieux que beau, car il était naturellement brun et mélancolique, prenait une expression si infernale, que, quelque rapide qu'elle fût, car elle ne passait jamais sur sa face que comme un éclair, les plus braves en étaient épouvantés. A quinze ans, il avait été étrangement aimé du pape Clément, qui l'avait fait venir à Rome, et qu'il avait eu plusieurs fois l'intention d'assassiner. Puis, à son retour à Florence, il s'était mis à courtiser le duc Alexandre avec tant d'adresse et d'humilité, qu'il était devenu non pas un de ses amis, mais peut-être son seul ami.

Il est vrai qu'avec Lorenzino pour familier, Alexandre pouvait se passer des autres. Lorenzo lui était bon à tout : c'était son bouffon, c'était son complaisant, c'était son valet, c'était son espion, c'était son amant, c'était sa maîtresse. Il n'y avait que quand le duc Alexandre avait envie de s'exercer aux armes, que son compagnon éternel lui faisait faute, et se couchait sur quelque lit moelleux ou sur quelques coussins bien doux, en disant que toutes ces cuirasses étaient trop dures pour sa poitrine, et toutes ces dagues et ces épées trop lourdes pour sa main. — Alors, tandis qu'Alexandre s'escrimait avec les plus habiles spadassins de l'époque, lui, Lorenzino, jouait avec un petit couteau de femme, aigu et effilé, et dont il essayait la pointe en perçant des florins d'or, en riant et en disant que c'était là son épée à lui, et qu'il n'en voulait jamais porter d'autre. — Si bien qu'en le voyant si mou, si humble et si lâche, on ne l'appelait plus même Lorenzino, mais Lorenzaccio.

Aussi, de son côté, le duc Alexandre avait-il une grande confiance en lui ; et la preuve la plus certaine qu'il lui en donnait, c'est qu'il était l'entremetteur de toutes ses intrigues amoureuses. Quel que fût le désir du duc Alexandre, soit que ce désir montât au plus haut, soit qu'il descendît au plus bas, soit qu'il poursuivît une beauté profane, soit qu'il pénétrât dans quelque saint monastère, soit qu'il eût pour but l'amour de quelque épouse adultère ou de quelque chaste jeune fille, Lorenzo entreprenait tout. — Lorenzo menait tout à bien. — Aussi Lorenzo était-il le plus puissant et le plus détesté à Florence, après le duc.

De son côté, Lorenzo avait un homme qui lui était aussi dévoué que lui-même paraissait l'être au duc Alexandre. Cet homme était tout bonnement un certain Michel del Tovallaccino, un sbire, un assassin qu'il avait fait gracier pour un meurtre, mais que ses camarades de prison avaient baptisé du nom de Scoronconcolo, nom qui lui était resté, à cause de sa bizarrerie même. Dès lors cet homme était entré à son service et faisait partie de sa maison, lui témoignant une reconnaissance extrême, et cela au point qu'une fois Lorenzo s'étant plaint devant lui de l'ennui que lui donnait un certain intrigant, Scoronconcolo avait répondu : — Maître, dites-moi seulement quel est le nom de cet homme, et je vous promets que demain il ne vous gênera plus. — Et comme Lorenzo s'en plaignait encore un autre jour : — Mais dites-moi donc qu'il est? demanda le sbire. Fût-ce quelque favori du duc, je le tuerai. — Enfin, comme une troisième fois Lorenzo revenait encore se plaindre du même homme : — Son nom ! son nom ! s'était écrié Scoronconcolo ; car je le poignarderai, fût-ce le Christ ! — Cependant, pour cette fois, Lorenzo ne lui dit rien encore. — Le temps n'était pas venu.

Un matin le duc fit dire à Lorenzo de le venir voir plus tôt que de coutume. Lorenzo accourut : il trouva le duc encore couché. La veille, il avait vu une très jolie femme, celle de Léonard Ginori, et la voulait avoir. C'était pour cela qu'il faisait appeler Lorenzo ; et il avait d'autant plus compté sur lui, que celle dont il avait envie était la tante même de

Lorenzo. Lorenzo écouta la proposition avec la même tranquillité que s'il se fût agi d'une étrangère, et répondit à Alexandre, comme il avait coutume de lui répondre, qu'avec de l'argent toutes choses étaient faciles. Alexandre répliqua qu'il savait bien où était son trésor, et qu'il n'avait qu'à prendre ce dont il avait besoin; puis Alexandre passa dans une autre chambre. Lorenzo sortit, mais en sortant il mit sous son manteau, sans être vu du duc, ce fameux jaque de mailles qui faisait la sûreté d'Alexandre, et le jeta en sortant dans le puits de Seggio Capovano.

Le lendemain, le duc demanda à Lorenzo où il en était de sa mission; mais Lorenzo lui répondit qu'ayant affaire cette fois à une femme honnête, la chose pourrait bien traîner en quelque longueur; puis il ajouta en riant qu'il n'avait qu'à prendre patience avec ses nonnes. En effet, le duc Alexandre avait un couvent, dont il avait séduit d'abord l'abbesse et ensuite les religieuses, et dont il s'était fait un sérail. Alexandre se plaignit aussi ce jour-là d'avoir perdu sa cuirasse, non pas tant qu'il crût en avoir besoin, mais parce qu'elle s'était si bien assouplie à ses mouvemens qu'il en était arrivé, tant il avait l'habitude, à ne la plus sentir. Lorenzo lui donna le conseil d'en commander une autre; mais le duc répondit que l'ouvrier qui l'avait faite n'était plus à Florence, et qu'aucun autre n'était assez habile pour le remplacer.

Quelques semaines se passèrent ainsi, le duc demandant toujours à Lorenzo où il en était près de la signora Ginori, et Lorenzo le payant toujours de belles paroles, si bien qu'il était arrivé à l'amener, par ce retard même, à un désir immodéré de posséder celle qui résistait ainsi.

Enfin, un matin, c'était le 6 janvier 1356 (vieux style), Lorenzo fit dire au sbire de venir déjeuner avec lui, ainsi que, dans ses jours de bonne humeur, il avait déjà fait plusieurs fois. Puis, lorsqu'ils furent attablés et qu'ils eurent amicalement vidé deux ou trois bouteilles :

— Or çà, dit Lorenzo, revenons à cet ennemi dont je t'ai parlé; car maintenant que je te connais, je suis certain que tu ne me manqueras pas davantage dans le danger que je ne te manquerais moi-même. Tu m'as offert de le frapper, eh bien ! le moment est venu, et je te conduirai ce soir en un endroit où nous pourrons faire la chose à coup sûr. Es-tu toujours dans la même résolution ?

Le sbire renouvela ses promesses en les accompagnant de ces sermens impies dont se servent en l'occasion ces sortes de gens.

Le soir, en soupant avec le duc et plusieurs autres personnes, Lorenzo, ayant comme d'habitude pris sa place près d'Alexandre, se pencha sur son oreille et lui dit qu'il avait enfin, à force de belles promesses, disposé sa tante à le recevoir, mais à la condition expresse qu'il viendrait seul et dans la chambre de Lorenzo, voulant bien avoir cette faiblesse pour lui, mais voulant néanmoins garder toutes les apparences de la vertu. Lorenzo ajouta qu'il était important que personne ne le vît ni entrer ni sortir, cette condescendance de la part de sa tante étant à la condition du plus grand secret. Alexandre était si joyeux qu'il promit ce qu'on voulut. Alors Lorenzo se leva pour aller, disait-il, tout préparer; puis sur la porte il se retourna une dernière fois, et Alexandre lui fit signe de la tête qu'il pouvait compter sur lui.

En effet, aussitôt le souper fini, le duc se leva et passa dans sa chambre; là, il mit bas l'habit qu'il portait et s'enveloppa d'une longue robe de satin fourrée de zibeline. Alors, demandant ses gants à son valet de chambre :

— Mettrai-je, dit-il, mes gants de guerre ou mes gants d'amour ? Car il y avait en effet sur la même table des gants de mailles et des gants parfumés; et comme avant de lui présenter les uns ou les autres, le valet attendait sa réponse :

— Donne-moi, lui dit-il, mes gants d'amour. Et le valet lui présenta ses gants parfumés.

Alors, il sortit du palais Médicis avec quatre personnes seulement, le capitaine Giustiniano de Sesena, un de ses confidens qui portait comme lui le nom d'Alexandre, et deux autres de ses gardes, dont l'un se nommait Giomo, et l'autre le Hongrois; et lorsqu'il fut sur la place Saint-Marc, où il était allé pour détourner tout soupçon du véritable but de sa sortie, il congédia Giustiniano et Giomo, disant qu'il voulait être seul, et ne gardant avec lui que le Hongrois, il prit le chemin de la maison de Lorenzo. Arrivé au palais Sostigni, qui était presque en face de celui de Lorenzo, il ordonna au Hongrois de demeurer là et de l'y attendre jusqu'au jour ; et quelque chose qu'il vît ou qu'il entendît, quelles que fussent les personnes qui entrassent ou qui sortissent, de ne parler ni bouger sous peine de sa colère. Au jour, si le duc n'était point sorti, le Hongrois pouvait retourner au palais. Mais lui, qui était familier avec ces sortes d'aventures, se garda bien d'attendre le jour, et dès qu'il vit le duc entrer dans la maison de Lorenzo, dont il savait être son ami, il s'en revint au palais, se jeta selon son habitude sur un matelas qu'on lui étendait chaque soir dans la chambre du duc, et s'y endormit.

Pendant ce temps le duc était monté dans la chambre de Lorenzo, où brûlait un bon feu et où l'attendait le maître de la maison. Alors il détacha son épée et alla s'asseoir sur le lit. Aussitôt Lorenzo prit l'épée, et roulant autour d'elle le ceinturon qu'il passa deux fois dans la garde, afin que le duc ne la pût tirer du fourreau, il la posa au chevet du lit, en disant au duc de prendre patience et qu'il allait lui amener celle qu'il attendait. A ces mots, il sortit, tira la porte après lui, et comme la porte était de celles qui se ferment avec un ressort, le duc sans s'en douter se trouva prisonnier.

Lorenzo avait donné rendez-vous à Scoronconcolo à l'angle de la rue, et Scoronconcolo, fidèle à la consigne, était à son poste. Alors Lorenzo, tout joyeux, alla à lui, et lui frappant sur l'épaule :

— Frère, lui dit-il, l'heure est venue. Je tiens enfermé dans ma chambre cet ennemi dont je t'ai parlé ; es-tu toujours dans l'intention de m'en défaire ?

— Marchons ! fut la seule réponse du sbire ; et tous deux rentrèrent dans la maison. Arrivé à moitié de l'escalier, Lorenzo s'arrêta :

— Ne fais pas attention, dit il en se retournant vers Scoronconcolo, si cet homme est l'ami du duc, et ne m'abandonne pas.

— Soyez tranquille, dit le sbire.

Sur le palier, Lorenzo s'arrêta de nouveau :

— Quel qu'il soit, entends-tu bien ? ajouta-t-il en s'adressant une dernière fois à son acolyte.

— Quel qu'il soit, répondit avec impatience Scoronconcolo, fût-ce le duc lui-même.

— Bien, bien, murmura Lorenzo en tirant son épée et en la mettant nue sous son manteau ; et il ouvrit la porte doucement, et entra suivi du sbire. Alexandre était couché sur le lit, le visage tourné vers le mur, et probablement à moitié assoupi, car il ne se retourna point au bruit; si bien que Lorenzo s'avança tout proche de lui, et, tout en lui disant :

— Seigneur, dormez-vous ? lui donna un si terrible coup d'épée, que la pointe, qui lui entra d'un côté au-dessous de l'épaule, lui sortit de l'autre au-dessous du sein, lui traversant le diaphragme, et, par conséquent, lui faisant une blessure mortelle.

Mais, quoique frappé mortellement, le duc Alexandre, qui était puissamment fort, s'élança, d'un seul bond, au milieu de la chambre, et allait gagner la porte restée ouverte, lorsque Scoronconcolo, d'un coup du taillant de son épée, lui ouvrit la tempe, et lui abattit presque entièrement la joue gauche. Le duc s'arrêta chancelant, et Lorenzo, profitant de ce moment, le saisit à bras le corps, le repoussa sur le lit, et le renversa en arrière, en pesant sur lui de tout le poids de son corps. En ce moment, Alexandre, qui, comme une bête fauve prise au piége, n'avait encore rien dit, poussa un cri en appelant à l'aide. Aussitôt Lorenzo lui mit la main gauche sur la bouche si violemment, que le pouce et une partie de l'index y entrèrent. Alors, par un mouvement instinctif, Alexandre serra les dents avec tant de force, que les os qu'il broyait craquèrent, et que ce fut Lorenzo, à son tour, qui, vaincu par la douleur, se renversa en arrière en jetant un cri terrible. Aussitôt, quoique perdant son sang par deux blessures, quoique le vomissant par la bouche, Alexandre se rua sur son adversaire, et, le pliant sous lui comme un roseau, il essaya de l'étouffer avec ses deux mains. Alors il y eut un instant terrible; car le sbire voulait en vain venir au secours de son maître : les deux lutteurs se tenaient tellement enlacés, qu'il ne pouvait frapper l'un sans risquer de frapper l'autre. Il donna bien quelques coups de pointe à travers les jambes de Lorenzo, mais il n'avait rien fait autre chose que percer la robe et la fourrure du duc, sans autrement atteindre son corps. Tout à coup il souvint qu'il avait sur lui un couteau. Alors il jeta sa grande épée, qui lui devenait inutile, et, saisissant le duc dans ses bras, il se mêla à ce groupe informe qui luttait au milieu de la demi-lumière que jetait dans la chambre le feu de la cheminée, cherchant un endroit où frapper. Enfin, il trouva la gorge d'Alexandre, y enfonça la lame de son couteau de toute sa longueur; et, comme il vit que le duc ne tombait pas encore, il la tourna et retourna tellement, qu'à force de *chicoter*, dit l'historien Varchi, il lui coupa l'artère et lui sépara presque la tête des épaules. Le duc tomba en poussant un dernier râle. Scoronconcolo et Lorenzo, qui étaient tombés avec lui, se relevèrent et firent chacun un pas en arrière; puis, s'étant regardés l'un l'autre, effrayés eux-mêmes du sang qui couvrait leurs habits, et de la pâleur qui couvrait leur visage :

— Je crois qu'il est enfin mort, dit le sbire.

Et, comme Lorenzo secouait la tête en signe de doute, il alla ramasser son épée, et revint en piquer lentement le duc, qui ne fit aucun mouvement; ce n'était plus qu'un cadavre.

Ils le prirent, l'un par les pieds, l'autre par les épaules, et, tout souillé de sang, ils le mirent sur le lit, et jetèrent sur lui la couverture; puis, comme il était tout haletant de la lutte, et prêt à se trouver mal de douleur, Lorenzo s'en alla ouvrir une fenêtre qui donnait sur Via Larga, afin de respirer et de se remettre, et pour voir aussi, en même temps, si le bruit qu'ils avaient fait n'avait attiré personne. Ce bruit avait bien été entendu de quelques voisins, et surtout de madame Marie Salviati, veuve de Jean des bandes-noires, et mère de Cosme, qui s'était étonnée de ce long et obstiné trépignement. Mais, comme, dans la prévision de ce qui venait d'arriver, Lorenzo, vingt fois, pour y accoutumer les voisins, avait fait un bruit pareil, en l'accompagnant de cris et de malédictions, chacun crut reconnaître dans cette rumeur le train habituel que menait celui que les uns regardaient comme un insensé, et les autres comme un lâche; de sorte que personne, à tout prendre, n'y avait fait attention, et que, dans la rue et dans les maisons attenantes, tout paraissait parfaitement tranquille.

Alors Lorenzo et Scoronconcolo, un peu remis, sortirent de la chambre qu'ils fermèrent, non-seulement au ressort, mais encore à la clef, et étant descendu chez son intendant Francesco Zeffi, prit tout l'argent comptant qu'il avait pour le moment à la maison, ordonna à un de ses domestiques nommé Freccia de le suivre, et sans autre suite que le sbire et lui, il s'en alla, grâce à une licence qu'il avait demandée d'avance dans la journée à l'évêque de Marzi, prendre des chevaux à la poste, et, sans s'arrêter et tout d'une traite, il s'en alla jusqu'à Bologne, où seulement il s'arrêta pour panser sa main, dont les deux doigts étaient presque détachés, et qui cependant reprirent, mais en laissant une cicatrice éternelle. Puis, remontant à cheval, il gagna Venise, où il arriva dans la nuit du lundi. Aussitôt arrivé, il fit appeler Philippe Strozzi qui, exilé depuis quatre ou cinq ans, était à cette heure à Venise. Alors, lui montrant la clef de sa chambre : — Tenez, lui dit-il, vous voyez cette clef ? eh bien, elle ferme la porte d'une chambre où est le cadavre du duc Alexandre, assassiné par moi. Philippe Strozzi ne voulait pas croire une pareille nouvelle; mais le meurtrier, tirant de sa valise ses vêtemens tout ensanglantés, et lui montrant sa main mutilée : — Tenez, lui dit-il, en voilà la preuve.

Alors Philippe Strozzi se jeta à son cou en l'appelant le Brutus de Florence, et en lui demandant la main de ses deux sœurs pour ses deux fils.

C'est dans une maison attenante au palais Riccardi, que Laurent poignarda ainsi, à l'aide du spadassin Scoronconcolo, le duc Alexandre, frère naturel de Catherine de Médicis, premier duc de Florence et dernier descendant de Cosme, le Père de la patrie, car le pape Clément VII était mort en 1534, et le cardinal Hippolyte en 1535; et à l'occasion de cet assassinat on remarqua une chose étrange, qui était la sextuple combinaison du nombre *six* : Alexandre ayant été assassiné en l'année 1536, à l'âge de 26 ans, le 6 du mois de janvier, à 6 heures de la nuit, de 6 blessures, et après avoir régné 6 ans.

La maison dans laquelle il fut assassiné était située à l'endroit même où sont aujourd'hui les écuries.

Au reste, le proverbe évangélique : « Qui frappe de l'épée périra par l'épée, » fut appliqué à Lorenzo dans sa rigoureuse exactitude. Lorenzo, qui avait tué par le poignard, mourut par le poignard, à Venise, vers l'an 1537, sans que l'on fût bien certain de quelle main partait le coup ; seulement on se rappela que Cosme Ier, en montant sur le trône, avait juré de ne pas laisser le meurtre du duc Alexandre impuni.

Le meurtre d'Alexandre fut le dernier événement important qui se passa dans ce beau palais. Abandonné en 1540, par Cosme Ier, lorsqu'il résolut d'habiter le Palais-Vieux, il fut vendu à la famille Riccardi, dont il a conservé le nom, quoiqu'il soit rentré, sous le règne de Ferdinand II, je crois, en la possession des Médicis.

Aujourd'hui la fameuse académie de la Crusca y tient ses séances : on y blute des adverbes et on y écosse des participes, comme dit notre bon et spirituel Charles Nodier.

C'est moins poétique, mais c'est plus moral !

LE PALAIS-VIEUX.

Quoique la journée fût déjà assez avancée et que nos deux séances au Dôme et au palais Riccardi eussent été rudes, nous ne voulûmes pas rentrer sans avoir visité la place du Grand-Duc. J'en avais fort entendu parler, j'en avais vu des dessins, et je savais qu'elle offrait, plus qu'aucune autre au monde peut-être, la réunion des souvenirs de l'histoire et de l'art aux plus grandes époques de la république et du principat. En outre, on m'avait recommandé, pour ne rien perdre de son aspect grandiose, d'y arriver par une des rues qui débouchent en face du Palais-Vieux. Nous nous rappelâmes la recommandation. Nous reprîmes la rue Martelli et la place du Dôme, où, dans notre premier éblouissement, nous étions passés sans remarquer le Bigallo, ancien hospice des enfans trouvés, et les deux statues colossales de Pampaloni, représentant Arnolfo di Lapo, et Brunelleschi, les yeux fixés l'un sur son église, l'autre sur sa coupole. A la gauche du premier, entre lui et la maison de la confrérie de la Miséricorde, est la rue de la Morte, ainsi nommée de cette fameuse tradition qui a inspiré à Scribe son poëme de *Guido et Ginevra*.

En quittant la place du Dôme, nous prîmes la rue des Calzajoli; c'est à la fois une des rues les plus étroites et les plus historiques de Florence. Comme de notre temps elle a été peuplée d'artisans, comme elle conduit du Dôme au Palais-Vieux, comme enfin elle a à peine dix pieds de large, elle fut vingt fois le théâtre de ces luttes armées, si fréquentes sous la république. Aussi est-elle à Florence ce que la rue Vivienne est à Paris, c'est-à-dire le passage obligé de toute personne qui fait hors de son hôtel ou de son magasin cinq cents pas pour ses affaires ou son plaisir. Une chose miraculeuse, au reste, est de voir passer au trot les voitures, au milieu de cette foule qui se range sans pousser un seul murmure; tant à Florence, comme nous l'avons dit, le peuple a l'habitude de céder le pas à tout ce qui lui paraît au-dessus de lui. Mettez le même nombre de voitures et le même nombre de gens dans une rue pareille, aboutissant au Palais-Royal, aux Tuileries et à la Bourse, et il y aura par jour trois ou quatre personnes écrasées, et trente ou quarante cochers roués de coups.

J'ai habité Florence près de quinze mois, à différentes époques, et je n'y ai jamais vu ni un accident, ni une rixe.

Au bout de la rue des Calzajoli est la charmante petite église d'Or-San-Michele, ainsi nommée du jardin sur lequel elle est construite, Orto, et du saint auquel elle est consacrée. C'était autrefois un grenier à blé bâti par Arnolfo di Lapo, ce grand remueur de pierres; mais ayant été endommagée par un incendie, et la république, voulant seconder l'inclination du peuple, qui avait une grande vénération pour une madone des plus miraculeuses, peinte sur bois, et clouée à l'un des piliers du portique, décréta que le grenier serait changé en église. Giotto fut chargé de la transformation; il fit en conséquence le dessin de l'église actuelle, qui fut exécutée sous la direction de Taddeo Gaddi. Quant à l'image de la Vierge, André Orcagna, le peintre du Campo-Santo, l'architecte de la loge des Lanzi, fut chargé de lui construire un tabernacle digne d'elle.

L'homme était bien choisi comme poëte, comme sculpteur et comme chrétien. Aussi tout ce qu'on peut faire avec une cire molle, avec une glaise obéissante, André Orcagna l'a fait avec du marbre. Il faut véritablement toucher ce chef-d'œuvre pour s'assurer que ce n'est point quelque pâte imitatrice, mais bien un bloc de marbre évidé, fouillé, découpé avec une hardiesse, un caprice, une richesse dont on ne peut se faire une idée sans l'avoir vu. Aussi sort-on de là tellement ébloui, qu'à peine fait-on attention à deux groupes de marbre : l'un de Simon de Fiesole et l'autre de François de San-Gallo. Il y avait eu autrefois de magnifiques fresques, dont deux étaient d'Andrea del Sarto; mais il serait inutile de les y chercher aujourd'hui. En 1770, elles ont été recouvertes de chaux.

L'extérieur de l'église, si on peut le dire, est tout hérissé de statues. Il y a un saint Éloi d'Antonio di Banco; un saint Étienne, un saint Mathieu et un saint Jean-Baptiste de Lorenzo Ghiberti; un saint Luc de Mino da Fiesole; un autre saint Luc par Jean de Bologne; un saint Jean évangéliste, par Bacio de Monte Lupo; un saint Pierre, un saint Marc et surtout un saint Georges de Donatello, à qui il aurait certes pu dire comme au Zuccone : Parle, parle, s'il n'eût été facile de voir, à la mine hautaine de ce vainqueur de dragons, qu'il était trop fier pour obéir à un ordre, cet ordre lui fût-il donné par son créateur.

Si grande que fût l'idée que je m'étais faite d'avance de la place du Palais-Vieux, la réalité fut, si je dois l'avouer, encore plus grande qu'elle : en voyant cette masse de pierres si puissamment enracinée au sol, surmontée de sa tour qui menace le ciel comme le bras d'un Titan, la vieille Florence tout entière, avec ses Guelfes, ses Gibelins, sa balie, ses prieurs, sa seigneurie, ses corps de métiers, ses condottieri, son peuple turbulent et son aristocratie hautaine, m'apparut comme si j'allais assister à l'exil de Cosme l'Ancien, ou au supplice de Salviati. En effet, quatre siècles d'histoire et d'art sont là à droite, à gauche, devant, derrière, vous enveloppant de tous côtés, et parlant à la fois avec les pierres, le marbre et le bronze, des Nicolas d'Uzzano, des Orcagna, des Renaud des Albizzi, des Donatello, des Pazzi, des Raphaël, des Laurent de Médicis, des Flaminius Vacca, des Savonarole, des Jean de Bologne, des Cosme Ier et des Michel-Ange.

Qu'on cherche dans le monde entier une place qui réunisse de pareils noms, sans compter ceux que j'oublie! et j'en oublie comme Baccio Bandinelli, comme l'Ammanato, comme Benvenuto Cellini.

Je voudrais bien mettre un peu d'ordre dans ce magnifique chaos, et classer chronologiquement les grands hommes, les grandes œuvres et les grands souvenirs, mais c'est impossible. Il faut, quand on arrive sur cette place merveilleuse, aller où l'œil vous mène, où l'instinct vous conduit.

Ce qui s'empare tout d'abord de l'artiste, du poëte ou de l'archéologue, c'est le sombre *Palazzo-Vecchio*, encore tout blasonné des vieilles armoiries de la république, parmi lesquelles brillent sur l'azur, comme des étoiles au ciel, ces fleurs de lis sans nombre semées sur la route de Naples par Charles d'Anjou.

A peine Florence fut-elle libre, qu'elle voulut avoir son hôtel de ville pour loger un magistrat, et son beffroi pour appeler le peuple. Qu'une commune se constitue dans le Nord, ou qu'une république s'établisse dans le Midi, le désir d'un hôtel de ville et d'un beffroi est toujours le premier acte de sa volonté, et la satisfaction de ce désir la première preuve de son existence.

Aussi, dès 1298, c'est-à-dire 16 ans à peine après que les Florentins avaient conquis leur constitution, Arnolfo de Lapo reçut de la seigneurie l'ordre de lui bâtir un palais.

Arnolfo di Lapo avait visité le terrain qu'on lui réservait et avait fait son plan en conséquence. Mais au moment de jeter les fondemens de son édifice, le peuple lui défendit à grands cris de poser une seule pierre sur la place où avait été située la maison de Farinata des Uberti. Arnolfo di Lapo fut forcé d'obéir à cette clameur populaire; il repoussa son palais dans un coin, et laissa libre la place maudite. Aujourd'hui encore, ni pierres ni arbres n'y ont jeté leurs racines, et rien n'a poussé depuis plus de six siècles, là où la vengeance guelfe a passé la charrue et a semé le sel.

Ce palais était la résidence d'un gonfalonier et de huit prieurs, deux pour chaque quartier de la ville : leur charge durait soixante jours, et pendant ces soixante jours, ils vivaient ensemble, mangeant à la même table et ne pouvant sortir de cette résidence, c'est-à-dire qu'ils restaient à peu près prisonniers; ils avaient chacun deux domestiques pour les servir, et tenaient à leurs ordres un notaire toujours prêt à écrire leurs délibérations, lequel mangeait avec eux et était prisonnier comme eux. En échange du sacrifice que chaque prieur faisait à la république de son temps et de sa liberté, il recevait dix livres par jour, à peu près sept francs de notre monnaie. La parcimonie privée se réglait alors sur l'économie publique, et le gouvernement se trouvait ainsi en état d'exécuter de grandes choses dans l'art et dans la guerre. De là lui était venu le surnom de la Magnifique République.

On entre dans le Palais-Vieux par une porte placée au tiers à peu près de sa façade, et l'on se trouve dans une petite cour carrée, entourée d'un portique soutenu par neuf colonnes d'architecture lombarde enjolivées d'applications. Au milieu de cette cour est une fontaine surmontée d'un Amour rococo, tenant un poisson et reposant sur un bassin de porphyre. A l'époque du mariage de Ferdinand, on orna ce portique de peintures à fresques représentant des villes d'Allemagne vues à vol d'oiseau.

Au premier étage, est la grande salle du Conseil, exécutée par les ordres de la république et sur les instances de Savonarole. Mille citoyens y pouvaient délibérer à l'aise. Cronaca en fit l'architecture, et il en pressa tellement la construction, que Savonarole avait l'habitude de dire que les anges lui avaient servi de maçons.

Cronaca avait raison de se hâter, car trois ans après Savonarole devait mourir, et trente ans plus tard la république devait tomber.

Aussi, cette immense salle n'a-t-elle rien gardé de cette époque que sa forme première; tous ses ornemens appartiennent au principat, ses fresques et son plafond sont de Vasari; ses tableaux sont de Cigoli, de Ligozzi, et de Passegnano, les statues sont de Michel-Ange, de Baccio Bandinelli, et de Jean de Bologne.

Le tout à la plus grande gloire de Cosme Ier.

C'est qu'en effet, Cosme Ier, est une de ces statues gigantesques que la main de l'histoire dresse comme une pyramide pour marquer la limite où une ère finit et où une autre ère commence. Cosme Ier, c'est à la fois l'Auguste et le Tibère de la Toscane, et cela est d'autant plus exact, qu'à l'époque où Alexandre tomba sous le poignard de Lorenzo, Florence se trouva dans la même situation que Rome après la mort de César : « Il n'y avait plus de tyran, mais il n'y avait plus de liberté. »

Quittons un instant pierres, marbres et toiles, pour examiner tous les vices et toutes les vertus de l'humanité réunis dans un seul homme : l'étude est curieuse et vaut bien la peine qu'on s'y arrête un instant.

Cosme Ier naquit dans l'ancien palais Salviati, devenu depuis palais Apparello, et au milieu de la cour duquel est encore aujourd'hui une statue de marbre, représentant le grand duc en habit royal et la couronne sur la tête. Il descendait de Laurent l'Ancien, frère de Cosme le Père de la patrie, dont le rameau, séparé à la deuxième génération, se divisa lui-même en branche aînée et en branche cadette ; c'était cette branche aînée dont était Lorenzino, c'était cette branche cadette dont fut Cosme.

Son père était ce fameux Giovanni, le plus célèbre peut-être de tous ces vaillans capitaines qui sillonnaient l'Italie au XVe et au XVIe siècle. Le jour anniversaire de sa naissance, il rêva qu'il lui voyait, tout endormi qu'il était dans son berceau, une couronne royale sur la tête. Ce rêve le frappa tellement, qu'en se réveillant il résolut de tenter Dieu pour savoir quels étaient ses desseins sur son fils. En conséquence, il ordonna à sa femme Maria Salviati, née de Lucrezia de Médicis, et par conséquent nièce de Léon X, de prendre l'enfant et de monter au second étage. Marie obéit, sans savoir de quoi il s'agissait : alors lui descendit dans la rue, appela sa femme, qui parut sur le balcon, et de là lui tendant les bras, il lui ordonna de lui jeter l'enfant. La pauvre mère frémit jusqu'au fond des entrailles, mais Giovanni renouvela l'ordre déjà donné, d'une voix si impérative qu'elle obéit en détournant la tête. L'enfant tomba du second étage et fut retenu dans les bras de son père.

— C'est bien, dit alors l'impassible condottiere, mon rêve ne m'a point trompé, et tu seras roi.

Alors il remonta et remit le petit Cosme à sa mère, qui le reçut plus morte que vive. Quant à l'enfant, on remarqua qu'il n'avait pas même jeté un cri.

Six ans après cet événement, Giovanni de Médicis fut blessé au genou, devant Borgoforte, par un coup de faucionneau, à l'endroit même où il avait déjà reçu une autre blessure à Pavie. La plaie nouvelle était si grave, surtout compliquée de l'ancienne plaie, qu'il fut décidé qu'on lui couperait la cuisse. On voulut alors l'attacher sur son lit pour procéder à l'opération ; mais il déclara que, comme la chose le touchait avant aucun autre, il voulait la regarder faire. En conséquence, il prit la torche, et la tint jusqu'à la fin de l'amputation, sans qu'une seule fois sa main tremblât assez fort pour faire vaciller la flamme. Soit que la blessure fût mortelle, soit que l'opération eût été mal faite, le surlendemain Giovanni de Médicis expira, à l'âge de vingt-neuf ans.

Cette mort fut une grande joie pour les Allemands et les Espagnols, dont il était la terreur. Jusqu'à lui, dit Guicciardini, l'infanterie italienne était nulle et ignorée : ce fut lui qui, mettant à profit les leçons qu'il avait reçues du marquis de Pescaire, l'organisa et la fit célèbre ; aussi aimait-il tant cette troupe qui était sa fille, qu'il lui abandonnait sa part du butin, ne se réservant pour lui que sa part de gloire. De leur côté, ses soldats l'aimaient si tendrement qu'ils ne l'appelaient jamais que leur maître et leur père ; à sa mort ils prirent tous le deuil, et déclarèrent qu'ils ne quitteraient plus cette couleur, serment qu'ils tinrent avec une telle fidélité que Jean de Médicis fut, à partir de cette époque appelé *Jean des bandes noires*, surnom sous lequel il est plus connu que sous son nom paternel.

Ce Jean des bandes noires était l'aïeul de **Marie de Médicis**, qui épousa Henri IV.

Maria Salviati, restée veuve, se consacra alors tout entière à son enfant. Le jeune Cosme grandit sous entouré de maîtres et constamment surveillé par l'œil maternel. Élevé sérieusement, il fut grave de bonne heure, étudiant toutes les choses d'art, de guerre et de gouvernement, avec une égale aptitude, et passionné surtout pour les sciences chimiques et naturelles.

A quinze ans, son caractère s'était déjà dessiné, et pouvait donner à ceux qui l'approchaient une idée de ce qu'il serait plus tard. Comme nous l'avons dit, son aspect était grave et même sévère ; il était lent à former des relations familières, et laissait aussi difficilement prendre aucune familiarité ; mais lorsqu'il en arrivait à cette double concession, c'était une preuve de son amitié, et son amitié était sûre ; cependant, même pour ses amis, il était discret sur toutes ses actions, et désirait qu'on ne sût ce qu'il avait le dessein de faire que lorsque la chose était faite. Il en résulte qu'il paraissait, en toute occasion, chercher un but contraire à celui auquel il tendait, ce qui rendait ses réponses toujours brèves et souvent obscures.

Voilà quel était Cosme, lorsqu'il apprit la nouvelle de l'assassinat d'Alexandre, et la fuite de Lorenzino : cette fuite ne lui laissait aucun concurrent au principat ; aussi eut-il rapidement pris son parti. Il rassembla les quelques amis sur lesquels il pouvait compter, monta à cheval, et partit de la campagne qu'il habitait pour se rendre à Florence.

Cosme fut récompensé de sa confiance par l'accueil qu'on lui fit : il entra dans la ville au milieu des acclamations de joie de tous les habitans. Les souvenirs de son père marchaient autour de lui, et le peuple, parmi lequel était mêlé une foule de soldats qui avaient servi sous Jean des bandes noires, l'accompagna jusqu'au palais Salviati, joyeux et pleurant, criant à la fois : Vive Jean et vive Cosme, vive le père et le fils.

Le surlendemain, Cosme fut nommé chef et gouverneur de la république, à quatre conditions :

De rendre indifféremment la justice aux riches comme aux pauvres.

De ne jamais consentir à relever de l'autorité de Charles-Quint.

De venger la mort du duc Alexandre.

De bien traiter le seigneur Jules et la signora Julia, ses enfans naturels.

Cosme accepta cette espèce de charte avec humilité, et le peuple accepta Cosme avec enthousiasme.

Mais il arriva pour le nouveau grand-duc ce qui arrive pour tous les hommes de génie qu'une révolution porte au pouvoir. Sur le premier degré du trône ils reçoivent des lois, sur le dernier ils en imposent.

La position était difficile, surtout pour un jeune homme de dix-huit ans ; il fallait lutter à la fois contre les ennemis du dedans et contre les ennemis du dehors. Il fallait substituer un gouvernement ferme, un pouvoir unitaire et une volonté durable, à tous ces gouvernemens flasques ou tyranniques, à tous ces pouvoirs opposés l'un à l'autre, et par conséquent destructifs l'un de l'autre, et à toutes ces volontés qui, tantôt parties d'en haut, tantôt parties d'en bas, faisaient un flux et un reflux éternel d'aristocratie et de démocratie, sur lequel il était impossible de rien fonder de solide et de durable. Et cependant avec tout cela il fallait encore ménager les libertés de ce peuple, afin que ni nobles, ni citoyens, ni artisans ne sentissent le maître. Il fallait enfin gouverner ce cheval, encore indocile à la tyrannie, avec une main de fer dans un gant de soie.

Cosme était au reste, de tous points, l'homme qu'il fallait pour mener à bout une telle œuvre. Dissimulé comme Louis XI, passionné comme Henri VIII, brave comme François Ier, persévérant comme Charles-Quint, magnifique comme Léon X, il avait tous les vices qui font la vie privée sombre, et toutes les vertus qui font la vie publique éclatante. Aussi sa famille fut-elle malheureuse, et son peuple heureux.

Il avait eu d'Éléonore de Tolède sa femme, sans compter un jeune prince mort à un an, cinq fils et quatre filles.

Ces fils étaient :

François, qui régna après lui (1).

---

(1) Le même qui épousa Bianca Capello, et dont nous avons déjà raconté l'histoire.

Ferdinand qui régna après François.

Don Pierre, Jean, et Garcias.

Les quatre filles étaient : Marie, Lucrèce, Isabelle et Virginie.

Disons rapidement comment la mort se mit dans cette magnifique lignée, où elle entra, comme dans la famille primitive, par un fratricide.

Jean et Garcias chassaient dans les Maremmes : Jean, qui n'avait que dix-neuf ans, était déjà cardinal ; Garcias n'était encore rien que le favori de sa mère. Le reste de la cour était à Pise, où Cosme qui avait institué, un mois auparavant, l'ordre de Saint-Étienne, était venu pour se faire reconnaître grand-maître.

Les deux frères, qui depuis longtemps gardaient l'un pour l'autre une certaine inimitié, Garcias contre Jean, parce que Jean était le bien-aimé de son père, Jean contre Garcias, parce que Garcias était le bien-aimé de sa mère, se prirent de dispute à propos d'un chevreuil que chacun des deux prétendit avoir tué. Au milieu de la discussion, Garcias tira son couteau de chasse et en porta un coup à son frère. Jean, blessé à la cuisse, tomba en appelant du secours. Les gens de la suite des deux princes accoururent, ils trouvèrent Jean tout seul et baigné dans son sang, le transportèrent à Livourne, et firent prévenir le grand-duc de l'accident qui venait d'arriver. Le grand-duc accourut à Livourne, pansa lui-même son fils ; car le grand-duc, un des hommes les plus savans de son époque, avait toutes les connaissances médicales que l'on pouvait avoir au XVIe siècle. Mais, malgré ces soins empressés, Jean expira dans les bras de son père, le 26 novembre 1562, cinq jours après celui où il avait été blessé.

Cosme revint à Pise. A voir ce masque de bronze dont il avait l'habitude de couvrir son visage, on eût dit que rien ne s'était passé. Garcias avait précédé Cosme à Pise et s'était réfugié dans l'appartement de sa mère, où elle le tenait caché. Cependant, au bout de quelques jours, voyant que Cosme ne parlait pas plus de son fils mort que s'il n'eût jamais existé, elle encouragea le meurtrier à aller se jeter aux genoux de son père et à lui demander pardon. Mais, comme le jeune homme tremblait de tous ses membres à la seule idée de se trouver en face de son juge, pour le rassurer sa mère l'accompagna.

Le grand-duc était assis, tout pensif, dans un des appartemens les plus reculés de son palais.

Le fils et la mère parurent sur le seuil, Cosme se leva à leur vue. Aussitôt Garcias courut à son père, se jeta à ses pieds, embrassant ses genoux et lui demandant pardon. La mère resta sur la porte, tendant les bras à son mari. Cosme avait la main enfoncée dans son pourpoint ; il en tira un poignard qu'il avait l'habitude de porter sur sa poitrine, et en frappa don Garcias, en disant : — Je ne veux pas de Caïn dans ma famille. La pauvre mère avait vu briller la lame, elle s'était élancée vers Cosme. Mais, à moitié du chemin, elle reçut dans ses bras son fils qui, blessé à mort, s'était relevé en chancelant et en criant : — Ma mère ! ma mère !...

Le même jour, 6 décembre 1562, don Garcias expira.

Et à compter de ce moment où il fut trépassé, Éléonore de Tolède se coucha près de son fils, ferma les yeux et ne voulut plus les rouvrir. Huit jours après, elle expira elle-même, les uns disent de douleur, les autres de faim.

Les trois cadavres rentrèrent nuitamment et sans pompe dans la ville de Florence, et l'on dit que les deux fils et la mère avaient été emportés tous trois par le mauvais air des Maremmes.

Ce nom d'Éléonore de Tolède était un nom qui portait malheur. La fille de don Garcias, parrain du jeune fratricide et frère de cette autre Éléonore de Tolède dont nous venons de raconter la mort, était venue toute jeune à la cour de sa tante ; et là, elle avait fleuri sous le doux soleil de la Toscane, comme une de ces fleurs qui ont donné leur nom à Florence. On disait même tout bas à la cour que le grand-duc Cosme s'était épris d'un violent amour pour elle. Et comme on connaissait les amours du grand-duc, on ajoutait qu'il avait séduit par l'or ou effrayé par les menaces les domestiques de la jeune princesse ; qu'il avait pénétré une nuit dans sa chambre et n'en était sorti que le lendemain matin ; puis, les nuits suivantes, il était revenu, et le commerce adultère avait fini par faire un tel bruit, qu'il avait marié sa jeune et belle maîtresse à son fils Pierre. Ce qu'il y avait de sûr au moins dans tout cela, c'est qu'au moment où l'on s'y attendait le moins, et sans que don Pierre eût même été consulté, l'union avait été décidée et le mariage avait eu lieu.

Mais soit l'effet des bruits étranges qui avaient couru sur le compte d'Éléonore, soit que le plaisir goûté par don Pierre dans la compagnie des beaux jeunes gens l'emportât sur les sentimens d'amour que pouvait lui inspirer une belle femme, les nouveaux époux semblaient tristes et vivaient à peu près séparés. Éléonore de Tolède était jeune, elle était belle, elle était de ce sang espagnol qui brûle jusqu'au pied des autels les veines dans lesquels il coule, si bien que, délaissée par son mari, elle se prit d'amour pour un jeune homme nommé Alexandre, lequel était fils du capitaine florentin François Gaci. Mais ce premier amour n'eut pas d'autre suite. Le jeune homme, prévenu que sa passion était connue du mari de celle qu'il aimait et qu'il pouvait causer à la belle Éléonore de grandes douleurs, se retira dans un couvent, et étouffa, ou du moins enferma son amour sous un cilice. Tandis qu'il priait pour Éléonore, Éléonore l'oublia.

Celui qui le lui fit oublier en lui succédant, était un jeune chevalier de Saint-Étienne qui, plus indiscret que le pauvre Alexandre, ne laissa bientôt pas ignorer à toute la ville qu'il était aimé. Aussi, peut-être plus à cause de cet amour qu'à cause de la mort de François Ginori qu'il venait de tuer en duel entre le palais Strozzi et la porte Rouge, avait-il été exilé à l'île d'Elbe. Mais l'exil n'avait point tué l'amour, et ne pouvant plus se voir, les deux jeunes gens s'écrivaient. Une lettre tomba entre les mains du jeune grand-duc François, que de son vivant Cosme avait associé à sa puissance. L'amant fut ramené secrètement de l'île d'Elbe à la prison du bargello. La nuit même de son arrivée, on fit entrer dans sa prison un confesseur et un bourreau ; puis, lorsque le confesseur eut fini, le bourreau étrangla le jeune homme. Le lendemain, Éléonore apprit de la bouche même de son beau-frère l'exécution de son amant.

Elle le pleurait depuis onze jours, tremblante pour elle-même, lorsqu'elle reçut, le 10 juillet, l'ordre de se rendre au palais de Caffaggiolo, que depuis plusieurs mois son mari habitait. Dès lors, elle se douta que tout était fini pour elle, mais elle ne se résolut pas moins d'obéir, car elle ne savait ni où, ni de qui obtenir un refuge. Elle demanda un délai jusqu'au lendemain, voilà tout ; puis elle alla s'asseoir près du berceau de son fils Cosme, et passa la nuit à pleurer et à soupirer, couchée sur son enfant.

Les préparatifs du départ occupèrent une partie de la journée, de sorte qu'Éléonore ne sortit de Florence que vers les trois heures de l'après-midi ; et encore comme instinctivement à chaque minute elle retenait les chevaux, n'arriva-t-elle qu'à la nuit tombante à Caffaggiolo. A son grand étonnement, la maison semblait déserte.

Le cocher dételà les chevaux, et tandis que les valets et les femmes qui l'avaient accompagnée enlevaient les paquets de la voiture, Éléonore de Tolède entra seule dans la belle villa, qui, privée de toute lumière, lui semblait, à cette heure, triste et sombre comme un tombeau. Alors elle monta l'escalier, légère et silencieuse comme une ombre, et frissonnante de terreur malgré qu'elle s'avança, toutes portes étant ouvertes devant elle, vers sa chambre à coucher ; mais au moment où elle posait le pied sur le seuil, elle vit de derrière la portière sortir un bras et un poignard, en même temps elle se sentit frappée, poussa un cri et tomba. Elle était morte ! Don Pierre, ne s'en rapportant à personne du soin de sa vengeance, l'avait assassinée lui-même.

Alors, en voyant étendue dans son sang et immobile, il vint regarder attentivement celle qu'il avait frappée. Éléonore était déjà expirée, tant le coup avait été donné d'une main sûre et habile. Don Pierre se mit à genoux près du cadavre, leva ses mains sanglantes au ciel, demanda pardon à Dieu du crime qu'il venait de commettre, et jura, en explation de ce crime, de ne jamais se remarier. Étrange serment, que, si l'on en croit les bruits scandaleux de l'époque, sa répugnance pour les femmes lui permettait de tenir plus facilement que tout autre!

Puis le bourreau devint ensevelisseur. Il mit dans un cercueil tout préparé le corps dont il venait de chasser l'âme, ferma la bière et l'expédia à Florence, où elle fut ensevelie la même nuit et en secret dans l'église de San-Lorenzo.

Au reste, don Pierre ne tint pas même son serment; il épousa, en 1593, Béatrix de Ménessès; il est vrai que c'était dix-sept ans après l'assassinat d'Éléonore, et que Pierre de Médicis, avec son caractère, devait avoir oublié non seulement le serment fait, mais la cause qui le lui avait dicté.

Passons maintenant aux filles de Cosme.

Marie était l'aînée : c'était à dix-sept ans, comme le dit Shakespeare de Juliette, une des plus belles fleurs du printemps de Florence. Le jeune Malatesti, page du grand-duc Cosme, en devint amoureux; la pauvre enfant de son côté, l'aima de ce premier amour qui ne sait rien refuser. Un vieil Espagnol surprit les deux amans dans un tête-à-tête qui ne laissait aucun doute sur l'intimité de leur liaison, et rapporta au grand-duc Côme ce qu'il avait vu.

Marie mourut empoisonnée à dix-sept ans; car sa vie, prolongée de six mois, eût été un déshonneur pour sa famille. Malatesti fut jeté en prison, et, étant parvenu à s'échapper au bout de dix ou douze ans, gagna l'île de Candie, où son père commandait pour les Vénitiens. Deux mois après on le trouva un matin assassiné au coin d'une rue.

Lucrèce était la seconde fille de Cosme. A l'âge de dix-neuf ans, elle épousa le duc de Ferrare. Un jour, arriva à la cour de Toscane un courrier qui annonça que la jeune princesse était morte subitement. On dit à la cour qu'elle avait été enlevée par une fièvre putride; on dit dans le peuple que son mari l'avait assassinée dans un moment de jalousie.

Isabelle était la troisième : c'était la favorite de son père. L'amour de Cosme pour sa fille dépassait même, comme on va le voir, les bornes de l'amour paternel.

Un jour, Vasari, caché par son échafaudage, peignait le plafond d'une des salles du Palais-Vieux, il vit entrer dans cette salle Isabelle. C'était vers midi, l'air était ardent. Ignorant que quelqu'un était dans la même chambre qu'elle, la jeune fille tira les rideaux, se coucha sur un divan et s'endormit.

Bientôt Cosme entra à son tour et aperçut sa fille. Cosme regarda un instant Isabelle endormie avec des yeux ardens de désir, puis il alla fermer toutes les portes en dedans; bientôt Isabelle jeta un cri, mais à ce cri, Vasari ne vit plus rien, car à son tour il tourna les yeux et fit semblant de dormir. En rouvrant les rideaux, Cosme se rappela que cette chambre devait être celle où peignait Georges Vasari. Il leva les yeux au plafond, et vit l'échafaudage. A l'instant même l'idée lui vint qu'il avait eu un témoin de son crime, et cette idée, dans un cœur comme celui de Cosme, fut suivie immédiatement du désir de s'en débarrasser.

Cosme monta doucement à l'échelle; arrivé à la plate-forme, il trouva Vasari, qui, le nez tourné au mur, dormait dans un coin de son échafaudage. Il s'approcha de lui, tira son poignard, le lui approcha lentement de la poitrine pour s'assurer s'il dormait réellement, ou s'il feignait de dormir. Vasari ne fit pas un mouvement, sa respiration resta calme et égale, et Cosme, convaincu que son peintre favori n'avait rien vu ni entendu, remit son poignard au fourreau et descendit de l'échafaudage.

A l'heure où il avait l'habitude de sortir, Vasari sortit, et il revint le lendemain à l'heure à laquelle il avait l'habitude de venir. Ce sang-froid le sauva; s'il s'était enfui il était perdu; car, partout où il eût fui, le poignard ou le poison des Médicis eût été le chercher.

Cela se passait vers l'année 1557.

L'année d'ensuite, comme Isabelle avait seize ans, il fallut songer à la marier. Parmi les prétendans à sa main, Cosme fit choix de Paul Giordano Orsini, duc de Bracciano; mais une des conditions du mariage fut, dit-on, qu'Isabelle continuerait à demeurer en Toscane au moins six mois de l'année.

Ce mariage, contre toute attente, fut visiblement froid et contraint; on disait, pour expliquer cette étrange indifférence d'un jeune mari envers une femme jeune et belle, que les bruits de l'amour de Cosme pour sa fille étaient venus jusqu'à lui et causaient sa répugnance; mais enfin quelle qu'en fût la cause, cette répugnance existait. Giordano Orsini se tenait la plus grande partie de l'année à Rome, laissant, quelles que fussent ses plaintes, sa femme rester de son côté à la cour de Toscane. Un tel abandon devait porter des fruits adultères. Jeune, belle, passionnée, au milieu d'une des cours les plus galantes du monde, Isabelle ne tarda point à faire oublier, sous des accusations nouvelles, la vieille accusation qui l'avait tachée. Cependant Giordano Orsini se taisait, car Cosme vivait toujours, et tant que Cosme était vivant, il n'eût point osé se venger de sa fille. Mais Cosme mourut en 1574.

Giordano Orsini avait laissé en quelque sorte sa femme sous la garde d'un de ses proches parens nommé Troilo Orsini, et depuis quelque temps, ce gardien de son honneur lui écrivait, qu'Isabelle menait une conduite régulière et telle qu'il la pouvait désirer, de sorte qu'il avait presque renoncé à ses projets de vengeance, — lorsque, dans une querelle particulière et sans témoins, Troilo Orsini tua d'un coup de poignard Lelio Torello, page du grand-duc François, ce qui le força de fuir. Alors on sut pourquoi Orsini avait tué Torello. — Ils étaient tous deux amans d'Isabelle, et Orsini voulait être seul.

Giordano Orsini apprit à la fois la double trahison de son parent et de sa femme. Il partit aussitôt pour Florence et y arriva comme Isabelle, qui craignant le sort de sa belle-sœur, Éléonore de Tolède, assassinée il y avait cinq jours, se préparait à quitter la Toscane et à s'enfuir près de Catherine de Médicis, reine de France. Mais l'apparition inattendue de son mari l'arrêta court au milieu de ses dispositions.

Cependant, à la première vue, Isabelle se rassura; Giordano Orsini paraissait revenir à elle plutôt comme un coupable que comme un juge. Il lui dit qu'il avait compris que toutes les fautes étaient de son côté, et que, désireux de vivre désormais d'une vie plus heureuse et plus régulière, il venait lui proposer d'oublier les torts qu'il avait eus, comme de son côté il oublierait ceux qu'elle avait pu avoir. Le marché, dans la situation où était Isabelle, était trop avantageux pour qu'elle ne l'acceptât point; cependant il n'y eut, pour ce jour, aucun rapprochement entre les deux époux.

Le lendemain, 16 juillet 1576, Giordano Orsini invita sa femme à une grande chasse qu'il devait faire à sa villa de Cerreto. Isabelle accepta, et y arriva le soir avec ses femmes. A peine entrée, elle vit venir à elle son mari conduisant en laisse deux magnifiques lévriers qu'il la pria d'accepter, et dont il l'invita à faire usage le lendemain; puis on se mit à table. Au souper, Orsini fut plus gai que personne ne l'avait jamais vu, accablant sa femme de prévenances et de petits soins, comme aurait pu faire un amant pour sa maîtresse; si bien que, quoique habituée qu'elle fût d'avoir autour d'elle des cœurs dissimulés, Isabelle y fut presque trompée. Cependant, lorsque après le souper son mari l'eut invitée à passer dans sa chambre, et lui donnant l'exemple l'y eût précédée, elle se sentit instinctivement frissonner et pâlir, et retournant vers la Frescobaldi, sa première dame d'honneur :

— Madame Lucrèce, lui dit-elle, irai-je, n'irai-je pas ? Cependant, à la voix de son mari qui revenait sur le seuil, lui demandant en riant si elle ne voulait pas venir, elle reprit courage et le suivit. Entrée dans la chambre, elle n'y trouva aucun changement, son mari avait toujours le même visage, et le tête à tête parut même augmenter sa tendresse. Isabelle, trompée, s'y abandonna, et, lorsqu'elle fut dans une position à ne pouvoir plus se défendre, Orsini tira de dessous l'oreiller une corde toute préparée, la passa autour du cou d'Isabelle, et changeant tout à coup ses embrassemens en une étreinte mortelle, l'étrangla, malgré les efforts pour se défendre, sans qu'elle eût eu même le temps de jeter un cri.

Ce fut ainsi que mourut Isabelle.

Reste Virginie; celle-là fut mariée à César d'Este, duc de Modène. Voilà tout ce qu'on sait d'elle; sans doute elle eut un meilleur sort que ses trois sœurs. L'histoire n'oublie que les heureux.

Voilà le côté sombre de la vie de Cosme; maintenant voici le côté brillant.

Cosme était un des hommes les plus savans de l'époque. Entre autres choses, dit Baccio Baldini, il connaissait une grande quantité de plantes, savait les lieux où elles naissaient, où elles vivaient le plus longtemps, où elles avaient l'odeur la plus vive, où elles ouvraient les plus belles fleurs, où elles portaient les plus beaux fruits, et quelle était la vertu de ces fleurs ou de ces fruits pour guérir les maladies ou les blessures des hommes et des animaux; puis, comme il était excellent chimiste, il composait, avec les plantes, des eaux, des essences, des huiles, des médicamens, des baumes, et donnait ses remèdes à ceux qui lui en faisaient la demande, qu'ils fussent riches ou pauvres, qu'ils fussent sujets toscans ou étrangers, qu'ils habitassent Florence ou toute autre partie de l'Europe.

Cosme aimait et protégeait les lettres. En 1541, il fonda l'académie florentine qu'il nommait son académie très chère et très heureuse : on devait y lire et commenter Plutarque et Dante. Ses séances se tenaient d'abord au palais de Via Larga; puis, pour qu'elle fût plus libre et plus à l'aise, il lui donna la grande salle du conseil au Palais-Vieux. Depuis la chute de la république, cette grande salle était devenue inutile.

L'université de Pise, déjà protégée par Laurent de Médicis, avait brillé autrefois d'un certain éclat; mais, abandonnée par les successeurs du Magnifique, elle était fermée. Cosme la fit rouvrir, et lui accorda de grands privilèges pour assurer son existence; enfin, il attacha à cet établissement un collège dans lequel il voulut que quarante jeunes gens, annonçant des dispositions et choisis dans les familles pauvres, fussent élevés à ses propres frais.

Cosme fit mettre en ordre et livrer aux savans tous les manuscrits et tous les livres de la bibliothèque Lorenziana que le pape Clément XII avait commencé de réunir.

Il assura, par un fonds destiné à son entretien, l'existence des universités de Florence et de Sienne.

Il ouvrit une imprimerie, fit venir d'Allemagne le Torrentino, et fit exécuter toutes les éditions qui portent le nom de ce célèbre typographe.

Il accueillit Paul Jove, qui était errant, et Scipion Ammirato, qui était proscrit; et, le premier étant mort à sa cour, il lui fit faire une tombe avec sa statue.

Le grand-duc voulait que chacun écrivît librement, selon son goût, son opinion et ses capacités; et il encouragea si bien à suivre cette voie Benedetto Varchi, Philippo de Nerli, Vincenzio Borghini, et tant d'autres, que, des seuls volumes qui lui furent dédiés par la reconnaissance des historiens, des poètes ou des savans contemporains, on pourrait faire une bibliothèque.

Enfin, il obtint que Boccace, défendu par le concile de Trente, fût revisé par Pie V, qui mourut en le révisant, et par Grégoire XIII, qui lui succéda. La belle édition de 1573 est le résultat de la censure pontificale, et il poursuivait la même restitution pour les œuvres de Machiavel, lorsqu'il mourut avant de l'avoir obtenue.

Cosme était artiste, ce ne fut pas sa faute s'il arriva au moment où les grands hommes s'en allaient. De toute cette brillante pléiade qui avait éclairé les règnes de Jules II et de Léon X, il ne restait plus que Michel-Ange. Il fit tout ce qu'il put pour l'avoir; il lui envoya un cardinal et une ambassade, lui offrit une somme d'argent qu'il fixerait lui-même, le titre de sénateur et une charge à son choix; mais Paul III le tenait, et ne le voulait point céder. Alors, à défaut du géant florentin, il rassembla tout ce qu'il put trouver de mieux. L'Ammanato, son ingénieur, lui bâtit, sur les dessins de Michel-Ange, le beau pont de la Trinité, et lui tailla le Neptune de marbre de la place du Palais-Vieux. Il fit faire à Baccio Bandinelli l'Hercule et le Bacchus, la statue du pape Léon X, la statue du pape Clément VII, la statue du duc Alexandre, la statue de Jean de Médicis, son père, et sa propre statue à lui-même, la loge du Marché-Neuf et le chœur du Dôme. Benvenuto Cellini fut rappelé de France pour lui fondre son Persée en bronze, pour lui tailler des coupes d'agathe et pour lui graver des médailles d'or. Puis, comme on avait retrouvé dans les environs d'Arezzo, dit Benvenuto dans ses Mémoires, une foule de petites figures de bronze auxquelles il manquait à celles-ci la tête, à celles-là les mains, et aux autres les pieds, Cosme les nettoyait lui-même et en faisait tomber la rouille avec précaution pour qu'elles ne fussent pas endommagées. Un jour que Benvenuto Cellini entrait pour faire visite au grand-duc, il le trouva entouré de marteaux et de ciseaux. Alors, donnant un marteau à Cellini et gardant un ciseau, Cosme lui ordonna de frapper avec le premier de ces outils, tandis qu'il conduisait l'autre, et ainsi ils n'avaient plus l'air d'un souverain et d'un artiste, mais tout simplement de deux ouvriers orfèvres travaillant au même établi.

A force de recherches chimiques, Cosme retrouva, avec François Ferruci de Fiesole, l'art de tailler le porphyre, perdu depuis les Romains, et il en profita à l'instant pour faire sculpter la belle vasque du palais Pitti, et la statue de la Justice, qu'il dressa sur la place de la Trinité, au haut de la colonne de granit qui lui avait été donnée par le pape Pie IV.

Il accueillit et employa Jean de Bologne, qui fit pour lui le Mercure et l'enlèvement des Sabines, puis devint l'architecte de son fils François.

Il éleva Bernard Buontalenti, qu'il donna ensuite pour maître de dessin au jeune grand-duc.

Il plaça sous la direction de l'architecte Tribolo les constructions et les jardins de Castello.

C'est lui encore qui acheta le palais Pitti, auquel il laissa son nom, et dont il fit faire la belle cour.

Il avait appelé près de lui Georges Vasari, architecte, peintre et historien. Il demanda à l'historien une histoire de l'art, et donna au peintre le Palais-Vieux à peindre. L'architecte eut à construire un corridor qui joignit le palais Pitti au Palais-Vieux, à l'instar de celui qui, dit Homère, joignait le palais de Priam au palais d'Hector. Vasari reçut aussi l'ordre de bâtir cette magnifique galerie des Offices, devenue aujourd'hui le tabernacle de l'art, et dont Florence publie à cette heure une magnifique illustration. Ce monument plut tant à Pignatelli, qui le vit lorsqu'il n'était encore que moine à Florence, que, devenu pape en 1691, il fit faire sur le même modèle la Curia Innocenziana à Rome.

Enfin, il réunit dans le palais de Via Larga, dans le Palais-Vieux et au palais Pitti, tous les tableaux, toutes les statues, toutes les médailles, soit antiques, soit modernes, qui avaient été peints, sculptés, gravés ou retrouvés dans des fouilles par Cosme l'Ancien, par Laurent et par le duc Alexandre, et qui deux fois avaient été dispersés et pillés : la première fois lors du passage de Charles VIII, et la seconde fois lors de l'assassinat du duc Alexandre par Lorenzino.

Aussi, la louange contemporaine l'emporta sur le blâme de la postérité; la partie sombre de cette vie se perdit dans la partie éclatante, et l'on oublia que ce protecteur des arts, des lumières et des lettres, avait tué un de ses fils, empoisonné une de ses filles, et violé l'autre.

Il est vrai que les contemporains de Cosme 1er étaient Henri VIII, Philippe II, Charles IX, Christiern II, et cet infâme Paul III, dont le fils violait les évêques (1).

Cosme mourut le 21 avril 1574, laissant le trône ducal à son fils François 1er, qu'il avait associé au pouvoir depuis plusieurs années, et dont nous avons dit à peu près tout ce qu'il y a à en dire, devant la statue de Ferdinand 1er, à Livourne, et à propos de Bianca Capello, sa maîtresse et sa femme.

Cosme était sobre, mangeait peu, buvait peu, et dans les dernières années de sa vie, il avait même renoncé à souper, et se contentait de manger quelques amandes. Presque toujours pendant ses repas, il avait à sa table un savant, avec

(1) Benedetto Varchi. *Histoire de l'évêque de Fano.*

lequel il parlait chimie, botanique ou géométrie ; — un artiste avec lequel il raisonnait d'art, ou un poëte avec lequel il discutait sur Dante ou sur Boccace. A défaut de ceux-ci, il causait avec les officiers de bouche qui faisaient son service, des choses que chacun d'eux, à sa connaissance, avait étudiées; « car il en savait, dit son historien, autant à lui seul que tous les hommes ensemble. » Ses deux plaisirs les plus vifs étaient la musique et la chasse. Il aimait à chanter en chœur, et souvent en se baignant dans l'Arno avec les gentilshommes qu'il avait admis dans sa familiarité, à l'aide de petites tablettes de bois, sur lesquelles chacun, tout en nageant, suivait sa partie. — Cosme donnait alors des concerts en pleine eau à ses sujets, car il était avant tout ennemi du repos, et qu'il travaillât ou s'amusât, il avait toujours besoin de s'occuper à quelque chose. — C'était à la fois le plus grand chasseur, le meilleur fauconnier, et le pêcheur le plus habile de son royaume. Mais il fut forcé de renoncer de bonne heure à ces exercices, ayant été attaqué de la goutte à l'âge de 45 ans.

On voit qu'il y avait à la fois dans Cosme 1er de l'Auguste et du Tibère.

Maintenant revenons à la salle du Palais-Vieux, dont cette longue biographie nous a écarté, et qui est la même, s'il faut en croire les traditions, dans laquelle s'accomplit l'étrange scène du viol d'Isabelle.

Le tableau, non pas le plus remarquable au point de vue de l'art, mais le plus extraordinaire certainement comme fait enregistré, est le tableau de Ligozzi, représentant la réception faite par Boniface VIII à douze ambassadeurs de douze puissances, qui se trouvèrent tous être Florentins, tant le génie politique de la Magnifique république était au XIIIe et au XIVe siècle incontesté dans le monde.

Ces douze ambassadeurs étaient :

Muciato Franzezi, pour le roi de France.
Ugolino de Vicchio, pour le roi d'Angleterre.
Ranieri Langru, pour le roi de Bohême.
Vermiglio Alfani, pour le roi des Germains.
Simone Rossi, pour la Rascia.
Bernardo Ervai, pour le seigneur de Vérone.
Guiscardo Bastaï, pour le Kan de Tartarie.
Manno Fronte, pour le roi de Naples.
Guido Tabanca, pour le roi de Sicile.
Lapo Farinata des Uberti, pour Pise.
Gino de Diétaselvi, pour le seigneur de Camerino.
Et enfin Bencivenni Folchi, pour le grand-maître de l'hôpital de Jérusalem.

Ce fut cette réunion étrange qui fit dire à Boniface VIII qu'un cinquième élément venait de se mêler au monde, et que les Florentins étaient ce cinquième élément.

Les fresques gigantesques qui couvrent les murs, ainsi que tous les tableaux du plafond, sont de Vasari. Les fresques représentent les guerres des Florentins contre Sienne et contre Pise. C'est pour l'exécution de ces dernières que Michel-Ange avait préparé ces beaux cartons qui s'égarèrent sans que l'on sût jamais ce qu'ils étaient devenus.

Dans les autres chambres du palais, qui sont les chambres d'habitation, on trouve aussi en nombre considérable des peintures de la même époque à peu près. Il faut excepter une charmante petite chapelle de Rodolfo Guirlandajo, qui fait, par son exécution serrée et religieuse, une opposition étrange avec cette peinture facile et païenne, du commencement de la decadence.

Tout bouleversé qu'il a été par les arrangemens de Cosme 1er, le Palais-Vieux conserve encore matériellement un souvenir de la république : c'est la tour de la Barberia, où fut enfermé Cosme l'Ancien, et à la porte de laquelle, un demi siècle plus tard, lors de la conspiration des Pazzi, le brave gonfalonier César Petrucci monta la garde avec une broche.

Ce fut dans cette tour, aujourd'hui séparée en bûcher et changée en garde-robe, que Cosme l'Ancien passa, certes, les quatre plus mauvais jours de sa longue vie. Pendant ces quatre jours, la crainte d'être empoisonné par ses ennemis l'empêcha de prendre aucune nourriture.

Car, dit Machiavel, beaucoup voulaient qu'il fût envoyé en exil ; mais beaucoup voulaient aussi qu'on le fît mourir, tandis que le reste se taisait ou par compassion ou par peur. Ces derniers, en ne prenant aucun parti, empêchaient que rien ne se conclût. Pendant ce temps, Cosme avait été enfermé dans une tour du palais et donné en garde à un geôlier ; et, comme du lieu où il était enfermé, ce grand citoyen entendait le bruit des armes qui se faisait sur la place, et le tintement éternel du beffroi qui appelait le peuple à la balie, il craignait à la fois, ou qu'on le fît mourir publiquement, ou bien plutôt encore qu'on le frappât dans l'ombre. C'est pourquoi, s'arrêtant surtout à ce dernier soupçon, il fut quatre jours sans prendre aucune nourriture, si ce n'est un peu de pain qu'il avait apporté avec lui. Alors, s'apercevant des craintes de son prisonnier, le geôlier, qui venait de lui servir son dîner que depuis quatre jours il emportait intact, s'approcha de lui, et le regarda en secouant tristement la tête : — Tu doutes de moi, Cosme, lui dit-il, tu crains d'être empoisonné, et dans cette crainte, tu te laisses mourir de faim. C'est me faire peu d'honneur que de croire que je veuille prêter les mains à une pareille infamie. Je ne pense pas que ta vie soit sérieusement menacée, car, crois-moi, tu as force amis dans ce palais et au dehors ; mais, quand tu aurais à la perdre, demeure tranquille à mon égard, car, je te le jure, il te faudra, pour te l'ôter, un autre ministère que le mien. Je ne rougirai jamais mes mains du sang de personne, et encore moins du tien : jamais tu ne m'as fait aucune offense. Rassure-toi donc; mange, et garde-toi vivant pour tes amis et pour la patrie. Au reste, pour te rassurer mieux encore, fais-moi chaque jour l'honneur de m'admettre à ta table, et je mangerai le premier de tout ce que tu mangeras.

A ces paroles, Cosme se sentit tout reconforté, et se jetant au cou de son geôlier, il l'embrassa en pleurant, en lui jurant une reconnaissance éternelle, et en lui promettant de se souvenir de lui si jamais la fortune lui en fournissait l'occasion en redevenant son ami.

Machiavel oublie de dire si, dans les temps heureux, Cosme se souvint de cette promesse faite aux jours de l'infortune.

Le nom de ce geôlier, qui, comme on le voit, laisse bien loin derrière lui tous les geôliers sensibles et honnêtes de messieurs Caigniez, Guilbert de Pixérécourt et Victor Ducange, était Federigo Malavolti.

Avis à la postérité, qui, n'étant pas chargée de geôliers, peut donner une bonne place à celui-ci !

LA PLACE DU GRAND-DUC.

En sortant du Palais-Vieux, on a devant soi, et tournant le dos, le Cacus de Baccio Bandinelli, et le David de Michel-Ange, gigantesques sentinelles de ce gigantesque palais ; à gauche, au second plan, la loge des Lanzi ; en face de soi, au troisième plan, le toit des Pisans ; enfin, à droite, le fameux Marsocco, qui partagea avec Jésus-Christ l'honneur d'être gonfalonier de Florence, enfin la fontaine de l'Ammanato, et la statue équestre de Cosme 1er, par Jean de Bologne.

Baccio Bandinelli est l'exagérateur de Michel-Ange, dont le talent lui-même ne se sauve de l'exagération que par le sublime. Ce fut celui qui fit du Laocoon antique une copie qu'il trouvait si belle, qu'il la préférait à l'original. On raconta cette prétention à Michel-Ange, qui se contenta de répondre :
— Il est difficile de dépasser un homme, lorsqu'on le suit par derrière.

Les artistes admirent fort l'attache du cou de Cacus.

Baccio Bandinelli croyait sans doute aussi que c'était ce qu'il y avait de mieux dans son groupe, car à peine cette partie fut-elle exécutée qu'il la fit mouler et l'envoya à Rome. Michel-Ange vit cette copie, et se contenta de dire : — C'est beau, mais il faut attendre le reste. En effet, le reste, c'est-à-dire le torse du Cacus fut comparé très exactement à un sac bourré de pommes de pins.

Michel-Ange n'était point le seul avec lequel Baccio Bandinelli fût en opposition d'art et en querelle de mots. Benvenuto Cellini, qui avait le poignard aussi léger que le ciseau, lui avait voué une haine égale à l'admiration qu'il portait à Michel-Ange. Un jour, les deux artistes se trouvaient ensemble devant Cosme 1er ; leurs disputes éternelles recommencèrent malgré la présence du grand-duc, et s'échauffèrent à un tel point, que Benvenuto, montrant son poignard à son adversaire : — Baccio, lui dit-il, je te conseille de te pourvoir d'un autre monde, car, aussi vrai qu'il n'y a qu'un Dieu, je compte t'expédier de celui-ci. — Alors, répondit Bandinelli, préviens-moi un jour d'avance, pour que je me confesse, afin que je ne meure pas comme un chien, et que, quand je me présenterai à la porte du ciel, on ne me prenne pas pour toi !...

Le grand-duc calma Benvenuto en lui commandant la statue de Persée, et Baccio Bandinelli en lui faisant exécuter son groupe d'Adam et Ève.

Quant au David, il a aussi son histoire, car à Florence, tout se peuple de statues et de tableaux a sa tradition individuelle ; il dormait depuis cent ans dans un bloc de marbre ébauché, auquel Simon de Fiesole, sculpteur du commencement du XVe siècle, avait voulu donner la forme d'un géant. Mais le statuaire inexpérimenté, ayant mal pris ses mesures, avait repoussé le bloc du piédestal, et le bloc gisait inachevé, lorsque Michel-Ange le vit, se prit de pitié pour ce marbre informe, le redressa, et le prenant corps à corps, s'escrima si bien du ciseau et du maillet, qu'il en tira cette statue de David. Michel-Ange avait alors vingt-neuf ans.

Ce fut pendant que ce grand artiste exécutait cet ouvrage, qu'il reçut la visite du gonfalonier Soderini, le seul gonfalonier perpétuel qu'ait eu la république. Soderini avec sa sottise, que Machiavel, son secrétaire, a rendue proverbiale par un quatrain, ne manqua pas de lui faire critiques sur critiques. Michel-Ange, impatienté, fit semblant de se rendre à l'une d'elles, et prenant, en même temps que son ciseau, une poignée de poussière de marbre, il invita Soderini à s'approcher pour voir si son conseil était bien suivi. Soderini s'approcha, ouvrant ses grands yeux hébétés, et Michel-Ange y fit voler la poignée de poussière de marbre qu'il tenait cachée dans sa main, ce qui pensa l'aveugler.

Vasari et Benvenuto ont eu tort de dire que ce David était un chef-d'œuvre ; ceux qui ont écrit depuis sur Florence ont eu tort de dire que c'était une œuvre au-dessous de la critique. C'est tout bonnement un ouvrage de la jeunesse de Michel-Ange, à la fois plein de beautés et de défauts, mais qui, placé où il est, concourt admirablement à l'ensemble de cette belle place.

La Loggia dei Lanzi, un des chefs-d'œuvre de cet André Orcagna qui signait ses tableaux : *Orcagna, sculptor*, et ses sculptures : *Orcagna, pictor*, fut élevée primitivement en 1374, pour offrir aux magistrats, dans les balies qui se tenaient sur la place publique, un refuge contre la pluie qui, lorsqu'elle tombe à Florence, tombe par torrens. De là sont les rostres de cet autre forum ; c'est de là, et de la Ringhiera, espèce de tribune disparue au milieu d'une tempête populaire, et qui était dressée à la porte du Palais-Vieux, que les orateurs parlaient au peuple. Sous les Médicis, les lansquenets ayant eu leur corps de garde dans le voisinage de la Loggia, et se trouvant naturellement inoccupés, comme sont toujours des soldats étrangers, ils passaient leur temps à se promener sous ce beau portique ; de là le nom de *Loggia dei Lanzighinetti*, et, par abréviation, *dei Lanzi*.

La Loggia dei Lanzi est richement ornée de statues antiques et modernes ; ces statues antiques, qui sont au nombre de six, et qui représentent des prêtresses ou des vestales,

viennent de la villa Médicis de Rome, et ont perdu le nom de leurs auteurs. Les statues modernes, qui sont au nombre de trois, et qui représentent une Judith, un Persée, et un Romain enlevant une Sabine, sont de Donatello, de Benvenuto Cellini et de Jean de Bologne.

La Judith de Donatello doit son illustration, bien plutôt à la circonstance qui a présidé à son installation actuelle, qu'à son mérite même comme art. En effet, c'est une des plus faibles, des plus raides et des plus gauches statues de l'auteur. Elle était au palais Riccardi, et appartenait aux Médicis ; mais, lorsque Pierre, après avoir livré la Toscane à Charles VIII, eut été chassé de Florence, et que son palais eut été pillé, on résolut de perpétuer la mémoire de cette vengeance populaire, en dressant la Judith sous la loge des lansquenets. En conséquence, elle y fut transportée en grande pompe, et l'on grava sur son piédestal cette menace que Laurent II laissa, à son retour, subsister sans doute par insouciance, et Alexandre, à son avénement au trône, par mépris.

« Exemplum salut. publ. Cives posuère xccccxcv. »

Quant au grand-duc actuel, il n'y a probablement pas même fait attention : il est trop aimé pour que cela le regarde.

A côté de la Judith est le Persée ; le Persée que Benvenuto a tant appelé un chef-d'œuvre, qu'il est devenu de mode de lui contester ce titre, et qui, au reste, vaut à peu près tout ce qui se faisait dans la même époque. D'ailleurs, quand nous autres artistes, qui connaissons pour les avoir éprouvées, les sueurs, les transes et les fatigues de l'enfantement, nous lisons, dans Benvenuto lui-même, tout ce que sa statue lui a coûté d'insomnie, de labeur et de fièvre ; lorsque nous assistons à cette lutte de l'homme, à la fois contre les hommes et la matière ; lorsque nous voyons la force manquer au statuaire, le bois manquer à la fournaise, le métal manquer au moule ; lorsque nous voyons le bronze déjà fondu se figer, refusant de couler dans la forme, et l'artiste, désespéré, jeter dans la chaudière tarie par le feu plats d'étain, couverts d'argent, aiguières dorées, prêt à s'y jeter lui-même enfin de désespoir, comme un autre Empédocle dans un autre Etna, nous devenons indulgens, en face d'une œuvre qui, si elle n'est pas de premier ordre, marche au moins derrière Michel-Ange, de pair avec les Jean de Bologne, et en avant des Ammanato, des Tasca et des Baccio Bandinelli.

Mais ce qui est vraiment délicieux, ce dont personne ne contestera le ravissant caractère, ce sont les figurines du piédestal, dont Benvenuto connaissait si bien la valeur, qu'il se brouilla avec la duchesse plutôt que d'en déshériter sa statue. Ces figurines étaient tellement du goût de la pauvre Éléonore de Tolède, qu'elle les voulait absolument garder dans son appartement, et qu'il fallut tout l'entêtement artistique de Cellini pour les lui arracher des mains.

Le troisième groupe est l'enlèvement des Sabines, de Jean de Bologne, qui, à son apparition, eut un tel succès, que l'on venait de tous les points de l'Italie pour l'admirer. Ces trois figures qui, au reste, sont d'une grande beauté, tant par l'expression des physionomies que par le modelé des chairs, n'eurent pas le bonheur de plaire à tout le monde. Un seigneur, entre autres, qui était parti de la rue du Corso, à cheval, pour le venir voir, et qui était resté cinq jours en route, s'en approcha, toujours à cheval, s'arrêta un instant, et, sans descendre de sa monture : — Voilà donc, dit-il, la chose dont on fait tant de bruit. Puis, haussant les épaules, il remit son cheval au galop et reprit le chemin de Rome.

Nous conseillons à ceux qui voudraient suivre l'exemple du curieux Romain de descendre de cheval, et de regarder de près le petit bas-relief du piédestal représentant l'enlèvement des Sabines.

En face du Palais-Vieux, attenant à la poste aux lettres, est une avance en bois, qu'on appelle le toit des Pisans, et qui n'a rien de remarquable que la circonstance qui a fait donner son nom.

On sait les longues guerres et la haine éternelle des deux républiques. Pise fut en petit à Florence ce que Rome fut à Carthage, et Florence, comme Rome, n'eut pas de repos que Pise ne fût, sinon détruite, du moins soumise. Une des victoires qui concoururent à cette soumission fut celle de Cascina, qui fut remportée par Galiotto, à six milles de Pise, et probablement à l'endroit même où est aujourd'hui la métairie du grand-duc. Les Pisans perdirent dans cette journée, qui fut celle du 28 juillet 1364, mille hommes tués et deux mille prisonniers. Ces deux mille prisonniers furent amenés à Florence sur quarante-deux charrettes, et ils entrèrent par la porte San-Friano, où on les arrêta pour leur faire payer la gabelle, et où ils furent taxés à dix-huit sous par personne, prix qu'on avait l'habitude de payer par chaque tête de bétail; puis on les conduisit, trompettes sonnantes, place de la Seigneurie, où on les fit descendre de voiture, et où on les força de défiler, un à un, derrière Marsocco, et de lui baiser le derrière en passant. Deux de ces malheureux virent un déshonneur si grand dans ces nouvelles fourches caudines, qu'ils s'étranglèrent avec leurs chaînes. Enfin, les Florentins, pensant qu'ils pouvaient les utiliser à mieux que cela, les employèrent à bâtir ce toit, qui, encore aujourd'hui, du nom de ses constructeurs, est appelé le toit des Pisans.

Le Marsocco actuel est innocent du suicide des deux Pisans; car, vers l'an 1420, le vieux Marsocco, qui datait du Xe siècle, étant tombé en poussière, la seigneurie en commanda un autre à Donatello. C'est celui qu'on voit aujourd'hui, tenant sous sa patte l'écusson à la fleur de lis rouge de Florence, et il a l'air trop bonne bête pour avoir rien de pareil à se reprocher.

La fontaine de l'Ammanato, malgré la réputation qu'on lui a faite, est à mon avis un assez médiocre ouvrage. Les chevaux marins et le Neptune ne semblent pas faits l'un pour l'autre et n'ont aucune proportion entre eux; on dirait un géant traîné par des poneys. Une chose non moins ridicule est le maigre filet d'eau qui suinte de ce colosse. En revanche, les figures de bronze de grandeur naturelle, accroupies sur les rebords du bassin, sont charmantes. L'année dernière, on s'aperçut un beau matin qu'il en manquait une. Pendant deux mois on fit les recherches les plus actives pour savoir ce qu'elle était devenue. Au bout de ce temps, on apprit qu'un amateur anglais l'avait enlevée; seulement on ignore encore quel est le procédé dont il s'est servi pour cet enlèvement, chaque figure pesant plus de deux milliers.

Une chose particulière à cette fontaine, c'est qu'elle est située à l'endroit où fut brûlé Savonarole.

Un mot sur cet homme étrange, sur son caractère, sur son supplice et sur la mémoire qu'il a laissée.

Frère Jérôme Savonarole naquit à Ferrare, le 21 septembre 1452, de Nicolas Savonarole et d'Elena Buonaconi. Dès son enfance, on remarqua en lui un caractère grave et des dehors austères, et aussitôt qu'il fut en âge d'avoir une volonté, il manifesta le désir de se faire religieux. Dans ce but, il étudia avec une application soutenue la philosophie et la théologie, lisant et relisant sans cesse les œuvres de Saint-Thomas-d'Aquin, ne suspendant ces graves lectures que pour faire des vers toscans. Cette occupation était si agréable à Savonarole, qu'il se l'interdit bientôt, se reprochant de prendre un si grand plaisir à une distraction qu'il regardait comme mondaine.

Parvenu à l'âge de vingt-deux ans, il rêva une nuit qu'il était exposé nu dans la campagne, et qu'il lui tombait sur le corps une pluie d'eau glacée. L'impression fut telle qu'il se réveilla, et qu'en se réveillant il résolut de se donner à Dieu, cette pluie bienfaisante ayant, ce qu'il assurait, éteint à tout jamais les passions dans son cœur.

Ce fut la première de ces visions qui lui devinrent depuis si fréquentes et si familières.

Le lendemain, qui était le 24 avril 1475, sans avertir ni parens ni amis, il s'enfuit à Bologne, et revêtit l'habit de Saint-Dominique.

Le jeune dominicain était déjà depuis quelque temps à Bologne, lorsque la guerre s'étant allumée entre Ferrare et Venise, on résolut de dégrever le couvent de ses bouches inutiles. Frère Jérôme Savonarole, dont rien n'avait pu faire encore apprécier le génie, fut du nombre des exilés. Il s'en vint alors à Florence, où il trouva l'occasion de prêcher tout un Carême dans l'église de San-Lorenzo; mais, inexpérimenté qu'il était encore, il ne réussit ni pour la voix, ni pour le geste, ni pour l'éloquence; alors il douta lui-même de la mission qu'il s'était cru appelé à remplir, et résolut de se borner à l'explication des saintes Écritures. Il se retira donc dans un couvent de Lombardie, où il comptait rester éternellement, lorsqu'il fut redemandé à Florence, par Laurent de Médicis. Le jeune Pic de la Mirandole avait suivi les prédications de frère Jérôme, et à travers l'embarras de l'élocution, la gaucherie du geste, il avait reconnu l'accent de l'inspiré et le regard sombre et profond de l'homme de génie.

Mais déjà il s'était fait un progrès immense dans Savonarole; le temps qu'il avait passé en Lombardie avait été employé par lui à des études d'éloquence, et lorsqu'il revint à Florence, il commençait à croire de nouveau que Dieu l'avait choisi pour parler aux peuples par sa voix. Ses premiers essais le confirmèrent dans cette croyance.

D'ailleurs le temps était bon pour s'ériger en prophète, l'Italie était pleine de factions, et l'Église de scandales. Innocent VIII régnait alors, et ses seize enfans lui avaient valu le surnom de Père de son peuple; aussi Savonarole prit-il pour texte de ses discours trois propositions.

La première, que l'Église devait être renouvelée;
La seconde, que l'Italie serait battue de verges;
Et la troisième, que ces événemens s'accompliraient avant la mort de celui qui les annonçait. Cette mort devait arriver avant la fin du siècle; or, comme on était à l'année 1490, toutes ces prophéties devaient faire d'autant plus d'effet qu'elles annonçaient des choses prochaines, et que Savonarole, comme cet homme qui faisait le tour des murs de Jérusalem, après avoir commencé par crier malheur aux autres, finissait par crier malheur sur lui-même.

Luther accomplit la première des prédictions de Savonarole.

Alexandre de Médicis la seconde.

Et Roderic Borgia la troisième.

Les prédications de Savonarole produisirent un tel effet et attirèrent un tel concours d'auditeurs, que quoiqu'on lui eût accordé le Dôme comme la plus grande des églises de Florence, le Dôme se trouva bientôt trop étroit pour la foule qui venait se nourrir de sa parole. On fut donc obligé de séparer des hommes, les femmes et les enfans, et de leur réserver des jours particuliers. En outre, chaque fois que Savonarole se rendait de son couvent au Dôme et retournait du Dôme à son couvent, on était obligé de lui donner une garde. Les rues dans lesquelles il devait passer étaient pleines d'hommes du peuple qui, le regardant comme un saint, voulaient baiser le bas de sa robe.

Cette popularité lui valut d'être nommé, en 1490, prieur du couvent de Saint-Marc, et à l'occasion de cette nomination, il donna une nouvelle preuve de son caractère inflexible. Il était d'habitude, et les prédécesseurs de Savonarole avaient presque fait de cette concession une règle, que ceux qui étaient promus au rang de prieurs dans les ordres réguliers allassent présenter leurs hommages à Laurent de Médicis, comme au chef suprême de la République, et le priassent de leur accorder sa protection. Savonarole, qui ne reconnaissait d'autre chef à la République que ceux qu'elle s'était donnés par élection, refusa constamment d'accomplir cet acte d'inféodation à un pouvoir qu'il regardait comme usurpé. Vainement ses amis l'en pressèrent-ils, vainement Laurent lui fit-il savoir qu'il le recevrait pour plaisir. Savonarole répondit constamment qu'il était prieur de Dieu et non de Laurent; celui-ci n'avait donc rien de plus à attendre de lui que les derniers citoyens.

Cette réponse, comme on le comprend, blessa fort l'orgueilleux Médicis; c'était la seule opposition qu'il eût rencontrée à Florence depuis la conspiration des Pazzi. Aussi les prédications exaltées de Savonarole ayant produit quelques troubles, Laurent profita-t-il de cette occasion pour faire dire au moine rebelle, par cinq des premiers de la ville, qu'il eût à interrompre son prêche, ou tout au moins à modérer sa fougue. Savonarole répondit à ceci par un discours qu'il termina en annonçant au peuple la mort prochaine de Laurent de Médicis.

Cette prédiction se réalisa dix-huit mois après, c'est-à-dire le 9 avril 1492.

Alors, il arriva que, sur son lit de mort, Laurent le Magnifique se souvint du pauvre prieur de Saint-Marc, et le reconnaissant pour un inspiré, puisqu'il avait si bien prophétisé les choses qui arrivaient, ne voulut recevoir l'absolution que de lui. Il l'envoya donc chercher, et cette fois Savonarole, fidèle à sa promesse, accourut à son lit de mort, agissant en cela comme il l'aurait fait pour le dernier des citoyens.

Laurent le Magnifique se confessa. Il avait sur la conscience force crimes inconnus et cachés; de ces crimes comme en commettent les puissans, qui veulent à tout prix garder leur puissance. Mais, si grands que fussent ses crimes, Savonarole lui promit le pardon de Dieu à trois conditions. Le moribond, qui ne croyait pas en être quitte à si bon marché, lui demanda quelles étaient ces trois conditions.

— La première, dit le moine, c'est que vous ayez une foi vive et inaltérable en Dieu.

— Je l'ai, répondit vivement Laurent.

— La seconde, c'est que vous restituerez, autant que possible, le bien que vous avez mal acquis.

Laurent réfléchit un instant; puis, après une effort sur lui-même.

— C'est bien, je le restituerai, dit-il.

— Enfin, la troisième, c'est que vous rendrez la liberté à Florence.

— Oh! pour cela non, dit le mourant; j'aime mieux être damné.

Tournant alors le dos à Savonarole, Laurent ne prononça plus une seule parole; il expira le même jour.

Et comme sa mort, dit Machiavel, devait être le signal de grandes calamités, Dieu permit qu'elle fût accompagnée de terribles présages. La foudre tomba sur le Dôme, et Roderic Borgia fut nommé pape.

L'orage prédit par Savonarole s'avançait : Charles VIII apparaissait à l'horizon, marchant vers son royaume de Naples, et menaçant de passer sur Florence, lui et sa colère. Savonarole fut député au devant de l'armée ultramontaine.

Le moine demeura fidèle à sa mission, et parla au roi, non en ambassadeur, mais en prophète. Il lui prédit la victoire et les grâces de Dieu s'il rendait la liberté à Florence; il lui promit les revers et l'inimitié du Seigneur, s'il la laissait sous le joug. Charles VIII ne vit dans Savonarole qu'un bon religieux qui se mêlait de parler politique, c'est-à-dire d'une chose qu'il ne comprenait pas. Il passa à travers Florence sans faire attention à ses paroles, et ne quitta la ville révoltée qu'après avoir exigé de la seigneurie la levée du séquestre placé sur les biens des Médicis, et l'annulation du décret qui mettait leur tête à prix.

Moins d'un an après, la nouvelle prédiction de Savonarole était encore accomplie. Les succès s'étaient changés en revers, et Charles VIII, l'épée à la main, était forcé de se rouvrir, par la bataille du Taro, un chemin sanglant vers la France.

Tout jusque là secondait Savonarole, et les événemens semblaient aux ordres de son génie. Aussi son influence dans la république était-elle, après la chute de Pierre de Médicis, devenue plus grande que jamais. Il reçut alors de la seigneurie commission de présenter une nouvelle forme de gouvernement. Savonarole, libre dès lors de donner carrière à ses idées démocratiques, établit son système sur la base la plus large et la plus populaire qui eût encore été offerte à la république florentine.

Le droit de distribuer les places et les honneurs devait être accordé à un grand conseil composé de tout le peuple; et comme le peuple ne pouvait être convoqué en masse à chaque instant, et pour chaque chose qui réclamait son examen et son approbation, il devait déléguer son autorité à un certain nombre de citoyens choisis par lui-même, et auquel il transmettrait ses droits. Ce fut pour réunir cette assemblée d'élus que Savonarole fit construire dans le Palais-Vieux, par Cronaca son ami, cette fameuse salle du conseil, dans laquelle pouvaient tenir à l'aise mille citoyens.

Ce n'était pas tout : après la partie matérielle de la liberté, si on peut parler ainsi, il fallait s'occuper de sa partie morale, c'est-à-dire des mœurs et des vertus, sans lesquelles elle ne peut se maintenir. Or, les Médicis avaient répandu l'or à pleines mains : l'or avait enfanté le luxe, et le luxe les plaisirs. Florence n'était plus cette république sévère où la parcimonie publique et l'économie privée permettaient au gouvernement de commander à la fois à Arnolfo di Lapo une nouvelle enceinte de remparts, un dôme magnifique, un palais imprenable, et un grenier public où pût être enfermé le blé de toute une année. Florence s'était faite molle et voluptueuse; Florence avait des savans grecs, des poëtes érotiques, des tableaux obscènes, et des statues effrontées. Il fallait porter le fer et le feu dans tout cela ; il fallait ramener les Florentins à la simplicité antique ; il fallait détruire Athènes, et avec ses débris rebâtir Sparte.

Savonarole choisit l'époque du Carême pour tonner contre cette tendance mondaine, et pour lancer l'anathème sur toutes ces corruptrices superfluités. Sa parole eut sa puissance ordinaire. A sa voix, chacun se hâta de venir amonceler sur les places publiques tableaux, statues, livres, bijoux, vêtemens de brocard et habits brodés. Alors le moine, suivi d'une foule de femmes et d'enfans qui chantaient les louanges de Dieu, sortit du Dôme, une torche à la main, et s'en alla par les rues, allumant tous ces bûchers renouvelés chaque jour et chaque jour dévorés.

Ce fut dans un de ces brasiers que Fra Bartolomeo vint jeter ses pinceaux érotiques et ses toiles mondaines qui jusqu'alors avaient détourné son génie de la voie divine. Converti au Seigneur, Fra Bartolomeo jura de ne traiter désormais que des sujets religieux, et il tint son serment.

Cependant, après avoir triomphé jusqu'à ce jour, Savonarole allait enfin s'attaquer au colosse contre lequel il devait se briser.

Alexandre VI était monté sur le trône pontifical, et y avait porté les désordres de sa vie privée. Plus l'exemple de l'impiété et de la débauche descendait de haut, plus il était abominable. Savonarole n'hésita pas un instant, et il attaqua la cour de Rome avec la même véhémence qu'il eût attaqué la cour de France ou la cour d'Angleterre.

Alexandre VI crut répondre efficacement à ces attaques, en fulminant une bulle dans laquelle il déclarait Savonarole hérétique, et lui interdisait la prédication. Savonarole éluda cette défense, en faisant prêcher à sa place Dominique Bonvicini de Pescia, son disciple. Mais bientôt, se lassant du silence, il déclara, sur l'autorité du pape Pélage, qu'une excommunication injuste était sans efficacité, que celui qui en avait été atteint n'avait pas même besoin de s'en faire absoudre. En conséquence, le jour de Noël de l'année 1497, il déclara en chaire que le Seigneur lui inspirait la volonté de secouer l'obéissance, attendu la corruption du maître, et il continua ses prédications ou plutôt ses attaques, avec plus de force, de liberté et d'enthousiasme que jamais.

Alors il arriva un moment où, pour le peuple florentin, Savonarole ne fut plus un homme, mais un messie, un second Christ, un demi-Dieu.

Mais au milieu de tout ce peuple qui le regardait passer à genoux, lui marchait triste et la tête baissée, car il sentait que sa chute était prochaine, et rien ne lui avait révélé encore que Luther était né.

Alexandre VI répondit à cette rébellion par un bref qui déclarait à la seigneurie que, si elle n'interdisait point la parole au prieur des dominicains, tous les biens des marchands florentins situés sur le territoire pontifical seraient confisqués, et la république mise en interdit et déclarée ennemie spirituelle et temporelle de l'Église. La seigneurie, qui voyait croître la puissance pontificale dans la Romagne, et qui sentait César Borgia aux portes, n'osa point résister, et cette fois intima elle-même à Savonarole l'ordre de suspendre ses prédications. Savonarole ne pouvait résister;

d'ailleurs la résistance eût été une infraction aux lois que lui-même avait consenties : il prit donc congé de son auditoire, dans un prêche qu'il lui annonça être le dernier. En même temps, on annonça qu'un autre prédicateur très renommé était arrivé au nom d'Alexandre VI, pour remplacer frère Savonarole, et combattre la parole impie par la parole sainte.

On comprend que le nouveau venu essaya vainement de se faire entendre ; car la retraite de Savonarole, au lieu de calmer la fermentation, l'avait augmentée. On parlait de ses visions divines, de ses prophéties réalisées, on annonça des miracles. Le prieur des Dominicains avait offert, disait-on, de descendre avec le champion de la papauté dans les caveaux de la cathédrale, et de ressusciter un mort. Ces bruits auxquels Savonarole était étranger, répandus par des sectaires trop zélés, revinrent à frère François de Pouille ; c'était le nom du prédicateur venu de Rome. Frère François était d'une trempe pareille à Savonarole, et n'avait contre lui que le désavantage de défendre une mauvaise cause. Au reste, ardent fanatique, prêt à mourir pour cette cause si sa mort pouvait la faire triompher, il répondit à ces bruits vagues par un défi formel : il proposait d'entrer avec le prieur des Dominicains dans un bûcher ardent, et là, disait il, à la face du peuple, Dieu reconnaîtrait ses élus. — Cette proposition était d'autant plus étrange de sa part qu'il ne croyait pas à un miracle ; mais il espérait par cette offre décider Savonarole à tenter l'épreuve, et en mourant, entraîner du moins avec lui le tentateur qui précipitait tant d'âmes avec la sienne dans la damnation éternelle.

Si exalté que fût Savonarole il n'espérait point que Dieu fît un miracle en sa faveur. D'ailleurs, n'ayant jamais proposé le premier défi, il ne se croyait nullement dans l'obligation d'accepter le second. — Mais alors il arriva une chose qui prouve jusqu'à quel point il avait excité le fanatisme de ses disciples. Frère Dominique Bonvicini, plus confiant que lui dans l'intervention de Dieu, fit répondre qu'il était prêt à tenir tête à François de Pouille et à accepter l'épreuve du feu. — Malheureusement ce dévouement ne faisait pas le compte de frère François, c'était le maître et non le disciple qu'il voulait frapper ; et s'il mourait, il voulait du moins que sa mort eût tout l'éclat que pouvait lui donner celle de l'antagoniste illustre avec lequel seul il consentait à lutter.

Mais Florence semblait atteinte d'une folie générale. A défaut de frère François, deux moines Franciscains, nommés l'un frère Nicolas de Pilly et l'autre frère André Rondinelli, déclarèrent qu'ils étaient prêts à tenir tête à François de Pouille et à accepter l'épreuve du feu avec frère Dominique : le même jour, le bruit que le défi mortel était accepté se répandit par toute la ville.

Les magistrats voulurent empêcher le scandale ; il était trop tard. Le peuple comptait sur un spectacle inattendu, inouï, terrible ; et il n'y avait pas moyen de le lui enlever sans exposer la ville à quelque émeute. Les magistrats furent donc obligés de céder ; ils décidèrent alors que ce duel étrange aurait lieu entre frère Dominique Bonvicini et frère André Rondinelli, qui, ayant prouvé qu'il était le premier en date, obtint la préférence sur frère Nicolas de Pilly. Dix citoyens élus à la majorité des voix furent chargés de régler les détails de la lutte, d'en fixer le jour et le lieu. Le jour fut fixé au 7 avril 1498, et la place du Palais, ou plutôt de la Seigneurie, comme on l'appelait alors, fut choisie pour le champ-clos.

Dès que cette décision fut connue, la foule s'amassa si nombreuse sur la place, quoiqu'il y eût encore cinq jours à attendre avant le jour fixé, que les juges comprirent qu'il n'y aurait aucun moyen de faire les préparatifs nécessaires, si l'on ne remplissait point d'hommes armés les rues adjacentes. Moyennant cette précaution, prise pendant la nuit, la place, un matin, se trouva vide, et l'on put commencer les travaux.

On sépara d'abord, à l'aide d'une cloison, la loge *dei Lanzi* en deux compartimens, dont l'un était réservé à frère Rondinelli et à ses Franciscains, l'autre à frère Dominique et aux disciples de Savonarole ; puis on établit un échafaud en charpente, de cinq pieds de haut, de dix de large et de quatre-vingts de long. Cet échafaud fut tout garni de bruyère, de fagots et d'épines du bois le plus sec que l'on pût trouver. Au milieu du bûcher, on ménagea deux espèces de corridors de la longueur de l'échafaud, séparés l'un de l'autre par une cloison de branches de pin. Ces corridors s'ouvraient d'un côté sur la loge dei Lanzi, et de l'autre, sur l'extrémité opposée : le tout devait se passer au grand jour, afin que chacun pût voir les champions entrer et sortir ; il n'y avait donc moyen ni de reculer ni d'organiser un faux miracle.

Le jour arrivé, les Franciscains se rendirent à leur loge sans aucune démonstration apparente. Savonarole, au contraire, annonça une grande messe à laquelle il pria tous ses prosélytes d'assister ; puis, la messe finie, au lieu de renfermer l'hostie dans le tabernacle, il s'avança vers la porte, le saint Sacrement à la main, sortit de l'église, et se rendit à la place du Palais. Frère Dominique de Pescia le suivait avec toutes les apparences d'une foi ardente, tenant à la main un crucifix, dont de temps en temps il baisait les pieds en souriant. Tous les moines Dominicains du couvent de Saint-Marc venaient derrière lui, partageaient visiblement sa confiance, et chantaient des hymnes au Seigneur. Enfin, après les Dominicains, marchaient les citoyens les plus considérables de leur parti, tenant des torches à la main ; car, sûrs qu'ils étaient de la réussite de leur sainte entreprise, ils voulaient eux-mêmes mettre le feu au bûcher.

Il est inutile de dire que la place était tellement pleine de monde que la foule dégorgeait dans toutes les rues. Les portes et les fenêtres semblaient murées avec des têtes, les terrasses des maisons environnantes étaient couvertes de spectateurs, et il y avait des curieux jusque sur la tour du Bargello, jusque sur le toit du Dôme, sur la plate-forme du Campanile.

Sans doute l'assurance de frère Dominique commença d'inspirer quelques craintes aux Franciscains ; car, lorsqu'on leur fit dire que frère Dominique était prêt, ils déclarèrent qu'ils avaient appris que frère Dominique s'occupait de magie, et, grâce à cet art, composait des charmes et des talismans. En conséquence, ils demandaient que leur adversaire fût dépouillé de ses habits, visité par des gens de l'art, et revêtu d'habits nouveaux qui lui seraient donnés par les juges ! Frère Dominique ne fit aucune objection, dépouilla lui-même sa robe, et se livra à l'investigation des médecins, après quoi il revêtit le nouveau froc qui lui fut apporté, et fit demander une seconde fois aux Franciscains s'ils étaient prêts. Frère André Rondinelli fut alors obligé de sortir de sa loge. Mais comme il vit en sortant que son adversaire se préparait à traverser les flammes, en tenant en main le saint Sacrement que Savonarole venait de lui remettre, il s'écria que c'était une profanation que d'exposer le corps de Notre-Seigneur à être brûlé ; d'ailleurs, que, s'il y avait miracle, le miracle n'aurait rien d'étonnant, puisque ce n'était pas frère Bonvicini, mais son fils bien-aimé que Dieu sauverait des flammes. En conséquence, il déclara que, si le Dominicain ne renonçait pas à cette aide surnaturelle, lui renoncerait à l'épreuve. De son côté, Savonarole, à qui, pour la première fois peut-être le doute vint à l'esprit, et cela parce qu'il s'agissait d'un autre que de lui, déclara que l'épreuve ne se ferait qu'à cette condition. Les Franciscains ne voulurent pas démordre de la prétention, Savonarole se retrancha dans son droit, et tint ferme, et comme ni les uns ni les autres ne voulurent céder, quatre heures s'écoulèrent en discussions, pendant lesquelles le peuple, exposé à un soleil ardent, commença de murmurer si haut et si bien, que Dominique Bonvicini déclara, pour en finir, qu'il était prêt à tenter l'épreuve avec un simple crucifix. Il n'y avait plus moyen de reculer, le crucifix n'étant que l'image et non la présence réelle. Frère Rondinelli fut donc forcé de se soumettre ! et l'on annonça au peuple que l'épreuve allait commencer. Au même instant il oublia toutes ses fatigues et battit des mains, comme on fait chez nous au théâtre, lorsqu'après une longue attente les trois coups du régisseur annoncent que la toile va se lever.

Mais en ce moment même, par un hasard étrange, un violent orage éclata sur Florence. Depuis longtemps cet orage s'amassait sur la ville, sans que personne eût remarqué ce qui se passait au ciel, tant chacun avait les yeux fixés sur la terre. Il tomba de tels torrens de pluie, que le feu qu'on venait d'allumer fut éteint à l'instant même, sans qu'il fût possible de le ranimer, quoiqu'on y jetât toutes les torches qu'on pût se procurer, et quoiqu'on apportât du feu et des tisons enflammés de toutes les maisons qui donnaient sur la place.

Dès lors la foule se crut jouée ; et comme les uns criaient que l'empêchement était venu des Franciscains, tandis que les autres affirmaient qu'il avait été suscité par les disciples de Savonarole, le peuple fit indistinctement retomber la responsabilité de son désappointement sur les deux champions, et les prit tous deux en mépris. Aux cris qu'elle entendit pousser, aux démonstrations hostiles qu'elle vit faire, la seigneurie donna ordre à la foule de se retirer ; mais, malgré la pluie qui continuait de tomber par torrens, personne n'obéit. Force fut donc à la fin aux deux adversaires de traverser la foule. C'était là qu'on les attendait. Frère Rondinelli fut reconduit à grands coups de pierre, au milieu des huées, et rentra à son couvent tout meurtri et avec sa robe en lambeaux. Quant à Savonarole, il sortit comme il était entré, le Saint-Sacrement à la main ; et grâce à cette sainte sauve-garde, il parvint, sans accident, lui et les siens, jusqu'à la place Saint-Marc, où était situé son couvent.

Mais de ce jour le prestige fut détruit ; Savonarole ne fut plus, même pour le peuple, un moine fanatique, il fut un faux prophète. Frère François de Pouille, cet envoyé d'Alexandre, duquel était partie la première proposition, et qui était resté en arrière dès qu'il avait vu les Franciscains et les Dominicains s'engager, profita habilement de cette déception pour animer contre Savonarole tout ce qu'il avait d'ennemis dans Florence. Ces ennemis étaient d'abord tous ceux qui maintenaient une excommunication comme valable, quelle que fût la moralité du pape qui l'aurait lancée. C'étaient ensuite tous les partisans des Médicis, qui croyaient que l'influence seule de Savonarole s'opposait à leur retour, et qui portaient tant d'ardeur dans leur opinion politique, qu'on les appelait les *arrabiati* ou les enragés.

Aussi, le lendemain, dimanche des Rameaux, lorsque Savonarole monta en chaire pour expliquer sa conduite de la veille, les cris de : *A bas le faux prophète ! à bas l'hérétique ! à bas l'excommunié !* se firent entendre de tous côtés, renouvelés avec tant d'acharnement que Savonarole, dont la voix était faible, ne put dominer ce tumulte. Alors Savonarole, voyant qu'il avait perdu toute son influence sur le peuple, qui, la veille encore, écoutait ses moindres paroles à genoux, se couvrit la tête de son capuchon, et se retira dans la sacristie ; puis, de la sacristie, gagna, sans être vu, son couvent. Mais cette retraite n'avait point désarmé les ennemis de Savonarole, et ils résolurent de le poursuivre à son couvent, où ils présumèrent avec raison qu'il s'était retiré. Les cris : *A Saint-Marc ! à Saint-Marc !* se firent entendre. Ces cris, poussés par les rues, ameutèrent tous ceux chez lesquels ils éveillaient ou l'intérêt ou la vengeance. Le noyau d'insurrection se recruta à chaque pas, et bientôt la foule alla battre les murs de Saint-Marc comme une marée qui monte. A l'instant même les portes furent enfoncées, et le flot populaire se répandit dans le couvent.

Se doutant que c'était à lui que l'on en voulait, Savonarole ouvrit sa cellule et parut sur le seuil. Il y eut alors un instant d'hésitation parmi ces hommes habitués à trembler devant lui ; mais deux *arrabiati* s'étant jetés sur lui et ayant crié : *Au bûcher, l'hérétique ! au gibet, le faux prophète !* On fit sortir Savonarole pour le conduire directement au supplice ; et ce ne fut qu'avec grand'peine que deux magistrats, accompagnés d'un corps de troupes réuni à la hâte au bruit de cette émeute, parvinrent à l'arracher des mains de cette populace, en lui promettant que justice serait faite, et qu'elle ne perdrait rien à attendre.

En effet, le 25 mai, c'est-à-dire quarante-deux jours après l'épreuve qui avait échoué, un second bûcher s'élevait sur la place du palais. Un poteau se dressait au milieu de ce bûcher, et à ce poteau étaient liés trois hommes ; ces trois hommes étaient frère Jérôme Savonarole, Dominique Bonvicini, et Silvestre Maruffi, qui se trouvait là on ne sait trop comment, et auquel on avait fait son procès par-dessus le marché. Aussi le peuple, auquel on avait tenu plus que parole, semblait-il parfaitement satisfait.

Savonarole expira comme il avait vécu, les yeux au ciel, et si fort détaché de la terre que la douleur ne lui fit pas pousser un cri. Déjà le moine et ses disciples étaient enveloppés de flammes, qu'on entendait encore l'hymne saint qu'ils chantaient en chœur, et qui, d'avance, allait frapper pour eux à la porte du ciel.

Ce fut ainsi que s'accomplit la dernière prédiction de Savonarole.

Mais à peine fut-il mort, que le souvenir de toute sa vie et le spectacle de ses derniers momens, si bien en harmonie avec ce souvenir, firent ouvrir les yeux aux plus aveugles ; ceux qui avaient réellement intérêt à calomnier sa mémoire comme ils avaient calomnié sa vie, continuèrent seuls à blasphémer son nom. Mais ce peuple, qui avait toujours trouvé en lui un consolateur et un ami, sentit bientôt que ce consolateur et cet ami lui manquait. Il chercha autour de lui sur la terre, et, ne le trouvant plus là, il espéra le retrouver au ciel.

Un an après, au jour anniversaire de sa mort, la place où avait été dressé son bûcher était couverte de fleurs. On ne put découvrir quelle main avait déposé ces fleurs sur la tombe de Savonarole ; chacun dit que c'étaient les anges qui étaient descendus pour célébrer la fête du martyr. Chaque année, ce tribut alla en augmentant ; mais, comme à chaque anniversaire cet hommage religieux amenait quelques rixes nouvelles, Cosme Ier résolut d'y mettre fin. Si puissant qu'il fût, il n'osa point heurter de face les sympathies populaires : il ordonna seulement à l'Ammanato de bâtir une fontaine à cette place. L'Ammanato obéit, et la statue de Neptune s'éleva bientôt à la place où avait été dressé le bûcher.

Près de Neptune est la statue équestre de Cosme Ier, la meilleure des quatre statues du même genre qu'ait faites Jean de Bologne ; les trois autres sont, je crois, celles de Henri IV, de Philippe II et de Ferdinand Ier.

Voilà tout ce qu'on trouve sur cette magnifique place, sans compter la galerie des Offices qui y aboutit. Mais comme la galerie des Offices ne peut être parcourue en une heure, nous remîmes à un autre moment la visite que nous comptions lui faire.

FIN D'UNE ANNÉE A FLORENCE ET DU TOME HUITIÈME.

TABLE DES CHAPITRES D'UNE ANNÉE A FLORENCE.

Le lac de Cuges et la fontaine de Rougiez.	329
Improvisation.	332
Marseille en 93.	334
Toulon.	337
Frère Jean-Baptiste.	340
Le golfe Juan.	341
L'Homme au Masque de fer.	344
Le capitaine Langlet.	348
La principauté de Monaco.	350
La rivière de Gênes.	353
Gênes la Superbe.	355
Livourne.	359
Républiques italiennes.	365
Route de Livourne à Florence.	370
Florence.	373
La Pergola.	375
Sainte-Marie-des-Fleurs.	377
Le palais Riccardi.	386
Le Palais-Vieux.	390
La place du Grand-Duc.	396

FIN DE LA TABLE D'UNE ANNÉE A FLORENCE.

Paris. — Imprimerie Lange Lévy, rue du Croissant, 16.

TABLE

DES OUVRAGES CONTENUS DANS CE VOLUME

IMPRESSIONS DE VOYAGE. 1
MIDI DE LA FRANCE. 213
UNE ANNÉE A FLORENCE. 329

FIN DE LA TABLE DU TOME HUITIÈME.

www.ingramcontent.com/pod-product-compliance
Lightning Source LLC
Chambersburg PA
CBHW070930230426
43666CB00011B/2386